古董

2021 ANTIQUES AUCTION RECORDS

拍卖年鉴 杂项

2020-01-01～2020-12-31

欣弘 编

cns PUBLISHING & MEDIA | 湖南美术出版社
全国百佳图书出版单位

图书在版编目(CIP)数据

2021古董拍卖年鉴 · 杂项 / 欣弘编. — 长沙：湖南美术出版社，2021.1

ISBN 978-7-5356-9391-4

Ⅰ. ①2… Ⅱ. ①欣… Ⅲ. ①历史文物－拍卖－价格－中国－2021－年鉴 Ⅳ. ①F724.787-54

中国版本图书馆CIP数据核字(2021)第003609号

2021古董拍卖年鉴 · 杂项

2021 GUDONG PAIMAI NIANJIAN · ZAXIANG

出 版 人：黄　啸

编　　者：欣　弘

策　　划：易兴宏　李志文

责任编辑：李　坚

湖南美术出版社出版发行(长沙市东二环一段622号)

湖南省新华书店经销

雅昌文化(集团)有限公司制版、印刷

开本：787mm × 1092mm　1/16　印张：28

版次：2021年1月第1版　印次：2021年1月第1次印刷

书号：ISBN 978-7-5356-9391-4

定价：198.00元

目　　录

凡　例

1.《2021古董拍卖年鉴》分瓷器卷、玉器卷、杂项卷、翡翠珠宝卷、书画卷，共五册，收录了纽约、伦敦、巴黎、日内瓦、香港、澳门、台北、北京、上海、广州、昆明、天津、重庆、成都、合肥、南京、西安、沈阳、济南等城市或地区的几十家拍卖公司几百个专场的2020年度拍卖成交记录与拍品图片。

2.本书内文条目原则上保留了原拍卖记录（由于作品来自不同的拍卖公司，为便于搜索，对于用词不一致的名称，如“三羊开泰”“三阳开泰”“安迪·沃荷”“安迪·沃霍尔”等等，均不作统一），按拍品号、品名、估价、成交价、尺寸、拍卖公司名称、拍卖日期等排序，部分原内容缺失或不详的不注明，书画卷内文条目还有作者姓名、作品形式、创作年代等内容。

3.因境外拍卖公司宿地不同，本书拍品估价涉及多个币种：RMB（人民币），USD（美元），EUR（欧元），GBP（英镑），HKD（港币），NTD（新台币）。但本书所有拍品成交价均按汇率转换成RMB（人民币）。

4.多人合作的作品，条目中仅列出一至两位主要作者的名字。

竹雕

3661 17世纪末 竹雕竹林七贤图笔筒
估　价：HKD 150,000~200,000
成交价：RMB 169,500
高14.7cm 香港苏富比2020-07-11

4035 明 湘妃竹扇骨
估　价：RMB 50,000~80,000
成交价：RMB 103,500
长29.5cm 西泠印社2020-08-09

4579 明末清初 竹雕渔舟唱晚图笔筒
估　价：RMB 130,000~150,000
成交价：RMB 149,500
高15.5cm；口径11.5cm 西泠印社2020-08-09

8821 明晚期/清初 竹雕课子图笔筒
估　价：HKD 220,000~350,000
成交价：RMB 342,000
高15.5cm 佳士得2020-07-01

1373 明 吴之璠款竹雕饮中八仙笔筒
估　价：RMB 250,000~300,000
成交价：RMB 322,000
高14.7cm 中贸圣佳2020-10-16

2897 清初 竹雕二乔并读图题诗笔筒
估　价：HKD 250,000~300,000
成交价：RMB 293,800
高15cm 佳士得2020-07-09

1370 清早期 西厢人物竹香筒
估 价：RMB 50,000~60,000
成交价：RMB 132,250
直径5cm；高19.8cm 中贸圣佳2020-10-16

3939 清早期 竹雕高士松下行吟图香筒
估 价：RMB 50,000~80,000
成交价：RMB 86,250
高19.7cm；直径4.7cm 西泠印社2020-08-09

4489 清早期 竹雕刘海戏金蟾笔筒
估 价：RMB 50,000~80,000
成交价：RMB 63,250
高11.5cm；直径6cm 西泠印社2020-08-09

4175 清早期 竹雕松下高士笔筒
估 价：RMB 150,000~180,000
成交价：RMB 172,500
高14.7cm；口径10.4cm 西泠印社2020-08-09

127 清早期 竹雕赤壁赋图笔筒
估 价：RMB 20,000~30,000
成交价：RMB 71,300
直径12.5cm；高15.4cm 北京中汉2020-08-19

1376 清早期 竹雕笑狮罗汉像
估 价：RMB 150,000~180,000
成交价：RMB 195,500
高6.4cm 中贸圣佳2020-10-16

2568 清早期 竹雕钟馗像
估　价：RMB 170,000~190,000
成交价：RMB 161,000
16.5cm×14.2cm×12.5cm
中国嘉德2020-08-18

8823 18世纪 竹根雕蛙
估　价：HKD 480,000~600,000
成交价：RMB 1,938,000
长7cm 佳士得2020-07-01

8825 清康熙 竹雕吹箫引凤图笔筒
估　价：HKD 400,000~600,000
成交价：RMB 456,000
高16.[illegible]cm 佳士得2020-07-01

156[illegible] 17/18世纪 竹雕诗文梅花纹笔筒及竹雕诗文瑞兽摆件 一组两件
估　价：EUR 5,000
成交价：RMB 109,201
笔筒直径20cm；摆件长15cm
巴黎佳士得2020-06-23

737 清康熙 竹雕溪山行旅图杯
估　价：USD 10,000~15,000
成交价：RMB 473,388
高9cm 纽约苏富比2020-09-23

3651 18世纪 竹黄雕龙拐子纹刀鞘一套
估　价：HKD 220,000~280,000
成交价：RMB 240,055
长34.4cm 香港苏富比2020-10-09

3659 清乾隆 潘老桐及郑板桥作竹根雕印章
估 价：HKD 100,000~200,000
成交价：RMB 113,000
高6.2cm 香港苏富比2020-07-11

2592 清乾隆 竹黄云蝠纹扳指盒
估 价：RMB 50,000~70,000
成交价：RMB 126,500
4cm × 4.3cm 中国嘉德2020-08-18

2585 清乾隆 竹雕高士图笔筒
估 价：RMB 200,000~300,000
成交价：RMB 230,000
13.7cm × 8.8cm 中国嘉德2020-08-18

914 清乾隆 竹雕石榴图笔筒
估 价：RMB 50,000~65,000
成交价：RMB 57,500
13.8cm × 7.8cm 北京诚轩2020-08-17

6475 清乾隆 竹刻百寿字笔
估 价：RMB 150,000~200,000
成交价：RMB 241,500
长25cm 北京保利2020-10-20

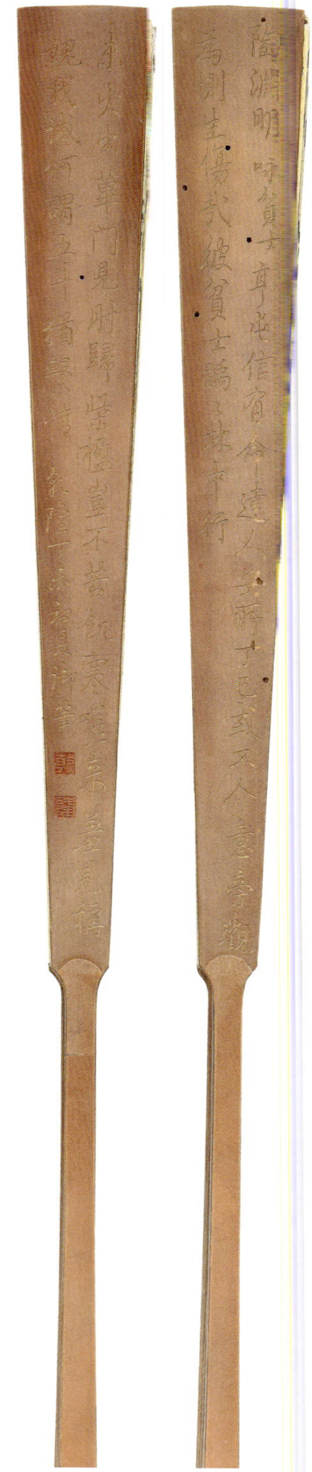

6439 清乾隆 竹刻贴黄乾隆御笔行书陶渊明诗文扇骨
估 价：RMB 800,000~1,200,000
成交价：RMB 1,380,000
股长33cm；板阔2.6cm 北京保利2020-10-20

6480 清中期 王梅邻制赤壁泛舟图竹笔筒
估 价 RMB 380,000~500,000
成交价 RMB 529,000
高12cm 北京保利2020-10-20

4033 清道光 张廷济铭张辛制竹雕诗文扇骨
估 价：RMB 50,000~60,000
成交价：RMB 299,000
长31cm 西泠印社2020-08-09

1634 清中期 王梅邻制竹雕山水图臂搁
估 价：RMB 600,000~800,000
成交价：RMB 690,000
长33.2cm 华艺国际2020-10-16

4487 清 濮仲谦款留青梅花纹刻诗文小笔筒
估 价：RMB 220,000~300,000
成交价：RMB 322,000
高10.1cm；直径4cm 西泠印社2020-08-09

2563 清中期 竹雕夜游赤壁图大笔筒
估 价：RMB 58,000~68,000
成交价：RMB 101,200
24.5cm×13cm 中国嘉德2020-08-18

2227 清中期 竹刻刘海戏金蟾臂搁
估 价：RMB 8,000~12,000
成交价：RMB 74,750
高25.9cm 北京翰海2020-12-12

3933 清 研朴堂旧藏裕周款竹雕西园雅集笔筒
估 价：RMB 45,000~60,000
成交价：RMB 184,000
高14.2cm；口径11cm 西泠印社2020-08-09

3678 清 沈全林刻螳螂秋菘图竹笔筒
估 价：RMB 450,000~500,000
成交价：RMB 517,500
口径11cm；高14.5cm 中国嘉德2020-08-16

3937 清 宇周制竹雕羲之爱鹅笔筒
估 价：RMB 120,000~200,000
成交价：RMB 218,500
高12.5cm；口径6.5cm 西泠印社2020-08-09

3959 清 贴黄如意纹捧盒
估 价：RMB 50,000~80,000
成交价：RMB 97,750
长33cm；宽15cm 西泠印社2020-08-09

4486 清 芷岩款刻山水笔筒
估 价：RMB 180,000~250,000
成交价：RMB 230,000
高17.3cm；直径12.9cm 西泠印社2020-08-09

3936 清 朱文右制竹雕赤壁夜游笔筒
估 价：RMB 50,000~80,000
成交价：RMB 207,000
高14.9cm；口径11.7cm 西泠印社2020-08-09

3944 清 竹雕童子牧牛摆件
估 价：RMB 30,000~50,000
成交价：RMB 69,000
高4.5cm；长4.5cm 西泠印社2020-08-09

47 清 竹镂雕文会图香筒
估 价：HKD 30,000~50,000
成交价：RMB 74,019
高16.9cm 佳士得2020-04-21

8822 清 竹雕佛手摆件
估 价：HKD 30,000~50,000
成交价：RMB 34,200
长11cm 佳士得2020-07-01

4500 清 竹雕松下高士摆件
估 价：RMB 30,000~50,000
成交价：RMB 126,500
高5cm；长10cm 西泠印社2020-08-09

1517 清 吴之璠款竹如意
估 价：RMB 400,000~500,000
成交价：RMB 1,000,500
长35.2cm 中贸圣佳2020-10-16

6415 民国 溥心畬行书诗文竹扇骨、金西厓刻溥心畬松猿图
估　价：RMB 650,000~1,050,000
成交价：RMB 1,552,500
股长32.2cm；板阔2cm 北京保利2020-10-20

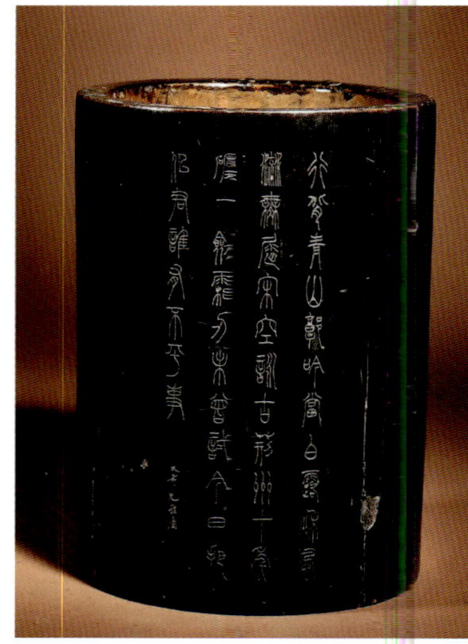

2358 清 竹刻大漆诗文王世襄笔筒
估　价：RMB 120,000~150,000
成交价：RMB 368,000
高17.4cm 中鸿信2020-01-03

1613 近现代 吴湖帆画竹 金西厓刻制 白竹秘阁 & 乌木扇骨 冯力远竹雕花鸟诗文臂搁 & 金文臂搁
估　价：RMB 2,600,000~3,600,000
成交价：RMB 3,220,000
扇骨长32.7cm；臂搁29cm×16.9cm、26.9cm×8.2cm、9cm×6.2cm 华艺国际2020-10-16

333 金西厓 1944年作 刻江寒汀、陆抑非画稿扇骨
估　价：RMB 30,000~40,000
成交价：RMB 575,000
高32cm；排口2.2cm 北京诚轩2020-08-17

4715 民国 陈澹如款竹刻诗文扇骨
估　价：RMB 1,000~2,000
成交价：RMB 36,800
长31cm 中国嘉德2020-07-16

3928 近代 研朴堂旧藏陈巨来刻谢稚柳画张镜人上款竹雕丛竹扇骨
估　价：RMB 20,000~30,000
成交价：RMB 126,500
长30.5cm 西泠印社2020-08-09

393 王志鱼 刻齐白石书画稿扇骨
成交价：RMB 368,000
高33.[illegible]cm；排口2.4cm 北京诚轩2020-08-17

木　雕

3009 北宋 木雕观音
估　价：HKD 2,000,000~3,000,000
成交价：RMB 1,917,000
高57cm 佳士得2020-11-30

919 明 黄花梨鬼眼素笔筒
估　价：HKD 380,000~420,000
成交价：RMB 388,314
高16.4cm 中国嘉德2020-10-10

960 15世纪 沉香木雕自在坐观音像
估　价：RMB 3,000,000~4,000,000
成交价：RMB 3,450,000
高94cm 保利厦门2020-09-26

3792 明万历 紫檀嵌银丝双耳杯
估　价：RMB 120,000~220,000
成交价：RMB 138,000
口径7.2cm 中国嘉德2020-12-04

739 宋 木漆卧犬摆件
估　价：USD 10,000~15,000
成交价：RMB 197,962
长17.3cm 纽约苏富比2020-09-23

1642 明 沉香雕螭龙灵芝纹如意
估　价：RMB 1,200,000~1,800,000
成交价：RMB 1,380,000
长25.5cm；重113g 华艺国际2020-10-16

701 明 黄花梨瘤根诗文大笔海
估　价：RMB 800,000~1,200,000
成交价：RMB 1,035,000
宽33.5cm；高23cm 保利厦门2020-09-26

1807 明 木雕彩绘狮吼观音
估　价：RMB 2,200,000~3,200,000
成交价：RMB 2,990,000
高135cm 华艺国际2020-10-16

1516 明 黄花梨爵禄封侯笔筒
估　价：RMB 600,000~800,000
成交价：RMB 897,000
高12.9cm；直径13.5cm 中贸圣佳2020-10-16

2483 明 木胎观音坐像
估　价：RMB 80,000~100,000
成交价：RMB 195,500
高58cm 西泠印社2020-08-08

2436 明 木胎沙县工达摩立像
估　价：RMB 350,000~450,000
成交价：RMB 483,000
高6[illegible]cm 西泠印社2020-08-08

2480 明 木胎水月观音坐像
估　价：RMB 450,000~550,000
成交价：RMB 690,000
高120cm 西泠印社2020-08-08

2464 明 木胎韦陀立像
估　价：RMB 220,000~250,000
成交价：RMB 345,000
高82cm 西泠印社2020-08-08

915 明/清 17/19世纪 彩绘木雕菩萨坐像
估　价：USD 20,000~30,000
成交价：RMB 553,963
高97.1cm 纽约佳士得2020-09-24

1504 明 紫檀错银丝四猊图香盒
估　价：RMB 600,000~800,000
成交价：RMB 1,725,000
直径8.2cm 中贸圣佳2020-10-16

1042 明 孙克弘款黄花梨嵌银丝诗文笔筒
成交价：RMB 460,000
直径11.5cm；高13cm 北京保利2020-12-05

5925 明 楠木七梁发冠
估 价：RMB 35,000~55,000
成交价：RMB 40,250
长8.5cm 北京保利2020-10-20

3601 明晚期 “平步青云”红漆书梯
估 价：RMB 1,000~2,000
成交价：RMB 126,500
200cm×51.5cm 中国嘉德2020-08-16

2600 明晚期 沉香木山水人物纹杯
估 价：RMB 220,000~320,000
成交价：RMB 345,000
高12.3cm 中国嘉德2020-08-18

6323 明末清初 黄花梨螭龙花卉纹玉兰花口笔筒
估 价：RMB 550,000~800,000
成交价：RMB 632,500
直径19cm；高17.2cm 北京保利2020-10-20

1601 明末清初 黄花梨树瘤笔海
估 价：RMB 400,000~600,000
成交价：RMB 632,500
外径29cm；高25cm 中贸圣佳2020-10-16

6304 明末清初 黄花梨倭角方笔筒
估 价：RMB 60,000~100,000
成交价：RMB 345,000
高18.9cm 北京保利2020-10-20

916 明末清初 黄花梨大珠算
估 价：HKD 450,000~550,000
成交价：RMB 459,846
宽66cm 中国嘉德2020-10-10

1515 明末清初 沉香山水笔筒
估 价 RMB 800,000~1,200,000
成交价 RMB 920,000
通高[illegible]3.[illegible]cm 中贸圣佳2020-10-16

3603 清早期 “直谅喜来三径友，园林争放一枝春”抱柱楹联
估 价：RMB 1,000~2,000
成交价：RMB 460,000
150cm×21cm×2 中国嘉德2020-08-16

3829 清早期 “敦本堂”匾额
估 价：RMB 120,000~220,000
成交价：RMB 149,500
128cm×[illegible]10cm 中国嘉德2020-12-04

3724 清早期 查士标自用诗文书房匾
估 价：RMB 100,000~200,000
成交价：RMB 460,000
104cm×185cm 中国嘉德2020-12-04

1050 明晚期/清早期 赵子玉制紫檀嵌百宝斗罐
估 价：RMB 400,000~600,000
成交价：RMB 460,000
直径19.[illegible]cm 永乐拍卖2020-08-17

3782 明末清初 紫檀根瘤大笔筒
估 价：RMB 550,000~850,000
成交价：RMB 632,500
27.5cm×26.5cm×23.8cm 中国嘉德2020-12-04

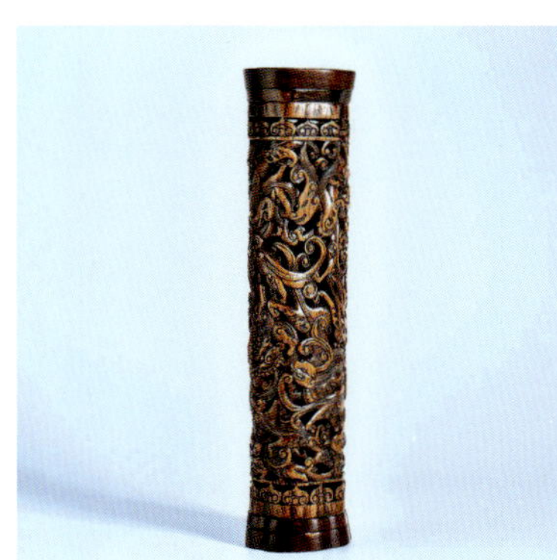

3188 清早期 沉香螭龙纹香筒
估 价：RMB 80,000~120,000
成交价：RMB 115,000
高27cm 中鸿信2020-01-03

945 清早期 沉香雕山水图杯（一对）
估 价：RMB 1,000,000~1,500,000
成交价：RMB 1,150,000
宽11.5cm；宽9.5cm 永乐拍卖2020-12-02

3183 清早期 沉香雕千秋万代八仙大如意
估 价：RMB 120,000~150,000
成交价：RMB 253,000
长57cm 中鸿信2020-01-03

6478 清早期 高凤翰铭刻紫檀臂搁
估 价：RMB 300,000~580,000
成交价：RMB 368,000
长25.5cm 北京保利2020-10-20

3646 清早期 漆砂地“隆德堂”匾额
估 价：RMB 1,000~2,000
成交价：RMB 241,500
59cm×157cm 中国嘉德2020-08-16

1503 清早期 黄花梨炉、瓶、盒香具（一组）
估 价：RMB 150,000~200,000
成交价：RMB 207,000
高11.7cm；高8.2cm；直径10cm
中贸圣佳2020-10-16

1549 清早期 沉香雕梅桩形花插
估 价：RMB 280,000~380,000
成交价：RMB 391,000
高16.8cm；重83g 华艺国际2020-10-15

1857 清早期 硬木螭龙纹笔筒
估 价：RMB 300,000~500,000
成交价：RMB 345,000
直径17.5cm 北京保利2020-12-05

3783 清早期 紫檀嵌百宝竹林七贤笔筒
估　价：RMB 550,000~850,000
成交价：RMB 632,500
高18.3cm 中国嘉德2020-12-04

3194 清早期 周芷岩刊竹石图黄花梨笔筒
估　价：RMB 80,000~120,000
成交价：RMB 253,000
高16.8cm 中鸿信2020-01-03

2120 清乾隆 1760年 金丝楠木须弥座三联屏式佛龛
估　价：RMB 600,000~1,000,000
成交价：RMB 690,000
30.2cm × 46.3cm × 11cm 中国嘉德2020-08-15

618 清康熙 木漆金菩萨立像
估　价：USD 30,000~50,000
成交价：RMB 301,247
高70cm 纽约苏富比2020-09-23

6472 清雍正至乾隆 黄杨木雕高士泛槎
估　价：RMB 450,000~650,000
成交价：RMB 667,000
高23cm 北京保利2020-10-20

3954 清乾隆 乾隆年制款紫檀嵌银丝螭龙冰裂纹海棠式香盘
估　价：RMB 50,000~60,000
成交价：RMB 103,500
长22cm；宽15.7cm 西泠印社2020-08-09

1505 清乾隆 紫檀嵌百宝四方笔筒
估 价：RMB 500,000~600,000
成交价：RMB 862,500
8.4cm × 8.4cm × 12.8cm 中贸圣佳2020-10-16

2703 清乾隆 御制黄杨仿生佛手虫趣香盒
估 价：RMB 60,000~90,000
成交价：RMB 172,500
长16.5cm 中鸿信2020-01-03

3709 清乾隆 紫檀嵌螺钿八宝盒
估 价：RMB 780,000~1,200,000
成交价：RMB 897,000
36.5cm × 36.5cm × 7cm 中国嘉德2020-12-04

1393 清乾隆 紫檀嵌银丝渣斗
估 价：RMB 120,000~150,000
成交价：RMB 138,000
长15.8cm；高10.1cm 中贸圣佳2020-10-16

2687 清乾隆 松堂生制黄杨三友灵芝图如意
估 价：RMB 250,000~350,000
成交价：RMB 287,500
长45.2cm 中国嘉德2020-08-18

2754 清乾隆 御制奇楠海八怪笔筒
估 价：RMB 150,000~180,000
成交价：RMB 345,000
高15.5cm 中鸿信2020-01-03

899 清乾隆 紫檀随形雕百子闹春图笔海
估 价：RMB 6,800,000~8,800,000
成交价：RMB 8,740,000
32.5cm × 28.5cm × 24.5cm
中贸圣佳2020-10-17

24 清乾隆 紫檀随形树桩笔筒
估　价：RMB 200,000
成交价：RMB 287,500
高13cm 上海匡时2020-08-05

3640 陈继昌 清中期 “秋水长天一色，明月清风两闲”楹联
估　价：RMB 1,000~2,000
成交价：RMB 299,000
134.5cm×31.5cm×2 中国嘉德2020-08-16

2555 清中期 沉香木手持十八籽（一串）
估　价：RMB 1,000~2,000
成交价：RMB 86,250
长15cm 中国嘉德2020-08-18

2044 清中期 沉香山水杯
估　价：RMB 800,000~1,200,000
成交价：RMB 1,725,000
高10.7cm；重229g 古天一2020-10-16

3619 清中期 “裕后光前必有余庆，德建名立惟怀永图”楹联
估　价：RMB 1,000~2,000
成交价：RMB 299,000
173.5cm×31.5cm×2 中国嘉德2020-08-16

5089 19世纪 沉香金蝉
估　价：RMB 5,000~10,000
成交价：RMB 40,250
长6cm 中国嘉德2020-12-02

2021 清中期 沉香云龙纹笔筒
估 价：RMB 1,800,000~2,200,000
成交价：RMB 2,012,500
高17.8cm 永乐拍卖2020-12-02

3618 清晚期 汪开培“友庆堂”匾额
估 价：RMB 1,000~2,000
成交价：RMB 437,000
71cm×198cm 中国嘉德2020-08-16

4469 清 沉香镂雕高士游山图小笔筒
估 价：RMB 220,000~300,000
成交价：RMB 310,500
高9.6cm 西泠印社2020-08-09

3186 清 沉香雕山水人物故事大山子摆件
估 价：RMB 320,000~380,000
成交价：RMB 862,500
通高67cm 中鸿信2020-01-03

3222 清 沉香雕葫芦万代摆件
估 价：RMB 120,000~150,000
成交价：RMB 138,000
高43.5cm 中鸿信2020-01-03

3159 清 沉香滚朱砂朝珠
成交价：RMB 115,000
108颗 中鸿信2020-01-03

2893 清 沉香木雕山水楼亭图笔筒
估　价：HKD 80,000~120,000
成交价：RMB 293,800
高11.2cm 佳士得2020-07-09

2354 清 沉香人物故事大如意
估　价 RMB 80,000~120,000
成交价 RMB 230,000
长53cm 中鸿信2020-01-03

3972 清 杜士元制乌木微雕香山九老山子摆件
估　价：RMB 80,000~120,000
成交价：RMB 207,000
高3.5cm；长5cm 西泠印社2020-08-09

3938 清 灵芝山子
成交价：RMB 1,150,000
29.2cm × 13.2cm × 21cm 北京保利2020-10-18

6319 清 黄花梨带提梁壶套桶
估　价：RMB 30,000~60,000
成交价：RMB 207,000
直径18.5cm；高25cm 北京保利2020-10-20

8837 清 黄花梨雕树瘤形大画筒
估　价：HKD 240,000~400,000
成交价：RMB 273,600
高25.7cm；宽29cm 佳士得2020-07-01

8831 清 黄花梨围棋盒（一对）
估　价：HKD 150,000~250,000
成交价：RMB 319,200
直径13.2cm × 2 佳士得2020-07-01

4032 清 名家题刻随形木质清供摆件
成交价：RMB 94,300
高12cm 西泠印社2020-08-09

2442 清 木胎京工关公立像
估 价：RMB 180,000~220,000
成交价：RMB 230,000
高60cm 西泠印社2020-08-08

2431 清 木胎地藏菩萨（一组）
估 价：RMB 250,000~350,000
成交价：RMB 368,000
高41.5cm 西泠印社2020-08-08

2508 清 木胎释迦坐像及佛龛（一组）
估 价：RMB 200,000~250,000
成交价：RMB 333,500
高99cm 西泠印社2020-08-08

2424 清 木胎浙工迦叶阿难（一组）
估 价：RMB 180,000~220,000
成交价：RMB 253,000
高69cm×2 西泠印社2020-08-08

944 清 汪士慎赠边寿民潘西凤刻黄花梨笔筒
估 价：RMB 500,000~800,000
成交价：RMB 575,000
高17cm 永乐拍卖2020-12-02

4020 清 日本寺庙旧藏沉香山子清供摆件
估 价：RMB 160,000~250,000
成交价：RMB 253,000
高20.5cm；重484g 西泠印社2020-08-09

4014 清 天宝圣香沉香山子大摆件
估 价：RMB 80,000~120,000
成交价：RMB 575,000
高78cm；重约11855g
西泠印社2020-08-09

3927 清 天然木山子
成交价：RMB 1,035,000
20cm×12cm×30cm 北京保利2020-10-18

3967 清 乌木镂雕荷塘清趣摆件
估　价：RMB 50,000~80,000
成交价：RMB 103,500
长22cm 西泠印社2020-08-09

3671 清 紫檀“报春”笔筒
估　价：RMB 280,000~350,000
成交价：RMB 437,000
高11.3cm 中国嘉德2020-08-16

3952 清 吴越铭紫檀刻梅花图盖盒
估　价：RMB 30,000~50,000
成交价：RMB 115,000
长25.7cm；宽8cm 西泠印社2020-08-09

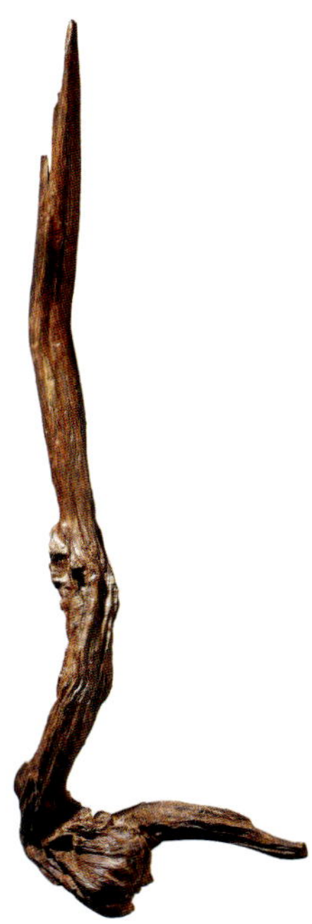

1058 红油沉水土沉（柬埔寨菩萨地区）
估　价：RMB 600,000~800,000
成交价：RMB 690,000
长78.5cm；重1130g 永乐拍卖2020-08-17

8101 清 紫檀葵花形嵌百宝凤纹香盒
估　价：RMB 100,000~150,000
成交价：RMB 189,750
直径11.5cm 十竹斋拍卖（北京）2020-10-18

6276 清 紫檀木雕松竹梅岁寒三友笔筒
估　价：RMB 380,000~650,000
成交价：RMB 563,500
高14.5cm 北京保利2020-10-20

2045 清 沉香木朝珠一挂
估　价：RMB 250,000~350,000
成交价：RMB 345,000
古天一2020-10-16

635 清末 檀香木雕蛟龙钮方玺
估 价：USD 20,000~30,000
成交价：RMB 559,459
18.7cm × 18.7cm × 13.8cm
纽约苏富比2020-09-23

21 沉水白奇楠0.7cm108粒念珠
估 价：RMB 500,000~800,000
成交价：RMB 598,000
重28.7g 永乐拍卖2020-08-17

2370 当代 绿奇楠手串
估 价：RMB 450,000~600,000
成交价：RMB 552,000
西泠印社2020-08-08

386 奥西普 · 扎德金（1890-1967） 木雕男人的头
估 价：GBP 150,000~200,000
成交价：RMB 4,679,501
高32.2cm 伦敦佳士得2020-02-06

2015 海南黑奇楠佛珠
估 价：RMB 2,500,000~2,700,000
成交价：RMB 2,760,000
重52g；2cm × 11 永乐拍卖2020-12-02

1056 红土沉香（富森地区）
估 价：RMB 1,200,000~1,500,000
成交价：RMB 1,380,000
长18.6cm；重450g 永乐拍卖2020-08-17

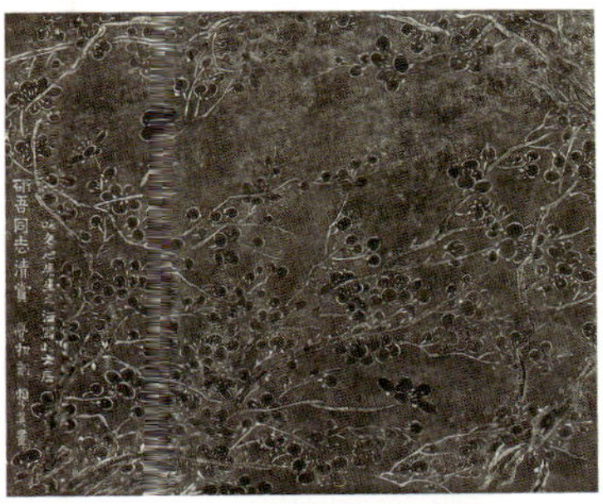

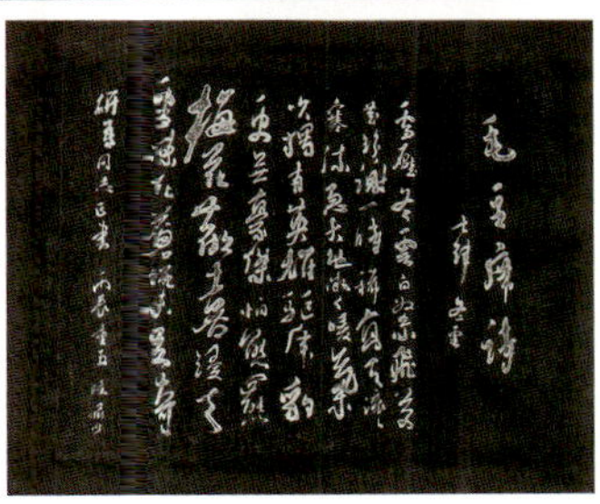

3932 近代 研朴堂旧藏赖少其画陆俨少书沈觉初刻李研吾上款瘿木刻梅花诗文大承盘
估 价：RMB 80,000~120,000
成交价：RMB 333,500
长64.5cm；宽51.8cm 西泠印社2020-08-09

3930 近代 研朴堂旧藏陆俨少画沈觉初刻李研吾夫妇上款瘿木山水图大笔海
估 价：RMB 80,000~120,000
成交价：RMB 414,000
高17.2cm；口径28cm 西泠印社2020-08-09

32 林建军 檀香竹林七贤摆件
估 价：RMB 600,000~800,000
成交价：RMB 672,000
长66cm；高21cm（连座）
上海联合2020-11-29

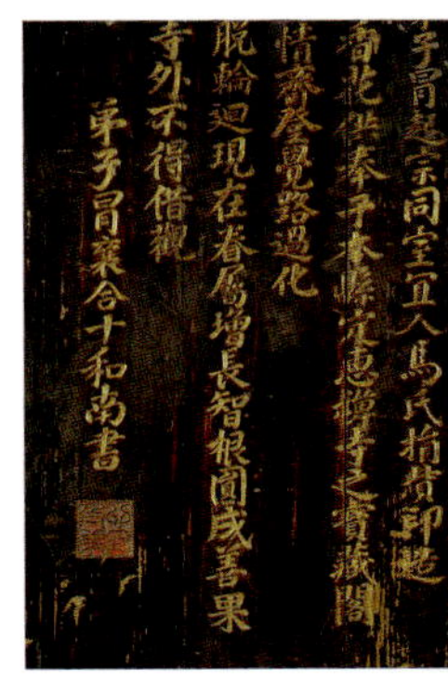

1088 冒襄 定惠禅寺藏经阁木门题刻
估 价：RMB 150,000~250,000
成交价：RMB 345,000
西泠印社2020-08-08

1475 乾隆六年工部库校准营造铁尺 觯斋制（一对）
估 价：RMB 100,000~150,000
成交价：RMB 276,000
高31.5cm×2 北京保利2020-12-05

2010 越南大蚁穴绿奇楠
估　价：RMB 2,000,000~2,400,000
成交价：RMB 2,300,000
重2069g；长32cm 永乐拍卖2020-12-02

20 九分沉1cm奇楠手串
估　价：RMB 220,000~320,000
成交价：RMB 253,000
重10.6g 永乐拍卖2020-08-17

110 朱建山 海南黄花梨和谐喜庆摆件
估　价：RMB 300,000~500,000
成交价：RMB 336,000
70cm × 48cm × 49cm 上海联合2020-11-29

138 朱铭 1983年作 太极系列-单鞭下势
估　价：HKD 3,200,000~5,200,000
成交价：RMB 3,408,000
79.9cm × 48.6cm × 48.8cm 佳士得2020-12-02

759 朱铭 1988年作 太极系列
估　价：HKD 2,000,000~4,000,000
成交价：RMB 2,260,000
高47.8cm 香港苏富比2020-07-09

牙　雕

468 17世纪 牙雕仙人立像
估　价：HKD 20,000~30,000
成交价：RMB 62,832
高19.8cm 香港苏富比2020-06-05

6 18世纪 象牙加彩灵芝福寿纹香盘
估　价：EUR 5,000~7,000
成交价：RMB 307,747
长18.5cm 巴黎佳士得2020-06-23

854 清乾隆 染牙雕芝仙竹纹座
估　价：HKD 60,000~80,000
成交价：RMB 61,313
宽14cm 中国嘉德2020-10-10

911 明 象牙苏武牧羊盖盒
估　价：HKD 150,000~200,000
成交价：RMB 153,282
直径5.8cm 中国嘉德2020-10-10

464 18世纪 象牙笔筒
估　价：HKD 15,000~20,000
成交价：RMB 17,136
直径7.4cm 香港苏富比2020-06-05

855 清乾隆 象牙莲荷纹笔洗
估　价：HKD 350,000~450,000
成交价：RMB 357,658
宽19cm 中国嘉德2020-10-10

461 17—18世纪 牙雕观音菩萨自在坐像
估　价：HKD 60,000~80,000
成交价：RMB 194,208
高11.7cm 香港苏富比2020-06-05

912 清乾隆 牙雕仕女像
估　价：HKD 40,000~60,000
成交价：RMB 40,875
高24cm 中国嘉德2020-10-10

石　雕

607 新石器时代 石凿
估　价：HKD 20,000~30,000
成交价：RMB 132,844
长25.6cm；宽8.7cm 中国嘉德2020-10-10

139 北魏 石灰石佛坐像龛
估　价：HKD 300,000~400,000
成交价：RMB 1,808,000
高31cm 香港苏富比2020-07-11

938 北周 汉白玉加彩佛头
估　价：HKD 100,000~150,000
成交价：RMB 102,188
高8.3cm 中国嘉德2020-10-10

908 2/3世纪 犍陀罗菩萨坐像
估　价：HKD 130,000~190,000
成交价：RMB 316,783
高31cm 中国嘉德2020-10-10

873 六朝 石雕伎乐纹函
估　价：HKD 60,000~80,000
成交价：RMB 79,707
高12.9cm 中国嘉德2020-10-10

1531 北齐 石灰岩释迦牟尼佛立像
估　价：USD 400,000~600,000
成交价：RMB 17,373,150
高171.3cm 纽约佳士得2020-09-25

5030 北齐 大理石雕思维菩萨半迦坐像
估　价：HKD 60,000~280,000
成交价：RMB 298,966
高23.8cm 香港苏富比2020-05-22

1530 唐 彩绘石雕佛坐像
估　价：USD 70,000~90,000
成交价：RMB 979,369
高47cm 纽约佳士得2020-09-25

809 隋 大理石雕佛首
估 价：USD 500,000~700,000
成交价：RMB 15,340,500
高29.9cm 纽约佳士得2020-09-24

607 隋 石灰石雕菩萨首像
估 价：USD 60,000~80,000
成交价：RMB 516,424
高40cm 纽约苏富比2020-09-23

104 唐 大理石雕佛弟子立像 或为阿难
估 价：HKD 900,000~1,200,000
成交价：RMB 1,356,000
高54cm 香港苏富比2020-07-11

48 唐 石灰石雕释迦牟尼佛坐像
估 价：HKD 1,000,000~1,500,000
成交价：RMB 982,044
高39cm 香港苏富比2020-10-09

605 唐 石灰石浮雕天王立像
估 价：USD 100,000~150,000
成交价：RMB 731,600
高45cm 纽约苏富比2020-09-23

907 唐 石灰岩雕狮子
估 价：USD 20,000~30,000
成交价：RMB 255,675
高21.5cm 纽约佳士得2020-09-24

911 唐 大理石雕狮子
估 价：USD 10,000~15,000
成交价：RMB 238,630
高14cm 纽约佳士得2020-09-24

5103 唐 大理石观音菩萨首像
估 价：HKD 300,000~400,000
成交价：RMB 344,960
高14.6cm 香港苏富比2020-05-22

905 唐 石狮
估 价：HKD 350,000~450,000
成交价：RMB 613,128
高21.5cm 中国嘉德2020-10-10

1519 明 灵璧山子
估　价：RMB 500,000~600,000
成交价：RMB 8,050,000
长54.5cm；高30.5cm 中贸圣佳2020-10-16

23 明 大理石雕狮子（一对）
估　价：GBP 40,000~60,000
成交价：RMB 1,684,850
127.5cm × 66.5cm × 68.5cm × 2
伦敦佳士得2020-11-03

1014 明早期 牛角七线天珠
估　价：RMB 120,000
成交价：RMB 322,000
长8.6cm；宽3.6cm 上海嘉禾2020-01-05

40 明 石瓢 灵璧石香炉
估　价：RMB 500,000
成交价：RMB 862,500
高20cm 上海匡时2020-08-05

1024 明 英石“黛露”
成交价：RMB 862,500
高25cm 北京保利2020-12-05

6444 明 英石“洞天”
估　价：RMB 500,000~800,000
成交价：RMB 897,000
26cm×16cm×14cm 北京保利2020-10-20

3835 清早期 灵璧石立峰
估　价：RMB 200,000~300,000
成交价：RMB 460,000
高88cm 中国嘉德2020-12-04

958 清早期 寿山石填漆花蝶纹香插
估　价：RMB 180,000~250,000
成交价：RMB 207,000
高8cm 永乐拍卖2020-12-02

3982 清早期 田黄嵌宝抚膝罗汉坐像
估　价：RMB 2,800,000~5,000,000
成交价：RMB 5,405,000
5.7cm×4cm×6cm；重107g 西泠印社2020-08-09

1521 清 金农铭 铁琴铜剑楼藏供石
估　价：RMB 1,000,000~1,500,000
成交价：RMB 1,265,000
18.6cm×12.1cm×11.3cm 中贸圣佳2020-10-16

45 清 灵璧石“福”石供
估　价：RMB 1,800,000~2,800,000
成交价：RMB 2,070,000
43cm×35cm 华艺国际2020-12-05

197 清乾隆 汉白玉鼓凳（一对）
估　价：RMB 120,000~180,000
成交价：RMB 207,000
直径38cm；高46cm 上海敬华2020-09-22

4073 清 寿山石狮子戏球把件
成交价：RMB 74,750
高3.5cm；长8cm 西泠印社2020-08-09

3925 清 戈壁石山子
成交价：RMB 782,000
高40cm 北京保利2020-10-18

3930 清 戈壁石山子
成交价：RMB 828,000
高12.4cm 北京保利2020-10-18

3933 清 黄太湖山子
成交价：RMB 2,875,000
41cm×24cm×82.9cm 北京保利2020-10-18

3924 清 孔雀石山子
成交价：RMB 759,000
高10.5cm 北京保利2020-10-18

3934 清 灵璧石立峰山子
成交价：RMB 1,380,000
35cm × 24cm × 60cm 北京保利2020-10-18

3157 当代 林飞刊田黄薄意高士图山子
估 价：RMB 350,000~550,000
成交价：RMB 690,000
重415g 中鸿信2020-01-03

3928 清 灵璧石“锁云”
成交价：RMB 13,455,000
高24cm 北京保利2020-10-18

393[illegible] 清 千枚岩山子
成交价：RMB 2,472,500
34.5cm × 11cm × 33.5cm 北京保利2020-10-18

3931 清 千枚岩山子
成交价：RMB 8,452,500
42cm × 14cm × 63cm 北京保利2020-10-18

3929 清 英石山子
成交价：RMB 471,500
高10.5cm 北京保利2020-10-18

3441 昌化鸡血石摆件
估 价：RMB 100,000~200,000
成交价：RMB 115,000
连座高28.5cm 西泠印社2020-08-09

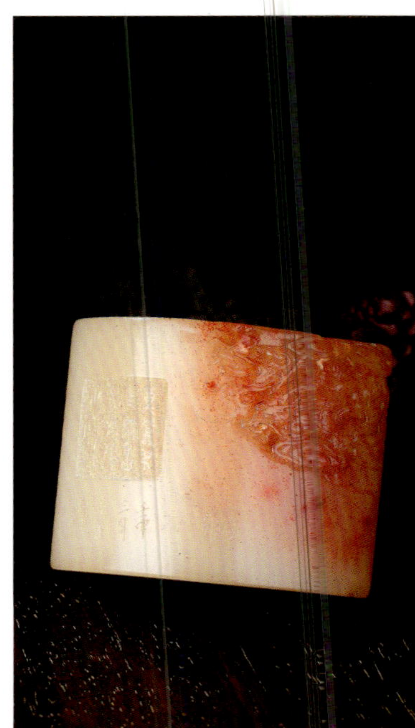

6013 郭祥忍 陈达 寿山高山石云龙纹甲骨文手牌
估 价：RMB 40,000~50,000
成交价：RMB 46,000
4cm×5.2cm 中贸圣佳2020-10-16

6015 陈礼忠 寿山旗降石《守望》摆件
估 价：RMB 1,500,000~2,000,000
成交价：RMB 2,070,000
35cm×25cm×60cm 中贸圣佳2020-10-16

436 砂岩石雕菩萨立像
估 价：HKD 150,000~250,000
成交价：RMB 2,113,436
高112cm 香港苏富比2020-06-05

335 寿山山秀园活佛济公摆件
估 价：RMB 350,000~550,000
成交价：RMB 1,344,000
28cm×13cm×9.5cm；重2400g
上海联合2020-11-29

258 寿山田黄石 群螭献财摆件
估　价：RMB 1,880,000~2,880,000
成交价：RMB 2,105,600
12.3cm×7.5cm×4.3cm；重463g
上海联合2020-11-29

2016 18世纪 朝鲜王朝宫廷镶螺钿鲨鱼皮祝寿纹“首尔”款“越”字图标手匣
估　价：RMB 120,000~200,000
成交价：RMB 138,000
23cm×13.4cm×9cm 中鸿信2020-01-03

其他雕刻

383 战国 骨制阴刻鸟纹带钩
估　价：HKD 8,000~12,000
成交价：RMB 20,268
长16.5cm 中国嘉德2020-07-13

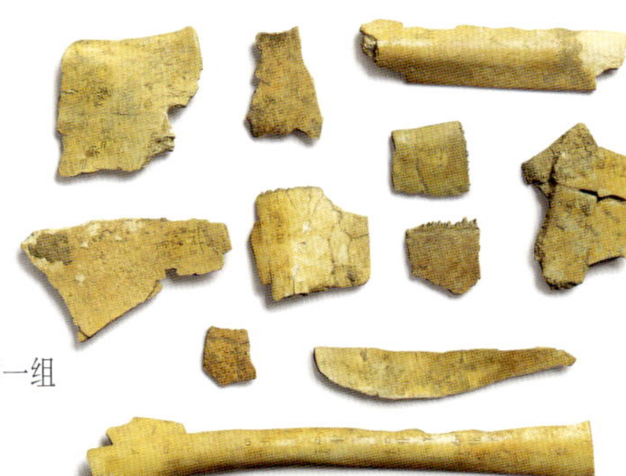

571 商公元前13—前11世纪 甲骨刻辞一组十一片
估　价：USD 20,000~30,000
成交价：RMB 301,247
最长处20cm 纽约苏富比2020-09-23

7 清光绪 匏器暗刻龙凤纹香瓶
估　价：RMB 1,000~2,000
成交价：RMB 17,250
高21.5cm 北京大羿2020-07-17

钟 表

2260 百达翡丽，Les Faisans 型号1426M-001 独一无二，极为吸引人，镀金铜质太阳能座钟，备掐丝珐琅，机芯编号1804688，1995年制
估 价：HKD 1,000,000~2,000,000
成交价：RMB 1,130,000
香港苏富比2020-07-11

2407 百达翡丽，独一无二，镀金黄铜太阳能圆顶座钟，配火烈鸟主题掐丝珐琅，型号1336，1987年制，附原厂证书、后补证书及盒子
估 价：HKD 800,000~1,600,000
成交价：RMB 937,200
佳士得2020-11-28

7126 约2017年 MOISEIKIN 全球唯一，瑰丽罕有，黄金及银镶珍稀彩色宝石及珍珠贝母机械座钟“丰穰之角”Viktor Moiseikin设计
成交价：RMB 4,025,000
约48cm×25cm×25cm 北京保利2020-10-19

4880 乌利文（J.Ullmann & Co），掐丝珐琅皮套钟
估 价：RMB 700,000~800,000
成交价：RMB 2,300,000
高24cm 西泠印社2020-08-10

7029 JACOB & CO.，年份约2020 非凡精致独特，限量版玫瑰金镂空飞行陀飞轮机械腕表，备日期显示、一分钟自转地球跟航天员人偶
估 价：RMB 2,000,000~4,000,000
成交价：RMB 2,530,000
表径50mm 北京保利2020-10-19

2209 F.P. JOURNE，卓越及极罕有，铂金镶钻石陀飞轮链带腕表，配恒定力装置、动力储存及跳秒功能，Tourbillon Souverain，约 2010年制，附原厂证书及盒子
估 价：HKD 3,900,000~8,000,000
成交价：RMB 4,153,500
佳士得2020-11-28

2292 GMT 粉红金25° 倾斜24秒陀飞轮、世界时间及两地时间腕表，备动力储备显示及立体地球仪，机芯编号38，表壳编号38，约2014年制
估 价：HKD 1,200,000~1,800,000
成交价：RMB 1,582,000
香港苏富比2020-07-11

2298 理查德米勒，独一无二，18K白金及陶瓷长方形镂空腕表，配陀飞轮、动力储存及功能选择，“Tourbillon Extra Flat”，型号RM017，约2017年制
估 价：HKD 2,400,000~3,500,000
成交价：RMB 2,712,000
佳士得2020-07-13

2296 理查德米勒，罕有及瞩目，碳纤维及18K红金镶钻石女装酒桶形半镂空自动上弦腕表，配日历显示及功能切换机构，型号RM037，约2017年制
估 价：HKD 1,000,000~1,500,000
成交价：RMB 1,130,000
佳士得2020-07-13

2213 理查德米勒，铝镁合金酒桶形镂空腕表，配中心秒针，Baby Nadal，型号RM035，约2012年制，附原厂证书及盒子
估 价：HKD 550,000~950,000
成交价：RMB 958,500
佳士得2020-11-28

2214 理查德米勒，钛金属镂空腕表，配陀飞轮、追针计时、动力储存及扭力显示，型号RM008，约2011年制，附原厂证书
估 价：HKD 2,000,000~3,000,000
成交价：RMB 2,982,000
佳士得2020-11-28

2215 理查德米勒，极瞩目及罕有，白陶瓷及18K红金酒桶形镂空陀飞轮腕表，Tourbillon Skull 亚洲限量版，限量生产，编号03/06，型号RM052-01，约2014年制，附原厂证书
估 价：HKD 3,200,000~5,000,000
成交价：RMB 5,325,000
佳士得2020-11-28

2492 百达翡丽，独一无二，钛金属自动上弦酒桶形腕表，配大教堂钟声三问及年历，型号5033，2003年制
估 价：HKD 7,800,000~24,000,000
成交价：RMB 13,673,000
佳士得2020-07-13

2293 Simplicity，白金腕表，机芯编号167，2011年制
估　价：HKD 1,600,000~2,400,000
成交价：RMB 2,034,000
香港苏富比2020-07-11

2406 百达翡丽，非凡及独一无二，铂金三问万年历镂空腕表，配逆返日历、月相及闰年显示，型号5103，2004年制，附后补证书及盒子
估　价：HKD 7,800,000~16,000,000
成交价：RMB 7,574,280
佳士得2020-11-28

2423 百达翡丽，品相极佳，难能可贵，18K白金自动上弦万年历腕表，配月相显示，型号3448，1966年制，附后补证书及盒子
估　价：HKD 7,200,000~12,000,000
成交价：RMB 7,881,000
佳士得2020-11-28

2314 宝玑，“Classique”“Grande Complication”型号5347 PT 11 9ZU 铂金镂空双重陀飞轮腕表，约2009年制
估　价：HKD 950,000~1,400,000
成交价：RMB 1,356,000
香港苏富比2020-07-11

2504 百达翡丽，瞩目及非常罕有，铂金双表盘腕表，配十二项功能包括大教堂钟声三问功能，陀飞轮，万年历，逆返日历，月相，恒星时间，星空图，“SKY MOON TOURBILLON”，型号5002，约2012年制
估　价：HKD 7,800,000~12,000,000
成交价：RMB 8,737,160
佳士得2020-07-13

2117 宝玑，非常精美，玫瑰金双陀飞轮机械腕表，“Classique Complications”，型号5347BR/11/9ZU，约2019年制，附原厂证书及表盒
估　价：HKD 1,200,000~3,000,000
成交价：RMB 1,291,392
直径4.4cm 保利香港2020-07-08

2243 伯爵，Gouverneur 型号GOA38117 限量版白金镶钻石陀飞轮腕表，备月相显示，表壳编号PI0963及No.06，约2018年制
估　价：HKD 1,100,000~1,800,000
成交价：RMB 2,203,500
香港苏富比2020-07-11

2089 梵克雅宝 优雅写意，白金镶梯形钻石，五分二问机械腕表，备彩绘珐琅表面，“诗意复杂功能系列”，“Midnight Poetic Wish”，型号VCARO8T300，约2013年制，附原厂证书及表盒
估　价：HKD 1,200,000~3,000,000
成交价：RMB 1,399,008
直径4.3cm 保利香港2020-07-08

7030 格拉夫 约2012年制 非常瑰丽及罕有，限量版玫瑰金镶钻石及祖母绿双陀飞轮两地时间机械腕表，备共重超过30克拉钻石镶嵌
估　价：RMB 3,800,000~6,400,000
成交价：RMB 4,140,000
表径47mm 北京保利2020-10-19

2300 高珀富斯，Philippe Dufour及Michel Boulanger，极罕有及重要，18K白金半镂空腕表，配陀飞轮，“Le Garde Temps – Naissance D’ Une Montre”，限量生产，编号06/11，约2016年制
估　价：HKD 4,000,000~8,000,000
成交价：RMB 6,187,880
佳士得2020-07-13

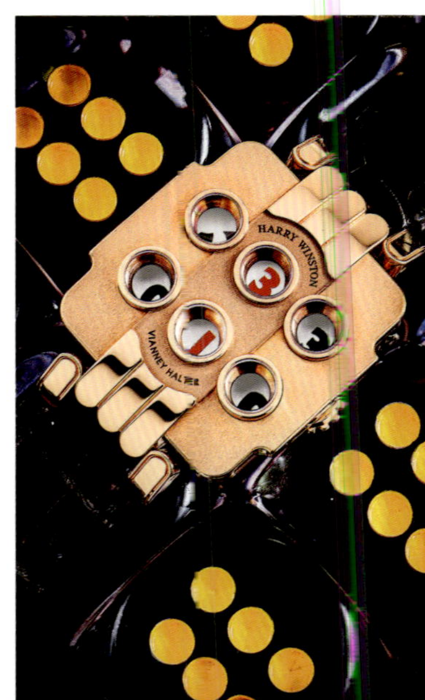

2299 海瑞温斯顿及Vianney Halter，独特及非常罕有，18K红金腕表，配数字时间及日历显示，“Opus 3”，型号OPUMH-D36RR001，限量生产，编号03/25，约2013年制
估　价：HKD 550,000~950,000
成交价：RMB 1,130,000
佳士得2020-07-13

2246 江诗丹顿，触目及瑰丽，18K白金镶钻石链带长方形腕表，“Lord Kalla”，约1987年制
估　价：HKD 1,200,000~2,000,000
成交价：RMB 1,356,000
佳士得2020-07-13

6245 捷克豹，限量及独特，白金及碳纤维陀飞轮机械腕表，配备超长31日动力储存，系列及型号Quenttin，约2006年制
估　价：RMB 1,000,000~1,500,000
成交价：RMB 1,150,000
华艺国际2020-10-15

2236 劳力士，Cosmograph Daytona 型号16516 极具历史价值及独特铂金计时腕表，备青金石表盘，表壳编号A171132，约1999年制
估　价：HKD 4,000,000~8,000,000
成交价：RMB 22,939,000
香港苏富比2020-07-11

2241 卡地亚，Crash 粉红金腕表，表壳编号1994 [illegible]及A111 383，约1994年制
估　价：HKD 240,000~320,000
成交价：RMB 621,500
香港苏富比2020-07-11

7028 昆仑，约2010年制 非常贵丽及罕有，限量版白金镶钻石及蓝宝石镂空陀飞轮机械腕表
估　价：RMB 1,200,000~2,000,000
成交价：RMB 1,380,000
表径46mm 北京保利2020-10-19

2364 劳力士，卓越，不锈钢链带腕表，配计时功能及MK2型保罗纽曼熊猫表盘，型号6265，约1972年制
估　价：HKD 3,600,000~5,000,000
成交价：RMB 3,584,360
佳士得2020-07-13

2103 理查德米勒 非常精致，白金酒桶形镂空自动飞返计时秒表，备大日历显示及小秒针，“FELIPE MASSA”，型号RM011 AO WG，约2015年制，附原厂证书及表盒
估　价：HKD 850,000~1,000,000
成交价：RMB 893,213
4.2cm×5.5cm 保利香港2020-07-08

6087 理查德米勒，非常精美及罕有，碳纤维镶钻机械腕表，型号RM055 NTPT，约2018年制
估　价：RMB 2,200,000~2,600,000
成交价：RMB 2,760,000
华艺国际2020-12-05

2295 宇舶，触目及极罕有，蓝宝石水晶镂空腕表，配垂直陀飞轮及50天动力储存，”MP-05 Laferrari Sapphire”，型号905.JX.0001.RT，限量生产，编号03/20，约2016年制
估　价：HKD 1,000,000~2,000,000
成交价：RMB 1,808,000
佳士得2020-07-13

1928 钻石及黑玛瑙腕表
估　价：HKD 1,200,000~1,800,000
成交价：RMB 1,469,000
佳士得2020-07-09

铜　器

2864 战国 青铜虎钮
估　价：HKD 380,000~500,000
成交价：RMB 678,000
长24cm 佳士得2020-07-09

1529 战国 青铜错金银嵌绿松石带钩
估　价：USD 5,000~7,000
成交价：RMB 681,300
长19.2cm 纽约佳士得2020-09-25

12 东周 铜错金银龙凤纹车饰（一对）
估 价：GBP 600,000~1,000,000
成交价：RMB 13,239,660
长26cm×2 伦敦佳士得2020-11-03

391 战国 铜错金银承弓器（一对）
估 价：HKD 150,000~200,000
成交价：RMB 320,016
长21cm×2 中国嘉德2020-07-13

1527 汉 青铜饕餮纹铺首衔环一对
估 价：USD 8,000~12,000
成交价：RMB 76,646
高13.3cm×2 纽约佳士得2020-09-25

403 汉 铜错金马符
估 价：HKD 20,000~30,000
成交价：RMB 21,334
宽6cm 中国嘉德2020-07-13

598 辽 铜鎏金凤凰纹叶形牌一对
估 价：USD 5,000~7,000
成交价：RMB 55,946
高8.8cm×2 纽约苏富比2020-09-23

2018 明 错金银瑞兽（一对）
估 价：RMB 140,000
成交价：RMB 218,500
长10.4cm×2 中贸圣佳2020-12-08

5054 明 秦二世铜权
估　价：RMB 400,000~600,000
成交价：RMB 2,702,500
宽4.5cm 北京保利2020-10-19

438 周 青铜错银车马器等（共六件）
估　价：HKD 30,000~50,000
成交价：RMB 105,450
高8.2cm 佳士得2020-10-08

55 元 龙头
估　价：RMB 30,000~50,000
成交价：RMB 51,750
长10.6cm 北京中汉2020-08-19

5001 明 鎏金铜佛手残件
估　价：HKD 50,000~70,000
成交价：RMB 252,971
56.5cm×52.5cm 香港苏富比2020-05-22

5035 明 鎏金铜金刚总持手残件
估　价：HKD 30,000~50,000
成交价：RMB 183,979
长31.5cm 香港苏富比2020-05-22

6139 清咸丰 铜鎏金双龙神机营合符
估　价：RMB 300,000~400,000
成交价：RMB 345,000
长13.6cm 北京保利2020-10-20

577 西周 青铜牛
估　价：USD 200,000~300,000
成交价：RMB 1,635,341
长25cm 纽约苏富比2020-09-23

954 东汉 铜辟邪
估　价：HKD 1,200,000~1,500,000
成交价：RMB 1,206,432
高5.5cm 保利香港2020-12-02

3217 明永乐 铜鎏金莲托八宝八吉祥
估　价：RMB 350,000~550,000
成交价：RMB 402,500
高38.5cm × 8 中鸿信2020-01-03

402 汉 铜错银豹
成交价：RMB 40,535
宽6cm 中国嘉德2020-07-13

951 汉 铜鎏金水牛摆件
估　价：HKD 100,000~150,000
成交价：RMB 100,536
宽11.5cm 保利香港2020-12-02

483 六朝或更晚 青铜坐狮
估　价：HKD 30,000~50,000
成交价：RMB 96,129
高15.2cm 香港苏富比2020-11-26

648 16/17世纪 铜文官立像一对
估 价：USD 400,000~600,000
成交价：RMB 7,575,579
高172.7cm×2 纽约苏富比2020-09-23

1863 明 倪云林款铜山子
估 价：RMB 2,000,000~3,000,000
成交价：RMB 2,645,000
24cm×9cm×14cm 北京保利2020-12-05

59 印度 15/16世纪 铜象神坐像
估 价：EUR 3,000~4,000
成交价：RMB 10,920
高9.7cm 巴黎佳士得2020-06-23

872 隋 铜鎏金狮子
估 价：HKD 250,000~350,000
成交价：RMB 255,470
高7.4cm 中国嘉德2020-10-10

226 北魏 塔式佛龛
估 价：RMB 1,900,000~3,000,000
成交价：RMB 1,955,000
佛龛高23.3cm 北京中汉2020-12-04

912 17世纪 铜错银罗汉坐像
估　价：USD [illegible]0,000~15,000
成交价：RMB [illegible]53,963
高14.6cm 纽约佳士得2020-09-24

5115 17世纪 石叟款铜嵌银丝观音菩萨坐像
估　价：HKD [illegible]50,000~180,000
成交价：RMB [illegible]2,971
高29cm 香港苏富比2020-05-22

616 明嘉靖丙寅年（1566） 局部鎏金胡人舞者铜立像一对
估　价：USD [illegible]000~80,000
成交价：RMB [illegible]3,388
高40cm×2 纽约苏富比2020-09-23

934 明 铜错金银虎
估　价：HKD 20,000~30,000
成交价：RMB 255,470
宽23.3cm 中国嘉德2020-10-10

3682 明 铜鎏金“燕俦莺侣”摆件
估　价：RMB 280,000~300,000
成交价：RMB 322,000
高9.5cm 中国嘉德2020-08-16

1156 明 铜马
估　价：RMB 1,200,000~1,600,000
成交价：RMB 1,725,000
高9.8cm；长10cm 华艺国际2020-10-16

1528 明 铜狮与铜象各一件
估　价：USD 3,000~5,000
成交价：RMB 272,520
高11.8cm×2 纽约佳士得2020-09-25

472 明 甪端
估　价：RMB 200,000~300,000
成交价：RMB 345,000
高17.2cm 上海匡时2020-08-05

5049 明 铜质老虎摆件
估　价：RMB 6,000~15,000
成交价：RMB 25,300
长12cm 中国嘉德2020-08-18

6127 18世纪 铜鎏金吐宝鼠（一对）
估　价：RMB 1,300,000~2,300,000
成交价：RMB 1,495,000
长43.5cm×2 北京保利2020-10-20

41 商公元前12世纪 青铜亚丑鼎
估　价：HKD 1,000,000~1,500,000
成交价：RMB 1,091,160
高20.4cm 香港苏富比2020-10-09

415 清早期 铜鎏金辟邪
估　价：HKD 20,000~30,000
成交价：RMB 21,334
宽12cm 中国嘉德2020-07-13

58 商末公元前12至前11世纪 青铜兽面纹出戟亚牛丁觚
估　价：HKD 600,000~800,000
成交价：RMB 1,636,740
高32cm 香港苏富比2020-10-09

1501 18世纪 汉藏风格铜鎏金衔桃枝吐宝鼠
估　价：RMB 180,000~220,000
成交价：RMB 345,000
长29.5cm 华艺国际2020-10-16

1054 清 贴黄嵌铜塔式佛龛
估　价：RMB 1,000,000~1,500,000
成交价：RMB 1,150,000
高82cm 永乐拍卖2020-08-17

619 商末 青铜“田父甲”爵
估　价：HKD 100,000~150,000
成交价：RMB 799,678
高19.5cm 香港苏富比2020-06-05

983 商 青铜饕餮纹卣
估　价：HKD 300,000~500,000
成交价：RMB 1,809,648
高21.7cm 保利香港2020-12-02

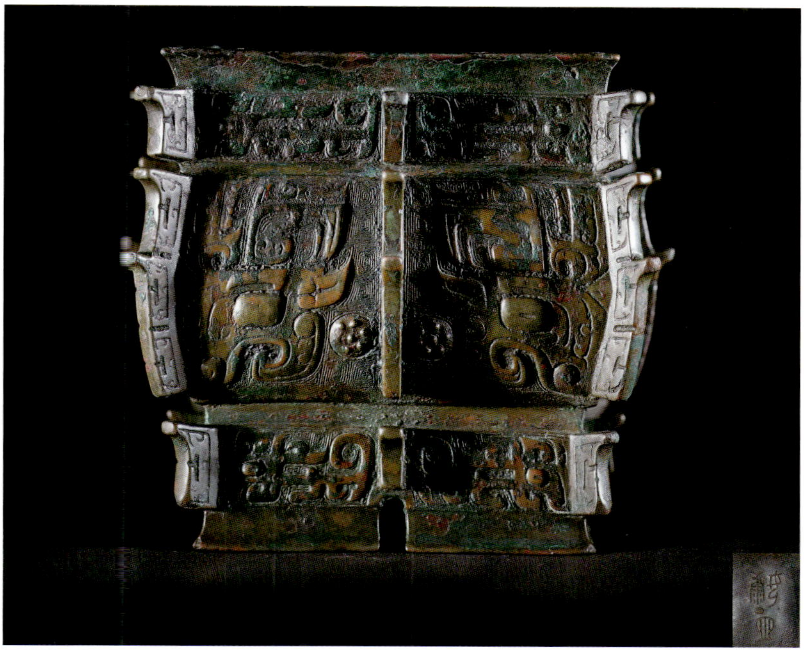

5053 商 康丁方彝
估　价：RMB 7,000,000~9,000,000
成交价：RMB 9,085,000
高13cm 北京保利2020-10-19

880 商晚期 青铜“作从彝戈”方鼎
估　价：HKD 12,000,000~18,000,000
成交价：RMB 9,690,540
高22cm 中国嘉德2020-10-10

569 商末 鼎
估　价：USD 80,000~120,000
成交价：RMB 1,549,271
高22cm 纽约苏富比2020-09-23

901 商晚期 青铜盉
估　价：HKD 1,500,000~2,000,000
成交价：RMB 1,532,820
高27.5cm 中国嘉德2020-10-10

1501 商晚期 青铜饕餮纹觚
估　价：USD 30,000~50,000
成交价：RMB 681,300
高30.8cm 纽约佳士得2020-09-25

2801 商晚期 青铜鸮卣
估 价：HKD 7,000,000~9,000,000
成交价：RMB 7,881,000
高25.5cm 佳士得2020-11-30

1503 商晚期 青铜饕餮纹爵一对
估 价：USD 50,000~70,000
成交价：RMB 809,044
高19.8cm×2 纽约佳士得2020-09-25

982 商晚期或西周 青铜龙柄盉
估 价：HKD 180,000~280,000
成交价：RMB 180,965
高18.5cm 保利香港2020-12-02

103 商末/西周初 青铜饕餮纹尊
估 价：EUR 100,000~150,000
成交价：RMB 1,588,372
高26.3cm 巴黎佳士得2020-06-23

1502 商中期 青铜饕餮纹斝
估 价：USD 70,000~90,000
成交价：RMB 936,788
高30.5cm 纽约佳士得2020-09-25

21 西周 青铜夔龙兽面纹尊
估 价：GBP 50,000~80,000
成交价：RMB 656,603
高28cm 伦敦苏富比2020-06-15

113 西周早期 青铜牺首提梁卣
估　价：HKD 600,000~800,000
成交价：RMB 5,582,200
总高16.7cm 香港苏富比2020-07-11

570 西周 伉簋
估　价：USD 100,000~150,000
成交价：RMB 3,270,683
宽29.5cm 纽约苏富比2020-09-23

1509 西周晚期/春秋早期 青铜弦纹双耳三足盖簋一对
估　价：USD 80,000~120,000
成交价：RMB 1,362,600
两耳直径[illegible]cm×2 纽约佳士得2020-09-25

10 西周晚期 鳞纹小流鼎
估　价：GBP 250,000~350,000
成交价：RMB 2,826,200
宽12.4cm 伦敦佳士得2020-11-03

1505 西周早期 青铜兽首双耳簋
估　价：USD 30,000~50,000
成交价：RMB 681,300
两耳直径26.6cm 纽约佳士得2020-09-25

1506 西周中期 青铜父癸涡纹爵
估　价：USD 30,000~50,000
成交价：RMB 553,556
高19.5cm 纽约佳士得2020-09-25

1526 春秋 青铜龙纹三足大盖鼎
估　价：USD 350,000~450,000
成交价：RMB 7,398,918
两耳宽52.7cm 纽约佳士得2020-09-25

1512 春秋 青铜鸟首匏形壶
估　价：USD 80,000~120,000
成交价：RMB 3,832,313
高32.3cm 纽约佳士得2020-09-25

101 汉 青铜双兽活环耳壶
估　价：EUR 5,000~8,000
成交价：RMB 74,455
高36.8cm 巴黎佳士得2020-06-23

1510 战国 青铜错红铜凤鸟纹三足鸟首提梁盉
估　价：USD 80,000~120,000
成交价：RMB 1,277,438
长29.1cm 纽约佳士得2020-09-25

578 战国 公元前4前3世纪 青铜错金银嵌琉璃乳钉纹方壶
估　价：USD 2,500,000~3,500,000
成交价：RMB 56,745,117
高35.1cm 纽约苏富比2020-09-23

4618 宋 仿古螭龙纹双系铜瓶
估　价：RMB 80,000~100,000
成交价：RMB 92,000
高28cm 西泠印社2020-08-09

408 唐 铜象首净瓶
估　价：HKD 50,000~70,000
成交价：RMB 98,138
高25.5cm 中国嘉德2020-07-13

164 17世纪 铜嵌金银阿拉伯文花觚
估　价：EUR 15,000~20,000
成交价：RMB 347,456
高32cm 巴黎佳士得2020-06-23

1166 明 铜鎏金银三足鼎
估　价：RMB 500,000~700,000
成交价：RMB 747,500
高43.5cm 华艺国际2020-10-16

2080 元代 铜錾龙八卦纹四活环投壶
估　价：RMB 110,000~150,000
成交价：RMB 138,000
高42cm 古天一2020-10-16

1092 明 铜错金银牺尊
估　价：RMB 500,000~600,000
成交价：RMB 805,000
高30cm 保利厦门2020-09-26

1159 明 铜嵌金双羊尊
估　价：RMB 1,200,000~1,600,000
成交价：RMB 1,725,000
高30cm；宽34cm 华艺国际2020-10-16

1318 明 阿拉伯文铜香盒
估　价：RMB 600,000~800,000
成交价：RMB 793,500
直径14.8cm 中贸圣佳2020-10-16

628 明 铜仿古纹瓿
估　价：USD 10,000~15,000
成交价：RMB 327,068
直径30cm 纽约苏富比2020-09-23

71 清早期 铜阿拉伯文汉壶式撇口香瓶
估　价：RMB 20,000~30,000
成交价：RMB 149,500
高14.3cm 北京中汉2020-07-31

1162 明 铜三多纹梅瓶
估　价：RMB 120,000~180,000
成交价：RMB 218,500
高29.8cm 华艺国际2020-10-16

2671 清康熙 铜鎏金莲瓣纹盘口瓶
估　价：RMB 200,000~300,000
成交价：RMB 230,000
高50cm 中国嘉德2020-08-18

3663 明 铜嵌银丝箸瓶
估　价：RMB 80,000~100,000
成交价：RMB 207,000
高10.6cm 中国嘉德2020-08-16

5070 17—18世纪 铜蝉纹狮首耳方壶
估　价：HKD 200,000~300,000
成交价：RMB 229,974
高13.6cm 香港苏富比2020-05-22

53 清早期 铜错金银饕餮纹贯耳大瓶
估　价：RMB 250,000~350,000
成交价：RMB 494,500
高58cm 北京中汉2020-08-19

2488 清乾隆 宫廷造办处铜鎏金斑铜纹炉瓶盒三事
估　价：RMB 900,000~1,200,000
成交价：RMB 1,380,000
高17.5cm；高6cm；高13.5cm 西泠印社2020-08-08

52 清早期 铜鎏金宝珠钮盖罐（一对）
估 价：RMB 180,000~300,000
成交价：RMB 299,000
高32.5cm；高32cm 北京中汉2020-08-19

171 18世纪 鎏金铜暗八仙莲纹盖壶
估 价：EUR 8,000~12,000
成交价：RMB 238,256
长20cm 巴黎佳士得2020-06-23

901 清乾隆 局部鎏金螭龙纹长颈瓶
估 价：RMB 400,000~600,000
成交价：RMB 483,000
高13cm 中贸圣佳2020-10-17

1315 清乾隆 乾隆御制诗文铜香盘
估 价：RMB 90,000~120,000
成交价：RMB 103,500
12.2cm×9.5cm 中贸圣佳2020-10-16

4044 清乾隆 铜错金银仿古兽面纹方罍
估 价：RMB 160,000~180,000
成交价：RMB 184,000
高15cm 西泠印社2020-08-09

3676 清乾隆 铜簠
估 价：RMB 580,000~650,000
成交价：RMB 667,000
高23cm 中国嘉德2020-08-16

1076 清乾隆 铜雕夔龙纹爵杯（一对）
估 价：RMB 280,000~350,000
成交价：RMB 471,500
高17.5cm×2 保利厦门2020-09-26

2749 清乾隆 铜鎏金九龙戏珠葫芦宝瓶成对
估 价：RMB 250,000~320,000
成交价：RMB 368,000
高74cm×2 中鸿信2020-01-03

6149 清乾隆 铜云龙纹双环耳大瓶
估 价：RMB 2,000,000~3,000,000
成交价：RMB 2,300,000
高43cm 北京保利2020-10-20

90 清乾隆 铜牺尊
估 价：GBP 60,000~100,000
成交价：RMB 1,087,000
长38cm 伦敦佳士得2020-11-03

1088 清乾隆 御制铜错银兽面纹“周宝卣”（明）
估 价：RMB 500,000~800,000
成交价：RMB 1,127,000
高42cm 保利厦门2020-09-26

2016 清光绪 刻心经三足大铜鼎
估 价：RMB 400,000
成交价：RMB 1,840,000
腹径98cm；高80cm 中贸圣佳2020-12-08

5041 清乾隆 铜质局部鎏金宫廷执壶
估 价：RMB 300,000~600,000
成交价：RMB 598,000
高28.5cm 中国嘉德2020-08-18

169 清 铜瓜瓞绵绵葫芦大瓶（一对）
估　价：EUR 5,000~8,000
成交价：RMB 297,820
高43cm×2 巴黎佳士得2020-06-23

3677 清 铜开光错银钵
估　价：RMB 120,000~150,000
成交价：RMB 230,000
口径11.7cm；重1239.9g 中国嘉德2020-08-16

2078 清 铜狮钮云纹豆熏
估　价：RMB 120,000~150,000
成交价：RMB 160,000
高18.5cm 古天一2020-10-16

397 西汉 青铜狩猎图博山炉
估　价：HKD 50,000~70,000
成交价：RMB 53,336
直径18.5cm 中国嘉德2020-07-13

2803 五代 鎏金铜瑞狮托莲香炉
估　价：HKD 400,000~600,000
成交价：RMB 426,000
高11.5cm 佳士得2020-11-30

2082 元 铜错银瑞兽熏炉
估　价：RMB 250,000~300,000
成交价：RMB 287,500
高12.5cm 古天一2020-10-16

1320 明宣德 铜八卦圆形香熏
估　价：RMB 200,000~450,000
成交价：RMB 230,000
直径19cm 广东崇正2020-09-13

1087 明天启 铜镂雕缠枝莲团龙纹三层三足大熏炉
估　价：RMB 100,000~200,000
成交价：RMB 563,500
高66cm 保利厦门2020-09-26

2664 明崇祯 冲耳炉
估　价：RMB 1,200,000~1,500,000
成交价：RMB 943,000
口径12cm 中国嘉德2020-08-18

875 明正德 阿拉伯文铜鎏金莲瓣纹三足炉
估　价：RMB 3,800,000~4,800,000
成交价：RMB 5,175,000
高15.8cm 中贸圣佳2020-10-17

1335 明 鄂韡堂款蚰耳炉
估　价：RMB 600,000~800,000
成交价：RMB 747,500
高6.6cm 中贸圣佳2020-10-16

1524 明 三松清玩款蚰耳炉
估　价：RMB 900,000~1,200,000
成交价：RMB 1,035,000
腹径11.5cm；高5.3cm 中贸圣佳2020-10-16

1361 明 鬲式炉
估　价：RMB 1,200,000~1,800,000
成交价：RMB 1,380,000
口径15.5cm 重2460g 华艺国际2020-10-16

5055 明正德五年 "钦赐回回掌教"黄铜错红铜阿拉伯文炉
估　价：RMB 5,500,000~8,500,000
成交价：RMB 8,625,000
宽18.5cm；重1717g 北京保利2020-10-19

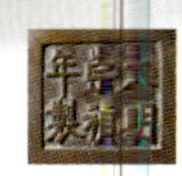

872 明崇祯 大明崇祯年制款冲天耳三足炉
估　价：RMB 800,000~1,200,000
成交价：RMB 1,725,000
高8.2cm 中贸圣佳2020-10-17

1334 明 戟耳彝式炉
估　价：RMB 800,000~1,200,000
成交价：RMB 2,300,000
高7.4cm 华艺国际2020-10-16

2422 明 铜甪端大熏炉
估　价：RMB 70,000~90,000
成交价：RMB 138,000
高39cm 西泠印社2020-08-08

2666 明 马槽炉
估　价：RMB 1,300,000~1,800,000
成交价：RMB 1,322,500
高6.2cm 中国嘉德2020-08-18

4042 明 王凤江制红铜团花纹手炉
估　价：RMB 120,000~180,000
成交价：RMB 310,500
高7cm；长12.5cm 西泠印社2020-08-09

874 明 钝庵款钵式炉
估　价：RMB 1,600,000~2,000,000
成交价：RMB 2,875,000
直径13.8cm；高7.1cm 中贸圣佳2020-10-17

1525 明 勺园款马槽炉
估　价：RMB 800,000~1,200,000
成交价：RMB 1,207,500
高5.4cm 中贸圣佳2020-10-16

3675 明 铜鎏金戟耳筒式炉
估 价：RMB 2,600,000~2,800,000
成交价：RMB 5,060,000
口径9.6cm；高6.9cm；重903g
中国嘉德2020-08-16

2662 明 筒式琴炉
估 价：RMB 600,000~800,000
成交价：RMB 2,415,000
直径8.5cm；高6.8cm 中国嘉德2020-08-18

6468 明 铜海水瑞兽三足炉
估 价：RMB 1,000,000~1,500,000
成交价：RMB 1,610,000
口径13.2cm；高7cm 北京保利2020-10-20

3876 明 铜鎏金甪端香熏（一对）
估 价：RMB 180,000~250,000
成交价：RMB 230,000
高17.5cm；高17.6cm 西泠印社2020-08-09

390 明 大明崇祯年制款三足缶式炉
估 价：RMB 300,000~500,000
成交价：RMB 632,500
口径13cm 上海匡时2020-08-05

389 明 大明宣德年制款天鸡耳法盏炉
估 价：RMB 200,000~300,000
成交价：RMB 437,000
口径14.2cm 上海匡时2020-08-05

871 明 玉堂清玩款戟耳筒式炉
估　价：RMB 800,000~1,200,000
成交价：RMB 2,415,000
腹径10.6cm；高7cm 中贸圣佳2020-10-17

410 明 玉堂清玩款戟耳炉
估　价：RMB 600,000~800,000
成交价：RMB 2,070,000
口径9.8cm；重989g 上海匡时2020-08-05

434 明 施[illegible]古制款压经耳炉
估　价：RMB 400,000~600,000
成交价：RMB 1,035,000
口径10.2cm；重1064g 上海匡时2020-08-05

906 明末清初 “静观主人”款冲耳炉
估　价：RMB 1,200,000~1,500,000
成交价：RMB 1,380,000
直径18.8cm；重3333g 永乐拍卖2020-12-02

1319 清早期 活环钵式炉（原底座）
估　价：RMB 800,000~1,200,000
成交价：RMB 943,000
炉高10.5cm 华艺国际2020-10-16

2663 清早期 棋首宣环钵盂炉
估　价：RMB 1,000,000~1,200,000
成交价：RMB 977,500
高10cm 中国嘉德2020-08-18

6469 明末清初 铜冲耳炉
估　价：RMB 1,200,000~2,200,000
成交价：RMB 2,070,000
口径10.4cm；高4.9cm 北京保利2020-10-20

1333 清初 马槽炉
估　价：RMB 1,800,000~2,500,000
成交价：RMB 2,070,000
12.5cm × 16.8cm × 10.8cm 华艺国际2020-10-16

1346 清早期 冲天耳炉
估　价：RMB 1,400,000~1,600,000
成交价：RMB 1,610,000
高17cm 华艺国际2020-10-16

3669 清初 台几式炉（原配铜匣）
估　价：RMB 1,200,000~1,350,000
成交价：RMB 2,070,000
高8.1cm 中国嘉德2020-08-16

2839 清早期 金带围鱼耳炉
估　价：RMB 1,000,000~2,000,000
成交价：RMB 2,070,000
高8cm 中国嘉德2020-12-03

904 清早期 廊庄所珍款冲耳炉
估　价：RMB 1,000,000~1,500,000
成交价：RMB 1,207,500
直径19cm 永乐拍卖2020-12-02

1065 清早期 铜洒金桥耳三足炉
估　价：RMB 1,800,000~2,500,000
成交价：RMB 2,300,000
宽19cm 永乐拍卖2020-08-17

616 清早期 铜鬲式炉
估　价：RMB 1,300,000~1,600,000
成交价：RMB 1,495,000
直径29.9cm 北京大羿2020-12-06

617 清早期 铜双狮耳炉
估　价：RMB 1,200,000~1,500,000
成交价：RMB 1,495,000
直径28.5cm 北京大羿2020-12-06

1330 清早期 铜筒式三足压经炉（连座）
估　价：RMB 900,000~1,200,000
成交价：RMB 1,150,000
高19.1cm 中贸圣佳2020-10-16

2670 清早期 铜压经炉
估　价：RMB 480,000~680,000
成交价：RMB 552,000
宽19.2cm 中国嘉德2020-08-18

1324 清早期 宣德款环耳钵式炉
估　价：RMB 600,000~800,000
成交价：RMB 747,500
高10.5cm 中贸圣佳2020-10-16

3665 清康熙 铜冲耳乳足炉
估　价：RMB 800,000~950,000
成交价：RMB 920,000
口径11.7cm 中国嘉德2020-08-16

1338 清早期 宣德款大桥耳炉
估　价：RMB 1,000,000~1,200,000
成交价：RMB 1,380,000
高22.8cm 中贸圣佳2020-10-16

3862 清早期 大明宣德年制款铜鱼耳琴炉
估　价：RMB 30,000~50,000
成交价：RMB 115,000
炉高3cm 西泠印社2020-08-09

3890 清早期 铜镂雕龙凤纹大熏炉
估　价：RMB 150,000~180,000
成交价：RMB 172,500
高29.5cm 西泠印社2020-08-09

1347 清早期 蚰龙耳炉（带铜座）
估　价：RMB 1,000,000~1,500,000
成交价：RMB 1,322,500
高11.7cm 华艺国际2020-10-16

162 清康熙 铜鼓式如意三足炉
估　价：EUR 5,000~7,000
成交价：RMB 297,820
直径10cm 巴黎佳士得2020-06-23

2842 清顺治 马槽炉
估 价：RMB 2,600,000~3,600,000
成交价：RMB 3,105,000
长10.5cm；高6.8cm 中国嘉德2020-12-03

2061 清顺治 铜双耳三足炉
估 价：RMB 30,000~50,000
成交价：RMB 2,530,000
高5.6cm 北京翰海2020-12-12

5056 清康熙 铜螭龙耳水仙盆式炉
估 价：RMB 800,000~1,200,000
成交价：RMB 1,380,000
宽25.3cm 北京保利2020-10-19

3662 清康熙 马槽炉
估 价：RMB 280,000~350,000
成交价：RMB 1,380,000
口径10.6cm×8.6cm 中国嘉德2020-08-16

905 清康熙 宣德款活环耳钵式炉连座
估 价：RMB 800,000~1,200,000
成交价：RMB 1,058,000
腹径16.3cm；连座高16.5cm
中贸圣佳2020-10-17

618 清乾隆 铜朝冠耳炉
估 价：RMB 1,200,000~1,500,000
成交价：RMB 1,380,000
高23.8cm 北京大羿2020-12-06

5059 清康熙 铜压经炉（连座）
估　价：RMB 3,800,000~5,800,000
成交价：RMB 6,900,000
宽33cm；炉重8800g；座重4175g
北京保利2020-10-19

5061 清康熙 雪花金大鬲式炉
估　价：RMB 2,800,000~3,800,000
成交价：RMB 3,450,000
直径24.8cm 北京保利2020-10-19

2668 清乾隆 鬲式炉
估　价：RMB 3,500,000~5,500,000
成交价：RMB 4,025,000
口径12cm；高5.2cm 中国嘉德2020-08-18

6470 清雍正 铜冲耳炉
估　价：RMB 2,000,000~3,000,000
成交价：RMB 2,875,000
口径16cm；重2385g 北京保利2020-10-20

903 清乾隆 铜朝冠耳炉、花觚三件套
估　价：RMB 1,500,000~2,000,000
成交价：RMB 2,070,000
炉高21.4cm；花觚高22.2cm×2 中贸圣佳2020-10-17

904 清乾隆 袁枚手铸洒金钵式炉
估 价：RMB 4,500,000~5,500,000
成交价：RMB 6,325,000
腹径24.2cm；高17.7cm 中贸圣佳2020-10-17

3866 清 弟子刘起龙造款铜冲耳炉
估 价：RMB 380,000~500,000
成交价：RMB 667,000
高7.5cm 西泠印社2020-08-09

5057 清雍正 铜盏式四足炉
估 价：RMB 1,200,000~2,200,000
成交价：RMB 2,070,000
直径12.3cm；重1300g 北京保利2020-10-19

433 清 大明宣德年制款钵式炉
估 价：RMB 500,000~600,000
成交价：RMB 713,000
口径14.5cm 上海匡时2020-08-05

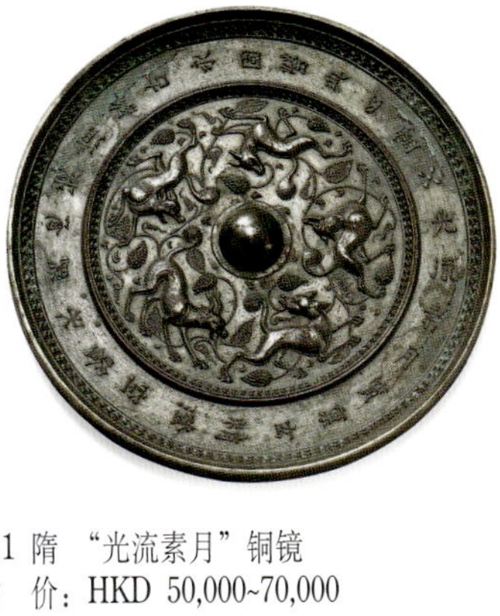

411 隋 "光流素月"铜镜
估 价：HKD 50,000~70,000
成交价：RMB 53,336
直径21.4cm 中国嘉德2020-07-13

633 “常宜酒食”铭草叶纹镜
估　价：RMB 900,000
成交价：RMB 1,380,000
直径23cm 中贸圣佳2020-10-17

600 “百寿团圆”人物镜
估　价：RMB 600,000~700,000
成交价：RMB 690,000
直径43cm 上海匡时2020-08-05

3223 清 古铜嵌螺钿铜镜
成交价：RMB 195,500
直径24cm 中鸿信2020-01-03

953 唐 铜绶带鸟双龙纹镜
估　价：HKD 150,000~250,000
成交价：RMB 301,608
直径10.9cm 保利香港2020-12-02

929 唐 螺钿平脱花卉纹小铜镜
估　价：HKD 200,000~300,000
成交价：RMB 204,376
宽7.5cm 中国嘉德2020-10-10

928 唐 镶金瑞兽纹小铜镜
估　价：HKD 200,000~300,000
成交价：RMB 204,376
宽7.5cm 中国嘉德2020-10-10

630 “花发无冬夏”铭团花纹镜
估　价：RMB 350,000
成交价：RMB 494,500
直径13.2cm 中贸圣佳2020-10-17

575 “淮南起照，仁寿传名”铭四神十二生肖纹镜
估　价：RMB 3,800,000
成交价：RMB 9,200,000
直径28.8cm；厚1.2cm 中贸圣佳2020-10-17

540 “吾氏作”骑射神兽镜
估　价　RMB 1,000,000~1,200,000
成交价　RMB 1,150,000
直径16[illegible]cm 上海匡时2020-08-05

1681 “龙氏作镜”神人乐舞画像镜
估　价：RMB 200,000~300,000
成交价：RMB 402,500
直径18cm 北京保利2020-12-05

5408 “灵山孕宝”四兽镜
估　价：RMB 200,000~400,000
成交价：RMB 299,000
直径18.7cm 北京保利2020-10-19

535 “湅治铅华”单圈铭文镜
估　价：RMB 300,000~350,000
成交价：RMB 345,000
直径18.7cm 上海匡时2020-08-05

565 “七言”铭瑞兽博局纹镜
估　价：RMB 100,000
成交价：RMB 138,000
直径15.8cm 中贸圣佳2020-10-17

5355 “团团宝镜”铭六兽镜
估　价：RMB 150,000~300,000
成交价：RMB 184,000
直径14.4cm 北京保利2020-10-19

528 “堂浪”铭神兽博局镜
估　价：RMB 250,000~350,000
成交价：RMB 287,500
直径17.5cm 上海匡时2020-08-05

628 “清白”铭单圈铭文镜
估　价：RMB 100,000
成交价：RMB 264,500
直径17.8cm 中贸圣佳2020-10-17

555 “宜春大吉”双飞仙四鸳鸯镜
估　价：RMB 1,200,000~1,600,000
成交价：RMB 1,495,000
直径20.5cm 上海匡时2020-08-05

516 “上华山”神兽博局镜
估　价：RMB 130,000~150,000
成交价：RMB 149,500
直径14.3cm 上海匡时2020-08-05

532 “昭是”神兽博局镜
估　价：RMB 500,000~600,000
成交价：RMB 575,000
直径18.5cm 上海匡时2020-08-05

1682 “元初元年”纪年铭四龙镜
估 价：RMB 100,000~150,000
成交价：RMB 115,000
直径14.8cm 北京保利2020-12-05

5348 “周氏”车马画像镜
估 价：RMB 200,000~300,000
成交价：RMB 230,000
直径22.6cm 北京保利2020-10-19

634 半圆方枚神兽镜
估 价：RMB 380,000
成交价：RMB 437,000
直径21cm 中贸圣佳2020-10-17

546 “骀[illegible]作”四龙四骑神人画像镜
估 价：RMB 1,200,000~1,500,000
成交价：RMB 1,380,000
直径21.5cm 上海匡时2020-08-05

616 变形瑞兽纹镜
估 价：RMB 100,000
成交价：RMB 287,500
直径18cm 中贸圣佳2020-10-17

619 “作佳镜”铭四龙镜
估 价：RMB 150,000
成交价：RMB 172,500
直径12.[illegible]cm 中贸圣佳2020-10-17

577 嫦娥玉兔月宫镜
估 价：RMB 100,000
成交价：RMB 115,000
直径13.6cm 中贸圣佳2020-10-17

1683 变形山字底纹三龙镜
估　价：RMB 300,000~400,000
成交价：RMB 1,173,000
直径14.2cm 北京保利2020-12-05

582 单龙镜
估　价：RMB 500,000~600,000
成交价：RMB 575,000
直径28.7cm 上海匡时2020-08-05

560 单龙镜
估　价：RMB 300,000~500,000
成交价：RMB 506,000
直径29.5cm 上海匡时2020-08-05

564 海兽葡萄镜
估　价：RMB 2,400,000~3,000,000
成交价：RMB 2,760,000
直径23cm 上海匡时2020-08-05

568 东王公西王母画像镜
估　价：RMB 150,000
成交价：RMB 195,500
直径22.8cm 中贸圣佳2020-10-17

5410 方形海兽葡萄镜
估　价：RMB 150,000~300,000
成交价：RMB 184,000
直径9.2cm 北京保利2020-10-19

583 胡人驯犀镜
估　价：RMB 300,000~350,000
成交价：RMB 345,000
直径19cm 上海匡时2020-08-05

594 菱花形双龙纹镜
估　价：RMB 1,500,000
成交价：RMB 2,012,500
直径20.5cm；厚0.8cm 中贸圣佳2020-10-17

570 方形海兽葡萄镜
估　价：RMB 350,000~700,000
成交价：RMB 402,500
对角16cm 上海匡时2020-08-05

555 花叶纹四山镜
估　价：RMB 150,000
成交价：RMB 253,000
直径15.8cm 中贸圣佳2020-10-17

603 菱花型单龙戏珠纹镜
估　价：RMB 800,000
成交价：RMB 977,500
直径12.3cm 中贸圣佳2020-10-17

562 海兽葡萄镜
估　价：RMB 140,000~160,000
成交价：RMB 161,000
直径15cm 上海匡时2020-08-05

5409 立龙单龙镜
估　价：RMB 300,000~400,000
成交价：RMB 690,000
直径18cm 北京保利2020-10-19

598 鎏金仙人祝寿纹镜匣
估　价：RMB 150,000
成交价：RMB 172,500
长23.5cm 中贸圣佳2020-10-17

621 瑞兽葡萄纹镜
估 价：RMB 800,000
成交价：RMB 1,150,000
直径17.7cm 中贸圣佳2020-10-17

552 六瑞兽镜
估 价：RMB 500,000~700,000
成交价：RMB 575,000
直径17.3cm 上海匡时2020-08-05

530 七乳神兽镜
估 价：RMB 130,000~150,000
成交价：RMB 149,500
直径16.5cm 上海匡时2020-08-05

550 秦权
估 价：RMB 500,000~800,000
成交价：RMB 575,000
直径4.8cm 上海匡时2020-08-05

5378 三山镜
估 价：RMB 80,000~100,000
成交价：RMB 264,500
直径9.7cm 北京保利2020-10-19

580 瑞兽葡萄纹镜
估 价：RMB 290,000
成交价：RMB 379,500
直径14.8cm 中贸圣佳2020-10-17

512 十二龙镜
估 价：RMB 300,000~500,000
成交价：RMB 552,000
直径12cm 上海匡时2020-08-05

561 双鸾宝相花镜
估 价：RMB 180,000~200,000
成交价：RMB 207,000
直径18.5cm 上海匡时2020-08-05

595 双鸾双兽纹镜
估　价：RMB 250,000
成交价：RMB 287,500
直径20cm 中贸圣佳2020-10-17

5380 四山镜
估　价：RMB 200,000~350,000
成交价：RMB 345,000
直径13cm 北京保利2020-10-19

585 特殊版别草叶纹镜
估　价：RMB 80,000
成交价：RMB 138,000
直径18.3cm 中贸圣佳2020-10-17

569 双鸾鸳鸯宝花纹镜
估　价：RMB 680,000~750,000
成交价：RMB 782,000
直径19.8cm 上海匡时2020-08-05

591 唐王游月宫镜
估　价：RMB 100,000~120,000
成交价：RMB 115,000
直径21.5cm 上海匡时2020-08-05

5436 星云镜
估　价：RMB 200,000~300,000
成交价：RMB 299,000
直径17.7cm 北京保利2020-10-19

587 四团龙镜
估　价：RMB 200,000~300,000
成交价：RMB 230,000
直径18cm 上海匡时2020-08-05

584 特种工艺复合龙纹镜
估　价：RMB 180,000
成交价：RMB 322,000
直径11.5cm 中贸圣佳2020-10-17

529 舞马瑞兽双雁纹镜
估　价：RMB 290,000
成交价：RMB 345,000
直径13cm 中贸圣佳2020-10-17

623 异形鼎炉双剑龙纹镜
估　价：RMB 170,000
成交价：RMB 195,500
长24cm 中贸圣佳2020-10-17

620 月宫镜
估　价：RMB 150,000
成交价：RMB 224,250
直径16.8cm 中贸圣佳2020-10-17

584 竹林七贤镜
估　价：RMB 40,000~50,000
成交价：RMB 460,000
直径24.5cm 上海匡时2020-08-05

284 秦始皇诏版
估　价：RMB 20,000,000~30,000,000
成交价：RMB 23,000,000
10.64cm×7.13cm×0.89cm；重300g
中国嘉德2020-12-01

1511 春秋晚期 青铜盘龙纹兽钮钟（一组三件）
估　价：USD 40,000~60,000
成交价：RMB 936,788
高23.5cm，高19.7cm，高18cm
纽约佳士得2020-09-25

5003 西周早期 公元前11至前10世纪 青铜戈
估　价：HKD 40,000~60,000
成交价：RMB 55,194
长30cm 香港苏富比2020-05-22

5047 商末 青铜曲内岐冠式戈
估　价：HKD 100,000~150,000
成交价：RMB 149,483
长27.2cm 香港苏富比2020-05-22

100 西周早/中期 公元前11至前9世纪 青铜蟠龙纹勇钟
估　价：EUR 18,000~25,000
成交价：RMB 119,128
高45.1cm 巴黎佳士得2020-06-23

99 春秋早期 青铜蟠虺纹勇钟
估　价：EUR 8,000~10,000
成交价：RMB 54,600
高22.1cm 巴黎佳士得2020-06-23

490 战国 青铜剑带高浮雕螭龙纹玉剑饰
估　价：HKD 80,000~120,000
成交价：RMB 490,502
长47.7cm；剑格宽7.7cm
中国嘉德2020-10-10

899 西汉 铜鎏金朱雀灯
估　价：HKD 400,000~600,000
成交价：RMB 408,752
高19.2cm 中国嘉德2020-10-10

955 汉 铜鎏金龙纹案足（一对）
估　价：HKD 900,000~1,200,000
成交价：RMB 904,824
高15.5cm；高16cm 保利香港2020-12-02

1521 战国 青铜剑
估　价：USD 5,000~7,000
成交价：RMB 638,719
长44.3cm 纽约佳士得2020-09-25

439 汉 青铜灯
估　价：HKD 20,000~40,000
成交价：RMB 16,872
高17.8cm 佳士得2020-10-08

79 清晚期 黑漆描金缠枝西番莲拐子龙纹五供一套
估　价：GBP 10,000~15,000
成交价：RMB 87,547
炉把手宽39.8cm 伦敦苏富比2020-06-15

5021 清康熙五十四年（1715） 御制铜鎏金蒲牢钮八卦纹“南吕”编钟
估　价：RMB 4,000,000~6,000,000
成交价：RMB 6,900,000
高31cm 北京保利2020-10-19

5022 清康熙五十四年（1715） 御制铜鎏金蒲牢钮八卦纹“应钟”“蕤宾”编钟
估　价：RMB 12,000,000~18,000,000
成交价：RMB 16,100,000
高31.5cm 北京保利2020-10-19

1539 铜双龙钮钟及钟座
估　价：USD 120,000~180,000
成交价：RMB 4,002,638
钟高30.5cm，座高77cm
纽约佳士得2020-09-25

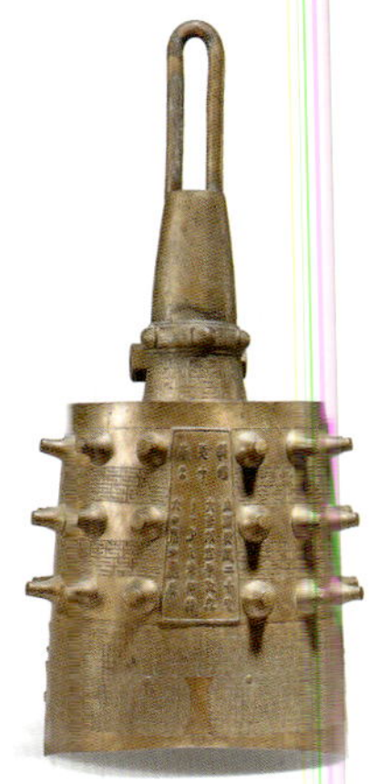

902 清乾隆 御制铜鎏金南吕镈钟
估　价：RMB 1,500,000~2,000,000
成交价：RMB 2,070,000
高54.5cm 中贸圣佳2020-10-17

601 犀牛望月镜架
估　价：RMB 250,000~300,000
成交价：RMB 368,000
26cm×19cm×10cm 上海匡时2020-08-05

铁　器

18[illegible] 16世纪　铁鎏金摩羯鱼金刚钺
估　价：RMB 150,000~200,000
成交价：RMB 172,500
15cm×13.5cm 北京保利2020-12-05

[illegible]71 明永宣时期 铁质鋄金官造镂空龙纹护甲
估　价：RMB 60,000~100,000
成交价：RMB 69,000
长11.8cm 中国嘉德2020-12-02

2348 明治时期 龙文堂七代安之介造平手取飞铁瓶
估　价：RMB 120,000~150,000
成交价：RMB 138,000
18.7cm×16.7cm 西泠印社2020-08-08

6145 清早期 铁错金银双龙戏珠暗八仙纹如意
估　价：RMB 100,000~200,000
成交价：RMB 161,000
长40cm 北京保利2020-10-20

2906 清乾隆 铁嵌银双龙戏珠纹如意
估　价：HKD 200,000~300,000
成交价：RMB 1,017,000
长50.8cm 佳士得2020-07-09

3901 昭和时期十年秋 金寿堂雨宫宗造·镶嵌银叶纹·提梁镶银·唐铜盖·铁壶
估　价：RMB 150,000~180,000
成交价：RMB 172,500
高20cm 华艺国际2020-10-15

锡 器

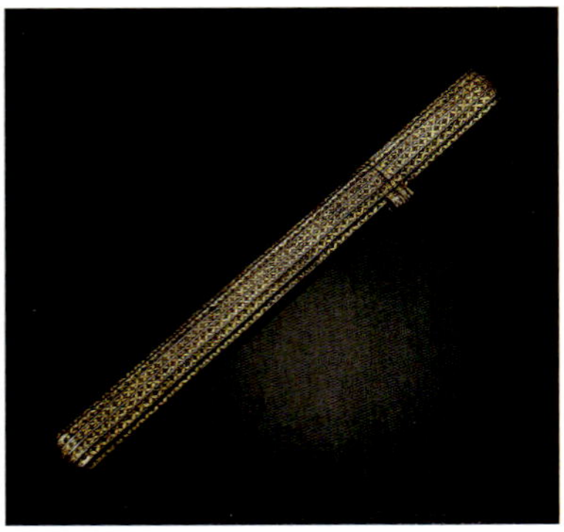

5067 明 铁质鋄金官造花卉纹信筒
估　价：RMB 50,000~100,000
成交价：RMB 57,500
长30cm 中国嘉德2020-12-02

96 19世纪 锡壶（一组五件）
估　价：GBP 800~1,200
成交价：RMB 73,263
最大高度11.5cm 伦敦佳士得2020-02-13

121 清光绪 锡制弦纹太白醉酒图诗文莱菔尊
估　价：RMB 3,000~5,000
成交价：RMB 17,250
高20cm 北京中汉2020-08-19

1673 清 沈存周诗文山水六瓣花形古锡托五客 附供箱
估　价：RMB 200,000~250,000
成交价：RMB 230,000
直径9.2cm×5 永乐拍卖2020-12-03

2919 清 锡盖盒
估　价：RMB 2,000
成交价：RMB 120,750
北京翰海2020-09-12

5014 清 沈存周制诗文锡茶叶罐(带加工布袋)
估　价：RMB 10,000~80,000
成交价：RMB 63,250
高8.5cm 中国嘉德2020-12-02

紫　砂

713 清早期 紫砂冬笋小摆件
估　价：NTD 600,000~950,000
成交价：RMB 157,080
长:8.3cm 罗芙奥2020-07-18

5 明末 时大彬制怀月壶
估　价：RMB 3,000,000
成交价：RMB 3,450,000
宽14.5cm；高10.8cm 上海匡时2020-08-05

3988 当代 蒋蓉制巧色果品文玩（十件套）
估　价：RMB 20,000~30,000
成交价：RMB 230,000
尺寸不一 中国嘉德2020-12-05

4721 顾景舟制假山雕塑（王度先生旧藏）
估　价：RMB 80,000~120,000
成交价：RMB 184,000
高18.5cm 江苏观宇2020-07-05

34 当代 徐秀棠制八大山人紫砂雕塑
估　价：RMB 50,000
成交价：RMB 92,000
高26.5cm 上海匡时2020-08-05

3030 清早期 白玉山居款朱泥秋水壶
估　价：RMB 50,000~60,000
成交价：RMB 172,500
宽11cm 中国嘉德2020-12-05

2035 清早期 大彬款梅尧臣诗意壶
成交价：RMB 22,425,000
长15.4cm；高5.8cm 中贸圣佳2020-10-17

2285 清早期 邵柏原制翼斋款朱泥高帽圆灯壶
估 价：RMB 160,000~220,000
成交价：RMB 195,500
10.5cm×12.9cm 西泠印社2020-08-08

3015 清早期 陈鸣远制款香款朱泥宫灯壶
估 价：RMB 160,000~170,000
成交价：RMB 184,000
宽10.8cm 中国嘉德2020-12-05

2176 明 “时鹏”款紫砂六瓣壶
估 价：RMB 150,000~250,000
成交价：RMB 207,000
长19.5cm；高11.5cm 古天一2020-10-16

3033 清早期 海涛纹宝字款朱泥瓮式壶
估 价：RMB 60,000~70,000
成交价：RMB 253,000
宽10.8cm 中国嘉德2020-12-05

3014 清早期 辛卯仲秋惠孟臣制朱砂笠帽壶式壶
估 价：RMB 30,000~40,000
成交价：RMB 345,000
宽9.8cm 中国嘉德2020-12-05

3009 清早期 鸣远诗句款朱砂平盖莲子壶
估 价：RMB 60,000~70,000
成交价：RMB 368,000
宽11.5cm 中国嘉德2020-12-05

23[illegible] 清早期 朱泥文旦壶
估 价：RMB 170,000~200,000
成交价：RMB 195,500
[illegible]1.[illegible]cm × 14.5cm 西泠印社2020-08-08

22[illegible] 清顺治 时大彬制紫泥隐元式大圆壶
估 价：RMB 1,600,000~2,500,000
成交价：RMB 1,955,000
18[illegible]cm × 26.5cm 西泠印社2020-08-08

20[illegible] 清乾隆 笨岩款泥绘山水诗文瓜棱壶
估 价：RMB 1,000,000~1,200,000
成交价：RMB 1,495,000
长[illegible]cm；高8cm 中贸圣佳2020-10-17

2337 清康熙 陈行素制片闲堂款朱泥六棱梨式壶
估 价：RMB 400,000~600,000
成交价：RMB 920,000
7cm × 10.7cm 西泠印社2020-08-08

56 清康雍 逸公款 朱泥六方壶
估 价：RMB 350,000
成交价：RMB 494,500
宽11.7cm；高6.4cm 上海匡时2020-08-05

2358 清乾隆 清香美玉款朱泥扁灯壶
估 价：RMB 280,000~350,000
成交价：RMB 322,000
5.1cm × 11.5cm 西泠印社2020-08-08

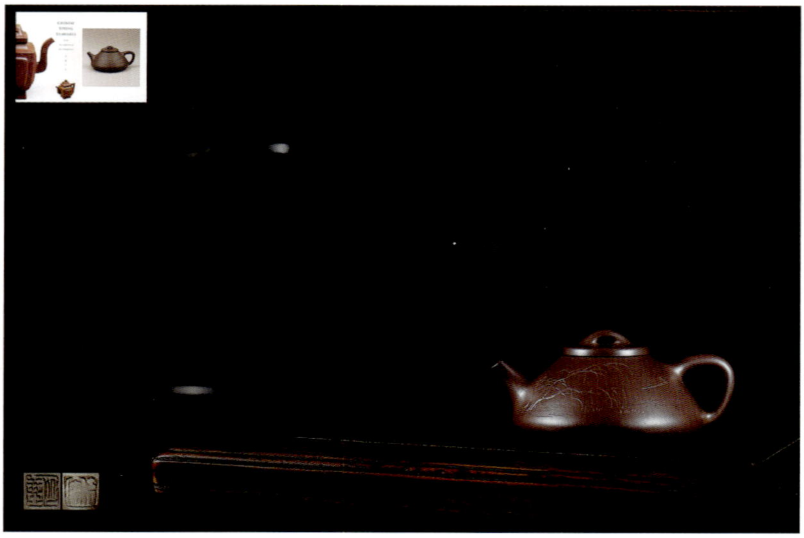

2340 清中期 瞿子冶为王发桂定制紫泥石瓢壶
估 价：RMB 1,600,000~2,200,000
成交价：RMB 3,047,500
6.9cm×15.3cm 西泠印社2020-08-08

2297 清中期 瞿子冶刻贞祥制石壶子繁款紫泥石瓢壶
估 价：RMB 2,700,000~3,200,000
成交价：RMB 4,140,000
7cm×15cm 西泠印社2020-08-08

1458 清中期 杨彭年造小安乐窝主人款朱泥合欢壶
估 价：RMB 220,000
成交价：RMB 402,500
上海嘉禾2020-01-05

2332 清中期 兰娟清品款莲浦刻冷金黄泥香雪壶
估 价：RMB 600,000~800,000
成交价：RMB 747,500
6.9cm×17.5cm 西泠印社2020-08-08

3048 清中期 杨彭年制巨凤喈印款紫泥三足周盘壶
估 价：RMB 500,000~600,000
成交价：RMB 724,500
宽15.2cm 中国嘉德2020-12-05

1830 清晚期 何心舟制石瓢壶
估 价：RMB 500,000~600,000
成交价：RMB 575,000
宽15cm 永乐拍卖2020-12-03

2914 清道光/咸丰 宜兴紫砂描金合欢壶
估 价：HKD 150,000~250,000
成交价：RMB 904,000
长18.6cm 佳士得2020-07-29

2035 清道光 大亨款大德钟壶
估　价：RMB 5,000,000~8,000,000
成交价：RMB 10,005,000
长1[illegible]8cm；高9.8cm 中贸圣佳2020-10-17

2042 清晚期 阿曼陀室彭年款扁石壶
估　价：RMB 1,200,000~1,800,000
成交价：RMB 1,610,000
长16cm；高6cm 中贸圣佳2020-10-17

1848 清道光 行有恒堂定制诗文紫砂壶
估　价：RMB 1,200,000~1,500,000
成交价：RMB 1,380,000
高8.8cm；长15.2cm 永乐拍卖2020-12-03

2357 清晚期 黄玉麟制紫泥笠荫壶
估　价：RMB 120,000~150,000
成交价：RMB 345,000
7.3cm×16.8cm 西泠印社2020-08-08

2379 清晚期 玉成窑何心舟制并刻曼陀华馆款棋奁壶
成交价：RMB 218,500
8.3cm×15cm 西泠印社2020-08-08

2345 清晚期 玉成窑何心舟制并刻直汲壶
估　价：RMB 500,000~800,000
成交价：RMB 747,500
13.8cm×14cm 西泠印社2020-08-08

1834 当代 高海庚制双龙提梁壶
估　价：RMB 450,000~550,000
成交价：RMB 483,000
宽17cm；高15.5cm 永乐拍卖2020-12-03

2288 清末民国 俞国良制朱泥大红袍汉扁壶
估　价：RMB 220,000~280,000
成交价：RMB 253,000
8cm×18.6cm 西泠印社2020-08-08

28 民国 顾景舟制水平壶套组
估　价：RMB 180,000
成交价：RMB 368,000
宽9.6cm；高5.5cm 上海匡时2020-08-05

3047 当代 高振宇制紫泥调砂扁觯壶
估　价：RMB 280,000~300,000
成交价：RMB 425,500
宽14cm 中国嘉德2020-12-05

1849 现代 顾景舟制石瓢壶
估　价：RMB 2,000,000~2,500,000
成交价：RMB 2,300,000
宽17.5cm 永乐拍卖2020-12-03

2264 当代 高振宇制紫泥调砂玉盉壶
估　价：RMB 380,000~400,000
成交价：RMB 517,500
宽14.1cm 中国嘉德2020-08-17

18 当代 蒋蓉制青蛙荷花套壶
估 价：RMB 650,000~850,000
成交价：RMB 1,380,000
尺寸不一 上海敬华2020-09-22

2899 当代 唐彬杰制玉钟壶三式（3件）
估 价：RMB 10,000~15,000
成交价：RMB 517,500
宽12.2cm；宽11.6cm；宽12.6cm
中国嘉德2020-12-05

6 当代 顾绍培制顾氏八式
估 价：RMB 250,000
成交价：RMB 299,000
尺寸不一 上海匡时2020-08-05

2890 当代 周桂珍制谭泉海铭书画曼生提壶
估 价：RMB 10,000~15,000
成交价：RMB 299,000
高14cm 中国嘉德2020-12-05

2[illegible]91 当代 吕尧臣制熊猫壶
估 价：RMB 10,000~15,000
成交价：RMB 437,000
[illegible].5cm 中国嘉德2020-12-05

2911 当代 徐汉棠制铺砂方壶
估 价：RMB 10,000~15,000
成交价：RMB 356,500
宽18cm 中国嘉德2020-12-05

29 当代 朱可心制鱼化龙壶
估 价：RMB 120,000
成交价：RMB 287,500
宽19cm；高10cm 上海匡时2020-08-05

2373 当代 顾景舟制大亨款紫泥大口扁腹壶
估　价：RMB 600,000~1,000,000
成交价：RMB 1,495,000
8cm×18cm 西泠印社2020-08-08

2308 当代 李涵鸣降坡泥风卷葵壶
估　价：RMB 150,000~180,000
成交价：RMB 172,500
9cm×17cm 西泠印社2020-08-08

2280 当代 刘景制段泥“稚”对壶
估　价：RMB 380,000~450,000
成交价：RMB 471,500
7.8cm×9.3cm；3.1cm×11cm
西泠印社2020-08-08

2353 当代 蒋蓉制荷叶青蛙壶
估　价：RMB 90,000~120,000
成交价：RMB 264,500
11.5cm×19cm 西泠印社2020-08-08

2376 当代 芦昕健制朱泥鉴心壶
估　价：RMB 150,000~220,000
成交价：RMB 253,000
8.3cm×12cm 西泠印社2020-08-08

[illegible]73[illegible] 当代 顾景舟 提壁壶
估 价：RMB 2,000,000~5,000,000
成交价：RMB 9,257,500
长[illegible].5cm；高13.5cm 北京翰海2020-12-11

40 陈鸣远 南瓜壶
估 价：MOP 450,000
成交价：RMB 844,096
12.8cm × 9.3cm × 6.4cm 香港贞观2020-08-30

1850 曼生制桥线井栏壶
估 价：RMB 2,200,000~2,500,000
成交价：RMB 2,530,000
宽16cm 永乐拍卖2020-12-03

2048 清早期 陈汉文制盖盒
估 价：RMB 150,000~200,000
成交价：RMB 264,500
12cm × 8cm 中贸圣佳2020-10-17

2053 清康熙 橙斋款菱花杯
估 价：RMB 100,000~120,000
成交价：RMB 207,000
长7.3cm 中贸圣佳2020-10-17

2386 当代 吴云峰制“居山”“凌香”对壶
估 价：RMB 200,000~280,000
成交价：RMB 322,000
6cm × 10.2cm；10.5cm × 11.5cm
西泠印社2020-08-08

811 时大彬制德钟壶
估 价：RMB 500,000~1,500,000
成交价：RMB 575,000
10cm×8cm×9cm 朵云轩2020-09-24

812 汤渡合作社绿泥仿古壶
估 价：RMB 3,000,000~9,000,000
成交价：RMB 3,450,000
17cm×12.5cm×8.5cm 朵云轩2020-09-24

2071 唐彬杰六方提梁壶
估 价：RMB 550,000~600,000
成交价：RMB 690,000
长21cm；高19.2cm 中贸圣佳2020-10-17

2088 清康熙 澄浆泥正龙纹蟋蟀罐（一对）
估 价：RMB 65,000~95,000
成交价：RMB 89,700
高9cm×2 古天一2020-10-16

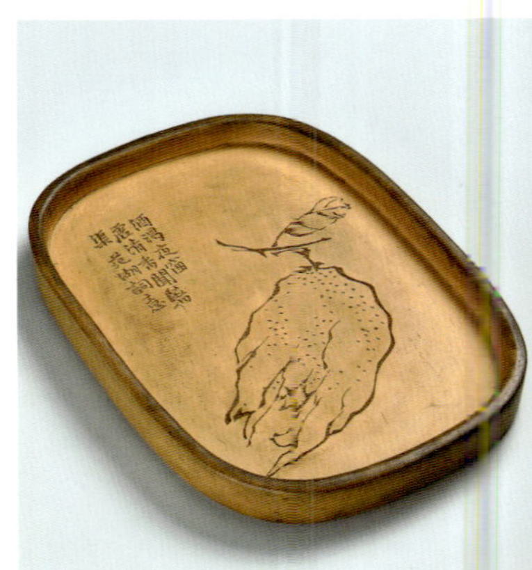

2054 清 王东石制周闲款佛手秀盘
估 价：RMB 180,000~250,000
成交价：RMB 207,000
长22.9cm；宽15.9cm 中贸圣佳2020-10-17

2074 唐彬杰 禅松花器
估 价：RMB 1,000,000~1 200,000
成交价：RMB 1,265,000
长16.6cm；高15.5cm 中贸圣佳2020-10-17

2039 清雍正 珐琅彩紫砂兽耳瓶
估　价：RMB 2,200,000~2,600,000
成交价：RMB 2,990,000
高34[illegible]cm 中贸圣佳2020-10-17

4795 三寅仙制葡萄杯
估　价：RMB 180,000~200,000
成交价：RMB 713,000
高6cm　宽12cm 江苏观宇2020-07-05

2255 民国 任淦庭、蒋永西刻紫泥粉浆大赏瓶
估　价：RMB 280,000~350,000
成交价：RMB 517,500
46.5cm×23cm 西泠印社2020-08-08

2307 清中期 亨慎制紫泥粉彩盖碗
估　价：RMB 100,000~120,000
成交价：RMB 115,000
杯8cm×10cm×2；
托盏3.6cm×16.5cm×2 西泠印社2020-08-08

2368 民国 裴石民制紫泥四方折角方斗盆
估　价：RMB 45,000~60,000
成交价：RMB 51,750
7.9cm×9cm×8.7cm 西泠印社2020-08-08

漆　器

3695 唐 “大唐雷氏斫”仲尼式古琴
估　价：RMB 6,500,000~8,500,000
成交价：RMB 7,475,000
通长122cm 中国嘉德2020-08-16

3696 宋 “龙云虎风”仲尼式古琴
估　价：RMB 6,000,000~8,000,000
成交价：RMB 6,900,000
通长121cm 中国嘉德2020-08-16

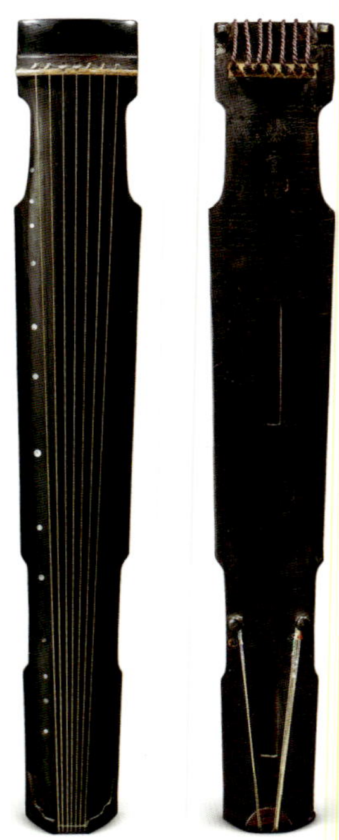

3694 元 “碧云深”仲尼式古琴
估　价：RMB 1,650,000~2,800,000
成交价：RMB 2,530,000
通长121cm 中国嘉德2020-08-16

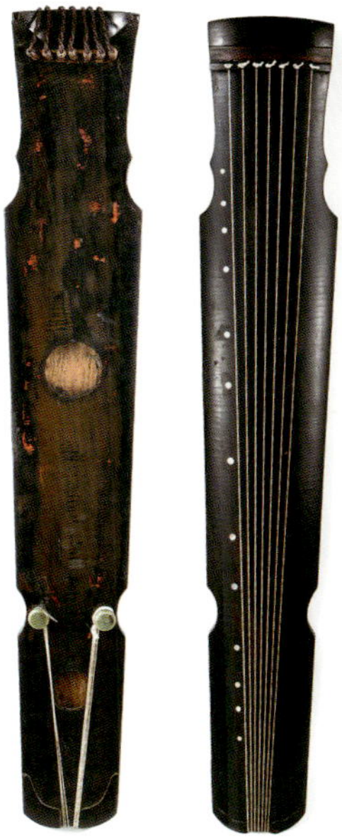

1538 元 凤嗉式琴田家青制琴桌
估 价：RMB 4,000,000~5,000,000
成交价：RMB 5,980,000
总长121cm 中贸圣佳2020-10-16

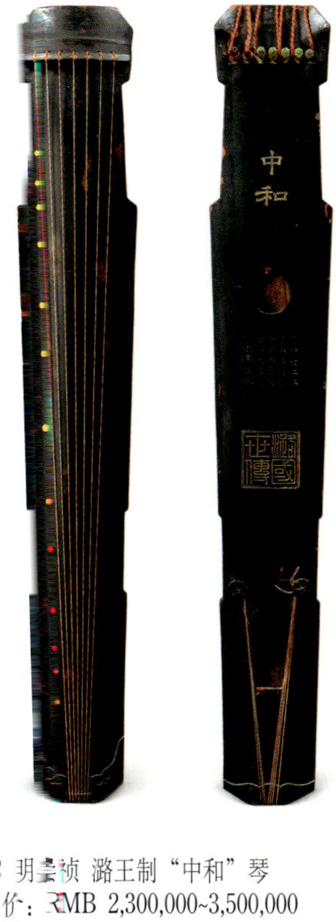

3692 明崇祯 潞王制“中和”琴
估 价：RMB 2,300,000~3,500,000
成交价：RMB 5,175,000
通长120cm 中国嘉德2020-08-16

1537 明成化 宪宗御制洛象琴
估 价：RMB 8,000,000~12,000,000
成交价：RMB 11,270,000
总长119.5cm 中贸圣佳2020-10-16

6249 明 “铁鹤舞”仲尼式琴
估 价：RMB 1,600,000~2,600,000
成交价：RMB 2,070,000
琴长126.5cm 北京保利2020-10-20

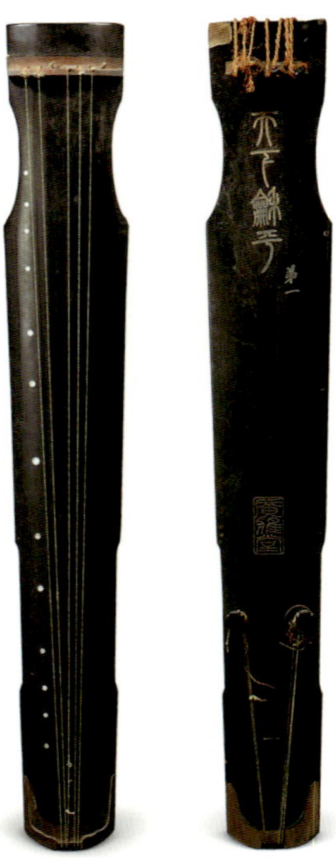

3691 清光绪 张之洞第一号“天下和平”仲尼式古琴
估 价：RMB 200,000~500,000
成交价：RMB 2,990,000
通长121.5cm 中国嘉德2020-08-16

39 当代 李明忠制大小蕉叶式百衲琴
估 价：RMB 1,500,000
成交价：RMB 3,450,000
大蕉叶通长121.5cm 上海匡时2020-08-05

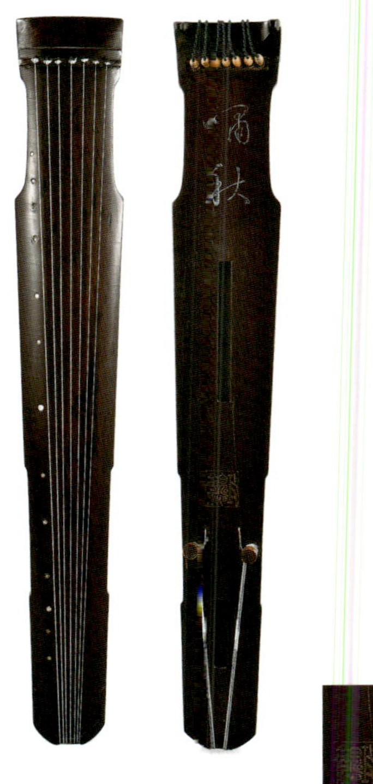

1539 攻媿斋啸秋琴
估 价：RMB 1,800,000~2,000,000
成交价：RMB 2,530,000
全长123cm 中贸圣佳2020-10-16

2686 清乾隆 剔红雕山水人物纹如意
估　价：RMB 100,000~200,000
成交价：RMB 207,000
长47cm 中国嘉德2020-08-18

2813 南宋/元 彩漆圆形大盘
估　价：HKD 300,000~500,000
成交价：RMB 316,400
直径31.8cm 佳士得2020-07-09

6471 清嘉庆 卢葵生制紫漆观音坐像
估　价：RMB 1,300,000~2,300,000
成交价：RMB 2,012,500
高21cm 北京保利2020-10-20

106 宋 褐漆盏托
估　价：HKD 500,000~700,000
成交价：RMB 654,696
长16.3cm 香港苏富比2020-10-09

13 宋/元　剔黑牡丹纹小盘
估　价：EUR 12,000~18,000
成交价：RMB 99,273
直径14.3cm 巴黎佳士得2020-06-23

15 元 剔红富贵花纹圆盖盒
估　价：EUR 25,000~30,000
成交价：RMB 397,093
直径15.2cm 巴黎佳士得2020-06-23

2099 元 剔犀如意纹盘
估　价：RMB 95,000
成交价：RMB 161,000
直径22.5cm 中贸圣佳2020-12-08

1810 元 剔红访友图葵瓣盘
估 价：RMB 3,800,000~5,800,000
成交价：RMB 6,325,000
直径32cm 华艺国际2020-10-16

3657 元 剔红花鸟纹五撞方盒
估 价：HKD 600,000~800,000
成交价：RMB 982,044
长26cm 香港苏富比2020-10-09

14 元 剔红桃花源记图大盘
估 价：EUR 35,000~50,000
成交价：RMB 595,640
直径31.6cm 巴黎佳士得2020-06-23

43 元 剔红花鸟纹盘
估 价：HKD 600,000~800,000
成交价：RMB 1,964,088
长31.8cm 香港苏富比2020-10-09

59 元 朱面剔犀卷草纹盏托
估 价：HKD 500,000~700,000
成交价：RMB 763,812
长16.5cm 香港苏富比2020-10-09

110 明永乐 剔红缠枝石榴花盖盒
估 价：HKD 16,000,000~18,000,000
成交价：RMB 13,609,720
直径31.5cm 香港苏富比2020-07-11

435 元至明 黑漆嵌螺钿庭园人物图双屉八方捧盒
估 价：HKD 80,000~120,000
成交价：RMB 297,023
宽32cm 香港苏富比2020-06-05

3631 15—16世纪 剔彩高士垂钓图倭角方盘
估 价：HKD 200,000~300,000
成交价：RMB 452,000
长17.8cm 香港苏富比2020-07-11

7 宋 朱漆葵式盏托
估 价：HKD 200,000~300,000
成交价：RMB 1,091,160
长16.3cm 香港苏富比2020-10-09

939 南宋至元 剔彩牡丹栀子纹戗金双凤穿花纹香盘
估 价：RMB 850,000~1,500,000
成交价：RMB 1,012,000
直径19.2cm 永乐拍卖2020-12-02

1409 明永乐 剔红携琴访友捧盒
估 价：RMB 400,000~600,000
成交价：RMB 828,000
直径13.8cm 中贸圣佳2020-10-16

6273 明末清初 剔红双凤穿花方盘
估 价：RMB 400,000~500,000
成交价：RMB 460,000
宽35cm 北京保利2020-10-20

3630 15世纪 剔红牡丹图盘
估 价：HKD 200,000~300,000
成交价：RMB 508,500
长17.5cm 香港苏富比2020-07-11

5084 明弘治 剔黑花鸟大盘
估　价：RMB 2,600,000~3,600,000
成交价：RMB 2,990,000
直径41cm 北京保利2020-10-19

1809 清乾隆 剔彩“福寿双全”纹双桃形大捧盒
估　价：RMB 3,500,000~4,500,000
成交价：RMB 4,485,000
55cm × 40cm × 19cm 华艺国际2020-10-16

3634 16—17世纪 剔红高士图双屉葵花式盖盒连座（一对）
估　价：HKD 300,000~500,000
成交价：RMB 621,500
总高 14.3cm × 2 香港苏富比2020-07-11

4520 明 剔红花卉纹碗
估　价：RMB 120,000~150,000
成交价：RMB 138,000
高6cm；直径12.7cm 西泠印社2020-08-09

6269 明 黑漆包锡描金龙纹多层盒
估　价：RMB 400,000~600,000
成交价：RMB 747,500
高26cm 北京保利2020-10-20

1542 明 剔红弥勒童子菱口方盘
估　价：RMB 200,000~300,000
成交价：RMB 402,500
长14.5cm 华艺国际2020-10-16

1602 18世纪 剔红缠枝牡丹八吉祥“大吉”葫芦瓶
估　价：USD 5,000~7,000
成交价：RMB 723,881
高37.4cm 纽约佳士得2020-09-25

5085 清乾隆 剔彩舞蝶纹宫车式香盒
估 价：RMB 1,000,000~1,500,000
成交价：RMB 1,495,000
27.2cm × 20.2cm × 24.5cm 北京保利2020-10-19

938 清乾隆 御题诗脱胎菊瓣盖碗
估 价：RMB 2,600,000~3,500,000
成交价：RMB 2,990,000
直径10.7cm；高9.9cm 永乐拍卖2020-12-02

2691 清乾隆 剔彩云龙纹捧盒
估 价：RMB 550,000~750,000
成交价：RMB 805,000
直径28.8cm 中国嘉德2020-08-18

1060 清乾隆 剔红赤螭宝盒
估 价：RMB 800,000~1,000,000
成交价：RMB 920,000
长25cm 永乐拍卖2020-08-17

634 清乾隆 剔红海水龙纹经盒
估 价：USD 40,000~60,000
成交价：RMB 473,388
长35.3cm 纽约苏富比2020-09-23

3660 清乾隆 剔红海水云龙纹圆盖盒
估 价：HKD 400,000~600,000
成交价：RMB 818,370
直径36.6cm 香港苏富比2020-10-09

3662 清乾隆 剔红九龙宝盒
估 价：HKD 400,000~600,000
成交价：RMB 542,400
直径28.2cm 香港苏富比2020-07-11

1603 18世纪 剔彩开光芝仙祝寿海棠式盆及座（一对）
估 价：USD 5,000~7,000
成交价：RMB 323,618
直径25.8cm × 2 纽约佳士得2020-09-25

3662 清乾隆 剔红榴开百子盖壶
估　价：HKD 240,000~300,000
成交价：RMB 1,854,972
高14.3cm 香港苏富比2020-10-09

4521 清乾隆 剔红兽面纹朝冠耳炉
估　价：RMB 260,000~380,000
成交价：RMB 368,000
带盖高15cm 西泠印社2020-08-09

844 明嘉靖 剔红双龙捧珠纹屏心
估　价：HKD 220,000~280,000
成交价：RMB 337,220
直径32cm 中国嘉德2020-10-10

1059 明 剔红凤鹤祝寿纹官皮箱
估　价：RMB 1,800,000~2,800,000
成交价：RMB 2,530,000
24.5cm×32.8cm×33.5cm 永乐拍卖2020-08-17

3616 明万历 朱漆人物图顶箱柜成对
估　价：RMB 1,000~2,000
成交价：RMB 345,000
112cm×51.5cm×262cm×2
中国嘉德2020-08-16

2835 清乾隆 御用剔红“羲之观鹅图”笔筒
估　价：HKD 800,000~1,000,000
成交价：RMB 905,250
高10.8cm 佳士得2020-11-30

897 清乾隆 剔彩十八应真图笔筒（一对）
估　价：RMB 1,600,000~2,000,000
成交价：RMB 2,012,500
高14.5cm×2 中贸圣佳2020-10-17

925 18/19世纪 御制剔红云龙纹炕柜
估　价：USD 25,000~35,000
成交价：RMB 357,945
高55.8cm 纽约佳士得2020-09-24

匏　器

1484 清 匏器（一组五件）
估　价：RMB 10,000~20,000
成交价：RMB 126,500
尺寸不一 广东崇正2020-09-13

4582 清 吴咨款诗文葫芦挂件
估　价：RMB 18,000~30,000
成交价：RMB 20,700
高18.5cm 西泠印社2020-08-09

4519 匏制八骏诗文灯笼瓶（一对）
估　价：RMB 1,000~2,000
成交价：RMB 13,800
高25cm×2 中国嘉德2020-11-12

5634 匏制鬼谷子下山人物故事图小天球瓶（一对）
估　价：RMB 1,000~2,000
成交价：RMB 9,200
高28cm；高27cm 中国嘉德2020-07-17

4525 匏制竹石芭蕉图玉壶春瓶
估　价：RMB 6,000~9,000
成交价：RMB 13,800
高24.3cm 中国嘉德2020-11-12

织　绣

124 元/明早期 锦绣明王团饰
估　价：GBP 20,000~30,000
成交价：RMB 597,850
直径76.8cm 伦敦佳士得2020-11-03

67 16世纪 刺绣水波游龙纹补子
估　价：EUR 6,000~8,000
成交价：RMB 69,491
35.5cm×37cm 巴黎佳士得2020-06-23

27 明万历 黄缎织彩云金龙纹袍料
估　价：GBP 10,000~15,000
成交价：RMB 383,018
226.5cm×125cm 伦敦苏富比2020-06-15

65 17世纪末 宁夏花卉纹地毯
估　价：EUR 15,000~20,000
成交价：RMB 198,547
260cm×204cm 巴黎佳士得2020-06-23

5025 清康熙 御制彩绣耕织图（四幅）
估 价：RMB 2,200,000~4,200,000
成交价：RMB 2,530,000
46cm×37cm×4 北京保利2020-10-19

2554 清早期 御制宋锦缠枝花卉画囊
估 价：RMB 1,000~2,000
成交价：RMB 207,000
90cm×41cm 中国嘉德2020-08-18

3637 明末至清初 缂丝群仙贺寿挂福
估 价：HKD 800,000~1,200,000
成交价：RMB 904,000
267cm×195.6cm 香港苏富比2020-07-11

44 18世纪 缂丝花鸟奇石图对轴
估 价：HKD 20,000~30,000
成交价：RMB 364,400
长117.5cm×2 佳士得2020-04-21

1153 清乾隆 缂丝画婴戏图挂屏
估　价：RMB 1,600,000~1,800,000
成交价：RMB 1,840,000
80cm × 120cm 华艺国际2020-10-16

29 清乾隆 黄地缎绣五龙赶珠纹垫面
估　价：GBP 15,000~25,000
成交价：RMB 164,151
70cm × 68cm 伦敦苏富比2020-06-15

5097 清乾隆 明黄色绸盘金银彩绣云蝠万寿金龙纹十二章龙袍
估　价：RMB 800,000~1,200,000
成交价：RMB 1,150,000
155cm × 215cm 北京保利2020-10-19

76 清乾隆 刺绣博古图挂屏
估　价：EUR 5,000~20,000
成交价：RMB 158,837
124.8cm × 46.2cm 巴黎佳士得2020-06-23

1624 清乾隆/嘉庆 石青地团龙纹缂丝补服
估　价：USD 80,000~120,000
成交价：RMB 510,975
长119cm，宽174.6cm
纽约佳士得2020-09-25

3088 清道光 黄地刺绣云龙戏珠纹桌帷
估　价：HKD 500,000~700,000
成交价：RMB 479,250
95cm × 245cm 佳士得2020-11-30

3749 清嘉庆 龙纹栽绒抱柱毯
估　价：RMB 80,000~120,000
成交价：RMB 575,000
249cm×78cm 中国嘉德2020-12-04

6252 清中期 花鸟、婴戏双面缂丝挂屏
估　价：RMB 120,000~200,000
成交价：RMB 230,000
46.2cm×55.4cm 北京保利2020-10-20

78 19世纪 红木框百鸟图刺绣挂屏一对
估　价：EUR 10,000~20,000
成交价：RMB 317,674
110.5cm×72cm×2 巴黎佳士得2020-06-23

3580 清中期 龙纹栽绒抱柱毯
估　价：RMB 200,000~300,000
成交价：RMB 287,500
419cm×84cm 中国嘉德2020-08-16

201 清光绪 御制杏黄地金龙十二章吉服袍
估　价：GBP 18,000~22,000
成交价：RMB 760,900
长147cm 伦敦佳士得2020-11-03

3001 清 御制黄缎地云锦海水云龙纹战袍
成交价：RMB 460,000
甲长77cm；下摆长83cm 中鸿信2020-01-03

3769 清晚期 珊瑚红地花鸟清供图栽绒地毯
估　价：RMB 30,000~50,000
成交价：RMB 368,000
354cm×273cm 中国嘉德2020-12-04

3090 清道光 杏黄地缂丝金龙彩云纹皇太子龙袍
估　价：HKD 500,000~700,000
成交价：RMB 532,500
长144cm 佳士得2020-11-30

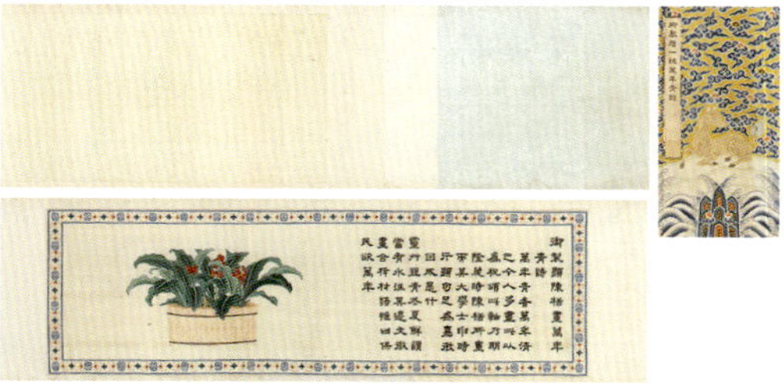

760 清乾隆 御制题陈栝画万年青诗卷 手卷
估 价：RMB 2,600,000~3,600,000
成交价：RMB 5,060,000
39cm×128cm 永乐拍卖2020-08-17

470 清 缂丝八大菩萨 镜框
估 价：RMB 500,000~800,000
成交价：RMB 805,000
（两幅）78cm×136cm 上海匡时2020-08-05

3007 清 刺绣释迦牟尼佛与十八罗汉
估 价：RMB 120,000~150,000
成交价：RMB 138,000
154cm×288cm 中鸿信2020-01-03

79 孙璜款 庭院人物 六条屏 设色纸本 屏风
题识：古吴孙璜摹实父翁笔；钤印：孙璜之印、尚甫
估 价：EUR 50,000~70,000
成交价：RMB 546,003
112cm×242cm 巴黎佳士得2020-06-23

玻璃器

2030 明 弦纹琉璃盏
成交价：RMB 34,500
直径15.4cm 中鸿信2020-01-03

5068 商至唐 梯形黄金琉璃金珠玉贝币玛瑙组佩
估　价：RMB 290,000~600,000
成交价：RMB 333,500
通长8cm 西泠印社2020-08-10

1885 清雍正 白料磨花香插
估　价：RMB 350,000~450,000
成交价：RMB 402,500
高14cm 北京保利2020-12-05

2908 18世纪 白套红料络子尊
估　价：HKD 300,000~500,000
成交价：RMB 339,000
高22cm 佳士得2020-07-09

974 清乾隆 宝石红玻璃并蒂菊花纹直筒杯
估　价：RMB 250,000~350,000
成交价：RMB 287,500
高8cm；直径9.2cm 永乐拍卖2020-12-02

2297 清乾隆 黄料橄榄瓶
估　价：RMB 30,000~50,000
成交价：RMB 132,250
高18cm 北京翰海2020-12-12

5741 清乾隆 黄料花鸟纹碗
估　价：RMB 60,000~80,000
成交价：RMB 109,250
直径28.5cm 北京保利2020-10-20

1886 清乾隆 黄料瓶
估　价：RMB 300,000~500,000
成交价：RMB 345,000
5.3cm×5.3cm×7.8cm 北京保利2020-12-05

548 蜻蜓眼琉璃珠
估　价：RMB 200,000~400,000
成交价：RMB 460,000
直径2cm；高2cm 上海匡时2020-08-05

971 清乾隆 透明料描金撇口方尊
估 价：RMB 800,000~1,000,000
成交价：RMB 920,000
高25cm 永乐拍卖2020-12-02

547 蜻蜓眼琉璃珠
估 价：RMB 200,000~400,000
成交价：RMB 483,000
直径2cm；高1.8cm 上海匡时2020-08-05

1799 清乾隆 蓝宝石玻璃纸槌瓶
估 价：USD 10,000~15,000
成交价：RMB 255,488
高20cm 纽约佳士得2020-09-25

1797 清乾隆 石榴红玻璃长颈瓶
估 价：USD 12,000~18,000
成交价：RMB 383,231
高22cm 纽约佳士得2020-09-25

金银器

5082 商至辽 铜鎏银凤形、雀图牌饰（一对）
估　价：RMB 35,000~50,000
成交价：RMB 46,000
通长40-45mm 西泠印社2020-08-10

866 春秋 纯金兽面纹带钩
估　价：HKD 150,000~200,000
成交价：RMB 153,282
长7.2cm；重30g 中国嘉德2020-10-10

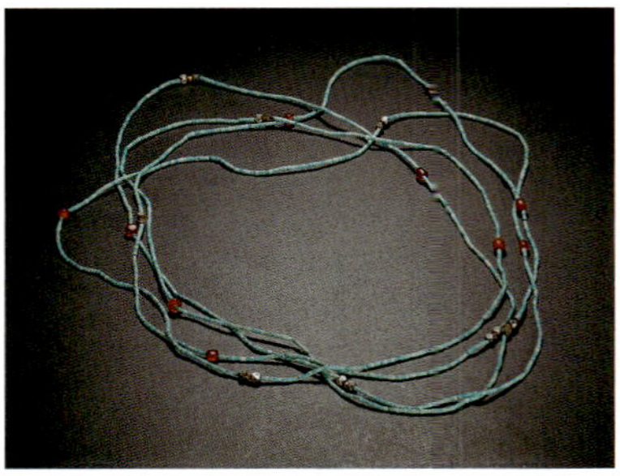

5074 战国 顶级小米松金银玛瑙珠串
估　价：RMB 82,000~120,000
成交价：RMB 94,300
通长208mm 西泠印社2020-08-10

405 汉 金质螭龙纹带饰
估　价：HKD 60,000~80,000
成交价：RMB 202,677
宽11cm 中国嘉德2020-07-13

11 春秋 金虎首形饰
估　价：GBP 30,000~50,000
成交价：RMB 1,087,000
高3.2cm；重34.1g 伦敦佳士得2020-11-03

869 唐 银鎏金花鸟人物耳杯
估　价：HKD 350,000~450,000
成交价：RMB 357,658
宽15cm 中国嘉德2020-10-10

5073 战国 碟型金珠鎏金铜贝珠串
估　价：RMB 90,000~200,000
成交价：RMB 103,500
通长80mm 西泠印社2020-08-10

950 唐早期 金包绿松石嵌松石莲纹带扣
估　价：HKD 120,000~220,000
成交价：RMB 120,643
宽10cm 保利香港2020-12-02

948 宋 纯金奔鹿纹霞披坠
估　价：HKD 40,000~60,000
成交价：RMB 163,501
高8.4cm 中国嘉德2020-10-10

949 宋 纯金龙柄耳杯
估　价：HKD 80,000~120,000
成交价：RMB 265,689
长10.1cm 中国嘉德2020-10-10

955 宋 纯金质莲花座狮摆件
估　价：HKD 250,000~350,000
成交价：RMB 296,345
高11.6cm 中国嘉德2020-10-10

953 宋 纯金人物三连套盒
估　价：HKD 150,000~200,000
成交价：RMB 153,282
宽7.6cm 中国嘉德2020-10-10

946 宋 纯金带链金兽
估　价：HKD 20,000~30,000
成交价：RMB 83,794
宽4.9cm 中国嘉德2020-10-10

952 宋 纯金人物花卉纹手镯（一对）
估　价：HKD 50,000~70,000
成交价：RMB 51,094
长6.8cm×2 中国嘉德2020-10-10

956 宋 纯金质鬲式炉
估　价：HKD 400,000~600,000
成交价：RMB 408,752
直径9.2cm 中国嘉德2020-10-10

950 宋 金银玉舍利套盒（一组）
估　价：HKD 100,000~150,000
成交价：RMB 122,626
直径4.2cm 中国嘉德2020-10-10

2875 元 金麒麟
估　价：HKD 120,000~180,000
成交价：RMB 135,600
高7.3cm 佳士得2020-07-09

868 宋 花鸟纹银盘金盏（一套）
估　价：HKD 150,000~200,000
成交价：RMB 153,282
直径7cm 中国嘉德2020-10-10

2706 明 纯金刻“君奉酒”羽殇杯
估　价：RMB 50,000~80,000
成交价：RMB 207,000
长11.5cm 中鸿信2020-01-03

2011 明 纯金累丝嵌宝镂空龙纹方炉
估　价：RMB 250,000~350,000
成交价：RMB 322,000
高15.2cm 中鸿信2020-01-03

2009 明 纯金镶嵌宝石累丝提梁壶
估　价：RMB 180,000~250,000
成交价：RMB 218,500
高19.7cm 中鸿信2020-01-03

3997 明 金质螭龙耳杯及螭龙纹盏托
估　价：RMB 80,000~120,000
成交价：RMB 368,000
杯高6.5cm，直径7.8cm；托盏直径13.5cm
西泠印社2020-08-09

954 明 金质嵌宝花卉双耳杯
估　价：HKD 150,000~200,000
成交价：RMB 153,282
长12cm；重131g 中国嘉德2020-10-10

5101 明 金质浮雕鸳鸯纹盏托（一套）
估　价：RMB 450,000~800,000
成交价：RMB 563,500
托盘直径16cm；总高9.3cm
中国嘉德2020-12-02

82 明 银鎏金龙纹板
估　价：RMB 120,000~150,000
成交价：RMB 149,500
长15.4cm；宽19.8cm 北京中汉2020-08-19

5119 明 银仿剔犀香盒
估　价：RMB 400,000~600,000
成交价：RMB 517,500
直径7cm 北京保利2020-10-19

5120 明 银鎏金錾刻婴戏图枕
估　价：RMB 350,000~550,000
成交价：RMB 782,000
长55cm 北京保利2020-10-19

5024 明 金质龙纹嵌宝石圆壶
估　价：RMB 1,500,000~3,000,000
成交价：RMB 5,635,000
高25cm；底径7cm 中国嘉德2020-08-18

2745 清乾隆 金累丝八吉祥蝠纹如意
估　价：RMB 650,000~800,000
成交价：RMB 1,150,000
长24.2cm 中鸿信2020-01-03

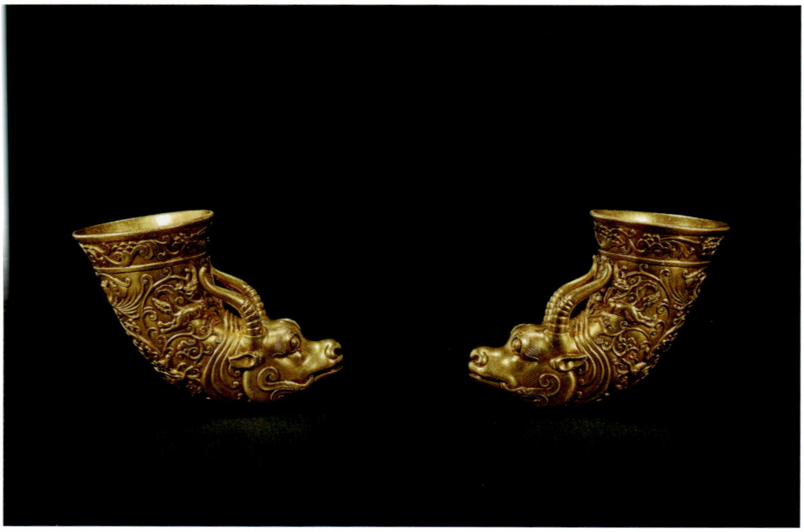

5012 清乾隆 金质牛首“周兕觥 乾隆御制”来通杯
估　价：RMB 3,000,000~6,000,000
成交价：RMB 4,887,500
高9.5cm；口径7.1cm 中国嘉德2020-12-02

5036 清早期 金质嵌宝石火镰
估　价：RMB 40,000~80,000
成交价：RMB 207,000
长5.2cm；宽4.6cm 中国嘉德2020-08-18

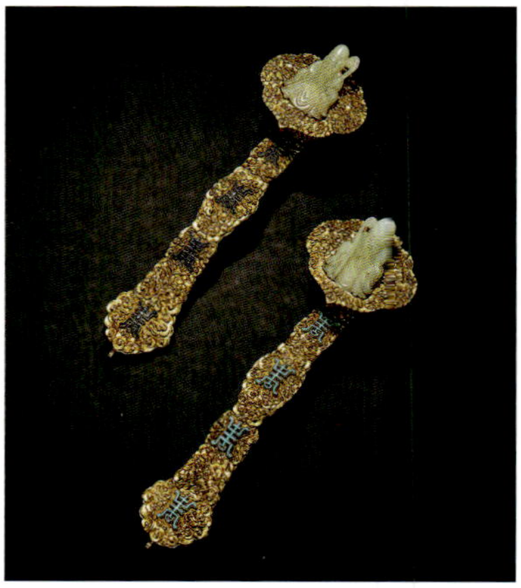

5022 清乾隆 金质高浮雕祥云纹嵌绿松石、青金石寿、白玉寿星如意（一对）
估　价：RMB 200,000~300,000
成交价：RMB 632,500
长19.5cm×2 中国嘉德2020-12-02

5012 清乾隆 铜质鎏金镂空八宝纹十二更辰钟
估　价：RMB 200,000~400,000
成交价：RMB 230,000
高7.5cm；直径11.8cm 中国嘉德2020-08-18

6147 清乾隆 金雕螭龙兽面镂空高足羽觞杯
估 价：RMB 800,000~1,200,000
成交价：RMB 1,058,000
长17.6cm；重972g 北京保利2020-10-20

5051 清光绪 金质“御赐冯子材”麒麟（一对）
估 价：RMB 2,600,000~5,000,000
成交价：RMB 4,485,000
底座25cm × 15.5cm × 7.3cm × 2；
麒麟19.5cm × 7.4cm × 22.5cm × 2
中国嘉德2020-12-02

5046 19世纪 宝格丽博物馆藏银质海伦娜公主雕塑
估 价：RMB 250,000~500,000
成交价：RMB 287,500
高45.5cm 中国嘉德2020-12-02

5054 清 金质镂空花卉纹高足果盘
估 价：RMB 900,000~1,500,000
成交价：RMB 1,035,000
高23.5cm；口径27cm 中国嘉德2020-12-02

5003 19世纪 银质鎏金盘羊手镯
估 价：RMB 3,000~6,000
成交价：RMB 55,200
直径7.5cm 中国嘉德2020-08-18

5032 清 银质局部鎏金百寿纹“大清乾隆年敬造”五供
估 价：RMB 1,000,000~1,500,000
成交价：RMB 1,265,000
尺寸不一 中国嘉德2020-08-18

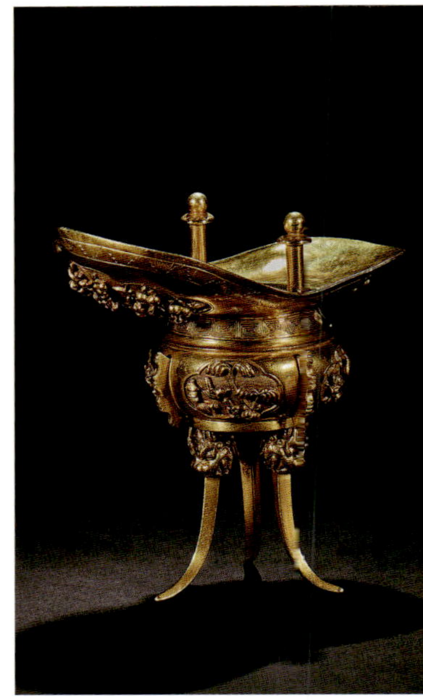

5057 清 金质花卉纹爵杯
估 价：RMB 150,000~300,000
成交价：RMB 368,000
高11cm 中国嘉德2020-08-18

3996 清 金质天宫乐舞图花式供盒（一对）
估 价：RMB 30,000~50,000
成交价：RMB 184,000
9cm × 6.8cm；9cm × 7cm
西泠印社2020-08-09

5027 清 银质宣统香炉（一件）
估 价：RMB 300,000~500,000
成交价：RMB 345,000
高57cm；宽33cm 中国嘉德2020-12-02

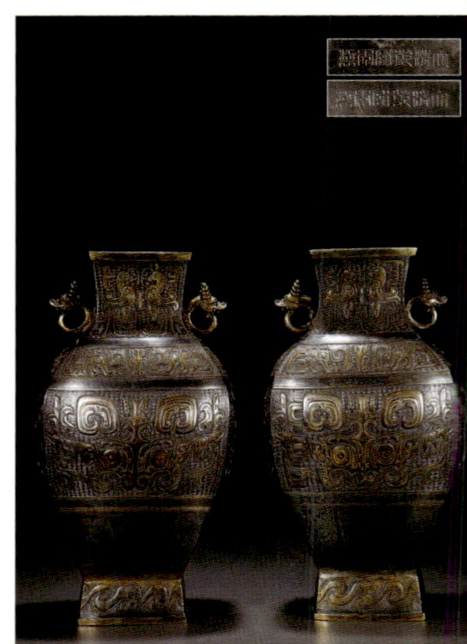

3892 清 银鎏金龙耳兽面纹方罍瓶（一对）
估 价：RMB 160,000~200,000
成交价：RMB 207,000
高37.5cm；高37.6cm 西泠印社2020-08-09

3934 鼠来宝金壶
估 价：RMB 350,000~480,000
成交价：RMB 402,500
高15cm；重约455g 华艺国际2020-10-15

3918 兽首·翠摘·麻花提梁纯金金壶
估 价：RMB 390,000~500,000
成交价：RMB 460,000
高15cm；重约560g 华艺国际2020-10-15

5048 清 金质净瓶观音
估 价：RMB 600,000~1,200,000
成交价：RMB 690,000
高29.5cm 中国嘉德2020-08-18

3917 龙纹兽首 纯金金壶
估 价：RMB 400,000~500,000
成交价：RMB 690,000
高17cm；重约557g 华艺国际2020-10-15

5009 清 银质局部鎏金丹凤朝阳将军罐
估 价：RMB 200,000~400,000
成交价：RMB 460,000
高53cm 中国嘉德2020-08-18

珐琅器

1359 明早期 铜胎掐丝珐琅花卉纹香盒
成交价：RMB 184,000
直径7.8cm；高3.5cm
中贸圣佳2020-10-16

2012 明弘治 纯金掐丝嵌宝亭式楼阁手镯（一对）
估 价：RMB 220,000~350,000
成交价：RMB 287,500
长11.2cm×2 中鸿信2020-01-03

22 15世纪 掐丝珐琅秋葵葡萄纹盖盒
估 价：EUR 50,000~70,000
成交价：RMB 4,653,930
直径 16.7cm 巴黎佳士得2020-06-23

79 15/16世纪 掐丝珐琅缠枝莲纹双朝冠耳三足炉
估 价：GBP 15,000~20,000
成交价：RMB 1,521,800
宽43.5cm 伦敦佳士得2020-11-03

3083 明晚期 掐丝珐琅花卉葡萄纹觚式瓶
估 价：HKD 800,000~1,500,000
成交价：RMB 1,810,500
高30.9cm 佳士得2020-11-30

78 15/16世纪 掐丝珐琅缠枝莲纹双兽耳簋式炉
估 价：GBP 15,000~25,000
成交价：RMB 760,900
直径17cm 伦敦佳士得2020-11-03

80 17世纪 掐丝珐琅龙凤三多纹花口盆
估 价：GBP 15,000~25,000
成交价：RMB 239,140
宽35cm 伦敦佳士得2020-11-03

850 明 铜胎掐丝珐琅出戟尊
估 价：HKD 150,000~200,000
成交价：RMB 306,564
高18.6cm 中国嘉德2020-10-10

1146 清早期 铜胎掐丝珐琅螭龙耳烛台（一对）
估 价：RMB 150,000~200,000
成交价：RMB 184,000
高24.5cm×2 华艺国际2020-10-16

2905 清雍正/乾隆 御制掐丝珐琅饕餮纹贯耳大壶
估　价：HKD 3,000,000~5,000,000
成交价：RMB 7,369,800
高64.7cm 佳士得2020-11-30

2907 清康熙 御制掐丝珐琅缠枝莲纹英雄合卺瓶
估　价：HKD 1,200,000~1,800,000
成交价：RMB 4,686,000
高29cm 佳士得2020-11-30

84 16/17世纪 掐丝珐琅饕餮夔龙纹出戟方鼎
估　价：GBP 30,000~50,000
成交价：RMB 456,540
高32.4cm 伦敦佳士得2020-11-03

6153 清雍正/乾隆 铜胎画珐琅黄地花卉葡萄大碗（一对）
估　价：RMB 350,000~550,000
成交价：RMB 402,500
直径18.7cm×2 北京保利2020-10-20

8873 18世纪 铜胎画珐琅仕女婴戏图葵口盘
估　价：HKD 180,000~250,000
成交价：RMB 205,200
宽48.3cm 佳士得2020-07-01

8871 18世纪 铜胎掐丝珐琅宫灯（一对）
估 价：HKD 1,200,000~2,000,000
成交价：RMB 1,482,000
高37.5cm×2 佳士得2020-07-01

2673 清乾隆 掐丝珐琅缠枝莲八宝纹佛龛
估 价：RMB 150,000~250,000
成交价：RMB 575,000
高45.4cm 中国嘉德2020-08-18

2909 18世纪初 御制掐丝珐琅福寿连绵串璧纹凤耳大瓶
估 价：HKD 2,400,000~3,500,000
成交价：RMB 3,727,500
高48.8cm 佳士得2020-11-30

23 清乾隆 掐丝珐琅缠枝花卉纹双耳三足炉
估 价：EUR 6,000~8,000
成交价：RMB 158,837
宽11.5cm 巴黎佳士得2020-06-23

30 清乾隆 掐丝珐琅八宝纹钵
估 价：EUR 12,000~18,000
成交价：RMB 476,512
直径17.5cm 巴黎佳士得2020-06-23

2674 清乾隆 掐丝珐琅狮形香熏（一对）
估 价：RMB 200,000~300,000
成交价：RMB 1,265,000
高49cm×2 中国嘉德2020-08-18

1351 清乾隆 掐丝珐琅宫灯（一对）
估　价：RMB 800,000~1,200,000
成交价：RMB 920,000
高41cm×2 中贸圣佳2020-10-16

35 清乾隆 掐丝珐琅拐子龙纹象首冲天耳熏炉
估　价：EUR 15,000~20,000
成交价：RMB 849,288
高37.5cm 巴黎苏富比2020-06-18

2796 清乾隆 掐丝珐琅锦地开光鹤鹿同春图捧盒
估　价：RMB 700,000~1,000,000
成交价：RMB 805,000
直径37.8cm 中国嘉德2020-08-18

1069 清乾隆 掐丝珐琅双龙耳鹤足瑞鹿大香熏
估　价：RMB 5,000,000~6,000,000
成交价：RMB 6,900,000
高65cm 永乐拍卖2020-08-17

88 清乾隆 掐丝珐琅饕餮葡萄纹象腿三足炉
估　价：GBP 20,000~40,000
成交价：RMB 1,087,000
高51cm 伦敦佳士得2020-11-03

1839 清乾隆 铜胎掐丝珐琅太平有象驮宝塔（成对）
估　价：RMB 3,000,000~5,000,000
成交价：RMB 3,680,000
高124cm × 2 北京保利2020-12-05

1601 清乾隆 掐丝珐琅团寿字红觚一对
估　价：USD 60,000~80,000
成交价：RMB 468,394
高45cm × 2 纽约佳士得2020-09-25

2901 清乾隆 御制掐丝珐琅麒麟八狮戏绣球纹蟠龙耳盘口小瓶
估　价：HKD 1,200,000~1,800,000
成交价：RMB 5,836,200
高11.2cm 佳士得2020-11-30

97 清乾隆 掐丝珐琅雄鸡（一对）
估　价：GBP 20,000~30,000
成交价：RMB 217,400
高31cm × 2 伦敦佳士得2020-11-03

853 清乾隆 铜胎掐丝珐琅斗笔管
估　价：HKD 30,000~50,000
成交价：RMB 163,501
长24.1cm 中国嘉德2020-10-10

2665 清乾隆 掐丝珐琅莲虬卧蚕夔耳鼎式炉
估　价：RMB 600,000~800,000
成交价：RMB 598,000
高6.4cm 中国嘉德2020-08-18

1147 清乾隆 铜胎掐丝珐琅“万寿无疆”碗
估　价：RMB 500,000~700,000
成交价：RMB 632,500
直径15.9cm 华艺国际2020-10-16

1879 清乾隆 御制铜胎掐丝珐琅鎏金英雄双联瓶
估　价：RMB 2,600,000~3,600,000
成交价：RMB 3,565,000
高8.8cm 北京保利2020-12-05

912 清乾隆 铜胎掐丝珐琅西番莲拐子龙纹香炉
估　价：RMB 1,200,000~1,500,000
成交价：RMB 1,380,000
高44cm 永乐拍卖2020-12-02

44 清乾隆或更晚 玻璃胎画珐琅花卉纹小瓶
估　价：GBP 8,000~12,000
成交价：RMB 543,500
高11.5cm 伦敦佳士得2020-11-03

2632 清中期 掐丝珐琅花卉纹荷花盆景
估　价：RMB 500,000~600,000
成交价：RMB 575,000
连座高180cm 中国嘉德2020-08-18

2911 清乾隆 御制掐丝珐琅饕餮纹方鼎式盖炉及錾胎珐琅缠枝莲纹座
估　价：HKD 2,400,000~3,500,000
成交价：RMB 4,047,000
高46.5cm 佳士得2020-11-30

900 清中期 掐丝珐琅缠枝莲纹狮钮象足香熏
估　价：RMB 1,500,000~2,000,000
成交价：RMB 1,840,000
腹径80cm；高109cm 中贸圣佳2020-10-17

516 清乾隆 紫檀嵌白玉及铜胎画珐琅西番莲纹冠架（一对）
估　价：RMB 800,000~1,200,000
成交价：RMB 1,092,500
高29.4cm×2 华艺国际2020-10-16

2535 清中期 银胎錾胎填珐琅吉祥如意碗（一对）
估　价：RMB 1,000~2,000
成交价：RMB 57,500
直径9.8cm×2 中国嘉德2020-08-18

87 18/19世纪 掐丝珐琅百福纹方形盖炉（一对）
估　价：GBP 40,000~60,000
成交价：RMB 2,119,650
高46.5cm×2 伦敦佳士得2020-11-03

2903 18/19世纪初 掐丝珐琅福寿莲托八吉祥纹方胜式熏炉
估　价：HKD 600,000~800,000
成交价：RMB 1,491,000
宽67.5cm 佳士得2020-11-30

27 19世纪 掐丝珐琅富贵凤凰纹双龙耳抱月瓶（一对）
估　价：EUR 8,000~12,000
成交价：RMB 258,110
高54cm×2 巴黎佳士得2020-06-23

1794 19世纪 掐丝珐琅大仙鹤（一对）
估　价：USD 60,000~80,000
成交价：RMB 468,394
高229cm×2 纽约佳士得2020-09-25

8096 清晚期 铜掐丝珐琅荷塘花盆
估　价：RMB 800,000~1,000,000
成交价：RMB 920,000
高95cm 十竹斋拍卖（北京）2020-10-18

2625 清晚期 掐丝珐琅岁寒三友图凤尾尊（一对）
估　价：RMB 50,000~70,000
成交价：RMB 69,000
高43.8cm 中国嘉德2020-08-18

2912 清晚期 掐丝珐琅饕餮纹英雄合卺大瓶
估 价：HKD 1,200,000~1,800,000
成交价：RMB 1,704,000
高55.6cm；高70cm 佳士得2020-11-30

1068 清 掐丝珐琅方胜形宫灯
估 价：RMB 600,000~800,000
成交价：RMB 690,000
高102cm 永乐拍卖2020-08-17

5064 民国 银质镶珐琅蒋中正赠黎玉玺葫芦形航海钟
估 价：RMB 300,000~600,000
成交价：RMB 345,000
高61.5cm 中国嘉德2020-08-18

鼻烟壶

4558 清乾隆 白玉浮雕瓜瓞绵绵鼻烟壶
估 价：RMB 150,000~180,000
成交价：RMB 172,500
高6cm 西泠印社2020-08-09

3097 清乾隆 玛瑙阴刻御题诗文双蝶耳鼻烟壶
估 价：HKD 150,000~250,000
成交价：RMB 298,200
高5.3cm 佳士得2020-11-30

215 19世纪 玛瑙巧雕龙虎罗汉纹鼻烟壶
估 价：EUR 4,000~6,000
成交价：RMB 109,201
高6cm 巴黎佳士得2020-06-23

5099 清雍正/乾隆 黑漆描金盒“百什件”一套（内附料胎画珐琅烟壶、粉彩烟壶等八件）
估　价：RMB 1,600,000~2,600,000
成交价：RMB 2,932,500
尺寸不一；盒23.5cm × 18cm × 19cm 北京保利2020-10-19

6158 清乾隆 祭蓝描金开光粉彩人物花卉烟壶
估　价：RMB 120,000~180,000
成交价：RMB 138,000
高6.8cm 北京保利2020-10-20

3093 18/19世纪 墨白玉苏作巧雕得利图鼻烟壶
估　价：HKD 1,000,000~2,000,000
成交价：RMB 1,491,000
高6.4cm 佳士得2020-11-30

1883 清 翡翠烟壶
估　价：RMB 1,000,000~2,000,000
成交价：RMB 1,380,000
4cm × 2.7cm × 6.4cm 北京保利2020-12-05

2176 清光绪 程门绘青花釉里红山水图鼻烟壶
估　价：RMB 80,000~100,000
成交价：RMB 92,000
高12cm 西泠印社2020-08-08

75 1770—1840年 翠玉鸣凤在竹鼻烟壶（连翠玉鼻烟碟）
估　价：HKD 160,000~300,000
成交价：RMB 168,720
瓶高5.4cm；碟直径4.2cm 佳士得2020-10-08

3096 清乾隆 蓝玻璃胎珐琅彩梅石花卉鼻烟壶
估　价：HKD 260,000~350,000
成交价：RMB 298,200
高4.94cm 佳士得2020-11-30

6155 清乾隆 涅白地套蓝料灵仙祝寿烟壶
估　价：RMB 80,000~120,000
成交价：RMB 92,000
高8.5cm 北京保利2020-10-20

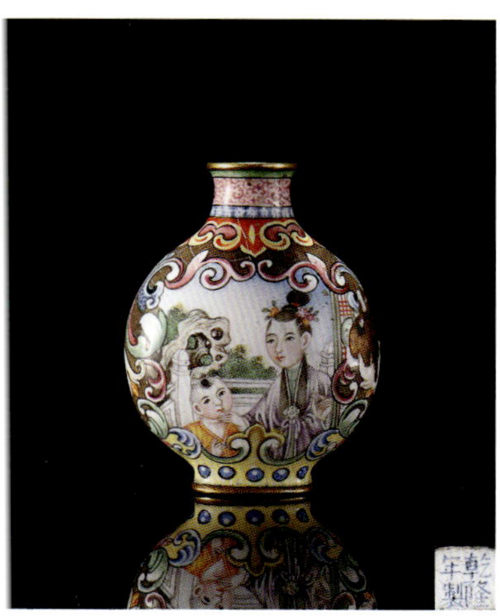

6157 清乾隆 铜胎画珐琅仕女婴戏烟壶
估　价：RMB 150,000~200,000
成交价：RMB 230,000
高4.7cm 北京保利2020-10-20

69 清乾隆 御制铜胎画珐琅开光西洋仕女图鼻烟壶 蓝料“乾隆年制”楷书款
御制铜胎画珐琅山水图花卉纹鼻烟碟 蓝料“乾隆年制”篆书款
估　价：HKD 450,000~600,000
成交价：RMB 474,525
瓶高5.1cm；碟直径4.7cm 佳士得2020-10-08

607 清乾隆 清宫内府御制铜胎画珐琅西洋画景图鼻烟壶
估　价：RMB 2,600,000~3,600,000
成交价：RMB 2,990,000
高5.5cm 北京大羿2020-12-06

古典家具

115 17世纪 黄花梨独板围子夔龙纹罗汉床
估 价：HKD 3,000,000~5,000,000
成交价：RMB 44,083,560
香港苏富比2020-07-11

6358 明末清初 紫檀曲尺围子罗汉床
成交价：RMB 23,000,000
224.2cm×127.3cm×82.6cm 北京保利2020-10-20

1647 清早期 黄花梨素围板罗汉床
估 价：RMB 8,000,000~10,000,000
成交价：RMB 10,350,000
199cm×115cm×80.7cm 中贸圣佳2020-10-16

53 17世纪 黄花梨六柱透雕螭龙瑞兽纹围子架子床
估 价：HKD 20,000,000~30,000,000
成交价：RMB 20,060,890
香港苏富比2020-10-09

1648 清早期 黄花梨四合如意云龙纹架子床
估 价：RMB 9,000,000~12,000,000
成交价：RMB 16,100,000
227cm×159cm×226.3cm 中贸圣佳2020-10-16

3818 明末清初 紫檀有束腰马蹄足四柱灯笼锦围子架子床
估 价：RMB 20,000,000~30,000,000
成交价：RMB 20,700,000
211cm×141cm×228cm 中国嘉德2020-12-04

1826 清早期 黄花梨花卉螭龙纹六柱架子床
估 价：RMB 7,000,000~9,000,000
成交价：RMB 9,200,000
224cm×148cm×232cm 北京保利2020-12-05

4152 清早期 黄花梨梳背螭龙纹围子罗汉床
估　价：RMB 1,800,000~2,200,000
成交价：RMB 2,070,000
204.5cm×81.5cm×96.7cm 西泠印社2020-08-09

72 16-17世纪 黄花梨裹腿做矮老凉榻
估　价：HKD 1,800,000~2,200,000
成交价：RMB 7,486,570
212cm×108.5cm×50cm 香港苏富比2020-10-09

2333 清中期 黄花梨雕福寿夔龙架子床
估　价：RMB 4,000,000~5,000,000
成交价：RMB 4,600,000
227cm×156cm×222cm 北京翰海2020-12-12

2551 清早期 黄花梨拼万字纹双环卡子花内翻马蹄腿架子床
估　价：RMB 1,200,000~1,500,000
成交价：RMB 1,380,000
220cm×153cm×227cm 中鸿信2020-01-03

2808 明末清初 黄花梨四面平榻
估　价：HKD 2,000,000~3,000,000
成交价：RMB 3,727,500
203cm×67.5cm×48cm 佳士得2020-11-30

3805 明末清初 黄花梨四面平马蹄足榻
估　价：RMB 3,600,000~5,600,000
成交价：RMB 4,140,000
200.5cm×70.5cm×50cm 中国嘉德2020-12-04

2757 清乾隆 紫檀夔龙捧寿拐子龙带托泥小宝座
估 价：RMB 250,000~320,000
成交价：RMB 690,000
68cm × 49cm × 105cm 中鸿信2020-01-03

95 17世纪 黄花梨圈椅四把成堂
估 价：HKD 3,500,000~4,500,000
成交价：RMB 3,819,060
58.7cm × 46.5cm × 97cm × 4 香港苏富比2020-10-09

3648 明末 黄花梨圈椅（成对）
成交价：RMB 1,636,740
64.5cm × 58.5cm × 102cm × 2
香港苏富比2020-10-09

1551 17世纪 黄花梨灯挂椅（一对）
估 价：USD 50,000~70,000
成交价：RMB 2,980,688
5[illegible].2cm × 41.6cm × 105.6cm × 2
纽约佳士得2020-09-25

137 明末 黄花梨四出头禅椅
估 价：HKD 1,000,000~2,000,000
成交价：RMB 17,515,000
84cm × 76cm × 123cm 香港苏富比2020-07-11

107 明末 黄花梨圈椅（成对）
估　价：HKD 1,000,000~2,000,000
成交价：RMB 6,233,080
73cm×66cm×105cm×2 香港苏富比2020-07-11

1634 明 黄花梨嵌云石四出头官帽椅（一对）
估　价：RMB 9,000,000~12,000,000
成交价：RMB 11,500,000
57cm×45cm×114cm×2 中贸圣佳2020-10-16

2827 明末清初 黄花梨四出头官帽椅（一对）
估　价：HKD 4,000,000~6,000,000
成交价：RMB 4,260,000
56cm×50cm×108.2cm×2 佳士得2020-11-30

1042 明晚期 黄花梨四出头官帽椅
估　价：RMB 2,800,000~3,500,000
成交价：RMB 3,565,000
63.5cm×58cm×101cm 永乐拍卖2020-08-17

3614 明末清初 黄花梨大南官帽椅
估　价：RMB 4,800,000~6,800,000
成交价：RMB 8,280,000
60.5cm×49.8cm×116cm 中国嘉德2020-12-04

1633 明末清初 黄花梨高靠背南官帽椅
估　价：RMB 2,600,000~3 200,000
成交价：RMB 3,277,500
55cm×43.8cm×106.5cm 中贸圣佳2020-10-16

6353 明末清初 黄花梨高靠背南官椅（一对）
估　价：RMB 2,000,000~3,000,000
成交价：RMB 3,220,000
57cm × 43cm × 113cm × 2 北京保利2020-10-20

6347 清早期 黄花梨螭龙凤纹圈椅
估　价：RMB 500,000~800,000
成交价：RMB 1,380,000
66cm × 53.3cm × 96.5cm 北京保利2020-10-20

3637 明末清初 黄花梨圈椅成对、黄花梨有束腰罗锅枨马蹄足八仙桌
估　价：RMB 600,000~800,000
成交价：RMB 1,725,000
椅: 57.5cm × 44cm × 98cm × 2；
方桌: 95cm × 95cm × 87cm
中国嘉德2020-08-16

3604 清早期 黄花梨博古双螭龙纹圈椅（成对）
估　价：RMB 3,800,000~5,800,000
成交价：RMB 4,715,000
59.5cm × 45.5cm × 99cm × 2 中国嘉德2020-12-04

3602 清早期 黄花梨螭龙纹券口牙板玫瑰椅
估　价：RMB 1,100,000~2,100,000
成交价：RMB 1,265,000
58.5cm × 45.7cm × 83cm 中国嘉德2020-12-04

3603 明末清初 黄花梨直牙板灯挂椅
估 价：RMB 2,300,000~3,300,000
成交价：RMB 3,105,000
47.7cm×40.6cm×101cm
中国嘉德2020-12-04

3619 清早期 黄花梨卷草纹圈椅
估 价：RMB 1,800,000~2,800,000
成交价：RMB 2,300,000
60cm×46cm×99cm 中国嘉德2020-12-04

3607 清早期 黄花梨夔龙纹玫瑰椅
估 价：RMB 850,000~1,300,000
成交价：RMB 977,500
56.8cm×42.5cm×86cm 中国嘉德2020-12-04

1644 清早期 黄花梨高靠背南官帽椅（一对）
估 价：RMB 3,600,000~4,600,000
成交价：RMB 4,140,000
57.3cm×45.2cm×111cm×2 中贸圣佳2020-10-16

6357 清早期 黄花梨卷草纹圈椅（一对）
估 价：RMB 3,500,000~4,500,000
成交价：RMB 4,830,000
71cm×70cm×102cm×2 北京保利2020-10-20

946 清早期 黄花梨圈椅（一对）
估 价：RMB 3,000,000~3,500,000
成交价：RMB 4,025,000
64cm×61cm×98cm×2 永乐拍卖2020-12-02

925 清早期 黄花梨梳背玫瑰椅（一对）
估　价：HKD 1,000,000~1,500,000
成交价：RMB 1,005,360
57.5cm × 50cm × 88.5cm × 2 保利香港2020-12-02

1043 清早期 黄花梨四出头官帽椅（一对）
估　价：RMB 5,000,000~6,000,000
成交价：RMB 6,325,000
61.5cm × 55cm × 116cm × 2 永乐拍卖2020-08-17

947 清早期 黄花梨雕竹节南官帽椅
估　价：RMB 1,200,000~2,000,000
成交价：RMB 1,380,000
53cm × 42cm × 108cm 永乐拍卖2020-12-02

2324 清早期 黄花梨席面圈椅（两件）
估　价：RMB 500,000~700,000
成交价：RMB 1,380,000
59cm × 45cm × 98.5cm 北京翰海2020-12-12

1050 清早期 黄花梨禅椅
估　价：RMB 150,000~250,000
成交价：RMB 230,000
54.9cm × 43.9cm × 78cm 西泠印社2020-08-09

3616 清早期 黄花梨三接椅圈圈椅（成对）
估　价：RMB 6,600,000~9,600,000
成交价：RMB 7,820,000
61.5cm × 45cm × 94cm × 2 中国嘉德2020-12-04

3625 清早期 黄花梨双螭如意纹垂扶手圈椅
估　价：RMB 1,200,000~2,200,000
成交价：RMB 1,380,000
62cm×48cm×104cm 中国嘉德2020-12-04

3626 清早期 黄花梨罗锅枨带矮老天圆地方南官帽椅
估　价：RMB 1,200,000~2,200,000
成交价：RMB 1,380,000
57cm×43.5cm×101.5cm
中国嘉德2020-12-04

3623 清早期 黄花梨四面全券口四出头官帽椅（成对）
估　价：RMB 2,800,000~3,800,000
成交价：RMB 4,830,000
58.5cm×45cm×107.5cm×2
中国嘉德2020-12-04

3620 清早期 黄花梨双螭如意纹圈椅
估　价：RMB 2,300,000~3,300,000
成交价：RMB 2,645,000
59.5cm×45.5cm×97.5cm
中国嘉德2020-12-04

113 清乾隆 紫檀雕西洋花束腰带托泥扶手椅（成对）
估　价：HKD 3,000,000~4,000,000
成交价：RMB 5,809,994
64cm×51.5cm×109.5cm×2
香港苏富比2020-10-09

33 18世纪 黄花梨双环卡子花拉开式躺椅
估　价：HKD 800,000~1,200,000
成交价：RMB 8,010,500
100cm×70cm×103.5cm
香港苏富比2020-10-09

3626 清康熙 红木透雕搭脑拐子纹扶手椅（成对）
估　价：RMB 400,000~600,000
成交价：RMB 460,000
56cm×45.7cm×91.5cm×2
中国嘉德2020-08-16

108 18世纪 紫檀素圈椅
估 价：HKD 400,000~500,000
成交价：RMB 1,091,160
59cm × 45.2cm × 97cm
香港苏富比2020-10-09

1660 19世纪 黄花梨如意纹圈椅（一对）
估 价：USD 50,000~70,000
成交价：RMB 1,277,438
62.9cm × 52.7cm × 99.7cm × 2
纽约佳士得2020-09-25

1823 清 黄花梨素圈椅（成对）
估 价：RMB 2,600,000~3,600,000
成交价：RMB 3,220,000
66.5cm × 58.8cm × 99.5cm × 2
北京保利2020-12-05

131 17世纪 黄花梨夹头榫春凳
估 价：HKD 1,200,000~1,800,000
成交价：RMB 3,390,000
193.2cm × 52cm × 58cm 香港苏富比2020-07-11

2229 清早中期 黄花梨螭龙纹扶手椅
估 价：RMB 420,000
成交价：RMB 782,000
53cm × 43cm × 93.5cm 中贸圣佳2020-12-08

529 黄花梨直后背交椅
估 价：HKD 200,000~300,000
成交价：RMB 1,708,963
64cm × 52.8cm × 89.5cm 香港苏富比2020-11-26

60 17世纪 黄花梨交杌
估 价：HKD 300,000~500,000
成交价：RMB 2,400,552
57.3cm × 37.3cm × 53.5cm 香港苏富比2020-10-09

140 17世纪 黄花梨交机
估 价：HKD 400,000~600,000
成交价：RMB 2,712,000
54.2cm × 57cm × 43cm
香港苏富比2020-07-11

1628 清早期 黄花梨打洼带托泥方凳（一对）
估 价：RMB 1,500,000~2,000,000
成交价：RMB 2,530,000
47.2cm × 47.2cm × 50cm × 2 中贸圣佳2020-10-16

20 17世纪 黄花梨束腰罗锅枨三弯腿长方凳
估 价：HKD 300,000~500,000
成交价：RMB 2,073,204
48.7cm × 41.3cm × 51cm
香港苏富比2020-10-09

1534 明末清初 黄花梨卷草纹双脚踏交机
估 价：RMB 1,500,000~1,800,000
成交价：RMB 2,070,000
54cm × 47.4cm × 50.6cm 中贸圣佳2020-10-16

6345 清早期 黄花梨卷草纹罗锅枨三弯腿方凳
估 价：RMB 600,000~900,000
成交价：RMB 920,000
47.5cm × 47.5cm × 54cm 北京保利2020-10-20

3633 清早期 黄花梨高束腰带托泥方凳（四只）
估 价：RMB 800,000~1,100,000
成交价：RMB 1,667,500
36.5cm × 36.5cm × 46.5cm × 4 中国嘉德2020-08-16

6344 明末清初 黄花梨有束腰马蹄足禅凳
估 价：RMB 350,000~550,000
成交价：RMB 460,000
62.6cm × 62.5cm × 48.5cm 北京保利2020-10-20

3609 清早期 黄花梨有束腰马蹄腿长方凳（成对）
估　价：RMB 2,800,000~3,800,000
成交价：RMB 4,370,000
62cm×52cm×51cm×2 中国嘉德2020-12-04

3601 清早期 黄花梨洼堂肚罗锅枨马蹄腿长方凳
估　价：RMB 600,000~900,000
成交价：RMB 897,000
42cm×49cm×51cm 中国嘉德2020-12-04

3827 清早期 黄花梨四面平罗锅枨马蹄足禅凳（成对）
估　价：RMB 800,000~1,000,000
成交价：RMB 1,840,000
66cm×55.5cm×48cm×2 中国嘉德2020-12-04

2826 18世纪 黄花梨条凳（一对）
估　价：HKD 2,400,000~3,000,000
成交价：RMB 2,556,000
125.1cm×35.8cm×52.7cm×2 佳士得2020-11-30

1825 清早期 黄花梨壸门牙板罗锅枨长方凳（成对）
估　价：RMB 800,000~1,200,000
成交价：RMB 1,667,500
58cm×47.5cm×51.3cm×2
北京保利2020-12-05

6365 清乾隆 紫檀勾连纹有束腰罗锅枨方凳（一对）
估　价：RMB 1,000,000~1,500,000
成交价：RMB 2,185,000
61.3cm×61cm×52.4cm×2 北京保利2020-10-20

6364 清雍正 紫檀黑漆描金海棠形鼓墩
估　价：RMB 1,500,000~2,000,000
成交价：RMB 2,760,000
直径30cm；高50cm 北京保利2020-10-20

1626 清早中期 紫檀卷云纹长方凳
估　价：RMB 2,400,000~2,600,000
成交价：RMB 2,760,000
49.5cm×42cm×52.5cm 中贸圣佳2020-10-16

2899 18/19世纪 黄花梨四面平长方凳
估　价：HKD 700,000~900,000
成交价：RMB 1,299,500
42.5cm×57.5cm×49cm 佳士得2020-07-09

2317 清中期 紫檀雕卷珠纹禅凳（两件）
估　价：RMB 500,000~700,000
成交价：RMB 1,265,000
60.5cm×60.5cm×50.5cm×2
北京翰海2020-12-12

6348 明晚期 黄花梨高束腰卷草灵芝纹三弯卷球足炕桌
估　价：RMB 1,300,000~2,300,000
成交价：RMB 1,840,000
106.7cm×71.1cm×29.2cm 北京保利2020-10-20

47 17世纪初 黄花梨如意角牙马蹄足四平条桌（成对）
估　价：HKD 2,000,000~3,000,000
成交价：RMB 16,917,310
120.5cm×62.7cm×87.2cm×2 香港苏富比2020-10-09

99 16—17世纪 黄花梨雕龙凤花鸟纹束腰矮桌展腿式半桌
估　价：HKD 1,200,000~1,800,000
成交价：RMB 11,678,010
104.5cm×64.4cm×86.7cm 香港苏富比2020-10-09

3804 明末清初 黄花梨高束腰瘿木面带翘头香桌
估　价：RMB 2,200,000~3,200,000
成交价：RMB 2,530,000
83cm×42.3cm×81.3cm 中国嘉德2020-12-04

6354 明末清初 黄花梨高束腰霸王楼翘头书桌
估　价：RMB 2,600,000~3,600,000
成交价：RMB 7,130,000
155cm×54cm×84cm 北京保利2020-10-20

17 17世纪 黄花梨束腰霸王枨马蹄足半桌
估　价：HKD 600,000~800,000
成交价：RMB 763,812
101.3cm×44.7cm×91cm 香港苏富比2020-10-09

2321 明晚期 黄花梨雕螭龙纹方桌
估　价：RMB 1,800,000~2,800,000
成交价：RMB 2,070,000
94cm×94cm×88cm 北京翰海2020-12-12

6317 明末清初 黄花梨炕桌式双陆棋局
估　价：RMB 450,000~850,000
成交价：RMB 2,300,000
43cm×29cm×10cm 北京保利2020-10-20

1824 清早期 黄花梨高束腰条桌
估　价：RMB 2,000,000~3,000,000
成交价：RMB 2,300,000
138.8cm×53cm×79.7cm 北京保利2020-12-05

3816 清早期 黄花梨无束腰直枨圆裹圆方桌
估　价：RMB 2,000,000~3,000,000
成交价：RMB 2,300,000
92.5cm×92.5cm×83cm 中国嘉德2020-12-04

201 清早期 黄花梨高束腰带屉棋桌
估　价：HKD 1,200,000~2,000,000
成交价：RMB 1,247,496
82.5cm×82.5cm×84.5cm 中国嘉德2020-10-08

6355 清早期 黄花梨一腿三牙罗锅枨方桌
估　价：RMB 1,200,000~1,800,000
成交价：RMB 1,955,000
97cm×97cm×84cm 北京保利2020-10-20

3622 清早期 黄花梨卷草纹罗锅枨无束腰方桌
估　价：RMB 2,800,000~3,800,000
成交价：RMB 3,220,000
94cm × 94cm × 84cm 中国嘉德2020-12-04

2326 清早期 黄花梨圆裹圆双环卡子花长画桌
估　价：RMB 2,000,000~3,000,000
成交价：RMB 2,300,000
198cm × 69cm × 85cm 北京翰海2020-12-12

1036 清早期 黄花梨瘿木面小书桌
估　价：RMB 1,000,000~1,500,000
成交价：RMB 1,610,000
[illegible]2cm × 62cm × 80cm 永乐拍卖2020-08-17

2325 清早期 紫檀雕云蝠纹条桌
估　价：RMB 550,000~750,000
成交价：RMB 5,750,000
121.5cm × 38cm × 83.5cm 北京翰海2020-12-12

1535 清早期 黄花梨有束腰直枨长方桌
估　价：RMB 1,500,000~1,800,000
成交价：RMB 1,725,000
[illegible]cm × 73cm × 85.7cm 中贸圣佳2020-10-16

1649 17/18世纪 黄花梨三屉书桌
估　价：USD 150,000~250,000
成交价：RMB 3,236,175
148.6cm × 52.7cm × 90.8cm 纽约佳士得2020-09-25

1614 清雍正 御制云蝠纹西番莲大条桌
估 价：RMB 8,000,000~12,000,000
成交价：RMB 14,950,000
193.8cm×51.8cm×93.8cm 中贸圣佳2020-10-16

209 清17/18世纪 褐漆描金缠枝莲纹炕桌
估 价：GBP 15,000~20,000
成交价：RMB 597,850
110cm×60cm×39.5cm 伦敦佳士得2020-11-03

926 18世纪 黄花梨马蹄足大画桌
估 价：HKD 2,500,000~3,000,000
成交价：RMB 2,412,864
212cm×76.2cm×88.9cm 保利香港2020-12-02

2844 清乾隆 紫檀西番莲纹展腿式六方桌
估 价：HKD 16,000,000~20,000,000
成交价：RMB 17,593,800
113cm×97cm×93cm 佳士得2020-11-30

103 18世纪 黄花梨嵌乌木画桌
估 价：HKD 1,500,000~2,500,000
成交价：RMB 7,209,400
193.1cm×72.7cm×87cm 香港苏富比2020-07-11

1610 明晚期 黄花梨台座式小翘头几
估 价：RMB 1,000,000~1,300,000
成交价：RMB 1,782,500
34.5cm×16cm×6.8cm 中贸圣佳2020-10-16

2806 明晚期 黄花梨如意纹独板翘头案
估　价：HKD 3,000,000~5,000,000
成交价：RMB 5,836,200
197.5cm × 45.8cm × 87cm 佳士得2020-11-30

2900 19世纪 黄花梨嵌乌木长方桌
估　价：HKD 600,000~700,000
成交价：RMB 3,801,320
84cm × 46cm × 72cm 佳士得2020-07-09

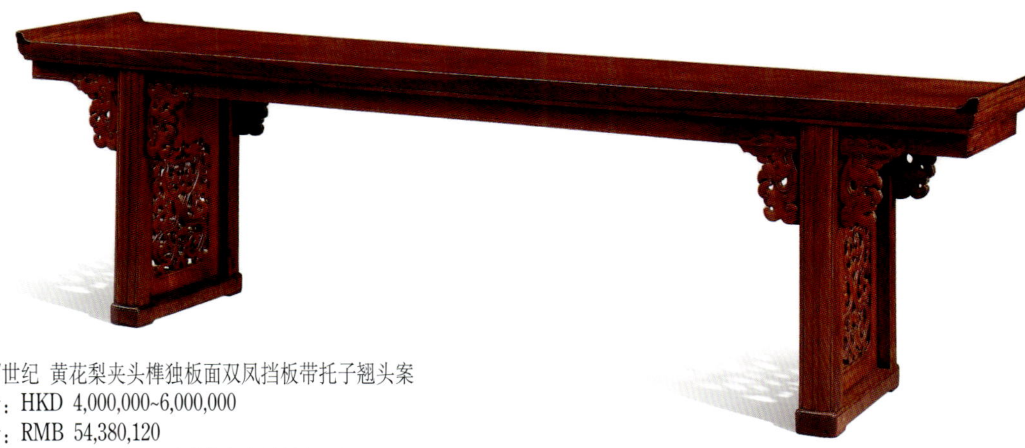

111 17世纪 黄花梨夹头榫独板面双凤挡板带托子翘头案
估　价：HKD 4,000,000~6,000,000
成交价：RMB 54,380,120
289.3cm × 58.5cm × 88cm 香港苏富比2020-07-11

5 17世纪 黄花梨如意云牙头夹头榫带托子翘头案
估　价：HKD 3,500,000~4,500,000
成交价：RMB 14,821,590
257cm × 50cm × 89cm 香港苏富比2020-10-09

120 17世纪 黄花梨嵌铁梨木夹头榫平头案
估 价：HKD 3,000,000~5,000,000
成交价：RMB 7,486,570
266cm × 67.5cm × 81.5cm 香港苏富比2020-10-09

721 17世纪 黄花梨夹头榫平头案
估 价：USD 300,000~500,000
成交价：RMB 3,098,542
217cm × 55.6cm × 81.3cm 纽约苏富比2020-09-23

2807 明末清初 黄花梨小香案
估 价：HKD 2,800,000~3,800,000
成交价：RMB 7,369,800
54cm × 37cm × 80cm 佳士得2020-11-30

2543 明 黄花梨夹头榫云纹挡板翘头案
估 价：RMB 1,200,000~1,800,000
成交价：RMB 6,325,000
183cm × 43cm × 88cm 中鸿信2020-01-03

6350 明晚期 黄花梨卷云纹夹头榫平头案
估 价：RMB 1,000,000~1,500,000
成交价：RMB 4,600,000
179.2cm × 41.3cm × 81.2cm
北京保利2020-10-20

6371 明末清初 黄花梨嵌瘿木带屉板小平头案
估 价：RMB 800,000~1,200,000
成交价：RMB 2,300,000
72.3cm × 38cm × 77.3cm 北京保利2020-10-20

3611 明末清初 黄花梨独板灵芝纹大翘头案
估 价：RMB 13,000,000~23,000,000
成交价：RMB 14,950,000
222.5cm×47cm×93.5cm；面板厚6cm
中国嘉德2020-12-04

43 明末清初 黄花梨独板如意云纹大翘头案
成交价：RMB 35,650,000
325.2cm×52cm×92.1cm 华艺国际2020-12-05

2809 明末清初 黄花梨灵芝纹独板小翘头案
估 价：HKD 2,200,000~3,000,000
成交价：RMB 7,881,000
138.8cm×43.8cm×85.2cm 佳士得2020-11-30

64 明末至清初 黄花梨夹头榫画案
估 价：HKD 1,500,000~2,000,000
成交价：RMB 2,073,204
163.5cm×55cm×82cm 香港苏富比2020-10-09

6356 清早期 黄花梨螭龙纹独板面翘头案
估　价：RMB 7,000,000~10,000,000
成交价：RMB 17,825,000
295cm × 42cm × 96cm 北京保利2020-10-20

1632 清早期 黄花梨螭凤纹翘头案
估　价：RMB 2,200,000~2,600,000
成交价：RMB 3,220,000
209.5cm × 50cm × 83cm 中贸圣佳2020-10-16

2338 清早期 黄花梨带托泥翘头案
估　价：RMB 400,000~600,000
成交价：RMB 2,875,000
180.3cm × 41.5cm × 88.3cm 北京翰海2020-12-12

3605 明末清初 黄花梨夹头榫刀牙板圆腿长案
估　价：RMB 1,800,000~2,800,000
成交价：RMB 2,070,000
182cm × 52cm × 80.5cm 中国嘉德2020-12-04

3679 清初 黄花梨瘿木面夹头榫条案
估　价：RMB 1,500,000~1,700,000
成交价：RMB 1,725,000
196.5cm × 56.5cm × 83.5cm 中国嘉德2020-08-16

1631 清早期 黄花梨刀牙板平头案
估　价：RMB 1,600,000~2,000,000
成交价：RMB 2,070,000
149cm×51.8cm×81.8cm 中贸圣佳2020-10-16

6359 清康熙 红漆地填彩花鸟纹平头案
估　价：RMB 700,000~900,000
成交价：RMB 1,092,500
141cm×39.8cm×82.3cm 北京保利2020-10-20

1037 清早期 黄花梨独板翘头案
估　价：RMB 4,000,000~6,000,000
成交价：RMB 5,175,000
159cm×34.5cm×85.5cm 永乐拍卖2020-08-17

3786 清早期 黄花梨夹头榫带托子独板翘头案
估　价：RMB 5,000,000~8,000,000
成交价：RMB 5,750,000
191.5cm×42cm×85cm 中国嘉德2020-12-04

3615 清早期 黄花梨夹头榫螭凤纹扁腿大画案
估　价：RMB 6,800,000~9,800,000
成交价：RMB 7,820,000
247cm×62cm×80cm 中国嘉德2020-12-04

1043 清康熙 黄花梨刻朱彝尊杂咏诗小书案
估　价：RMB 5,000,000~10,000,000
成交价：RMB 12,075,000
124.7cm×46.9cm×77cm 北京保利2020-12-05

2759 清乾隆 御制紫檀独板夔龙纹条案
估 价：RMB 2,200,000~3,800,000
成交价：RMB 3,680,000
187cm × 46.5cm × 85.5cm 中鸿信2020-01-03

1641 清中晚期 紫檀海水云龙纹带托泥平头案
估 价：RMB 1,300,000~1,600,000
成交价：RMB 1,610,000
138.5cm × 40.5cm × 82.8cm 中贸圣佳2020-10-16

1647 17/18世纪 黄花梨如意纹平头案
估 价：USD 150,000~250,000
成交价：RMB 5,518,530
181cm × 41.3cm × 81.9cm 纽约佳士得2020-09-25

1 17世纪 黄花梨高束腰三弯腿长方香几
估 价：HKD 300,000~500,000
成交价：RMB 6,962,640
38.6cm × 27.7cm × 79cm 香港苏富比2020-10-09

3789 清乾隆 紫檀夹头榫鹤鹿同春平头案
估 价：RMB 15,000,000~25,000,000
成交价：RMB 17,250,000
192.5cm × 44cm × 90cm 中国嘉德2020-12-04

127 17世纪 黄花梨五足圆香几
估 价：HKD 800,000~1,200,000
成交价：RMB 4,497,400
86.5cm × 46cm × 46cm 香港苏富比2020-07-11

6360 明崇祯十年（1637） 御制 填漆戗金云龙纹高束腰三弯腿圆香几
估　价：RMB 2,200,000~3,200,000
成交价：RMB 2,760,000
高61.5cm；直径27.5cm 北京保利2020-10-20

2530 明 黄花梨有束腰壶门卷口剑腿独板芯材香几
估　价：RMB 450,000~600,000
成交价：RMB 920,000
71cm×41.5cm×81cm 中鸿信2020-01-03

1617 明晚期 红漆镶大理石面倭角长方几
估　价：RMB 400,000~600,000
成交价：RMB 1,012,000
60cm×35cm×28cm 中贸圣佳2020-10-16

1508 清雍正至乾隆 紫檀云龙纹卷几
估　价：RMB 2,000,000~2,500,000
成交价：RMB 3,910,000
42.3cm×16.5cm×6.8cm 中贸圣佳2020-10-16

1532 明末清初 黄花梨如意云纹板足小翘头几
估　价：RMB 900,000~1,200,000
成交价：RMB 1,610,000
48.4cm×19.2cm×16.8cm 中贸圣佳2020-10-16

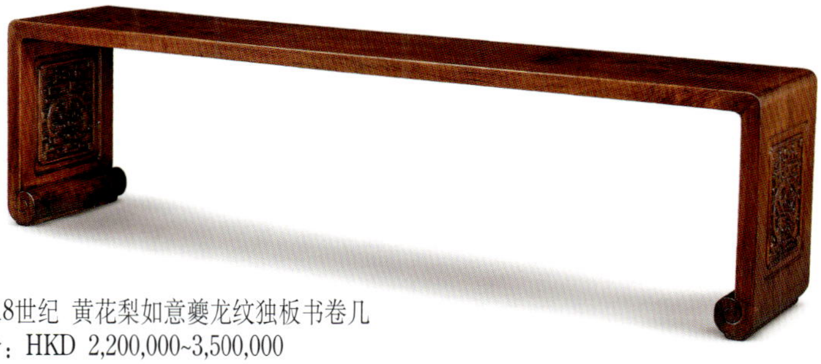

2845 18世纪 黄花梨如意夔龙纹独板书卷几
估　价：HKD 2,200,000~3,500,000
成交价：RMB 4,047,000
190cm×36.2cm×50cm 佳士得2020-11-30

5024 清康熙 御制朱漆戗金游龙捧寿纹大香几
估　价：RMB 2,600,000~3,600,000
成交价：RMB 2,990,000
高102cm；直径50.5cm 北京保利2020-10-19

6374 明末清初 黄花梨无束腰马蹄足脚踏
成交价：RMB 368,000
77.2cm×38.5cm×18.4cm 北京保利2020-10-20

5100 清乾隆 紫檀雕西番莲福寿大方香几
估　价：RMB 4,000,000~6,000,000
成交价：RMB 4,830,000
69cm×69cm×115cm 北京保利2020-10-19

88 17世纪 黄花梨雕双龙供莲纹四件顶箱柜（成对）
估　价：HKD 5,000,000~7,000,000
成交价：RMB 6,962,640
126.5cm×63cm×251cm×2
香港苏富比2020-10-09

75 17世纪 黄花梨万历柜（成对）
估　价：HKD 4,000,000~6,000,000
成交价：RMB 49,550,788
141cm×51.8cm×193cm×2
香港苏富比2020-10-09

6366 清乾隆 紫檀万字回纹罗锅枨方几（一对）
估　价：RMB 2,300,000~3,300,000
成交价：RMB 3,565,000
38.4cm×38.4cm×83.2cm×2
北京保利2020-10-20

80 17世纪 黄花梨亮格柜
估　价：HKD 1,500,000~2,000,000
成交价：RMB 2,837,016
87.2cm×44.7cm×187.3cm
香港苏富比2020-10-09

118 17世纪 黄花梨圆角柜（成对）
估　价：HKD 1,500,000~2,500,000
成交价：RMB 3,955,000
77cm × 42.3cm × 155.5cm × 2 香港苏富比2020-07-11

2329 明末清初 黄花梨方角四平柜（两件）
估　价：RMB 3,600,000~4,600,000
成交价：RMB 5,290,000
100cm × 50cm × 195cm 北京翰海2020-12-12

45 17世纪 黄花梨有柜膛圆角柜（成对）
估　价：HKD 2,000,000~3,000,000
成交价：RMB 5,600,422
96cm × 51cm × 179cm × 2 香港苏富比2020-10-09

3606 明 榉木带柜膛瓜棱腿圆角柜（成对）
估　价：RMB 1,000~2,000
成交价：RMB 287,500
96cm × 48cm × 166cm × 2 中国嘉德2020-08-16

2810 17世纪 黄花梨圆角柜一对连原底座
估 价：HKD 16,000,000~20,000,000
成交价：RMB 15,549,000
总高186cm；80.5cm×47cm×2
佳士得2020-11-30

2328 清早期 黄花梨雕螭龙书柜
估 价：RMB 500,000~700,000
成交价：RMB 1,725,000
101cm×41cm×181cm 北京翰海2020-12-12

1044 清早期 黄花梨圆角柜
估 价：RMB 2,600,000~3,500,000
成交价：RMB 2,990,000
101cm×56.5cm×179.5cm 永乐拍卖2020-08-17

2330 明末清初 黄花梨亮格万历柜
估 价：RMB 3,000,000~4,000,000
成交价：RMB 3,680,000
105cm×49cm×177cm 北京翰海2020-12-12

3610 明末清初 黄花梨万字围栏双层书柜
估 价：RMB 2,800,000~3,800,000
成交价：RMB 3,795,000
95cm×47.5cm×172cm 中国嘉德2020-12-04

2556 清早期 紫檀五屉炕柜
估 价：RMB 1,200,000~1,500,000
成交价：RMB 1,725,000
120cm×50cm×46cm 中鸿信2020-01-03

1829 清康熙 黄花梨雕螭龙螭凤捧寿纹双闷仓大四件柜（成对）
估　价：RMB 12,000,000~22,000,000
成交价：RMB 20,700,000
158cm×63.5cm×286.5cm×2 北京保利2020-12-05

5026 清康熙36年 御制紫檀鸡翅木百宝嵌《大宝箴》柜式大屏
估　价：RMB 5,600,000~8,600,000
成交价：RMB 7,820,000
198cm×147cm 北京保利2020-10-19

2511 当代 海南黄花梨四面平式独板顶箱大柜（成对）
估　价：RMB 800,000~1,200,000
成交价：RMB 1,495,000
120cm×60cm×240cm×2 中鸿信2020-01-03

2848 18世纪 黄花梨嵌湘妃竹几何龟背纹小圆角柜
估　价：HKD 2,600,000~3,200,000
成交价：RMB 3,408,000
56.5cm×34cm×78cm 佳士得2020-11-30

1614 吴大澂 汉吉语瓦当书柜
估　价：RMB 600,000~800,000
成交价：RMB 1,495,000
98cm×65cm×229cm 华艺国际2020-10-16

2559 清 紫檀嵌大漆层板书柜（成对）
估　价：RMB 320,000~380,000
成交价：RMB 655,500
85cm×38cm×170cm×2 中鸿信2020-01-03

1648 清晚期 紫檀雕龙凤纹大四件柜
估　价：USD 400,000~600,000
成交价：RMB 4,683,938
103.5cm×57.4cm×243.8cm 纽约佳士得2020-09-25

38 17世纪 黄花梨十四屉药箱
估　价：HKD 1,500,000~2,000,000
成交价：RMB 4,552,562
84.8cm×46cm×112.5cm 香港苏富比2020-10-09

2515 明晚期 朱漆雕戗金龙纹官皮箱
估　价：RMB 120,000~150,000
成交价：RMB 149,500
47cm×34.6cm×46.3cm 中鸿信2020-01-03

6313 清早期 黄花梨平顶官皮箱
估　价：RMB 220,000~320,000
成交价：RMB 1,725,000
35.2cm×29.8cm×41.9cm 北京保利2020-10-20

2230 清 红木翘头云龙纹联二橱
估　价：RMB 350,000
成交价：RMB 598,000
170cm×46.5cm×88.5cm
中贸圣佳2020-12-08

1602 清早期 黄花梨文具箱
估　价：RMB 300,000~500,000
成交价：RMB 460,000
38.2cm×21cm×18.1cm 中贸圣佳2020-10-16

1052 清乾隆 紫檀博古纹书箱
估　价：RMB 450,000~550,000
成交价：RMB 517,500
39cm×23cm×19cm 永乐拍卖2020-08-17

2526 清乾隆 紫檀云龙纹文具箱
估　价：RMB 120,000~150,000
成交价：RMB 184,000
35cm×18.5cm×14.5cm 中鸿信2020-01-03

2335 清中期　紫檀雕龙凤纹长方箱
估　价：RMB 550,000~750,000
成交价：RMB 3,335,000
49cm × 28.7cm × 24.5cm 北京翰海2020-12-12

3681 明 周制紫檀百宝嵌烹茶图提盒
估　价：RMB 1,800,000~2,000,000
成交价：RMB 2,185,000
17.8cm × 13.5cm × 17.2cm 中国嘉德2020-08-16

4157 清 黄花梨官皮箱
估　价：RMB 180,000~200,000
成交价：RMB 287,500
34.3cm × 27.2cm × 38.5cm 西泠印社2020-08-09

1616 明嘉靖至万历 黄花梨群仙贺寿图长方捧盒
估　价：RMB 2,500,000~3,000,000
成交价：RMB 3,220,000
49.7cm × 30cm × 13.5cm 中贸圣佳2020-10-16

1484 明 黄花梨提盒
估　价：RMB 50,000~80,000
成交价：RMB 172,500
35.5cm × 18.5cm × 26.5cm 西泠印社2020-08-09

4481 明 紫檀满彻提盒
估　价：RMB 120,000~200,000
成交价：RMB 310,500
37.2cm × 22cm × 29.5cm 西泠印社2020-08-09

1603 明末清初 黄花梨两撞提盒
估　价：RMB 500,000~600,000
成交价：RMB 805,000
41.7cm × 26.2cm × 30.6cm 中贸圣佳2020-10-16

2336 清中期 紫檀雕云龙博古山水纹玉册匣
估　价：RMB 1,800,000~2,800,000
成交价：RMB 2,875,000
52cm × 34cm × 30cm 北京翰海2020-12-12

3834 明晚期 黄花梨百宝嵌烂柯图提盒
估　价：RMB 1,200,000~2,200,000
成交价：RMB 1,437,500
30cm × 19cm × 22cm 中国嘉德2020-12-04

117 18-19世纪 黄花梨五撞提盒
估　价：HKD 350,000~550,000
成交价：RMB 545,580
44.4cm × 25cm × 47.3cm
香港苏富比2020-10-09

123 17世纪 黄花梨透棂书格
估　价：HKD 800,000~1,200,000
成交价：RMB 6,775,480
105.4cm × 47.8cm × 177cm 香港苏富比2020-07-11

2522 明末 黄花梨门廊式佛龛
估　价：RMB 220,000~250,000
成交价：RMB 448,500
52cm × 33.5cm × 62.5cm 中鸿信2020-01-03

3027 清乾隆 紫檀葫芦形佛龛
估 价：RMB 800,000~1,200,000
成交价：RMB 1,265,000
高31cm 古天一2020-10-16

2071 清早期 黄花梨束腰开光卷草纹炭火盆
估 价：RMB 100,000~150,000
成交价：RMB 287,500
50cm × 40cm × 25cm 中鸿信2020-01-03

11 18/19世纪 紫檀木嵌银丝镶宝寿桃纹多宝阁
估 价：EUR 20,000~30,000
成交价：RMB 476,512
高46cm；宽46.5cm 巴黎佳士得2020-06-23

528 黄花梨书格
估 价：HKD 600,000~800,000
成交价：RMB 640,861
90cm × 45.1cm × 176cm
香港苏富比2020-11-26

1046 清早期 乌木衣架
估 价：RMB 2,600,000~3,600,000
成交价：RMB 2,990,000
128.5cm × 40cm × 167cm 永乐拍卖2020-08-17

1642 明 黄花梨云头搭脑脸盆架
估　价：RMB 1,800,000~2,300,000
成交价：RMB 6,900,000
57.5cm×57.5cm×197.8cm
中贸圣佳2020-10-16

5101 清乾隆 紫檀嵌鸡翅木白玉山水人物大座屏
估　价：RMB 3,000,000~5,000,000
成交价：RMB 4,025,000
117cm×32cm×215cm 北京保利2020-10-19

1668 19/20世纪初 黄花梨灯座及榉木灯台（各一件）
估　价：USD 8,000~12,000
成交价：RMB 2,043,900
高136.5cm；高141.6cm
纽约佳士得2020-09-25

2824 18世纪 黄花梨灯台（一对）
估　价：HKD 700,000~900,000
成交价：RMB 1,065,000
25cm×28cm×119.5cm×2 佳士得2020-11-30

3191 清乾隆 紫檀宫灯（成对
估　价：RMB 120,000~150,000
成交价：RMB 253,000
24.8cm×24.8cm×53cm×2 中鸿信2020-01-03

8833 清 黄花梨双龙八吉祥纹折叠式镜架连盖
估　价：HKD 300,000~500,000
成交价：RMB 342,000
38.7cm×37.8cm×35cm 佳士得2020-07-01

3622 明 黄花梨嵌理石小插屏
估　价：RMB 360,000~560,000
成交价：RMB 1,265,000
38cm×19.5cm×52.5cm 中国嘉德2020-08-15

3638 明 紫檀、黄花梨九成宫大座屏
估 价：RMB 10,000,000~20,000,000
成交价：RMB 11,500,000
141cm×59cm×194cm 中国嘉德2020-08-16

30 清乾隆 海屋添筹 祁阳石五色雕插屏
估 价：RMB 800,000
成交价：RMB 1,150,000
42cm×40cm；通高64cm 上海匡时2020-08-05

2758 清乾隆 御制紫檀菊石图诗文座屏
估 价：RMB 350,000~550,000
成交价：RMB 1,150,000
90cm×80cm 中鸿信2020-01-03

3645 明 黄花梨嵌黄云石大插屏
估 价：RMB 800,000~1,200,000
成交价：RMB 920,000
89.5cm×34cm×103cm 中国嘉德2020-08-16

686 清乾隆 白玉雕赤壁夜游图插屏
估 价：USD 200,000~300,000
成交价：RMB 3,856,100
高21cm 纽约苏富比2020-09-23

1045 清乾隆 紫檀云石插屏
估 价：RMB 4,500,000~6,000,000
成交价：RMB 5,750,000
110cm×38cm×103cm 永乐拍卖2020-08-17

1636 清 黄花梨螭龙捧寿纹大座屏
估 价：RMB 2,800,000~3,500,000
成交价：RMB 3,680,000
119.5cm×58.5cm×174.5cm 中贸圣佳2020-1)-16

3940 清乾隆 紫檀镶大理石大座屏
估 价：RMB 5,500,000~8,500,000
成交价：RMB 8,625,000
108cm×36.8cm×93cm 北京保利2020-10-18

6270 清乾隆 剔红嵌宝博古图御题诗葫芦挂屏
估 价：RMB 800,000~1,200,000
成交价：RMB 1,322,500
高78cm 北京保利2020-10-20

669 清乾隆 铜鎏金镶百宝瀛洲仙人图屏
估 价：USD 150,000~250,000
成交价：RMB 860,706
宽139cm 纽约苏富比2020-09-23

1637 清早期 黄花梨瑞兽博古纹十二扇屏
估　价：RMB 9,000,000~12,000,000
成交价：RMB 18,400,000
长54cm×12；扇高317cm 中贸圣佳2020-10-16

2337 清中期 紫檀嵌黄杨缂丝八扇屏
估　价：RMB 5,000,000~6,000,000
成交价：RMB 12,650,000
3[illegible]0cm×180cm 北京翰海2020-12-12

3793 清乾隆 紫檀嵌螺钿山水纹大挂屏（成对）
估　价：RMB 2,000,000~3,000,000
成交价：RMB 2,300,000
106.5cm×78cm×2 中国嘉德2020-12-04

2313 清中期 黄花梨嵌山水人物挂屏（两件）
估　价：RMB 400,000~600,000
成交价：RMB 5,175,000
52.8cm×43.5cm×5.2cm×2 北京翰海2020-12-12

1051 清乾隆 紫檀嵌百宝砚屏
估　价：RMB 500,000~700,000
成交价：RMB 575,000
25.3cm×11.6cm×28.6cm
永乐拍卖2020-08-17

3609 清早期 核桃木嵌黄杨二十四孝围屏（六扇）
估　价：RMB 240,000~340,000
成交价：RMB 517,500
240cm×57cm×6 中国嘉德2020-08-16

1827 清 黄花梨透雕螭龙夔凤纹嵌黑漆描金“百福百寿”十二扇屏风
估 价：RMB 3,000,000~5,000,000
成交价：RMB 3,450,000
298cm × 56cm × 12cm 北京保利2020-12-05

75 当代 大漆花卉人物山水黄杨木雕屏风
估 价：RMB 2,800,000
成交价：RMB 5,922,500
长494cm；高212cm 上海匡时2020-08-05

3813 清乾隆 紫檀嵌百宝喜上眉梢图挂屏（成对）
估 价：RMB 2,600,000~3,600,000
成交价：RMB 3,105,000
67.2cm × 115cm × 2 中国嘉德2020-12-04

278 范厚 约1938年作 山谷中的鹿群
估 价：HKD 1,600,000~2,600,000
成交价：RMB 3,195,000
216cm × 152cm
佳士得2020-12-03

佛教文物

3657 辽 鎏金铜佛坐像
估 价：HKD 250,000~300,000
成交价：RMB 316,400
高9.8cm 香港苏富比2020-07-11

2701 白天王：北宋；红天三：明或更早 彩绘泥塑天王头像
估 价：HKD 480,000~600,000
成交价：RMB 734,500
高50cm；高56cm 佳士得2020-07-09

611 元 宫廷风格铜鎏金道德天尊像
估 价：RMB 2,600,000~3,600,000
成交价：RMB 2,875,000
高26.5cm 北京大羿2020-12-06

616 公元前3–前4世纪 灰色片岩半身犍陀罗菩萨像
估 价：USD 400,000~600,000
成交价：RMB 13,337,415
高92.1cm 纽约佳士得2020-09-23

3008 唐 砂岩石菩萨头像
估 价：HKD 4,000,000~6,000,000
成交价：RMB 4,260,000
高38.1cm 佳士得2020-11-30

307 元 迦诺迦跋厘惰阇尊者
估 价：RMB 3,000,000~4,000,000
成交价：RMB 5,750,000
高68cm 北京中汉2020-12-04

584 五代 吴越国 铜菩萨坐像
估 价：USD 50,000~70,000
成交价：RMB 1,118,918
总高29.2cm 纽约苏富比2020-09-23

1325 14世纪 释迦牟尼
估　价：RMB 4,500,000~6,000,000
成交价：RMB 8,855,000
高40cm 华艺国际2020-10-16

596 辽 铜鎏金大日如来佛坐像
估　价：USD 200,000~300,000
成交价：RMB 6,749,028
高21.9cm 纽约苏富比2020-09-23

6137 14世纪 丹萨替寺铜鎏金佛母
估　价：RMB 3,000,000~5,000,000
成交价：RMB 3,450,000
高26cm 北京保利2020-10-20

423 14-15世纪 止贡巴上师像
估　价：RMB 2,000,000~3,000,000
成交价：RMB 5,175,000
高32cm 上海匡时2020-08-05

5093 明早期（中原）铜鎏金药师佛
估　价：RMB 4,000,000~6,000,000
成交价：RMB 5,980,000
高51cm 北京保利2020-10-19

2327 14世纪 西藏（丹萨替） 铜鎏金阿弥陀佛
估　价：RMB 5,500,000~7,500,000
成交价：RMB 6,325,000
高26.5cm 中国嘉德2020-12-01

1726 15世纪 绿度母像
估　价：RMB 5,500,000~6,500,000
成交价：RMB 7,820,000
高26cm 中贸圣佳2020-10-16

[illegible]30 明永乐 铜鎏金文殊菩萨
估　价：RMB 8,000,000~12,000,000
成交价：RMB 10,925,000
高[illegible]5.5cm 永乐拍卖2020-08-17

454 明或明以前 观音
估　价：RMB 2,000,000~3,000,000
成交价：RMB 3,335,000
高27cm 上海匡时2020-08-05

2702 明永乐 鎏金铜弥勒菩萨坐像
估　价：HKD 2,500,000~3,500,000
成交价：RMB 3,909,800
高20.1cm 佳士得2020-07-09

2703 明宣德 鎏金铜释迦牟尼佛坐像
估　价：HKD 4,000,000~6,000,000
成交价：RMB 7,923,560
高27cm 佳士得2020-07-09

2344 清乾隆（宫廷） 铜鎏金释迦牟尼说法像
估　价：RMB 4,200,000~6,200,000
成交价：RMB 4,830,000
高36cm 中国嘉德2020-12-01

920 明永乐 铜鎏金金刚手菩萨
估　价：HKD 4,800,000~6,800,000
成交价：RMB 4,825,728
高21cm 保利香港2020-12-02

2719 15世纪 西藏 鎏金铜莲华生大士坐像
估　价：HKD 2,800,000~5,000,000
成交价：RMB 3,909,800
高45cm；长36.5cm 佳士得2020-07-09

882 明永乐早期 铜鎏金无量寿佛
估　价：RMB 4,500,000~6,000,000
成交价：RMB 5,175,000
高39cm 永乐拍卖2020-12-02

2124 明宣德 宫廷 铜鎏金文殊菩萨
估　价：RMB 4,000,000~6,000,000
成交价：RMB 5,290,000
高26cm 中国嘉德2020-08-15

6056 15世纪 释迦牟尼佛像
估　价：RMB 2,000,000~4,000,000
成交价：RMB 4,140,000
高48.5cm 十竹斋拍卖（北京）2020-10-18

1341 15—16世纪 释迦牟尼
估　价：RMB 2,200,000~3,200,000
成交价：RMB 3,680,000
高43.5cm 华艺国际2020-10-16

884 15世纪早期 铜鎏金大威德金刚
估　价：RMB 4,500,000~6,500,000
成交价：RMB 5,175,000
高29.5cm 永乐拍卖2020-12-02

3015 16世纪 鎏金铜宝冠佛坐像
估　价：HKD 7,500,000~9,000,000
成交价：RMB 7,881,000
高72cm 佳士得2020-11-30

379 17—18世纪 大日如来
估　价：RMB 600,000~800,000
成交价：RMB 1,012,000
高16cm 上海匡时2020-08-05

883 明 铜鎏金大威德金刚
估 价：RMB 7,000,000~10,000,000
成交价：RMB 7,475,000
高33cm 永乐拍卖2020-12-02

810 15世纪 铜鎏金白衣观音坐像
估 价：USD 400,000~600,000
成交价：RMB 6,422,556
高26.5cm 纽约佳士得2020-09-24

1877 明 铜鎏金金刚萨埵
估 价：RMB 1,600,000~2,600,000
成交价：RMB 4,025,000
高20cm 北京保利2020-12-05

1050 17世纪 “哲布尊丹巴”一世本尊
估 价：RMB 2,800,000~3,800,000
成交价：RMB 3,450,000
高25cm 保利厦门2020-09-26

5095 明 石叟制铜错银丝观音坐像
估 价：RMB 1,600,000~2,600,000
成交价：RMB 2,817,500
高18.5cm 北京保利2020-10-19

6057 16—17世纪 黄财神像
估 价：RMB 3,500,000~5,500,000
成交价：RMB 6,578,000
高27cm 十竹斋拍卖（北京）2020-10-18

1806 清康熙 御制铜鎏金无量寿佛
估 价：RMB 8,000,000~13,000,000
成交价：RMB 12,650,000
高44cm 华艺国际2020-10-16

2116 17世纪 西藏 扎什伦布寺 紫金琍玛嵌金银阿弥陀佛坐像
估 价：RMB 900,000~1,500,000
成交价：RMB 1,955,000
高15.2cm 中国嘉德2020-08-15

3635 17—18世纪 鎏金铜释迦牟尼佛坐像
估 价：HKD 2,000,000~3,000,000
成交价：RMB 3,503,000
高48.4cm 香港苏富比2020-07-11

2118 清乾隆 宫廷 铜鎏金大轮金刚手
估 价：RMB 2,600,000~3,600,000
成交价：RMB 2,990,000
高32cm 中国嘉德2020-08-15

2328 清乾隆（宫廷） 铜漆金白马头金刚（六品佛楼）
估　价：RMB 8,000,000~10,000,000
成交价：RMB 13,225,000
高37.5cm 中国嘉德2020-12-01

2320 清乾隆 宫廷御制 紫金琍玛无量寿佛（金嵌亖石）
成交价：RMB 12,650,000
高23cm 中国嘉德2020-12-01

808 印度南部 泰米尔纳德邦 朱罗王朝 12世纪 铜象头神立像
估　价：USD 120,000~180,000
成交价：RMB 6,095,292
高40.6cm 纽约佳士得2020-09-24

43 清康熙 鎏金铜光明佛母坐像
估　价：EUR 200,000~400,000
成交价：RMB 4,082,116
高43cm 巴黎佳士得2020-06-23

2117 清乾隆 宫廷御制紫金琍玛嵌金银宗喀巴像
估　价：RMB 3,500,000~5,500,000
成交价：RMB 4,370,000
高19.5cm 中国嘉德2020-08-15

2131 18世纪 蒙古 铜鎏金二世哲布尊丹巴
估　价：RMB 1,000,000~1,800,000
成交价：RMB 1,150,000
高15cm 中国嘉德2020-08-15

1028 清乾隆 紫金琍玛无量寿佛
估　价：RMB 3,000,000~5,000,000
成交价：RMB 3,967,500
高49cm 永乐拍卖2020-08-17

3042 13世纪 合金铜噶当塔
估　价：RMB 250,000~350,000
成交价：RMB 287,500
高43cm 古天一2020-10-16

807 印度南部 泰米尔纳德邦 朱罗王朝 铜雪山神女立像
估　价：USD 500,000~700,000
成交价：RMB 3,579,450
高81.9cm 纽约佳士得2020-09-24

806 印度南部 泰米尔纳德邦 朱罗王朝 铜湿婆立像
估　价：USD 1,000,000~1,500,000
成交价：RMB 29,658,300
高82.3cm 纽约佳士得2020-09-24

286 14世纪 金刚法钩
估　价：RMB 700,000~900,000
成交价：RMB 1,000,500
长16.2cm 北京中汉2020-12-04

2794 明早期 掐丝珐琅缠枝莲纹金刚铃
估　价：RMB 280,000~380,000
成交价：RMB 897,000
高29.6cm 中国嘉德2020-08-18

465 明永乐 大明永乐年施款金刚杵
估　价：RMB 200,000~300,000
成交价：RMB 299,000
高15cm 上海匡时2020-08-05

2715 19世纪 填珐琅錾刻八吉祥纹翅白螺
估　价：HKD 80,000~120,000
成交价：RMB 293,800
长20.6cm；长54cm 佳士得2020-07-09

1876 明永乐 金刚铃、杵（一套）
估　价：RMB 1,500,000~2,000,000
成交价：RMB 2,127,500
铃长22.5cm；杵长17cm 北京保利2020-12-05

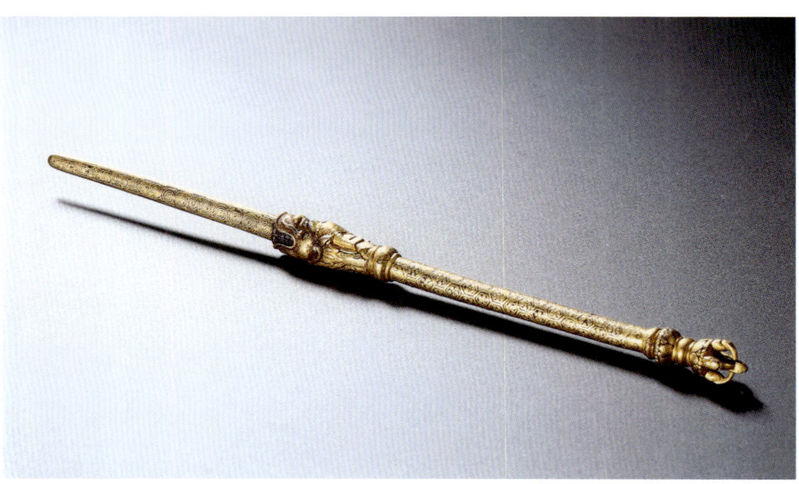

1875 明永乐 铁鋄金银独股杵
估　价：RMB 600,000~800,000
成交价：RMB 897,000
长20.5cm 北京保利2020-12-05

6128 明 铜十六罗汉大磬
估　价：RMB 1,800,000~2,200,000
成交价：RMB 2,415,000
磬长65cm 北京保利2020-10-20

2732 清乾隆 白玉七佛八宝供碗
估　价：RMB 250,000~350,000
成交价：RMB 402,500
高21cm 中鸿信2020-01-03

2437 明 素三彩十三级琉璃佛塔
估　价：RMB 200,000~300,000
成交价：RMB 483,000
高103cm 西泠印社2020-08-08

2045 清乾隆 乾隆四十五年 法螺
估　价：RMB 200,000
成交价：RMB 276,000
长17.1cm 中贸圣佳2020-12-08

1226 12世纪 “黑水城风格”毗卢舍那佛唐卡 立轴
估　价：RMB 550,000~750,000
成交价：RMB 1,058,000
54.5cm×45cm 中鸿信2020-01-04

2931 元 金刚总持唐卡
估　价：RMB 800,000~1,400,000
成交价：RMB 805,000
59cm×44cm 中鸿信2020-01-03

3061 14世纪 三十五佛唐卡
估　价：RMB 1,200,000~2,200,000
成交价：RMB 2,415,000
85cm×78cm 古天一2020-10-16

6042 18世纪 噶当派三祖师唐卡
估　价：RMB 1,000,000~1,600,000
成交价：RMB 1,472,000
48cm×72cm 十竹斋拍卖（北京）2020-10-18

3059 18世纪 胜乐金刚、甘帝巴、莲花手菩萨唐卡（一组）
估　价：RMB 3,000,000~4,000,000
成交价：RMB 3,910,000
48cm×71.5cm 古天一2020-10-16

3037 14—15世纪 罗睺罗尊者唐卡
估　价：RMB 2,000,000~3,000,000
成交价：RMB 3,450,000
98cm×60cm 古天一2020-10-16

6138 清乾隆 蓝色妆花缎六世班禅唐卡
估　价：RMB 1,000,000~2,000,000
成交价：RMB 1,207,500
334cm×186cm 北京保利2020-10-20

36 清乾隆 释迦牟尼与二弟子唐卡（两幅）
估　价：RMB 800,000~1,200,000
成交价：RMB 1,265,000
117cm×75cm 华艺国际2020-12-05

2321 19世纪 西藏 棉布矿物颜料大日如来金卡
估　价：RMB 600,000~1,000,000
成交价：RMB 1,035,000
66cm×89.5cm 中国嘉德2020-12-01

文房用品

500 16世纪 剔红竹林七贤图笔管及笔帽
估　价：HKD 80,000~120,000
成交价：RMB 159,936
长24.1cm 香港苏富比2020-06-05

227 清早期 彤山刻乌木福寿纹山水高士图抓笔笔管
估　价：RMB 150,000~250,000
成交价：RMB 230,000
长10.7cm 北京中汉2020-12-04

2859 清乾隆 杨季初作宜兴段泥绘花卉图笔筒
估　价：HKD 500,000~800,000
成交价：RMB 958,500
高14.5cm 佳士得2020-11-30

152 清乾隆 杨履干作宜兴紫砂梅桩式笔筒
估　价：GBP 80,000~120,000
成交价：RMB 1,304,400
高10.5cm 伦敦佳士得2020-11-03

2841 宋/明 铜双龙笔搁
估　价：HKD 50,000~80,000
成交价：RMB 127,800
宽17.8cm 佳士得2020-11-30

6405 明 灰陶仿英石“笔架山”
估　价：RMB 30,000~60,000
成交价：RMB 230,000
长8cm 北京保利2020-10-20

1523 元至明 铜鸿仪鹭序笔架山
估　价：RMB 250,000~300,000
成交价：RMB 345,000
长19cm 中贸圣佳2020-10-16

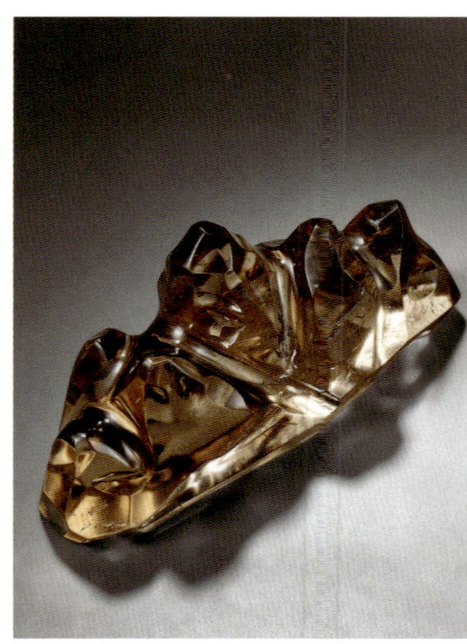

231 明 水晶五峰山形笔架
估　价：RMB 12,000~30,000
成交价：RMB 201,250
高6.5cm 北京中汉2020-12-04

148 清早期 陈鸣远作宜兴紫砂田螺式水盂
估 价：GBP 20,000~40,000
成交价：RMB 217,400
长8.5cm 伦敦佳士得2020-11-03

150 清早期 惠孟臣作宜兴紫砂掺沙梨皮小水盂
估 价：GBP 30,000~50,000
成交价：RMB 434,800
宽8.6cm 伦敦佳士得2020-11-03

1527 清乾隆 冰糖玛瑙梅桩水盂
估 价：RMB 80,000~120,000
成交价：RMB 184,000
长6.7cm 中贸圣佳2020-10-16

108 清雍正 紫砂宜钧釉“万寿齐天”桃形水注
估 价：HKD 200,000~300,000
成交价：RMB 695,003
14.3cm 香港苏富比2020-11-27

23 清康熙 陈鸣远制 桃形水滴
估 价：RMB 1,200,000
成交价：RMB 1,725,000
长6.2cm 上海匡时2020-08-05

916 清乾隆 铜错金银嵌八宝嵌宋玉龙首水盂
估 价：RMB 2,200,000~2,800,000
成交价：RMB 2,530,000
高10cm；长13cm 永乐拍卖2020-12-02

3670 清乾隆 铜错金银天鸡式狮钮砚滴
估 价：RMB 1,500,000~1,800,000
成交价：RMB 2,875,000
长9.7cm；高7cm 中国嘉德2020-08-16

1872 清乾隆 白玉云蝠纹双环耳洗
估 价：RMB 3,500,000~5,500,000
成交价：RMB 4,140,000
宽31cm 北京保利2020-12-05

8070 明晚期 紫檀错银嵌百宝人物笔舔
估 价：RMB 80,000~150,000
成交价：RMB 189,750
8.3cm×7cm 十竹斋拍卖（北京）2020-10-18

2049 清早期 陈鸣远制桃形笔洗
估 价：RMB 250,000~300,000
成交价：RMB 609,500
长10cm 中贸圣佳2020-10-17

3953 清 梁同书铭陈希濂款紫檀诗文臂搁
估 价：RMB 40,000~60,000
成交价：RMB 368,000
长14cm 西泠印社2020-08-09

2380 清晚期 王东石制陈山农刻玉成窑笔掭
估 价：RMB 320,000~380,000
成交价：RMB 368,000
1.7cm×9.7cm 西泠印社2020-08-08

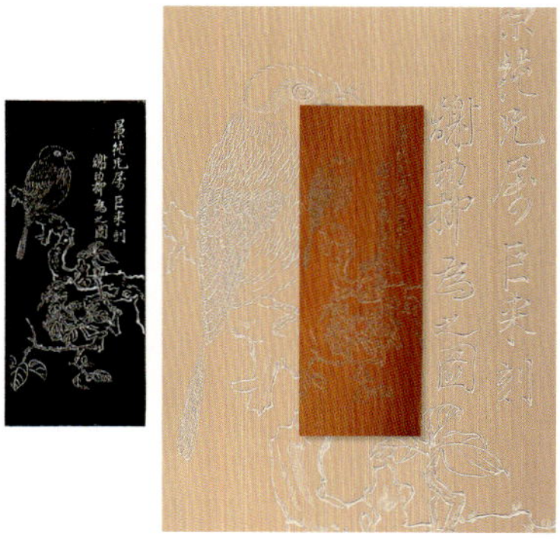

3929 近代 研朴堂旧藏陈巨来刻谢稚柳画张镜人上款竹雕花鸟图臂搁
估 价：RMB 30,000~50,000
成交价：RMB 368,000
长23.5cm 西泠印社2020-08-09

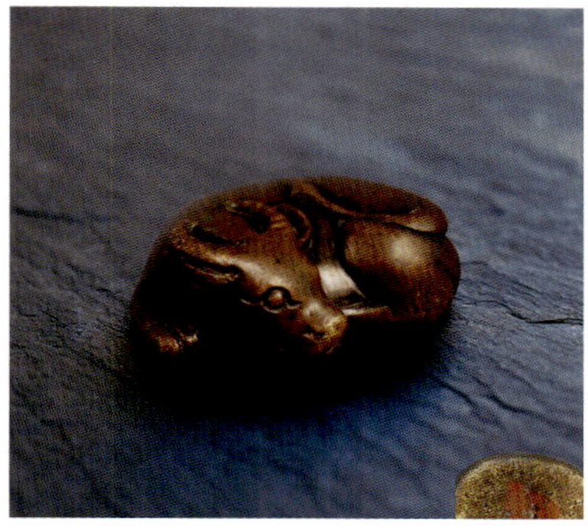

3661 明 铜卧牛镇
估 价：RMB 80,000~100,000
成交价：RMB 253,000
长6.3cm 中国嘉德2020-08-16

901 唐 鎏金铜卧兔形镇
估 价：USD 6,000~8,000
成交价：RMB 639,188
长6.4cm 纽约佳士得2020-09-24

1760 西汉 公元前2世纪 青铜卧虎式镇（一对）
估 价：USD 6,000~8,000
成交价：RMB 136,260
宽5.3cm × 2 纽约佳士得2020-09-25

2802 汉或以后 铜虎钮席镇
估 价：HKD 100,000~150,000
成交价：RMB 170,400
直径7cm 佳士得2020-11-30

2725 清乾隆 紫檀云龙纹玺印盒
估 价：RMB 1,000~2,000
成交价：RMB 115,000
13.6cm × 13.6cm × 12.9cm 中国嘉德2020-12-03

3617 清雍正 寿山石雕云龙纹钮玺
估 价：HKD 4,000,000~5,000,000
成交价：RMB 5,600,422
6.8cm × 6.8cm × 13.6cm 香港苏富比2020-10-09

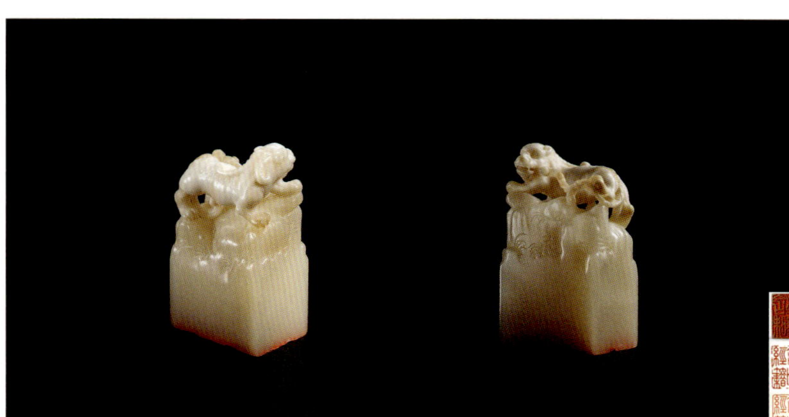

2855 清乾隆 寿山石“含味经籍”玺（57克）
估 价：HKD 2,800,000~3,500,000
成交价：RMB 3,801,320
高5cm 佳士得2020-07-09

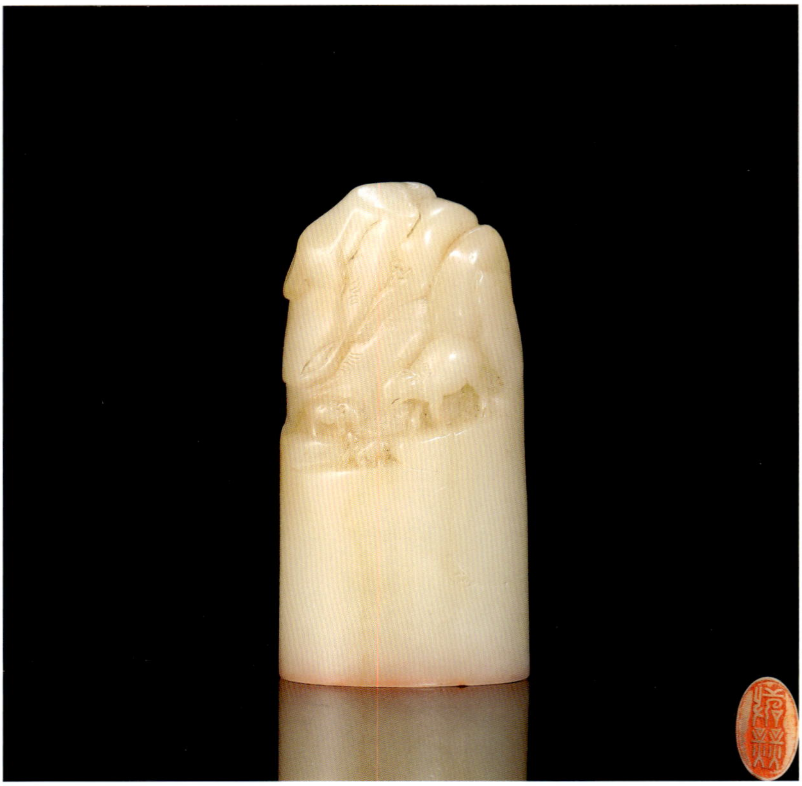

5078 清乾隆 御制芙蓉三羊开泰“敬业”玺
估 价：RMB 2,600,000~3,600,000
成交价：RMB 4,140,000
3.3cm×2.1cm×6cm 北京保利2020-10-19

5079 清乾隆 御制黄水晶“德日新”“所宝惟贤”“乾隆御笔”组玺三方（原配紫檀印匣）
估 价：RMB 15,000,000~25,000,000
成交价：RMB 19,550,000
2.6cm×1.4cm×4.3cm；2.1cm×2.1cm×4.6cm；2.3cm×2.3cm×5cm 北京保利2020-10-19

5062 明 金质骆驼钮“魏归义氐王”印
估 价：RMB 400,000~800,000
成交价：RMB 460,000
通高2.5cm；印宽2.3cm 中国嘉德2020-12-02

5062 清雍正至乾隆 “六丁三女，护身镇宅”银瑞兽钮雕道教符篆方印
估 价：RMB 600,000~800,000
成交价：RMB 920,000
4.4cm×4.4cm×5.2cm 北京保利2020-10-19

5081 清雍正 张在戊铭张廷玉自用芙蓉螭钮“澄怀园”椭圆印
估 价：RMB 500,000~800,000
成交价：RMB 1,437,500
5.8cm×2.8cm×6.3cm 北京保利2020-10-19

2811 清乾隆十一年（1746） 御用芙蓉石五骏图“琴书道趣生”宝玺
估 价：HKD 2,200,000~3,500,000
成交价：RMB 4,260,000
高7.3cm；134g 佳士得2020-11-30

1044 清早期 朱彝尊自用印（一套九方）
估 价：RMB 1,200,000~2,000,000
成交价：RMB 1,092,500
尺寸不一 北京保利2020-12-05

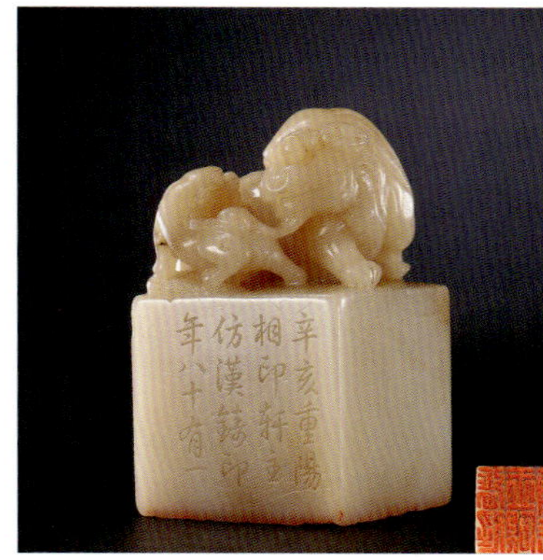

5080 清雍正 张在辛刻张廷玉自用芙蓉石狮钮方章
估 价：RMB 300,000~500,000
成交价：RMB 1,150,000
3.8cm × 3.9cm × 6.3cm 北京保利2020-10-19

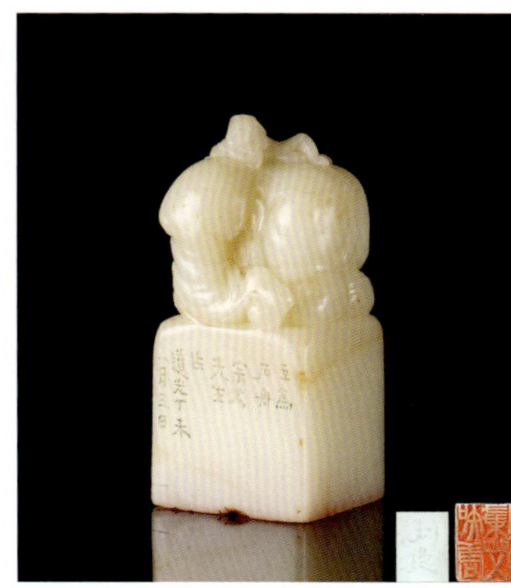

1854 清康熙 杨玉璇制芙蓉石藩人驭象钮 张辛刻张穆自用印
估 价：RMB 680,000~1,000,000
成交价：RMB 1,150,000
3.2cm × 3.2cm × 7.2cm 北京保利2020-12-05

119 17-18世纪 田黄辟邪钮印章
估 价：HKD 300,000~500,000
成交价：RMB 542,400
3.8cm × 1.9cm × 1.9cm 香港苏富比2020-07-11

2856 清康熙/雍正 寿山石瑞兽钮怡亲王允祥自用对章
估　价：HKD 400,000~600,000
成交价：RMB 2,486,000
高7cm；高6.9cm 佳士得2020-07-09

12 18世纪 田黄天保九如辟邪钮方章
估　价：RMB 4,500,000~6,500,000
成交价：RMB 6,210,000
3.2cm × 3.2cm × 5.7cm；重95.6g
华艺国际2020-12-05

3658 18-19世纪 鎏金铜龙马负图钮方印
估　价：HKD 700,000~900,000
成交价：RMB 1,073,500
4cm × 3.6cm × 3.6cm 香港苏富比2020-07-11

6256 清乾隆 御制苍龙教子昌化刘墉自用大印
估　价：RMB 600,000~900,000
成交价：RMB 989,000
5.2cm × 5cm × 9.5cm 北京保利2020-10-20

5082 清乾隆 田黄“皇十一子”方章
估　价：RMB 1,000,000~1,500,000
成交价：RMB 1,667,500
1.9cm × 1.9cm × 5.3cm；重44g
北京保利2020-10-19

1429 清 黄士陵刻收藏印
估　价：RMB 150,000~180,000
成交价：RMB 782,000
2.1cm × 2.1cm × 4.7cm 朵云轩2020-09-24

5083 清中期 田黄"潘仕成收藏金石文字之印信"章
估 价：RMB 6,500,000~9,500,000
成交价：RMB 10,925,000
2.8cm×2.8cm×5.8cm；重113g 北京保利2020-10-19

2857 晚清/民国 王大炘刻田黄袁克文自用印（45克）
估 价：HKD 200,000~300,000
成交价：RMB 926,600
高6.3cm；重45g 佳士得2020-07-09

2862 清 寿山高山冻瑞兽钮方印（204克）
估 价：HKD 200,000~300,000
成交价：RMB 791,000
高6.8cm；重204g 佳士得2020-07-09

1848 清 黄易刻芙蓉石象钮翁方纲自用印
估 价：RMB 1,000,000~1,500,000
成交价：RMB 1,610,000
2.6cm×2.2cm×4.8cm 北京保利2020-12-05

1431 清 徐三庚刻和硕恭亲王自用印
估 价：RMB 1,200,000~1,500,000
成交价：RMB 1,380,000
1.7cm×1.7cm×6.2cm 朵云轩2020-09-24

3973 清 红白套料制螭龙钮怡亲王印
估 价：RMB 250,000~300,000
成交价：RMB 437,000
高4.1cm×2 西泠印社2020-08-09

5032 清 银质“康熙理藩院阿巴哈纳尔左旗扎萨克印”虎钮印
估　价：RMB 600,000~1,000,000
成交价：RMB 690,000
通高9.5cm；印宽10cm 中国嘉德2020-12-02

3407 清 爱新觉罗·敬敦自用田黄石山水薄意章
估　价：RMB 500,000~800,000
成交价：RMB 1,380,000
2.3cm × 2.3cm × 5.7cm；重66.7g
西泠印社2020-08-09

3265 清 陈鸿寿刻青田石自用闲章
估　价：RMB 500,000~800,000
成交价：RMB 977,500
2.1cm × 2.1cm × 5.3cm 西泠印社2020-08-09

3347 清 钱松刻桥钮寿山芙蓉石沈树镛自用印
估　价：RMB 80,000~120,000
成交价：RMB 345,000
1.2cm × 1.2cm × 2.7cm 西泠印社2020-08-09

3398 清 寿山芙蓉石子母狮钮章
估　价：RMB 120,000~180,000
成交价：RMB 207,000
6.5cm × 6.5cm × 11.6cm 西泠印社2020-08-09

3410 清 乌鸦皮田黄石松下高士薄意章
估　价：RMB 500,000~700,000
成交价：RMB 575,000
2.7cm × 3cm × 6.6cm；重123.1g
西泠印社2020-08-09

3290 清 吴昌硕刻古兽钮寿山石沈秉成自用闲章
估　价：RMB 200,000~300,000
成交价：RMB 805,000
1.5cm × 1.5cm × 3.3cm 西泠印社2020-08-09

925 民国 弘一法师为李晋章刻“慈悲喜舍”双面印
成交价：RMB 747,500
高1.7cm 中鸿信2020-01-04

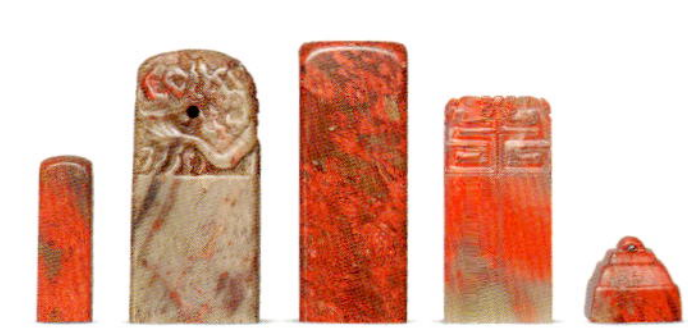

41 民国 翁之琴刻鸡血石印三方及章料七方
估　价：HKD 50,000~80,000
成交价：RMB 398,563
高7.5cm 佳士得2020-04-21

3263 1784年作 清 黄易刻古兽钮寿山芙蓉石张符升自用印
估 价：RMB 800,000~1,200,000
成交价：RMB 4,600,000
3.5cm × 2.7cm × 6.7cm 西泠印社2020-08-09

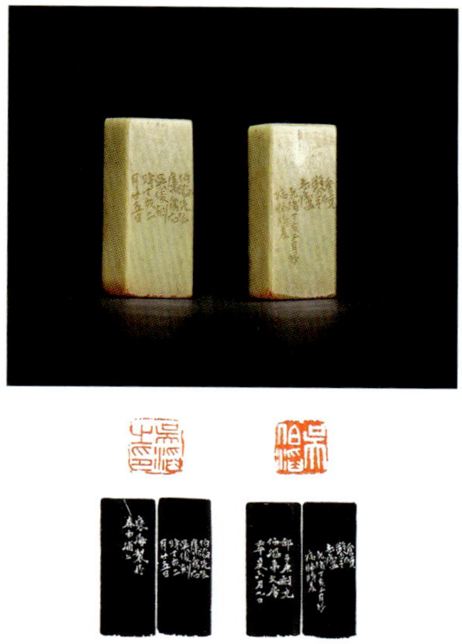

3351 1887年作 清 吴昌硕刻青田石吴滔自用对章
估 价：RMB 500,000~700,000
成交价：RMB 782,000
2.6cm × 2.6cm × 6.3cm × 2
西泠印社2020-08-09

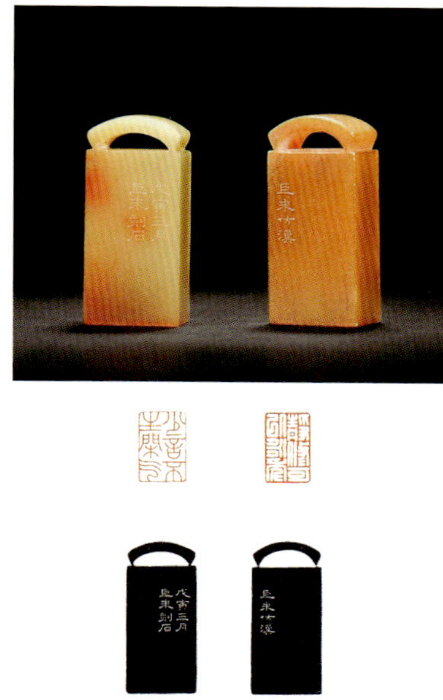

3312 1938年作 陈巨来刻寿山芙蓉石瓦钮对章
估 价：RMB 300,000~400,000
成交价：RMB 690,000
2.3cm × 1.5cm × 4.8cm × 2
西泠印社2020-08-09

2213 民国 吴朴堂刊睡狸钮方章
估 价：RMB 60,000~90,000
成交价：RMB 172,500
长4cm 中鸿信2020-01-03

3343 1806年作 清 陈鸿寿刻青田石章
估 价：RMB 450,000~600,000
成交价：RMB 782,000
2.6cm × 2.6cm × 5.3cm 西泠印社2020-08-09

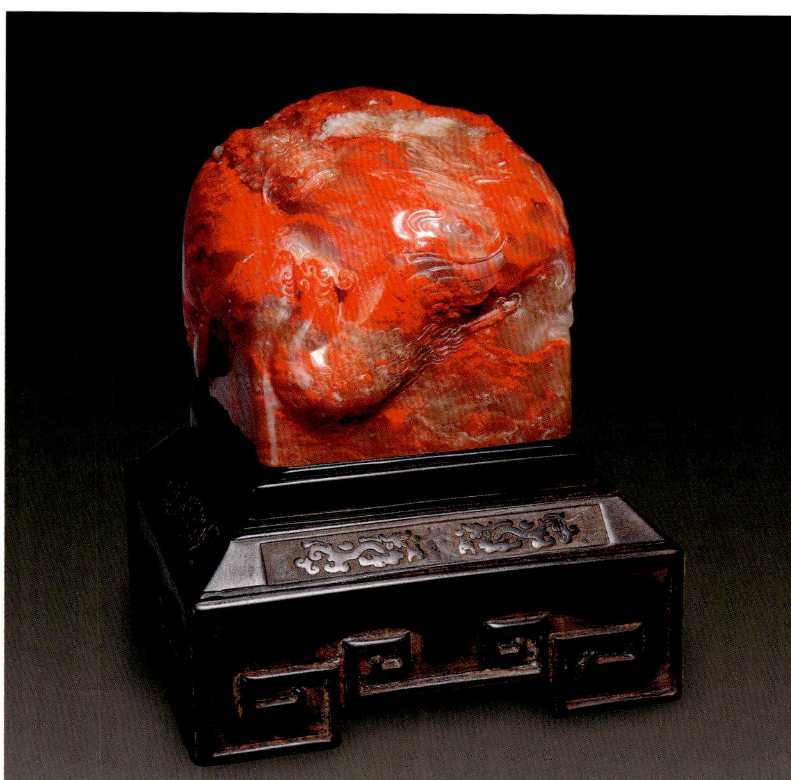

1480 巴林鸡血龙凤呈祥浮雕大方章
估 价：RMB 2,800,000~3,200,000
成交价：RMB 3,450,000
11cm × 10.1cm × 9.6cm 朵云轩2020-09-24

3427 昌化鸡血石对章
估　价：RMB 1,200,000~1,800,000
成交价：RMB 1,840,000
3.5cm × 3.5cm × 12.9cm × 2
西泠印社2020-08-09

3430 昌化鸡血石章
估　价：RMB 800,000~1,200,000
成交价：RMB 1,265,000
3cm × 3cm × 13.7cm 西泠印社2020-08-09

3503 董洵刻 罗聘用青田石印章
估　价：RMB 400,000~600,000
成交价：RMB 874,000
2.5cm × 2.4cm × 5.6cm 中国嘉德2020-08-17

3431 昌化鸡血石大红袍章
估　价：RMB 1,300,000~1,800,000
成交价：RMB 1,725,000
2.9cm × 2.9cm × 10.2cm 西泠印社2020-08-09

3504 高凤翰篆 郑板桥自用青田石印章
估　价：RMB 1,200,000~1,800,000
成交价：RMB 4,255,000
3.1cm × 3.1cm × 3.6cm 中国嘉德2020-08-17

3498 丁敬刻 “采芝山人”青田石印章
估 价：RMB 2,200,000~3,200,000
成交价：RMB 3,795,000
1.3cm × 0.9cm × 1.8cm 中国嘉德2020-08-17

1478 荔枝洞博古方章
估 价：RMB 1,000,000~1,200,000
成交价：RMB 1,150,000
2.7cm × 2.7cm × 12cm 朵云轩2020-09-24

3408 林清卿作田黄冻石山水薄意章
估 价：RMB 1,800,000~2,500,000
成交价：RMB 2,990,000
1.8cm × 1.9cm × 8.3cm；重64.8g
西泠印社2020-08-09

3409 林荣基作田黄石春江水暖薄意随形章
估　价：RMB 600,000~900,000
成交价：RMB 2,070,000
12.3cm×5.2cm×7.7cm；重718.9g
西泠印社2020-08-09

6106 钱松刻青田石方章
估　价：RMB 600,000~800,000
成交价：RMB 908,500
2.1cm×2cm×6.5cm 中贸圣佳2020-10-16

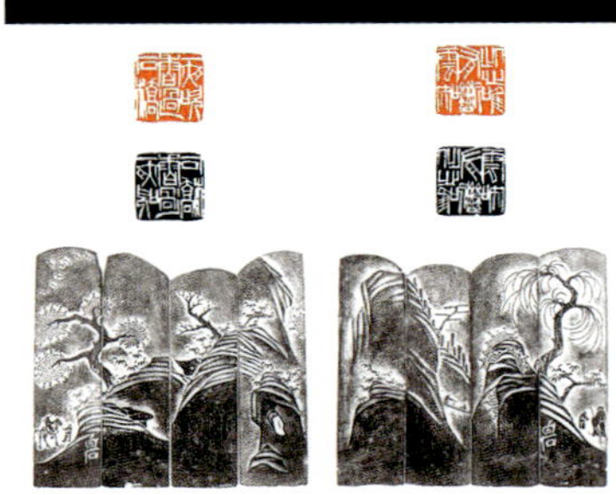

3294 齐白石刻山水薄意寿山石陈之初自用对章
估　价：RMB 1,000,000~1,800,000
成交价：RMB 2,185,000
2.4cm×2.4cm×8.3cm×2
西泠印社2020-08-09

6027 寿山田黄石太狮少狮钮章
估　价：RMB 600,000~800,000
成交价：RMB 805,000
1.9cm×1.9cm×4.6cm 中贸圣佳2020-10-16

4073 来楚生刻青田石印章
估　价：RMB 180,000~280,000
成交价：RMB 747,500
2.9cm×2.9cm×3.8cm 中国嘉德2020-12-01

3405 田黄石古兽钮章
估　价：RMB 1,000,000~1,600,000
成交价：RMB 1,150,000
2.8cm×2.2cm×3.5cm；47.7g
西泠印社2020-08-09

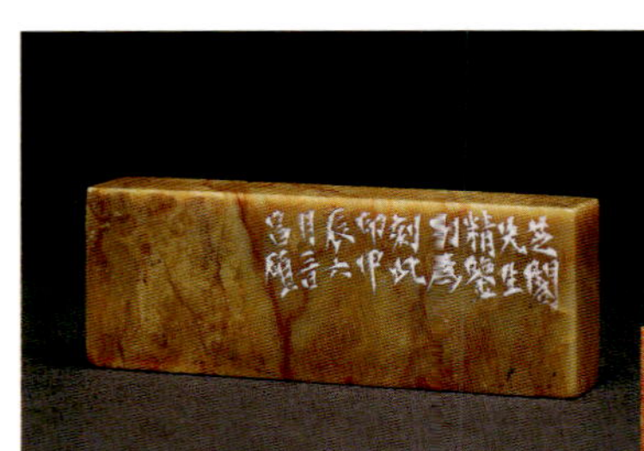

4132 吴昌硕刻庞芝阁用青田石印章
估　价：RMB 1,000,000~1,500,000
成交价：RMB 1,265,000
6.2cm×1.1cm×2.2cm 中国嘉德2020-12-01

3496 吴让之刻岑仲陶用墨晶石印章
估　价：RMB 600,000~800,000
成交价：RMB 1,322,500
2.7cm×2.7cm×6.8cm 中国嘉德2020-08-17

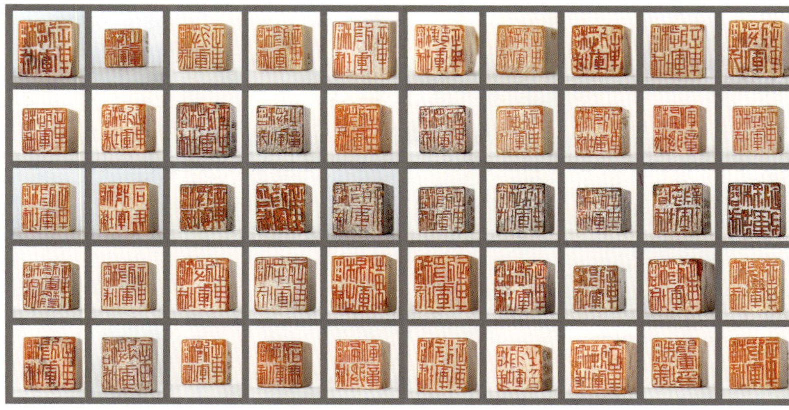

6041 吴子建刻“榕城将军章”三十五方
估　价：RMB 1,500,000~2,000,000
成交价：RMB 1,725,000
中贸圣佳2020-10-16

1616 张大千刻王济远用寿山石印（三方）
估　价：RMB 800,000~1,200,000
成交价：RMB 1,127,000
5cm×4.5cm；4.2cm×5cm；3.5cm×5cm 华艺国际2020-10-16

6028 杨玉璇寿山田黄石螭虎钮方章
估　价：RMB 1,500,000~2,000,000
成交价：RMB 2,277,000
3.1cm×2.8cm×5.7cm 中贸圣佳2020-10-16

4126 赵之琛刻青田石两面印
估　价：RMB 100,000~150,000
成交价：RMB 1,840,000
3.2cm×3.2cm×6.9cm 中国嘉德2020-12-01

4122 吴让之刻黄锡禧用寿山芙蓉石兽钮对章
估　价：RMB 2,000,000~3,000,000
成交价：RMB 3,335,000
2.4cm×2.4cm×6.5cm×2 中国嘉德2020-12-01

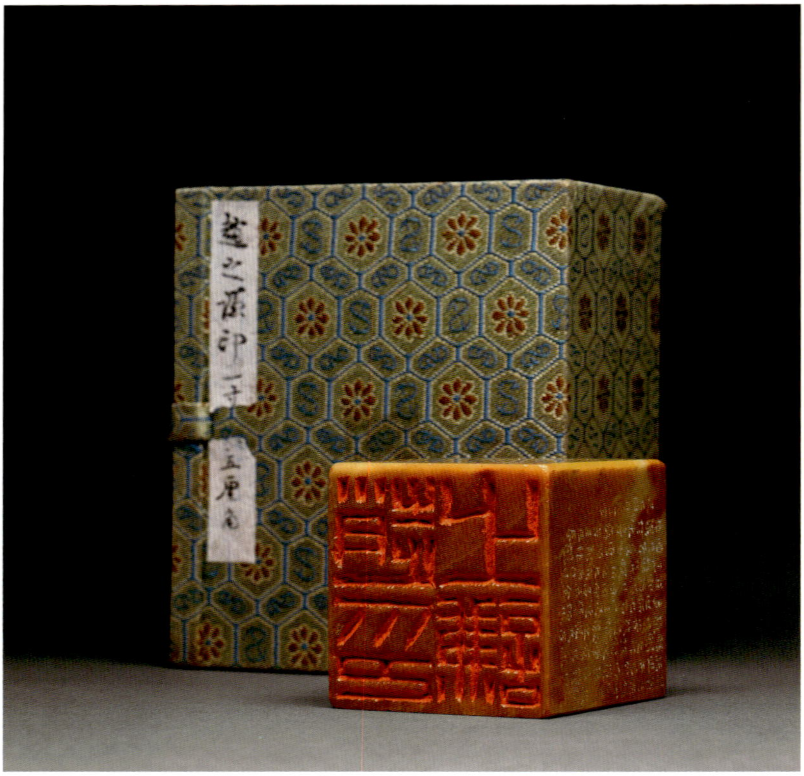

3495 赵之谦刻青田石自用印
估　价：RMB 5,000,000~8,000,000
成交价：RMB 6,900,000
4.8cm×4.8cm×5.3cm 中国嘉德2020-08-17

4121 赵之谦刻寿山芙蓉石自用印章
估　价：RMB 400,000~600,000
成交价：RMB 1,380,000
1.9cm×1.9cm×2.5cm 中国嘉德2020-12-01

5837 明 百子万寿图墨
估　价：RMB 60,000~80,000
成交价：RMB 69,000
直径14.5cm 北京保利2020-10-20

3494 赵之谦刻傅以礼用寿山石印章
估　价：RMB 600,000~1,000,000
成交价：RMB 1,437,500
2.3cm×2.3cm×4.3cm 中国嘉德2020-08-17

3493 赵之谦刻傅以礼用青田石印章
估　价：RMB 500,000~800,000
成交价：RMB 1,092,500
1.5cm×1.5cm×4.7cm 中国嘉德2020-08-17

5845 明 方景耀、程伯祥合作仿古螭龙墨
估　价：RMB 40,000~60,000
成交价：RMB 63,250
直径4.8cm 北京保利2020-10-20

3993 明 方林宗制鸠砚形墨
估　价：RMB 10,000~20,000
成交价：RMB 80,500
10cm×4.2cm 西泠印社2020-08-09

5841 明 方于鲁天门山墨
估　价：RMB 40,000~60,000
成交价：RMB 46,000
直径7.5cm 北京保利2020-10-20

1510 清乾隆 兰亭高会御墨
估　价：RMB 200,000~300,000
成交价：RMB 230,000
15.3cm×8cm 中贸圣佳2020-10-16

6266 清乾隆 汪近圣制黄山图贡墨（两盒三十六锭）
估　价：RMB 400,000~580,000
成交价：RMB 460,000
长7cm×36 北京保利2020-10-20

2778 清乾隆 御制四库文阁诗墨（一套五方）
估　价：RMB 1,800,000~2,800,000
成交价：RMB 2,300,000
尺寸不一 中国嘉德2020-08-18

846 清乾隆 御制西湖十景墨（一套）
估　价：HKD 600,000~800,000
成交价：RMB 613,128
高9cm 中国嘉德2020-10-10

2843 清乾隆 御制咏花卉诗套墨十二方连黑漆嵌螺钿龙纹盒
估 价：HKD 500,000~600,000
成交价：RMB 724,200
31.1cm×41.7cm 佳士得2020-11-30

2776 清乾隆 御制云龙墨
估 价：RMB 300,000~500,000
成交价：RMB 345,000
8.8cm×8.8cm×1.3cm 中国嘉德2020-08-18

2777 清嘉庆 御题恽寿平仿倪瓒八万图诗墨（一套八方）
估 价：RMB 300,000~500,000
成交价：RMB 345,000
10.8cm×5.1cm×1.8cm 中国嘉德2020-08-18

3019 清乾隆四十五年（1780） 御制墨刻填金娑罗树图
估 价：HKD 3,000,000~5,000,000
成交价：RMB 2,982,000
218cm×101cm 佳士得2020-11-30

1373 清乾隆 怡王府角花笺纸（一组四张）
估 价：RMB 10,000~30,000
成交价：RMB 37,950
27cm×24cm×2；22cm×17cm×2
广东崇正2020-09-13

2842 清乾隆 御用仿金粟山藏经纸（三张）
估 价：HKD 30,000~50,000
成交价：RMB 34,080
51.5cm×29cm 佳士得2020-11-30

401 清 宫绢五张
估 价：RMB 100,000~150,000
成交价：RMB 161,000
540cm×270cm 中贸圣佳2020-10-17

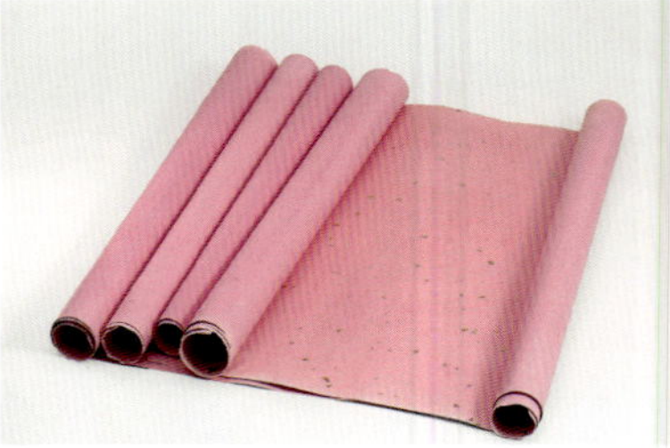

3626 清 桃色蜡笺洒金纸（四张）
估 价：RMB 10,000~20,000
成交价：RMB 20,700
尺寸不一 西泠印社2020-08-09

3607 宋 太史端砚
估　价：RMB 80,000~120,000
成交价：RMB 172,500
24cm × 14.3cm × 9.5cm 西泠印社2020-08-09

1452 元 歙石荷叶形蛙池如意云足砚
估　价：RMB 10,000~30,000
成交价：RMB 25,300
26cm × 23cm × 5.5cm 广东崇正2020-09-13

3984 明 宝珣旧藏徐世章递藏张廷济吴大澂铭宫瓦砚
估　价：RMB 80,000~120,000
成交价：RMB 322,000
37.8cm × 28.5cm × 6.5cm
西泠印社2020-08-09

55 明 大业有成瓷砚
估　价：RMB 150,000
成交价：RMB 172,500
23.5cm × 13.5cm × 4cm 上海匡时2020-08-05

3551 明 黄汝亨铭长方淌池澄泥砚 犬养毅行书贾岛述剑诗
估　价：RMB 120,000~180,000
成交价：RMB 161,000
14.7cm × 9.4cm × 2.4cm
西泠印社2020-08-09

2896 明晚期 李梦阳、徐渭、王世贞铭端砚
估　价：HKD 380,000~450,000
成交价：RMB 429,400
长22.4cm 佳士得2020-07-09

1045 清早期 朱竹垞铭钟形砚
估　价：RMB 300,000~500,000
成交价：RMB 368,000
14cm × 10.2cm × 2cm 北京保利2020-12-05

1362 清早期/中期 顾二娘款铭文端石凝脂夔龙纹砚
估　价：RMB 500,000~800,000
成交价：RMB 1,495,000
21cm × 16cm × 4.5cm 广东崇正2020-09-13

2839 清康熙 顾二娘制端石簸箕砚连随形簸箕砚盒
估　价：HKD 800,000~1,200,000
成交价：RMB 1,171,500
长11cm；长12.1cm 佳士得2020-11-30

3979 清乾隆 乾隆御制款仿青铜石渠砚
估　价：RMB 120,000~250,000
成交价：RMB 690,000
15.4cm×10cm×6.7cm 西泠印社2020-08-09

3569 清乾隆 御铭仿古青铜砮石渠端砚
估　价：RMB 400,000~600,000
成交价：RMB 575,000
14cm×14cm×5.3cm 西泠印社2020-08-09

3981 清雍正 雍正年制款松花石巧雕灵芝福寿纹葫芦砚
估　价：RMB 160,000~280,000
成交价：RMB 437,000
12.5cm×8.7cm×0.9cm
西泠印社2020-08-09

3978 清乾隆 乾隆御铭绿端石宝瓶砚
估　价：RMB 80,000~120,000
成交价：RMB 218,500
13.5cm×7.5cm×2.5cm
西泠印社2020-08-09

6262 清 御制嵌金银丝紫檀木砚
估　价：RMB 680,000~1,200,000
成交价：RMB 920,000
长15.5cm 北京保利2020-10-20

153 清雍正 紫泥泥绘策杖行旅圆形砚
估　价：GBP 60,000~80,000
成交价：RMB 4,239,300
直径23cm 伦敦佳士得2020-11-03

933 清乾隆 御制莲塘双鸭图御题诗松花石砚
估　价：RMB 1,000,000~1,500,000
成交价：RMB 1,380,000
宽14.5cm 永乐拍卖2020-12-02

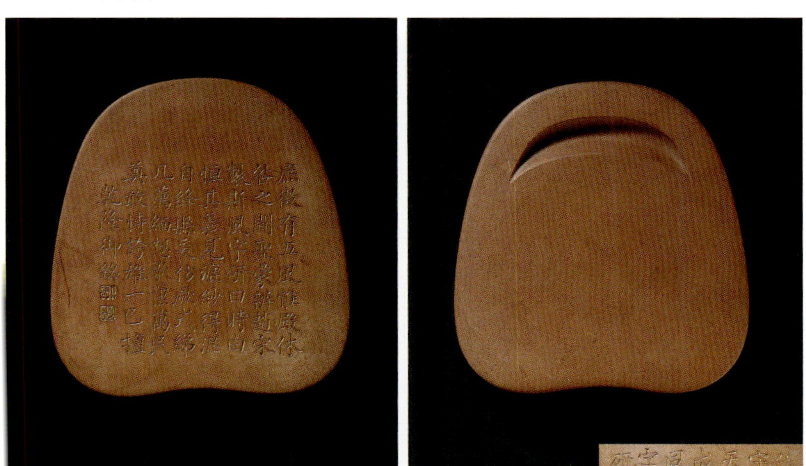

6490 清乾隆 御铭澄泥仿宋天成风字砚
估　价：RMB 250,000~300,000
成交价：RMB 310,500
长12cm 北京保利2020-10-20

2837 清乾隆 紫砂澄泥仿宋玉兔朝元砚
估　价：HKD 260,000~400,000
成交价：RMB 447,300
直径10.5cm 佳士得2020-11-30

6264 清中期 卢葵生制双喜临门图百宝嵌漆砂砚
估　价：RMB 180,000~300,000
成交价：RMB 368,000
长14cm 北京保利2020-10-20

1361 清道光 张廷济、杨澥铭文端石马肝紫砚
估　价：RMB 100,000~200,000
成交价：RMB 287,500
15.2cm × 9.6cm × 2.5cm 广东崇正2020-09-13

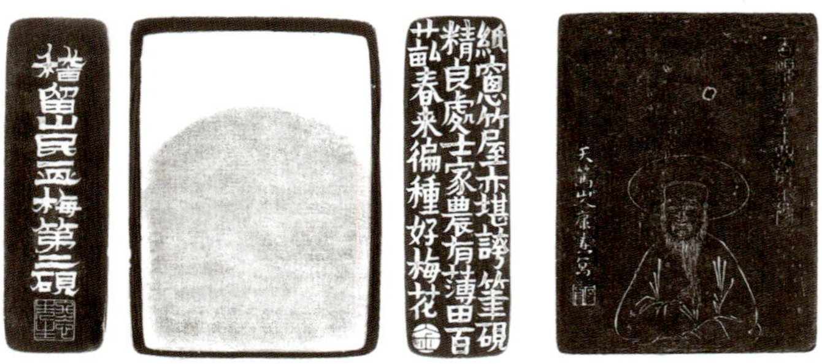

3566 清 金农、康焘铭稽留山民画梅第二砚
估 价：RMB 1,800,000~2,500,000
成交价：RMB 10,580,000
13cm×10.1cm×4.3cm 西泠印社2020-08-09

2027 清乾隆 御制西番莲纹松花石砚
估 价：RMB 600,000~800,000
成交价：RMB 1,092,500
长16cm 中鸿信2020-01-03

2836 清 漆砂砚连百宝嵌鹭鸶水仙纹砚盒
估 价：HKD 240,000~400,000
成交价：RMB 255,600
长14.5cm 佳士得2020-11-30

1536 清 康熙御赐松花砚
估 价：RMB 2,600,000~3,000,000
成交价：RMB 3,220,000
14.5cm×10cm×1.5cm 朵云轩2020-09-24

3565 清 吴祖谦、高士奇、蒋德宣铭荷叶形端砚
估　价：RMB 300,000~500,000
成交价：RMB 460,000
19cm×18.2cm×2.4cm 西泠印社2020-08-09

6263 清 御制玉兔形端砚及紫檀砚盒
估　价：RMB 1,500,000~2,500,000
成交价：RMB 2,760,000
长15.5cm 北京保利2020-10-20

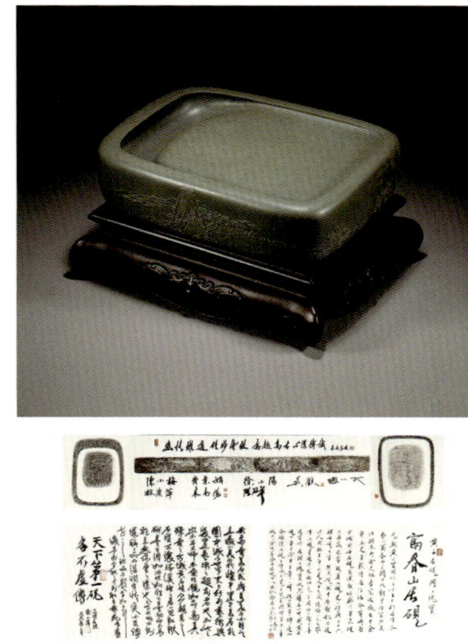

3620 富春山居砚及当代名家题跋砚拓
估　价：RMB 400,000~600,000
成交价：RMB 862,500
32.5cm×25.5cm×8cm
西泠印社2020-08-09

3931 近代 研朴堂旧藏程十髮画徐孝穆刻李研吾上款梅花图大西洞端石平板砚
估　价：RMB 30,000~50,000
成交价：RMB 1,184,500
20.8cm×14.6cm×4cm 西泠印社2020-08-09

2741 清 张廷玉、王敬铭款端石浅刻山水诗文辟雍砚
估　价：RMB 200,000~400,000
成交价：RMB 230,000
9.4cm×9.4cm×2.2cm 中国嘉德2020-12-03

22 当代 裴石民、朱可心、汪宝根、蒋蓉、徐汉棠制 百果文玩
估　价：RMB 300,000
成交价：RMB 448,500
尺寸不一 上海匡时2020-08-05

1514 徐孝穆、吴湖帆刻、行书 鳝鱼黄澄泥砚紫檀砚盒
估　价：RMB 800,000~1,200,000
成交价：RMB 1,035,000
13.3cm × 13cm 中贸圣佳2020-10-16

1635 清 田晓山制紫檀嵌金银花鸟文房（一套）
估　价：RMB 600,000~800,000
成交价：RMB 897,000
笔筒高10.5cm；印盒5.5cm × 5.5cm × 2.5cm；墨床长9cm
华艺国际2020-10-16

钱 币

5273 "咸丰重宝"宝苏"缶宝当五十"样钱
估　价：RMB 200,000~500,000
成交价：RMB 690,000
直径55.7mm 中贸圣佳2020-10-16

1446 清"咸丰重宝"宝泉局当十雕母（一枚）
估　价：RMB 500,000
成交价：RMB 690,000
上海泓盛2020-07-19

4955 夏 草原文化大孔式玉贝币
估　价：RMB 22,000~40,000
成交价：RMB 25,300
通长29.7mm 西泠印社2020-08-10

5009 西周 巨型斜齿背刻四圆人面形蚌贝币
估　价：RMB 250,000~500,000
成交价：RMB 287,500
通长89.6mm 西泠印社2020-08-10

4999 西周 巨型灰黑色蝉形玉贝币
估　价：RMB 260,000~500,000
成交价：RMB 299,000
通长63mm 西泠印社2020-08-10

4998 西周 特大型平齿单孔白玉贝币
估　价：RMB 200,000~400,000
成交价：RMB 230,000
通长52.6mm 西泠印社2020-08-10

4954 春秋 鲁国大型包金铜贝币
估　价：RMB 80,000~150,000
成交价：RMB 92,000
通长29.3mm 西泠印社2020-08-10

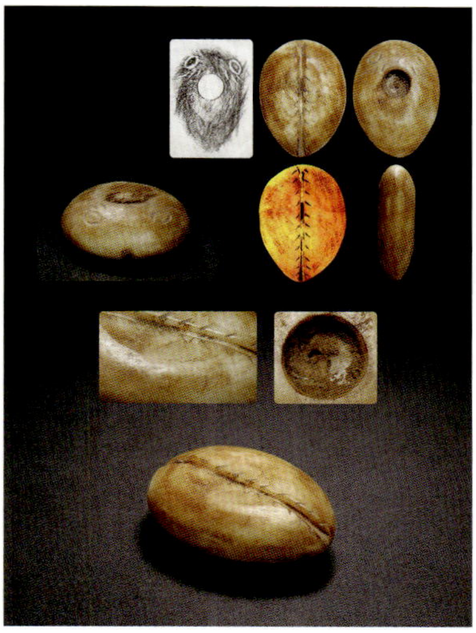

4997 西周 特大型斜齿人面形白玉贝币
估　价：RMB 220,000~400,000
成交价：RMB 253,000
通长54mm 西泠印社2020-08-10

1504 春秋战国“向”字平肩空首布
估　价：RMB 5,000~10,000
成交价：RMB 16,100
北京诚轩2020-08-19

1516 新莽“一刀平五千”金错刀
估　价：RMB 80,000~90,000
成交价：RMB 92,000
北京诚轩2020-08-19

5047 春秋 原始空首布
估　价：RMB 45,000~70,000
成交价：RMB 51,750
通长79.2mm 西泠印社2020-08-10

5497 战国·魏 “梁夸釿五二十当寽”桥档布
估　价：RMB 2,000~5,000
成交价：RMB 43,700
中国嘉德2020-08-18

5236 战国·齐 “安阳之大刀”背“上”五字刀
估　价：RMB 70,000~100,000
成交价：RMB 80,500
中国嘉德2020-08-18

5220 战国·齐 “明”刀背“莒冶亚”
估　价：RMB 60,000~200,000
成交价：RMB 69,000
中国嘉德2020-08-18

5290 南宋 “嘉定元宝”背“折十”
估　价：RMB 50,000
成交价：RMB 36,800
中国嘉德2020-08-18

5280 北宋 徽宗 “崇宁通宝”铁母
估　价：RMB 10,000
成交价：RMB 36,800
中国嘉德2020-08-18

5111 六字刀“齐返邦长法化”
估　价：RMB 500,000~1,000,000
成交价：RMB 1,564,000
长184.52mm 中贸圣佳2020-10-16

5259 唐 史思明 “得壹元宝”背下俯月
估　价：RMB 50,000
成交价：RMB 101,200
中国嘉德2020-08-18

5263 唐 史思明 “得壹元宝”背上仰月
估　价：RMB 30,000
成交价：RMB 101,200
中国嘉德2020-08-18

5394 宋 “九曜星官”压胜钱
估　价：RMB 5,000
成交价：RMB 48,300
中国嘉德2020-08-18

5404 宋 “老君出关”背星官童子大型压胜钱
估　价：RMB 30,000~50,000
成交价：RMB 34,500
中国嘉德2020-08-18

5292 辽 “大康通宝”大钱
估　价：RMB 200,000~300,000
成交价：RMB 230,000
中国嘉德2020-08-18

5289 金 章宗 “泰和重宝”
估　价：RMB 10,000
成交价：RMB 82,800
中国嘉德2020-08-18

5201 宋 琴仙选仙钱
估　价：RMB 35,000~50,000
成交价：RMB 40,250
直径35mm 西泠印社2020-08-10

5145 元 龙凤通宝小平
估　价：RMB 52,000~90,000
成交价：RMB 59,800
直径24.4mm 西泠印社2020-08-10

5207 元 泰和重宝花钱
估　价：RMB 25,000~40,000
成交价：RMB 28,750
直径52mm 西泠印社2020-08-10

5299 元顺帝 “至正之宝”背“吉·权钞伍钱”
估　价：RMB 100,000
成交价：RMB 149,500
中国嘉德2020-08-18

5305 元末 韩林儿 “龙凤通宝”折三
估　价：RMB 15,000
成交价：RMB 63,250
中国嘉德2020-08-18

5208 明 洪武通宝背单龙花钱
估　价：RMB 48,000~70,000
成交价：RMB 55,200
直径45.3mm 西泠印社2020-08-10

5148 明 天启通宝折十合背
估　价：RMB 80,000~120,000
成交价：RMB 92,000
直径47.7mm 西泠印社2020-08-10

2424 奉天机器局造光绪通宝紫铜当十钱重二钱四分机制方孔铜币/PCGS MS64BN
估　价：RMB 15,000~25,000
成交价：RMB 82,800
北京诚轩2020-08-18

5152 清 乾隆通宝宝源雕母
估　价：RMB 140,000~200,000
成交价：RMB 161,000
直径28mm 西泠印社2020-08-10

5186 清 嘉庆通宝宝苏特宽缘雕母
估　价：RMB 450,000~900,000
成交价：RMB 977,500
直径31.2mm 西泠印社2020-08-10

5255 清 嘉庆通宝背天下太平鎏金宫钱
估　价：RMB 400,000~800,000
成交价：RMB 460,000
直径64mm 西泠印社2020-08-10

5191 清 咸丰通宝宝福五十试铸样钱
估 价：RMB 180,000~300,000
成交价：RMB 207,000
直径57mm 西泠印社2020-08-10

5163 清 咸丰通宝宝苏当五
估 价：RMB 80,000~120,000
成交价：RMB 92,000
直径31mm 西泠印社2020-08-10

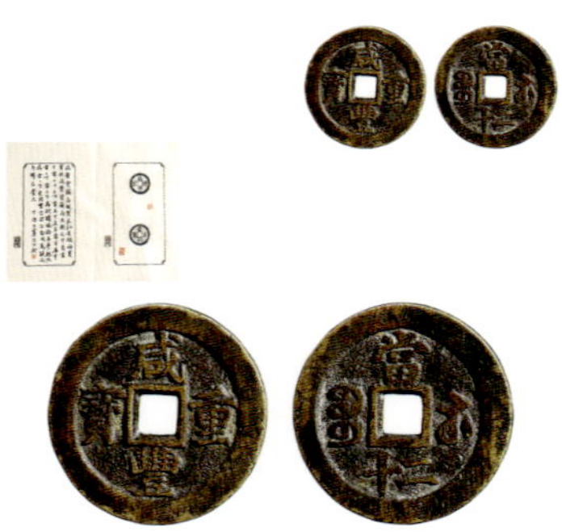

5183 清 咸丰重宝宝苏当二十尔宝样钱
估 价：RMB 160,000~200,000
成交价：RMB 184,000
直径40.9mm 西泠印社2020-08-10

5184 清 咸丰重宝宝苏勾咸楷书大曲苏当五十样钱
估 价：RMB 210,000~400,000
成交价：RMB 241,500
直径51.5mm 西泠印社2020-08-10

5254 清 云炉乾隆重宝背龙凤花钱
估 价：RMB 250,000~400,000
成交价：RMB 287,500
直径108mm 西泠印社2020-08-10

5185 清 咸丰重宝特宽缘尔宝小字当五十样钱
估 价：RMB 800,000~1,200,000
成交价：RMB 920,000
直径55.2mm 西泠印社2020-08-10

5251 北宋 大型花钱一组三枚
估 价：RMB 20,000~40,000
成交价：RMB 23,000
直径53—64.6mm 西泠印社2020-08-10

5205 辽 千秋万岁花钱
估 价：RMB 25,000~40,000
成交价：RMB 28,750
直径40.8mm 西泠印社2020-08-10

5330 清 文宗 “咸丰元宝”背“宝泉当百”雕花钱
估 价：RMB 50,000~80,000
成交价：RMB 57,500
中国嘉德2020-08-18

2665 清 “咸丰元宝宝泉当千”样钱（一枚）
估 价：RMB 100,000~180,000
成交价：RMB 184,000
北京保利2020-12-04

5200 宋 松下问童子大型花钱
估 价：RMB 35,000~50,000
成交价：RMB 40,250
直径72mm 西泠印社2020-08-10

5340 清 “五子登科”背“吉祥”吉语花钱
估 价：RMB 5,000~8,000
成交价：RMB 96,600
直径51.8mm 中国嘉德2020-12-06

1523 清代宝巩局“咸丰元宝”当五百
估 价：RMB 180,000~200,000
成交价：RMB 839,500
北京诚轩2020-08-19

5354 清 文宗 “咸丰元宝”背“宝源当千”
估 价：RMB 10,000
成交价：RMB 172,500
中国嘉德2020-08-18

5439 清 太宗 天聪汗钱
估 价：RMB 30,000~50,000
成交价：RMB 115,000
直径45mm 中国嘉德2020-12-06

1484 清“咸丰元宝”宝河局当五百进呈样钱（一枚）
估　价：RMB 150,000
成交价：RMB 552,000
上海泓盛2020-07-19

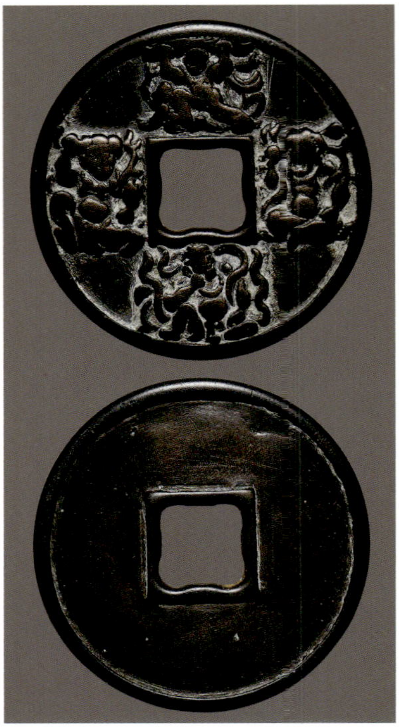

5480 辽 “天王宴乐”大型花钱
估　价：RMB 250,000~350,000
成交价：RMB 402,500
直径64.6mm 中国嘉德2020-12-06

5257 清 富贵双全背康宁花钱
估　价：RMB 150,000~250,000
成交价：RMB 172,500
直径59mm 西泠印社2020-08-10

4224 明 金质福如东海双凤纹花钱
估　价：RMB 28,000~35,000
成交价：RMB 36,800
直径6.5cm；重31.6g 西泠印社2020-08-09

5256 清 龙凤呈祥背福寿花钱
估 价：RMB 150,000~250,000
成交价：RMB 172,500
直径62mm 西泠印社2020-08-10

5261 特大型“龟鹤齐寿”宫钱
估 价：RMB 300,000~1,000,000
成交价：RMB 920,000
直径118.99mm 中贸圣佳2020-10-16

5113 南宋 陈二郎铁线巷十分金壹两金锭
估 价：RMB 20,000~40,000
成交价：RMB 80,500
通长131.5mm 西泠印社2020-08-10

4223 宋 金叶子
估 价：RMB 15,000~20,000
成交价：RMB 74,750
长10.3cm；宽7.5cm；总重34.8g
西泠印社2020-08-09

5660 清末民初 “福”字符宝形
估 价：RMB 30,000~50,000
成交价：RMB 101,200
中国嘉德2020-08-19

5931 民国 浙江“宋正顺”“赤金”十两金锭
估 价：RMB 168,000~200,000
成交价：RMB 276,000
中国嘉德2020-12-06

5063 明嘉靖 “大明嘉靖四十年十月户部造”五十两金锭
估　价：RMB 6,200,000~8,200,000
成交价：RMB 8,050,000
长12.2cm；重1870g 北京保利2020-10-19

5162 “淳化元宝”背“三佛”金质供养钱
估　价：RMB 500,000~1,200,000
成交价：RMB 1,667,500
直径41mm 中贸圣佳2020-10-16

5933 20世纪60年代 台湾““中央造币厂”承制饰金原料”“号码B41127”“成色996.7”“公克311.35”八两厂条
估　价：RMB 150,000
成交价：RMB 241,500
中国嘉德2020-12-06

5122 南宋 永州解淮西银伍拾两银锭
估　价：RMB 230,000~350,000
成交价：RMB 322,000
重1849.2g 西泠印社2020-08-10

5119 南宋 肇庆府京销银十二两半银锭
估　价：RMB 56,000~90,000
成交价：RMB 115,000
重469.7g 西泠印社2020-08-10

1700 民国“汉口同丰 顺 顺 上上 足赤”十两金条
估　价：RMB 130,000~150,000
成交价：RMB 230,000
北京诚轩2020-08-19

5938 南宋 “赵宅”“重二十五两”金锭
估　价：RMB 800,000~1,200,000
成交价：RMB 1,437,500
179.11mm × 26.88mm × 11.3mm
中国嘉德2020-12-06

5326 明 思宗 “崇祯年造”银钱
估　价：RMB 100,000
成交价：RMB 425,500
中国嘉德2020-08-18

5123 金 解盐使司泰和三年伍拾两银锭
估　价：RMB 290,000~500,000
成交价：RMB 345,000
重1853.3g 西泠印社2020-08-10

1566 南宋四川“重庆府天基节进奉银”五十两银锭
估　价：RMB 150,000~250,000
成交价：RMB 184,000
北京诚轩2020-08-19

5638 金代 五十两银锭
估　价：RMB 130,000~180,000
成交价：RMB 287,500
中国嘉德2020-08-19

1569 明 “广东广州府椒木军饷银”五十两银锭
估　价：RMB 150,000~250,000
成交价：RMB 552,000
北京诚轩2020-08-19

82 清 江苏“咸丰七年 · 江海关 · 朱源裕 · 匠陈泰”五十两银锭（一枚）
估　价：RMB 580,000
成交价：RMB 816,500
上海泓盛2020-07-18

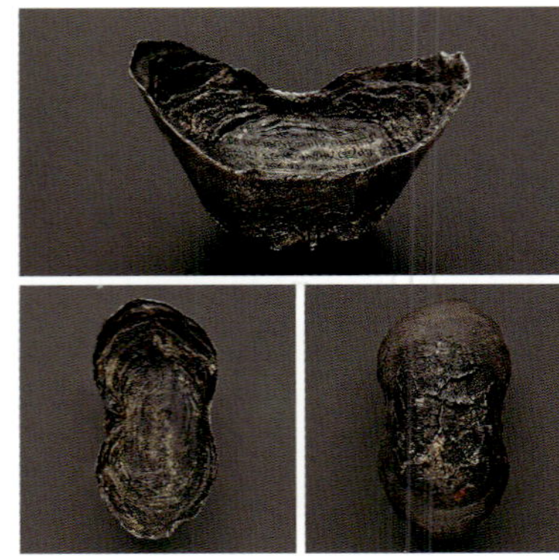

1570 明代山西“绛州 万历三十三年 站银”五十两银锭
估　价：RMB 100,000~150,000
成交价：RMB 356,500
北京诚轩2020-08-19

5671 清末民初 “新疆省银行造”五十两银锭
估　价：RMB 350,000~600,000
成交价：RMB 506,000
中国嘉德2020-08-19

1613 清代福建“二十年四月 平和县 二十年四月”十两圆锭
估　价：RMB 100,000~150,000
成交价：RMB 218,500
北京诚轩2020-08-19

1639 清 安徽“光绪十六年拾月 芜湖分局 皖岸盐课 元和银炉”五十两银锭
估　价：RMB 200,000~300,000
成交价：RMB 897,000
北京诚轩2020-08-19

1612 清 福建“二十四年五月 漳平县 谢漶泉”十两圆锭
估　价：RMB 100,000~150,000
成交价：RMB 333,500
北京诚轩2020-08-19

5643 清 四川“夔关 吕盛茂 九年十月 囍”十两圆锭
估　价：RMB 50,000~150,000
成交价：RMB 230,000
中国嘉德2020-08-19

1573 明 “金花银”五两银锭
估　价：RMB 20,000~30,000
成交价：RMB 184,000
北京诚轩2020-08-19

1577 清 “顺天兵饷会源足银”三两银锭
估　价：RMB 100,000~180,000
成交价：RMB 414,000
北京诚轩2020-08-19

1601 清 湖南“宣统元年 宣统元年 湘省包介洪泰兴”五十两银锭
估　价：RMB 200,000~300,000
成交价：RMB 989,000
北京诚轩2020-08-19

86 清 湖南“浏阳县·道光年月·钱公慎”五十两银锭（一枚）
估　价：RMB 300,000
成交价：RMB 713,000
上海泓盛2020-07-18

1593 清 山西“宣统年伍月 太谷县 聚生魁”五十两银锭
估　价：RMB 100,000~150,000
成交价：RMB 224,250
北京诚轩2020-08-19

1536 清 山西“宣统年月 襄垣县 钱粮”五十两银锭
估　价：RMB 150,000~200,000
成交价：RMB 333,500
北京诚轩2020-08-19

1557 清 云南“乔井课 施永发”十两大长槽锭
估　价：RMB 70,000~100,000
成交价：RMB 276,000
北京诚轩2020-08-19

1553 清 四川光绪“二十四年 乐至县股票
匠周源义”十两圆锭
估　价：RMB 80,000~150,000
成交价：RMB 414,000
北京诚轩2020-08-19

5221 “光绪十三年”“公济益”甘饷五十两银锭
估　价：RMB 300,000~600,000
成交价：RMB 920,000
中贸圣佳2020-10-16

1595 清 浙江“念八年 浙海关 吉字”五两圆锭
估　价：RMB 150,000~200,000
成交价：RMB 276,000
北京诚轩2020-08-19

1552 民国 四川“炉关茶课”十两圆锭
估　价：RMB 60,000~100,000
成交价：RMB 483,000
北京诚轩2020-08-19

85 清 湖南“武陵·嘉庆年月”五十两银锭
（一枚）
估　价：RMB 380,000
成交价：RMB 529,000
上海泓盛2020-07-18

1594 民国山西“民国年月 太原晋胜银行”五十两银锭
估　价：RMB 120,000~180,000
成交价：RMB 517,500
北京诚轩2020-08-19

2240 安徽省造光绪元宝方孔十文铜币破版试铸样币/GBCA SP65BN
估　价：RMB 350,000~450,000
成交价：RMB 575,000
北京诚轩2020-08-18

5149 清 天聪汗钱
估　价：RMB 250,000~400,000
成交价：RMB 287,500
直径44mm 西泠印社2020-08-10

5329 清末 · 太平天国 “太平天国”背“圣宝”宋体当百
估　价：RMB 30,000
成交价：RMB 94,300
中国嘉德2020-08-18

2337 民国十九年四川党徽梅花图贰分铜辅币试铸样币/PCGS MS61BN
估　价：RMB 68,000~80,000
成交价：RMB 115,000
北京诚轩2020-08-18

650 民国四川“青蚨飞去复飞来”背牡丹铜元一枚
估　价：RMB 20,000
成交价：RMB 276,000
上海泓盛2020-07-18

805 民国二十一年孙中山像金本位壹圆银币铜质试铸样币（一枚）
估　价：RMB 200,000
成交价：RMB 1,380,000
上海泓盛2020-07-18

561 清光绪年造丙午户部中心阳“宁”大清铜币当制钱二十文试铸样币（一枚）
估　价：RMB 300,000
成交价：RMB 483,000
上海泓盛2020-07-18

640 清云南省造光绪元宝每元当制钱十文铜币试铸样币（一枚）
估　价：RMB 120,000
成交价：RMB 483,000
上海泓盛2020-07-18

1985 1907年丁未大清银币伍角样币
估　价：RMB 15,000~25,000
成交价：RMB 322,000
北京诚轩2020-08-18

5111 民国 袁世凯像飞龙银币
估　价：RMB 250,000~500,000
成交价：RMB 345,000
直径39mm；重27g 西泠印社2020-08-10

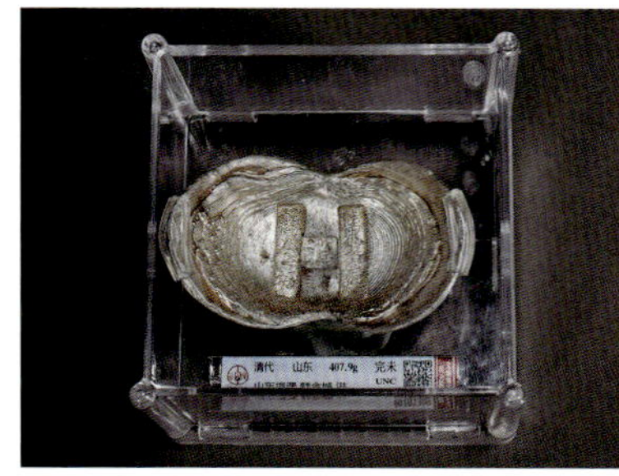

5650 清 山东“山东盐课 韩金城”“洪”十两元宝形银锭
估　价：RMB 100,000
成交价：RMB 241,500
中国嘉德2020-08-19

5124 明 陕西韩城县崇祯五年X粮减扣银四十六两六钱银元宝
估　价：RMB 330,000~500,000
成交价：RMB 379,500
重1720g 西泠印社2020-08-10

5128 清 申少林自备银元宝（一对）
估　价：RMB 50,000~150,000
成交价：RMB 460,000
总重627.1g 西泠印社2020-08-10

14662 1898年江南省造戊戌光绪元宝库平七钱二分银币
估　价：RMB 1,800,000~3,000,000
成交价：RMB 2,990,000
北京保利2020-10-18

14663 1900年江南省造庚子光绪元宝库平七钱二分银币
估　价：RMB 3,800,000~4,500,000
成交价：RMB 4,657,500
北京保利2020-10-18

739 1923年曹锟武装像宪法成立纪念银币金质样币（一枚）
估　价：RMB 320,000
成交价：RMB 1,012,000
上海泓盛2020-07-18

14683 1907年光绪三十三年东三省造光绪元宝库平七钱二分银币
估　价：RMB 700,000~800,000
成交价：RMB 920,000
北京保利2020-10-18

703 1912年孙中山像中华民国开国纪念弍角十枚当一圆银币试铸样币（一枚）
估　价：RMB 400,000
成交价：RMB 736,000
上海泓盛2020-07-18

740 1923年曹锟戎装像宪法成立纪念银币（一枚）
估　价：RMB 350,000
成交价：RMB 506,000
上海泓盛2020-07-18

2153 1934年中华苏维埃共和国川陕省造币厂造大五角星版壹圆银币/PCGS XF45
估　价：RMB 120,000~160,000
成交价：RMB 437,000
北京诚轩2020-08-18

2141 曹锟戎装像宪法成立纪念银币/PCGS MS63
估　价：RMB 80,000~120,000
成交价：RMB 483,000
北京诚轩2020-08-18

1813 丙午户部大清银币“中”字伍钱样币/NGC MS67
估　价：RMB 150,000~250,000
成交价：RMB 391,000
北京诚轩2020-08-18

1816 丁未大清银币壹圆样币/NGC PF62
估　价：RMB 100,000~150,000
成交价：RMB 345,000
北京诚轩2020-08-18

2135 段祺瑞像中华民国执政纪念银币/NGC MS67
估　价：RMB 150,000~250,000
成交价：RMB 414,000
北京诚轩2020-08-18

2137 段祺瑞像中华民国执政纪念银币金质样币
估　价：RMB 160,000~200,000
成交价：RMB 402,500
北京诚轩2020-08-18

1998 光绪三十年湖北省造大清银币库平一两
估　价：RMB 80,000~150,000
成交价：RMB 598,000
北京诚轩2020-08-18

2399 光绪三十四年北洋造光绪元宝库平七钱二分银币/PCGS MS66
估　价：RMB 80,000~150,000
成交价：RMB 437,000
北京诚轩2020-08-18

2396 光绪三十三年北洋造光绪元宝库平七钱二分银币/PCGS MS63
估　价：RMB 120,000~180,000
成交价：RMB 345,000
北京诚轩2020-08-18

2071 民国三年袁世凯像背龙凤壹角戏铸银币/PCGS MS63
估　价：RMB 20,000~40,000
成交价：RMB 345,000
北京诚轩2020-08-18

1990 民国十年徐世昌像仁寿同登纪念银币
估　价：RMB 30,000~50,000
成交价：RMB 345,000
北京诚轩2020-08-18

2134 民国十年徐世昌像仁寿同登纪念银币/PCGS MS62
估　价：RMB 120,000~180,000
成交价：RMB 299,000
北京诚轩2020-08-18

376 民国三年袁世凯像壹圆“L.GIORGI”签字版银币试铸样币（一枚）
估　价：RMB 500,000
成交价：RMB 1,782,500
上海泓盛2020-07-18

2068 民国十二年造龙凤大字版壹圆银币/PCGS MS65+
估　价：RMB 300,000~500,000
成交价：RMB 1,035,000
北京诚轩2020-08-18

2072 民国十六年造孙中山像陵墓壹圆银币样币/PCGS MS63
估　价：RMB 200,000~300,000
成交价：RMB 977,500
北京诚轩2020-08-18

723 民国十六年褚玉璞像背双旗周年纪念银币一枚
估　价：RMB 500,000
成交价：RMB 782,000
上海泓盛2020-07-18

6220 民国十年（1921）徐世昌“仁寿同登”纪念银币（LM864）
估　价：RMB 50,000~150,000
成交价：RMB 368,000
中国嘉德2020-08-19

1986 民国十二年造龙凤壹圆银币
估　价：RMB 50,000~80,000
成交价：RMB 402,500
北京诚轩2020-08-18

2133 民国十年徐世昌像仁寿同登纪念银币/PCGS MS64
估　价：RMB 200,000~300,000
成交价：RMB 460,000
北京诚轩2020-08-18

5919 清光绪二十三年（1897）北洋机器局造壹圆银币（LM444）
估　价：RMB 60,000~100,000
成交价：RMB 184,000
中国嘉德2020-08-19

2471 民国十七年贵州省政府造贵州银币车门无直线版壹圆/PCGS XF45
估　价：RMB 450,000~600,000
成交价：RMB 828,000
北京诚轩2020-08-18

635 民国十七年贵州省政府造贵州银币壹圆（一枚）
估　价：RMB 200,000
成交价：RMB 506,000
上海泓盛2020-07-18

2470 民国十七年贵州省政府造贵州银币壹圆/PCGS XF40
估　价：RMB 80,000~120,000
成交价：RMB 207,000
北京诚轩2020-08-18

6149 清光绪二十五年（1899）奉天机器局造一圆银币（LM478）
估　价：RMB 120,000~250,000
成交价：RMB 299,000
中国嘉德2020-08-19

6215 清光绪三十四年（1908）北洋造光绪元宝库平七钱二分银币（LM465）
估　价：RMB 10,000~50,000
成交价：RMB 253,000
中国嘉德2020-08-19

218 清光绪年造丙午户部大清银币“中”字壹两样币（一枚）
估　价：RMB 200,000
成交价：RMB 1,782,500
上海泓盛2020-07-18

224 清宣统年造伍角大清银币样币（一枚）
估　价：RMB 150,000
成交价：RMB 517,500
上海泓盛2020-07-18

2275 上海壹两“无射线”版银币样币/PCGS SP64
估　价：RMB 4,000,000~5,000,000
成交价：RMB 5,175,000
北京诚轩2020-08-18

205 清宣统三年大清银币“大尾龙”版壹圆样币（一枚）
估　价：RMB 1,000,000
成交价：RMB 2,415,000
上海泓盛2020-07-18

265 清光绪三十三年北洋光绪元宝库平一两银币样币（一枚）
估　价：RMB 800,000
成交价：RMB 2,185,000
上海泓盛2020-07-18

2276 上海壹两“有射线”版银币样币/PCGS SP65
估　价：RMB 3,000,000~4,000,000
成交价：RMB 4,887,500
北京诚轩2020-08-18

2200 喜敦版广东省造光绪元宝库平七钱二分银币样币/NGC SP64
估　价：RMB 200,000~300,000
成交价：RMB 437,000
北京诚轩2020-08-18

1837 宣统三年大清银币“反龙”版壹圆样币/PCGS SP62
估　价：RMB 350,000~500,000
成交价：RMB 828,000
北京诚轩2020-08-18

2341 四川十文型马兰银币/PCGS AU55
估　价：RMB 80,000~100,000
成交价：RMB 356,500
北京诚轩2020-08-18

1836 宣统三年大清银币“反龙”版壹圆样币/PCGS SP63+
估　价：RMB 500,000~800,000
成交价：RMB 1,380,000
北京诚轩2020-08-18

206 宣统三年大清银币“长须龙”版壹圆试铸样币（一枚）
估　价：RMB 800,000
成交价：RMB 1,380,000
上海泓盛2020-07-18

2155 中华苏维埃共和国五年制壹圆银币/PCGS XF Details
估　价：RMB 500,000~600,000
成交价：RMB 782,000
北京诚轩2020-08-18

2128 袁世凯像共和纪念壹圆银币/PCGS MS65+
估　价：RMB 140,000~180,000
成交价：RMB 345,000
北京诚轩2020-08-18

2268 乙巳江南省造光绪元宝库平七钱二分银币/PCGS MS61
估　价：RMB 50,000~80,000
成交价：RMB 299,000
北京诚轩2020-08-18

223 清光绪丙午年造大清金币库平一两样币（一枚）
估　价：RMB 500,000
成交价：RMB 920,000
上海泓盛2020-07-18

2138 袁世凯像中华帝国洪宪纪元飞龙纪念银币/PCGS MS63
估　价：RMB 80,000~120,000
成交价：RMB 345,000
北京诚轩2020-08-18

704 民国三十九年孙中山像背布图足金壹钱金质试铸样币（一枚）
估　价：RMB 150,000
成交价：RMB 276,000
上海泓盛2020-07-18

1818 宣统年造大清银币壹圆“$1”/NGC MS65
估　价：RMB 250,000~350,000
成交价：RMB 517,500
北京诚轩2020-08-18

14393 “淳化元宝”背“三佛”供养金币
估　价：RMB 300,000~500,000
成交价：RMB 345,000
北京保利2020-10-18

724 1896年李鸿章像“中堂驾游汉伯克镌刻敬献”背汉堡城徽纪念章（一枚）
估　价：RMB 50,000
成交价：RMB 276,000
上海泓盛2020-07-18

6016 1914年袁世凯像中华民国共和纪念币壹圆（LM859）
估　价：RMB 150,000~350,000
成交价：RMB 299,000
中国嘉德2020-08-19

6219 1924年段祺瑞像中华民国执政纪念币（LM865）
估　价：RMB 50,000~100,000
成交价：RMB 253,000
中国嘉德2020-08-19

6419 1921年徐世昌仁寿同登纪念章（LM956）背“Miss H HOLLAND”
估　价：RMB 500,000~600,000
成交价：RMB 690,000
中国嘉德2020-12-05

741 1924年段祺瑞像背和平中华民国执政纪念币（一枚）
估　价：RMB 220,000
成交价：RMB 368,000
上海泓盛2020-07-18

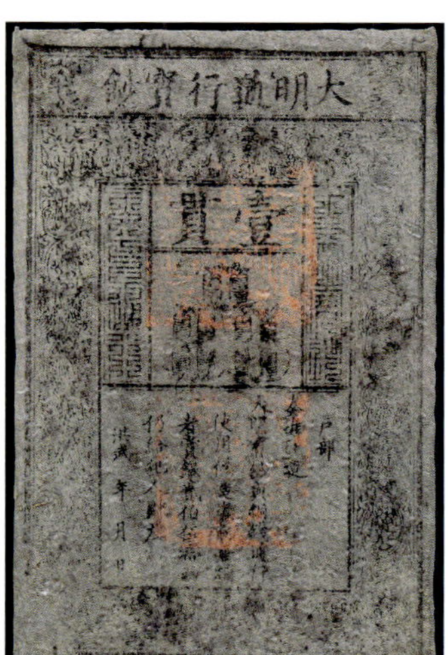

1001 洪武大明通行宝钞壹贯/PMG 50NET
估　价：RMB 50,000~60,000
成交价：RMB 57,500
北京诚轩2020-08-19

1361 1951年第一版人民币壹万圆“牧马”正、反单面样票/PMG 53、55
估　价：RMB 88,000~95,000
成交价：RMB 101,200
北京诚轩2020-08-19

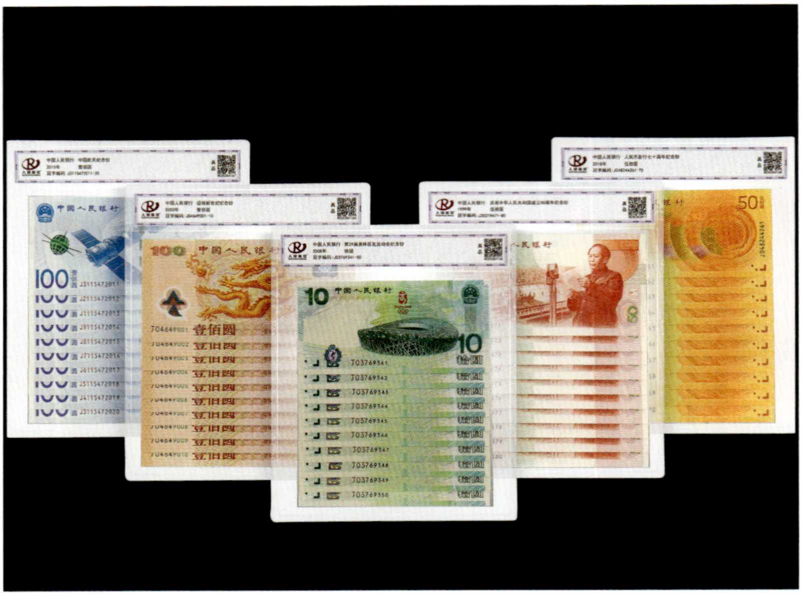

2695 《中国纪念钞大全》十连号
估　价：RMB 280,000~300,000
成交价：RMB 365,700
北京保利2020-12-04

6790 第一版人民币样票全套（一组六十种）
估　价：RMB 800,000~1,000,000
成交价：RMB 920,000
中国嘉德2020-12-06

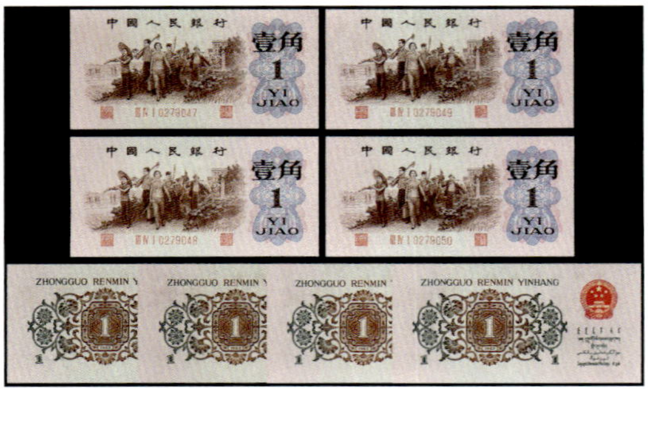

6887 1962年第三版人民币壹角（四枚连号）
估　价：RMB 40,000~100,000
成交价：RMB 126,500
中国嘉德2020-08-19

1338 1949年第一版人民币伍拾圆“红火三”
估　价：RMB 15,000~18,000
成交价：RMB 40,250
北京诚轩2020-08-19

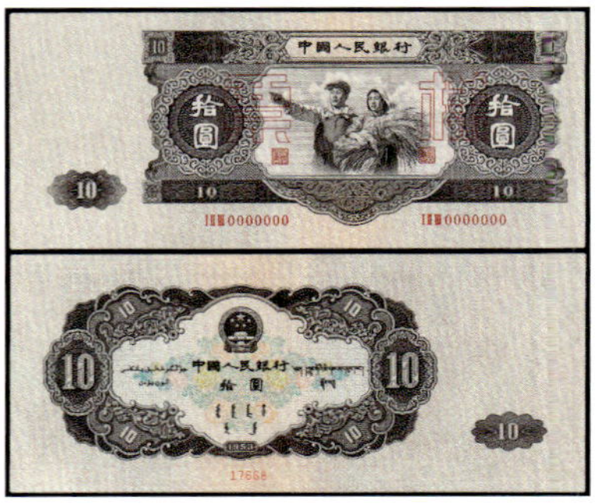

1371 1953年第二版人民币拾圆样票
估　价：RMB 70,000~80,000
成交价：RMB 80,500
北京诚轩2020-08-19

6706 北洋天津银号叁圆
估　价：RMB 50,000~60,000
成交价：RMB 57,500
中国嘉德2020-08-19

5139 清 三等一级双龙宝星过渡版勋章
估　价：RMB 120,000~200,000
成交价：RMB 138,000
通长106mm 西泠印社2020-08-10

5138 清 1860年中国颁赠第一枚奖武功牌金章
估　价：RMB 180,000~300,000
成交价：RMB 207,000
直径28.4mm 西泠印社2020-08-10

5141 民国 广东种德园乌鸡白凤丸药丸原物奖牌、证书盒（一套三件）
估　价：RMB 280,000~500,000
成交价：RMB 322,000
通长55-76mm 西泠印社2020-08-10

14376 “半两”母范（一件）
估　价：RMB 110,000~160,000
成交价：RMB 161,000
北京保利2020-10-18

2575 明 廿六年诏铜权（一件）
估　价：RMB 200,000~300,000
成交价：RMB 1,380,000
北京保利2020-12-04

2129 1914年袁世凯戎装像背双剑嘉禾图黄铜奖章/PCGS MS61
估　价：RMB 280,000~380,000
成交价：RMB 816,500
北京诚轩2020-08-18

5059 商 飞马图珠型铜范
估　价：RMB 32,000~60,000
成交价：RMB 40,250
通长35mm 西泠印社2020-08-10

6201 1916年袁世凯像中华帝国洪宪纪元飞龙纪念银章（LM942）
估　价：RMB 50,000~80,000
成交价：RMB 287,500
中国嘉德2020-08-19

4002 汉 铜五铢祖范
估　价：RMB 30,000~50,000
成交价：RMB 46,000
长17.5cm；宽7.7cm 西泠印社2020-08-09

邮　品

7063 ○ 苏皖区1946年涡阳地方手盖飞机工厂图四角改“暂作伍角”旧票直双连
估　价：RMB 180,000~360,000
成交价：RMB 207,000
中国嘉德2020-12-06

7191 ★ 1949—1967年纪特邮票小型张新大全套
估　价：RMB 400,000~600,000
成交价：RMB 460,000
中国嘉德2020-12-06

4294 ★ 纽约版孙中山像2元邮票中心倒印一枚
估　价：RMB 950,000~1,500,000
成交价：RMB 1,092,500
中国嘉德2020-08-19

2819 1969年文9毛主席支持美国黑人抗暴声明新票版张二十八枚
估　价：RMB 120,000~180,000
成交价：RMB 195,500
北京保利2020-12-04

4487 ★ 文字邮票大全套，其中文1、文10均为连票
估　价：RMB 50,000~100,000
成交价：RMB 230,000
中国嘉德2020-08-19

2786 1953年黄军邮800元新票版张九十枚
估　价：RMB 150,000~300,000
成交价：RMB 322,000
北京保利2020-12-04

（部分）

13066 1967—1979年“文革”新票全套定位册一本
估　价：RMB 120,000~150,000
成交价：RMB 161,000
北京保利2020-10-24

7153 FDC 中国集邮公司纪94M梅兰芳小型张首日实寄封
估　价：RMB 100,000~200,000
成交价：RMB 149,500
中国嘉德2020-12-06

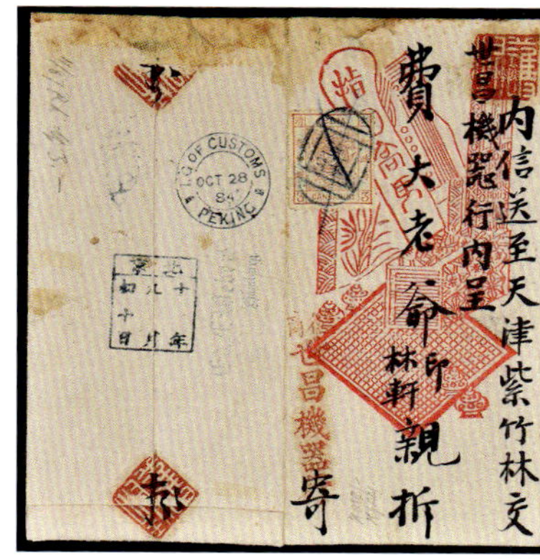

6943 C 1884年北京寄天津中式美术封
估　价：RMB 200,000~800,000
成交价：RMB 483,000
中国嘉德2020-12-06

2811 1968年文6毛主席与世界人民新票全套版张，共二十五套
估　价：RMB 200,000~300,000
成交价：RMB 276,000
北京保利2020-12-04

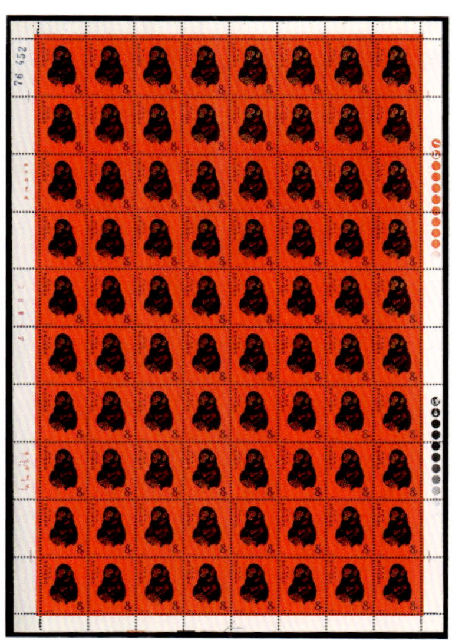

2834 1980年T46“庚申年”猴8分新票版张八十枚
估　价：RMB 900,000~1,200,000
成交价：RMB 1,150,000
北京保利2020-12-04

13086 1968年全国山河一片红8分新票直双连
估　价：RMB 1,000,000~1,500,000
成交价：RMB 1,782,500
北京保利2020-10-24

2801 1968年文2毛主席万岁新票全套版张
估　价：RMB 1,000,000~1,500,000
成交价：RMB 1,345,500
北京保利2020-12-04

4500 PR 中国邮政发行熊猫图邮资机戳邮资明信片原图画稿一件
估　价：RMB 120,000~200,000
成交价：RMB 276,000
中国嘉德2020-08-19

2820 1968年文10毛主席最新指示新票版张四十枚
估　价：RMB 300,000~500,000
成交价：RMB 517,500
北京保利2020-12-04

11073 1912年清欠资加盖“中华民国 临时中立”新票全套8枚
估　价：RMB 120,000~180,000
成交价：RMB 212,750
北京保利2020-10-23

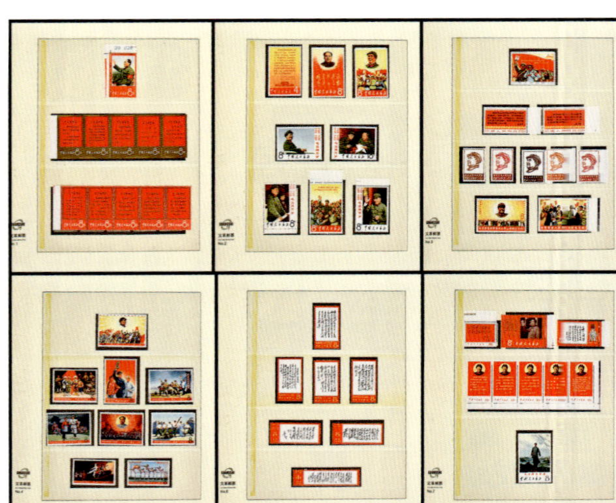

7192 ★ “文革”邮票大全套
估　价：RMB 100,000~150,000
成交价：RMB 172,500
中国嘉德2020-12-06

古籍善本

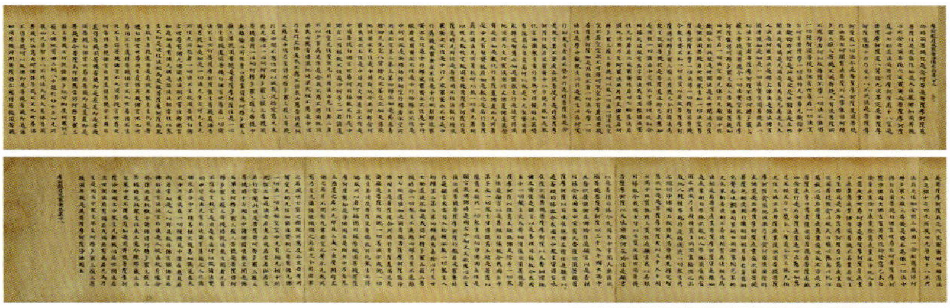

2039（姚秦）鸠摩罗什 译 摩诃般若波罗蜜经卷第二十八
估　价：RMB 5,000,000~6,000,000
成交价：RMB 6,900,000
331.5cm×25cm 中国嘉德2020-08-16

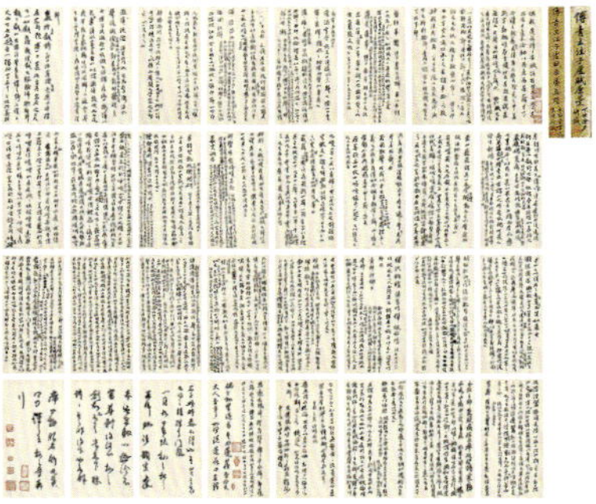

771 傅山 己酉（1669）作 注司马相如赋手稿 册页（十六开）
估　价：RMB 800,000~1,800,000
成交价：RMB 6,670,000
27.5cm×14.5cm×32 中国嘉德2020-08-16

118 胡適 1912—1918年作 《胡適留学日记》手稿 （一套十八册）
成交价：RMB 139,150,000
12cm×22cm（每册尺寸） 华艺国际2020-10-16

2543 弘历 《泾清渭浊纪实》手稿本及修订本
估　价：HKD 4,000,000~5,000,000
成交价：RMB 4,497,400
尺寸不一 香港苏富比2020-07-09

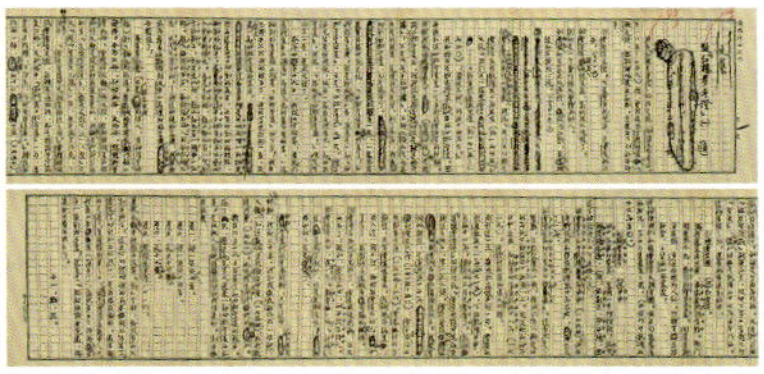

116 胡適 1922年作 跋《红楼梦考证》之（一）手稿四纸
估　价：RMB 2,000,000~3,000,000
成交价：RMB 5,865,000
22cm×58cm×3；21.5cm×48.5cm
华艺国际2020-10-16

768 光明禅师李惠月 至元二十八年（1291） 金银泥写《大方广佛华严经》卷七十九
估　价：RMB 10,000,000~15,000,000
成交价：RMB 22,425,000
31cm×761.6cm 永乐拍卖2020-08-17

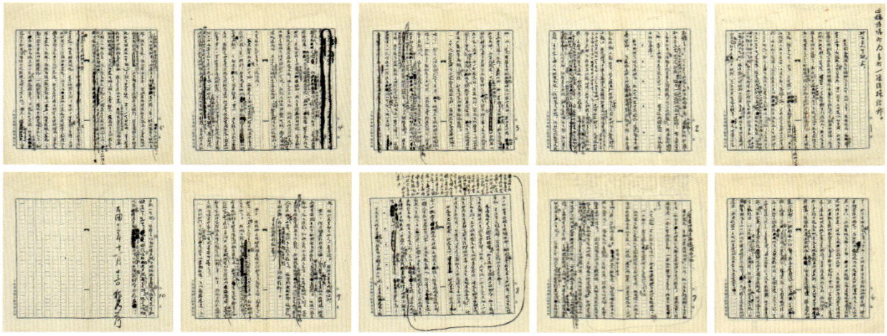

119 陈独秀 1923年作 《科学与人生观》序 （十纸）
估　价：RMB 8,000,000~12,000,000
成交价：RMB 21,850,000
29cm×32cm×10 华艺国际2020-10-16

5054 弘一 戊寅（1938）作 四分律拾毗尼义抄 （线装）
估　价：RMB 10,000,000~12,000,000
成交价：RMB 16,675,000
31cm×18cm×74　十竹斋拍卖（北京）2020-10-18

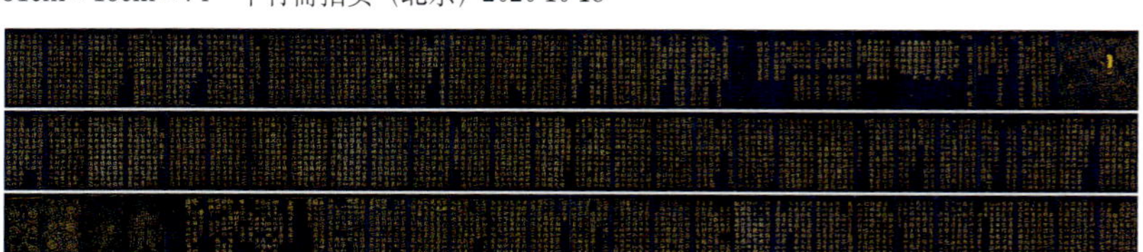

72 明永乐朱橚妃发愿经 册页
估　价：RMB 2,800,000~3,800,000
成交价：RMB 5,175,000
12.2cm×537.5cm 华艺国际2020-10-16

130 李达 《矛盾论——中国革命的辩论证法》27页 镜片
估　价：RMB 2,800,000~3,800,000
成交价：RMB 4,025,000
27cm×39.5cm 华艺国际2020-10-16

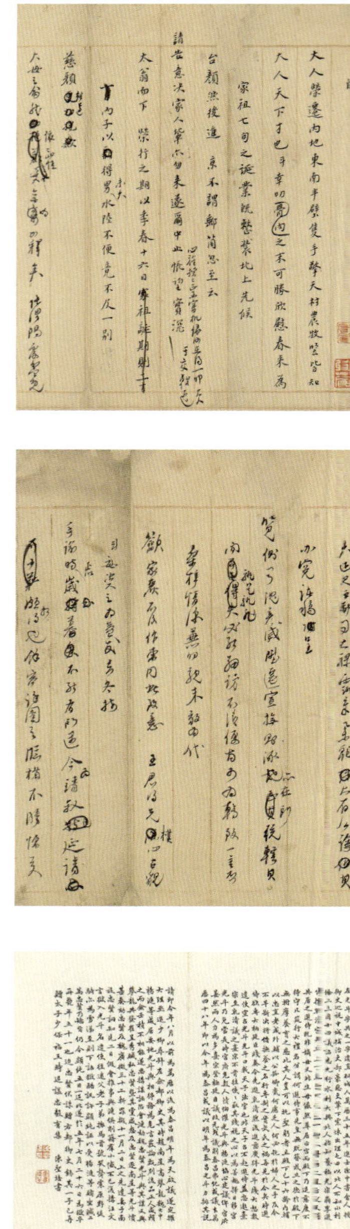

958 左光斗 大人荣迁帖 镜片（信二页，跋二页）
估　价：RMB 100,000~200,000
成交价：RMB 2,185,000
画心28.5cm×24cm；28.5cm×22cm
西泠印社2020-08-08

180 宋龙舒本《王文公文集》《宋人信札册》纸本写本
成交价：RMB 263,350,000
永乐拍卖2020-12-02

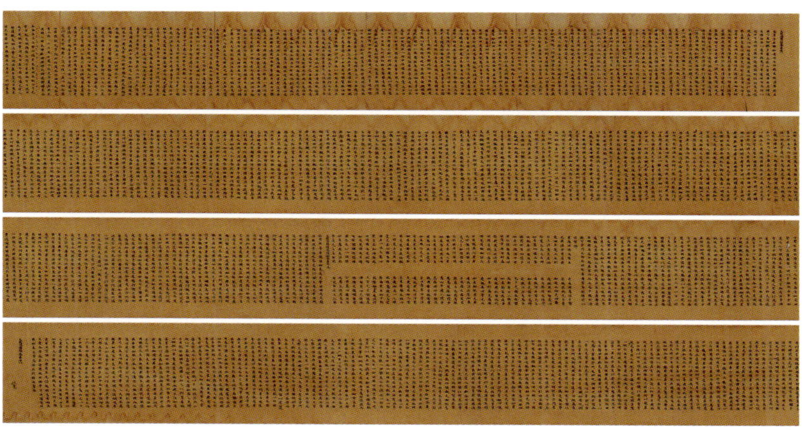

1 唐人写经《大般涅槃经》第卅八卷 手卷
估　价：RMB 600,000~800,000
成交价：RMB 15,525,000
26.2cm×851.7cm 华艺国际2020-12-05

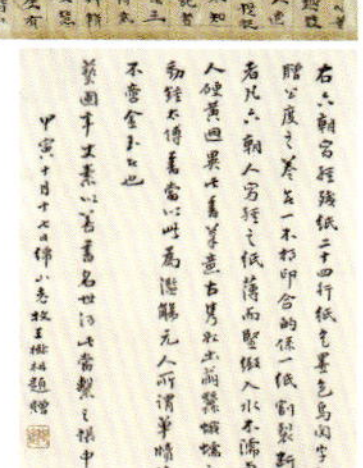

2193 王树枏（姚秦）鸠摩罗什 题跋译 佛说首三昧楞严经 卷下 纸本
估　价：RMB 500,000~1,500,000
成交价：RMB 4,485,000
41.5cm×25.2cm ；题跋22cm×30cm　中国嘉德2020-12-02

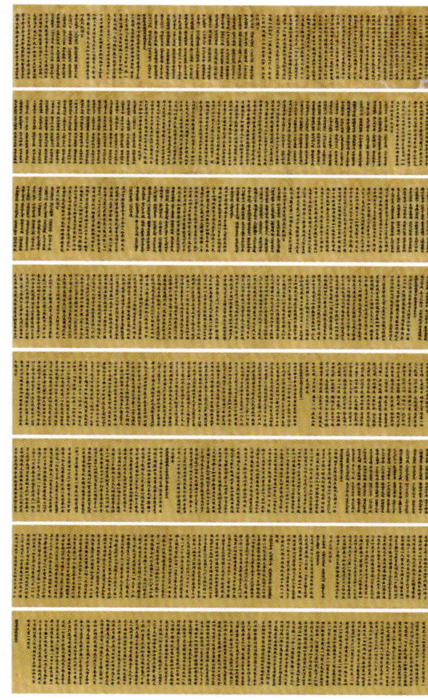

4020 写经《妙法莲华经》
估　价：RMB 3,000,000~4,000,000
成交价：RMB 4,370,000
25.9cm×1066cm 北京保利2020-10-18

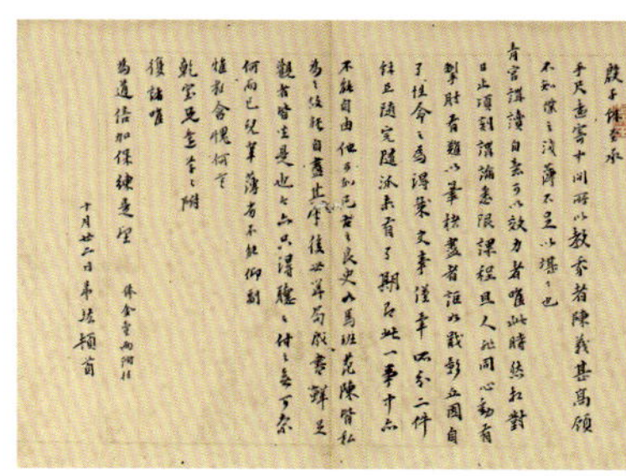

813 焦竑 殷子余帖 册片
估　价：RMB 10,000~50,000
成交价：RMB 1,207,500
26cm×36.5cm 中国嘉德2020-08-17

2038 许承尧 题跋 敦煌写经三种
估　价：RMB 800,000~900,000
成交价：RMB 1,667,500
95.5cm×25cm 中国嘉德2020-08-16

303 文征明 1545年作 小楷离骚经 册页
估 价：RMB 5,000,000~7,000,000
成交价：RMB 7,475,000
经文18.5cm × 9.8cm × 9 华艺国际2020-12-05

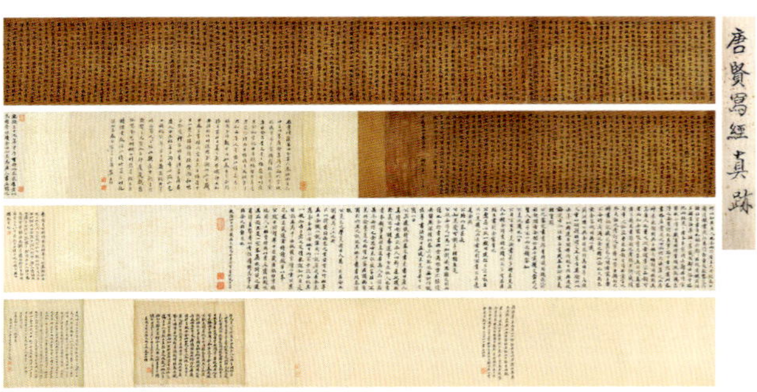

1086 唐人写经 律藏第四分卷第六 手卷
估 价：RMB 3,000,000~4,000,000
成交价：RMB 7,187,500
画心23cm × 280cm；题跋23cm × 273cm
北京保利2020-12-05

384 高山寺旧藏宋拓禅宗祖师顶相图
估 价：RMB 1,500,000~2,600,000
成交价：RMB 2,185,000
81cm × 40.5cm × 5 西泠印社2020-08-07

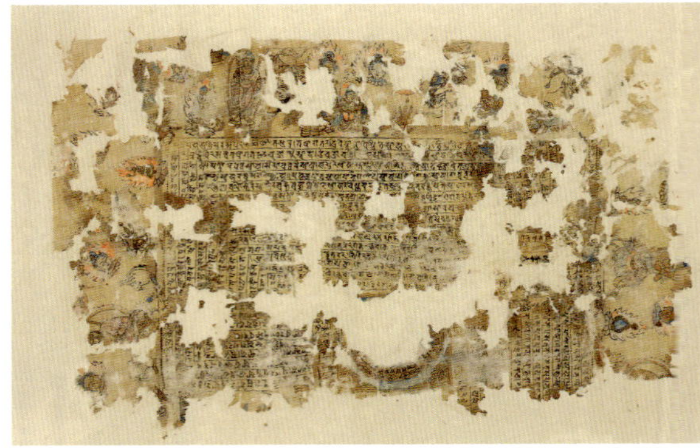

774 佚名 大随求陀罗尼经咒
成交价：RMB 10,235,000
26cm × 44.5cm 永乐拍卖2020-08-17

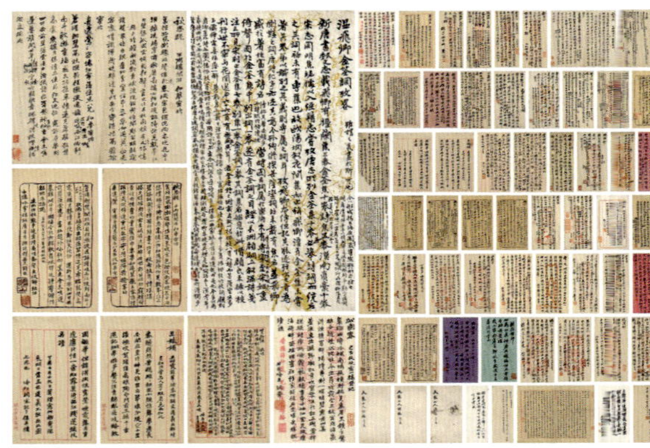

376 吴昌硕、邓濂题《郑文焯冷红词稿五十三页》（部分未刊）
估 价：RMB 600,000~900,000
成交价：RMB 1,150,000
册页33cm × 18.2cm 西泠印社2020-08-07

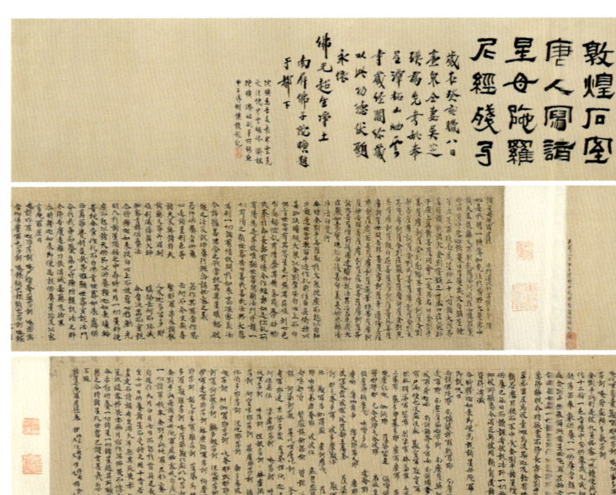

6029 佚名 8世纪 诸星母陀罗尼经 手卷
估 价：RMB 3,000,000~4,000,000
成交价：RMB 5,750,000
引首23.5cm × 102cm；
本幅23.5cm × 157cm
十竹斋拍卖（北京）2020-10-18

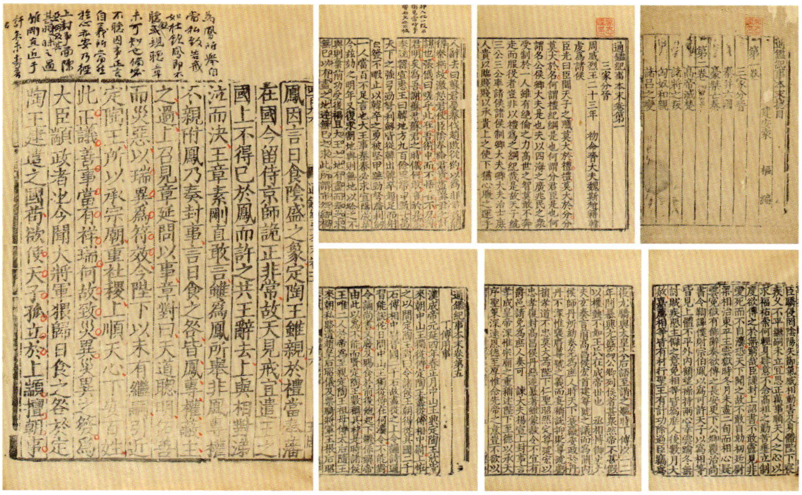

142 宋刻《通鉴纪事本末四十二卷》全本
成交价：RMB 20,240,000
32.5cm×24cm 北京保利2020-10-18

215 张充和 、薄英 楷书《桃花鱼》诗册 印制《桃花鱼》诗词集（张充和签名本） 册页（十八开）
估 价：RMB 1,000,000~1,500,000
成交价：RMB 5,750,000
册页29cm×19.5cm×18；诗词集22cm×28cm 中国嘉德2020-08-15

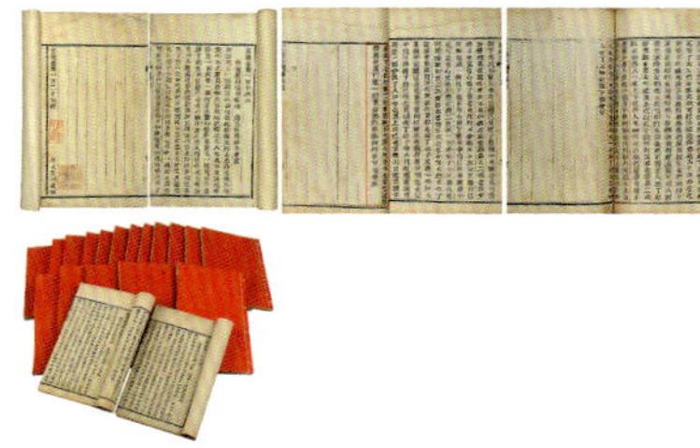

3091 程乙本新镌全部绣像红楼梦
估 价：RMB 1,500,000~2,000,000
成交价：RMB 3,392,500
21.5cm×14cm 泰和嘉成2020-10-17

3046 冬心先生著作等十七种
估 价：RMB 2,600,000~3,000,000
成交价：RMB 3,507,500
中贸圣佳2020-10-16

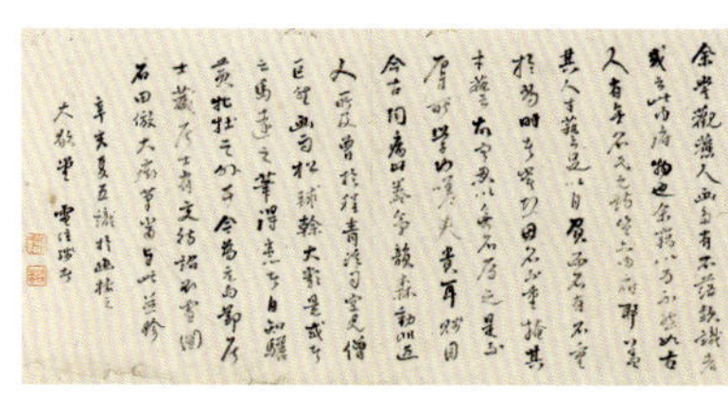

833 辛亥（1671）作 髡残 尝观帖 册片
估 价：RMB 10,000~50,000
成交价：RMB 1,725,000
23cm×47cm 中国嘉德2020-08-17

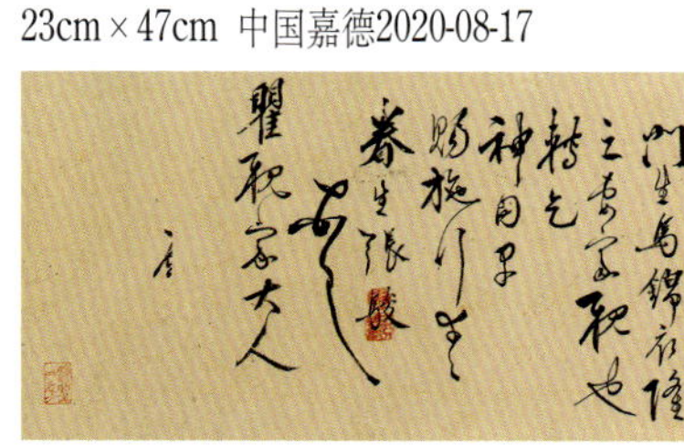

803 张骏 门生帖 册片
估 价：RMB 10,000~50,000
成交价：RMB 2,185,000
22.5cm×42.5cm 中国嘉德2020-08-17

3386 16至19世纪 莎士比亚经典著作
估　价：RMB 2,600,000~2,800,000
成交价：RMB 4,715,000
尺寸不一 中贸圣佳2020-10-16

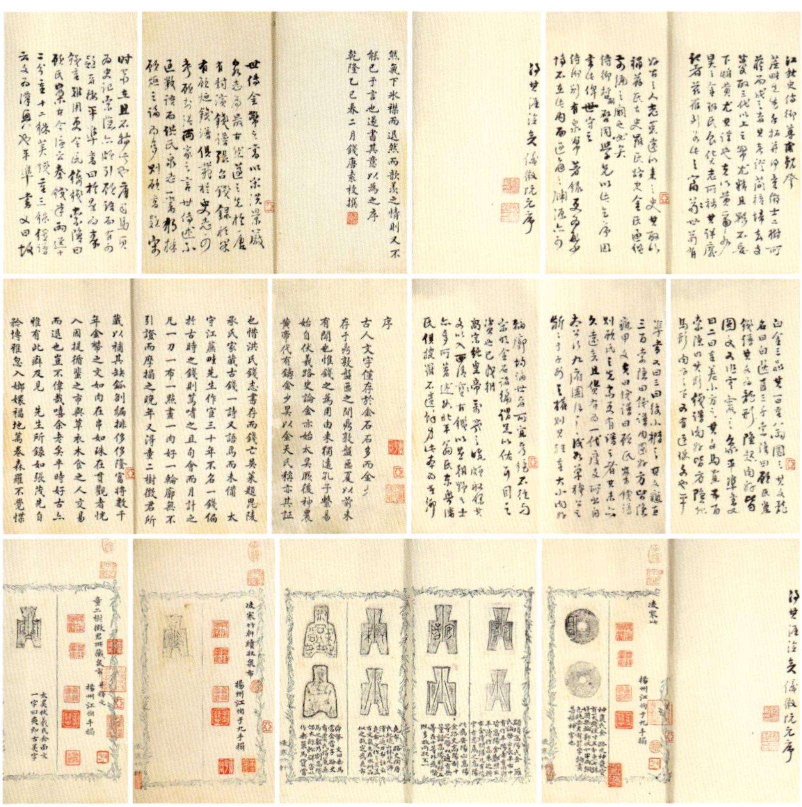

7189 凌寒竹轩泉谱
估　价：RMB 2,000,000~5,000,000
成交价：RMB 5,750,000
30cm × 18cm 十竹斋拍卖（北京）2020-10-18

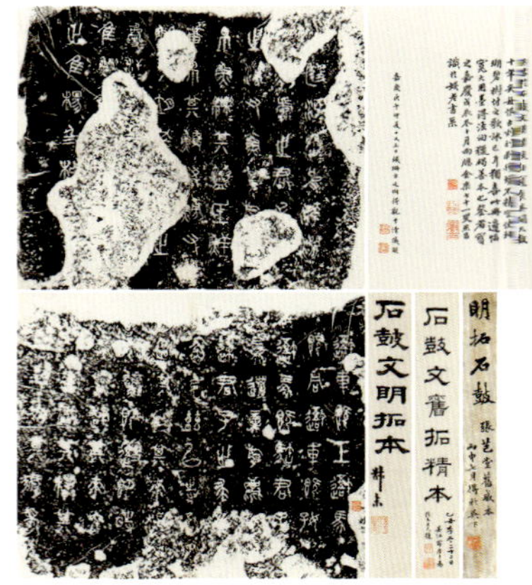

566 石鼓文
估　价：RMB 1,200,000~1,500,000
成交价：RMB 3,507,500
47.5cm × 58cm 朵云轩2020-09-23

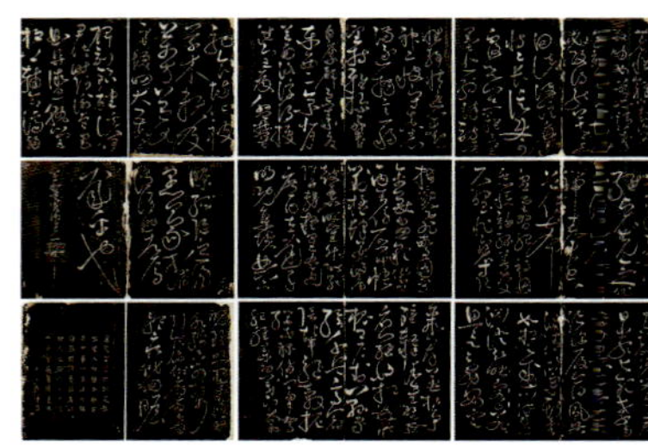

2057 郁孤台法帖宋徽宗赵佶草书千字文 纸本
估　价：RMB 1,500,000~2,500,000
成交价：RMB 3,565,000
55cm × 35.5cm 中国嘉德2020-12-02

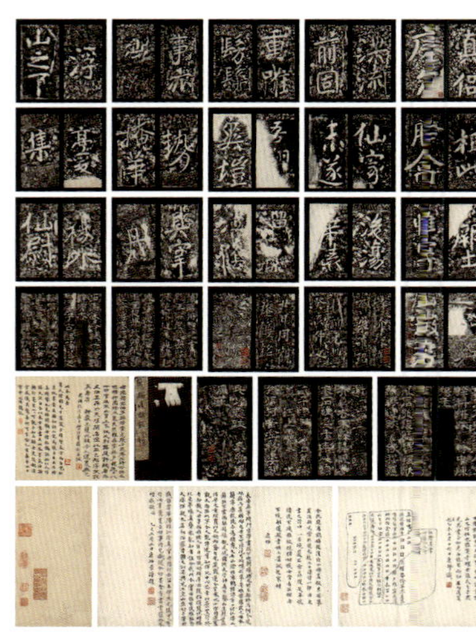

413 朱景旧藏《水前拓本瘗鹤铭》（朱景、汪鋆等题跋）
估　价：RMB 800,000~1,200,000
成交价：RMB 3,967,500
28cm × 15.5cm 西泠印社2020-08-07

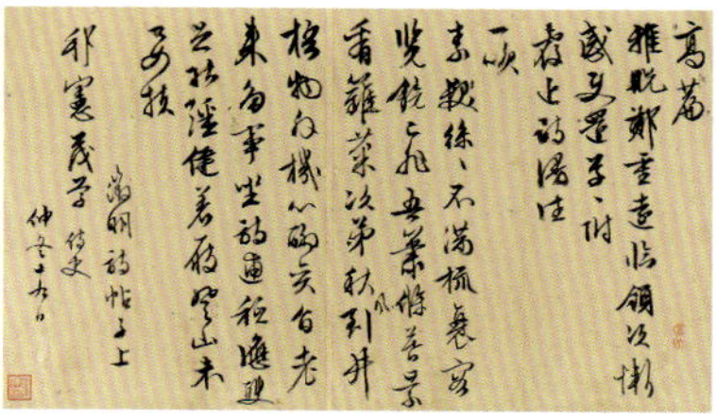

224 文徵明 奉诗帖 镜心
估　价：RMB 20,000~50,000
成交价：RMB 3,220,000
25cm×44cm 永乐拍卖2020-12-02

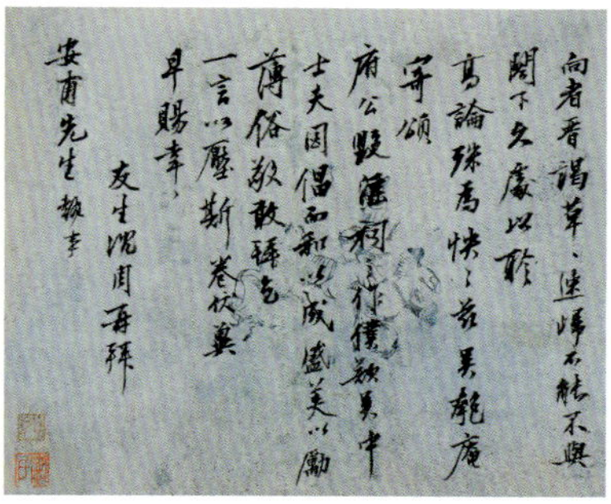

1618 沈周 手札
估　价：RMB 20,000~50,000
成交价：RMB 2,357,500
25cm×30.5cm 朵云轩2020-09-24

879 清雍正十年至乾隆三年（1732—1738） 武英殿刻朱墨套印本 开化纸世宗宪皇帝朱批谕旨
估　价：RMB 3,000,000~4,000,000
成交价：RMB 4,485,000
中贸圣佳2020-10-17

773 明人尺牍（107页） 册页（节选30页）
估　价：RMB 35,000,000~45,000,000
成交价：RMB 43,010,000
尺寸不一：24cm×28.5cm；
24.8cm×11.2cm；24.8cm×32cm；
23.2cm×39.9cm 中国嘉德2020-08-16

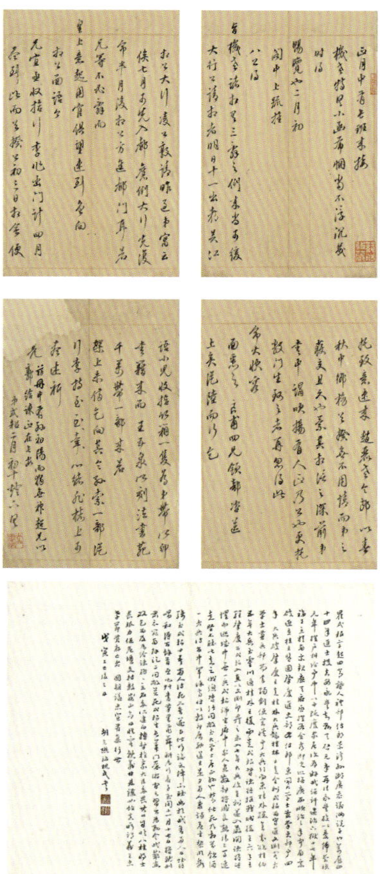

973 瞿式耜 正月帖 镜片（信四页，跋二页）
估　价：RMB 80,000~120,000
成交价：RMB 1,380,000
画心26.5cm×17.5cm×4 西泠印社2020-08-08

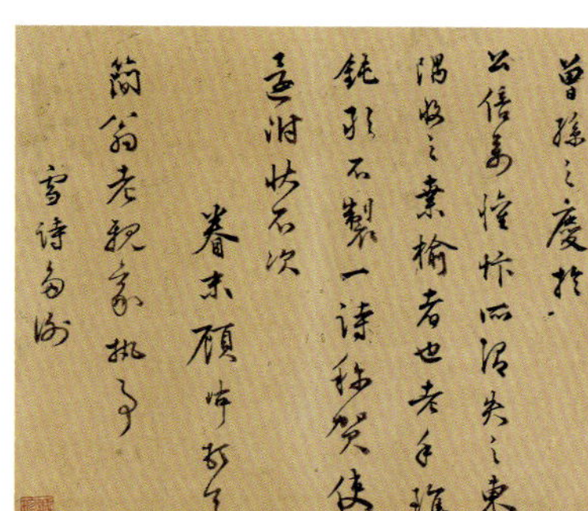

809 顾璘 致简翁札 册片
估　价：RMB 10,000~50,000
成交价：RMB 1,725,000
25cm×29.5cm 中国嘉德2020-08-17

2163 遂安詹氏 旧藏 南宋淳熙年间詹仪之任官告身 绫本
成交价：RMB 18,400,000
全长546cm 中国嘉德2020-12-02

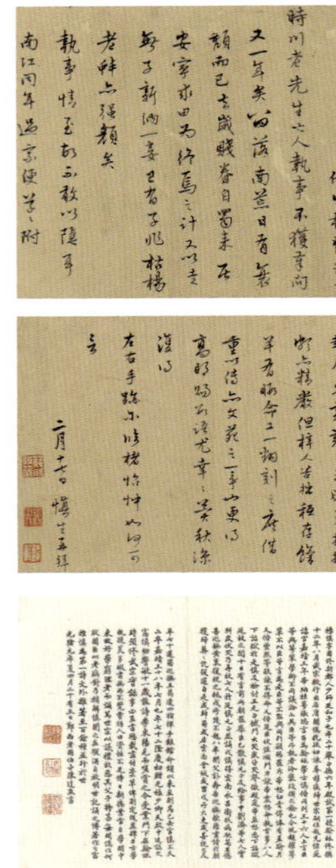

952 杨慎 致姜时川 安宁求田帖 镜片（信二页，跋二页）
估 价：RMB 80,000~120,000
成交价：RMB 2,415,000
画心28cm×24cm；31cm×23.5cm
西泠印社2020-08-08

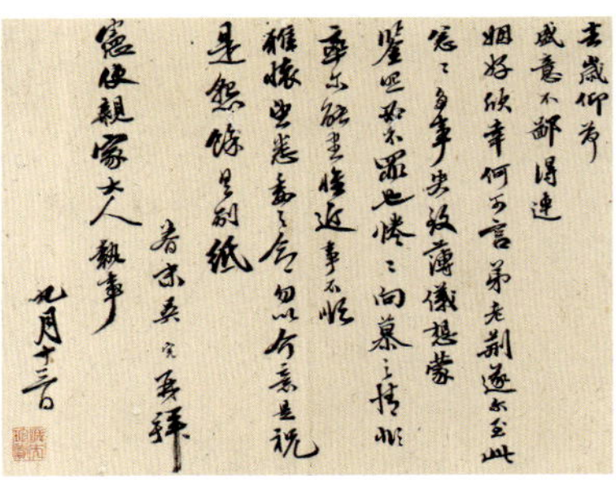

804 吴宽 致“宪使亲家”札 册片
估 价：RMB 10,000~50,000
成交价：RMB 2,185,000
22.5cm×30.5cm 中国嘉德2020-08-17

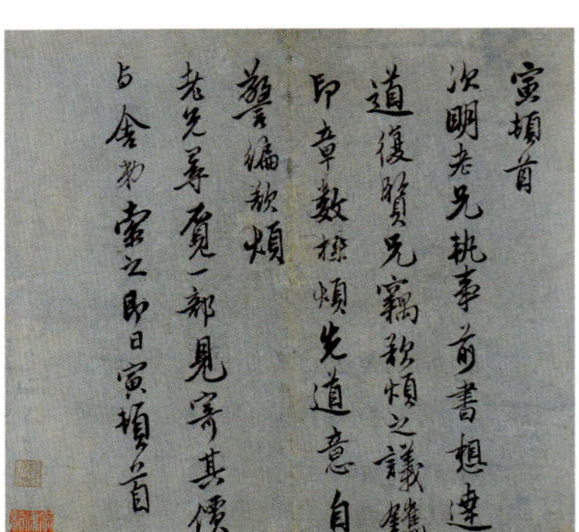

1622 唐寅 手札
估 价：RMB 20,000~50,000
成交价：RMB 7,015,000
26.5cm×29cm 朵云轩2020-09-24

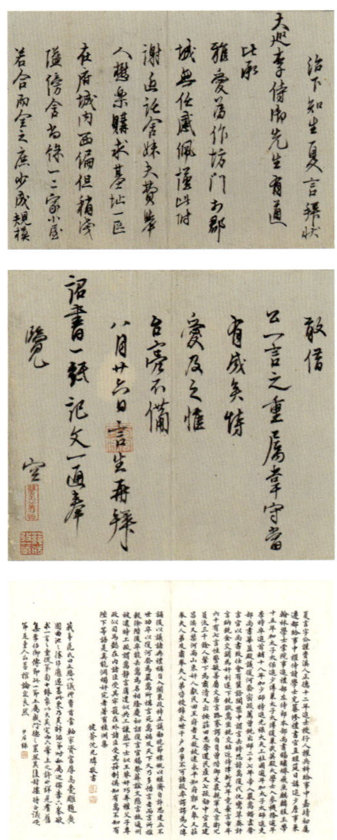

953 夏言 承雅爱帖 镜片（信二页，跋二页）
估 价：RMB 80,000~120,000
成交价：RMB 1,955,000
画心35cm×26cm；29cm×26cm
西泠印社2020-08-08

22 恽日初、恽寿平 恽氏父子书札
估 价：RMB 1,800,000~2,800,000
成交价：RMB 3,335,000
尺寸不一 华艺国际2020-12-05

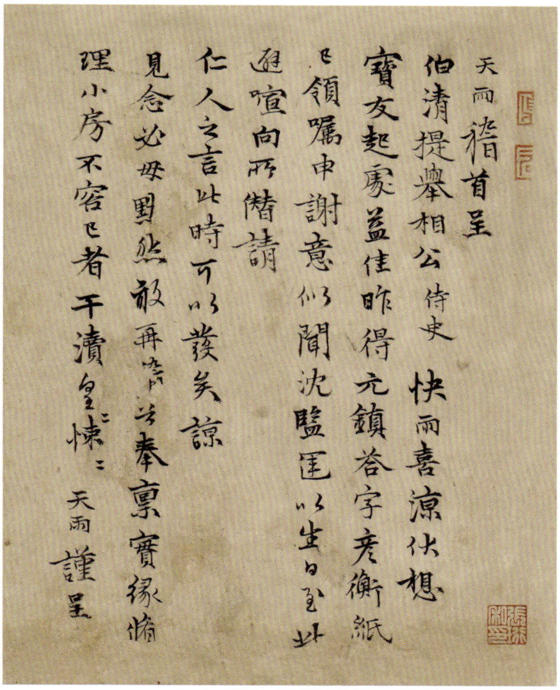

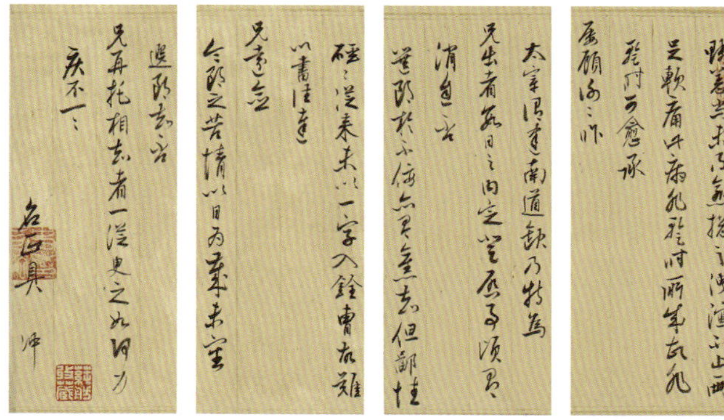

978 史可法　恙未愈帖 镜片（信四页，跋两页）
估　价：RMB 80,000~120,000
成交价：RMB 2,415,000
画心23cm × 9.5cm × 4
西泠印社2020-08-08

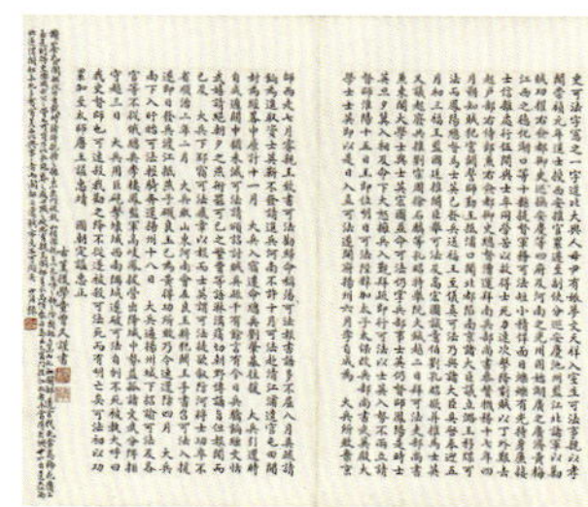

2598 张雨 致伯清信札
估　价：HKD 10,000,000~15,000,000
成交价：RMB 11,006,200
27cm × 23cm 香港苏富比2020-07-09

565 20世纪初 伯希和东方考察相集（五册）
估　价：USD 60,000~80,000
成交价：RMB 602,494
高31.5cm；宽49.8cm 纽约苏富比2020-09-23

421 波塞雷埃兄弟藏中世纪艺术大师巨幅古版画全集
估　价：RMB 480,000~500,000
成交价：RMB 552,000
72.5cm × 58cm 北京保利2020-10-18

2779 梁思成 刘敦桢 20世纪30年代作 营造学社考察古建筑照片（二帧）
估　价：RMB 100,000~200,000
成交价：RMB 287,500
西泠印社2020-08-09

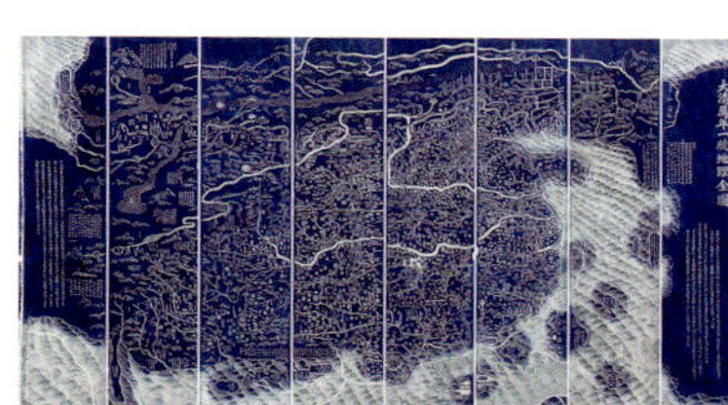

3652 大清万年一统地理全图
估　价：RMB 200,000~300,000
成交价：RMB 460,000
136cm × 31cm × 8 中贸圣佳2020-10-16

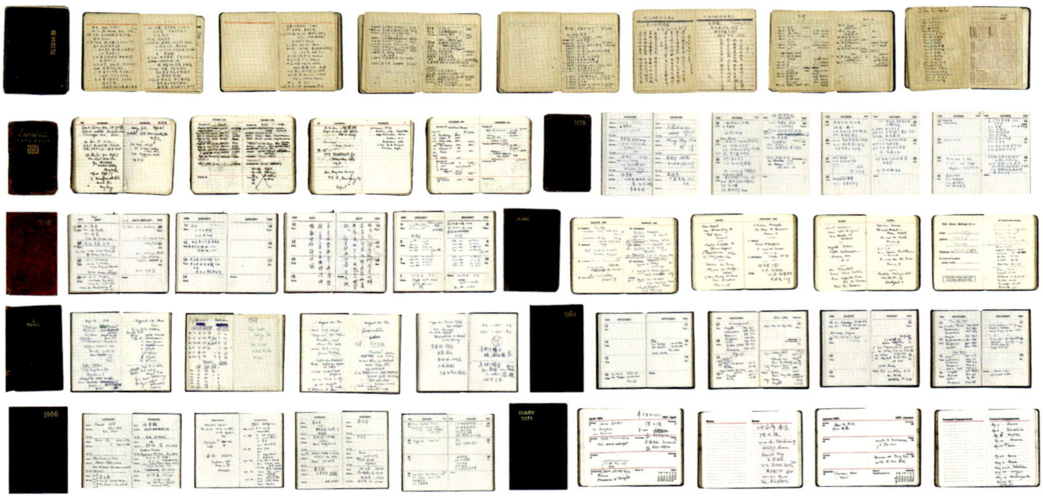

212 林语堂 新生日记（一册），英文袖珍日记（八册）
成交价：RMB 1,150,000
尺寸不一 中国嘉德2020-08-15

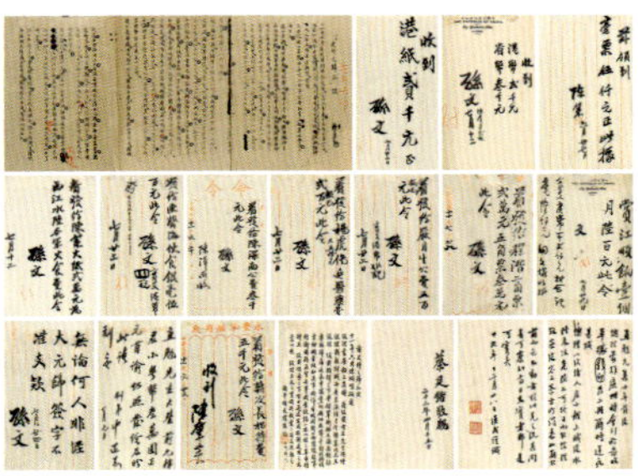

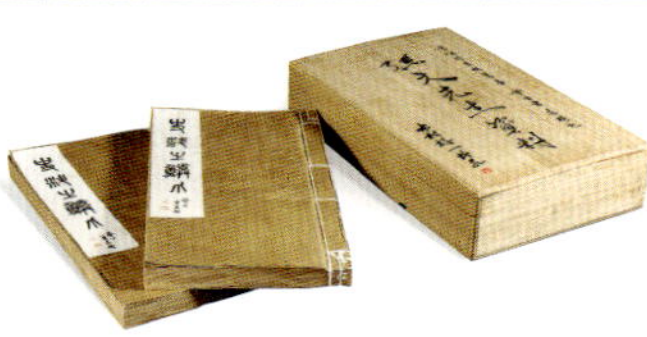

54 史料之鳞爪（上、下卷）、总理奉安实录
上卷一百一十七开、下卷七十九开
估　价：RMB 3,800,000~5,800,000
成交价：RMB 5,750,000
尺寸不一 荣宝斋（上海）2020-10-25

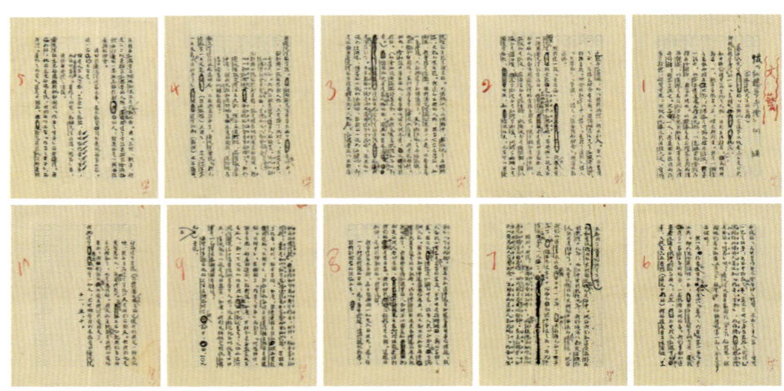

117 胡適 1922年作 跋《红楼梦考证》之二手稿十纸
估　价：RMB 2,000,000~3,000,000
成交价：RMB 4,715,000
31cm × 26cm × 10 华艺国际2020-10-16

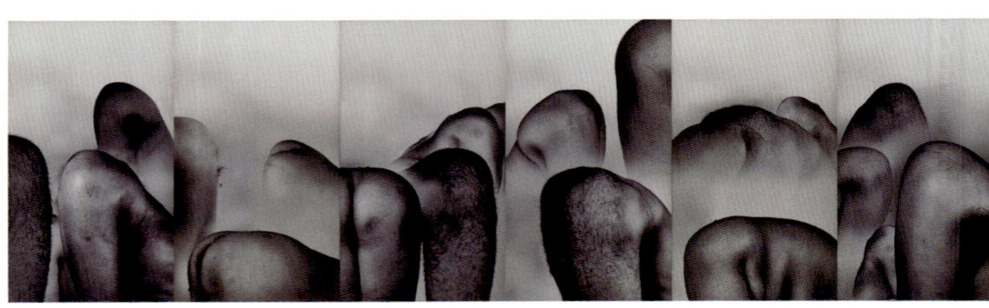

570 刘铮 2004年作 《风景》（一组六张）
估　价：HKD 220,000~300,000
成交价：RMB 555,030
像199cm × 108.5cm × 6 香港苏富比2020-10-07

19 周昉 木版水印 1956年版 《簪花仕女图》 手卷
估　价：HKD 150,000~200,000
成交价：RMB 182,600
画心51.5cm × 184cm 佳士得2020-05-22

佳　酿

412 1960年“金轮牌”内销贵州茅台酒（土陶瓶）（1瓶）
估　价：RMB 1,000,000~1,200,000
成交价：RMB 920,000
重500g 永乐拍卖2020-08-17

3527 1978年产原箱绵纸五星牌三大革命茅台酒（1箱×12瓶）
估　价：RMB 800,000~1,200,000
成交价：RMB 1,380,000
540ml/瓶 中国嘉德2020-12-01

3482 1984年产飞天牌黄酱茅台酒（国礼礼盒装）（两瓶）
估　价：RMB 200,000~300,000
成交价：RMB 483,000
540ml/瓶 中国嘉德2020-12-01

3481 1972年产绵纸葵花牌茅台酒（1瓶）
估　价：RMB 100,000~150,000
成交价：RMB 345,000
540ml 中国嘉德2020-12-01

3021 1971年产五星牌三大革命茅台酒
估　价：RMB 80,000~100,000
成交价：RMB 126,500
中国嘉德2020-08-15

273 1988年古井贡酒小盖
估　价：RMB 78,000~88,000
成交价：RMB 89,700
永乐拍卖2020-08-17

2118 1981至2020年贵州茅台酒收藏组合（共40瓶）
估　价：RMB 600,000~780,000
成交价：RMB 13,800,000
500ml/瓶 永乐拍卖2020-12-04

275 2002年泸州老窖特曲精品
估　价：RMB 13,000~23,000
成交价：RMB 14,950
永乐拍卖2020-08-17

3632 1999年贵州茅台酒（大木雕）（1瓶）
估　价：RMB 288,000~350,000
成交价：RMB 331,200
500ml 华艺国际2020-10-15

282 1992年洋河大曲双耳瓷瓶
估　价：RMB 18,000~28,000
成交价：RMB 20,700
永乐拍卖2020-08-17

251 1999年全兴大曲（红盖）
估　价：RMB 14,000~24,000
成交价：RMB 16,100
永乐拍卖2020-08-17

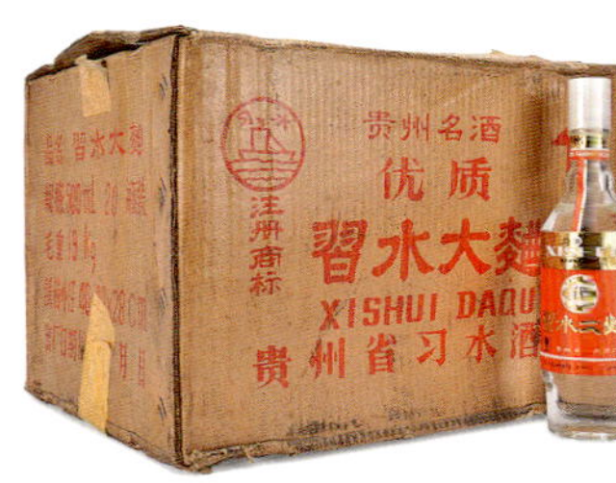

261 1992年习水大曲
估　价：RMB 26,000~36,000
成交价：RMB 29,900
永乐拍卖2020-08-17

1971 1996年古越龙山珍品硬顶绍兴花雕酒（湘云）6坛
估　价：RMB 30,000~50,000
成交价：RMB 34,500
1000ml/坛 永乐拍卖2020-12-03

1286 艾伦港 40年
估　价：HKD 60,000~100,000
成交价：RMB 512,026
700ml/瓶 保利香港2020-07-09

3246 CAMPBELL，HOPE&KING装瓶：麦卡伦1955—1959年高地纯麦威士忌（5支）
估　价：RMB 250,000~300,000
成交价：RMB 287,500
750ml/瓶 中国嘉德2020-08-15

2952 柏翠酒庄大瓶装（1.5L）垂直年份套装
2014+2015+2016年份 3支 1500ml
估　价：RMB 90,000~150,000
成交价：RMB 108,100
中国嘉德2020-08-15

3001 拉菲1990（3瓶）
估　价：RMB 30,000~50,000
成交价：RMB 36,800
750ml/瓶 华艺国际2020-10-15

3277 本诺曼克50年斯佩塞单一麦芽威士忌 （1支）
估　价：RMB 75,000~90,000
成交价：RMB 86,250
700ml 中国嘉德2020-08-15

5151 1996年产古越龙山绍兴花雕酒（散花、湘云、寿星、献寿、奔月、红楼梦）
估　价：RMB 30,000~40,000
成交价：RMB 41,400
中鸿信2020-01-04

3240 高登&麦克菲尔私人珍藏：林克伍德1956年单一麦芽威士忌 （1支）
估　价：RMB 250,000~350,000
成交价：RMB 287,500
700ml 中国嘉德2020-08-15

4548 黑波摩1964-50年单一麦芽威士忌
估　价：RMB 450,000~580,000
成交价：RMB 517,500
700ml 北京保利2020-10-19

3082 罗曼尼·康帝1996（1.5L）
估　价：RMB 330,000~480,000
成交价：RMB 379,500
华艺国际2020-10-15

3017 拉图2008（3L 原箱）
估　价：RMB 95,000~110,000
成交价：RMB 120,750
华艺国际2020-10-15

3086 罗曼尼·康帝 拉塔希特级园1993（6瓶）
估　价：RMB 180,000~300,000
成交价：RMB 218,500
750ml/瓶 华艺国际2020-10-15

2976 罗曼尼·康帝酒庄罗曼尼·康帝特级园干红1998年份 （1支）
估　价：RMB 230,000~240,000
成交价：RMB 264,500
750ml 中国嘉德2020-08-15

3367 拉菲古堡 1982年份 （2支）
估　价：RMB 90,000~98,000
成交价：RMB 138,000
750ml/瓶 中国嘉德2020-12-04

3243 麦卡伦1972年高地单一麦芽威士忌（1支）
估　价：RMB 770,000~1,000,000
成交价：RMB 885,500
700ml 中国嘉德2020-08-15

3052 帕图斯1986年（12瓶）
估　价：RMB 280,000~300,000
成交价：RMB 322,000
750ml/瓶 华艺国际2020-10-15

3148 轻井沢1963-50年单桶麦芽威士忌 （1支）
估　价：RMB 670,000~800,000
成交价：RMB 770,500
700ml 中国嘉德2020-12-04

1413 轻井泽 40年 - 艺伎　3260 轻井泽 40年 - 艺伎　4560
估　价：HKD 200,000~260,000
成交价：RMB 213,344
700ml/瓶 保利香港2020-07-09

3072 啸鹰酒庄2007（原箱）（6瓶）
估　价：RMB 190,000~240,000
成交价：RMB 356,500
750ml/瓶 华艺国际2020-10-15

4549 轻井沢黑命之水50年
估　价：RMB 350,000~420,000
成交价：RMB 402,500
700ml 北京保利2020-10-19

1566 最后一滴系列限量版（一组十三支）
估　价：RMB 1,200,000~1,500,000
成交价：RMB 1,380,000
11支 700ml/瓶；2支 750ml/瓶 永乐拍卖2020-12-04

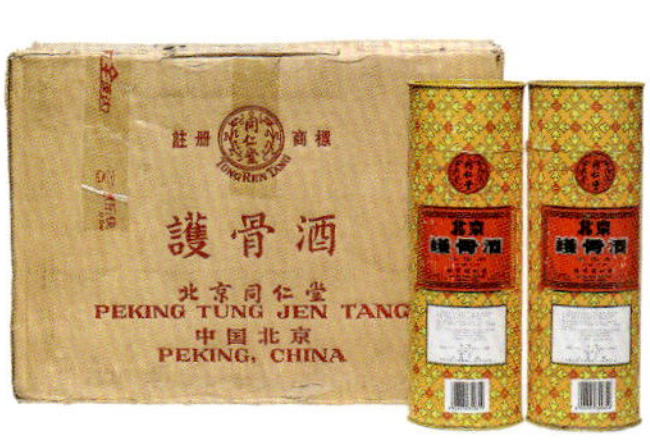

1959 2002年同仁堂护骨酒（出口美国）大瓶装（12瓶）
估　价：RMB 50,000~80,000
成交价：RMB 57,500
750ml/瓶 永乐拍卖2020-12-03

33 20世纪80年代年李时珍牌日本回流参茸药酒 （10瓶）
估　价：RMB 90,000~150,000
成交价：RMB 103,500
646ml/瓶 西泠印社2020-08-07

669 山崎50年第三版（1瓶）
估　价：HKD 1,200,000~1,600,000
成交价：RMB 1,809,648
700ml 保利香港2020-12-02

茗 茶

86 1960年英敏号
估　价：RMB 500,000~800,000
成交价：RMB 460,000
约350g 永乐拍卖2020-08-17

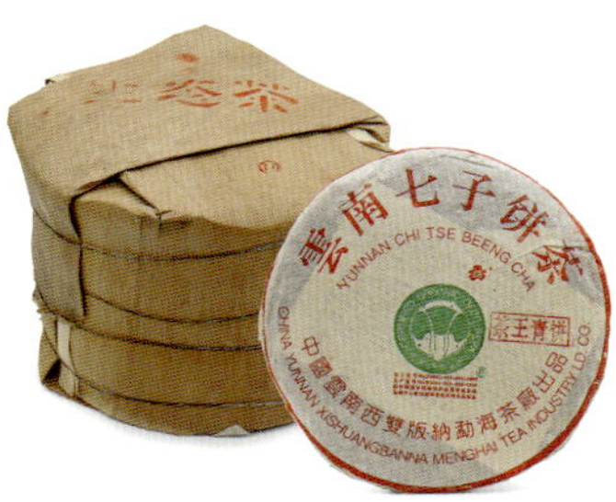

2098 2002年茶王青饼（一筒一片）
估　价：RMB 700,000~1,200,000
成交价：RMB 1,265,000
重约2856g 中贸圣佳2020-10-17

2100 2003年四星白菜（一筒一片）
估　价：RMB 700,000~1,200,000
成交价：RMB 1,035,000
重约3200g 中贸圣佳2020-10-17

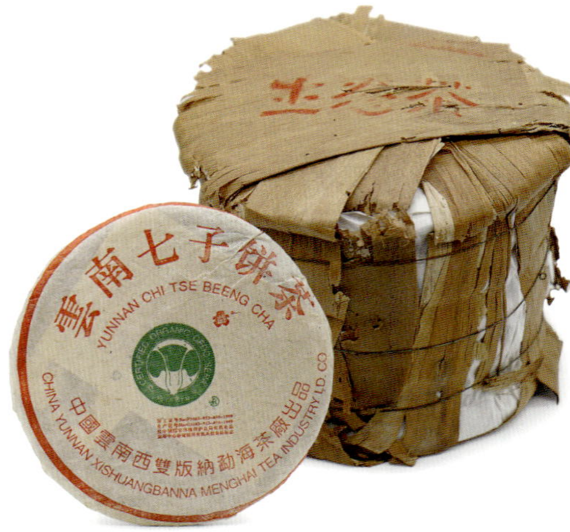

2102 2004年顶级珍藏（一筒一片）
估　价：RMB 1,000,000~2,000,000
成交价：RMB 2,070,000
重约3200g 中贸圣佳2020-10-17

2088 20世纪50年代蓝印铁饼 朱砂红（一筒一片）
估　价：RMB 2,500,000~3,500,000
成交价：RMB 4,025,000
重约2367g 中贸圣佳2020-10-17

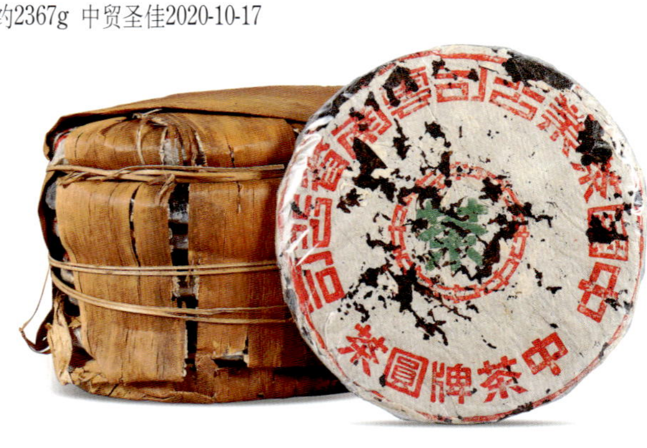

529 20世纪50年代 蓝印铁饼普洱茶（原筒七片）
估　价：HKD 2,480,000~3,500,000
成交价：RMB 2,764,740
总重量约2254g 保利香港2020-12-02

4226 20世纪50年代大红印（一筒）
估　价：RMB 4,000,000~6,000,000
成交价：RMB 4,657,500
重约2513g 北京保利2020-10-19

84 20世纪50年代鸿和号（思普贡茗）（整筒）
估　价：RMB 3,800,000~6,800,000
成交价：RMB 3,795,000
约357g×7 永乐拍卖2020-08-17

3065 号级茶　宋聘号·蓝标（一片）
估　价：RMB 1,200,000~2,000,000
成交价：RMB 1,495,000
重约345g 中国嘉德2020-12-04

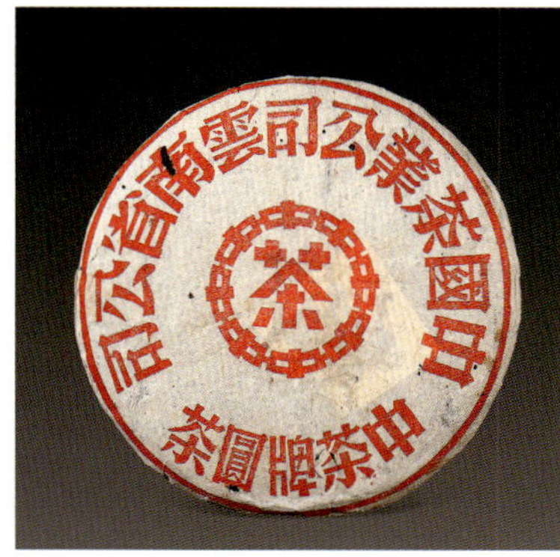

4241 20世纪50年代后期大红印（一片）
估　价：RMB 600,000~800,000
成交价：RMB 690,000
重约352g 北京保利2020-10-19

3879 20世纪50年代 红印圆茶（一片）
估　价：RMB 880,000~1,000,000
成交价：RMB 1,012,000
重约312g 华艺国际2020-10-15

2388 20世纪60年代老白茶（一罐）
估　价：RMB 58,000~80,000
成交价：RMB 115,000
净重1280g 西泠印社2020-08-08

2103 20世纪80年代八八青饼（三筒）
估　价：RMB 2,500,000~3,500,000
成交价：RMB 3,450,000
重约7490g 中贸圣佳2020-10-17

4253 20世纪80年代首批厚纸8582青饼（五片）
估　价：RMB 450,000~650,000
成交价：RMB 517,500
重约1750g 北京保利2020-10-19

2093 1991年7542（三筒）
估　价：RMB 1,500,000~2,500,000
成交价：RMB 2,300,000
重约7490g 中贸圣佳2020-10-17

4211 20世纪50年代无纸红印（一筒）
估　价：RMB 1,500,000~2,200,000
成交价：RMB 1,725,000
重约2490g 北京保利2020-10-19

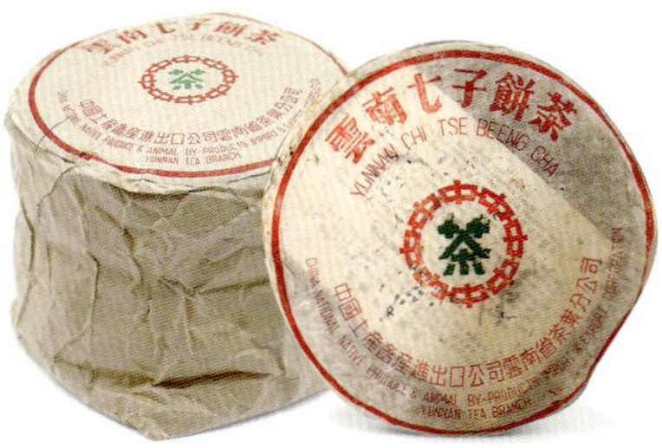

2091 20世纪70年代认真配方（一筒一片）
估　价：RMB 1,200,000~1,800,000
成交价：RMB 2,070,000
重约2515g 中贸圣佳2020-10-17

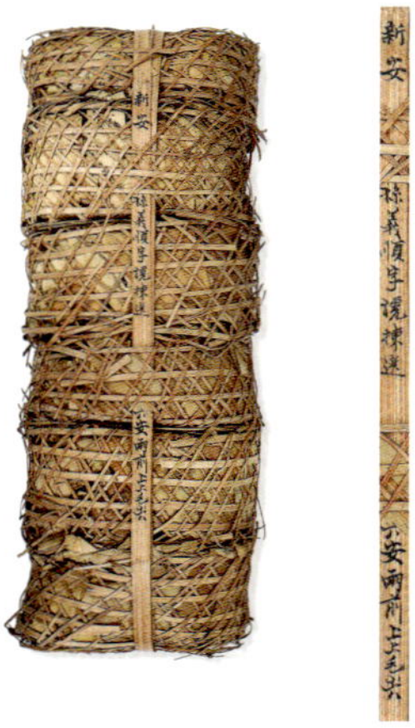

3066 约20世纪30年代　五票孙义顺老六安（一条六粒）
估　价：RMB 500,000~800,000
成交价：RMB 575,000
总重约2972g 中国嘉德2020-12-04

2104 号级 双狮同庆号（一片）
估　价：RMB 1,000,000~2,000,000
成交价：RMB 1,955,000
重约321.6g 中贸圣佳2020-10-17

乐　器

1303 施坦威－蒂芙尼 24K鎏金三角钢琴
成交价：RMB 7,475,000
琴长212cm 永乐拍卖2020-08-18

1307 施坦威创始人200周年诞辰纪念款特制钢琴 全球唯一 蒂芙尼设计 施坦威本人签名
估　价：RMB 1,500,000~2,200,000
成交价：RMB 5,175,000
琴长210cm；琴宽148cm 永乐拍卖2020-12-04

1304 施坦威大三角音乐会钢琴
估　价：RMB 1,700,000~3,500,000
成交价：RMB 3,335,000
琴长274cm 永乐拍卖2020-08-18

尚　品

2169 爱马仕 2012 极为罕有亮面深海蓝色鳄鱼皮35cm钻石铂金包附18K铂金及钻石金属配件
估　价：HKD 450,000~700,000
成交价：RMB 484,272
35cm × 25cm × 18cm 保利香港2020-07-08

2159 爱马仕 2019 雾面风衣灰色短吻鳄鱼皮25cm铂金包附金色金属配件
估　价：HKD 320,000~450,000
成交价：RMB 451,987
25cm × 19cm × 13cm 保利香港2020-07-08

831 爱马仕 2016 罕见雾面白色喜马拉雅尼罗鳄鱼皮30cm铂金包附银色金属配件
估　价：HKD 600,000~1,500,000
成交价：RMB 1,407,504
30cm × 20cm × 15cm 保利香港2020-12-02

6067 爱马仕 罕见雾面白色喜马拉雅尼罗鳄鱼皮30cm钻石铂金包附18K铂金及钻石配件
估　价：RMB 2,000,000~3,000,000
成交价：RMB 2,875,000
30cm × 20cm × 15cm 华艺国际2020-12-05

2195 爱马仕 2019 限量版雾面黑蓝色短吻鳄鱼皮，橙色SWIFT牛皮，MADAME，SOMBRERO及EPSOM牛皮20cm外缝FAUBOURG BIRKIN包附银色金属配件
估　价：HKD 500,000~1,000,000
成交价：RMB 807,120
20cm × 15.5cm × 11cm 保利香港2020-07-08

819 爱马仕 2020 罕见雾面白色喜马拉雅尼罗鳄鱼皮25cm铂金包附银色金属配件
估　价：HKD 600,000~1,500,000
成交价：RMB 1,960,452
25cm × 19cm × 13cm 保利香港2020-12-02

3879 罕见雾面白色喜马拉雅尼罗鳄鱼皮25cm铂金包附钯金配件
估　价：HKD 600,000~800,000
成交价：RMB 2,556,000
25cm × 19cm × 14cm 佳士得2020-11-27

3894 罕见雾面烟灰色喜马拉雅尼罗鳄鱼皮30cm钻石铂金包附18K铂金及钻石配件
估　价：HKD 1,000,000~1,500,000
成交价：RMB 2,260,000
30cm × 22cm × 15cm 佳士得2020-07-10

3970 罕见雾面海军蓝色短吻鳄皮，深蓝色MADAM，橙色SWIFT，靛蓝色及深蓝色SOMBRERO及粉白色EPSOM牛皮20cm外缝FAUBOURG铂金包附钯金配件
估　价：HKD 600,000~800,000
成交价：RMB 1,704,000
20cm × 16cm × 11cm 佳士得2020-11-27

3971 亮面风暴蓝色尼罗鳄鱼皮25cm铂金包附钯金配件
估　价：HKD 300,000~350,000
成交价：RMB 678,000
25cm × 19cm × 13cm 佳士得2020-07-10

3909 限量版粉末色及草绳色POROSUS鳄鱼皮30cm铂金包附钯金配件
估　价：HKD 300,000~350,000
成交价：RMB 508,500
30cm × 22cm × 15cm 佳士得2020-07-10

3895 罕见雾面白色喜马拉雅尼罗鳄鱼皮30cm铂金包附钯金配件
估　价：HKD 600,000~800,000
成交价：RMB 1,469,000
30cm × 22cm × 15cm 佳士得2020-07-10

3952 特别定制雾面孔雀蓝色短吻鳄皮及紫玫瑰色SWIFT小牛皮QUELLE IDOLE包附黄金配件
估　价：HKD 350,000~400,000
成交价：RMB 847,500
15cm×12cm×6cm 佳士得2020-07-10

3932 特别定制亮面天方夜谭粉色及斑鸠灰色尼罗鳄鱼皮25cm铂金包附雾面钯金配件
估　价：HKD 400,000~500,000
成交价：RMB 452,000
25cm×19cm×13cm 佳士得2020-07-10

3881 雾面水绿色短吻鳄皮25cm铂金包附黄金配件
估　价：HKD 300,000~350,000
成交价：RMB 836,200
25cm×19cm×13cm 佳士得2020-07-10

3878 罕见雾面白色喜马拉雅尼罗鳄鱼皮25cm内缝凯莉包附钯金配件
估　价：HKD 600,000~800,000
成交价：RMB 2,875,500
25cm×19cm×9cm 佳士得2020-11-27

3829 限量版咖喱黄色及木兰粉色SWIFT小牛皮QUELLE IDOLE包附钯金配件
估　价：HKD 80,000~100,000
成交价：RMB 406,800
15cm×12cm×6cm 佳士得2020-07-10

3901 特别定制亮面斑鸠灰色及石墨色短吻鳄皮25cmSELLIER凯莉包附雾面黄金配件
估　价：HKD 400,000~500,000
成交价：RMB 1,073,500
25cm×18cm×9cm 佳士得2020-07-10

3825 限量版拿坡里黄色SWIFT小牛皮及柳条迷你PICNIC凯莉包附钯金配件
估　价：HKD 200,000~300,000
成交价：RMB 565,000
18.5cm×13.5cm×7cm 佳士得2020-07-10

3820 珍罕亮面黑色POROSUS湾鳄皮25cm外缝凯莉包附18K铂金及钻石配件
估　价：HKD 1,000,000~1,500,000
成交价：RMB 1,278,000
25cm × 19cm × 9cm 佳士得2020-11-27

3812 限量版雾面黑色尼罗鳄鱼皮30cm SO BLACK铂金包附黑色PVD配件
估　价：HKD 300,000~350,000
成交价：RMB 542,400
30cm × 22cm × 15cm 佳士得2020-07-10

3870 限量版雾面柏树绿色及内面圣西尔蓝色短吻鳄皮25cmVERSO铂金包附钯金配件
估　价：HKD 300,000~350,000
成交价：RMB 474,600
25cm × 19cm × 13cm 佳士得2020-07-10

中成药

5210 1988年产同仁堂抗老延年丸 防衰益寿丸（50盒）
估　价：RMB 150,000~200,000
成交价：RMB 172,500
2瓶/盒 中鸿信2020-01-04

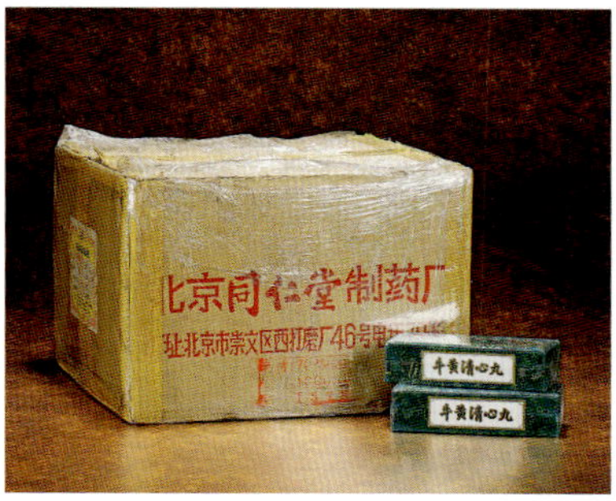

86 1995年同仁堂锦盒装牛黄清心丸（原箱）（50盒）
估　价：RMB 150,000~220,000
成交价：RMB 172,500
10丸/盒 西泠印社2020-08-07

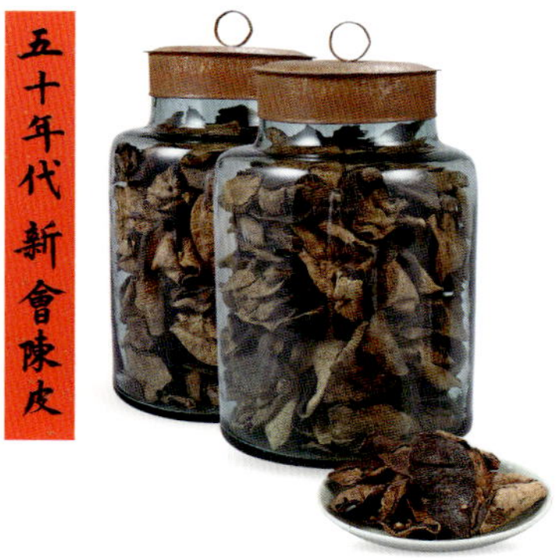

590 20世纪50年代 新会陈皮（两罐）
估　价：HKD 200,000~350,000
成交价：RMB 301,608
总重量1800g 保利香港2020-12-02

169 20世纪80年代精装出口至宝三鞭丸（浓缩丸原箱）（48盒）
估　价：RMB 200,000~300,000
成交价：RMB 287,500
50管/盒 西泠印社2020-08-07

滋补品

3833 30头日本关东参（约120只）
估　价：RMB 26,000~70,000
成交价：RMB 39,100
约2000g 华艺国际2020-10-15

3849 本港赤嘴鳘鱼胶（公肚）（2只）
估　价：RMB 136,000~200,000
成交价：RMB 156,400
约273g/270g 华艺国际2020-10-15

3618 本港赤嘴鱼胶（公肚）（10只）
估　价：RMB 630,000~720,000
成交价：RMB 724,500
共约2472g 华艺国际2020-12-05

3624 本港石肚鱼胶 （10只）
估　价：RMB 650,000~800,000
成交价：RMB 816,500
共约2503g 华艺国际2020-12-05

3854 本港石肚鳘鱼胶（公肚）（3只）
估　价：RMB 180,000~300,000
成交价：RMB 207,000
约450g（含绳重） 华艺国际2020-10-15

3604 日本青森产3—4头大网鲍 （19只）
估　价：RMB 350,000~400,000
成交价：RMB 402,500
共约2500g 华艺国际2020-12-05

3864 缅甸金钱房胶（1只）
估　价：RMB 330,000~500,000
成交价：RMB 379,500
重400g 华艺国际2020-10-15

190 1989年同仁堂鹿角胶（原箱）（80盒）
估　价：RMB 280,000~500,000
成交价：RMB 322,000
250g/盒 西泠印社2020-08-07

5193 1991—1995年产山东东阿阿胶（精装）（4盒）
估　价：RMB 20,000~35,000
成交价：RMB 34,500
500g/盒 中鸿信2020-01-04

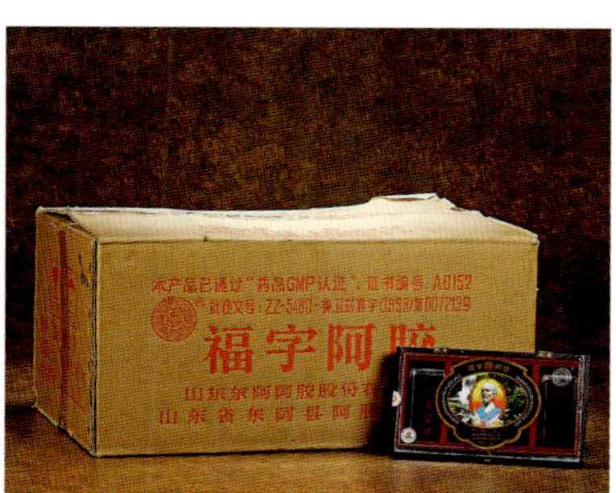

207 2001年东阿阿胶李时珍牌福字阿胶（原箱）（40盒）
估　价：RMB 150,000~220,000
成交价：RMB 172,500
250g/盒 西泠印社2020-08-07

178 1995年正官庄高丽参（天三十）
估　价：RMB 38,000~60,000
成交价：RMB 43,700
600g 西泠印社2020-08-07

海产品

3839 日本3—4头青森大网鲍（19只）
估　价：RMB 350,000~400,000
成交价：RMB 402,500
约2500g 华艺国际2020-10-15

3840 日本4—5头岩手大网鲍（22只）
估　价：RMB 330,000~380,000
成交价：RMB 379,500
约2750g 华艺国际2020-10-15

兵　器

2013 室町 - 江户时代 “备前国住长船与三左卫门慰祐定”铭“三叶葵”纹鎏金御太刀
估　价：RMB 1,200,000~1,500,000
成交价：RMB 1,380,000
通长102cm 中鸿信2020-01-03

999 清乾隆 御制“特等第一”奇准神枪(观赏)
成交价：RMB 51,750,000
长200cm；宽30cm 永乐拍卖2020-12-02

其他工艺品

4097 “黑曼巴”科比 · 布莱恩特 亲笔签名球衣
估　价：RMB 1,000~3,000
成交价：RMB 48,300
59cm × 85.5cm 中国嘉德2020-08-18

4846 科比 · 布莱恩特纯白系列球鞋收藏 9双专属鞋款
估　价：RMB 800,000~1,000,000
成交价：RMB 920,000
北京保利2020-10-19

6315 2016年作 耐克 回到未来第二代自动系鞋带高帮球鞋
估　价：RMB 700,000~800,000
成交价：RMB 828,000
全球限量100双，此为第78版
华艺国际2020-10-15

4819 科比 · 布莱恩特第一代签名球鞋收藏 15双专属鞋款
估　价：RMB 350,000~400,000
成交价：RMB 448,500
北京保利2020-10-19

2020杂项拍卖成交汇总

(成交价RMB：1万元以上)

拍品名称	物品尺寸	成交价RMB	拍卖公司	拍卖日期
竹雕				
明末清初 竹根雕福寿摆件	高14cm	92,000	保利厦门	2020-09-26
清 群仙祝寿竹雕山子	高40cm	172,500	十竹斋拍卖（北京）	2020-10-18
清 柳宗化款竹雕诗文如意摆件	长31cm	43,700	西泠印社	2020-08-09
清 竹雕佛手如意	长52cm	25,300	北京保利	2020-10-20
清 吴之璠款竹如意	长35.2cm	1,000,500	中贸圣佳	2020-10-16
清 竹雕佛手摆件	长11cm	34,200	佳士得	2020-07-01
明末清初 竹雕弥勒	高25cm	40,250	广东崇正	2020-09-13
清早期 竹雕笑狮罗汉像	高6.4cm	195,500	中贸圣佳	2020-10-16
清早期 竹雕钟馗像	16.5×14.2×12.5cm	161,000	中国嘉德	2020-08-18
18世纪 竹根雕仙人乘槎摆件	长32.7cm	43,700	中贸圣佳	2020-12-08
清中期 竹雕童子牧牛	高5cm；长6.5cm	126,500	古天一	2020-10-16
清 竹雕老少乐	13cm×11.5cm	33,600	上海联合	2020-11-29
清 竹雕老子出关摆件	高13cm（连座）	42,560	上海联合	2020-11-29
清 竹雕刘海戏金蟾	11×9.8×7cm	16,800	上海联合	2020-11-29
清 竹雕松下高士摆件	高5cm；长10cm	126,500	西泠印社	2020-08-09
清 竹雕童子牧牛摆件	高4.5cm；长4.5cm	69,000	西泠印社	2020-08-09
清 竹根雕张果老	高6.6cm；长10cm	101,200	古天一	2020-10-16
清 竹雕和合二仙摆件	高5.7cm；长7.5cm	17,250	西泠印社	2020-08-09
18世纪 竹根雕蛙	长7cm	1,938,000	佳士得	2020-07-01
清 竹根雕蛙	长8cm	11,500	中国嘉德	2020-12-03
明末清初 竹雕松树杯	高9cm	34,500	古天一	2020-10-16
清康熙 竹雕溪山行旅图杯	高9cm	473,388	纽约苏富比	2020-09-23
清17/18世纪 竹雕松梅图杯三件及竹根雕苍松图杯	高9.3cm	126,540	佳士得	2020-10-08
清 竹雕螭龙纹爵杯	高12.5cm	23,000	北京保利	2020-10-20
清 竹雕梅花纹杯	高7.6cm	138,000	上海敬华	2020-09-22
清 竹雕松树杯	高8.5cm	48,300	北京翰海	2020-09-12
清 竹根雕寿老及竹雕杯一组三件	长 21.2cm	10,681	香港苏富比	2020-11-26
清 海棠形西番莲纹贴黄香盘	高2.8cm；长22cm	17,250	西泠印社	2020-08-09
清 竹罐、竹雕松竹纹把件（一组）	高7.3cm；长10.6cm	17,250	广东崇正	2020-09-13
清至民国 湘妃竹蕉叶形承盘	长40cm；宽16.5cm	13,800	西泠印社	2020-08-09
17世纪竹雕携琴访友图柱香带盖筒盒	36.3cm	56,938	佳士得	2020-04-21
清乾隆 竹雕山水楼台香盒	长22.5cm	23,000	中鸿信	2020-01-04
清乾隆 竹黄云蝠纹扳指盒	4cm×4.3cm	126,500	中国嘉德	2020-08-18
清 贴黄如意纹捧盒	长33cm；宽15cm	97,750	西泠印社	2020-08-09
清 竹雕石榴诗文盖盒	高8.5cm；长10.5cm	17,250	西泠印社	2020-08-09
清早期 西厢人物竹香筒	直径5cm；高19.8cm	132,250	中贸圣佳	2020-10-16
清早期 竹雕高士松下行吟图香筒	高19.7cm；直径4.7cm	86,250	西泠印社	2020-08-09
清早期 竹雕人物故事图小香筒	高11.8cm	23,000	北京中汉	2020-11-09
18世纪 竹雕镂空松下高士图香筒竹雕竹园雅集图笔筒	高17.8cm	36,908	佳士得	2020-10-08
清 瓷仿竹香筒	高27cm	17,250	中鸿信	2020-01-03
清 阮元款竹雕吉金文字香筒	高31cm；直径6.6cm	57,500	西泠印社	2020-08-09
清 尹师文款林芝钮刻诗文竹香筒	高22.9cm	28,750	西泠印社	2020-08-09
清 竹雕高士图香筒	直径4.4cm；高20cm	43,700	中贸圣佳	2020-12-08
清 竹雕人物故事香筒	高19.5cm	11,500	中鸿信	2020-01-03
清 竹雕三娘教子图大香筒	高27.6cm；直径6cm	36,800	广东崇正	2020-09-13
清 竹雕松下对弈图香筒	高13.2cm；直径5.2cm	32,200	西泠印社	2020-08-09
清 竹镂雕文会图香筒	高16.9cm	74,019	佳士得	2020-04-21
清 怡悦书房款竹雕诗筒	直径2.4cm；高26.8cm	40,250	广东崇正	2020-09-13
清乾隆 竹刻百寿字笔	长25cm	241,500	北京保利	2020-10-20
17世纪末 竹雕竹林七贤图笔筒	高14.7cm	169,500	香港苏富比	2020-07-11
明 吴之璠款竹雕饮中八仙笔筒	高14.7cm	322,000	中贸圣佳	2020-10-16
明晚期 竹雕烂柯图笔筒	14.8cm×10.3cm	46,000	中国嘉德	2020-08-18
明末清初 竹雕渔舟唱晚图笔筒	高15.5cm；口径11.5cm	149,500	西泠印社	2020-08-09
清初 竹雕二乔并读图题诗笔筒	高15cm	293,800	佳士得	2020-07-09
清早期 玉泉款竹雕荷蟹图笔筒	高13.2cm；口径8.8cm	46,000	西泠印社	2020-08-09
清早期 竹雕采药老人诗文笔筒	14.2×11.1cm	80,500	中国嘉德	2020-08-18
清早期 竹雕赤壁赋图笔筒	直径12.5cm；高15.4cm	71,300	北京中汉	2020-08-19
清早期 竹雕放鹤图笔筒	高11.8cm	109,250	中国嘉德	2020-12-03
清早期 竹雕刘海戏金蟾笔筒	高11.5cm；直径6cm	63,250	西泠印社	2020-08-09

拍品名称	物品尺寸	成交价RMB	拍卖公司	拍卖日期
清早期 竹雕松下高士笔筒	高14.7cm；口径10.4cm	172,500	西泠印社	2020-08-09
清早期 竹雕溪山访友图笔筒	高13cm；口径7cm	28,750	西泠印社	2020-08-09
明末；清初 竹雕课子图笔筒	高15.5cm	342,000	佳士得	2020-07-01
清康熙 吴之璠款竹刻笔筒配老紫铜盒盖	高15cm	25,300	上海嘉禾	2020-01-05
清康熙 竹雕吹箫引凤图笔筒	高16.1cm	456,000	佳士得	2020-07-01
清康熙 竹雕仕女笔筒	高13.5cm	172,500	古天一	2020-10-16
17/18世纪 竹雕诗文梅花纹笔筒及竹雕诗文异兽摆件一组两件	笔筒直径20cm	109,201	巴黎佳士得	2020-06-23
清乾隆 "朱玉仙"制竹雕"清溪乐趣"图笔筒	高14.2cm	241,500	保利厦门	2020-09-26
清乾隆 友松制松下高士竹雕笔筒	高15cm	17,250	上海嘉禾	2020-01-05
清乾隆 竹雕高士图笔筒	13.7×8.8cm	230,000	中国嘉德	2020-08-18
清乾隆 竹雕石榴图笔筒	13.8×7.8cm	57,500	北京诚轩	2020-08-17
清乾隆 竹刻竹石图笔筒	高14.5cm	23,000	中鸿信	2020-01-03
清中期 竹雕人物笔筒	高14.1cm	138,000	北京翰海	2020-12-12
清中期 竹雕山水人物笔筒	高15.5cm	57,500	北京翰海	2020-12-12
清中期 芝山款竹雕菊石图笔筒	直径7.1cm；高11.2cm	46,000	中国嘉德	2020-12-04
清中期 申元钰款竹刻诗文小笔筒	高14cm	25,300	中国嘉德	2020-07-16
清中期 王梅邻制赤壁泛舟图竹笔筒	高12cm	529,000	北京保利	2020-10-20
清中期 芝山款竹雕山水人物纹小笔筒	12.8×7.5cm	48,300	中国嘉德	2020-08-18
清中期 竹雕赤壁夜游图笔筒	高15cm	97,750	北京保利	2020-10-20
清中期 竹雕山水人物笔筒	高14cm；直径11.5cm	112,000	上海联合	2020-11-29
清中期 竹雕诗文笔筒	11.5×15.5cm	98,560	上海联合	2020-11-29
清中期 竹雕夜游赤壁图大笔筒	24.5×13cm	101,200	中国嘉德	2020-08-18
清道光 庄绶伦款竹雕山水人物纹笔筒	直径15cm；高17cm	59,800	广东崇正	2020-09-13
清 马氏珍藏款浮雕花卉纹竹笔筒	高13.5cm；直径11cm	11,500	西泠印社	2020-08-09
清濮仲谦款留青梅花纹刻诗文小笔筒	高10.1cm；直径4cm	322,000	西泠印社	2020-08-09
清 沈全林刻螳螂秋菘图竹笔筒	口径11cm；高14.5cm	517,500	中国嘉德	2020-08-16
清 王文治款诗文笔筒	直径5.3cm；高12.2cm	34,500	中贸圣佳	2020-10-16
清 王学浩款竹雕山水人物诗文笔筒	高16.5cm；口径12cm	57,500	西泠印社	2020-08-09
清 吴廷康制竹雕诗文笔筒	高13cm；口径8.8cm	25,300	西泠印社	2020-08-09
清 研朴堂旧藏裕周款竹雕西园雅集笔筒	高14.2cm；口径11cm	184,000	西泠印社	2020-08-09
清 宇周制竹雕羲之爱鹅笔筒	高12.5cm；口径6.5cm	218,500	西泠印社	2020-08-09
清 云樵山人款访友图竹雕笔筒	高15cm	23,000	上海嘉禾	2020-01-05
清 芷岩款刻山水笔筒	高17.3cm；直径12.9cm	230,000	西泠印社	2020-08-09
清 周牧山刻竹山水纹笔筒	高11.9cm	34,500	广东崇正	2020-09-13
清 朱文右制竹雕赤壁夜游笔筒	高14.9cm；口径11.7cm	207,000	西泠印社	2020-08-09
清 竹雕"竹林七贤"图笔筒	高15.3cm	149,500	保利厦门	2020-09-26
清 竹雕抱琴访友笔筒	高13.6cm	24,640	上海联合	2020-11-29
清 竹雕罗汉图小笔筒	高11.8cm	13,800	中国嘉德	2020-07-16
清 竹雕人物笔筒	高14cm	13,800	北京翰海	2020-09-12
清 竹雕山水高士纹笔筒	高12cm	24,150	广东崇正	2020-09-13
清 竹雕山水纹笔筒	直径7cm；直径11.6cm	11,500	广东崇正	2020-09-13
清 竹雕寿星笔筒	高11cm；口径5cm	17,250	朵云轩	2020-09-24
清 竹雕天然卷书形山水薄意笔筒	口径10cm；高13cm	23,000	广东精诚所至	2020-09-15
清 竹雕溪山访友图笔筒	高15.3cm；直径12.3cm	51,750	西泠印社	2020-08-09
清 竹雕竹林七贤图笔筒	高11.6cm；口径5.7cm	20,700	西泠印社	2020-08-09
清 竹雕竹林七贤纹笔筒	口径 12cm；高13cm	28,750	广东精诚所至	2020-09-15
清 竹刻大漆诗文王世襄笔筒	高17.4cm	368,000	中鸿信	2020-01-03
民国 潘郯款刻金文竹笔筒	高14cm；直径6.5cm	69,000	西泠印社	2020-08-09
清 文甫款竹雕人物笔筒	高15.8cm；直径4.4cm	11,500	西泠印社	2020-08-08
王永芳款竹雕山水人物诗文笔筒	高15.5cm	28,750	中国嘉德	2020-11-12
清 竹根雕水盂	直径7.9 cm	34,496	香港苏富比	2020-05-22
18-19世纪 竹根随形笔洗	长15 cm	22,997	香港苏富比	2020-05-22
清中期 王梅邻制竹雕山水图臂搁	长33.2cm	690,000	华艺国际	2020-10-16
清中期 竹刻骏马诗文臂搁	高29.3cm	13,800	北京翰海	2020-12-12
清中期 竹刻刘海戏金蟾臂搁	高25.9cm	74,750	北京翰海	2020-12-12
清中期 竹刻诗文臂搁	高34cm	23,000	北京翰海	2020-12-12
清晚期 "二泉山人"款竹刻梅花图臂搁	17×4.5cm	57,500	中国嘉德	2020-12-04
清晚期 韩绞门制竹刻诗文臂搁	长40cm	34,500	北京保利	2020-10-20

(续表)

拍品名称	物品尺寸	成交价RMB	拍卖公司	拍卖日期
清 留青雕杂宝臂搁	长22cm	46,000	中贸圣佳	2020-10-16
清 张希黄款竹刻留青山水纹臂搁	长18.9cm	81,750	中国嘉德	2020-10-10
清 周牧山制竹刻山水纹臂搁	长26cm; 宽7cm	34,500	朵云轩	2020-09-24
清 竹刻留青"交山夕阳"图臂搁 希黄款"长氏"印	长19.9cm	36,557	香港苏富比	2020-06-05
民国 吴敬恒刻篆书臂搁	长21.7cm	13,800	广东崇正	2020-09-13
近代沈觉初刻唐云绘松树纹竹臂搁	长26.5cm; 宽6.5cm	189,750	朵云轩	2020-09-24
近代 徐孝穆刻唐云铭竹雕臂搁	长19cm	34,500	广东崇正	2020-09-13
明治时期 雨月方幢铭尺八	长55cm	10,350	广东崇正	2020-09-13
民国 竹黄诗文盒	18.7×10.6×6.3cm	20,160	上海联合	2020-11-29
清乾隆潘老桐及郑板桥作竹根雕印章	高6.2cm	113,000	香港苏富比	2020-07-11
清 竹根雕卧兽钮长方印 竹汀钱大昕款	高7.2cm	22,848	香港苏富比	2020-06-05
清 竹雕罗汉纹圆形鸟笼	高35.3cm	207,000	中贸圣佳	2020-12-08
民国 竹制圆形鸟笼	长19.8cm; 宽19.9cm	86,250	中贸圣佳	2020-12-08
清末民国 竹制绣眼鸟笼	长20cm; 宽20cm	25,300	中贸圣佳	2020-12-08
竹八仙人物纹四方鸟笼(一对)	高39cm	17,250	中国嘉德	2020-11-12
明中期 紫檀刻十八罗汉扇骨	股长33.3cm; 板阔3.3cm	287,500	北京保利	2020-10-20
明 湘妃竹扇骨	长29.5cm	103,500	西泠印社	2020-08-09
明 湘妃竹扇骨	长29.5cm	41,400	西泠印社	2020-08-09
清早期 竹刻枯树图扇骨	股长31cm; 板阔2.3cm	92,000	北京保利	2020-10-20
清乾隆 竹刻贴黄乾隆御笔行书陶渊明诗文扇骨	股长33cm; 板阔2.6cm	1,380,000	北京保利	2020-10-20
清嘉庆 陈鸿寿刻书法诗文竹扇骨	股长32cm; 板阔2.3cm	230,000	北京保利	2020-10-20
清嘉庆 张廷济摹刻周钟钲间铭、单子伯簋铭竹扇骨	股长31.5cm; 板阔2cm	138,000	北京保利	2020-10-20
清道光 李堃刻梅竹图竹扇骨	股长31.2cm; 板阔2.9cm	184,000	北京保利	2020-10-20
清道光 刘卓人摹刻周甗铭、汉芊镫铭竹扇骨	股长30.7cm; 板阔2cm	69,000	北京保利	2020-10-20
清道光张廷济铭张辛制竹雕诗文扇骨	长31cm	299,000	西泠印社	2020-08-09
清道光十六年(1836)张辛刻张廷济行书诗文竹扇骨	股长36cm; 板阔1.9cm	172,500	北京保利	2020-10-20
清光绪于士俊刻行书兰亭集序竹扇骨	股长31.5cm; 板阔2cm	138,000	北京保利	2020-10-20
清光绪 于士俊刻行书诗文竹扇骨	股长32cm; 板阔2cm	138,000	北京保利	2020-10-20
清晚期 张浩如留青奇石诗文竹扇骨	股长31.3cm; 板阔2cm	34,500	北京保利	2020-10-20
清 乌木、竹刻金石文字、清供图扇骨(一组四件)	尺寸不一	17,250	北京保利	2020-10-20
民国 陈澹如款竹刻诗文扇骨	长31cm	36,800	中国嘉德	2020-07-16
民国 丁二仲摹刻吉金铭竹扇骨	股长30.8cm; 板阔1.9cm	115,000	北京保利	2020-10-20
民国 各式扇骨(十二件)	尺寸不一	34,500	北京保利	2020-10-20
民国 各式扇骨(十二件)	尺寸不一	31,050	北京保利	2020-10-20
民国 溥心畬行书诗文竹扇骨、金西厓刻溥心畬松猿图	股长32.2cm; 板阔2cm	1,552,500	北京保利	2020-10-20
民国 林兆禄摹刻秦量铭、行草诗文竹扇骨	股长31cm; 板阔1.9cm	69,000	北京保利	2020-10-20
民国 名家竹雕成扇(两把)	长32.5cm; 长31.3cm	18,400	广东崇正	2020-09-13
民国秦君达刻杨拜苏行草诗文竹扇骨	股长33.4cm; 板阔2.5cm	34,500	北京保利	2020-10-20
民国 余伯雨留青仕女图竹扇骨	股长31.6cm; 板阔2cm	34,500	北京保利	2020-10-20
民国 余伯雨留青童子读书游戏图竹扇骨	股长30.8cm; 板阔2cm	34,500	北京保利	2020-10-20
民国 张志鱼刻菊花图、书法竹扇骨	股长33.8cm; 板阔2.5cm	92,000	北京保利	2020-10-20
民国 张志鱼款竹刻诗文扇骨	长33.3cm	28,750	中国嘉德	2020-07-17
近现代 吴湖帆画竹 金西厓刻制 白竹秘阁 & 乌木扇骨 冯力远竹雕花鸟诗文臂搁 & 金文臂搁	尺寸不一	3,220,000	华艺国际	2020-10-16
当代 茆帆题孟信刻周云龙制竹雕扇骨	长33cm	64,400	西泠印社	2020-08-09
当代 王新明制 扫地僧 竹根圆雕	宽13cm; 高22cm	23,000	上海匡时	2020-08-05
陈照军 竹刻古泉集珍图折扇		10,640	上海联合	2020-11-29
金西厓 1944年作 刻江寒汀、陆抑非画稿扇骨	高32cm; 排口2.2cm	575,000	北京诚轩	2020-08-17
近代 研朴堂旧藏陈巨来刻谢稚柳画张镜人上款竹雕丛竹扇骨	长30.5cm	126,500	西泠印社	2020-08-09
民国竹扇骨14把 王星记空白扇面1张	尺寸不一	36,800	朵云轩	2020-11-30

拍品名称	物品尺寸	成交价RMB	拍卖公司	拍卖日期
徐孝穆 刻诗文花鸟图扇骨	长26.5cm	13,860	罗芙奥	2020-12-05
张志鱼 陈宝琛 刻诗文扇骨	长31cm	13,860	罗芙奥	2020-12-05
张志鱼 刻古鉴 古泉扇骨	高31cm; 排口2cm	46,000	中国嘉德	2020-12-02
张志鱼 刻齐白石书画稿扇骨	高33.2cm; 排口2.4cm	368,000	北京诚轩	2020-08-17
近代唐云书徐孝穆刻竹雕诗文对联	高76cm 高75.8cm	69,000	西泠印社	2020-08-09
18世纪 湘妃竹编卷帙	58×57.5cm	22,600	佳士得	2020-07-09
清 香妃竹织锦彩绘帐帘(一对)	95×91cm	172,500	中国嘉德	2020-12-03
民国竹雕洪平山制玉屏诗文箫(一对)	长64.5cm; 长64.5cm	32,200	西泠印社	2020-08-09
18世纪 竹黄雕龙拐子纹刀鞘一套	长34.4cm	240,055	香港苏富比	2020-10-09
木 雕				
19世纪 沉香金蝉	长6cm	40,250	中国嘉德	2020-12-02
沉水松壳挂件	重15g	11,500	永乐拍卖	2020-08-17
沉香观音挂牌	重18.9g(沉水)	16,800	上海联合	2020-11-29
沉香雅石挂件	重12.9g(沉水)	14,560	上海联合	2020-11-29
九分沉大日如来四六牌	重30.5克	59,800	永乐拍卖	2020-08-17
清中期 沉香朝珠(108粒)		34,500	北京翰海	2020-12-12
清中期 沉香朝珠(108粒)		34,500	北京翰海	2020-12-12
清中期 沉香木手持十八籽(一串)	长15cm	86,250	中国嘉德	2020-08-18
清中期 越南芽庄沉香朝珠(108粒)		402,500	北京禾谷	2020-09-23
清 沉香108子佛珠及铜鎏金嵌宝石海棠式盖盒(一组两件)	尺寸不一	11,500	西泠印社	2020-08-09
清 沉香浮雕喜字纹108子朝珠	珠直径1.2cm; 总重214g	23,000	西泠印社	2020-08-09
清 沉香滚朱砂朝珠	108颗	115,000	中鸿信	2020-01-03
清 沉香嵌金手镯(一对)	外径8.8cm	21,850	中鸿信	2020-01-03
清 沉香嵌金寿字纹十八子持珠	珠径约1.8cm	63,250	西泠印社	2020-08-09
清 沉香十八子持珠	珠径1.8cm; 总重145.4g	13,800	西泠印社	2020-08-09
清 沉香手串(18籽)		20,700	北京翰海	2020-09-12
清 沉香手串(18籽)		13,800	北京翰海	2020-09-12
清 沉香手串18籽 带锡盒	沉香珠直径1cm; 锡盒2×10.8cm	34,500	永乐拍卖	2020-12-03
清 沉香手镯(一对)	直径7.9cm	109,250	中国嘉德	2020-12-02
清 沉香珠子一挂一百零八颗	单珠直径2cm	115,000	中国嘉德	2020-12-02
清 黄杨持珠观音	高31cm	20,700	十竹斋拍卖(北京)	2020-10-18
清代 沉香(沉水)十八子手串	直径1.4cm	46,000	中国嘉德	2020-08-18
清代 沉香木朝珠一挂		345,000	古天一	2020-10-16
清代 沉香十八子手串配嵌金粟米沉香背鱼	单珠直径1.6cm; 背鱼长3.7cm	36,800	中国嘉德	2020-08-18
民国印度尼西亚加里曼丹沉香手串	直径1.2cm	34,500	北京禾谷	2020-09-24
沉水1cm单圈手串	重13.25g	36,800	永乐拍卖	2020-08-17
沉水白奇楠0.7cm108粒念珠	重28.7g	598,000	永乐拍卖	2020-08-17
沉水错金天珠(大)	重13.05g	26,450	永乐拍卖	2020-08-17
沉水随形手串	重22.78g	25,300	永乐拍卖	2020-08-17
沉香木朝珠	长80cm	20,700	中国嘉德	2020-07-15
沉香木佛珠	长90cm	11,500	中国嘉德	2020-07-15
沉香木佛珠	长80cm	11,500	中国嘉德	2020-11-11
沉香木佛珠	长90cm	11,500	中国嘉德	2020-11-11
沉香木佛珠、铜鎏金玄武纹盒各一件	长53cm; 直径10.5cm	11,500	中国嘉德	2020-07-15
沉香木嵌鎏金珠十八籽手串	长15.5cm	11,500	中国嘉德	2020-07-15
沉香木嵌鎏金珠镯(一对)	内径6cm	28,750	中国嘉德	2020-07-15
沉香木嵌寿字镯(一对)	内径5.9cm	10,350	中国嘉德	2020-11-11
沉香木手串	长17cm	10,350	中国嘉德	2020-07-15
沉香手串	重26g; 直径1.6cm	15,680	上海联合	2020-11-29
当代·绿奇楠手串		552,000	西泠印社	2020-08-08
海南黑奇楠佛珠	重52g; 2cm×11	2,760,000	永乐拍卖	2020-12-02
海南黄花梨朝珠108籽	单珠直径2cm	42,560	上海联合	2020-11-29
九分沉0.6cm108粒错金手串	重23.5克	34,500	永乐拍卖	2020-08-17
九分沉1cm奇楠手串	重10.6g	253,000	永乐拍卖	2020-08-17
朱建山 沉香吉象把件	重41.4g(沉水)	50,400	上海联合	2020-11-29
沉香绿度母挂牌	重16.7g(沉水)	17,920	上海联合	2020-11-29
明 楠木七梁发冠	长8.5cm	40,250	北京保利	2020-10-20
清乾隆 紫檀双面雕山水图宝座扶手套环板	长68cm	98,900	中国嘉德	2020-12-03

(续表)

拍品名称	物品尺寸	成交价RMB	拍卖公司	拍卖日期
清至民国紫檀龙首杖	高153cm	23,000	西泠印社	2020-08-08
明 沉香山水高士图小山子	长15.6cm; 高7.2cm	138,000	中贸圣佳	2020-12-08
清道光 紫檀木山子	高25cm	92,000	十竹斋拍卖（北京）	2020-10-18
清 "灵芝"木供山子	长54cm; 宽26cm	782,000	北京保利	2020-10-18
清 沉香雕山水人物故事大山子摆件	通高67cm	862,500	中鸿信	2020-01-03
清 杜士元制乌木微雕香山九老山子摆件	高3.7cm; 长5cm	207,000	西泠印社	2020-08-09
清 黄杨木供山子	长13cm; 宽6.5cm	345,000	北京保利	2020-10-18
清 灵芝山子	29.2×13.2×21cm	1,150,000	北京保利	2020-10-18
清 灵芝山子	长24cm; 宽22cm	644,000	北京保利	2020-10-18
清日本寺庙旧藏沉香山子清供摆件	高20.5cm; 重484g	253,000	西泠印社	2020-08-09
清 檀香木人物山子摆件	高11cm; 长12cm	32,200	西泠印社	2020-08-09
清 天宝圣香沉香山子大摆件	高78cm; 重约11855g	575,000	西泠印社	2020-08-09
清 天然木山子	20×12×30cm	1,035,000	北京保利	2020-10-18
清 天然木山子	长22.5cm; 宽9.5cm	690,000	北京保利	2020-10-18
沉香木山子雕	长12cm; 宽7cm	20,700	广东小雅斋	2020-06-17
林建军 沉香山子大摆件	68×36cm	201,600	上海联合	2020-11-29
刘涛 沉香深山访友山子摆件	重165g	28,000	上海联合	2020-11-29
明 沉香雕螭龙灵芝纹如意	长25.5cm; 重113g	1,380,000	华艺国际	2020-10-16
清早期 沉香雕千秋万代八仙大如意	长57cm	253,000	中鸿信	2020-01-03
18世纪 黄杨木灵芝形如意	长33.3cm	191,700	佳士得	2020-11-30
清乾隆 松堂生制黄杨三友灵芝图如意	长45.2cm	287,500	中国嘉德	2020-08-18
清乾隆 紫檀嵌沉香三多如意	长43.5cm	46,000	中鸿信	2020-01-03
清中期 树瘿天然如意	长31cm	149,500	古天一	2020-10-16
19世纪 黄杨木灵芝纹如意、竹雕寿老立像及竹雕禄星立像（一组三件）	高29.5cm	49,365	伦敦佳士得	2020-05-21
清 沉香镂雕竹节形如意	长33.5cm; 重77.3g	34,500	西泠印社	2020-08-09
清 沉香人物故事大如意	长53cm	230,000	中鸿信	2020-01-03
清 黄花梨雕灵芝如意摆件	长36cm	82,800	西泠印社	2020-08-09
清 黄杨木如意	长36.6cm	23,000	上海国时	2020-08-05
清 黄杨木树瘿如意	长34.6cm	25,300	上海国时	2020-08-05
清 木随形如意摆件	长37cm	17,250	西泠印社	2020-08-09
清 楠木根如意	长45.7 cm	48,294	香港苏富比	2020-05-22
清 檀香木镂雕八仙祝寿纹如意摆件	长46cm	25,300	西泠印社	2020-08-09
清 檀香木镂雕佛手麦穗如意	长30cm	34,500	西泠印社	2020-08-09
清 紫檀嵌白玉福寿如意	长26cm	36,800	广东崇正	2020-09-13
清 紫檀嵌玉福寿纹如意	长41cm	69,000	广东崇正	2020-09-13
陈金芳 檀香如意灵芝摆件	43×11.5cm	20,160	上海联合	2020-11-29
北宋 木雕观音	高57cm	1,917,000	佳士得	2020-11-30
元/明 木雕菩萨立像	高86.4cm	35,795	纽约佳士得	2020-09-24
15世纪 沉香木雕自在坐观音像	高94cm	3,450,000	保利厦门	2020-09-26
17世纪 尼泊尔木雕度母	高35.6cm	42,940	北京中汉	2020-09-03
明 黄花梨自在观音摆件	高30cm	112,000	上海联合	2020-11-29
明 黄杨木罗汉像	高20.8cm	109,250	中贸圣佳	2020-10-16
明 黄杨木仙人骑犼	高20.2cm	195,500	北京禾谷	2020-09-23
明 木雕彩绘观音	高126cm	102,188	中国嘉德	2020-10-10
明 木雕彩绘狮吼观音	高135cm	2,990,000	华艺国际	2020-10-16
明 木胎阿弥陀佛坐像	高53cm	253,000	西泠印社	2020-08-08
明 木胎观音坐像	高58cm	195,500	西泠印社	2020-08-08
明 木胎观音坐像	高60cm	57,500	西泠印社	2020-08-08
明 木胎弥勒坐像	高55cm	92,000	西泠印社	2020-08-08
明 木胎漆金观音像	高91cm（含座）	78,200	中国嘉德	2020-07-17
明 木胎三世佛立像	高33cm×3	74,750	西泠印社	2020-08-08
明 木胎沙县工达摩立像	高61cm	483,000	西泠印社	2020-08-08
明 木胎水月观音坐像	高120cm	690,000	西泠印社	2020-08-08
明 木胎韦陀立像	高82cm	345,000	西泠印社	2020-08-08
明 木胎眼光菩萨坐像	高37.5cm	149,500	西泠印社	2020-08-08
明 木胎药师佛坐像	高25cm	115,000	西泠印社	2020-08-08
明 檀香木释迦牟尼佛带原配座	高9cm	11,500	广东崇正	2020-09-13
明 檀香木文昌坐像	高28.8cm	51,750	西泠印社	2020-08-08
明/清 17/19世纪 彩绘木雕菩萨坐像	高97.1cm	553,963	纽约佳士得	2020-09-24
清早期 沉香雕陶渊明赏菊	高14.5cm	92,000	中鸿信	2020-01-03

拍品名称	物品尺寸	成交价RMB	拍卖公司	拍卖日期
清早期 紫檀书卷罗汉	28×20cm	168,000	上海联合	2020-11-29
清康熙 金漆木雕自在观音	高22cm	230,000	古天一	2020-10-16
清康熙 木漆金菩萨立像	高70cm	301,247	纽约苏富比	2020-09-23
清雍正至乾隆 黄杨木雕高士泛槎	高23cm	667,000	北京保利	2020-10-20
17/18世纪 木雕漆文官坐像	高76.2cm	221,423	纽约佳士得	2020-09-25
18世纪 木胎彩绘观音菩萨立像	高147cm	97,830	伦敦佳士得	2020-11-03
18世纪 木胎彩绘观音菩萨坐像	高128cm	271,750	伦敦佳士得	2020-11-03
清乾隆 白檀木雕四臂文殊	高27.5cm	345,000	北京保利	2020-10-20
清乾隆 紫檀雕莲华生像	高17.3cm	40,250	中国嘉德	2020-08-18
清乾隆 紫檀雕漆金彩绘金刚手菩萨	高17cm	195,500	永乐拍卖	2020-12-02
清乾隆 紫檀文殊菩萨	高16cm	46,000	北京保利	2020-10-20
清中期 紫檀描金宗喀巴像	高11.3cm	74,750	中国嘉德	2020-12-03
清 紫檀雕罗汉摆件	长18.5cm	17,250	北京翰海	2020-12-12
清 黄杨木雕吕洞宾度柳树精立像	高17.3cm（含木座）	94,300	北京诚轩	2020-08-17
清 黄杨木雕铁拐李摆件	高16cm（连座）	42,560	上海联合	2020-11-29
清 黄杨木寿星立像	高22cm	11,200	上海联合	2020-11-29
清 木抱石达摩像	高48cm	51,750	上海敬华	2020-09-22
清 木胎地藏菩萨（一组）	高41.5cm	368,000	西泠印社	2020-08-08
清 木胎地藏菩萨坐像	高36.5cm	80,500	西泠印社	2020-08-08
清 木胎关公周仓关平（一组）	高22cm; 高16.5cm; 高16.5cm	138,000	西泠印社	2020-08-08
清 木胎观音坐像	高43cm	115,000	西泠印社	2020-08-08
清 木胎京工关公立像	高60cm	230,000	西泠印社	2020-08-08
清 木胎京工胁侍菩萨立像	高30cm	78,200	西泠印社	2020-08-08
清 木胎京工自在观音坐像	高20cm	69,000	西泠印社	2020-08-08
清 木胎释迦坐像及佛龛（一组）	高99cm	333,500	西泠印社	2020-08-08
清 木胎浙工迦叶阿难（一组）	高69cm×2	253,000	西泠印社	2020-08-08
清 檀香木雕观音坐像	高10.5cm	31,635	佳士得	2020-10-08
清 檀香木观音坐像	高21.5cm	126,500	西泠印社	2020-08-08
清 香樟木雕金漆阿弥陀佛像含原配莲花座	高35cm	13,800	上海嘉禾	2020-01-05
清 浙工木胎接引佛	高76cm	149,500	西泠印社	2020-08-08
清 紫檀佛像背光	长17.8cm; 宽11.5cm	36,800	中贸圣佳	2020-12-08
清 紫檀漆金上师像	高19cm	57,500	广东崇正	2020-09-13
清早期 木胎观音坐像	高48.5cm	126,500	西泠印社	2020-08-08
民国 沉香观音	高25cm	57,500	北京禾谷	2020-09-24
当代 王新明制 麻姑献寿 黄杨木雕	宽21cm; 高46cm	57,500	上海国时	2020-08-05
20世纪50年代 黄杨木雕（一组）	高18.4cm	17,250	中贸圣佳	2020-12-07
奥西普·扎德金（1890—1967）木雕男人的头	高32.2cm	4,679,501	伦敦佳士得	2020-02-06
沉香净瓶观音	高39.7cm	34,500	永乐拍卖	2020-08-17
陈金芳 沉香自在观音摆件	重量67.3g（沉水）	112,000	上海联合	2020-11-29
陈金芳 檀香童趣摆件	34cm×25cm	72,800	上海联合	2020-11-29
黄杨木雕八仙像	尺寸不一	10,350	中国嘉德	2020-11-12
黄杨木人物像（四件）	尺寸不一	13,800	中国嘉德	2020-07-17
林建军 檀香竹林七贤摆件	长66cm; 高21cm	672,000	上海联合	2020-11-29
清 红豆杉雕持珠观音坐像	高24.5cm	55,200	西泠印社	2020-08-09
清 黄杨木雕瘦骨罗汉像	高13.5cm	55,200	西泠印社	2020-08-09
清 朱子常风格济公立像	带座高14cm; 高10cm	14,950	西泠印社	2020-08-09
清 紫檀雕戏狮罗汉立像	高21cm	33,350	西泠印社	2020-08-09
12至15世纪 藏传紫檀漆金观音菩萨立像	总高23.6cm	194,208	香港苏富比	2020-06-05
16至17世纪 藏传紫檀描金吉祥天母像	高16.7 cm	57,493	香港苏富比	2020-05-22
16至17世纪 藏传紫檀漆金金刚手菩萨立像	高23.5cm	91,392	香港苏富比	2020-06-05
15至16世纪 藏传紫檀漆金烈焰度母坐像	高20.1cm	91,392	香港苏富比	2020-06-05
温作平 黄杨木雕三仙醉酒摆件	7.8×7.8×5.9cm	11,200	上海联合	2020-11-29
硬木达摩－刘小平作款	高 77cm	15,594	香港普艺	2020-07-11
朱建山 沉香高枕无忧福娃摆件	重67.91g（沉水）	76,160	上海联合	2020-11-29
朱铭 1988年作 太极系列	高47.8cm	2,260,000	香港苏富比	2020-07-09

(续表)

拍品名称	物品尺寸	成交价RMB	拍卖公司	拍卖日期
黄杨木 狮子戏球	10×6cm	12,320	上海联合	2020-11-29
郑志镇 沉香貔貅摆件	9.5×9.5×5.6cm	44,800	上海联合	2020-11-29
明 紫檀错银丝倭角方花插	高12.3cm	184,000	中贸圣佳	2020-10-16
明末清初 紫檀斜纹花插（一对）	高11.8cm	179,200	上海联合	2020-11-29
清早期 沉香雕梅桩形花插	高16.8cm；重83g	391,000	华艺国际	2020-10-16
清早期 紫檀花插	13×7×21cm	18,712	中国嘉德	2020-10-08
17-18世纪 楠木灵芝	长23.5 cm	126,485	香港苏富比	2020-05-22
清 沉香雕百财摆件	高24cm	69,000	中鸿信	2020-01-03
清 沉香雕葫芦万代摆件	高43.5cm	138,000	中鸿信	2020-01-03
清 沉香木雕寿桃纹摆件、酸枝石榴摆件（一组）	9.3×5.8×4.3cm	28,750	广东崇正	2020-09-13
清 黄杨木雕梅花纹花插	高11.2cm	34,500	中国嘉德	2020-08-18
清 灵芝摆件	宽61.5cm	74,750	北京保利	2020-10-20
清 名家题刻随形木质清供摆件	高12cm	94,300	西泠印社	2020-08-09
清 木根摆件	高 79 cm	11,499	香港苏富比	2020-05-22
清 乌木镂雕荷塘清趣摆件	长22cm	103,500	西泠印社	2020-08-09
清 瘿木随形摆件	高33cm；长43cm	46,000	西泠印社	2020-08-09
清代沉香木雕山水人物亭台楼阁摆件	长30cm	86,250	北京禾谷	2020-09-24
清代 紫檀树瘤随形花插	高18cm	126,500	古天一	2020-10-16
民国 沉香摆件	高22cm	55,200	中国嘉德	2020-12-02
沉水沉香摆件	高13.5cm；重234g	122,626	中国嘉德	2020-10-10
沉香小摆件	高5cm；重33g	61,313	中国嘉德	2020-10-10
沉香小摆件"花之志、御伽罗、真南伽"（一组三件）	长8.2cm；重145g	204,376	中国嘉德	2020-10-10
林建军 沉香赏石香熏摆件	长31cm；高29cm	40,320	上海联合	2020-11-29
林建军 黄杨木雕春华绮梦摆件	11.7g×9g×5cm	24,640	上海联合	2020-11-29
刘涛 沉香荷花盆景摆件	重26.1g	11,200	上海联合	2020-11-29
越南沉香清供摆件	带座高71cm	69,000	西泠印社	2020-08-09
朱建山 海南黄花梨和谐喜庆摆件	70×48×49cm	336,000	上海联合	2020-11-29
清康熙 木漆金莲瓣纹佛塔	高38cm	57,500	西泠印社	2020-08-08
清乾隆 紫檀漆金佛塔	高32cm	48,300	中国嘉德	2020-12-03
清乾隆二十五年（1760） 金丝楠木须弥座三联屏式佛龛	30.2×46.3×11cm	690,000	中国嘉德	2020-08-15
朱铭1983年作 太极系列·单鞭下势	79.9×48.6×48.8cm	3,408,000	佳士得	2020-12-02
宋 木漆卧犬摆件	长17.3cm	197,962	纽约苏富比	2020-09-23
刘涛 沉香锦鸡报晓摆件	高52cm（连座）	39,200	上海联合	2020-11-29
明万历 紫檀嵌银丝双耳杯	口径7.2cm	138,000	中国嘉德	2020-12-04
明 紫檀雕桃形杯	直径9.5cm	28,750	中鸿信	2020-01-04
明晚期 沉香木山水人物纹杯	高12.3cm	345,000	中国嘉德	2020-08-18
清早期 沉香雕山水图杯（一对）	宽11.5cm；宽9.5cm	1,150,000	永乐拍卖	2020-12-02
清早期 沉香木雕山水人物杯	宽13.2cm	57,500	北京保利	2020-10-20
清早期紫檀杯六件、都承盘（一组七件）	尺寸不一	20,792	中国嘉德	2020-10-08
清中期 沉香山水杯	高10.7cm；重229g	1,725,000	古天一	2020-10-16
19世纪 黄杨木雕仿竹叶纹杯	宽13cm	34,200	佳士得	2020-07-01
清 沉香木雕人物纹杯	高6.2cm	17,250	中国嘉德	2020-11-11
清 沉香木花卉纹杯	高7.1cm	36,800	广东崇正	2020-09-13
清 沉香山水人物斗方杯	长11.8cm	34,500	中鸿信	2020-01-03
清 沉香人物故事壶	高21cm	92,000	十竹斋拍卖（北京）	2020-10-18
清乾隆紫檀碗髹红漆"三佛教主"供碗	直径13.8cm；高5cm	24,150	中贸圣佳	2020-12-08
清乾隆 紫檀御样宫碗	直径9.7cm	43,700	十竹斋拍卖（北京）	2020-10-18
清乾隆 乾隆年制款紫檀嵌银丝螭龙冰裂纹海棠式香盘	长22cm；宽15.7cm	103,500	西泠印社	2020-08-09
清中期 红木底镶粉彩人物图瓷板都承盘	36.5×25×2.8cm	10,396	中国嘉德	2020-10-08
清中期 黄花梨镂雕灵芝纹赏盘	高1.7cm；长22cm	69,000	西泠印社	2020-08-09
清 黄花梨方文盘	长31.6cm；宽21.1cm	21,850	中贸圣佳	2020-12-08
清 黄花梨梯形文盘	长35.6cm；宽21.4cm	16,100	中贸圣佳	2020-12-08
清 紫檀镂雕都承盘	长38cm；宽29cm	87,400	中贸圣佳	2020-12-08
近代 研朴堂旧藏赖少其画陆俨少书沈觉初刻李研吾上款瘿木刻梅花诗文大承盘	长64.5cm；宽51.8cm	333,500	西泠印社	2020-08-09

拍品名称	物品尺寸	成交价RMB	拍卖公司	拍卖日期
晚明至清早期 赵子玉制紫檀嵌百宝斗罐	直径19.5cm	460,000	永乐拍卖	2020-08-17
清 红木围棋罐（一对）	高7cm；高6.9cm	63,250	西泠印社	2020-08-09
清 黄花梨盖罐	直径13.2cm；高12.3cm	16,100	中贸圣佳	2020-10-16
清 黄花梨瓜棱围棋盖罐一对	10.5cm	23,498	香港苏富比	2020-11-26
明末清初 紫檀树桩形香炉	直径11cm；高7.1cm	86,250	北京保利	2020-10-20
清 沉香雕刘海戏金蟾香熏	高13.7cm	40,250	中鸿信	2020-01-03
明 黄花梨素香盒	直径10.6cm	46,000	中贸圣佳	2020-10-16
明 黄花梨提盒	长27.5cm；宽17.8cm	92,000	中贸圣佳	2020-10-16
明 黄杨胡人戏狮香盒	直径7.8cm	115,000	中贸圣佳	2020-10-16
明 紫檀错银丝四猊图香盒	直径8.2cm	1,725,000	中贸圣佳	2020-10-16
明至清 紫檀嵌白玉镂雕龙纹盖盒	高9.5cm；长9.8cm	97,750	西泠印社	2020-08-09
清初 黄花梨长方卷轴盒	7.5×33.8×8.4cm	29,907	香港苏富比	2020-11-26
清早期 黄花梨炉瓶盒香具（一组）	高11.7cm；高8.2cm	207,000	中贸圣佳	2020-10-16
清早期 紫檀嵌玉盖盒	9×9cm	149,500	华艺国际	2020-10-16
清早期 紫檀嵌玉小盖盒	8.3×7.6×5.6cm	46,000	北京保利	2020-10-20
清乾隆 御制黄杨仿生佛手虫趣盖盒	长16.5cm	172,500	中鸿信	2020-01-03
清乾隆 紫檀嵌螺钿八宝盒	36.5×36.5×7cm	897,000	中国嘉德	2020-12-04
清中期 红木嵌银丝捧盒	直径19cm；高7.3cm	28,000	上海联合	2020-11-29
清 沉香木描金"万寿无疆"御题诗文菊瓣形捧盒	直径29cm	23,000	中鸿信	2020-01-03
清 红木嵌玉章盒	长12cm；高4.5cm	11,500	北京禾谷	2020-09-24
清 黄花梨方盒	长11.2cm；宽11.2cm	12,650	中贸圣佳	2020-12-08
清 黄花梨掐银丝嵌玉香盒	直径8.8cm	20,700	中贸圣佳	2020-12-08
清 黄花梨围棋盒（一对）	直径13.2cm×2	319,200	佳士得	2020-07-01
清 黄花梨围棋盒（一对）	直径11.2cm；高8.3cm	28,750	中贸圣佳	2020-10-16
清 黄花梨小香盒	直径6.5cm	10,350	十竹斋拍卖（北京）	2020-10-18
清 黄花梨圆盒	直径14cm；高10.5cm	18,400	中贸圣佳	2020-12-08
清 木雕云龙纹盖盒	盖沿27cm；高10cm	69,000	深圳博雅	2020-09-20
清 乌木浮雕葵花纹盖盒	高6.8cm；长9.2cm	55,200	西泠印社	2020-08-09
清 乌木小戥子盒	长29.5cm	13,800	北京保利	2020-10-20
清 吴越铭紫檀刻梅花图盖盒	长25.7cm；宽8cm	115,000	西泠印社	2020-08-09
清 硬木六角嵌玉香盒	直径6.5cm	46,000	十竹斋拍卖（北京）	2020-10-18
清 紫檀葵瓣式香盒	高6.8cm	34,500	广东崇正	2020-09-13
清 紫檀葵花型嵌百宝凤纹香盒	直径11.5cm	189,750	十竹斋拍卖（北京）	2020-10-18
清 紫檀嵌白玉花佩香盒	直径6.9cm	51,094	中国嘉德	2020-10-10
清 紫檀嵌百宝盖盒	24.8×14.7×7.3cm	30,240	上海联合	2020-11-29
清 紫檀四方盖盒	长9.2cm；宽9.1cm	16,100	中贸圣佳	2020-12-08
清 紫檀云龙纹围棋盒	直径12.3cm	23,000	中鸿信	2020-01-03
民国 红木提盒	38.3×22.5×18.5cm	72,450	广东崇正	2020-06-27
胡桃木花卉饰轻浮雕雪茄盒	长23cm；宽18.6cm	13,800	西泠印社	2020-08-10
清 黄花梨仿剔红如意纹盖盒	高3.4cm；直径10.8cm	25,300	西泠印社	2020-08-09
清 庆宜堂及敦厚堂款瘿木盒（一对）	长13.5cm；长13.5cm	34,500	西泠印社	2020-08-09
清 子封款黄花梨刻诗文盖盒	高4.5cm；直径7.5cm	28,750	西泠印社	2020-08-09
清 紫檀弦纹倭角六方盒	高6cm；通径12cm	10,350	西泠印社	2020-08-09
清 紫檀弦纹长方盒	高9cm；长25cm	23,000	西泠印社	2020-08-09
清早期 黄花梨嵌银丝百宝荔枝纹盖盒	高6.2cm；长12.2cm	59,800	西泠印社	2020-08-09
清中期 红木刻团凤纹盖盒	高5.6cm；长26cm	28,750	西泠印社	2020-08-09
清早期 沉香螭龙纹香筒	高27cm	115,000	中鸿信	2020-01-03
清中期 檀香木镂雕穿云龙纹香筒	高20.5cm；直径2.5cm	23,000	西泠印社	2020-08-08
清 黄花梨带提梁壶套桶	直径18.5cm；高25cm	207,000	北京保利	2020-10-20
清早期 奇木卷缸	直径33cm；高26.5cm	76,160	上海联合	2020-11-29
清早期 硬木卷缸	直径26.5cm；高24.5cm	35,840	上海联合	2020-11-29
清乾隆 御制紫檀刻"乾隆御赏"炉盖	直径20.4cm	40,250	中国嘉德	2020-08-18
清乾隆 御制紫檀刻"乙"字炉盖	直径14cm	32,200	中国嘉德	2020-08-18
清乾隆 紫檀嵌银丝渣斗	长15.8cm；高10.1cm	138,000	中贸圣佳	2020-10-16
清 紫檀小笺桶	高10.6cm	17,250	上海敬华	2020-09-22
清康熙戊子年（1708） 紫檀提笔	长10.5cm	85,200	佳士得	2020-11-30
清 黄花梨大揸斗笔	长23.2cm	12,650	中贸圣佳	2020-12-08
明 黄花梨鬼眼素笔筒	高16.4cm	388,314	中国嘉德	2020-10-10

(续表)

拍品名称	物品尺寸	成交价RMB	拍卖公司	拍卖日期
明 黄花梨爵禄封侯笔筒	高12.9cm；直径13.5cm	897,000	中贸圣佳	2020-10-16
明 黄花梨瘤根大笔筒	高18cm；直径20cm	195,500	保利厦门	2020-09-26
明 黄花梨瘤根诗文大笔海	宽33.5cm；高23cm	1,035,000	保利厦门	2020-09-26
明 黄花梨整挖笔筒	19×20cm	115,000	永乐拍卖	2020-12-03
明孙克弘款黄花梨嵌银丝诗文笔筒	直径11.5cm；高13cm	460,000	北京保利	2020-12-05
明末清初 黄花梨螭龙花卉纹玉兰花口笔筒	直径19cm；高17.2cm	632,500	北京保利	2020-10-20
明末清初 黄花梨带足笔筒	直径20.8cm；高20.5cm	92,000	中国嘉德	2020-12-04
明末清初 黄花梨树瘤笔海	外径29cm；高25cm	632,500	中贸圣佳	2020-10-16
明末清初 黄花梨倭角方笔筒	高18.9cm	345,000	北京保利	2020-10-20
明末清初 黄花梨尊形笔筒	直径12.5cm；高13.6cm	218,500	北京保利	2020-10-20
明末清初 沉香山水笔筒	高13.3cm（通高）	920,000	中贸圣佳	2020-10-16
明末清初 天然木笔海	长25cm；宽21.7cm	172,500	北京保利	2020-12-05
明末清初 紫檀瘤根大笔筒	27.5×26.5×23.8cm	632,500	中国嘉德	2020-12-04
清初 黄花梨笔筒	高19cm	74,750	北京翰海	2020-12-12
清初 黄花梨笔筒（两只）	直径16cm；直径11cm	13,800	江苏汇中	2020-08-06
清初 黄花梨竹节纹笔筒	高16cm；直径14.5cm	34,500	保利厦门	2020-09-26
清初 紫檀笔筒	高15cm；直径12cm	34,500	保利厦门	2020-09-26
清初 紫檀笔筒	高14cm；直径13cm	17,250	保利厦门	2020-09-26
清早期 沉香高士游山图笔筒	高12.7cm	218,500	华艺国际	2020-10-16
清早期沉香嵌黄杨木山水人物四方笔筒	高18cm	97,750	中鸿信	2020-01-03
清早期 黄花梨百宝嵌花蝶笔筒	高10.2cm	115,000	十竹斋拍卖（北京）	2020-10-18
清早期 黄花梨笔筒	高21cm；直径24.2cm	460,000	永乐拍卖	2020-12-02
清早期 黄花梨笔筒	高16.5cm	25,300	中国嘉德	2020-07-17
清早期 黄花梨笔筒	直径15.5cm	80,500	中国嘉德	2020-12-03
清早期 黄花梨笔筒	直径20.5cm	80,500	中国嘉德	2020-12-03
清早期 黄花梨大笔筒	直径23.5cm；高22cm	115,000	中国嘉德	2020-12-04
清早期 黄花梨大笔筒	直径22cm	80,500	中国嘉德	2020-12-03
清早期 黄花梨浮雕玉兰花口笔筒	直径16.3cm；高17.8cm	184,000	中贸圣佳	2020-12-08
清早期 黄花梨瓜纹笔筒	直径16cm；高16cm	87,360	上海联合	2020-11-29
清早期黄花梨开光花卉葵口大笔海	直径22.5cm	92,000	中鸿信	2020-01-03
清早期 黄花梨书箱式文具盒及黄花梨笔筒	高14.5cm；高17cm	63,250	中鸿信	2020-01-03
清早期 黄花梨素面笔筒	直径15.5cm；高14.5cm	37,128	罗芙奥	2020-07-18
清早期 黄花梨尊式笔海	直径21cm；高20cm	276,000	中贸圣佳	2020-10-16
清早期 黄杨木梅花纹笔筒	高12cm	92,000	华艺国际	2020-10-16
清早期 奇木笔筒	高24cm	57,500	十竹斋拍卖（北京）	2020-10-18
清早期 硬木螭龙纹笔筒	直径17.5cm	345,000	北京保利	2020-12-05
清早期周芷岩刊竹石图黄花梨笔筒	高16.8cm	253,000	中鸿信	2020-01-03
清早期 紫檀嵌百宝竹林七贤笔筒	高18.3cm	632,500	中国嘉德	2020-12-04
清早期 紫檀随形笔筒	长14.7cm；高15cm	138,000	中贸圣佳	2020-12-08
清早期 紫檀整挖方笔筒	7.9×7.9×14.5cm	115,000	中国嘉德	2020-12-04
清早期/清中期 黄花梨素笔筒	直径13cm；高13cm	14,950	广东崇正	2020-09-13
清康熙 紫檀雕螭龙纹笔筒	高14.7 cm	45,962	伦敦苏富比	2020-06-15
18世纪 紫檀笔筒	高14.8cm	62,150	佳士得	2020-07-09
清乾隆 汪士慎梅花图紫檀笔筒	高11.5cm；直径9.1cm	287,500	中贸圣佳	2020-10-16
清乾隆 御制奇楠海八怪笔筒	高15.5cm	345,000	中鸿信	2020-01-03
清乾隆 紫檀嵌百宝四方笔筒	8.4×8.4×12.8cm	862,500	中贸圣佳	2020-10-16
清乾隆 紫檀随形雕百子闹春图笔海	32.5×28.5×24.5cm	8,740,000	中贸圣佳	2020-10-17
清乾隆 紫檀随形树桩笔筒	高13cm	287,500	上海匡时	2020-08-05
清中期 木雕螭龙纹笔筒	高14cm	51,750	北京翰海	2020-12-12
清中期 沉香云龙纹笔筒	高17.8cm	2,012,500	永乐拍卖	2020-12-02
清中期 桦木瘿笔筒	15×12×18.5cm	12,475	中国嘉德	2020-10-08
清中期 黄花梨笔筒	直径12.5cm；高14cm	31,360	上海联合	2020-11-29
清中期 黄花梨笔筒	高16cm	17,250	中国嘉德	2020-11-11
清中期 黄杨木人物笔筒	11.5×8cm	156,800	上海联合	2020-11-29
清中期 紫檀印章盒	13.5×12.7×7.9cm	57,500	中国嘉德	2020-12-03
18/19世纪 黄花梨葵花式笔筒	直径19cm	159,750	佳士得	2020-11-30
清光绪癸未年（1883）紫檀刻诗文六瓣式花口笔筒	高19.4cm	17,927	佳士得	2020-10-08
清 沉香镂雕高士游山图小笔筒	高9.6cm	310,500	西泠印社	2020-08-09

拍品名称	物品尺寸	成交价RMB	拍卖公司	拍卖日期
清 沉香木雕山水楼亭图笔筒	高11.2cm	293,800	佳士得	2020-07-09
清 达受制松竹梅紫檀笔筒	高14.7cm；直径13.2cm	207,000	中贸圣佳	2020-10-16
清 黄花梨百宝嵌喜上眉梢笔筒	直径16.5cm；高14.7cm	112,000	上海联合	2020-11-29
清 黄花梨笔海	直径24.5cm；高22cm	149,500	北京保利	2020-10-20
清 黄花梨笔筒	直径13.6cm；高14.5cm	23,000	广东崇正	2020-09-13
清 黄花梨笔筒	高16.5cm	10,350	中国嘉德	2020-11-11
清 黄花梨螭龙纹笔筒	直径14.2cm；高14.5cm	100,800	上海联合	2020-11-29
清 黄花梨大笔海	21×21cm	56,000	上海联合	2020-11-29
清 黄花梨高台座素笔筒	高12cm	19,550	中贸圣佳	2020-12-08
清 黄花梨起线素笔筒	直径13.3cm；高14.2cm	10,350	中贸圣佳	2020-12-08
清 黄花梨束腰小笔筒	直径6.6cm；高10.5cm	11,500	中贸圣佳	2020-12-08
清 黄花梨树瘤笔筒	直径8.2cm；高11.5cm	24,150	中贸圣佳	2020-12-08
清 黄花梨素笔筒	直径18.6cm；高18.3cm	23,000	中贸圣佳	2020-12-08
清 黄花梨素笔筒	直径15.1cm；高16.8cm	18,400	中贸圣佳	2020-12-08
清 黄花梨素笔筒	直径14.5cm；高16.5cm	13,800	中贸圣佳	2020-12-08
清 黄花梨素身笔筒	高19cm；直径19cm	66,700	广东崇正	2020-09-13
清 黄花梨素身笔筒	高16cm；直径15.5cm	23,000	广东崇正	2020-09-13
清 黄杨木笔筒	高11.8cm	22,400	上海联合	2020-11-29
清 黄杨木雕松虬笔筒	高13.8cm	10,350	中国嘉德	2020-11-11
清 黄杨木山水人物故事笔筒	高10cm	34,500	中鸿信	2020-01-03
清 黄杨木藤蔓螭龙纹树雕笔筒	长14.8cm；宽11.2cm	17,250	北京保利	2020-12-05
清 黄杨木阴刻字笔筒	高16.7cm	25,547	中国嘉德	2020-10-10
清 金量恢铭黄花梨华山庙碑笔筒	高18.2cm；直径17.9cm	40,250	西泠印社	2020-08-09
清 木笔筒	高18.5cm	23,000	北京翰海	2020-09-12
清 木笔筒	高15cm	20,700	北京翰海	2020-09-12
清 木笔筒	高15cm	17,250	北京翰海	2020-09-12
清 木笔筒	高15.5cm	13,800	北京翰海	2020-09-12
清 木胎福寿花卉纹贴黄笔筒	高17.5cm；长15.5cm	51,750	西泠印社	2020-08-09
清 山居图笔筒	高17.3cm	23,000	中鸿信	2020-01-03
清 天然木笔筒	长19.3cm；宽13cm	86,250	北京保利	2020-12-05
清 汪士慎赠边寿民潘西凤刻黄花梨笔筒	高17cm	575,000	永乐拍卖	2020-12-02
清 王福庵款铭文红木嵌云石笔筒	7.5×7.5×12.7cm	32,200	广东崇正	2020-09-13
清王世襄旧藏黄花梨人物诗文大笔海	直径32.7cm	138,000	中鸿信	2020-01-03
清 硬木诗文人物笔筒	直径13cm；高14.5cm	13,440	上海联合	2020-11-29
清 恽寿平款紫檀竹石图诗文笔筒	直径12.7cm；高12.8cm	66,700	中贸圣佳	2020-12-08
清 赵之谦款黄花梨笔筒	直径11.2cm；高13.4cm	218,500	中贸圣佳	2020-12-08
清 紫檀“报春”笔筒	高11.3cm	437,000	中国嘉德	2020-08-16
清 紫檀百宝嵌错银丝高浮雕竹林七贤笔筒	高17.8cm	126,500	中鸿信	2020-01-03
清 紫檀笔筒	直径15.3cm；高16.2cm	20,700	中贸圣佳	2020-12-08
清 紫檀笔筒	直径9.5cm；高11.9cm	12,650	中贸圣佳	2020-12-08
清 紫檀海棠形笔筒	直径8cm；高12cm	92,000	北京保利	2020-12-05
清 紫檀口底起线素笔筒	直径11.1cm；高13.8cm	20,700	中贸圣佳	2020-12-08
清 紫檀葵花形小笔筒	直径8cm；高11cm	126,500	北京保利	2020-12-05
清 紫檀木雕松竹梅岁寒三友笔筒	高14.5cm	563,500	北京保利	2020-10-20
清 紫檀嵌宝小笔筒	高8cm；直径4.5cm	55,200	西泠印社	2020-08-09
清 紫檀嵌宝花鸟纹题字笔筒	高15.5cm	84,382	巴黎佳士得	2020-06-23
清 紫檀嵌云石六方笔筒	高12.4cm	26,450	中贸圣佳	2020-12-08
清 紫檀素笔筒	直径13.3cm；高14.2cm	97,750	北京保利	2020-12-05
清 紫檀素笔筒	高14.2cm	48,300	中贸圣佳	2020-12-08
清 紫檀素笔筒（一组两件）	直径19.2cm；直径15cm	63,250	广东崇正	2020-09-13
清 紫檀素面笔筒	直径12.5cm；高13cm	36,800	中贸圣佳	2020-12-08
清 紫檀素面笔筒	直径12cm；高12.5cm	25,704	罗芙奥	2020-07-18
民国 木笔筒	高16cm	18,400	北京翰海	2020-09-12
民国吴昌硕黄花梨“三友图”铭文笔筒	直径13.7cm；高15cm	46,000	广东崇正	2020-09-13
民国 吴湖帆山水铭文黄花梨笔筒	直径19.4cm；高18.6cm	17,250	广东崇正	2020-09-13
民国 紫檀浮雕莲塘清兴笔筒	高15cm	50,600	北京保利	2020-10-20
民国 紫檀刻山水人物诗文长方倭角笔筒	高16cm	34,500	中国嘉德	2020-07-17
19/20世纪 紫檀木雕树瘤形笔筒、根木雕三足鼎式炉配紫檀木盖	高16.8cm；高28.3cm	56,938	佳士得	2020-04-21
17世纪 黄杨木笔筒	高17.2 cm	57,493	香港苏富比	2020-05-22

(续表)

拍品名称	物品尺寸	成交价RMB	拍卖公司	拍卖日期
笔筒连座	连座高22cm	51,750	朵云轩	2020-11-30
沉香雕海兽纹笔筒	直径14.3cm; 高15.8cm	184,000	中贸圣佳	2020-12-07
近代沈觉初刻唐云绘梅花纹紫檀笔筒	直径15cm; 高15.5cm	109,250	朵云轩	2020-09-24
近代 研朴堂旧藏陆俨少画沈觉初刻李研吾夫妇上款瘿木山水图大笔海	高17.2cm; 口径28cm	414,000	西泠印社	2020-08-09
赖少其写师松龄刻明代黄花梨"寒香"笔筒	高16.5cm; 直径17.5cm	437,000	华艺国际	2020-10-16
刘涛 沉香喜鹊登梅笔筒	16.5×17.5cm	61,600	上海联合	2020-11-29
清 元公款黄花梨阴刻罗汉诗文笔筒	高12cm; 口径10.9cm	57,500	西泠印社	2020-08-09
清 周芷岩款刻风竹诗文紫檀笔筒	高11.9cm; 口径10.2cm	46,000	西泠印社	2020-08-09
清 紫檀弦纹笔筒	高13.2cm; 口径10.8cm	55,200	西泠印社	2020-08-09
紫檀、花梨木笔筒三件	高20.8cm; 高15.3cm; 高12.3cm	17,250	中国嘉德	2020-11-11
紫檀木雕"耐烦书舍"笔筒	13.4cm	34,163	佳士得	2020-04-21
明 沉香雕松下童子臂搁	长17.5cm	34,500	中贸圣佳	2020-12-08
清初 黄杨木镂雕盘长纹墨床	宽6.6cm	21,362	香港苏富比	2020-11-26
清早期 高凤翰铭刻紫檀臂搁	长25.5cm	368,000	北京保利	2020-10-20
清中期 紫檀竹纹墨床	14.5×5.5cm	23,000	十竹斋拍卖(北京)	2020-10-18
清 黄花梨墨床	13×5cm	28,750	永乐拍卖	2020-12-03
清 黄杨木"吴江龙石"刻松石竹纹臂搁	长20cm	17,250	广东崇正	2020-09-13
清 紫檀嵌青金石臂搁	长23cm	23,000	十竹斋拍卖(北京)	2020-10-18
民国 紫檀刻诗文臂搁、紫檀刻竹石图臂搁、药香木雕风雨狂舟扳指(共三件)	长25.6cm; 高2.5cm	73,815	佳士得	2020-10-08
范遥青刻 赠启功先生臂搁 木质	9×28.5cm	69,000	中国嘉德	2020-12-02
启功自用 臂搁 木质	5×29.2cm	32,200	中国嘉德	2020-12-02
清道光 张廷济款铭文黄花梨镇纸	28×4.8×1.7cm	34,500	广东崇正	2020-09-13
乾隆六年工部库校准营造铁尺 解斋制(一对)	高31.5cm×2	276,000	北京保利	2020-12-05
清末 檀香木雕交龙钮方玺	18.7×18.7×13.8cm	559,459	纽约苏富比	2020-09-23
清 黄花梨雕树瘤形大画筒	高25.7cm; 宽29cm	273,600	佳士得	2020-07-01
清 黄花梨画筒	高20.6cm	42,724	香港苏富比	2020-11-26
清 檀香木大画筒	高26cm; 长37cm	63,250	西泠印社	2020-08-09
清早期 鸡翅木刻龙纹笔盒、铜印仿圈(两件)	长33.7cm; 长16.5cm	10,350	中国嘉德	2020-12-03
清 紫檀缠枝莲纹文具盒	长15.3cm; 宽15cm	11,500	中贸圣佳	2020-12-08
清 尹铨款刻诗文紫檀扇骨	长32.4cm	18,400	西泠印社	2020-08-09
明晚期"平步青云"红漆书梯	51.5×200cm	126,500	中国嘉德	2020-08-16
清早期"崇德堂"匾额	172×74cm	126,500	中国嘉德	2020-12-01
清早期"敦本堂"匾额	310×128cm	149,500	中国嘉德	2020-12-04
清早期"守和堂"匾额	287×116cm	126,500	中国嘉德	2020-08-16
清早期"余泽庭"匾额	184×69cm	126,500	中国嘉德	2020-08-16
清早期 查士标"逸事有余想,高怀无近情"楠木贴金箔楹联	103×22.5cm×2	115,000	中国嘉德	2020-12-04
清早期 查士标自用诗文书房匾	185×104cm	460,000	中国嘉德	2020-12-04
清早期 漆砂地"隆德堂"匾额	59×157cm	241,500	中国嘉德	2020-08-16
清乾隆 黄漆地圣旨匾额	201×101cm	51,750	中国嘉德	2020-12-04
清中期"醴泉芝野咸凤祥麟,景星庆云和风甘树"红漆对联	19×142cm×2	17,250	中国嘉德	2020-12-01
清中期"滋务树德"匾额	138×45cm	28,750	中国嘉德	2020-12-01
清中期 漆金"立正堂"匾额	135×56cm	48,300	中国嘉德	2020-12-04
清晚期 汪开培"友庆堂"匾额	71×198cm	437,000	中国嘉德	2020-08-16
清 陈继儒款"雪中舞鹤"诗文挂匾	202×61cm	109,250	北京保利	2020-12-05
清 何绍基红木书房联(一对)	高74cm	57,500	中贸圣佳	2020-12-08
民国 戴异"守阙斋"书房匾	长105.8cm; 宽36.2cm	92,000	中贸圣佳	2020-10-16
民国 吴昌硕款文联(一对)	长122.5cm; 宽20.5cm	126,500	中贸圣佳	2020-10-16
晚清至民国 郭符初铭文房匾	长82.5cm; 宽35cm	46,000	西泠印社	2020-08-09
弘一"净念相继"匾额	46×109cm	10,783	北京保利	2020-07-15
梁启超"研还斋"匾额	41×147cm	18,160	北京保利	2020-07-15
王凤池 1872年 木刻"二老可传"匾	长215cm; 宽82.5cm	25,300	中贸圣佳	2020-10-17

拍品名称	物品尺寸	成交价RMB	拍卖公司	拍卖日期
吴昌硕"一天庐"匾额	35.5×100cm	10,783	北京保利	2020-07-15
徐三庚款木刻诗文联	长139.5cm	17,250	中国嘉德	2020-11-12
清早期"直谅喜来三径友,园林争放一枝春"抱柱楹联	150×21cm×2	460,000	中国嘉德	2020-08-16
陈继昌 清中期"秋水长天一色,明月清风两闲"楹联	134.5×31.5×cm×2	299,000	中国嘉德	2020-08-16
清中期"裕后光前必有余庆,德建名立惟怀永图"楹联	173.5×31.5cm×2	299,000	中国嘉德	2020-08-16
清 黄花梨雕福禄寿挂匾	131×63cm	11,500	北京翰海	2020-09-12
明 黄花梨如意云纹随形座	长14.5cm; 高2cm	18,400	中贸圣佳	2020-12-08
明末清初 黄花梨大珠算	宽66cm	459,846	中国嘉德	2020-10-10
清乾隆 紫檀嵌银丝雕庭院手镜	高24cm	69,000	中鸿信	2020-01-03
19世纪 沉香指南针	直径7cm; 高1.7cm	48,300	中国嘉德	2020-12-02
清 红木如意随形座	长11.9cm; 高3cm	23,000	中贸圣佳	2020-12-08
清 紫檀镂雕螭龙纹盖	长9cm; 高4.2cm	13,800	中贸圣佳	2020-12-08
清 紫檀如意花型底座	长10.2cm; 高2.9cm	20,700	中贸圣佳	2020-12-08
清 紫檀三合如意龙纹座	长16.5cm; 高4cm	34,500	中贸圣佳	2020-12-08
清 紫檀三合如意镶嵌高台式座	长9.5cm; 高4.5cm	23,000	中贸圣佳	2020-12-08
清 紫檀整挖刻饕餮莲瓣纹盖	直径17.5cm; 高4.6cm	41,400	中贸圣佳	2020-12-08
沉香材料	重量52g(沉水)	81,760	上海联合	2020-11-29
沉香材料	重量73.7g(沉水)	24,640	上海联合	2020-11-29
沉香材料	重量75.2g(沉水)	20,160	上海联合	2020-11-29
海南糖结沉水紫奇楠	长14.8cm; 重26.8g	92,000	西泠印社	2020-08-09
红土沉香(富森地区)	长18.6cm; 重量450g	1,380,000	永乐拍卖	2020-08-17
红油沉水土沉(柬埔寨菩萨地区)	长78.5cm; 重量1130g	690,000	永乐拍卖	2020-08-17
冒襄 定惠禅寺藏经阁木门题刻		345,000	西泠印社	2020-08-08
清 楠木供	高51.5cm	17,248	香港苏富比	2020-05-22
香港大屿山顶级土沉香	总重99g	36,800	西泠印社	2020-08-09
俞樾 款印规 旧制 木质	4.5×9cm	46,000	中国嘉德	2020-12-02
越南大蚁穴绿奇楠	重量2069g; 长32cm	2,300,000	永乐拍卖	2020-12-02
越南绿奇楠沉香	重124g; 长25cm	345,000	广东崇正	2020-09-13
越南芽庄生结横丝紫奇楠沉香	长13cm; 重123.4g	92,000	西泠印社	2020-08-09
张廷济 款印规 旧制 木质	5.8×9.6cm	57,500	中国嘉德	2020-12-02
赵明明藏越南芽庄熟结黄土水沉	长19.5cm; 重26g	51,750	西泠印社	2020-08-09
牙 雕				
17世纪 牙雕仙人立像	高19.8cm	62,832	香港苏富比	2020-06-05
17世纪 牙雕仙人立像	高29cm	57,120	香港苏富比	2020-06-05
明 象牙苏武牧羊盖盒	直径5.8cm	153,282	中国嘉德	2020-10-10
清乾隆 染牙雕芝仙竹纹座	宽14cm	61,313	中国嘉德	2020-10-10
清乾隆 象牙莲荷纹笔洗	宽19cm	357,658	中国嘉德	2020-10-10
清乾隆 牙雕仕女像	高24cm	40,875	中国嘉德	2020-10-10
17–18世纪 牙雕观音菩萨自在坐像	高11.7cm	194,208	香港苏富比	2020-06-05
18世纪 象牙笔筒	直径7.4cm	17,136	香港苏富比	2020-06-05
18世纪 牙雕凤纹盖盒	高9cm	17,136	香港苏富比	2020-06-05
18世纪 象牙加彩灵芝福寿纹香盘	长18.5cm	307,747	巴黎佳士得	2020-06-23
石 雕				
郭祥忍 陈达 寿山高山石云龙纹甲骨文手牌	5.2×4cm	46,000	中贸圣佳	2020-10-16
阿峰制陈达刻结晶芙蓉石旭日东升暖手	8.7×5.1×3cm	134,400	上海联合	2020-11-29
六眼天珠	长5.6cm	13,800	北京钜鑫缘	2020-10-13
寿山纹洋博古纹手牌	4.4×7.3×1.3cm	11,200	上海联合	2020-11-29
明早期 火供嵌藏药天地老天珠	长3.5cm	40,250	上海嘉禾	2020-01-05
明早期 牛角七线天珠	长8.6cm; 宽3.6cm	322,000	上海嘉禾	2020-01-05
明 沉香至纯一眼天然眼天珠手钏	尺寸不一	17,250	上海嘉禾	2020-01-05
明 各类天珠标本(十五颗)	尺寸不一	23,000	上海嘉禾	2020-01-05
清 寿山石狮子戏球把件	高3.5cm; 长8cm	74,750	西泠印社	2020-08-09
清 灵璧石磬连紫檀螭龙纹架	磬长21.7cm, 架高60.5cm	46,000	中国嘉德	2020-07-16
六朝 石雕伎乐纹函	高12.9cm	79,707	中国嘉德	2020-10-10
明 灵璧山子	长54.5cm; 高30.5cm	8,050,000	中贸圣佳	2020-10-16
清早期 灵璧石小山子	高25.5cm; 长28cm	63,250	中国嘉德	2020-12-04
清 芙蓉石雕人物故事图山子	长14cm	23,000	中鸿信	2020-01-03
清 灵璧石"禅境"山子	长19.3cm	372,750	佳士得	2020-11-30
清 灵璧石山子	高66cm	287,500	永乐拍卖	2020-12-02

(续表)

拍品名称	物品尺寸	成交价RMB	拍卖公司	拍卖日期
清 灵璧石山子	46×13.5×9cm	172,500	北京保利	2020-12-05
清 青田座鸡血石摆件	高29.5cm	1,840,000	北京禾谷	2020-09-24
清 石山子摆件	高52cm	230,000	北京保利	2020-12-05
清 寿山芙蓉、石马	长8.5cm	17,250	北京禾谷	2020-09-24
清 天昂 黟县青石山子	长40cm; 宽40cm	138,000	上海匡时	2020-08-05
清 田黄人物山子	长5.7cm; 重约107g	46,000	中鸿信	2020-01-03
清 戈壁石山子	高12.4cm	828,000	北京保利	2020-10-18
清 戈壁石山子	高40cm	782,000	北京保利	2020-10-18
清 戈壁石山子	长8cm; 宽6.5cm	701,500	北京保利	2020-10-18
清 黄太湖山子	41×24×82.9cm	2,875,000	北京保利	2020-10-18
清 孔雀石山子	高10.5cm	759,000	北京保利	2020-10-18
清 灵璧石立峰山子	35×24×60cm	1,380,000	北京保利	2020-10-18
清 千枚岩山子	42×14×63cm	8,452,500	北京保利	2020-10-18
清 千枚岩山子	34.5×11×33.5cm	2,472,500	北京保利	2020-10-18
清 英石山子	高10.5cm	471,500	北京保利	2020-10-18
现代 鸡血石江山一片红	高32cm	575,000	北京禾谷	2020-09-24
当代官铎寿山芙蓉石摆件“富贵长春”	32×9×7cm	23,000	北京禾谷	2020-09-24
当代 官铎 寿山芙蓉石摆件“盛夏”	22×24×5.5cm	23,000	北京禾谷	2020-09-24
当代 林飞刊田黄薄意高士图山子	重415g	690,000	中鸿信	2020-01-03
“疏风透月”太湖石	43×21×44cm	46,000	中国嘉德	2020-08-16
陈喆 寿山牛角冻 九如摆件	13×11.1×5cm	100,800	上海联合	2020-11-29
郭懋介 寿山石万事如意摆件	高10.2cm	172,500	中贸圣佳	2020-10-16
林飞 寿山田黄石 寿比南山摆件	5.1×4×2.1cm	201,600	上海联合	2020-11-29
林志宝 老挝田黄薄意鹿竹长春摆件	7.7×6×3.2cm	13,440	上海联合	2020-11-29
灵璧石立峰	36×18×72cm	92,000	中国嘉德	2020-08-16
山子连座	连座高12cm	103,500	朵云轩	2020-11-30
寿山山秀园活佛济公摆件	28×13×9.5cm	1,344,000	上海联合	2020-11-29
寿山石山水楼阁山子	长20.5cm	25,300	中国嘉德	2020-07-17
寿山田黄冻 山溪泛舟摆件	3.85×3.1×1.5cm	20,160	上海联合	2020-11-29
寿山田黄石 薄意归去来辞摆件	3.8×3.4×2cm	33,600	上海联合	2020-11-29
寿山田黄石 春江水暖摆件	4.25×3.7×1.6cm	61,600	上海联合	2020-11-29
寿山田黄石 柳荫泛舟摆件	4.75×6.95×2.15cm	67,200	上海联合	2020-11-29
寿山田黄石 弥勒摆件	3.8×2.9×1.8cm	17,920	上海联合	2020-11-29
寿山田黄石 群螭献财摆件	12.3×7.2×4.3cm	2,105,600	上海联合	2020-11-29
寿山田黄石 喜鹊报春摆件	4.25×2.9×1.85cm	20,160	上海联合	2020-11-29
寿山田黄石 喜上眉梢摆件	4.3×3.8×1.7cm	56,000	上海联合	2020-11-29
寿山乌鸦皮田黄石薄意摆件	4.5×2.4×6.4cm	23,000	中国嘉德	2020-12-01
太湖石山子	50×17×62cm	40,250	中国嘉德	2020-08-16
太湖石山子	高81cm(含盆)	20,700	中国嘉德	2020-07-17
太湖石山子	高60cm	17,250	中国嘉德	2020-11-12
太湖石山子	高144cm(含座)	11,500	中国嘉德	2020-07-17
田黄石 蝶恋花摆件	2.85×2.9×1.5cm	16,800	上海联合	2020-11-29
许亚武 寿山芙蓉石深山访友摆件	9×15×5.2cm	17,920	上海联合	2020-11-29
郑幼林 寿山田黄石弥勒摆件	6.85×5.6×4.05cm	1,030,400	上海联合	2020-11-29
北周 汉白玉加彩佛头	高8.3cm	102,188	中国嘉德	2020-10-10
2/3世纪 犍陀罗菩萨坐像	高31cm	316,783	中国嘉德	2020-10-10
北魏 石灰石佛坐像龛	高31cm	1,808,000	香港苏富比	2020-07-11
北齐 大理石雕思维菩萨半迦坐像	高23.8 cm	298,966	香港苏富比	2020-05-22
北齐 大理石思维菩萨像	高26cm	112,407	中国嘉德	2020-10-10
北齐 佛立像	高37.5cm	132,844	中国嘉德	2020-10-10
北齐 石灰岩佛足	宽21cm	51,094	中国嘉德	2020-10-10
北齐 石灰岩释迦牟尼佛立像	高171.3 cm	17,373,150	纽约佳士得	2020-09-25
隋 大理石雕佛首	高29.9 cm	15,340,500	纽约佳士得	2020-09-24
隋 汉白玉石菩萨头像	高12.5cm	63,357	中国嘉德	2020-10-10
隋 石灰石雕菩萨首像	高40cm	516,424	纽约苏富比	2020-09-23
唐 彩绘石雕佛坐像	高47 cm	979,369	纽约佳士得	2020-09-25
唐 大理石雕佛弟子立像 或为阿难	高54cm	1,356,000	香港苏富比	2020-07-11
唐 大理石观音菩萨首像	高14.6 cm	344,960	香港苏富比	2020-05-22
唐 大理石仕女头像	高9cm	51,094	中国嘉德	2020-10-10
唐 石灰石雕释迦牟尼佛坐像	高39cm	982,044	香港苏富比	2020-10-09
唐 石灰石浮雕天王立像	高45cm	731,600	纽约苏富比	2020-09-23
唐 石灰岩佛头	高10cm	49,050	中国嘉德	2020-10-10
14/15世纪 石雕释迦牟尼佛	高19.2cm	153,282	中国嘉德	2020-10-10

拍品名称	物品尺寸	成交价RMB	拍卖公司	拍卖日期
清早期 田黄嵌宝抚膝罗汉坐像	5.7×4×6cm	5,405,000	西泠印社	2020-08-09
17/18世纪 寿山石雕罗汉坐像	高8.7cm	946,777	纽约苏富比	2020-09-23
17/18世纪 寿山石雕罗汉坐像	高9cm	258,212	纽约苏富比	2020-09-23
17/18世纪 寿山石雕笑狮罗汉卧像	长12.4cm	275,426	纽约苏富比	2020-09-23
18世纪 寿山石彩绘观音坐像	10.5cm	32,043	香港苏富比	2020-11-26
18世纪/20世纪 寿山石雕瘦骨罗汉坐像 寿山石刻布袋弥勒坐像(共两件)	高12.5cm	11,600	佳士得	2020-10-08
清 寿山红花芙蓉石寿翁立像	高32.2cm(带座)	161,000	中国嘉德	2020-08-17
清 寿山石关公坐像	高35.8cm	92,000	西泠印社	2020-08-08
清 寿山石罗汉坐像	7.9×7.2×5cm	11,200	上海联合	2020-11-29
清 寿山石寿星立像	高35cm	172,500	西泠印社	2020-08-08
清 寿山石月尾绿石观音	高15cm	23,000	广东崇正	2020-09-13
清 寿山石雕戏狮罗汉像	高6.4cm; 长10cm	20,700	西泠印社	2020-08-09
当代 官铎 寿山芙蓉石摆件“盼”	17×23×6cm	23,000	北京禾谷	2020-09-24
郭懋介作 寿山石雕人物摆件	10×3.7×8.9cm	92,000	中国嘉德	2020-12-01
砂岩石雕菩萨立像	高112cm	2,113,436	香港苏富比	2020-06-05
田黄石雕松下问童子摆件	6.7cm×8.2cm	880,000	北京贞观	2020-11-28
王铨佛 寿山坑头晶童子拜观音摆件	11.1×8.6×2.2cm	76,160	上海联合	2020-11-29
王作琛 寿山高山晶 童子弥勒摆件	3.8×4.6×1.73cm	29,120	上海联合	2020-11-29
许永祥 老挝田黄 童子戏弥勒摆件	9.55×6×5.1cm	20,160	上海联合	2020-11-29
印度南部 维查耶纳伽尔时代 16世纪 花岗岩象神立像	高23.5cm	89,346	巴黎佳士得	2020-06-23
郑国锋 寿山老性芙蓉十八罗汉摆件	6.4×5×3.4cm	184,800	上海联合	2020-11-29
周鸿 寿山结晶芙蓉石 达摩摆件	10.6×4.2×2.45cm	100,800	上海联合	2020-11-29
唐 豹斑石护法狮	高16cm	94,013	中国嘉德	2020-10-10
唐 大理石雕狮子	高14cm	238,630	纽约佳士得	2020-09-24
唐 石灰石坐狮	高12.2 cm	172,480	香港苏富比	2020-05-22
唐 石灰岩雕狮子	高21.5cm	255,675	纽约佳士得	2020-09-24
唐 石狮	高21.5cm	613,128	中国嘉德	2020-10-10
明 大理石雕狮子(一对)	127.5×66.5×68.5cm×2	1,684,850	伦敦佳士得	2020-11-03
清中期 寿山石瑞兽摆件连座	高8cm	11,500	广东崇正	2020-09-13
清 大理石双狮耳炉	长18cm; 宽13cm	43,700	北京保利	2020-10-20
清 英石狮子戏球赏石带铭文	高34cm	75,900	广东崇正	2020-09-13
蔡文明 老挝田黄 三龙戏珠摆件	13.8×9×8cm	89,600	上海联合	2020-11-29
陈礼忠 寿山旗降石“守望”摆件	35×25×60cm	2,070,000	中贸圣佳	2020-10-16
清至民国 弘一款华严经石屏	长59cm; 宽39.5cm	57,500	西泠印社	2020-08-09
宋至清 供石	高15.3cm	45,696	香港苏富比	2020-06-05
明 灵璧石“崇山石磬”	长30cm; 宽19cm	51,750	北京保利	2020-10-20
明 灵璧石“飞来峰”	长10cm; 宽11cm	138,000	北京保利	2020-10-20
明 灵璧石“浮岚”	长35cm; 宽14cm	460,000	北京保利	2020-12-05
明 灵璧石“浮云”	长14cm; 宽4cm	149,500	北京保利	2020-10-20
明 灵璧石“孤峰养云”	长15cm; 宽5cm	218,500	北京保利	2020-10-20
明 灵璧石“凝翠岩”	长22cm; 宽9cm	713,000	北京保利	2020-12-05
明 灵璧石“瑞云”	长23.5cm; 宽17cm	782,000	北京保利	2020-12-05
明 灵璧石“太极”	长11cm; 宽8.5cm	207,000	北京保利	2020-10-20
明 灵璧石“探幽”	长26cm; 宽10cm	483,000	北京保利	2020-10-20
明 灵璧石“吴山横峰”	长11cm; 宽4cm	86,250	北京保利	2020-10-20
明 灵璧石“吴山横云”	长12.5cm; 宽4cm	184,000	北京保利	2020-10-20
明 麋鹿宛颈 淄博纹石	长45cm; 宽40cm	92,000	上海匡时	2020-08-05
明 英石“天籁”	长12.5cm; 宽10.5cm	575,000	北京保利	2020-12-05
明 英石“苍龙”	长18cm; 宽5cm	253,000	北京保利	2020-10-20
明 英石“黛露”	高25cm	862,500	北京保利	2020-12-05
明 英石“洞天”	26×16×14cm	897,000	北京保利	2020-10-20
明 英石“峰高月小”	长8cm; 宽5cm	287,500	北京保利	2020-10-20
明 英石“桂月峰”	长16.5cm; 宽11.5cm	690,000	北京保利	2020-12-05
明 英石“擎天一柱”	长4.5cm; 宽3cm; 高16cm; 带座高17cm	80,500	北京保利	2020-10-20
明 英石“小青芝秀”	长12cm; 宽4cm; 高5cm; 带座高6.5cm	74,750	北京保利	2020-10-20
明 英石“悬月”	长19.5cm; 宽13.5cm; 高27.5cm; 高33cm	483,000	北京保利	2020-12-05
明 英石“皱云峰”	长14.5cm; 宽5.6cm; 高30cm; 带座高36cm	276,000	北京保利	2020-10-20

(续表)

拍品名称	物品尺寸	成交价RMB	拍卖公司	拍卖日期
明至清 英石"孤山璞"	长19cm; 宽10cm; 高14.5cm	218,500	北京保利	2020-12-05
明至清 英石"虬舞"	长31.5cm; 宽20cm; 高50.5cm; 高58cm(带座); 14460g	115,000	北京保利	2020-12-05
明至清 供石	12.3cm	21,362	香港苏富比	2020-11-26
明至清 英石供石	宽28cm	22,848	香港苏富比	2020-06-05
明末清初 英石立峰摆件	高23cm(带座)	17,250	中国嘉德	2020-12-04
清早期 "祥云"太湖石摆件	54×31×42cm	57,500	中国嘉德	2020-12-04
清早期 蜂巢石立峰	高45.5cm	28,750	中国嘉德	2020-12-01
清早期江藤旧藏玉璇款田黄瑞兽摆件	长6.7cm	63,250	中鸿信	2020-01-03
清早期 灵璧石摆件	42×11.5cm	31,360	上海联合	2020-11-29
清早期 灵璧石立峰	高88cm	460,000	中国嘉德	2020-12-04
清早期 灵璧石立峰	高104cm	333,500	中国嘉德	2020-12-04
清早期 木供"珊瑚"	长21cm; 宽11cm; 高26cm; 带座高33cm	97,750	北京保利	2020-10-20
清早期 赏石立峰	高60cm	74,750	中国嘉德	2020-12-04
清早期寿山石雕双螭龙山形诗文摆件	高6.9cm; 长12cm	11,500	西泠印社	2020-08-09
清乾隆 灵璧石供石"空山"桂馥铭	38×25×14cm	69,000	华艺国际	2020-10-16
清中期 "山韵"卧峰	57×36×26cm	32,200	中国嘉德	2020-12-01
清中期 祁阳石三色巧雕菊石图插屏	长26cm; 宽17cm; 高39.5cm	20,700	保利厦门	2020-09-26
清中期 赏石立峰	高63.5cm	25,300	中国嘉德	2020-12-01
清宣统 大理石屏心(八件)	尺寸不一	18,400	广东崇正	2020-06-27
金农铭 清 铁琴铜剑楼藏供石	18.6×12.1×11.3cm	1,265,000	中贸圣佳	2020-10-16
清 "横云"赏石	长15cm	529,000	北京保利	2020-10-20
清 "菊花纹"青石盆配太湖石	高65cm	10,350	中鸿信	2020-01-03
清 "清钺"灵璧石	高29cm	17,250	十竹斋拍卖(北京)	2020-10-18
清 "烟霞迷瘴"昆石	高61cm	10,350	十竹斋拍卖(北京)	2020-10-18
清 "终南雪霁"太湖石	高68cm	24,150	十竹斋拍卖(北京)	2020-10-18
清 "佐岳悬针"英石	高187cm	17,250	十竹斋拍卖(北京)	2020-10-18
清 白灵璧供石摆件	带座高25cm	63,250	西泠印社	2020-08-09
清 层峰叠嶂供石	高25.3cm	69,000	永乐拍卖	2020-12-02
清 邓石如款天禄辟邪赏石摆件	带座高25cm	105,800	西泠印社	2020-08-09
清 端石浮雕龙纹仿古铜镜摆件	带座高30.3cm; 镜面直径22cm	17,250	西泠印社	2020-08-09
清 房山石供 连原座	总高54.5cm	12,566	香港苏富比	2020-06-05
清 高凤翰款"擎翠"崂山石	高53cm	18,400	十竹斋拍卖(北京)	2020-10-18
清 戈壁石供石摆件	带座高23cm	20,700	西泠印社	2020-08-09
清 供石	宽20.5cm	22,848	香港苏富比	2020-06-05
清汉白玉须弥座连太湖石"碧远峰"	高192cm	57,500	中鸿信	2020-01-03
清 黑太湖石研山刻诗文摆件	带座高11cm; 带座长24cm	18,400	西泠印社	2020-08-09
清 黄蜡石"珏涌"	长17cm; 宽8cm; 高14.5cm;	40,250	北京保利	2020-12-05
清 黄石赏石带座	高25cm	23,000	广东崇正	2020-09-13
清 黄太湖石"凤仪"	长33cm; 宽21cm; 高27cm; 高32cm(带座); 重6880g	322,000	北京保利	2020-12-05
清 崂山石供石	长20.8cm; 高8.8cm	92,000	中贸圣佳	2020-10-16
清 灵璧横峰赏石	长16.5cm	74,750	北京保利	2020-10-20
清 灵璧赏石	长15cm	414,000	北京保利	2020-10-20
清 灵璧赏石山子	通高(含座)85cm; 81×23×19cm	172,500	北京保利	2020-12-05
清 灵璧石	23×14cm	34,500	永乐拍卖	2020-12-03
清 灵璧石"福"石供	43×35cm	2,070,000	华艺国际	2020-12-05
清 灵璧石"春在堂"款摆件	高45cm	17,250	北京保利	2020-10-20

拍品名称	物品尺寸	成交价RMB	拍卖公司	拍卖日期
清 灵璧石"蟠吼"	长33.5cm; 宽13cm; 高49.5cm; 高54cm(带座); 重14480g	552,000	北京保利	2020-12-05
清 灵璧石"险奇"	高23.5cm	74,750	北京保利	2020-10-20
清 灵璧石摆件(附黄花梨老座)	高40cm	34,500	北京保利	2020-10-20
清 灵璧石供石摆件	带座高25cm	43,700	西泠印社	2020-08-09
清 灵璧石供石摆件	带座高17.2cm; 高14.5cm	10,350	西泠印社	2020-08-09
清眠云壑 英州石(旧配双层硬木座)	连座高19.5cm	230,000	中国嘉德	2020-08-16
清 青白玉雕太湖石摆件	高23cm	59,800	中贸圣佳	2020-10-16
清 日涉 青州石	长40cm; 宽30cm; 高20cm	69,000	上海匡时	2020-08-05
清 赏石山子	通高(含座)66cm; 60×30×16cm	103,500	北京保利	2020-12-05
清 沈六泉刻诗文供石摆件	高78cm; 长17cm; 宽16cm	138,000	西泠印社	2020-08-09
清 太湖石"叠峰"摆件(带座)	高42cm	26,450	广东崇正	2020-09-13
清 太湖石"舞云"摆件(带座)	高50cm	19,550	广东崇正	2020-09-13
清 太湖石大供石摆件	带座高86cm	46,000	西泠印社	2020-08-09
清 太湖石清供	长42cm; 高40.9cm	287,500	中贸圣佳	2020-10-16
清 太湖石山子	高38cm	25,300	十竹斋拍卖(北京)	2020-10-18
清 腾蛟 灵璧石	35×33cm	57,500	永乐拍卖	2020-12-03
清 田黄小罗汉	高3.8cm; 重35g	28,750	北京保利	2020-12-05
清 铜、石赏石(一组两件)	高16.5cm; 高10cm	13,800	广东崇正	2020-09-13
清 王士禛款绿石供石摆件	带座高188cm	86,250	西泠印社	2020-08-09
清 文石供石摆件	带座高45cm	32,200	西泠印社	2020-08-09
清 吴曼公旧藏木化石供石摆件	带坐高22.5cm	17,250	西泠印社	2020-08-09
清吴倩款"玉玲珑"太湖石配须弥座	高210cm	69,000	中鸿信	2020-01-03
清小岱屿英州石(旧配双层硬木座)	连座高26.5cm	414,000	中国嘉德	2020-08-16
清 袖珍玲珑赏石	长7.6cm	17,250	北京保利	2020-10-20
清 英石"云溪"	长12cm; 宽7cm; 高24cm; 高31cm(带座); 1260g	172,500	北京保利	2020-12-05
清 英石"霭云"	高41.5cm	92,000	北京保利	2020-10-20
清 英石"草龙"摆件(配原座)	高15cm; 长26cm	11,500	广东崇正	2020-09-13
清 英石"飞岫"	长27.5cm; 宽7cm; 高15cm	149,500	北京保利	2020-12-05
清 英石"天容"及泰祥洲画	高48cm	74,750	华艺国际	2020-10-16
清 英石"抟云"	长24cm; 宽7cm; 高14cm	322,000	北京保利	2020-12-05
清 英石"西岳积雪"	高20cm; 宽12cm; 高42.5cm	149,500	北京保利	2020-12-05
清 英石"玄柱峰"	长19cm; 宽17.5cm; 高67cm	379,500	北京保利	2020-12-05
清 英石摆件带红木座	高34cm	46,000	广东崇正	2020-09-13
清 英石大供石摆件	带座高56.5cm	138,000	西泠印社	2020-08-09
清 英石供石	高40.5cm	368,000	永乐拍卖	2020-12-02
清 英石供石摆件	带座高49cm	74,750	西泠印社	2020-08-09
清 英石供石摆件	带座高42cm	80,500	西泠印社	2020-08-09
清 英石供石摆件	带座高33cm	23,000	西泠印社	2020-08-09
清 英石横峰供石摆件	高29cm; 长33cm	101,200	西泠印社	2020-08-09
清 英石横峰供石摆件	带座高20cm; 带座长27cm	40,250	西泠印社	2020-08-09
清 英石清供(一组)	尺寸不一	17,250	朵云轩	2020-09-24
清 灵璧石"锁云"	高24cm	13,455,000	北京保利	2020-10-18
清 岫月岩款灵璧石供石摆件	高29cm; 长47cm	55,200	西泠印社	2020-08-08
清中晚期 赏石立峰	高53.8cm	25,300	中国嘉德	2020-12-01
"洞天福地"文人赏石	宽23cm; 高36.5cm	45,600	佳士得	2020-07-01
"骨岫玲珑"太湖石	高40cm	10,350	北京翰海	2020-09-12
"墨玉通灵"灵璧石	高86cm	13,800	北京翰海	2020-09-12
"奇云万态"太湖石	高91m	17,250	北京翰海	2020-09-12
"烟云窟"灵璧石	高58cm	17,250	北京翰海	2020-09-12
"幽道"灵璧石	高55cm	11,500	北京翰海	2020-09-12

（续表）

拍品名称	物品尺寸	成交价RMB	拍卖公司	拍卖日期
"玉玲珑"太湖石	高190cm	48,300	北京翰海	2020-09-12
"云骨"灵璧石	高60cm	17,250	北京翰海	2020-09-12
昌化鸡血石摆件	连座高28.5cm	115,000	西泠印社	2020-08-09
冯金伯款"疏风"灵璧石	高143cm	11,500	北京翰海	2020-09-12
瓜形石珠	直径2.7cm；高2.8cm	69,000	上海匡时	2020-08-05
黑太湖石配汉白玉石墩	高163cm	20,700	北京翰海	2020-09-12
汲古	46×28×37cm	22,700	北京保利	2020-07-15
江户时期 须弥 那智黑石	长26cm；宽20cm	92,000	上海匡时	2020-08-05
灵璧石"腾云驾雾"摆件	高45cm	74,100	佳士得	2020-07-01
明治时期 铸剑 那智黑石	长38cm；宽28cm	97,750	上海匡时	2020-08-05
凝翠	20×9×29cm	24,970	北京保利	2020-07-15
肉石摆件	高22.5cm（含座）	10,350	中国嘉德	2020-07-17
疏风透月	42×20×48cm	10,215	北京保利	2020-07-15
太湖石 繁花似景	高80cm	36,800	上海嘉禾	2020-01-05
停云	39×25×50cm	21,565	北京保利	2020-07-15
英石 飞流直下	110cm	10,350	上海嘉禾	2020-01-05
英石清供	长37.5cm	213,000	佳士得	2020-11-30
远山如黛	60×37×53cm	10,783	北京保利	2020-07-15
清早期 寿山石填漆花蝶纹香插	高8cm	207,000	永乐拍卖	2020-12-02
清中期 汉白玉雕夔龙纹兽耳瓶	高30cm；宽18cm	40,250	荣宝斋（南京）	2020-11-28
清 大理石雕花卉杯（一组）	4cm×10cm	23,000	中鸿信	2020-01-03
晚商/西周 公元前12–前8世纪 石雕三足鼎	高28.5 cm	93,679	纽约佳士得	2020-09-25
明 石瓢 灵璧石香炉	高20cm	862,500	上海匡时	2020-08-05
清乾隆 "修亭"款石花盆	长64.4cm；宽31.8cm	103,500	中贸圣佳	2020-10-16
清乾隆 汉白玉鼓凳（一对）	高46cm×2	207,000	上海敬华	2020-09-22
太湖石配汉白玉石盆	高95cm	11,500	北京翰海	2020-09-12
新石器时代 石凿	长25.6cm；宽8.7cm	132,844	中国嘉德	2020-10-10
新石器时代（疑中国东部）石斧	长12.1 cm	20,698	香港苏富比	2020-05-22
渐新世（三千万年前）法国枫丹白露宫 固结砂岩	连座 38 cm	22,997	香港苏富比	2020-05-22
其他雕刻				
战国 骨制阴刻鸟纹带钩	长16.5cm	20,268	中国嘉德	2020-07-13
商公元前13–前11世纪甲骨刻辞一组十一片	最长处20cm	301,247	纽约苏富比	2020-09-23
18世纪 朝鲜王朝宫廷镶螺钿鲨鱼皮祝寿纹"首尔"款"越"字图标手匣	23×13.4×9cm	138,000	中鸿信	2020-01-03
清中期 黑珊瑚如意	长45.5cm	23,000	中国嘉德	2020-12-04
清中期 榄核雕松鹿童子（一组五件）	长3×5cm	10,350	广东崇正	2020-09-13
清光绪 匏器暗刻龙凤纹香瓶	高21.5cm	17,250	北京大羿	2020-07-17
清核雕竹林七贤、一路莲升（一组两件）	长4cm；长2.5cm	13,800	广东崇正	2020-09-13
清 湛谷生核雕赤壁赋诗文船	长4.3cm	13,800	广东崇正	2020-09-13
清末民国 端石刻叶丙堃款西清古鉴博古图板	长28.5cm；宽18.2cm	17,250	中贸圣佳	2020-12-08
崔晓晓 石刻《雪域高原》一组		758,000	北京贞观	2020-11-28
钟 表				
清 洒金双龙钮铜钟	高26.2cm	40,250	中贸圣佳	2020-12-08
1889年 法国铜鎏金钴蓝瓷里拉琴式座钟	60×28×15cm	184,000	中国嘉德	2020-12-03
Inducta为劳力士而制，不锈钢石英挂钟，约2000年制		101,700	佳士得	2020-07-13
INDUCTA为劳力士而制，镀金金属石英挂钟，约2000年制		96,050	佳士得	2020-07-13
KAWS 2000年作 挂钟	38×24.2cm	92,000	华艺国际	2020-10-15
爱彼，黑色不锈钢八角形挂钟，"Royal Oak"，约2010年制		50,850	佳士得	2020-07-13
百达翡丽丨Les Faisans 型号1426M-001 独一无二及极为吸引镀金铜质太阳能座钟，备掐丝珐琅，机芯编号1804688，1995年制"		1,130,000	香港苏富比	2020-07-11
百达翡丽，独一无二，镀金黄铜太阳能圆顶座钟，配火烈鸟主题掐丝珐琅，型号1336，1987年制，附原厂证书、后补证书及盒子		937,200	佳士得	2020-11-28
百达翡丽，卓越，18K金镶钻石、绿松石及青金石座钟，埃及猫主题，型号2011，1978年制，附后补证书		511,200	佳士得	2020-11-28
多蒂奥（Dauthiau）芝麻链水晶小座钟	长8cm宽8cm高14cm	46,000	西泠印社	2020-08-10
红木嵌螺钿五音钟	高64cm	17,250	中国嘉德	2020-11-12
积家，经典精美，镀金黄铜及树脂玻璃空气钟，"Atmos"，约1990年制，附原厂盒子	18×13.5×22cm	11,838	保利香港	2020-07-08
积家，精致罕有，镀金黄铜及树脂玻璃空气钟，备渔船图案，"Marina"，约1970年制	18×13.5×23.5cm	12,914	保利香港	2020-07-08
积家，空气钟MARINA款	长18cm；宽14cm；高23cm	16,100	西泠印社	2020-08-10
积家，空气钟经典款附原盒	长21.5cm；宽17cm；高23cm	13,800	西泠印社	2020-08-10
积家，孔雀石柱限量版空气座钟	长7cm；宽5cm；高23cm	36,800	西泠印社	2020-08-10
江诗丹顿，钢制挂墙钟，配日历显示，约2000年制		44,730	佳士得	2020-11-28
卡地亚，非常罕有，镀金、大理石及贝母时钟，约1975年制，附盒子		138,450	佳士得	2020-11-28
卡地亚，罕有，18K金镶钻石台钟，约1960年制		84,750	佳士得	2020-07-13
劳力士丨镀金铜质座钟，备日期显示，外壳编号8135-0037，约2010年制		124,300	香港苏富比	2020-07-11
劳力士，由Inducta制造丨镀金铜质挂钟，外壳编号080612，约2010年制		62,150	香港苏富比	2020-07-11
鎏金珐琅小天使饰三件套钟	尺寸不一	138,000	西泠印社	2020-08-10
玛瑙珐琅四明钟三件套	尺寸不一	172,500	西泠印社	2020-08-10
玛瑙石镶嵌珐琅鎏金四鸣三件套钟	尺寸不一	59,800	西泠印社	2020-08-10
约1880年 法国 精美，铜质珐琅机械小台钟，备日期、月份及闹铃功能	高度约21.5cm	115,000	北京保利	2020-10-19
约1880年 欧洲 精致罕有，铜质珐琅雕花机械座钟	高度约36.5cm	172,500	北京保利	2020-10-19
约1900年 雷宾 精美，铜质机械小台钟，备日期、星期显示，闹铃功能	高度约1.9cm	25,300	北京保利	2020-10-19
约1960年 积家 精美，铜镀金路灯式机械台钟，备8日动力储存显示	高度约2.8cm	25,300	北京保利	2020-10-19
约1970年 百达翡丽 经典高雅，铜镀金及木质小台钟	2×1.4cm	43,700	北京保利	2020-10-19
约1970年 雷宾 精美，铜镀金机械座钟，备整点半点报时及八音盒功能	高度约3.3cm	34,500	北京保利	2020-10-19
约1980年 积家 精美，镀金黄铜空气钟	17.5×13×23cm	23,000	北京保利	2020-10-19
约2010年 沛纳海 精致，精钢球形8日链机械小台钟	直径6cm	13,800	北京保利	2020-10-19
约2017年 MOISEIKIN 全球唯一，瑰丽罕有，黄金及银镶珍稀彩色宝石及珍珠贝母机械座钟"丰穰之角"Viktor Moiseikin设计	约48×25×25cm	4,025,000	北京保利	2020-10-19
铜鎏金嵌掐丝珐琅钟	高60cm	23,000	中国嘉德	2020-11-11
铜鎏金嵌掐丝珐琅钟	高53cm	13,800	中国嘉德	2020-11-11
铜鎏金西洋人物纹钟	高50cm	13,800	中国嘉德	2020-11-11
铜双龙钮钟及钟座	钟高30.5cm，座高77cm	4,002,638	纽约佳士得	2020-09-25
维也纳皇家瓷绘鎏金钟	长16cm；宽16cm	46,000	西泠印社	2020-08-10
乌利文（J.Ullmann＆Co）掐丝珐琅皮套钟	高24cm	2,300,000	西泠印社	2020-08-10
伊姆霍夫（IMHOF）掐丝珐琅镀金报时台钟	长26cm；宽9cm	34,500	西泠印社	2020-08-10
英国皇家地理学会地球仪钟	高27cm	23,000	西泠印社	2020-08-10
欧洲19世纪银质怀表金质表链（一套）	直径7cm；厚1.1cm	17,250	中国嘉德	2020-12-02
Eclat 白金蓝宝石及镶钻石链带腕表，表壳编号G527，约1990年制		508,500	香港苏富比	2020-07-11
HMX Blue 型号56.STBL.B 限量版钛金属及精钢三维双向跳时腕表，备横向时间显示，表壳编号XAC339，于2015年为庆祝品牌10周年而制		214,700	香港苏富比	2020-07-11

(续表)

拍品名称	物品尺寸	成交价RMB	拍卖公司	拍卖日期
IDALGO 型号XT-2限量版粉红金及钛金属半镂空两地时间腕表，备跳时、逆跳分钟及日期显示，表壳编号2/33，约2007年制		67,800	香港苏富比	2020-07-11
Radiomir 型号PAM00373；PAM00376 及 PAM00379 一套三件限量版铂金、黄金及粉红金腕表，表壳编号 N006/300；N006/501及N006/501，约2011年制		248,600	香港苏富比	2020-07-11
18K金黑珐琅镶嵌珍珠饰怀表	表径2cm	17,250	西泠印社	2020-08-10
18K金蓝珐琅镶嵌珍珠饰怀表	表径2.2cm	11,500	西泠印社	2020-08-10
1950年GUBELIN古柏林隐藏式珠宝腕表	链长15.5cm	135,700	永乐拍卖	2020-12-04
1950年法国私人定制隐藏式珠宝腕表	钻石25cts；总重约60g	101,200	永乐拍卖	2020-12-04
1960年私人定制钻石手表	表盘直径1cm	78,200	永乐拍卖	2020-12-04
ART DECO时期 蓝宝石镶嵌古董怀表	5cm×2cm	27,600	西泠印社	2020-08-10
ART DECO时期 钻石手链式机械女表	表径1.6cm；手链长16.8cm	23,000	西泠印社	2020-08-10
ART DECO时期 钻石镶嵌手链式女表	表径1.5cm；手链长15.5cm	17,250	西泠印社	2020-08-10
Balthazar 型号50.6803/201 限量版精钢及铜质座钟，备动力储备及月相显示，外壳编号32663，约2015年制		226,000	香港苏富比	2020-07-11
Bichrono Baby 钛金属镂空两地时间计时腕表，备日期、星期及月相显示，表壳编号45276，约2008年制		33,900	香港苏富比	2020-07-11
CIRCA 2014 | 积家 | Rendez-Vous 型号341.3.34.S 白金镶钻石陀飞轮腕表，备珠母贝表盘，表壳编号2959700，约2014年制		293,800	香港苏富比	2020-07-11
DBG 型号1DGAS.S01A.C121S 精钢两地时间腕表，备昼夜显示，表壳编号16.1.1.01.105，约2016年制		67,800	香港苏富比	2020-07-11
Endeavour Perpetual Calendar 独一无二精钢万年历腕表，备动力储备及闰年显示，表壳编号200及114384，约2016年制		226,000	香港苏富比	2020-07-11
F.P. Journe，18K红金自动上弦万年历腕表，配动力储存及闰年显示，Octa Quantieme Perpetuel，约2013年制		372,750	佳士得	2020-11-28
F.P. Journe，18K红金自动上弦腕表，配两地时间、日历显示及动力储存，OCTA UTC 专卖店限定版，约 2013年制，附原厂证书及盒子		404,700	佳士得	2020-11-28
F.P. Journe，铂金腕表，配两地时间、共振式双独立擒纵系统及动力储存，"Chronometre a Resonance"，约2006年制		734,500	佳士得	2020-07-13
F.P. Journe，铂金自动上弦腕表，配日历显示及动力储存，Octa Reserve de Marche，约2007年制，附原厂证书及盒子		340,800	佳士得	2020-11-28
F.P. Journe，非常罕有，铂金自动上弦腕表，配月相、日历显示及动力储存，Octa Lune，约2004年制		798,750	佳士得	2020-11-28
F.P. Journe，罕有，铂金自动上弦计时腕表，配日历显示，Octa Chronograph Ruthenium Limited Edition，限量生产，约2005年制，附原厂证书及盒子		905,250	佳士得	2020-11-28
F.P. Journe，钛金属配Titalyt 涂层酒桶形腕表，légante 48 mm Titalyt，约2020年制，附原厂证书及盒子		202,350	佳士得	2020-11-28
F.P. Journe，钽金属腕表，Chronometre Bleu，约2015年制		255,600	佳士得	2020-11-28
F.P. JOURNE，卓越及极罕有，铂金镶钻石陀飞轮链带腕表，配恒定力装置、动力储存及跳秒功能，Tourbillon Souverain，约 2010年制，附原厂证书及盒子		4,153,500	佳士得	2020-11-28
FRANCK MULLER，18K红金酒桶形陀飞轮腕表，Master Imperial，型号7851 T，约2005年制		138,450	佳士得	2020-11-28
GMT 粉红金25° 倾斜24秒陀飞轮、世界时间及两地时间腕表，备动力储备显示及立体地球仪，机芯编号38，表壳编号38，约2014年制		1,582,000	香港苏富比	2020-07-11
H. Moser & Cie，18K金腕表配动力储存，约2006年制		34,080	佳士得	2020-11-28
Imperial Tourbillon 型号5850T 铂金陀飞轮腕表，机芯编号62157，表壳编号21，约2008年制		135,600	香港苏富比	2020-07-11
JACOB & CO. 约2020年制 非凡精致独特，限量版玫瑰金镂空飞行陀飞轮机械腕表，备日期显示、一分钟自转地球跟航天员人偶	表径5cm	2,530,000	北京保利	2020-10-19
K金"Long Island Crazy Hours"腕表，Franck Muller		60,192	天成国际	2020-07-07
K金配钻石"L.U.C"女装腕表，Chopard		98,496	天成国际	2020-07-07
K金配钻石"Possession"女装腕表，Piaget		35,021	天成国际	2020-07-07
K金配钻石女装腕表，Piaget		240,768	天成国际	2020-07-07
Legacy Machine 1 型号01.WL.W 白金两地时间腕表，备动力储备显示，表壳编号50W24828，约2012年制		361,600	香港苏富比	2020-07-11
Legacy Machine 2 型号02.PL.W 铂金腕表，备两组飞行摆轮，表壳编号02P35520及16/18，约2015年制		734,500	香港苏富比	2020-07-11
Louis Vuitton | Tambour 型号Q1E90 限量版白金镶钻石及宝石计时腕表，备日期显示，机芯编号209158，表壳编号2/8，约2019年制		429,400	香港苏富比	2020-07-11
Nina Rindt 精钢计时腕表，约1967年制		158,200	香港苏富比	2020-07-11
Octo Perpetual Calendar Model 型号OQM.Y.50 粉红金万年历腕表，备月相及闰年显示，表壳编号91及121581，约2000年制		146,900	香港苏富比	2020-07-11
Portugieser Automatic 2000 型号5000-001 限量版精钢腕表，备动力储备显示，机芯编号2828439，表壳编号2792473，约2002年制		54,240	香港苏富比	2020-07-11
理查德米勒，独一无二，18K白金及陶瓷长方形镂空腕表，配陀飞轮、动力储存及功能选择，"Tourbillon Extra Flat"，型号RM017，约2017年制		2,712,000	佳士得	2020-07-13
理查德米勒，罕有及瞩目，碳纤维及18K红金镶钻石女装酒桶形半镂空自动上弦腕表，配日历显示及功能切换机构，型号RM037，约2017年制		1,130,000	佳士得	2020-07-13
理查德米勒，极迷人，18K白金镶钻石及蓝宝石自动上弦女装腕表，配日期显示及贝母表盘，型号RM007，约2010年制		692,250	佳士得	2020-11-28
理查德米勒，极瞩目及罕有，白陶瓷及18K红金酒桶形镂空陀飞轮腕表，Tourbillon Skull 亚洲限量版，限量生产，编号03/06，型号RM052-01，约2014年制，附原厂证书		5,325,000	佳士得	2020-11-28
理查德米勒，铝镁合金酒桶形镂空腕表，配中心秒针，Baby Nadal，型号RM035，约2012年制，附原厂证书及盒子		958,500	佳士得	2020-11-28
理查德米勒，钛金属镂空腕表，配陀飞轮、追针计时、动力储存及扭力显示，型号RM008，约2011年制，附原厂证书		2,982,000	佳士得	2020-11-28
ROLEX，OYSTER ROYAL EXTRA PRECISION, REFERENCE 1873 A STAINLESS STEEL WRISTWATCH WITH GAY FRÈRES BAMBOO BRACELET, RETAILED BY BEYER, CIRCA 1930"精钢及粉红金链带腕表，备双色表盘，表壳编号30967，约1934年制		29,380	香港苏富比	2020-07-11
Simplicity 白金腕表，机芯编号167，2011年制		2,034,000	香港苏富比	2020-07-11

(续表)

拍品名称	物品尺寸	成交价RMB	拍卖公司	拍卖日期
Type 1 Slim"Ayrton & Finley"独一无二钛金属自动上弦腕表，备多彩回转表盘及星期显示，由Raymond Ramsden及Ressence设计，为KU Leuven及UZ Leuven大学造福Covid-19研究而制，2020年制		339,000	香港苏富比	2020-07-11
Winch Tourbillon Vertical 型号CAB0128 限量版钛金属垂直陀飞轮镂空腕表，备芝麻链传动系统及蓝宝石，机芯编号059/110，约2010年制		474,600	香港苏富比	2020-07-11
爱彼，Jules Audemars Equation of Time New York 型号25963PT 铂金镂空万年历腕表，备时间等式、月相、闰年及日落日出显示，机芯编号571726，表壳编号E86592，约2015年制		293,800	香港苏富比	2020-07-11
爱彼，Royal Oak Concept CCW1 型号26265FO.OO.D002CR.01 锻碳钛金属及陶瓷半镂空计时腕表，备237小时动力储备及动力描计器，机芯编号720435，表壳编号G58433及58，约2008年制		960,500	香港苏富比	2020-07-11
爱彼，Royal Oak 型号15202ST 精钢链带腕表，备日期显示，机芯编号571946，表壳编号E-93085，约2008年制		226,000	香港苏富比	2020-07-11
爱彼，Royal Oak 型号4100SA 黄金及精钢链带腕表，备日期显示，表壳编号520，约1985年制		90,400	香港苏富比	2020-07-11
爱彼，Royal Oak 型号5402BA 黄金链带腕表，备日期显示，机芯编号225248，表壳编号628，约1982年制		768,400	香港苏富比	2020-07-11
爱彼，Royal Oak 型号5402ST 精钢链带腕表，备日期显示，机芯编号159460，表壳编号B1150及80857，约1976年制		271,200	香港苏富比	2020-07-11
爱彼，黄金腕表，由蒂芙尼发行，机芯编号172402，表壳编号B23996，约1975年制		39,550	香港苏富比	2020-07-11
爱彼，Royal Oak 型号15000ST.OO.0789ST.06 精钢链带腕表，备日期显示，机芯编号565107，表壳编号E99685-2206，约2000年制		96,050	香港苏富比	2020-07-11
爱彼，18K红金自动上弦腕表，配旋转时针，Star Wheel，约1995年制，附盒子		181,050	佳士得	2020-11-28
爱彼，18K金镶钻石及红宝石石英链带腕表，配日历显示，型号56393，约1988年制		73,450	佳士得	2020-07-13
爱彼，18K金镶钻石镂空怀表，配同款18K金镶钻石及珍珠链，约1977年制		149,100	佳士得	2020-11-28
爱彼，18K金镶钻石石英链带腕表，1983年制		73,450	佳士得	2020-07-13
爱彼，18K金镶钻石自动上弦链带腕表，配中心秒针及日历显示，皇家橡树，型号15000，约1999年制，附原厂证书及盒子		117,150	佳士得	2020-11-28
爱彼，18K金自动上弦腕表，配计时功能及日历显示，"Royal Oak Chrnograph"，型号26022BA.OO.D088CR.01，编号1162，约2015年制		180,800	佳士得	2020-07-13
爱彼，铂金镶钻石及蓝宝石链带腕表，型号14555PT，约1996年制		79,100	佳士得	2020-07-13
爱彼，不锈钢镶钻石腕表，配日历显示，皇家橡树，型号67540SK，约2017年制，附原厂证书		106,500	佳士得	2020-11-28
爱彼，不锈钢自动上弦计时腕表，配日历显示，皇家橡树离岸型，型号26170ST，约2010年制，附原厂证书及盒子		90,525	佳士得	2020-11-28
爱彼，不锈钢自动上弦链带腕表，配两地时间、日历显示及动力储存，"Royal Oak"，约1990年制		226,000	佳士得	2020-07-13
爱彼，不锈钢自动上弦链带腕表，配日历显示，"Royal Oak Jumbo"，型号15202ST.OO.0944ST.02，约2014年制		248,600	佳士得	2020-07-13
爱彼，不锈钢自动上弦链带腕表，约1980年制		23,430	佳士得	2020-11-28
爱彼，不锈钢自动上弦腕表，配计时功能及日历显示，皇家橡树离岸型，约1990年制		127,800	佳士得	2020-11-28
爱彼，不锈钢自动上弦腕表，配中心秒针、日历显示及链带，"皇家橡树"型号14990ST，限量生产，约1997年制，附后补证书		191,700	佳士得	2020-11-28
爱彼，不锈钢自动上弦腕表，配中心秒针及日历显示，"Royal Oak"，编号932，约1995年制		96,050	佳士得	2020-07-13
爱彼，不锈钢自动上弦腕表，配中心秒针、日历显示，皇家橡树离岸Boutique Special Edition，限量生产，约2006年制		95,850	佳士得	2020-11-28
爱彼，非常罕有，18K红金镶钻石自动上弦链带腕表，配黑玛瑙表盘，"皇家橡树超薄型"，型号15207OR.OO.1240OR.01，为日本精品店限量生产共30枚，约2020年制		1,356,000	佳士得	2020-07-13
爱彼，非常罕有及极吸引，不锈钢自动上弦链带腕表，配日历显示，"Royal Oak A-Series"，型号5402ST，约1974年制		565,000	佳士得	2020-07-13
爱彼，非常精美，黑陶瓷锻造碳陀飞轮机械腕表，配备计时功能及十日动力储存，型号26265FO，约2010年		1,322,500	华艺国际	2020-10-15
爱彼，非常精美，玫瑰金陀飞轮机械腕表，配备动力储存显示，型号26510OR，约2014年		977,500	华艺国际	2020-12-05
爱彼，罕有，18K金镶钻石及红宝石自动上弦中型链带腕表，"Royal Oak"，编号575，约1995年制		135,600	佳士得	2020-07-13
爱彼，罕有，18K金长方形跳时腕表，配三问功能，"Repetition Minutes"，编号93，约1990年制		316,400	佳士得	2020-07-13
爱彼，罕有，18K金自动上弦镂空腕表，配万年历及月相显示，"Automatique"，编号201，约1998年制		180,800	佳士得	2020-07-13
爱彼，罕有，铂金镶钻石自动上弦链带腕表，配日期显示及黑玛瑙表盘，皇家橡树超薄型，型号15206PT，为日本精品店限量生产共70枚，约2020年制，附原厂证书及盒子		1,065,000	佳士得	2020-11-28
爱彼，罕有，不锈钢自动上弦腕表，配计时功能、日历显示及黄色表盘，"皇家橡树离岸型"，型号25770ST，编号265，约2000年制		124,300	佳士得	2020-07-13
爱彼，罕有，不锈钢自动上弦腕表，配计时功能，日历显示及蓝色表盘，"皇家橡树离岸型"，型号25770ST，编号2250，约2000年制		135,600	佳士得	2020-07-13
爱彼，罕有，不锈钢自动上弦腕表，配计时功能及日历显示，"皇家橡树离岸型"，型号25770ST，编号1441，约2000年制		124,300	佳士得	2020-07-13
爱彼，罕有铂金镶钻石自动上弦腕表，配日历显示，皇家橡树，型号14891PT，约1996年制		170,400	佳士得	2020-11-28
爱彼，罕有及精美，精钢链带机械腕表，配备蓝色表盘，型号15202ST，约2017年		368,000	华艺国际	2020-10-15
爱彼，罕有及吸引，18K白金镶钻石女装椭圆形链带腕表，配蛋白石表盘，型号BC.8447Z421，1977年制		90,400	佳士得	2020-07-13
爱彼，罕有及雅致，18K金镶钻石及红宝石链带女装腕表，型号79213BA，约1990年制		67,800	佳士得	2020-07-13
爱彼，华丽，18K金自动上弦镂空万年历腕表，配月相、闰年显示及链带，皇家橡树 Quantieme Perpetuel，型号25829BA，约2008年制		798,750	佳士得	2020-11-28

(续表)

拍品名称	物品尺寸	成交价RMB	拍卖公司	拍卖日期
爱彼，极罕有，18K白金自动上弦链带腕表，配万年历、月相、闰年显示及红色表盘，"Royal Oak Quantieme Perpetuel"，限量生产，约2019年制		1,977,500	佳士得	2020-07-13
爱彼，极罕有，18K红金镶钻石自动上弦链带腕表，配日历显示及黑玛瑙表盘，皇家橡树超薄型，型号15207OR.OO.1240OR.01，为日本精品店限量生产共30枚，约2020年制，附原厂证书及盒子		958,500	佳士得	2020-11-28
爱彼，极迷人及独一无二，铂金镶钻石及蓝宝石镂空链带腕表，皇家橡树Piece Unique，约1990年制		617,700	佳士得	2020-11-28
爱彼，极迷人及独一无二，铂金镶钻石及绿宝石镂空链带腕表，皇家橡树Piece Unique，约1990年制		639,000	佳士得	2020-11-28
爱彼，精细及罕有，钛金属及碳自动上弦腕表，配计时功能及日历显示，"Royal Oak Offshore Juan Pablo Montoya"，限量生产，编号0256/1000，型号26030IO，约2004年制		158,200	佳士得	2020-07-13
爱彼，钛金属及碳自动上弦计时腕表，配日历 显示，皇家橡树离岸 Juan Pablo Montoya，限量生产，约2004年制		127,800	佳士得	2020-11-28
爱彼，吸引，不锈钢自动上弦腕表，配日、月、星期三历显示及蓝色表盘，"皇家橡树离岸型"，编号041，约1990年制		135,600	佳士得	2020-07-13
爱彼，吸引，不锈钢自动上弦腕表，配日、月、星期三历显示及紫色表盘，"皇家橡树离岸型"，编号149，约1990年制		135,600	佳士得	2020-07-13
爱彼，吸引，不锈钢自动上弦腕表，配日、月、星期三历显示及棕色表盘，"皇家橡树离岸型"，编号188，约1990年制		113,000	佳士得	2020-07-13
爱彼，一表难求，钛金属自动上弦万年历腕表，配月相、闰年显示及链带，型号26609TI，Quantieme Perpetuel China Edition，限量88枚，约2020年制，附原厂证书及盒子		958,500	佳士得	2020-11-28
爱彼，早期、极吸引及非常罕有，18K金自动上弦链带腕表，配日历显示及热带棕色表盘，皇家橡树，型号5402BA，约1977年制，附后补证书		532,500	佳士得	2020-11-28
爱马仕 精美，精钢自动腕表，备日期、星期、月份及月相显示，"Arceau Grande Lune"，型号AR8.810，年份约2017	直径4.3cm	23,676	保利香港	2020-07-08
爱马仕 腕表		18,400	永乐拍卖	2020-08-18
欧米茄，Speedmaster Professional Chronograph 型号3192.30 限量版白金计时链带腕表，为庆祝人类登陆月球25周年而制，机芯编号48311187，表壳编号487/500，1994年制		226,000	香港苏富比	2020-07-11
欧米茄，Speedmaster Professional Moonwatch De Luxe 型号BA 145.022 限量版黄金计时链带腕表，为庆祝"阿波罗XI"登陆月球而制，机芯编号28420.099，表壳编号190，1969年制		361,600	香港苏富比	2020-07-11
欧米茄，Speedmaster 型号2998-1 精钢计时链带腕表，机芯编号17301483，约1959年制		203,400	香港苏富比	2020-07-11
欧米茄，Speedmaster Soft Gray Dial 型号105.003-65 精钢计时链带腕表，机芯编号24537868，1967年制		135,600	香港苏富比	2020-07-11
欧米茄，黄金黑色及绿色珐琅怀表，机芯编号6337800，表壳编号6919752，约1920年制		29,380	香港苏富比	2020-07-11
欧米茄，黄金腕表，机芯编号9338626，表壳编号10155984，约1940年制		18,080	香港苏富比	2020-07-11
欧米茄，双色金黑色及红色珐琅怀表，机芯编号6227164，表壳编号6918914，约1920年制		67,800	香港苏富比	2020-07-11
欧米茄，型号2451 精钢军用计时腕表，为阿根廷空军而制，机芯编号10826494，表壳编号174-1，1949年制		39,550	香港苏富比	2020-07-11
欧米茄，"Speedmaster Speedy Tuesday Ultraman"型号311.12.42.30.01.001 限量版精钢计时腕表，为纪念日本科幻剧《归来的超人》而制，表壳编号78816665及1133/2012，约2018年制		96,050	香港苏富比	2020-07-11
百达翡丽，Calatrava 型号2551 白金链带腕表，机芯编号765955，表壳编号2601869，1958年制		632,800	香港苏富比	2020-07-11
百达翡丽，Calatrava 型号3992 黄金腕表，机芯编号1201149，表壳编号4020831，约1997年制		79,100	香港苏富比	2020-07-11
百达翡丽，Calatrava 型号5115 粉红金腕表，备珐琅表盘，机芯编号1907036，表壳编号4108612，2000年制		113,000	香港苏富比	2020-07-11
百达翡丽，Calatrava 型号570 黄金腕表，机芯编号709999，表壳编号312712，约1960年制		124,300	香港苏富比	2020-07-11
百达翡丽，Celestial 型号5102 铂金及粉红金天文腕表备星体运行及月相盈亏显示，机芯编号5504553，表壳编号4488650，约2010年制		1,469,000	香港苏富比	2020-07-11
百达翡丽，Ellipse "Heures Sautantes"型号3619 白金镶钻石两地时间腕表，机芯编号739764，表壳编号2757173，1975年制		316,400	香港苏富比	2020-07-11
百达翡丽，Ellipse "Heures Sautantes"型号3619/1 白金镶钻石两地时间链带腕表，备黑漆表盘，机芯编号739715，表壳编号2757195，1975年制		452,000	香港苏富比	2020-07-11
百达翡丽，Ellipse 型号3604 黄金腕表，备日期显示，机芯编号1304607，表壳编号2771330，约1975年制		73,450	香港苏富比	2020-07-11
百达翡丽，Ellipse 型号3881 黄金镶钻石镂空腕表，机芯编号1389169，表壳编号551346，约1992年制		146,900	香港苏富比	2020-07-11
百达翡丽，Nautilus "Jumbo"型号3700 精钢链带腕表，备日期显示及棕色表盘，机芯编号1305835，表壳编号536761，约1977年制		734,500	香港苏富比	2020-07-11
百达翡丽，Nautilus 型号3700 精钢链带腕表，备日期显示，由蒂芙尼发行，机芯编号1305263，表壳编号536423，1977年制		1,130,000	香港苏富比	2020-07-11
百达翡丽，Nautilus 型号3710 精钢链带腕表，备日期及动力储备显示，机芯编号3231991，表壳编号4282983，约2005年制		395,500	香港苏富比	2020-07-11
百达翡丽，Nautilus 型号5712 精钢链带腕表，备日期、月相及动力储备显示，机芯编号3173708，表壳编号4376238，约2007年制		474,600	香港苏富比	2020-07-11
百达翡丽，Nautilus 型号5726 精钢年历链带腕表，备月相及24小时显示，机芯编号7162869，表壳编号6265340，约2018年制		565,000	香港苏富比	2020-07-11
百达翡丽，Nautilus 型号5980 精钢飞返计时链带腕表，备日期显示，机芯编号3666205，表壳编号4374306，约2007年制		621,500	香港苏富比	2020-07-11
百达翡丽，Pagoda 型号5500 限量版铂金腕表，为庆祝百达翡丽日内瓦制表中心开幕而制，机芯编号1859144，表壳编号4014095，1997年制		192,100	香港苏富比	2020-07-11
百达翡丽，Pagoda 型号5500 限量版粉红金腕表，为庆祝百达翡丽日内瓦制表中心开幕而制，机芯编号1858329，表壳编号4014240，1997年制		158,200	香港苏富比	2020-07-11
百达翡丽，World Time 型号5131 白金世界时间腕表，备掐丝珐琅表盘，原厂未开封，机芯编号3925208，表壳编号4490959，约2009年制		847,500	香港苏富比	2020-07-11
百达翡丽，百达翡丽软木盒子，为Nautilus而制及由Wempe发行，约1980年制		96,050	香港苏富比	2020-07-11

(续表)

拍品名称	物品尺寸	成交价RMB	拍卖公司	拍卖日期
百达翡丽，World Time 型号5131 粉红金世界时间腕表，备掐丝珐琅表盘，原厂未开封，机芯编号5900656，表壳编号6051916，约2017年制		847,500	香港苏富比	2020-07-11
百达翡丽，World Time 型号5131 黄金世界时间腕表，备掐丝珐琅表盘，机芯编号3925013，表壳编号4483459，约2008年制		565,000	香港苏富比	2020-07-11
百达翡丽，铂金及黄金镶钻石怀表，备珐琅表盘及链带，机芯编号160592，表壳编号261977，1909年制		90,400	香港苏富比	2020-07-11
百达翡丽，粉红金怀表，备24小时显示，由Chronometer Gondolo发行，机芯编号153800，表壳编号257886，1909年制		50,850	香港苏富比	2020-07-11
百达翡丽，粉红金怀表，备Guillaume摆轮及时计证书副本，机芯编号152678，表壳编号257664，约1905年制		73,450	香港苏富比	2020-07-11
百达翡丽，黄金怀表备珐琅表盘，表壳编号13781，1857年制		101,700	香港苏富比	2020-07-11
百达翡丽，黄金计时怀表，备珐琅表盘及纵向小表盘，机芯编号157258，表壳编号407876，1912年制		113,000	香港苏富比	2020-07-11
百达翡丽，精钢及粉红金腕表，机芯编号820371，表壳编号614591，1929年制		50,850	香港苏富比	2020-07-11
百达翡丽，型号2481 黄金腕表，机芯编号708211，表壳编号2607890，约1955年制		90,400	香港苏富比	2020-07-11
百达翡丽，型号2481 黄金腕表，机芯编号710506，表壳编号2630185，1963年制		107,350	香港苏富比	2020-07-11
百达翡丽，型号3573/1 粉红金链带腕表，机芯编号1491035，表壳编号2594058，约1975年制		62,150	香港苏富比	2020-07-11
百达翡丽，型号3574 精钢腕表，机芯编号1154924，表壳编号520342，1970年制		96,050	香港苏富比	2020-07-11
百达翡丽，型号3574 精钢腕表，机芯编号1158415，表壳编号520592，1971年制		84,750	香港苏富比	2020-07-11
百达翡丽，型号3574 精钢腕表，机芯编号1225889，表壳编号524895，1974年制		54,240	香港苏富比	2020-07-11
百达翡丽，型号3718 限量版精钢腕表，为庆祝百达翡丽150周年于日本市场而制，机芯编号1815404，表壳编号2856837，约1989年制		101,700	香港苏富比	2020-07-11
百达翡丽，型号3733/1 白金链带腕表，备玛瑙表盘，机芯编号1324829，表壳编号2767103，1977年制		54,240	香港苏富比	2020-07-11
百达翡丽，型号3796 铂金镶钻石腕表，机芯编号1860697，表壳编号2997436，约1997年制		158,200	香港苏富比	2020-07-11
百达翡丽，型号3939，为型号生产第二枚 黄金三问陀飞轮腕表，备珐琅表盘及宝玑数字，机芯编号1903002，表壳编号2906860，1992年制		2,034,000	香港苏富比	2020-07-11
百达翡丽，型号3969 限量版粉红金腕时腕表，为庆祝品牌诞生150周年而制，机芯编号752639，表壳编号2864502，1989年制		214,700	香港苏富比	2020-07-11
百达翡丽，型号4290 黄金及青金石链带腕表，机芯编号1277738，表壳编号2765631，约1975年制		79,100	香港苏富比	2020-07-11
百达翡丽，型号4398/4 黄金镶青金石及钻石链带腕表套装，备戒指一枚及耳环一对，机芯编号1392397，表壳编号2760707，1978年制		339,000	香港苏富比	2020-07-11
百达翡丽，型号4958/1 白金镶钻石链带腕表，备月相显示及珠母贝表盘，机芯编号3701303，表壳编号4926081，约2009年制		192,100	香港苏富比	2020-07-11
百达翡丽，型号5004 铂金万年历追针计时腕表，备月相、24小时及闰年显示，机芯编号3275126，表壳编号4438408，约2007年制		1,921,000	香港苏富比	2020-07-11

拍品名称	物品尺寸	成交价RMB	拍卖公司	拍卖日期
百达翡丽，型号5055 白金腕表，备日期、月相及动力储备显示，机芯编号3109151，表壳编号4023181，约1998年制		101,700	香港苏富比	2020-07-11
百达翡丽，型号5070 白金计时腕表，原厂保养密封，机芯编号3362270，表壳编号4281069，约2005年制		508,500	香港苏富比	2020-07-11
百达翡丽，型号5076 铂金腕表，备掐丝珐琅表盘，原厂未开封，机芯编号3355313，表壳编号4310490，约2006年制		474,600	香港苏富比	2020-07-11
百达翡丽，型号5076 铂金腕表，备掐丝珐琅表盘，原厂未开封，机芯编号3355314，表壳编号4310485，约2006年制		474,600	香港苏富比	2020-07-11
百达翡丽，型号5076 铂金腕表，备掐丝珐琅表盘，原厂未开封，机芯编号3355315，表壳编号4310505，约2006年制		508,500	香港苏富比	2020-07-11
百达翡丽，型号5076 铂金腕表，备掐丝珐琅表盘，原厂未开封，机芯编号3355316，表壳编号4310495，约2006年制		474,600	香港苏富比	2020-07-11
百达翡丽，型号5078 铂金三问腕表，备黑漆表盘，机芯编号5175920，表壳编号6122593，约2016年制		2,034,000	香港苏富比	2020-07-11
百达翡丽，型号5101 铂金陀飞轮精密时计腕表，备10天动力储备显示，机芯编号3361054，表壳编号4257191，约2006年制		904,000	香港苏富比	2020-07-11
百达翡丽，型号5125 限量版粉红金年历腕表，备月相显示，由WEMPE发行，机芯编号3360470，表壳编号4213653，2003年制		271,200	香港苏富比	2020-07-11
百达翡丽，型号5134 白金两地时间腕表，备24小时显示，由GÜBELIN发行，机芯编号3086778，表壳编号4254988，约2003年制		158,200	香港苏富比	2020-07-11
百达翡丽，型号5140 铂金万年历腕表，备月相、24小时及闰年显示，机芯编号7000382，表壳编号6149955，约2020年制		395,500	香港苏富比	2020-07-11
百达翡丽，型号5565 限量版精钢腕表，为庆祝百达翡丽于2006年重开日内瓦沙龙而制，机芯编号1901678，表壳编号4381608，约2007年制		248,600	香港苏富比	2020-07-11
百达翡丽，型号5930 白金世界时间计时腕表，机芯编号7130731，表壳编号6260168，约2018年制		395,500	香港苏富比	2020-07-11
百达翡丽，型号5960 铂金年历计时腕表，备动力储备显示及昼夜显示，原厂未开封，机芯编号5542394，表壳编号4525156，约2008年制		395,500	香港苏富比	2020-07-11
百达翡丽，型号5975 限量版粉红金多刻度计时腕表，于2014年为庆祝品牌175周年而制，机芯编号5806889，表壳编号6007265，2014年制		384,200	香港苏富比	2020-07-11
百达翡丽，Aquanaut 型号5065 黄金腕表，备日期显示，机芯编号3258316，表壳编号4278888，约2005年制		293,800	香港苏富比	2020-07-11
百达翡丽，Calatrava Cross 一对双色金袖扣，约2015年制		36,160	香港苏富比	2020-07-11
百达翡丽，Calatrava 型号3919 黄金腕表，备灰色表盘，为日本市场而制，机芯编号1897673，表壳编号4260994，约2007年制		124,300	香港苏富比	2020-07-11
百达翡丽，Joaillerie 型号5112 白金镶钻石腕表，机芯编号1899951，表壳编号4341259，2006年制		146,900	香港苏富比	2020-07-11
百达翡丽，Nautilus 型号4700 黄金镶钻石链带腕表，备日期显示，机芯编号1529154，表壳编号2832710，约1988年制		135,600	香港苏富比	2020-07-11
百达翡丽，Nautilus 一对白金镶钻石袖扣，约2015年制		47,460	香港苏富比	2020-07-11

(续表)

拍品名称	物品尺寸	成交价RMB	拍卖公司	拍卖日期
百达翡丽，Twenty~4 型号4914 白金镶钻石及蓝宝石腕表，备珐琅表盘，机芯编号3598767，表壳编号4479516，约2010年制		158,200	香港苏富比	2020-07-11
百达翡丽，型号3940 白金万年历腕表备月相、闰年及昼夜显示，机芯编号3128400，表壳编号4293800，约2006年制		361,600	香港苏富比	2020-07-11
百达翡丽，型号3940 铂金万年历腕表，备月相、24小时、闰年显示及罗马数字表盘，机芯编号3125879，表壳编号4201953，约2003年制		271,200	香港苏富比	2020-07-11
百达翡丽，型号3940 黄金万年历腕表，备月相、24小时、闰年显示及罗马数字表盘，机芯编号3126014，表壳编号4206568，约2009年制		226,000	香港苏富比	2020-07-11
百达翡丽，型号3940 黄金万年历腕表，备月相、闰年及24小时显示，机芯编号771627，表壳编号2866689，1989年制		214,700	香港苏富比	2020-07-11
百达翡丽，型号5020 黄金万年历计时腕表，备月相、24小时及闰年显示，机芯编号3045140，表壳编号2956144，1994年制		1,243,000	香港苏富比	2020-07-11
百达翡丽，型号5041 白金万年历腕表，备月相、24小时及闰年显示，机芯编号3126347，表壳编号4076930，约2004年制		395,500	香港苏富比	2020-07-11
百达翡丽，型号5059 白金万年历腕表，备逆跳日期、月相及闰年显示，机芯编号3236214，表壳编号4232172，约2004年制		248,600	香港苏富比	2020-07-11
百达翡丽，型号5059 黄金万年历腕表，备逆跳日期、月相及闰年显示，机芯编号3235815，表壳编号4179601，约2004年制		203,400	香港苏富比	2020-07-11
百达翡丽，型号5110 铂金世界时间腕表，机芯编号3209878，表壳编号4181354，约2002年制		226,000	香港苏富比	2020-07-11
百达翡丽，型号5130 铂金世界时间腕表，机芯编号3640474，表壳编号4426967，约2007年制		271,200	香港苏富比	2020-07-11
百达翡丽，型号5160 粉红金万年历腕表，备逆跳日期、月相、闰年显示及手工雕刻表壳，机芯编号5750331，表壳编号4621905，约2014年制		1,073,500	香港苏富比	2020-07-11
百达翡丽，型号5204 全新铂金万年历追针计时腕表，备月相、闰年及昼夜显示，机芯编号5253014，表壳编号6135112，约2017年制		1,412,500	香港苏富比	2020-07-11
百达翡丽，型号5270 白金万年历计时腕表，备月相、闰年及昼夜显示，机芯编号5671421，表壳编号4588619，2012年制		678,000	香港苏富比	2020-07-11
百达翡丽，型号5271 铂金镶钻石万年历计时腕表，备月相、闰年及昼夜显示，机芯编号5891136，表壳编号6056673，约2016年制		1,356,000	香港苏富比	2020-07-11
百达翡丽，型号5297 白金镶钻石腕表，备日期显示，机芯编号5853119，表壳编号4668920，约2014年制		169,500	香港苏富比	2020-07-11
百达翡丽，型号5575 全新限量版白金世界时间腕表，备月相显示，为庆祝品牌175周年而制，机芯编号5869697，表壳编号4694595，约2015年制		678,000	香港苏富比	2020-07-11
百达翡丽，型号5959 铂金追针计时腕表，机芯编号3637029，表壳编号4405493，约2007年制		1,921,000	香港苏富比	2020-07-11
百达翡丽，型号5960 白金年历飞返计时腕表，备动力储备及昼夜显示，机芯编号3502824，表壳编号4440335，2007年制		316,400	香港苏富比	2020-07-11
百达翡丽，型号5960 精钢年历飞返计时链带腕表，备动力储备及昼夜显示，机芯编号5885629，表壳编号6044704，约2016年制		293,800	香港苏富比	2020-07-11
百达翡丽，超级复制功能时计系列6104R-001 未经使用 2020制 18K玫瑰金镶钻 自动上弦腕表 日期显示功能，动力储备48小时	表径4cm	3,404,000	保利厦门	2020-09-26

拍品名称	物品尺寸	成交价RMB	拍卖公司	拍卖日期
百达翡丽，非常精美罕有，纪念款一组三件，陶瓷及珐琅碟子，Limoges 2013、2016、2018年制	18.5×18.5cm	11,838	保利香港	2020-07-08
百达翡丽，非常精美罕有，纪念款一组四件，陶瓷及珐琅碟子跟领带一条，Limoges 2009、2011、2012 年制	尺寸不一	11,838	保利香港	2020-07-08
百达翡丽，非常精致，黄金世界时间自动腕表，备掐丝珐琅表盘，"Complications World Time"，型号 5131J-001，年份约2012，附原厂证书及表盒	直径3.8cm	710,266	保利香港	2020-07-08
百达翡丽，经典高雅，玫瑰金世界时间自动腕表	表径3.8cm	253,000	北京保利	2020-10-19
百达翡丽，精美罕有，玫瑰金镶钻石年历自动计时码表，备日期、星期、月份显示及小秒针，原厂双封状态		920,000	北京保利	2020-12-05
百达翡丽，精细，精钢圆八角形自动链带腕表，备日期、月相、动力储存显示及小秒针		437,000	北京保利	2020-12-05
百达翡丽，年份约2007 非常重要及罕有，铂金 三问万年历陀飞轮机械腕表，备逆跳日期、星期、月份、闰年及月相显示	表径3.7cm	3,450,000	北京保利	2020-10-19
百达翡丽，年份约2018 非常精美罕有，白金镶钻石天文自动链带腕表，备日期、星体运行图、月相位置及盈亏、天狼星及月亮中天轨迹显示	表径4.4cm；长度约18cm	4,600,000	北京保利	2020-10-19
百达翡丽，全新精致，白金世界时间自动链带腕表，备掐丝珐琅表盘，"Complications"，型号 5131G-010，年份约2013，附原厂证书及表盒，单封状态	直径3.9cm	968,544	保利香港	2020-07-08
百达翡丽（PATEK PHILIPPE）18K金原装1955年机械表		78,200	西泠印社	2020-08-07
百达翡丽（PATEK PHILPPE）IOS系列18K金古典男士腕表	表径3.1cm	86,250	西泠印社	2020-08-10
百达翡丽，18K白金镶钻石及蓝宝石链带腕表，型号3965/1，1991年制，附原厂证书及盒子		170,400	佳士得	2020-11-28
百达翡丽，18K白金镶钻石自动上弦链带腕表，配中心秒针及日历显示，鹦鹉螺，型号3800，1993年制，附后补证书		319,500	佳士得	2020-11-28
百达翡丽，18K金计时腕表，配脉搏计刻度，型号5170，约2011年制，附原厂证书及盒子		276,900	佳士得	2020-11-28
百达翡丽，18K金长方形腕表，型号1577，1947年制，附后补证书		44,730	佳士得	2020-11-28
百达翡丽，18K白金镂空自动上弦链带腕表，型号5180，约2018年制，附原厂证书及盒子		426,000	佳士得	2020-11-28
百达翡丽，18K白金万年历计时腕表，配月相、24小时及闰年显示，型号3970E，1994年制，附原厂证书及盒子		585,750	佳士得	2020-11-28
百达翡丽，18K白金镶钻石及蓝宝石链带腕表，型号3636/1，1982年制		395,500	佳士得	2020-07-13
百达翡丽，18K白金镶钻石及长形切割绿宝石链带腕表，型号3981/024，约1991年制，附后补证书及盒子		213,000	佳士得	2020-11-28
百达翡丽，18K白金镶钻石女装腕表，型号4972，约2012年制，附原厂证书及盒子		149,100	佳士得	2020-11-28
百达翡丽，18K白金镶钻石腕表，型号5006，1993年制		79,100	佳士得	2020-07-13
百达翡丽，18K白金镶钻石长方形链带腕表，型号3553/2，1984年制		84,750	佳士得	2020-07-13
百达翡丽，18K白金镶钻石正方形女装石英腕表，配贝母表盘，型号4869，2003年制		90,400	佳士得	2020-07-13
百达翡丽，18K白金枕形自动上弦腕表，配年历、中心秒针、月相及24小时显示，"Gondolo Calendario"，型号5135，约2007年制		293,800	佳士得	2020-07-13

(续表)

拍品名称	物品尺寸	成交价RMB	拍卖公司	拍卖日期
百达翡丽，18K白金自动上弦飞返计时腕表，配世界时间显示，型号5930，约2018年制，附原厂证书及盒子		404,700	佳士得	2020-11-28
百达翡丽，18K白金自动上弦腕表，配珐琅表盘，限量生产，双原厂封套，型号5089伦敦纪念版，2015年制，附后补证书		905,250	佳士得	2020-11-28
百达翡丽，18K白金自动上弦腕表，配两地时间，中心秒针，日夜及日历显示，型号5524，Calatrava Pilot Travel Time，约2019年制，附原厂证书及盒子		234,300	佳士得	2020-11-28
百达翡丽，18K白金自动上弦腕表，配世界时间，型号5130，2007年制		192,100	佳士得	2020-07-13
百达翡丽，18K白金自动上弦腕表，配万年历、中心秒针、逆返日历、月相及闰年显示，型号5059，1999年制		226,000	佳士得	2020-07-13
百达翡丽，18K白金自动上弦腕表，配中心秒针，年历、月相及24小时显示，型号5205，约2013年制		214,700	佳士得	2020-07-13
百达翡丽，18K红金怀表，配珐琅表盘，1899年制，附后补证书		53,250	佳士得	2020-11-28
百达翡丽，18K红金怀表，配珐琅表盘及宝玑数字，1904年制，附后补证书		42,600	佳士得	2020-11-28
百达翡丽，18K红金三问怀表，配珐琅表盘，由美国俄亥俄州克利夫兰行Cowell & Hubbard Co.销售，1890年制，附后补证书		127,800	佳士得	2020-11-28
百达翡丽，18K红金腕表，配粉红表盘，型号1491，1947年制，附后补证书		159,750	佳士得	2020-11-28
百达翡丽，18K红金腕表，配万年历、计时功能、月相、闰年及日夜显示，型号5270，2015年制		678,000	佳士得	2020-07-13
百达翡丽，18K红金腕表，型号1509，1950年制		180,800	佳士得	2020-07-13
百达翡丽，18K红金镶钻石自动上弦链带腕表，配年历，24小时显示及中心秒针，型号5037/1，1998年制		180,800	佳士得	2020-07-13
百达翡丽，18K红金自动上弦万年历腕表，配中心秒针、逆返日历、月相及闰年显示，型号5059，约2001年制，附原厂证书及盒子		234,300	佳士得	2020-11-28
百达翡丽，18K红金自动上弦腕表，配年历、飞返计时功能、日夜显示及动力储存，型号5960，约2009年制，附原厂证书及盒子		298,200	佳士得	2020-11-28
百达翡丽，18K红金自动上弦腕表，配日历显示、月相及动力储存，鹦鹉螺，型号57.2，约2009年制，附原厂证书及盒子		426,000	佳士得	2020-11-28
百达翡丽，18K红金自动上弦腕表，配世界时间，型号5130，2007年制		226,000	佳士得	2020-07-13
百达翡丽，18K红金自动上弦腕表，配万年历、中心秒针、逆返日历、月相及闰年显示，型号5059，2000年制		271,200	佳士得	2020-07-13
百达翡丽，18K红金自动上弦腕表，配中心秒针及日历，鹦鹉螺，型号5711，约2009年制，附原厂证书及盒子		447,300	佳士得	2020-11-28
百达翡丽，18K红金自动上弦腕表，配中心秒针及日历显示，型号5296，约2011年制		135,600	佳士得	2020-07-13
百达翡丽，18K金怀表，配珐琅底盖，1923年制，附后补证书		101,175	佳士得	2020-11-28
百达翡丽，18K金及不锈钢自动上弦链带腕表，配中心秒针及日历显示，鹦鹉螺，型号3800，1993年制，附后补证书		202,350	佳士得	2020-11-28
百达翡丽，18K金两地时间腕表，配24小时显示，"Travel Time"，型号5134，2005年制		107,350	佳士得	2020-07-13
百达翡丽，18K金椭圆形链带腕表，"Ellipse"，型号3987/10，1989年制		101,700	佳士得	2020-07-13
百达翡丽，18K金椭圆形链带腕表，配同款袖扣及钥匙圈，型号35481，约1973年制		124,300	佳士得	2020-07-13
百达翡丽，18K金腕表，配万年历、计时功能、月相，闰年及24小时显示，型号5970，约2008年制		904,000	佳士得	2020-07-13
百达翡丽，18K金腕表，配万年历、计时功能、月相、24小时及闰年显示，型号3970E，1991年制		508,500	佳士得	2020-07-13
百达翡丽，18K金腕表，配中心秒针，型号2481，1957年制，附后补证书		101,175	佳士得	2020-11-28
百达翡丽，18K金腕表，配中心秒针，型号2533，1954年制，附后补证书		101,175	佳士得	2020-11-28
百达翡丽，18K金腕表，型号1450，1951年制，附后补证书		90,525	佳士得	2020-11-28
百达翡丽，18K金腕表，型号2407，1947年制		79,100	佳士得	2020-07-13
百达翡丽，18K金镶钻石及红宝石链带腕表，型号3965/1，1989年制		101,700	佳士得	2020-07-13
百达翡丽，18K金镶钻石及蓝宝石自动上弦链带腕表，配日历显示及中心秒针，"NAUTILUS"，型号3800/105，1991年制		248,600	佳士得	2020-07-13
百达翡丽，18K金镶钻石及绿宝石链带腕表，配日历显示，型号3937/313，1993年制，附后补证书及盒子		74,550	佳士得	2020-11-28
百达翡丽，18K金镶钻石自动上弦链带腕表，型号5018/020，1998年制		113,000	佳士得	2020-07-13
百达翡丽，18K金自动上弦年历腕表，配中心秒针、动力储存、月相显示及链带，型号5036/1，约2006年制，附原厂证书及盒子		170,400	佳士得	2020-11-28
百达翡丽，18K金自动上弦年历腕表，配中心秒针、月相及动力储存，型号5146，约2012年制，附原厂证书及盒子		170,400	佳士得	2020-11-28
百达翡丽，18K金自动上弦腕表，配万年历、中心秒针、逆返日历、月相及闰年显示，型号5059，1999年制		214,700	佳士得	2020-07-13
百达翡丽，别具一格及应为独一无二，18K白金镶12颗长形红宝石自动上弦腕表，配日历显示，Aquanaut，型号5063，1997年制，附后补证书		4,153,500	佳士得	2020-11-28
百达翡丽，铂金万年历腕表，配中心秒针、逆返日历、月相及闰年显示，型号5496，约2012年制，附原厂证书、额外底盖及盒子		319,500	佳士得	2020-11-28
百达翡丽，铂金万年历追针计时腕表，配月相、24小时及闰年显示，型号5004，2006年制，附原厂证书、后补证书、额外底盖及盒子		1,491,000	佳士得	2020-11-28
百达翡丽，铂金镶钻石腕表，型号425，1947年制，附后补证书及盒子		138,450	佳士得	2020-11-28
百达翡丽，铂金自动上弦腕表，配年历、飞返计时功能、动力储存及日夜显示，型号5960，2008年制		282,500	佳士得	2020-07-13
百达翡丽，铂金自动上弦腕表，配年历、计时功能及日/夜显示，型号5905，约2016年制		339,000	佳士得	2020-07-13
百达翡丽，不锈钢怀表配中心秒针，由Gübelin销售，1929年制，附后补证书及盒子		69,225	佳士得	2020-11-28
百达翡丽，不锈钢酒桶形腕表，型号3574，1971年制，附后补证书及盒子		117,150	佳士得	2020-11-28
百达翡丽，不锈钢酒桶形腕表，型号3574，1974年制		158,200	佳士得	2020-07-13
百达翡丽，不锈钢链带女装腕表，配日历显示，"Aquanaut"，限量生产，型号4960，为日本市场而制，1998年制		146,900	佳士得	2020-07-13

2020杂项拍卖成交汇总

(续表)

拍品名称	物品尺寸	成交价RMB	拍卖公司	拍卖日期
百达翡丽,不锈钢腕表,型号534,1944年制		90,400	佳士得	2020-07-13
百达翡丽,不锈钢自动上弦枕形链带腕表,配中心秒针及日历显示,"Aquanaut",限量生产,型号5066,为日本市场而制,1998年制		248,600	佳士得	2020-07-13
百达翡丽,不锈钢自动上弦计时腕表,配日历显示及链带,鹦鹉螺,型号5980,约2009年制,附原厂证书及盒子		639,000	佳士得	2020-11-28
百达翡丽,不锈钢自动上弦链带腕表,配年历、中心秒针、月相及24小时显示,"Nautilus",型号5726,约2014年制		542,400	佳士得	2020-07-13
百达翡丽,不锈钢自动上弦链带腕表,配日历显示,"Neptune",型号5080/1,2000年制		79,100	佳士得	2020-07-13
百达翡丽,不锈钢自动上弦链带腕表,配中心秒针,动力储存及日历显示,"Nautilus",型号3710,1998年制		452,000	佳士得	2020-07-13
百达翡丽,不锈钢自动上弦链带腕表,配中心秒针及日历显示,鹦鹉螺,型号5800,2006年制,附原厂证书、后补证书及盒子		372,750	佳士得	2020-11-28
百达翡丽,不锈钢自动上弦年历计时腕表,配日夜显示、动力储存及链带,型号5960,约2015年制,附原厂证书及盒子		426,000	佳士得	2020-11-28
百达翡丽,不锈钢自动上弦腕表,配中心秒针、日历显示及链带,型号5091/1,1999年制,附后补证书		106,500	佳士得	2020-11-28
百达翡丽,不锈钢自动上弦腕表,配中心秒针、日历显示及链带,鹦鹉螺,型号5711,约2015年制,附原厂证书及盒子		426,000	佳士得	2020-11-28
百达翡丽,不锈钢自动上弦腕表,配中心秒针及日历显示,"Aquanaut",型号5065,约2004年制		339,000	佳士得	2020-07-13
百达翡丽,不锈钢自动上弦腕表,配中心秒针及日历显示,Aquanaut,型号5065,约2000年制,附原厂证书		255,600	佳士得	2020-11-28
百达翡丽,不锈钢自动上弦腕表,配中心秒针及日历显示,Aquanaut,型号5065,约2001年制,附原厂证书		276,900	佳士得	2020-11-28
百达翡丽,超卓及非常罕有,铂金镶长方形钻石腕表,配蒂芙尼链带,型号2496,由蒂芙尼销售,1959年制,附后补证书		511,200	佳士得	2020-11-28
百达翡丽,独特及极罕有,18K白金镶钻石长方形链带腕表,配两地时间及黑玛瑙表盘,型号4404/4,1978年制		621,500	佳士得	2020-07-13
百达翡丽,独特及应为独一无二,18K双色金镶钻石及蓝宝石链带女装腕表,型号4131/1,1966年制		474,600	佳士得	2020-07-13
百达翡丽,独一无二,钛金属自动上弦酒桶形腕表,配大教堂钟声三问及年历,型号5033,2003年制		13,673,000	佳士得	2020-07-13
百达翡丽,非常罕有,18K白金镶钻石自动上弦腕表,配掐丝珐琅表盘,型号5077,约2014年制		734,500	佳士得	2020-07-13
百达翡丽,非常罕有,18K白金自动上弦腕表,配年历、中心秒针、月相显示及蓝色表盘,型号5205,为百达翡丽苏黎世Beyer精品店5周年而制,2016年制		1,130,000	佳士得	2020-07-13
百达翡丽,非常罕有,18K红金腕表,配粉红表盘,型号540,1941年制		113,000	佳士得	2020-07-13
百达翡丽,非常罕有,18K红金自动上弦腕表,配大教堂钟声三问功能、万年历、月相、24小时及闰年显示,型号5074,约2015年制		3,692,840	佳士得	2020-07-13
百达翡丽,非常罕有,18K金腕表,配万年历、计时功能及月相显示,型号1518,1944年制		3,150,440	佳士得	2020-07-13

拍品名称	物品尺寸	成交价RMB	拍卖公司	拍卖日期
百达翡丽,非常罕有,18K金酒桶形自动上弦腕表,配三问功能、万年历、逆返日历、月相、闰年显示及黑面,型号5013,1999年制		2,147,000	佳士得	2020-07-13
百达翡丽,非常罕有,18K金腕表,配万年历、计时功能及月相显示,型号2499第三期,1976年制		2,486,000	佳士得	2020-07-13
百达翡丽,非常罕有,18K金自动上弦万年历腕表,配逆返日历、闰年显示、月相、黑色表盘及宝玑数字,型号5050,2008年制,附原厂证书、后补证书、额外底盖及盒子		585,750	佳士得	2020-11-28
百达翡丽,非常罕有,18K金自动上弦腕表,配大教堂钟声三问功能、万年历、月相、24小时及闰年显示,型号5074,约2002年制		2,316,500	佳士得	2020-07-13
百达翡丽,非常罕有,18K金自动上弦腕表,配三问功能、万年历、24小时、闰年及月相显示,型号3974,1991年制		2,599,000	佳士得	2020-07-13
百达翡丽,非常罕有,铂金腕表,配追针计时功能、黑色珐琅表盘及宝玑数字,型号5370,约2018年制		1,243,000	佳士得	2020-07-13
百达翡丽,非常罕有,铂金长方形腕表,配陀飞轮及10天动力储存,型号5101,2007年制		1,017,000	佳士得	2020-07-13
百达翡丽,非常罕有,铂金长方形腕表,型号425,由蒂芙尼销售,1942年制		226,000	佳士得	2020-07-13
百达翡丽,非常罕有,不锈钢腕表,型号3417,由古柏林销售,1966年制		203,400	佳士得	2020-07-13
百达翡丽,非常罕有,不锈钢枕形腕表,配追针计时功能,型号5950,约2011年制,附原厂证书、额外底盖及盒子		2,130,000	佳士得	2020-11-28
百达翡丽,非常罕有,不锈钢自动上弦腕表,配中心秒针、日历、链带及独特的石灰色表盘,鹦鹉螺,型号3800,2000年制,附原厂证书、后补证书及盒子		404,700	佳士得	2020-11-28
百达翡丽,非常罕有,不锈钢自动上弦腕表,型号3444,1962年制		124,300	佳士得	2020-07-13
百达翡丽,非常罕有及独特,18K红金腕表,型号1584,1945年制		73,450	佳士得	2020-07-13
百达翡丽,非常罕有及高度吸引人,铂金镶钻石自动上弦腕表,配掐丝珐琅表盘,型号5077P-089,约2015年制		791,000	佳士得	2020-07-13
百达翡丽,非常罕有及吸引人,18K金自动上弦腕表,配万年历及月相显示,型号3448,1972年制		1,186,500	佳士得	2020-07-13
百达翡丽,非常罕有及吸引人,18K红金自动上弦腕表,配原装18K红金Gay Freres链带及奶油色珐琅表盘,型号2526,1954年制		768,400	佳士得	2020-07-13
百达翡丽,非常罕有及卓越,18K金镶钻石及绿宝石自动上弦链带腕表,配中心秒针及日历显示,"Nautilus",型号3800/108,1996年制		1,017,000	佳士得	2020-07-13
百达翡丽,非常精美,白金机械腕表,配备世界时菜单盘,型号5230G,约2018年		253,000	华艺国际	2020-10-15
百达翡丽,非常精美,铂金年历机械腕表,配备银白色月相显示表盘,型号5496P,约2014年制		437,000	华艺国际	2020-12-05
百达翡丽,非常精美及独特,双签名精钢机械腕表,配备月相及动力储存显示,型号5712/1A,由蒂芙尼销售,约2018年制		1,610,000	华艺国际	2020-10-15
百达翡丽,非常精美及罕有,白金机械腕表,配备掐丝珐琅表盘,型号5075G-021,约2004年		529,000	华艺国际	2020-12-05
百达翡丽,非常精美及罕有,双色金机械腕表,配备日历、月相显示表盘及动力储存显示,型号5712GR,约2013年制		437,000	华艺国际	2020-12-05

(续表)

拍品名称	物品尺寸	成交价RMB	拍卖公司	拍卖日期
百达翡丽，非常精细及罕有，18K红金长方形腕表，型号1593，1948年制		180,800	佳士得	2020-07-13
百达翡丽，非常精细及极罕有，18K红金腕表，配万年历及月相显示，型号1526，1951年制		2,260,000	佳士得	2020-07-13
百达翡丽，非凡及独一无二，铂金三问万年历镂空腕表，配逆返日历、月相及闰年显示，型号5103，2004年制，附后补证书及盒子		7,574,280	佳士得	2020-11-28
百达翡丽，罕有，18K白金镂空自动上弦链带腕表，型号5180，约2011年制		406,800	佳士得	2020-07-13
百达翡丽，罕有，18K白金自动上弦腕表，配两地时间、中心秒针、日历及日夜显示，"Advanced Research Aquanaut Travel Time"，型号5650，约2017年制		1,695,000	佳士得	2020-07-13
百达翡丽，罕有，18K红金酒桶型跳时腕表，为纪念百达翡丽150周年而制，限量生产，型号3969，1989年制		180,800	佳士得	2020-07-13
百达翡丽，罕有，18K红金腕表，配万年历、计时功能、月相、24小时及闰年显示，型号5970，约2005年制		1,017,000	佳士得	2020-07-13
百达翡丽，罕有，18K红金腕表，型号1513，由Hausmann & Co.销售，1947年制		135,600	佳士得	2020-07-13
百达翡丽，罕有，18K红金自动上弦腕表，配世界时间及掐丝珐琅表盘，"World Time"，型号5131R，双原厂封套，约2016年制		1,073,500	佳士得	2020-07-13
百达翡丽，罕有，18K金计时腕表，型号1579，1949年制		904,000	佳士得	2020-07-13
百达翡丽，罕有，18K金腕表，配计时功能，型号130，约1945年制		339,000	佳士得	2020-07-13
百达翡丽，罕有，18K金腕表，配万年历、中心秒针及月相显示，型号2497第一期，1954年制		1,808,000	佳士得	2020-07-13
百达翡丽，罕有，18K金镶钻石及红宝石石英链带腕表，型号3962/1，1988年制		113,000	佳士得	2020-07-13
百达翡丽，罕有，18K金镶钻石女装链带腕表，型号3361，1968年制		73,450	佳士得	2020-07-13
百达翡丽，罕有，18K金长方形腕表，配黑色表盘，型号555，1938年制，附后补证书		85,200	佳士得	2020-11-28
百达翡丽，罕有，18K金自动上弦链带腕表，配日历显示及中心秒针，"Nautilus"，型号3800，1995年制		271,200	佳士得	2020-07-13
百达翡丽，罕有，18K金自动上弦腕表，配多重刻度计时功能，为纪念百达翡丽175周年限量生产，型号5975，约2014年制，附原厂证书及盒子		340,800	佳士得	2020-11-28
百达翡丽，罕有，18K腕表，配卷云形表耳及粉色表盘，型号1491，1948年制		107,350	佳士得	2020-07-13
百达翡丽，罕有，铂金及18K白金镶钻石链带腕表，型号2484，1956年制		395,500	佳士得	2020-07-13
百达翡丽，罕有，铂金腕表，配三问功能、瞬跳万年历、陀飞轮、闰年、月相及日夜显示，型号5207，约2010年制		3,909,800	佳士得	2020-07-13
百达翡丽，罕有，铂金腕表，配万年历、追针计时功能、月相、闰年及日夜显示，型号5204，约2013年制		1,525,500	佳士得	2020-07-13
百达翡丽，罕有，铂金镶钻石万年历计时腕表，配月相、24小时及闰年显示，型号5971，约2007年制，附原厂证书及盒子		1,810,500	佳士得	2020-11-28
百达翡丽，罕有，铂金镶钻石长方形腕表，型号5007，1988年制		203,400	佳士得	2020-07-13
百达翡丽，罕有，不锈钢两地时腕表，配中心秒针、日夜及日历显示，庆祝新加坡钟表艺术大展限量生产，型号7234，Calatrava飞行家旅行时间，约2019年制，附原厂证书及盒子		340,800	佳士得	2020-11-28

拍品名称	物品尺寸	成交价RMB	拍卖公司	拍卖日期
百达翡丽，罕有，不锈钢腕表，型号3466，1963年制		271,200	佳士得	2020-07-13
百达翡丽，罕有，不锈钢自动上弦链带腕表，配动力储存、月相及日历显示，鹦鹉螺，型号3712，约2005年制，附原厂证书及盒子		692,250	佳士得	2020-11-28
百达翡丽，罕有，不锈钢自动上弦链带腕表，配中心秒针及日历显示，"Nautilus"，型号3800/1，1993年制		192,100	佳士得	2020-07-13
百达翡丽，罕有，不锈钢自动上弦链带腕表，配中心秒针及日历显示，型号5800，2008年制		565,000	佳士得	2020-07-13
百达翡丽，罕有，一套两枚铂金腕表，Golden Ellipse，型号5738及3738，纪念Golden Ellipse 腕表诞生四十周年限量生产，配18K白金袖扣及18镶钻石和蓝宝石项链，约2008年制		585,750	佳士得	2020-11-28
百达翡丽，罕有18K白金镶钻石自动上弦天文腕表，配星空图表、月相及月亮轨迹显示、天狼星及月亮中天及日历显示，型号6104，2012年制，附后补证书及盒子		2,875,500	佳士得	2020-11-28
百达翡丽，罕有18K红金酒桶形跳时腕表，为纪念百达翡丽150周年而限量生产，型号3969，1989年制，附盒子及后补证书		213,000	佳士得	2020-11-28
百达翡丽，罕有18K红金长方形腕表，配陀飞轮及十天动力储存，型号5101，约2014年制，附原厂证书及盒子		1,011,750	佳士得	2020-11-28
百达翡丽，罕有18K金自动上弦天文腕表，配星空图表、月相及月亮轨迹显示、天狼星及月亮中天，Celestial，型号5102，约2008年制，附原厂证书、后补证书		1,278,000	佳士得	2020-11-28
百达翡丽，罕有铂金自动上弦腕表，配掐丝珐琅表盘，型号5077，约2011年制，附原厂证书及盒子		639,000	佳士得	2020-11-28
百达翡丽，罕有铂金自动上弦腕表，配掐丝珐琅及贝母表盘，型号5077，约2013年制，附原厂证书及盒子		692,250	佳士得	2020-11-28
百达翡丽，罕有及大码，18K金腕表，配中心秒针，型号2481，1963年制		90,400	佳士得	2020-07-13
百达翡丽，罕有及吸引人，18K红金自动上弦腕表，配年历、中心秒针、月相及24小时显示，型号5396，2014年制		361,600	佳士得	2020-07-13
百达翡丽，罕有及雅致，18K金自动上弦腕表，配日历显示，型号3514，1964年制		96,050	佳士得	2020-07-13
百达翡丽，罕有，铂金镶钻石及玛瑙女装腕表，1922年制，附原厂证书、后补证书及盒子		122,475	佳士得	2020-11-28
百达翡丽，华丽及应是独一无二，18K金镶钻石女装珊瑚链带腕表，型号4363/2，1976年制，附后补证书		639,000	佳士得	2020-11-28
百达翡丽，极罕有，18K金腕表，配三问功能，型号2524/1，1955年制		5,537,000	佳士得	2020-07-13
百达翡丽，极罕有，铂金镶钻石自动上弦腕表，配日历显示，型号3445，1964年制，附后补证书		852,000	佳士得	2020-11-28
百达翡丽，极罕有，铂金枕形腕表，配万年历、单按钮追针计时功能，月相、日夜及闰年显示，型号5951P-001，约2013年制		2,599,000	佳士得	2020-07-13
百达翡丽，极罕有，铂金枕形腕表，配万年历、追针计时功能，月相、日夜及闰年显示，型号5951，约2012年制，附原厂证书及盒子		2,556,000	佳士得	2020-11-28
百达翡丽，极罕有及非常重要，铂金腕表，配三问功能、万年历、陀飞轮、逆返日历及月相显示及宝玑字，型号5016，1994年制		3,367,400	佳士得	2020-07-13

(续表)

拍品名称	物品尺寸	成交价RMB	拍卖公司	拍卖日期
百达翡丽，极罕有及高度吸引，18K白金自动上弦腕表，配珐琅表盘，型号2526，1958年制，附后补证书		3,301,500	佳士得	2020-11-28
百达翡丽，极罕有及雅致，18K红金自动上弦链带腕表，型号3435，1966年制		146,900	佳士得	2020-07-13
百达翡丽，极罕有及重要，18K红金自动上弦腕表，配三问功能及宝玑数字，限量生产，为纪念百达翡丽新厂房成立而制，型号5029，1997年制，附原厂证书、后补证书及盒子		2,982,000	佳士得	2020-11-28
百达翡丽，极具历史价值及非常重要，18K金万年历计时腕表，配Charles Stern定制独一无二红宝石刻度及三分钟通电话提示刻度表盘，型号1518，1945年制，附后补证书		7,369,800	佳士得	2020-11-28
百达翡丽，极吸引及应为独一无二的18K金自动上弦万年历腕表，配月相显示、红宝石刻度及链带，型号3448/8，1965年制，附后补证书		4,260,000	佳士得	2020-11-28
百达翡丽，精美，白金镶钻机械腕表，配170颗圆形钻石，月相及年历显示，型号4936G，约2010年		253,000	华艺国际	2020-10-15
百达翡丽，精美及罕有，精钢机械腕表，型号3800/1A，约1990年代		264,500	华艺国际	2020-10-15
百达翡丽，精细，18K白金自动上弦腕表，配中心秒针，年历、月相及24小时显示，型号5205，约2010年制		361,600	佳士得	2020-07-13
百达翡丽，精细，18K红金镶钻石自动上弦腕表，配中心秒针及日历颢示，型号5108，2009年制		169,500	佳士得	2020-07-13
百达翡丽，精细及非常罕有，铂金自动上弦腕表，配多重刻度计时功能，为纪念百达翡丽175周年而限量生产，型号5975，2014年制		1,073,500	佳士得	2020-07-13
百达翡丽，精细及非常罕有，铂金自动上弦腕表，配年历、中心秒针、动力储存、月相显示、Silinvar材质Spiromax摆轮游丝及Pulsomax擒纵系统，型号5450，2009年制		474,600	佳士得	2020-07-13
百达翡丽，难以置信及应为独一无二，18K双色金三角形腕表，配链带及镶钻石青金石表盘，型号4359/1，1975年制，附原厂证书、后补证书及盒子		585,750	佳士得	2020-11-28
百达翡丽，品相极佳，难能可贵，18K白金自动上弦万年历腕表，配月相显示，型号3448，1966年制，附后补证书及盒子		7,881,000	佳士得	2020-11-28
百达翡丽，十分罕有，18K红金怀表，配计时功能，配粉红表盘及垂直辅助表盘，型号685，1941年制，附后补证书		202,350	佳士得	2020-11-28
百达翡丽，十分罕有，18K红金怀表，配镶红宝石珐琅表盘，绘有沙地阿拉伯国王肖像，型号600/1，1956年制，附原厂证书及盒子		266,250	佳士得	2020-11-28
百达翡丽，十分罕有，18K金镶钻石自动上弦腕表，配中心秒针、日历及链带，鹦鹉螺，型号3800/004，1988年制，附原厂证书、后补证书及盒子		276,900	佳士得	2020-11-28
百达翡丽，唯一一块铂金万年历追针计时腕表，配月相、24小时、闰年显示及银色表盘镶钻石时标，型号5004，约1998年制，附原厂证书和额外底盖		2,449,500	佳士得	2020-11-28
百达翡丽，唯一一块及非常精美，18K红金可拆式链带腕表，配镶红宝石珐琅表盘，型号2481，1955年制，附后补证书		1,331,250	佳士得	2020-11-28
百达翡丽，精美，18K金镶虎眼石及青金石女装链带腕表，型号4229/1，1974年制，附后补证书		447,300	佳士得	2020-11-28
百达翡丽，精美及罕有，18K白金自动上弦链带腕表，配日历显示，型号3445，1970年制		96,050	佳士得	2020-07-13
百达翡丽，应为独一无二，18K金镶绿宝石怀表，配动力储存，绿珐琅表盘，宝玑数字及同款18K金链，型号982/117，2010年制		1,243,000	佳士得	2020-07-13
百达翡丽，应为独一无二及吸引，18K红金腕表，配粉红表盘，型号1549，由蒂芙尼销售，1942年制		226,000	佳士得	2020-07-13
百达翡丽，重要，铂金三问怀表，配宝玑数字，1929年制，配后补证书		234,300	佳士得	2020-11-28
百达翡丽，重要及非常罕有，铂金自动上弦天文腕表，配星空图表、月相及月亮轨迹显示、天狼星、月亮中天及日历显示，"CELESTIAL"，型号6102，约2014年制		1,469,000	佳士得	2020-07-13
百达翡丽，重要及应为独一无二，18K红金自动上弦腕表，配三问、万年历、月相、24小时、闰年及独特的镶红宝石表盘，型号3974，1992年制，附原厂证书、额外底盖和后补证书		6,040,680	佳士得	2020-11-28
百达翡丽，瞩目，18K红金镶长方形钻石自动上弦腕表，配日历显示、动力储存及月相显示，鹦鹉螺，型号5724，配钱夹及钥匙扣，2009年制，附原厂证书、后补证书及盒子		1,278,000	佳士得	2020-11-28
百达翡丽，瞩目及非常罕有，铂金双表盘腕表，配十二项功能包括大教堂钟声三问功能，陀飞轮，万年历，逆返日历，月相，恒星时间，星空图，"SKY MOON TOURBILLON"，型号5002，约2012年制		8,737,160	佳士得	2020-07-13
百达翡丽，瞩目及非常罕有，铂金镶红宝石万年历计时腕表，配月相、闰年和日夜显示，型号5271，约2015年制，附原厂证书		2,023,500	佳士得	2020-11-28
百年灵，Top Time 型号2004 黄金计时腕表，表壳编号1168410，约1960年制		31,640	香港苏富比	2020-07-11
宝格丽，18K金镶钻石链带腕表，约2010年制		106,500	佳士得	2020-11-28
宝玑，Classique 型号5140 白金腕表，备珐琅表盘，表壳编号4090BE，约2010年制		67,800	香港苏富比	2020-07-11
宝玑，Tourbillon Messidor 型号5335 铂金镂空陀飞轮腕表，机芯编号5100，表壳编号3076，约2008年制		452,000	香港苏富比	2020-07-11
宝玑，Classique 型号5277 白金腕表，备动力储备显示，约2018年制		73,450	香港苏富比	2020-07-11
宝玑，"Classique" "Grande Complication" 型号5347 PT 11 9ZU 铂金镂空双重陀飞轮腕表，约2009年制		1,356,000	香港苏富比	2020-07-11
宝玑，非常精美，玫瑰金双陀飞轮机械腕表，"Classique Complications"，型号5347BR/11/9ZU，约2019年制，附原厂证书及表盒	直径4.4cm	1,291,392	保利香港	2020-07-08
宝玑，精美，钛金属自动链带计时秒表，备小秒针，"Transatlantique Type XX"，型号3820，约2012年制，附原厂证书及表盒	直径3.9cm；长16.0cm	18,295	保利香港	2020-07-08
宝玑，优雅，女装玫瑰金镶钻石鹅蛋形自动腕表，"Reine De Naples"，型号8928BR/8D/944/DD0D，约2018年制	3.3cm×2.5cm	129,139	保利香港	2020-07-08
宝玑，18K白金自动上弦链带腕表，配日历，动力储存及月相显示，型号3130，约2000年制		146,900	佳士得	2020-07-13
宝玑，非常精美，黄金芝麻链陀飞轮机械腕表，配备偏心时分显示，型号7047BA		747,500	华艺国际	2020-10-15
宝玑，精美，黄金机械腕表，配备白色巴黎钉表盘，型号5157BA		74,750	华艺国际	2020-10-15
宝玑，精细及罕有，18K金腕表，配三问功能及24小时显示，型号3637，约2000年制		361,600	佳士得	2020-07-13

（续表）

拍品名称	物品尺寸	成交价RMB	拍卖公司	拍卖日期
宝玑，吸引，18K白金镶钻石及绿宝石自动上弦链带腕表，配中心秒针及日历显示，"Horloger de la Marine"，约1995年		158,200	佳士得	2020-07-13
宝玑，吸引，18K红金自动上弦半镂空腕表，配动力储存、日历及月相显示，型号3135BR/00/286，约2000年制		158,200	佳士得	2020-07-13
宝路华(BULOVA)钻石手链式女表	表径1.4×15.cm	11,500	西泠印社	2020-08-10
宝珀，18K金镶钻石及彩虹宝石女装自动上弦腕表，约1990年制		62,150	佳士得	2020-07-13
宝诗龙，应为独一无二及瞩目，18K白金镶钻石女装链带腕表，配贝母表盘，2008年制		511,200	佳士得	2020-11-28
播威，Fleurier 型号FL0147 白金腕表，备日式漆绘表盘，表壳编号D810.0004359，约2007年制		96,050	香港苏富比	2020-07-11
伯爵，Gouverneur 型号GOA38117 限量版白金镶钻石陀飞轮腕表，备月相显示，表壳编号P10963及No. 06，约2018年制		2,203,500	香港苏富比	2020-07-11
伯爵，型号9040 D 80 黄金链带金币腕表，表壳编号217569，约1970年制		271,200	香港苏富比	2020-07-11
伯爵，型号9330 A6 白金镶钻石链带腕表，备孔雀石表盘，表壳编号135251，约1975年制		90,400	香港苏富比	2020-07-11
伯爵，"Polo Tourbillon Relatif 型号P10376 白金陀飞轮腕表，表壳编号985449，约2013年制		395,500	香港苏富比	2020-07-11
伯爵，18K白金镶蓝宝石及钻石链带腕表，约2001年制，附原厂证书		170,400	佳士得	2020-11-28
伯爵，18K白金镶钻石链带腕表，约1998年制		234,300	佳士得	2020-11-28
伯爵，18K白金镶钻石自动上弦链带腕表，配黑玛瑙表盘，约1982年制		63,900	佳士得	2020-11-28
伯爵，18K白金镶钻石自动上弦腕表，配贝母表盘，型号P10124，约2004年制		113,000	佳士得	2020-07-13
伯爵，独一无二，18K白金镶钻石及蓝、绿宝石菱形石英腕表，配计时功能及日历显示，型号14457，1998年制		361,600	佳士得	2020-07-13
伯爵，罕有，18K白金镶钻石腕表，配装饰表盘，"Altiplano"，限量生产，编号30/38，约2014年制		135,600	佳士得	2020-07-13
伯爵，罕有及瞩目，18K金镶钻石及蓝宝石椭圆形女装腕表，配青金石表盘，型号9390 N19，1971年制		101,700	佳士得	2020-07-13
伯爵，极罕有，18K白金镶钻石及蓝宝石半镂空腕表，"Altiplano"，型号GOA41244，限量生产，编号0/08，约2017年制		452,000	佳士得	2020-07-13
伯爵，瞩目，18K白金镶钻石及蓝宝石长方形自动上弦腕表，配贝母表盘，"Black Tie Emperador"，型号18906，约2002年制		124,300	佳士得	2020-07-13
铂金配K金及钻石女装腕表		24,077	天成国际	2020-07-07
铂金配钻石"Casablanca Diamants"腕表，Franck Muller		63,475	天成国际	2020-07-07
戴比尔斯，精致，镀金沙漏计时，备浮动钻石，年份约为2000年	直径7cm；高15cm	45,199	保利香港	2020-07-08
帝舵，罕有，不锈钢自动上弦腕表，配中心秒针及表冠护肩，"Submariner"，型号7928，约1957年制		90,400	佳士得	2020-07-13
蒂芙尼(TIFFANY&CO)，定制款百达翡丽机芯怀表	表径4.3cm	17,250	西泠印社	2020-08-10
梵克雅宝 约2017年 罕有精密，玫瑰金自动腕表，配太阳系、日期、月份、年份及24小时显示	表径4.4cm	920,000	北京保利	2020-10-19

拍品名称	物品尺寸	成交价RMB	拍卖公司	拍卖日期
梵克雅宝 优雅写意，白金镶梯形钻石，五分二问机械腕表，备彩绘珐琅表面，"诗意复杂功能系列"，"Midnight Poetic Wish"，型号VCARO8T300，约2013年制，附原厂证书及表盒	直径4.3cm	1,399,008	保利香港	2020-07-08
梵克雅宝(Van Cleef & Arpels)18K金石英表		94,300	西泠印社	2020-08-07
高珀富斯，Philippe Dufour及Michel Boulanger，极罕有及重要，18K白金半镂空腕表，配陀飞轮，'Le Garde Temps - Naissance D' Une Montre'，限量生产，编号06/11，约2016年制		6,187,880	佳士得	2020-07-13
格拉夫 约2012年制 非常瑰丽及罕有，限量版玫瑰金镶钻石及祖母绿双陀飞轮两地时间机械腕表，备共重超过30克拉钻石镶嵌	表径4.7cm	4,140,000	北京保利	2020-10-19
古柏林(Gubelin)18K金镶钻石珍珠机械表		28,750	西泠印社	2020-08-07
海瑞温斯顿 瑰丽精美，女装铂金镶钻石链带腕表，约2010年制	直径3cm；长18cm	419,702	保利香港	2020-07-08
海瑞温斯顿(HARRY WINSTON)全球限量版铂金男士腕表	表径30cm	172,500	西泠印社	2020-08-10
海瑞温斯顿，18K白金镶钻石腕表，配月相及日历显示，Midnight，型号MIDQMP39-2，约2015年制，附原厂证书及盒子		138,450	佳士得	2020-11-28
海瑞温斯顿及Vianney Halter，独特及非常罕有，18K红金腕表，配数字时间及日历显示，"Opus 3"，型号OPUMHD36RR001，限量生产，编号03/25，约2013年制		1,130,000	佳士得	2020-07-13
豪门世家(SARCAR)18K白金及黄金马饰女士腕表	表径3.1cm	34,500	西泠印社	2020-08-10
豪雅，不锈钢计时腕表，型号73663，约1972年制		85,200	佳士得	2020-11-28
豪雅，不锈钢两地时计时腕表，Autavia GMT，型号2446C，约1969年制		85,200	佳士得	2020-11-28
豪雅，不锈钢自动上弦腕表，配计时功能、日历显示及Gay Freres链带，"Autavia"，型号1163，约1970年制		107,350	佳士得	2020-07-13
豪雅，大码及独特，不锈钢枕形自动上弦腕表，配计时功能、日历显示及旋转标尺测量计表圈，"Calculator"，约1975年制		14,690	佳士得	2020-07-13
豪雅，独特及大码，不锈钢自动上弦腕表，配计时功能及日历显示，"Montreal"，型号110503B，约1974年制		18,080	佳士得	2020-07-13
积家，Atmos Du Millénaire Marqueterie 型号5523101 细木雕嵌镀金时计，备千年历及月相，机芯编号703793，外壳编号50，约2002年制		271,200	香港苏富比	2020-07-11
积家，Reverso 四季之春 型号276.1.62 限量版黄金可翻转腕表，备珐琅表盘及彩绘珐琅肖像，表壳编号1912000及25/25，约1996年制		271,200	香港苏富比	2020-07-11
积家，Reverso 四季之冬 型号276.1.62 限量版黄金可翻转腕表，备珐琅表盘及彩绘珐琅肖像，表壳编号1912001及25/25，约1996年制		271,200	香港苏富比	2020-07-11
江诗丹顿，222 型号46004 精钢链带腕表，备日期显示，表壳编号549253，约1977年制		84,750	香港苏富比	2020-07-11
江诗丹顿，Overseas 精钢链带腕表，备日期显示，表壳编号741229，约1996年制		54,240	香港苏富比	2020-07-11
江诗丹顿，精美，白金机械腕表，备小秒针，"Traditionnelle"，型号82172/000G-9383，年份约2019，附原厂证书及表盒	直径3.8cm	66,722	保利香港	2020-07-08

(续表)

拍品名称	物品尺寸	成交价RMB	拍卖公司	拍卖日期
江诗丹顿，精美别致，女装白金镶钻石不对称形腕表，"1972"，型号25510/000G-9160，约2019年制，附原厂证书及表盒	2.2cm×4.5cm	107,616	保利香港	2020-07-08
江诗丹顿，精致罕有，黄金二十美元金币机械腕表，备隐藏表盘，约1980年制	直径3.5cm	43,046	保利香港	2020-07-08
江诗丹顿奇趣特别，限量版白金，手工雕刻微缩面具自动腕表，备日期及星期显示，"艺术大师面具系列"，限量生产25枚，约2017年制，附原厂证书及表盒	直径3.8cm	538,080	保利香港	2020-07-08
江诗丹顿（VACHERON & CONSTANTIN）马耳他系列女士腕表		20,700	西泠印社	2020-08-07
江诗丹顿，18K白金镶钻石及蓝宝石链带腕表，约1981年制		63,900	佳士得	2020-11-28
江诗丹顿，18K白金镶钻石腕表，配动力储存，月相显示及贝母表盘，型号83570，约2016年制		135,600	佳士得	2020-07-13
江诗丹顿，18K金怀表，配珐琅表盘，1909年制		27,690	佳士得	2020-11-28
江诗丹顿，18K双色金镶钻石链带腕表，由宝格丽销售，约1972年制		170,400	佳士得	2020-11-28
江诗丹顿，触目及瑰丽，18K白金镶钻石链带长方形腕表，"Lord Kalla"，约1987年制		1,356,000	佳士得	2020-07-13
江诗丹顿，非常罕有，18K红金镂空腕表，配陀飞轮及动力储存，型号38/100，限量生产，编号38/100，1995年制		474,600	佳士得	2020-07-13
江诗丹顿，罕有，不锈钢酒桶形女装石英链带腕表，型号222，约1980年制		39,550	佳士得	2020-07-13
江诗丹顿，罕有及精美，玫瑰金计时机械腕表，配备银白色记速刻度表盘，型号4178，约1945年制		437,000	华艺国际	2020-10-15
江诗丹顿，罕有及精美，18K红金腕表，配牛角形表耳，型号4361，1947年制		73,450	佳士得	2020-07-13
江诗丹顿，罕有及精美，18K红金腕表，配中心秒针及镜面表盘，型号4986，1957年制		90,400	佳士得	2020-07-13
江诗丹顿，罕有及雅致，18K白金镶钻石女装链带腕表，配黑玛瑙表盘，型号18742，1972年制		90,400	佳士得	2020-07-13
江诗丹顿，极罕有及精美，18K金自动上弦腕表，配掐丝珐琅表盘，"Birds of America"，型号43060/000J，约1999年制		248,600	佳士得	2020-07-13
江诗丹顿，极罕有及精美，18K金自动上弦腕表，配掐丝珐琅表盘，"Birds of America"，型号43060/2，约1999年制		226,000	佳士得	2020-07-13
江诗丹顿，精美，精钢机械腕表，配备年历显示双色调表盘，型号3100V/000A-B425，约2018年		138,000	华艺国际	2020-10-15
江诗丹顿，精细，18K红金腕表，配计时功能、测距计及测速计，"Malte"，型号47120，约2010年制		158,200	佳士得	2020-07-13
江诗丹顿，应为独一无二、瑰丽及非常罕有，18K白金镶钻石椭圆形挂表，型号53701，配青金石表盘，1977年制		135,600	佳士得	2020-07-13
捷克豹，限量及独特，白金及碳纤维陀飞轮机械腕表，配备超长31日动力储存，系列及型号Quenttin，约2006年		1,150,000	华艺国际	2020-10-15
精钢及钻石HEURE H小码手表附亮面黑色短吻鳄皮表带	2.1cm×2.1cm; 12.5cm-15cm	62,150	佳士得	2020-07-10
精致吸引，双色玫瑰金及精钢圆八角形自动链带计时码表，备日期显示及小秒针，"Nautilus"，型号5980/1AR，年份约 2019，附原厂证书及表盒	4.05cm×4.05cm; 长19.5cm	710,266	保利香港	2020-07-08
卡地亚丨Baignoire Allongée 型号2486 粉红金镶钻石腕表，表壳编号10202PX，约1998年制		180,800	香港苏富比	2020-07-11
卡地亚丨Baignoire 型号3174 白金镶钻石腕表，表壳编号25382NX 3174，约2010年制		361,600	香港苏富比	2020-07-11
卡地亚丨Crash 粉红金腕表，表壳编号1994 33及A111 383，约1994年制		621,500	香港苏富比	2020-07-11
卡地亚丨Le Cirque Animalier De Cartier Panther 型号HPI00338 限量版白金镶钻石及绿宝石腕表，备隐藏式黑珐琅表盘，表壳编号3238M及052/100，约2010年制		519,800	香港苏富比	2020-07-11
卡地亚丨Panthère Ajouree De Cartier 型号HPI00656 白金镶钻石及珐琅腕表，表壳编号52530TX，约2017年制		418,100	香港苏富比	2020-07-11
卡地亚丨Panthère De Cartier 型号C2437 黄金镶钻石链带腕表，表壳编号8057915，约2008年制		73,450	香港苏富比	2020-07-11
卡地亚丨Panthère 型号8057815C 黄金镶钻石及珐琅链带腕表，表壳编号05733，约2000年制		96,050	香港苏富比	2020-07-11
卡地亚丨Rotonde de Cartier Astrocalendaire 限量版铂金陀飞轮万年历腕表，备闰年显示，表壳编号3509及14/100，约2014年制		542,400	香港苏富比	2020-07-11
卡地亚丨黄金镶钻石及黄钻石链带腕表，链带备珍珠及玛瑙，表壳编号810042405，约1990年制		79,100	香港苏富比	2020-07-11
卡地亚丨型号 HPC000011 限量版黄金神秘怀表，表壳编号734450及3/150，约1997年制		146,900	香港苏富比	2020-07-11
卡地亚 精美，女装白金镶钻石自动腕表，"Ballon Bleu de Cartier"，年份约2018	直径4cm	118,378	保利香港	2020-07-08
卡地亚，18K白金镶钻石石英腕表，配贝母表盘，"Libre Temps Moderne De Cartier"，约2014年制		180,800	佳士得	2020-07-13
卡地亚，18K白金镶钻石自动上弦链带腕表，配中心秒针，"Pasha"，型号2765，约2005年制		248,600	佳士得	2020-07-13
卡地亚，18K白金镶钻石自动上弦链带腕表，配中心秒针，"Pasha"，约1995年制		84,750	佳士得	2020-07-13
卡地亚，18K白金镶钻石自动上弦链带腕表，配中心秒针及日历显示，"Pasha"，约1997 年制		84,750	佳士得	2020-07-13
卡地亚，18K白金镶钻石自动上弦链带腕表，配中心秒针及日历显示，"Pasha de Cartier"，约1995年制		113,000	佳士得	2020-07-13
卡地亚，18K红金镶钻石酒桶形腕表，配单按钮计时功能，"Tortue Chronograph"，型号2661G，约2005年制		113,000	佳士得	2020-07-13
卡地亚，18K红金镶钻石腕表，Ronde Louis，约2015年制		63,900	佳士得	2020-11-28
卡地亚，18K金非对称腕表，为纪念1999 年澳门回归限量生产，Tank Asymetrique，约1999年制		138,450	佳士得	2020-11-28
卡地亚，18K金椭圆形怀表，配日晷及指南针，1965年制		73,450	佳士得	2020-07-13
卡地亚，18K金镶钻石酒桶形女装链带腕表，Tortue，约1990年制，附盒子		85,200	佳士得	2020-11-28
卡地亚，18K金镶钻石自动上弦腕表，配中心秒针，日历显示及贝母表盘，"Pasha"，型号2401，约1998年制		73,450	佳士得	2020-07-13

(续表)

拍品名称	物品尺寸	成交价RMB	拍卖公司	拍卖日期
卡地亚，18K金长方形腕表，Tank，约1970年制		319,500	佳士得	2020-11-28
卡地亚，18K金自动上弦链带腕表，配三问，万年历，月相及闰年显示，"Pasha"，型号W30012，约1990年制		293,800	佳士得	2020-07-13
卡地亚，非常罕有及瞩目，18K白金镶钻石及绿宝石链带腕表，High Jewellery，约2015年制，附盒子		1,491,000	佳士得	2020-11-28
卡地亚，罕有，18K白金镶钻石酒桶形链带腕表，"Tortue"，型号2497，约2010年制		361,600	佳士得	2020-07-13
卡地亚，罕有，18K红金镶钻石腕表，配陀飞轮，"Ballon Bleu"，型号3349，约2015年制		271,200	佳士得	2020-07-13
卡地亚，罕有，白水晶镶钻石怀表，配珐琅表圈，约1928年制		62,150	佳士得	2020-07-13
卡地亚，极罕有，18K白金半镂空陀飞轮腕表，"Collection Privée Pasha"，限量生产，型号2406，编号16/20－1999，约1999年制		248,600	佳士得	2020-07-13
卡地亚，极罕有，18K白金镶钻石自动上弦腕表，配中心秒针及掐丝珐琅表盘，"Pasha"，限量生产，编号16/20，型号2495，约2001年制		146,900	佳士得	2020-07-13
卡地亚，极罕有，18K白金镶钻石自动上弦腕表，配中心秒针及掐丝珐琅表盘，"Pasha"，限量生产，编号17/20，型号2495，约2001年制		203,400	佳士得	2020-07-13
卡地亚，极罕有，18K金镶钻石自动上弦腕表，配中心秒针及掐丝珐琅表盘，"Pasha"，限量生产，编号05/10，型号2469，约1999年制		146,900	佳士得	2020-07-13
卡地亚，十分罕有，18K白金镶钻石非对称女装腕表，限量生产，Crash，约2006 年制		447,300	佳士得	2020-11-28
卡地亚，吸引，18K红金镶钻石酒桶形腕表，"Tortue"，型号2498，约2000年制		67,800	佳士得	2020-07-13
卡地亚及European Watch & Clock | 铂金装饰风艺术怀表，备双色表盘及链带，表壳编号11513，约1925年制		36,160	香港苏富比	2020-07-11
卡雷拉（Carrera y Carrera）经典手系列石英表		20,700	西泠印社	2020-08-07
昆仑，约2010年 非常瑰丽及罕有，限量版白金镶钻石及蓝宝石镂空陀飞轮机械腕表	表径4.6cm	1,380,000	北京保利	2020-10-19
昆仑，18K红金镶钻石镂空女装腕表，Golden Bridge，约2010年制		117,150	佳士得	2020-11-28
昆仑，精美及罕有，黄金机械腕表，配备金币表盘，型号04.0020		60,950	华艺国际	2020-12-05
朗格 | Cabaret 型号808.033 白金镶钻石腕表，备日期显示，机芯编号17031，表壳编号132581，约2008年制		158,200	香港苏富比	2020-07-11
朗格 | Lange 1 Tourbillon 限量版铂金陀飞轮腕表，备日期及动力储备显示，机芯编号16149，表壳编号129375及125/150，约2001年制		452,000	香港苏富比	2020-07-11
朗格 | Lange 1 型号101.039 白金链带腕表，备日期、动力储备显示、归零系统及夜光指针，机芯编号73730，表壳编号197910，约2011年制		293,800	香港苏富比	2020-07-11
朗格 | Lange 1 型号116.021 黄金两地时间腕表，备日期、动力储备及昼夜显示，机芯编号50505，表壳编号160386，约2010年制		180,800	香港苏富比	2020-07-11
朗格 | Lange 31 型号130.025 全新铂金腕表，备日期、动力储备显示及归零装置，机芯编号69802，表壳编号179823，约2007年制		452,000	香港苏富比	2020-07-11
朗格，粉红金精密计时怀表，备原厂证书及时计证书，表壳编号33645，约1895年制		79,100	香港苏富比	2020-07-11
朗格，罕有，18K红金腕表，配飞返计时功能及特大日历显示，"Datograph Flyback"，型号403.031，约2000年制		565,000	佳士得	2020-07-13
朗格，罕有，铂金腕表，配飞返计时功能及特大日历显示，"Datograph Flyback"，型号403.035，约2001年制		316,400	佳士得	2020-07-13
朗格，精美，白金机械腕表，配备黑色表盘及6点钟小秒针，SAXONIA系列		92,000	华艺国际	2020-10-15
浪琴（LONGINES）18K金镶钻石蓝宝石机械表		66,700	西泠印社	2020-08-07
劳力士，Air King 型号5501 黄金及精钢链带腕表，由蒂芙尼发行，表壳编号9444494，约1987年制		36,160	香港苏富比	2020-07-11
劳力士，Bombé 型号6090 黄金腕表，表壳编号730102，约1952年制		24,860	香港苏富比	2020-07-11
劳力士，Cosmograph Daytona "Inverted 6" 型号16518 黄金镶钻石计时腕表，表壳编号N436471，约1991年制		158,200	香港苏富比	2020-07-11
劳力士，Cosmograph Daytona 型号116506 铂金计时链带腕表，备Cerachrom外圈，表壳编号288CN710，约2013年制		452,000	香港苏富比	2020-07-11
劳力士，Cosmograph Daytona 型号116520 精钢计时链带腕表，备橘色表盘，表壳编号P884240，约2000年制		1,243,000	香港苏富比	2020-07-11
劳力士，Cosmograph Daytona 型号116520 精钢计时链带腕表，备奶白色表盘，表壳编号P672120，约2000年制		248,600	香港苏富比	2020-07-11
劳力士，Cosmograph Daytona 型号116520 精钢计时链带腕表，表壳编号Z262610，约2006年制		158,200	香港苏富比	2020-07-11
劳力士，Cosmograph Daytona 型号116520 全新精钢计时链带腕表，表壳编号F265365，约2004年制		192,100	香港苏富比	2020-07-11
劳力士，Cosmograph Daytona 型号116520 全新精钢计时链带腕表，表壳编号Z207787，约2006年制		192,100	香港苏富比	2020-07-11
劳力士，Cosmograph Daytona 型号116568H 黄金镶钻石计时链带腕表，备珠母贝表盘，表壳编号V487492，约2009年制		497,200	香港苏富比	2020-07-11
劳力士，Cosmograph Daytona 型号116599 白金镶钻石计时腕表，表壳编号M385999，约2007年制		474,600	香港苏富比	2020-07-11
劳力士，Cosmograph Daytona 型号16516 极具历史价值及独特铂金计时腕表，备青金石表盘，表壳编号A171132，约1999年制		22,939,000	香港苏富比	2020-07-11
劳力士，Cosmograph Daytona 型号16520 精钢计时链带腕表，备试验表盘，表壳编号U644912，约1998年制		452,000	香港苏富比	2020-07-11
劳力士，Cosmograph Daytona 型号16520 精钢计时链带腕表，表壳编号L347898，约1988年制		305,100	香港苏富比	2020-07-11
劳力士，Cosmograph Daytona 型号16520 精钢计时链带腕表，表壳编号T952177，约1996年制		180,800	香港苏富比	2020-07-11
劳力士，Cosmograph Daytona 型号16520 精钢计时链带腕表，表壳编号U710190，约1997年制		203,400	香港苏富比	2020-07-11

(续表)

拍品名称	物品尺寸	成交价RMB	拍卖公司	拍卖日期
劳力士，Cosmograph Daytona 型号6240 精钢计时链带腕表，表壳编号1658525，约1968年制		452,000	香港苏富比	2020-07-11
劳力士，Cosmograph Daytona 型号6263 极为重要精钢计时链带腕表，备UAE古莱什之鹰表盘，为穆罕默德·本·拉希德·阿勒马克图姆而制，表壳编号4137690，约1976年制		2,034,000	香港苏富比	2020-07-11
劳力士，Cosmograph Daytona ""Beach"" 型号116519 白金计时腕表，备珠母贝表盘，表壳编号P578136，约2000年制		226,000	香港苏富比	2020-07-11
劳力士，Cosmograph Daytona "Big Red" 型号6263 精钢计时链带腕表，表壳编号6198406，约1979年制		508,500	香港苏富比	2020-07-11
劳力士，Datejust 型号116199 白金镶钻石及宝石腕表，备日期显示，表壳编号V023511，约2009年制		248,600	香港苏富比	2020-07-11
劳力士，Datejust 型号16030 精钢链带腕表，备日期显示，为阿曼之苏丹王而制，表壳编号5686527，约1979年制		135,600	香港苏富比	2020-07-11
劳力士，Datejust 型号16078 黄金链带腕表，表壳编号5239074，约1978年制		50,850	香港苏富比	2020-07-11
劳力士，Datejust 型号68279B 三色金链带腕表，备日期显示，表壳编号W500781，约1995年制		45,200	香港苏富比	2020-07-11
劳力士，Day-Date 型号118209 白金链带腕表，备日期、星期显示及珠母贝表盘，表壳编号Y469943，约2002年制		158,200	香港苏富比	2020-07-11
劳力士，Day-date 型号1803 黄金链带腕表，备日期及星期显示，为阿曼之苏丹王而制，由ASPREY发行，表壳编号2684113，约1974年制		339,000	香港苏富比	2020-07-11
劳力士，Day-Date 型号1803 黄金镶钻石链带腕表，备日期显示及红色表盘，表壳编号5174941，约1977年制		316,400	香港苏富比	2020-07-11
劳力士，Day-Date 型号18038 黄金镶钻石链带腕表，备日期、星期显示及绿色表盘，表壳编号8383267，约1984年制		248,600	香港苏富比	2020-07-11
劳力士，Day-Date 型号18238 黄金链带腕表，备日期及星期显示，表壳编号E199255，约1990年制		113,000	香港苏富比	2020-07-11
劳力士，Daytona 型号6239 精钢计时链带腕表，表壳编号1192431，约1965年制		271,200	香港苏富比	2020-07-11
劳力士，Explorer II 型号1655 精钢链带腕表，备日期及24小时显示，表壳编号7429185，约1983年制		180,800	香港苏富比	2020-07-11
劳力士，Explorer II 型号1655 精钢两地时间链带腕表，备日期显示，表壳编号5872451，约1979年制		107,350	香港苏富比	2020-07-11
劳力士，Explorer II 型号16550 精钢链带腕表，备日期显示及奶白色表盘，表壳编号8399162，约1984年制		158,200	香港苏富比	2020-07-11
劳力士，Explorer 型号14270 精钢链带腕表，由Van Cleef & Arpels发行，表壳编号W861488，约1995年制		47,460	香港苏富比	2020-07-11
劳力士，GMT-Master "Long E"" 型号1675 精钢两地时间链带腕表，表壳编号2961203，约1972年制		169,500	香港苏富比	2020-07-11
劳力士，GMT-Master II 型号116759 SARU 白金镶钻石、蓝宝石及红宝石两地时间链带腕表，备日期显示，表壳编号V743389，约2009年制		429,400	香港苏富比	2020-07-11
劳力士，GMT-Master II 型号16710T 精钢两地时间链带腕表，备日期显示，表壳编号D672003，约2006年制		135,600	香港苏富比	2020-07-11

拍品名称	物品尺寸	成交价RMB	拍卖公司	拍卖日期
劳力士，GMT-Master II 型号16710T 精钢两地时间链带腕表，备日期显示，表壳编号F004141，约2003年制		84,750	香港苏富比	2020-07-11
劳力士，GMT-Master II "Pepsi" 型号126710BLRO 全新精钢两地时间链带腕表，备日期显示，表壳编号NE193849，约2019年制		135,600	香港苏富比	2020-07-11
劳力士，GMT-Master 型号1675 精钢两地时间链带腕表，备日期显示，表壳编号2999634，约1972年制		146,900	香港苏富比	2020-07-11
劳力士，GMT-Master 型号1675 精钢两地时间链带腕表，备日期显示，表壳编号2999896，约1972年制		124,300	香港苏富比	2020-07-11
劳力士，GMT-Master "Long E" 型号1675 精钢两地时间链带腕表，表壳编号2334787，约1970年制		113,000	香港苏富比	2020-07-11
劳力士，Jumbo Daytona 型号6239 精钢计时链带腕表，备棕色小表盘，表壳编号1600117，约1967年制		361,600	香港苏富比	2020-07-11
劳力士，Oyster Quartz Day-Date 型号19018 黄金链带腕表，备日期及星期显示，机芯编号0125976，表壳编号9723331，约1986年制		101,700	香港苏富比	2020-07-11
劳力士，Oyster Quartz Day-Date 型号19018N 黄金链带腕表，备日期显示，表壳编号9721724，约1987年制		84,750	香港苏富比	2020-07-11
劳力士，Precision 型号9007 粉红金腕表，表壳编号373，约1950年制		22,600	香港苏富比	2020-07-11
劳力士，Sea-Dweller 型号16660 精钢链带腕表，备日期显示，由蒂芙尼发行，表壳编号8354665，约1984年制		226,000	香港苏富比	2020-07-11
劳力士，Submariner 型号1680 精钢链带腕表，备日期显示，表壳编号5063720，约1978年制		84,750	香港苏富比	2020-07-11
劳力士，Submariner 型号168000 精钢链带腕表，备日期显示，表壳编号R242665，约1988年制		73,450	香港苏富比	2020-07-11
劳力士，Submariner 型号5508 精钢腕表，备感叹号表盘，表壳编号763383，约1962年制		73,450	香港苏富比	2020-07-11
劳力士，Submariner 型号5512 精钢链带腕表，表壳编号1667262，约1967年制		124,300	香港苏富比	2020-07-11
劳力士，Submariner 型号5512 精钢链带腕表，表壳编号3796771，约1974年制		124,300	香港苏富比	2020-07-11
劳力士，Submariner 型号5513 精钢链带腕表，表壳编号2940717，约1972年制		107,350	香港苏富比	2020-07-11
劳力士，Submariner 型号5513 精钢链带腕表，表壳编号9415360，约1986年制		73,450	香港苏富比	2020-07-11
劳力士，Submariner "At the top" 型号5513 精钢链带腕表，表壳编号7167446，约1982年制		96,050	香港苏富比	2020-07-11
劳力士，Submariner "Explorer Dial" 型号5513 精钢链带腕表，表壳编号1170517，约1964年制		542,400	香港苏富比	2020-07-11
劳力士，Submariner "Feet First" 型号5513 精钢链带腕表，表壳编号1359162，约1964年制		96,050	香港苏富比	2020-07-11
劳力士，Submariner "Kermit Flat 4" 型号16610T 精钢链带腕表，备日期显示，表壳编号F726188，约2004年制		158,200	香港苏富比	2020-07-11
劳力士，精钢及粉红金链带腕表，备双色表盘，表壳编号30967，约1934年制		29,380	香港苏富比	2020-07-11

(续表)

拍品名称	物品尺寸	成交价RMB	拍卖公司	拍卖日期
劳力士，型号6036 精钢全日历计时腕表，表壳编号847031，约1952年制		1,356,000	香港苏富比	2020-07-11
劳力士，型号813 粉红金腕表，表壳编号477804，约1960年制		45,200	香港苏富比	2020-07-11
劳力士，Blue Deepsea Seadweller 型号116660 精钢链带腕表，备日期显示，为纪念 James Cameron 之单人深潜创举而制，附带证书及盒子授以 James Cameron 的亲笔签名，表壳编号E78S1626，约2017年制		214,700	香港苏富比	2020-07-11
劳力士，"Comex" Sea-Dweller 型号16660 精钢链带腕表，备日期显示，表壳编号8559338及3143，约1985年制		768,400	香港苏富比	2020-07-11
劳力士，"Double Red" Sea-Dweller 型号1665 精钢链带腕表，备日期显示，表壳编号3583882，约1972年制		214,700	香港苏富比	2020-07-11
劳力士，"Double Red" Sea-Dweller 型号1665 精钢链带腕表，备日期显示，由劳力士赠送予潜水员Allan E. Witcombe，表壳编号3745847，约1975年制		361,600	香港苏富比	2020-07-11
劳力士，"Single Red" Submariner 型号1680 精钢链带腕表，备日期显示，表壳编号3409013，约1973年制		124,300	香港苏富比	2020-07-11
劳力士，"Thunderbird" Datejust 型号1625 精钢链带腕表，备日期显示及白金圈片，表壳编号1065591，约1964年制		24,860	香港苏富比	2020-07-11
劳力士，非常罕有，精钢链带机械腕表，配备"Double Red"表盘，型号1665，约1975年制		345,000	华艺国际	2020-10-15
劳力士，精钢自动链带腕表，备日期显示，"Submariner"，型号16610，约2004年制	直径4cm；长16.5cm	43,046	保利香港	2020-07-08
劳力士，精美，黄金镶钻石自动链带腕表，备日期显示，"Datejust"，型号68278，约1988年制	直径3.1cm；长16.5cm	40,894	保利香港	2020-07-08
劳力士，精美，精钢镶钻石自动链带腕表，备日期显示，"Datejust"，型号16234，约1990年制	直径3.6cm；长16.5cm	30,132	保利香港	2020-07-08
劳力士，精美，精钢自动链带腕表，备日期显示，"Sea Dweller"，型号16660，约1985年制	直径3.9cm；长17cm	80,712	保利香港	2020-07-08
劳力士，精美，玫瑰金自动链带计时秒表，备小秒针及测速计，"Cosmograph Daytona"，型号116505，约2017年制	直径3.6cm；长17.5cm	204,470	保利香港	2020-07-08
劳力士，精致吸引，玫瑰金镶钻石及彩色蓝宝石自动链带计时码表，备小秒针		2,760,000	北京保利	2020-12-05
劳力士(ROLEX)手链式钻石女表	表径1.5cm×1.5cm	10,350	西泠印社	2020-08-10
劳力士，18K白金自动上弦计时腕表，配镶钻石及方纳石表盘，迪通拿，型号116519，约2006年制		276,900	佳士得	2020-11-28
劳力士，18K白金自动上弦腕表，配中心秒针、星期及日历，Day-Date，型号1803，约1963年制，附原厂证书及盒子		95,850	佳士得	2020-11-28
劳力士，18K红金自动上弦链带计时腕表，迪通拿，型号116505，约2012年制，附原厂证书及盒子		276,900	佳士得	2020-11-28
劳力士，18K金镶钻石及蓝宝石自动上弦链带腕表，配中心秒针、星期及日历显示，Day-Date，型号18388，约1991年制		319,500	佳士得	2020-11-28
劳力士，18K白金镶钻石自动上弦链带腕表，配中心秒针，星期及日历显示，"Day-Date"，型号1804，约1975年制		226,000	佳士得	2020-07-13

拍品名称	物品尺寸	成交价RMB	拍卖公司	拍卖日期
劳力士，18K白金自动上弦计时腕表，配粉红贝母表盘，Daytona Beach，型号116519，约2001年制		234,300	佳士得	2020-11-28
劳力士，18K白金自动上弦计时腕表，配镶钻石及红色石榴石表盘，迪通拿，型号116519，约2008年制		319,500	佳士得	2020-11-28
劳力士，18K白金自动上弦两地时腕表，配中心秒针、日历显示及链带，GMT-Master II，型号116719BLRO，约2014年制，附原厂证书及盒子		234,300	佳士得	2020-11-28
劳力士，18K白金自动上弦腕表，配中心秒针、星期及日历显示，"Day-Date"，型号1803，约1973年制		84,750	佳士得	2020-07-13
劳力士，18K白金自动上弦腕表，配中心秒针及日历显示，"Datejust"，型号1601，约1965年制		96,050	佳士得	2020-07-13
劳力士，18K红金自动上弦计时腕表，迪通拿，型号116515，约2012年制		191,700	佳士得	2020-11-28
劳力士，18K红金自动上弦年历腕表，配两地时间及中心秒针，"Sky-Dweller"，型号326135，约2013年制		214,700	佳士得	2020-07-13
劳力士，18K红金自动上弦腕表，配中心秒针及日历显示，Yacht Master，型号116655，约2016年制		159,750	佳士得	2020-11-28
劳力士，18K金镶钻石及红宝石自动上弦腕表，配中心秒针、星期、日历及链带，Day-Date，型号18038，约1980年制		106,500	佳士得	2020-11-28
劳力士，18K金镶钻石自动上弦链带腕表，配计时功能，"迪通拿"，型号116568BR，约2019年制		452,000	佳士得	2020-07-13
劳力士，18K金镶钻石自动上弦链带腕表，配中心秒针，星期及日历显示，"Day-Date"，型号18238，约1991年制		135,600	佳士得	2020-07-13
劳力士，18K金自动上弦链带腕表，配计时功能，"迪通拿"，型号16528，约1996年制		203,400	佳士得	2020-07-13
劳力士，18K金自动上弦链带腕表，配中心秒针，星期及日历显示，"Day-Date"，型号18388，约1990年制		169,500	佳士得	2020-07-13
劳力士，18K金自动上弦链带腕表，配中心秒针、日历显示及贝母表盘，"Yacht Master"，型号16628B，约2002年制		158,200	佳士得	2020-07-13
劳力士，18K金自动上弦链带腕表，配中心秒针及日历显示，"Submariner"，型号16808，约1984年制		146,900	佳士得	2020-07-13
劳力士，18K金自动上弦两地时腕表，配中心秒针、日历显示及链带，GMT-Master II，型号116718，约2005年制		234,300	佳士得	2020-11-28
劳力士，18K金自动上弦年历链带腕表，配两地时间及中心秒针，"SKY-DWELLER"，型号326938，约2013年制		226,000	佳士得	2020-07-13
劳力士，铂金镶蓝宝石及钻石腕表，配中心秒针、日期及日历显示，Day-date，型号18346，约1996年制，附原厂证书及盒子		340,800	佳士得	2020-11-28
劳力士，铂金镶钻石自动上弦链带腕表，配中心秒针，星期及日历显示，"Day-Date"，型号118346，约2001年制		180,800	佳士得	2020-07-13
劳力士，铂金镶钻石自动上弦女装链带腕表，配中心秒针及日历显示，"Datejust"，型号179136，约2001年制		107,350	佳士得	2020-07-13
劳力士，铂金自动上弦计时链带腕表，迪通拿，型号116506，约2015年制，附原厂证书及盒子		479,250	佳士得	2020-11-28

(续表)

拍品名称	物品尺寸	成交价RMB	拍卖公司	拍卖日期
劳力士,不锈钢腕表,配计时功能,"迪通拿",型号6265,约1975年制		452,000	佳士得	2020-07-13
劳力士,不锈钢镶钻石自动上弦链带腕表,配中心秒针及日历,Datejust,型号178274,约2015年制		42,600	佳士得	2020-11-28
劳力士,不锈钢自动上弦计时腕表,配链带,迪通拿,型号 116520,约2016年制,附原厂证书及盒子		213,000	佳士得	2020-11-28
劳力士,不锈钢自动上弦计时腕表,配链带及跌字表盘,迪通拿,型号16520,约1988 年制,附原厂证书及盒子		532,500	佳士得	2020-11-28
劳力士,不锈钢自动上弦计时腕表,配链带及四行字表盘,迪通拿,型号16520,约1990年制,附原厂证书及盒子		479,250	佳士得	2020-11-28
劳力士,不锈钢自动上弦链带计时腕表,迪通拿,型号116520,约2010年制,附原厂证书及盒子		170,400	佳士得	2020-11-28
劳力士,不锈钢自动上弦链带计时腕表,配奶油色表盘,迪通拿,型号116520,约2001年制,附原厂证书及盒子		415,350	佳士得	2020-11-28
劳力士,不锈钢自动上弦链带腕表,配两地时间,中心秒针及日历显示,"Explorer II Steve Mcqueen",型号1655,约1984年制		180,800	佳士得	2020-07-13
劳力士,不锈钢自动上弦链带腕表,配两地时间,中心秒针及日历显示,"GMT Master",型号1675,约1980年制		113,000	佳士得	2020-07-13
劳力士,不锈钢自动上弦链带腕表,配中心秒针,"Explorer",型号1016,约1983年制		113,000	佳士得	2020-07-13
劳力士,不锈钢自动上弦链带腕表,配中心秒针,Milgauss,型号116400GV,约2008年制,附原厂证书及盒子		69,225	佳士得	2020-11-28
劳力士,不锈钢自动上弦链带腕表,配中心秒针、日历显示及氦气排放阀,Deepsea,型号116660,约2017年制,附原厂证书及盒子		101,175	佳士得	2020-11-28
劳力士,不锈钢自动上弦两地时腕表,配中心秒针、日历显示及链带,Explorer II,型号16550,约1985年制,附盒子		149,100	佳士得	2020-11-28
劳力士,不锈钢自动上弦两地时腕表,配中心秒针、日历显示及链带,GMT Master II,型号116710LN,约2007年制		90,525	佳士得	2020-11-28
劳力士,不锈钢自动上弦腕表,配中心秒针、日历显示、氦气排放阀及链带,型号116660,约2008年制,附原厂证书及盒子		85,200	佳士得	2020-11-28
劳力士,不锈钢自动上弦腕表,配中心秒针、日历显示及链带,Submariner,型号16610,约2008年制		69,225	佳士得	2020-11-28
劳力士,不锈钢自动上弦腕表,配中心秒针、日历显示及链带,Submariner,型号16610LV,约2004年制		127,800	佳士得	2020-11-28
劳力士,触目及十分罕有,18K金镶钻石及蓝宝石自动上弦腕表,配中心秒针、日历显示及链带,Lady Datejust,型号6906,约1979年制		298,200	佳士得	2020-11-28
劳力士,独一无二及极富吸引,不锈钢链带腕表,配计时功能及热带棕色表盘,'迪通拿',型号6263,约1971年制		2,034,000	佳士得	2020-07-13
劳力士,非常罕有,18K白金自动上弦链带腕表,配中心秒针,星期,日历显示及木表盘,"Day-Date",型号18039,约1981年制		316,400	佳士得	2020-07-13

拍品名称	物品尺寸	成交价RMB	拍卖公司	拍卖日期
劳力士,非常罕有,18K金自动上弦链带腕表,配中心秒针、日历显示及黑玛瑙表盘,"Submariner",型号16618,约1991年制		474,600	佳士得	2020-07-13
劳力士,非常罕有,18K金自动上弦腕表,配中心秒针、星期、日历显示及珊瑚表盘,"Day-Date",型号18038,约1982年制		621,500	佳士得	2020-07-13
劳力士,非常罕有,不锈钢链带腕表,配计时功能及保罗纽曼表盘,"宇宙计型迪通拿保罗纽曼",型号6239,约1969年制		1,469,000	佳士得	2020-07-13
劳力士,非常罕有,精钢链带机械腕表,配备"Rail Dial"表盘,型号1665,约1978年		287,500	华艺国际	2020-10-15
劳力士,非常罕有及极吸引,14k金腕表,配计时功能,"宇宙计型迪通拿",型号6265,约1978年制		678,000	佳士得	2020-07-13
劳力士,非常罕有及极吸引,18K金腕表,配计时功能,"Anti-Magnetic",型号6238,约1963年制		565,000	佳士得	2020-07-13
劳力士,非常罕有及极吸引,不锈钢链带腕表,配计时功能及热带棕色"Sigma"表盘,型号6265,约1973年制		1,356,000	佳士得	2020-07-13
劳力士,非常罕有及精细,18白金镶钻石及蓝宝石自动上弦腕表,配计时功能,"宇宙计型迪通拿",型号116599SA,约2005年制		621,500	佳士得	2020-07-13
劳力士,非常罕有及吸引,18K金镶钻石自动上弦链带腕表,配中心秒针、星期、日历显示及蓝色漆表盘,"Day-Date",型号18238,约1991年制		339,000	佳士得	2020-07-13
劳力士,非常精美,白金链带机械腕表,配备方钠石表盘,型号116509,约2010年		253,000	华艺国际	2020-10-15
劳力士,非常精美,黄金镶钻机械腕表,外圈共46颗圆形钻石,配备孔雀石表盘及镶钻小时刻度,型号278288RBR-0004,约2019年		253,000	华艺国际	2020-10-15
劳力士,非常吸引,18K红金镶钻石及彩色宝石,自动上弦链带腕表,配中心秒针及日历显示,Yacht-Master,型号116695SATS,约2018 年制,附原厂证书及盒子		585,750	佳士得	2020-11-28
劳力士,非常吸引及罕有,不锈钢自动上弦链带腕表,配计时功能、黑色表盘及热带棕色刻度圈,"宇宙计型迪通拿",型号16520,约1995年制		621,500	佳士得	2020-07-13
劳力士,瑰丽及罕有,18K金镶钻石及蓝宝石自动上弦女装链带腕表,配中心秒针及日历显示,"Datejust",型号69028,约1987年制		271,200	佳士得	2020-07-13
劳力士,罕有,18K白金自动上弦链带腕表,配中心秒针、日历显示及青金石表盘,"Datejust",型号6917,约1979年制		135,600	佳士得	2020-07-13
劳力士,罕有,18K红金链带腕表,型号4495,约1959 年制		53,250	佳士得	2020-11-28
劳力士,罕有,18K红金镶钻石自动上弦链带腕表,配中心秒针、星期、日历显示及陨石表盘,"Day-Date",型号118205,约2002年制		158,200	佳士得	2020-07-13
劳力士,罕有,18K金镶钻石及红宝石自动上弦链带腕表,配中心秒针,星期,日历显示及贝母表盘,"Day-Date",型号118388,约2000年制		135,600	佳士得	2020-07-13
劳力士,罕有,18K金镶钻石及绿宝石自动上弦链带腕表,配中心秒针,星期,日历显示及贝母表盘,"DAY-DATE",型号18238,约2000年制		96,050	佳士得	2020-07-13

(续表)

拍品名称	物品尺寸	成交价RMB	拍卖公司	拍卖日期
劳力士，罕有，18K金镶钻石自动上弦链带腕表，配中心秒针、星期、日历显示及孔雀石表盘，“Day-Date”，型号18348，约1990年制		226,000	佳士得	2020-07-13
劳力士，罕有，18K金镶钻石自动上弦链带腕表，配中心秒针、星期、日历显示及青金石表盘，“Day-Date”，型号18238，约1991年制		248,600	佳士得	2020-07-13
劳力士，罕有，18K金自动上弦链带腕表，配中心秒针、星期、日历显示及木质表盘，“Day-Date”，型号18038，约1986年制		135,600	佳士得	2020-07-13
劳力士，罕有，不锈钢计时腕表，配黑色表盘，型号2811，约1935年制		106,500	佳士得	2020-11-28
劳力士，罕有，不锈钢链带腕表，配计时功能，型号6238，约1963年制		271,200	佳士得	2020-07-13
劳力士，罕有，不锈钢自动上弦链带腕表，配中心秒针，“Explorer”，型号14270，由蒂芙尼销售，约1991年制		146,900	佳士得	2020-07-13
劳力士，罕有，不锈钢自动上弦链带腕表，配中心秒针及热带金色表盘，“Explorer”，型号1016，约1964年制		135,600	佳士得	2020-07-13
劳力士，罕有，不锈钢自动上弦腕表，配中心秒针、日历显示及利比亚国徽，Turnograph，型号16250，约1979年制		170,400	佳士得	2020-11-28
劳力士，罕有，黄金链带机械腕表，配备“Nipple Dial”表盘，型号16808，约1987年		195,500	华艺国际	2020-10-15
劳力士，罕有，黄金链带机械腕表，配备“木纹”表盘，型号4350，1970-1980年代		57,500	华艺国际	2020-10-15
劳力士，罕有，精钢机械腕表，配备两地时功能，型号1655，约1980年		138,000	华艺国际	2020-10-15
劳力士，罕有，精钢链带机械腕表，配备“Double Red”表盘，型号1665，约1978年		345,000	华艺国际	2020-10-15
劳力士，罕有，精钢链带机械腕表，配备“平头4”绿色铝质外圈，型号16610LV，约2004年		207,000	华艺国际	2020-10-15
劳力士，罕有及触目，18K白金镶钻石及蓝宝石自动上弦链带腕表，配中心秒针及日历显示，“Submariner”，型号116659SABR，约2019年制		734,500	佳士得	2020-07-13
劳力士，罕有及触目，18K白金镶钻石自动上弦腕表，配计时功能，“宇宙计型迪通拿”，型号116599TBR，约2005年制		621,500	佳士得	2020-07-13
劳力士，罕有及极独特，18K金石英腕表，配中心秒针、星期、日历显示及“金字塔”纹链带，“Day-Date”，型号19028，约1986年制		107,350	佳士得	2020-07-13
劳力士，罕有及极吸引，不锈钢链带腕表，配计时功能，“宇宙计型迪通拿Big Red”，型号6263，约1979年制		734,500	佳士得	2020-07-13
劳力士，罕有及吸引，18K白金自动上弦腕表，配中心秒针、星期、日历显示及红色漆表盘，“Day-Date”，型号18039，约1978年制		361,600	佳士得	2020-07-13
劳力士，罕有及吸引，18K金镶钻石及蓝宝石自动上弦链带腕表，配中心秒针、星期及日历显示，“Day-Date”，型号18048，约1978年制		192,100	佳士得	2020-07-13
劳力士，罕有及吸引，铂金镶钻石自动上弦链带腕表，配中心秒针、星期、日历显示及贝母表盘，“Day-Date”，型号18946，约2001年制		293,800	佳士得	2020-07-13
劳力士，罕有及吸引，不锈钢计时链带腕表，配Paul Newman表盘，迪通拿，Paul Newman，型号6239，约1969年制		1,384,500	佳士得	2020-11-28
劳力士，罕有及吸引，不锈钢链带计时腕表，迪通拿，Big Red，型号6265，约1979年制，附原厂证书及盒子		745,500	佳士得	2020-11-28
劳力士，罕有及吸引，不锈钢腕表，配中心秒针，型号6480，约1955年制		113,000	佳士得	2020-07-13
劳力士，极罕有，不锈钢自动上弦链带腕表，配中心秒针，“Space-Dweller”，型号1016，约1966年制		960,500	佳士得	2020-07-13
劳力士，极罕有及非常吸引，18K红金镶钻石自动上弦链带腕表，配中心秒针、星期、日历显示及蓝色漆表盘，“Day-Date”，型号1803，约1975年制		226,000	佳士得	2020-07-13
劳力士，精美，黄金链带机械腕表，配备绿色表盘，型号116508，未使用品，约2018年		373,750	华艺国际	2020-10-15
劳力士，精美，精钢机械腕表，配备60分钟刻度陶瓷单向旋转外圈，型号126600，约2017年		101,200	华艺国际	2020-10-15
劳力士，精美，精钢机械腕表，配备两地时显示，型号16570，约2006年		51,750	华艺国际	2020-10-15
劳力士，精美，精钢机械腕表，配备双向旋转外圈，型号1680，约1979年		115,000	华艺国际	2020-10-15
劳力士，精美，精钢链带机械腕表，配备“百事圈”双色铝质外圈，型号16710，约2004年		105,800	华艺国际	2020-10-15
劳力士，精美，精钢链带机械腕表，配备绿色表盘及陶瓷单向旋转外圈，型号116610LV，约2012年		105,800	华艺国际	2020-10-15
劳力士，精美及罕有，黄金机械腕表，配备金色潜航者型表盘，镶钻小时刻度，型号16628，约1991年		195,500	华艺国际	2020-12-05
劳力士，精美及罕有，黄金链带机械腕表，配备黑色及香槟金对比色表盘，型号6265，约1980年		805,000	华艺国际	2020-10-15
劳力士，精细，罕有及吸引，铂金镶钻石自动上弦链带腕表，配中心秒针，星期，日历显示及陨石表盘，“DAY-DATE”，型号18946，约2000年制		271,200	佳士得	2020-07-13
劳力士，吸引，18K白金自动上弦腕表，配计时功能及贝母表盘，“迪通拿海滩”，型号116519，约2000年制		203,400	佳士得	2020-07-13
劳力士，吸引，18K红金自动上弦链带腕表，配计时功能，“迪通拿”，型号116505，约2008年制		203,400	佳士得	2020-07-13
劳力士，吸引，18K红金自动上弦腕表，配中心秒针、星期、日历显示及粉红色表盘，“Day-Date”，型号1803，约1973年制		90,400	佳士得	2020-07-13
劳力士，吸引，18K金镶钻石及黄色蓝宝石自动上弦腕表，配计时功能及印豹纹表盘，“迪通拿”，型号116598SACO，约2001年制		316,400	佳士得	2020-07-13
劳力士，吸引，18K金镶钻石及蓝宝石自动上弦链带腕表，配中心秒针、日历显示及粉色表盘，“Submariner”，型号16618，约1989年制		146,900	佳士得	2020-07-13
劳力士，吸引及非常罕有，18K金镶钻石及红宝石自动上弦链带腕表，配中心秒针，日历显示及贝母表盘，“Pearlmaster”，型号80308，约2000年制		316,400	佳士得	2020-07-13

(续表)

拍品名称	物品尺寸	成交价RMB	拍卖公司	拍卖日期
劳力士，吸引及非常罕有，18K金镶钻石及蓝宝石自动上弦链带腕表，配中心秒针、星期及日历显示，"Day-Date"，型号18388，约1991年制		169,500	佳士得	2020-07-13
劳力士，吸引及罕有，18K金自动上弦链带腕表，配中心秒针，星期、日历显示及镶钻石化石表盘，"Day-Date"，型号18238，约1994年制		146,900	佳士得	2020-07-13
劳力士，卓越，不锈钢链带腕表，配计时功能及MK2型保罗纽曼熊猫表盘，型号6265，约1972年制		3,584,360	佳士得	2020-07-13
劳力士全钢潜航者型 绿盘腕表	表径4cm	115,000	永乐拍卖	2020-12-04
劳力士全钢潜航者型渐变蓝盘腕表	表径4.4cm	97,750	永乐拍卖	2020-12-04
理查德米勒，非常精致，白金酒桶形镂空自动飞返计时秒表，备大日历显示及小秒针，"FELIPE MASSA"，型号RM011 AO WG，约2015年制，附原厂证书及表盒	4.2×5.5cm	893,213	保利香港	2020-07-08
理查德米勒，非常精美，钛金属机械腕表，配备镂空表盘及日期显示，型号RM67-01Ti		862,500	华艺国际	2020-12-05
理查德米勒，非常精美及罕有，碳纤维镶钻机械腕表，型号RM055 NTPT，约2018年制		2,760,000	华艺国际	2020-12-05
罗杰杜彼，非常精致罕有，限量版钛金属镂空陀飞轮机械腕表，"Excalibur Spider 镂空飞行陀飞轮"，型号DBEX0546，限量生产88枚，年份约2017，附原厂证书及表盒	直径4.5cm	624,173	保利香港	2020-07-08
罗杰杜彼，Much More 型号M34570限量版白金腕表，备珐琅春宫表盘，机芯编号3604，表壳编号7/28，约2003年制		124,300	香港苏富比	2020-07-11
罗杰杜彼，Excalibur 型号RDDBEX0396 限量版白金双重飞行陀飞轮镂空腕表，表壳编号85780及57/88，约2015年制		542,400	香港苏富比	2020-07-11
罗杰杜彼，Golden Square 型号G40 02SQ 7 V.10A7 限量版钛金属镂空陀飞轮腕表，机芯编号381，表壳编号78/88，约2011年制		226,000	香港苏富比	2020-07-11
罗杰杜彼，Homage 型号40275 独一无二粉红金腕表，备手工雕刻及珠母贝表盘，机芯编号09，表壳编号195610，1996年制		293,800	香港苏富比	2020-07-11
罗杰杜彼，Much More 型号M34 09 9 O9:RD.71 限量版精钢陀飞轮腕表，机芯编号976，表壳编号12/88，约2007年制		158,200	香港苏富比	2020-07-11
罗杰杜彼，Pulsion 型号DBPU0001限量版粉红金镂空陀飞轮腕表，机芯编号825，表壳编号X096FH及0079/0188，约2015年制		305,100	香港苏富比	2020-07-11
年份约1870 瑞士 精致，黄金开面球形机械怀表	直径2.2cm	32,200	北京保利	2020-10-19
年份约1900 ROYAMA 非常精美，黄金开面机械怀表	表径4cm	78,200	北京保利	2020-10-19
年份约1900 百达翡丽 非常精致，黄金开面雕花镶钻机械怀表	表径2.7cm	36,800	北京保利	2020-10-19
年份约1910 瑞士 独特，黄金开面镶珍珠及石榴石机械怀表	表径3.1cm	32,200	北京保利	2020-10-19
年份约1947 百达翡丽 精美，黄金开面机械怀表	表径4.3cm	80,500	北京保利	2020-10-19
年份约1970 爱彼 非常精美，黄金开面镂空机械怀表	表径4.2cm	89,700	北京保利	2020-10-19
年份约1971 百达翡丽 精美，女装白金镶钻石机械链带腕表	表径2.4cm；长度约18.5cm	57,500	北京保利	2020-10-19
年份约1993 爱彼 非常罕有精美，铂金镶钻石镂空万年历自动腕表，备日期、星期、月份及月相显示	表径3.6cm	184,000	北京保利	2020-10-19
年份约2000 萧邦 精美，女装黄金镶钻石酒桶形腕表	2.8×2.3cm	57,500	北京保利	2020-10-19
年份约2004 百达翡丽 精美，白金酒桶形年历自动腕表，备日期、星期、月份、24小时及月相显示	3.8×3.4cm	184,000	北京保利	2020-10-19
年份约2006 百达翡丽 非常重要及罕有，铂金酒桶形三问年历自动机械腕表，备小秒针、日期、星期及月份显示	3.8×3.4cm	2,415,000	北京保利	2020-10-19
年份约2006 法穆兰 精美，女装玫瑰金镶钻石长方形腕表	3.2×2.2cm	66,700	北京保利	2020-10-19
年份约2008 百达翡丽 精致罕有，黄金天文自动腕表，备星体运行图、月相位置及盈亏、天狼星及月亮中天轨迹显示	表径4.3cm	1,265,000	北京保利	2020-10-19
年份约2010 爱彼 精美，女装黄金镶钻石长方形腕表	1.8×1.4cm	36,800	北京保利	2020-10-19
年份约2010 百达翡丽 精致精钢圆八角形年历自动腕表，备日期、星期、月份、24小时及月相显示	表径4cm	356,500	北京保利	2020-10-19
年份约2010 伯爵 精美典雅，白金镶钻石自动链带腕表	表径3.8cm；长度约19.5cm	287,500	北京保利	2020-10-19
年份约2010 伯爵 优雅精致，女装白金镶钻石机械链带腕表	表径2cm；长度约18.5cm	241,500	北京保利	2020-10-19
年份约2010 卡地亚 精美，精钢长方形自动腕表	2.5×3.8cm	13,800	北京保利	2020-10-19
年份约2010 萧邦 典雅精美，女装白金镶钻石及红宝石机械链带腕表	表径2.5cm；长度约18cm	172,500	北京保利	2020-10-19
年份约2011 爱彼 非常精美，限量版陶瓷及玫瑰金八角形自动计时码表，备日期显示、小秒针及测速计	表径4.8cm	201,250	北京保利	2020-10-19
年份约2013 百达翡丽 经典高雅，黄金世界时间自动腕表，备掐丝珐琅表盘	表径3.9cm	736,000	北京保利	2020-10-19
年份约2014 劳力士 精美，精钢自动链带计时码表，备小秒针及测速计	表径3.6cm；长度约16cm	115,000	北京保利	2020-10-19
年份约2015 宝格丽 精美，女装玫瑰金及精钢镶钻石蛇形手镯式腕表	约为3cm×2.1cm	69,000	北京保利	2020-10-19
年份约2015 昆仑 非常精美，白金镶钻石酒桶形机械腕表	4×3.3cm	322,000	北京保利	2020-10-19
年份约2015 罗杰杜彼 精美，限量版精钢陀飞轮方形机械腕表	3.6×3.6cm	172,500	北京保利	2020-10-19
年份约2016 伯爵 独特精美，玫瑰金镶钻石双表面两地时间机械腕表，备小秒针及隐藏24小时表盘	表径4.4cm	149,500	北京保利	2020-10-19
年份约2016 万国表 精美，玫瑰金机械腕表，备小秒针、日期及动力储存显示	表径4.5cm	75,900	北京保利	2020-10-19
年份约2016 真力时 精美，女装精钢半镂空自动计时码表，备小秒针	表径3.7cm	21,850	北京保利	2020-10-19
年份约2017 杜桑 精致，精钢神奈川海浪陀飞轮机械腕表	表径4.2cm	17,250	北京保利	2020-10-19
年份约2017 杜桑 精致，精钢星空陀飞轮机械腕表	表径4.2cm	20,700	北京保利	2020-10-19
年份约2018 戴维斯·艾尔文 精美，限量版女装精铜酒桶形腕表	4.6×3.1cm	20,700	北京保利	2020-10-19
年份约2019 百达翡丽 秀丽优雅，女装白金镶钻石及粉色蓝宝石自动腕表	表径3.6cm	862,500	北京保利	2020-10-19
年份约2020 卡地亚 独特优雅，女装玫瑰金镶钻石腕表	表径3.8cm	678,500	北京保利	2020-10-19

(续表)

拍品名称	物品尺寸	成交价RMB	拍卖公司	拍卖日期
欧米茄 精钢自动计时秒表，备日期显示及小秒针，“Seamaster”，型号2918.50.82，年份约2012	直径4.5cm	16,142	保利香港	2020-07-08
欧米茄 限量版精钢机械链带计时秒表，备小秒针及测速计，“Speedmaster Apollo XI 35TH Anniversary”，型号35693100，限量生产3500枚，年份约2004	直径4cm；长17cm	40,894	保利香港	2020-07-08
欧米茄（OMEGA）18K黄金镂空机械双面背透男士腕表	表径3.4cm	51,750	西泠印社	2020-08-10
欧米茄，18K金计时腕表配链带，超霸太阳神11号50周年纪念版，限量生产，型号310.60.42.50.99.001，约2019年制，附原厂证书及盒子		234,300	佳士得	2020-11-28
欧米茄，罕有，一套三枚不锈钢腕表，配计时功能或中心秒针及链带，为纪念超霸、铁霸及海马300诞生60周年限量生产，编号008/557，1957 Trilogy Set，约2018年制，附原厂证书及盒子		149,100	佳士得	2020-11-28
欧米茄，罕有及极吸引，不锈钢链带腕表，配计时功能及热带棕色表盘，“Speedmaster”，型号145022-69 ST，约1970年制		113,000	佳士得	2020-07-13
沛纳海，Radiomir Composite Marina Militare 8 Days 型号PAM00339 限量版陶瓷腕表，备8天动力储备，机芯编号00016684，机壳编号M0069/1500，约2010年制		50,850	香港苏富比	2020-07-11
沛纳海 非常精美，限量版玫瑰金枕形两地时间陀飞轮机械腕表，备小秒针及4天动力储存，“Radiomir”，型号PAM00330，限量生产50枚，年份约2010，附原厂证书及表盒	4.5×4.5cm	279,802	保利香港	2020-07-08
沛纳海 精美，限量版精钢枕形自动腕表，备日期显示及小秒针，“Luminor Marina”，型号PAM00049，限量生产500枚，年份约2005	4×4cm	19,371	保利香港	2020-07-08
沛纳海，铂金自动上弦腕表，配中心秒针及日历显示，型号 PAM00065，限量生产，约2003年制，附原厂证书及盒子		74,550	佳士得	2020-11-28
沛纳海，非常罕有及吸引，不锈钢镶钻石枕形腕表，“Diamanti Della”，型号PAM00030，OP 6534，特别版本，约2000年制		169,500	佳士得	2020-07-13
沛纳海，铜自动上弦腕表，配动力储存及日历显示，Luminor Submersible 1950 3 Days Power Reserve Automatic Bronzo，型号PAM00507，限量生产，约2013 年制，附原厂证书及盒子		138,450	佳士得	2020-11-28
瑞士制丨The Knife Grinder 粉红金二问活动人偶怀表，表壳编号28909，约1800年制		90,400	香港苏富比	2020-07-11
斯波尔丁（spaulding）18K黄金珐琅定制怀表	表径4cm	80,500	西泠印社	2020-08-10
泰格豪雅，Monaco V4 限量版粉红金半镂空腕表，备动力传送带及纵向上弦系统，表壳编号51/60，约2013年制		175,150	香港苏富比	2020-07-11
天梭，吸引，不锈钢腕表，配同轴单按钮计时功能、黑色表盘及计速器，约1940年制		73,450	佳士得	2020-07-13
万国，18K金腕表，配中心秒针及掐丝珐琅表盘，型号520，约1954年制		135,600	佳士得	2020-07-13
限量版铜鎏金沙漏配浮动钻石，约2000年制		36,160	香港苏富比	2020-07-11
香奈儿 精美，女装白金镶钻石，八边形腕表，“Premiere Mini”，年份约2016，附原厂证书	2×2.6cm	36,589	保利香港	2020-07-08
香奈儿，吸引，黑色陶瓷镶蓝宝石及钻石自动上弦链带腕表，配中心秒针，“J12 Automatic”，约2012年制		124,300	佳士得	2020-07-13
肖邦，Happy Diamonds 型号20/5572 黄金镶钻石、绿宝石及蓝宝石链带腕表，表壳编号319789及4117，约2000年制		107,350	香港苏富比	2020-07-11
肖邦，独特精美，女装白金镶钻石腕表，备悬浮钻石装饰，“Happy Diamonds”，“Happy Sun”，型号207470-1002，年份约2017，附原厂证书及表盒	直径4cm	80,712	保利香港	2020-07-08
肖邦，精美，女装精钢镶钻石链带腕表，备小秒针，“La Strada”，型号418415-3001，年份约2016	2.3×3.3cm；长17cm	12,914	保利香港	2020-07-08
肖邦，18K白金镶钻石石英链带腕表，“Happy Diamonds”，约2002年制		45,200	佳士得	2020-07-13
型号R9033 粉红金计时腕表，表壳编号104098，约1950年制		22,600	香港苏富比	2020-07-11
型号UR-110 限量版DLC涂层钛金属腕表，备昼夜及抹油显示，为The Hourglass而制，表壳编号G1206I，约2011年制		395,500	香港苏富比	2020-07-11
雅典，San Marco Venezia 型号131-77-9 限量版黄金腕表，备掐丝珐琅表盘，表壳编号7643及15/35，约1997年制		79,100	香港苏富比	2020-07-11
雅典，黄金三问精密时计怀表，机芯编号16176，约1910年制		42,940	香港苏富比	2020-07-11
雅典，非常罕有，18K红金腕表，配卡罗素陀飞轮，限量生产，编号1/8，Freak，型号2056-131，约2015年制，附原厂证书		319,500	佳士得	2020-11-28
雅典，非常罕有，18K金自动上弦腕表，配中心秒针及珐琅表盘，‘‘Kingdom Of Rattanakosin 230th Anniversary Limited Edition’’，限量生产，型号8156-111，约2012年制		113,000	佳士得	2020-07-13
雅典，罕有及独特，18K白金腕表，配陀飞轮、8天动力储存及硅擒纵机构，“Freak Diavolo”，型号2080-115，编号182，约2013年制		293,800	佳士得	2020-07-13
雅典，精美，精钢陀飞轮机械腕表，60小时动力储存及显示，型号1283-181/E0		115,000	华艺国际	2020-10-15
雅典，精美及特别，钛金属卡罗素机械腕表，配备镂空机械式指针，型号2053-132		218,500	华艺国际	2020-10-15
雅克德罗，型号4005 黄金音乐腕表，备珐琅活动春宫人偶图，表壳编号698及001，约2000年制		158,200	香港苏富比	2020-07-11
雅克德罗，Grande Seconde Paillonné 型号J003034215 限量版白金腕表，备金属薄片嵌饰珐琅表盘，表壳编号1/8，约2004年制		135,600	香港苏富比	2020-07-11
亚历克西·斯加林（ALEXIS GARIN）18K白金男士腕表	表径3cm	92,000	西泠印社	2020-08-10
宇舶丨“Classic Fusion 型号511.OX.0500.VRBER 16 限量版粉红金腕表，附带Berluti皮革保养套装，与Berluti合制，表壳编号1108474及141/250，约2017年制”		135,600	香港苏富比	2020-07-11
宇舶，触目及极罕有，蓝宝石水晶镂空腕表，配垂直陀飞轮及50天动力储存，“MP-05 Laferrari Sapphire”，型号905.JX.0001.RT，限量生产，编号03/20，约2016年制		1,808,000	佳士得	2020-07-13
宇舶，非常罕有，白色陶瓷镂空腕表，配陀飞轮，“Classic Fusion”，型号505.HX.0170.LR，限量生产，编号06/30，约2016年制		226,000	佳士得	2020-07-13

(续表)

拍品名称	物品尺寸	成交价RMB	拍卖公司	拍卖日期
宇舶，非常罕有，铂金镂空腕表，配陀飞轮，“Classic Fusion”，限量生产，编号9/99，型号505.TX.0170.LR，约2018年制		248,600	佳士得	2020-07-13
宇舶，罕有，碳酒桶形镂空腕表，配陀飞轮及动力储存，“Spirit Big Bang”，型号645.QL.7117.RX，限量生产，编号052/100，约2019年制		361,600	佳士得	2020-07-13
宇舶，蓝宝石自动上弦酒桶形镂空计时腕表，配日历显示，Spirit of Big Bang，型号601.JX.0120.RT，限量生产，约2019年制，附原厂证书及盒子		340,800	佳士得	2020-11-28
宇宙，罕有及大码，18K红金腕表，配计时功能及脉搏计，“Medico-Compax”，约1960年制		90,400	佳士得	2020-07-13
宇宙，极罕有及特大，不锈钢追针计时军装腕表，配24小时显示及16分钟计时盘，Military Rattrapante “Marina Militare”，为意大利海军生产，由罗马A. CAIRELLI销售，约1950年制，附后补证书，此表由原有者之子委托拍卖		639,000	佳士得	2020-11-28
真力时，Bamford及Hiroshi Fujiwara，不锈钢自动上弦计时链带腕表，配日历显示，“El Primero”，约2018年制		107,350	佳士得	2020-07-13
芝柏，18K红金镶钻石自动上弦腕表，配珐琅表盘，The World，约2014年制，附原厂证书及盒子		117,150	佳士得	2020-11-28
钻石、有色钻石及祖母绿“Le Cirque Animalier De Cartier Tigre”腕表，表径4厘米，腕表21.7厘米		532,500	佳士得	2020-11-29
钻石“Baignoire”腕表，镶金，表径2.3厘米，腕表内周长15.6厘米		106,500	佳士得	2020-11-29
钻石“Pasha de Cartier”腕表，镶金，表径3.2厘米，腕表内周长15厘米		404,700	佳士得	2020-11-29
钻石“Tank Française”腕表，镶金，表径2厘米，腕表内周长15.1厘米		79,875	佳士得	2020-11-29
钻石及贝母腕表，镶金，表径2.6厘米，腕表内周长16.1厘米		69,225	佳士得	2020-11-29
钻石及黑玛瑙腕表		1,469,000	佳士得	2020-07-09
钻石腕表		158,200	佳士得	2020-07-09
钻石腕表，镶铂金及金，腕表内周长16.8厘米		276,900	佳士得	2020-11-29
钻石腕表，镶金，表径1.4厘米，腕表20.7厘米		101,175	佳士得	2020-11-29
钻石腕表，镶金，表径1.6厘米，腕表20.4厘米		101,175	佳士得	2020-11-29
钻石腕表，镶金，表径2.1厘米，腕表内周长21厘米		85,200	佳士得	2020-11-29
尊达，不锈钢自动上弦跳时腕表，配逆返分钟及贝母表盘，“Mickey Mouse Retro Fantasy”，“Disney”，型号G 3612，约1995年制		90,400	佳士得	2020-07-13
铜 器				
东周 铜错金银龙凤纹车饰（一对）	长26cm×2	13,239,660	伦敦佳士得	2020-11-03
战国 错金铬银鸟形杖首	宽25cm	204,376	中国嘉德	2020-10-10
战国 青铜错金银嵌绿松石带钩	长19.2 cm	681,300	纽约佳士得	2020-09-25
战国 青铜虎钮	长24cm	678,000	佳士得	2020-07-09
战国 铜错金银承弓器（一对）	长21cm×2	320,016	中国嘉德	2020-07-13
战国 铜错金银飞鸟纹带钩	长18cm	42,669	中国嘉德	2020-07-13
战国 铜错金银嵌绿松石凤鸟纹带钩	长11.5cm	59,269	中国嘉德	2020-10-10
战国 铜错金银嵌玛瑙凤鸟纹带钩	长10.8cm	51,094	中国嘉德	2020-10-10
战国 铜错金银嵌玛瑙凤纹带钩	长9.5cm	94,013	中国嘉德	2020-10-10
战国 铜鎏金嵌绿松石螭龙纹带板	宽8.2cm	27,735	中国嘉德	2020-07-13
战国 铜鎏金嵌玉璧琉璃珠龙首带钩	长18cm	63,357	中国嘉德	2020-10-10
战国 铜龙纹车饰	高19cm	21,334	中国嘉德	2020-07-13
战国/西汉 铜错金银带钩	长17.4 cm	238,455	纽约佳士得	2020-09-25
周 青铜错银车马器等（共六件）	高8.2cm	105,450	佳士得	2020-10-08
西汉 鎏金铜龙纹带钩	17.8cm	23,498	香港苏富比	2020-11-26
汉 青铜饕餮纹铺首衔环一对	高13.3 cm×2	76,646	纽约佳士得	2020-09-25
汉 铜错金马衔	宽6cm	21,334	中国嘉德	2020-07-13
汉 铜错金银车饰（两件）	长15.2cm	21,334	中国嘉德	2020-07-13
汉/六朝 铜鎏金带钩两件	长10.5 cm，长7.6cm	34,065	纽约佳士得	2020-09-25
辽 铜鎏金凤凰纹叶形牌一对	高8.8cm×2	55,946	纽约苏富比	2020-09-23
元 龙头	长10.6cm	51,750	北京中汉	2020-08-19
元 铜兽面铺首	长15cm	34,500	北京中汉	2020-12-04
明初鎏金铜镂空龙戏珠纹带扣（一对）	长7.6cm	58,575	佳士得	2020-11-30
明 鎏金铜佛手残件	56.5×52.5 cm	252,971	香港苏富比	2020-05-22
明 鎏金铜金刚总持手残件	长31.5 cm	183,979	香港苏富比	2020-05-22
明 秦二世铜权	宽4.5cm	2,702,500	北京保利	2020-10-19
清早期 铜竹节花插	高11.5cm	34,500	十竹斋拍卖（北京）	2020-10-18
清乾隆 皮质镶铜鎏金花卉纹鞬	长61.5cm	23,000	中国嘉德	2020-08-18
清乾隆 铜鎏金錾花规	长8.8cm；高5.6cm	17,250	中贸圣佳	2020-12-08
清乾隆 铜鎏金珍珠地缠枝花纹挂钩（四件）	长12.6cm	35,650	中贸圣佳	2020-12-08
清咸丰 铜鎏金双龙神机营合符	长13.6cm	345,000	北京保利	2020-10-20
18/19世纪 鎏金铜龙纹带钩四件一组	尺寸不一	13,860	罗芙奥	2020-12-05
清宫廷铜质腰牌、檀香木腰牌（两件）	长12.3cm；长7.4cm	48,300	中国嘉德	2020-12-03
1931年作 蔡元培岳母、周仁母亲陈太夫人七旬大寿寿盾	45cm×35cm	17,250	西泠印社	2020-08-09
鄂尔多斯 铜镂雕虎咬兽带钩	长18.8cm	16,001	中国嘉德	2020-07-13
明 错金银瑞兽（一对）	长10.4cm×2	218,500	中贸圣佳	2020-12-08
17世纪 铜鎏金四不像铸件	高23cm；宽28cm	156,420	台北艺珍	2020-08-16
明 铜鎏金“燕俦莺侣”摆件	高9.5cm	322,000	中国嘉德	2020-08-16
明代 铜质老虎摆件	长12cm	25,300	中国嘉德	2020-08-18
日本明治时期 铜雕吉鼠摆件	高10.9cm	32,200	永乐拍卖	2020-08-17
奥古斯特-刘易斯-马蒂兰·莫罗 铜鎏金天使饰理石花瓶摆件	高19cm；长18cm；宽12.5cm	34,500	西泠印社	2020-08-10
全铜古罗马神话人物纹饰圣杯式果盘	高20cm；直径43cm	10,350	西泠印社	2020-08-10
铜鎏金关公像	高38cm	17,250	中国嘉德	2020-07-17
明嘉靖丙寅年（1566）铜局部鎏金胡人舞者立像一对	高40cm×2	473,388	纽约苏富比	2020-09-23
印度 15/16世纪 铜象神坐像	高9.7cm	10,920	巴黎佳士得	2020-06-23
16/17世纪 铜文官立像一对	高172.7cm×2	7,575,579	纽约苏富比	2020-09-23
17世纪 铜嵌银罗汉坐像	高14.6cm	553,963	纽约佳士得	2020-09-24
17世纪 石叟款铜嵌银丝观音菩萨坐像	高29 cm	252,971	香港苏富比	2020-05-22
明 铜东方朔立像	高32.5cm；重2799g	28,750	北京保利	2020-10-19
明 铜魁星点斗像	高16.1cm	14,950	中贸圣佳	2020-12-08
明或更早 鎏金铜李铁拐坐像	长15.5cm	32,043	香港苏富比	2020-11-26
清早期 铜鎏金辟邪	宽12cm	21,334	中国嘉德	2020-07-13
清 铜质鎏金胡人像摆件	高8cm	43,700	中国嘉德	2020-12-02
清代 铜鎏金释迦牟尼佛像	14.6×10.7×18.5cm	268,576	香港贞观	2020-08-30
清乾隆铜鎏金白财神		40,250	北京诚轩	2020-08-19
清乾隆铜鎏金黄财神		74,750	北京诚轩	2020-08-19
西周 青铜牛	长25cm	1,635,341	纽约苏富比	2020-09-23
东汉 铜辟邪	高5.5cm	1,206,432	保利香港	2020-12-02
汉 铜错银豹	宽6cm	40,535	中国嘉德	2020-07-13
汉 铜鎏金水牛摆件	宽11.5cm	100,536	保利香港	2020-12-02
六朝或更晚 青铜坐狮	高15.2cm	96,129	香港苏富比	2020-11-26
隋 铜鎏金狮子	高7.4cm	255,470	中国嘉德	2020-10-10
17世纪 铜猴子登梅摆件	长10.2cm	12,566	香港苏富比	2020-06-05
明 铜错金银虎	宽23.3cm	255,470	中国嘉德	2020-10-10
明 铜鎏金狮子	宽14.2cm	153,282	中国嘉德	2020-10-10
明 铜马	高9.8cm；长10cm	1,725,000	华艺国际	2020-10-16
明 铜麒麟摆件	高20cm	16,100	中贸圣佳	2020-12-08
明 铜狮与铜象各一件	高11.8cm×2	272,520	纽约佳士得	2020-09-25
明 铜质鎏金凤凰摆件	高5.2cm；宽4.5cm	25,300	中国嘉德	2020-12-02

(续表)

拍品名称	物品尺寸	成交价RMB	拍卖公司	拍卖日期
明代 角端	高17.2cm	345,000	上海匡时	2020-08-05
明或更早 铜鎏金凤凰	长12cm; 宽9.3cm	207,000	深圳博雅	2020-09-20
18世纪 汉藏风格铜鎏金衔桃枝吐宝鼠	长29.5cm	345,000	华艺国际	2020-10-16
18世纪 铜鎏金吐宝鼠（一对）	长43.5cm×2	1,495,000	北京保利	2020-10-20
清乾隆 铜雕立马（一对）	长16.5cm; 高12cm	17,250	保利厦门	2020-09-26
清乾隆 铜麒麟摆件	高16.3cm	81,525	伦敦佳士得	2020-11-03
清乾隆 铜质官造鎏金狮子	高5.6cm	55,200	中国嘉德	2020-12-02
清 铜鎏金狮子摆件	高19cm	20,700	中贸圣佳	2020-12-08
清 铜如意摆件	长31cm	11,500	北京保利	2020-10-20
清 铜卧牛摆件	长22cm	13,800	北京保利	2020-10-20
清代 角端	高18cm	57,500	上海匡时	2020-08-05
铜鎏金太平有象（一对）	高40.5cm（含座）	36,800	中国嘉德	2020-11-12
北魏 塔式佛龛	佛龛高23.3cm	1,955,000	北京中汉	2020-12-04
明永乐 铜鎏金莲托八宝八吉祥	高38.5cm×8	402,500	中鸿信	2020-01-03
明 倪云林款铜山子	24cm×9cm×14cm	2,645,000	北京保利	2020-12-05
清 贴黄嵌铜塔式佛龛	高82cm	1,150,000	永乐拍卖	2020-08-17
商末/西周初 青铜饕餮纹尊	高26.3cm	1,588,372	巴黎佳士得	2020-06-23
汉 青铜双兽活环耳壶	高36.8cm	74,455	巴黎佳士得	2020-06-23
清代 铜狮钮云纹豆熏	高18.5cm	460,000	古天一	2020-10-16
商公元前12世纪 青铜亚丑鼎	高20.4cm	1,091,160	香港苏富比	2020-10-09
商 青铜菱格纹鼎	高16.1cm	482,573	保利香港	2020-12-02
商末 鼎	高22cm	1,549,271	纽约苏富比	2020-09-23
商晚期 青铜“作从彝戈”方鼎	高22cm	9,690,540	中国嘉德	2020-10-10
商中期 青铜斜角目云纹鬲鼎一对	高19cm×2	723,881	纽约佳士得	2020-09-25
西周晚期 鳞纹小流鼎	宽12.4cm	2,826,200	伦敦佳士得	2020-11-03
西周早期 青铜菱纹鼎	高19.7cm	357,658	中国嘉德	2020-10-10
春秋 青铜龙纹三足大盖鼎	两耳宽52.7cm	7,398,918	纽约佳士得	2020-09-25
春秋晚期 青铜鼎	高38.7cm	265,689	中国嘉德	2020-10-10
明 铜鎏金出戟仿古鼎	高18.7cm; 高21cm	80,500	华艺国际	2020-10-16
明 铜鎏金仿古鼎	高25.5cm	437,000	永乐拍卖	2020-08-17
明 铜鎏金银三足鼎	高43.5cm	747,500	华艺国际	2020-10-16
清光绪 刻心经三足大铜鼎	腹径98cm; 高80cm	1,840,000	中贸圣佳	2020-12-08
清 铜夔龙纹鼎	高30cm	16,100	中贸圣佳	2020-12-08
清 铜洒金鼎式炉	高14.9cm	64,003	中国嘉德	2020-07-13
清 铜兽面纹鼎	长29cm	20,700	中国嘉德	2020-07-17
清 铜兽面纹三足鼎式炉	高38.5cm	69,000	西泠印社	2020-08-09
西周 侁簋	宽29.5cm	3,270,683	纽约苏富比	2020-09-23
西周晚期/春秋早期 青铜弦纹双耳三足盖簋一对	两耳直径28cm×2	1,362,600	纽约佳士得	2020-09-25
西周早期 青铜兽首双耳簋	两耳直径26.6 cm	681,300	纽约佳士得	2020-09-25
青铜簋	高15.6cm	2,025,540	哈布斯堡	2020-09-11
商晚期 青铜甗	高39cm	347,439	中国嘉德	2020-10-10
商 青铜分档鬲式盉	高16.3cm	40,875	中国嘉德	2020-10-10
汉 铜鎏金罐罐	直径12cm	29,868	中国嘉德	2020-07-13
明 铜质莲花纹舍利罐	高6.3cm; 口径3.1cm	25,300	中国嘉德	2020-12-02
晚明 局部鎏金铜饕餮纹小罐	高6 cm	71,132	伦敦苏富比	2020-06-15
清早期 铜点金瑞兽铺首罐	宽22.8cm	97,750	中国嘉德	2020-08-18
清早期 铜鎏金宝珠钮盖罐（一对）	高32.5cm; 高32cm	299,000	北京中汉	2020-08-19
战国 青铜错金银酒量	高13.5cm	170,640	台北艺珍	2020-08-16
西周 青铜夔龙兽面纹尊	高28 cm	656,603	伦敦苏富比	2020-06-15
明 铜错金银牺尊	高30cm	805,000	保利厦门	2020-09-26
明 铜错金银牺尊	高18cm	345,000	保利厦门	2020-09-26
明 铜鎏金西番莲纹小尊	高10cm	57,500	十竹斋拍卖（北京）	2020-10-18
明 铜嵌金双羊尊	高30cm; 宽34cm	1,725,000	华艺国际	2020-10-16
清早期 铜洒金铺首尊	高30cm	632,500	中国嘉德	2020-12-03
清早期 铜兽面纹四方尊	高45cm	115,000	十竹斋拍卖（北京）	2020-10-18
清乾隆 铜点金仿青铜铺兽尊	高30.2cm	345,000	广东崇正	2020-09-13
清乾隆 铜太平有象尊	高31.5cm	69,000	西泠印社	2020-08-09
清乾隆 铜牺尊	长38cm	1,087,000	伦敦佳士得	2020-11-03
清 铜错金银兽面纹兽耳尊	高47.3cm	25,300	中国嘉德	2020-11-09
春秋 青铜鸟首匏形壶	高32.3cm	3,832,313	纽约佳士得	2020-09-25

拍品名称	物品尺寸	成交价RMB	拍卖公司	拍卖日期
战国 青铜壶	高34cm	60,322	保利香港	2020-12-02
战国 公元前4/前3世纪 青铜错金银嵌琉璃乳钉纹方壶	高35.1cm	56,745,117	纽约苏富比	2020-09-23
宋 铜蛙形投壶	高4.5cm	11,734	中国嘉德	2020-07-13
元代 铜螭龙八卦纹四活环投壶	高42cm	138,000	古天一	2020-10-16
17世纪 铜仿古饕餮纹双耳活环壶	高16.6cm	70,655	伦敦佳士得	2020-11-03
明江藤田藏铜错金夔龙纹仿古扁壶	高32.5cm	80,500	中鸿信	2020-01-03
明 铜错金银兽面纹双龙耳壶	高15cm; 重量590g	207,000	保利厦门	2020-09-26
明 铜错金银双龙耳方壶	高17.5cm; 重量1220g	299,000	保利厦门	2020-09-26
明 铜弦纹双兽耳壶	高25cm; 高22cm	36,800	西泠印社	2020-08-09
清早期 铜阿拉伯文汉壶式撇口香瓶	高14.3cm	149,500	北京中汉	2020-07-31
清早期 宣德款铜铺首衔环绳纹壶	高23.4cm	11,500	中贸圣佳	2020-12-08
17-18世纪 铜蝉纹狮首耳方壶	高13.6 cm	229,974	香港苏富比	2020-05-22
清乾隆 铜质局部鎏金宫廷执壶	高28.5cm	598,000	中国嘉德	2020-08-18
清中期 铜鎏金花鸟纹执壶	高23.8cm; 长16.5cm	12,650	西泠印社	2020-08-09
19世纪（日本）明弥纪宗春作铁包铜镶银口梅花盖提梁壶	高19.8cm; 重923g	138,000	北京保利	2020-12-05
商末 丰父爵	高19.5cm	146,320	纽约苏富比	2020-09-23
商末 青铜“田父甲”爵	高19.5cm	799,678	香港苏富比	2020-06-05
商末 青铜爵	高18cm	117,491	香港苏富比	2020-11-26
商晚期 青铜兽面纹爵杯	高21.1cm	306,564	中国嘉德	2020-10-10
商晚期 青铜饕餮纹爵一对	高19.8cm×2	809,044	纽约佳士得	2020-09-25
西周中期 青铜父癸涡纹爵	高19.5cm	553,556	纽约佳士得	2020-09-25
战国至西汉 青铜大漆彩绘凤鸟纹高筒杯	高14.6cm	79,707	中国嘉德	2020-10-10
明 青铜兽面纹爵杯	高20cm	92,000	北京禾谷	2020-09-24
明 錾花铜鎏金杯（两只）	长17.2cm; 长28.5cm	16,100	中贸圣佳	2020-12-08
明 铜洒金爵杯	高17cm	34,500	西泠印社	2020-08-09
清乾隆 仿古铜釉兽面纹爵杯	高20.5cm	57,500	保利厦门	2020-09-26
清乾隆 铜雕夔龙纹爵杯（一对）	高17.5cm×2	471,500	保利厦门	2020-09-26
清乾隆 铜鎏金錾花龙首匜杯	长11.8cm	80,500	中国嘉德	2020-12-03
铜鎏金羊首饰理石圣杯（一对）	高48cm×2	34,500	西泠印社	2020-08-10
明 青铜错金银牛觥	21×17cm	230,000	北京禾谷	2020-09-24
清 铜仿古饕餮纹觥	长9.2cm	10,943	伦敦苏富比	2020-06-15
商末公元前12至前11世纪 青铜兽面纹出戟亚牛丁觚	高32cm	1,636,740	香港苏富比	2020-10-09
商晚期 青铜饕餮纹“母妤日辛”觚（一对）	高19.5cm; 高19.8cm	603,216	保利香港	2020-12-02
商晚期 青铜饕餮纹觚	高30.8 cm	681,300	纽约佳士得	2020-09-25
17世纪 铜嵌金银阿拉伯文花觚	高32cm	347,456	巴黎佳士得	2020-06-23
明 胡文明制铜鎏金花觚	高17.3cm	253,000	中贸圣佳	2020-10-16
明 青铜兽面纹觚	22×16cm	126,500	北京禾谷	2020-09-24
明 铜出戟小方觚	高21.8cm	14,950	中贸圣佳	2020-12-08
明 铜鎏金“仙鹤呈祥”图双耳花觚	高21cm	253,000	保利厦门	2020-09-26
明 铜饕餮纹一圆、一方花觚（两件）	尺寸不一	23,000	北京保利	2020-10-19
明 铜錾刻饕餮纹出戟花觚	高56.5cm	138,000	中鸿信	2020-01-03
日本明治时期 铜质错金饕餮纹花觚	高32.1cm; 口径15cm	69,000	中国嘉德	2020-12-02
明晚期 铜鎏金刻花卉纹六方觚	高10cm	40,250	北京中汉	2020-07-31
清早期 铜质高浮雕龙纹花觚	高18cm; 口径13.2cm	40,250	中国嘉德	2020-12-02
清乾隆 铜鎏金兽面纹花觚	高20cm	126,500	十竹斋拍卖（北京）	2020-10-18
清 错金银出戟方觚（一对）	高33.2cm	82,800	中贸圣佳	2020-12-08
清 铜花觚	高46.5cm	55,200	西泠印社	2020-08-08
商 青铜饕餮纹卣	高21.7cm	1,809,648	保利香港	2020-12-02
商晚期 青铜鸮卣	高25.5cm	7,881,000	佳士得	2020-11-30
西周早期 青铜牺首提梁卣	总高 16.7cm	5,582,200	香港苏富比	2020-07-11
明 铜错金兽面纹提梁卣	高41cm	402,500	保利厦门	2020-09-26
清乾隆御制铜错银兽面纹“周宝卣”(明)	高42cm	1,127,000	保利厦门	2020-09-26
清中期 铜错金银兽面纹提梁卣	高42.3cm	40,250	中国嘉德	2020-11-09
清乾隆 铜错金银仿古兽面纹方罍	高15cm	184,000	西泠印社	2020-08-09
明 铜仿古纹瓿	直径30cm	327,068	纽约苏富比	2020-09-23
商中期 青铜饕餮纹斝	高30.5 cm	936,788	纽约佳士得	2020-09-25
商晚期 青铜盉	高27.5cm	1,532,820	中国嘉德	2020-10-10

(续表)

拍品名称	物品尺寸	成交价RMB	拍卖公司	拍卖日期
商晚期或西周 青铜龙柄盉	高18.5cm	180,965	保利香港	2020-12-02
战国青铜错红铜凤鸟纹三足鸟首提梁盉	长29.1 cm	1,277,438	纽约佳士得	2020-09-25
清 铜嵌银丝云纹匜	长14.6cm; 高5cm	27,600	十竹斋拍卖（北京）	2020-10-18
唐 铜象首净瓶	高25.5cm	98,138	中国嘉德	2020-07-13
宋 仿古螭龙纹双系铜瓶	高28cm	92,000	西泠印社	2020-08-09
元 铜龙纹瓶	高21cm	34,500	西泠印社	2020-08-08
元代 铜开光仙人图双龙耳瓶	高41cm	92,000	古天一	2020-10-16
明正德 铜阿拉伯文双耳香瓶	高14cm	57,500	中鸿信	2020-01-03
17世纪 铜阿拉伯文小瓶	重646g; 高8.6cm	12,398	伦敦佳士得	2020-02-13
明 胡文明款铜鎏金错银莲纹香瓶	高11.5cm	69,000	中贸圣佳	2020-10-16
明 铜阿拉伯文双耳瓶	高14.3cm	195,500	十竹斋拍卖（北京）	2020-10-18
明 铜嵌银丝箸瓶	高10.6cm	207,000	中国嘉德	2020-08-16
明 铜三多纹梅瓶	高29.8cm	218,500	华艺国际	2020-10-16
明代 胡文明制款杂宝香瓶	高10.2cm; 重264g	69,000	上海匡时	2020-08-05
日本明治时期 铜质鎏金龙纹赏瓶	高15.3cm; 直径5cm	46,000	中国嘉德	2020-12-02
清早期 铜错金银饕餮纹贯耳大瓶	高58cm	494,500	北京中汉	2020-08-19
清早期 铜雕花卉纹香瓶	高10cm	18,400	中国嘉德	2020-08-18
清早期 铜莲覆式竹节纹瓶	高20.6cm	28,750	中国嘉德	2020-08-18
清早期 铜双兽耳四方瓶	高29.5cm	55,200	十竹斋拍卖（北京）	2020-10-18
清康熙 铜点金寿字纹双竹耳兽首瓶	高64cm	287,500	保利厦门	2020-09-26
清康熙 铜鎏金莲瓣纹盘口瓶	高50cm	230,000	中国嘉德	2020-08-18
清乾隆 宫廷造办处铜鎏金斑铜纹炉瓶盒三事	高17.5cm; 高6cm; 高13.5cm	1,380,000	西泠印社	2020-08-08
清乾隆 局部鎏金螭龙纹长颈瓶	高13cm	483,000	中贸圣佳	2020-10-17
清乾隆 铜鎏金高浮雕云龙纹大葫芦瓶	高51cm	195,500	中鸿信	2020-01-03
清乾隆铜鎏金九龙戏珠葫芦宝瓶(成对)	高74cm×2	368,000	中鸿信	2020-01-03
清乾隆 铜云龙纹双环耳大瓶	高43cm	2,300,000	北京保利	2020-10-20
19世纪 铜质局部鎏银山水人物赏瓶（一对）	高14cm	11,500	中国嘉德	2020-12-02
清 铜螭龙纹、兽面纹瓶（三件）	高27cm; 高17cm; 高14cm	10,350	中国嘉德	2020-11-12
清 铜螭龙纹长颈瓶	高17.5cm; 重388g	24,150	广东崇正	2020-09-13
清 铜瓜瓞绵绵葫芦大瓶（一对）	高43cm×2	297,820	巴黎佳士得	2020-06-23
清 铜鎏金嵌百宝大吉壁瓶	高7cm; 通径13.5cm; 重1214g	11,500	西泠印社	2020-08-09
清 铜洒金瓶	高12.5cm	32,200	北京翰海	2020-09-12
清 铜绳纹瓶	高14.8cm; 重400g	51,750	十竹斋拍卖（北京）	2020-10-18
清 大明宣德年制款铜螭龙纹双兽耳衔环香瓶	高18.5cm; 重608g	11,500	西泠印社	2020-08-09
青铜错金长颈瓶	19×44.5cm	1,634,288	埃利特	2020-10-30
17世纪 铜嵌金银仿古饕餮纹双活环耳壶	高28.3cm	29,782	巴黎佳士得	2020-06-23
18世纪 鎏金铜暗八仙莲纹盖壶	长20cm	238,256	巴黎佳士得	2020-06-23
清乾隆癸酉（1753）广东白地铜胎蓝彩山水人物开光诗文盘口盌(一对)	12.1cm	23,498	香港苏富比	2020-11-26
清 错金银饕餮纹匜式杯	长11.2cm; 高5.3cm	46,000	中贸圣佳	2020-10-16
宋 铜鹌鹑盖盒	宽11.5cm	16,001	中国嘉德	2020-07-13
明 阿拉伯文铜香盒	直径14.8cm	793,500	中贸圣佳	2020-10-16
明 铜阿拉伯文香盒	直径11.2cm	69,000	中鸿信	2020-01-03
明 铜阿拉伯文香盒	直径10.1cm; 高3.5cm	13,800	广东崇正	2020-09-13
明晚期 铜局部鎏金花卉纹香盒	宽8.3cm; 重480g	184,000	华艺国际	2020-10-16
清中期 铜鎏金嵌百宝瓜形盒	长7.8cm	34,500	中国嘉德	2020-12-03
清 嘉庆款铜鎏金葫芦形盖盒	高4cm; 长11cm	32,200	西泠印社	2020-08-09
清 嵌立龙瓷片甲骨文铜香盒	直径8.9cm; 高4.3cm	10,350	中贸圣佳	2020-12-08
清 铜鎏金嵌松石盒	宽9.1cm; 长11.4cm; 高6.5cm	28,750	中贸圣佳	2020-12-08
清代 饕餮纹兽面铜盒	高4.2cm	115,000	古天一	2020-10-16
清代 铜鎏金鹅盖盒	高9cm; 宽10cm	71,100	台北艺珍	2020-08-16
清代 铜鎏金葫芦盖盒	高11cm	71,100	台北艺珍	2020-08-16
民国乙卯年（1915）铜刻朱子治家格言方盖盒	高4cm; 宽9.8cm; 深9.8cm	26,328	伦敦佳士得	2020-05-21
法国铜鎏金镶嵌水晶盒	长13.5cm; 宽8cm; 高11.2cm	11,500	西泠印社	2020-08-10
让-皮埃尔-亚历山大·塔汉 铜鎏金彩石镶嵌珠宝盒	高17cm; 长30cm; 宽20cm	94,300	西泠印社	2020-08-10
清乾隆 乾隆御制诗文铜香盘	12.2×9.5cm	103,500	中贸圣佳	2020-10-16
清 铜鎏金银福寿纹盏托（一对）	尺寸不一	25,300	西泠印社	2020-08-09
17世纪 铜鎏金缠枝莲纹渣斗	高11.4cm	24,797	伦敦佳士得	2020-02-13
清 铜开光错银钵	口径11.7cm; 重1239.9g	230,000	中国嘉德	2020-08-16
清早期 铜雕蝉纹香筒	高17.9cm	23,000	中国嘉德	2020-08-18
清乾隆 铜簠	高23cm	667,000	中国嘉德	2020-08-16
清乾隆 镶鎏金铜如意云纹柄白玉勺	长22.8cm	135,600	佳士得	2020-07-09
商 康丁方彝	高13cm	9,085,000	北京保利	2020-10-19
西汉 青铜狩猎图博山炉	直径18.5cm	53,336	中国嘉德	2020-07-13
汉 青铜博山炉	直径10.6cm	12,801	中国嘉德	2020-07-13
汉代 错金银凤鸟香熏	20×7.5×20cm	690,624	香港贞观	2020-08-30
五代 鎏金铜瑞狮托莲香炉	高11.5cm	426,000	佳士得	2020-11-30
元代 铜错银瑞兽熏炉	高12.5cm	287,500	古天一	2020-10-16
明宣德 铜八卦圆形香熏	直径19cm	230,000	广东崇正	2020-09-13
明成化 铜嵌银丝梵文鼎式朝天耳炉	高35.2cm	153,282	中国嘉德	2020-10-10
明正德 阿拉伯文铜鎏金莲瓣纹三足炉	高15.8cm	5,175,000	中贸圣佳	2020-10-17
明正德五年“钦赐回回掌教”黄铜错红铜阿拉伯文炉	宽18.5cm; 重1717g	8,625,000	北京保利	2020-10-19
明天启 铜镂雕缠枝莲团龙纹三层三足大熏炉	高66cm	563,500	保利厦门	2020-09-26
16/17世纪 局部鎏金铜双狮戏球龙提梁葫芦式香熏	高15.5cm	404,700	佳士得	2020-11-30
17世纪 洒金铜灵芝纹鱼耳香炉	宽20.4cm	253,080	佳士得	2020-10-08
17世纪 双色铜狮钮双铺首三足熏炉	→ 12cm	72,772	香港普艺	2020-07-11
17世纪 铜仿古饕餮纹双耳三足炉	高26.2cm	54,350	伦敦佳士得	2020-11-03
17世纪 铜洒金螭龙耳四足炉	长16.8cm	94,678	纽约苏富比	2020-09-23
明崇祯 冲耳炉	口径12cm	943,000	中国嘉德	2020-08-18
明崇祯 冲耳炉	直径21.4cm; 高8cm	920,000	中国嘉德	2020-12-03
明崇祯 冲天耳炉	口径23cm; 重1682g	724,500	华艺国际	2020-10-16
明崇祯 大明崇祯年制款冲天耳三足炉	高8.2cm	1,725,000	中贸圣佳	2020-10-17
明崇祯 大明崇祯张氏家珍款冲耳炉	直径14cm	747,500	永乐拍卖	2020-08-17
明末 洒金铜螭龙耳三足香炉	高30.3cm	106,810	香港苏富比	2020-11-26
明末 宣德款铜点金龙耳四方炉	长17cm; 宽13.5cm	690,000	永乐拍卖	2020-12-02
明“大明宣德年制”六字篆书款冲天耳炉	直径14.8cm; 高9.4cm	1,207,500	中贸圣佳	2020-10-17
明 “宣德年制” 铜鬲式炉	宽13.8cm; 重1436g	97,750	华艺国际	2020-10-16
明 “云间胡文明制” 款铜鎏金海八怪兽耳簋式炉	高9cm; 长20cm	253,000	西泠印社	2020-08-08
明 阿拉伯文莲瓣筒式炉	直径11.3cm; 高8.9cm	356,500	中贸圣佳	2020-12-08
明 冲耳莲座炉	高7.5cm	805,000	中国嘉德	2020-08-18
明 冲天耳炉	口径13cm; 重1815g	1,380,000	华艺国际	2020-10-16
明 钝庵款钵式炉	直径13.8cm; 高7.1cm	2,875,000	中贸圣佳	2020-10-17
明 鄂铧堂款蚰耳炉	高6.6cm	747,500	中贸圣佳	2020-10-16
明 鬲式炉	口径15.5cm; 重2460g	1,380,000	华艺国际	2020-10-16
明 鬲式炉	口径18.7cm; 重3640g	322,000	华艺国际	2020-10-16
明 鬲式炉	口径12cm; 高重1005g	115,000	华艺国际	2020-10-16
明 戟耳筒式炉	高7.4cm	2,300,000	华艺国际	2020-10-16
明 局部鎏金花鸟纹炉	直径11cm; 高6.9cm	94,300	中贸圣佳	2020-10-16
明 刻八宝蝴蝶纹簋式炉	长14.9cm; 高7.1cm; 重543.8g	345,000	华艺国际	2020-10-16
明 龙耳炉	口径13.5cm; 重2262g	207,000	华艺国际	2020-10-16
明 马槽炉	高6.2cm	1,322,500	中国嘉德	2020-08-18
明 马槽炉	宽8cm; 高6.5cm	713,000	中国嘉德	2020-08-18
明 马槽炉	长12cm; 口径9.5cm; 重1200g	977,500	华艺国际	2020-10-16
明 青铜兽面纹双耳鼎式炉	17cm×13cm	97,750	北京禾谷	2020-09-24
明 三松清玩款蚰耳炉	腹径11.5cm; 高5.3cm	1,035,000	中贸圣佳	2020-10-16
明 勺园款马槽炉	高5.4cm	1,207,500	中贸圣佳	2020-10-16

(续表)

拍品名称	物品尺寸	成交价RMB	拍卖公司	拍卖日期
明 铜冲天耳炉	直径12cm; 高7cm; 重量1110g	172,500	保利厦门	2020-09-26
明 铜雕莲纹筒式炉	高4.5cm; 重量170g	13,800	保利厦门	2020-09-26
明 铜雕鸭形香熏	高20.5cm	264,500	保利厦门	2020-09-26
明 铜仿古饕餮纹双耳三足炉	高37cm; 高48cm	108,700	伦敦佳士得	2020-11-03
明 铜鬲式炉	直径13.5cm; 高6cm; 重量1530g	230,000	保利厦门	2020-09-26
明 铜海水瑞兽三足炉	口径13.2cm; 高7cm	1,610,000	北京保利	2020-10-20
明 铜鎏金戟耳筒式炉	口径9.6cm; 高6.9cm; 重903g	5,060,000	中国嘉德	2020-08-16
明 铜鎏金银博山炉	高14.5cm	40,250	十竹斋拍卖(北京)	2020-10-18
明 铜甪端大熏炉	高39cm	138,000	西泠印社	2020-08-08
明 铜甪端香熏盖	高15cm	17,250	北京中汉	2020-11-09
明 铜瑞狮钮方盖炉	高26cm	13,526	伦敦佳士得	2020-02-13
明 铜洒金桥耳炉	直径15cm; 高12cm; 重量3540g	287,500	保利厦门	2020-09-26
明 铜狮熏	高27cm	25,300	西泠印社	2020-08-08
明 筒式琴炉	直径8.5cm; 高6.8cm	2,415,000	中国嘉德	2020-08-18
明 王凤江制红铜团花纹手炉	高7cm; 长12.5cm	310,500	西泠印社	2020-08-09
明 宣德款鬲式三足炉	直径12.7cm; 高4.3cm	43,700	中贸圣佳	2020-12-08
明 宣德年制款鬲式炉	腹径10.3cm; 高4.4cm	97,750	中贸圣佳	2020-10-16
明 玉堂清玩款戟耳筒式炉	腹径10.6cm; 高7cm	2,415,000	中贸圣佳	2020-10-17
明 芷叟清玩款红铜镂雕团花纹瓜棱形手炉	高8.5cm; 重5626g	109,250	西泠印社	2020-08-09
明胡文明制铜鎏金海八怪纹簋式炉	带盖高11.5cm; 通径16.5cm; 重543.5g	101,200	西泠印社	2020-08-09
明 铜鎏金甪端香熏(一对)	高17.5cm; 高17.6cm	230,000	西泠印社	2020-08-09
明代 大明崇祯年制款三足缶式炉	口径13cm	632,500	上海匡时	2020-08-05
明代 大明宣德年制款冲天耳炉	口径13.4cm; 重1646g	402,500	上海匡时	2020-08-05
明代 大明宣德年制款冲天耳炉	口径14.8cm; 重1672g	402,500	上海匡时	2020-08-05
明代 大明宣德年制款鬲式炉	口径15.5cm; 重2004g	391,000	上海匡时	2020-08-05
明代 大明宣德年制款天鸡耳法盏炉	口径14.2cm	437,000	上海匡时	2020-08-05
明代 官上加官香熏	高18cm; 重1057g	74,750	上海匡时	2020-08-05
明代 施家古制款压经耳炉	口径10.2cm; 重1064g	1,035,000	上海匡时	2020-08-05
明代 石涵氏家藏款蚰耳炉	口径11.3cm; 重1278g	575,000	上海匡时	2020-08-05
明代 铜质双凤耳"大明宣德年制"炉	高13cm; 耳径21.5cm	59,800	中国嘉德	2020-08-18
明代 宣德年制款鬲式炉	口径8.8cm; 重512g	112,700	上海匡时	2020-08-05
明代 宣德年制款鬲式炉	口径13.3cm; 重1431g	161,000	上海匡时	2020-08-05
明代 玉堂清玩款鬲式炉	口径10.9cm; 重1072g	322,000	上海匡时	2020-08-05
明代 玉堂清玩款戟耳炉	口径9.8cm; 重989g	2,070,000	上海匡时	2020-08-05
明至清 大明正德年造款铜阿拉伯文鬲式炉	高9.5cm; 重1710.8g	48,300	西泠印社	2020-08-09
明治时期金工五郎三郎造花卉纹香炉	24×20cm	13,800	永乐拍卖	2020-12-03
明治时期 杉本义助作铜质香炉	6.2×8cm	28,750	永乐拍卖	2020-12-03
晚明局部鎏金铜八吉祥纹龙耳簋式炉	宽16.5cm	149,100	佳士得	2020-11-30
晚明 铜嵌银丝"石叟"款三足鬲式炉	直径19.2cm	333,500	北京中汉	2020-12-04
明晚期大明宣德年制款铜质筒式炉	直径12cm	138,000	永乐拍卖	2020-08-17
明晚期 铜"朴庵家藏"款出戟耳炉	直径10.5; 高7.1cm	862,500	广东崇正	2020-09-13
明晚期 铜海兽纹簋式炉	长17.7cm	25,300	中国嘉德	2020-07-16
明末/清初 铜螭龙耳炉	宽27 cm	240,754	伦敦苏富比	2020-06-15
明末清初 "静观主人"款冲耳炉	直径18.8cm; 重3333g	1,380,000	永乐拍卖	2020-12-02
明末清初 "玉堂珍玩"款铜凤眼炉	直径14cm; 高8cm	253,000	华艺国际	2020-10-16
明末清初 铜冲耳炉	口径10.4cm; 高4.9cm	2,070,000	北京保利	2020-10-20
明末清初 铜甪端香熏	高9.5cm	40,250	十竹斋拍卖(北京)	2020-10-18
明末清初 铜嵌银丝如意纹双耳炉	高3.8cm; 直径cm	82,800	广东崇正	2020-09-13
明末清初 铜桥耳炉(带座)	高6.5cm; 直径13.5cm	92,000	广东崇正	2020-09-13
明末清初 铜雪花金深腹戟耳筒式炉	高13.5cm	379,500	中贸圣佳	2020-10-17
明末清初 王旭款胡文明制钵式炉	长13.1cm; 高6.8cm	161,000	中贸圣佳	2020-12-08
明末清初 宣德篆书款压经炉	腹径16cm; 高8.6cm	552,000	中贸圣佳	2020-10-16
清初 马槽炉	12.5×16.8×10.8cm	2,070,000	华艺国际	2020-10-16
清初 台几式炉 (原配铜座)	高8.1cm	2,070,000	中国嘉德	2020-08-16

拍品名称	物品尺寸	成交价RMB	拍卖公司	拍卖日期
清早期 "宣德年制"铜戟耳炉	直径20.5cm; 高12.8cm	230,000	中国嘉德	2020-12-04
清早期 朝冠耳炉	口径12.8cm; 重1365g	120,750	华艺国际	2020-10-16
清早期 冲天耳炉	高17cm	1,610,000	华艺国际	2020-10-16
清早期 冲天耳炉	口径11.5cm; 重1035g	103,500	华艺国际	2020-10-16
清早期 冲天耳炉(带木座)	口径8cm; 高10.3cm	345,000	华艺国际	2020-10-16
清早期大明宣德年金台施制款鬲式炉	腹径16cm; 高5.1cm	552,000	中贸圣佳	2020-12-08
清早期 鬲式炉	口径8.2cm; 重475g	59,800	华艺国际	2020-10-16
清早期 鬲式炉(原座)	口径13.5cm; 重2070g	437,000	华艺国际	2020-10-16
清早期 海棠炉	长28.2cm; 宽23.5cm	322,000	华艺国际	2020-10-16
清早期 花形冲天耳炉	口径11.2cm; 高8.5cm	230,000	华艺国际	2020-10-16
清早期 活环钵式炉(原底座)	炉高10.5cm	943,000	华艺国际	2020-10-16
清早期 戟耳炉	口径12.7cm; 高9cm	287,500	华艺国际	2020-10-16
清早期 金带围鱼耳炉	高8cm	2,070,000	中国嘉德	2020-12-03
清早期 局部鎏金鼎式炉	长11.6cm; 高21.8cm	218,500	中贸圣佳	2020-12-08
清早期 廊庙所珍款冲耳炉	直径19cm	1,207,500	永乐拍卖	2020-12-02
清早期 棋首宣环钵盂炉	高10cm	977,500	中国嘉德	2020-08-18
清早期 桥耳乳足炉(带原座)	口径13.5cm; 重2115g	368,000	华艺国际	2020-10-16
清早期 洒金蚰耳炉	宽24.5cm	224,814	中国嘉德	2020-10-10
清早期 铜板耳压经三足炉	高7cm; 直径12.5cm	57,500	广东崇正	2020-09-13
清早期 铜朝天耳炉	直径17cm	34,500	中国嘉德	2020-07-16
清早期 铜螭龙耳象足炉	高17cm; 重900g	379,500	华艺国际	2020-10-16
清早期 铜冲耳炉	直径13.2cm; 高7cm	207,000	十竹斋拍卖(北京)	2020-10-18
清早期 铜冲天耳三足炉	直径12.4cm; 高7.9cm	43,700	广东崇正	2020-09-13
清早期 铜高士骑鹿香熏	高28cm	11,500	北京保利	2020-10-20
清早期 铜鬲式炉	直径29.9cm	1,495,000	北京大羿	2020-12-06
清早期 铜龟背锦纹螭耳炉	长15cm; 重709g	59,800	中国嘉德	2020-08-18
清早期 铜局部鎏金双螭耳琴炉	高3.5cm; 长6.5cm	52,900	十竹斋拍卖(北京)	2020-10-18
清早期 铜卷云足法盏炉	口径16.6cm; 高11cm	92,000	十竹斋拍卖(北京)	2020-10-18
清早期 铜开光阿拉伯文鬲式炉	直径15.6cm	32,200	中国嘉德	2020-11-11
清早期 铜鎏金饕餮纹三足鼎式炉	高22cm	47,150	十竹斋拍卖(北京)	2020-10-18
清早期 铜炉座	直径21.8cm	224,250	中国嘉德	2020-12-03
清早期 铜甪端香熏	高48cm	345,000	十竹斋拍卖(北京)	2020-10-18
清早期 铜马槽炉	长17.7cm; 炉重2143g	94,300	中国嘉德	2020-08-18
清早期 铜马槽式琴炉	8.8×5×3.9cm	48,300	北京诚轩	2020-08-17
清早期 铜嵌宝太平有象香熏	高23.5cm	36,800	中贸圣佳	2020-12-08
清早期 铜桥耳扁炉附木花几	铜炉宽14cm; 重1074g	11,500	北京保利	2020-10-19
清早期 铜桥耳大炉	宽26.5cm	402,500	北京保利	2020-10-20
清早期 铜桥耳炉	宽19.5cm	63,250	华艺国际	2020-10-16
清早期 铜洒金螭耳鬲式炉	宽16.3cm; 重1089g	138,000	中国嘉德	2020-08-18
清早期 铜洒金冲天耳炉	宽10.5cm; 重436g	28,750	北京保利	2020-10-19
清早期 铜洒金桥耳三足炉	宽19cm	2,300,000	永乐拍卖	2020-08-17
清早期 铜洒金双鱼耳炉	宽13.5cm; 819g	180,965	保利香港	2020-12-02
清早期 铜三足双耳压经炉连座	直径12.5cm; 高9cm	414,000	北京中汉	2020-12-04
清早期 铜狮头炉	直径13.4cm; 高6.2cm	253,000	中国嘉德	2020-12-03
清早期 铜狮子香熏	高49cm	82,800	十竹斋拍卖(北京)	2020-10-18
清早期 铜兽面簋式炉	高11cm; 直径12cm	26,450	十竹斋拍卖(北京)	2020-10-18
清早期 铜兽面四方鼎式炉	高21cm	23,000	十竹斋拍卖(北京)	2020-10-18
清早期 铜兽足鼎式炉	高18.5cm; 直径16cm	25,300	十竹斋拍卖(北京)	2020-10-18
清早期 铜双狮耳炉	直径28.5cm	1,495,000	北京大羿	2020-12-06
清早期 铜双鱼耳炉	直径11cm; 高8.5cm	356,500	十竹斋拍卖(北京)	2020-10-18
清早期 铜筒式三足压经炉连座	高19.1cm	1,150,000	中贸圣佳	2020-10-16
清早期 铜压板耳经炉	直径13cm	109,250	十竹斋拍卖(北京)	2020-10-18

2020杂项拍卖成交汇总

(续表)

拍品名称	物品尺寸	成交价RMB	拍卖公司	拍卖日期
清早期 铜压经炉	宽19.2cm	552,000	中国嘉德	2020-08-18
清早期 铜压经炉	直径16.4cm; 高8.8cm; 重3300g	310,500	十竹斋拍卖(北京)	2020-10-18
清早期 铜蚰耳大炉	直径31.5cm	805,000	中国嘉德	2020-12-03
清早期 铜蚰耳炉	高5cm; 直径9.5cm	57,500	十竹斋拍卖(北京)	2020-10-18
清早期 铜蚰龙耳簋式炉	直径13cm	57,500	北京中汉	2020-11-09
清早期 铜质方耳"宣德"压经炉	高8.3cm; 耳径18.2cm	57,500	中国嘉德	2020-08-18
清早期 铜竹节炉	直径8cm; 高4cm	138,000	十竹斋拍卖(北京)	2020-10-18
清早期 筒式炉(配木座)	口径10.5cm; 高8.8cm	172,500	华艺国际	2020-10-16
清早期 玩竹斋款鬲式炉	直径14.1cm; 高5.6cm	161,000	中贸圣佳	2020-12-08
清早期 晤歌款鋬耳压经炉	口径11cm; 高5.7cm	253,000	中贸圣佳	2020-12-08
清早期 宣德款大桥耳炉	高22.8cm	1,380,000	中贸圣佳	2020-10-16
清早期 宣德款环耳钵式炉	高10.5cm	747,500	中贸圣佳	2020-10-16
清早期 宣德款蚰耳炉连座	长30.8cm; 高17.4cm	425,500	中贸圣佳	2020-12-08
清早期 宣德款蚰耳炉连座	腹径18.5cm; 高11.5cm	310,500	中贸圣佳	2020-10-16
清早期 宣德篆书款蚰耳炉	腹径17.5cm; 高6cm	644,000	中贸圣佳	2020-10-16
清早期 雪花金凤耳炉	腹径13.5cm; 高8.2cm	345,000	中贸圣佳	2020-10-16
清早期 压经炉(配原座)	口径11.5cm; 高7cm	402,500	华艺国际	2020-10-16
清早期 压经炉	直径11.9cm; 高6.8cm	437,000	中国嘉德	2020-12-03
清早期 蚰龙耳大铜炉	腹径27.8cm; 高11.9cm	747,500	中贸圣佳	2020-10-16
清早期 蚰龙耳炉	口径13cm; 重1475g	207,000	华艺国际	2020-10-16
清早期 蚰龙耳炉(带铜座)	高11.7cm	1,322,500	华艺国际	2020-10-16
清早期·大明宣德年制款铜朝冠耳炉	高6.8cm; 重346g	25,300	西泠印社	2020-08-09
清早期·大明宣德年制款铜鱼耳琴炉	炉高3cm	115,000	西泠印社	2020-08-09
清早期·铜镂雕龙凤纹大熏炉	高29.5cm	172,500	西泠印社	2020-08-09
清顺治 马槽炉	长10.5cm; 高6.8cm	3,105,000	中国嘉德	2020-12-03
清顺治 铜双耳三足炉	高5.6cm	2,530,000	北京翰海	2020-12-12
清康熙 鬲式炉	直径(口)15cm	402,500	中国嘉德	2020-12-03
清康熙 局部鎏金铜海兽云龙纹盖炉	宽14.3 cm	153,207	伦敦苏富比	2020-06-15
清康熙 马槽炉	口径10.6×8.6cm	1,380,000	中国嘉德	2020-08-16
清康熙 马槽炉	长10.7cm; 高6.6cm	368,000	中国嘉德	2020-12-03
清康熙 洒金铜双龙耳三足炉	宽33.5 cm	218,868	伦敦苏富比	2020-06-15
清康熙 铜螭龙耳水仙盆式炉	宽25.3cm	1,380,000	北京保利	2020-10-19
清康熙 铜冲耳乳足炉	口径11.7cm	920,000	中国嘉德	2020-08-16
清康熙 铜鼓式如意三足炉	直径10cm	297,820	巴黎佳士得	2020-06-23
清康熙 铜压经炉(连座)	宽33cm; 炉重8800g	6,900,000	北京保利	2020-10-19
清康熙 宣德款活环耳钵式炉连座	腹径16.3cm; 高16.5cm	1,058,000	中贸圣佳	2020-10-17
清康熙 雪花金大鬲式炉	直径24.8cm	3,450,000	北京保利	2020-10-19
清雍正 铜冲耳炉	口径16cm; 重2385g	2,875,000	北京保利	2020-10-20
清雍正 铜兽面纹鼎式炉	高23.5cm	345,000	十竹斋拍卖(北京)	2020-10-18
清雍正 铜盉式四足炉	直径12.8cm; 重1300g	2,070,000	北京保利	2020-10-19
清雍正-乾隆 铜戟耳簋式炉	宽16cm; 重968g	690,000	北京保利	2020-10-19
17/18世纪 铜老子骑牛盖炉	高18cm	25,811	巴黎佳士得	2020-06-23
17/18世纪 铜马槽炉	长12cm	694,913	巴黎佳士得	2020-06-23
17/18世纪 铜嵌百宝如意	长33cm	30,656	中国嘉德	2020-10-10
17/18世纪 铜洒金螭龙耳三足炉连座	宽25.1cm	240,998	纽约苏富比	2020-09-23
17/18世纪 铜洒金三足炉"宣德年制"款	高12cm	297,820	巴黎佳士得	2020-06-23
17/18世纪 铜洒金双耳炉"大明宣德年制"款	长13.5cm	119,128	巴黎佳士得	2020-06-23
17/18世纪 铜双耳大炉连座	手柄宽31cm	215,177	纽约苏富比	2020-09-23
17/18世纪 铜云龙纹瑞兽耳炉	手柄宽18.8cm	473,388	纽约苏富比	2020-09-23
17-18世纪 铜甪端熏炉	长13.1cm	47,981	香港苏富比	2020-06-05
18世纪 铜钵式炉	宽33cm; 高18cm	368,000	保利厦门	2020-09-26
18世纪 铜洒金朝冠耳炉	直径21cm; 高17cm	92,000	保利厦门	2020-09-26
18世纪 铜双龙耳三足炉	宽18.2 cm	120,377	伦敦苏富比	2020-06-15
18世纪 宣德鬲式三足小铜炉	宽8cm	27,417	佳士得	2020-10-08
清17/18世纪 铜冲天耳三足炉	16cm	79,875	佳士得	2020-11-30
清乾隆 朝冠耳炉	口径13.5cm; 高15cm; 重1630g	310,500	华艺国际	2020-10-16
清乾隆 鬲式炉	口径12cm; 高5.2cm	4,025,000	中国嘉德	2020-08-18
清乾隆 桃形鬲式三足熏炉	长19cm; 高19.6cm	161,000	中贸圣佳	2020-12-08
清乾隆 铜朝冠耳炉	高23.8cm	1,380,000	北京大羿	2020-12-06
清乾隆 铜朝冠耳炉、花觚三件套	炉高21.4cm; 花觚高22.2cm×2	2,070,000	中贸圣佳	2020-10-17
清乾隆 铜冲天耳炉	高6cm; 口径8cm	575,000	十竹斋拍卖(北京)	2020-10-18
清乾隆 铜鎏金开窗花卉纹铺首鼎式炉	直径7.8cm; 高12cm; 重600g	36,800	广东崇正	2020-09-13
清乾隆 铜鎏金熏炉	高6.6cm	172,500	中国嘉德	2020-08-15
清乾隆 铜洒金螭龙耳三足炉	宽30.5cm	868,598	中国嘉德	2020-10-10
清乾隆 铜桃形带座香熏	高22cm	23,000	中鸿信	2020-01-03
清乾隆 袁枚手铸洒金钵式炉	腹径24.2cm; 高17.7cm	6,325,000	中贸圣佳	2020-10-17
清中期 阿拉伯文三足鬲式铜炉	直径13.7cm; 高5.2cm	11,500	中贸圣佳	2020-12-08
清中期 鬲式炉	直径11.30cm; 高7cm	287,500	中国嘉德	2020-12-03
清中期 铜朝冠耳花式三足炉	宽12.5cm; 重477g	402,500	北京保利	2020-10-19
清中期 铜点金簋式炉	高28cm; 宽43cm; 重量6330g	287,500	保利厦门	2020-09-26
清中期 铜凤眼三足炉连座	直径11.1cm	51,750	北京中汉	2020-11-09
清中期 铜回纹三足炉	高10.8cm	34,500	北京翰海	2020-12-12
清中期 铜回纹三足炉	高8.2cm	23,000	北京翰海	2020-12-12
清中期 铜局部鎏金象足鼓式炉	高9.2cm; 宽12.5cm	230,000	北京保利	2020-10-20
清中期 铜卷云纹兽耳小炉	长12.8cm	13,800	中国嘉德	2020-07-16
清中期 铜鎏金瑞兽型香熏	长25.5cm	172,500	北京保利	2020-12-05
清中期 铜炉(一套七件)	尺寸不一	89,700	中国嘉德	2020-11-09
清中期 铜桥耳三足炉	直径17.1cm	46,000	北京中汉	2020-11-09
清中期 铜洒金竹节筒式炉	直径7.1cm; 重176g	34,500	中国嘉德	2020-08-18
清中期 铜绳耳炉	直径9.5cm; 重381g	32,200	中国嘉德	2020-08-18
清中期 铜狮耳炉	长20cm	34,500	中国嘉德	2020-07-16
清中期 铜狮耳炉	长18.3cm	11,500	中国嘉德	2020-11-11
清中期 铜双耳三足炉	高7cm	11,500	北京翰海	2020-12-12
清中期 铜弦纹鬲炉	直径15.6cm; 重1308g	195,500	中国嘉德	2020-08-18
清中期 铜弦纹兽耳炉	长14.8cm	20,700	中国嘉德	2020-07-16
清中期 铜弦纹筒式炉	直径11.6cm	17,250	中国嘉德	2020-07-16
清中期 铜弦纹筒式三足炉	高5.2cm	34,500	北京翰海	2020-12-12
清中期 铜押金炉	直径12.3cm	32,200	中国嘉德	2020-12-03
清中期 铜蚰耳炉	长19.3cm	17,250	中国嘉德	2020-07-16
清中期 铜蚰龙耳簋式炉	直径14.5cm	51,750	北京中汉	2020-11-09
清中期 铜蚰龙耳炉	直径19.5cm	63,250	中国嘉德	2020-12-03
清中期 铜质桃形镂空熏炉	直径10.6cm	12,650	北京中汉	2020-11-09
清中期铜质凤眼耳"大明宣德年制"炉	高9cm; 耳径14.5cm	23,000	中国嘉德	2020-08-18
清中期 铜质兽面耳法盏炉	高8cm; 耳径11.7cm	23,000	中国嘉德	2020-08-18
清中期 宣德款蚰耳簋式炉	腹径19cm; 高9cm	103,500	中贸圣佳	2020-10-16
清中期·宣德年制款铜雪花金鬲式炉	高6.5cm; 重1.85kg	74,750	西泠印社	2020-08-09
清中期·宣德年制款铜枣红皮压经炉	高8.5cm; 通径18cm; 口径12.4cm; 重1840.9g	92,000	西泠印社	2020-08-09
清 "大明宣德年制"冲天耳三足炉	口径10cm; 高6.5cm; 重量744g	92,000	西泠印社	2020-08-08
清 "大明宣德年制"款活钮铜炉	直径12cm; 重量360.5g	10,350	江苏汇中	2020-08-06
清 "宣德"款朝冠耳炉	口径8cm; 高5.8cm	63,250	西泠印社	2020-08-08
清 错金银簋式炉	高20.3cm; 直径38.5cm	41,400	中贸圣佳	2020-12-08
清 错金银三足炉	高15.5cm	21,850	中贸圣佳	2020-12-08
清 大明宣德年制洒金蚰耳炉	长17.3cm; 高5.9cm	115,000	中贸圣佳	2020-12-08
清 点金冲天耳炉	长30.5cm; 高23.5cm	218,500	中贸圣佳	2020-12-08
清 宫廷造办处铜鎏金狮耳三足炉	口径13.4cm; 高8.2cm; 重量700g	23,000	西泠印社	2020-08-08
清 胡文明款海八怪纹铜炉	长17cm; 高7cm	115,000	中贸圣佳	2020-12-08
清 秋舫款戟耳炉	腹径10cm; 高9.6cm	805,000	中贸圣佳	2020-10-16
清 十六字款冲天耳三足炉	口径11.3cm; 高9.8cm; 重量1467g	46,000	西泠印社	2020-08-08
清 铜钵式炉带盖	高13cm; 重343g	23,000	广东崇正	2020-09-13
清 铜朝冠耳炉	长15.4cm	11,500	中国嘉德	2020-07-16

(续表)

拍品名称	物品尺寸	成交价RMB	拍卖公司	拍卖日期
清 铜朝冠耳小炉	长13.4cm	13,800	中国嘉德	2020-07-16
清 铜朝天耳炉	直径8.7cm	13,800	中国嘉德	2020-11-12
清 铜冲耳三足炉	直径13cm; 高9cm	39,100	十竹斋拍卖(北京)	2020-10-18
清 铜点金香炉	直径19cm; 高11cm	145,600	上海联合	2020-11-29
清 铜鼎式炉	高18cm	10,350	中国嘉德	2020-11-12
清 铜赶珠龙纹桥耳炉	直径17.4cm; 高11cm; 重1630g	23,000	广东崇正	2020-09-13
清 铜鬲式炉	直径15cm	23,000	中国嘉德	2020-07-17
清 铜鬲式炉	直径14.2cm	11,500	中国嘉德	2020-07-16
清 铜鬲式炉、桥耳炉各一件	16.5×13cm	20,700	中国嘉德	2020-07-16
清 铜官帽香熏	高19.5cm	46,000	中国嘉德	2020-08-18
清 铜回文三足炉	直径14cm	55,200	北京翰海	2020-09-12
清 铜回文三足炉	直径14cm	34,500	北京翰海	2020-09-12
清 铜局部鎏金鼎式炉	口径12.4cm; 高15cm; 重量1017g	46,000	西泠印社	2020-08-08
清 铜梨皮冲耳三足炉	直径:10cm	57,120	罗芙奥	2020-07-18
清 铜鎏金饕餮纹簋式炉	长10cm; 高5.8cm	20,700	中贸圣佳	2020-12-08
清 铜龙纹熏炉	27×19.5×29.5cm	138,000	西泠印社	2020-08-08
清 铜镂雕缠枝莲纹太平有象三足熏炉	长22.9cm; 高26.5cm	18,400	中贸圣佳	2020-12-08
清 铜角端香熏	高25cm	34,500	中贸圣佳	2020-12-08
清 铜麒麟香熏	长19.5cm	43,700	中国嘉德	2020-08-18
清 铜嵌银丝海兽纹象耳衔环炉	长29cm	23,000	中国嘉德	2020-11-11
清 铜桥耳炉	直径17.5cm	17,250	中国嘉德	2020-07-16
清 铜洒金兽面纹簋式炉	长12cm; 重526g	25,300	中国嘉德	2020-08-18
清 铜三足炉	直径15cm	59,800	北京翰海	2020-09-12
清 铜三足炉	直径13.5cm	20,700	北京翰海	2020-09-12
清 铜三足炉	直径13cm	13,800	北京翰海	2020-09-12
清 铜三足象纹炉	直径12cm	34,500	北京翰海	2020-09-12
清 铜狮耳炉	长16cm	16,100	北京翰海	2020-09-12
清 铜兽耳香熏	长13cm	10,350	中国嘉德	2020-11-12
清 铜双耳三足香炉	12.3cm	13,885	香港苏富比	2020-11-26
清 铜天鸡耳法盏炉	直径11.3cm; 高5.4cm; 重406g	23,000	广东崇正	2020-09-13
清 铜天鸡耳炉	直径13cm	23,000	北京保利	2020-10-20
清 铜天鸡耳炉	15.6×7.9cm	16,800	上海联合	2020-11-29
清 铜压经炉	高8cm; 口径13cm; 通径19cm	34,500	朵云轩	2020-09-24
清 铜鸭子香熏	高27cm; 重1776g	18,400	北京保利	2020-10-19
清 铜雁羚法盏炉	高8.5cm; 高8.5cm	82,800	十竹斋拍卖(北京)	2020-10-18
清 铜蚰耳炉	宽17cm; 重1338g	24,150	北京保利	2020-10-19
清 铜蚰耳炉	长14.5cm	11,500	中国嘉德	2020-07-17
清 铜蚰耳炉(两件)	尺寸不一	28,750	广东崇正	2020-09-13
清 铜鱼耳炉	13.9×7.7cm	22,400	上海联合	2020-11-29
清 铜质壁炉	直径12.7cm; 高6cm	13,800	广东崇正	2020-09-13
清 铜质莲瓣纹熏炉	高8cm; 口径9.5cm	36,800	中国嘉德	2020-12-02
清 铜竹节香炉	6×8.5cm	32,200	永乐拍卖	2020-12-03
清 王旭款 手炉	直径14cm; 高7.7cm	56,000	上海联合	2020-11-29
清 吴邦佐款狮耳衔环莲瓣纹三足炉	直径13.8cm; 高8.3cm	92,000	中贸圣佳	2020-10-16
清 宣德款蚰耳炉连座	腹径28.8cm; 高19.5cm	138,000	中贸圣佳	2020-10-16
清 宣德年制款 鬲式炉	口径18cm; 重2702克	345,000	上海匡时	2020-08-05
清 印月轩款乳钉连珠戟耳三足炉	直径9cm; 高7.5cm	92,000	中贸圣佳	2020-10-16
清 玉堂清玩款压经炉	长16.9cm; 高6.8cm	276,000	中贸圣佳	2020-12-08
清 传古式款铜兽耳炉	高6.5cm; 通径17.5cm	25,300	西泠印社	2020-08-09
清 大明崇祯年制款铜蚰耳炉	高5cm; 重1064g	109,250	西泠印社	2020-08-09
清 大明宣德年制款铜马槽炉	高6.1cm; 长11.9cm	17,250	西泠印社	2020-08-09
清 大明宣德年制款铜兽耳椭圆炉	高5.8cm; 长11.5cm	23,000	西泠印社	2020-08-09
清 大明宣德年制款铜弦纹筒式炉	高5.2cm; 直径8cm	11,500	西泠印社	2020-08-09
清 大明宣德年制铜蚰耳炉	高8.3cm; 重1548.7g	32,200	西泠印社	2020-08-09
清 大清雍正年制款马槽炉	高7cm; 长15.3cm	74,750	西泠印社	2020-08-09
清 弟子刘起龙造款铜冲耳炉	高7.5cm	667,000	西泠印社	2020-08-09
清 琴斋款铜冲耳炉	高7cm; 重612.9g	40,250	西泠印社	2020-08-09

拍品名称	物品尺寸	成交价RMB	拍卖公司	拍卖日期
清 石叟款嵌银丝双耷耳铜簋式炉	高8.5cm; 重425.5g	11,500	西泠印社	2020-08-08
清 素庵清玩款铜戟耳筒式炉	高7.7cm; 重1651g	51,750	西泠印社	2020-08-09
清 铜开光阿文钵式炉	高5.5cm; 重385.8g	32,200	西泠印社	2020-08-09
清 铜角端香熏	高16cm	66,700	西泠印社	2020-08-09
清 铜鱼耳炉	高8.2cm; 重1156.5g	51,750	西泠印社	2020-08-09
清 宣德年制款铜鬲式炉	高6cm; 重1121g	23,000	西泠印社	2020-08-09
清 永世之宝款铜簋式炉	高5.5cm; 重561.3g	20,700	西泠印社	2020-08-08
清 朝冠耳四足鼎式炉	长4.5cm; 重278g	43,700	上海匡时	2020-08-05
清 大明宣德年制款钵式炉	口径14.5cm	713,000	上海匡时	2020-08-05
清 大明宣德年制款冲耳炉带座	口径15cm; 炉重1329g	69,000	上海匡时	2020-08-05
清 大明宣德年制款冲天耳炉	口径10.8cm; 重957g	74,750	上海匡时	2020-08-05
清 大明宣德年制款冲天耳炉	口径12.5cm; 重885g	56,350	上海匡时	2020-08-05
清 大明宣德年制款九思炉	口径8cm; 重307g	43,700	上海匡时	2020-08-05
清 大明宣德年制款九思炉	口径7.8cm; 重270g	25,300	上海匡时	2020-08-05
清 大明宣德年制款铺首衔环三足炉	口径10.4cm; 重575g	126,500	上海匡时	2020-08-05
清 大明宣德年制款桥耳炉	口径14.4cm; 重1362g	112,700	上海匡时	2020-08-05
清 大明宣德年制款桥耳炉	口径11.3cm; 重808g	32,200	上海匡时	2020-08-05
清 大明宣德年制款如意海棠炉	长10.8cm; 宽9.4cm; 重677g	115,000	上海匡时	2020-08-05
清 大明宣德年制款三元筒式炉	口径14.5cm; 重1412g	109,250	上海匡时	2020-08-05
清 大明宣德年制款三元筒式炉	口径7.8cm; 重230g	28,750	上海匡时	2020-08-05
清 大明宣德年制款三足缶式炉	口径14.3cm; 重1380g	184,000	上海匡时	2020-08-05
清 大明宣德年制款狻猊耳炉	口径7.6cm; 重269g	43,700	上海匡时	2020-08-05
清代大明宣德年制款天鸡耳海棠法盏炉	14.6cm×12cm; 重436g	97,750	上海匡时	2020-08-05
清 大明宣德年制款天鸡耳四方炉	口径8.5cm; 重482g	126,500	上海匡时	2020-08-05
清 大明宣德年制款天鸡耳筒式炉	口径10.8cm; 重563g	109,250	上海匡时	2020-08-05
清 大明宣德年制款象耳炉	口径6.8cm; 重270g	40,250	上海匡时	2020-08-05
清 大明宣德年制款蚰耳炉	口径13cm; 重1660g	55,200	上海匡时	2020-08-05
清 大明宣德五年监督工部官臣吴邦佐造缶式炉	口径14.5cm; 重1462g	103,500	上海匡时	2020-08-05
清 琴友款鬲炉	口径6.7cm; 重347g	87,400	上海匡时	2020-08-05
清 铜质方耳"宣德年"压经炉	高8.5cm; 耳径19.5cm	78,200	中国嘉德	2020-08-18
清 香熏炉	高13.5cm	170,640	台北艺珍	2020-08-16
清 宣德款马槽炉	口径12×9.4cm; 重2069g	345,000	上海匡时	2020-08-05
清 宣德款三足缶式炉	口径10cm; 重2058g	161,000	上海匡时	2020-08-05
清 宣德年款压经耳炉	口径13cm; 重2026g	80,500	上海匡时	2020-08-05
清 宣德年制款正德红留白冲天耳炉	口径12.5cm; 重1567g	322,000	上海匡时	2020-08-05
清 熏炉	高14cm	36,800	上海匡时	2020-08-05
清早中期 琴炉(一组)	尺寸不一	80,500	华艺国际	2020-10-16
清早中期 琴炉(一组)	尺寸不一	74,750	华艺国际	2020-10-16
清中早期 琴炉(一组)	尺寸不一	172,500	华艺国际	2020-10-16
清中早期 琴炉(一组)	尺寸不一	149,500	华艺国际	2020-10-16
炉缘阁吴震中团圆有余手编铜手炉	8×5cm	11,200	上海联合	2020-11-29
铜朝天耳炉	直径16cm	25,300	中国嘉德	2020-11-12
铜螭龙纹象耳炉	长41cm	10,350	中国嘉德	2020-11-12
铜鬲式炉	直径12cm	28,750	中国嘉德	2020-11-12
铜炉(五件)	尺寸不一	11,500	中国嘉德	2020-07-17
铜洒金朝天耳炉	直径13.2cm	11,500	中国嘉德	2020-11-12
铜狮首耳炉及铜簋式炉(共两件)	尺寸不一	47,828	佳士得	2020-04-21
铜香炉	高4.5cm; 直径11cm	17,250	朵云轩	2020-11-30
铜云龙纹象耳炉	长27cm	11,500	中国嘉德	2020-11-12
战国 镂空彩绘青铜镜	直径18cm	1,150,000	北京禾谷	2020-09-24
隋 "光流素月"铜镜	直径21.4cm	53,336	中国嘉德	2020-07-13
唐 宝相花花口铜镜	宽19.3cm	51,094	中国嘉德	2020-10-10
唐 螺钿平脱花卉纹小铜镜	宽7.5cm	204,376	中国嘉德	2020-10-10
唐 铜绶带鸟双龙纹镜	直径10.9cm	301,608	保利香港	2020-12-02
唐 镶金瑞兽纹小铜镜	宽7.5cm	204,376	中国嘉德	2020-10-10
清 古铜嵌螺钿铜镜	直径24cm	195,500	中鸿信	2020-01-03
清黑漆描金绘人物故事图海棠形铜镜	直径13.5cm	11,500	西泠印社	2020-08-09
"百寿团圆"人物镜	直径43cm	690,000	上海匡时	2020-08-05
"常宜酒食"铭草叶纹镜	直径23cm	1,380,000	中贸圣佳	2020-10-17
"陈氏金鉴"铭文镜	直径11.5cm; 厚0.6cm	11,500	中贸圣佳	2020-10-17

2020杂项拍卖成交汇总

(续表)

拍品名称	物品尺寸	成交价RMB	拍卖公司	拍卖日期
"成快意" 规矩镜	直径16.9cm; 重量666g	32,200	北京保利	2020-10-19
"大泉五十" 规矩镜	直径11.4cm; 重量289g	23,000	北京保利	2020-10-19
"凤凰非梧桐不栖" 纹线刻镜	直径9.1cm; 厚0.3cm	40,250	中贸圣佳	2020-10-17
"汉有善铜" 铭四乳瑞兽纹镜	直径12.8cm; 厚0.5cm	109,250	中贸圣佳	2020-10-17
"洪武二十二年正月日造"纪年款龙纹镜	直径10.8cm; 厚0.55cm	34,500	中贸圣佳	2020-10-17
"花发无冬夏" 铭团花纹镜	直径13.2cm	494,500	中贸圣佳	2020-10-17
"淮南起照, 仁寿传名" 铭四神十二生肖纹镜	直径28.8cm; 厚1.2cm	9,200,000	中贸圣佳	2020-10-17
"煌丕昌天" 铭海舶镜	直径17cm; 厚0.45cm	11,500	中贸圣佳	2020-10-17
"家常贵富" 吉语镜	直径15.5cm; 厚0.8cm	36,800	中贸圣佳	2020-10-17
"家常贵富" 内连弧纹镜	直径18.2cm; 厚0.75cm	86,250	中贸圣佳	2020-10-17
"连招贵子" 吉语八卦纹镜	直径26.1cm; 厚1.1cm	40,250	中贸圣佳	2020-10-17
"湅冶铅华" 单圈铭文镜	直径18.7cm	345,000	上海匡时	2020-08-05
"临沂王(押)" 铭文镜	直径9cm; 厚0.6cm	28,750	中贸圣佳	2020-10-17
"灵山孕宝" 四兽镜	直径18.7cm	299,000	北京保利	2020-10-19
"龙氏作镜" 神人乐舞画像镜	直径18cm	402,500	北京保利	2020-12-05
"南无阿弥陀佛" 佛教镜	直径21.2cm; 重1098g	13,800	上海匡时	2020-08-05
"潘氏作" 骑射神兽镜	直径16.2cm	1,150,000	上海匡时	2020-08-05
"七言" 铭瑞兽博局纹镜	直径15.8cm	138,000	中贸圣佳	2020-10-17
"清白" 铭单圈铭文镜	直径17.8cm	264,500	中贸圣佳	2020-10-17
"清白" 铭单圈铭文镜	直径17.6cm; 厚0.7cm	13,800	中贸圣佳	2020-10-17
"清虚冲素 妙善玄君" 铭手柄镜	高24cm; 厚0.35cm	25,300	中贸圣佳	2020-10-17
"上大山" 规矩镜	直径18.7cm; 重量949g	10,350	北京保利	2020-10-19
"上大山" 跑兽边规矩镜	直径19cm; 重量891g	23,000	北京保利	2020-10-19
"上华山" 神兽博局镜	直径14.3cm	149,500	上海匡时	2020-08-05
"踏泥纹" 工艺带环钱币纹镜	直径11.9cm; 厚1.2cm	25,300	中贸圣佳	2020-10-17
"堂浪" 铭神兽博局镜	直径17.5cm	287,500	上海匡时	2020-08-05
"铜华" 单圈铭文镜	直径16.1cm; 重663g	92,000	上海匡时	2020-08-05
"铜华" 铭单圈铭文镜	直径18.6cm; 厚0.7cm	78,200	中贸圣佳	2020-10-17
"团团宝镜" 铭六兽镜	直径14.4cm	184,000	北京保利	2020-10-19
"魏氏作" 神人龙虎镜	直径16.5cm; 重519g	55,200	上海匡时	2020-08-05
"吾作明镜" 铭半圆方枚神兽镜	直径10.5cm; 厚0.4cm	25,300	中贸圣佳	2020-10-17
"吾作明镜" 铭神兽镜	直径10.7cm; 厚0.4cm;	103,500	中贸圣佳	2020-12-08
"宜春大吉" 双飞仙四鸳鸯镜	直径20.5cm	1,495,000	上海匡时	2020-08-05
"寓居长沙" 人物故事镜	直径19.7cm; 重624g	69,000	上海匡时	2020-08-05
"元初元年" 纪年铭四龙镜	直径14.8cm	115,000	北京保利	2020-12-05
"长命富贵" 镜	直径18.2cm; 重846g	57,500	上海匡时	2020-08-05
"长宜子孙" 铭四神博局纹镜	直径14cm; 厚0.6cm	32,200	中贸圣佳	2020-10-17
"长宜子孙" 内连弧纹镜	直径13.2cm; 重量465g	41,400	北京保利	2020-10-19
"昭明" "皎光" 铭双圈铭文镜	直径18cm; 厚0.6cm	32,200	中贸圣佳	2020-10-17
"昭明" 铭单圈铭文镜	直径13cm; 厚0.6cm	12,650	中贸圣佳	2020-10-17
"昭是" 神兽博局镜	直径18.5cm	575,000	上海匡时	2020-08-05
"至元四年" 双龙镜	直径22cm; 重1270g	40,250	上海匡时	2020-08-05
"周氏" 车马画像镜	直径22.6cm	230,000	北京保利	2020-10-19
"驺氏作" 四龙四骑神人画像镜	直径21.5cm	1,380,000	上海匡时	2020-08-05
"作佳竟" 神兽博局镜	直径18.5cm; 重894g	55,200	上海匡时	2020-08-05
"作佳镜" 铭四龙镜	直径12.6cm	172,500	中贸圣佳	2020-10-17
八凤镜	直径11.7cm; 重量300g	19,550	北京保利	2020-10-19
八乳博局纹镜	直径11.8cm; 厚0.4cm;	32,200	中贸圣佳	2020-12-08
八乳规矩镜	直径15.8cm; 重量557g	34,500	北京保利	2020-10-19
八神规矩镜	直径11.8cm; 重量289g	18,400	北京保利	2020-10-19
半圆方枚神兽镜	直径21cm	437,000	中贸圣佳	2020-10-17
半圆方枚神兽镜	直径11.3cm; 厚0.5cm	32,200	中贸圣佳	2020-10-17
半圆方枚神兽纹镜	直径12.5cm; 厚0.4cm	34,500	中贸圣佳	2020-10-17
变形瑞兽纹镜	直径18cm	287,500	中贸圣佳	2020-10-17
变形山字底纹三龙镜	直径14.2cm	1,173,000	北京保利	2020-12-05
嫦娥玉兔月宫镜	直径13.6cm	115,000	中贸圣佳	2020-10-17
错银狩猎纹镜	直径11.7cm; 重量91g	57,500	北京保利	2020-10-19
大型素镜	直径23.2cm; 厚0.8cm	11,500	中贸圣佳	2020-10-17
大型弦纹素镜	直径17.2cm; 厚1.5cm	17,250	中贸圣佳	2020-10-17
单龙镜	直径28.7cm	575,000	上海匡时	2020-08-05
单龙镜	直径29.5cm	506,000	上海匡时	2020-08-05
单龙镜	直径15cm; 重426g	184,000	上海匡时	2020-08-05
单圈铭文镜	直径18.4cm; 重773g	28,750	北京保利	2020-10-19
单圈铭文镜	直径11.8cm; 厚0.7cm	17,250	中贸圣佳	2020-10-17
地支规矩镜	直径19cm; 重838g	10,350	北京保利	2020-10-19
雕漆戗金工艺双龙纹镜	直径13.5cm; 厚0.6cm	69,000	中贸圣佳	2020-10-17
鼎炉形铭文镜	高15.3cm; 厚0.68cm	20,700	中贸圣佳	2020-10-17
东王公西王母画像镜	直径22.8cm	195,500	中贸圣佳	2020-10-17
动物纹边饰龙虎镜	直径12cm; 厚0.6cm	43,700	中贸圣佳	2020-10-17
方形海兽葡萄镜	对角16cm	402,500	上海匡时	2020-08-05
方形海兽葡萄镜	直径9.2cm	184,000	北京保利	2020-10-19
凤求凰人物故事镜	直径13cm; 厚0.4cm	18,400	中贸圣佳	2020-10-17
佛像梵文镜	长11.8cm; 宽1.1cm;	32,200	中贸圣佳	2020-12-08
关祖章旧藏铜镜（一组十六件）	直径6-7.6cm	71,300	华艺国际	2020-10-16
龟鹤齐寿人物镜	直径16.5cm; 重670g	36,800	上海匡时	2020-08-05
海兽葡萄镜	直径23cm	2,760,000	上海匡时	2020-08-05
海兽葡萄镜	直径15cm	161,000	上海匡时	2020-08-05
海兽葡萄镜	直径12.1cm; 重698g	92,000	上海匡时	2020-08-05
海兽葡萄镜	直径12.2cm; 重量624g	63,250	北京保利	2020-10-19
海兽葡萄镜	直径18.2cm; 重1272g	57,500	上海匡时	2020-08-05
海兽葡萄镜	直径12.3cm; 重657g	32,200	上海匡时	2020-08-05
海水瑞兽纹镜	直径14.8cm; 厚0.8cm	51,750	中贸圣佳	2020-10-17
胡人驯犀镜	直径19cm	345,000	上海匡时	2020-08-05
花卉葡萄镜	直径11cm; 重431g	101,200	上海匡时	2020-08-05
花卉雀鸟纹镜	直径21.5cm; 厚0.5cm	13,800	中贸圣佳	2020-10-17
花叶镜（一组）	尺寸不一	32,200	上海匡时	2020-08-05
花叶四龙纹镜	直径14.5cm; 厚0.2cm	36,800	中贸圣佳	2020-10-17
花叶纹四山镜	直径15.8cm	253,000	中贸圣佳	2020-10-17
环绕式神人镜	直径10.8cm; 重188g	55,200	上海匡时	2020-08-05
纪年款"元亨利贞" 铭八卦花卉纹镜	直径17.2cm; 厚0.4cm	14,950	中贸圣佳	2020-10-17
纪年款犀牛望月故事镜	直径22.2cm; 厚0.6cm	32,200	中贸圣佳	2020-10-17
界栏式重列神兽镜	直径11.6cm; 厚0.3cm	20,700	中贸圣佳	2020-10-17
葵花形纪年铭梵文镜	直径24.5cm; 厚1.2cm	23,000	中贸圣佳	2020-10-17
立龙单龙镜	直径18cm	690,000	北京保利	2020-10-19
菱格纹镜	直径10cm; 重量140g	28,750	北京保利	2020-10-19
菱花形宝相花镜	直径16cm; 厚0.8cm	11,500	中贸圣佳	2020-10-17
菱花形双龙纹镜	直径20.5cm; 厚0.8cm	2,012,500	中贸圣佳	2020-10-17
菱花形单龙戏珠纹镜	直径12.3cm	977,500	中贸圣佳	2020-10-17
鎏金仙人祝寿纹镜匣	长23.5cm	172,500	中贸圣佳	2020-10-17
六瑞兽镜	直径17.3cm	575,000	上海匡时	2020-08-05
龙虎对峙镜	直径13.6cm; 重542g	36,800	上海匡时	2020-08-05
绿漆古铭文手镜	直径5cm; 重量18g	11,500	北京保利	2020-10-19
麻姑献寿镜	直径18cm; 重1240g	25,300	上海匡时	2020-08-05
蟠螭龙纹镜	直径14.2cm; 重210g	34,500	上海匡时	2020-08-05
蟠凤纹镜	直径11.5cm; 厚0.5cm	10,350	中贸圣佳	2020-10-17
蟠龙钮夔凤纹镜	直径11.3cm; 厚0.65cm	16,100	中贸圣佳	2020-10-17
跑兽镜	直径12.8cm; 重量429g	12,650	北京保利	2020-10-19
七乳神兽镜	直径16.5cm	149,500	上海匡时	2020-08-05
桥钮雷纹镜	直径7.6cm; 厚0.2cm	48,300	中贸圣佳	2020-10-17
秦权	直径4.8cm	575,000	上海匡时	2020-08-05
青铜海兽葡萄镜	直径23cm	13,339,920	哈布斯堡	2020-09-11
雀鸟花卉纹镜	直径10.5cm; 厚0.8cm	29,900	中贸圣佳	2020-10-17
人物故事镜	直径7.2cm; 厚1cm	34,500	中贸圣佳	2020-10-17
瑞兽博局纹镜	直径10.5cm; 厚0.4cm	10,350	中贸圣佳	2020-10-17
瑞兽葡萄纹镜	直径17.7cm	1,150,000	中贸圣佳	2020-10-17
瑞兽葡萄纹镜	直径14.8cm	379,500	中贸圣佳	2020-10-17
瑞兽葡萄纹镜	直径15.3cm; 厚1.05cm	103,500	中贸圣佳	2020-10-17
瑞兽葡萄纹镜	直径22.5cm; 厚1.3cm	51,750	中贸圣佳	2020-10-17
瑞兽葡萄纹镜	直径13cm; 厚1.4cm	46,000	中贸圣佳	2020-10-17
瑞兽葡萄纹镜	直径8.5cm; 厚1.1cm	36,800	中贸圣佳	2020-10-17
瑞兽葡萄纹镜	直径12.2cm; 厚1.3cm	26,450	中贸圣佳	2020-10-17
瑞兽禽鸟花卉纹镜	直径10cm; 厚0.6cm	110,400	中贸圣佳	2020-10-17
瑞兽纹镜	直径10.3cm; 厚1.1cm	10,350	中贸圣佳	2020-10-17
三段重列式神仙人物镜	直径11.1cm; 厚0.3cm	29,900	中贸圣佳	2020-10-17
三瑞兽纹镜	直径10.3cm; 厚0.6cm	11,500	中贸圣佳	2020-10-17

(续表)

拍品名称	物品尺寸	成交价RMB	拍卖公司	拍卖日期
三山镜	直径9.7cm	264,500	北京保利	2020-10-19
神兽博局镜	直径15.1cm; 重536g	57,500	上海匡时	2020-08-05
沉鱼落雁镜	直径20.2cm; 重1555g	46,000	上海匡时	2020-08-05
十二龙镜	直径12cm	552,000	上海匡时	2020-08-05
双凤纹手柄镜	高16.9cm; 厚0.4cm	20,700	中贸圣佳	2020-10-17
双龙纹镜	直径15.8cm; 厚0.8cm	63,250	中贸圣佳	2020-10-17
双鸾宝相花镜	直径18.5cm	207,000	上海匡时	2020-08-05
双鸾莲花纹镜	直径16cm; 重642g	80,500	上海匡时	2020-08-05
双鸾双兽纹镜	直径20cm	287,500	中贸圣佳	2020-10-17
双鸾鸳鸯荷花纹镜	直径19.8cm	782,000	上海匡时	2020-08-05
双圈铭文镜	直径10.1cm; 重量123g	11,500	北京保利	2020-10-19
双雁衔绶纹镜	直径14.5cm; 厚0.6cm	16,100	中贸圣佳	2020-10-17
双鸳鸯双雁镜	直径19cm; 重1074g	57,500	上海匡时	2020-08-05
双鸳鸯衔绶雁鸟镜	直径16cm; 重594g	51,750	上海匡时	2020-08-05
四鸟纹菱花形镜	直径11cm; 厚0.8cm;	48,300	中贸圣佳	2020-12-08
四乳变形凤纹镜	直径15.4cm; 重487g	69,000	上海匡时	2020-08-05
四乳龙虎禽鸟博局纹镜	直径11.5cm; 厚0.4cm	32,200	中贸圣佳	2020-10-17
四乳瑞兽纹镜	直径18.2cm; 厚0.5cm	20,700	中贸圣佳	2020-10-17
四乳双龙纹镜	直径13.8cm; 厚0.3cm	14,950	中贸圣佳	2020-10-17
四乳四虺镜	直径16.5cm; 重760g	57,500	上海匡时	2020-08-05
四乳四神镜	直径11.5cm; 重量279g	10,350	北京保利	2020-10-19
四山镜	直径13cm	345,000	北京保利	2020-10-19
四神八卦十二生肖纹镜	直径17.8cm; 厚0.5cm	55,200	中贸圣佳	2020-10-17
四团龙镜	直径18cm	230,000	上海匡时	2020-08-05
松鹤纹镜	直径12.5cm; 厚2.05cm	13,800	中贸圣佳	2020-10-17
唐王游月宫故事纹镜	直径17.2cm; 厚0.7cm	32,200	中贸圣佳	2020-10-17
唐王游月宫镜	直径21.5cm	115,000	上海匡时	2020-08-05
特殊版别草叶纹镜	直径18.3cm	138,000	中贸圣佳	2020-10-17
特种工艺复合龙纹镜	直径11.5cm	322,000	中贸圣佳	2020-10-17
铜鎏金云龙纹镜	直径19.8cm	25,300	中国嘉德	2020-11-12
五乳瑞兽纹镜	直径11.2cm; 厚0.6cm	11,500	中贸圣佳	2020-10-17
舞马瑞兽双雁纹镜	直径13cm	345,000	中贸圣佳	2020-10-17
犀牛望月镜架	长25.6cm	40,250	中贸圣佳	2020-10-17
线刻八宝纹镜	直径16.5cm; 厚0.3cm	20,700	中贸圣佳	2020-10-17
小手镜(一对)	尺寸不一	20,700	中贸圣佳	2020-10-17
写生花卉纹镜	直径21.8cm; 厚0.5cm	20,700	中贸圣佳	2020-10-17
星云镜	直径17.7cm	299,000	北京保利	2020-10-19
星云纹镜	直径17.8cm; 重739g	92,000	上海匡时	2020-08-05
星云纹镜	直径11.3cm; 厚0.5cm	13,800	中贸圣佳	2020-10-17
异形鼎炉双剑龙纹镜	长24cm	195,500	中贸圣佳	2020-10-17
羽人龙虎画像镜	直径17.5cm; 厚0.5cm	46,000	中贸圣佳	2020-10-17
羽状地纹花叶四山纹镜	直径14cm; 厚0.4cm	18,400	中贸圣佳	2020-10-17
羽状地纹三山镜	直径8.2cm; 厚0.3cm	103,500	中贸圣佳	2020-10-17
圆形弦纹镜、葵花形弦纹镜(一组共两枚)	尺寸不一	11,500	北京保利	2020-10-19
月宫镜	直径16.8cm	224,250	中贸圣佳	2020-10-17
早期镜	直径6.7cm; 重61g	78,200	上海匡时	2020-08-05
折枝花卉镜	直径24cm; 重950g	69,000	上海匡时	2020-08-05
真子飞霜镜	直径24.5cm; 厚0.4cm	92,000	中贸圣佳	2020-10-17
钟形铭文镜	高13.7cm; 厚0.6cm	17,250	中贸圣佳	2020-10-17
竹林七贤镜	直径24.5cm	460,000	上海匡时	2020-08-05
西周早/中期 公元前11至前9世纪 青铜蟠龙纹勇钟	高45.1cm	119,128	巴黎佳士得	2020-06-23
春秋晚期 青铜盘龙纹兽钮钟一组三件	高23.5cm, 高19.7cm, 高18cm	936,788	纽约佳士得	2020-09-25
春秋早期 青铜蟠虺纹勇钟	高22.1cm	54,600	巴黎佳士得	2020-06-23
汉 铜钟	高16cm	34,135	中国嘉德	2020-07-13
明 铜鼓式花插(三只)	高17.4cm; 高26cm; 高35.8cm	63,250	中贸圣佳	2020-12-08
清康熙五十四年(1715) 御制铜鎏金蒲牢钮八卦纹"南吕"编钟	高31cm	6,900,000	北京保利	2020-10-19
清康熙五十四年(1715) 御制铜鎏金蒲牢钮八卦纹"应钟""蕤宾"编钟	高31.5cm	16,100,000	北京保利	2020-10-19

拍品名称	物品尺寸	成交价RMB	拍卖公司	拍卖日期
清乾隆 御制铜鎏金南吕镈钟	高54.5cm	2,070,000	中贸圣佳	2020-10-17
民国 黄兴款铜刻山水笛子	长78.3cm	51,750	中贸圣佳	2020-12-08
商末 青铜曲内岐冠式戈	长27.2 cm	149,483	香港苏富比	2020-05-22
西周 兽面纹青铜戈	长22.8cm	81,750	中国嘉德	2020-10-10
西周早期公元前11至前10世纪 青铜戈	长30 cm	55,194	香港苏富比	2020-05-22
战国 带铭文矛	长22.7cm	30,656	中国嘉德	2020-10-10
战国 青铜剑	长44.3 cm	638,719	纽约佳士得	2020-09-25
战国青铜剑带高浮雕螭龙纹玉剑饰	长47.7cm; 宽7.7cm	490,502	中国嘉德	2020-10-10
秦始皇诏版	10.64×7.13×0.89cm	23,000,000	中国嘉德	2020-12-01
西汉 铜鎏金朱雀灯	高19.2cm	408,752	中国嘉德	2020-10-10
汉 青铜灯	高17.8cm	16,872	佳士得	2020-10-08
汉 铜鎏金龙纹案足(一对)	高15.5cm; 高16cm	904,824	保利香港	2020-12-02
元 铜"千金氏"键	长13.5cm	25,300	中国嘉德	2020-07-16
明治时期加纳夏雄制福禄茶则附供箱	9.7×4.3cm	207,000	永乐拍卖	2020-12-03
明治时期 义助作嵌金蟾银叶铜包银茶则	14.5×4.2cm	66,700	永乐拍卖	2020-12-03
明治时期 义助作嵌金银牡丹花卉纹铜包银茶则	14.5×4.2cm	43,700	永乐拍卖	2020-12-03
清早期 铜龙纹大锁	锁长18.8cm; 钥匙长31.2cm	126,500	中国嘉德	2020-12-03
18世纪 铜鎏金龙首马镫踏	高14.7cm	69,491	巴黎佳士得	2020-06-23
清中期 铜鎏金錾花双龙纹唐卡架	长106cm	40,250	中国嘉德	2020-08-18
清中期 铜镂空五福捧寿纹隔窗	91.8×89.6cm	62,100	中国嘉德	2020-08-18
清铜鎏金寿字纹锁及钥匙(一组两件)	长12.1cm; 长19.8cm	23,000	西泠印社	2020-08-09
清晚期 黑漆描金缠枝西番莲拐子龙纹五供一套	炉把手宽39.8 cm	87,547	伦敦苏富比	2020-06-15
约2000年 戴比尔斯 奢华高雅, 铜镀金沙漏, 备浮动钻石	7×15cm	184,000	北京保利	2020-10-19
铜鎏金人物高浮雕羊首饰烛台(一对)	高100cm; 直径38cm	55,200	西泠印社	2020-08-10
犀牛望月镜架	26×19×10cm	368,000	上海匡时	2020-08-05
犀牛望月镜架	长16.5cm; 宽7.7cm; 高9cm	43,700	上海匡时	2020-08-05
犀牛望月镜架	长20cm; 宽9.3cm; 高10cm	43,700	上海匡时	2020-08-05
犀牛望月镜架	长18.7cm; 宽9.5cm; 高10cm	43,700	上海匡时	2020-08-05
约1860年制 法国拿破仑三世时期铜鎏金水晶玻璃中央桌饰	33×40cm	57,500	中国嘉德	2020-12-03
约1900年 法国巴黎铜鎏金墨水台	22×32cm	11,500	中国嘉德	2020-12-03
昭和时期 真锅静良造 铜银张合芋头形汤沸 附供箱	16×15cm	506,000	永乐拍卖	2020-12-03
铁 器				
16世纪 铁鎏金摩羯鱼金刚钺	15×13.5cm	172,500	北京保利	2020-12-05
明 铁质鋄银如意	长54.5cm	17,250	中国嘉德	2020-12-02
明永宣时期 铁质鋄金官造镂空龙纹护甲	长11.8cm	69,000	中国嘉德	2020-12-02
明知时期 平成时期 龙文堂造铁壶配铜风炉	壶高35.5cm; 宽28.5cm	80,500	华艺国际	2020-10-15
明治时期 龟文堂造山水纹灵芝缠绕提梁铁壶	高23cm; 宽19cm; 重约1752g	13,800	华艺国际	2020-10-15
明治时期 荷蟹浮雕纹铁壶	高22cm; 宽17cm; 重约2064g	34,500	华艺国际	2020-10-15
明治时期 龙文堂造乐此在中铁壶	高27cm; 宽19.5cm; 重约2512g	25,300	华艺国际	2020-10-15
明治时期 龙文堂造阴阳山水纹铁壶	高23cm; 宽19.5cm; 重约2970g	13,800	华艺国际	2020-10-15
明治时期 上田照房造铁瓶	14.5cm×17cm	69,000	永乐拍卖	2020-12-03
明治时期 土瓶形铁壶	高18cm; 宽16cm; 重约1627g	25,300	华艺国际	2020-10-15
明治时期 紫金堂忠三朗造刀把玉摘长枣形铁壶	高22cm; 宽16cm; 重约1215g	11,500	华艺国际	2020-10-15
清早期 铁错金银双龙戏珠暗八仙纹如意	长40cm	161,000	北京保利	2020-10-20

(续表)

拍品名称	物品尺寸	成交价RMB	拍卖公司	拍卖日期
清早期 御制铁镂空龙纹踢胸	长42cm	28,750	中国嘉德	2020-08-18
清乾隆 铁嵌银双龙戏珠纹如意	长50.8cm	1,017,000	佳士得	2020-07-09
19世纪 龙文堂造局部嵌银浮雕螃蟹纹铁壶等（一套）	尺寸不一	13,800	北京保利	2020-10-19
19世纪 铁包银嵌花虫盖置、茶则（一组）	长16cm; 重105g; 直径4.6cm; 重148g	10,350	北京保利	2020-10-19
清 铁嵌金银丝暗八仙龙纹如意	长40.5cm	39,856	佳士得	2020-04-21
清 铁鋄金镂空龙穿花纹信筒	长31.2cm; 宽2.7cm	53,760	上海联合	2020-11-29
1998年 勐海茶厂7541（干仓生茶）三桶二十二片	直径19.5cm; 总重7312g	28,750	北京保利	2020-10-19
茶棚（中）	786×880×320cm	17,250	中贸圣佳	2020-10-17
初代秦藏六造兽首铁瓶	17×16cm	57,500	永乐拍卖	2020-12-03
行云	365×315×910cm	28,750	中贸圣佳	2020-10-17
江户时期 近磨堂造配纯银盖铁壶	高15.5cm; 宽18cm; 重约1193g	23,000	华艺国际	2020-10-15
龙文堂四代安之介茄形葫芦飞马浮雕铁瓶	宽14cm; 高23cm	14,950	江苏观宇	2020-07-05
龙文堂造荒地纹铁壶 配白泥京炉及藤制炉架	尺寸不一	23,000	华艺国际	2020-10-15
明治时期初代龟文堂波多野正平造九字大章铁瓶	18.2×15.8cm	92,000	西泠印社	2020-08-08
明治时期京锡屋弥左卫门款锡制大茶叶罐	20.6×18.2cm	11,500	西泠印社	2020-08-08
明治时期龙文堂七代安之介造平手取形铁瓶	18.7×16.7cm	138,000	西泠印社	2020-08-08
铁仙造累座形海浪浮雕银摘铁瓶	宽15cm; 高19cm	43,700	江苏观宇	2020-07-05
昭和时期十年秋 金寿堂雨宫宗造镶嵌银叶纹提梁镶银唐铜盖铁壶	高 20cm	172,500	华艺国际	2020-10-15
沉香木雕螭龙梅花扇坠	长6cm	11,500	中国嘉德	2020-07-17
清早期 黄花梨棂格佛龛	53×20×86cm	230,000	中国嘉德	2020-12-04
清 湘妃竹锡制建水	高52cm; 直径14.4cm	11,500	西泠印社	2020-08-09
锡 器				
明 铁质鋄金官造花卉纹信筒	长30cm	57,500	中国嘉德	2020-12-02
明治时期 真圆造·锡制茶叶罐	高8cm; 重约154g	13,800	华艺国际	2020-10-15
清乾隆 沈郎亭制并刻瓜棱形锡壶	宽15.5cm	20,700	北京保利	2020-10-19
清中期 清顺记号存周款三系锡茶罐	13×8.5cm	46,000	永乐拍卖	2020-12-03
清道光 杨彭年制芝田、一斋刻锡包紫砂如意形壶	宽15cm	14,950	北京保利	2020-10-19
19世纪 锡壶（一组九件）	最大高度19cm	61,992	伦敦佳士得	2020-02-13
19世纪 锡壶（一组五件）	最大高度11.5cm	73,263	伦敦佳士得	2020-02-13
清光绪 锡制弦纹太白醉酒图诗文莱菔尊	高20cm	17,250	北京中汉	2020-08-19
清晚期/民国早期 锡制年年有余温盖盘	长31cm	16,872	佳士得	2020-10-08
清 范禄曾制芷庵刻诗文锡壶、木包锡茶叶罐、锡托（共一组）	尺寸不一	23,000	北京保利	2020-10-19
清古锡六棱式茶心壶附供箱（一对）	8.2×6.5cm×2	28,750	永乐拍卖	2020-12-03
清 古锡茗罐 附供箱（一对）	10×7.5cm×2	40,250	永乐拍卖	2020-12-03
清 彭年款锡壶	长16cm; 高7.8cm	20,700	中贸圣佳	2020-12-08
清 琴田刻清顺记号款锡制建水	8.8×7cm	46,000	永乐拍卖	2020-12-03
清 三镶锡壶	长15.5cm	28,750	北京翰海	2020-09-12
清 三镶锡壶	长16cm	13,800	北京翰海	2020-09-12
清 三镶锡壶	长15.5cm	13,800	北京翰海	2020-09-12
清 沈存周诗文山水六瓣花形古锡托五客 附供箱	直径9.2cm×5	230,000	永乐拍卖	2020-12-03
清 沈存周制诗文锡茶叶罐(带加工布袋)	高8.5cm	63,250	中国嘉德	2020-12-02
清 锡包椰壳花卉纹壶	长16.3cm; 高11.3cm	22,400	上海联合	2020-11-29
清 锡盖盒		120,750	北京翰海	2020-09-12
清 锡制诗文茶叶罐（一对）	高8cm	24,150	广东崇正	2020-09-13
清 仙子道人款 四方锡茶罐		10,350	上海匡时	2020-08-05

拍品名称	物品尺寸	成交价RMB	拍卖公司	拍卖日期
清 仙子款錾刻诗文雅图锡茶罐	8.8×6.8cm	17,250	永乐拍卖	2020-12-03
紫 砂				
清早期白泥挂釉紫砂布袋和尚坐像	高12cm	23,000	北京保利	2020-10-19
清早期 紫砂冬笋小摆件	长8.3cm	157,080	罗芙奥	2020-07-18
清·霍邨款紫泥茄子摆件	2.5×5.8×2.2cm; 1.4×3.6×1.8cm	28,750	西泠印社	2020-08-08
当代蒋蓉制巧色果品文玩（十件套）	尺寸不一	230,000	中国嘉德	2020-12-05
当代 徐秀棠制 八大山人 紫砂雕塑	高26.5cm	92,000	上海匡时	2020-08-05
顾景舟制假山雕塑(王度先生旧藏)	高18.5cm	184,000	江苏观宇	2020-07-05
明代 "时鹏" 款紫砂六瓣壶	长19.5cm; 高11.5cm	207,000	古天一	2020-10-16
明末 时大彬制 怀月壶	宽14.5cm; 高10.8cm	3,450,000	上海匡时	2020-08-05
明末清初 陈用卿制紫泥平盖圆壶（附供箱）	宽15.5cm; 高10.5cm	782,000	江苏观宇	2020-07-05
明末清初 无款紫泥平盖圆壶	宽19cm; 高9cm	86,250	江苏观宇	2020-07-05
清初 荆溪凌制款铺砂坦然壶	宽17cm; 高10.5cm	402,500	江苏观宇	2020-07-05
清初 绍明制紫泥长四方圆足壶（潘持平配盖）	宽18.5cm; 高11cm	161,000	江苏观宇	2020-07-05
清初 周公茂制梨形壶（一对）	长11cm; 高7.1cm	57,500	中贸圣佳	2020-10-17
清早期 白泥贴花 描金太师少狮壶		69,000	上海嘉禾	2020-01-05
清早期 白玉山居款朱泥秋水壶	宽11cm	172,500	中国嘉德	2020-12-05
清早期 碧山草亭款朱砂广口文旦壶	宽12.2cm	184,000	中国嘉德	2020-12-05
清早期曾款 公益诗句款 紫泥扁腹壶		34,500	上海嘉禾	2020-01-05
清早期 陈砺成制紫泥合欢壶	宽15.5cm; 高7.5cm	575,000	江苏观宇	2020-07-05
清早期陈鸣远制款香款朱泥宫灯壶	宽10.8cm	184,000	中国嘉德	2020-12-05
清早期 大彬款梅尧臣诗意壶	长15.4cm; 高5.8cm	22,425,000	中贸圣佳	2020-10-17
清早期 海涛纹宝字款朱泥瓮式壶	宽10.8cm	253,000	中国嘉德	2020-12-05
清早期 合盛铭诗文朱泥文旦壶	宽11.7cm	32,200	北京保利	2020-10-19
清早期 惠孟臣制紫泥文旦壶	宽18cm; 高9cm	92,000	江苏观宇	2020-07-05
清早期 陆思亭制朱泥思亭壶	宽10.2cm	46,000	中国嘉德	2020-12-05
清早期 茂松柏成款朱砂扁灯壶	宽11cm	43,700	中国嘉德	2020-12-05
清早期 孟臣款段泥扁君德壶	宽13.5cm	115,000	中国嘉德	2020-12-05
清早期 鸣远款朱泥扁珠壶	11.8cm×5.6cm	69,000	北京诚轩	2020-08-17
清早期鸣远诗句款朱砂平盖莲子壶	宽11.5cm	368,000	中国嘉德	2020-12-05
清早期 绍闻堂款朱泥平盖莲子壶	宽11cm; 高7cm	230,000	江苏观宇	2020-07-05
清早期 诗句款朱泥小扁灯壶	宽10cm	115,000	中国嘉德	2020-12-05
清早期 诗句款紫泥宫灯壶	宽16cm; 高13cm	23,000	江苏观宇	2020-07-05
清早期 世英款 紫砂宫灯壶		17,250	上海嘉禾	2020-01-05
清早期 文远款朱泥瓮式壶	宽11.7cm	161,000	中国嘉德	2020-12-05
清早期 无款紫泥葵帽四方壶	宽17cm; 高8.5cm	92,000	江苏观宇	2020-07-05
清早期 无款紫泥贴花四方壶	宽18.5cm; 高11cm	23,000	江苏观宇	2020-07-05
清早期 辛卯仲秋惠孟臣制朱砂笠帽墩式壶	宽9.8cm	345,000	中国嘉德	2020-12-05
清早期 逸公款段泥平盖圆壶	宽13cm; 高7cm	115,000	江苏观宇	2020-07-05
清早期元州款留佩轩诗句紫泥君德壶	宽12.2cm	80,500	中国嘉德	2020-12-05
清早期 朱泥梅桩壶	宽16cm	20,700	中国嘉德	2020-12-05
清早期 朱泥小龙旦壶	12.4cm	115,000	中国嘉德	2020-08-17
清早期 朱砂贴花荷螺壶		28,750	上海嘉禾	2020-01-05
清早期 大彬款朱泥龙蛋壶	10.8×12cm	69,000	西泠印社	2020-08-08
清早期 邵柏原制翼斋款朱泥高帽圆灯壶	10.5×12.9cm	195,500	西泠印社	2020-08-08
清早期 徐恒茂制朱泥仲芳掇球壶	7.8×9.6cm	86,250	西泠印社	2020-08-08
清早期 逸公款朱泥四方壶	6.9×10.8cm	115,000	西泠印社	2020-08-08
清早期 朱泥高梨壶	9.1×12.6cm	149,500	西泠印社	2020-08-08
清早期 朱泥文旦壶	11.9×14.5cm	195,500	西泠印社	2020-08-08
清早期 朱泥小文旦壶	6.2×9.3cm	69,000	西泠印社	2020-08-08
清早期子文、惠逸公制款朱泥平盖壶	7.8×13cm	51,750	西泠印社	2020-08-08
清早期 紫泥贴白泥缠枝纹狮钮壶	12.3×18.8cm	46,000	西泠印社	2020-08-08
清顺治时大彬制紫泥隐元式大圆壶	18.5×26.5cm	1,955,000	西泠印社	2020-08-08
清康熙 宜兴紫砂镂雕狮钮六方壶	高12.2cm; 长20cm	46,000	华艺国际	2020-10-16
清康熙 陈行素制片闲堂款朱泥六棱梨式壶	7×10.7cm	920,000	西泠印社	2020-08-08
清康雍 逸公款 朱泥六方壶	宽11.7cm; 高6.4cm	494,500	上海匡时	2020-08-05
清乾隆 宝玩款 朱泥梨形壶	宽10.2cm; 高5.6cm	207,000	上海匡时	2020-08-05

(续表)

拍品名称	物品尺寸	成交价RMB	拍卖公司	拍卖日期
清乾隆 笨岩款泥绘山水诗文瓜棱壶	长14cm; 高8cm	1,495,000	中贸圣佳	2020-10-17
清乾隆 惠孟臣制款朱泥梨形壶	宽12cm; 高9cm	11,500	江苏观宇	2020-07-05
清乾隆 荆溪史维高制紫泥抽角大宫灯壶	宽23.5cm; 高19cm	57,500	江苏观宇	2020-07-05
清乾隆 荆溪阳羡款 朱泥高梨壶		20,700	上海嘉禾	2020-01-05
清乾隆 荆易弌式款朱泥瓮体壶	宽10cm; 高6.5cm	69,000	江苏观宇	2020-07-05
清乾隆 邵基祖制朱泥瓮形壶	宽13.5cm; 高9.5cm	57,500	江苏观宇	2020-07-05
清乾隆 邵元华制描金宫灯壶	宽29cm; 高20cm	483,000	江苏观宇	2020-07-05
清乾隆 诗句款小宫灯壶	长12.5cm; 高10cm	207,000	中贸圣佳	2020-10-17
清乾隆 诗句孟臣款朱泥宫灯壶	宽10cm; 高9.5cm	10,350	江苏观宇	2020-07-05
清乾隆 诗句孟臣款朱泥梨形壶	宽11.5cm; 高6.5cm	51,750	江苏观宇	2020-07-05
清乾隆 顺时听天款紫泥满彩宫灯壶	宽13.5cm; 高16.5cm	23,000	江苏观宇	2020-07-05
清乾隆 肆筵设席款朱泥梨式壶	宽10.9cm	115,000	中国嘉德	2020-12-05
清乾隆 无款紫泥大壶	宽34cm; 高18cm	46,000	江苏观宇	2020-07-05
清乾隆 吴云龙制朱泥壶	宽11cm; 高6.5cm	66,700	江苏观宇	2020-07-05
清乾隆 徐恒茂制紫泥梨形壶	宽14.5cm; 高7cm	13,800	江苏观宇	2020-07-05
清乾隆 逸公款紫泥梨形壶	宽13cm; 高7cm	46,000	江苏观宇	2020-07-05
清乾隆 玉珍之玩款 朱泥果园壶		34,500	上海嘉禾	2020-01-05
清乾隆 元珠款朱泥圆珠壶	宽12cm; 高7cm	59,800	江苏观宇	2020-07-05
清乾隆 "发"字款朱泥变体秋水壶	9×12cm	218,500	西泠印社	2020-08-08
清乾隆 "一龙"款朱泥梨式壶	5×8.6cm	80,500	西泠印社	2020-08-08
清乾隆 孟臣款朱泥三足圆壶	6.8×10.7cm	149,500	西泠印社	2020-08-08
清乾隆 清香美玉款朱泥扁灯壶	5.1×11.5cm	322,000	西泠印社	2020-08-08
清乾隆 周发祥制紫泥平盖壶	6.1×15.8cm	138,000	西泠印社	2020-08-08
清乾隆 朱泥扁潘壶	6×12.5cm	195,500	西泠印社	2020-08-08
清嘉庆 紫砂盖壶	长9.3cm	37,724	巴黎佳士得	2020-06-23
清中期 茶熟香温款段泥方壶	宽14.5cm; 高12cm	92,000	江苏观宇	2020-07-05
清中期 陈曼生为铁保(梅庵)铭杨彭年制石瓢壶	宽14cm	172,500	北京保利	2020-10-19
清中期 大朋制香坪铭紫泥莲子壶	宽18.5cm; 高10.5cm	172,500	江苏观宇	2020-07-05
清中期 惠孟臣款朱泥平盖壶	宽15.5cm	23,000	北京保利	2020-10-19
清中期 竞媚清香款朱泥矮梨壶	宽11.5cm; 高5.5cm	28,750	江苏观宇	2020-07-05
清中期 冷金黄潘壶	宽11cm; 高5cm	74,750	江苏观宇	2020-07-05
清中期 孟臣款紫泥高君德壶	宽10.4cm	103,500	中国嘉德	2020-12-05
清中期 孟臣诗句款朱泥平盖莲子壶	11.3cm	48,300	中国嘉德	2020-08-17
清中期 孟臣制诗句款紫泥君德壶	宽12.5cm	63,250	中国嘉德	2020-12-05
清中期 孟臣制诗文朱泥壶	宽14cm	10,350	北京保利	2020-10-19
清中期 鸣远款朱泥梨形壶	宽9.8cm	11,500	北京保利	2020-10-19
清中期 潘款紫泥矮潘壶	宽11cm	55,200	中国嘉德	2020-12-05
清中期 清德堂制如意钮平盖莲子壶	宽15cm	20,700	中国嘉德	2020-12-05
清中期 清香珍玩款朱泥壶	高6.3cm	92,000	中贸圣佳	2020-10-17
清中期 诗句孟臣款朱泥梨形壶	宽10.5cm; 高6.5cm	11,500	江苏观宇	2020-07-05
清中期 诗句孟臣款朱泥笠帽莲子壶	宽10cm; 高6cm	126,500	江苏观宇	2020-07-05
清中期 诗句孟臣款朱泥秋水壶	宽12.5cm; 高9.5cm	23,000	江苏观宇	2020-07-05
清中期 诗句孟臣款朱泥圆壶	宽10.5cm; 高5.5cm	48,300	江苏观宇	2020-07-05
清中期 诗句逸公款朱泥矮梨壶	宽11.5cm; 高6.5cm	59,800	江苏观宇	2020-07-05
清中期 无款白泥绘 紫砂福圆壶		23,000	上海嘉禾	2020-01-05
清中期 无款朱泥菊瓣壶	宽10cm; 高8cm	115,000	江苏观宇	2020-07-05
清中期 杨彭年款紫砂胎包锡兰花诗文三镶玉壶	长17.5cm	32,200	中国嘉德	2020-07-17
清中期 杨彭年造 小安乐窝主人款朱泥合欢壶		402,500	上海嘉禾	2020-01-05
清中期 杨彭年制臣凤嗜印款紫泥三足周盘壶	宽15.2cm	724,500	中国嘉德	2020-12-05
清中期 义和款昌记诗句款朱泥君德壶	宽10cm	25,300	中国嘉德	2020-12-05
清中期 义珍款朱泥梨形壶	宽11cm; 高5.5cm	69,000	江苏观宇	2020-07-05
清中期 逸公诗句款朱泥瓮式壶	11.8cm	43,700	中国嘉德	2020-08-17
清中期 周发祥制紫泥焐灰笠帽壶	宽10.2cm	28,750	中国嘉德	2020-12-05
清中期 朱泥君德壶		25,300	上海嘉禾	2020-01-05
清中期 朱泥梨形壶	宽12cm; 高7cm	11,500	江苏观宇	2020-07-05
清中期 朱泥秋水壶	宽12cm; 高9cm	13,800	江苏观宇	2020-07-05
清中期 朱泥秋水壶	宽8.5cm; 高6cm	13,800	江苏观宇	2020-07-05
清中期 紫泥潘壶	宽11cm; 高5cm	149,500	江苏观宇	2020-07-05

拍品名称	物品尺寸	成交价RMB	拍卖公司	拍卖日期
清中期 紫泥潘壶	宽11.5cm; 高6cm	20,700	江苏观宇	2020-07-05
清中期兰娟清品款莲浦刻冷金黄泥香雪壶	6.9×17.5cm	747,500	西泠印社	2020-08-08
清中期孟臣款朱泥鼓腹壶	6.7×9.3cm	32,200	西泠印社	2020-08-08
清中期孟臣款朱泥梨式壶	7×11.8cm	17,250	西泠印社	2020-08-08
清中期孟臣款朱泥小壶	4.7×9cm	20,700	西泠印社	2020-08-08
清中期瞿子冶刻贞祥制石壶子繁款紫泥石瓢壶	7×15cm	4,140,000	西泠印社	2020-08-08
清中期瞿子冶为王发桂定制紫泥石瓢壶	6.9×15.3cm	3,047,500	西泠印社	2020-08-08
清中期朱泥秋水壶	7.2×9.5cm	28,750	西泠印社	2020-08-08
清中晚期 阿曼陀室款进南制三足乳鼎壶	宽16.5cm; 高7cm	74,750	江苏观宇	2020-07-05
清中晚期 纪年款朱泥调砂梨形壶	宽8cm; 高5cm	34,500	江苏观宇	2020-07-05
清中晚期 敉记款紫泥合梅壶	宽18cm; 高8cm	28,750	江苏观宇	2020-07-05
清中晚期 朱泥思亭壶	宽11; ; 高7.5cm	23,000	江苏观宇	2020-07-05
清道光 "石楳摹古,用霖" 款砖方壶	长14.8cm; 宽8.8cm; 高8.8cm	207,000	中贸圣佳	2020-10-17
清道光 大亨款大德钟壶	长17.8cm; 高9.8cm	10,005,000	中贸圣佳	2020-10-17
清道光 符生邓奎监造 双圈百寿壶		13,800	上海嘉禾	2020-01-05
清道光 行有恒堂定制诗文紫砂壶	高8.8cm; 长15.2cm	1,380,000	永乐拍卖	2020-12-03
清道光 潘志茂制描金直筒壶	长15.5cm; 高11cm	299,000	中贸圣佳	2020-10-17
清道光/咸丰 宜兴紫砂描金合欢壶	长18.6cm	904,000	佳士得	2020-07-09
邵友兰 清道光 友兰秘制款,二泉刻汲直壶	长14cm; 高10.5cm	172,500	中贸圣佳	2020-10-17
18-19世纪 紫砂胎黑漆嵌螺钿茶壶	宽17.4cm	21,362	香港苏富比	2020-11-26
清晚期 阿曼陀室彭年款扁石壶	长16cm; 高6cm	1,610,000	中贸圣佳	2020-10-17
清晚期 宝珠利记款朱泥铺砂钟式壶	宽10cm	32,200	中国嘉德	2020-12-05
清晚期 鼎裕监制款二泉铭刻诗句朱泥狮钮汲直壶	宽14.3cm	11,500	中国嘉德	2020-12-05
清晚期 海水龙纹款朱泥扁灯壶	宽12cm	13,800	中国嘉德	2020-12-05
清晚期 何心舟制石瓢壶	宽15cm	575,000	永乐拍卖	2020-12-03
清晚期 孟臣款朱泥扁灯壶	宽12.8cm	20,700	中国嘉德	2020-12-05
清晚期 泰文福记款朱泥宫灯壶(附紫檀座)	宽13.5cm	34,500	中国嘉德	2020-12-05
清晚期 陈曼生制款段泥牛盖洋桶壶	宽17cm; 高13cm	25,300	江苏观宇	2020-07-05
清晚期 陈绶馥制紫泥圆笠壶	宽19cm; 高10cm	11,500	江苏观宇	2020-07-05
清晚期 鼎泰款 朱泥梨形壶		13,800	上海嘉禾	2020-01-05
清晚期 鼎裕款紫泥高井栏壶	宽15.5cm; 高9.5cm	20,700	江苏观宇	2020-07-05
清晚期 凤印上贡局款 朱泥扁腹壶		20,700	上海嘉禾	2020-01-05
清晚期 福记款朱泥君德壶	宽10.5cm; 高6cm	25,300	江苏观宇	2020-07-05
清晚期 畊山督制 锦堂 朱泥柱础壶		25,300	上海嘉禾	2020-01-05
清晚期 畊山款朱泥调砂圆壶	宽12cm; 高7cm	20,700	江苏观宇	2020-07-05
清晚期 贡局款 朱泥圆壶		17,250	上海嘉禾	2020-01-05
清晚期 贡局款三足水平壶 (一对)		20,700	江苏观宇	2020-07-05
清晚期 贡局款朱泥矮圆珠壶	宽14.5cm; 高7cm	23,000	江苏观宇	2020-07-05
清晚期 贡局款朱泥宫灯壶	宽11cm; 高5.5cm	11,500	江苏观宇	2020-07-05
清晚期 贡局款紫泥水平壶连茶道具(一组)	尺寸不一	10,350	江苏观宇	2020-07-05
清晚期 寒雪庐选款青灰砂高钟壶	宽17cm; 高20cm	23,000	江苏观宇	2020-07-05
清晚期 合成款朱泥高梨壶	宽10.5cm; 高9cm	13,800	江苏观宇	2020-07-05
清晚期 何心舟制段泥半瓜壶	宽15cm; 高8cm	115,000	江苏观宇	2020-07-05
清晚期 恒茂款 朱泥鹅蛋壶		11,500	上海嘉禾	2020-01-05
清晚期 红泥与紫泥 铺砂腰线巨轮珠壶 (一对)		10,350	上海嘉禾	2020-01-05
清晚期 怀古氏款紫泥扁圆壶	宽18cm; 高6cm	36,800	江苏观宇	2020-07-05
清晚期 积古斋款 小德钟壶		11,500	上海嘉禾	2020-01-05
清晚期 锦荣款 朱泥梨形壶		25,300	上海嘉禾	2020-01-05
清晚期 荆溪惠孟臣制款朱泥扁圆壶	宽11.5cm; 高4.5cm	23,000	江苏观宇	2020-07-05
清晚期 拉玛五世御制泰文款 朱泥三足竹顶壶		17,250	上海嘉禾	2020-01-05
清晚期 留佩款诗句朱泥莲子壶	10.8cm	23,000	中国嘉德	2020-08-17
清晚期 留佩款朱泥高灯壶	宽11cm; 高7.5cm	32,200	江苏观宇	2020-07-05

2020杂项拍卖成交汇总

(续表)

拍品名称	物品尺寸	成交价RMB	拍卖公司	拍卖日期
清晚期 龙印款 朱泥梨形壶		23,000	上海嘉禾	2020-01-05
清晚期 龙印款 朱泥调砂小壶		14,950	上海嘉禾	2020-01-05
清晚期 罗紫伦款朱泥莲子壶	宽11.5cm; 高7.5cm	17,250	江苏观宇	2020-07-05
清晚期 绿泥心经巨轮珠（一对）	9.5×6cm×2	28,750	江苏观宇	2020-07-05
清晚期 茂亭款紫泥茄瓜壶	宽16cm; 高12cm	43,700	江苏观宇	2020-07-05
清晚期 孟臣款 朱泥平盖圆壶		18,400	上海嘉禾	2020-01-05
清晚期 孟臣款高君德壶（一对）	12×7cm×2	20,700	江苏观宇	2020-07-05
清晚期 孟臣款朱泥三足对壶	9×5.5cm×2	20,700	江苏观宇	2020-07-05
清晚期 孟臣款朱泥三足水平壶	宽11.5cm; 高8cm	11,500	江苏观宇	2020-07-05
清晚期 孟臣诗句款 朱泥小梨形壶		17,250	上海嘉禾	2020-01-05
清晚期 邵景南制款 诗句刻绘 朱泥莲子壶		11,500	上海嘉禾	2020-01-05
清晚期 邵景南制紫泥莲子壶	宽18cm; 高9cm	13,800	江苏观宇	2020-07-05
清晚期 邵权寅制紫泥直筒印花壶	宽14.5cm; 高9cm	11,500	江苏观宇	2020-07-05
清晚期 诗句孟臣款段泥宫灯壶	宽12.5cm; 高8cm	20,700	江苏观宇	2020-07-05
清晚期 万宝款绿釉巨轮珠壶	宽11cm; 高8cm	10,350	江苏观宇	2020-07-05
清晚期王胜长制任伯年画段泥匏瓜壶		92,000	上海嘉禾	2020-01-05
清晚期 无款朱泥钟式壶	宽11cm; 高5cm	17,250	江苏观宇	2020-07-05
清晚期 写泥款 朱泥神灯壶		17,250	上海嘉禾	2020-01-05
清晚期 逸公诗句款 段泥洒红釉留佩壶		11,500	上海嘉禾	2020-01-05
清晚期 玉成窑东石款滇池老人书画博浪锤壶	14cm	138,000	中国嘉德	2020-08-17
清晚期 袁义和款朱泥梨形壶	宽11.5cm; 高7cm	17,250	江苏观宇	2020-07-05
清晚期 贞祥制紫泥八卦三兽壶	宽18.5cm; 高9cm	55,200	江苏观宇	2020-07-05
清晚期 朱泥思亭壶		11,500	上海嘉禾	2020-01-05
清晚期 朱泥微型壶（三件）		11,500	江苏观宇	2020-07-05
清晚期 朱泥瓮形壶		11,500	上海嘉禾	2020-01-05
清晚期 琢琪款朱泥高帽梨形壶	宽12cm; 高7cm	20,700	江苏观宇	2020-07-05
清晚期 子冶款紫泥合欢壶	宽11cm; 高4.5cm	11,500	江苏观宇	2020-07-05
清晚期 紫泥磨光水平壶	宽10cm; 高6cm	11,500	江苏观宇	2020-07-05
清晚期 阿曼陀室款紫泥井栏壶	9.3×15.3cm	63,250	西泠印社	2020-08-08
清晚期 高阳贡局款朱泥壶	7.6×10.5cm	32,200	西泠印社	2020-08-08
清晚期 黄玉麟制紫泥笠荫壶	7.3×16.8cm	345,000	西泠印社	2020-08-08
清晚期 王胜长制紫泥一粒珠壶	10.5×14.3cm	32,200	西泠印社	2020-08-08
清晚期 杨彭年制并刻段泥华颖壶	8.5×15.9cm	80,500	西泠印社	2020-08-08
清晚期 杨彭年制款、符生及小桐刻款锡包砂胎壶（一对）	9.2×17.5cm; 8.6×17cm	92,000	西泠印社	2020-08-08
清晚期 玉成窑何心舟制并刻曼陀华馆款棋奁壶	8.3×15cm	218,500	西泠印社	2020-08-08
清晚期玉成窑何心舟制并刻直汲壶	13.8×14cm	747,500	西泠印社	2020-08-08
清 彩霞监制 子冶刻绘 紫泥合欢壶		13,800	上海嘉禾	2020-01-05
清 陈荫千款紫砂竹节提梁壶	长20.8cm 高21.7cm	42,550	中贸圣佳	2020-10-17
清 大彬款紫泥扁圆壶	宽21cm	14,950	北京保利	2020-10-19
清 大彬诗句款朱砂小龙旦壶	宽12.5cm	34,500	中国嘉德	2020-12-05
清 大亨款 掇球壶		46,000	上海嘉禾	2020-01-05
清 大亨款紫泥掇球壶	宽17cm	63,250	中国嘉德	2020-12-05
清 东石山农款巨轮珠壶	高6.8cm	230,000	中贸圣佳	2020-10-17
清 二泉刻诗文汉瓦延年壶	宽15cm	17,250	北京保利	2020-10-19
清 福记款朱泥水平壶、孟臣款朱泥水平壶	宽11.5cm; 宽15.7cm	18,400	北京保利	2020-10-19
清 胡小山造款三足周盘壶	高7.5cm 长16cm	161,000	中贸圣佳	2020-10-17
清 静远斋制黑泥绘山水纹方壶	高17.8cm 长17.5cm	207,000	中贸圣佳	2020-10-17
清 菊瓣壶	宽20.3cm	115,000	永乐拍卖	2020-12-03
清 君德款诗文朱泥神灯壶	宽15cm	43,700	北京保利	2020-10-19
清 留佩款段泥虚扁壶	长13.8cm; 高5.6cm	17,250	中贸圣佳	2020-10-17
清 曼生款杨彭年造锡包紫砂壶	宽13.7cm	20,700	北京保利	2020-10-19
清 孟臣款朱泥壶	宽9.6cm	23,000	北京保利	2020-10-19
清 孟臣款紫泥壶(一对)	长14.2cm; 高7.8cm	17,250	中贸圣佳	2020-10-17
清 南林刻"蝠寿"壶	宽19cm	20,700	北京保利	2020-10-19
清 彭年子冶朱泥茶铫	长12.8cm; 高6.5cm	13,800	中贸圣佳	2020-10-17
清 思亭制朱泥梨形壶、孟臣款诗文朱泥梨形壶	宽9.5cm; 宽11.7cm	33,350	北京保利	2020-10-19
清退思堂款紫砂壶、四系提梁壶(一组)	高11.2cm; 高19cm	80,500	广东崇正	2020-09-13
清 万丰藏珍款朱泥君德壶、君德款朱泥壶	宽11.4cm; 宽11.5cm	36,800	北京保利	2020-10-19
清 王东石制山农、梅调鼎刻圆壶	高5cm; 通径15.2cm	46,000	西泠印社	2020-08-09
清 无款紫泥壶	长11.8cm; 高7.5cm	10,350	中贸圣佳	2020-10-17
清 写泥款 朱泥大品梨形壶		11,500	上海嘉禾	2020-01-05
清 杨彭年造 子冶铭 直圆壶		23,000	上海嘉禾	2020-01-05
清 宜兴紫砂茶壶	10.8cm	21,740	伦敦佳士得	2020-11-03
清 逸公款朱泥小汉方壶	宽7.5cm; 高6.5cm	57,500	江苏观宇	2020-07-05
清 友兰秘制紫泥具轮珠壶（一对）	长12cm	13,800	北京保利	2020-10-19
清 韵初墨缘款铺砂大汉方壶	高18.5cm	57,500	北京保利	2020-10-19
清 贞祥制曼生刻款汉君壶	长15cm; 高6.5cm	264,500	中贸圣佳	2020-10-17
清 朱泥贡局扁圆壶	长11.2cm	13,800	中国嘉德	2020-11-11
清 朱泥梨形水平壶	长9cm	17,250	中国嘉德	2020-11-11
清 朱泥六方壶	长11.5cm; 高5.2cm	27,600	中贸圣佳	2020-10-17
清 朱泥小壶	长11.3cm	20,700	中国嘉德	2020-11-11
清 朱泥小壶、朱泥具轮珠壶（一对共三把）	宽9.7cm; 宽9.8cm	16,100	北京保利	2020-10-19
清 紫泥铺砂具轮珠、紫泥具轮珠壶(共三把)	宽11.7cm; 宽10.2cm	13,800	北京保利	2020-10-19
清代 "孟臣" 款紫砂文旦壶	高11cm; 长15.5cm	172,500	古天一	2020-10-16
清代 "清德堂" 款紫砂壶	高10.5cm; 长15cm	57,500	古天一	2020-10-16
清代 紫砂壶	高10.5cm; 长13.5cm	57,500	古天一	2020-10-16
清代 紫砂菊瓣壶	高13cm; 长16cm	82,800	古天一	2020-10-16
近代 铭心经焙灰泥具轮珠壶	9.1cm	10,350	中国嘉德	2020-08-17
近代 诗文段泥方砖壶	15.5cm	28,750	中国嘉德	2020-08-17
近代 虚若款紫泥井栏壶	宽16.5cm; 高9cm	11,500	江苏观宇	2020-07-05
近代 豫丰出品金廷制焙灰寿星壶	16.5cm	10,350	中国嘉德	2020-08-17
近代 朱泥铺砂具轮珠壶（一对）	9cm; 8.1cm	10,350	中国嘉德	2020-08-17
清末民国 程(陈)寿珍制紫泥仿古壶	10×18.8cm	40,250	西泠印社	2020-08-08
清末民国 范静安制紫泥井栏壶	7.5×17.2cm	57,500	西泠印社	2020-08-08
清末民国 福记款朱泥梨式壶	6.8×11cm	23,000	西泠印社	2020-08-08
清末民国 江案卿制段泥大供春树瘿壶	14.2×26.3cm	109,250	西泠印社	2020-08-08
清末民国 汪宝根制玉如刻紫泥大东坡提梁壶	21.9×19.5cm	52,900	西泠印社	2020-08-08
清末民国 王竹溪制并刻紫泥觚棱壶	7.5×16.3cm	63,250	西泠印社	2020-08-08
清末民国 俞国良制朱泥大红袍汉扁壶	8×18.6cm	253,000	西泠印社	2020-08-08
晚清民初 墨缘斋制款紫泥铺砂巨轮珠壶	宽10cm; 高6.5cm	28,750	江苏观宇	2020-07-05
民国 范祖德制石泉刻诗文笠帽壶	宽14.5cm	13,800	北京保利	2020-10-19
民国 冯桂林制紫泥鱼化龙壶	宽20cm; 高10cm	103,500	江苏观宇	2020-07-05
民国 各式紫砂壶（一组四件）	尺寸不一	161,000	广东崇正	2020-05-27
民国 各式紫砂壶（一组四件）	尺寸不一	109,250	广东崇正	2020-05-27
民国 顾德根制金蟾钮水平壶	宽13.5cm	92,000	永乐拍卖	2020-12-03
民国 顾德根制朱泥汉君壶	宽13cm; 高5cm	20,700	江苏观宇	2020-07-05
民国 顾德根制朱泥线圆壶	宽13cm; 高5cm	17,250	江苏观宇	2020-07-05
民国 顾德根制朱泥小石瓢壶	宽12cm	17,250	北京保利	2020-10-19
民国 顾景舟制 水平壶套组	宽9.6cm; 高5.5cm	368,000	上海匡时	2020-08-05
民国 胡耀庭制 戴玉屏刻绘 八卦四方暖座式壶		20,700	上海嘉禾	2020-01-05
民国李宝珍制任淦庭刻绘 捂黑传炉壶		17,250	上海嘉禾	2020-01-05
民国 孟臣款朱泥线瓢壶连茶道具(一组)	尺寸不一	10,350	江苏观宇	2020-07-05
民国 少南制紫泥矮圆珠壶	宽17cm; 高7cm	23,000	江苏观宇	2020-07-05
民国 邵全章制紫泥海棠壶	宽19cm; 高9cm	13,800	江苏观宇	2020-07-05
民国 沈孝陆制紫砂八方套壶一组(一壶四杯)	尺寸不一	109,250	广东崇正	2020-09-13
民国 汪宝根制紫泥仿古壶	宽17.5cm; 高9cm	17,250	江苏观宇	2020-07-05
民国 汪宝根制紫泥竹节提梁壶	宽18.5cm; 高18cm	28,750	江苏观宇	2020-07-05
民国 王寅春制朱泥扁圆壶	宽9cm; 高4cm	69,000	江苏观宇	2020-07-05
民国 吴云根款 鼎兴刻绘 粉浆石瓢壶		32,200	上海嘉禾	2020-01-05
民国 吴云根制 莲生铭 紫泥磨光传炉壶		37,950	上海嘉禾	2020-01-05

(续表)

拍品名称	物品尺寸	成交价RMB	拍卖公司	拍卖日期
民国 锡山俞传 宝琴款 捂黑海棠壶		11,500	上海嘉禾	2020-01-05
民国 心经铭刻焐灰泥具轮珠壶	宽9.7cm	10,350	中国嘉德	2020-12-05
民国 友廷款跂陶刻段泥曼生提梁壶	宽12.5cm; 高14.5cm	36,800	江苏观宇	2020-07-05
民国 俞国良制曲圆品定款段泥传炉壶	宽19cm; 高10cm	184,000	江苏观宇	2020-07-05
民国 俞国良制紫泥线圆壶	宽18.5cm; 高6cm	34,500	江苏观宇	2020-07-05
民国 俞雪琴款 祥林监制 狮球壶		17,250	上海嘉禾	2020-01-05
民国 赵松亭制紫泥竹鼓壶	宽17.5cm; 高8cm	17,250	江苏观宇	2020-07-05
民国·程(陈)寿珍制紫泥汉扁壶	8.5×20.3cm	57,500	西泠印社	2020-08-08
民国·冯桂林制跂陶刻金鼎商标款紫泥汲直壶	18.3×16.6cm	57,500	西泠印社	2020-08-08
民国·裴石民制冶匋款紫泥茄段壶	12.3×16.7cm	161,000	西泠印社	2020-08-08
民国·砂胎仿青铜盉式壶	20×15.5cm	17,250	西泠印社	2020-08-08
民国·邵仲和制紫泥松桩壶	13×18cm	20,700	西泠印社	2020-08-08
民国·汪宝根制泉石主人刻铁画轩款紫泥狮球壶	9.3×18cm	11,500	西泠印社	2020-08-08
清-民国 陈光明制太湖石钮三叉提梁壶、汪宝根制段泥碗桃壶	高18cm; 宽20cm	32,200	北京保利	2020-10-19
清-民国 许升侯制紫砂合梅壶、蒋贞祥制粉浆泥笠帽壶、荣祥制段泥猴钮贴花花卉壶	宽18cm; 宽16.5cm; 宽14cm	23,000	北京保利	2020-10-19
现代 顾景舟制石瓢壶	宽17.5cm	2,300,000	永乐拍卖	2020-12-03
现代 季益顺制福寿套组	尺寸不一	132,250	永乐拍卖	2020-12-03
现代 蒋蓉制百果壶	宽14cm	230,000	永乐拍卖	2020-12-03
现代 蒋蓉制东坡水滴壶	宽16cm	63,250	永乐拍卖	2020-12-03
当代 鲍峰岩制三弯嘴石瓢壶	17.7cm	36,800	中国嘉德	2020-08-17
当代 鲍志强书画铭刻周志君制西施壶	宽12.9cm	25,300	中国嘉德	2020-12-05
当代 鲍志强制铭诗词古风壶	宽21.5cm	126,500	中国嘉德	2020-12-05
当代 鲍志强制铭诗词景舟石瓢壶	宽18.7cm	103,500	中国嘉德	2020-12-05
当代 鲍志强制铭书画乐人石瓢壶	宽16.8cm	103,500	中国嘉德	2020-12-05
当代 鲍志强制有余玉璧壶	宽19cm	97,750	中国嘉德	2020-12-05
当代 鲍仲梅制青铜盉式壶	宽16.5cm	149,500	中国嘉德	2020-12-05
当代 曹婉芬制 范建军刻 高德钟壶	宽17cm; 高11.5cm	69,000	上海匡时	2020-08-05
当代 曹婉芬制范建军铭刻井栏壶	宽10.5cm	25,300	中国嘉德	2020-12-05
当代曹婉芬制范建军铭书画大掇只壶	宽20.6cm	80,500	中国嘉德	2020-12-05
当代 曹婉芬制范建军铭书画三足石瓢壶	长15.2cm	28,750	中国嘉德	2020-07-17
当代 曹婉芬制脱颖壶	宽11.1cm	40,250	中国嘉德	2020-12-05
当代陈国良恽贤君合作铭书画石瓢壶	宽14.3cm	10,350	中国嘉德	2020-12-05
当代 陈国良制红泥小掇只壶	宽12.3cm	86,250	中国嘉德	2020-12-05
当代 陈国良制力壶	宽12.5cm	97,750	中国嘉德	2020-12-05
当代 陈国良制朱泥小游仙壶	13cm	126,500	中国嘉德	2020-08-17
当代 陈叶君制国良供春壶	宽14.2cm	17,250	中国嘉德	2020-12-05
当代 程辉制毛国强铭书画秦权壶	宽15.5cm	43,700	中国嘉德	2020-12-05
当代 储亦斌制 段泥春桃壶		13,800	上海嘉禾	2020-01-05
当代堵江华沈逸文合作三足鱼罂壶	宽12.5cm	13,800	中国嘉德	2020-12-05
当代 范洪泉制鲍志强铭书画大一粒珠壶	宽23.5cm	46,000	中国嘉德	2020-12-05
当代 范洪泉制毛国强铭书画小东坡提梁壶	高12.7cm	36,800	中国嘉德	2020-12-05
当代冯其庸铭书张红华制大玉笠壶	宽17.6cm	86,250	中国嘉德	2020-12-05
当代 高海庚制双龙提梁壶	宽17cm; 高15.5cm	483,000	永乐拍卖	2020-12-03
当代 高建芳制百果壶	宽14.3cm	11,500	中国嘉德	2020-12-05
当代 高建芳制刘勇铭书荸荠壶	宽16.2cm	20,700	中国嘉德	2020-12-05
当代 高建芳制世外桃源壶	宽13.8cm	28,750	中国嘉德	2020-12-05
当代 高建华制 腰线圆壶（一对）		11,500	上海嘉禾	2020-01-05
当代 高建华制德钟壶	宽15.2cm	20,700	中国嘉德	2020-12-05
当代 高建华制莲子壶三头	壶宽15.2cm; 杯直径6cm	25,300	中国嘉德	2020-12-05
当代 高建华制紫泥老头壶	14cm	10,350	中国嘉德	2020-08-17
当代 高湘君制谭泉海铭书画玉笠壶	宽13.7cm	28,750	中国嘉德	2020-12-05
当代 高旭峰制 圆意壶		28,750	上海嘉禾	2020-01-05
当代 高旭峰制倒把西施壶	宽13cm	34,500	中国嘉德	2020-12-05
当代 高振宇制紫泥调砂扁觯壶	宽14cm	425,500	中国嘉德	2020-12-05
当代 高振宇制紫泥调砂玉盉壶	14.1cm	517,500	中国嘉德	2020-08-17
当代 葛军制 大时代 壶		11,500	上海嘉禾	2020-01-05
当代 葛陶中、李慧芳制 龙纹套组	尺寸不一	57,500	上海匡时	2020-08-05
当代 葛陶中制汉砖方壶	宽15.4cm	92,000	中国嘉德	2020-12-05
当代 顾道荣制 祝寿壶	宽28cm; 高12.8cm	230,000	上海匡时	2020-08-05
当代 顾绍培制 供春树瘿壶	宽15cm; 高8.5cm	138,000	上海匡时	2020-08-05
当代 顾绍培制 顾氏八式	尺寸不一	299,000	上海匡时	2020-08-05
当代 顾绍培制 沈汉生刻 卧轮禅师	宽13.3cm; 高4.3cm	80,500	上海匡时	2020-08-05
当代 顾绍培制福福壶	宽13cm	103,500	中国嘉德	2020-12-05
当代 顾绍培制三足矮石瓢壶	宽19cm	126,500	中国嘉德	2020-12-05
当代 顾绍培制沈汉生铭书画妙泉壶	宽16cm	97,750	中国嘉德	2020-12-05
当代 韩敏书画何挺初制涌泉壶	宽16.8cm	57,500	中国嘉德	2020-12-05
当代 何健制太极鼓壶	12.8cm	10,350	中国嘉德	2020-08-17
当代何挺初徐新妹合作腾跃壶五头组	壶宽16.1cm	36,800	中国嘉德	2020-12-05
当代 何挺初制荷塘莲子壶	15.3cm	11,500	中国嘉德	2020-08-17
当代 何燕萍制鹅溪一清书铭集韵壶	16.3cm	59,800	中国嘉德	2020-08-17
当代 何燕萍制涌泉壶	15.7cm	40,250	中国嘉德	2020-08-17
当代 何叶制石雪书画其求壶	14.8cm	51,750	中国嘉德	2020-08-17
当代 胡朝君制景舟雪华壶	宽17.5cm	20,700	中国嘉德	2020-12-05
当代 胡朝君制铭书画玉带提梁壶	13.3cm	17,250	中国嘉德	2020-08-17
当代 胡星辰制供春壶（两件）	宽23.8cm; 宽4.5cm	80,500	中国嘉德	2020-12-05
当代 胡星辰制具轮珠壶四式	尺寸不一	161,000	中国嘉德	2020-12-05
当代 胡永成制鲍志强铭书画井栏壶	宽18.2cm	23,000	中国嘉德	2020-12-05
当代 胡园平制 清水泥 雅趣天成壶		11,500	上海嘉禾	2020-01-05
当代 华健制传炉壶	宽15.5cm	80,500	中国嘉德	2020-12-05
当代 华健制方带提梁壶	高13.3cm	69,000	中国嘉德	2020-12-05
当代华健制毛国强铭书画亚明四方壶	宽15.6cm	69,000	中国嘉德	2020-12-05
当代 华健制桥顶六方壶	宽17cm	57,500	中国嘉德	2020-12-05
当代 华健制四方简茗壶	宽12.7cm	97,750	中国嘉德	2020-12-05
当代 季益顺制仿古壶	宽17.7cm	126,500	中国嘉德	2020-12-05
当代 江建群制石瓢壶	15.5cm	25,300	中国嘉德	2020-08-17
当代 江建翔制牛盖莲子壶	宽18.2cm	57,500	中国嘉德	2020-12-05
当代 江建翔制硕颜壶（五头组）	尺寸不一	195,500	中国嘉德	2020-12-05
当代 江建翔制田园情趣壶	宽14cm	97,750	中国嘉德	2020-12-05
当代 江建翔制芝硕壶	宽15.1cm	103,500	中国嘉德	2020-12-05
当代 江友明制大彬虚扁壶	17.5cm	10,350	中国嘉德	2020-08-17
当代 蒋蓉制 青蛙荷花套壶	尺寸不一	1,380,000	上海敬华	2020-09-22
当代 蒋蓉制慈姑花壶	宽17.4cm	287,500	中国嘉德	2020-12-05
当代 蒋蓉制蛤蟆柏寿桩壶	宽16.9cm	299,000	中国嘉德	2020-12-05
当代 蒋蓉制红泥犀登壶	14.2cm	97,750	中国嘉德	2020-08-17
当代蒋蓉制毛国强铭书画牛盖莲子壶	宽13cm	74,750	中国嘉德	2020-12-05
当代 蒋晓萍制乳鼎壶	宽12.5cm	10,350	中国嘉德	2020-12-05
当代 蒋彦制大菊蕾壶	18.8cm	20,700	中国嘉德	2020-08-17
当代 李宝珍制铭书红泥传炉壶	宽16cm	40,250	中国嘉德	2020-12-05
当代 李昌鸿沈蘧华合制井栏壶	宽16.2cm	23,000	中国嘉德	2020-12-05
当代 李昌鸿制孙子兵法壶三头套组	壶宽13cm; 杯宽7.3cm	172,500	中国嘉德	2020-12-05
当代 李寒勇制西施壶	宽12cm	32,200	中国嘉德	2020-12-05
当代 李慧芳制平盖掇球壶	13.3cm	17,250	中国嘉德	2020-08-17
当代 李慧芳制乳鼎壶	13.5cm	17,250	中国嘉德	2020-08-17
当代 李园林制宝菱壶	宽17cm	17,250	中国嘉德	2020-12-05
当代 刘国强制虚扁壶	宽12.3cm	17,250	中国嘉德	2020-12-05
当代 龙文制 青铜凤壶	宽18.6cm; 高5.8cm	92,000	上海匡时	2020-08-05
当代 卢语心制盉式三足壶	宽10cm	17,250	中国嘉德	2020-12-05
当代 吕俊杰制补天壶	宽16.5cm	109,250	中国嘉德	2020-12-05
当代 吕俊杰制龟龙壶	宽15cm	63,250	中国嘉德	2020-12-05
当代 吕俊杰制天际壶	长12.5cm	23,000	中国嘉德	2020-07-17
当代 吕尧臣款金蟾玉璧壶	14.7cm	13,800	中国嘉德	2020-08-17
当代 吕尧臣制贵妃出浴壶	宽16cm	172,500	中国嘉德	2020-12-05
当代 吕尧臣制仙果壶	宽13.2cm	161,000	中国嘉德	2020-12-05
当代 吕尧臣制熊猫壶	宽15cm	437,000	中国嘉德	2020-12-05
当代 吕尧臣制紫泥"上新桥"壶	宽18.5cm	92,000	北京保利	2020-10-19
当代 摹古筋纹三式	尺寸不一	23,000	上海匡时	2020-08-05

(续表)

拍品名称	物品尺寸	成交价RMB	拍卖公司	拍卖日期
当代 潘持平制谭泉海铭书画抽角升方壶	宽16.6cm	126,500	中国嘉德	2020-12-05
当代 钱轶威制 六方扁腹壶	宽15cm; 高8.8cm	34,500	上海匡时	2020-08-05
当代 桑黎兵制日夜清香壶	宽14.3cm	23,000	中国嘉德	2020-12-05
当代 桑黎兵制甜甜壶	14cm	23,000	中国嘉德	2020-08-17
当代 畲永锋制馨竹壶	宽14.7cm	25,300	中国嘉德	2020-12-05
当代 佘永锋制紫泥捧月壶	15cm	28,750	中国嘉德	2020-08-17
当代 沈汉生制石羽铭书画甘泉壶	15.2cm	25,300	中国嘉德	2020-08-17
当代 沈建强制大合菊壶	宽17.8cm	36,800	中国嘉德	2020-12-05
当代 沈建强制团菊掇球壶	宽14.6cm	40,250	中国嘉德	2020-12-05
当代 沈遽华制谭泉海铭刻台笠壶	宽15.8cm	46,000	中国嘉德	2020-12-05
当代 施小马制黑三角壶	宽16cm	126,500	中国嘉德	2020-12-05
当代 唐彬杰制难成大器款段泥小仿古壶	宽11cm	115,000	中国嘉德	2020-12-05
当代 唐彬杰制难成大器款一粒珠壶	12.9cm	138,000	中国嘉德	2020-08-17
当代 唐彬杰制玉钟壶三式(3件)	宽12.2cm; 宽11.6cm; 宽12.6cm	517,500	中国嘉德	2020-12-05
当代 唐云书画乐泉生制井栏壶	宽16.5cm	109,250	中国嘉德	2020-12-05
当代 万若君制三足万事如意壶	16.4cm	11,500	中国嘉德	2020-08-17
当代 汪寅仙监制吴亚萍制如意鼎壶	12.7cm	20,700	中国嘉德	2020-08-17
当代 汪寅仙制姚志源书画红玉壶	宽14.7cm	201,250	中国嘉德	2020-12-05
当代 王奋良制 小串顶壶		10,350	上海嘉禾	2020-01-05
当代 王涛制景舟石瓢壶	16.7cm	10,350	中国嘉德	2020-08-17
当代 王霄羚制小笑婴壶	13.3cm	17,250	中国嘉德	2020-08-17
当代 王小羚制紫泥圆福壶	14.4cm	13,800	中国嘉德	2020-08-17
当代 王亚军制荷塘月色五头套组	壶17.4cm; 杯9.1cm; 盘10.3cm	23,000	中国嘉德	2020-08-17
当代 王义禄制 鸣远四方壶		10,350	上海嘉禾	2020-01-05
当代 吴鸣制 寻朴壶	宽14.5cm; 高7.6cm	126,500	上海匡时	2020-08-05
当代 吴鸣制铭书画渔翁壶	14.8cm	78,200	中国嘉德	2020-08-17
当代 吴群祥制明式文旦壶	16cm	36,800	中国嘉德	2020-08-17
当代 吴群祥制紫气东来壶	宽16.7cm	103,500	中国嘉德	2020-12-05
当代 吴云峰制紫泥四方玉璧壶	15.2cm	34,500	中国嘉德	2020-08-17
当代 吴云根制士清主人铭刻翻盖柿子提梁壶	高18.7cm	97,750	中国嘉德	2020-12-05
当代 吴震谢曼伦合作毛国强铭书画大碧玉如意壶	宽16.5cm	69,000	中国嘉德	2020-12-05
当代 吴震制大树桩壶	宽21cm	34,500	中国嘉德	2020-12-05
当代 吴震制南瓜壶	14.3cm	34,500	中国嘉德	2020-08-17
当代 吴震制提梁轮回壶	14.1cm	43,700	中国嘉德	2020-08-17
当代 谢曼伦制大桑宝壶	宽19.9cm	109,250	中国嘉德	2020-12-05
当代谢曼伦制谭泉海铭书画小柱础壶	宽11.2cm	80,500	中国嘉德	2020-12-05
当代 谢曼伦制小龙头玉玺壶	宽13.5cm	97,750	中国嘉德	2020-12-05
当代 徐波制 上新桥	宽19.5cm; 高8.5cm	46,000	上海匡时	2020-08-05
当代 徐达明制侧把轮珠壶	宽21cm	69,000	中国嘉德	2020-12-05
当代 徐达明制宋韵壶	宽18.8cm	92,000	中国嘉德	2020-12-05
当代 徐达明制提梁汉韵壶	宽18cm	138,000	中国嘉德	2020-12-05
当代 徐汉棠制大石瓢壶	宽17.2cm	184,000	中国嘉德	2020-12-05
当代 徐汉棠制庚申年款裙花提梁壶	宽14.5cm	138,000	中国嘉德	2020-12-05
当代 徐汉棠制铺砂方壶	宽18cm	356,500	中国嘉德	2020-12-05
当代 徐汉棠制紫泥掇只壶	宽14.8cm	138,000	中国嘉德	2020-12-05
当代 徐桓静制石民石瓢壶	宽14.2cm	25,300	中国嘉德	2020-12-05
当代 徐秀棠制飞鸽壶	宽14cm	80,500	中国嘉德	2020-12-05
当代 徐秀棠制皮革壶	宽13cm	80,500	中国嘉德	2020-12-05
当代 徐秀棠制紫泥椭圆壶	宽17cm	69,000	中国嘉德	2020-12-05
当代徐秀棠周桂珍合作龙生九子提梁壶	高18.3cm	460,000	中国嘉德	2020-12-05
当代 徐雪娟制景舟石瓢壶	15.1cm	10,350	中国嘉德	2020-08-17
当代 徐雪娟制子冶石瓢壶	12.5cm	25,300	中国嘉德	2020-08-17
当代 徐勇良制铭伏虎罗汉井栏壶	长16.8cm	20,700	中国嘉德	2020-07-17
当代 徐远明制圣桃壶	15.3cm	51,750	中国嘉德	2020-08-17
当代 许艳春制仿古如意壶	宽15.2cm	28,750	中国嘉德	2020-12-05
当代 许艳春制瓤菱如意壶	宽14.2cm	20,700	中国嘉德	2020-12-05
当代 薛卫平制石瓢壶	宽18.2cm	17,250	中国嘉德	2020-12-05

拍品名称	物品尺寸	成交价RMB	拍卖公司	拍卖日期
当代 薛卫平制紫泥景舟石瓢壶	16.2cm	10,350	中国嘉德	2020-08-17
当代 杨全胜制 逸公式(六方)		13,800	上海嘉禾	2020-01-05
当代 杨全胜制盘天菱花壶	宽15.3cm	13,800	中国嘉德	2020-12-05
当代 姚晓制 葵仿古壶	宽14cm; 高10cm	34,500	上海匡时	2020-08-05
当代 尹旭峰制紫泥夏木壶	16.2cm	32,200	中国嘉德	2020-08-17
当代 袁小强制梅花周盘壶	18cm	57,500	中国嘉德	2020-08-17
当代 张灿制 松鼠柿子壶(一对)		17,250	上海嘉禾	2020-01-05
当代 张海平制胖掇球壶	宽14cm	11,500	中国嘉德	2020-12-05
当代 张红华制宝菱提梁壶	高11.5cm	36,800	中国嘉德	2020-12-05
当代 张红华制凤鸣壶	宽20.7cm	92,000	中国嘉德	2020-12-05
当代 张守智葛明仙合作柿圆壶	高14cm	40,250	中国嘉德	2020-12-05
当代 张正中制南瓜壶	长18.5cm	126,500	中国嘉德	2020-12-05
当代 张正中制脱颖壶	宽13.6cm	138,000	中国嘉德	2020-12-05
当代 赵江华制习习清风引碧云款井栏壶	宽17.5cm	32,200	中国嘉德	2020-12-05
当代 郑丽霞制 高梨三式		11,500	上海嘉禾	2020-01-05
当代 郑丽霞制伴月壶	宽12.2cm	17,250	中国嘉德	2020-12-05
当代 周波制 灵芝树瘿壶		13,800	上海嘉禾	2020-01-05
当代 周桂珍制合欢壶	宽16.5cm	149,500	中国嘉德	2020-12-05
当代周桂珍制谭泉海铭书画曼生提壶	高14cm	299,000	中国嘉德	2020-12-05
当代 周洪彬制平心得砂境款井栏壶	宽14.7cm	74,750	中国嘉德	2020-12-05
当代 周界制 竹意壶		25,300	上海嘉禾	2020-01-05
当代 周渊制南瓜壶	宽14.5cm	17,250	中国嘉德	2020-12-05
当代 朱可心制 鱼化龙壶	宽19cm; 高10cm	287,500	上海匡时	2020-08-05
当代 朱可心制紫泥鱼化龙壶	宽19cm	109,250	中国嘉德	2020-12-05
当代 朱孟根制吴径提梁壶	高12.5cm	11,500	中国嘉德	2020-12-05
当代 朱晓东制大亨掇球壶	15.1cm	11,500	中国嘉德	2020-08-17
当代 朱晓东制铭诗句曼生提梁壶	高15.5cm	32,200	中国嘉德	2020-12-05
当代 紫砂厂壶时期铭刻诗句巧色什锦壶(十件)	尺寸不一	25,300	中国嘉德	2020-12-05
当代 宗志君制 摩古笠帽壶		57,500	上海嘉禾	2020-01-05
当代·陈岗制紫泥金砂四方壶	8.9×13.7cm	18,400	西泠印社	2020-08-08
当代·陈国良制红泥薄胎潘壶	6.3×12cm	74,750	西泠印社	2020-08-08
当代·陈国良制紫泥薄胎供春壶	6.8×13cm	230,000	西泠印社	2020-08-08
当代·樊乐群制紫泥窑变掇球壶	8×11.4cm	80,500	西泠印社	2020-08-08
当代·顾景舟制大亨款紫泥大口扁腹壶	8×18cm	1,495,000	西泠印社	2020-08-08
当代·顾景舟制紫泥点犀壶	11.8×19.9cm	322,000	西泠印社	2020-08-08
当代·顾云峰制王翔刻紫泥秋月壶	8.2×13.5cm	138,000	西泠印社	2020-08-08
当代·蒋蓉制荷叶青蛙壶	11.5×19cm	264,500	西泠印社	2020-08-08
当代·李涵鸣降坡泥风卷葵壶	9×17cm	172,500	西泠印社	2020-08-08
当代·李寒勇制紫泥调砂扁玉壶	6.1×14cm	92,000	西泠印社	2020-08-08
当代·李卫明制紫泥四足明炉壶	8.8×14.5cm	80,500	西泠印社	2020-08-08
当代·林秀明制段泥隐竹套组	尺寸不一	25,300	西泠印社	2020-08-08
当代·刘景制段泥"稚"对壶	7.8×9.3cm; 3.1×11cm	471,500	西泠印社	2020-08-08
当代·芦昕健制朱泥鉴心壶	8.3×12cm	253,000	西泠印社	2020-08-08
当代·陆毅制朱泥墨林壶	7.3×10.2cm	17,250	西泠印社	2020-08-08
当代·裴琳、刘景合制紫泥幽谷壶	4×10.4cm	92,000	西泠印社	2020-08-08
当代·施小马制紫泥调砂四方扁腹壶	6.8×15.6cm	69,000	西泠印社	2020-08-08
当代·束旦生制紫泥三足乳鼎壶及李昌鸿制紫泥僧帽壶(各一件)	10.2×15.6cm; 9.9×14.3cm	27,600	西泠印社	2020-08-08
当代·唐彬杰制紫泥平盖莲子壶	6×11.9cm	149,500	西泠印社	2020-08-08
当代·童衍方题周呈飞制紫泥柱础壶	7.3×14cm	51,750	西泠印社	2020-08-08
当代·王小羚制张勇刻段泥清韵壶	9.9×13.9cm	17,250	西泠印社	2020-08-08
当代·王寅春制紫泥仿古壶	9.3×19.3cm	155,250	西泠印社	2020-08-08
当代·吴云峰制"居山"、"凌香"对壶	6×10.2cm; 10.5×11.5cm	322,000	西泠印社	2020-08-08
当代·张睦制段泥启瓢壶	5.3cm×11.1cm	48,300	西泠印社	2020-08-08
当代·张艺馨制段泥子冶石瓢壶	7.1×13cm	34,500	西泠印社	2020-08-08
当代·张寅制紫泥涵珠伴读壶	7×13.5cm	207,000	西泠印社	2020-08-08
1987年 沈汉生制 并刻 竹简壶		13,800	上海嘉禾	2020-01-05
1991年 王奋良制 双色竹报春壶		28,750	上海嘉禾	2020-01-05
1992年 沈汉生制 并刻 合乐壶		17,250	上海嘉禾	2020-01-05

（续表）

拍品名称	物品尺寸	成交价RMB	拍卖公司	拍卖日期
1992年 徐汉棠制 心经刻绘 匏尊壶		20,700	上海嘉禾	2020-01-05
1992年 张静制绿泥圆竹壶		11,500	上海嘉禾	2020-01-05
1993年 谢曼伦制 小艳竹壶		11,500	上海嘉禾	2020-01-05
1993年 徐维明制 绞泥彩灯壶		13,800	上海嘉禾	2020-01-05
1994年 鲍峰岩制 六方绞泥壶		11,500	上海嘉禾	2020-01-05
1994年 凌锡荀制 圣桃千秋壶		11,500	上海嘉禾	2020-01-05
1996年 陆虹炜制 高潘壶五头套组		16,100	上海嘉禾	2020-01-05
1997年 吴界明制 紫泥乐钟壶		40,250	上海嘉禾	2020-01-05
80年代 吴群祥制 砂大方壶		40,250	上海嘉禾	2020-01-05
80年代 张红华制 印月提梁壶		34,500	上海嘉禾	2020-01-05
80年代末期 王石耕制 红泥八卦壶		10,350	上海嘉禾	2020-01-05
90年代 鲍峰岩制 紫泥莲子壶		20,700	上海嘉禾	2020-01-05
90年代 鲍志强制并刻 绿泥圆壶		43,700	上海嘉禾	2020-01-05
90年代 陈岩制 菱花壶		18,400	上海嘉禾	2020-01-05
90年代 高建芳制 荸荠对壶		23,000	上海嘉禾	2020-01-05
90年代葛明仙制冰心刻绘段泥桥顶壶		11,500	上海嘉禾	2020-01-05
90年代 顾道荣制 嘉圆如意壶		11,500	上海嘉禾	2020-01-05
90年代 何挺初款 方松壶五头套组		20,700	上海嘉禾	2020-01-05
90年代 孔小明制 四方布纹壶		10,350	上海嘉禾	2020-01-05
90年代 李碧芳款 小仿古如意壶 五头套组		13,800	上海嘉禾	2020-01-05
90年代 李碧芳制 陈岩刻 井栏壶		17,250	上海嘉禾	2020-01-05
90年代 李昌鸿制 紫泥井栏壶		18,400	上海嘉禾	2020-01-05
90年代 吕俊杰制 绞泥百衲壶		40,250	上海嘉禾	2020-01-05
90年代王三大制八方侧角壶九头套组		29,900	上海嘉禾	2020-01-05
90年代 谢曼伦制 竹段壶		11,500	上海嘉禾	2020-01-05
90年代 张志强制 启功题 谭泉海刻 掇圆壶		63,250	上海嘉禾	2020-01-05
90年代 周忠军制 绿泥松月壶		10,350	上海嘉禾	2020-01-05
白阳·硕果	长18.5cm；高10.5cm	40,250	北京翰海	2020-12-11
鲍庭博制粉彩蝶舞壶		55,200	江苏观宇	2020-07-05
鲍志强刻并制长乐壶		63,250	江苏观宇	2020-07-05
鲍仲梅制三羊开泰壶		43,700	江苏观宇	2020-07-05
鲍仲梅制镶银螭龙万寿无疆壶		11,500	江苏观宇	2020-07-05
蔡志刚·凌风	长15.5cm；高9cm	43,700	北京翰海	2020-12-11
曹婉芬（范建军刻绘）·大德钟	长20cm；高11cm	17,250	北京翰海	2020-12-11
曹婉芬·掇只壶	长12cm；高8cm	25,300	北京翰海	2020-12-11
曹婉芬·僧帽	长15.5cm；高11cm	13,800	北京翰海	2020-12-11
曹婉芬制三足菱花壶		51,750	江苏观宇	2020-07-05
曹婉芬制上新桥壶		55,200	江苏观宇	2020-07-05
曹亚麟、曹燕萍合制玉趣壶		20,700	江苏观宇	2020-07-05
曹亚男镌刻诸艳君制大东坡提梁壶		13,800	江苏观宇	2020-07-05
陈国良·潘壶	长12cm；高7cm	36,800	北京翰海	2020-12-11
陈国良·丝瓜	长16cm；高8.5cm	32,200	北京翰海	2020-12-11
陈国良制流芳壶		63,250	江苏观宇	2020-07-05
陈国良制天池壶		230,000	江苏观宇	2020-07-05
陈洁·玉带菱花	长13.5cm；高8.5cm	17,250	北京翰海	2020-12-11
陈敬·松鼠葡萄	长18.5cm；高11cm	69,000	北京翰海	2020-12-11
陈军·承古套组（二）	长17cm；高10.5cm	115,000	北京翰海	2020-12-11
陈鸣远 南瓜壶	12.8cm×9.3cm×6.4cm	844,096	香港贞观	2020-08-30
陈佩秋 暗香浮动、香远溢清、紫砂壶 镜心	书法25×55cm；紫砂壶15cm	40,250	中国嘉德	2020-11-10
陈佩秋 陈成 大冬瓜壶	长18cm；宽11cm	34,500	朵云轩	2020-09-24
陈佩秋 陈成 恩师竹壶	长14.5cm；宽11.5cm；高9.5cm	25,300	朵云轩	2020-09-24
陈佩秋 陈成 可心竹段壶	长19.5cm；宽11.5cm；高9.5cm	28,750	朵云轩	2020-09-24
陈佩秋 陈成 满园春色壶	长21.5cm；宽12.5cm；高10cm	48,300	朵云轩	2020-09-24
陈佩秋 陈成 木棉桩壶	长19.5cm；宽11.5cm；高9.5cm	57,500	朵云轩	2020-09-24
陈佩秋 陈成 南瓜壶	长18.5cm；宽13.5cm；高8cm	28,750	朵云轩	2020-09-24
陈佩秋 陈成 南瓜提梁壶	长14cm；宽13cm；高18cm	63,250	朵云轩	2020-09-24
陈佩秋 陈成 圣思桃壶	长17cm；宽12cm；高11cm	36,800	朵云轩	2020-09-24
陈佩秋 陈成 圣思桃壶	长17cm；宽12.5cm；高12.5cm	32,200	朵云轩	2020-09-24
陈佩秋 陈成 松报春壶	长22cm；宽16cm；高11.5cm	28,750	朵云轩	2020-09-24
陈佩秋 陈成 小铁梅桩壶	长12cm；宽8cm；高7cm	32,200	朵云轩	2020-09-24
陈佩秋 陈成 斜竹套组壶	长15cm；宽11cm；高11.3cm	46,000	朵云轩	2020-09-24
陈佩秋 黄鹏程 大亨掇只壶	长16cm；宽11.5cm；高10cm	97,750	朵云轩	2020-09-24
陈佩秋 金粟初开、格物致知、紫砂壶 镜心	书法25×55cm；紫砂壶16cm	36,800	中国嘉德	2020-11-10
陈佩秋 刘蓉萍 华颖壶	长15.5cm；宽11.5cm；高10.5cm	20,700	朵云轩	2020-09-24
陈佩秋 千古幽贞、上善若水、紫砂壶 镜心	书法25×55cm；紫砂壶17cm	40,250	中国嘉德	2020-11-10
陈佩秋 王芳 福寿竹壶	长17cm；宽11cm；高7cm	32,200	朵云轩	2020-09-24
陈佩秋 王芳 富贵花开壶	长13.5cm；宽10.5cm；高16cm	28,750	朵云轩	2020-09-24
陈佩秋 王芳 座有兰言掇只壶	长16cm；宽11.5cm；高10cm	28,750	朵云轩	2020-09-24
陈佩秋 吴幼波 奔马秦权壶	长12cm；宽8cm；高14cm	103,500	朵云轩	2020-09-24
陈佩秋 吴幼波 大富万千壶	长13.5cm；宽9.5cm；高10.8cm	23,000	朵云轩	2020-09-24
陈佩秋 吴幼波 大汉方壶	长15.5cm；宽9cm；高16.3cm	23,000	朵云轩	2020-09-24
陈佩秋 吴幼波 大满瓢壶	长18cm；宽14.5cm；高8cm	32,200	朵云轩	2020-09-24
陈佩秋 吴幼波 海棠竹壶	长15.5cm；宽7.6cm；高9.7cm	23,000	朵云轩	2020-09-24
陈佩秋 吴幼波 神仙桩壶	长18cm；宽9cm；高13.5cm	28,750	朵云轩	2020-09-24
陈佩秋 吴幼波 神仙桩壶	长18cm；宽9cm；高13.5cm	23,000	朵云轩	2020-09-24
陈佩秋 吴幼波 四方竹鼎壶	长17.5cm；宽11cm；高13.5cm	23,000	朵云轩	2020-09-24
陈佩秋 吴幼波 子冶石瓢壶	长18cm；宽14cm；高8cm	23,000	朵云轩	2020-09-24
陈佩秋 虚心抱节、松竹含韵、紫砂壶 镜心	书法25cm×55cm；紫砂壶16cm	32,200	中国嘉德	2020-11-10
陈佩秋吴幼波 美人肩壶	长16.5cm；宽9.5cm；高12cm	34,500	朵云轩	2020-09-24
陈祥兵·玉璧提梁	长15cm；高13cm	40,250	北京翰海	2020-12-11
陈岩·大德钟	长20cm；高11cm	11,500	北京翰海	2020-12-11
储集泉·四君子竹壶	长16.5cm；高8.5cm	11,500	北京翰海	2020-12-11
崔国琴·寓方	长14.5cm；高7.5cm	24,150	北京翰海	2020-12-11
崔国琴制过桥扁腹壶		11,500	江苏观宇	2020-07-05
崔国琴制一粒珠壶		20,700	江苏观宇	2020-07-05
董文武·仿古如意	长16cm；高8cm	43,700	北京翰海	2020-12-11
段术龙·六角仿古	长17cm；高8.5cm	25,300	北京翰海	2020-12-11
范春林·德钟	长14.5cm；高7.5cm	32,200	北京翰海	2020-12-11
范国华 圆梅	长14.5cm；宽9.5cm；高7.8cm	48,300	中贸圣佳	2020-10-17
范国华制束柴三友壶		32,200	江苏观宇	2020-07-05
范洪泉制束柴三友壶		20,700	江苏观宇	2020-07-05
范建军、范建华合制玉蓉壶		25,300	江苏观宇	2020-07-05
范萍 全手工薄胎田园情趣壶		16,800	上海联合	2020-11-29

(续表)

拍品名称	物品尺寸	成交价RMB	拍卖公司	拍卖日期
范云鹏·如虎添翼笔海	口径13cm; 高11.5cm	17,250	北京翰海	2020-12-11
冯开·云柱	长16.5cm; 高11.5cm	36,800	北京翰海	2020-12-11
奉燕绮·大汉云	长19.5cm; 高9.5cm	20,700	北京翰海	2020-12-11
福亨·四方桥	长17.5cm; 高11cm	115,000	北京翰海	2020-12-11
高海庚·匏尊	长15cm; 高10.5cm	57,500	北京翰海	2020-12-11
高俊峰·探春	长17cm; 高6.5cm	46,000	北京翰海	2020-12-11
高上·蛰伏	长15cm; 高12cm	40,250	北京翰海	2020-12-11
高湘君·葫芦	长14.5cm; 高10.5cm	10,350	北京翰海	2020-12-11
高旭峰 晨归	长16.3cm; 宽12cm; 高10.3cm	161,000	中贸圣佳	2020-10-17
高振宇·茄段	长16cm; 高9cm	13,800	北京翰海	2020-12-11
高振宇制大石瓢壶		195,500	江苏观宇	2020-07-05
葛明仙制明霞提梁壶		23,000	江苏观宇	2020-07-05
葛陶中·高虚扁	长16.5cm; 高8.5cm	23,000	北京翰海	2020-12-11
葛陶中·鱼篓	长12cm; 高11cm	63,250	北京翰海	2020-12-11
葛陶中制乐升壶		40,250	江苏观宇	2020-07-05
葛陶中制圆趣茶具套组		149,500	江苏观宇	2020-07-05
顾景舟·提壁壶	长15.5cm; 高13.5cm	9,257,500	北京翰海	2020-12-11
顾景舟款 提梁紫砂壶	高15.8cm	11,500	深圳世浩	2020-07-30
顾景舟制洋桶壶		1,265,000	江苏观宇	2020-07-05
顾绍培·四方抽角	长13.5cm; 高8.5cm	25,300	北京翰海	2020-12-11
顾绍培·小源泉	长11.5cm; 高7.5cm	34,500	北京翰海	2020-12-11
顾绍培制六方龙凤壶		46,000	江苏观宇	2020-07-05
顾绍培制妙泉壶		59,800	江苏观宇	2020-07-05
顾绍培制润泉壶		69,000	江苏观宇	2020-07-05
顾云峰(张勇刻绘)·竹影蟾踪	长12cm; 高9.5cm	149,500	北京翰海	2020-12-11
郝发龙·僧帽	长13.5cm; 高10cm	23,000	北京翰海	2020-12-11
何道洪制四方抽角壶		253,000	江苏观宇	2020-07-05
何燕萍(毛国强刻绘)·三足乳鼎	长15cm; 高10.5cm	10,350	北京翰海	2020-12-11
何燕萍制汉方壶		23,000	江苏观宇	2020-07-05
何叶·大润鼎壶	长20.5cm; 高10cm	10,350	北京翰海	2020-12-11
何叶制玉叶壶		57,500	江苏观宇	2020-07-05
胡朝君·葵六方	长17.5cm; 高11.5cm	23,000	北京翰海	2020-12-11
胡朝君·雪华壶	长17.5cm; 高8.5cm	17,250	北京翰海	2020-12-11
胡迪峰 帝王石瓢壶	宽16cm; 高9cm; 容量330ml	92,000	江苏汇中	2020-08-06
胡迪峰 听法、悟道套壶	宽12cm; 高6cm; 宽15cm; 高12cm; 容量200ml; 300ml	92,000	江苏汇中	2020-08-06
胡洪明 鼎盛石瓢壶	宽15cm; 高8cm; 容量425ml	299,000	江苏汇中	2020-08-06
华健制传炉壶		71,300	江苏观宇	2020-07-05
黄洁·棠梨	长11.5cm; 高8.5cm	17,250	北京翰海	2020-12-11
黄芸芸·线鼓	长13.5cm; 高7.5cm	23,000	北京翰海	2020-12-11
黄芸芸·御珠	长16cm; 高9cm	40,250	北京翰海	2020-12-11
季益顺制霓裳壶		69,000	江苏观宇	2020-07-05
季益顺制清香壶		43,700	江苏观宇	2020-07-05
江户时期 青木木米白泥刻绘凉炉	22×13cm	34,500	永乐拍卖	2020-12-03
江建祥制牛盖莲子壶		23,000	江苏观宇	2020-07-05
江建翔·吉祥飘香	长15cm; 高8.5cm	345,000	北京翰海	2020-12-11
蒋文豪·汉铎二式	长15cm; 高9cm; 长14.5cm; 高8cm	34,500	北京翰海	2020-12-11
蒋砚秋·高梅壶	长15.5cm; 高13.5cm	28,750	北京翰海	2020-12-11
蒋彦(张守智设计)·陶家佳人	长20cm; 高22cm	10,350	北京翰海	2020-12-11
解放前后 紫砂(四件组)	尺寸不一	10,350	上海嘉禾	2020-01-05
金利平·永怡	长15cm; 高7.5cm	20,700	北京翰海	2020-12-11
近代段泥供春壶与朱泥钟式壶(二件)	宽4cm; 宽5cm	11,500	中国嘉德	2020-12-05
近代 范大生制承甫款紫泥匏瓜壶	宽18cm	32,200	中国嘉德	2020-12-05
近代 胡耀庭制铭诗词段泥砖方壶	宽18.5cm	13,800	中国嘉德	2020-12-05
近代 黄玉麟款供春壶	宽27cm	20,700	中国嘉德	2020-12-05
近代 汪宝根制焐灰泥翻盖柿子壶	宽23cm	11,500	中国嘉德	2020-12-05
近代 西湖博览会款段泥梅桩壶	宽28cm	20,700	中国嘉德	2020-12-05
孔春华·汉方	长14.5cm; 高10.5cm	23,000	北京翰海	2020-12-11
孔春华制万象更新壶		28,750	江苏观宇	2020-07-05
孔春华制鹰击长空壶		20,700	江苏观宇	2020-07-05
孔小明 绞泥云柱壶		29,120	上海联合	2020-11-29
孔小明制四方玉玺壶		32,200	江苏观宇	2020-07-05
孔新华·云龙壶	长15.5cm; 高11cm	23,000	北京翰海	2020-12-11
李锋(张勇刻绘)·传炉	长19.5cm; 高12.5cm	46,000	北京翰海	2020-12-11
李寒勇 禅钟	长15.5cm; 宽11cm; 高8cm	161,000	中贸圣佳	2020-10-17
李寒勇制古莲子壶		43,700	江苏观宇	2020-07-05
李慧芳制龙带壶		28,750	江苏观宇	2020-07-05
李慧芳制腰圆壶		17,250	江苏观宇	2020-07-05
李茹·六方合欢	长15.5cm; 高9cm	43,700	北京翰海	2020-12-11
李小龙·昭陵六骏 飒露紫	长16cm; 高8cm	28,750	北京翰海	2020-12-11
李元朋(郑善禧书, 钱一清刻绘)·莲子	长14.5cm; 高10.5cm	34,500	北京翰海	2020-12-11
凌锡苟·牛盖	长18cm; 高9cm	13,800	北京翰海	2020-12-11
刘方林·神竹	长15.5cm; 高8.5cm	80,500	北京翰海	2020-12-11
刘建平制玉璧壶		32,200	江苏观宇	2020-07-05
刘卿荧(张勇刻绘)·掇只	长16.5cm; 高11cm	34,500	北京翰海	2020-12-11
娄祝剑·汉铎	长15cm; 高9.5cm	28,750	北京翰海	2020-12-11
吕俊杰制春系列小品壶		36,800	江苏观宇	2020-07-05
吕俊杰制金丝铁线壶		138,000	江苏观宇	2020-07-05
吕俊杰制紫气东来壶		126,500	江苏观宇	2020-07-05
吕尧臣·小掇球	长12cm; 高9cm	57,500	北京翰海	2020-12-11
吕尧臣制大天笠壶		149,500	江苏观宇	2020-07-05
吕尧臣制回娘家壶		287,500	江苏观宇	2020-07-05
吕尧臣制笠翁壶		46,000	江苏观宇	2020-07-05
吕尧臣制神韵壶		59,800	江苏观宇	2020-07-05
马光书画张红华制通灵壶		51,750	江苏观宇	2020-07-05
马璟辉 月印	长13.2cm; 宽10.5cm; 高7cm	94,300	中贸圣佳	2020-10-17
曼生制桥线井栏壶	宽16cm	2,530,000	永乐拍卖	2020-12-03
毛国强刻并制圆樱壶		17,250	江苏观宇	2020-07-05
毛国强刻高丽君制华颖壶		17,250	江苏观宇	2020-07-05
毛国强刻刘建平制大茄瓜壶		43,700	江苏观宇	2020-07-05
毛国强刻周尊严制六方合斗壶		11,500	江苏观宇	2020-07-05
明国冯桂林制 龙头八卦一捆竹壶	长17cm; 宽9cm; 高7cm	575,000	朵云轩	2020-09-24
明治时期·金寿堂雨宫宗造宝珠式铁壶	20.8×16.6cm	34,500	西泠印社	2020-08-08
倪顺生 小东坡提梁壶		39,200	上海联合	2020-11-29
倪顺生(咸仲英书)·寿桃壁挂	长20cm; 高21cm	63,250	北京翰海	2020-12-11
倪顺生·双线竹鼓	长14cm; 高8cm	17,250	北京翰海	2020-12-11
倪顺生·松鼠葡萄套组	长16cm; 高9cm	69,000	北京翰海	2020-12-11
倪顺生·五头甜椒茶具	长14cm; 高10cm	78,200	北京翰海	2020-12-11
潘持平制八面来风壶(制于2014年)		80,500	江苏观宇	2020-07-05
潘旭峰·风卷葵	长20.5cm; 高10.5cm	368,000	北京翰海	2020-12-11
钱程·锦松供春	长14.5cm; 高7.5cm	25,300	北京翰海	2020-12-11
强弘·柱础	长15cm; 高7cm	34,500	北京翰海	2020-12-11
秦岭·提壁壶	长16cm; 高12.5cm	460,000	北京翰海	2020-12-11
任备安 大通璧	长17.5cm; 宽12cm; 高7.8cm	112,700	中贸圣佳	2020-10-17
任备安制近玉壶		82,800	江苏观宇	2020-07-05
任凡洁·听风	长12.5cm; 高6.5cm	23,000	北京翰海	2020-12-11
桑黎兵·步步高升	长18cm; 高8.5cm	34,500	北京翰海	2020-12-11
桑黎兵·葵掇球	长16cm; 高11.5cm	17,250	北京翰海	2020-12-11
邵大亨制 段泥半月壶	长14cm; 宽10.5cm; 高8.5cm	402,500	朵云轩	2020-09-24
邵国亮·三潭印月	长14cm; 高9.5cm	138,000	北京翰海	2020-12-11
邵志峰·六方秦权套壶	长15.5cm; 高8.5cm	138,000	北京翰海	2020-12-11
畲海平·福禄	长16cm; 高9.5cm	69,000	北京翰海	2020-12-11
畲永锋·馨竹	长15cm; 高8cm	23,000	北京翰海	2020-12-11
沈汉生刻葛明仙制传炉壶		17,250	江苏观宇	2020-07-05
沈遽华·神灯	长17cm; 高7.5cm	13,800	北京翰海	2020-12-11
施小马·大传炉	长19cm; 高10.5cm	161,000	北京翰海	2020-12-11

(续表)

拍品名称	物品尺寸	成交价RMB	拍卖公司	拍卖日期
施小马·方印	长10cm; 高11cm	92,000	北京翰海	2020-12-11
施小马·四方圆	长14.5cm; 高9cm	92,000	北京翰海	2020-12-11
时大彬 荷叶纹紫砂壶		1,151,040	香港贞观	2020-08-30
时大彬制 德钟壶	10×8×9cm	575,000	朵云轩	2020-09-24
史可凡·聚宝壶	长15.5cm; 高9.5cm	28,750	北京翰海	2020-12-11
孙俊杰·知秋	长12cm; 高7cm	74,750	北京翰海	2020-12-11
孙茂琦·太极如意	长14.5cm; 高9cm	36,800	北京翰海	2020-12-11
谭泉海刻鲍利安制笠帽壶		23,000	江苏观宇	2020-07-05
谭泉海刻李碧芳制小井栏壶		23,000	江苏观宇	2020-07-05
谭泉海刻吴群祥制扁樱壶		71,300	江苏观宇	2020-07-05
谭泉海刻周坤生制大彬六方壶		11,500	江苏观宇	2020-07-05
谭泉海书画周定华制高六方壶		25,300	江苏观宇	2020-07-05
谭晓君(谭泉海刻绘)·竹韵壶	长17cm; 高10cm	23,000	北京翰海	2020-12-11
汤渡合作社 绿泥仿古壶	17×12.5×8.5cm	3,450,000	朵云轩	2020-09-24
唐彬杰 禅松花器	长16.6cm; 高15.5cm	1,265,000	中贸圣佳	2020-10-17
唐彬杰 棱菊紫砂壶	长14.1cm; 高9.3cm	460,000	中贸圣佳	2020-10-17
唐彬杰 六方提梁壶	长21cm; 高19.2cm	690,000	中贸圣佳	2020-10-17
唐彬杰 石瓢壶	长14.9cm; 高6.8cm	379,500	中贸圣佳	2020-10-17
唐彬杰制六方紫槌壶		207,000	江苏观宇	2020-07-05
唐云书画张红华制矮石瓢壶		63,250	江苏观宇	2020-07-05
陶璟制 景舟石瓢套组	尺寸不一	46,000	朵云轩	2020-09-24
万亚钧、束凤英(束旦生刻绘)·大圆珠	长18.5cm; 高12.5cm	11,500	北京翰海	2020-12-11
万亚钧·大仿鼓	长20cm; 高9.5cm	11,500	北京翰海	2020-12-11
汪寅仙 风卷葵壶	18cm×12.3cm×9.5cm	402,864	香港贞观	2020-08-30
汪寅仙制紫砂葡萄纹壶	高8.7cm; 长14.9cm	28,750	广东崇正	2020-09-13
王建芬·常青	长17.5cm; 高11cm	40,250	北京翰海	2020-12-11
王铭东 野趣壶		33,600	上海联合	2020-11-29
王石耕·汉方	长14.5cm; 高7cm	20,700	北京翰海	2020-12-11
王石耕·圆珠	长13.5cm; 高12cm	17,250	北京翰海	2020-12-11
王亚军·清泉石上流	长11.5cm; 高7.5cm	32,200	北京翰海	2020-12-11
王亚军·蛙趣	长13cm; 高7.5cm	20,700	北京翰海	2020-12-11
王燕·明灯	长14cm; 高9.5cm	28,750	北京翰海	2020-12-11
王寅春制梅花周盘壶		103,500	江苏观宇	2020-07-05
王源·仿古如意	长16cm; 高8.5cm	34,500	北京翰海	2020-12-11
吴东瑾制掇球壶		11,500	江苏观宇	2020-07-05
吴东瑾制一粒珠壶		17,250	江苏观宇	2020-07-05
吴东元 南瓜	长13cm; 宽10.2cm; 高8.8cm	112,700	中贸圣佳	2020-10-17
吴东元、吴界明合制四灵茶具套组(白虎)		51,750	江苏观宇	2020-07-05
吴东元刻吴东瑾制仿古秦权壶		25,300	江苏观宇	2020-07-05
吴东元刻吴东瑾制鱼罩壶		25,300	江苏观宇	2020-07-05
吴东元制归隐壶		57,500	江苏观宇	2020-07-05
吴嘉炜·竹段三友	长17.5cm; 高8.5cm	32,200	北京翰海	2020-12-11
吴界明制大彬六方壶		59,800	江苏观宇	2020-07-05
吴界明制高灯壶		63,250	江苏观宇	2020-07-05
吴界明制求正壶		92,000	江苏观宇	2020-07-05
吴界明制寿星壶		92,000	江苏观宇	2020-07-05
吴扣华·五子登科壶	长13cm; 高7cm	13,800	北京翰海	2020-12-11
吴鸣、胡永成合制龙凤呈祥壶		13,800	江苏观宇	2020-07-05
吴群祥 紫钟壶		47,040	上海联合	2020-11-29
吴群祥(吴奇婉刻绘)·曼生葫芦	长23cm; 高15.5cm	34,500	北京翰海	2020-12-11
吴群祥制寅壶		17,250	江苏观宇	2020-07-05
吴祥大制、吴培林监制 亚明四方壶	长16.5cm; 高9cm; 容量360ml	11,300	江苏汇中	2020-08-06
吴亚萍·留佩壶	长13.5cm; 高7.5cm	28,750	北京翰海	2020-12-11
吴勇(刘华刻绘)·灵阙	长13.5cm; 高9cm	43,700	北京翰海	2020-12-11
吴云峰 子石壶	长12.5cm; 宽8.8cm	46,000	中贸圣佳	2020-10-17
夏强·六角莲子	长15cm; 高9cm	28,750	北京翰海	2020-12-11
夏云(戴文标书、钱一清刻绘)·掇球	长16.5cm; 高12cm	46,000	北京翰海	2020-12-11
谢曼伦·小松桩	长16cm; 高7.5cm	10,350	北京翰海	2020-12-11
谢曼伦·印包	长13.5cm; 高7.5cm	25,300	北京翰海	2020-12-11
徐达明制灵芝树瘿壶		43,700	江苏观宇	2020-07-05
徐达明制龙凤印包壶		43,700	江苏观宇	2020-07-05
徐汉棠·石瓢	长15.5cm; 高7.5cm	13,800	北京翰海	2020-12-11
徐金根制虚扁壶、三足水平壶		26,450	江苏观宇	2020-07-05
徐文渊·掇球	长15cm; 高10cm	20,700	北京翰海	2020-12-11
徐秀棠刻并制凌翔壶		74,750	江苏观宇	2020-07-05
徐秀棠刻并制千载寿壶		71,300	江苏观宇	2020-07-05
徐徐制橄榄壶		17,250	江苏观宇	2020-07-05
徐雅琴·寒梅幽香	长14.5cm; 高10.5cm	32,200	北京翰海	2020-12-11
徐元明制虚扁壶		28,750	江苏观宇	2020-07-05
许杰·六角乳鼎	长14.5cm; 高9.5cm	20,700	北京翰海	2020-12-11
许立·莲实	长12.5cm; 高8cm	13,800	北京翰海	2020-12-11
许时娟制 彪炳千秋壶	长16.5cm; 宽10cm	34,500	朵云轩	2020-09-24
许时娟制 威震四方壶	长16.5cm; 宽11cm	40,250	朵云轩	2020-09-24
许时娟制 钟鸣鼎食壶	长14cm; 宽9.5cm	36,800	朵云轩	2020-09-24
许韬·霜花露实	长19cm; 高9.5cm	115,000	北京翰海	2020-12-11
许文达·满瓢	长16cm; 高7cm	28,750	北京翰海	2020-12-11
许艳春制隐竹壶		23,000	江苏观宇	2020-07-05
严宇乐(乐堂)·松风可露套组		36,800	北京翰海	2020-12-11
杨帆·璧玉	长10.5cm; 高8.5cm	36,800	北京翰海	2020-12-11
杨菲·古韵	长17cm; 高9.5cm	20,700	北京翰海	2020-12-11
杨挺 2013年作 石瓢	容量: 320cc	23,835	北京保利	2020-07-15
姚志源制弯把梅桩壶		69,000	江苏观宇	2020-07-05
逸公制 朱泥古莲子壶	长12cm; 宽8.5cm	230,000	朵云轩	2020-09-24
余竞男·花境	口径15cm; 高14cm	46,000	北京翰海	2020-12-11
张产·造集神杯	口径6.5cm; 高5cm	13,800	北京翰海	2020-12-11
张红华 飞雪迎春壶		39,200	上海联合	2020-11-29
张红华制大红梅壶		46,000	江苏观宇	2020-07-05
张红华制提瓜壶		13,800	江苏观宇	2020-07-05
张鸣·云中惟一	长14cm; 高6.5cm	20,700	北京翰海	2020-12-11
张炜·竹春	长16cm; 高10cm	28,750	北京翰海	2020-12-11
张毅·秋意浓	长15cm; 高12cm	11,500	北京翰海	2020-12-11
张寅 得果	长17cm; 宽13cm	89,700	中贸圣佳	2020-10-17
张勇·伯牙论乐	口径13cm; 高12cm	43,700	北京翰海	2020-12-11
张正中监制周界制耕耘壶		20,700	江苏观宇	2020-07-05
张正中监制周界制天祥壶		17,250	江苏观宇	2020-07-05
张正中制亦瓜壶		161,000	江苏观宇	2020-07-05
周暗芳·松桩套组	长19.5cm; 高11cm	74,750	北京翰海	2020-12-11
周定华·大八方壶	长17cm; 高9.5cm	25,300	北京翰海	2020-12-11
周桂珍(谭泉海刻绘)·环龙三足壶	长17cm; 高10.5cm	25,300	北京翰海	2020-12-11
周桂珍·汉君	长14cm; 高5cm	23,000	北京翰海	2020-12-11
周桂珍制、顾景舟监制 仿古如意民国绿泥壶	长15.5cm; 高7.5cm; 容量315ml	31,640	江苏汇中	2020-08-06
周桂珍制大彬如意壶		89,700	江苏观宇	2020-07-05
周桂珍制三线壶		34,500	江苏观宇	2020-07-05
周桂珍制陶灵壶		59,800	江苏观宇	2020-07-05
周桂珍制小六宝壶		36,800	江苏观宇	2020-07-05
周洪刚·回归圆	长13cm; 高11.5cm	20,700	北京翰海	2020-12-11
周界制云竹壶		23,000	江苏观宇	2020-07-05
周俊(陈鸣粉犀)·锦华六方	长14cm; 高6.5cm	25,300	北京翰海	2020-12-11
周亮(范云鹏刻绘)·子冶石瓢	长15cm; 高8cm	11,500	北京翰海	2020-12-11
周志良 六方壶		10,080	上海联合	2020-11-29
周志良 六方金钟		12,320	上海联合	2020-11-29
朱勤勇 和樱	长12cm; 宽8.5cm; 高7.3cm	57,500	中贸圣佳	2020-10-17
朱勤勇制矮石瓢壶		57,500	江苏观宇	2020-07-05
朱勤勇制华颖壶		55,200	江苏观宇	2020-07-05
朱晓东 葵仿古	长19cm; 宽13.8cm; 高8.8cm	40,250	中贸圣佳	2020-10-17
朱颖樱 灵芝供春壶		10,640	上海联合	2020-11-29
庄玉林·六方抽角	长15cm; 高8cm	40,250	北京翰海	2020-12-11
庄玉林制石圆壶		20,700	江苏观宇	2020-07-05
紫砂壶(六把)	尺寸不一	40,250	中国嘉德	2020-07-17
紫砂壶(六把)	尺寸不一	11,500	中国嘉德	2020-11-11

(续表)

拍品名称	物品尺寸	成交价RMB	拍卖公司	拍卖日期
邹跃君制福星壶		230,000	江苏观宇	2020-07-05
清康熙 橙斋款菱花杯	长7.3cm	207,000	中贸圣佳	2020-10-17
清乾隆 兰茸款段泥兽首杯（一对）	6×3cm×2	23,000	江苏观宇	2020-07-05
清 刻诗文紫砂内挂釉盖杯	直径10.5cm	12,650	北京保利	2020-10-19
当代 范泽锋制星月天目五行盏		56,350	上海匡时	2020-08-05
当代 匋斋制刻敦煌飞天图杯（一对）	直径7.2cm	20,700	北京保利	2020-10-19
当代 匋斋制三驼杯（一套三件）	直径8.7cm	23,000	北京保利	2020-10-19
当代 王寅春制铭刻毛主席诗词紫泥冠军杯	高12cm	69,000	中国嘉德	2020-12-05
当代·周峰制“初夏”五彩泥绘杯	8.8×10.9×5.8cm	172,500	西泠印社	2020-08-08
陈佩秋 陈成 圣思桃杯	长12cm; 宽8.5cm; 高8cm	57,500	朵云轩	2020-09-24
汪寅仙制葡萄杯	高6cm, 宽12cm	713,000	江苏观宇	2020-07-05
清早期·紫泥粉彩盖碗	9×10.5×10.5cm	34,500	西泠印社	2020-08-08
清中期·亨慎制紫泥粉彩盖碗	杯8×10cm×2; 托盏3.6×16.5cm×2	115,000	西泠印社	2020-08-08
清中期·紫砂胎粉彩花卉狮纹六角碗	8.5×18.8cm; 6.7×11.8cm	17,250	西泠印社	2020-08-08
清康熙 雍正麟书款供碟（一对）	直径22.3cm	92,000	中贸圣佳	2020-10-17
清紫砂镶铜边佛教八宝纹碟（一对）	直径12.4cm; 直径12.3cm	17,250	西泠印社	2020-08-09
清康熙 陈觐侯款紫砂盘	直径22.5cm	14,950	中贸圣佳	2020-10-17
清晚期·盘奎制款爱闲老人刻款红泥蒲包口长方盆	7×31.2×20cm	17,250	西泠印社	2020-08-08
清 王东石制周闲款佛手秀盘	长22.9cm; 宽15.9cm	207,000	中贸圣佳	2020-10-17
清雍正 珐琅彩紫砂兽耳瓶	高34.5cm	2,990,000	中贸圣佳	2020-10-17
清乾隆 紫砂泥绘壁瓶	高12.6cm	57,500	中贸圣佳	2020-10-17
清中期无款白泥胎万字纹赏瓶(附底座)	宽18cm; 高12.5cm	17,250	江苏观宇	2020-07-05
清晚期·玉成窑何心舟制曼陀华馆款竹节壁瓶	10.5×8.6×4.7cm	109,250	西泠印社	2020-08-08
清 紫砂堆泥绘山水亭台兽耳壁瓶	高16.3cm	23,000	北京保利	2020-10-19
民国 蒋燕庭制陈少亭刻段泥椭圆瓶	宽10cm; 高16cm	20,700	江苏观宇	2020-07-05
民国 吴云根制段泥树桩壁瓶	宽12cm; 高15cm	11,500	江苏观宇	2020-07-05
民国 紫砂刻山水楼台、竹纹小蒜头瓶（一对）	高15cm	13,800	北京保利	2020-10-19
民国·任淦庭、蒋永西刻紫泥粉浆大赏瓶	46.5×23cm	517,500	西泠印社	2020-08-08
当代·顾绍培制沈汉生刻紫泥百寿瓶	28×17.2×12.9cm	172,500	西泠印社	2020-08-08
毛国强·朱泥六方瓶	口径8cm; 高20cm	57,500	北京翰海	2020-12-11
清中期刻绘君木双清图白釉桃形碗尊	宽19.5cm; 高7cm	16,100	上海嘉禾	2020-01-05
清早期 宜兴紫砂茶罐（一组）	高15cm	23,000	华艺国际	2020-10-16
清康熙 澄浆泥正龙纹蟋蟀罐（一对）	高9cm×2	89,700	古天一	2020-10-16
清乾隆 澄泥蛐蛐罐	直径18.8cm	40,250	中国嘉德	2020-12-03
民国 澄泥蟋蟀罐（六件）	尺寸不一	13,800	中国嘉德	2020-07-17
民国 任淦庭刻粉黑泥糖罐	宽18cm; 高16cm	46,000	江苏观宇	2020-07-05
岐陶刻·鼓形罐	口径8.2cm; 高9cm	36,800	北京翰海	2020-12-11
清早期 陈汉文制盖盒	12×8cm	264,500	中贸圣佳	2020-10-17
清·紫泥葵花形盆	10.2×32×32cm	25,300	西泠印社	2020-08-08
民国 铁画轩制绾黄铭花卉纹紫砂水仙盆	高5.7cm; 长21.5cm; 宽14.3cm	11,500	西泠印社	2020-08-09
民国·陈甫生制紫泥钵形束口三足圆盆	11.2×36×36cm	20,700	西泠印社	2020-08-08
民国·裴石民制紫泥四方折角方斗盆	7.9×9×8.7cm	51,750	西泠印社	2020-08-08
顾绍培刻并制高祥和三足盆	高12.5cm; 宽9cm	23,000	江苏观宇	2020-07-05
清早期 青灰砂折肩苹果尊	高12cm	59,800	北京保利	2020-10-19
清道光 邵景南制“吟风”白泥炉	直径11cm	17,250	北京保利	2020-10-19
清晚期 宜钧釉紫泥香炉	宽13.5cm; 高11cm	17,250	江苏观宇	2020-07-05
清晚期·彭年款紫泥帽筒	23.6×12.3×10.8cm	29,900	西泠印社	2020-08-08
清 题诗清供图凉炉	直径13.5cm; 高26cm	10,350	上海匡时	2020-08-05
清 宜钧釉大缸	宽58cm; 高33cm	11,500	江苏观宇	2020-07-05
清·“大清乾隆年制”款段泥洒红双鱼耳香炉	8.3×15.3×12.9cm	32,200	西泠印社	2020-08-08
民国 金鼎商标款段泥花觚	宽14cm; 高24cm	25,300	江苏观宇	2020-07-05
民国 裴石民款宜钧釉紫砂三足鼎	高12cm	36,800	北京保利	2020-10-19
当代 许成权制金鼎调梅大炉	高22cm	63,250	中国嘉德	2020-12-05
当代·张重庆制段泥觅句笔筒	12.2×12.7×12.7cm	57,500	西泠印社	2020-08-08
90年代徐秀棠制莲台喜狮紫砂香熏	高16cm	28,750	上海嘉禾	2020-01-05
漆 器				
唐“大唐雷氏斫”仲尼式古琴	通长122cm	7,475,000	中国嘉德	2020-08-16
宋“龙云虎风”仲尼式古琴	通长121cm	6,900,000	中国嘉德	2020-08-16
元“碧云深”仲尼式古琴	通长121cm	2,530,000	中国嘉德	2020-08-16
元 凤嗉式琴田家青制琴桌	总长121cm	5,980,000	中贸圣佳	2020-10-16
明成化 宪宗御制洛象琴	总长119.5	11,270,000	中贸圣佳	2020-10-16
明崇祯 潞王制“中和”琴	通长120cm	5,175,000	中国嘉德	2020-08-16
明 仲尼式“铁鹤舞”琴	琴长126.5cm	2,070,000	北京保利	2020-10-20
明 仲尼式古琴	通长118.7cm; 肩宽18cm; 尾宽13.2cm	1,610,000	中国嘉德	2020-08-16
明 仲尼式古琴	首宽16.5cm; 尾宽11cm; 总长119cm; 有效弦长114.3cm	172,500	中贸圣佳	2020-10-16
清乾隆“乾隆九年”仲尼式古琴	通长124cm; 肩宽19cm; 尾宽13.7cm	483,000	中国嘉德	2020-12-04
清光绪 张之洞“兰馨蕙畅”仲尼式古琴	通长121cm; 肩宽18.5cm; 尾宽13.8cm	2,070,000	中国嘉德	2020-12-04
清光绪 张之洞第一号“天下和平”仲尼式古琴	通长121.5cm	2,990,000	中国嘉德	2020-08-16
清 仲尼式古琴	琴长121cm; 肩宽19.5cm; 额宽19cm; 尾宽15cm	74,750	西泠印社	2020-08-09
民国“飞瀑”伏羲式古琴	通长127.5cm; 肩宽22.6cm; 尾宽16.6cm	897,000	中国嘉德	2020-12-04
民国 连珠式古琴	通长125cm; 肩宽19cm; 尾宽14cm	97,750	中国嘉德	2020-12-04
当代 李明忠制 大小蕉叶式百衲琴	大蕉叶通长121.5cm	3,450,000	上海匡时	2020-08-05
当代张玉新亲斫蕉叶式古琴《蒲月》	琴长123cm	230,000	永乐拍卖	2020-12-03
当代 张玉新亲斫 洒金蕉叶古琴	琴长123cm	172,500	永乐拍卖	2020-12-03
当代张玉新亲斫膝琴小蕉叶《秋声》	琴长123cm	126,500	永乐拍卖	2020-12-03
当代 张玉新琢琴堂 仲尼式古琴	琴长123cm	55,200	永乐拍卖	2020-12-03
90年代 李明忠亲斫 蕉叶式古琴	琴长123cm	460,000	永乐拍卖	2020-12-03
90年代 李明忠亲斫 仲尼式古琴	琴长123cm	402,500	永乐拍卖	2020-12-03
傅思琪亲斫青桐黑漆云和式古琴	全长122cm; 有效弦长113cm	207,000	中贸圣佳	2020-12-08
攻媿斋啸秋琴	全长123cm	2,530,000	中贸圣佳	2020-10-16
弘一法师 赠李晋章英国皇室定制风琴	110×60×190cm	322,000	中鸿信	2020-01-04
张峰亲斫黑漆仲尼“玉珂”古琴	全长121.2cm; 有效弦长111cm	345,000	中贸圣佳	2020-12-08
清乾隆 剔彩人物故事如意	长43cm	172,500	十竹斋拍卖（北京）	2020-10-18
清乾隆 剔红雕山水人物纹如意	长47cm	207,000	中国嘉德	2020-08-18
清嘉庆 卢葵生制紫漆观音坐像	高21cm	2,012,500	北京保利	2020-10-20
寒山尺八 方光辉制器 林文锋髹漆一了刻画	长56cm	89,600	上海联合	2020-11-29
林文锋 漆画有凤来仪	直径60cm	22,400	上海联合	2020-11-29
清乾隆 剔红榴开百子盖壶	高14.3cm	1,854,972	香港苏富比	2020-10-09
18世纪 剔红缠枝牡丹八吉祥“大吉”葫芦瓶	高37.4cm	723,881	纽约佳士得	2020-09-25
清乾隆剔红花卉开光献寿图海棠形瓶	高:40.5cm	138,000	中国嘉德	2020-08-18
清乾隆 剔红莲瓣回纹四方香瓶	高10.5cm	80,500	中国嘉德	2020-12-03
清中期剔红缠枝莲开光婴戏图方瓶(一对)	高39.8cm	78,200	中国嘉德	2020-11-09
18-19世纪 剔红锦地开光山林高士图长颈瓶一对	24.3 and 24.7cm	16,022	香港苏富比	2020-11-26
清 飑胎上漆山水楼阁纹葫芦瓶	高23.6cm	21,850	北京保利	2020-10-20
清福州漆珊瑚色梅瓶带原盒（一对）	高17.4cm×2	36,800	广东崇正	2020-09-13
南宋/元 彩漆圆形大盘	直径31.8cm	316,400	佳士得	2020-07-09
南宋至元 剔彩牡丹栀子纹戗金双凤穿花纹香盘	直径19.2cm	1,012,000	永乐拍卖	2020-12-02
宋 褐漆盏托	长16.3cm	654,696	香港苏富比	2020-10-09
宋 黑漆菱花口折沿盘一对	直径16.2cm	22,848	香港苏富比	2020-06-05
宋 朱漆葵式盏托	长16.3cm	1,091,160	香港苏富比	2020-10-09

(续表)

拍品名称	物品尺寸	成交价RMB	拍卖公司	拍卖日期
宋/元 剔黑牡丹纹小盘	直径14.3cm	99,273	巴黎佳士得	2020-06-23
宋至元 朱漆菊瓣盘	27.2cm	21,362	香港苏富比	2020-11-26
元 剔红访友图葵瓣盘	直径32cm	6,325,000	华艺国际	2020-10-16
元 剔红花鸟纹盘	长31.8cm	1,964,088	香港苏富比	2020-10-09
元 剔红桃花源记图大盘	直径31.6cm	595,640	巴黎佳士得	2020-06-23
元 剔犀如意纹盘	直径22.5cm	161,000	中贸圣佳	2020-12-08
元 朱面剔犀卷草纹盏托	长16.5cm	763,812	香港苏富比	2020-10-09
元至明黑漆嵌螺钿垂虹桥观景图方盘	宽24cm	62,832	香港苏富比	2020-06-05
元至明 剔犀鸟面如意纹盘及如意纹方盖盒	disH 14.7cm, box 5.6cm	58,746	香港苏富比	2020-11-26
明末清初 剔红双凤穿花方盘	宽35cm	460,000	北京保利	2020-10-20
15-16世纪 剔彩高士垂钓图倭角方盘	长17.8cm	452,000	香港苏富比	2020-07-11
15世纪 剔红牡丹图盘	长17.5cm	508,500	香港苏富比	2020-07-11
明弘治 剔黑花鸟大盘	直径41cm	2,990,000	北京保利	2020-10-19
明嘉靖 朱漆刻龙纹加彩大盘	宽37cm	230,000	北京保利	2020-10-20
明中期 剔红松下高士望江图盘	直径25.5cm	172,500	北京保利	2020-10-20
明15至16世纪 黑漆嵌螺钿荷塘泛舟图葵式盘	25.4cm	349,171	香港苏富比	2020-10-09
明万历乙未年（1595）戗金填漆五爪龙戏珠纹盘	直径20.5cm	210,900	佳士得	2020-10-08
明 红漆盏托	直径14.5cm; 高10.7cm	59,800	中国嘉德	2020-08-16
明 剔红弥勒童子菱口方盘	长14.5cm	402,500	华艺国际	2020-10-16
明 剔红羲之爱鹅图长方盘	41×10.8cm	395,500	香港苏富比	2020-07-11
明 乌面剔犀盏托	15.7cm	130,939	香港苏富比	2020-10-09
明代 剔红山水人物盘	31.6×21.8cm	126,500	古天一	2020-10-16
明治时期 漆器盏托五客 附供箱	14×3.5×5cm	18,400	永乐拍卖	2020-12-03
明晚期 剔红过墙松竹梅草虫纹盘	直径25.5cm	103,500	中鸿信	2020-01-03
清乾隆 雕填漆二龙戏珠纹盘	长23.4cm	16,100	中鸿信	2020-01-03
清乾隆 仿万历龙纹剔彩香盘	直径26.6cm	109,250	中贸圣佳	2020-10-16
清乾隆 剔彩瓜瓞连绵图四方倭角盘	长16.8cm	32,200	中国嘉德	2020-07-16
清乾隆 剔红万寿菊菱口盘	宽25cm	460,000	北京保利	2020-10-20
清 大漆彩绘龙纹高足供盘	长49cm; 高22cm	115,000	中贸圣佳	2020-12-08
清 黑漆嵌螺钿高士图六方倭角盘	长13cm	36,800	中国嘉德	2020-11-11
清黑漆嵌螺钿饮中八仙人物故事诗文盘	直径12cm	11,500	中国嘉德	2020-07-17
清 江千里风格黑漆嵌螺钿人物纹方盘（一组四只）	10.5×10.5×1.3cm×4	13,800	广东崇正	2020-09-13
朱黑漆菱口小盘（一组五件）	宽11.5cm	14,763	佳士得	2020-10-08
明早期 铜镀银里剔犀云纹碗（一对）	直径14.7cm	89,700	北京保利	2020-10-20
明 剔红花卉纹碗	高6cm; 直径12.7cm	138,000	西泠印社	2020-08-09
清康熙 黑漆嵌螺钿婴戏图碗 一对	直径13cm	17,250	中国嘉德	2020-07-16
清康熙 漆金嵌螺钿庭院高士图碗	直径9.6cm	64,528	巴黎佳士得	2020-06-23
清乾隆 御题诗脱胎菊瓣盖碗	直径10.7cm; 高9.9cm	2,990,000	永乐拍卖	2020-12-02
清乾隆 御制剔红三清诗文茶碗	直径11.8cm	126,500	中鸿信	2020-01-03
清 雕填漆万字纹开光云龙纹碗	直径13cm	23,000	中鸿信	2020-01-03
清乾隆 剔红开光山水人物纹蝈蝈罐	高11.6cm	103,500	中贸圣佳	2020-10-16
清康熙 黑漆螺钿纹小杯	直径5.2cm; 高3.5cm	11,500	中贸圣佳	2020-10-17
元 剔红富贵花纹圆盖盒	直径15.2cm	397,093	巴黎佳士得	2020-06-23
元 剔红花鸟纹五撞方盒	长26cm	982,044	香港苏富比	2020-10-09
元/明 黑漆嵌螺钿庭院人物图盖盒	19×26.7cm	255,600	佳士得	2020-11-30
元至明 黑漆嵌螺钿庭园人物图双屉八方捧盒	宽32cm	297,023	香港苏富比	2020-06-05
明永乐 剔红缠枝石榴花盖盒	直径31.5cm	13,609,720	香港苏富比	2020-07-11
明永乐 剔红花卉纹圆盖盒	9.7cm	763,812	香港苏富比	2020-10-09
明永乐 剔红携琴访友捧盒	直径13.8cm	828,000	中贸圣佳	2020-10-16
明宣德 剔红松下观鹤图小盖盒	直径8.2cm	344,282	纽约苏富比	2020-09-23
15/16世纪 剔红鹿纹圆盖盒	直径9.5cm	67,628	伦敦佳士得	2020-02-13
15世纪 剔红缠枝牡丹盖盒	12.3cm	339,000	香港苏富比	2020-07-11
明15世纪 剔红栀子花纹小盖盒	直径5cm	23,199	佳士得	2020-10-08
明嘉靖剔红龙凤纹圆盖盒六字漆金刻款	直径28cm	510,975	纽约佳士得	2020-09-25
16-17世纪 剔红高士图双屉葵花式盖盒连座（一对）	总高 14.3cm×2	621,500	香港苏富比	2020-07-11
16世纪 堆朱剔犀如意纹盖盒	10.9cm	148,038	佳士得	2020-04-21

拍品名称	物品尺寸	成交价RMB	拍卖公司	拍卖日期
16世纪 剔红松下观瀑图圆盖盒	5.5cm	21,362	香港苏富比	2020-11-26
明十五至十六世纪 剔红牡丹纹印盒	7cm	240,055	香港苏富比	2020-10-09
16-17世纪 剔红人物故事图四撞方盒	17cm	436,464	香港苏富比	2020-10-09
明 大明万历年制款黑漆描金彩绘双龙戏珠纹经卷盒	长48.6cm; 宽18cm	92,000	西泠印社	2020-08-09
明 黑漆包锡描金龙纹多层盒	高26cm	747,500	北京保利	2020-10-20
明 剔红八宝圆盖盒	8cm	37,384	香港苏富比	2020-11-26
明 剔红牡丹纹盖盒	高3cm; 直径5.5cm	34,500	荣宝斋（南京）	2020-11-28
明 剔红神仙人物纹香盒	直径6.3cm	11,500	中国嘉德	2020-07-16
明 剔犀如意云纹葵花型捧盒	直径24.2cm; 高20.7cm	276,000	中贸圣佳	2020-10-16
明末清初 黑漆长方盖盒	长65cm; 宽39cm; 高18cm	149,500	北京保利	2020-10-20
清初 漆戗金彩绘云龙纹瓜棱大捧盒	直径36.2cm	66,700	北京翰海	2020-12-12
18世纪剔彩春寿百宝桃式盖盒（一对）	宽20cm	231,990	佳士得	2020-10-08
18世纪 剔红人物故事图扇形盖盒	38.5cm	261,878	香港苏富比	2020-10-09
清乾隆 螺钿锦地圆形小香盒	高3.5cm	97,750	古天一	2020-10-16
清乾隆 剔彩“福寿双全”纹双桃形大捧盒	55×40×19cm	4,485,000	华艺国际	2020-10-16
清乾隆 剔彩春寿宝盒	直径40.5cm; 高15.5cm	632,500	中贸圣佳	2020-10-17
清乾隆 剔彩福山寿海蝠形盖盒	宽14cm	57,500	北京保利	2020-12-05
清乾隆 剔彩舞蝶纹宫车式香盒	27.2×20.2×24.5cm	1,495,000	北京保利	2020-10-19
清乾隆 剔彩云龙纹捧盒	直径28.8cm	805,000	中国嘉德	2020-08-18
清乾隆 剔红暗八仙锦地万字印珍盒（附玉印四件）	尺寸不一	402,500	北京保利	2020-10-20
清乾隆 剔红八方仙人采芝图盖盒	宽17.5cm	40,250	北京保利	2020-10-20
清乾隆 剔红赤壁宝盒	直径18 cm	383,018	伦敦苏富比	2020-06-15
清乾隆 剔红赤螭宝盒	长25cm	920,000	永乐拍卖	2020-08-17
清乾隆 剔红高士抚琴图香盒	宽28.8cm	80,500	永乐拍卖	2020-08-17
清乾隆 剔红海水龙纹经盒	长35.3cm	473,388	纽约苏富比	2020-09-23
清乾隆 剔红海水云龙纹圆盖盒	直径36.6cm	818,370	香港苏富比	2020-10-09
清乾隆 剔红花卉纹海棠形盖盒	长11.3cm	34,500	中鸿信	2020-01-03
清乾隆 剔红九龙宝盒	直径28.2cm	542,400	香港苏富比	2020-07-11
清乾隆 剔红桃花流水纹曲尺形对盒	长13.6cm; 宽11.7cm	82,800	北京中汉	2020-12-04
清乾隆 剔红夜游赤壁方盒	27.5×18.3×8.3cm	92,000	十竹斋拍卖（北京）	2020-10-18
清乾隆 剔黄嵌玉桃形盖盒	长11cm	138,000	北京保利	2020-10-20
清乾隆 象谷款雕漆贴竹黄香盒	长9.2cm	40,250	中贸圣佳	2020-12-08
清乾隆/嘉庆 剔红高士图大圆盒	直径37cm	203,400	佳士得	2020-07-09
清中期 剔彩三多纹桃形对盒	长13.5cm; 高8.8cm	115,000	北京中汉	2020-12-04
清中期 剔红高士图香盒	直径7.1cm	10,350	中国嘉德	2020-07-16
清中期 剔红瓜瓞绵绵盖盒	直径7.5cm; 高3.6cm	11,500	广东崇正	2020-09-13
清中期 剔红洪福万代图银锭形盒	长10.8cm	11,500	中国嘉德	2020-07-16
清中期 剔红菊纹盖盒	高3cm; 直径7cm	11,500	荣宝斋（南京）	2020-11-28
清中期 剔红山水人物捧盒成对	直径19cm	57,500	中鸿信	2020-01-03
清 雕填漆暗八宝纹捧盒	直径44.8cm	48,300	中鸿信	2020-01-03
清 黑漆七巧攒盘方盒	长19cm; 宽19cm	11,500	北京保利	2020-10-20
清 剔红五老祝寿图盖盒	直径33cm	57,500	中鸿信	2020-01-03
清 剔红云龙纹盖盒	直径20cm	34,500	北京翰海	2020-12-12
清乾隆 剔红兽面纹朝冠耳炉	带盖高15cm	368,000	西泠印社	2020-08-09
清 木漆仿剔红如意纹围棋罐（一对）	高10.3cm; 直径12.4cm; 高10.3cm; 直径12.5cm	34,500	西泠印社	2020-08-09
清 三甲传胪 金莳绘棋奁	直径11cm; 高8.6cm	69,000	上海匡时	2020-08-05
明或明代以前 黑漆嵌螺钿小几	长44.5cm; 宽21cm; 高19cm	207,000	永乐拍卖	2020-08-17
明早期 黑漆皮面折叠猎桌	100.5×65×80cm	253,000	中国嘉德	2020-08-16
明万历 朱漆人物图顶箱柜成对	112×51.5×262cm×2	345,000	中国嘉德	2020-08-16
明 黑漆竹篾十屉药柜	52×31×49cm	184,000	中国嘉德	2020-08-16
明 剔红凤鹤祝寿纹官皮箱	24.5×32.8×33.5cm	2,530,000	永乐拍卖	2020-08-17
明 朱漆竹篾大书箱成对	90×58×77cm×2	253,000	中国嘉德	2020-08-16
明末清初 朱漆竹篾大画箱	98×67×37cm	138,000	中国嘉德	2020-08-16

2020杂项拍卖成交汇总

(续表)

拍品名称	物品尺寸	成交价RMB	拍卖公司	拍卖日期
清早期大漆嵌螺钿玛瑙独占鳌头插屏	57.5×41cm	86,250	中国嘉德	2020-08-18
清早期 黑漆竹节纹带托泥供桌	101×39×92cm	195,500	中国嘉德	2020-08-16
清乾隆 剔红苍龙教子图插屏	高64cm	25,300	中鸿信	2020-01-03
清中期 大漆嵌螺钿诗文座屏	132×78×201cm	253,000	中国嘉德	2020-08-16
清光绪 剔红鹤鹿同春屏风	长59cm	36,800	中鸿信	2020-01-03
清 红漆描金透雕戏曲人物柜	101×51×163cm	48,300	中国嘉德	2020-08-16
明嘉靖绢本朱漆方元焕题"藏珠"匾	86.4×50.5cm	218,500	中国嘉德	2020-12-03
明嘉靖 剔红双龙捧珠纹屏心	直径32cm	337,220	中国嘉德	2020-10-10
16世纪 剔红开光人物故事图笔管及笔帽	总长30.8cm	42,180	佳士得	2020-10-08
明 剔犀如意云纹笔管及笔帽	总长19.8cm	29,526	佳士得	2020-10-08
18世纪 剔彩开光芝仙祝寿海棠式盆及座一对	直径25.8cm×2	323,618	纽约佳士得	2020-09-25
清乾隆 漆金龙纹寿字器座	长31cm	11,500	中国嘉德	2020-12-03
清乾隆 剔彩十八应真图笔筒(一对)	高14.5cm×2	2,012,500	中贸圣佳	2020-10-17
清乾隆 剔红牧归图笔筒	高11.1cm	103,285	纽约苏富比	2020-09-23
清乾隆 剔红人物海棠形花盆	长27.2cm	80,500	中国嘉德	2020-12-03
清乾隆 御用剔红"羲之观鹅图"笔筒	高10.8cm	905,250	佳士得	2020-11-30
18/19世纪 御制剔红云龙纹炕柜	高55.8cm	357,945	纽约佳士得	2020-09-24
清晚期 "墨池香霭花间露,茗鼎烟浮竹外云"竹制红漆抱柱对联	130×12cm×2	23,000	中国嘉德	2020-12-04
清 黑漆嵌螺钿描金花卉菱形笔筒	高14cm	13,800	中鸿信	2020-01-03
清 支慈厂制木胎黑漆嵌银丝花卉诗文笔筒	高12.9cm; 口径7cm	23,000	西泠印社	2020-08-09
清中期 竹胎黑漆描金围棋罐 一对	直径11.5cm	17,250	中国嘉德	2020-07-16
匏 器				
清 匏器(一组五件)	尺寸不一	126,500	广东崇正	2020-09-13
清 吴咨款诗文葫芦挂件	高18.5cm	20,700	西泠印社	2020-08-09
匏制八骏诗文灯笼瓶(一对)	高25cm×2	13,800	中国嘉德	2020-11-12
匏制竹石芭蕉图玉壶春瓶	高24.3cm	13,800	中国嘉德	2020-11-12
织 绣				
元/明早期 锦绣明王团饰	直径76.8cm	597,850	伦敦佳士得	2020-11-03
明万历 黄缎织彩云金龙纹袍料	125×226.5 cm	383,018	伦敦苏富比	2020-06-15
清顺治 黄地缂丝云龙戏珠垫面	91×90 cm	87,547	伦敦苏富比	2020-06-15
清康熙 御制彩绣耕织图(四幅)	37×46cm	2,530,000	北京保利	2020-10-19
清乾隆 黄地缎绣龙纹坐垫屏风		70,655	伦敦佳士得	2020-11-03
清乾隆 黄地缎绣五龙赶珠纹垫面	70×68 cm	164,151	伦敦苏富比	2020-06-15
清乾隆 缂丝画婴戏图挂屏	120×80cm	1,840,000	华艺国际	2020-10-16
清乾隆 缂丝黄地宝相花册页"玑珠精华"	61.3×36.5cm; 31.3×18.7cm	172,500	北京保利	2020-10-20
清乾隆 明黄色绸盘金银彩绣云蝠万寿金龙纹十二章龙袍	155×215cm	1,150,000	北京保利	2020-10-19
清乾隆/嘉庆石青地团龙纹缂丝补服	长119cm, 宽174.6cm	510,975	纽约佳士得	2020-09-25
清中期 花鸟、婴戏双面缂丝挂屏	55.4×46.2cm	230,000	北京保利	2020-10-20
清中期 缂丝寿星图	129×64.5cm	153,282	中国嘉德	2020-10-10
清中期 麻姑祝寿格丝画	长75cm; 宽41.5cm	120,643	保利香港	2020-12-02
清中期 粤绣百鸟图挂屏	67.5×107.5cm	80,500	中国嘉德	2020-12-04
清道光 黄地刺绣云龙戏珠纹桌帷	245×95cm	479,250	佳士得	2020-11-30
清道光 杏黄地缂丝金龙彩云纹皇太子龙袍	长144cm	532,500	佳士得	2020-11-30
18/19世纪 黄地花卉纹绣片	88×87 cm	65,660	伦敦苏富比	2020-06-15
19世纪 吉黄色金龙暗八仙纹吉服	长133cm	158,175	佳士得	2020-10-08
19世纪 蓝地缎绣人物图四扇屏风	162×55cm	163,050	伦敦佳士得	2020-11-03
19世纪 明黄缎绣云龙挂幅	101×77.7cm	48,065	香港苏富比	2020-11-26
19世纪 石青地绣彩云金龙纹朝服	长141.6cm, 宽195.5cm	85,163	纽约佳士得	2020-09-25
19世纪 织锦团花卉夔龙纹垫面	175×54 cm	43,774	伦敦苏富比	2020-06-15
清光绪 黄地缂丝团寿竹纹氅衣	长119.3cm, 宽145.6cm	136,260	纽约佳士得	2020-09-25
清光绪御制杏黄地金龙十二章吉服袍	长147cm	760,900	伦敦佳士得	2020-11-03
清晚期 缂丝福禄寿图	156×89cm	17,250	中国嘉德	2020-12-01
缂丝官员朝服纹饰(二十三件)	尺寸不一	120,750	朵云轩	2020-11-30
明末至清初 缂丝群仙贺寿挂幅	267×195.6cm	904,000	香港苏富比	2020-07-11
清早期 御制宋锦缠枝花卉画囊	90×41cm	207,000	中国嘉德	2020-08-18
18世纪 缂丝花鸟奇石图对轴	长117.5cm	364,400	佳士得	2020-04-21

拍品名称	物品尺寸	成交价RMB	拍卖公司	拍卖日期
清乾隆 刺绣博古图挂屏	124.8×46.2cm	158,837	巴黎佳士得	2020-05-23
清中期 缂丝无量光佛	303×102cm	172,500	中鸿信	2020-01-03
19世纪 百鸟图刺绣挂屏一对 红木框	110.5×72cm×2	317,674	巴黎佳士得	2020-05-23
19世纪 刺绣凤凰牡丹图	129×61.6cm	54,600	巴黎佳士得	2020-05-23
19世纪 刺绣花鸟图挂幅	约188×78cm	20,288	伦敦佳士得	2020-02-13
19世纪 刺绣锦上添花百鸟图"潘瑞霞"款	39.4×51.3cm	39,709	巴黎佳士得	2020-05-23
清 刺绣郭子仪祝寿图	149cm×106cm	80,500	中鸿信	2020-01-03
清 刺绣释迦牟尼佛与十八罗汉	154×288cm	138,000	中鸿信	2020-01-03
清 花鸟纹刺绣(两幅)	高113.2cm	26,668	中国嘉德	2020-07-13
清 云锦佛经无量寿佛	182.5×70.5cm	92,000	中鸿信	2020-01-03
清 云锦宫廷三世佛	128×57cm	253,000	中鸿信	2020-01-03
清代 缂丝八大菩萨 镜框	78×136cm	805,000	上海匡时	2020-03-05
清乾隆御制题陈栝画万年青诗卷手卷	39×128cm	5,060,000	永乐拍卖	2020-03-17
清约1900年 缂丝花蝶图连红木框一组十二幅	37×37cm	79,419	巴黎佳士得	2020-05-23
孙璜款 庭院人物 六条屏 设色纸本屏风题识:古吴孙璜摹实父翁笔钤印:孙璜之印、尚甫	242×112cm	546,003	巴黎佳士得	2020-05-23
佚名寿	139×65cm	23,000	上海驰翰	2020-03-06
约1900年 缂丝庭院花卉纹挂屏	100×44cm	41,695	巴黎佳士得	2020-05-23
16世纪 刺绣水波游龙纹补子	35.5×37cm	69,491	巴黎佳士得	2020-05-23
明 黄地云龙赶珠纹织锦 镜框	19×66cm	39,709	巴黎佳士得	2020-05-23
晚明 刺绣二品武官狮子补子	square38.5cm	90,400	佳士得	2020-07-09
19世纪 蓝地刺绣花卉纹椅披(一组四件)	155.6×50.8cm	46,074	伦敦佳士得	2020-05-21
19世纪 石青地彩云金龙纹龙挂	135×163.8cm	44,673	巴黎佳士得	2020-05-23
约1900年 右青地纳纱龙纹吉服袍		13,526	伦敦佳士得	2020-02-13
19世纪 刺绣道袍	269.3×156.2cm	29,305	伦敦佳士得	2020-02-13
19/20世纪 蓝地绣团龙纹女袍	宽148cm	14,261	伦敦佳士得	2020-05-21
清 御制黄缎地云锦海水云龙纹战袍	甲长77cm; 下摆长83cm	460,000	中鸿信	2020-01-03
19/20世纪 酱地金龙纹袍		14,653	伦敦佳士得	2020-02-13
17世纪末 宁夏花卉纹地毯	260×204cm	198,547	巴黎佳士得	2020-05-23
清早期 太极图万字流水摩尼珠纹栽绒拜毯成对	66×63cm	25,300	中国嘉德	2020-12-04
清乾隆嘉庆 蓝地回纹边福寿花卉纹栽绒地毯	290×281cm	126,500	中国嘉德	2020-03-16
清嘉庆 龙纹栽绒抱柱毯	249×78cm	575,000	中国嘉德	2020-12-04
清中期 黄地海水江崖瑞兽纹栽绒马鞍毯	109×56cm	46,000	中国嘉德	2020-12-04
清中期 黄地回纹边团花纹栽绒地毯	140×200cm	172,500	中国嘉德	2020-03-16
清中期黄地团龙缠枝莲纹栽绒马鞍毯	158×79cm	63,250	中国嘉德	2020-12-04
清中期 蓝地回纹边四合如意云纹栽绒马鞍毯	97×57cm	43,700	中国嘉德	2020-12-04
清中期 蓝地万字牡丹纹栽绒马鞍毯	93×56cm	69,000	中国嘉德	2020-12-04
清中期 龙纹栽绒抱柱毯	419×84cm	287,500	中国嘉德	2020-03-16
清中期 木红地如意云团花纹栽绒马鞍毯	173.5×72.5cm	126,500	中国嘉德	2020-12-04
清中期 万字流水团寿纹栽绒地毯	165×80cm	34,500	中国嘉德	2020-03-16
清中期 万字流水纹栽绒地毯	142×65cm	17,250	中国嘉德	2020-03-16
清中期 万字流水纹栽绒毯	287×81cm	172,500	中国嘉德	2020-12-04
19世纪 御制黄地丝绒五龙纹地毯	251.5×157.5cm	215,177	纽约苏富比	2020-09-23
清末民初蓝地清供图杂宝纹栽绒挂毯	195×134cm	97,750	中国嘉德	2020-12-04
清晚期 黄地缠枝花盘肠纹栽绒地毯	352×278cm	92,000	中国嘉德	2020-12-04
清晚期黄地瓜瓞绵绵花卉纹栽绒地毯	285×245cm	40,250	中国嘉德	2020-12-04
清晚期 黄地团凤杂宝纹栽绒地毯	407×295cm	109,250	中国嘉德	2020-12-04
清晚期蓝地凤鸟杂宝花卉纹栽绒地毯	320×270cm	80,500	中国嘉德	2020-12-04
清晚期 蓝地花蝶纹栽绒地毯	366×277cm	92,000	中国嘉德	2020-12-04
清晚期 蓝地花卉纹栽绒地毯	265×187cm	55,200	中国嘉德	2020-12-04
清晚期 蓝地清供风景图栽绒地毯	265×183cm	63,250	中国嘉德	2020-12-04
清晚期 蓝地清供图花卉纹栽绒地毯	352×270cm	92,000	中国嘉德	2020-12-04
清晚期 蓝地如意花卉纹栽绒地毯	301×282cm	80,500	中国嘉德	2020-12-04

（续表）

拍品名称	物品尺寸	成交价RMB	拍卖公司	拍卖日期
清晚期蓝地寿字杂宝花卉纹栽绒地毯	240×152cm	55,200	中国嘉德	2020-12-04
清晚期蓝地双狮戏球花卉纹栽绒地毯	202×124cm	34,500	中国嘉德	2020-12-04
清晚期 蓝地亭阁清供图栽绒地毯	293×252cm	69,000	中国嘉德	2020-12-04
清晚期 蓝地团鹤莲花纹栽绒地毯	538×380cm	149,500	中国嘉德	2020-12-04
清晚期 蓝地团花缠枝花拐子纹栽绒地毯	518×364cm	138,000	中国嘉德	2020-12-04
清晚期 蓝地团花清供图万字纹栽绒地毯	290×240cm	69,000	中国嘉德	2020-12-04
清晚期米黄地宝相花花卉纹栽绒地毯	378×350cm	184,000	中国嘉德	2020-12-04
清晚期米黄地蝴蝶花树图栽绒地毯	354×280cm	115,000	中国嘉德	2020-12-04
清晚期米黄地团花缠枝莲纹栽绒地毯	345×270cm	92,000	中国嘉德	2020-12-04
清晚期 米黄地团花清供图花卉纹栽绒地毯	295×237cm	74,750	中国嘉德	2020-12-04
清晚期米黄地团花清供图栽绒地毯	348×275cm	97,750	中国嘉德	2020-12-04
清晚期米黄地折枝菊花花卉纹栽绒地毯	343×277cm	92,000	中国嘉德	2020-12-04
清晚期 木红地四合如意云花卉纹栽绒毯	945×65cm	345,000	中国嘉德	2020-12-04
清晚期珊瑚红地花鸟清供图栽绒地毯	354×273cm	368,000	中国嘉德	2020-12-04
清晚期藏青地花鸟清供图栽绒地毯	430×305cm	74,750	中国嘉德	2020-08-16
清晚期黄地暗寿字团花纹栽绒地毯	420×500cm	287,500	中国嘉德	2020-08-16
清晚期 黄地折枝花卉边凉亭图栽绒地毯	385×279cm	149,500	中国嘉德	2020-08-16
清晚期蓝地凤凰凉亭花卉纹栽绒地毯	358×277cm	138,000	中国嘉德	2020-08-16
清晚期 蓝地凤鸟花卉纹栽绒地毯	314×388cm	71,300	中国嘉德	2020-08-16
清晚期 蓝地花蝶清供图栽绒地毯	355×437cm	253,000	中国嘉德	2020-08-16
清晚期 蓝地花卉边团花纹栽绒地毯	296×250cm	51,750	中国嘉德	2020-08-16
清晚期蓝地花卉彩蝶杂宝纹栽绒地毯	434×306cm	126,500	中国嘉德	2020-08-16
清晚期 蓝地花卉清供图栽绒地毯	355×277cm	138,000	中国嘉德	2020-08-16
清晚期 蓝地花卉纹栽绒地毯	354×272cm	59,800	中国嘉德	2020-08-16
清晚期 蓝地花鸟纹栽绒地毯	350×280cm	184,000	中国嘉德	2020-08-16
清晚期 蓝地龙凤花卉纹栽绒地毯	408×306cm	218,500	中国嘉德	2020-08-16
清晚期 蓝地如意团花纹栽绒地毯	352×286cm	57,500	中国嘉德	2020-08-16
清晚期 蓝地团花花卉纹栽绒地毯	407×302cm	126,500	中国嘉德	2020-08-16
清晚期 蓝地团花花鸟纹栽绒地毯	346×274cm	74,750	中国嘉德	2020-08-16
清晚期 蓝地折枝花卉栽绒地毯	348×277cm	55,200	中国嘉德	2020-08-16
清晚期 蓝地折枝花栽绒地毯	250×300cm	55,200	中国嘉德	2020-08-16
清晚期 米黄地凤戏牡丹栽绒地毯	411×304cm	184,000	中国嘉德	2020-08-16
清晚期 栽绒挂毯四块	尺寸不一	109,250	中国嘉德	2020-08-16
清 双龙戏珠、瑞兽图栽绒地毯	262×171cm;面积约4.5平米	78,200	中国嘉德	2020-08-16
清 四方五行万字纹栽绒地毯	770×65cm;面积约5平米	63,250	中国嘉德	2020-08-16
博古图手工地毯(全新)	180×270cm	26,450	保利厦门	2020-09-26
民初 花卉纹丝绒地毯	188×274cm	63,270	佳士得	2020-10-08
皮球花手工地毯(全新)	直径200cm	20,700	保利厦门	2020-09-26
约1880年 宁夏罗汉图地毯	448×409cm	65,220	伦敦佳士得	2020-11-03
玻璃器				
商至唐 梯形黄金琉璃金珠玉贝币玛瑙组佩	通长8cm	333,500	西泠印社	2020-08-10
明 乳钉纹深腹琉璃盏	直径9.9cm	25,300	中鸿信	2020-01-03
明 弦纹琉璃盏	直径15.4cm	34,500	中鸿信	2020-01-03
清雍正 白料磨花香插	高14cm	402,500	北京保利	2020-12-05
清雍正 仿茶晶料剔刻缠枝牡丹纹盏（一对）		80,429	保利香港	2020-12-02
18世纪 白套红料络子尊	高22cm	339,000	佳士得	2020-07-09
清或为清乾隆涅绿松石色琉璃长颈瓶	高21.5 cm	204,390	纽约佳士得	2020-09-25
清乾隆宝石红玻璃并蒂菊花纹直筒杯	高8cm; 直径9.2cm	287,500	永乐拍卖	2020-12-02
清乾隆 仿琥珀料“万”字香盒	6.2×6.2×2.1cm	57,500	十竹斋拍卖（北京）	2020-10-18
清乾隆 黄料橄榄瓶	高18cm	132,250	北京翰海	2020-12-12
清乾隆 黄料花鸟纹碗	直径28.5cm	109,250	北京保利	2020-10-20
清乾隆 黄料瓶	5.3×5.3×7.8cm	345,000	北京保利	2020-12-05
清乾隆 蓝宝石玻璃纸槌瓶	高20 cm	255,488	纽约佳士得	2020-09-25

拍品名称	物品尺寸	成交价RMB	拍卖公司	拍卖日期
清乾隆 蓝料莲花纹炉	长10.3cm	345,000	永乐拍卖	2020-12-02
清乾隆 蓝料渣斗（一对）	高9.9cm	43,480	伦敦佳士得	2020-11-03
清乾隆 蓝料长颈瓶（一对）	高19.2cm	92,395	伦敦佳士得	2020-11-03
清乾隆 涅白地四色套料小天球瓶	高10cm	63,250	十竹斋拍卖（北京）	2020-10-18
清乾隆 石榴红玻璃八棱长颈瓶	高15 cm	161,809	纽约佳士得	2020-09-25
清乾隆 石榴红玻璃长颈瓶	高22cm	383,231	纽约佳士得	2020-09-25
清乾隆 松石绿料长颈瓶	高14.5cm	56,356	伦敦佳士得	2020-02-13
清乾隆 透明料描金撇口方尊	高25cm	920,000	永乐拍卖	2020-12-02
清嘉庆 宝石蓝玻璃橄榄瓶	高18.3 cm	136,260	纽约佳士得	2020-09-25
18-19世纪 涅白地套宝石红料高士泛舟图长颈瓶	高27.5cm	45,696	香港苏富比	2020-06-05
清 橙色料双耳小炉	宽9.7cm	43,700	北京保利	2020-10-20
清 多色料莲纹小钵	宽11.5cm	17,250	北京保利	2020-10-20
清 官造七彩琉璃珠串	通长40cm	28,750	西泠印社	2020-08-10
清 黄料刻花卉杯（四件）	直径8.5cm	17,250	北京翰海	2020-12-12
蜻蜓眼琉璃珠	直径2cm; 高1.8cm	483,000	上海匡时	2020-08-05
蜻蜓眼琉璃珠	直径2cm; 高2cm	460,000	上海匡时	2020-08-05
金银				
商至辽 铜鎏银凤形、雀图牌饰一对	通长4-4.5cm	46,000	西泠印社	2020-08-10
春秋 纯金兽面纹带钩	长7.2cm; 重30克	153,282	中国嘉德	2020-10-10
春秋 金虎首形饰	高3.2cm; 重34.1g	1,087,000	伦敦佳士得	2020-11-03
战国 碟型金珠鎏金铜贝珠串	通长8cm	103,500	西泠印社	2020-08-10
战国 顶级小米松金银玛瑙珠串	通长20.1cm	94,300	西泠印社	2020-08-10
战国 铜鎏金挂饰一对	通长2.7-7.6cm	57,500	西泠印社	2020-08-10
汉 金质螭龙纹带饰	宽11cm	202,677	中国嘉德	2020-07-13
唐 银鎏金花鸟人物耳杯	宽15cm	357,658	中国嘉德	2020-10-10
唐早期 金包绿松石嵌松石莲纹带扣	宽10cm	120,643	保利香港	2020-12-02
宋 纯金奔鹿纹霞披坠	高8.4cm	163,501	中国嘉德	2020-10-10
宋 纯金带链金兽	宽4.9cm	83,794	中国嘉德	2020-10-10
宋 纯金龙柄耳杯	长10.1cm	265,689	中国嘉德	2020-10-10
宋 纯金人物花卉纹手镯（一对）	长6.8cm×2	51,094	中国嘉德	2020-10-10
宋 纯金人物三连套盒	宽7.6cm	153,282	中国嘉德	2020-10-10
宋 纯金质鬲式炉	直径9.2cm	408,752	中国嘉德	2020-10-10
宋 纯金质莲花座狮摆件	高11.6cm	296,345	中国嘉德	2020-10-10
宋 花鸟纹银盘金盏（一套）	直径7cm	153,282	中国嘉德	2020-10-10
宋 金银玉舍利套盒（一组）	直径4.2cm	122,626	中国嘉德	2020-10-10
宋 银质莲花纹杯连托	直径18cm	81,750	中国嘉德	2020-10-10
元 金麒麟	高7.3cm	135,600	佳士得	2020-07-09
元 金质龙凤纹香盒（一对）	高2.5cm; 直径5.2cm	86,250	西泠印社	2020-08-09
明以前 银鎏金牡丹花纹茶杯、盏托	高9.2cm	69,000	广东崇正	2020-09-13
明早期金质浮雕海兽纹耳杯(一组四只)	长9.7cm; 宽8cm	230,000	中国嘉德	2020-12-02
明 纯金浮雕吉庆有余耳环成对	长3.1cm; 重约24.6g	13,800	中鸿信	2020-01-03
明 纯金刻“君奉酒”羽殇杯	长11.5cm	207,000	中鸿信	2020-01-03
明 纯金累丝嵌宝镂空龙纹方炉	高15.2cm	322,000	中鸿信	2020-01-03
明 纯金镶嵌宝石累丝提梁壶	高19.7cm	218,500	中鸿信	2020-01-03
明 错金银蕉叶纹螭耳壶	高25.2cm	11,500	中贸圣佳	2020-12-08
明 金花银杆发簪成对	长9.8cm; 重约16.5g	13,800	中鸿信	2020-01-03
明 金饰（一对）	8×5.5cm; 重量46g	92,000	西泠印社	2020-08-08
明 金质螭龙耳杯及螭龙纹盏托	杯高6.5cm; 直径7.8cm	368,000	西泠印社	2020-08-09
明 金质龙钮双猴献寿马镫形画押（一对）	尺寸不一	103,500	西泠印社	2020-08-09
明 金质包朱砂法器手串	单珠直径0.4cm	63,250	中国嘉德	2020-12-02
明 金质包朱砂手串	单珠直径0.7cm	20,700	中国嘉德	2020-12-02
明 金质浮雕鸳鸯纹盏托（一套）	托盘直径16cm; 总高9.3cm	563,500	中国嘉德	2020-12-02
明 金质狗熊摆件（一对）	高0.2cm	48,300	中国嘉德	2020-12-02
明 金质孔雀明王头饰	高9.5cm; 宽8cm	92,000	中国嘉德	2020-12-02
明 金质龙形带钩	长7.2cm; 宽1.4cm; 高1.4cm	92,000	中国嘉德	2020-12-02
明 金质嵌宝花卉双耳杯	长12cm; 重131克	153,282	中国嘉德	2020-10-10
明 金质镶玉蝶恋花发簪	长14.5cm; 宽4.5cm	28,750	中国嘉德	2020-12-02

(续表)

拍品名称	物品尺寸	成交价RMB	拍卖公司	拍卖日期
明 金质鹰隼摆件	长1.7cm; 宽1.9cm; 厚0.1cm	25,300	中国嘉德	2020-12-02
明 南红玛瑙镶金双龙纹帽饰	长4.9cm	42,919	中国嘉德	2020-10-10
明 嵌宝石金簪及仙人骑风头饰(一组两件)	长12cm; 重12.1g; 长8cm; 重8.2g	40,250	西泠印社	2020-08-09
明 嵌绿松石花卉联珠纹金簪	长14.5cm; 重17.6cm	40,250	西泠印社	2020-08-09
明 银仿剔犀香盒	直径7cm	517,500	北京保利	2020-10-19
明 银鎏金龙纹板	长15.4cm; 宽19.8cm	149,500	北京中汉	2020-08-19
明 银鎏金錾刻婴戏图枕	长55cm	782,000	北京保利	2020-10-19
明 银质"日月"摆件(一对)	高4.2cm	23,000	中国嘉德	2020-12-02
明 银质局部鎏金官造镂空龙纹马具(一组十件)	尺寸不一	34,500	中国嘉德	2020-12-02
明 银质鎏金盏(一对)	高3cm; 口径9cm	86,250	中国嘉德	2020-12-02
明 银质团虎摆件(一组二只)	直径4cm; 厚0.4cm	23,000	中国嘉德	2020-12-02
明代 错金银香熏	高21cm	85,320	台北艺珍	2020-08-16
明代 金质葫芦耳环(一对)	长4.5cm	17,250	中国嘉德	2020-12-02
明代 金质葫芦耳坠(一对)		17,250	中国嘉德	2020-08-18
明代 金质龙纹嵌宝石圆壶	高25cm; 底径7cm	5,635,000	中国嘉德	2020-08-18
明代 银质大成就者杖首	长7.8cm; 宽6cm	28,750	中国嘉德	2020-08-18
明代 银质花卉纹六角杯(一对)	直径7.3cm	17,250	中国嘉德	2020-08-18
明代 银质局部鎏金龙纹圆形盖盒	高5cm; 口径7.9cm	34,500	中国嘉德	2020-08-18
明治时期 四代竹影堂荣真造·霰打纹·银酒铫	高12/12cm; 宽11/10.5cm; 重约220/199g	42,550	华艺国际	2020-10-15
清早期 金质嵌宝石火镰	长5.2cm; 宽4.6cm	207,000	中国嘉德	2020-08-18
18世纪 金质双蛇嵌宝石手镯	内径7cm	57,500	中国嘉德	2020-12-02
清乾隆金雕螭龙兽面镂空高足羽觞杯	长17.6cm; 重972g	1,058,000	北京保利	2020-10-20
清乾隆 金累丝八吉祥蝠纹如意	长24.2cm	1,150,000	中鸿信	2020-01-03
清乾隆 金累丝嵌宝提篮形香囊	长59cm; 总重42.9g	109,250	西泠印社	2020-08-09
清乾隆 金质高浮雕祥云纹嵌绿松石、青金石寿、白玉寿星如意(一对)	长19.5cm×2	632,500	中国嘉德	2020-12-02
清乾隆 金质牛首"周兕觥 乾隆御制"来通杯	高9.5cm; 口径7.1cm	4,887,500	中国嘉德	2020-12-02
清乾隆 铜质鎏金镂空八宝纹十二更辰钟	高7.5cm; 直径11.8cm	230,000	中国嘉德	2020-08-18
清乾隆 银鎏金烧蓝八宝纹提梁壶	高15cm	57,500	中鸿信	2020-01-03
清乾隆 银胎铜鎏金镶宝石盖盒	直径15cm	36,800	中鸿信	2020-01-03
清同治 银烧蓝万寿无疆碗	直径9.8cm	57,500	十竹斋拍卖(北京)	2020-10-18
清同治银质烧蓝局部鎏金博古纹赏瓶	高42.5cm	97,750	中国嘉德	2020-12-02
18/19世纪 鎏金金属嵌百宝盖炉	高4.3cm	81,525	伦敦佳士得	2020-11-03
19世纪 宝格丽博物馆藏银质海伦娜公主雕塑	高45.5cm	287,500	中国嘉德	2020-12-02
19世纪 点翠、鎏金金属发饰及饰物一组及孔雀翎一件	长24cm	108,700	伦敦佳士得	2020-11-03
19世纪 点翠发饰(一组)	长29.3cm	43,480	伦敦佳士得	2020-11-03
19世纪 小山堂造藤把银壶、纯银质提梁壶、纯银质乳钉纹提梁壶(共三把)	尺寸不一	40,250	北京保利	2020-10-19
19世纪 银胎七宝烧明治日本皇室花瓶	高30.5cm; 宽17cm	69,000	中国嘉德	2020-12-02
19世纪 银质刻花卉提梁壶	高17.5cm; 重668g	10,350	北京保利	2020-10-19
19世纪 银质乳钉纹提梁壶、若光制乳钉纹纯银急须、五八堂制菊花钮提梁银壶、金祥堂造银钮乳钉纹铁壶(共四把)	尺寸不一	35,650	北京保利	2020-10-19
19世纪 银质鎏金盘羊手镯	直径7.5cm	55,200	中国嘉德	2020-08-18
清光绪金质"御赐马子材"麒麟(一对)	尺寸不一	4,485,000	中国嘉德	2020-12-02
清 百鸟朝凤纹银观音瓶	高28.4cm	57,500	中贸圣佳	2020-10-16
清 纯金对弈纹金钱	直径5.1cm; 重22g	42,919	中国嘉德	2020-10-10
清 金质福禄寿花卉纹手镯(一对)	尺寸不一	57,500	西泠印社	2020-08-09
清 金质首饰一组九件及白玉花卉耳饰一对	尺寸不一; 金饰总重39.4g	55,200	西泠印社	2020-08-09
清 金质天宫乐舞图花式供盒(一对)	9×6.8cm; 9×7cm	184,000	西泠印社	2020-08-09
清 金质镶白玉龙纹勺	长18.5cm; 总重23.2g	25,300	西泠印社	2020-08-09
清 金质"福、寿"字手镯	17.5×2.8cm	28,750	中国嘉德	2020-12-02
清 金质"福"字项链	31cm	18,400	中国嘉德	2020-12-02

拍品名称	物品尺寸	成交价RMB	拍卖公司	拍卖日期
清 金质戒箍及白玉戒指(一套)	尺寸不一	11,500	中国嘉德	2020-12-02
清 金质累丝刀鞘及青金石柄餐刀	总长33cm	287,500	中国嘉德	2020-12-02
清 金质镂空花卉纹高足果盘	高23.5cm; 口径27cm	1,035,000	中国嘉德	2020-12-02
清 金质嵌分红碧玺背鱼	长5cm; 宽4.7cm	32,200	中国嘉德	2020-12-02
清 鎏金花丝点翠寿字圆盒	高4.7cm; 直径8.5cm	34,500	西泠印社	2020-08-09
清 银仿古豆	高15.5cm; 重量1571g	34,500	北京保利	2020-10-19
清 银供器(9件)		28,750	北京翰海	2020-09-12
清 银鎏金点翠福寿纹发簪及手镯(一组四件)	尺寸不一	36,800	西泠印社	2020-08-09
清 银鎏金錾刻龙纹火锅	通高30cm; 重4228g	149,500	西泠印社	2020-08-09
清 银嵌玉福寿纹盒	长10.5cm; 宽7.2cm	28,750	西泠印社	2020-08-09
清 银嵌玉双桃形盖盒	长16.4cm; 宽8.8cm	23,000	西泠印社	2020-08-09
清 银质"玩竹斋"如意耳炉	高7.5cm; 重量649g	92,000	西泠印社	2020-08-08
清 银质福禄寿纹碗	高5.9cm; 重774g	34,500	西泠印社	2020-08-09
清 银质花卉纹手炉	长11cm; 宽8.5cm; 高8.3cm	23,000	中国嘉德	2020-12-02
清 银质局部鎏金花卉纹莲花形香熏	高15cm; 口径9.7cm	48,300	中国嘉德	2020-12-02
清 银质局部鎏金嵌玉桃形盖盒	长17cm; 宽8.7cm; 高5.7cm	40,250	中国嘉德	2020-12-02
清 银质鎏金八宝纹鼻烟壶	高7.6cm	28,750	中国嘉德	2020-12-02
清 银质鎏金竹节纹手镯	直径7.5cm	11,500	中国嘉德	2020-12-02
清 银质镂空龙凤纹拂尘	长69cm	48,300	中国嘉德	2020-12-02
清 银质烧蓝杯盏(一组四只)	尺寸不一	34,500	中国嘉德	2020-12-02
清 银质烧蓝局部鎏金人物茶叶罐	高12.5cm; 口径6.3cm	63,250	中国嘉德	2020-12-02
清 银质饰品(一组二件)	尺寸不一	13,800	中国嘉德	2020-12-02
清 银质书房用具(五件)	尺寸不一	34,500	中国嘉德	2020-12-02
清 银质宣统香炉(一件)	高57cm; 宽33cm	345,000	中国嘉德	2020-12-02
清 足金寿字手镯	内径5.6cm	28,750	中国嘉德	2020-12-03
清 银鎏金龙耳兽面纹方罍瓶(一对)	高37.5cm; 高37.6cm	207,000	西泠印社	2020-08-09
清 金饰(一组六件)	尺寸不一	28,750	中国嘉德	2020-12-02
清 金质花卉纹餐具(一组三只)		80,500	中国嘉德	2020-08-18
清 金质花卉纹爵杯	高11cm	368,000	中国嘉德	2020-08-18
清 金质净瓶观音	高29.5cm	690,000	中国嘉德	2020-08-18
清 金质双龙戏珠手镯	直径8.6cm	25,300	中国嘉德	2020-08-18
清 龙纹金珠十八子手串		55,200	古天一	2020-10-16
清 银大鹏金翅鸟	高26cm; 宽24cm	19,908	台北艺珍	2020-08-16
清 银质茶壶	高12.5cm	36,800	中国嘉德	2020-08-18
清 银质局部鎏金百寿纹"大清乾隆年敬造"五供	尺寸不一	1,265,000	中国嘉德	2020-08-18
清 银质局部鎏金丹凤朝阳将军罐	高53cm	460,000	中国嘉德	2020-08-18
清 银质局部鎏金松竹纹酒壶	高19.5cm	23,000	中国嘉德	2020-08-18
清 银质鎏金花卉纹手镯(一对)	直径6.5cm	28,750	中国嘉德	2020-12-02
清 银质镂空龙纹果盘	长43cm; 宽29cm	34,500	中国嘉德	2020-08-18
清 银质梅花纹提梁壶	高15.5cm	23,000	中国嘉德	2020-08-18
清 银质晚礼手袋	长21cm; 宽17.5cm	23,000	中国嘉德	2020-08-18
清末 中国 十三行外销花鸟纹纯银茶具托盘	长45.5cm; 宽32.5cm	32,200	保利厦门	2020-09-26
民国 K金"乾隆通宝"手链	长9.5cm	20,700	中国嘉德	2020-12-02
民国 K金项链手链(一组)	长41cm	23,000	中国嘉德	2020-12-02
民国 蒋介石宋美龄赠巴尔先生银盒(一组)		115,000	中国嘉德	2020-08-18
民国 金质花卉手镯	径5.5cm	51,750	中国嘉德	2020-08-18
民国 金质几何纹手镯	直径6.1cm	28,750	中国嘉德	2020-08-18
民国 银胎烧蓝凤纹瓶	高17.3cm	11,500	广东崇正	2020-09-13
民国 银质"省庐"文房香熏炉	高25.5cm; 口径15cm	51,750	中国嘉德	2020-12-02
民国 银质龙纹壶	高8.8cm	17,250	中国嘉德	2020-12-02
民国银质錾刻人物盏托(一组四件)	直径10.5cm; 高23cm	17,250	中国嘉德	2020-12-02
20世纪中期K金首饰(一组九件)	尺寸不一	40,250	中国嘉德	2020-08-18
20世纪中期 银质鎏金"蒂凡尼"雪茄盒	长11.5cm; 宽8.6cm; 高3cm	40,250	中国嘉德	2020-12-02
当代 王星宇制 见龙卸甲	宽13.8cm; 高9.6cm	57,500	上海匡时	2020-08-05
当代 赵立峰制银质叶形茶漏	5.7×9.5×7.1cm	10,350	西泠印社	2020-08-08

(续表)

拍品名称	物品尺寸	成交价RMB	拍卖公司	拍卖日期
阿古陀形·银壶	高16.5cm; 宽16cm; 重约461g	13,800	华艺国际	2020-10-15
爱德蒙(Edmond Tetard)纯银镂空雕花托盘(一对)	高5.4cm; 直径23cm; 总重量748g	12,650	西泠印社	2020-08-10
布契拉提 臻美银质"不看、不说、不听"三不猴子摆件	高度约7.5cm	48,300	北京保利	2020-10-19
锤目纹·南瓜形·银壶	高17cm; 宽17.5cm; 重约594g	25,300	华艺国际	2020-10-15
春秋战国 金质排管、排珠、金质兽面、银质仿生龙饰(一组六件)	通长0.7-3.8cm	64,400	西泠印社	2020-08-10
纯银雕花咖啡茶具三件套	尺寸不一	11,500	西泠印社	2020-08-10
纯银森林之神小花盆	高10cm; 宽16cm; 长26.5cm; 重量455g	17,250	西泠印社	2020-08-10
纯银圆盒	直径15.2cm; 高3.8cm	10,350	西泠印社	2020-08-10
大锤目纹·玉摘·银壶	高16cm; 宽15cm; 重约445g	32,200	华艺国际	2020-10-15
刀瓣纹·竹节提梁·银壶	高19.5cm; 宽20cm; 重约778g	23,000	华艺国际	2020-10-15
戈勒姆 路易十五洛可可风格纯银烛台(一对)	高38cm; 长36cm; 宽14cm; 重约3700g	32,200	西泠印社	2020-08-10
公元7世纪 萨珊翼狮金牌饰八件		25,300	北京保利	2020-12-04
花草雕刻·银壶	高21cm; 宽13cm; 重约480g	12,650	华艺国际	2020-10-15
花卉镶嵌·铜包银壶	高18cm; 宽13cm; 重约514g	92,000	华艺国际	2020-10-15
环霰打纹·银壶	高17.5cm; 宽17cm; 重约592g	18,400	华艺国际	2020-10-15
黄金手袋		56,500	佳士得	2020-07-09
金银镶嵌花草纹·铁包银壶	高21cm; 宽17cm; 重约703g	71,300	华艺国际	2020-10-15
口打出·银壶	高13cm; 宽13cm; 重约289g	14,950	华艺国际	2020-10-15
鎏金菊徽·银壶	高20cm; 宽17cm; 重约600g	18,400	华艺国际	2020-10-15
龙纹兽首·纯金金壶	高17cm; 重约557g	690,000	华艺国际	2020-10-15
明治时期 平安秦造 丸形银瓶	330g	23,000	上海嘉禾	2020-01-05
明治时期·绍美荣佑制鎏金铜壶及纯金、纯银茶匙(一对)	尺寸不一	63,250	西泠印社	2020-08-08
日本江户时期 银质烧蓝花鸟纹腰带	长75.3cm	17,250	中国嘉德	2020-08-18
日本明治时期 银质龙纹鞘肋插	长22.2cm; 宽3cm; 厚2cm	20,700	中国嘉德	2020-08-18
日本昭和时期 银质茶壶(一组二只)	尺寸不一	40,250	中国嘉德	2020-12-02
砂面纹·银壶	高15.5cm; 宽16cm; 重约460g	13,800	华艺国际	2020-10-15
兽首·翠摘·麻花提梁·纯金金壶	高15cm; 重约560g	460,000	华艺国际	2020-10-15
兽首·朱摘·素面银壶	高17cm; 宽16cm; 重约565g	32,200	华艺国际	2020-10-15
鼠来宝·金壶	高15cm; 重约455g	402,500	华艺国际	2020-10-15
鼠来宝·银壶	高19cm; 宽14cm; 重约542g	94,300	华艺国际	2020-10-15
水波锤目纹·云凤纹壶盖·铜摘·银壶	高21cm; 宽16cm; 重约631g	23,000	华艺国际	2020-10-15
水波纹·隔热提梁·银壶	高16cm; 宽15cm; 重约493g	13,800	华艺国际	2020-10-15
霰打纹·宝珠摘·银壶	高16.5cm; 宽15.5cm; 重约467g	12,650	华艺国际	2020-10-15
霰打纹·富士山形·银壶	高17cm; 宽16cm; 重约623g	23,000	华艺国际	2020-10-15
镶金开窗山水纹饰·铁包银壶	高17cm; 宽15cm; 重约526g	80,500	华艺国际	2020-10-15
银花鸟纹瓜棱盒	直径7.2cm	11,500	中国嘉德	2020-07-17
银胎骆驼载乐俑	高59cm; 重9830g	6,600,000	深圳博雅	2020-09-20
银云龙纹蜡烛台(一对)	高 22cm	12,995	香港普艺	2020-07-11

拍品名称	物品尺寸	成交价RMB	拍卖公司	拍卖日期
樱川纹·银壶	高17cm; 宽14.5cm; 重约583g	20,700	华艺国际	2020-10-15
约1870年 英国镀银茶具五件套	尺寸不一	13,800	中国嘉德	2020-12-03
约1890年 俄罗斯 国宝级大师法贝热制 镶碧玉桌心装饰盘	高36cm; 直径21cm	46,000	保利厦门	2020-09-26
约1970年 意大利 布契拉提Buccellati银鎏金自然主义果盘B款	高30cm; 宽49cm; 深31cm	78,200	保利厦门	2020-09-26
约1979年 意大利 宝格丽BVLGARI镶银筹码盒	高24cm; 宽16cm; 深9cm	11,500	保利厦门	2020-09-26
昭和时代 三世藏六造·阿古陀式·菊撮·银铫子(一对)	高13.5cm; 宽14cm	218,500	华艺国际	2020-10-15
昭和时期 北村静香作南镣旅枕纯银汤沸 附供箱	19×15cm	92,000	永乐拍卖	2020-12-03
昭和时期石黑光南造纯银霰形汤沸	19×18cm	74,750	永乐拍卖	2020-12-03
中川净益造银壶	宽16×高17cm	28,750	江苏观宇	2020-07-05
紫皮朱摘锤目纹银壶、素面开窗翠摘急需一对、锤目纹·朱摘·口打出纯银急需	尺寸不一	11,500	华艺国际	2020-10-15
珐琅器				
战国至清 龙牌、龙形掐丝一组二枚	通长3.2-3.4cm	51,750	西泠印社	2020-08-10
明早期 铜胎掐丝珐琅花卉纹香盒	直径7.8cm; 高3.5cm	184,000	中贸圣佳	2020-10-16
明早期 铜胎掐丝珐琅花卉纹香炉	腹径11.5cm; 高7cm	97,750	中贸圣佳	2020-10-16
元末明初 掐丝珐琅缠枝莲纹碗	直径12.7cm; 高5.7cm	34,500	中贸圣佳	2020-12-08
明景泰 铜鎏金掐丝珐琅双耳衔环铺首尊	高19.3cm	28,750	中鸿信	2020-01-03
15世纪 掐丝珐琅秋葵葡萄纹盖盒	直径 16.7cm	4,653,930	巴黎佳士得	2020-06-23
明15世纪 掐丝珐琅缠枝莲纹盘	直径13.6cm	532,500	佳士得	2020-11-30
明弘治 纯金掐丝嵌宝亭式楼阁手镯(一对)	长11.2cm×2	287,500	中鸿信	2020-01-03
15/16世纪 掐丝珐琅缠枝花卉纹鎏金象腿三足炉	直径22.7cm	510,890	伦敦佳士得	2020-11-03
15/16世纪 掐丝珐琅缠枝莲纹双朝冠耳三足炉	宽43.5cm	1,521,800	伦敦佳士得	2020-11-03
15/16世纪 掐丝珐琅缠枝莲纹双兽耳簋式炉	直径17cm	760,900	伦敦佳士得	2020-11-03
16世纪初 掐丝珐琅荷塘鸳鸯三足盘	直径17cm	49,637	巴黎佳士得	2020-06-23
16世纪初 掐丝珐琅花卉纹瓶	高23cm	99,273	巴黎佳士得	2020-06-23
明万历 铜胎掐丝珐琅缠枝莲纹梅瓶	高21.5cm	69,000	中鸿信	2020-01-03
16/17世纪 掐丝珐琅饕餮夔龙纹出戟方鼎	高32.4cm	456,540	伦敦佳士得	2020-11-03
17世纪掐丝珐琅缠枝莲纹烛台(一对)	高42cm	65,220	伦敦佳士得	2020-11-03
17世纪 掐丝珐琅龙凤三多纹花口盆	宽35cm	239,140	伦敦佳士得	2020-11-03
17世纪 掐丝珐琅擎日月龙纹大盘	直径32.1cm	99,273	巴黎佳士得	2020-06-23
明 纯金掐丝五福捧寿发簪成对	长14cm; 重约40g	28,750	中鸿信	2020-01-03
明 纯金掐丝镶宝蟾蜍银竿发簪成对	长14.3cm; 重约30.8g	23,000	中鸿信	2020-01-03
明 纯金掐丝镶碧玺珍珠银竿发簪	长14.3cm; 重约27.8g	17,250	中鸿信	2020-01-03
明 掐丝珐琅博古花卉纹碗	直径15.8cm; 高7.5cm	47,150	中贸圣佳	2020-12-08
明 掐丝珐琅缠枝莲纹花觚	高16cm	11,500	中贸圣佳	2020-12-08
明 掐丝珐琅花卉兽耳尊	高33cm	28,750	中贸圣佳	2020-12-08
明 掐丝珐琅花卉纹方壶	高17.5cm	28,522	伦敦佳士得	2020-05-21
明 掐丝珐琅花卉纹碗(一对)	直径12.3cm	24,134	伦敦佳士得	2020-05-21
明 掐丝珐琅莲纹兽耳簋式炉	腹径18.5cm; 高7.3cm	34,500	中贸圣佳	2020-12-08
明 掐丝珐琅绳耳三足炉	直径13.5cm	23,000	中贸圣佳	2020-12-08
明 掐丝珐琅双螭耳凤尾尊	高48.8cm	43,700	中贸圣佳	2020-12-08
明 铜胎珐琅花卉纹夔凤耳杯	长12.5cm; 高7.4cm	78,200	中贸圣佳	2020-10-16
明 铜胎掐丝珐琅缠枝花卉钵	直径17.5cm	368,000	北京保利	2020-12-05
明 铜胎掐丝珐琅缠枝花卉纹梅瓶	高18.5cm	143,750	中贸圣佳	2020-10-16
明铜胎掐丝珐琅缠枝莲纹朝冠耳三足炉	长18.5cm	69,000	中鸿信	2020-01-03
明 铜胎掐丝珐琅出戟尊	高18.6cm	306,564	中国嘉德	2020-10-10
明铜胎掐丝珐琅珐龙首马镫(一对)	高15.5cm×2	69,000	广东崇正	2020-09-13
明 铜胎掐丝珐琅莲瓣纹三足炉	腹径14.3cm; 高11.2cm	207,000	中贸圣佳	2020-10-16
晚明 掐丝珐琅花卉葡萄纹觚式瓶	高30.9 cm	1,810,500	佳士得	2020-11-30
明晚期铜胎掐丝珐琅狮纹小盘(一对)	直径12.5cm	10,350	中国嘉德	2020-12-03

(续表)

拍品名称	物品尺寸	成交价RMB	拍卖公司	拍卖日期
清早期掐丝珐琅兽耳缠枝如意三足炉	腹径10cm；高：8.6cm	20,700	中贸圣佳	2020-12-08
清早期 铜掐丝珐琅双龙捧寿扇形盒	长8cm	69,000	十竹斋拍卖（北京）	2020-10-18
清早期铜胎掐丝珐琅螭龙耳烛台(一对)	高24.5cm×2	184,000	华艺国际	2020-10-16
清康熙 掐丝珐琅缠枝莲十字金刚纹香几座	长53cm	161,000	中国嘉德	2020-08-18
清康熙 掐丝珐琅缠枝莲纹铺首尊	高34cm	74,750	中国嘉德	2020-07-16
清康熙 掐丝珐琅几何纹绣球	直径20.5cm	40,250	中国嘉德	2020-08-18
清康熙 掐丝珐琅夔龙纹海棠式盆	长24cm	32,200	中国嘉德	2020-08-18
清康熙 掐丝珐琅龙纹象腿三足盖炉	高32cm	108,700	伦敦佳士得	2020-11-03
清康熙 铜胎掐丝宝相花纹香盒	高8cm	138,000	中国嘉德	2020-08-18
清康熙铜胎掐丝珐琅缠枝莲纹兽耳炉	宽16.7cm	154,927	纽约苏富比	2020-09-23
清康熙 铜胎掐丝珐琅莲托八宝纹蟠龙蒜头瓶	高31.5cm	57,500	中鸿信	2020-01-03
清康熙 御制掐丝珐琅缠枝莲纹英雄合卺瓶	高29cm	4,686,000	佳士得	2020-11-30
清雍正 铜掐丝珐琅百鸟朝凤六棱笔筒	高15.6cm	34,500	中鸿信	2020-01-03
清雍正 铜胎画珐琅花鸟纹盘（一对）	直径21.5cm	34,500	北京大羿	2020-08-16
清雍正 铜胎掐丝珐琅缠枝莲纹出戟尊	高23.5cm	57,500	中鸿信	2020-01-03
清雍正/乾隆 御制掐丝珐琅饕餮纹贯耳大壶	高64.7cm	7,369,800	佳士得	2020-11-30
清雍正/乾隆 铜胎画珐琅黄地花卉葡萄大碗（一对）	直径18.7cm×2	402,500	北京保利	2020-10-20
17/18世纪 铜胎掐丝珐琅缠枝莲纹八方葫芦瓶一对	高21.8cm	240,998	纽约苏富比	2020-09-23
18/19世纪 掐丝珐琅花卉纹瓶	高20cm	24,797	伦敦佳士得	2020-02-13
18世纪 掐丝珐琅山水图方屏板	39.4×39.7cm	65,820	伦敦佳士得	2020-05-21
18世纪 铜胎画珐琅仕女婴戏图葵口盘	宽48.3cm	205,200	佳士得	2020-07-01
18世纪 铜胎画珐琅西洋人物图小盘	直径12.2cm	43,035	纽约苏富比	2020-09-23
18世纪 铜胎画珐琅云龙戏珠图盘	直径21.6cm	73,160	纽约苏富比	2020-09-23
18世纪 铜胎掐丝珐琅宫灯（一对）	高37.5cm×2	1,482,000	佳士得	2020-07-01
18世纪 铜胎掐丝珐琅长方座（一对）	宽25cm	94,013	中国嘉德	2020-10-10
18世纪 錾胎珐琅多子多福纹如意	长30.9 cm	131,321	伦敦苏富比	2020-06-15
18世纪初 御制掐丝珐琅福寿连绵串璧纹凤耳大瓶	高48.8cm	3,727,500	佳士得	2020-11-30
乾隆 铜胎掐丝珐琅文房三层提盒	9×13.5×19cm	190,238	加拿大尚德	2020-11-28
清乾隆 金属胎画珐琅西番莲纹大瓶	高46.4cm	93,679	纽约佳士得	2020-09-25
清乾隆 鎏金铜嵌掐丝珐琅西番莲纹长方倭角花盆一对	25.3cm	96,129	香港苏富比	2020-11-26
清乾隆 鎏金铜錾胎珐琅双连盖盒	宽12.7cm	31,560	伦敦佳士得	2020-02-13
清乾隆 掐丝珐琅八宝盖法器	高12.5cm	13,800	中贸圣佳	2020-12-08
清乾隆 掐丝珐琅八宝纹钵	直径17.5cm	476,512	巴黎佳士得	2020-06-23
清乾隆掐丝珐琅彩绘花卉玻璃宫灯(一对)	高21cm	63,250	中国嘉德	2020-08-18
清乾隆 掐丝珐琅缠枝花卉纹几座	直径35cm	28,750	中国嘉德	2020-08-18
清乾隆 掐丝珐琅缠枝花卉纹双耳三足炉	宽11.5cm	158,837	巴黎佳士得	2020-06-23
清乾隆掐丝珐琅缠枝花卉纹渣斗(一对)	宽9.2cm	20,700	中国嘉德	2020-08-18
清乾隆 掐丝珐琅缠枝莲八宝纹佛龛	高45.4cm	575,000	中国嘉德	2020-08-18
清乾隆 掐丝珐琅缠枝莲螭龙福寿纹茶船（一对）	长15.5cm	57,500	中国嘉德	2020-12-03
清乾隆掐丝珐琅缠枝莲福寿纹龙耳杯	长8.8cm	105,800	中国嘉德	2020-07-16
清乾隆 掐丝珐琅出戟花觚	高36.4cm	92,000	中贸圣佳	2020-10-16
清乾隆 掐丝珐琅大吉葫芦瓶（一对）	高36cm	706,550	伦敦佳士得	2020-11-03
清乾隆 掐丝珐琅宫灯（一对）	高41cm×2	920,000	中贸圣佳	2020-10-16
清乾隆 掐丝珐琅拐子龙纹象首冲天耳熏炉	高37.5cm	849,288	巴黎苏富比	2020-06-18
清乾隆 掐丝珐琅花卉双耳炉	宽11cm	402,500	北京保利	2020-10-20
清乾隆 掐丝珐琅锦地开光鹤鹿同春图捧盒	直径37.8cm	805,000	中国嘉德	2020-08-18
清乾隆 掐丝珐琅开光螭龙纹香插	直径10.8cm	205,200	佳士得	2020-07-01
清乾隆 掐丝珐琅夔龙纹香插	直径10.8cm	39,709	巴黎佳士得	2020-06-23
清乾隆掐丝珐琅连年福寿双凤耳盖炉	高20cm	119,570	伦敦佳士得	2020-11-03
清乾隆掐丝珐琅莲蚁卧蚕夔耳鼎式炉	高6.4cm	598,000	中国嘉德	2020-08-18
清乾隆 掐丝珐琅炉瓶盒三事	高11cm; 10.8cm; 宽6.5cm	552,000	华艺国际	2020-10-16
清乾隆 掐丝珐琅帽架（一对）	高29cm	109,250	中贸圣佳	2020-10-16
清乾隆 掐丝珐琅山水人物纹四方倭角笔筒	高12.4cm	92,000	中国嘉德	2020-07-16
清乾隆 掐丝珐琅狮形香熏（一对）	高49cm×2	1,265,000	中国嘉德	2020-08-18
清乾隆 掐丝珐琅兽面纹方壶一对	高17.8cm×2	64,528	巴黎佳士得	2020-06-23
清乾隆 掐丝珐琅双龙耳鹤足瑞鹿大香熏	高65cm	6,900,000	永乐拍卖	2020-08-17
清乾隆 掐丝珐琅饕餮葡萄纹象腿三足炉	高51cm	1,087,000	伦敦佳士得	2020-11-03
清乾隆 掐丝珐琅饕餮纹出戟方鼎	高40cm	347,840	伦敦佳士得	2020-11-03
清乾隆 掐丝珐琅饕餮纹四方出戟尊	高14cm	76,090	伦敦佳士得	2020-11-03
清乾隆 掐丝珐琅团寿字纹觚一对	高45cm×2	468,394	纽约佳士得	2020-09-25
清乾隆 掐丝珐琅万寿无疆浅碗	直径16.7cm	414,000	北京保利	2020-10-20
清乾隆 掐丝珐琅雄鸡（一对）	高31cm×2	217,400	伦敦佳士得	2020-11-03
清乾隆 掐丝珐琅叶形水洗	宽25.5cm	226,000	佳士得	2020-07-09
清乾隆 掐丝珐琅云纹构件	长52.8cm	63,250	中国嘉德	2020-08-18
清乾隆 铜鎏金八宝纹掐丝珐琅灯笼瓶	高20cm	23,000	中鸿信	2020-01-03
清乾隆 铜胎珐琅兜率宫	含座高34cm	69,000	中国嘉德	2020-12-03
清乾隆 铜胎画珐琅八吉祥纹四足鼎式炉	高44cm	64,528	巴黎佳士得	2020-06-23
清乾隆 铜胎画珐琅缠枝花卉开光竹石盖碗（九件）	直径12cm	253,000	北京保利	2020-12-05
清乾隆 铜胎画珐琅西厢记故事图盘	直径16cm	92,000	广东崇正	2020-09-13
清乾隆 铜胎画珐琅婴戏图盘（五件）	10×10cm	26,450	广东崇正	2020-09-13
清乾隆 铜胎画珐琅錾刻西番莲鱼藻图三足洗	直径8.3cm	98,900	北京中汉	2020-08-19
清乾隆 铜胎掐丝珐琅“万寿无疆”碗	直径15.9cm	632,500	华艺国际	2020-10-16
清乾隆 铜胎掐丝珐琅缠枝莲纹壁瓶	长23.2cm	51,750	中国嘉德	2020-12-03
清乾隆 铜胎掐丝珐琅斗笔管	长24.1cm	163,501	中国嘉德	2020-10-10
清乾隆 铜胎掐丝珐琅西番莲纹狮耳活环鱼龙足熏炉	高25.3cm	137,713	纽约苏富比	2020-09-23
清乾隆 铜胎掐丝珐琅凫鸟尊	高34.3cm	683,645	保利香港	2020-12-02
清乾隆铜胎掐丝珐琅花卉纹柱头(一对)	高19.2cm	92,000	中国嘉德	2020-12-03
清乾隆 铜胎掐丝珐琅太平有象驮宝塔(成对)	高124cm×2	3,680,000	北京保利	2020-12-05
清乾隆 铜胎掐丝珐琅饕餮纹香插	高14.8cm	17,250	北京中汉	2020-11-09
清乾隆 铜胎掐丝珐琅西番莲拐子龙纹香炉	高44cm	1,380,000	永乐拍卖	2020-12-02
清乾隆 铜胎掐丝珐琅香盘	长18.9cm	63,250	中国嘉德	2020-12-03
清乾隆 铜胎双面画珐琅年年有余纹盖	宽14cm	69,491	巴黎佳士得	2020-06-23
清乾隆 铜胎填珐琅嵌玉花盆(一对)	高17.5cm	92,000	中贸圣佳	2020-12-08
清乾隆 御制广东铜胎绿地画珐琅花卉纹茶船一对	19.7cm	305,525	香港苏富比	2020-10-09
清乾隆 御制掐丝珐琅麒麟八狮戏绣球纹蟠龙耳盘口小瓶	高11.2cm	5,836,200	佳士得	2020-11-30
清乾隆 御制掐丝珐琅饕餮纹方鼎式盖炉及錾胎珐琅缠枝莲纹座	高46.5cm	4,047,000	佳士得	2020-11-30
清乾隆 御制铜胎掐丝珐琅鎏金英雄双联瓶	高8.8cm	3,565,000	北京保利	2020-12-05
清乾隆 錾胎珐琅缠枝莲纹葵花形花盆	直径20.5cm; 高9cm	33,350	中贸圣佳	2020-12-08
清乾隆 紫檀嵌白玉及铜胎画珐琅西番莲纹冠架（一对）	高29.4cm×2	1,092,500	华艺国际	2020-10-16
清乾隆或更晚 玻璃胎画珐琅花卉纹小瓶	高11.5cm	543,500	伦敦佳士得	2020-11-03
清乾隆至嘉庆 广东蓝地铜胎画珐琅梅竹双清渣斗一对	19cm	13,885	香港苏富比	2020-11-26
清乾隆至嘉庆 广东铜胎画珐琅山水人物图盘	27cm	10,147	香港苏富比	2020-11-26
清嘉庆 掐丝珐琅花卉纹双耳鬲式炉	高11.7cm	11,500	中贸圣佳	2020-12-08
清嘉庆 铜胎掐丝珐琅花卉纹瓶	高19.4cm	55,200	广东崇正	2020-09-13

(续表)

拍品名称	物品尺寸	成交价RMB	拍卖公司	拍卖日期
清中期 大漆盒铜胎画珐琅平生吉庆九子攒盘（一套）	尺寸不一	57,500	北京保利	2020-12-05
清中期 红木西番莲纹嵌铜胎掐丝珐琅博古图插屏	高80cm	69,000	中鸿信	2020-01-03
清中期 掐丝珐琅缠枝莲纹狮钮象足香熏	腹径 80cm; 高109cm	1,840,000	中贸圣佳	2020-10-17
清中期 掐丝珐琅花蝶图海棠形花盆	宽31.5cm	11,500	北京保利	2020-10-20
清中期 掐丝珐琅花卉纹荷花盆景	连座高180cm	575,000	中国嘉德	2020-08-18
清中期掐丝珐琅山水纹挂屏（一对）	60×23cm	97,750	中国嘉德	2020-08-18
清中期掐丝珐琅太平有象摆件（一对）	长28.5cm; 宽19cm	172,500	中贸圣佳	2020-10-16
清中期 嵌丝珐琅福寿桃式盒	长9.1cm	57,500	北京中汉	2020-07-31
清中期铜掐丝珐琅太平有象三足熏炉	高54.5cm	172,500	保利厦门	2020-09-26
清中期 铜掐丝珐琅西番莲瓶	高14.2cm	74,750	十竹斋拍卖（北京）	2020-10-18
清中期 铜胎画珐琅冰梅纹茶船、高足杯 六件	长14cm;高6.1cm	13,800	中国嘉德	2020-07-16
清中期 铜胎画珐琅缠枝花卉纹大碗	直径22.7cm	23,000	中国嘉德	2020-07-16
清中期 铜胎画珐琅花卉纹莲花供灯（一对）	直径16.5cm	28,750	中国嘉德	2020-08-18
清中期铜胎掐丝珐琅缠枝寿莲纹高足盘	直径23.7cm	25,300	北京中汉	2020-07-31
清中期 银胎錾胎填珐琅吉祥如意碗（一对）	直径9.8cm×2	57,500	中国嘉德	2020-08-18
清中期 银质鎏金掐丝珐琅提篮	长13.5cm; 宽11cm	46,000	中国嘉德	2020-12-02
清道光 鎏金银掐丝珐琅缠枝莲纹杯连盏托	直径20cm	119,128	巴黎佳士得	2020-06-23
18/19世纪 掐丝珐琅百福纹方形盖炉（一对）	高46.5cm×2	2,119,650	伦敦佳士得	2020-11-03
18/19世纪 掐丝珐琅缠枝莲纹三足盆	直径37cm	59,564	巴黎佳士得	2020-06-23
18/19世纪初 掐丝珐琅福寿莲托八吉祥纹方胜式熏炉	宽67.5cm	1,491,000	佳士得	2020-11-30
18–19世纪 广东松绿地铜胎画珐琅杯、盘一套二十三件	5.2–25.2cm	16,022	香港苏富比	2020-11-26
19世纪 掐丝珐琅大仙鹤一对	高229 cm×2	468,394	纽约佳士得	2020-09-25
19世纪 掐丝珐琅富贵凤凰纹双龙耳抱月瓶 一对	高54cm×2	258,110	巴黎佳士得	2020-06-23
19世纪 掐丝珐琅仙鹤 一对	最高88cm	49,637	巴黎佳士得	2020-06-23
清晚期 掐丝珐琅童子骑象（一对）	长27.5cm	40,250	中国嘉德	2020-11-11
清晚期 掐丝珐琅鱼藻纹荸荠瓶（一对）	高27cm	10,350	中国嘉德	2020-11-11
清晚期 铜掐丝珐琅荷塘花盆	高95cm	920,000	十竹斋拍卖（北京）	2020-10-18
清晚期 掐丝珐琅岁寒三友图凤尾尊（一对）	高43.8cm	69,000	中国嘉德	2020-08-18
清晚期 铜胎掐丝珐琅瓜瓞绵绵纹葫芦瓶（一对）	高28cm	34,500	北京中汉	2020-07-31
清 瓷胎掐丝珐琅花蝶纹胆瓶 一对	高24cm	13,800	中国嘉德	2020-07-16
清内填珐琅凤首紫檀嵌银丝挑挂一对	长52.1cm	44,673	巴黎佳士得	2020-06-23
清 掐丝珐琅出戟小方瓶	高12.2cm	86,250	中贸圣佳	2020-12-08
清 掐丝珐琅小瓶（两件）	高16.7cm; 高29.7cm	25,300	中贸圣佳	2020-12-08
清 掐丝珐琅西番莲纹甘露瓶一对	23.4cm	25,634	香港苏富比	2020-11-26
清 掐丝珐琅方胜形宫灯	高102cm	690,000	永乐拍卖	2020-08-17
清 掐丝珐琅福寿六方瓶（一对）	高50.4×2; 直径24cm×2	115,000	广东崇正	2020-09-13
清 掐丝珐琅荷鹭纹卷缸	直径15cm; 高11.6cm	17,250	中贸圣佳	2020-12-08
清 掐丝珐琅六方倭角花盆（一对）	长16.3cm	201,250	中贸圣佳	2020-12-08
清 掐丝珐琅镂雕凤耳炉	高27cm	81,650	中贸圣佳	2020-12-08
清 掐丝珐琅帽架（一对）	高27.8cm	29,900	中贸圣佳	2020-12-08
清 掐丝珐琅嵌宝花卉盆景（一对）	高48cm	59,800	中贸圣佳	2020-12-08
清 掐丝珐琅香瓶	高12cm	16,100	中贸圣佳	2020-12-08
清 乾隆年制款梅花形掐丝珐琅盖盒	高4cm; 直径12cm	11,500	西泠印社	2020-08-09
清 乾隆年制款掐丝珐琅瓶	高14cm	32,200	西泠印社	2020-08-09
清 乾隆年制款掐丝珐琅双耳熏炉	高11.5cm; 通径19cm; 口径13.5cm	92,000	西泠印社	2020-08-09
清 铜掐丝珐琅"吉祥如意"香熏	长29.3cm	138,000	十竹斋拍卖（北京）	2020-10-18
清 铜胎珐琅八宝海棠盒	15.5×8×6.8cm	30,240	上海联合	2020-11-29
清 铜胎珐琅挂件（两只）	尺寸不一	16,100	中贸圣佳	2020-12-08
清 铜胎珐琅夔纹鼎式炉	高38cm	41,400	中贸圣佳	2020-12-08
清 铜胎珐琅狮钮盖四方鼎式炉	长26cm; 宽17.5cm; 高37.5cm	103,500	中贸圣佳	2020-10-16
清 铜胎珐琅香熏（两件）	高63cm	17,250	北京翰海	2020-09-12
清 铜胎画珐琅蝴蝶纹小罐	高12cm	16,100	中贸圣佳	2020-12-08
清 铜胎画珐琅菱花式捧盒	宽33cm	92,000	永乐拍卖	2020-08-17
清 铜胎画珐琅龙纹碗	直径15.4cm; 高6.3cm	66,700	中贸圣佳	2020-12-08
清 铜胎画珐琅太平有象扁瓶	高33.5cm	63,250	中贸圣佳	2020-10-16
清 铜胎掐丝珐琅博古图插屏	高69.5cm	57,500	中鸿信	2020-01-03
清铜胎掐丝珐琅嵌白玉鳜鱼戏水盖盒	高3.9cm; 长10.8cm	17,250	西泠印社	2020-08-09
清 铜胎掐丝珐琅镶玉盒、盘（三件）	尺寸不一	43,700	中国嘉德	2020-12-03
清 银胎珐琅项链及点翠配珐琅饰物（一组）	长63.5cm	130,440	伦敦佳士得	2020-11-03
清 錾胎珐琅寿字六角花盆	长17.7cm; 宽13.6cm; 高7.8cm	20,700	中贸圣佳	2020-12-08
清代 掐丝珐琅夔凤纹甗质摆件	高13cm; 重553g	42,550	上海匡时	2020-08-05
清代 银质珐琅彩福寿扳指	高3.6cm; 直径3.5cm	23,000	中国嘉德	2020-08-18
清代 银质珐琅彩寿星	高25.4cm	46,000	中国嘉德	2020-08-18
清晚期掐丝珐琅饕餮纹英雄合卺大瓶	高55.6cm; 高70cm	1,704,000	佳士得	2020-11-30
民国 银质镶珐琅蒋中正赠黎玉玺葫芦形航海钟	高61.5cm	345,000	中国嘉德	2020-08-18
民国或稍晚 景泰蓝五供（一套）	尺寸不一	92,000	中贸圣佳	2020-12-07
清至民国 掐丝珐琅麒麟（一对）	高20.4cm	13,800	中贸圣佳	2020-12-08
清末民国 掐丝珐琅三足花盆	高17.3cm; 直径16.3cm	25,300	中贸圣佳	2020-12-08
19/20世纪 掐丝珐琅仙鹤（一对）	最大高度106.5cm	16,907	伦敦佳士得	2020-02-13
20世纪料胎画珐琅凤凰图小瓶（一对）	高11.5cm	10,144	伦敦佳士得	2020-02-13
陈鹏"珠圆玉润"景泰蓝(正反面)		78,200	御宝嘉和	2020-08-16
红木框嵌掐丝珐琅山水诗文大插屏	高136.5cm	17,250	中国嘉德	2020-07-17
红木嵌掐丝珐琅缠枝莲纹条案	114×40×80cm	13,800	中国嘉德	2020-07-17
木嵌掐丝珐琅牌框镜	69×63cm	51,300	佳士得	2020-07-01
掐丝珐琅百蝶图绣墩（一对）	高52cm	11,500	中国嘉德	2020-11-11
掐丝珐琅缠枝莲福寿纹如意	长41cm	17,250	中国嘉德	2020-11-11
掐丝珐琅缠枝莲寿字条桌	105×42.5×75cm	13,800	中国嘉德	2020-11-11
掐丝珐琅缠枝莲寿字条桌	105×42.5×75cm	10,350	中国嘉德	2020-07-17
掐丝珐琅对联	86×35.5cm	36,800	中国嘉德	2020-11-11
掐丝珐琅对联	85.8×35.4cm	17,250	中国嘉德	2020-07-17
掐丝珐琅凤凰（一对）	高124cm	10,350	中国嘉德	2020-07-17
掐丝珐琅荷塘月色绣墩（一对）	高46cm	17,250	中国嘉德	2020-07-17
掐丝珐琅葫芦万代图葫芦瓶（一对）	高44cm	11,500	中国嘉德	2020-11-11
掐丝珐琅花鸟纹龙耳三鹤炉（一对）	高73cm	10,350	中国嘉德	2020-07-17
掐丝珐琅九龙图圆桌连狮球图鼓墩（一套五件）	桌直径89cm; 鼓墩高43cm	20,700	中国嘉德	2020-07-17
掐丝珐琅盆嵌百宝寿桃大盆景（一对）	高128cm	25,300	中国嘉德	2020-11-11
掐丝珐琅盆嵌百宝寿桃盆景（一对）	高77cm	17,250	中国嘉德	2020-07-17
掐丝珐琅团花纹葫芦瓶（一对）	高28cm	17,250	中国嘉德	2020-11-11
掐丝珐琅围棋罐、棋盘（一套三件）	罐长11cm; 棋盘48×50cm	20,700	中国嘉德	2020-11-11
铜鎏金掐丝珐琅太平有象（一对）	高27.5cm	13,800	中国嘉德	2020-07-17
铜胎画珐琅寿字开光花鸟纹碗（一对）	直径17cm	11,500	中国嘉德	2020-11-11
铜胎掐丝珐琅花卉纹三足炉	7×11cm	835,000	北京贞观	2020-11-28
18世纪 掐丝珐琅缠枝莲纹双耳壁瓶 一对	高22cm x2	79,419	巴黎佳士得	2020-06-23
鼻烟壶				
清雍正至乾隆 黑漆描金盒"百什件"一套（内附料胎画珐琅烟壶、粉彩烟壶等八件）	尺寸不一	2,932,500	北京保利	2020-10-19
18世纪 白玉鼻烟壶	6.2cm	27,771	香港苏富比	2020-11-26
清乾隆 白玉浮雕瓜瓞绵绵鼻烟壶	高6cm	172,500	西泠印社	2020-08-09

2020杂项拍卖成交汇总

(续表)

拍品名称	物品尺寸	成交价RMB	拍卖公司	拍卖日期
清乾隆 白玉御题诗鼻烟壶	高6.5cm	92,000	广东崇正	2020-09-13
清乾隆 白玉御题诗文牵牛花烟壶	宽6cm	51,094	中国嘉德	2020-10-10
清乾隆 玛瑙阴刻御题诗文双蝶耳鼻烟壶	高5.3cm	298,200	佳士得	2020-11-30
清乾隆 苏工黄金皮浮雕刘海四方鼻烟壶	高7.8cm	10,350	中贸圣佳	2020-10-16
清嘉庆 青白玉金玉满堂烟壶	宽9.2cm	91,969	中国嘉德	2020-10-10
清中期 金珀雕铺首耳鼻烟壶	高7cm	34,500	北京诚轩	2020-08-17
18/19世纪 白玉鼻烟壶	高9cm	14,261	伦敦佳士得	2020-05-21
18/19世纪 墨白玉苏作巧雕得利图鼻烟壶	高6.4cm	1,491,000	佳士得	2020-11-30
18/19世纪 玉及翠玉鼻烟壶一组三件	高6.8cm, 高7.5cm, 高11.5cm	34,746	巴黎佳士得	2020-06-23
19世纪 白玉寿桃形鼻烟壶	高6.8 cm	18,580	伦敦苏富比	2020-06-16
19世纪 黄玉鼻烟壶	高7.3cm	129,106	纽约苏富比	2020-09-23
19世纪 黄玉石榴鼻烟壶	4cm	10,681	香港苏富比	2020-11-26
19世纪 玛瑙巧雕龙虎罗汉纹鼻烟壶	高6cm	109,201	巴黎佳士得	2020-06-23
1770-1840年 翠玉鸣凤在竹鼻烟壶(连翠玉鼻烟碟)	瓶高5.4cm; 碟长4.2cm	168,720	佳士得	2020-10-08
清 白料彩绘花卉纹鼻烟壶	高6.5cm	17,250	中贸圣佳	2020-12-08
清 白玉鼻烟壶及套红料鼻烟壶	高8.5及8cm	25,133	香港苏富比	2020-06-05
清 白玉雕芝兰祝寿烟壶	高6cm	11,500	北京保利	2020-10-20
清 白玉铺首烟壶	高7cm	32,200	中国嘉德	2020-07-16
清 白玉烟壶	高6cm	25,300	北京保利	2020-10-20
清 白玉烟壶 (一只)	高5.7cm	19,550	中贸圣佳	2020-12-08
清 白玉圆腹鼻烟壶	高6.9cm	17,250	中贸圣佳	2020-10-16
清 白玉长方倭角鼻烟壶	高6.1cm	10,350	中贸圣佳	2020-10-16
清 翡翠烟壶	4×2.7×6.4cm	1,380,000	北京保利	2020-12-05
清 粉晶福寿烟壶	高5.5cm	17,250	中国嘉德	2020-07-16
清 黄玉雕螭龙耳鼻烟壶	高7.5cm; 高6.5cm	52,900	西泠印社	2020-08-09
清玛瑙巧雕马上封侯英雄斗志图鼻烟壶	高6cm	13,800	中国嘉德	2020-11-11
清 玛瑙巧雕人物戏狮纹烟壶	高7cm	20,700	中贸圣佳	2020-12-08
清 蜜蜡鼻烟壶 (一只)	高6cm	10,350	中贸圣佳	2020-12-08
清 青白玉福禄长寿鼻烟壶	7cm	11,749	香港苏富比	2020-11-26
清 烟壶六件	尺寸不一	13,800	中国嘉德	2020-07-15
清1720-1820年 碧玉兽面衔环耳鼻烟壶(连碧玉海棠式鼻烟碟)	瓶高5.6cm; 碟长4.4cm	12,654	佳士得	2020-10-08
清1730-1850年 白玉竹篓纹鼻烟壶(连白玉鼻烟碟)	瓶高5.1cm; 碟直径3.6cm	23,199	佳士得	2020-10-08
清1730-1850年 金发晶鼻烟壶(连金发晶鼻烟碟)	瓶高6cm; 碟直径3.3cm	36,908	佳士得	2020-10-08
清1730-1860年 水藻玛瑙兽面衔环耳鼻烟壶(连水藻玛瑙鼻烟碟)	瓶高6.6cm; 碟直径4.2cm	50,616	佳士得	2020-10-08
清1730-1870年 玉髓摩羯鱼形鼻烟壶(连玛瑙叶形鼻烟碟)	瓶长8.2cm; 碟长6cm	63,270	佳士得	2020-10-08
清1740-1840年 白玉鼻烟壶(连白玉鼻烟碟)	瓶高5.6cm; 碟直径4.2cm	16,872	佳士得	2020-10-08
清1740-1900年 水藻玛瑙随形鼻烟壶(连水藻玛瑙鼻烟碟)	瓶高5cm; 碟直径4.2cm	14,763	佳士得	2020-10-08
清1750-1860年 青白玉竹篓纹鼻烟壶(连青白玉鼻烟碟)	瓶高5.6cm	18,981	佳士得	2020-10-08
清1760-1850年 翠玉兽面衔环耳鼻烟壶(连翠玉海棠式鼻烟碟)	瓶高6.9cm; 碟长2.7cm	105,450	佳士得	2020-10-08
清1770-1850年 翠玉雕螭龙纹鼻烟壶(连翠玉鼻烟碟)	瓶高5.1cm; 碟直径5.3cm	63,270	佳士得	2020-10-08
清1780-1850年 巧雕玛瑙官上加官鼻烟壶(连玛瑙鼻烟碟)	瓶高6.9cm; 碟直径4.6cm	52,725	佳士得	2020-10-08
清1780-1900年 巧雕玛瑙东方朔乘槎图鼻烟壶(连玛瑙鼻烟碟)	瓶高7.1cm; 碟直径5.4cm	63,270	佳士得	2020-10-08
清1800-1900年 螺钿嵌珊瑚鱼形鼻烟壶(连螺钿鼻烟碟)	瓶长12.3cm; 碟直径3.1cm	21,090	佳士得	2020-10-08
清代 白玉鼻烟壶	通高5.9cm; 宽4.8cm 厚2.2cm	27,500	上海呗美	2020-06-10

拍品名称	物品尺寸	成交价RMB	拍卖公司	拍卖日期
清代 白玉留皮烟壶	高7.8cm; 宽6.3cm; 厚3.7cm	27,500	上海呗美	2020-07-10
清代 白玉烟壶	通高6.1cm; 宽3cm; 厚2.4cm	14,300	上海呗美	2020-07-30
清代 黄玉瓜果纹鼻烟壶	高6cm; 宽4.1cm; 厚2.7cm	26,400	上海呗美	2020-09-20
清晚期 白玉三羊开泰图鼻烟壶	高7.7 cm	20,766	伦敦苏富比	2020-06-16
晚清/民国 1820-1920年 紫罗兰翡翠鼻烟壶(连紫罗兰翡翠鼻烟碟)	瓶高5.3cm; 碟直径5.6cm	84,360	佳士得	2020-10-08
翡翠、玉烟壶四件	尺寸不一	13,800	中国嘉德	2020-07-15
18世纪 黄套蓝料镂雕锦地纹烟壶	高7.3cm	34,500	中贸圣佳	2020-12-07
清乾隆 矾红百寿纹烟壶	高6.4cm	12,650	中贸圣佳	2020-12-07
清乾隆 祭蓝描金开光粉彩人物花卉烟壶	高6.8cm	138,000	北京保利	2020-10-20
清乾隆 青花釉里红海水龙纹鼻烟壶	高8.3cm	11,500	中贸圣佳	2020-12-07
清乾隆 松石绿地粉彩开光童子图葫芦形鼻烟壶	高7.5cm	87,400	北京大羿	2020-08-01
清嘉庆 墨彩高士图烟壶	高7.6cm	17,250	中国嘉德	2020-07-16
清中期粉彩一鸣惊人、室上大吉图烟壶	高6.4cm	34,500	中国嘉德	2020-07-16
清中期 青花釉里红狸猫换太子人物故事图母壶	高14.4cm	36,800	中国嘉德	2020-07-16
清中期 青花渔樵耕读图烟壶	高6cm	10,350	中贸圣佳	2020-12-07
清道光 粉彩冠上加冠图烟壶	高7.3cm	23,000	中贸圣佳	2020-07-18
清道光 粉彩花鸟纹烟壶	高7.7cm	20,700	中国嘉德	2020-07-16
清道光 青花卖货郎图鼻烟壶(连青花玩玉款鬼趣图鼻烟碟)	瓶高7.5cm; 碟直径4.2cm	10,545	佳士得	2020-10-08
清道光 素胎云龙纹烟壶(一对)	高8cm	20,700	中贸圣佳	2020-12-07
清咸丰 矾红彩诸葛亮收姜维图鼻烟壶(连矾红彩果纹鼻烟碟)	瓶高7.8cm; 碟直径5cm	31,635	佳士得	2020-10-08
清光绪 程门绘青花釉里红山水图鼻烟壶	高12cm	92,000	西泠印社	2020-08-08
清光绪 粉彩大吉图鼻烟壶	高7cm	34,500	广东崇正	2020-09-13
清光绪 粉彩二龙戏珠纹烟壶成对	高7.2cm	40,860	北京保利	2020-07-18
清光绪 粉彩云鹤纹烟壶	高7.3cm	36,800	中贸圣佳	2020-12-07
清 茶叶末釉、红釉鼻烟壶(两只)	高16.7cm; 高26.1cm	10,350	中贸圣佳	2020-12-08
清 粉彩鼻烟壶(三只)	高19.5cm; 高27.2cm; 高36cm	13,800	中贸圣佳	2020-12-08
清 粉彩海水江涯鼻烟壶	高5.8cm(连盖)	11,200	上海联合	2020-11-29
清 青花釉里红鼻烟壶(两只)	高16.5cm; 高25.6cm	14,950	中贸圣佳	2020-12-08
清 青花釉里红鼻烟壶(四只)	高18.5cm; 高28.6cm; 高38.9cm; 高49.1cm	21,850	中贸圣佳	2020-12-08
清 青花釉里红鼻烟壶(四只)	高15cm; 高27.2cm; 高38cm; 高46cm	20,700	中贸圣佳	2020-12-08
清青花釉里红海八怪纹鼻烟壶(一对)	高15.8cm; 高26.1cm	13,800	中贸圣佳	2020-12-08
清1780-1820年 青花苍龙教子纹葫芦式鼻烟壶(连雍正年制款青花云龙纹鼻烟碟)	瓶高8.4cm; 碟直径4.5cm	16,872	佳士得	2020-10-08
清1790-1830年 御制釉里红苍龙教子鼻烟壶(连雍正年制款釉里红龙纹鼻烟碟)	瓶高6.8cm; 碟直径4.5cm	36,908	佳士得	2020-10-08
清1810-1860年 矾红彩十六子婴戏图鼻烟壶(连玩玉款五彩海棠纹鼻烟碟)	瓶高8.5cm; 碟直径4.6cm	14,763	佳士得	2020-10-08
清1810-1880年 五彩印围棋竹篮纹梅瓶式鼻烟壶(连斗彩蟠桃纹鼻烟碟)	瓶高7.9cm; 碟直径4.6cm	12,654	佳士得	2020-10-08
清1820-1860年 矾红彩钟馗降福双联鼻烟壶(连玩玉款五彩海棠纹鼻烟碟)	瓶高6.1cm; 碟直径5cm	10,545	佳士得	2020-10-08
清1830-1870年 青花婴戏图鼻烟壶(连青花五子登科图鼻烟碟)	瓶高6.4cm; 碟直径4.9cm	10,545	佳士得	2020-10-08
清1830-1880年 红釉地矾红彩金玉满堂鼻烟壶(连矾红彩鲤鱼纹鼻烟碟)	瓶高7.3cm; 碟直径4.7cm	33,744	佳士得	2020-10-08

（续表）

拍品名称	物品尺寸	成交价RMB	拍卖公司	拍卖日期
清1830–1880年 青花苍龙教子鼻烟壶（连内府侍右款青花龙凤呈祥鼻烟碟）	瓶高7.4cm；碟直径5.3cm	21,090	佳士得	2020–10–08
清1830–1880年 青花釉里红人物图鼻烟壶（连青花釉里红人物图鼻烟碟）	瓶高8.3cm；碟直径4.5cm	14,763	佳士得	2020–10–08
清代 青花釉里红松下高士图烟壶	高8.2cm	11,500	中贸圣佳	2020–12–07
清丁酉年冬月作（1897）青花山水高士图鼻烟壶（连青花山水图鼻烟碟）	瓶高6.8cm；碟直径4.9cm	27,417	佳士得	2020–10–08
清末 虎皮三彩烟壶	高7.6cm	10,925	中贸圣佳	2020–12–07
清末 娇黄釉烟壶（一对）	高8.6cm	10,350	中贸圣佳	2020–12–07
民国 毕荣九水晶内画烟壶	高6.3cm	10,350	中贸圣佳	2020–12–07
壶：清1740–1860年；内画：1960–1980年 刘守本内画金玉满堂水藻玛瑙鼻烟壶（连水藻玛瑙鼻烟碟）	瓶高6.1cm；碟直径4.1cm	63,270	佳士得	2020–10–08
清乾隆 蓝玻璃胎珐琅彩梅石花卉鼻烟壶	高4.94cm	298,200	佳士得	2020–11–30
清乾隆 涅白地套蓝料灵仙祝寿烟壶	高8.5cm	92,000	北京保利	2020–10–20
清乾隆 御制铜胎画珐琅开光西洋仕女图鼻烟壶 蓝料“乾隆年制”楷书款 御制铜胎画珐琅山水图花卉纹鼻烟碟 蓝料“乾隆年制”篆书款	瓶高5.1cm；碟直径4.7cm	474,525	佳士得	2020–10–08
18/19世纪 白地套绿色玻璃兰石图鼻烟壶	高7.38cm	34,080	佳士得	2020–11–30
18/19世纪 蓝玻璃柳编纹鼻烟壶	高6.37cm	47,925	佳士得	2020–11–30
清1700–1850年 御制黄玻璃鼻烟壶（连黄玻璃鼻烟碟）	瓶高7.1cm；碟直径3.6cm	27,417	佳士得	2020–10–08
清1720–1800年 御制透明蓝玻璃葫芦式鼻烟壶（连透明蓝玻璃鼻烟碟）	瓶高4.9cm；碟直径3.4cm	27,417	佳士得	2020–10–08
清1720–1840年 仿雄黄玻璃鼻烟壶（连仿雄黄玻璃鼻烟碟）	瓶高5.5cm；碟直径3.4cm	10,545	佳士得	2020–10–08
清1720–1840年 仿雄黄玻璃鼻烟壶（连仿雄黄玻璃鼻烟碟）	瓶高5.7cm；碟直径3.3cm	10,545	佳士得	2020–10–08
清1720–1840年 仿雄黄玻璃铺首衔环耳鼻烟壶（连仿雄黄玻璃鼻烟碟）	瓶高5.6cm；碟直径3.6cm	12,654	佳士得	2020–10–08
清1730–1820年 白色玻璃菊瓣式鼻烟壶（连白色玻璃鼻烟碟）	瓶高4.6cm；碟长3.2cm	10,545	佳士得	2020–10–08
清1730–1850年 红白玻璃鼻烟壶（连红白玻璃鼻烟碟）	瓶高5.5cm；碟长4.5cm	10,545	佳士得	2020–10–08
清1740–1800年 藕地套红玻璃一路连科鼻烟壶（连透明红玻璃鼻烟碟）	瓶高5.8cm；碟长3.8cm	73,815	佳士得	2020–10–08
清1740–1850年 御制透明酒黄色玻璃葫芦式鼻烟壶（连黄玻璃葫芦式鼻烟碟）	瓶高5.5cm；碟长5.4cm	14,763	佳士得	2020–10–08
清1760–1820年 雪地套蓝玻璃梅纹鼻烟壶（连白地套蓝玻璃鼻烟碟）	瓶高7.5cm；碟直径4.4cm	52,725	佳士得	2020–10–08
清1760–1860年 白地套蓝玻璃凤凰牡丹纹鼻烟壶（连白地套蓝玻璃鼻烟碟）	瓶高5.7cm；碟长3cm	23,199	佳士得	2020–10–08
清1760–1900年 粉红玻璃葫芦式鼻烟壶（连粉红玻璃心形鼻烟碟）	瓶高5.1cm；碟长3.9cm	10,545	佳士得	2020–10–08
清1770–1850年 仿雄黄地套红玻璃八骏图鼻烟壶（连仿雄黄玻璃鼻烟碟）	瓶高6.4cm；碟长4.2cm	31,635	佳士得	2020–10–08
日本江户末期/明治时期 莳绘仙人图鼻烟壶	高7cm	85,200	佳士得	2020–11–30
18世纪末 瘿木随形鼻烟壶	总高 7 cm	22,997	香港苏富比	2020–05–22
清乾隆 清宫内府御制铜胎画珐琅西洋画景图鼻烟壶	高5.5cm	2,990,000	北京大羿	2020–12–06
清乾隆 铜胎画珐琅仕女婴戏烟壶	高4.7cm	230,000	北京保利	2020–10–20
18/19世纪 鼻烟壶 八件一组	尺寸不一	72,072	罗芙奥	2020–12–05
18/19世纪 鼻烟壶 八件一组	尺寸不一	44,352	罗芙奥	2020–12–05
18/19世纪 鼻烟壶 九件一组	尺寸不一	22,176	罗芙奥	2020–12–05
18/19世纪 鼻烟壶 九件一组	尺寸不一	11,088	罗芙奥	2020–12–05
清 珐琅鼻烟壶（三只）	尺寸不一	74,750	中贸圣佳	2020–12–08

拍品名称	物品尺寸	成交价RMB	拍卖公司	拍卖日期
清 乾隆年制款银鎏金浮雕八宝纹鼻烟壶	高7cm；长5.2cm；重184g	57,500	西泠印社	2020–08–09
清 青白玉、套料、画珐琅等烟壶（一组七件）	尺寸不一	27,600	北京保利	2020–10–20
清 铜鎏金狮钮双狮耳鼻烟壶	高10cm	48,300	北京保利	2020–10–20
清1720–1780年 铜胎画珐琅花卉纹鼻烟壶（连铜胎画珐琅花卉纹鼻烟碟）	瓶高5.5cm；碟直径5cm	25,308	佳士得	2020–10–08
清1890年左右 黑漆错银丝“二千石公侯寿贵”鼻烟壶（连漆错银丝“延年”鼻烟碟）	瓶高6.1cm；碟直径3.3cm	33,744	佳士得	2020–10–08
19/20世纪 鼻烟壶（一组九件）	最大高度8cm	42,831	伦敦佳士得	2020–02–13
19/20世纪 鼻烟壶（一组九件）	最大高度8.8cm	15,780	伦敦佳士得	2020–02–13
19/20世纪 鼻烟壶 八件一组	尺寸不一	22,176	罗芙奥	2020–12–05
约1640年（约1730年镶嵌）布洛瓦画珐琅锤揲鼻烟盒	长8.1cm	21,090	佳士得	2020–10–08
古典家具				
17世纪 黄花梨独板围子夔龙纹罗汉床		44,083,560	香港苏富比	2020–07–11
17世纪 黄花梨六柱透雕螭龙瑞兽纹围子架子床		20,060,890	香港苏富比	2020–10–09
明末清初 紫檀曲尺围子罗汉床	224.2×127.3×82.6cm	23,000,000	北京保利	2020–10–20
明末清初 紫檀有束腰马蹄足四柱灯笼锦围子架子床	211×141×228cm	20,700,000	中国嘉德	2020–12–04
清早期红木有束腰马蹄足簇云纹罗汉床	218×158×91cm	517,500	中国嘉德	2020–08–16
清早期黄花梨花卉螭龙纹六柱架子床	224×148×232cm	9,200,000	北京保利	2020–12–05
清早期 黄花梨龙纹团寿罗汉床	210×106×84cm	368,000	中鸿信	2020–01–03
清早期 黄花梨拼万字纹双环卡子花内翻马蹄腿架子床	220×153×227cm	1,380,000	中鸿信	2020–01–03
清早期黄花梨梳背螭龙纹围子罗汉床	204.5×81.5×96.7cm	2,070,000	西泠印社	2020–08–09
清早期黄花梨四合如意云龙纹架子床	227×159×226.3cm	16,100,000	中贸圣佳	2020–10–16
清早期 黄花梨素围板罗汉床	199×115×80.7cm	10,350,000	中贸圣佳	2020–10–16
清中期 黄花梨雕福寿夔龙架子床	227×156×222cm	4,600,000	北京翰海	2020–12–12
清中期 榆木有束腰三弯腿五屏风式罗汉床	204×98×109cm	11,500	中国嘉德	2020–12–01
清 榉木螭龙灵芝纹三屏罗汉床	194×89×79cm	287,500	北京保利	2020–12–05
清 紫檀罗汉床式座	15.6 × 31.2 × 17.6 cm	57,493	香港苏富比	2020–05–22
20世纪 紫檀木雕螭龙纹鼓腿彭牙带拖托泥罗汉床形木座	长31.2cm	22,775	佳士得	2020–04–21
黄花梨螭龙纹六柱架子床	216×170×231cm	69,000	北京翰海	2020–09–12
黄花梨螭龙席面罗汉床	205×105×84cm	103,500	北京翰海	2020–09–12
黄花梨螭龙婴儿床	74×142×81cm	17,250	北京翰海	2020–09–12
黄花梨嵌大理石罗汉床	198×113×95cm	32,200	北京翰海	2020–09–12
紫檀雕龙纹满工罗汉床	215×115×90cm	28,750	北京翰海	2020–09–12
紫檀雕西番莲罗汉床	210×105×108cm	46,000	北京翰海	2020–09–12
紫檀嵌花梨雕十八罗汉罗汉床	192×90×108cm 80×40×25cm	11,500	北京翰海	2020–09–12
紫檀曲尺罗汉床	200×115×92cm	20,700	北京翰海	2020–09–12
16–17世纪 黄花梨裹腿做矮老凉榻	212×108.5×50cm	7,486,570	香港苏富比	2020–10–09
明末清初 黄花梨四面平榻	203×67.5×48cm	3,727,500	佳士得	2020–11–30
明末清初 黄花梨四面平马蹄足榻	200.5×70.5×50cm	4,140,000	中国嘉德	2020–12–04
18世纪 铁梨木有束腰罗锅枨马蹄足榻	高50.7cm；宽196.8cm；深66.4cm	86,071	纽约苏富比	2020–09–23
民国 红木榻	114×67×113cm	11,500	中国嘉德	2020–07–17
当代 海南黄花梨有束腰踩万字凉榻	202×91×46cm	115,000	中鸿信	2020–01–03
黄花梨三弯腿席面榻	202×87×49cm	20,700	北京翰海	2020–09–12
清乾隆 紫檀夔龙捧寿拐子龙带托泥小宝座	68×49×105cm	690,000	中鸿信	2020–01–03
当代 梓庆山房 乌木、黑柿木三屏风宝座	99×80×77cm	92,000	中国嘉德	2020–12–01
当代 紫檀灵芝纹宝座	71×51×102cm	253,000	中鸿信	2020–01–03
黄花梨雕博古纹宝座	110×88×110cm	103,500	北京翰海	2020–09–12
紫檀雕龙纹宝座	128×80×117cm	34,500	北京翰海	2020–09–12
紫檀雕龙纹带托泥宝座	102×71×95cm	20,700	北京翰海	2020–09–12

2020杂项拍卖成交汇总

（续表）

拍品名称	物品尺寸	成交价RMB	拍卖公司	拍卖日期
17世纪 黄花梨灯挂椅（一对）	50.2×41.6×105.6cm×2	2,980,688	纽约佳士得	2020-09-25
17世纪 黄花梨圈椅四把成堂	58.7×46.5×97cm×4	3,819,060	香港苏富比	2020-10-09
明末 黄花梨圈椅（成对）	73×66×105cm×2	6,233,080	香港苏富比	2020-07-11
明末 黄花梨圈椅（成对）	64.5×58.5×102cm×2	1,636,740	香港苏富比	2020-10-09
明末 黄花梨四出头禅椅	84×76×123cm	17,515,000	香港苏富比	2020-07-11
明末 黄花梨四出头官帽椅	63×60.5cm; 高110cm	1,036,602	香港苏富比	2020-10-09
明黄花梨嵌云石四出头官帽椅（一对）	57×45×114cm×2	11,500,000	中贸圣佳	2020-10-16
明晚期 黄花梨圈椅	长63cm; 宽49.3cm; 高106cm	1,127,000	北京保利	2020-10-20
明晚期 黄花梨寿纹圈椅（一对）	长65cm; 宽46cm; 高98cm	1,809,648	保利香港	2020-12-02
明晚期 黄花梨四出头官帽椅	63.5×58×101cm	3,565,000	永乐拍卖	2020-08-17
明末清初黄花梨四出头官帽椅（一对）	56×50×108.2cm×2	4,260,000	佳士得	2020-11-30
明末清初 黄花梨大南官帽椅	60.5×49.8×116cm	8,280,000	中国嘉德	2020-12-04
明末清初 黄花梨高靠背南官帽椅	55×43.8×106.5cm	3,277,500	中贸圣佳	2020-10-16
明末清初黄花梨高靠背南官帽椅（一对）	57×43×113cm×2	3,220,000	北京保利	2020-10-20
明末清初 黄花梨圈椅成对、黄花梨有束腰罗锅枨马蹄足八仙桌	57.5×44×98cm×2; 95×95×87cm	1,725,000	中国嘉德	2020-08-16
明末清初 黄花梨直牙板灯挂椅	47.7×40.6×101cm	3,105,000	中国嘉德	2020-12-04
清早期 黑漆撒螺钿山水人物图扶手椅	长58.2cm; 宽45cm; 高91cm	253,000	北京保利	2020-10-20
清早期黄花梨博古双螭龙纹圈椅（成对）	59.5×45.5×99cm×2	4,715,000	中国嘉德	2020-12-04
清早期 黄花梨禅椅	54.9×43.9×78cm	230,000	西泠印社	2020-08-09
清早期 黄花梨螭龙凤纹圈椅	66×53.3×96.5cm	1,380,000	北京保利	2020-10-20
清早期 黄花梨螭龙纹卷草壶门南官帽椅	58×45×115cm×2	414,000	中鸿信	2020-01-03
清早期 黄花梨螭龙纹南官帽椅（一对）	103×59×44.5cm×2	1,610,000	广东崇正	2020-09-13
清早期黄花梨螭龙纹券口牙板玫瑰椅	58.5×45.7×83cm	1,265,000	中国嘉德	2020-12-04
清早期 黄花梨灯挂椅	48.7×41×105.3cm	747,500	中国嘉德	2020-12-04
清早期黄花梨雕夔龙席面圈椅（两件）	59×44×93cm	1,725,000	北京翰海	2020-12-12
清早期 黄花梨雕竹节南官帽椅	53×42×108cm	1,380,000	永乐拍卖	2020-12-02
清早期 黄花梨高靠背南官帽椅	长47cm; 宽57.5cm; 高119cm	828,000	永乐拍卖	2020-08-17
清早期黄花梨高靠背南官帽椅（一对）	57.3×45.2×111cm×2	4,140,000	中贸圣佳	2020-10-16
清早期 黄花梨卷草纹圈椅	60×46×99cm	2,300,000	中国嘉德	2020-12-04
清早期 黄花梨卷草纹圈椅（一对）	71×70×102cm×2	4,830,000	北京保利	2020-10-20
清早期 黄花梨夔龙纹玫瑰椅	56.8×42.5×86cm	977,500	中国嘉德	2020-12-04
清早期 黄花梨罗锅枨带矮老天圆地方南官帽椅	57×43.5×101.5cm	1,380,000	中国嘉德	2020-12-04
清早期 黄花梨玫瑰椅	60×46×86cm	667,000	永乐拍卖	2020-12-02
清早期 黄花梨圈椅	59×45×101cm	575,000	永乐拍卖	2020-12-02
清早期 黄花梨圈椅	长62cm; 宽45cm; 高92cm	517,500	上海敬华	2020-09-22
清早期 黄花梨圈椅（一对）	64×61×98cm×2	4,025,000	永乐拍卖	2020-12-02
清早期 黄花梨圈椅成对	58.5×44×97cm×2	345,000	中国嘉德	2020-12-04
清早期 黄花梨瑞云拱日梅枝纹四出头官帽椅	56×47×118cm	1,380,000	中国嘉德	2020-12-04
清早期 黄花梨三接椅圈圈椅（成对）	61.5×45×94cm×2	7,820,000	中国嘉德	2020-12-04
清早期 黄花梨梳背玫瑰椅（一对）	57.5×50×88.5cm×2	1,005,360	保利香港	2020-12-02
清早期黄花梨双螭如意纹垂扶手圈椅	62×48×104cm	1,380,000	中国嘉德	2020-12-04
清早期 黄花梨双螭如意纹圈椅	59.5×45.5×97.5cm	2,645,000	中国嘉德	2020-12-04
清早期 黄花梨四出头官帽椅（一对）	61.5×55×116cm×2	6,325,000	永乐拍卖	2020-08-17
清早期 黄花梨四面全券口四出头官帽椅（成对）	58.5×45×107.5cm×2	4,830,000	中国嘉德	2020-12-04
清早期黄花梨洼堂肚券口四出头官帽椅	59×45×108.5cm	690,000	中国嘉德	2020-12-04
清早期 黄花梨席面圈椅（两件）	59×45×98.5cm	1,380,000	北京翰海	2020-12-12
清早期 黄花梨小四出头官帽椅	58×44.7×98.5cm	782,000	中国嘉德	2020-12-04
清早期 榉木南官帽椅	60.5×45×103cm	124,750	中国嘉德	2020-10-08
清康熙 红木透雕搭脑拐子纹扶手椅（成对）	56×45.7×91.5cm×2	460,000	中国嘉德	2020-08-16
17/18世纪 黄花梨四出头官帽椅	高114.3cm, 长53.9cm, 宽59.6cm	1,532,925	纽约佳士得	2020-09-25
18世纪 黄花梨双环卡子花拉开式躺椅	100×70×103.5cm	8,010,500	香港苏富比	2020-10-09
18世纪 紫檀素圈椅	59×45.2×97cm	1,091,160	香港苏富比	2020-10-09
清17/18世纪 黄花梨圈椅	高97.5cm; 宽68cm; 厚57cm	692,250	佳士得	2020-11-30
清乾隆 紫檀雕西洋花束腰带托泥扶手椅（成对）	64×51.5×109.5cm×2	5,809,994	香港苏富比	2020-10-09
清中期 红木扶手椅成对及红木高束腰小方桌	椅：56.5×44×90cm; 桌：69×69×65.5cm	483,000	中国嘉德	2020-08-16
清中期红木拐子纹南官帽椅四具成堂	60×45.5×109.5cm×4	448,500	中国嘉德	2020-08-16
清中期 红木圈椅（成对）	59.5×46×100.5cm×2	690,000	中国嘉德	2020-12-04
清中期 榆木大漆圈椅（成对）	41×48×97cm×2	23,000	中国嘉德	2020-12-01
清中期 榆木灯挂椅（两对）	尺寸不一	20,700	中国嘉德	2020-12-01
清中期 榆木黑漆玫瑰椅（成对）	56×45×96cm×2	25,300	中国嘉德	2020-12-01
清中期 柞榛木拐子纹太师椅（成对）	61.5×45.5×96.5cm×2	46,000	中国嘉德	2020-12-01
清中期 紫檀南官帽椅	63×50×105cm	623,748	中国嘉德	2020-10-08
清中期紫檀席面四出头官帽椅（两件）	59.5×45×111cm	230,000	北京翰海	2020-12-12
19世纪 黄花梨如意纹圈椅（一对）	62.9×52.7×99.7cm×2	1,277,438	纽约佳士得	2020-09-25
19世纪 竹六角形扶手椅	高98cm; 宽59.5cm	67,800	佳士得	2020-07-09
清晚期 红木南官帽椅	61×49×112cm	172,500	中国嘉德	2020-12-04
清晚期 红木嵌云石靠背椅八具成堂	58×44.5×101cm×8	161,000	中国嘉德	2020-12-01
清 黄花梨螭龙纹南官帽椅（成对）	59×46×114cm×2	356,500	中鸿信	2020-01-03
清 黄花梨吉祥如意龙纹交椅（一对）	高112cm; 宽73cm	369,075	佳士得	2020-10-08
清 黄花梨南官帽椅	长59cm; 宽46.5cm	402,500	北京保利	2020-10-20
清黄花梨拼花梨木冰裂纹玫瑰椅（一对）	高84cm; 宽59cm	413,139	纽约苏富比	2020-09-23
清 黄花梨圈椅	座宽65.5cm; 座深56cm	56,350	中贸圣佳	2020-12-08
清 黄花梨圈椅（一对）	座宽59.5cm; 座深47.9cm; 高99cm	172,500	中贸圣佳	2020-12-08
清 黄花梨寿字纹圈椅	60×46×101cm×2	218,500	中鸿信	2020-01-03
清 黄花梨素圈椅（成对）	66.5×58.8×99.5cm×2	3,220,000	北京保利	2020-12-05
清 黄花梨太师椅（一对）	100×64cm	230,000	北京禾谷	2020-09-24
清早中期红木三攒靠背大号圈椅成对	61×50×101cm×2	310,500	中国嘉德	2020-08-16
清早中期 黄花梨螭龙纹扶手椅	53×43×93.5cm	782,000	中贸圣佳	2020-12-08
约20世纪60年代 马特·斯塔姆 S34包豪斯悬臂椅	61×52×76cm	43,700	华艺国际	2020-10-15
当代 海南黄花梨罗锅枨带矮老禅椅	77.5×77.5×85cm	80,500	中鸿信	2020-01-03
当代 海南黄花梨明式灯挂椅（一组）	28×30×65cm×3	138,000	中鸿信	2020-01-03
当代 海南黄花梨攒拐子纹家具一堂（四椅二几）	椅子62×45×92cm	632,500	中鸿信	2020-01-03
当代 黄花梨素面圈椅成对	60×47×94cm×2	138,000	中鸿信	2020-01-03
当代 平仄家居 东非黑黄檀扇形南官帽椅	60×47×90cm	57,500	中国嘉德	2020-12-01
当代万乾堂金丝楠木高靠背南官帽椅	60×47×119cm	32,200	中国嘉德	2020-12-01
当代 紫檀满金星螭龙捧寿圈椅（三件套）	椅63×48×100×2; 几45×45×74cm	195,500	中鸿信	2020-01-03
当代 紫檀西番莲纹太师椅成对连香几	椅71×50×107×2; 几50×50×69cm	368,000	中鸿信	2020-01-03
1960年作 布吉·莫根森 西班牙椅	57×82×62cm	92,000	华艺国际	2020-10-15
2018年作 傅军民 单扶手摇椅	高105.2cm; 长168cm; 宽63.2cm	47,880	佳士得	2020-07-01
爱马仕 2019 棕色CALFSKIN牛皮及橡木软垫座椅（一组两件）	长55×高56.4×直径86cm	60,322	保利香港	2020-12-02
爱马仕 2019 棕色TAURILLON H小牛皮及核桃木LES NÉCESSAIRES D' HERMES长椅	长163×高44×直径46cm	100,536	保利香港	2020-12-02
爱马仕 2020 棕色TAURILLON小牛皮及核桃木LES NECESSAIRES D' HERMES 'CABRIOLET' 椅子（一组两件）	长68.5×高72.5×直径64.5cm	140,750	保利香港	2020-12-02
安思远同款圈椅	62×44×93cm×2	30,645	北京保利	2020-07-15
海南黄花梨木圈椅方几（一套三件）	尺寸不一	49,901	香港普艺	2020-07-11
红木螭龙写字台 椅（两件）	尺寸不一	13,800	北京翰海	2020-09-12
红木南官帽椅（两件）	68×53×99cm	11,500	北京翰海	2020-09-12
红木嵌大理石四出头官帽椅（3件）	尺寸不一	20,700	北京翰海	2020-09-12

(续表)

拍品名称	物品尺寸	成交价RMB	拍卖公司	拍卖日期
花梨木禅椅	长: 62cm 宽: 77cm 高: 80.5cm	19,404	罗芙奥	2020-12-05
花梨木圈椅 一对	尺寸不一	24,948	罗芙奥	2020-12-05
黄花梨螭龙寿字玫瑰椅（两件）	63×48×87cm	23,000	北京翰海	2020-09-12
黄花梨螭龙纹玫瑰椅（两件）	59×48×82cm	14,950	北京翰海	2020-09-12
黄花梨螭龙纹圈椅（两件）	61×46×93cm	17,250	北京翰海	2020-09-12
黄花梨带托泥圈椅（两件）	62×48×110cm	17,250	北京翰海	2020-09-12
黄花梨雕云头圈椅（3件）	尺寸不一	59,800	北京翰海	2020-09-12
黄花梨福云灵芝圆桌 椅（7件）	95×84cm 32×47cm	13,800	北京翰海	2020-09-12
黄花梨花卉纹扇面椅（两件）	73×59×108cm	13,800	北京翰海	2020-09-12
黄花梨卷草纹带托泥圈椅（3件）	尺寸不一	184,000	北京翰海	2020-09-12
黄花梨灵芝中堂 条案 桌 椅（一堂）	尺寸不一	103,500	北京翰海	2020-09-12
黄花梨玫瑰椅（3件）	尺寸不一	11,500	北京翰海	2020-09-12
黄花梨明式席面玫瑰椅（两件）	60×45×85cm	46,000	北京翰海	2020-09-12
黄花梨圈椅（3件）	尺寸不一	17,250	北京翰海	2020-09-12
黄花梨四出头官帽椅（两件）	58.5×46×119cm	40,250	北京翰海	2020-09-12
黄花梨席面玫瑰椅（两件）	59×47×90cm	13,800	北京翰海	2020-09-12
黄花梨云头禅椅	75×75×77cm	11,500	北京翰海	2020-09-12
黄花梨直后背交椅	64×52.8×89.5cm	1,708,963	香港苏富比	2020-11-26
近代 海黄交椅	长66cm; 宽52cm	207,000	上海敬华	2020-09-22
鹿角椅	109×100×116cm	40,250	中国嘉德	2020-11-11
鹿角椅	91×100×123cm	17,250	中国嘉德	2020-07-17
鹿角椅	115×110×130cm	13,800	中国嘉德	2020-07-17
17–18世纪 黄花梨圈椅	100×68×46cm	342,719	香港苏富比	2020-06-05
酸枝木梳背椅 一对	尺寸不一	16,632	罗芙奥	2020-12-05
檀香木卷草纹带托泥圈椅（3件）	尺寸不一	51,750	北京翰海	2020-09-12
乌木四出头官帽椅	56×50×112cm	15,890	北京保利	2020-07-15
硬木扶手椅、靠背椅、长方桌（一套七件）	尺寸不一	10,350	中国嘉德	2020-07-17
硬木靠背椅、方桌（一套五件）	尺寸不一	11,500	中国嘉德	2020-07-17
硬木玫瑰椅连几（一套三件）	尺寸不一	10,350	中国嘉德	2020-11-11
硬木小扶手椅、小方桌（一套五件）	尺寸不一	10,350	中国嘉德	2020-07-17
紫檀雕洋莲书卷椅（3件）	尺寸不一	28,750	北京翰海	2020-09-12
紫檀福庆有余太师椅（3件）	尺寸不一	34,500	北京翰海	2020-09-12
紫檀南官帽椅（3件）	尺寸不一	10,350	北京翰海	2020-09-12
紫檀四出头官帽椅（两件）	尺寸不一	18,400	北京翰海	2020-09-12
紫檀竹节席面梳背椅（3件）	尺寸不一	20,700	北京翰海	2020-09-12
17世纪 黄花梨禅凳	63.3×63×47.3cm	427,241	香港苏富比	2020-11-26
17世纪 黄花梨夹头榫春凳	193.2×52×58cm	3,390,000	香港苏富比	2020-07-11
17世纪 黄花梨交杌	54.2×57×43cm	2,712,000	香港苏富比	2020-07-11
17世纪 黄花梨交杌	57.3×37.3×53.5cm	2,400,552	香港苏富比	2020-10-09
17世纪 黄花梨束腰罗锅枨三弯腿长方凳	48.7×41.3×51cm	2,073,204	香港苏富比	2020-10-09
明 黄花梨螭龙纹交杌	56.5×34×49cm	103,500	中鸿信	2020-01-03
明晚期 榆木夹头榫条凳成对	195.5×50.5×57cm×2	11,500	中国嘉德	2020-12-01
明末清初黄花梨无束腰长方凳（一对）	高51.4cm; 宽51.5cm	426,000	佳士得	2020-11-30
明末清初 黄花梨二轴滚凳	75×35×22cm	264,500	中国嘉德	2020-12-04
明末清初 黄花梨卷草纹双脚踏交杌	54×47.4×50.6cm	2,070,000	中贸圣佳	2020-10-16
明末清初 黄花梨有束腰马蹄足禅凳	62.6×62.5×48.5cm	460,000	北京保利	2020-10-20
清早期 黄花梨螭龙纹交杌	48×35×44cm	1,035,000	中国嘉德	2020-12-04
清早期 黄花梨打洼带托泥方凳（一对）	47.2×47.2×50cm×2	2,530,000	中贸圣佳	2020-10-16
清早期 黄花梨高束腰带托泥方凳（四只）	36.5×36.5×46.5cm×4	1,667,500	中国嘉德	2020-08-16
清早期 黄花梨卷草纹罗锅枨三弯腿方凳	47.5×47.5×54cm	920,000	北京保利	2020-10-20
清早期 黄花梨壶门牙板罗锅枨长方凳（成对）	58×47.5×51.3cm×2	1,667,500	北京保利	2020-12-05
清早期 黄花梨罗锅枨春凳	长99cm; 宽33.5cm; 高46.8cm	598,000	中贸圣佳	2020-10-16
清早期 黄花梨如意云头插肩榫壶门卷口春凳	86×33.5×42cm	287,500	中鸿信	2020-01-03
清早期 黄花梨四面平罗锅枨马蹄足禅凳（成对）	66×55.5×48cm×2	1,840,000	中国嘉德	2020-12-04
清早期 黄花梨洼堂肚罗锅枨马蹄腿长方凳	42×49×51cm	897,000	中国嘉德	2020-12-04
清早期 黄花梨无束腰直足裹腿直枨加卡子花方凳成对	59.5×59.5×52cm×2	831,664	中国嘉德	2020-10-08
清早期 黄花梨有束腰罗锅枨螭龙纹席面绣凳成对	37×28×49cm×2	218,500	中鸿信	2020-01-03
清早期 黄花梨有束腰马蹄腿长方凳（成对）	62×52×51cm×2	4,370,000	中国嘉德	2020-12-04
清早期 紫檀有束腰马蹄足鼓腿彭牙方凳成对	50.5×50.5×54cm×2	727,706	中国嘉德	2020-10-08
17/18世纪 黄花梨长方凳一对	51.4×52.2×41.9cm×2	468,394	纽约佳士得	2020-09-25
17–18世纪 紫檀束腰鼓腿彭牙马蹄足带托泥长方凳	45×36cm; 高51cm	600,138	香港苏富比	2020-10-09
18世纪 黄花梨条凳（一对）	125.1×35.8×52.7cm×2	2,556,000	佳士得	2020-11-30
清乾隆 紫檀勾连纹有束腰罗锅枨方凳（一对）	61.3×61×52.4cm×2	2,185,000	北京保利	2020-10-20
清中期 紫檀雕卷珠纹禅凳（两件）	60.5×60.5×50.5cm×2	1,265,000	北京翰海	2020-12-12
18/19世纪 黄花梨四面平长方凳	42.5×57.5×49cm	1,299,500	佳士得	2020-07-09
清 黄花梨拐子龙纹管脚枨禅凳成对	58×58×50cm	138,000	中鸿信	2020-01-03
清 黄花梨攒牙板方凳（一对）	长44.3cm; 宽44.3cm; 高52.2cm	517,500	中贸圣佳	2020-10-16
清 明式黄花梨禅凳	56×56×53cm	322,000	中鸿信	2020-01-03
清 鸂鶒木霸王枨长方凳	长44×32×44cm	230,000	北京保利	2020-12-05
清 硬木棋凳（一对）	50×50×46cm	22,400	上海联合	2020-11-29
清早中期 紫檀卷云纹长方凳（一对）	49.5×42×52.5cm×2	2,760,000	中贸圣佳	2020-10-16
当代 海南黄花梨罗锅枨带矮老方凳成对	52×52×52cm×2	172,500	中鸿信	2020-01-03
当代 海南黄花梨明式交杌	56×39×50cm	126,500	中鸿信	2020-01-03
当代 海南黄花梨明式杌凳（一组）	29×29×28cm×5	126,500	中鸿信	2020-01-03
当代 鲁作家具博物馆 梧桐木配梓木琴桌及榆木琴凳	桌130×41×72cm; 凳48×38×46cm	13,800	中国嘉德	2020-12-01
2019年作马可乐绿云石面方凳（一对）	高47.5cm; 45cm	45,600	佳士得	2020-07-01
明式四海升平禅凳	72×72×42cm	10,783	北京保利	2020-07-15
清雍正 紫檀黑漆描金海棠形鼓墩	直径30cm; 高50cm	2,760,000	北京保利	2020-10-20
爱马仕 沙发	200×95×80cm	115,000	华艺国际	2020-10-15
16–17世纪 黄花梨雕龙凤花鸟纹束腰矮桌展腿式半桌	104.5×64.4×86.7cm	11,678,010	香港苏富比	2020-10-09
17世纪 黑漆嵌骨人物图炕桌	100.4×61.5×27.8cm	239,140	伦敦佳士得	2020-11-03
17世纪 黑漆嵌螺钿“月下梅花”图小桌	53.5×31×15cm	13,800	北京保利	2020-10-19
17世纪 黄花梨螭龙纹半桌	96.5×61.4×85.3cm	405,879	香港苏富比	2020-11-26
17世纪 黄花梨束腰霸王枨马蹄足半桌	101.3×44.7×91cm	763,812	香港苏富比	2020-10-09
17世纪初 黄花梨如意角牙马蹄足四平条桌（成对）	120.5×62.7×87.2cm×2	16,917,310	香港苏富比	2020-10-09
明 黄花梨酒桌	68×38×80cm	138,000	中鸿信	2020-01-03
明 黄花梨卷草纹霸王枨方桌	82×82×80cm	172,500	中鸿信	2020-01-03
明 朱漆云龙献宝桌	60×60×84cm	460,000	北京禾谷	2020-09-24
明16世纪 朱漆插肩榫酒桌	87.8×106.8×66.8cm	45,995	香港苏富比	2020-05-22
明晚期 黄花梨螭龙纹八仙桌	长94.5cm; 宽94.7cm	598,000	北京保利	2020-10-20
明晚期 黄花梨雕螭龙纹方桌	94×94×88cm	2,070,000	北京翰海	2020-12-12
明晚期 黄花梨高束腰卷草灵芝纹三弯卷球足炕桌	106.7×71.1×29.2cm	1,840,000	北京保利	2020-10-20
明末清初 黄花梨高束腰瘿木面带翘头香桌	83×42.3×81.3cm	2,530,000	中国嘉德	2020-12-04
明末清初 黄花梨高束腰霸王楼翘头书桌	155×54×84cm	7,130,000	北京保利	2020-10-20
明末清初 黄花梨炕桌式双陆棋局	43×29×10cm	2,300,000	北京保利	2020-10-20
明末清初 黄花梨无束腰顶牙罗锅枨半桌	103.4×63×86.2cm	467,811	中国嘉德	2020-10-08
明末清初 黄花梨有束腰马蹄足半桌	长97.8cm; 宽61.6cm; 高85.7cm	517,500	北京保利	2020-10-20
清早期核桃木四面平霸王枨雕花方桌	88×88×84cm	109,250	中国嘉德	2020-08-16
清早期 黄花梨八仙桌		575,000	广东崇正	2020-09-13
清早期 黄花梨半桌	86×48×84cm	253,000	十竹斋拍卖（北京）	2020-10-18

2020杂项拍卖成交汇总

(续表)

拍品名称	物品尺寸	成交价RMB	拍卖公司	拍卖日期
清早期 黄花梨带抽屉有束腰三弯腿方炕桌	70×70×24cm	782,000	中国嘉德	2020-12-04
清早期 黄花梨带屉方桌	长94.5cm; 宽93.5cm; 高85.5cm	1,035,000	永乐拍卖	2020-08-17
清早期 黄花梨雕螭龙纹三弯腿炕桌	101×63.8×29cm	483,000	北京翰海	2020-12-12
清早期 黄花梨雕卷草纹三弯腿炕桌	78.7×51.5×27.4cm	575,000	北京翰海	2020-12-12
清早期 黄花梨高束腰带屉棋桌	82.5×82.5×84.5cm	1,247,496	中国嘉德	2020-10-08
清早期 黄花梨高束腰马蹄足半桌	97.5×54.8×87.8cm	415,832	中国嘉德	2020-10-08
清早期 黄花梨高束腰条桌	138.8×53×79.7cm	2,300,000	北京保利	2020-12-05
清早期 黄花梨裹腿罗锅枨方桌	长92.6cm; 宽92.6cm; 高86.2cm	977,500	中贸圣佳	2020-10-16
清早期 黄花梨夹头榫圆腿酒桌	长76.5cm; 高81cm	345,000	保利厦门	2020-09-26
清早期 黄花梨卷草纹罗锅枨无束腰方桌	94×94×84cm	3,220,000	中国嘉德	2020-12-04
清早期 黄花梨罗锅枨方桌	长95cm; 宽95cm; 高86cm	1,955,000	中贸圣佳	2020-10-16
清早期 黄花梨嵌云石书桌	105×70×84.5cm	1,035,000	永乐拍卖	2020-12-02
清早期 黄花梨三弯腿炕桌	长95.5cm; 宽66.5cm; 高27cm	402,500	中贸圣佳	2020-10-16
清早期 黄花梨四面平半桌	长105cm; 宽53.5cm; 高101cm	1,035,000	永乐拍卖	2020-08-17
清早期 黄花梨四平弓字枨画桌	长171.5cm; 宽82cm; 高82cm	1,495,000	北京保利	2020-10-20
清早期黄花梨无束腰直枨圆裹圆方桌	92.5×92.5×83cm	2,300,000	中国嘉德	2020-12-04
清早期黄花梨一腿三牙罗锅枨方桌	97×97×84cm	1,955,000	北京保利	2020-10-20
清早期 黄花梨瘿木面小书桌	102×62×80cm	1,610,000	永乐拍卖	2020-08-17
清早期 黄花梨有束腰草龙纹三弯腿龙纹条桌	175×60×84cm	138,000	中鸿信	2020-01-03
清早期 黄花梨有束腰螭龙纹炕桌	73.2×48.6×21cm	101,879	中国嘉德	2020-10-08
清早期 黄花梨有束腰带抽屉顶牙罗锅枨马蹄腿炕桌	90.5×54×29cm	1,012,000	中国嘉德	2020-12-04
清早期 黄花梨有束腰壶门卷草足踏绣球炕桌	66×41×23.5cm	195,500	中鸿信	2020-01-03
清早期 黄花梨有束腰卷草纹炕桌	55.6×37.4×15.1cm	259,895	中国嘉德	2020-10-08
清早期 黄花梨有束腰龙纹方炕桌	72.5×72.5×30cm	632,500	中国嘉德	2020-12-04
清早期黄花梨有束腰龙纹三弯腿炕桌	长73cm; 宽73.5cm	235,750	中贸圣佳	2020-12-08
清早期黄花梨有束腰罗锅枨展腿琴桌	112×38×82cm	402,500	中鸿信	2020-01-03
清早期 黄花梨有束腰直枨长方桌	135×73×85.7cm	1,725,000	中贸圣佳	2020-10-16
清早期 黄花梨圆包圆束腰矮老开光方桌	90×90×80cm	368,000	中鸿信	2020-01-03
清早期 黄花梨圆裹圆双环卡子花长画桌	198×69×85cm	2,300,000	北京翰海	2020-12-12
清早期 瀏鶒木四面平霸王枨方桌	75×75×81cm	17,250	中国嘉德	2020-12-01
清早期 紫檀雕云蝠纹条桌	121.5×38×83.5cm	5,750,000	北京翰海	2020-12-12
清康熙 黄花梨嵌螺钿龙凤赶珠纹炕桌	39cm× 19.9cm× 9.1cm	397,093	巴黎佳士得	2020-06-23
清雍正 御制云蝠纹西番莲大条桌	193.8×51.8×93.8cm	14,950,000	中贸圣佳	2020-10-16
17/18世纪 黄花梨螭龙纹方桌	高86.6 cm, 宽93.3 cm	1,703,250	纽约佳士得	2020-09-25
17/18世纪 黄花梨三屉书桌	148.6×52.7×90.8cm	3,236,175	纽约佳士得	2020-09-25
18世纪 黄花梨炕桌	88.6×60.6×28.5cm	198,547	巴黎佳士得	2020-06-23
18世纪 黄花梨马蹄足大画桌	212×76.2×88.9cm	2,412,864	保利香港	2020-12-02
18世纪 黄花梨嵌乌木画桌	193.1×72.7×87cm	7,209,400	香港苏富比	2020-07-11
18世纪 天然木圆桌	直径91.5cm; 高84.8cm	545,580	香港苏富比	2020-10-09
18世纪 英式黄花梨折叠圆桌	直径109.5cm; 高71.8cm	184,000	中贸圣佳	2020-12-08
清17/18世纪 褐漆描金缠枝莲纹炕桌	110×60×39.5cm	597,850	伦敦佳士得	2020-11-03
清乾隆 嵌粉彩花卉纹瓷板炕桌	长79cm; 宽53.1cm; 高29cm	34,500	北京中汉	2020-08-19
清乾隆 紫檀锦地夔龙纹炕桌	长85.6cm; 宽50cm; 高33.2cm	805,000	中贸圣佳	2020-10-16
清乾隆 紫檀西番莲纹展腿式六方桌	113×97×93cm	17,593,800	佳士得	2020-11-30
清中期 核桃木有束腰三弯腿炕桌	118×53×27cm	11,500	中国嘉德	2020-12-01
清中期 红木变体顶牙罗锅枨瘿木面香桌	152×44×84.5cm	138,000	中国嘉德	2020-12-04

拍品名称	物品尺寸	成交价RMB	拍卖公司	拍卖日期
清中期 红木高束腰变体顶牙罗锅枨瘿木面小香桌	66.5×49.5×75cm	92,000	中国嘉德	2020-12-04
清中期 红木有束腰拐子龙纹马蹄足方桌	93×93×86.5cm	34,500	中国嘉德	2020-12-01
清中期 柞榛木方束圆包圆卡子花	长93cm; 宽93cm; 高82cm	80,500	上海敬华	2020-09-22
清中期 紫檀雕夔龙纹方桌	90×90×81cm	805,000	北京翰海	2020-12-12
清中期 紫檀罗锅枨内翻马蹄方桌	97×97×88cm	1,380,000	北京翰海	2020-12-12
清中期紫檀有束腰卡子花马蹄腿方桌	77×77×83cm	299,000	中鸿信	2020-01-03
清中期紫檀有束腰卡子花马蹄长方桌	106×77×83cm	287,500	中鸿信	2020-01-03
18/19世纪 黄花梨有束腰罗锅枨马蹄足画桌	高83.8cm; 宽181.3cm; 深60.3cm	946,777	纽约苏富比	2020-09-23
19世纪 黄花梨嵌乌木长方桌	84×46×72cm	3,801,320	佳士得	2020-07-09
清 红木嵌珐琅面喜鹊登梅圆桌	直径70cm; 高50.5cm	59,800	中贸圣佳	2020-12-08
清 黄花梨剑腿卷草纹半圆桌	86×35×42cm	437,000	中鸿信	2020-01-03
清 黄花梨镶红根石八仙桌	95×95×86.5cm	253,000	广东崇正	2020-09-13
清 鸡翅木十字枨方桌	长92cm; 宽92cm; 高79.5cm	161,000	北京保利	2020-10-20
清 龙眼木罗锅枨条桌	长107.3cm; 宽37.1cm; 高87.9cm	437,000	北京保利	2020-10-20
清 紫檀雕拐子龙纹嵌掐丝珐琅画桌	160.8×61×88cm	920,000	北京保利	2020-10-20
清 紫檀高束腰带屉方桌	长100.8cm; 宽49.5cm; 高91cm	276,000	中贸圣佳	2020-12-08
清 紫檀木雕螭龙纹琴桌	106×36×79.5cm	368,000	中鸿信	2020-01-03
民国 琴桌	122×41×86.5cm	31,360	上海联合	2020-11-29
20世纪 黄花梨有束腰长方桌	高82.5cm, 长212.7cm, 宽90.8cm	809,044	纽约佳士得	2020-09-25
当代 鲁作家具博物馆 黑漆有束腰四足半月桌成对	148×74×82cm×2	55,200	中国嘉德	2020-12-01
2018年作 马可乐 宋式琴桌	高84.2cm; 宽96.8cm; 深41.2cm	36,480	佳士得	2020-07-01
红木八仙桌	99×99×85cm	82,800	朵云轩	2020-11-30
红木嵌大理石半圆桌（两件）	77×85cm	10,350	北京翰海	2020-09-12
黄花梨螭龙纹方桌	98×98×87cm	149,500	北京翰海	2020-09-12
黄花梨雕拐子龙内翻马蹄腿画桌	179×67×85cm	20,700	北京翰海	2020-09-12
黄花梨雕龙纹画桌	189×74×81cm	20,700	北京翰海	2020-09-12
黄花梨卷草方桌	90×90×83cm	11,500	北京翰海	2020-09-12
黄花梨嵌大理石圆桌	96×82cm	23,000	北京翰海	2020-09-12
黄花梨嵌樱子木酒桌	108×62×81cm	92,000	北京翰海	2020-09-12
黄花梨一腿三牙方桌	92×92×85cm	20,700	北京翰海	2020-09-12
黄花梨硬木条桌	126.5×51.3×85.3cm	160,215	香港苏富比	2020-11-26
黄花梨圆腿四仙桌	62×62×76cm	10,350	北京翰海	2020-09-12
积庆堂制紫檀嵌清中期青花龙纹瓷板方桌	86.7×86.7×87.5cm	402,500	北京保利	2020-10-20
17至18世纪 黄花梨圆包角桌	81.8×163×49.2cm	971,038	香港苏富比	2020-06-05
约1870年 英国维多利亚时期胡桃木中央桌/餐桌	73×136×99cm	74,750	中国嘉德	2020-12-03
约1880年 法国铜鎏金及大理石休闲桌	75×55×45cm	92,000	中国嘉德	2020-12-03
紫檀雕福纹开窗条桌	176×61×84cm	17,250	北京翰海	2020-09-12
紫檀锦地拼万字纹画桌	162×74×86cm	25,300	北京翰海	2020-09-12
紫檀拉钱方桌（5件）	尺寸不一	20,700	北京翰海	2020-09-12
紫檀拼万字纹锦地方桌	80.5×80.5×82cm	20,700	北京翰海	2020-09-12
紫檀嵌大理石六角桌（7件）	99×80cm 36×48cm	23,000	北京翰海	2020-09-12
明 黑漆嵌螺钿骑马人物楼台香几	32×32×46.4cm	34,500	北京保利	2020-10-19
明 黄花梨镜台	长21.5cm; 宽19.6cm; 高31cm	132,250	中贸圣佳	2020-12-08
明 黄花梨夔龙纹五屏风式镜台	66×51×30cm	828,000	永乐拍卖	2020-12-02
明晚期 黄花梨台座式小翘头几	34.5×16×6.8cm	1,782,500	中贸圣佳	2020-10-16
清早期 红木棋台	82×57×19cm	356,500	中国嘉德	2020-08-16
清早期 黄花梨镂雕凤纹镜台	高82cm; 长74.5cm; 宽43cm	322,000	西泠印社	2020-08-09
18/19世纪 黄花梨花卉纹折叠式镜台	高46.5cm	126,540	佳士得	2020-10-08

（续表）

拍品名称	物品尺寸	成交价RMB	拍卖公司	拍卖日期
清晚期 红木螭龙纹写字台	180×69×84cm	368,000	中国嘉德	2020-12-04
清 "墨畦砚圃"砚台	11.2×9.6cm	74,750	十竹斋拍卖（北京）	2020-10-18
清 黄花梨螭龙纹镜台	长36.7cm; 宽36.5cm; 高23.5cm	92,000	中贸圣佳	2020-12-08
清 黄花梨双层书卷式台几	56×12.7cm; 高21cm	414,641	香港苏富比	2020-10-09
清 黄杨木赏石台	长33cm	94,300	北京保利	2020-10-20
清 宜钧花形调色盘、圆形砚台及青釉八卦纹砚台	直径12.3cm	84,360	佳士得	2020-10-08
清 紫檀书房台	77×77×82cm	168,000	上海联合	2020-11-29
红木带托泥花台（两件）	55×40×100cm	10,350	北京翰海	2020-09-12
黄花梨方花台（两件）	38×38×101cm	13,800	北京翰海	2020-09-12
维多利亚时期嵌黄铜桃花心木折叠书写台	高15.2cm; 长39.4cm; 宽25.4cm	10,350	西泠印社	2020-08-10
砚台连座	42×34cm	57,500	朵云轩	2020-11-30
紫檀翘头案式台座	59×21.2×23.2cm	64,086	香港苏富比	2020-11-26
17世纪 黄花梨夹头榫独板面双凤挡板带托子翘头案	289.3×58.5×88cm	54,380,120	香港苏富比	2020-07-11
17世纪 黄花梨夹头榫平头案	217×55.6×81.3cm	3,098,542	纽约苏富比	2020-09-23
17世纪黄花梨嵌铁梨木夹头榫平头案	266×67.5×81.5cm	7,486,570	香港苏富比	2020-10-09
17世纪 黄花梨如意云牙头夹头榫带托子翘头案	267×50×89cm	14,821,590	香港苏富比	2020-10-09
明末 黄花梨平头案	长75.5cm; 宽36cm; 高72.5cm	1,610,000	永乐拍卖	2020-08-17
明 海南黄花梨（平头）书案	150×43×84cm	40,250	北京禾谷	2020-09-24
明 黄花梨插肩榫镶瘿木板芯香案	86.5×39×77.5cm	368,000	中鸿信	2020-01-03
明 黄花梨夹头榫云纹挡板翘头案	183×43×88cm	6,325,000	中鸿信	2020-01-03
明 铁梨木螭龙纹巨型翘头案	407×68×97cm	586,500	中鸿信	2020-01-03
晚明 黄花梨如意纹独板翘头案	197.5×45.8×87cm	5,836,200	佳士得	2020-11-30
明晚期 黄花梨夹头榫平头案	长174.8cm; 宽57.5cm; 高83.8cm	897,000	北京保利	2020-10-20
明晚期 黄花梨卷云纹夹头榫平头案	179.2×41.3×81.2cm	4,600,000	北京保利	2020-10-20
明晚期 榆木大翘头案	426×61.5×95cm	782,000	中国嘉德	2020-08-16
明末清初 黄花梨灵芝纹独板小翘头案	138.8×43.8×85.2cm	7,881,000	佳士得	2020-11-30
明末清初 黄花梨小香案	54×37×80cm	7,369,800	佳士得	2020-11-30
明末清初 黄花梨带屉板小平头案	长75cm; 宽40.5cm; 高76.5cm	603,216	保利香港	2020-12-02
明末清初黄花梨独板灵芝纹大翘头案	222.5×47×93.5cm; 面板厚6cm	14,950,000	中国嘉德	2020-12-04
明末清初 黄花梨独板如意 云纹大翘头案	325.2×52×92.1cm	35,650,000	华艺国际	2020-12-05
明末清初 黄花梨夹头榫刀牙板圆腿长案	182×52×80.5cm	2,070,000	中国嘉德	2020-12-04
明末清初 黄花梨嵌瘿木带屉板小平头案	72.3×38×77.3cm	2,300,000	北京保利	2020-10-20
明末清初 黄花梨如意肩螭龙纹平头案	高83.5cm; 长129cm; 宽50cm	575,000	西泠印社	2020-08-09
明末清初 杉木灵芝纹独板断牙式翘头案	长234.3cm; 宽50.5cm; 高91.1cm	1,840,000	北京保利	2020-10-20
明末至清初 黄花梨夹头榫画案	163.5×55×82cm	2,073,204	香港苏富比	2020-10-09
清初 黄花梨瘿木面夹头榫条案	196.5×56.5×83.5cm	1,725,000	中国嘉德	2020-08-16
清早期 柏木搭板书案	138.5×69.5×86cm	13,800	中国嘉德	2020-12-01
清早期 红木夹头榫带屉小平头案	69.5×35×83cm	69,000	中国嘉德	2020-12-04
清早期 红木架几案	160.5×67.5×84cm	552,000	中国嘉德	2020-08-16
清早期 黄花梨螭凤纹翘头案	209.5×50×83cm	3,220,000	中贸圣佳	2020-10-16
清早期 黄花梨螭龙纹独板面翘头案	295×42×96cm	17,825,000	北京保利	2020-10-20
清早期 黄花梨带托泥翘头案	180.3×41.5×88.3cm	2,875,000	北京翰海	2020-12-12
清早期 黄花梨刀牙板平头案	149×51.8×81.8cm	2,070,000	中贸圣佳	2020-10-16
清早期 黄花梨刀牙板平头案	长158cm; 宽50cm; 高83cm	575,000	北京保利	2020-10-20
清早期 黄花梨独板翘头案	159×34.5×85.5cm	5,175,000	永乐拍卖	2020-08-17

拍品名称	物品尺寸	成交价RMB	拍卖公司	拍卖日期
清早期 黄花梨夹头榫螭凤纹扁腿大画案	247×62×80cm	7,820,000	中国嘉德	2020-12-04
清早期 黄花梨夹头榫带托子独板翘头案	191.5×42×85cm	5,750,000	中国嘉德	2020-12-04
清早期 黄花梨夹头榫独板小条案	85×39.5×79.5cm	333,500	中国嘉德	2020-12-04
清早期 黄花梨夹头榫如意云纹翘头案	高86.5cm; 长143cm; 宽38.5cm	1,265,000	西泠印社	2020-08-09
清早期 黄花梨夹头榫小案上案	52×16.2×14cm	230,000	中国嘉德	2020-12-04
清早期 黄花梨夹头榫小炕案	57×41×30cm	103,958	中国嘉德	2020-10-08
清早期黄花梨夹头榫云纹牙头小画案	144.5×69.5×84cm	1,143,538	中国嘉德	2020-10-08
清早期 鸡翅木云石面回纹翘头案	266×52×98cm	135,145	中国嘉德	2020-10-08
清早期 榉木平头案	长194cm; 宽56cm; 高78cm	115,000	上海敬华	2020-09-22
清早期 铁梨木刀牙板平头案	长109cm; 宽55.3cm; 高80.7cm	218,500	中贸圣佳	2020-10-16
清早期 瀏鶒木夹头榫独板翘头案	286.5×48.5×91cm	299,000	中国嘉德	2020-12-04
清早期 榆木夹头榫带托子云纹翘头案	233×40×96cm	345,000	中国嘉德	2020-08-16
清早期 榆木夹头榫云头纹牙板画案	206×58×84cm	43,700	中国嘉德	2020-12-01
清康熙 红漆地填彩花鸟纹平头案	141×39.8×82.3cm	1,092,500	北京保利	2020-10-20
清康熙 黄花梨刻朱彝尊杂咏诗小书案	124.7×46.9×77cm	12,075,000	北京保利	2020-12-05
17/18世纪 黄花梨如意纹平头案	181×41.3×81.9cm	5,518,530	纽约佳士得	2020-09-25
17—18世纪 紫檀如意云纹圆脚炕案	长102cm; 宽30cm; 高32cm	345,000	保利厦门	2020-09-26
清乾隆 御制紫檀独板夔龙纹条案	187×46.5×85.5cm	3,680,000	中鸿信	2020-01-03
清乾隆 紫檀夹头榫鹤鹿同春平头案	192.5×44×90cm	17,250,000	中国嘉德	2020-12-04
清中期 黑漆描金瓜瓞绵绵翘头案	159×44.5×89.5cm	36,800	中鸿信	2020-01-03
清中期 红木平头案	154×40.5×82.5cm	184,000	中国嘉德	2020-12-04
清中期 红木瘿木面翘头案	123×34×81cm	126,500	中国嘉德	2020-12-04
清中期榆木夹头榫带托泥花卉纹炕案	175.5×32×39cm	63,250	中国嘉德	2020-08-16
清中期 紫檀夹头榫小案上案	39.6×15×15cm	46,000	中国嘉德	2020-12-04
清中期 紫檀翘头案	长155cm; 宽51.5cm; 高86.5cm	1,380,000	永乐拍卖	2020-08-17
18/19世纪 黄花梨如意纹独板翘头案上案	高16.5cm; 宽48.3cm; 厚18cm	639,000	佳士得	2020-11-30
清大漆洒螺钿描金花鸟纹案头柜成对	高58cm×2	11,500	中鸿信	2020-01-03
清 红木带管脚帐案上几	长38cm; 宽18cm; 高12.3cm	23,000	北京保利	2020-10-20
清 黄花梨草龙纹独板平头案	130×50×83cm	345,000	中鸿信	2020-01-03
清 黄花梨刀子板香案	72×39×76cm	149,500	中鸿信	2020-01-03
清 黄花梨斗勾纹长案	132×38×80cm	218,500	广东崇正	2020-09-13
清 黄花梨如意云纹板足小翘头案	长44.5cm; 宽16cm; 高15cm	195,500	中贸圣佳	2020-12-08
清 黄花梨小马蹄带屉素身架几案	175×35.5×80.5cm	138,000	中鸿信	2020-01-03
清 黄花梨小翘头案	长103.3cm; 宽36.5cm; 高83cm	112,700	中贸圣佳	2020-12-08
清 硬木文案	150×45×80cm	31,360	上海联合	2020-11-29
清 紫檀回纹大画案	281×108×90cm	166,750	中鸿信	2020-01-03
清 紫檀龙纹翘头案几	37×15.5×14cm	13,800	广东崇正	2020-09-13
清 紫檀嵌灵璧石"鱼猫"案屏	14×8×14.5cm	138,000	北京保利	2020-10-20
清中晚期紫檀海水云龙纹带托泥平头案	138.5×40.5×82.8cm	1,610,000	中贸圣佳	2020-10-16
民国 黄花梨雕螭龙画案	长180cm; 宽80cm; 高87.5cm	172,500	中贸圣佳	2020-12-07
当代 梓庆山房 紫檀金丝楠面架几案	230×80×84cm	460,000	中国嘉德	2020-12-01
红木夔龙纹画案	180×74×85cm	17,250	北京翰海	2020-09-12
红木龙纹拉钱画案	164×80×83cm	43,700	北京翰海	2020-09-12
红木明式画案	180×80×83cm	40,250	北京翰海	2020-09-12
红木云头下卷条案	250×55×90cm	20,700	北京翰海	2020-09-12
花梨木夹头榫画案	长168cm; 宽75cm; 高78cm	31,416	罗芙奥	2020-07-18
黄花梨霸王枨独板翘头案	193×46×89cm	13,800	北京翰海	2020-09-12
黄花梨螭龙架几案	350×57×87cm	34,500	北京翰海	2020-09-12
黄花梨螭龙纹独板小翘头案	125×35×90cm	11,500	北京翰海	2020-09-12
黄花梨独板剑腿翘头案	159×35×85cm	43,700	北京翰海	2020-09-12

(续表)

拍品名称	物品尺寸	成交价RMB	拍卖公司	拍卖日期
黄花梨瓜棱腿明式画案	187×77×82cm	17,250	北京翰海	2020-09-12
黄花梨画案	长179cm; 宽81.5cm; 高83.5cm	2,530,000	永乐拍卖	2020-08-17
黄花梨夹头榫带托泥独板翘头案	230×48×80cm	92,000	北京翰海	2020-09-12
黄花梨三屉平头案	164×47×80cm	46,000	北京翰海	2020-09-12
黄花梨四面平霸王枨画案	193×74×81cm	13,800	北京翰海	2020-09-12
明式夹头榫平头案	69×36×80cm	10,215	北京保利	2020-07-15
明式四平面小条案	96×30×83cm	27,240	北京保利	2020-07-15
如意云头嵌云石小画案	120×60×80cm	27,240	北京保利	2020-07-15
硬木螭龙纹条案	144.5×43.5×82.5cm	13,800	中国嘉德	2020-11-11
硬木螭龙纹条案	169×48×80cm	11,500	中国嘉德	2020-11-11
硬木灵芝纹条案	210×45.5×90cm	11,500	中国嘉德	2020-11-11
真静木作 张雪松监制 铁力木翘头案	226×48.5×91cm	42,560	上海联合	2020-11-29
紫檀卷草纹案上多宝格（两件）	44×12×58cm	20,700	北京翰海	2020-09-12
紫檀四屉案上多宝格（两件）	50×64×26cm	11,500	北京翰海	2020-09-12
16/17世纪 褐漆嵌螺钿纹会图炕几	宽62cm	55,946	纽约苏富比	2020-09-23
16/17世纪 黑漆四足香几	高44.5cm	191,700	佳士得	2020-11-30
17世纪 黄花梨雕云鹤纹炕几	63.3×43cm; 高21.5cm	458,287	香港苏富比	2020-10-09
17世纪 黄花梨高束腰三弯腿长方香几	38.6×27.7×79cm	6,962,640	香港苏富比	2020-10-09
17世纪 黄花梨五足圆香几	86.5×46×46cm	4,497,400	香港苏富比	2020-07-11
明崇祯十年（1637）御制 填漆戗金云龙纹高束腰三弯腿圆香几	高61.5cm; 直径27.5cm	2,760,000	北京保利	2020-10-20
明 黑漆高束腰四足方香几	高44.5cm	276,000	中国嘉德	2020-08-16
明 黄花梨镶瘿木小长方几	长38cm; 宽24.4cm; 高13.4cm	184,000	中贸圣佳	2020-10-16
明 黄花梨有束腰壸门卷口剑腿独板芯材香几	71×41.5×81cm	920,000	中鸿信	2020-01-03
明 剔彩绶带花卉如意足小香几	20.3×20×13.5cm	345,000	北京保利	2020-10-20
明晚期 红漆镶大理石面倭角长方几	60×35×28cm	1,012,000	中贸圣佳	2020-10-16
明末清初 黄花梨如意云纹板足小翘头几	48.4×19.2×16.8cm	1,610,000	中贸圣佳	2020-10-16
明末清初 黄杨木嵌绿石长方香几	高12.5cm; 长34cm; 宽28cm	120,750	西泠印社	2020-08-09
明末清初 榉木四面平霸王枨马蹄足香几	长64cm; 宽36.2cm; 高82cm	138,000	北京保利	2020-10-20
清早期黑漆高束腰三弯腿带托泥香几	55×46×90cm	253,000	中国嘉德	2020-08-16
清早期 黑漆描金缠枝莲花纹高束腰圆香几（一对）	直径41cm; 高77cm	782,000	北京保利	2020-10-20
清早期 黄花梨独腿圆香几	51×81cm	207,000	中鸿信	2020-01-03
清早期 黄花梨小翘头几	31×13.5×13.5cm	25,990	中国嘉德	2020-10-08
清早期 紫檀红漆斑纹面竹节纹四面平炕几	长100.5cm; 宽29.7cm; 高33.8cm	460,000	北京保利	2020-12-05
清早期 紫檀嵌云石方几	20.5×20.5×10.5cm	126,500	华艺国际	2020-10-16
清早期 紫檀有束腰带托泥倭角小长方几	长26.5cm; 宽18.5cm; 高9.5cm	322,000	北京保利	2020-10-20
清康熙 御制朱漆戗金游龙捧寿纹大香几	高102cm; 直径50.5cm	2,990,000	北京保利	2020-10-19
清雍正至乾隆 紫檀云龙纹卷几	42.3×16.5×6.8cm	3,910,000	中贸圣佳	2020-10-16
18世纪黄花梨如意夔龙纹独板书卷几	190×36.2×50cm	4,047,000	佳士得	2020-11-30
清乾隆 紫檀雕西番莲福寿大方香几	69×69×115cm	4,830,000	北京保利	2020-10-19
清乾隆紫檀万字回纹罗锅枨方几（一对）	38.4×38.4cm×2	3,565,000	北京保利	2020-10-20
清中期黄花梨有束腰带托泥拦河香几	39×33×96cm	207,000	中鸿信	2020-01-03
清中期柞榛木高束腰宝珠纹香几成对	39.5×27.5×80cm×2	66,700	中国嘉德	2020-08-16
清中期 紫檀高束腰马蹄足绳牵玉璧纹香几	41×41×76cm	218,500	中国嘉德	2020-12-04
19世纪 黄花梨雕仿古纹四足有束腰方香几一对	高87.7cm; 宽47cm; 深36.5cm	301,247	纽约苏富比	2020-09-23
清 红木嵌瘿木鼓式几（一对）	高18.5cm	11,500	中贸圣佳	2020-12-08
清 红木嵌瘿木六方几	高47.5cm; 直径33.5cm	36,800	西泠印社	2020-08-09
清 红木束腰云纹菱花式香几	高33cm; 直径29cm	43,700	西泠印社	2020-08-09
清 红木香几	高54cm; 直径36cm	48,300	西泠印社	2020-08-09

拍品名称	物品尺寸	成交价RMB	拍卖公司	拍卖日期
清红木镶大理石双螭纹三弯腿香几	直径70cm; 高78.5cm	299,000	中贸圣佳	2020-10-16
清 黄花梨龙纹花几	30.6×16.9×9.4cm	32,200	广东崇正	2020-09-13
清 黄杨木仿树根式小几	高18.7cm; 直径7.3cm	115,000	北京保利	2020-10-20
清 榉木套方枨四面平长方几	长77cm; 宽39cm; 高87cm	184,000	北京保利	2020-10-20
清 龙眼木冰梅纹长方几	长46cm; 宽22.6cm; 高7.5cm	74,750	北京保利	2020-10-20
清 龙眼木卷几	长27cm; 宽12.8cm; 高6.1cm	391,000	北京保利	2020-10-20
清 楠木长方几	高11.5cm; 长50cm; 宽25cm	34,500	西泠印社	2020-08-09
清 酸枝嵌云石小几	29.8×29.8×14cm	23,000	广东崇正	2020-09-13
清 剔红龙纹花几（一对）	尺寸不一	57,500	广东崇正	2020-09-13
清 硬木香几（一对）	126×37cm	89,600	上海联合	2020-11-29
清 紫檀雕西番莲下卷几	92×30×30cm	10,350	北京翰海	2020-09-12
清 紫檀大漆镂雕花纹长方几	高7cm; 长40.5cm; 宽23.5cm	57,500	西泠印社	2020-08-09
清 紫檀雕拐子龙纹小方几（一对）	尺寸不一	25,300	西泠印社	2020-08-09
清 紫檀嵌大理石带托泥方几	长37.5cm; 宽21.5cm; 高12.4cm	23,000	中贸圣佳	2020-12-08
清 紫檀嵌石四面平几	长27cm; 宽22.4cm; 高8cm	28,750	中贸圣佳	2020-12-08
清 紫檀嵌瘿木六方几	高17.6cm; 直径23.9cm	41,400	西泠印社	2020-08-09
清 紫檀石面三弯腿方几	长28.5cm; 宽28.5cm; 高12.6cm	35,650	中贸圣佳	2020-12-08
清 紫檀弯脚香几（一对）	38×85cm	739,200	上海联合	2020-11-29
清 紫檀云石面方几	长23.5cm; 宽23.5cm; 高9cm	28,750	中贸圣佳	2020-12-08
清早中期 紫檀有束腰鼓腿膨牙带托泥小长方几	长32cm; 宽16cm; 高7.2cm	276,000	北京保利	2020-10-20
当代 海南黄花梨明式卷草纹三弯腿四方花几成对	42×42×87cm×2	287,500	中鸿信	2020-01-03
红木雕螭龙寿字花几（两件）	54×54×118cm	13,800	北京翰海	2020-09-12
红木六角花几（两件）	50×45×103cm	17,250	北京翰海	2020-09-12
黄花梨方几（一对）	尺寸不一	23,000	中贸圣佳	2020-12-07
黄花梨嵌大理石卷草纹花几（两件）	49×49×92cm	28,750	北京翰海	2020-09-12
清 紫檀嵌瘿木长方几	高16cm; 长36cm; 宽19cm	17,250	西泠印社	2020-08-08
三足带托泥香几	43×90cm	20,430	北京保利	2020-07-15
硬木花几（五件）	尺寸不一	10,350	中国嘉德	2020-11-12
硬木条几	110×80×40cm	95,200	上海联合	2020-11-29
约1850年 英国细木镶嵌及铜鎏金胡桃木花几	110×42cm	66,700	中国嘉德	2020-12-03
清早期 紫檀荷叶边圆座	直径12cm; 高1.7cm	18,400	中贸圣佳	2020-12-08
清早期 紫檀莲花座	直径11.1cm; 高1.7cm	36,800	中贸圣佳	2020-12-08
清乾隆 紫檀雕莲瓣纹大佛座（一对）	尺寸不一	253,000	中国嘉德	2020-12-03
清乾隆 紫檀雕须弥座构件（一对）	直径28cm	55,200	中国嘉德	2020-08-18
清乾隆 紫檀木座	直径21.5cm	11,500	广东崇正	2020-09-13
清乾隆 紫檀配染骨双联座	宽9cm	53,336	中国嘉德	2020-07-13
清乾隆 紫檀御题诗"陶兽耳壶"器座	直径16.7cm	287,500	北京保利	2020-12-05
清乾隆 宫廷 铜鎏金镶嵌宝石八吉祥莲花底座	高3cm; 口径8cm; 直径11.5cm	218,500	中国嘉德	2020-08-15
19世纪 端石长方砚附硬木盖座及紫檀雕素面圆形印泥盖盒	尺寸不一	34,163	佳士得	2020-04-21
清晚期 石湾窑大漆榆木座冰箱	39×39×59.5cm	55,200	中国嘉德	2020-12-01
清 "茶熟香温"紫檀镂雕随形花座	长14.4cm; 高2.5cm; 宽11.5cm	28,750	中贸圣佳	2020-12-08
清 沉香木底座	直径4.3cm	10,350	广东崇正	2020-09-13
清 仿天然木座	长30cm; 高5.5cm	138,000	中贸圣佳	2020-10-16
清 红木宝相花形座	长18cm; 宽8.8cm; 高3cm	13,800	中贸圣佳	2020-12-08
清 红木底座（一组六件）	尺寸不一	32,200	广东崇正	2020-09-13
清 红木千枝梅花座	长15.5cm	26,450	中贸圣佳	2020-12-08

（续表）

拍品名称	物品尺寸	成交价RMB	拍卖公司	拍卖日期
清 红木镂雕花座	长18.7cm; 宽10cm; 高5.5cm	23,000	中贸圣佳	2020-12-08
清 红木嵌银丝染色底座	直径13.5cm; 高6.1cm	25,300	中贸圣佳	2020-06-20
清 红木双螭虎龙耳扇座（一对）	40cm	28,750	中国嘉德	2020-12-03
清 黄花梨大炉座	高33cm; 直径57cm	120,750	十竹斋拍卖（北京）	2020-10-18
清 黄花梨底座	直径20cm	32,200	广东崇正	2020-09-13
清 黄花梨底座	直径14cm	25,300	广东崇正	2020-09-13
清 黄花梨底座	直径18.8cm	23,000	广东崇正	2020-09-13
清 黄花梨花式圆座	直径13.8cm; 高2.1cm	34,500	中贸圣佳	2020-12-08
清 黄花梨四方座	15.9×16.4×5.2cm	46,000	广东崇正	2020-09-13
清 镂雕卷云纹束腰开光三弯足方座	长71.5cm; 高20.5cm; 宽40cm	138,000	中贸圣佳	2020-12-08
清 奇木狮形座	长150cm; 宽60cm; 高79cm	57,500	上海敬华	2020-09-22
清 器座（一组五件）	尺寸不一	11,500	中贸圣佳	2020-12-08
清 酸枝底座（两件）	尺寸不一	17,250	广东崇正	2020-09-13
清紫檀、黄花梨、酸枝底座（一组十件）	尺寸不一	34,500	广东崇正	2020-09-13
清 紫檀浮雕夔龙纹三足座	长13.1cm; 高3.3cm	28,750	中贸圣佳	2020-12-08
清 紫檀俯仰莲瓣纹佛座	长13.6cm; 高3.2cm	24,150	中贸圣佳	2020-12-08
清 紫檀海棠纹底座	长8cm; 高5.5cm	46,000	广东崇正	2020-09-13
清 紫檀花瓣式三足器座	长11.3cm; 高2.5cm	13,800	中贸圣佳	2020-12-08
清 紫檀回纹足四方座	长10.6cm; 宽10.6cm; 高cm; 2.8cm	11,500	中贸圣佳	2020-12-08
清 紫檀镂雕海水纹座	长8.2cm; 宽6cm; 高2.6cm	11,500	中贸圣佳	2020-12-08
清 紫檀镂雕随形花座	直径21cm; 高4.5cm	115,000	中贸圣佳	2020-12-08
清 紫檀镂空葵形座	直径9.7cm	14,950	中贸圣佳	2020-12-08
清 紫檀木根雕随形架座	长34.7cm; 宽24.7cm	28,750	北京中汉	2020-11-09
清 紫檀器座（两件）	尺寸不一	14,950	中贸圣佳	2020-12-08
清 紫檀如意纹座	直径4.8cm	23,000	广东崇正	2020-09-13
清 紫檀三角形须弥座	长7.5cm; 高4.1cm	36,800	中贸圣佳	2020-12-08
清 紫檀山石足镂雕花纹底座	长10.5cm; 高2.5cm	34,500	中贸圣佳	2020-12-08
清 紫檀束腰长方形座	长10cm; 高2.8cm; 宽7.8cm	17,250	中贸圣佳	2020-12-08
清 紫檀四方倭角底座	长11.5cm; 高2.7cm; 宽11.5cm	20,700	中贸圣佳	2020-12-08
清 紫檀随形山石底座	长9.9cm; 高2.7cm	25,300	中贸圣佳	2020-12-08
清 紫檀祥云纹三足底座	长12cm; 高2.8cm	23,000	中贸圣佳	2020-12-08
清 紫檀圆形座	直径9.3cm; 高2.5cm	13,800	中贸圣佳	2020-12-08
清 紫檀圆座（一对）	直径27.5cm; 高14cm	33,600	上海联合	2020-11-29
清 紫檀月华纹长方座	长16.2cm; 宽12.8cm; 高3.1cm	28,750	中贸圣佳	2020-12-08
清 紫檀云纹椭圆座	长7.3cm; 宽4.5cm; 高5.9cm	13,800	中贸圣佳	2020-12-08
清早 紫檀整挖刻须弥云纹圆座	直径13.5cm; 高6.2cm	46,000	中贸圣佳	2020-12-08
民国 红木元宝形底座	长11cm	10,350	广东崇正	2020-09-13
木座（十件）	尺寸不一	13,800	中国嘉德	2020-11-12
木座、盖（十八件）	尺寸不一	13,800	中国嘉德	2020-07-17
木座、盖、架（六十九件）	尺寸不一	32,200	中国嘉德	2020-07-17
硬木镶嵌灵芝云蝠纹玻璃小柜连座	49.3cm overall height	39,856	佳士得	2020-04-21
明末清初 黄花梨无束腰马蹄足脚踏	77.2×38.5×18.4cm	368,000	北京保利	2020-10-20
清中期 红木镶瘿木带脚踏方棋桌	棋桌长74.5cm; 宽74.5cm; 高83cm; 脚踏长66cm; 宽66cm; 高12.8cm	460,000	北京保利	2020-10-20
明早期 榆木带闷仓圆角柜	158×65×180cm	25,300	中国嘉德	2020-12-01
17世纪 黄花梨雕双龙供莲纹四件顶箱柜（成对）	126.5×63×251cm×2	6,962,640	香港苏富比	2020-10-09
17世纪 黄花梨亮格柜	87.2×44.7×187.3cm	2,837,016	香港苏富比	2020-10-09
17世纪 黄花梨万历柜成对	141×51.8×193cm×2	49,550,788	香港苏富比	2020-10-09
17世纪 黄花梨有柜膛圆角柜（成对）	96×51×179cm×2	5,600,422	香港苏富比	2020-10-09
17世纪 黄花梨圆角柜（成对）	77×42.3×155.5cm×2	3,955,000	香港苏富比	2020-07-11

拍品名称	物品尺寸	成交价RMB	拍卖公司	拍卖日期
17世纪 黄花梨圆角柜一对连原底座	总高186cm; 80.5×47cm×2	15,549,000	佳士得	2020-11-30
明末 黄花梨四面平马蹄腿方角柜	61.8×37.8×69.5cm	437,000	华艺国际	2020-10-16
明黄花梨镂雕簇云纹攒花片方角矮柜	74×38×92cm	264,500	中鸿信	2020-01-03
明 榉木带柜膛瓜棱腿圆角柜（成对）	96×48×166cm×2	287,500	中国嘉德	2020-08-16
明末清初 黄花梨方角四平柜（两件）	100×50×195cm	5,290,000	北京翰海	2020-12-12
明末清初 黄花梨亮格万历柜	105×49×177cm	3,680,000	北京翰海	2020-12-12
明末清初 黄花梨万字围栏双层书柜	95×47.5×172cm	3,795,000	中国嘉德	2020-12-04
清早期 黄花梨打洼圆角柜	78×45.5×125cm	1,380,000	永乐拍卖	2020-12-02
清早期 黄花梨带闩杆小圆角柜	77.8×44.7×101cm	690,000	中国嘉德	2020-12-04
清早期 黄花梨雕螭龙书柜	101×41×181cm	1,725,000	北京翰海	2020-12-12
清早期 黄花梨素身圆角大柜成对	66×85×43cm×2	552,000	中鸿信	2020-01-03
清早期 黄花梨圆角柜	101×56.5×179.5cm	2,990,000	永乐拍卖	2020-08-17
清早期 榉木有闩杆无柜膛圆角柜	92×51.5×176.5cm	83,166	中国嘉德	2020-10-08
清早期 榉木圆角柜	长91cm; 宽46cm; 高171cm	149,500	上海敬华	2020-09-22
清早期 人物山水纹红漆描金柜成对	111×47×88cm×2	36,800	中国嘉德	2020-12-01
清早期 紫檀五屉炕柜	120×50×46cm	1,725,000	中鸿信	2020-01-03
清康熙 黄花梨雕螭龙螭凤捧寿纹双闷仓大四件柜（一对）	158×63.5×286.5cm×2	20,700,000	北京保利	2020-12-05
清康熙三十六年 御制紫檀鸡翅木百宝嵌《大宝箴》柜式大屏	198×147cm	7,820,000	北京保利	2020-10-19
18世纪 黄花梨嵌湘妃竹几何龟背纹小圆角柜	56.5×34×78cm	3,408,000	佳士得	2020-11-30
清乾隆 紫檀嵌楠木博古纹柜	长57.3cm; 宽22.4cm; 高75.7cm	253,000	中贸圣佳	2020-12-08
清乾隆 紫檀云龙纹小顶箱柜	长40cm; 宽20.5cm; 高68cm	862,500	中贸圣佳	2020-10-16
清中期 红木有闩杆圆角柜成对	76.3×37×153cm×2	241,500	中国嘉德	2020-12-04
清中期 黄花梨圆角柜（两件）	75×40×110.3cm	1,495,000	北京翰海	2020-12-12
18/19世纪 黄花梨方角柜	高158.8cm, 长99.4cm, 宽54.6cm	1,107,113	纽约佳士得	2020-09-25
18/19世纪 黄花梨方角柜	高161.5cm; 宽93.5cm; 厚55.5cm	639,000	佳士得	2020-11-30
18/19世纪 木雕龙纹小柜	高21.1cm; 宽35.6cm; deep15.9cm	36,908	佳士得	2020-10-08
19世纪 花梨木龙戏珠刻纹柜四件柜（一对）	231.3×110×43cm	326,100	伦敦佳士得	2020-11-03
19世纪 黄花梨单板方角四件柜	高275.6cm; 宽173.4cm; 深66.7cm	258,212	纽约苏富比	2020-09-23
清 黑漆描金文房多宝柜	高57.3cm; 长71.8cm; 宽34.5cm	63,250	西泠印社	2020-08-09
清 红木双龙戏珠纹四方书柜	高161.2cm; 长88.2cm; 宽39cm	339,250	西泠印社	2020-08-09
清 黄花梨包箱嵌瘿木书柜	177×35×112cm	43,700	中鸿信	2020-01-03
清 黄花梨雕拐子龙纹联柜（两件）	36×142.5cm	11,500	北京翰海	2020-09-12
清 黄花梨方角柜	长90cm; 宽41.5cm; 高152cm	563,500	中贸圣佳	2020-12-08
清 黄花梨团龙卡子花书柜成对	85×36×185cm×2	184,000	中鸿信	2020-01-03
清 黄花梨小顶箱柜	长47.6cm; 宽25.2cm	598,000	中贸圣佳	2020-10-16
清 黄花梨圆角柜	长77cm; 宽44.7cm	356,500	中贸圣佳	2020-12-08
清 鸡翅木小柜	高54cm; 长41cm; 宽22.8cm	63,250	西泠印社	2020-08-09
清 描金首饰柜	68.5×60cm	55,200	北京禾谷	2020-09-24
清 楠木漆金文房柜	54.5×43.5×22.5cm	10,080	上海联合	2020-11-29
清 填漆人物书柜箱	58×42cm	16,800	上海联合	2020-11-29
清 紫檀雕西番莲圆角柜	50×26×48cm	13,800	北京翰海	2020-09-12
清 紫檀嵌黄花梨八宝纹方角柜	57×38×86cm	13,800	北京翰海	2020-09-12
清 紫檀雕缠枝莲西番莲顶箱柜成对	296×43×184cm×2	345,000	中鸿信	2020-01-03
清 紫檀嵌大漆层板书柜（一对）	85×38×170cm×2	655,500	中鸿信	2020-01-03
清晚期 紫檀雕龙凤纹大四件柜（一对）	103.5×57.4×243.8cm	4,683,938	纽约佳士得	2020-09-25
民国 六件组合柜（一对）（两组）	长116cm; 宽60.2cm; 高219cm	80,500	中贸圣佳	2020-12-08

(续表)

拍品名称	物品尺寸	成交价RMB	拍卖公司	拍卖日期
民国 硬木花卉纹博古架柜	76.6×33.5×163.5cm	11,500	中国嘉德	2020-07-17
清19/20世纪 红木龙戏珠刻纹柜	158.5×45×87.5cm	130,440	伦敦佳士得	2020-11-03
当代 海南黄花梨四面平式独板顶箱大柜成对	120×60×240cm×2	1,495,000	中鸿信	2020-01-03
吴大澂 汉吉语瓦当书柜	98×65×229cm	1,495,000	华艺国际	2020-10-16
红木素面顶箱柜（两件）	113×54×233cm	46,000	北京翰海	2020-09-12
葫芦素面顶箱柜（两件）	78×45×16cm	46,000	北京翰海	2020-09-12
黄花梨螭龙顶箱柜（两件）	123×60×240cm	138,000	北京翰海	2020-09-12
黄花梨螭龙方角柜（两件）	100×45×128cm	23,000	北京翰海	2020-09-12
黄花梨面条柜	86×40.5×161cm	109,250	保利厦门	2020-09-26
黄花梨平头连三柜	185×51×85cm	17,250	北京翰海	2020-09-12
黄花梨翘头连三柜	167×50×84cm	17,250	北京翰海	2020-09-12
黄花梨透雕云纹圆角柜	73.5×46.5×101cm	97,750	北京翰海	2020-09-12
黄花梨图书行柜	高 76cm; 宽77.5cm; 高41cm	738,150	佳士得	2020-10-08
明式花梨圆角柜	85×43×106cm	14,755	北京保利	2020-07-15
17至18世纪 黄花梨小圆角柜一对	49×38.5×25.7cm×2	434,111	香港苏富比	2020-06-05
硬木云龙纹博古柜（一对）	98×36×198cm	11,500	中国嘉德	2020-07-17
约1890年 英国桃花芯木雕花大书柜	123×307×43cm	322,000	中国嘉德	2020-12-03
约1890年 英国维多利亚时期细木拼花边柜	100×115.5×51.5cm	40,250	中国嘉德	2020-12-03
约1900年 法国铜鎏金西阿拉黄檀木展示柜	148.5×66.5×37cm	379,500	中国嘉德	2020-12-03
约1925年 法国玫瑰木及枫木细木镶嵌鸡尾酒柜	130×84×35cm	97,750	中国嘉德	2020-12-03
紫檀螭龙万历柜（两件）	85×36×175cm	17,250	北京翰海	2020-09-12
紫檀雕博古纹万历柜（两件）	87×32×177cm	40,250	北京翰海	2020-09-12
紫檀雕夔龙纹圆角柜（两件）	79×37×158cm	23,000	北京翰海	2020-09-12
紫檀雕龙纹大四件柜（两件）	118×59×237cm	103,500	北京翰海	2020-09-12
紫檀雕龙纹顶箱柜（两件）	139×62×280cm	103,500	北京翰海	2020-09-12
紫檀雕西番莲顶箱柜（两件）	120×60×240cm	115,000	北京翰海	2020-09-12
紫檀雕西番莲顶箱柜（两件）	119×59.5×240cm	92,000	北京翰海	2020-09-12
紫檀雕洋花龙纹顶箱柜（两件）	120×60×240cm	97,750	北京翰海	2020-09-12
紫檀亮格柜（两件）	115×57.5×186cm	34,500	北京翰海	2020-09-12
紫檀龙凤纹方角柜（两件）	83×32×162cm	36,800	北京翰海	2020-09-12
清中期 红木单屉闷户橱	69.5×35×70cm	55,200	中国嘉德	2020-12-04
清 红木翘头云龙纹联二橱	170×46.5×88.5cm	598,000	中贸圣佳	2020-12-08
清 黄花梨联三闷户橱	131×53×84cm	332,666	中国嘉德	2020-10-08
明式瓜棱亮格书橱	76×40×180cm	51,075	北京保利	2020-07-15
17世纪 黄花梨十四屉药箱	84.8×46×112.5cm	4,552,562	香港苏富比	2020-10-09
明晚期 朱漆雕戗金龙纹官皮箱	47×34.6×46.3cm	149,500	中鸿信	2020-01-03
明末清初 黄花梨螭龙纹书箱	35.5×18.5×15cm	299,000	中国嘉德	2020-12-04
明末清初 黄花梨风箱（两件）	37.5×15×18cm; 32×14×18.2cm	943,000	中国嘉德	2020-12-04
明末清初 黄花梨轿箱	长47.8cm; 宽13.5cm; 高10cm	460,000	北京保利	2020-10-20
明末清初 黄花梨盝顶透雕官皮箱	32×23×32cm	124,750	中国嘉德	2020-10-08
明末清初 黄花梨书箱	46×26.5×19cm	64,454	中国嘉德	2020-10-08
明末清初 黄花梨双开门五屉药箱	25×17×26.5cm	184,000	中国嘉德	2020-12-04
清早期 和合二仙 黑漆竹包铜茶箱	长29.5cm; 宽24.3cm; 高40.5cm	92,000	上海匡时	2020-08-05
清早期 黄花梨官皮箱	41.5×27×34cm	230,000	中国嘉德	2020-12-04
清早期 黄花梨官皮箱	29×23×32cm	88,364	中国嘉德	2020-10-08
清早期 黄花梨平顶官皮箱	35.2×29.8×41.9cm	1,725,000	北京保利	2020-10-20
清早期 黄花梨书箱	42×24.5×19cm	60,296	中国嘉德	2020-10-08
清早期 黄花梨书箱	39×22×19.5cm	46,000	中国嘉德	2020-12-04
清早期 黄花梨文具箱	38.2×21×18.1cm	460,000	中贸圣佳	2020-10-16
清早期 黄花梨小书箱	23.5×13×9.5cm	57,500	中国嘉德	2020-12-04
清早期 紫檀刻铭文小提箱	高14.7cm; 宽10.7cm	94,300	西泠印社	2020-08-09
清早期 紫檀书箱	33×18.2×13cm	40,250	十竹斋拍卖（北京）	2020-10-18
清乾隆 紫檀博古纹书箱	39×23×19cm	517,500	永乐拍卖	2020-08-17

拍品名称	物品尺寸	成交价RMB	拍卖公司	拍卖日期
清乾隆 紫檀云龙纹文具箱	35×18.5×14.5cm	184,000	中鸿信	2020-01-03
清中期 紫檀雕龙凤纹长方箱	49×28.7×24.5cm	3,335,000	北京翰海	2020-12-12
清中期 紫檀嵌银丝梅花纹印章箱	25×22.5×27cm	115,000	保利厦门	2020-09-26
18/19世纪 黄花梨盝顶官皮箱	高33cm; square36cm	126,540	佳士得	2020-10-08
19世纪 黄花梨官皮箱	高30.7cm; 宽32.6cm; 深23.8cm	159,600	佳士得	2020-07-01
清 黄花梨单屉门书箱	长45.5cm; 宽27.6cm; 高27.7cm	195,500	中贸圣佳	2020-10-16
清 黄花梨官皮箱	34.3×27.2×38.5cm	287,500	西泠印社	2020-08-09
清 黄花梨官皮箱	38×31×41cm	172,500	十竹斋拍卖（北京）	2020-10-18
清 黄花梨官皮箱	31.5×23.8×36cm	46,000	中国嘉德	2020-11-11
清 黄花梨官皮箱	长16.5cm; 宽13.5cm; 高14.5cm	34,500	北京保利	2020-10-20
清 黄花梨官箱	长35.7cm; 宽25.7cm; 高38.5cm	149,500	中贸圣佳	2020-12-08
清 黄花梨书箱	长40cm; 宽23cm; 高16cm	36,800	中贸圣佳	2020-12-08
清 黄花梨镜箱	宽29cm	108,528	香港苏富比	2020-06-05
清 九屉文具箱成对	长61.5cm; 宽33.5cm; 高26.7cm	230,000	北京保利	2020-10-20
清 湘妃竹文箱	高13.5cm; 长24cm	92,000	上海敬华	2020-09-22
清 紫檀雕龙纹书箱	46×28×22cm	23,000	北京翰海	2020-09-12
清 紫檀盝顶官皮箱	长30cm; 宽30cm; 高30cm	345,000	北京保利	2020-10-20
清 紫檀嵌螺钿花蝶小药箱	长29.5cm; 宽19.5cm; 高35.5cm	43,700	中贸圣佳	2020-12-08
清 紫檀首饰箱	34×25×21cm	33,600	上海联合	2020-11-29
清 紫檀小方箱	长38.8cm; 宽20cm; 高17cm	32,200	中贸圣佳	2020-12-08
清 黄花梨文具箱	高8.7cm; 长32cm; 宽16cm	16,100	西泠印社	2020-08-09
民国 李晋章旧藏弘一法师遗物日本千鸟式手提保险箱	34.8×23.5×17cm	80,500	中鸿信	2020-01-04
黄花梨药箱	67×53×36cm	171,360	香港苏富比	2020-06-05
木箱	35×29×36cm	17,250	中国嘉德	2020-11-09
约1900年 英国维多利亚晚期橡木饮具箱	37×40×33cm	92,000	中国嘉德	2020-12-03
明嘉靖至万历 黄花梨群仙贺寿图长方捧盒	49.7×30×13.5cm	3,220,000	中贸圣佳	2020-10-16
明 黄花梨提盒	35.5×18.5×26.5cm	172,500	西泠印社	2020-08-09
明 黄花梨香盒	直径5.5cm; 高2.6cm	11,200	上海联合	2020-11-29
明 李氏家族黄花梨书匣	41.5×22.5×18cm	74,750	中鸿信	2020-01-04
明 周制紫檀百宝嵌烹茶图提盒	17.8×13.5×17.2cm	2,185,000	中国嘉德	2020-08-16
明 紫檀满彻提盒	37.2×22×29.5cm	310,500	西泠印社	2020-08-09
明至清 黄花梨提盒	高21cm; 长33.8cm; 宽19cm	55,200	西泠印社	2020-08-09
明晚期 黄花梨百宝嵌烂柯图提盒	30×19×22cm	1,437,500	中国嘉德	2020-12-04
明末清初 黄花梨画匣	长30cm; 宽7cm; 高6.8cm	57,500	北京保利	2020-10-20
明末清初 黄花梨两撞提盒	41.7×26.2×30.6cm	805,000	中贸圣佳	2020-10-16
明末清初 黄花梨嵌竹篾三撞长方盒成对（带扁担）	49.5×24×38.3cm×2	460,000	中国嘉德	2020-12-04
清初 黄花梨戥子盒	29.5×7.3cm; 高1.6cm	327,348	香港苏富比	2020-10-09
清早期 黄花梨镂雕螭龙纹画盒	76×20.5×15cm	126,500	中鸿信	2020-01-03
清早期 黄花梨三撞方提盒	高16cm	71,300	华艺国际	2020-10-16
清早期 紫檀提盒	高23cm; 长34cm; 宽15.5cm	149,500	西泠印社	2020-08-09
清中期 紫檀雕云龙博古山水纹玉册匣	52×34×30cm	2,875,000	北京翰海	2020-12-12
清中期 紫檀木盒	17.5×10.3×5.6cm	33,600	上海联合	2020-11-29
18-19世纪 黄花梨五撞提盒	44.4×25×47.3cm	545,580	香港苏富比	2020-10-09
清 黄花梨拜盒	32.4×15.6×4.8cm	28,750	广东崇正	2020-09-13

（续表）

拍品名称	物品尺寸	成交价RMB	拍卖公司	拍卖日期
清 黄花梨福寿纹盖盒	26×37.5×6.5cm	25,300	广东崇正	2020-09-13
清 黄花梨小提盒	高18cm；长18.6cm；宽13.2cm	74,750	西泠印社	2020-08-09
清 黄花梨圆盒	直径13.5cm；高6.5cm	36,800	北京保利	2020-10-20
清 黄花梨长方盒	长39.5cm；宽23cm；高19cm	115,000	北京保利	2020-10-20
清 黄花梨长方盒	长35.8cm；宽12.5cm；高12.8cm	32,200	中贸圣佳	2020-12-08
清 黄花梨竹节式两撞盒	直径8.1cm；高9.8cm	126,500	北京保利	2020-10-20
清代 竹根雕活环桃形香盒	长6.7cm	32,200	古天一	2020-10-16
清18世纪 黄花梨嵌宝仙鹿圆盖盒	直径10.2cm	171,360	香港苏富比	2020-06-05
百达翡丽丨木质表盒，为四枚腕表而制，原与型号5076系列同售		18,080	香港苏富比	2020-07-11
17-18世纪 黄花梨嵌宝芙蓉花盖盒	长11cm	43,411	香港苏富比	2020-06-05
紫檀文件匣	长41cm；厚23.4cm；高18.5cm	95,850	佳士得	2020-11-30
明末 黄花梨门廊式佛龛	52×33.5×62.5cm	448,500	中鸿信	2020-01-03
明末清初 黄花梨廊庑式佛龛	长18cm；宽13.8cm；高30cm	402,500	中贸圣佳	2020-10-16
明末清初 黄花梨有束腰须弥座佛龛	38×21×51.5cm	109,250	中鸿信	2020-01-03
清乾隆 紫檀葫芦形佛龛	高31cm	1,265,000	古天一	2020-10-16
清 黄花梨佛龛	36×51×19cm	57,500	北京翰海	2020-09-12
清中早期 黑漆螺钿盝顶六角亭式佛龛	高62.3cm	138,000	中贸圣佳	2020-10-16
佛龛	69.5×66cm	57,500	北京禾谷	2020-09-24
清早期 黄花梨束腰开光卷草纹炭火盆	50×40×25cm	287,500	中鸿信	2020-01-03
17世纪 黄花梨透棂书格	105.4×47.8×177cm	6,775,480	香港苏富比	2020-07-11
明 大漆嵌螺钿花鸟纹架格及凤凰纹画板	81×73×51cm；画板74×66.5cm	101,879	中国嘉德	2020-10-08
清早期 乌木衣架	128.5×40×167cm	2,990,000	永乐拍卖	2020-08-17
18世纪 朱漆嵌螺钿多宝格	166.5×32.2×71cm	260,880	伦敦佳士得	2020-11-03
清乾隆 洋彩仿铜胎画珐琅缠枝花卉福庆绵长纹瓷板插屏	38×46cm；瓷板31.8×26.5cm	43,700	中国嘉德	2020-11-09
清嘉庆 寿山石雕仿太湖石形笔格	长18cm	94,300	华艺国际	2020-10-16
清中期 红漆描金“郭子仪拜寿图”挂匾	206×38cm	74,750	中国嘉德	2020-12-01
清中期 鸡翅木雕仙人进宝图多宝格（两件）	93.7×37.5×187.5cm	437,000	北京翰海	2020-12-12
18/19世纪 黄花梨三层围子栏杆带抽屉大架格	高173.3cm；宽86.3cm；深42.5cm	559,459	纽约苏富比	2020-09-23
18/19世纪 紫檀木嵌银丝镶宝寿桃纹多宝阁	高46cm；宽46.5cm	476,512	巴黎佳士得	2020-06-23
当代 海南黄花梨三层架格	78.5×37×151.5cm	109,250	中鸿信	2020-01-03
当代 万乾堂 铁力木三层带屉架格成对	95×45×188cm×2	69,000	中国嘉德	2020-12-01
1885年第一期光齿小龙伍分银新票跨格全张四十枚		149,500	北京保利	2020-10-23
1885年光齿小龙壹分银新票版张四十枚全格		57,500	北京保利	2020-12-04
黄花梨嵌紫檀带屉架格（两件）	86×35.5×181cm	34,500	北京翰海	2020-09-12
黄花梨书格	90×45.1×176cm	640,861	香港苏富比	2020-11-26
宋 “骅骝”打马格钱	2.8cm	19,550	中国嘉德	2020-12-06
宋 “骐骥”打马格钱一组4枚	3.1cm×4	28,750	中国嘉德	2020-12-06
紫檀打洼书架（两件）	90×40×200cm	28,750	北京翰海	2020-09-12
紫檀带屉书架（两件）	88×38×178cm	13,800	北京翰海	2020-09-12
紫檀雕福寿多宝格（两件）	100×32×200cm	11,500	北京翰海	2020-09-12
紫檀雕万字纹书架（两件）	90×36×189cm	23,000	北京翰海	2020-09-12
紫檀拐子龙纹多宝格（两件）	90×38×190cm	11,500	北京翰海	2020-09-12
紫檀嵌黄杨四季花卉亮格（两件）	56×30×98cm	28,750	北京翰海	2020-09-12
明 黄花梨云头搭脑脸盆架	57.5×57.5×197.8cm	6,900,000	中贸圣佳	2020-10-16

拍品名称	物品尺寸	成交价RMB	拍卖公司	拍卖日期
明晚期 红漆彩绘衣架	103×38×169cm	92,000	中国嘉德	2020-12-01
清早期 红木六足折叠式矮面盆架（带錾花双铜盆）	46×46×70cm	78,200	中国嘉德	2020-08-16
清早期 黄花梨镜架	28×28×16cm	92,000	中鸿信	2020-01-03
清早期 黄花梨镂雕螭龙纹衣架	171×51×167cm	218,500	中鸿信	2020-01-03
清早期 黄花梨双螭纹三弯足带托泥火盆架	长31.3cm；宽31.3cm；高16.3cm	35,650	中贸圣佳	2020-12-08
清早期 黄花梨太狮少狮镜架	37×43cm	69,000	中鸿信	2020-01-03
清早期 黄花梨小磬架	长23.2cm；宽12.5cm；高47.8cm	23,000	中贸圣佳	2020-12-08
18世纪 黄花梨灯台（一对）	25×28×119.5cm×2	1,065,000	佳士得	2020-11-30
清乾隆 填漆戗金莲纹帽架	高33.5cm	117,150	佳士得	2020-11-30
清乾隆 紫檀宫灯(成对)	24.8×24.8×53cm×2	253,000	中鸿信	2020-01-03
清乾隆 紫檀刻“乾隆御鉴”款“乙”字“二”字款磬架（两块）	长22cm；长25.2cm	80,500	中国嘉德	2020-12-03
清乾隆 紫檀嵌玻璃宫灯	高85.5cm	241,500	中贸圣佳	2020-10-16
清中期 刻灰描金云蝠纹灯架（一对）	高241cm×2	276,000	保利厦门	2020-09-26
清中期 紫檀雕西番莲纹磬架	25×11×39cm	51,750	保利厦门	2020-09-26
19世纪 紫檀木雕花卉纹镜框	85.5×59.5cm	99,273	巴黎佳士得	2020-06-23
清 黄花梨打洼折叠式镜架	长42cm；宽39.6cm；高34cm	207,000	北京保利	2020-10-20
清 黄花梨双龙八吉祥纹折叠式镜架连盖	38.7×37.8×35cm	342,000	佳士得	2020-07-01
清 硬木画架	高70.5cm；长66.6cm；宽36.3cm	55,200	西泠印社	2020-08-09
清 紫檀三层茶棚	40×18×60cm	11,500	北京翰海	2020-09-12
清 紫檀宫灯架（一对）	高316cm	71,300	中国嘉德	2020-11-11
清 紫檀透雕万字龙纹衣架	98.5×28×146cm	63,250	中鸿信	2020-01-03
清 紫檀折叠式镜架	长27.5cm；宽27.8cm；高21.5cm	80,500	北京保利	2020-10-20
19/20世纪初 黄花梨灯座及榉木灯台各一件	高136.5cm；高141.6cm	2,043,900	纽约佳士得	2020-09-25
当代 海南黄花梨明式如意纹盆架	56×56×175cm	172,500	中鸿信	2020-01-03
红木镜框（八件）	101×38cm	26,450	朵云轩	2020-11-30
红木镜框（三件）	124×64cm	17,250	朵云轩	2020-11-30
红木镜框（一对）	204×52cm	25,300	朵云轩	2020-11-30
红木镜框（一对）	99.5×22.5cm	14,950	朵云轩	2020-11-30
红木镜框（一对）	127×58cm	14,950	朵云轩	2020-11-30
红木镜框（横披框）（四件）	尺寸不一	41,400	朵云轩	2020-11-30
红木竹节古董架	182×38×82cm	34,500	北京翰海	2020-09-12
硬木博古架	高69.5cm	13,800	中国嘉德	2020-11-12
紫檀盆架	高146cm	17,250	北京翰海	2020-09-12
明 黄花梨嵌黄云石大插屏	89.5×34×103cm	920,000	中国嘉德	2020-08-16
明 黄花梨嵌理石小插屏	38×19.5×52.5cm	1,265,000	中国嘉德	2020-08-16
明 木嵌玉镂雕穿花龙纹玉屏心		32,043	香港苏富比	2020-11-26
明 紫檀、黄花梨九成宫大座屏	141×59×194cm	11,500,000	中国嘉德	2020-08-16
明至清 黑漆嵌螺钿亭台人物诗文插屏	高38cm；长37cm；宽16cm	36,800	西泠印社	2020-08-09
明至清 黄花梨嵌绿石屏风	高28.5cm；长29.7cm；宽12.5cm	20,700	西泠印社	2020-08-09
明至清 紫檀嵌绞胎瓷板屏风	高33.7cm；长31.5cm；宽14cm	34,500	西泠印社	2020-08-09
明晚期 榉木云石座屏	60×28×75.5cm	747,500	中国嘉德	2020-12-01
明末清初 大漆榆木绿石座屏	55×30×56cm	172,500	中国嘉德	2020-12-01
明末清初 大漆榆木云石座屏	53×26×57cm	92,000	中国嘉德	2020-12-01
清早期 黑漆嵌螺钿山水人物小座屏	24.5×11×46cm	69,000	中国嘉德	2020-12-04
清早期 黄花梨螭龙纹框镶石插屏	39×27.5×51cm	920,000	中国嘉德	2020-12-04
清早期 黄花梨镂雕螭龙纹“福禄寿”大屏风	280×52×12cm	690,000	中鸿信	2020-01-03

(续表)

拍品名称	物品尺寸	成交价RMB	拍卖公司	拍卖日期
清早期 黄花梨嵌绿石插屏	35×21×60cm	230,000	十竹斋拍卖(北京)	2020-10-18
清早期 黄花梨嵌绿石螭龙纹插屏	57×22×79cm	632,500	中国嘉德	2020-08-16
清早期 紫檀嵌云石小插屏	长41cm; 宽15.3cm; 高41.2cm	253,000	中贸圣佳	2020-10-16
清早期 紫檀云石插屏	39×21.5×63.5cm	161,000	中国嘉德	2020-12-04
清早期 紫檀云石小灯屏	18×10×23cm	34,500	中国嘉德	2020-12-04
清康熙 焦秉贞碧玉线刻仕女插屏	长17.6cm; 高25.5cm	80,500	中贸圣佳	2020-10-16
18世纪 黄花梨嵌云石座屏	高82cm; 宽76cm; 厚38.5cm	639,000	佳士得	2020-11-30
18世纪 青玉透雕云龙纹插屏	长29.8cm	387,318	纽约苏富比	2020-09-23
清乾隆 白玉雕赤壁夜游图插屏	高21cm	3,856,100	纽约苏富比	2020-09-23
清乾隆 粉彩山水楼阁纹瓷板插屏	高32.5cm; 瓷板21×16.4cm	97,750	中国嘉德	2020-11-10
清乾隆 海屋添筹 祁阳石五色雕插屏	42×40cm; 通高64cm	1,150,000	上海匡时	2020-08-05
清乾隆 掐丝珐琅"万宝绥丰"插屏	镜心长40cm; 宽33.5cm; 框长51cm; 宽21.5cm; 高53.8cm	207,000	中贸圣佳	2020-12-08
清乾隆 青玉雕六合同春图插屏一对	高14.6cm	688,565	纽约苏富比	2020-09-22
清乾隆 剔彩群仙祝寿插屏	宽66.8cm; 高66.3cm	322,000	中贸圣佳	2020-12-08
清乾隆 王源制牧庵像祁阳石插屏	长35.3cm; 宽18cm; 高30.6cm	184,000	中贸圣佳	2020-10-16
清乾隆 硬木框粉彩八仙图瓷板插屏	高58.3cm; 瓷板48.5×39.7cm	322,000	中国嘉德	2020-11-10
清乾隆 御制沉香雕松竹梅高士图大插屏	高63cm	552,000	中鸿信	2020-01-03
清乾隆 御制紫檀菊石图诗文座屏	90×80cm	1,150,000	中鸿信	2020-01-03
清乾隆 紫檀嵌鸡翅木白玉山水人物大座屏	117×32×215cm	4,025,000	北京保利	2020-10-19
清乾隆 紫檀云石插屏	110×38×103cm	5,750,000	永乐拍卖	2020-08-17
清乾隆 紫檀云石纹插屏	16×43.5×42.3cm	230,000	华艺国际	2020-10-16
清乾隆 紫檀镶大理石大座屏	108×36.8×93cm	8,625,000	北京保利	2020-10-18
清乾隆至嘉庆 粉彩耕织图插屏	76×44.2cm; 高66cm	261,878	香港苏富比	2020-10-09
清嘉庆 青花"嘉荫堂制"侍女婴戏图插屏	带座长74cm; 宽23.2cm; 高65.6cm	34,500	中贸圣佳	2020-06-20
清中期 碧玉描金四妃十六子插屏(一对)	含座高43.8cm	138,000	中国嘉德	2020-12-03
清中期 红木嵌鱼币插屏	44.2×21.5×83cm	92,000	中国嘉德	2020-12-04
清中期红木镶楠木嵌鱼吉庆拉线插屏	44.2×21.5×83cm	57,500	中鸿信	2020-01-03
清中期 硬木框釉里红山水人物纹瓷板插屏	高38.7cm; 瓷板22.5×16.5cm	63,250	中国嘉德	2020-11-10
清中期 紫檀嵌云石座屏	长67.5cm; 宽23cm; 高68.5cm	506,000	中贸圣佳	2020-12-08
清咸丰四年(1854)矾红墨彩山水人物诗文瓷板插屏	高58.5cm; 瓷板21×19.5cm	20,700	中国嘉德	2020-11-10
清晚期 五彩寿星图、麻姑献寿图瓷板插屏	高25.5cm	20,700	中国嘉德	2020-11-10
清 1887年 任焕章款浅绛山水风景图插屏	屏幕29×39cm	41,695	巴黎佳士得	2020-06-23
清 端石雕曾国藩家训插屏	高105cm	74,750	中鸿信	2020-01-03
清 红木嵌白玉雕福禄万代图插屏	带座高28cm; 白玉屏心长12.5cm; 宽11.5cm	57,500	西泠印社	2020-08-09
清 红木嵌翡翠山水人物插屏	带座高41cm; 长27cm; 宽9cm; 屏心直径24cm	25,300	西泠印社	2020-08-09
清 红木嵌云石大插屏	高94cm; 长53cm; 宽28cm	103,500	西泠印社	2020-08-09
清 红木嵌云石镂空如意纹插屏	高41cm; 长32.7cm; 宽16cm	57,500	西泠印社	2020-08-09
清 红木云石插屏	长75cm; 宽26cm; 高72.5cm	28,750	中贸圣佳	2020-12-08
清 画珐琅象游图插屏	长34cm; 宽16cm; 高45cm	14,950	中贸圣佳	2020-12-08
清 黄花梨螭龙捧寿纹大座屏	119.5×58.5×174.5cm	3,680,000	中贸圣佳	2020-10-16
清 黄花梨镂空龙纹镶嵌大理石云海纹巨型大地屏	180×61×210cm	345,000	中鸿信	2020-01-03
清 黄花梨嵌大理石云鹤纹插屏	高46.5cm	74,750	中鸿信	2020-01-03
清 黄花梨嵌云石小插屏	高27cm	13,800	中国嘉德	2020-11-11
清 青玉雕山水人物图插屏连碧玉座(一对)	总高20.5cm	705,779	纽约苏富比	2020-09-23
清 阮元款红木嵌云石钱币纹插屏	带座高63.6cm; 长38cm; 宽23.5cm	103,500	西泠印社	2020-08-09
清 伊里布款红木嵌云石如意纹插屏	带座高64.8cm; 长48cm; 宽20cm	172,500	西泠印社	2020-08-09
清 紫檀插屏	56.5×25×80cm	17,250	保利厦门	2020-09-26
清末 碧玉雕花鸟图插屏(一对)	高43.7cm; 宽35.6cm	301,247	纽约苏富比	2020-09-23
清18至19世纪 画珐琅粉彩山水人物清供图插屏(一对)	总高23.9cm	79,968	香港苏富比	2020-06-05
清晚期 刻瓷竹林七贤插屏	瓷板尺寸长40cm; 宽26cm; 座高44.5cm	69,000	中贸圣佳	2020-10-17
清早中期 紫檀嵌祁阳石菊花图插屏	板长76.5cm; 宽29.5cm; 高79cm; 插屏长60cm; 高48.5cm	977,500	中贸圣佳	2020-10-16
民国 邓碧珊(款)鱼藻纹瓷板插屏	带框长72cm; 宽26cm; 高72.1cm	13,800	中贸圣佳	2020-12-07
民国 邓碧珊 墨彩云龙纹插屏	瓷长42.9cm; 宽20cm; 高69.5cm(通高)	49,450	中贸圣佳	2020-12-08
民国 段子安 珊瑚红地描金粉彩开窗福禄寿瓷板插屏(一套)	长54.7cm; 宽34.3cm	402,500	中贸圣佳	2020-10-17
民国 粉彩花卉纹瓷板插屏	45.5×42.3cm; 瓷板27.3×19.5cm	46,000	中国嘉德	2020-11-09
民国 松鹰图云石插屏	34.5×27cm(连框)	28,000	上海联合	2020-11-29
民国 王步 青花高士图插屏	瓷板直径14.7cm; 外框长27.8cm; 宽15.8cm; 高34cm	184,000	中贸圣佳	2020-12-07
民国 王步 青花花鸟瓷板插屏	瓷板尺寸长29.5cm; 宽22.5cm; 座: 高52cm	264,500	中贸圣佳	2020-10-17
漆嵌百宝博古图插屏	高74.5cm	48,300	中国嘉德	2020-11-12
掐丝珐琅嵌百宝福寿八宝纹插屏	高56.5cm	10,350	中国嘉德	2020-11-11
掐丝珐琅云蝠寿字大插屏	高131.5cm	17,250	中国嘉德	2020-11-11
铜鎏金嵌青金石山水御题诗文插屏	高40.2cm	28,750	中国嘉德	2020-07-17
硬木嵌百宝博古图插屏	长77cm	23,000	中国嘉德	2020-07-17
硬木嵌百宝博古图插屏	高60cm	13,800	中国嘉德	2020-11-12
硬木嵌大理石插屏	高92cm	10,350	中国嘉德	2020-07-17
紫檀嵌大理石插屏	63.5×76cm	11,500	中国嘉德	2020-07-17
紫檀嵌大理石插屏	长39.5cm	10,350	中国嘉德	2020-07-17
紫檀嵌玉镂雕仕女图插屏 玉: 宋/元 紫檀插屏: 18/19世纪	玉长11.7 cm, 屏26 × 28.6 cm	204,390	纽约佳士得	2020-09-25
明 黑漆嵌百宝诗文砚屏	长45.2cm; 宽20.8cm; 高34.5cm	172,500	中贸圣佳	2020-10-16
明 黄花梨嵌石小砚屏	高26.3cm; 长14.5cm; 宽10cm	59,800	西泠印社	2020-08-09
明代 木嵌白玉吉庆有象砚屏	8×6.2cm	69,000	古天一	2020-10-16
明至清 二泉款紫檀嵌云石文房笔插砚屏	高28.7cm; 长26.5cm; 宽10cm	86,250	西泠印社	2020-08-09
清初 绿顶石面紫檀砚屏	高37.8cm	126,500	古天一	2020-10-16
清雍正时期 乌木框竹黄嵌寿山石"月曼清游"桌屏	高44.6cm; 宽11.7×10cm	690,000	永乐拍卖	2020-12-02
清乾隆 白玉御制诗水村图砚屏	21.8×12.7cm	654,696	香港苏富比	2020-10-09
清乾隆 黑石双骏图御题诗砚屏	15×11.3×0.5cm	86,250	广东崇正	2020-09-13
清乾隆 紫檀嵌百宝砚屏	25.3×11.6×28.6cm	575,000	永乐拍卖	2020-08-17

（续表）

拍品名称	物品尺寸	成交价RMB	拍卖公司	拍卖日期
清中期 黄花梨嵌绿松石描金庭院仕女图砚屏	9×10.5×24.2cm	184,000	华艺国际	2020-10-16
清 翡翠浮雕荷塘清趣图诗文砚屏	高11cm；长9cm；宽5cm	58,650	西泠印社	2020-08-09
清 红木嵌双龙璧砚屏	长7.8cm；宽6.2cm；高19cm(连座)	71,300	中贸圣佳	2020-10-16
清 黄花梨嵌绿石砚屏	高37cm；长25cm；宽15cm	92,000	西泠印社	2020-08-09
清 黄花梨嵌石砚屏（一对）	长14.3cm；宽10cm；高26.5cm	46,000	中贸圣佳	2020-12-08
清 锡刻诗文梅花图砚屏	高12cm；长7.5cm	11,500	北京保利	2020-10-20
清 刘坤一款翡翠浮雕松鼠葡萄诗文砚屏	屏心长11cm；宽8.4cm；高14.3cm；长13cm；宽7cm	69,000	西泠印社	2020-08-09
明 黄地绣瑞兽杂宝纹挂屏	59.5×66cm	94,678	纽约苏富比	2020-09-23
清康熙 硬木嵌五彩西厢记人物故事图瓷板挂屏、五彩麟凤呈祥图大盘各一件	挂屏53.5×43.5cm；瓷板25×18.5cm；盘直径35cm	23,000	中国嘉德	2020-11-12
清乾隆 粉彩百鹿图瓷板挂屏	46×37.3cm；瓷板37.5×28.5cm	86,250	中国嘉德	2020-11-10
清乾隆 粉彩山水楼阁图瓷板挂屏	72×48cm；37.3×29cm	86,250	中国嘉德	2020-11-10
清乾隆 漆地镶人物瓷片挂屏	高60.5cm；宽105.5cm	55,200	十竹斋拍卖（北京）	2020-10-18
清乾隆 漆灰底嵌瓷诗文对联	长138cm；宽29cm	71,300	中贸圣佳	2020-06-20
清乾隆 嵌白釉墨彩山水纹挂屏	长102cm；宽54.5cm；带框长132.5cm；宽79cm	57,500	中贸圣佳	2020-06-20
清乾隆 青花山水图挂屏	长23.5cm；长17.3cm	23,000	中贸圣佳	2020-12-07
清乾隆 剔红嵌宝博古图御题诗葫芦挂屏	高78cm	1,322,500	北京保利	2020-10-20
清乾隆 铜鎏金镶百宝瀛洲仙人图屏	宽139cm	860,706	纽约苏富比	2020-09-23
清乾隆 洋彩大吉瓷板挂屏	高35.8cm	138,000	中贸圣佳	2020-12-07
清乾隆 硬木框仿松石釉金彩御题诗文瓷板挂屏	50×43.5cm；瓷板31.4×24.7cm	28,750	中国嘉德	2020-07-15
清乾隆 紫檀框黄漆地百宝嵌花鸟图挂屏	长61.5cm；高103cm	425,500	中贸圣佳	2020-10-16
清乾隆 紫檀嵌百宝喜上眉梢图挂屏成对	67.2×115cm×2	3,105,000	中国嘉德	2020-12-04
清乾隆 紫檀嵌百宝御题诗百事如意葫芦挂屏	高42cm	253,000	古天一	2020-10-16
清乾隆 紫檀嵌螺钿山水纹大挂屏成对	106.5×78cm×2	2,300,000	中国嘉德	2020-12-04
清中期 黄花梨嵌山水人物挂屏（两件）	52.8×43.5×5.2cm	5,175,000	北京翰海	2020-12-12
清中期 楠木云石挂屏	59×94cm	48,300	中国嘉德	2020-12-04
清中期 漆灰粉彩人物瓷板挂屏	长38cm；宽70cm	17,250	中贸圣佳	2020-06-20
清中期 识文描金花鸟挂屏连洒螺钿边框	高85.5cm	63,250	中鸿信	2020-01-03
清中期 硬木框青花云龙纹瓷板挂屏	37×49cm；瓷板 16×28.8cm	20,700	中国嘉德	2020-07-16
清中期 紫檀八宝纹祝寿图挂屏	80×80cm	230,000	中国嘉德	2020-12-03
19世纪 风景人物铁画屏（一组四件）	78.5×25.5cm×4	37,724	巴黎佳士得	2020-06-23
19世纪 外檀香木框内粤绣瑞兽松鹿图挂屏（两件）	外50×47cm；内33.5×25cm	69,000	广东崇正	2020-09-13
清晚期 粉彩雕瓷山水人物纹瓷板挂屏	46×34cm；瓷板44×31.5cm	23,000	中国嘉德	2020-11-10
清晚期 楠木竹石图挂屏	152×76cm	63,250	中国嘉德	2020-12-04
清晚期 王少维款浅绛彩花鸟山水人物纹瓷板挂屏（一套四扇）	66.8×27.5cm；瓷板直径16.2cm；长16.3cm	13,800	中国嘉德	2020-11-12
清 黑漆嵌玉御题诗文挂屏	86×54cm	80,500	中鸿信	2020-01-03
清红木框柏木镶钧瓷片开光挂屏（一对）	长97.7cm；宽40.5cm	207,000	中贸圣佳	2020-10-16
清 郑板桥铭端石刻竹纹挂屏	68.5×40.5cm	299,000	中鸿信	2020-01-03
清 紫檀百宝嵌大挂屏	66×106cm	11,500	中鸿信	2020-01-03
清 紫檀框嵌漆雕山水人物挂屏（一对）	48.2×49.8cm×2	138,000	广东崇正	2020-09-13
清 紫檀嵌黄杨木人物故事图挂屏成对	长50cm×2	92,000	中鸿信	2020-01-03
民国 粉彩山水人物诗文瓷板挂屏	55.5×42.8cm；瓷板38.2×25.8cm	20,700	中国嘉德	2020-11-10
民国 粉彩山水人物纹瓷板挂屏	53.5×40.5cm；瓷板37.8×25cm	17,250	中国嘉德	2020-11-10
民国 粉彩山水人物纹瓷板挂屏（一对）	42×28.8cm；瓷板38×25cm	17,250	中国嘉德	2020-11-10
民国 珊瑚红开光粉彩富贵白头图瓷板挂屏	41.2×28.5cm；瓷板37.7×24.8cm	11,500	中国嘉德	2020-11-10
当代 五觉斋——卢小华制"竹林高士图"挂屏	10.5×19×1.5cm	57,500	十竹斋拍卖（北京）	2020-10-18
漆嵌百宝博古图挂屏（一对）	69×32cm	46,000	中国嘉德	2020-11-12
铜鎏金大吉葫芦挂屏（一对）	长38cm	17,250	中国嘉德	2020-07-17
许品衡款浅绛彩博古图瓷板挂屏（一套四扇）	47.5×23.3cm；瓷板41.6×17.2cm	23,000	中国嘉德	2020-11-12
硬木框嵌百宝博古图瓶形挂屏	90.5×52.5cm	17,250	中国嘉德	2020-11-12
清早期 核桃木嵌黄杨二十四孝围屏（六扇）	240×57cm×6	517,500	中国嘉德	2020-08-16
清早期 黄花梨瑞兽博古纹十二扇屏	长54cm×12；扇高317cm	18,400,000	中贸圣佳	2020-10-16
清康熙 髹漆加彩刻郭子仪祝寿图十二扇屏风	高285cm；每个面板的深度48.2cm	430,353	纽约苏富比	2020-09-23
清康熙 髹漆加彩刻人物故事图十二扇屏风	623×260cm；260×51cm	978,300	伦敦佳士得	2020-11-03
18世纪 缂丝四季花卉图四条屏	100×27×4	71,300	北京中汉	2020-12-04
18世纪 楠木雕花卉诗文屏心（两件）	41.5×94cm	158,175	佳士得	2020-10-08
18世纪 髹漆加彩刻群仙图十二扇屏风	高289.6cm；每个面板的深度47cm	516,424	纽约苏富比	2020-09-23
清乾隆 唐英款漆地镶人物瓷片屏风	高66cm；宽53cm	115,000	十竹斋拍卖（北京）	2020-10-18
清中期 木胎漆绘嵌人物故事图瓷板双屏	高112cm	13,800	北京大羿	2020-09-13
清中期 紫檀嵌黄杨缂丝八扇屏	310×180cm	12,650,000	北京翰海	2020-12-12
18/19世纪 髹漆加彩刻婴戏图八扇屏风	高209.9cm；每个面板的深度39.4cm	68,856	纽约苏富比	2020-09-23
清晚期 竹黄挂匾四条屏	88.5×28cm	34,500	中国嘉德	2020-12-04
清 黄花梨透雕螭龙夔凤纹嵌黑漆描金"百福百寿"十二扇屏风	298×56cm×12	3,450,000	北京保利	2020-12-05
清中晚期 红木框织绣花鸟图四条屏	43×113×4	101,200	中国嘉德	2020-08-16
当代 大漆花卉人物山水黄杨木雕屏风	长494cm；高212cm	5,922,500	上海匡时	2020-08-05
当代 鲁作家具博物馆 黑漆嵌螺钿"三秋佳色"围屏六扇	244×182cm	57,500	中国嘉德	2020-12-01
范厚 约1938年作 山谷中的鹿群	216×152cm	3,195,000	佳士得	2020-12-03
黄花梨螭龙灵芝屏风（8件）	336×216cm	34,500	北京翰海	2020-09-12
黄花梨雕夔龙三围屏席面榻	203×102×84cm	46,000	北京翰海	2020-09-12
黄花梨三围屏席面榻	201×88×65cm	25,300	北京翰海	2020-09-12
约1880年 日本 纸本金地着色丝箔切片装裱六扇屏（一对）	高45.7cm；宽96.5cm	18,400	保利厦门	2020-09-26
佛教文物				
12/13世纪 释迦牟尼	高23cm	2,875,000	华艺国际	2020-10-16

(续表)

拍品名称	物品尺寸	成交价RMB	拍卖公司	拍卖日期
12-13世纪 合金铜菩萨立像	高22.5cm	517,500	古天一	2020-10-16
12-13世纪 文殊菩萨像	高20cm	1,242,000	中贸圣佳	2020-10-16
13世纪 宝冠释迦牟尼	高15cm	1,207,500	华艺国际	2020-10-16
13世纪 合金铜大日如来	高45.5cm	345,000	永乐拍卖	2020-08-17
13世纪 合金铜菩萨立像	高34cm	747,500	古天一	2020-10-16
13世纪 黄财神像	高11.5cm	230,000	中贸圣佳	2020-10-16
13世纪 绿度母像	高13cm	575,000	十竹斋拍卖（北京）	2020-10-18
13世纪 上师	高17.5cm	920,000	华艺国际	2020-10-16
尼泊尔 13世纪 鎏金铜财续佛母坐像	高16.6cm	1,278,000	佳士得	2020-11-30
尼泊尔 13世纪 鎏金铜莲华手观音	高21cm	1,597,500	佳士得	2020-11-30
13世纪西藏 合金铜错红铜释迦牟尼	高16cm	172,500	北京保利	2020-10-20
13世纪西藏 铜鎏金释迦牟尼佛	高23.3cm	161,000	中国嘉德	2020-12-01
东魏武定元年（543）李次明造白石观世音立像	高35cm	585,750	佳士得	2020-11-30
公元前3-前4世纪 灰色片岩半身犍陀罗菩萨像	高92.1cm	13,337,415	纽约佳士得	2020-09-23
北魏太和二年（478）铜鎏金佛坐像	高15.6cm	1,721,412	纽约苏富比	2020-09-23
北齐 鎏金铜半跏思惟佛像	高8.2cm	711,319	伦敦苏富比	2020-06-15
唐 鎏金铜观音立像	高8.7cm	79,713	佳士得	2020-04-21
唐 鎏金铜菩萨像	11.5cm	327,348	香港苏富比	2020-10-09
唐 鎏金铜菩萨袖珍像（两尊）	高4.4cm×2	127,800	佳士得	2020-11-30
唐 砂岩石菩萨头像	高38.1cm	4,260,000	佳士得	2020-11-30
唐 铜佛坐像	高21.9cm	430,353	纽约苏富比	2020-09-23
唐 铜鎏金阿难尊者立像	高7.3cm	51,642	纽约苏富比	2020-09-23
唐 铜鎏金胡人立像	高8.5cm	68,856	纽约苏富比	2020-09-23
唐 铜鎏金胡人马僮立像	高6.7cm	111,892	纽约苏富比	2020-09-23
唐 铜鎏金弥勒佛坐像	高12.4cm	215,177	纽约苏富比	2020-09-23
唐 铜鎏金菩萨坐像	高14.3cm	344,282	纽约苏富比	2020-09-23
唐 铜鎏金释迦说法像	高11.5cm	57,500	西泠印社	2020-08-08
唐 铜鎏金天王立像	高8.3cm	387,318	纽约苏富比	2020-09-23
唐 铜鎏金天王立像	高12cm	327,068	纽约苏富比	2020-09-23
唐 铜鎏金文殊菩萨坐像	高7.6cm	258,212	纽约苏富比	2020-09-23
唐 铜鎏金袖珍菩萨像三尊	最高处5.7cm	301,247	纽约苏富比	2020-09-23
唐（渤海国）·铜鎏金释迦说法像	高16cm	1,610,000	西泠印社	2020-08-08
五代 铜释迦牟尼佛像	高9cm	91,008	台北艺珍	2020-08-16
9世纪 合金铜嵌银、嵌红铜女尊像	高11.8cm	1,150,000	古天一	2020-10-16
9世纪 那烂陀寺铜合金度母像	高9cm	568,800	台北艺珍	2020-08-16
五代 鎏金铜观音立像	高12cm	159,750	佳士得	2020-11-30
五代 吴越国 铜菩萨坐像	总高29.2cm	1,118,918	纽约苏富比	2020-09-23
五代 铜虚空藏菩萨像	高8.3cm	161,000	西泠印社	2020-08-09
白天王：北宋；红天王：明或更早 彩绘泥塑天王头像	高50cm；高56cm	734,500	佳士得	2020-07-09
南宋"咸淳庚午"款铜鎏金释迦坐像	高21.5cm	563,500	西泠印社	2020-08-08
8-10世纪 莲花手观音	高38.5cm	287,500	保利厦门	2020-09-26
辽 鎏金铜佛坐像	高9.8cm	316,400	香港苏富比	2020-07-11
辽 菩萨	高52.5cm	552,000	广东崇正	2020-09-13
辽 铜鎏金大日如来佛坐像	高21.9cm	6,749,028	纽约苏富比	2020-09-23
东北印度11世纪（库其哈尔）合金铜宝冠释迦牟尼佛（眼嵌银）	高8.8cm	138,000	中国嘉德	2020-08-15
11/12世纪 阿弥陀佛	高18.7cm	1,380,000	华艺国际	2020-10-16
11-12世纪 同侍从狮吼文殊菩萨像	高12.7cm	1,380,000	十竹斋拍卖（北京）	2020-10-18
12世纪 金刚法菩萨像	高12cm	230,000	中贸圣佳	2020-10-16
12世纪 木雕帕拉压经板	56×18.5cm	345,000	古天一	2020-10-16
12世纪 三怙主	高23.5cm	115,000	上海匡时	2020-08-05
元 半跏趺坐观音像	高13.5cm	78,200	北京中汉	2020-12-04
元 大势至观音	高17.5cm	632,500	保利厦门	2020-09-26
元 宫廷风格铜鎏金道德天尊像	高26.5cm	2,875,000	北京大羿	2020-12-06
元 过去七佛	高9.3cm	97,750	北京中汉	2020-12-04
元 迦诺迦跋厘惰阇尊者	高68cm	5,750,000	北京中汉	2020-12-04
元 金质莲瓣纹舍利盒	高8.5cm；通径8cm；重120.9g	92,000	西泠印社	2020-08-09

拍品名称	物品尺寸	成交价RMB	拍卖公司	拍卖日期
元 鎏金铜观音菩萨坐像	高20.3cm	426,000	佳士得	2020-11-30
元 善财童子	高89.5cm	1,012,000	华艺国际	2020-10-16
元 释迦牟尼诞生像	高14cm	172,500	保利厦门	2020-09-26
元 双色铜铸布袋和尚	高22.9cm	1,610,000	北京中汉	2020-12-04
元 铜鎏金伐阇罗弗多罗尊者像	高35cm	1,840,000	北京大羿	2020-10-16
元 铜鎏金释迦牟尼	高37cm	345,000	中鸿信	2020-01-03
元 铜鎏金四臂观音	高17cm	1,725,000	中国嘉德	2020-12-01
元 雪山大士像	高8.2cm	161,000	中贸圣佳	2020-12-08
元 自在观音（配座）	高20cm	207,000	华艺国际	2020-10-16
元 自在观音像	高14.4cm	172,500	北京中汉	2020-08-19
元 铜无量寿佛座像	高15cm	57,500	西泠印社	2020-08-09
元代 普贤菩萨像石雕	高41cm	142,200	台北艺珍	2020-08-16
元代 释迦牟尼佛像	高28.2cm	97,750	中贸圣佳	2020-10-16
元代、清代 黑财神、嘎乌盒	高6.7cm	575,000	十竹斋拍卖（北京）	2020-10-18
13世纪 止贡巴像	高15.3cm	782,000	北京中汉	2020-08-19
13-14世纪 合金铜度母立像	高40cm	977,500	古天一	2020-10-16
13-14世纪 合金铜嵌银、嵌红铜莲花手观音坐像	高14.5cm	1,380,000	古天一	2020-10-16
13-14世纪 铜文殊菩萨像	高65cm	3,220,000	古天一	2020-10-16
13-14世纪 金刚手菩萨	高14.6cm	184,000	上海匡时	2020-08-05
13-14世纪 莲花手观音	高26.4cm	138,000	上海匡时	2020-08-05
13-14世纪 释迦牟尼	高13.3cm	897,000	上海匡时	2020-08-05
14世纪 宝冠释迦牟尼	高13.5cm	80,500	上海匡时	2020-08-05
14世纪 丹萨替寺铜鎏金佛母	高26cm	3,450,000	北京保利	2020-10-20
14世纪 噶当塔	高120cm	713,000	中贸圣佳	2020-10-16
14世纪 合金铜金刚瑜伽母像	高24.5cm	920,000	古天一	2020-10-16
14世纪 金刚持像	高19.5cm	805,000	中贸圣佳	2020-10-16
14世纪 绿度母	高17cm	230,000	保利厦门	2020-09-26
14世纪 绿度母	高11.2cm	46,000	北京中汉	2020-12-04
14世纪 绿度母像	高56.5cm	4,140,000	中贸圣佳	2020-10-16
14世纪 释迦牟尼	高40cm	8,855,000	华艺国际	2020-10-16
14世纪 释迦牟尼	高17.5cm	103,500	北京中汉	2020-12-04
14世纪 铜锤揲造像	66×43cm	460,000	古天一	2020-10-16
14世纪 铜鎏金宝冠释迦坐像	高15cm	287,500	西泠印社	2020-08-08
14世纪 文殊菩萨	高14cm	345,000	华艺国际	2020-10-16
13-14世纪 藏传鎏金铜药师佛坐像	高26cm	319,871	香港苏富比	2020-06-05
14世纪 西藏 鎏金铜错银释迦牟尼佛坐像	高37cm	2,769,000	佳士得	2020-11-30
14世纪 西藏（丹萨替）铜鎏金阿弥陀佛	高26.5cm	6,325,000	中国嘉德	2020-12-01
14世纪 西藏 铜鎏金大成就者	高15.2cm	287,500	北京保利	2020-10-20
明初 天王像	高18cm	149,500	中贸圣佳	2020-10-16
明或明以前 观音	高27cm	3,335,000	上海匡时	2020-08-05
明或明以前 观音立像	高61.5cm	552,000	上海匡时	2020-08-05
明或明以前 观音菩萨像	高49.6cm	874,000	上海匡时	2020-08-05
明或明以前 善财童子	高35cm	345,000	上海匡时	2020-08-05
明或明以前 释迦牟尼立像	高20.3cm	287,500	上海匡时	2020-08-05
明或明以前 释迦牟尼立像	高16.8cm	218,500	上海匡时	2020-08-05
明或明以前 自在观音	高17.4cm	276,000	上海匡时	2020-08-05
明早期 漆金铜佛立像	高31.5cm	184,790	伦敦佳士得	2020-11-03
明早期 水月观音	高39cm	368,000	上海匡时	2020-08-05
明早期（中原）铜鎏金药师佛	高51cm	5,980,000	北京保利	2020-10-19
明早期 朱漆金彩夹贮准提佛母	高48cm	2,530,000	北京保利	2020-10-19
元末明初 阿弥陀佛像	高26.6cm	230,000	北京中汉	2020-08-19
元末明初 关公像	高44cm	1,288,000	十竹斋拍卖（北京）	2020-10-18
元末明初 释迦牟尼坐像	高56cm	414,000	保利厦门	2020-09-26
明永乐 鎏金铜弥勒菩萨坐像	高20.1cm	3,909,800	佳士得	2020-07-09
明永乐 铜鎏金金刚手菩萨	高21cm	4,825,728	保利香港	2020-12-02
明永乐 铜鎏金弥勒菩萨	高21cm	3,680,000	永乐拍卖	2020-12-02
明永乐 铜鎏金四臂观音	高10.5cm	2,070,000	永乐拍卖	2020-12-02

(续表)

拍品名称	物品尺寸	成交价RMB	拍卖公司	拍卖日期
明永乐 铜鎏金文殊菩萨	高25.5cm	10,925,000	永乐拍卖	2020-08-17
明永乐早期 铜鎏金无量寿佛	高39cm	5,175,000	永乐拍卖	2020-12-02
明宣德 宫廷 铜鎏金文殊菩萨	高26cm	5,290,000	中国嘉德	2020-08-15
明宣德 金刚萨埵	高25cm	402,500	华艺国际	2020-10-16
明宣德 鎏金铜释迦牟尼佛坐像	高27cm	7,923,560	佳士得	2020-07-09
明宣德 鎏金铜文殊菩萨坐像	高23.8cm	869,600	伦敦佳士得	2020-11-03
明宣德 药师佛	高27.5cm	2,530,000	华艺国际	2020-10-16
明正统 燃灯佛	高13.7cm	115,000	华艺国际	2020-10-16
明正统至成化 铜鎏金宝冠释迦牟尼	高48cm	3,220,000	北京保利	2020-10-20
明天顺六年（1462）漆金铜释迦牟尼佛坐像	高34.1cm	429,400	佳士得	2020-07-09
14-15世纪 铜鎏金释迦牟尼佛像	高26.5cm	2,070,000	古天一	2020-10-16
14-15世纪 绿度母	高14.4cm	322,000	上海匡时	2020-08-05
14-15世纪 释迦牟尼像	高16.5cm	218,500	十竹斋拍卖（北京）	2020-10-18
14-15世纪 释迦牟尼佛像	高18cm	161,000	中贸圣佳	2020-10-16
14-15世纪 铜鎏金绿度母	高11.5cm	40,250	广东崇正	2020-09-13
14-15世纪 铜鎏金释迦牟尼佛像	高28cm	1,365,120	台北艺珍	2020-08-16
14-15世纪 止贡巴上师像	高32cm	5,175,000	上海匡时	2020-08-05
15世纪 铜鎏金文殊菩萨	高18.3cm	460,000	北京翰海	2020-12-12
15世纪 大成就者 藏宁·赫鲁迦	高9.6cm	184,000	上海匡时	2020-08-05
15世纪 合金铜嵌银、嵌红铜上师像	高19cm	253,000	古天一	2020-10-16
15世纪 金刚持像	高20.2cm	425,500	中贸圣佳	2020-10-16
15世纪 绿度母	高11.5cm	112,700	上海匡时	2020-08-05
15世纪 绿度母像	高26cm	7,820,000	中贸圣佳	2020-10-16
15世纪 绿度母像	高12cm	126,500	中贸圣佳	2020-10-16
15世纪 弥勒佛像	高37.3cm	782,000	十竹斋拍卖（北京）	2020-10-18
15世纪 密集金刚像	高21.5cm	460,000	中贸圣佳	2020-10-16
15世纪 上乐金刚	高10cm	57,500	上海匡时	2020-08-05
15世纪 胜乐金刚	高17.5cm	690,000	广东崇正	2020-09-13
15世纪 胜乐金刚像	高18cm	460,000	十竹斋拍卖（北京）	2020-10-18
15世纪 释迦牟尼佛像	高48.5cm	4,140,000	十竹斋拍卖（北京）	2020-10-18
15世纪 释迦牟尼佛像	高35cm	1,322,500	十竹斋拍卖（北京）	2020-10-18
15世纪 四臂观音	高16cm	103,500	上海匡时	2020-08-05
15世纪 铜佛陀坐像	高37.5cm	317,674	巴黎佳士得	2020-06-23
15世纪 铜共命鸟供器	高14cm	115,000	古天一	2020-10-16
15世纪 铜金刚手菩萨像	高16cm	142,200	台北艺珍	2020-08-16
15世纪 铜鎏金白衣观音坐像	高26.5cm	6,422,556	纽约佳士得	2020-09-24
15世纪 铜鎏金二世噶玛巴	高14.5cm	230,000	永乐拍卖	2020-08-17
15世纪 铜鎏金释迦牟尼	高31.5cm；高12cm	920,000	永乐拍卖	2020-08-17
15世纪 铜牛头供器	高8cm	51,750	古天一	2020-10-16
15世纪 文殊菩萨像	高13.5cm	402,500	中贸圣佳	2020-10-16
15世纪 文殊菩萨像	高6.2cm	345,000	十竹斋拍卖（北京）	2020-10-18
15世纪 无量寿佛像	高18.5cm	575,000	中贸圣佳	2020-10-16
15世纪 紫檀木雕漆金弥勒菩萨立像	高24.5cm	25,300	保利厦门	2020-09-26
15世纪 宗喀巴	高18cm	101,200	上海匡时	2020-08-05
15世纪早期 铜鎏金大威德金刚	高29.5cm	5,175,000	永乐拍卖	2020-12-02
藏 15世纪 铜大威德金刚立像		39,709	巴黎佳士得	2020-06-23
汉藏14-15世纪 铜漆金大威德双身像	高19.6cm	747,500	中国嘉德	2020-12-01
尼泊尔14-15世纪铜鎏金不空绢索观音	高19.5cm	138,000	北京保利	2020-10-20
尼泊尔15世纪（马拉王朝）铜鎏金释迦牟尼佛（原封底）	19.3cm	1,150,000	中国嘉德	2020-08-15
14-15世纪 宝冠药师	高11.8cm	103,500	北京中汉	2020-12-04
15世纪西藏 鎏金铜金刚总持坐像	高37.5cm	1,917,000	佳士得	2020-11-30
15世纪西藏 鎏金铜莲华生大士坐像	高45cm；长36.5cm	3,909,800	佳士得	2020-07-09
14/15世纪西藏 鎏金铜佛坐像	高27.5cm	456,540	伦敦佳士得	2020-11-03
14-15世纪西藏 合金铜能食空行	高10.3cm	109,250	中国嘉德	2020-12-01

拍品名称	物品尺寸	成交价RMB	拍卖公司	拍卖日期
14-15世纪 西藏合金铜释迦牟尼说法像（嵌红铜）	高13cm	184,000	中国嘉德	2020-08-15
14-15世纪西藏 铜鎏金双身橛金刚	高12.7cm	69,000	北京保利	2020-10-20
14-15世纪西藏 铜鎏金长寿佛	高10.2cm	86,250	北京保利	2020-10-20
15世纪西藏 合金铜错银索南泽莫像	高16.8cm	552,000	中国嘉德	2020-12-01
15世纪西藏 合金铜二臂大黑天	高16.5cm	402,500	中国嘉德	2020-08-15
15世纪西藏 合金铜弥勒坐像	高13.6cm	57,500	中国嘉德	2020-12-01
15世纪西藏 合金铜漆金绿度母	高15.5cm	103,500	中国嘉德	2020-12-01
15世纪西藏 铜鎏金金刚总持	高16.8cm	207,000	中国嘉德	2020-12-01
15世纪西藏 铜鎏金嵌松石阿閦佛	高28.8cm	207,000	北京保利	2020-10-20
15世纪西藏 铜鎏金释迦牟尼佛	高21cm	345,000	中国嘉德	2020-08-15
15世纪西藏 铜鎏金释迦牟尼佛	高12.5cm	172,500	中国嘉德	2020-08-15
15世纪西藏 铜鎏金双身密集金刚	16cm	782,000	中国嘉德	2020-08-15
15世纪西藏 无量寿佛	高21cm	379,500	上海敬华	2020-09-22
15世纪西藏 银质释迦牟尼佛配铜鎏金莲座	高16.5cm	552,000	华艺国际	2020-10-16
明中期 铜四臂观音	高15.5cm	109,250	北京保利	2020-10-20
15/16世纪 漆金铜释迦牟尼佛坐像	高25 cm	131,321	伦敦苏富比	2020-06-15
15/16世纪 上师像	高18.5cm	299,000	华艺国际	2020-10-16
15/16世纪 铜观音坐像	高47cm	387,318	纽约苏富比	2020-09-23
15/16世纪 宗喀巴	高16cm	1,725,000	华艺国际	2020-10-16
15-16世纪 贡噶桑波上师像	高21cm	138,000	中贸圣佳	2020-10-16
15-16世纪 空行佛母像	高8cm	55,200	十竹斋拍卖（北京）	2020-10-18
15-16世纪 弥勒佛像	高20cm	230,000	中贸圣佳	2020-10-16
15-16世纪 上乐金刚	高14.6cm	55,200	上海匡时	2020-08-05
15-16世纪 释迦牟尼	高43.5cm	3,680,000	华艺国际	2020-10-16
15-16世纪 释迦牟尼佛像	高29cm	632,500	中贸圣佳	2020-10-16
15-16世纪 铜鎏金嵌银释迦牟尼	高30cm	1,150,000	永乐拍卖	2020-12-02
15-16世纪 紫檀木雕文殊菩萨	高22cm	46,000	保利厦门	2020-09-26
16世纪 莲华生大师	高20cm	57,500	上海匡时	2020-08-05
16世纪 鎏金铜宝冠佛坐像	高72cm	7,881,000	佳士得	2020-11-30
16世纪 鎏金铜度母坐像	高18cm	195,660	伦敦佳士得	2020-11-03
16世纪 鎏金铜红金漆释迦牟尼佛坐像	高38cm	380,450	伦敦佳士得	2020-11-03
16世纪 燃灯佛	高15.5cm	161,000	上海匡时	2020-08-05
16世纪 铜鎏金玛尔巴像	高7.6cm	195,500	古天一	2020-10-16
16世纪 铜鎏金卓弥译师像	高19cm	322,000	古天一	2020-10-16
16世纪 铜上师像	高18cm	184,860	台北艺珍	2020-08-16
16世纪 药师佛像	高18.5cm	32,200	十竹斋拍卖（北京）	2020-10-18
16世纪 紫檀木雕大漆描金上师像	高17.5cm	143,750	保利厦门	2020-09-26
16世纪 紫檀木雕大漆描金上师像	高14.5cm	74,750	保利厦门	2020-09-26
16世纪 紫檀木雕大漆描金上师像	高18cm	32,200	保利厦门	2020-09-26
16世纪 紫檀木雕大漆描金上师像	高15cm	28,750	保利厦门	2020-09-26
16世纪 紫檀木雕金刚手菩萨	高47cm	43,700	保利厦门	2020-09-26
16世纪 尊胜佛母	高20cm	149,500	上海匡时	2020-08-05
明万历 四方佛像	高20cm	1,092,500	中贸圣佳	2020-10-16
明万历 铜关公坐像	高27.5cm	230,000	西泠印社	2020-08-08
16世纪 帕当巴桑杰	高10cm	56,500	北京中汉	2020-09-03
16世纪 胜乐金刚坛城	直径7.1cm	138,000	北京中汉	2020-12-04
15-16世纪 藏传紫檀漆金度母坐像	高14cm	51,408	香港苏富比	2020-06-05
15-16世纪西藏 铜鎏金阿弥陀佛	高25.3cm	977,500	中国嘉德	2020-08-15
15-16世纪西藏 铜鎏金持宝珠龙王童子像	高7cm	69,000	中国嘉德	2020-12-01
15-16世纪西藏 铜鎏金向敦却巴像	28cm	1,035,000	中国嘉德	2020-08-15
16世纪西藏 合金铜上师像	高14cm	115,000	中国嘉德	2020-08-15
16世纪西藏 铜鎏金阿氏多尊者像（原封底）	高15.6cm	172,500	中国嘉德	2020-12-01
16世纪西藏 铜鎏金大宝法王	高13cm	57,500	北京保利	2020-10-20
16世纪西藏 铜鎏金金刚手菩萨像	高18.5cm	115,000	中国嘉德	2020-12-01
16世纪西藏 铜鎏金上师像	高46.8cm	437,000	中国嘉德	2020-12-01

(续表)

拍品名称	物品尺寸	成交价RMB	拍卖公司	拍卖日期
16–17世纪 铜鎏金金刚持立像	高92cm	920,000	保利厦门	2020–09–26
16–17世纪 铜鎏金三尊佛像	高14.2cm	130,440	伦敦佳士得	2020–11–03
16–17世纪 黄财神像	高27cm	6,578,000	十竹斋拍卖（北京）	2020–10–18
16–17世纪 上师班智达	高18cm	149,500	上海匡时	2020–08–05
16–17世纪 天王像	高24.5cm	34,500	十竹斋拍卖（北京）	2020–10–18
16–17世纪 铜鎏金释迦牟尼像（扎什伦布寺风格）	高21.5cm	264,500	永乐拍卖	2020–12–02
16–17世纪 铜鎏金四臂观音	高23cm	690,000	永乐拍卖	2020–08–17
16–17世纪 银金刚亥母像	高30cm	511,920	台北艺珍	2020–08–16
16–17世纪 紫檀木雕绿度母	高19.5cm	43,700	保利厦门	2020–09–26
16–17世纪 铜鎏金释迦牟尼佛首	带座高54cm; 高33cm	138,000	西泠印社	2020–08–09
17世纪 “哲布尊丹巴”一世本尊	高25cm	3,450,000	保利厦门	2020–09–26
17世纪 阿弥陀佛	高15.5cm	460,000	华艺国际	2020–10–16
17世纪 不动明王	高12.8cm	138,000	北京中汉	2020–12–04
17世纪 大白伞盖佛母像	高16.8cm	345,000	十竹斋拍卖（北京）	2020–10–18
17世纪 大随求佛母像	高21cm	172,500	十竹斋拍卖（北京）	2020–10–18
17世纪 大威德金刚像	高36cm	805,000	十竹斋拍卖（北京）	2020–10–18
17世纪 二臂财续佛母像	高16cm	92,000	十竹斋拍卖（北京）	2020–10–18
17世纪 贡觉陈烈桑波像	高14.7cm	1,127,000	中贸圣佳	2020–10–16
17世纪 鎏金铜大黑天双身立像	高17cm	43,480	伦敦佳士得	2020–11–03
17世纪 上师像	高17.5cm	172,500	中贸圣佳	2020–10–16
17世纪 释迦牟尼	高18.5cm	552,000	保利厦门	2020–09–26
17世纪 释迦牟尼像	高22.6cm	57,500	北京中汉	2020–12–04
17世纪 铜鎏金大黑天立像	高16cm	57,500	西泠印社	2020–08–08
17世纪 铜鎏金嵌宝石般若佛母像	高29.5cm	897,000	古天一	2020–10–16
17世纪 铜鎏金双身密集金刚	高17cm	172,500	广东崇正	2020–09–13
17世纪 铜鎏金宗喀巴像	高21cm	690,000	古天一	2020–10–16
17世纪 铜漆金大日如来坐像	高44.5cm	138,000	中鸿信	2020–01–03
17世纪 铜漆金观音坐像	高33cm	64,528	巴黎佳士得	2020–06–23
17世纪 药师佛	高22.3cm	713,000	上海匡时	2020–08–05
17世纪 药师佛	高19cm	230,000	上海匡时	2020–08–05
17世纪 药师佛	高14.6cm	149,500	上海匡时	2020–08–05
17世纪 扎什伦布寺风格释迦牟尼佛像	高24.5cm	1,667,500	北京大羿	2020–10–16
17世纪 紫檀描金加彩文殊菩萨立像	高29.5cm	155,250	保利厦门	2020–09–26
17世纪 紫檀木雕莲华生像	高24.5cm	48,300	保利厦门	2020–09–26
17世纪 紫檀木雕漆金加彩四臂观音像	高21cm	51,750	保利厦门	2020–09–26
17世纪 紫檀木雕双身十二臂胜乐金刚	高19cm	57,500	保利厦门	2020–09–26
17世纪 尊胜佛母	高35.5cm	632,500	保利厦门	2020–09–26
17世纪蒙古 铜鎏金不动明王像	高11.3cm	253,000	中国嘉德	2020–08–15
明末 漆金铜普贤菩萨像	31.5cm	240,055	香港苏富比	2020–10–09
明末 铜鎏金观音坐像	高44.5cm	344,282	纽约苏富比	2020–09–23
尼泊尔16–17世纪 合金铜十二臂文殊菩萨像	高7.2cm	138,000	中国嘉德	2020–08–15
清（17世纪）铜鎏金宗喀巴像	高25.5cm	253,000	中国嘉德	2020–07–16
清 漆金观音坐像	带座高22cm; 高18cm	92,000	西泠印社	2020–08–09
清 铜鎏金白财神像	高10.7cm	92,000	西泠印社	2020–08–09
清 铜质文殊菩萨立像	高31.5cm	97,750	西泠印社	2020–08–09
清（17世纪）铜宗喀巴大师	高25cm	241,500	北京保利	2020–10–20
16–17世纪 铜鎏金布禄金刚瞻巴拉坐像	高12.3cm	73,160	纽约苏富比	2020–09–23
16–17世纪 藏传紫檀描金宗喀巴坐像	高35.4cm	80,491	香港苏富比	2020–05–22
17世纪西藏 铜鎏金莲华生像	高21.2cm	80,500	中国嘉德	2020–08–15
17世纪西藏 铜鎏金香巴拉王	高18.3cm	253,000	中国嘉德	2020–08–15
17世纪西藏 雪堆白智行佛母	高21cm	632,500	北京保利	2020–10–20
17世纪西藏 扎什伦布寺 紫金琍玛嵌金银阿弥陀佛坐像	高15.2cm	1,955,000	中国嘉德	2020–08–15
17世纪西藏（扎什伦布寺）铜鎏金吉祥天母	高11cm	230,000	中国嘉德	2020–12–01
明 宝冠佛	高28.2cm	172,500	中贸圣佳	2020–12–08
明 大日如来	高46cm	713,000	保利厦门	2020–09–26
明 大日如来坐像	高24.3cm	402,500	华艺国际	2020–10–16
明 地藏王菩萨	高72cm	46,000	广东崇正	2020–09–13
明 渡海观音	高31cm	2,587,500	华艺国际	2020–10–16
明 关公坐像	高41cm	805,000	保利厦门	2020–09–26
明 观音菩萨	高35.5cm	2,070,000	保利厦门	2020–09–26
明 观音菩萨	高30cm	414,000	保利厦门	2020–09–26
明 观音菩萨	高27.5cm	184,000	保利厦门	2020–09–26
明 合金铜莲花底座	高22.8cm	43,700	中国嘉德	2020–12–01
明 合金铜韦陀像	高30cm	48,300	中国嘉德	2020–12–01
明 夹纻男相骑吼观音像	高47cm	126,500	西泠印社	2020–08–08
明 江藤旧藏释迦牟尼坐像	高62cm	120,750	中鸿信	2020–01–03
明 局部鎏金铜观音菩萨坐像	高28cm	326,100	伦敦佳士得	2020–11–03
明 局部鎏金铜尊者立像	25.1cm	21,362	香港苏富比	2020–11–26
明 鎏金铜文殊菩萨坐像	高25cm	434,800	伦敦佳士得	2020–11–03
明 木雕眼光明目元君像	高41.7cm	40,250	中国嘉德	2020–12–01
明 菩萨佛头	高28cm	109,250	广东崇正	2020–09–13
明 菩萨立像	高13.9cm	207,000	北京中汉	2020–08–19
明 石叟制铜错银丝观音坐像	高18.5cm	2,817,500	北京保利	2020–10–19
明 石叟制铜错银丝观音坐像	高14cm; 重1137g	2,300,000	北京保利	2020–10–19
明 铜宝冠释迦坐像	高36cm	172,500	西泠印社	2020–08–08
明 铜佛、香炉（一组共十二件）	尺寸不一	126,500	保利厦门	2020–09–26
明 铜关公像	高45cm	69,000	广东崇正	2020–09–13
明 铜观音菩萨坐像	高40cm	1,847,900	伦敦佳士得	2020–11–03
明 铜观音菩萨坐像	高32cm	241,500	西泠印社	2020–08–08
明 铜鎏金阿弥陀佛像	高31cm	287,500	北京保利	2020–10–20
明 铜鎏金阿弥陀佛坐像	高20.2cm	138,000	西泠印社	2020–08–08
明 铜鎏金持经观音像	高31.3cm	92,000	中国嘉德	2020–12–01
明 铜鎏金大势至菩萨坐像	高51cm	862,500	西泠印社	2020–08–08
明 铜鎏金大威德金刚	高33cm	7,475,000	永乐拍卖	2020–12–02
明 铜鎏金大威德像	高48.5cm	345,000	中鸿信	2020–01–03
明 铜鎏金关公坐像	高33.5cm	506,000	北京保利	2020–10–20
明 铜鎏金金刚萨埵	高20cm	4,025,000	北京保利	2020–12–05
明 铜鎏金六臂玛哈嘎拉	背光高19.3cm; 佛14.3cm	115,000	永乐拍卖	2020–12–02
明 铜鎏金男相骑吼观音坐像	高19.3cm	632,500	西泠印社	2020–08–08
明 铜鎏金尼泊尔宝冠嵌银释迦牟尼佛	高17cm	862,500	中鸿信	2020–01–03
明 铜鎏金菩萨立像	高17cm	690,000	北京保利	2020–10–20
明 铜鎏金上师像	高28cm	575,000	永乐拍卖	2020–12–02
明 铜鎏金释迦佛像	高6.8cm	78,400	上海联合	2020–11–29
明 铜鎏金释迦牟尼佛	高20.5cm	103,500	北京禾谷	2020–09–24
明 铜鎏金释迦牟尼佛坐像	高51cm	2,070,000	保利厦门	2020–09–26
明 铜鎏金释迦牟尼坐像	高41.5cm	1,380,000	西泠印社	2020–08–08
明 铜鎏金释迦牟尼坐像	高23cm	69,000	北京禾谷	2020–09–24
明 铜鎏金释迦牟尼坐像连座	高53cm	2,185,000	西泠印社	2020–08–08
明 铜鎏金韦陀像	高71cm	613,128	中国嘉德	2020–10–10
明 铜鎏金文殊菩萨像	高14.5cm	253,000	北京禾谷	2020–09–24
明 铜鎏金药师坐像	高22cm	28,750	北京禾谷	2020–09–24
明 铜鎏金自在观音像	高12.5cm	57,500	中国嘉德	2020–07–17
明 铜漆金阿弥陀佛坐像	高41.5cm	361,497	纽约苏富比	2020–09–23
明 铜漆金观音坐像	高22.5cm	3,277,500	北京保利	2020–10–19
明 铜漆金魁星立像	高29cm	57,500	西泠印社	2020–08–08
明 铜漆金释迦牟尼	高25cm	103,500	中国嘉德	2020–12–01
明 铜漆金释迦牟尼佛	高20.5cm; 连座高265cm	1,955,000	中国嘉德	2020–12–01
明 铜漆金文殊菩萨骑狮坐像	总高度23.5cm	238,256	巴黎佳士得	2020–06–23

（续表）

拍品名称	物品尺寸	成交价RMB	拍卖公司	拍卖日期
明 铜释迦坐像	高38cm	253,000	西泠印社	2020-08-08
明 铜天王坐像	高35cm	172,500	西泠印社	2020-08-08
明 铜韦陀坐像	高44.3cm	322,000	北京中汉	2020-08-19
明 铜文财神坐像	高40.5cm	115,000	西泠印社	2020-08-08
明 韦陀	高45.5cm	230,000	保利厦门	2020-09-26
明 原始天尊像	高32cm	80,500	中鸿信	2020-01-03
明 准提佛母	高48cm	1,265,000	华艺国际	2020-10-16
明 准提佛母坐像	高41cm	2,300,000	华艺国际	2020-10-16
明 紫檀木雕大成就者	高16cm	20,700	保利厦门	2020-09-26
明 紫檀木雕莲花手观音	高40cm	82,800	保利厦门	2020-09-26
明 自在观音	高11.5cm	32,200	华艺国际	2020-10-16
明 祖师像	高52cm	92,000	保利厦门	2020-09-26
明 坐姿菩萨像	高25.8cm	920,000	华艺国际	2020-10-16
明(永宣风格) 合金铜药师佛	高41cm	1,265,000	中国嘉德	2020-12-01
明 铜鎏金上师座像	高11.5cm	86,250	西泠印社	2020-08-09
明 铜鎏金无量寿佛像	高14.5cm	71,300	西泠印社	2020-08-09
明代 阿弥陀佛像	高38.4cm	862,500	中贸圣佳	2020-10-16
明代 白衣观音像	高35cm	299,000	中贸圣佳	2020-10-16
明代 宝冠释迦牟尼	高11cm	66,700	上海匡时	2020-08-05
明代 大日如来像	高22cm	517,500	中贸圣佳	2020-10-16
明代 关公像	高34.5cm	920,000	中贸圣佳	2020-10-16
明代 观音	高63cm	897,000	上海匡时	2020-08-05
明代 观音（一组）	高32cm	575,000	上海匡时	2020-08-05
明代 观音菩萨像	高8.6cm	172,500	中贸圣佳	2020-10-16
明代 观音菩萨像	高13.5cm	92,000	中贸圣佳	2020-10-16
明代 金质自在观音	高15.8cm	632,500	中国嘉德	2020-08-18
明代 吕洞宾三度城南柳	高17.3cm	51,750	上海匡时	2020-08-05
明代 菩萨像	高9.3cm	172,500	中贸圣佳	2020-10-16
明代 三世佛像（一组三尊）	高54.2cm	1,207,500	中贸圣佳	2020-10-16
明代 神兽童子像	高31.5cm	805,000	中贸圣佳	2020-10-16
明代 狮吼观音像	高34.5cm	805,000	中贸圣佳	2020-10-16
明代 狮吼观音像	高33.2cm	264,500	中贸圣佳	2020-10-16
明代 石浮雕莲华生大士	20×18cm	34,500	古天一	2020-10-16
明代 释迦牟尼佛像	高53cm	1,265,000	中贸圣佳	2020-10-16
明代 释迦牟尼佛像	高37.4cm	368,000	中贸圣佳	2020-10-16
明代 释迦牟尼佛像	高10cm	155,250	中贸圣佳	2020-10-16
明代 释迦牟尼佛像	高8.8cm	143,750	中贸圣佳	2020-10-16
明代 释迦牟尼佛像	高8.2cm	115,000	中贸圣佳	2020-10-16
明代 释迦牟尼佛像	高8.5cm	40,250	中贸圣佳	2020-10-16
明代 水月观音像	高15cm	132,250	中贸圣佳	2020-10-16
明代 铜大日如来佛像	高33cm	91,008	台北艺珍	2020-08-16
明代 铜鎏金阿弥陀佛像	高28cm	632,500	古天一	2020-10-16
明代 铜鎏金男相观音像	高20.8cm	207,000	中国嘉德	2020-08-15
明代 铜鎏金仕女像	高28.5cm	71,100	台北艺珍	2020-08-16
明代 铜释迦牟尼佛	高23.5cm	264,500	中国嘉德	2020-08-15
明代 脱胎金漆观音坐像	高43cm	69,000	古天一	2020-10-16
明代 文殊菩萨	高29.5cm	97,750	上海匡时	2020-08-05
明代 雪山大士	佛高12.4cm	112,700	上海匡时	2020-08-05
明代 准提观音像	高31.8cm	195,500	中贸圣佳	2020-10-16
明晚期 石叟款铜观音像	高19.5cm	483,000	北京保利	2020-12-05
明末清初 "石叟"制铜嵌银丝观音立像	高43.5cm	172,500	保利厦门	2020-09-26
明末清初 夹纻漆金自在观音坐像	高66cm	632,500	保利厦门	2020-09-26
清初 天王像	高13.2cm	322,000	华艺国际	2020-10-16
清早期 铜鎏金释迦牟尼座像	高18cm	138,000	西泠印社	2020-08-09
清早期 铜吕洞宾与柳树精立像	高21.3cm	115,000	北京保利	2020-10-20
清早期 童子（一对）	高20.5cm	437,000	上海匡时	2020-08-05
清早期 雪堆白菩萨像	高21.3cm	13,800	中贸圣佳	2020-12-08
清康熙 宝冠释迦牟尼	高20cm	483,000	保利厦门	2020-09-26
清康熙 彩绘朱书蒙古文《大藏经》经板	55.5×16cm	69,000	古天一	2020-10-16
清康熙 甘珠尔《大般涅槃经》卷二	长71.5cm; 宽21.5cm; 高11.7cm	437,000	中贸圣佳	2020-10-16
清康熙 宫廷夹纻旃檀佛立像	高52cm	460,000	西泠印社	2020-08-08
清康熙 观音菩萨	高17.5cm	345,000	保利厦门	2020-09-26
清康熙 夹纻无量寿佛坐像	高54cm	529,000	西泠印社	2020-08-08
清康熙 金刚总持	高17.5cm	92,000	广东崇正	2020-09-13
清康熙 鎏金铜光明佛母坐像	高43cm	4,082,116	巴黎佳士得	2020-06-23
清康熙 绿度母像	高33cm	575,000	中贸圣佳	2020-10-16
清康熙 释迦牟尼	高17.3cm	575,000	华艺国际	2020-10-16
清康熙 释迦牟尼	高19.8cm	368,000	上海匡时	2020-08-05
清康熙 铜凤纹四方炉	17×10.5×8.5cm; 重量1630g	517,500	西泠印社	2020-08-08
清康熙 铜鎏金阿弥陀佛	高14.3cm	126,500	北京保利	2020-10-20
清康熙 铜鎏金观音立像	高54cm	2,875,000	北京保利	2020-10-19
清康熙 铜鎏金金刚萨埵	高14.5cm	391,000	永乐拍卖	2020-08-17
清康熙 铜鎏金金刚总持坐像	高36cm	1,092,500	西泠印社	2020-08-08
清康熙 铜鎏金绿度母	高11cm	23,000	永乐拍卖	2020-12-02
清康熙 铜鎏金男相观音	高15cm	552,000	中国嘉德	2020-12-01
清康熙 铜鎏金释迦牟尼	高33.5cm	2,300,000	华艺国际	2020-12-05
清康熙 铜鎏金无量寿佛	19.6cm	299,000	中国嘉德	2020-08-15
清康熙 文殊菩萨	高22.8cm	448,500	华艺国际	2020-10-16
清康熙 叶衣佛母像	高17.8cm	1,035,000	中贸圣佳	2020-10-16
清康熙 御制铜鎏金无量寿佛	高44cm	12,650,000	华艺国际	2020-10-16
清康熙 紫檀木雕无量寿佛	高15.5cm	20,700	保利厦门	2020-09-26
清康熙三十二年(1693) 鎏金铜黑财神立像	高12.4cm	734,500	佳士得	2020-07-09
清雍正 绿度母像	高17cm	379,500	十竹斋拍卖（北京）	2020-10-18
清雍正 白度母	高16.5cm	92,000	保利厦门	2020-09-26
清雍正 铜鎏金白度母像	高17.5cm	598,000	北京大羿	2020-12-06
清雍正 铜鎏金绿度母	高22.2cm	414,000	永乐拍卖	2020-08-17
清雍正/乾隆 弥勒佛立像	高32cm	368,000	广东崇正	2020-09-13
17–18世纪 铜鎏金观音坐像	高37.8cm	2,980,688	纽约佳士得	2020-09-25
17–18世纪 大日如来	高16cm	1,012,000	上海匡时	2020-08-05
17–18世纪 鎏金铜释迦牟尼佛坐像	高48.4cm	3,503,000	香港苏富比	2020-07-11
17–18世纪 释迦牟尼	高17cm	92,000	保利厦门	2020-09-26
17–18世纪 铜鎏金无量寿佛	高22cm	207,000	广东崇正	2020-09-13
17–18世纪 紫檀木雕大漆描金宗喀巴坐像	高25.5cm	57,500	保利厦门	2020-09-26
17–18世纪 紫檀木雕金刚手菩萨立像	高22.5cm	43,700	保利厦门	2020-09-26
18世纪 铜鎏金阿弥陀佛	高19.7cm	40,250	北京翰海	2020-12-12
18世纪 铜鎏金白度母	高16.2cm	48,300	北京翰海	2020-12-12
18世纪 铜鎏金碧霞元君	高17.3cm	92,000	北京翰海	2020-12-12
18世纪 铜鎏金大威德金刚	高14.5cm	149,500	北京翰海	2020-12-12
18世纪 铜鎏金弥勒佛	高21.5cm	161,000	北京翰海	2020-12-12
18世纪 铜鎏金文殊菩萨	高26.4cm	483,000	北京翰海	2020-12-12
18世纪 铜鎏金无量寿佛	高22.5cm	126,500	北京翰海	2020-12-12
18世纪 铜鎏金雪山大士	高31.5cm	943,000	北京翰海	2020-12-12
18世纪 铜鎏金宗喀巴	高16.5cm	71,300	北京翰海	2020-12-12
18世纪 慈乌面勇保护法像	高28.5cm	1,207,500	中贸圣佳	2020-10-16
18世纪 关公像	高23.6cm	897,000	中贸圣佳	2020-10-16
18世纪 金刚萨埵像	高24.5cm	115,000	中贸圣佳	2020-10-16
18世纪 莲华生	高24cm	115,000	保利厦门	2020-09-26
18世纪 鎏金铜喇嘛坐像（两件）	高15cm	434,800	伦敦佳士得	2020-11-03
18世纪 鎏金铜上乐金刚双身像	高33.5cm	347,840	伦敦佳士得	2020-11-03
18世纪 鎏金铜释迦牟尼佛坐像	高16.4cm	41,695	巴黎佳士得	2020-06-23
18世纪 六臂玛哈嘎拉	高20cm	287,500	保利厦门	2020-09-26
18世纪 罗汉	高15cm	80,500	保利厦门	2020-09-26
18世纪 马头金刚像	高16.5cm	138,000	中贸圣佳	2020-10-16
18世纪 蒙古多伦诺尔风格铜鎏金绿度母像	高58.1cm	1,725,000	华艺国际	2020-10-16
18世纪 密集金刚	高26cm	264,500	保利厦门	2020-09-26
18世纪 尼泊尔 铜鎏金胜乐金刚像	高37.5cm	99,540	台北艺珍	2020-08-16
18世纪 普贤菩萨像	高30.8cm	161,000	中贸圣佳	2020-10-16
18世纪 铜金漆大威德金刚像	高57cm	330,625	中鸿信	2020-01-03

(续表)

拍品名称	物品尺寸	成交价RMB	拍卖公司	拍卖日期
18世纪 铜空行母立像	高20.3cm	119,128	巴黎佳士得	2020-06-23
18世纪 铜鎏金阿弥陀佛坐像	高12.5cm	92,000	西泠印社	2020-08-08
18世纪 铜鎏金骑羊护法与吉祥天母	高10cm; 高11cm	161,000	北京保利	2020-10-20
18世纪 铜鎏金嵌松石菩萨像	高11cm	80,500	北京保利	2020-10-20
18世纪 铜鎏金五世达赖坐像	高22.5cm	368,000	西泠印社	2020-08-09
18世纪 外修阎魔敌像	高30.5cm	1,725,000	中贸圣佳	2020-10-16
18 世纪 无量寿佛(擦擦)(一组四件)	高12cm×4	552,000	保利厦门	2020-09-26
18世纪 无量寿佛像	高24.5cm	460,000	中贸圣佳	2020-10-16
18世纪 宗喀巴像	高21cm	184,000	中贸圣佳	2020-10-16
18世纪 宗喀巴像	高18.5cm	126,500	中贸圣佳	2020-10-16
18世纪 宗喀巴像	高16cm	115,000	中贸圣佳	2020-10-16
18世纪 葡萄牙家族旧藏合金铜释迦牟尼佛像	带座高50cm; 高45cm	586,500	西泠印社	2020-08-09
18世纪蒙古 铜鎏金二世哲布尊丹巴	高15cm	1,150,000	中国嘉德	2020-08-15
17-18世纪蒙古 铜鎏金马头金刚	高25.5cm	4,025,000	中国嘉德	2020-12-01
17-18世纪蒙古 铜鎏金释迦牟尼佛	高15.7cm	287,500	中国嘉德	2020-08-15
18世纪蒙古 铜鎏金无量寿佛	高21.2cm	230,000	中国嘉德	2020-12-01
清(18世纪) 铜鎏金释迦小像	高12.8cm	74,750	中国嘉德	2020-07-16
清(18世纪) 银局部漆金上师像	高16cm	103,500	中国嘉德	2020-07-16
清17-18世纪 鎏金铜释迦牟尼佛坐像	高17cm	63,270	佳士得	2020-10-08
清乾隆 "弟子周祥造"款铜鎏金童子龙女立像	高23cm; 高24cm	517,500	西泠印社	2020-08-08
清乾隆 白度母	高17.3cm	345,000	华艺国际	2020-10-16
清乾隆 白度母	高17.5cm	230,000	华艺国际	2020-10-16
清乾隆 财宝天王	高11.5cm	97,750	上海匡时	2020-08-05
清乾隆 财宝天王随身佛	高3.5cm	230,000	保利厦门	2020-09-26
清乾隆 错银丝石叟款铜观音	高48cm	310,500	中贸圣佳	2020-12-08
清乾隆 大红司命主像	高17.3cm	402,500	中贸圣佳	2020-10-16
清乾隆 嘎班巴的	高14.5cm	230,000	上海匡时	2020-08-05
清乾隆 宫廷 铜鎏金大轮金刚手	高32cm	2,990,000	中国嘉德	2020-08-15
清乾隆 宫廷 铜泥金成就佛(六品佛楼)	高20cm	805,000	中国嘉德	2020-08-15
清乾隆 宫廷御制 紫金琍玛嵌金银宗喀巴像	高19.5cm	4,370,000	中国嘉德	2020-08-15
清乾隆 宫廷御制 紫金琍玛无量寿佛(金嵌宝石)	高23cm	12,650,000	中国嘉德	2020-12-01
清乾隆 合金铜大红司命主	高17.8cm	89,700	中国嘉德	2020-08-15
清乾隆 合金铜大威德金刚	高28cm	1,150,000	中国嘉德	2020-12-01
清乾隆 合金铜无量寿佛	高11cm	80,500	中国嘉德	2020-08-15
清乾隆 黄财神	高7cm	69,000	保利厦门	2020-09-26
清乾隆 夹纻漆金阿氏多尊者坐像	高58cm	460,000	保利厦门	2020-09-26
清乾隆 金刚手菩萨	高8.5cm	17,250	保利厦门	2020-09-26
清乾隆 鎏金铜锤揲违蓝佛坐像	高30.5cm	452,000	佳士得	2020-07-09
清乾隆 鎏金铜吉祥天母像	总高14.5cm	395,500	佳士得	2020-07-09
清乾隆 鎏金铜金刚像	高19.7cm	361,600	佳士得	2020-07-09
清乾隆 鎏金铜无量寿佛坐像	高20cm	43,774	伦敦苏富比	2020-06-15
清乾隆 鎏金铜无量寿佛坐像	18cm	85,448	香港苏富比	2020-11-26
清乾隆 六臂大黑天	高22cm	92,000	广东崇正	2020-09-13
清乾隆 六臂玛哈嘎像	高18.5cm	460,000	十竹斋拍卖(北京)	2020-10-18
清乾隆 六品佛楼十一面观音立像	高16.5cm	230,000	西泠印社	2020-08-08
清乾隆 六世班禅 (一组两尊)	高9cm	1,322,500	华艺国际	2020-10-16
清乾隆 弥勒菩萨	高11.8cm	57,500	北京中汉	2020-12-04
清乾隆 弥勒菩萨像	高33cm	517,500	十竹斋拍卖(北京)	2020-10-18
清乾隆 那若空行母	高23.6cm	115,000	上海匡时	2020-08-05
清乾隆 泥金无量佛	高15cm	11,500	北京禾谷	2020-09-24
清乾隆 骑牛护法	高9cm	57,500	北京中汉	2020-08-19
清乾隆 上师	高24cm	184,000	保利厦门	2020-09-26
清乾隆 四臂观音	高18.5cm	345,000	华艺国际	2020-10-16
清乾隆 铜"药师琉璃光王如来"擦擦模	高9.7cm	287,500	北京保利	2020-10-20
清乾隆 铜成就佛像	高16.5cm	508,500	佳士得	2020-07-09
清乾隆 铜痴威罗瓦金刚像	高18.9cm	169,500	佳士得	2020-07-09
清乾隆 铜鎏金八骏财神	高14cm	195,500	中国嘉德	2020-12-01
清乾隆 铜鎏金宝冠释迦牟尼	高18cm	57,500	永乐拍卖	2020-12-02
清乾隆 铜鎏金财宝天王	高10cm	138,000	中国嘉德	2020-12-01
清乾隆 铜鎏金财宝天王坐像	高21cm	690,000	北京保利	2020-10-20
清乾隆 铜鎏金彩绘骑羊护法	高18.6cm	86,250	中国嘉德	2020-08-15
清乾隆 铜鎏金大威德金刚	高16.7cm	437,000	中国嘉德	2020-08-15
清乾隆 铜鎏金斗战胜佛	高16.5cm	126,500	北京保利	2020-10-20
清乾隆 铜鎏金佛像	高9.8cm	32,200	中贸圣佳	2020-12-08
清乾隆 铜鎏金格鲁派上师像	高17.7cm	66,700	中国嘉德	2020-08-15
清乾隆 铜鎏金黄财神	高9.8cm	253,000	中国嘉德	2020-08-15
清乾隆 铜鎏金黄财神	高13.3cm	207,000	中国嘉德	2020-12-01
清乾隆 铜鎏金黄财神	高9.8cm	161,000	北京保利	2020-10-20
清乾隆 铜鎏金黄财神	高10.2cm	149,500	中国嘉德	2020-08-15
清乾隆 铜鎏金黄财神	高7.8cm	109,250	中国嘉德	2020-12-01
清乾隆 铜鎏金黄财神像	高10.2cm	57,500	中国嘉德	2020-08-15
清乾隆 铜鎏金吉祥天母	高13.3cm	322,000	中国嘉德	2020-12-01
清乾隆 铜鎏金金刚持	高17cm	161,000	中国嘉德	2020-12-01
清乾隆 铜鎏金莲华生大士	高23cm	109,250	北京保利	2020-10-20
清乾隆 铜鎏金六臂玛哈嘎拉	高22.6cm	195,500	中国嘉德	2020-12-01
清乾隆 铜鎏金六臂玛哈嘎拉	高14.2cm	126,500	中国嘉德	2020-12-01
清乾隆 铜鎏金六臂玛哈嘎拉	高11.5cm	63,250	中国嘉德	2020-08-15
清乾隆 铜鎏金罗汉坐像	高15.5cm	207,000	西泠印社	2020-08-08
清乾隆 铜鎏金绿度母	高32cm	1,035,000	华艺国际	2020-12-05
清乾隆 铜鎏金绿度母	高17cm	149,500	北京保利	2020-10-20
清乾隆 铜鎏金绿度母	高8cm	138,000	中国嘉德	2020-12-01
清乾隆 铜鎏金绿度母	高11.5cm	86,250	中国嘉德	2020-12-01
清乾隆 铜鎏金弥勒像	高16.8cm	36,800	北京保利	2020-10-20
清乾隆 铜鎏金弥勒坐像	高52cm	253,000	西泠印社	2020-08-08
清乾隆 铜鎏金密集金刚	高10cm	172,500	中贸圣佳	2020-12-08
清乾隆 铜鎏金骑羊护法	高16.3cm	86,250	中国嘉德	2020-08-15
清乾隆 铜鎏金嵌宝地藏菩萨坐像	高27cm	516,424	纽约苏富比	2020-09-23
清乾隆 铜鎏金胜乐金刚	高17cm	483,000	中国嘉德	2020-12-01
清乾隆 铜鎏金十一面观音	高17.5cm	92,000	中国嘉德	2020-08-15
清乾隆 铜鎏金十一面观音立像	高56cm	1,380,000	西泠印社	2020-08-08
清乾隆 铜鎏金十一面观音像	高18.5cm	109,250	中国嘉德	2020-12-01
清乾隆 铜鎏金释迦牟尼	高48.5cm	4,715,000	华艺国际	2020-12-05
清乾隆 铜鎏金释迦牟尼	高17.5cm; 重1240g	11,500	广东崇正	2020-09-13
清乾隆 铜鎏金释迦牟尼佛	高17cm	149,500	中国嘉德	2020-12-01
清乾隆 铜鎏金释迦牟尼说法像	高18.8cm	172,500	中国嘉德	2020-12-01
清乾隆 铜鎏金双身金刚持	高16cm	74,750	北京保利	2020-10-20
清乾隆 铜鎏金外修降阎魔尊	高16.8cm	322,000	中国嘉德	2020-12-01
清乾隆 铜鎏金文殊菩萨小像	高10.5cm	20,700	中国嘉德	2020-11-11
清乾隆 铜鎏金文殊菩萨坐像	高31.5cm	805,000	西泠印社	2020-08-08
清乾隆 铜鎏金无量寿佛	高22.3cm	172,500	中国嘉德	2020-08-15
清乾隆 铜鎏金无量寿佛	高17cm	161,000	中国嘉德	2020-12-01
清乾隆 铜鎏金无量寿佛	高17.8cm	86,250	中国嘉德	2020-12-01
清乾隆 铜鎏金无量寿佛	高9.4cm	23,000	广东崇正	2020-09-13
清乾隆 铜鎏金叶衣佛母	高17cm	172,500	北京保利	2020-10-20
清乾隆 铜鎏金章嘉像	高16.8cm	51,750	中国嘉德	2020-12-01
清乾隆 铜鎏金宗喀巴像	高15.8cm	74,750	中国嘉德	2020-08-15
清乾隆 铜鎏金宗喀巴像	高21.3cm	51,750	中国嘉德	2020-08-15
清乾隆 铜鎏金宗喀巴像	高16.7cm	41,400	北京保利	2020-10-20
清乾隆 铜鎏金宗喀巴像	高15cm	11,500	中国嘉德	2020-11-11
清乾隆 铜鎏金宗喀巴小像	高10.4cm	17,250	中国嘉德	2020-11-11
清乾隆 铜鎏金尊胜佛母	高16.2cm; 连座高21cm	80,500	中国嘉德	2020-12-01
清乾隆 铜鎏金尊胜佛母	高11cm	34,500	永乐拍卖	2020-12-02
清乾隆 铜泥金那罗延佛	高19.7cm	172,500	中鸿信	2020-01-03
清乾隆 铜燃灯佛(六品佛楼)	高32.8cm	632,500	永乐拍卖	2020-12-02
清乾隆 无量寿佛	高24cm	172,500	保利厦门	2020-09-26
清乾隆 无量寿佛	高16.8cm	13,800	中贸圣佳	2020-12-08
清乾隆 药师佛	高17.3cm	57,500	上海匡时	2020-08-05

（续表）

拍品名称	物品尺寸	成交价RMB	拍卖公司	拍卖日期
清乾隆 药师佛像	高17cm	230,000	中贸圣佳	2020-10-16
清乾隆 朱漆泥金陶擦擦（一组十一尊）	10.5cm	339,000	佳士得	2020-07-09
清乾隆 紫金琍玛藏王	高20.8cm	805,000	北京中汉	2020-08-19
清乾隆 紫金琍玛无量寿佛	高49cm	3,967,500	永乐拍卖	2020-08-17
清乾隆 紫檀大漆描金绿度母	直径21.5cm	287,500	保利厦门	2020-09-26
清乾隆 紫檀木雕财宝天王	高14cm	80,500	保利厦门	2020-09-26
清乾隆 紫檀木雕黄财神	高22.5cm	17,250	保利厦门	2020-09-26
清乾隆 宗喀巴	高11.4cm	20,700	北京中汉	2020-12-04
清乾隆（宫廷）铜鎏金释迦牟尼说法像	高36cm	4,830,000	中国嘉德	2020-12-01
清乾隆（宫廷）铜泥金手持金刚菩萨（六品佛楼）	高16.5cm	920,000	中国嘉德	2020-12-01
清乾隆（宫廷）铜漆金白马头金刚（六品佛楼）	高37.5cm	13,225,000	中国嘉德	2020-12-01
清乾隆 京造鎏金绿度母座像	高17cm	115,000	西泠印社	2020-08-09
清乾隆 铜鎏金六臂三面文殊金刚组佛	高33.5cm; 长26cm	195,500	西泠印社	2020-08-09
清乾隆宫廷 合金铜佛龛（一对）	46×48.3cm	437,000	中国嘉德	2020-12-01
清乾隆宫廷 铜泥金跋折罗药叉大将像（六品佛楼）	高13.5cm	690,000	中国嘉德	2020-11-11
清乾隆戊戌年（1778）鎏金铜三世章嘉呼图克图若必多吉像	16.5cm	226,000	佳士得	2020-07-09
清乾隆中晚期 佛像	高12cm	25,300	广东精诚所至	2020-09-15
清约18世纪 木漆金菩萨坐像及座		119,128	巴黎佳士得	2020-06-23
17-18世纪 西藏/内蒙古 鎏金铜绿度母坐像	高47.6cm	745,500	佳士得	2020-11-30
17-18世纪西藏 鎏金铜第五世达赖喇嘛阿旺罗桑嘉措坐像	高11.2cm	163,050	伦敦佳士得	2020-11-03
17-18世纪西藏 铜鎏金空行母（分铸银挂饰）	高18.2cm	101,200	中国嘉德	2020-08-15
18世纪西藏 铜鎏金不空成就佛	高24.2cm	115,000	中国嘉德	2020-12-01
清中期 黄花梨雕双龙捧寿纹佛龛	38×34×55cm	115,000	保利厦门	2020-09-26
清中期 铜鎏金上师像	高6.3cm	11,200	上海联合	2020-11-29
清中期 铜鎏金释迦牟尼佛坐像	高20cm	33,600	上海联合	2020-11-29
清中期 紫檀漆金财宝天王坐像	高12.5cm	46,000	保利厦门	2020-09-26
18-19世纪 鎏金铜佛陀坐像及局部鎏金铜佛龛	高10.3cm; 高28.6cm	159,750	佳士得	2020-11-30
18-19世纪 释迦牟尼佛像	高39.5cm	299,000	中贸圣佳	2020-10-16
19世纪 铜错银观音菩萨立像	高79.4cm	678,000	佳士得	2020-07-09
19世纪 铜鎏金上师像	高18.2cm	19,550	中贸圣佳	2020-12-08
清末民初 十一面八手观音像	重355g; 通高12.5cm; 底径6cm	35,200	广东宜传	2020-09-18
清 夹纻弥勒坐像	高40cm	207,000	西泠印社	2020-08-08
清 金漆夹纻观音菩萨与文殊菩萨像	高68cm	1,380,000	北京大羿	2020-10-16
清 金漆四臂佛龛	14.3×10cm	22,400	上海联合	2020-11-29
清 鎏金佛像（一组四件）	尺寸不一	23,000	北京禾谷	2020-09-24
清 鎏金铜黄财宝天王骑狮像	高3.5cm	94,905	佳士得	2020-10-08
清 鎏金铜及漆金佛吊坠	9cm	34,179	香港苏富比	2020-11-26
清 绿度母	高28.5cm	63,250	广东崇正	2020-09-13
清 妙音佛母	高16cm	126,500	北京禾谷	2020-09-23
清 石叟款铜书卷观音	高33.1cm	356,500	中贸圣佳	2020-12-08
清 释迦牟尼佛像	高16.8cm	13,200	广东宜传	2020-09-18
清 铜佛像	高9cm	16,100	北京翰海	2020-09-12
清 铜巨型南海观音像	高193cm	793,500	中鸿信	2020-01-03
清 铜鎏金八骏财神	高20.5cm	253,000	西泠印社	2020-08-08
清 铜鎏金大威德金刚	高27cm	57,500	永乐拍卖	2020-12-02
清 铜鎏金大威德金刚像	高11.5cm; 重349g	11,500	广东崇正	2020-09-13
清 铜鎏金佛	高11.5cm	25,300	北京翰海	2020-09-12
清 铜鎏金佛像	高3cm	40,250	北京翰海	2020-09-12
清 铜鎏金佛造像	高30cm	184,000	北京禾谷	2020-09-24
清 铜鎏金噶举派上师坐像	高20.5cm	28,750	北京禾谷	2020-09-24
清 铜鎏金关公像	高24.5cm	80,500	北京禾谷	2020-09-24
清 铜鎏金黄财神像	高21cm	69,000	北京禾谷	2020-09-24
清 铜鎏金三世章嘉坐像	高24.8cm	92,000	西泠印社	2020-08-08
清 铜鎏金狮面佛母	高20.5cm	34,500	永乐拍卖	2020-12-02
清 铜鎏金狮面空行母像	高42cm	368,000	北京大羿	2020-10-16
清 铜鎏金释迦牟尼	高39cm	172,500	北京禾谷	2020-09-24
清 铜鎏金释迦牟尼	高6.5cm	36,800	北京翰海	2020-09-12
清 铜鎏金送子观音	高21.5cm	13,800	北京翰海	2020-09-12
清 铜嵌银石叟款观音立像	高27.3cm	57,500	西泠印社	2020-08-08
清 铜嵌银石叟款观音坐像	高28.5cm	92,000	西泠印社	2020-08-08
清 文殊菩萨像	高23cm	40,250	北京禾谷	2020-09-24
清 银佛祖坐像	高16.9cm; 重911g	97,750	西泠印社	2020-08-09
清 瑜伽士密修像	高17.5cm	345,000	北京保利	2020-10-20
清 瑜伽士密修像	高17.5cm	57,500	北京中汉	2020-08-19
清 章嘉活佛	高20cm	322,000	十竹斋拍卖（北京）	2020-10-18
清 紫檀葫芦形佛龛	高49.5cm	57,500	保利厦门	2020-09-26
清 宗喀巴佛像	高15.5cm	40,250	北京禾谷	2020-09-24
清代 东极青华大帝	高16.5cm	115,000	上海匡时	2020-08-05
清代 关公	高17.5cm	195,500	上海匡时	2020-08-05
清代 黄财神	高17cm	207,000	上海匡时	2020-08-05
清代 绿度母	高22.4cm	230,000	上海匡时	2020-08-05
清代 水月观音	高14.5cm	184,000	上海匡时	2020-08-05
清代 铁观音立像	高11cm	11,500	古天一	2020-10-16
清代 铜二佛并坐像	高12.6cm	11,500	古天一	2020-10-16
清代 铜释迦牟尼坐像	高10cm	23,000	古天一	2020-10-16
清代 托履达摩	佛高14cm	218,500	上海匡时	2020-08-05
清代 无量寿佛	高71cm	310,500	上海匡时	2020-08-05
清代 无量寿佛	高16.8cm	86,250	上海匡时	2020-08-05
民国 弘一法师重要僧物（两件）	尺寸不一	69,000	中鸿信	2020-01-04
民国 弘一法师紫衣袈裟	121×245cm	207,000	中鸿信	2020-01-04
民国 日式观音（银质）	高24.5cm	40,250	北京禾谷	2020-09-24
民国 铜观音像	高26cm	17,250	广东崇正	2020-09-13
大理国铜密教大日如来像	高17cm	747,500	北京大羿	2020-12-06
弘一 墨书《华严经》句石佛	16cm	287,500	中鸿信	2020-01-04
18世纪 蒙古 鎏金铜局部铜皮马头明王及佛母立像	高43cm	347,456	巴黎佳士得	2020-06-23
清乾隆铜鎏金绿度母		36,800	北京诚轩	2020-08-19
清乾隆铜鎏金绿度母		34,500	北京诚轩	2020-08-19
十六国 铜鎏金佛坐像	高7.6cm	172,141	纽约苏富比	2020-09-23
释迦牟尼佛	高19.2cm	12,650	中贸圣佳	2020-12-08
双身帝释天	高23.7cm	1,725,000	华艺国际	2020-10-16
铜鎏金八臂文殊像	高25cm	3,305,663	哈布斯堡	2020-11-28
铜鎏金护法像（两件）	高18cm; 高17cm	13,800	中国嘉德	2020-11-12
铜鎏金释迦牟尼像	高30cm	3,334,980	哈布斯堡	2020-09-11
铜鎏金无量寿佛像	高18cm	13,800	中国嘉德	2020-11-12
铜释迦牟尼佛与二弟子像	高10.5cm; 高10cm; 高10.5cm	920,000	北京大羿	2020-10-16
杨柳观音像	高12.5cm	46,000	中贸圣佳	2020-12-08
银鎏金四臂观音造像	高13.5cm	2,564,100	东京国立拍卖	2020-10-25
银鎏金药师佛像坐像	高15cm	2,721,180	哈布斯堡	2020-09-11
印度南部 泰米尔纳德邦 朱罗王朝12世纪 铜象头神立像	高40.6cm	6,095,292	纽约佳士得	2020-09-24
印度南部 泰米尔纳德邦 朱罗王朝铜湿婆立像	高82.3cm	29,658,300	纽约佳士得	2020-09-24
印度南部 泰米尔纳德邦 朱罗王朝铜雪山神女立像	高81.9cm	3,579,450	纽约佳士得	2020-09-24
13世纪 合金铜噶当塔	高43cm	287,500	古天一	2020-10-16
13世纪大理 合金铜金刚铃	高17.5cm	13,800	中国嘉德	2020-12-01
13世纪大理 合金铜三股金刚杵	21.5cm	32,200	中国嘉德	2020-12-01
尼泊尔13世纪 守护佛母木质漆金护经板（一对）	尺寸不一	172,500	中国嘉德	2020-12-01

(续表)

拍品名称	物品尺寸	成交价RMB	拍卖公司	拍卖日期
8世纪 金刚铃	高32.6cm	75,900	上海匡时	2020-08-05
辽/金 蜜蜡佛塔摆件	高17cm; 重87.5kg	195,500	西泠印社	2020-08-09
12世纪 合金铜释迦牟尼佛冠	高13cm	172,500	古天一	2020-10-16
14世纪 金刚法钩	长16.2cm	1,000,500	北京中汉	2020-12-04
14世纪西藏 铜铁双色九股金刚杵	长14.5cm	40,250	中国嘉德	2020-12-01
明早期 掐丝珐琅缠枝莲纹金刚铃	高29.6cm	897,000	中国嘉德	2020-08-18
明永乐 大明永乐年施款金刚杵	高15cm	299,000	上海匡时	2020-08-05
明永乐 金刚铃、杵（一套）	铃长22.5cm; 杵长17cm	2,127,500	北京保利	2020-12-05
明永乐 铁鋄金银独股杵	长20.5cm	897,000	北京保利	2020-12-05
尼泊尔 约15世纪 铜皮金刚冠	高25cm	41,695	巴黎佳士得	2020-06-23
16世纪西藏 铁鋄金普巴金刚橛	高23cm	43,700	中国嘉德	2020-12-01
19世纪 填珐琅錾刻八吉祥纹翅白螺	长20.6cm; 长54cm	293,800	佳士得	2020-07-09
约17世纪西藏 铜金刚杵 一组两件	长13cm; 长15cm	27,797	巴黎佳士得	2020-06-23
明 素三彩十三级琉璃佛塔	高103cm	483,000	西泠印社	2020-08-08
明 铜十六罗汉大磬	磬长65cm	2,415,000	北京保利	2020-10-20
清康熙 金刚铃及杵（一套）	铃高21.5cm; 杵长15.5cm	287,500	十竹斋拍卖（北京）	2020-10-18
清乾隆 白玉七佛八宝供碗	高21cm	402,500	中鸿信	2020-01-03
清乾隆 乾隆四十五年 法螺	长17.1cm	276,000	中贸圣佳	2020-12-08
清乾隆 铜鎏金尊胜塔	高18.8cm	55,200	中国嘉德	2020-12-01
清乾隆 胭脂红地粉彩佛塔	高32cm	276,000	中鸿信	2020-01-03
清 金刚杵	长4cm	57,500	北京禾谷	2020-09-24
清乾隆铜鎏金金刚总持		28,750	北京诚轩	2020-08-19
铜金刚铃、金刚杵（一对）	高15.5cm; 长10cm	11,500	中国嘉德	2020-11-12
铜鎏金八宝（一套）	尺寸不一	17,250	中国嘉德	2020-11-12
约15世纪 西藏 黑石普巴杵及套	匕首长度18cm	37,724	巴黎佳士得	2020-06-23
13世纪 释迦牟尼佛唐卡	21×11cm	333,500	古天一	2020-10-16
12世纪 "黑水城风格"毗卢舍那佛唐卡 立轴	54.5×45cm	1,058,000	中鸿信	2020-01-04
元 金刚总持唐卡	59×44cm	805,000	中鸿信	2020-01-03
元至明 胜乐金刚唐卡	22×18cm	115,000	中鸿信	2020-01-03
13世纪晚期至14世纪早期 达隆塘巴·扎西贝唐卡	纵60cm; 横51cm	943,000	十竹斋拍卖（北京）	2020-10-18
14世纪 愤怒金刚唐卡	高30cm	20,700	北京翰海	2020-09-12
14世纪 三十五佛唐卡	85×78cm	2,415,000	古天一	2020-10-16
14世纪 胜乐金刚坛城唐卡	61×51cm	230,000	中贸圣佳	2020-10-16
14–15世纪 罗睺罗尊者唐卡	98×60cm	3,450,000	古天一	2020-10-16
15世纪 释迦牟尼佛唐卡	90×55.5cm	379,500	中贸圣佳	2020-10-16
约15世纪 西藏 铜上师及绿度母坐像 一组两件	高8cm; 高9cm	17,869	巴黎佳士得	2020-06-23
16世纪 密集金刚坛城唐卡	70×62cm	126,500	中贸圣佳	2020-10-16
16世纪 萨迦派祖师唐卡	75×63.5cm	282,620	伦敦佳士得	2020-11-03
16世纪 威罗瓦金刚金刚刺绣唐卡	55.4×49cm	99,273	巴黎佳士得	2020-06-23
16世纪 一佛二弟子唐卡	47.5×31.5cm	345,000	古天一	2020-10-16
16世纪 宗喀巴唐卡	82×56.5cm	81,525	伦敦佳士得	2020-11-03
16世纪 尊胜塔唐卡	60.5×37cm	230,000	中贸圣佳	2020-10-16
17世纪 观修·极密·愤怒莲师唐卡	83×55cm	149,500	中鸿信	2020-01-03
17世纪 却英多杰风格罗汉唐卡	51×35cm	897,000	古天一	2020-10-16
17世纪 文殊菩萨唐卡	高30cm	10,350	北京翰海	2020-09-12
17世纪　宗喀巴五照见唐卡	高40cm	11,500	北京翰海	2020-09-12
明末清初 观音文殊普贤三菩萨像立轴	145×69cm×3	287,500	保利厦门	2020-09-26
清早期 大威德金刚唐卡	69×52cm	402,500	中鸿信	2020-01-03
17–18世纪 四面四臂大黑天唐卡	纵98cm; 横72cm	368,000	十竹斋拍卖（北京）	2020-10-18
18世纪 财宝天王唐卡	62×47.2cm	115,000	中贸圣佳	2020-10-16
18世纪 赤热巴巾唐卡	56×40.5cm	46,000	中贸圣佳	2020-10-16
18世纪 大悲胜海红观音唐卡	92×62cm	575,000	古天一	2020-10-16
18世纪 大威德金刚黑唐	68×51.5cm	212,750	中贸圣佳	2020-10-16
18世纪 噶当派三祖师唐卡	48×72cm	1,472,000	十竹斋拍卖（北京）	2020-10-18
18世纪 虎神炽然唐卡	134×117cm	517,500	古天一	2020-10-16
18世纪 吉祥天母秘密宫殿唐卡	74×45cm	207,000	古天一	2020-10-16

拍品名称	物品尺寸	成交价RMB	拍卖公司	拍卖日期
18世纪 吉祥天母坛城唐卡	94×66cm	517,500	古天一	2020-10-16
18世纪 金刚亥母唐卡	57.5×38cm	230,000	中贸圣佳	2020-10-16
18世纪 金刚手菩萨唐卡	63×44cm	402,500	古天一	2020-10-16
18世纪 金刚瑜伽母唐卡	55×41cm	241,500	古天一	2020-10-16
18世纪 绢本金绘红唐卡像	162×77cm	661,250	中鸿信	2020-01-03
18世纪 喇呼拉护法黑唐卡	41.5×30cm	92,000	古天一	2020-10-16
18世纪 莲师八变之愤怒莲师唐卡	70×42cm	92,000	古天一	2020-10-16
18世纪 绿度母宫殿唐卡	63×49cm	138,000	古天一	2020-10-16
18世纪 绿度母唐卡	82×50cm	276,000	古天一	2020-10-16
18世纪 绿度母像唐卡	65×45cm	51,192	台北艺珍	2020-08-16
18世纪 弥勒佛巨幅唐卡	575×258cm	517,500	古天一	2020-10-16
18世纪 米拉日巴唐卡	29×20cm	115,000	古天一	2020-10-16
18世纪 毗留博叉唐卡	高63cm	11,500	北京翰海	2020-09-12
18世纪 骑羊护法唐卡	96×68cm	563,500	古天一	2020-10-16
18世纪 琼波南觉唐卡	40×26.5cm	178,250	古天一	2020-10-16
18世纪 胜乐金刚、甘帝巴、莲花手菩萨唐卡（一组）	48×71.5cm	3,910,000	古天一	2020-10-16
18世纪 胜乐金刚唐卡	66×49cm	92,000	中贸圣佳	2020-10-16
18世纪 狮吼观音唐卡	71×45.5cm	230,000	古天一	2020-10-16
18世纪 十一面观音菩萨唐卡	高80cm	13,800	北京翰海	2020-09-12
18世纪 释迦牟尼佛坐像唐卡	75×51cm	41,695	巴黎佳士得	2020-06-23
18世纪 释迦牟尼佛唐卡	77×48cm	149,500	中贸圣佳	2020-10-16
18世纪 释迦牟尼佛与十八罗汉唐卡	77×54cm	149,500	中贸圣佳	2020-10-16
18世纪 双身莲华生大士唐卡	42.5×32.5cm	57,500	古天一	2020-10-16
18世纪 苏频陀尊者唐卡	51×35cm	23,000	中贸圣佳	2020-10-16
18世纪 文殊菩萨唐卡	67×47cm	155,250	中贸圣佳	2020-10-16
18世纪 无量光佛唐卡	47×35.5cm	51,750	古天一	2020-10-16
18世纪 夏玛巴唐卡	34×46cm	230,000	上海匡时	2020-08-05
18世纪 药师净土唐卡	72×55cm	138,000	中贸圣佳	2020-10-16
18世纪 叶衣佛母唐卡	56.5×41cm	195,500	古天一	2020-10-16
18世纪 瑜伽虚空金刚唐卡	92×63.2cm	287,500	中贸圣佳	2020-10-16
清乾隆 阿弥陀佛极乐世界净土唐卡	128.3×90.2cm	563,500	华艺国际	2020-12-05
清乾隆 甘露金刚曼荼罗唐卡	69×52cm	476,512	巴黎佳士得	2020-06-23
清乾隆 蓝色妆花缎六世班禅唐卡	334×186cm	1,207,500	北京保利	2020-10-20
清乾隆 十相自在唐卡	纵135cm; 横43cm	943,000	十竹斋拍卖（北京）	2020-10-18
清乾隆 释迦牟尼与二弟子唐卡（两幅）	117×75cm	1,265,000	华艺国际	2020-12-05
17–18世纪西藏 萨迦派传承上师图唐卡	87×57.7cm	141,310	伦敦佳士得	2020-11-03
18世纪西藏 棉布矿物颜料财宝天王唐卡	58×36cm	97,750	中国嘉德	2020-12-01
18世纪西藏 释迦牟尼佛唐卡	78.5×108.5cm	23,914	伦敦佳士得	2020-11-03
18–19世纪 弥勒佛圣界唐卡	58.9×41cm	18,479	伦敦佳士得	2020-11-03
18–19世纪 愤怒莲师唐卡	66.5×53cm	92,000	中贸圣佳	2020-10-16
18–19世纪 过去七佛唐卡	75×50cm	172,500	中贸圣佳	2020-10-16
18–19世纪 金刚手菩萨唐卡	57.5×42.5cm	59,800	中贸圣佳	2020-10-16
18–19世纪 六世夏玛巴却吉旺秋唐卡	74×53cm	23,000	中贸圣佳	2020-10-16
18–19世纪 释迦牟尼佛唐卡	91×56.5cm	172,500	中贸圣佳	2020-10-16
18–19世纪 文武百尊愤怒尊唐卡	64.3×46cm	74,750	中贸圣佳	2020-10-16
19世纪 藏王唐卡	49.5×35.5cm	11,500	中贸圣佳	2020-10-16
19世纪 大威德金刚唐卡	87.5×40.5cm	92,000	中贸圣佳	2020-10-16
19世纪 噶玛噶举皈依境唐卡	60×41cm	92,000	古天一	2020-10-16
19世纪 金刚亥母金唐	63×46cm	34,500	中贸圣佳	2020-10-16
19世纪 西藏 棉布矿物颜料大日如来金唐卡	66×89.5cm	1,035,000	中国嘉德	2020-12-01
18–19世纪早期西藏 和尚唐卡	64.5×42.1cm	282,620	伦敦佳士得	2020-11-03
18–19世纪西藏 棉布矿物颜料大威德金刚曼荼罗唐卡	40×34.5cm	17,250	中国嘉德	2020-12-01
18–19世纪西藏 棉布矿物颜料黄财神黑唐卡	36.2×25.8cm	36,800	中国嘉德	2020-12-01
18–19世纪西藏 棉布矿物颜料六世噶玛巴通瓦敦殿唐卡	46×28.5cm	230,000	中国嘉德	2020-08-15

（续表）

拍品名称	物品尺寸	成交价RMB	拍卖公司	拍卖日期
18–19世纪西藏 棉布矿物颜料释迦牟尼说法唐卡（红卡）	66×49.3cm	172,500	中国嘉德	2020–08–15
19世纪西藏 棉布矿物颜料财宝天王唐卡	40×34.5cm	55,200	中国嘉德	2020–12–01
19世纪西藏 棉布矿物颜料米拉日巴唐卡	67.5×42.5cm	40,250	中国嘉德	2020–12–01
19世纪西藏 唐卡（一组四幅）	71.5×44cm	30,436	伦敦佳士得	2020–11–03
清 藏东 八邦风格 十一面八臂观音唐卡	67×46cm	138,000	中鸿信	2020–01–03
清 大成就者罗睺罗唐卡	82×60cm	80,500	中鸿信	2020–01–03
清 堆绣罗汉唐卡	45×32cm	97,750	中鸿信	2020–01–03
清 护法唐卡	125×104cm	345,000	中鸿信	2020–01–03
清 莲华生大师唐卡	78×56cm	368,000	中鸿信	2020–01–03
清 莲师八变日光菩萨唐卡	65×43cm	69,000	中鸿信	2020–01–03
清 绿度母唐卡	78×49cm	437,000	中鸿信	2020–01–03
清 绿度母唐卡	44×63cm	172,500	中鸿信	2020–01–03
清 绿度母唐卡	48×67cm	126,500	北京保利	2020–10–20
清 绿度母唐卡（不丹）	72×65cm	57,500	中鸿信	2020–01–03
清 马头金刚唐卡	73.5×50cm	57,500	中鸿信	2020–01–03
清 马头明王像唐卡	67.5×45.5cm	69,000	中鸿信	2020–01–03
清 千手观音唐卡	51×33.4cm	57,500	中鸿信	2020–01–03
清 释迦牟尼佛唐卡	88×58.5cm	80,500	中鸿信	2020–01–03
清 坛城唐卡	107.5×78cm	80,500	中鸿信	2020–01–03
清 坛城唐卡	51×50cm	57,500	中鸿信	2020–01–03
清 唐卡 释迦牟尼佛像	34×25cm	40,250	广东精诚所至	2020–09–15
清 唐卡 宗喀巴大师像	49×33cm	36,800	广东精诚所至	2020–09–15
清 威胜天王唐卡	48×34.5cm	69,000	中鸿信	2020–01–03
清 五罗汉图唐卡	53.5×39cm	57,500	中鸿信	2020–01–03
清 香巴拉唐卡	86×60.3cm	80,500	中鸿信	2020–01–03
清 宗喀巴皈依净土唐卡	76×53.5cm	57,500	中鸿信	2020–01–03
清宫廷 弥勒佛金卡	55.5×35cm	207,000	中鸿信	2020–01–03
清宫廷 弥勒菩萨唐卡	62×47cm	299,000	中鸿信	2020–01–03
当代 四臂观音唐卡	110×84cm	57,500	中鸿信	2020–01–03
格鲁派皈依境 唐卡	89×65cm	13,800	中国嘉德	2020–11–12
莲华生大士 唐卡	76×57cm	43,700	中国嘉德	2020–11–12
绿度母坛城 唐卡	60×51cm	10,350	中国嘉德	2020–11–12
绿度母唐卡	58×43cm	11,500	中国嘉德	2020–11–12
释迦牟尼佛唐卡	84×55cm	57,500	中贸圣佳	2020–12–08
无量寿佛 唐卡	48×31cm	17,250	中国嘉德	2020–11–12
文房用品				
16世纪 剔红竹林七贤图笔管及笔帽	长24.1cm	159,936	香港苏富比	2020–06–05
明 剔红花卉纹毛笔	长27cm	36,800	西泠印社	2020–08–09
明 髹漆嵌螺钿楼阁人物毛笔	长23.9cm	115,000	中贸圣佳	2020–10–16
清早期 彤山刻乌木福寿纹山水高士图抓笔笔管	长10.7cm	230,000	北京中汉	2020–12–04
清 大清康熙年制款黑漆描金龙纹毛笔	长23cm	23,000	西泠印社	2020–08–09
清早期 黄花梨大笔海	25.2×26.5cm	287,500	中国嘉德	2020–08–18
清乾隆 杨季初作宜兴段泥绘花卉图笔筒	高14.5cm	958,500	佳士得	2020–11–30
清乾隆 杨履千作宜兴紫砂梅桩式笔筒	高10.5cm	1,304,400	伦敦佳士得	2020–11–03
清中期 紫砂胎炉钧釉竹节笔筒	高18cm	17,250	保利厦门	2020–09–26
清 水晶料笔筒	15×13cm	11,200	上海联合	2020–11–29
清代 紫檀嵌金银团花纹笔海	高12.2cm; 口径16cm; 底部直径19cm	34,500	中国嘉德	2020–08–18
晚清至民国 陈仲美款桩形紫砂笔筒	高19.4cm	31,635	佳士得	2020–10–08
陈佩秋 陈成 王芳 十全十美紫砂笔筒	直径18cm; 高28cm	46,000	朵云轩	2020–09–24
王翔 六方山水笔筒	口径15cm; 高15.5cm	34,500	北京翰海	2020–12–11
宋 石雕海水江崖笔架山	高7.7cm; 长17.3cm	18,400	西泠印社	2020–08–09
宋/明 铜双龙笔搁	宽17.8cm	127,800	佳士得	2020–11–30

拍品名称	物品尺寸	成交价RMB	拍卖公司	拍卖日期
元至明 铜鸿仪鹭序笔架山	长19cm	345,000	中贸圣佳	2020–10–16
明或明以前 七峰端石笔架	长16.8cm; 高8.1cm	46,000	上海匡时	2020–08–05
明 彩灵璧石"笔架山"	长8cm; 宽2cm; 高2.5cm; 带座高5cm	86,250	北京保利	2020–10–20
明 端石春水秋山笔架山	长13cm	36,800	中国嘉德	2020–12–03
明 灰陶仿英石"笔架山"	长8cm	230,000	北京保利	2020–10–20
明 水晶五峰山形笔架	高6.5cm	201,250	北京中汉	2020–12–04
清中期 锦昌蒋记款子冶刻紫砂笔架	长8.3cm	184,000	中贸圣佳	2020–10–17
清中期 清道光 茶晶雕螭龙灵芝纹如意形笔洗 水晶雕山形笔架"行有恒堂"款	宽8.8cm	92,000	华艺国际	2020–10–16
清中期至民国 清中期各色釉笔架三件及民国山形笔架（一件）	长112.5cm; 长27.3cm; 长38.4cm; 长415.8cm	24,150	中贸圣佳	2020–12–08
清 翡翠雕海水龙纹笔山	15.5×4.5×7cm	138,000	北京诚轩	2020–08–17
清 灵璧石笔山	长15.6cm	66,700	中贸圣佳	2020–12–08
清 鸣远款 紫砂古泉笔架	宽17.5cm	92,000	上海嘉禾	2020–01–05
清 嵌玉红木笔搁	长8.5cm; 宽3cm; 高3.5cm	36,800	朵云轩	2020–09–24
清 沈秉成藏红丝石山形笔格	长12cm	115,000	中国嘉德	2020–08–18
清 水晶雕五峰山形笔架及水晶雕螭龙蝙蝠纹水盂（共两件）	笔架宽14cm; 水盂宽7.8cm	36,440	佳士得	2020–04–21
清 水晶山子笔架	13.4×6.8×3.9cm	20,160	上海联合	2020–11–29
清 铜童子笔架、铜嵌银丝龙纹炉	宽15.5cm	21,334	中国嘉德	2020–07–13
清 紫檀菊花纹笔架	长13.7cm	13,800	广东崇正	2020–09–13
清 黄杨木雕人物戏兽笔搁	带座高7cm; 高4.8cm; 长9cm	11,500	西泠印社	2020–08–09
明早期 铜嵌银丝八卦水丞（配铜勺）	高4.6cm	89,700	华艺国际	2020–10–16
17世纪 沉香随形水丞	高16.8cm	153,282	中国嘉德	2020–10–10
明 铜质高浮雕缠枝莲纹水盂	高4.6cm; 口径4.2cm; 总重174g	32,200	西泠印社	2020–08–09
明 紫檀仿木根式水丞（带盖）	高5.8cm; 长9.8cm	126,500	华艺国际	2020–10–16
明至清 铜葫芦水盂及兽形纸镇（一组三件）	长18.5cm; 长29cm; 长31cm	21,850	中贸圣佳	2020–12–08
清早期 陈鸣远作宜兴紫砂茄子形水盂	长13cm	184,790	伦敦佳士得	2020–11–03
清早期 陈鸣远作宜兴紫砂田螺式水盂	长8.5cm	217,400	伦敦佳士得	2020–11–03
清早期 惠孟臣作宜兴紫砂掺沙梨皮小水盂	宽8.6cm	434,800	伦敦佳士得	2020–11–03
清雍正 宜钧蓝釉小水盂	直径8.4cm	69,000	中贸圣佳	2020–10–17
清乾隆 冰糖玛瑙梅桩水盂	长6.7cm	184,000	中贸圣佳	2020–10–16
清乾隆 松绿石寿桃形水盂连盖	长9.8cm	95,806	伦敦佳士得	2020–02–13
清乾隆 铜错金银嵌八宝嵌宋玉龙首水盂	高10cm; 长13cm	2,530,000	永乐拍卖	2020–12–02
清乾隆 宜钧釉莲瓣形水盂	直径11.2cm	74,750	中贸圣佳	2020–10–17
清中期 曼生款白泥水盂	高4.5cm	32,200	上海嘉禾	2020–01–05
清中期 竹刻松节水丞	长6cm	59,800	古天一	2020–10–16
清乾隆至清晚期 各色釉水盂及砚滴（一组四件）	高14.4cm; 高25.2cm; 高37cm; 高42.8cm	46,000	中贸圣佳	2020–12–08
清 陈鸣远款段泥葫芦形水呈	长7.2cm	43,700	北京保利	2020–10–19
清 翡翠镂雕花鸟水盂（配鹅形小匙）（一对）	高3.8cm	28,750	中贸圣佳	2020–12–08
清 各式水盂（一组五件）	尺寸不一	48,300	保利厦门	2020–09–26
清 蜜蜡雕石榴水盂	长8cm	46,000	十竹斋拍卖（北京）	2020–10–18
清 铜嵌银丝螭龙纹金蟾水丞	高4.7cm	66,700	中国嘉德	2020–08–18
清晚期 豇豆红水盂	直径9.7cm; 高7.3cm	13,440	上海联合	2020–11–29
清中晚期 申锡制段泥水盂（附底座）	宽6.5cm; 高6.5cm	23,000	江苏观宇	2020–07–05
民国 熊云辉绘 人物故事纹瓶、水盂	尺寸不一	36,800	朵云轩	2020–09–24
民国 银质珐琅彩花卉纹水丞	高3cm; 口径6.5cm	10,350	中国嘉德	2020–08–18

2020杂项拍卖成交汇总

(续表)

拍品名称	物品尺寸	成交价RMB	拍卖公司	拍卖日期
翡翠福寿水丞	长11.6cm	13,800	中国嘉德	2020-07-15
清康熙 陈鸣远制 桃形水滴	长6.2cm	1,725,000	上海匡时	2020-08-05
清乾隆 铜错金银天鸡式狮钮砚滴	长9.7cm; 高7cm	2,875,000	中国嘉德	2020-08-16
清中期 茶晶雕松鼠葡萄纹笔掭 茶晶海螺形砚滴	长8cm	57,500	华艺国际	2020-10-16
清 竹雕荷蟹纹壶形砚滴	高6.7cm; 长9.3cm	17,250	西泠印社	2020-08-09
清雍正 紫砂宜钧釉"万寿齐天"桃形水注	14.3cm	695,003	香港苏富比	2020-11-27
明晚期 紫檀错银嵌百宝人物笔掭	8.3×7cm	189,750	十竹斋拍卖(北京)	2020-10-18
清乾隆 白端石雕荷叶形小笔掭	砚盒高2.3cm; 长7.7cm; 宽5.7cm; 砚台高1cm; 长7cm; 宽4.7cm	172,500	西泠印社	2020-08-09
清晚期 王东石制陈山农刻玉成窑笔掭	1.7×9.7cm	368,000	西泠印社	2020-08-08
清 翡翠雕叶形笔掭	带座高3.5cm; 高2cm; 长14cm; 宽9cm	149,500	西泠印社	2020-08-09
明"隆庆己巳仲秋吉旦钦差兴泉道苏置用"款如意足洗式炉	11.2×21×6.4cm; 重量1015g	21,850	西泠印社	2020-08-08
明 铜方洗(两只)	长122.3cm; 高17cm; 长213.5cm; 高216cm	10,350	中贸圣佳	2020-12-08
明 珍珠灵璧洗	长14cm; 宽11cm	149,500	中贸圣佳	2020-10-16
明代 双鱼洗	口径12.4cm; 高2.3cm	184,000	四川玺铂	2020-11-05
明末清初 黄花梨笔洗	直径12.6cm; 高3.5cm	57,500	北京保利	2020-10-20
清早期 陈鸣远制桃形笔洗	长10cm	609,500	中贸圣佳	2020-10-17
清早期 孔雀石随形灵芝纹洗	高6.8cm	59,800	中贸圣佳	2020-12-08
清雍正 珊瑚红花口如意足洗(一对)	直径22cm	345,000	北京保利	2020-10-20
清乾隆 白玉云蝠纹双环耳洗	宽31cm	4,140,000	北京保利	2020-12-05
清乾隆 松石绿地荷叶形洗	长11cm	17,250	北京大羿	2020-08-01
清晚期 恽寿平临赵松雪书款玉成窑水洗	长18.7cm	155,250	北京保利	2020-10-19
清晚期 翡翠俏色蛙鸣荷叶水洗	带座高6cm; 高3.5cm; 长9cm	23,000	西泠印社	2020-08-09
清 翡翠雕荷叶笔洗	10.8×8.6×3.2cm; 带座高5cm	33,350	西泠印社	2020-08-09
清 翡翠雕如意形水洗	15.6×11.6×4.7cm; 带座高6.5cm	218,500	西泠印社	2020-08-09
清 翡翠雕喜鹊登梅水洗	带座高10.5cm; 高9.3cm; 长16.6cm	57,500	西泠印社	2020-08-09
清 翡翠荷叶双蛙水洗	长11cm; 宽9.5cm	48,300	中贸圣佳	2020-10-16
清 黄杨木雕荷塘清趣洗	高3.2cm; 长25cm; 宽13.5cm	12,650	西泠印社	2020-08-09
清 研朴堂旧藏时以成款竹雕石榴纹随形水洗	高8.9cm; 长14cm; 宽10.5cm	86,250	西泠印社	2020-08-09
清 紫檀荷塘清趣图洗	长26.5cm	23,000	中国嘉德	2020-07-17
民国 紫檀荷叶洗	长18cm	11,500	中国嘉德	2020-11-12
白瓷耳杯洗	直径10.7cm	11,500	中贸圣佳	2020-12-07
清乾隆 乾隆御赐直隶总督刘峨紫檀御制诗文臂搁	长16.2cm	34,500	中鸿信	2020-01-03
清 傅应全制竹刻无量寿佛诗文臂搁	长26.7cm; 宽6.9cm	28,750	西泠印社	2020-08-09
清 桂山铭清供图竹雕臂搁 竹	长25.1cm	17,250	中鸿信	2020-01-04
清 梁同书铭陈希濂款紫檀诗文臂搁	长14cm	368,000	西泠印社	2020-08-09
清 刘起竹雕臂搁 竹	长26.6cm	17,250	中鸿信	2020-01-04
清 竹雕拨镫法铭臂搁	长26.7cm; 宽7.8cm	40,250	西泠印社	2020-08-09
清 竹雕诗文臂搁	长26.5cm; 宽6.5cm	10,350	西泠印社	2020-08-09
清 竹璜臂搁 竹	长28.8cm	46,000	中鸿信	2020-01-04
清 竹刻东坡诗词台几式臂搁	长26.9cm; 宽6.3cm	40,250	西泠印社	2020-08-09
清 竹留青山水诗文臂搁	长27cm	11,500	中国嘉德	2020-07-17
清 邓渭款紫檀随形臂搁	长23.5cm; 宽7cm	20,700	西泠印社	2020-08-09
清 紫檀浮雕明月松间图臂搁	长22.5cm; 宽6.7cm	11,500	西泠印社	2020-08-09
近代 研朴堂旧藏陈巨来刻谢稚柳画张镜人上款竹雕花鸟图臂搁	长23.5cm	368,000	西泠印社	2020-08-09
清至民国 张西桥刻荷叶诗文臂搁	长25.7cm; 宽7.3cm	23,000	西泠印社	2020-08-09

拍品名称	物品尺寸	成交价RMB	拍卖公司	拍卖日期
现代 启功竹雕马诗文臂搁	长26cm	34,500	上海嘉禾	2020-01-05
清 黄花梨嵌银丝卷草纹卷几墨床	高2cm; 长9.7cm; 宽5.4cm	28,750	西泠印社	2020-08-09
西汉 公元前2世纪 青铜卧虎式镇一对	宽5.3cm×2	136,260	纽约佳士得	2020-09-25
汉 石雕瑞兽镇	宽8.5cm	45,985	中国嘉德	2020-10-10
汉 铜鎏金兽首镇	直径10cm	32,002	中国嘉德	2020-07-13
汉或以后 铜虎钮席镇	直径7cm	170,400	佳士得	2020-11-30
唐 鎏金铜卧兔形镇	长6.4cm	639,188	纽约佳士得	2020-09-24
唐 石灰石卧狮镇纸	长12.5cm	74,741	香港苏富比	2020-05-22
17世纪 铜太狮少狮镇纸及笔山一组两件	长5.8cm, 长14.7cm	25,133	香港苏富比	2020-06-05
明 铜四喜童子、瑞兽镇纸(两件)	长6.5cm; 长6.5cm	20,700	广东崇正	2020-09-13
明 铜卧牛镇	长6.3cm	253,000	中国嘉德	2020-08-16
日本明治时期 铜质瑞兽纸镇	长9cm; 宽8cm; 厚4.5cm	17,250	中国嘉德	2020-08-18
明晚期 铜鎏金瑞兽纸镇	长10cm	13,800	北京保利	2020-10-20
清早期 灵猴纸镇	长8.8cm; 宽4.1cm; 高5.9cm	28,750	中国嘉德	2020-08-18
清早期 铜狮形纸镇	长6cm	17,250	中国嘉德	2020-12-03
18世纪 铜鎏金螭龙钮玺形文镇配紫檀木座	6cm	115,995	佳士得	2020-10-08
清"木石前盟"木抱石随形镇纸	高13.3cm	11,300	北京中汉	2020-09-03
清 鹿形纸镇	长9.5cm	13,800	北京保利	2020-10-19
清 三色套料蝉镇	长4.8cm; 宽3.6cm	126,500	中国嘉德	2020-08-16
清 太狮少狮形镇	高7.5cm	48,300	中贸圣佳	2020-12-08
清 铜鎏金瑞兽纸镇	长12cm; 高7cm	13,800	十竹斋拍卖(北京)	2020-10-18
清 铜鎏金双兽镇尺	长13cm; 高7.5cm	28,750	朵云轩	2020-09-24
清 铜鎏金卧羊镇	高4.3cm; 长6cm	23,000	西泠印社	2020-08-09
清 铜瑞兽镇纸(共三件)	最大长6.2cm	22,775	佳士得	2020-04-21
清 铜四喜童子、童子牧牛纸镇各一件	长6.7cm; 长6cm	13,800	中国嘉德	2020-11-11
近代 溥儒款松花石阴刻山水图人物镇纸	长26.5cm; 宽4.7cm	32,200	西泠印社	2020-08-09
民国 高野侯刻梅花纹镇纸	17.3×3.4×1.1cm	18,400	广东崇正	2020-09-13
民国 铜质"郁文自制于旧京"琴形镇尺	长13.5cm; 宽2.7cm; 厚0.8cm	11,500	中国嘉德	2020-08-18
民国 吴昌硕铭王震上款紫檀印规及吴昌硕铭潘飞声上款楠木嵌玉兔阴刻诗文纸镇(一组两件)	镇纸长33cm; 宽3cm; 印规直径7.2cm	189,750	西泠印社	2020-08-09
华北区1947年泊头镇寄天津大抗战改值邮票封,背贴大抗战4元加盖改值暂作100元一枚		18,400	北京保利	2020-10-24
老山檀镇纸(一对)	42.7×4.8×2.7cm	10,640	上海联合	2020-11-29
刘涛 沉水沉香捆竹镇纸	重量42.5g(沉水)	31,360	上海联合	2020-11-29
民国早期黑龙江镇安右将军奖章一枚		57,500	上海泓盛	2020-07-18
启功题字、自用 唐镜型镇纸	7.5×7.5cm	36,800	中国嘉德	2020-12-02
苏皖边区1946年江苏久隆镇寄上海封欠资封,封背贴苏皖毛泽东像平邮1角直五连		69,000	北京保利	2020-10-24
镇江书信馆1895年加盖改作公事邮票新票全套8枚		11,500	北京保利	2020-10-23
明万历 红地描金山水纹漆墨盒	直径18.8cm; 高3.2cm; 重133.8g	86,250	西泠印社	2020-08-09
明至清 铜鸟形盖盒、印规、小印(一组六件)	尺寸不一	52,900	北京保利	2020-10-20
清康熙 蓝地白龙八宝印盒	直径9.5cm	11,500	北京大羿	2020-08-16
18世纪 浆胎堆白龙纹印泥盒	直径6.6cm	11,500	中贸圣佳	2020-12-07
清乾隆 紫檀云龙纹玺印盒	13.6×13.6×12.9cm	115,000	中国嘉德	2020-12-03
清道光 陈国治雕"杖策游春图"印盒	直径14.5cm	13,800	保利厦门	2020-09-26
清晚期 隐青云龙纹印盒	直径11.5cm	43,700	中国嘉德	2020-11-09
清 寿山石浮雕松鹤延年龙钮玺印盒	9.2×7.5×12cm	23,000	北京保利	2020-10-20

(续表)

拍品名称	物品尺寸	成交价RMB	拍卖公司	拍卖日期
清 紫檀花瓣式印章盒	高7.8cm	17,250	广东崇正	2020-09-13
清 紫檀抽屉式文具盒	高9.5cm; 长22.5cm; 宽12cm	20,700	西泠印社	2020-08-09
民国 张樾丞制诗文铜印盒	高4.2cm; 长13.8cm; 宽9.3cm	12,650	西泠印社	2020-08-09
唐云藏清代红木嵌瘿木磬形文具盒	35×35×4.8cm	82,800	华艺国际	2020-10-16
清康熙 御制寿山石艾叶绿"无声无臭"玺	高7cm	57,500	中鸿信	2020-01-03
清康熙 御制田黄石"乾清宫鉴藏宝"玺	高4.5cm	57,500	中鸿信	2020-01-03
清雍正 寿山石雕云龙纹钮玺	6.8×6.8×13.6cm	5,600,422	香港苏富比	2020-10-09
清乾隆 寿山石"含味经籍"玺(57克)	高5cm	3,801,320	佳士得	2020-07-09
清乾隆 田黄御制"天恩十全"印玺	长5cm	115,000	中鸿信	2020-01-03
清乾隆 御制芙蓉三羊开泰"敬业"玺	3.3×2.1×6cm	4,140,000	北京保利	2020-10-19
清乾隆 御制黄水晶"德日新""所宝惟贤""乾隆御笔"组玺三方(原配紫檀印匣)	尺寸不一	19,550,000	北京保利	2020-10-19
清乾隆 御制寿山艾叶绿"五经萃室"玺	高5.4cm	138,000	中鸿信	2020-01-03
清乾隆十一年(1746) 御用芙蓉石五骏图"琴书道趣生"宝玺	高7.3cm; 134g	4,260,000	佳士得	2020-11-30
清嘉庆 御制南红玛瑙"律中蕤宾"桥钮玺	长3.5cm	34,500	中鸿信	2020-01-03
清嘉庆 御制青田紫檀花石"群螭献寿"周甲延禧之宝	高13.5cm	97,750	中鸿信	2020-01-03
清 银质浮雕云龙钮"康熙御笔之宝"玺	高12cm; 长12cm	943,000	北京保利	2020-12-05
元 龟钮闽越王"无诸"金印	高3cm	115,000	中鸿信	2020-01-03
元 紫檀嵌螺钿兽钮佛法僧宝印	高9cm; 长6.5cm; 宽6.3cm	57,500	西泠印社	2020-08-09
元代 铜鎏金官防印	高7cm; 印面6.6×6.8cm	42,660	台北艺珍	2020-08-16
明 郭宗昌铭瑞兽钮水晶印章	6×6×11.5cm	28,750	北京保利	2020-10-20
明 金质骆驼钮"魏归义氐王"印	通高2.5cm; 印宽2.3cm	460,000	中国嘉德	2020-12-02
明 古兽钮水晶印	5.8×5.9×9.1cm	46,000	西泠印社	2020-08-09
明 何震刻青田石闲章	1.8×1.8×3.2cm	57,500	西泠印社	2020-08-09
明 寿山石螭钮章	2.8×2.8×2.3cm	69,000	西泠印社	2020-08-09
明 铜印	高10cm; 印面长8cm; 印面宽8cm	46,000	西泠印社	2020-08-08
明末清初 寿山石浮雕螭龙"喀喇沁熙王章"	长5.2cm	34,500	中鸿信	2020-01-03
清初 善伯洞古兽钮章	5.2×3.8×5.5cm	172,500	朵云轩	2020-09-24
清早期 尚均刻凤钮赵叔孺刻印面寿山印章	2.5×2.5×3.6cm	172,500	北京保利	2020-10-20
清早期 田黄薄意云龙印章	长5.3cm; 重约77.6g	57,500	中鸿信	2020-01-03
清早期 朱彝尊自用印(一套九方)	尺寸不一	1,092,500	北京保利	2020-12-05
清康熙 杨玉璇制芙蓉石藩人驭象钮 张辛刻张穆自用印	3.2×3.2×7.2cm	1,150,000	北京保利	2020-12-05
清康熙 杨玉璇制田黄异兽钮张大千自刻引首章	2.6×1.6cm; 高2.2cm; 重18g	253,000	北京保利	2020-12-05
清康熙 周尚钧刊田黄太狮少狮方章	高6.5cm; 重约240.4g	103,500	中鸿信	2020-01-03
清康熙/雍正 寿山石瑞兽钮怡亲王允祥自用对章	高7cm; 高6.9cm	2,486,000	佳士得	2020-07-09
清雍正 张在戊铭张廷玉自用芙蓉螭钮"澄怀园"椭圆印	5.8×2.8×6.3cm	1,437,500	北京保利	2020-10-19
清雍正 张在辛刻张廷玉自用芙蓉石狮钮方章	3.8×3.9×6.3cm	1,150,000	北京保利	2020-10-19
清雍正至乾隆 "六丁玉女，护身镇宅"银瑞兽钮雕道教符箓方印	4.4×4.4×5.2cm	920,000	北京保利	2020-10-19
17–18世纪 田黄辟邪钮印章	3.8×1.9×1.9cm	542,400	香港苏富比	2020-07-11
18–19世纪 鎏金铜龙马负图钮方印	4×3.6×3.6cm	1,073,500	香港苏富比	2020-07-11
18世纪 寿山石雕五福临门纹印	高7.8cm	29,305	伦敦佳士得	2020-02-13
18世纪 田黄天保九如辟邪钮方章	3.2×3.2×5.7cm; 重95.6g	6,210,000	华艺国际	2020-12-05
清乾隆 黄易刊田黄兽钮方章	长3.3cm; 重约26.8g	63,250	中鸿信	2020-01-03
清乾隆 梅森刊艾叶绿方章	高4.8cm; 重约79.3g	23,000	中鸿信	2020-01-03
清乾隆 田黄"皇十一子"方章	1.9×1.9×5.3cm; 重44g	1,667,500	北京保利	2020-10-19
清乾隆 御制苍龙教子昌化刘墉自用大印	5.2×5×9.5cm	989,000	北京保利	2020-10-20
清乾隆 赵次闲刊赠平堂田黄狮钮印章	长3.2cm; 重约30g	63,250	中鸿信	2020-01-03
清中期 寿山白芙蓉石太狮少狮钮对章	3.8×3.8×8.3cm×2	333,500	中国嘉德	2020-12-01
清中期 四狮如意白芙蓉大方章	5.1×5.1×10.5cm	230,000	朵云轩	2020-09-24
清中期 田黄"潘仕成收藏金石文字之印信"章	2.8×2.8×5.8cm; 重113g	10,925,000	北京保利	2020-10-19
清中期 田黄雕灵芝云纹方章	2.7×2.7×4.5cm; 重86g	920,000	永乐拍卖	2020-12-02
清中期 田黄方章	高2.8cm; 9.2g	322,000	北京翰海	2020-12-12
清中期 田黄方章	高6.5cm; 重约117g	172,500	中鸿信	2020-01-03
清中期 吴让之刊薄意螭龙随形章	高5cm; 重约60g	97,750	中鸿信	2020-01-03
清中期 杨龙石刻沈廷杞自用寿山石对章	2.8×2.8×6.5cm	63,250	北京保利	2020-10-20
清道光 "陈烺"款寿山石龙钮印章	高5cm	34,500	保利厦门	2020-09-26
清道光 "道光皇帝御赐陶澍"水晶九螭龙钮印	高9.5cm	138,000	中鸿信	2020-01-03
清道光 吴咨刊田黄方章	高4cm; 重36.8g	57,500	中鸿信	2020-01-03
19世纪初 寿山石雕龙游四海椭圆形印章一对	高4cm	36,557	香港苏富比	2020-06-05
清光绪 慈禧太后御制粉水晶"怡情悦性""和神当春"龙钮对章	高5.3cm	69,000	中鸿信	2020-01-03
清晚期/民国 寿山石雕随形印(一组三方)	最大高3cm	74,019	佳士得	2020-04-21
晚清/民国 王大炘刻田黄袁克文自用印(45克)	高6.3cm; 重45g	926,600	佳士得	2020-07-09
清 "尚均"款龙钮寿山印	宽5.6cm	51,094	中国嘉德	2020-10-10
清 曹维城自用对章	2.9×2.9×6.8cm×2	74,750	朵云轩	2020-09-24
清 陈巨来刊田黄兽钮方章	3×1.5×3.5cm; 重约25.2g	11,500	中鸿信	2020-01-03
清 陈巨来刻明坑田黄冻庞莱臣自用素方章	1.1×1.1cm; 高4.6cm; 重14.1g	276,000	北京保利	2020-12-05
清 陈炼刻 寿山芙蓉石兽钮印章	5×3×6.4cm	57,500	中国嘉德	2020-08-17
清 川大刊龟龙钮双色田黄章	高5cm; 重约46.6g	23,000	中鸿信	2020-01-03
清 冻石迎首章	高6cm	11,500	北京翰海	2020-09-12
清 端石平板砚、翡翠碟、王阿大款寿山印章(共三件)	长12.5cm; 直径8.2cm; 长4×3.5×4cm	11,500	北京保利	2020-10-20
清 翡翠印章(一组五枚)	尺寸不一	28,750	广东崇正	2020-09-13
清 芙蓉石刻随形山高水长钮椭圆章料	高6.5cm	27,330	佳士得	2020-04-21
清 芙蓉石巧色鱼跃龙门章料	高6cm	11,500	华艺国际	2020-10-16
清 芙蓉石天狗椭圆印	高2.9cm	69,225	佳士得	2020-11-30
清 干黄雕山水章	高8.5cm	13,800	北京翰海	2020-09-12
清 高邕刊田黄薄意方章	高5cm; 重约54.2g	46,000	中鸿信	2020-01-03
清 各式材质印章(一组九枚)	尺寸不一	32,200	广东崇正	2020-09-13
清 各式印章(一组)	尺寸不一	21,850	中鸿信	2020-01-03
清 桂馥款端石十二章纹圭璧砚	长20cm	10,350	中国嘉德	2020-07-17
清 郭邵高作钮钟权刻芙蓉石卧马钮曾国荃自用印	宽5.5cm	106,500	佳士得	2020-11-30
清 红白套料制螭龙钮怡亲王印	高4.1cm×2	437,000	西泠印社	2020-08-09
清 黄牧甫刊狮钮印章	高3.8cm; 重约17.9g	23,000	中鸿信	2020-01-03
清 黄莘田刻田黄诗文方章	1.4×1.4×3.5cm; 重18.3g	299,000	北京保利	2020-10-20
清 黄士陵刊"长寿"方章	高5.5cm	10,350	中鸿信	2020-01-03
清 黄士陵刊赠澄湖寿山石"物外游"龙钮方章	高9.8cm	34,500	中鸿信	2020-01-03
清 黄士陵刻收藏印	2.1×2.1×4.7cm	782,000	朵云轩	2020-09-24

(续表)

拍品名称	物品尺寸	成交价RMB	拍卖公司	拍卖日期
清 黄易刻芙蓉石象钮翁方纲自用印	2.6×2.2×4.8cm	1,610,000	北京保利	2020-12-05
清 金农刻山水清音图青田石长方章	5×1.6cm; 高3.1cm	138,000	北京保利	2020-12-05
清 刻字小方章	高6.5cm	253,000	北京翰海	2020-09-12
清 林皋刊芙蓉石"智者自知仁者自爱"狮钮方章	高8.3cm	23,000	中鸿信	2020-01-03
清 楼辛壶刊"闲多反笑野云忙"兽钮方章	高5.8cm	11,500	中鸿信	2020-01-03
清 墨晶石兽钮对章	3.4×3.4×7.7cm×2	23,000	中国嘉德	2020-08-17
清 墨云室玛瑙雕鱼化龙钮印	高5cm; 长4cm; 宽2.4cm	23,000	西泠印社	2020-08-09
清 庞莱臣自用螭钮翡翠印	3.2×1.8×1.8cm	184,000	西泠印社	2020-08-09
清 巧色玛瑙雕瑞兽钮"长宜子孙"方印	高5.1cm	27,051	伦敦佳士得	2020-02-13
清 青田方章	高5cm	34,500	北京翰海	2020-09-12
清 任伯年刊"春在堂"田黄方章	高4.9cm; 重约154.9g	161,000	中鸿信	2020-01-03
清 邵章旧藏佚名刻芙蓉石螭钮闲章(两方)	尺寸不一	195,500	北京保利	2020-12-05
清 石兽钮章	高4.5cm	230,000	北京翰海	2020-09-12
清 寿山雕狮章	高5cm	25,300	北京翰海	2020-09-12
清 寿山芙蓉石、高山石兽钮印章(一组三件)	尺寸不一	40,250	中国嘉德	2020-08-17
清 寿山芙蓉石花果钮印章	2.8×1.4×5.3cm	13,800	中国嘉德	2020-08-17
清 寿山芙蓉石狮钮印章	6.5×3.5×3.5cm	63,250	广东崇正	2020-09-13
清 寿山芙蓉石兽钮方章	3.4×3.4×6.5cm	13,800	中国嘉德	2020-12-01
清 寿山芙蓉石兽钮印章	3.7×1.9×4.8cm	11,500	中国嘉德	2020-12-01
清 寿山芙蓉石太狮少狮钮方章	4×4×7.8cm	36,800	中国嘉德	2020-08-17
清 寿山芙蓉石印章(一组四件)	尺寸不一	63,250	中国嘉德	2020-12-01
清 寿山芙蓉石赵凤昌自用印(一组两件)	尺寸不一	23,000	中国嘉德	2020-12-01
清 寿山高山冻瑞兽钮方印(204克)	高6.8cm; 重204g	791,000	佳士得	2020-07-09
清 寿山黄杜陵石兽钮方章	2.8×2.8×9.9cm	36,800	中国嘉德	2020-12-01
清 寿山将军洞芙蓉石凤钮方章	2.9×2.9×5.8cm	63,250	中国嘉德	2020-08-17
清 寿山牛角冻石对章	1.6×1.6×5.3cm	43,700	中国嘉德	2020-08-17
清 寿山牛角冻石兽钮印章	3.3×2.2×9.6cm	46,000	中国嘉德	2020-08-17
清 寿山牛角冻石兽钮印章	2×1.3×3.4cm	23,000	中国嘉德	2020-08-17
清 寿山牛角冻石兽钮印章	3×3×4.2cm	20,700	中国嘉德	2020-12-01
清 寿山牛角冻石太狮少狮钮对章	2.4×2.4×6cm	43,700	中国嘉德	2020-08-17
清 寿山石"秋鹿大利"印章	1.4×1.4×4.2cm	13,800	广东崇正	2020-09-13
清 寿山石白芙蓉梅花椭圆印	4×1.7×6.6cm	26,450	广东崇正	2020-09-13
清 寿山石仿汉夔龙纹钟式印及云纹钮印各一	高5.7cm	85,200	佳士得	2020-11-30
清 寿山石兽钮方章	4.8×4.8×6.2cm	23,000	中国嘉德	2020-12-01
清 寿山石兽钮方章(一组三件)	尺寸不一	23,000	中国嘉德	2020-08-17
清 寿山石兽钮印章(一组三件)	尺寸不一	51,750	中国嘉德	2020-08-17
清 寿山石兽钮印章(一组三件)	尺寸不一	17,250	中国嘉德	2020-08-17
清 寿山石徐郙自用双面印	2.4×2.4×1.8cm	28,750	广东崇正	2020-09-13
清 寿山石印章	2.3×1.6×3.3cm	10,350	广东崇正	2020-09-13
清 寿山石印章(一组七件)	尺寸不一	11,500	中国嘉德	2020-08-17
清 寿山石印章(一组三件)	尺寸不一	23,000	中国嘉德	2020-12-01
清 寿山石云蝠纹方章	7×6.1×5.5cm	32,200	北京保利	2020-12-05
清 寿山石云龙大方章	7.7×7.7×12.5cm	368,000	北京保利	2020-10-20
清 寿山田黄石兽钮印章	1.7×1.2×2.7cm; 重9.6g	46,000	中国嘉德	2020-12-01
清 寿山田黄石兽钮印章	1.5×1.4×2.9cm; 重12.1g	34,500	中国嘉德	2020-12-01
清 寿山田黄石素方章	1.9×1.9×6.8cm; 重54.5g	368,000	中国嘉德	2020-12-01
清 寿山田黄石随形章	6.8×3.4×8cm; 重305.5g	112,700	中国嘉德	2020-08-17
清 寿山田黄随形章	重35.2g	97,750	荣宝斋(南京)	2020-11-28
清 双螭钮方章	3.9×3.9×7.8cm	11,500	朵云轩	2020-09-24
清 田黄薄意竹石纹印章	重17.6g; 高3.7cm	74,750	广东崇正	2020-09-13
清 田黄螭龙钮印章	2.8×2.8×3cm; 重39g	115,000	十竹斋拍卖(北京)	2020-10-18
清 田黄雕夔龙纹方章	高3cm; 重24.5g	517,500	北京翰海	2020-12-12
清 田黄雕马钮印(39克)	高3.5cm; 重39g	339,000	佳士得	2020-07-09

拍品名称	物品尺寸	成交价RMB	拍卖公司	拍卖日期
清 田黄雕云纹方章	高4.5cm; 重26.4g	552,000	北京翰海	2020-12-12
清 田黄方印	2.2×2.3×2.2cm; 重30g	256,344	香港苏富比	2020-11-26
清 田黄凤鸟钮印(14克)	高3.8cm; 重14g	138,450	佳士得	2020-11-30
清 田黄夔凤纹印(42克)	高5cm; 重42g	316,400	佳士得	2020-07-09
清 田黄鲤跃龙门钮印(36克)	高3.5cm; 重36g	169,500	佳士得	2020-07-09
清 田黄巧色随形梅竹双清印章	高5cm; 重50g	170,896	香港苏富比	2020-11-26
清 田黄瑞兽钮印(42克)	宽4.3cm; 重42g	1,243,000	佳士得	2020-07-09
清 田黄瑞兽钮印章	4.1cm; 重51.42g	405,879	香港苏富比	2020-11-26
清 田黄瑞兽钮印章	高3.2cm	54,350	伦敦佳士得	2020-11-03
清 田黄狮钮印章	4.2cm; 重27.27g	234,982	香港苏富比	2020-11-26
清 田黄兽钮方章	高5.4cm; 重约46.7g	26,450	中鸿信	2020-01-03
清 田黄兽钮印章	3.4×2×2.5cm; 重36.3g	172,500	十竹斋拍卖(北京)	2020-10-18
清 田黄随形"香山九老图"印	高6.5cm; 重98g	587,456	香港苏富比	2020-11-26
清 田黄太狮少狮钮方章	3.5×3.5×4.3cm	276,000	北京保利	2020-10-20
清 田黄徐三庚刻何绍基印	1.2×1.2×4.8cm; 重17g	299,000	北京保利	2020-10-20
清 田黄云纹章	2.3×2.3×3.5cm; 重36.9g	575,000	十竹斋拍卖(北京)	2020-10-18
清 田黄章料	高5cm	46,000	北京禾谷	2020-09-24
清 廷杨刊薄意通景高士图方章	高4.5cm; 重约66.6g	63,250	中鸿信	2020-01-03
清 铜套印(一组)	尺寸不一	11,500	十竹斋拍卖(北京)	2020-10-18
清 童大年刻芙蓉石邵章自用印(一对)	2.8×2.8cm×4.8cm	195,500	北京保利	2020-12-05
清 吴昌硕刻年号印	1.2×1.2×4cm	126,500	朵云轩	2020-09-24
清 吴承潞用寿山芙蓉石羊钮印章	2.6×2.6×6.3cm	57,500	中国嘉德	2020-12-01
清 吴大澂刻白芙蓉太师少师钮方印	3×3×6cm	115,000	北京保利	2020-10-20
清 吴湖帆藏印章(一组三件)	尺寸不一	21,850	中鸿信	2020-01-03
清 徐三庚刻和硕恭亲王自用印	1.7×1.7×6.2cm	1,380,000	朵云轩	2020-09-24
清 徐新周刻闲章	1.8×1.8×3.2cm	13,800	朵云轩	2020-09-24
清 银质"康熙理藩院阿巴哈纳尔左旗扎萨克印"虎钮印	通高9.5cm; 印宽10cm	690,000	中国嘉德	2020-12-02
清 玉璇风格钮将军洞白芙蓉闲章	3×1.7×5.3cm	57,500	北京保利	2020-12-05
清 张祖翼用寿山石印章(两件)	1.9×1.9×3.9cm; 1.6×1.6×3.7cm	11,500	中国嘉德	2020-12-01
清 赵次闲篆刻章(13克)(二方)	尺寸不一	23,000	朵云轩	2020-09-24
清 赵古泥刊寿山石朱砂"美意延年"方章	高6cm	25,300	中鸿信	2020-01-03
清 赵古泥刊赠季直田黄异兽钮章	长6.5cm; 重约66g	43,700	中鸿信	2020-01-03
清 赵之谦刊青田石封门青"人生到此"方章	高4cm	25,300	中鸿信	2020-01-03
清 赵之谦刊田黄兽钮方章	高4.5cm; 重约58.2g	57,500	中鸿信	2020-01-03
清 赵之谦铭螭钮印章	高4cm	17,250	中鸿信	2020-01-03
清 之琛刊狮钮田黄章	高5.5cm; 重约51.8g	63,250	中鸿信	2020-01-03
清 钟以敬篆刻章	2.4×2.4×6.2cm	20,700	朵云轩	2020-09-24
清 朱雀钮"六合同春"印	长6.2cm; 宽6.2cm; 高5.2cm	46,000	中贸圣佳	2020-10-16
清 庄亲王宝寿山白芙蓉石雕螭龙钮章	高4.7cm; 长4.5cm; 宽4.5cm	276,000	西泠印社	2020-08-09
清 子若刊田黄狮钮印章	高3.7cm; 重约32.5g	80,500	中鸿信	2020-01-03
清 子偲刊田黄兽钮印章	高5.2cm; 重约50.6g	46,000	中鸿信	2020-01-03
清 爱新觉罗·弘旿自用昌化石龙钮章	6.6×6.6×9.8cm	92,000	西泠印社	2020-08-09
清 爱新觉罗·敬敦自用田黄石山水薄意章	2.3×2.3×5.7cm; 66.7g	1,380,000	西泠印社	2020-08-09
清 曹世模刻昌化鸡血石闲章	2.7×1.1×4.9cm	36,800	西泠印社	2020-08-09
清 昌化石对章	2.5×2.5×6.1cm×2	34,500	西泠印社	2020-08-09
清 陈鸿寿刻青田石自用闲章	2.1×2.1×5.3cm	977,500	西泠印社	2020-08-09
清 陈祖望刻寿山石丁文蔚自用印	1×1×2.8cm	78,200	西泠印社	2020-08-09
清 程寿龄刻寿山芙蓉石闲章	1.7×1.7×3.4cm	25,300	西泠印社	2020-08-09
清 程邃刻青田石梁清标自用印	3.3×1.9×2.2cm	241,500	西泠印社	2020-08-09
清 丁柱刻寿山高山石山水纹章	4.1×2.4×9.2cm	23,000	西泠印社	2020-08-09
清 龚易图自用寿山红花芙蓉石三狮戏球钮方章	4.3×4.3×12cm	103,500	西泠印社	2020-08-09

(续表)

拍品名称	物品尺寸	成交价RMB	拍卖公司	拍卖日期
清 龚照瑗自用田黄石山水薄意章	2.8×2.5×4.8cm; 73.3g	1,265,000	西泠印社	2020-08-09
清 胡镢刻白田石沈曾植自用印	3.5×1.7×3.3cm; 42.6g	149,500	西泠印社	2020-08-09
清 胡镢刻青田石胡仲均自用印	2.1×2.1×4.2cm	172,500	西泠印社	2020-08-09
清 胡镢刻青田石张鸣珂自用闲章	1.5×1.5×5.2cm	115,000	西泠印社	2020-08-09
清 黄士陵刻寿山白高山石俞旦自用印	2.1×1.3×3.6cm	425,500	西泠印社	2020-08-09
清 黄士陵刻寿山高山石谭宗徽自用印	1.5×1.2×3.9cm	368,000	西泠印社	2020-08-09
清 黄易刻青田石古兽钮章	3.6×3.7×5cm	920,000	西泠印社	2020-08-09
清 蒋国祥自用寿山石子母兽钮章	3.7×3.7×7cm	25,300	西泠印社	2020-08-09
清 蒋升旭刻田黄冻石古兽钮章	2.4×2.4×3.4cm; 27.8g	1,092,500	西泠印社	2020-08-09
清 陆泰、王云、孙杨晋等刻印章四方	尺寸不一	11,500	西泠印社	2020-08-09
清 马吉樟自用寿山白芙蓉石双螭钮章	3.7×3.7×5.6cm	23,000	西泠印社	2020-08-09
清 钱松刻桥钮寿山芙蓉石沈树镛自用印	1.2×1.2×2.7cm	345,000	西泠印社	2020-08-09
清 寿山白芙蓉石博古钮对章	1.8×1.8×3cm×2	34,500	西泠印社	2020-08-09
清 寿山白芙蓉石马钮章	2.5×3.9×6.5cm	86,250	西泠印社	2020-08-09
清 寿山杜陵石苍龙教子钮对章	1.6×1.6×7.3cm×2	20,700	西泠印社	2020-08-09
清 寿山芙蓉石螭钮章	3.4×3.4×7.6cm	34,500	西泠印社	2020-08-09
清 寿山芙蓉石古兽钮章	3×1.7×5.3cm	57,500	西泠印社	2020-08-09
清 寿山芙蓉石古兽钮章	3.5×2.8×5.7cm	34,500	西泠印社	2020-08-09
清 寿山芙蓉石古兽钮章	3×3×3.8cm	28,750	西泠印社	2020-08-09
清 寿山芙蓉石古兽钮章二方	尺寸不一	36,800	西泠印社	2020-08-09
清 寿山芙蓉石古兽钮章二方	尺寸不一	23,000	西泠印社	2020-08-09
清 寿山芙蓉石子母狮钮章	6.5×6.5×11.6cm	207,000	西泠印社	2020-08-09
清 寿山芙蓉石子母兽钮章	3.2×3.2×6.7cm	34,500	西泠印社	2020-08-09
清 寿山芙蓉石子母兽钮章	2.9×2.9×6.9cm	23,000	西泠印社	2020-08-09
清 寿山高山朱砂石博古钮对章	3.8×3.8×7.2cm×2	69,000	西泠印社	2020-08-09
清 寿山高山朱砂石子母兽钮章	3.5×3.5×6.3cm	51,750	西泠印社	2020-08-09
清 寿山红花芙蓉石子母兽钮章	2.8×2.8×6cm	17,250	西泠印社	2020-08-09
清 寿山鲎箕田石螭钮章	3.4×1.8×5cm	34,500	西泠印社	2020-08-09
清 寿山黄芙蓉石椭圆章	3.5×1.7×5.1cm	51,750	西泠印社	2020-08-09
清 寿山坑头冻石梅花纹章	3.9×1.8×8.3cm	11,500	西泠印社	2020-08-09
清 寿山鹿目田石薄意随形章五方	尺寸不一	161,000	西泠印社	2020-08-09
清 寿山石花鸟薄意章	2.8×2.2×4.8cm	10,350	西泠印社	2020-08-09
清 寿山石龙钮章、竹根、水晶、铜印六方	尺寸不一	17,250	西泠印社	2020-08-09
清 寿山石镂空雕五螭钮章	3.7×3.7×6.9cm	86,250	西泠印社	2020-08-09
清 寿山石子母狮钮章	5×5×8.9cm	40,250	西泠印社	2020-08-09
清 寿山水坑石山水薄意章	3.6×1.7×6.3cm	23,000	西泠印社	2020-08-09
清 寿山月尾紫石古兽钮闲章	6.1×6.1×10.5cm	17,250	西泠印社	2020-08-09
清 孙三锡刻青田石张祥河自用印	1.7×1.6×4cm	36,800	西泠印社	2020-08-09
清 田黄石、昌化鸡血石周季木等自用印三方	尺寸不一	43,700	西泠印社	2020-08-09
清 田黄石扁章	2.1×1.1×3.8cm; 24.1g	299,000	西泠印社	2020-08-09
清 田黄石螭龙献财钮章	2.6×1.2×4.3cm; 28.2g	69,000	西泠印社	2020-08-09
清 田黄石方章	1.4×1.4×3cm; 18.2g	34,500	西泠印社	2020-08-09
清 田黄石鱼钮章	4.3×2.8×3.5cm; 63.8g	230,000	西泠印社	2020-08-09
清 田黄石云龙薄意章	3.3×1.4×4.1cm; 31g	230,000	西泠印社	2020-08-09
清 田黄石竹节章	3.9×1.7×3.7cm; 48.9g	345,000	西泠印社	2020-08-09
清 铜套印（一组五件）	尺寸不一	29,900	西泠印社	2020-08-08
清 煨石马钮章	2.6×2.5×3.5cm	86,250	西泠印社	2020-08-09
清 翁大年刻寿山黄芙蓉石子母螭钮闲章	2×2×4cm	97,750	西泠印社	2020-08-09
清 乌鸦皮田黄石松下高士薄意章	2.7×3×6.6cm; 123.1g	575,000	西泠印社	2020-08-09
清 吴昌硕刻古兽钮寿山石沈秉成自用闲章	1.5×1.5×3.3cm	805,000	西泠印社	2020-08-09
清 吴昌硕刻煨石吴保初自用印	3.2×1.5×5.4cm	437,000	西泠印社	2020-08-09
清 吴让之刻寿山石章二方	尺寸不一	287,500	西泠印社	2020-08-09
清 徐楙刻寿山石凤钮闲章	2.1×2.1×5.2cm	11,500	西泠印社	2020-08-09
清 徐三庚刻寿山杜陵石楼一枝自用印	2.2×0.9×2.8cm	97,750	西泠印社	2020-08-09
清 鄢琦刻寿山芙蓉石竹节章	3.3×1×3.7cm	74,750	西泠印社	2020-08-09
清 杨澥刻寿山石古兽钮闲章	2×2×4.2cm	97,750	西泠印社	2020-08-09
清 杨澥刻寿山石梅纹章	3.5×1.9×6.6cm	25,300	西泠印社	2020-08-09

拍品名称	物品尺寸	成交价RMB	拍卖公司	拍卖日期
清 杨玉璇作钮，杨凤来刻寿山石古兽钮章	2.2×2.2×4.9cm	80,500	西泠印社	2020-08-09
清 赵之琛刻潘鼎自用印	2.1×2.1×6.1cm	43,700	西泠印社	2020-08-09
清 赵之琛刻青田石章	2.2×2.3×4.8cm	57,500	西泠印社	2020-08-09
清 赵之琛刻寿山芙蓉石赑屃钮闲章	2.2×2.2×5.6cm	195,500	西泠印社	2020-08-09
清 赵之琛刻田黄石汪适孙自用印	1.7×1.4×3.3cm; 19.7g	310,500	西泠印社	2020-08-09
清 竹亭刻田黄石夔龙薄意章	3.8×1×2.4cm; 12.4g	34,500	西泠印社	2020-08-09
清晚期 田黄凤钮印（14克）	宽2.7cm; 14g	90,525	佳士得	2020-11-30
清末 寿铄刊狮钮方章	长3.4cm; 重约27.9g	23,000	中鸿信	2020-01-03
民国 "寿石工"刻"欧阳载祥"藏田黄、田白瓦钮章（三方一组）	长1cm	230,000	保利厦门	2020-09-26
民国 坂本五郎旧藏陈巨来、方介堪赠张幼和寿山石兽钮印章（一组六件）	尺寸不一	48,300	中鸿信	2020-01-03
民国 昌化鸡血石印章	2×2×4.4cm	10,350	中国嘉德	2020-12-01
民国 陈巨来刊田黄方章	长2.8cm; 重约41.9g	32,200	中鸿信	2020-01-03
民国 陈巨来刻鸡血石印章	长6cm	92,000	华艺国际	2020-10-16
民国 陈巨来刻钱大钧自用印	1.3×1.3×6.6cm	43,700	朵云轩	2020-09-24
民国 陈巨来刻收藏印	2.5×2.5×6cm	36,800	朵云轩	2020-09-24
民国 陈巨来刻外交家郭德华用印（三方）	尺寸不一	115,000	北京保利	2020-10-20
民国 陈巨来刻闲章	2.2×2.2×7cm	57,500	朵云轩	2020-09-24
民国 陈巨来刻张大千自用小对章	0.6×0.6×2cm×2	57,500	朵云轩	2020-09-24
民国 陈寅生刊螭龙纹田黄章	高7.5cm; 重约463.2g	28,750	中鸿信	2020-01-03
民国 邓散木刊寿山石"踏遍青山人未老"狮钮章	高12.8cm	23,000	中鸿信	2020-01-03
民国 邓散木刻闲章	2.1×1.7×4.6cm	17,250	朵云轩	2020-09-24
民国 邓散木刻斋馆印	2.4×2.4×6.4cm	36,800	朵云轩	2020-09-24
民国 方介堪刻封门青邵章自用印（一对）	1.7×1.7cm; 高6.7cm	195,500	北京保利	2020-12-05
民国 韩登安刻寿山石印章	2.2×1.8×4cm	11,500	广东崇正	2020-09-13
民国 韩登安刻闲章	1.5×1.5×6.5cm	28,750	朵云轩	2020-09-24
民国 弘一法师刻"勤能补拙"款青田印	高3cm	138,000	中鸿信	2020-01-04
民国 弘一法师刻"茹中子"印	1.7×1.7×2.6cm	28,750	中鸿信	2020-01-04
民国弘一法师李叔同"未了生"款印章	1.2×1.2×3.3cm	138,000	中鸿信	2020-01-04
民国 弘一法师为李晋章刻"爱人爱己即是佛"双面印	2.5×2.5×4.9cm	126,500	中鸿信	2020-01-04
民国 弘一法师为李晋章刻"慈悲喜舍"双面印	高1.7cm	747,500	中鸿信	2020-01-04
民国 弘一法师为徐耀廷刻"结欢喜缘"寿山印	2.2×2.3×1.3cm	28,750	中鸿信	2020-01-04
民国 弘一法师为徐耀廷刻"石灾白事"款印	1.6×1.6×1.7cm	46,000	中鸿信	2020-01-04
民国 弘一法师为徐耀廷刻青田葫芦钮对章	1.2×0.8×3cm; 1.3×1.1×2.9cm	40,250	中鸿信	2020-01-04
民国 弘一法师为阎先生刻"阎宝鋆"款印	1.2×1.2×3.2cm	86,250	中鸿信	2020-01-04
民国 弘一铭澄泥仿古画像印	高17cm	20,700	中鸿信	2020-01-03
民国 黄葆戊刊兽钮田黄方章	长3.1cm; 重约27.9g	23,000	中鸿信	2020-01-03
民国 灰田黄子母狮钮印章	高3.8cm; 重约44.5g	23,000	中鸿信	2020-01-03
民国 鸡血石太狮少狮印章	2.2×2.2×9.3cm	20,700	广东崇正	2020-09-13
民国 金拱北刻自用印	2.3×2.3×3.9cm	46,000	朵云轩	2020-09-24
民国 李晋章旧藏弘一法师刻经蜡板竹笔	长11.8cm	32,200	中鸿信	2020-01-04
民国 李晋章刻寿山石双面自用印	1.7×1.6×1.6cm	28,750	中鸿信	2020-01-04
民国李晋章为弘一法师刻佛像肖形印	3.9×2.2×2cm	63,250	中鸿信	2020-01-04
民国 李叔同刻"吉羊（祥）"肖形印	高5.1cm	161,000	中鸿信	2020-01-04
民国 李叔同刻"梦熊"山水双面印	高2.1cm	71,300	中鸿信	2020-01-04
民国 李叔同刻"清凉一夏天"印	1.7×1.3×1.7cm	48,300	中鸿信	2020-01-04
民国 李叔同刻"长相思"印	1.7×0.6×2.7cm	103,500	中鸿信	2020-01-04
民国 马公愚刊薄意"梅竹"随形方章	高4.3cm; 重约28.4g	63,250	中鸿信	2020-01-03
民国 齐白石刊"如流"方章	高3.7cm	46,000	中鸿信	2020-01-03
民国 齐白石刊青田石方章	高7.5cm	20,700	中鸿信	2020-01-03
民国 齐白石刊青田石兽钮"吉祥"章	高5.8cm	40,250	中鸿信	2020-01-03

(续表)

拍品名称	物品尺寸	成交价RMB	拍卖公司	拍卖日期
民国 齐白石刊寿山石"白洋舟子"方章	高7.8cm	34,500	中鸿信	2020-01-03
民国 齐白石刊赠刘淑度方章	高9.1cm	36,800	中鸿信	2020-01-03
民国 齐白石刊赠刘淑度寿山随形章	长11cm	43,700	中鸿信	2020-01-03
民国 齐白石刻 俞济时自用印	长2.2cm; 高7cm	287,500	朵云轩	2020-09-23
民国 齐白石刻闲章	5.7×3×6cm	34,500	朵云轩	2020-09-24
民国 齐白石为王闿运刻寿山石印章	6.7×2.6×2.6cm	103,500	广东崇正	2020-09-13
民国 钱君匋刊狮钮鸡血方章	高5.2cm; 重约29.3g	23,000	中鸿信	2020-01-03
民国 钱瘦铁刻张大千自用印	2.1×2.1×6.5cm	195,500	朵云轩	2020-09-24
民国 寿山芙蓉石人物钮印章	3.2×3.2×11.3cm	17,250	中国嘉德	2020-08-17
民国 寿山芙蓉石兽钮对章	3.1×3×4.6cm×2	74,750	中国嘉德	2020-12-01
民国 寿山高山石薄意对章	尺寸不一	23,000	中国嘉德	2020-12-01
民国 寿山高山石罗汉洗象钮对章	2.3×2.3×8.7cm×2	105,800	中国嘉德	2020-08-17
民国 寿山高山石钮章（一组三件）	尺寸不一	17,250	中国嘉德	2020-08-17
民国 寿山将军洞芙蓉石梅花钮对章	尺寸不一	63,250	中国嘉德	2020-08-17
民国 寿山牛角冻石瓦钮印章	3.4×2×4cm	36,800	中国嘉德	2020-08-17
民国 寿山牛角冻石祥云钮印章	2×2×5.2cm	48,300	中国嘉德	2020-08-17
民国 寿山石印章（一组五件）	尺寸不一	20,700	中国嘉德	2020-08-17
民国 寿石工刻张伯驹自用印四方	尺寸不一	230,000	北京保利	2020-10-20
民国 桃花冻双鹿薄意方章	2×2×8.5cm	28,750	朵云轩	2020-09-24
民国 田黄"江山多娇"印及随形"泛舟赏月"把件一组两枚	尺寸不一	42,724	香港苏富比	2020-11-26
民国 田黄山形印（105克）	长5cm; 105g	639,000	佳士得	2020-11-30
民国 田黄随形高士赏画及双清图印章一组两枚	尺寸不一	42,724	香港苏富比	2020-11-26
民国 王福庵刻邵章收藏印	4.5×1.4×6.3cm	149,500	朵云轩	2020-09-24
民国 王壮为款 白芙蓉印章	3.5×2.6×1.5cm	21,280	上海联合	2020-11-29
民国 翁之琴刻鸡血石印三方及章料七方	高7.5cm	398,563	佳士得	2020-04-21
民国 吴昌硕刊"道法自然"四方章	高2.7cm	34,500	中鸿信	2020-01-03
民国 吴昌硕刊"五湖印丐"残章	高3.1cm	23,000	中鸿信	2020-01-03
民国吴昌硕刊寿山石"禅意"狮钮方章	高4.2cm	40,250	中鸿信	2020-01-03
民国 吴昌硕刊田黄方章	高3.8cm; 重约78g	92,000	中鸿信	2020-01-03
民国 吴昌硕刊赠米园丁寿山石"甲申十月园丁再生"方章	高3.8cm	69,000	中鸿信	2020-01-03
民国 吴昌硕刊赠米园丁寿山石"园丁书画"兽钮章	高5.3cm	80,500	中鸿信	2020-01-03
民国 吴朴堂刊睡狸钮方章	长4cm	172,500	中鸿信	2020-01-03
民国 于右任为陈诚刊鸡血石薄意云龙纹方章	高7cm; 重约87.2g	23,000	中鸿信	2020-01-03
民国 张大经刻寿山石印章（一对）	高9.2cm	11,500	广东崇正	2020-09-13
民国 张大千铭铜龟钮自用收藏印	3.2×2.8×2.8cm	43,700	广东崇正	2020-09-13
民国 赵古泥刻闲章	2.8×2.6×5.4cm	40,250	朵云轩	2020-09-24
民国 赵叔孺刊赠文白田黄方章	高4.5cm; 重约78.8g	207,000	中鸿信	2020-01-03
民国 周梅谷刊龙钮田黄自用印	高5.2cm; 重约33.3g	34,500	中鸿信	2020-01-03
民国 李叔同"心无妄思"紫檀瓦钮章	高3.1cm	69,000	中鸿信	2020-01-04
民国(1918年) 铜刻山水高士临流图印章	长2.6cm; 宽2.6cm; 高6.4cm	184,000	北京中汉	2020-12-04
民国二十九年(1940) 陈巨来刻田黄瑞兽钮王季迁自用印(52克)	高3.1cm; 52g	639,000	佳士得	2020-11-30
民国二十年(1931) 张樾丞刻、陆京士赠寿山石杜月笙自用对章	高10cm	585,750	佳士得	2020-11-30
清至民国叶恭绰刻寿山石自用印(二方)	尺寸不一	34,500	广东崇正	2020-09-13
20世纪 林其佛刊田黄薄意随形章	高3.6cm; 重约43.7g	13,800	中鸿信	2020-01-03
20世纪 石卿刊白田黄薄意人物印章	高4.7cm; 重约60.3g	12,650	中鸿信	2020-01-03
近现代 顿立夫刻闲章	2.4×2.4×4.6cm	13,800	朵云轩	2020-09-24
近现代 郭功森雕子母兽方章	4.2×2.8×5.5cm	149,500	朵云轩	2020-09-24
近现代 来楚生刻肖形印	1.6×1.6×5.5cm	34,500	朵云轩	2020-09-24
近现代 来楚生刻肖形印	1.6×1.6×5.5cm	20,700	朵云轩	2020-09-24
近现代 赵鹤琴刻张大千自用印	1.8×0.6×4cm	57,500	朵云轩	2020-09-24
王修龄藏 寿山田黄石印章	4.3×1.5×1.3cm; 重10g	18,394	中国嘉德	2020-10-09
1680年作 清 徐乾学跋寿山石章	1.8×1.9×5.1cm	25,300	西泠印社	2020-08-09
1784年作 清 黄易刻古兽钮寿山芙蓉石张符升自用印	3.5×2.7×6.7cm	4,600,000	西泠印社	2020-08-09
1802年作 清 姚元之刻青田石闲章	1.8×1.8×5.8cm	34,500	西泠印社	2020-08-09
1806年作 清 陈鸿寿刻青田石章	2.6×2.6×5.3cm	782,000	西泠印社	2020-08-09
1807年作 清 文鼎刻寿山石钱仪吉自用印	2×1.2×3.6cm	218,500	西泠印社	2020-08-09
1822年作 清 陈埙刻寿山黄芙蓉石黄世本自用印	1.2×1.2×3.3cm	28,750	西泠印社	2020-08-09
1824年作 清 阮元自用寿山石螭钮章	4.2×2.3×4.9cm	55,200	西泠印社	2020-08-09
1827年作 清 杨澥刻寿山石陈佐国自用印	2.4×2.4×8.1cm	34,500	西泠印社	2020-08-09
1862年作 清 钱式刻寿山石闲章	3.3×1.5×1.9cm	13,800	西泠印社	2020-08-09
1864年作 清 徐三庚刻青田石章	3.2×3.3×4.4cm	253,000	西泠印社	2020-08-09
1865年、1898年作 清 马棠、刘伯年、王慧、薛晓筠刻寿山、青田石章四方	尺寸不一	13,800	西泠印社	2020-08-09
1865年作 清 杨大受、方镐、王慧、张寒月等刻寿山、青田石章六方	尺寸不一	25,300	西泠印社	2020-08-09
1866年、1876年作 清 殷用霖、何屿等刻潘遵祁自用印五方	尺寸不一	55,200	西泠印社	2020-08-09
1866年作 清 徐三庚刻寿山高山石李嘉福自用闲章	1.8×1.5×4cm	195,500	西泠印社	2020-08-09
1869年、1943年作 清 何屿、符铁年刻寿山石潘志万、徐连台自用印二方	1.9×1.9×3.7cm; 2×1.9×5.5cm	20,700	西泠印社	2020-08-09
1870年作 清 高心夔刻寿山芙蓉石古兽钮闲章	3.1×3.1×5.2cm	34,500	西泠印社	2020-08-09
1874年作 清 吴昌硕刻青田石李嘉福自用印	2.1×2.1×4.5cm	322,000	西泠印社	2020-08-09
1880年作 清 陈雷刻青田石章	0.9×0.9×6cm	17,250	西泠印社	2020-08-09
1880年作 清 曼寿刻昌化鸡血石闲章	2.3×0.7×4.6cm	17,250	西泠印社	2020-08-09
1881年作 清 钟权刻寿山芙蓉石沈曾植自用印	2.1×1.1×4.7cm	48,300	西泠印社	2020-08-09
1882年、1883年、1884年、1885年作 清 钟以敬刻寿山、青田石章十九方	尺寸不一	276,000	西泠印社	2020-08-09
1887年作 清 吴昌硕刻青田石吴滔自用对章	2.6×2.6×6.3cm×2	782,000	西泠印社	2020-08-09
1887年作 清 吴昌硕刻寿山石潘遵祁自用印	2.4×1.5×2.1cm	195,500	西泠印社	2020-08-09
1887年作 清 吴昌硕刻寿山石章	2.3×2.3×4.6cm	598,000	西泠印社	2020-08-09
1905年作 清 金城刻二龙戏珠钮寿山红花芙蓉石金章自用印	3.1×3.1×7.3cm	494,500	西泠印社	2020-08-09
1908年作 清 吴昌硕刻青田石章	2×1.1×2.2cm	287,500	西泠印社	2020-08-09
1909年作 王大炘刻子母兽钮寿山芙蓉石廉泉自用印	3×3.1×5.2cm	103,500	西泠印社	2020-08-09
1912年作 赵古泥刻寿山石荷花薄意章	2.9×1.9×6.6cm	46,000	西泠印社	2020-08-09
1914年作 钟以敬刻煨石葛昌楹自用印	4.2×4.2×9.4cm	46,000	西泠印社	2020-08-09
1915年作 唐醉石刻青田石王禔自用对章	3.2×3.2×7.3cm×2	494,500	西泠印社	2020-08-09
1915年作 徐新周刻青田石严信厚等自用印三方	尺寸不一	32,200	西泠印社	2020-08-09
1916年作 唐醉石刻寿山石云龙纹薄意闲章	4.6×4.6×8.8cm	28,750	西泠印社	2020-08-09
1916年作 益田香远刻白芙蓉石山水人物钮章	3.1×3×6.5cm	20,700	西泠印社	2020-08-09
1918年作 赵古泥刻寿山石王晓赉自用印	2.6×2.6×7.7cm	32,200	西泠印社	2020-08-09
1920年作 黄少牧刻闲章	3.2×2.2×6.1cm	40,250	西泠印社	2020-08-09
1921年邮政开办纪念壹角未采用试印样		39,100	北京保利	2020-10-23
1922年、1946年作 童大年刻寿山石等印章八方	尺寸不一	48,300	西泠印社	2020-08-09
1922年作 赵叔孺刻寿山石章	1.9×1.9×3.3cm	74,750	西泠印社	2020-08-09
1924年作 赵叔孺刻青田石龙凤钮对章	6.1×6.1×10cm×2	345,000	西泠印社	2020-08-09
1926年作 金铁芝刻狮钮寿山石黄任寰自用印	4×4×12.5cm	11,500	西泠印社	2020-08-09
1927年作 姚虞琴自用寿山石古兽钮章	2.8×1.9×3.8cm	23,000	西泠印社	2020-08-09
1928年、1946年作 王欣夫自用印三方	尺寸不一	17,250	西泠印社	2020-08-09
1928年作 王福庵刻杜陵石龟钮邵章自用印	2.5×2.4cm; 高7.1cm	299,000	北京保利	2020-12-05

拍品名称	物品尺寸	成交价RMB	拍卖公司	拍卖日期
1930年成都"庆记天一福金号"狮子宝塔图市称壹两整金章一枚		66,700	上海泓盛	2020-07-18
1932年作 王提刻山水薄意寿山芙蓉石孙多巘自用印	2.5×1.6×6.8cm	184,000	西泠印社	2020-08-09
1932年作 朱其石刻荷塘清趣纹寿山高山朱砂石费继武自用印	3.5×1.9×7.2cm	32,200	西泠印社	2020-08-09
1938年作 陈巨来刻寿山芙蓉石瓦钮对章	2.3×1.5×4.8cm×2	690,000	西泠印社	2020-08-09
1939年、1942年作 叶为铭刻青田石蒋登瀛自用印二方	尺寸不一	34,500	西泠印社	2020-08-09
1940年香港中华版孙中山像5元无齿印刷全张二张		11,500	北京保利	2020-10-23
1940年作 邓散木刻寿山石章	1.7×1.7×3.9cm	40,250	西泠印社	2020-08-09
1941年、1942年、1965年作 赵叔孺、童大年、高络园刻寿山石李耀生、张之铭等 自用印二方	尺寸不一	25,300	西泠印社	2020-08-09
1941年作 顿立夫刻寿山芙蓉石王文进自用印	1.7×1.7×5.4cm	28,750	西泠印社	2020-08-09
1941年作 黄箴豫刻寿山芙蓉石金蟾吐瑞钮章	2.4×2.4×5.1cm	28,750	西泠印社	2020-08-09
1941年作 王提刻寿山高山石对章	1.8×1.8×5.6cm×2	86,250	西泠印社	2020-08-09
1943年法属印度支那制造云南富字一两正银(LM433)		29,900	中国嘉德	2020-12-05
1944年作 王硕吾刻青田石闲章	1.7×1.7×4.9cm	28,750	西泠印社	2020-08-09
1945年平等新约邮票母模印样一组4件		17,250	北京保利	2020-10-23
1945年作 王提刻青田石章	1.3×1.3×3.6cm	36,800	西泠印社	2020-08-09
1946年作 刘源祈 刻陈其采寿山石自用印	3.7×3.7×6.3cm	20,700	西泠印社	2020-08-09
1947年作 寿石工刻菊蝶薄意田黄石余家菊自用印	1.5×1.4×3.2cm; 16.8g	17,250	西泠印社	2020-08-09
1955年中国人民共和国八一奖章		48,300	中国嘉德	2020-12-05
1960年、1972年作 王仁辅、徐云叔刻寿山石章二方	1.5×1.5×6.4cm; 1.7×1.5×4.7cm	20,700	西泠印社	2020-08-09
1962年第三版人民币壹角背绿水印		29,900	北京保利	2020-10-18
1964年作 钱瘦铁刻昌化鸡血、青田石自用印二方	1.8×1.8×5.1cm; 2.1×2.1×4cm	86,250	西泠印社	2020-08-09
1968年北京寄英国航空印刷品首日封,正面贴有文11白题词		97,750	北京保利	2020-12-04
1968年作 林千石刻寿山芙蓉、昌化鸡血石古兽钮章二方	3.9×2.3×4.3cm; 2.5×2.5×5.6cm	23,000	西泠印社	2020-08-09
1979年制 叶潞渊 刻"张氏守成"印章	2.8×2.8×5.8cm	32,200	上海嘉禾	2020-01-05
1980年T56留园邮票设计者"孙传哲"手绘亲签钤印封全套4件		14,950	北京保利	2020-10-24
1980年第四版人民币拾圆漏水印变体		11,500	北京保利	2020-10-18
1990年作 韩天衡 刻"东方艺术宫"印章	3.5×3.5×8.2cm	59,800	上海嘉禾	2020-01-05
2011年、2014年作 高式熊刻寿山石古兽钮闲章二方	2.7×2.8×3.4cm; 2.5×2.5×3.4cm	43,700	西泠印社	2020-08-09
2014年、2016年作 高式熊刻寿山石古兽钮闲章二方	2.5×2.5×4.2cm; 2.6×2.6×5.9cm	28,750	西泠印社	2020-08-09
2016年作 高式熊刻老挝石博古钮闲章	3.1×3.1×8.6cm	25,300	西泠印社	2020-08-09
PR 纪18亚太和平会议纪念邮票无齿母模印样八十四枚全张四全		828,000	中国嘉德	2020-12-06
巴林鸡血龙凤呈祥浮雕大方章	11×10.1×9.6cm	3,450,000	朵云轩	2020-09-24
巴林鸡血石灵芝钮方章	2.6×2.6×6.5cm	74,750	中国嘉德	2020-12-01
巴林鸡血石云蝠钮方章	4.3×2.3×6.1cm	28,750	中国嘉德	2020-08-17
白芙蓉兽钮"雪岑"印章	长8.3cm	32,200	广东崇正	2020-09-13
薄意雕山水人物纹田黄方章	8.4×2.4cm	660,000	北京贞观	2020-11-28
蔡谨士 刻"江山如此多娇"印章	7.2×7.2×7.5cm	195,500	上海嘉禾	2020-01-05
曹汝霖用 钟刚中刻青田石曹汝霖印	2.7×2.7×6cm	40,250	西泠印社	2020-08-09
曾杲刻 "无酒时学佛有酒学仙" 银龟钮印章	2.8×2.8×2.5cm;124.4g	51,750	中国嘉德	2020-08-17
曾杲刻 银龟钮印章	3×3×2.6cm; 144.8g	57,500	中国嘉德	2020-12-01
曾绍杰 寿山田黄石古兽钮章	1.8×1.8×3.5cm	40,250	中贸圣佳	2020-10-16
昌化鸡血对章	1.9×1.6×7.6cm×2	230,000	朵云轩	2020-09-24
昌化鸡血石大红袍方章	1.8×1.8×9.2cm	218,500	中国嘉德	2020-12-01

拍品名称	物品尺寸	成交价RMB	拍卖公司	拍卖日期
昌化鸡血石大红袍方章	1.4×1.4×8cm	92,000	中国嘉德	2020-12-01
昌化鸡血石大红袍方章	1.3×1×7cm	57,500	中国嘉德	2020-08-17
昌化鸡血石大红袍章	2.9×2.9×10.2cm	1,725,000	西泠印社	2020-08-09
昌化鸡血石对章	3.5×3.5×12.9cm×2	1,840,000	西泠印社	2020-08-09
昌化鸡血石对章	1.9×1.9×7.7cm×2	149,500	西泠印社	2020-08-09
昌化鸡血石对章	1.9×1.8×8.8cm×2	69,000	西泠印社	2020-08-09
昌化鸡血石对章	1.6×1.5×7.3cm×2	48,300	中国嘉德	2020-12-01
昌化鸡血石方章	1.3×1.3×3.6cm	55,200	中国嘉德	2020-08-17
昌化鸡血石方章	2.9×1.1×7.2cm	36,800	中国嘉德	2020-12-01
昌化鸡血石古兽钮对章	2×2×8.1cm×2	34,500	西泠印社	2020-08-09
昌化鸡血石龙纹薄意章	4.5×4.5×10.8cm	115,000	西泠印社	2020-08-09
昌化鸡血石章	3×3×13.7cm	1,265,000	西泠印社	2020-08-09
昌化鸡血石章	3.3×3.3×9.8cm	402,500	西泠印社	2020-08-09
昌化鸡血石章	2.7×2.7×11.3cm	322,000	西泠印社	2020-08-09
昌化鸡血石章	2.3×2.2×7.6cm	86,250	西泠印社	2020-08-09
昌化鸡血石章	2.2×2.2×7.3cm	40,250	西泠印社	2020-08-09
昌化鸡血石章(一组六件)	尺寸不一	28,750	中国嘉德	2020-08-17
昌化鸡血石章(一组五件)	尺寸不一	32,200	中国嘉德	2020-08-17
昌化鸡血套章(八方)	尺寸不一	13,800	朵云轩	2020-09-24
昌化老坑鸡血石章三方	尺寸不一	69,000	西泠印社	2020-08-09
昌化刘关张软地鸡血石印材(一对)	高7cm	20,700	中国嘉德	2020-07-17
昌化藕粉地鸡血石方章	1.8×1.8×5.6cm	34,500	中贸圣佳	2020-10-16
陈半丁刻 昌化鸡血石印章	2.2×0.6×3.9cm	51,750	中国嘉德	2020-12-01
陈半丁刻 寿山白高山石兽钮印章	2.4×2.4×3.7cm	46,000	中国嘉德	2020-08-17
陈半丁刻昌化鸡血石闲章	3.3×1.8×8.1cm	69,000	西泠印社	2020-08-09
陈达 寿山芙蓉石灵芝钮甲骨文扁章	3.8×1.9×9.5cm	115,000	中贸圣佳	2020-10-16
陈洪绶款黄芙蓉卧兽钮四方印章"乙丑夏六月十又十五日曼生作"款	高3.6cm	68,544	香港苏富比	2020-06-05
陈鸿寿刻 青田石自用两面印	1.8×1.8×4.4cm	690,000	中国嘉德	2020-08-17
陈巨来 1931年作 为夏静观刻寿山石随形章	3.6×3.6×6.3cm	69,000	中贸圣佳	2020-10-16
陈巨来 1957年作 刻青田石对章	尺寸不一	46,000	中贸圣佳	2020-10-16
陈巨来 石印章一 李南尊	高5cm	14,939	香港普艺	2020-10-10
陈巨来刻 钱大钧用寿山石兽钮印章	1.4×1.4×6.8cm	57,500	中国嘉德	2020-12-01
陈巨来刻 钱大钧自用印章	2.3×2.3×4.9cm	48,300	中国嘉德	2020-12-01
陈巨来刻 钱大钧自用印章	1.6×1.6×4.9cm	43,700	中国嘉德	2020-12-01
陈巨来刻 寿山芙蓉石兽钮印章	2×2×6.6cm	161,000	中国嘉德	2020-12-01
陈巨来刻 寿山芙蓉石兽钮印章	2.1×2×4.6cm	92,000	中国嘉德	2020-12-01
陈巨来刻 寿山芙蓉石兽钮印章	3×3×4.5cm	46,000	中国嘉德	2020-12-01
陈巨来刻严庆祥书画印印章(一枚)	3.5×3.5×8.5cm	35,650	上海驰翰	2020-05-10
陈亮 寿山黄芙蓉薄意高士图方章	2.9×2×5.8cm; 重量87.3g	20,160	上海联合	2020-11-29
陈曼生 刻寿山石印章	1.6×1.5×2.7cm	57,500	中贸圣佳	2020-10-16
陈茗屋、云鹤 刻集思广益等印章(两枚)	尺寸不一	11,500	上海驰翰	2020-05-10
陈茗屋刻 寿山石印章	3.3×2×6.1cm	11,500	中国嘉德	2020-12-01
陈强 寿山芙蓉石 麒麟钮章	7.75×2.85×2.4cm; 重量110.1g	16,800	上海联合	2020-11-29
陈师曾刻 寿山石象钮印章	2.6×2.6×4.2cm	55,200	中国嘉德	2020-12-01
陈师曾刻古兽钮寿山芙蓉石卓定谋自用印	3.1×1.6×4.7cm	97,750	西泠印社	2020-08-09
程邃刻 梁清标用寿山芙蓉石太狮少狮钮印章	5×4.9×8.5cm	575,000	中国嘉德	2020-12-01
单晓天刻 林清卿薄意寿山石印章	1.5×1.5×9cm	69,000	中国嘉德	2020-12-01
邓大川刻 寿山石印章	2.4×2.4×5.3cm	11,500	中国嘉德	2020-12-01
邓尔雅 1918年作 刻昌化石方章	1.4×1.4×3cm	11,500	中贸圣佳	2020-10-16
邓尔雅 石印章一韶石	高5cm	16,432	香港普艺	2020-10-10
邓尔雅刻 寿山石兽钮印章	1.5×1×3.8cm	55,200	中国嘉德	2020-08-17
邓尔雅刻 寿山石印章	1.3×1.3×3.8cm	11,500	中国嘉德	2020-08-17
邓散木 1939年作 刻寿山石狮钮扁章	3.2×1.3×8.5cm	50,600	中贸圣佳	2020-10-16
邓散木鸡血石印、白寿山冻木鱼(一组两件)	长13.2cm; 长21.7cm	11,500	广东崇正	2020-09-13
第四版人民币壹圆错币正面人像全部漏印一枚		19,550	北京保利	2020-12-04

(续表)

拍品名称	物品尺寸	成交价RMB	拍卖公司	拍卖日期
丁辅之刻青田石徐光济自用印	2.4×2.4×5.1cm	115,000	西泠印社	2020-08-09
丁敬刻 "采芝山人" 青田石印章	1.3×0.9×1.8cm	3,795,000	中国嘉德	2020-08-17
董洵 刻 "修竹吾庐" 印章	2.5×1.6×4.2cm	10,350	上海嘉禾	2020-01-05
董洵刻 罗聘用青田石印章	2.5×2.4×5.6cm	874,000	中国嘉德	2020-08-17
二号矿母子情钮方章	5.2×5.2×6.8cm	40,250	朵云轩	2020-09-24
方介堪 刻 "文玉" 印章	1.4×1.4×5.4cm	32,200	上海嘉禾	2020-01-05
方介堪 篆刻 "只留清气满乾坤"	高5.3cm	43,700	中鸿信	2020-01-04
方介堪刻 昌化鸡血石印章	3.9×2.9×5.9cm	17,250	中国嘉德	2020-12-01
方介堪刻 寿山石兽钮印章	1.9×1.6×4.1cm	13,800	中国嘉德	2020-12-01
方介堪刻寿山石孙仲渊自用印	1.7×1.7×5.5cm	25,300	西泠印社	2020-08-09
方介堪刻寿山水坑环冻石闲章	1.5×1.5×3.9cm	20,700	西泠印社	2020-08-09
方介堪闲章	2×2×4.8cm	32,200	泰和嘉成	2020-10-17
封门青龙生九子套章（九方）	尺寸不一	23,000	朵云轩	2020-09-24
冯康侯 石薄意人物印章 — 木兰花馆	高4cm	25,893	香港普艺	2020-10-10
冯康侯 石瑞兽纽印章 — 木兰花馆	高4cm	37,844	香港普艺	2020-10-10
冯康侯 石瑞兽纽印章 — 木兰花馆	高9cm	21,910	香港普艺	2020-10-10
冯康侯 石瑞兽纽印章 — 仰山草堂	高7cm	21,910	香港普艺	2020-10-10
冯康侯刻 寿山芙蓉石薄意印章	1.7×1.7×3.7cm	28,750	中国嘉德	2020-08-17
冯康侯刻 寿山高山玛瑙石印章	2×2×7.7cm	46,000	中国嘉德	2020-08-17
冯康侯刻 张之英用寿山高山石对章	2.8×2.8×7.7cm×2	149,500	中国嘉德	2020-12-01
傅抱石刻 寿山芙蓉石兽钮印章	2×1.6×3.7cm	322,000	中国嘉德	2020-12-01
高凤翰篆 郑板桥自用青田石印章	3.1×3.1×3.6cm	4,255,000	中国嘉德	2020-08-17
高垲刻黄杨木雕套印（一组一件）	高10.5cm	11,500	中鸿信	2020-01-04
高络园刻 青田石印章	1.9×1.9×4.1cm	13,800	中国嘉德	2020-12-01
高络园刻鱼钮寿山高山石章谢鹤年自用印	2.4×1.4×4.4cm	17,250	西泠印社	2020-08-09
高山朱砂龙戏珠方章	5×5×5.5cm	40,250	朵云轩	2020-09-24
高山猪油白素章	3×2.6×9.8cm	46,000	朵云轩	2020-09-24
高式熊刻 寿山芙蓉石印章	2.8×1.6×2.5cm	11,500	中国嘉德	2020-12-01
各式印章（一组七件）	尺寸不一	23,000	中国嘉德	2020-12-01
郭且南刻 龚心钊用寿山芙蓉石兽钮印章	3.5×3.4×7.9cm	230,000	中国嘉德	2020-12-01
郭祥忍 寿山芙蓉石螭虎穿环钮对章	2.3×2.3×7.3cm	57,500	中贸圣佳	2020-10-16
郭祥雄虎钮扁方章	4.3×1.5×5.7cm	57,500	朵云轩	2020-09-24
韩登安 田黄石宋云彬自用鉴藏印 "云彬心赏"	29.5×18cm	149,500	中鸿信	2020-01-04
韩美林生肖邮票草样签名钤印两件		14,950	北京保利	2020-10-24
韩天衡秦公彭思齐等印章(三十方)	尺寸不一×30	79,707	中国嘉德	2020-10-09
何震款 青田石印章	3.5×3.4×7.2cm	10,350	中国嘉德	2020-12-01
胡镢 为杨晋刻丹东石方章	1.5×1.5×4.4cm	40,250	中贸圣佳	2020-10-16
琥珀方印	高3.5cm	13,800	中国嘉德	2020-11-11
黄罕勇 路路通达 印章（一组）	尺寸不一	115,000	西泠印社	2020-08-10
黄士陵 刻 "贵寿欢喜" 印章	0.6×1.7×4.5cm	212,750	上海嘉禾	2020-01-05
黄寿山石薄意随形章	高6.3cm	17,250	中贸圣佳	2020-10-16
鸡血石印材（二十四方）	尺寸不一	28,750	中国嘉德	2020-07-17
鸡血石印材（六方）	尺寸不一	48,300	中国嘉德	2020-07-17
鸡血石印材（十一方）	尺寸不一	48,300	中国嘉德	2020-07-17
鸡血石印材（四方）	尺寸不一	12,650	上海嘉禾	2020-01-05
鸡血石印材二十三方	尺寸不一	25,300	中国嘉德	2020-11-11
鸡血石印材十八方	尺寸不一	51,750	中国嘉德	2020-11-11
江秀民 寿山田黄石 芦雁薄意随形章	5.1×2.9×2.5cm; 重67g	179,200	上海联合	2020-11-29
金城刻 寿山白芙蓉石自用印章	2.3×2.3×4cm	97,750	中国嘉德	2020-12-01
近代 荷塘清趣闲章	3.7×1.7×6.8cm	10,350	朵云轩	2020-09-24
鞠稚儒刻 "山色不随春老" 寿山石兽钮印章	4.4×4.4×10.8cm	20,700	中国嘉德	2020-08-17
来楚生 刻 "子靖所作" 印章	3×3×7.3cm	92,000	上海嘉禾	2020-01-05
来楚生 刻煤精石方章	2.3×2.5×5.6cm	40,250	中贸圣佳	2020-10-16
来楚生 刻青田石方章	2.8×2.8×3.2cm	34,500	中贸圣佳	2020-10-16
来楚生 刻寿山石方章	2.2×2.3×2cm	161,000	中贸圣佳	2020-10-16
来楚生刻 青田石肖形印	3×3×4cm	368,000	中国嘉德	2020-08-17
来楚生刻 青田石肖形印	2×2×6cm	80,500	中国嘉德	2020-12-01
来楚生刻 青田石印章	2.9×2.9×3.8cm	747,500	中国嘉德	2020-12-01
来楚生刻 寿山石肖形印	3.7×2.1×5.7cm	184,000	中国嘉德	2020-08-17
来楚生刻 寿山石肖形印	1.6×0.8×5.4cm	40,250	中国嘉德	2020-12-01
来楚生刻 寿山石印章	2.1×2.1×4.7cm	138,000	中国嘉德	2020-08-17
老挝石瑞兽钮章	9.6×4.5×4.5cm; 重量368g	13,440	上海联合	2020-11-29
李晋章印章(附盒)	印高2.5cm; 盒长5cm	34,500	中鸿信	2020-01-04
李尹桑 石印章 — 但求似我	宽3cm	16,432	香港普艺	2020-10-10
李尹桑刻黄寿山石梅竹薄意闲章	2.1×2.1×6.9cm	23,000	西泠印社	2020-08-09
鲤红善伯洞素方章	2.3×2.3×10cm	40,250	朵云轩	2020-09-24
荔枝洞博古方章	2.7×2.7×12cm	1,150,000	朵云轩	2020-09-24
荔枝洞素方章	2.7×2.7×10.6cm	460,000	朵云轩	2020-09-24
林飞雕刘伶醉钮方章	3.2×3.1×6.8cm	92,000	朵云轩	2020-09-24
林果 老挝水洞鹿钮章	3.6×2.3×10.3cm; 重量188.3g	31,360	上海联合	2020-11-29
林果 老挝水洞瑞兽钮章	3.4×3.4×8.4cm; 重量174.6g	22,400	上海联合	2020-11-29
林剑丹 2005年作 得之欢喜	2.1×2.1×8cm	47,670	北京保利	2020-07-15
林清卿 田黄薄意随形章	高7.5cm; 重243g	563,500	北京保利	2020-10-20
林清卿作 寿山杜陵石薄意杏花惠兰图印章	1.5×1.5×7.4cm	43,700	中国嘉德	2020-12-01
林清卿作 寿山芙蓉石薄意随形章	4×2.5×6.3cm	25,300	中国嘉德	2020-08-17
林清卿作 寿山田黄石薄意方章（一组两件）	尺寸不一	345,000	中国嘉德	2020-12-01
林清卿作 寿山田黄石薄意随形章	2.6×2×5cm; 重32.9g	195,500	中国嘉德	2020-08-17
林清卿作寿山高山石花卉薄意对章	1.8×1.8×6.5cm×2	69,000	西泠印社	2020-08-09
林清卿作寿山鹿目田石梅竹双清薄意随形章	6.3×4.7×5cm	287,500	西泠印社	2020-08-09
林清卿作田黄冻石山水薄意章	1.8×1.9×8.3cm; 重64.8g	2,990,000	西泠印社	2020-08-09
林清卿作田黄石松下高士薄意随形章	4.8×2.2×5.3cm; 重67.9g	460,000	西泠印社	2020-08-09
林荣基作田黄石春江水暖薄意随形章	12.3×5.2×7.7cm; 重718.9g	2,070,000	西泠印社	2020-08-09
林文宝作寿山高山朱砂石云龙薄意随形章	13.5×8×15.5cm	23,000	西泠印社	2020-08-09
林文煌 老挝水洞石福寿章	2.9×2.9×7.5cm; 重127.1g	31,360	上海联合	2020-11-29
林文举雕田黄薄意章（30克）	2×1.8×4cm	368,000	朵云轩	2020-09-24
刘创新刻 马钮印章	3.6×3.6×5.3cm	13,800	中国嘉德	2020-12-01
刘新惠刻 "不服高人有罪" 寿山石印章	4.4×4.4×10cm	115,000	中国嘉德	2020-08-17
柳晓康刻闲章	3.3×3.3×6.5cm	34,500	朵云轩	2020-09-24
鲁大东刻 "只愿无事常相见" 兽钮印章	5.2×5.1×4.9cm	34,500	中国嘉德	2020-08-17
鲁大东刻 青田石印章	4×4×6.5cm	17,250	中国嘉德	2020-12-01
罗刚刻 青田石六面印	3.9×3.9×4.1cm	20,700	中国嘉德	2020-08-17
罗刚刻 寿山石罗汉洗象钮印章	2.6×2.6×5.1cm	23,000	中国嘉德	2020-12-01
罗刚刻闲章	2.9×2.9×8.6cm	11,500	朵云轩	2020-09-24
茅大容 2012年作 好学为福	3×3×12.8cm	41,995	北京保利	2020-07-15
茅大容刻青田石凤钮闲章	3×3×9.1cm	25,300	西泠印社	2020-08-09
茅大为刻 "日有熹" 寿山石印章	4.3×4.3×3.8cm	32,200	中国嘉德	2020-08-17
茅大为刻 巴林鸡血石兽钮印章	2×2.6×5.3cm	25,300	中国嘉德	2020-12-01
梅兰芳自用寿山芙蓉石古兽钮章	4.3×2.5×6.6cm	184,000	西泠印社	2020-08-09
民国二十八年(1939)财政部中央造币厂桂林分厂周年纪念铜章		19,550	中国嘉德	2020-12-05
民国时期袁世凯大总统纯金奖章及明信片各一件		17,250	北京保利	2020-12-04
潘惊石作 寿山芙蓉石博古钮对章	1.9×1.9×8.8cm×2	55,200	中国嘉德	2020-08-17
潘惊石作 寿山芙蓉石兽钮方章	3.6×3.6×3.6cm	55,200	中国嘉德	2020-12-01
溥侗刻印 "本心归真"（一枚）	高5cm	11,500	中鸿信	2020-01-04
溥侗刻印 "复清使命"（一枚）	高5.9cm	11,500	中鸿信	2020-01-04
溥侗刻印 "满洲乐土"（一枚）	高5cm	11,500	中鸿信	2020-01-04
齐白石 1924年作 刻昌化鸡血石方章	1.7×1.7×5.4cm	74,750	中贸圣佳	2020-10-16
齐白石 刊杨文熙随形章	高2.1cm	120,750	中鸿信	2020-01-04
齐白石 刻广东绿石方章	2.4×2.4×7.9cm	97,750	中贸圣佳	2020-10-16
齐白石 刻寿山芙蓉石瑞兽灵芝钮椭圆章	4×2.6×3.7cm	115,000	中贸圣佳	2020-10-16

(续表)

拍品名称	物品尺寸	成交价RMB	拍卖公司	拍卖日期
齐白石刻 青田石印章	3.9×3.9×5.6cm	115,000	中国嘉德	2020-12-01
齐白石刻 寿山高山石兽钮印章	2×2×6.6cm	322,000	中国嘉德	2020-12-01
齐白石刻 寿山高山石印章	1.4×1.4×2.8cm	322,000	中国嘉德	2020-12-01
齐白石刻 寿山石印章	1.6×1.6×7cm	575,000	中国嘉德	2020-08-17
齐白石刻 寿山石印章	3×2.1×2.5cm	402,500	中国嘉德	2020-08-17
齐白石刻昌化鸡血石闲章	2.1×2.1×7.7cm	92,000	西泠印社	2020-08-09
齐白石刻昌化石章	1.9×5.8cm	57,500	西泠印社	2020-08-09
齐白石刻三狮戏球钮寿山石周莩生自用印	3×3×9.7cm	218,500	西泠印社	2020-08-09
齐白石刻山水薄意寿山石陈之初自用对章	2.4×2.4×8.3cm×2	2,185,000	西泠印社	2020-08-09
齐白石刻寿山芙蓉石章	1.9×1.9×4.7cm	63,250	西泠印社	2020-08-09
齐白石刻寿山坑头石山水薄意椭圆章	3.2×1.5×5.4cm	57,500	西泠印社	2020-08-09
齐白石刻寿山连江黄石完颜景贤自用印	2.4×2.4×6.3cm	253,000	西泠印社	2020-08-09
齐白石刻寿山石张人骏自用印	2.8×2.8×8.6cm	218,500	西泠印社	2020-08-09
齐白石刻寿山石子母兽钮闲章	1.9×1.9×5cm	69,000	西泠印社	2020-08-09
齐白石刻双狮钮寿山芙蓉石罗虔自用印	2.7×1.8×3.7cm	69,000	西泠印社	2020-08-09
钱君匋刻 寿山芙蓉石印章	2.2×2.2×3.3cm	34,500	中国嘉德	2020-12-01
钱瘦铁刻 马骀用青田石印章	2.3×2.3×7.3cm	10,350	中国嘉德	2020-12-01
钱瘦铁刻 寿山芙蓉石兽钮印章	2.4×2.4×4.9cm	25,300	中国嘉德	2020-08-17
钱瘦铁刻 寿山石印章	2.4×2.4×5.5cm	23,000	中国嘉德	2020-08-17
钱松刻青田石方章	2.1×2×6.5cm	908,500	中贸圣佳	2020-10-16
钱松刻 青田石印章	3.1×3×5.9cm	690,000	中国嘉德	2020-08-17
钱塘周芬刻田黄双马印章	69.1×52.1×31.4cm	2,570,656	香港贞观	2020-08-30
钱厓 1925年作 为刘亚文刻寿山石方章	1×1×2.3cm	11,500	中贸圣佳	2020-10-16
钱厓 1932年作 为沈义刻寿山石方章	1.6×1.5×2.2cm	23,000	中贸圣佳	2020-10-16
钱厓 1961年作 为胡鹤翼刻青田石对章	2.2×2.1×5cm×2	23,000	中贸圣佳	2020-10-16
钱厓 刻昌化鸡血石对章	2.5×2.5×8.5cm×2	14,950	中贸圣佳	2020-10-16
钱厓 刻寿山石方章	1.8×1.8×3cm	48,300	中贸圣佳	2020-10-16
钱厓 为胡鹤翼刻寿山石方章	3×2.8×7cm	51,750	中贸圣佳	2020-10-16
钱厓 为孙鸿刻寿山石对章	1.1×1.1×3.6cm; 1.1×1.1×3.9cm	25,300	中贸圣佳	2020-10-16
青田封门青石章六方	尺寸不一	97,750	西泠印社	2020-08-09
青田蓝星 素方章	3.1×3.1×6.6cm; 重量161.9g	42,560	上海联合	2020-11-29
青田石印章"溧主所藏金石"	1.7×3.1×6cm.	23,000	中国嘉德	2020-07-18
青田石印章"醉倒海棠深处"	2.2×2.2×6.2cm.	36,800	中国嘉德	2020-07-18
沙孟海刻 寿山石兽钮印章	2.4×2.4×6cm	276,000	中国嘉德	2020-12-01
石开刻 寿山芙蓉石兽钮印章	3.2×3×7.7cm	149,500	中国嘉德	2020-12-01
石开刻闲章	2.4×2.4×11.4cm	36,800	朵云轩	2020-09-24
石可刻 寿山石印章	2.6×2.5×7.9cm	11,500	中国嘉德	2020-12-01
石双梁刻闲章	2.6×1.8×6.9cm	11,500	朵云轩	2020-09-24
石双梁刻闲章	2.6×1.9×3.4cm	11,500	朵云轩	2020-09-24
寿山、青田、昌化鸡血石等印章十方	尺寸不一	10,350	西泠印社	2020-08-09
寿山、青田石章八方	尺寸不一	25,300	西泠印社	2020-08-09
寿山白芙蓉石蛙钮章	4.6×3.2×3.8cm	17,250	中国嘉德	2020-08-17
寿山白高山石松下高士薄意椭圆章	4.1×2×7.7cm	57,500	西泠印社	2020-08-09
寿山杜陵石博古钮对章	2.1×2.1×11.8cm×2	28,750	西泠印社	2020-08-09
寿山芙蓉石端方自用印	2.5×1.5×5.5cm	51,750	中贸圣佳	2020-10-16
寿山芙蓉石钮章（一组五十件）	尺寸不一	23,000	中国嘉德	2020-12-01
寿山红田石 瑞兽钮章	3.55×2.2×1.35cm; 重量12.9g	10,080	上海联合	2020-11-29
寿山黄芙蓉石何绍基自用对章	尺寸不一	161,000	中贸圣佳	2020-10-16
寿山黄汶洋石凤钮方章	3.5×3.2×9cm	23,000	中国嘉德	2020-08-17
寿山结晶芙蓉石节节高升钮章	7×1.9×8.6cm	13,800	中国嘉德	2020-08-17
寿山结晶芙蓉石马钮方章	4.2×3.2×3.8cm	28,750	中国嘉德	2020-08-17
寿山结晶芙蓉石兽钮方章	2.9×2.4×4.2cm	28,750	中国嘉德	2020-08-17

拍品名称	物品尺寸	成交价RMB	拍卖公司	拍卖日期
寿山结晶汶洋石兽钮方章	4.4×2.4×3.9cm	25,300	中国嘉德	2020-08-17
寿山蜡烛红芙蓉石薄意方章	2.2×1.6×6.6cm	48,300	中国嘉德	2020-08-17
寿山荔枝冻石古兽钮章二方	3.1×3.1×13.8cm; 3.1×3×12.1cm	59,800	西泠印社	2020-08-09
寿山荔枝冻石龟钮对章	2.3×1.7×3.4cm×2	11,500	西泠印社	2020-08-09
寿山连江黄石兽钮章	3.7×2.3×4.7cm	32,200	中贸圣佳	2020-10-16
寿山牛角冻石龟钮章	2.2×2.1×3.6cm	20,700	西泠印社	2020-08-09
寿山品种石钮章（一组一百件）	尺寸不一	80,500	中国嘉德	2020-08-17
寿山品种石钮章（一组一百件）	尺寸不一	32,200	中国嘉德	2020-12-01
寿山旗降石兽钮方章	4.7×4×7.6cm	17,250	中国嘉德	2020-12-01
寿山三彩芙蓉石福禄寿三联章	尺寸不一	11,200	上海联合	2020-11-29
寿山三彩高山冻 五龙戏珠钮章	10.3×4×4cm; 重326.8g	42,560	上海联合	2020-11-29
寿山石古兽钮章三方	尺寸不一	17,250	西泠印社	2020-08-09
寿山石古兽钮章三方	尺寸不一	11,500	西泠印社	2020-08-09
寿山石双龙钮章	9.2×4.1×8cm	11,500	西泠印社	2020-08-09
寿山石章	2.5×2.5cm; 高8.5cm	50,600	朵云轩	2020-11-30
寿山石章	2.5×2.5cm; 高8.5cm	46,000	朵云轩	2020-11-30
寿山石章二十方	尺寸不一	25,300	西泠印社	2020-08-09
寿山石章二十方	尺寸不一	25,300	西泠印社	2020-08-09
寿山石章二十方	尺寸不一	23,000	西泠印社	2020-08-09
寿山石章二十方	尺寸不一	23,000	西泠印社	2020-08-09
寿山石章二十方	尺寸不一	17,250	西泠印社	2020-08-09
寿山石章二十方	尺寸不一	11,500	西泠印社	2020-08-09
寿山石章四方	尺寸不一	11,500	西泠印社	2020-08-09
寿山石章五方	尺寸不一	20,700	西泠印社	2020-08-09
寿山水洞高山石太平有象钮对章	2×2×10.8cm×2	10,350	中国嘉德	2020-08-17
寿山田黄石薄意摆件	4.7×2.5×4.9cm; 重75.9g	10,350	中国嘉德	2020-08-17
寿山田黄石薄意方章	2.7×2.5×4.6cm; 重65.6g	402,500	中国嘉德	2020-08-17
寿山田黄石古兽钮扁章	3.2×2.3×4.3cm	92,000	中贸圣佳	2020-10-16
寿山田黄石龙钮方章	2.4×1.4×3cm; 重18.6g	36,800	中国嘉德	2020-12-01
寿山田黄石三螭钮章	2×2.2×2.7cm	34,500	中贸圣佳	2020-10-16
寿山田黄石随形章	2.4×2.4×4.4cm	149,500	中贸圣佳	2020-10-16
寿山田黄石太狮少狮钮章	1.9×1.9×4.6cm	805,000	中贸圣佳	2020-10-16
寿山田黄石五螭钮椭圆章	3.5×1.9×5.1cm; 重55.6g	287,500	中国嘉德	2020-12-01
寿山汶洋石凤钮方章	4.1×3.3×6.4cm	23,000	中国嘉德	2020-08-17
寿山月尾紫瑞兽对章	尺寸不一	44,800	上海联合	2020-11-29
寿石工、王冰铁刻 寿山石印章（一组三件）	尺寸不一	11,500	中国嘉德	2020-08-17
寿石工刻 寿山石、青田石印章（一组三件）	尺寸不一	20,700	中国嘉德	2020-12-01
寿石工刻龙钮印章	2.5×2.5×7cm	17,250	泰和嘉成	2020-10-17
双螭钮木质闲章	2×2×3cm	11,500	泰和嘉成	2020-10-17
孙慰祖刻"花好月圆人寿"巴林石印章	5.2×2.7×5.8cm	34,500	中国嘉德	2020-08-17
太平有象白芙蓉对章	3.2×3.2×6.5cm×2	23,000	朵云轩	2020-09-24
谈月色刻沈士远名章	6.7×2×2cm	32,200	泰和嘉成	2020-10-17
唐子农刻闲章	7×3.8×3cm	46,000	朵云轩	2020-09-24
唐醉石刻 青田石印章	2×2×4.4cm	23,000	中国嘉德	2020-08-17
唐醉石刻 青田石印章	2.3×2.3×3.4cm	20,700	中国嘉德	2020-08-17
唐醉石刻 寿山高山石印章	1.4×1.4×5.5cm	34,500	中国嘉德	2020-12-01
唐醉石刻 寿山石猴钮印章	3.3×3.3×6cm	40,250	中国嘉德	2020-08-17
桃花冻狮钮方章	2.5×2.5×12cm	207,000	朵云轩	2020-09-24
田黄薄意山水人物图印（52克）	高3.6cm	158,175	佳士得	2020-10-08
田黄麒麟钮印材	高7.5cm	218,500	中国嘉德	2020-07-17
田黄石鳌龙钮章	2.1×1.4×4.7cm; 重28.8g	57,500	西泠印社	2020-08-09
田黄石雕山水人物章料	7.5×5.5cm	715,000	北京贞观	2020-11-28
田黄石雕山水人物章料	5.9×1.9cm	528,000	北京贞观	2020-11-28
田黄石古兽钮章	2.8×2.2×3.5cm; 重47.7g	1,150,000	西泠印社	2020-08-09
田黄石古兽钮章八方	尺寸不一	57,500	西泠印社	2020-08-09
田黄石瑞兽印章（一对）	3.1×2.4×6cm	652,256	香港贞观	2020-08-30
田黄石山水薄意随形章	3.1×2.8×3.4cm; 重39.5g	55,200	西泠印社	2020-08-09
田黄石山水薄意章三方	尺寸不一	57,500	西泠印社	2020-08-09
田黄石微雕松下老人印章	8×5cm	715,000	北京贞观	2020-11-28

2020杂项拍卖成交汇总

(续表)

拍品名称	物品尺寸	成交价RMB	拍卖公司	拍卖日期
田黄素面章料	7.3×2.4cm	428,000	北京贞观	2020-11-28
铜印	高10cm	11,500	中国嘉德	2020-07-17
童大年 1937年作 为吴仲坰刻寿山石方章	1.1×1.1×3.8cm	13,800	中贸圣佳	2020-10-16
童大年 刻寿山芙蓉石方章	1×1×2.5cm	24,150	中贸圣佳	2020-10-16
童大年、周梅谷刻寿山石章二方	尺寸不一	28,750	西泠印社	2020-08-09
童大年刻 寿山石印章	1.6×1.6×4cm	23,000	中国嘉德	2020-12-01
童衍方 德不孤	2.5×2.5×10.3cm	104,420	北京保利	2020-07-15
童衍方刻闲章	3.6×3.6×8.5cm	230,000	朵云轩	2020-09-24
万列平刻 "十亩梅花作雪飞" 青田石兽钮印章	2.6×2.6×6.4cm	17,250	中国嘉德	2020-08-17
汪黎特刻 "香风吹人花乱飞" 青田石兽钮印章	3.1×3.1×8cm	28,750	中国嘉德	2020-08-17
汪黎特刻 青田石兽钮印章	3×3×7.8cm	28,750	中国嘉德	2020-12-01
汪黎特刻闲章	3.2×3.2×9cm	23,000	朵云轩	2020-09-24
王斌刻闲章	2×2×5.5cm	17,250	朵云轩	2020-09-24
王冰铁 1900年作 刻寿山芙蓉石扁章	2.8×2.1×5cm	63,250	中贸圣佳	2020-10-16
王冰铁 1909年作 刻寿山石方章	1.5×1.5×6.5cm	46,000	中贸圣佳	2020-10-16
王冰铁 刻寿山石松鼠南瓜钮扁章	2×1×5.2cm	11,500	中贸圣佳	2020-10-16
王冰铁 为吴华源刻寿山石方章	0.8×0.85×5.2cm	11,500	中贸圣佳	2020-10-16
王福庵刻 昌化鸡血石印章	2×2×6.5cm	230,000	中国嘉德	2020-12-01
王福庵刻 胡芝桐自用印章	1.3×1.3×6.4cm	34,500	中国嘉德	2020-12-01
王福庵刻 青田石印章	1.7×1.7×5.3cm	43,700	中国嘉德	2020-12-01
王福庵刻 寿山芙蓉石薄意印章	4.3×1.8×5.4cm	57,500	中国嘉德	2020-12-01
王福庵刻 寿山石兽钮印章	2.5×2.5×6cm	40,250	中国嘉德	2020-12-01
王福庵刻 寿山石兽钮印章	2.3×0.9×6.4cm	25,300	中国嘉德	2020-08-17
王福庵刻 徐世章用寿山石印章	2.3×1.7×4.6cm	89,700	中国嘉德	2020-08-17
王福庵刻 张正学用青田石印章	1.5×1.4×4.5cm	36,800	中国嘉德	2020-08-17
王福庵 1912年作 刻寿山石薄意方章	2.6×2.6×8.2cm	46,000	中贸圣佳	2020-10-16
王福庵 1938年作 为吴仲坰刻昌化石方章	1.5×1.5×4.5cm	80,500	中贸圣佳	2020-10-16
王福庵 1942年作 刻青田石方章	1.2×1.2×4.5cm	17,250	中贸圣佳	2020-10-16
王福庵 1945年作 刻寿山石方章	2.2×2.1×4cm	57,500	中贸圣佳	2020-10-16
王福庵 为左念康刻寿山石方章	2×1.9×2.5cm	40,250	中贸圣佳	2020-10-16
王光烈刻 寿山石印章	1.4×1.4×5.7cm	80,500	中国嘉德	2020-08-17
王贵仁 田黄石 双喜临门印章	5.4×2.05×0.88cm; 重量20.5g	13,440	上海联合	2020-11-29
王石经刻 寿山石凤钮印章	2.9×2.9×7.1cm	71,300	中国嘉德	2020-08-17
王孝前 寿山田黄石 观音薄意印章	3.85×2.85×1.6cm; 重量36.9g	95,200	上海联合	2020-11-29
王禔刻昌化石章	2.1×2×6.3cm	46,000	西泠印社	2020-08-09
王禔刻寿山石古兽钮章	2.4×2.4×6.5cm	48,300	西泠印社	2020-08-09
翁大年 1848年作 刻青田石方章	1.5×1.5×5cm	66,700	中贸圣佳	2020-10-16
翁大年刻 陈介祺用广东绿石印章	1.5×1.5×4.6cm	92,000	中国嘉德	2020-12-01
吴昌硕 刻芙蓉石对章	尺寸不一	59,800	中贸圣佳	2020-10-16
吴昌硕 刻寿山石方章	0.9×0.9×3.3cm	57,500	中贸圣佳	2020-10-16
吴昌硕刻 李国松用寿山芙蓉石印章	0.9×0.9×4.7cm	230,000	中国嘉德	2020-08-17
吴昌硕刻 庞芝阁用青田石印章	6.2×1.1×2.2cm	1,265,000	中国嘉德	2020-12-01
吴昌硕刻 寿山芙蓉石兽钮印章	2.1×1×3.7cm	575,000	中国嘉德	2020-12-01
吴昌硕刻 寿山石印章	1.4×1.2×2.6cm	287,500	中国嘉德	2020-12-01
吴昌硕刻寿山芙蓉石章等二方	尺寸不一	115,000	西泠印社	2020-08-09
吴湖帆刻 张鲁盦用寿山牛角冻石印章	1.7×1.7×5.3cm	517,500	中国嘉德	2020-12-01
吴湖帆自用寿山石凤钮章	2.9×2.9×6.7cm	34,500	西泠印社	2020-08-09
吴朴刻寿山石章	1.8×1.8×4cm	10,350	西泠印社	2020-08-09
吴朴堂刻 寿山芙蓉石马钮印章	1.7×1.7×6.4cm	23,000	中国嘉德	2020-12-01
吴朴堂刻 寿山芙蓉石兽钮印章	4.8×2.9×8cm	92,000	中国嘉德	2020-08-17
吴朴堂刻 寿山石兽钮印章	2.4×2.4×5.2cm	78,200	中国嘉德	2020-12-01
吴让之 刻青田石自用印	1.3×1.3×3cm	345,000	中贸圣佳	2020-10-16
吴让之刻 岑仲陶用墨晶石印章	2.7×2.7×6.8cm	1,322,500	中国嘉德	2020-08-17
吴让之刻 黄锡禧用寿山芙蓉石兽钮对章	2.4×2.4×6.5cm×2	3,335,000	中国嘉德	2020-12-01
吴石仙刻 寿山石印章	2.3×2.2×6.6cm	23,000	中国嘉德	2020-08-17
吴隐1898年作为潘其钧刻寿山石方章	2.1×2.1×5.5cm	138,000	中贸圣佳	2020-10-16

拍品名称	物品尺寸	成交价RMB	拍卖公司	拍卖日期
吴隐 1916年作 刻寿山石方章	2.1×2×3.6cm	11,500	中贸圣佳	2020-10-16
吴隐 刻青田石方章	2.6×2.6×6cm	28,750	中贸圣佳	2020-10-16
吴隐 为潘其钧刻寿山石方章	2.1×2×6cm	178,250	中贸圣佳	2020-10-16
吴子建 刻 "榕城将军章" 三十五方		1,725,000	中贸圣佳	2020-10-16
吴子建刻 "心安理得乐在其中" 寿山石兽钮印章	3×3×8.7cm	112,700	中国嘉德	2020-08-17
吴子建刻 寿山石、青田石印章(一组两件)	3.5×1.9×2cm; 1.4×0.8×2.7cm	71,300	中国嘉德	2020-08-17
新中国 "毛泽东、斯大林、金日成" 肖像 "友好人民领袖" 金像章一枚		11,500	上海泓盛	2020-07-18
徐来 青田灯光冻 麒麟钮章	2.5×2.5×10cm; 重量136.6g	51,520	上海联合	2020-11-29
徐来 青田竹叶青 祥龙戏珠印章	2.6×2.6×7.5cm; 重量132g	35,840	上海联合	2020-11-29
徐庆华刻闲章	3.7×3.7×10cm	184,000	朵云轩	2020-09-24
徐三庚 1865年作 为费以耕刻青田石方章	1×1×2.9cm	126,500	中贸圣佳	2020-10-16
徐三庚 为居德音刻芙蓉石方章	0.9×0.8×3cm	34,500	中贸圣佳	2020-10-16
徐三庚 为居德音刻青田石对章	0.8×0.8×3.5cm	69,000	中贸圣佳	2020-10-16
徐三庚 为潘露刻寿山田黄石方印	0.6×0.6×2.6cm	34,500	中贸圣佳	2020-10-16
徐三庚款 竹根印	4.5×3.6×8.3cm	25,300	中国嘉德	2020-12-01
徐午峰刻寿山石章	3×2×4cm	23,000	西泠印社	2020-08-09
徐新周刻 昌化石印章	2.1×2.1×5.3cm	71,300	中国嘉德	2020-08-17
徐新周刻 青田石印章	3.1×3.1×6.6cm	17,250	中国嘉德	2020-08-17
徐新周刻 寿山石印章	3.1×2×4.1cm	43,700	中国嘉德	2020-08-17
徐新周刻 寿山石印章	2.2×2.2×7.7cm	23,000	中国嘉德	2020-08-17
徐新周刻青田石闲章	1.7×1.7×5.3cm	92,000	西泠印社	2020-08-09
徐新周 1909年作 刻寿山石方章	1.9×1.8×5.6cm	36,800	中贸圣佳	2020-10-16
徐新周 1909年作 刻寿山石方章	1.6×1.6×4.5cm	17,250	中贸圣佳	2020-10-16
徐新周 1920年作 为葛书征刻寿山石扁章	4.1×1.7×4.3cm	80,500	中贸圣佳	2020-10-16
徐云叔刻 朱昌言用昌化鸡血石印章	1.7×1.6×3.9cm	25,300	中国嘉德	2020-08-17
雅安绿 渡情方章	4.7×4×3.1cm; 重量115.9g	13,440	上海联合	2020-11-29
雅安绿石龙钮方章	2.6×2.6×4cm	25,300	中国嘉德	2020-08-17
杨龙石刻 寿山芙蓉石印章	3.5×2×6.7cm	17,250	中国嘉德	2020-12-01
杨仑西 石印章 — 红是相思绿是愁	高5cm	15,436	香港普艺	2020-10-10
杨玉璇 寿山田黄石螭虎钮方章	3.1×2.8×5.7cm	2,277,000	中贸圣佳	2020-10-16
杨玉璇制 寿山田黄石兽钮印章	2.4×2.4×4.7cm; 40.7g	402,500	中国嘉德	2020-12-01
姚坤刻 寿山石印章	2.9×2.9×6cm	20,700	中国嘉德	2020-12-01
叶潞渊刻照读楼印章(一枚)	1.4×1.4×4cm	21,850	上海驰翰	2020-05-10
易大庵刻 徐世昌用青田石印章	3.5×3.5×5.9cm	149,500	中国嘉德	2020-08-17
于右任 吴敬恒 云林书画社藏吴敬恒、于右任自用印(一组五方)	尺寸不一	34,500	中国嘉德	2020-08-15
余甸款白芙蓉薄意山水纹印	高8.8cm	13,800	中国嘉德	2020-07-17
余正 2012年作 良宵	2×2×11.5cm	41,995	北京保利	2020-07-15
虞受言刻 寿山石兽钮印章	1.4×1.4×6.7cm	11,500	中国嘉德	2020-12-01
袁慧敏刻 "戒定慧" 寿山芙蓉石兽钮印章	3.2×3.1×7cm	32,200	中国嘉德	2020-08-17
袁慧敏刻闲章	2.2×2.2×6.8cm	36,800	朵云轩	2020-09-24
张大千 为姚云江刻寿山高山石博古凤钮章	2.3×2.3×7.3cm	46,000	中贸圣佳	2020-10-16
张大千刻 王济远用寿山石印(三方)	5×4.5cm; 4.2×5cm; 3.5×5cm	1,127,000	华艺国际	2020-10-16
张寒月刻 昌化鸡血石对章	尺寸不一	23,000	中国嘉德	2020-12-01
张鲁盦刻 青田石自用印	2.3×2.3×5.1cm	66,700	中国嘉德	2020-08-17
张铭刻闲章	2.9×2.9×2.9cm	28,750	朵云轩	2020-09-24
张祥凝 石双面印章 — 三十六石斋、朝饮木兰之坠露	高3cm	69,713	香港普艺	2020-10-10
张祥凝 石印章 — 佛像(肖形)	宽6cm	45,811	香港普艺	2020-10-10

(续表)

拍品名称	物品尺寸	成交价RMB	拍卖公司	拍卖日期
张祥凝 石印章 — 木兰花馆	高3cm	25,893	香港普艺	2020-10-10
张祥凝 石印章 — 韶石私钵	高5cm	14,939	香港普艺	2020-10-10
张祥凝、冯康侯 石双面印章 — 小人有母、韶石之印	高5cm	26,889	香港普艺	2020-10-10
张樾丞刻子母兽钮寿山芙蓉石邓镕自用印	3.2×1.7×3.9cm	34,500	西泠印社	2020-08-09
张樾丞刻 青田石印章	2.4×2.4×3.7cm	36,800	中国嘉德	2020-08-17
赵次闲 1827年作 为吴桐书刻青田石方章	2.7×2.6×3.2cm	460,000	中贸圣佳	2020-10-16
赵古泥刻 木质印章	1.3×1.3×6cm	34,500	中国嘉德	2020-12-01
赵古泥刻 青田石两面印	2.2×2.2×3.7cm	32,200	中国嘉德	2020-12-01
赵古泥刻 青田石印章	2.1×2.1×6.7cm	161,000	中国嘉德	2020-12-01
赵古泥刻 青田石印章	1.9×1.8×3.7cm	126,500	中国嘉德	2020-12-01
赵古泥刻 青田石印章	1.4×1.3×3.2cm	103,500	中国嘉德	2020-12-01
赵古泥刻 青田石印章	2.7×2.5×2.8cm	97,750	中国嘉德	2020-12-01
赵古泥刻 青田石印章	2.7×2.7×8.1cm	78,200	中国嘉德	2020-12-01
赵古泥刻 青田石印章	3×1.3×5cm	74,750	中国嘉德	2020-12-01
赵古泥刻 青田石印章	1.5×1.5×3cm	36,800	中国嘉德	2020-12-01
赵古泥刻 青田石印章	2.1×2.1×2.4cm	34,500	中国嘉德	2020-12-01
赵古泥刻 青田石印章	1.5×1.5×3.2cm	23,000	中国嘉德	2020-12-01
赵古泥刻 青田石印章	1.4×1.4×5cm	17,250	中国嘉德	2020-12-01
赵古泥刻 青田石印章	3.6×1.5×3cm	11,500	中国嘉德	2020-08-17
赵古泥刻 青田石印章（一组三件）	尺寸不一	46,000	中国嘉德	2020-12-01
赵古泥刻 寿山石印章	1.8×1.8×3.7cm	97,750	中国嘉德	2020-12-01
赵古泥刻 寿山石印章	1.6×1.6×3.6cm	25,300	中国嘉德	2020-12-01
赵鹤琴刻 寿山石兽钮印章	1.9×1.9×7.5cm	20,700	中国嘉德	2020-12-01
赵石 1918年作 刻寿山石方章	1.2×1.1×2.6cm	36,800	中贸圣佳	2020-10-16
赵石 刻芙蓉石方章	1.1×1.1×2.7cm	48,300	中贸圣佳	2020-10-16
赵石 为张葆培刻寿山石方章	1.2×1.2×2.5cm	25,300	中贸圣佳	2020-10-16
赵叔孺 1924年作 刻寿山石狮钮章	4×4×8.5cm	43,700	中贸圣佳	2020-10-16
赵叔孺刻 林森用寿山石薄意印章	2×1.9×6.9cm	92,000	中国嘉德	2020-12-01
赵叔孺刻 寿山白芙蓉石兽钮印章	3.1×3.1×7.2cm	126,500	中国嘉德	2020-12-01
赵叔孺刻 寿山芙蓉石兽钮印章	4.2×2×5.3cm	80,500	中国嘉德	2020-12-01
赵叔孺刻 寿山黄芙蓉石兽钮印章	2.1×2.1×4.1cm	78,200	中国嘉德	2020-08-17
赵叔孺刻 寿山石印章	2.2×2×4.2cm	23,000	中国嘉德	2020-12-01
赵之琛刻 青田石两面印	3.2×3.2×6.9cm	1,840,000	中国嘉德	2020-12-01
赵之琛刻 青田石印章	2.5×2.5×6.6cm	149,500	中国嘉德	2020-12-01
赵之琛刻 寿山石印章	2×0.9×3cm	103,500	中国嘉德	2020-08-17
赵之琛刻 寿山石印章	2.8×2.8×5.7cm	46,000	中国嘉德	2020-12-01
赵之谦 刻青田石方章	1.5×1.5×3.3cm	575,000	中贸圣佳	2020-10-16
赵之谦刻 傅以礼用青田石印章	1.5×1.5×4.7cm	1,092,500	中国嘉德	2020-08-17
赵之谦刻 傅以礼用寿山芙蓉石对章	1.3×1.3×3.4cm×2	828,000	中国嘉德	2020-08-17
赵之谦刻 傅以礼用寿山石印章	2.3×2.3×4.3cm	1,437,500	中国嘉德	2020-08-17
赵之谦刻 傅以绥用寿山芙蓉石对章	1.1×1.1×2.8cm×2	575,000	中国嘉德	2020-08-17
赵之谦刻 青田石自用印	4.8×4.8×5.3cm	6,900,000	中国嘉德	2020-08-17
赵之谦刻 寿山芙蓉石自用印章	1.9×1.9×2.5cm	1,380,000	中国嘉德	2020-12-01
中国通商银行金章一枚		166,750	中贸圣佳	2020-10-16
钟以敬刻 昌化鸡血石印章	2.5×2.5×6.2cm	28,750	中国嘉德	2020-12-01
钟以敬刻 昌化石印章	1.6×1.6×3.6cm	13,800	中国嘉德	2020-12-01
钟以敬刻青田石闲章	2×2×5.5cm	63,250	西泠印社	2020-08-09
周尚均制 寿山芙蓉石博古钮方章	1.6×1.6×5.8cm	230,000	中国嘉德	2020-08-17
周希丁刻 青田石印章	3.2×3.1×6.4cm	34,500	中国嘉德	2020-08-17
朱复戡刻 寿山石鱼钮印章	2.6×2.6×5.5cm	23,000	中国嘉德	2020-08-17
朱其石刻 寿山石印章（一组两件）	尺寸不一	11,500	中国嘉德	2020-12-01
朱其石寿山石印（一组两件）	尺寸不一	13,800	广东崇正	2020-09-13
朱士奇刻寿山石古兽钮闲章	2.7×2.7×5.9cm	11,500	西泠印社	2020-08-09
竹叶青套章（三十方）	尺寸不一	20,700	朵云轩	2020-09-24
邹涛 刻寿山芙蓉石兽钮章	2.2×2.2×7.6cm	43,700	中贸圣佳	2020-10-16
邹涛刻 "福禄宜之"寿山石兽钮印章	2.1×2.1×8.6cm	25,300	中国嘉德	2020-08-17
明万历 程君房制"百子图"墨	直径12.8；厚1.8cm；重239.2g	34,500	西泠印社	2020-08-09
明万历 墨宝墨	直径6cm；厚1cm；重30.5g	40,250	西泠印社	2020-08-09

拍品名称	物品尺寸	成交价RMB	拍卖公司	拍卖日期
明 百子万寿图墨	直径14.5cm	69,000	北京保利	2020-10-20
明 方景耀、程伯祥合作仿古螭龙墨	直径4.8cm	63,250	北京保利	2020-10-20
明 方林宗制鸠砚形墨	10×4.2cm	80,500	西泠印社	2020-08-09
明 方于鲁狮纹墨	宽6.7cm	46,000	北京保利	2020-10-20
明 方于鲁天门山墨	直径7.5cm	46,000	北京保利	2020-10-20
明 王俊卿制翰墨林墨（四锭）	尺寸不一；重量不一	57,500	西泠印社	2020-08-09
明 吴幸藏交龙璧圆形墨	直径7.3；高1.6cm；重约87g	23,000	西泠印社	2020-08-09
明 鱼跃龙门墨	直径8.8cm	34,500	北京保利	2020-12-05
明 张充和藏方于鲁制龙九子墨	9.9×3.4×1cm；重35.7g	34,500	西泠印社	2020-08-09
明至清 绮吟堂韵藻楼墨及程君房制山水人物纹墨一组三笏	尺寸不一	36,800	西泠印社	2020-08-09
明末 朱一汲墨	7.7×6.1×1.1cm；重44g	69,000	西泠印社	2020-08-09
清康熙 胡星聚制天禄青藜墨	高1.5cm；长10cm；宽5.7cm	172,500	西泠印社	2020-08-09
清康熙 青麟髓墨（四锭）	7.4×1.8×1cm×4；每锭重16.7g	287,500	西泠印社	2020-08-09
清康熙 西湖八景御墨（一套）	长5.8cm	218,500	北京保利	2020-10-20
清康熙 余清轩家藏墨	9.1×1.3×1.4cm×2；每锭重27.3g	138,000	西泠印社	2020-08-09
王丽文 制 清康熙 琴式墨（一对）	长8.9cm	230,000	中贸圣佳	2020-10-16
清乾隆 八宝云龙纹朱砂墨	长7.1cm	34,500	中国嘉德	2020-07-17
清乾隆 曹素功制漆金朱夫子四季读书乐图墨一组四笏	长8.3cm；宽2cm；四锭墨总重90.8g	40,250	西泠印社	2020-08-09
清乾隆 光分太乙御墨（一锭）	高13.2cm	184,000	北京翰海	2020-12-12
清乾隆 归昌叶瑞御制墨（一锭）	高11cm	115,000	北京翰海	2020-12-12
清乾隆 兰亭高会御墨	15.3×8cm	230,000	中贸圣佳	2020-10-16
清乾隆 汪近圣制黄山图贡墨（两盒三十六锭）	长7cm×36	460,000	北京保利	2020-10-20
清乾隆 汪近圣制咏墨诗墨	12.1×8×1.5cm；178.4g	69,000	西泠印社	2020-08-09
清乾隆 与茶奚必较新陈御墨	10.4×6.1×1.6cm；114.8g	11,500	西泠印社	2020-08-09
清乾隆 御制凤凰墨	8.3×4.3×1.4cm	92,000	中国嘉德	2020-08-18
清乾隆 御制四库文阁诗墨一套五方	尺寸不一	2,300,000	中国嘉德	2020-08-18
清乾隆 御制西湖十景墨（一套）	高9cm	613,128	中国嘉德	2020-10-10
清乾隆 御制咏花卉诗套墨十二方连黑漆嵌螺钿龙纹盒	31.1×41.7cm	724,200	佳士得	2020-11-30
清乾隆 御制云龙墨	8.8×8.8×1.3cm	345,000	中国嘉德	2020-08-18
清乾隆 御制朱砂描金花觚墨	高32cm	28,750	中鸿信	2020-01-03
清乾隆 朱砂墨	8×1.9×1.1cm；重84.9g	25,300	西泠印社	2020-08-09
清 乾隆45年（1780）御制墨刻填金娑罗树图	218×101cm	2,982,000	佳士得	2020-11-30
清嘉庆 御题恽寿平仿倪瓒八方图诗墨一套八方	10.8×5.1×1.8cm	345,000	中国嘉德	2020-08-18
清嘉庆 御园图墨（六锭）	高4.5–9cm	20,700	北京翰海	2020-12-12
清中 建元戏墨	直径3.7cm；厚0.8cm；重11.4g	13,800	西泠印社	2020-08-09
清同治 查二妙堂制五色天书词烂漫墨（三十二锭）	7.8×1.9×0.7cm×32；每锭重15g	86,250	西泠印社	2020-08-09
清同治 查二妙堂制知白、坚多节斋持赠、古隃麋墨（三十二锭）	8.1×1.9×0.7cm×32；每锭重15.5g	80,500	西泠印社	2020-08-09
清同治 胡开文制彩套墨（八锭）	尺寸不一；重量不一	28,750	西泠印社	2020-08-09
清同治 寿山中丞着书之墨	高9.8cm	43,700	北京翰海	2020-12-12
清光绪 龚氏墨（一对）	长11.7cm；重63g	57,500	华艺国际	2020-10-16
清光绪 古隃麋墨（四锭）	高10.7cm	48,300	北京翰海	2020-12-12
清光绪 漱泉主人制墨（二锭）	7.6×3.6×0.7cm×2；每锭重22.6g	17,250	西泠印社	2020-08-09
清光绪 游智开著述墨（八锭）	7.1×1.9×0.7cm×8；每锭重15g	23,000	西泠印社	2020-08-09
清光绪十四年（1888）作 胡子卿款古隃麋墨（一套五方）	长7.8cm	34,500	中国嘉德	2020-11-11
清晚期 瀛洲图墨（一套九方）	长6cm	10,350	中国嘉德	2020-07-17
清 旧墨（四锭）		17,250	北京翰海	2020-09-12

(续表)

拍品名称	物品尺寸	成交价RMB	拍卖公司	拍卖日期
清 笔花轩墨(四锭)	高8cm	20,700	北京翰海	2020-09-12
清 曹素功小墨(两锭)	高8cm	17,250	北京翰海	2020-09-12
清 曹尧千造“金不换”墨(附原锦盒)(一组四方)	长6.8cm	36,800	北京保利	2020-10-20
清 方维甸御制耕织图、半潭秋水、小西湖钓徒墨等墨(七锭)	尺寸不一;重量不一	32,200	西泠印社	2020-08-09
清 飞布山樵、乌衣玉玦、万杵元霜等墨(六锭)	尺寸不一;重量不一	23,000	西泠印社	2020-08-09
清 丰泽园、玩日惕时斯枉珍墨(二锭)	尺寸不一;重量不一	25,300	西泠印社	2020-08-09
清 凤凰云墨(五锭)	高8cm	34,500	北京翰海	2020-09-12
清 凤九雏、宝苑堂、五百斤油、黄山松烟墨等墨(七锭)	尺寸不一;重量不一	25,300	西泠印社	2020-08-09
清 富贵图墨(四锭)	高7.5cm	23,000	北京翰海	2020-09-12
清 耕织图墨(四锭)	高10cm	25,300	北京翰海	2020-09-12
清 古墨(一组十二笏)	尺寸不一	10,350	广东崇正	2020-09-13
清 古隃糜墨(三锭)		11,500	北京翰海	2020-09-12
清 古隃麋、藏久方知、两罍轩书画等墨(五锭)	尺寸不一;重量不一	20,700	西泠印社	2020-08-09
清国宝、紫玉光、宝翰凝香等墨(八锭)	尺寸不一;重量不一	23,000	西泠印社	2020-08-09
清 翰墨缘墨(八锭)		287,500	北京翰海	2020-09-12
清 胡开文等制旧墨(十六锭)	尺寸不一;重量不一	57,500	西泠印社	2020-08-09
清胡开文造仿古藏烟墨(一组八方)	尺寸不一	23,000	北京保利	2020-10-20
清 胡秀文制五老图墨(一套)	尺寸不一	17,250	中贸圣佳	2020-12-08
清 胡学文色墨(十锭)		126,500	北京翰海	2020-09-12
清 胡子卿制麟凤呈祥墨(四锭)	7.8×1.9×0.7cm×4;每锭重13g	17,250	西泠印社	2020-08-09
清 花客、黟川点漆、金殿余香等墨(七锭)	尺寸不一	28,750	西泠印社	2020-08-09
清 怀旧堂张廷銮墨两方、益亭珍藏墨、曹素功制 梅花墨(一组六方)	尺寸不一	54,050	北京保利	2020-10-20
清 浑璞斋造“五百斤油”墨(一组八方)	长8cm	34,500	北京保利	2020-10-20
清旧墨	直径8cm	43,700	北京翰海	2020-09-12
清旧墨(两锭)		40,250	北京翰海	2020-09-12
清旧墨(四锭)		51,750	北京翰海	2020-09-12
清旧墨(四锭)		28,750	北京翰海	2020-09-12
清旧墨(五锭)		25,300	北京翰海	2020-09-12
清 开文墨(四锭)	高10cm	28,750	北京翰海	2020-09-12
清 奎照斋墨(十锭)		20,700	北京翰海	2020-09-12
清 蓝墨 黄墨(两件)	高7.5cm	11,500	北京翰海	2020-09-12
清 老墨(一组四件)	最大11.4×3.3×1.1cm	16,800	上海联合	2020-11-29
清 龙墨(四锭)	高8.5cm	97,750	北京翰海	2020-09-12
清 罗汉手卷墨(八锭)	尺寸不一;重量不一	43,700	西泠印社	2020-08-09
清 棉花图墨(八锭)	高12cm	36,800	北京翰海	2020-09-12
清 描金御墨(一组三件)	尺寸不一	23,000	中鸿信	2020-01-03
清 气叶金兰、百寿、莲舟磨盾剩墨(十锭)	尺寸不一	23,000	西泠印社	2020-08-09
清 千秋光墨(五锭)		13,800	北京翰海	2020-09-12
清 乾隆贡砂	长8.5cm	23,000	北京翰海	2020-09-12
清 青麟髓墨(八锭)	高7.8cm	40,250	北京翰海	2020-12-12
清 什锦墨(十六锭)	高5.5cm	17,250	北京翰海	2020-09-12
清 十年如石墨(四锭)	高10.5cm	36,800	北京翰海	2020-12-12
清 书画墨(一套)	9.5×2.5×0.9cm×8	32,200	十竹斋拍卖(北京)	2020-10-18
清 书画墨(一组四锭)	1.1×1.1×11.9cm×4	20,700	十竹斋拍卖(北京)	2020-10-18
清 漱金墨(八锭)	高7cm	23,000	北京翰海	2020-09-12
清 松脂、千秋光墨(二锭)	尺寸不一	11,500	西泠印社	2020-08-09
清 唐学士图墨(一组九方)	长5.9cm	26,450	北京保利	2020-10-20
清 天琛、黄山松烟、丹青有主等墨(九锭)	尺寸不一;重量不一	40,250	西泠印社	2020-08-09
清 天章星聚墨(两锭)		69,000	北京翰海	2020-09-12
清 铁如意墨	高12.8cm	28,750	北京翰海	2020-09-12
清 铁如意墨	长13cm	13,800	北京翰海	2020-09-12
清 万年红、洪福齐天朱砂墨(三锭)	尺寸不一	66,700	西泠印社	2020-08-09
清 万年青墨(两锭)		23,000	北京翰海	2020-09-12
清 汪近圣、查二妙款千秋光漱金墨各一方	长7.3cm;长7cm	23,000	中国嘉德	2020-11-11
清 文华斋墨(十锭)		10,350	北京翰海	2020-09-12
清 文苑精华墨(一组十笏)	尺寸不一	16,100	广东崇正	2020-09-13
清 五百斤油墨(四锭)		25,300	北京翰海	2020-09-12
清 五老图墨附原配大漆描金盒	尺寸不一	17,250	中鸿信	2020-01-03
清 细密文章、磨穿铁砚、葆静斋书画等墨(七锭)	尺寸不一;重量不一	20,700	西泠印社	2020-08-09
清 仪府真赏彩墨(五锭)	7.9×1.2×1.1cm×5;每锭重18g	20,700	西泠印社	2020-08-09
清 瀛洲图墨(十八锭)		69,000	北京翰海	2020-09-12
清 瀛洲图墨(十八锭)		40,250	北京翰海	2020-09-12
清 瀛洲图墨(九锭)	高6cm	20,700	北京翰海	2020-12-12
清 友梅、陶晋斋、文苑珍赏、文房瑞霭等墨(七锭)	尺寸不一;重量不一	23,000	西泠印社	2020-08-09
清 御园图墨二函三十六笏	尺寸不一	33,350	中鸿信	2020-01-03
清 御制罗汉贡墨(一盒十六件)	尺寸不一	23,000	广东崇正	2020-09-13
清 澐州图墨(九锭)	高6cm	20,700	北京翰海	2020-12-12
清 詹大有制漱金家藏墨(五锭)	7.2×1.7×0.8cm×5;每锭重14.5g	36,800	西泠印社	2020-08-09
清 朱砂龙纹墨(一对)	长8cm	17,250	北京保利	2020-12-05
清 朱砂墨	高10.5cm	28,750	北京翰海	2020-09-12
清 朱砂墨	高6cm	17,250	北京翰海	2020-09-12
清 朱砂墨(一套)	尺寸不一	13,800	中鸿信	2020-01-03
清 翥山彭氏珍藏、宝翰凝香等墨(五锭)	13.1×5.4×1.6cm;重133.8g	11,500	西泠印社	2020-08-09
清 紫袍玉带砚砖	20×13.5×4.2cm	17,250	十竹斋拍卖(北京)	2020-10-18
清 紫玉光、点漆、国宝墨(八锭)	尺寸不一	172,500	西泠印社	2020-08-09
清 紫玉光墨	高9cm	36,800	北京翰海	2020-09-12
清同光 查二妙堂制知其白墨(三十二锭)	7.8×1.9×0.7cm×32;每锭重15g	51,750	西泠印社	2020-08-09
清末民国 青蘘书屋、气叶金兰、紫玉光等墨(六锭)	尺寸不一;重量不一	20,700	西泠印社	2020-08-09
民国 旧墨	长9cm	13,800	北京翰海	2020-09-12
沈士远 民国 沈士远旧藏梁启超自用墨	12×0.7×0.7cm	103,500	泰和嘉成	2020-1[illegible]-17
禅墨铭大悲咒云纹圆形端砚	26.5×1.4cm	57,500	西泠印社	2020-08-09
旧墨(七十二锭)	尺寸不一;重量不一	34,500	西泠印社	2020-08-09
旧墨(三十锭)	尺寸不一;重量不一	17,250	西泠印社	2020-08-09
墨西哥鹰洋一枚		23,000	上海泓盛	2020-07-18
齐“节墨法化”一枚		26,450	北京保利	2020-10-18
齐“节墨之法化”背“日”一枚		126,500	北京保利	2020-10-18
清 墨西哥在华流通加盖墨戳鹰洋一组八十枚		86,250	北京保利	2020-12-04
清汪节庵制金不换、金柱墨(水法制)	6.9×1cm	57,500	北京保利	2020-10-18
清汪近圣制好竹连山馆藏墨	7.9×2×0.8cm	78,200	北京保利	2020-10-18
四字刀“节墨法化”背“Ψ”	长1.6cm	20,700	中贸圣佳	2020-10-16
五字刀“节墨之法化”背“吉”	长18.1cm	86,250	中贸圣佳	2020-10-16
战国·齐 “节墨之大刀”背“大昌”五字刀	18cm	69,000	中国嘉德	2020-12-06
战国·齐 “节墨之大刀”五字刀	18.7cm	66,700	中国嘉德	2020-12-06
长尾甲 题 程君房墨	6×6.5cm	13,800	中国嘉德	2020-11-09
清乾隆 红地描云龙纹绢	62×62cm	20,700	西泠印社	2020-08-09
清乾隆 怡王府角花笺纸(一组四张)	27×24cm×2;22×17cm×2	37,950	广东崇正	2020-09-13
清乾隆 御用仿金粟山藏经纸(三张)	51.5×29cm	34,080	佳士得	2020-11-30
清 宫绢五张一卷	540×270cm	161,000	中贸圣佳	2020-10-17
清 黄蜡纸(四张)	128×64×4	17,250	西泠印社	2020-08-09
清 桃色蜡笺洒金纸(四张)	尺寸不一	20,700	西泠印社	2020-08-09
清 瓦当纹七言蜡笺对联纸	167×86cm	17,250	西泠印社	2020-08-09

(续表)

拍品名称	物品尺寸	成交价RMB	拍卖公司	拍卖日期
1878年薄纸大龙叁分银新票横五连		37,950	北京保利	2020-10-24
1878年薄纸大龙伍分银旧票六方连带左纸边		28,750	北京保利	2020-10-23
1878年薄纸大龙新票全套3枚		19,550	北京保利	2020-10-24
1878年薄纸大龙新票全套3枚		16,100	北京保利	2020-10-23
1894年报纸封包一组3件，分贴慈寿2分银邮票一枚		36,800	保利厦门	2020-09-26
1950年普3天安门800元新票横双连带底边纸		149,500	北京保利	2020-10-24
1981年 红星特净皮 四尺单宣 1刀、1982年 红星特净皮 四尺单宣 3刀		23,000	上海嘉禾	2020-01-05
90年代 红星特净 六尺单宣 2刀、1986年 红星棉料 六尺单宣 1刀		24,150	上海嘉禾	2020-01-05
旧绢四卷		13,800	上海驰翰	2020-09-24
旧宣纸一批		14,950	上海驰翰	2020-09-24
三层棉料、红星等宣纸二刀		10,120	上海驰翰	2020-05-10
宋 太史端砚	24×14.3×9.5cm	172,500	西泠印社	2020-08-09
元 白端抄手砚	长15.7cm；宽8cm；厚8cm	57,500	上海匡时	2020-08-05
元 歙石荷叶形蛙池如意云足砚	26×23×5.5cm	25,300	广东崇正	2020-09-13
明 “五石山房宝用”端石井田砚	16.3×10.6×2.6cm	32,200	中国嘉德	2020-12-04
明 宝珣旧藏徐世章递藏张廷济吴大澂铭宫瓦砚	37.8×28.5×6.5cm	322,000	西泠印社	2020-08-09
明 陈继儒款黄松花砚	长14.2cm；宽10.4cm；高1.7cm	149,500	中贸圣佳	2020-10-16
明 大业有成瓷砚	23.5×13.5×4cm	172,500	上海匡时	2020-08-05
明 端石雕“苍龙教子”长方形砚	长20.8cm	40,250	北京保利	2020-10-19
明 端石兰亭砚	24×17.5×7cm	24,150	广东崇正	2020-09-13
明 端石王鏊、万经款铭文砚	21.5×14×3cm	20,700	广东崇正	2020-09-13
明 端石尤求款铭文双面砚	17.5×11.5×3.5cm	11,500	广东崇正	2020-09-13
明 官封尼山精气砚、全角拓片	长21.3cm	92,000	北京保利	2020-10-20
明 嶂砚斋铭绿琉璃瓦当砚	高5.5cm；长34cm；宽20cm	51,750	西泠印社	2020-08-09
明 黄汝亨铭长方淌池澄泥砚 犬养毅行书贾岛述剑诗	砚台14.7×9.4×2.4cm	161,000	西泠印社	2020-08-09
明 来禽馆铭海水宝瓶纹端砚	高4cm；长17.7cm；宽16.5cm	69,000	西泠印社	2020-08-09
明 鹿野铭端砚	15.5×14×3.5cm	36,800	朵云轩	2020-09-24
明 鸲鹆高眼风字端砚（附黄花梨原盒）	长13.3cm	115,000	北京保利	2020-10-20
明 双龙纹长方端砚	19.9×12.8×5.7cm	11,500	西泠印社	2020-08-09
明 天目釉四足瓷砚	长8.7cm	57,500	北京保利	2020-10-20
明 王世贞款云纹砚	长16.3cm；宽12cm	103,500	中贸圣佳	2020-10-16
明 一字如意池苏州澄泥平板砚	长19.2cm；宽11.6cm；厚2.6cm	92,000	上海匡时	2020-08-05
明玉兔形眉纹歙砚	9.3×5.9×3.5cm	48,300	西泠印社	2020-08-09
晚明 李梦阳、徐渭、王世贞铭端砚	长22.4cm	429,400	佳士得	2020-07-09
明末清初 紫端石雕海怪长方砚	17.5×12×3.6cm	92,000	古天一	2020-10-16
清初 端石随形雕桃枝纹砚	长22cm	149,500	中贸圣佳	2020-10-17
清早期 卢葵生款漆砂嵌百宝官上加官砚	16.5×13.5cm	67,850	十竹斋拍卖（北京）	2020-10-18
清早期 朱竹垞铭钟形砚	砚长14×10.2×2cm	368,000	北京保利	2020-12-05
清早期/中期 顾二娘款铭文端石凝脂夔龙纹砚	21×16×4.5cm	1,495,000	广东崇正	2020-09-13
清康熙 顾二娘制端石簸箕砚连随形簸箕砚盒	长11cm；长12.1cm	1,171,500	佳士得	2020-11-30
清康熙 康熙御铭云龙纹松花砚	尺寸不一	195,500	西泠印社	2020-08-09
清康熙 松花石双龙纹砚（带紫檀盒）	12.6×8.5×1.8cm	57,500	广东崇正	2020-09-13
清康熙 松花砚等文房器（一套）	尺寸不一	184,000	西泠印社	2020-08-09
清康熙 御铭佛手纹松花砚	高1.9cm；长12.8cm；宽8.4cm	51,750	西泠印社	2020-08-09
清康熙 御铭太平九如松花石砚	12.8×8.2×1.5cm	184,000	西泠印社	2020-08-09
清雍正 雍正年制款松花石巧雕灵芝福寿纹葫芦砚	砚台12.5×8.7×0.9cm	437,000	西泠印社	2020-08-09
清雍正 紫泥泥绘策杖行旅圆形砚	直径23cm	4,239,300	伦敦佳士得	2020-11-03
18世纪 水牛式歙砚 连 随形漆金盖盒	砚长13.5cm	57,493	香港苏富比	2020-05-22
清乾隆 澄泥仿宋德寿殿犀纹宝瓶砚	13.6×7.6×1.9cm	126,500	广东崇正	2020-09-13
清乾隆 仿古御题诗文虎符砚	长15cm	92,000	中鸿信	2020-01-03
清乾隆 仿唐八棱御题器诗澄泥砚	长9.8cm	148,910	巴黎佳士得	2020-06-23
清乾隆 浮雕双螭如意纹端砚	15.3×11.2×3.9cm	20,700	北京诚轩	2020-08-17
清乾隆 罗振玉题 御铭海天初月歙砚	14.3×9.3×2.9cm	172,500	西泠印社	2020-08-09
清乾隆 眠牛歙砚	16.5×10.5×2.2cm	57,500	古天一	2020-10-16
清乾隆 乾隆御铭绿端石宝瓶砚	砚13.5×7.5×2.5cm	218,500	西泠印社	2020-08-09
清乾隆 乾隆御铭蠡斯叶形澄泥砚	长18.5cm	92,000	中鸿信	2020-01-03
清乾隆 乾隆御制款仿青铜石渠砚	砚15.4×10×6.7cm	690,000	西泠印社	2020-08-09
清乾隆 松花石双环砚	长13.3cm	155,250	北京保利	2020-10-20
清乾隆 孙星衍铭紫砂汉瓦砚（带朱漆盒）	直径18.3cm；高2.5cm	20,700	广东崇正	2020-09-13
清乾隆 歙石御题仿唐观象砚	宽14.3cm	74,750	北京保利	2020-10-20
清乾隆 硬木嵌玉龙纹盒，乾隆御题歙石仿宋德寿殿犀纹砚	长14cm	86,250	北京保利	2020-12-05
清乾隆 御铭澄泥仿宋天成风字砚	长12cm	310,500	北京保利	2020-10-20
清乾隆 御铭仿古青铜器石渠端砚	14×14×5.3cm	575,000	西泠印社	2020-08-09
清乾隆 御铭仿汉石渠阁瓦砚	15.1×8×2.2cm	80,500	西泠印社	2020-08-09
清乾隆 御铭仿汉石渠阁瓦砚	15.2×8.2×1.8cm	50,400	上海联合	2020-11-29
清乾隆 御题诗巨型井渠砚	长40cm	69,000	中鸿信	2020-01-03
清乾隆 御制莲塘双鸭图御题诗松花石砚	宽14.5cm	1,380,000	永乐拍卖	2020-12-02
清乾隆 御制西番莲纹松花石砚	长16cm	1,092,500	中鸿信	2020-01-03
清乾隆 紫砂澄泥仿宋玉兔朝元砚	直径10.5cm	447,300	佳士得	2020-11-30
清乾隆 紫檀嵌银丝夔龙纹诗文端砚	高1.8cm；长20.4cm；宽13.7cm	74,750	西泠印社	2020-08-09
清嘉庆 绿端石仿雕漆刻菊纹方盖盒	7.5×6.5×4.3cm	69,000	广东崇正	2020-09-13
清嘉庆至道光 白端仿青铜壶形砚	12.5×10.6×1.9cm	23,000	广东崇正	2020-09-13
清嘉庆至道光 卢葵生铭端石竹节纹自用砚（带原漆盒）	15.5×14.6×3.6cm	41,400	广东崇正	2020-09-13
清中期 茶晶素砚附紫檀砚盒	长10cm	69,000	华艺国际	2020-10-16
清中期 端石福山寿海纹砚	20.6×13.8×3.5cm	11,500	广东崇正	2020-09-13
清中期 端石随形云纹砚	20.5×16.8×5cm	26,450	广东崇正	2020-09-13
清中期 端石太白醉酒砚	长16.8cm	34,500	十竹斋拍卖（北京）	2020-10-18
清中期 端石云龙纹书卷式砚	18.7×12.4×2.5cm	25,300	广东崇正	2020-09-13
清中期 卢葵生制双喜临门图百宝嵌漆砂砚	长14cm	368,000	北京保利	2020-10-20
清中期 乾隆御铭风字砚、玉兔朝元砚、石渠砚 三方	长10.8cm；长10.4cm；长15cm	172,500	北京保利	2020-10-20
清中期 阮石铭刻西岳华山碑“永嘉”砖砚	长28cm	207,000	北京保利	2020-10-20
清道光 端石巧做琴式砚	长10.5cm	80,500	十竹斋拍卖（北京）	2020-10-18
清道光 黄锡庆款端石门形对砚	长15.5cm	48,300	北京保利	2020-10-20
清道光 卢葵生制浮鹅漆砂砚	直径9.8cm	161,000	北京保利	2020-10-20
清道光 卢葵生制漆砂砚附百宝嵌盒	直径14.8cm	287,500	北京保利	2020-10-20
清道光 张廷济、杨澥铭文端石马肝紫砚	15.2×9.6×2.5cm	287,500	广东崇正	2020-09-13
清道光二年（1822）计楠铭端石风字砚	长12.6cm	74,750	北京保利	2020-10-20
清晚期 端石刻石鼓文砚（一组十件）	尺寸不一	40,250	北京保利	2020-10-20
清 丹凤朝阳长方端砚	18.2×12.1×1.9cm	109,250	西泠印社	2020-08-09
清 巴慰祖石鼓文端砚	22.8×15.3×3cm	46,000	广东崇正	2020-09-13
清 白端石金玉满堂小砚	长13.4cm	10,350	中国嘉德	2020-07-17
清 白端石守口如瓶砚	长18.2cm	17,250	中国嘉德	2020-07-17
清 百寿端砚	19.4×13×2cm	34,500	西泠印社	2020-08-09
清 皕砚山房款端石洱海图板式砚	长20.1cm	13,800	中国嘉德	2020-07-17
清 不寐道人铭小砚	9×6.5×1.2cm	74,750	朵云轩	2020-09-24
清 曹秉钧铭丹凤朝阳纹长方端砚	16.6×11.2×1.9cm	11,500	西泠印社	2020-08-09
清 陈率祖款端石云月砚	长20.4cm	17,250	中国嘉德	2020-07-17
清 陈元龙款端石罗汉图大砚	长20.8cm	20,700	中国嘉德	2020-07-17

(续表)

拍品名称	物品尺寸	成交价RMB	拍卖公司	拍卖日期
清 程嗣立铭野凫闲浴端砚	14×9.5×2.7cm	36,800	西泠印社	2020-08-09
清 澄泥门字小砚	长10.7cm	10,350	中国嘉德	2020-07-17
清 澄泥圆砚	直径15cm	11,500	十竹斋拍卖（北京）	2020-10-18
清 达摩小像端砚	17×11.5×3cm	36,800	朵云轩	2020-09-24
清 大西洞端石板式砚	长19.3cm	17,250	中国嘉德	2020-07-17
清 大西洞平板端砚	砚盒高4.7cm;长20.5cm;宽14cm;砚台高2cm;长18.5cm;宽12.4cm	97,750	西泠印社	2020-08-09
清 丁晏铭七星祥云纹随形端砚	高3.7cm;长17.3cm;宽15.5cm	46,000	西泠印社	2020-08-09
清 东洞端石龙诞云凝砚	长18cm	23,000	中国嘉德	2020-07-17
清 端石"悫斋珍玩"鹅鱼砚	长15.3cm	138,000	北京保利	2020-10-20
清 端石芭蕉砚带紫檀原盒	12×8.1×0.5cm	66,700	广东崇正	2020-09-13
清 端石芭蕉朱彝尊款铭文砚	18.4×12×1.8cm	25,300	广东崇正	2020-09-13
清 端石包袱蝉形砚	长17.3cm	13,800	中国嘉德	2020-07-17
清 端石大西洞龙凤呈祥双面砚	长26cm	172,500	北京保利	2020-10-20
清 端石多眼抄手砚	长20.8cm;宽13.2cm	32,200	西泠印社	2020-08-09
清 端石凤纹砚	长20.5cm	10,350	北京保利	2020-10-20
清 端石福从天降砚	长23cm	23,000	十竹斋拍卖（北京）	2020-10-18
清 端石耕牛砚	长19.2cm	13,800	中国嘉德	2020-11-11
清 端石古钟砚	长13.7cm	10,350	中国嘉德	2020-07-17
清 端石瓜瓞绵绵砚	16.3×13×2.4cm	13,800	广东崇正	2020-09-13
清 端石海兽纹大砚	长21.5cm	40,250	中国嘉德	2020-11-11
清 端石海天浴日砚	长20cm	13,800	中国嘉德	2020-07-17
清 端石荷蟹图砚	12.5×8×3cm	21,850	广东崇正	2020-09-13
清 端石荷叶形砚（带紫檀盒）	13.6×8.5×2cm	26,450	广东崇正	2020-09-13
清 端石蕉叶随形方砚	17×14×2cm	13,800	广东崇正	2020-09-13
清 端石夔凤竹节砚	长17.8cm	17,250	中国嘉德	2020-07-17
清 端石兰亭序砚	长22.4cm	85,200	佳士得	2020-11-30
清 端石老坑喜鹊登梅砚、宋坑龟纹砚（两方）	21×14×2cm;19.8×12×4cm	11,500	广东崇正	2020-09-13
清 端石老坑砚板	28.2×19.8×2.8cm	67,850	十竹斋拍卖（北京）	2020-10-18
清 端石老坑砚板（带红木盒）	22.4×15.1×2cm	17,250	广东崇正	2020-09-13
清 端石老坑叶式砚	长13.7cm	25,300	广东崇正	2020-09-13
清 端石老坑圆砚板	21.5×22.5×2.5cm	63,250	广东崇正	2020-09-13
清 端石罗汉纹砚	12.5×10.1×4.2cm	36,800	广东崇正	2020-09-13
清 端石麒麟纹砚	24.2×25×2.9cm	11,500	广东崇正	2020-09-13
清 端石四水归源辟雍砚	长19.1cm	10,350	中国嘉德	2020-07-17
清 端石太平有象乾坤砚	15.6×11×2.5cm	20,700	广东崇正	2020-09-13
清 端石鱼脑冻"大清光绪年造"双面钟形砚	长20.5cm	115,000	北京保利	2020-10-20
清 端石张问陶款铭文溪水山石纹砚	10.5×5.5×1.5cm	23,000	广东崇正	2020-09-13
清 端石竹节铭文砚带原配红木盒	10.3×4.8×1.6cm	23,000	广东崇正	2020-09-13
清 多眼抄手端砚	20.2×12.5×5.9cm	126,500	西泠印社	2020-08-09
清 仿汉石渠阁瓦当形歙砚	高2.3cm;长14.8cm;宽8.3cm	32,200	西泠印社	2020-08-09
清 仿汉未央砖海天初月砚	长14.3cm	57,500	中鸿信	2020-01-03
清 枫叶纹端砚	11.5×9.5×3.5cm	25,300	朵云轩	2020-09-24
清 佛手澄泥砚	20.6×14.3×2.3cm	20,700	西泠印社	2020-08-09
清 顾二娘款云根端砚	8.6×11×1.2cm	34,500	西泠印社	2020-08-09
清 郭尚先款端石玉带守口如瓶砚	长17.7cm	20,700	中国嘉德	2020-07-17
清 海山仙馆藏老坑太平有象端砚	19×13.5×2.5cm	17,250	朵云轩	2020-09-24
清 翰海小石砚（旧配硬木盒）	长6.3cm;宽4.7cm	115,000	中国嘉德	2020-08-16
清 何沅铭瓦形端砚	22.7×15.2×2.5cm	23,000	西泠印社	2020-08-09
清 荷叶纹端砚	12×9×1.8cm	103,500	朵云轩	2020-09-24
清 红木小方砚	7.3×7×1.8cm	23,000	西泠印社	2020-08-09
清 洪亮吉款 镶嵌暖砚	长12.5cm;宽8.6cm;厚2.6cm	32,200	上海匡时	2020-08-05
清 湖石纹随形洮河石砚	10.2×6.7×1.6cm	74,750	西泠印社	2020-08-09
清 黄任款澄泥门字砚	长16cm	13,800	中国嘉德	2020-11-11
清 回文一字池三足歙砚	14.9×10.4×3.7cm	11,500	西泠印社	2020-08-09
清 吉金文字紫砂虢叔尊铭砚	高22cm;长10.7cm;宽7.2cm	69,000	西泠印社	2020-08-09
清 蒋确铭摹刻大吉祥砖端砚	24×13.5×3.9cm	11,500	西泠印社	2020-08-09
清 金蟾纹随形端砚	11.3×8×1.7cm	17,250	朵云轩	2020-09-24
清 金农、康泰铭稽留山民画梅第二砚	13×10.1×4.3cm	10,580,000	西泠印社	2020-08-09
清 金农款端石仿天然石洞云纹砚	19×13×4cm	57,500	广东崇正	2020-09-13
清 经亨颐款端石水牛砚	长13.4cm	10,350	中国嘉德	2020-07-17
清 九如端砚	16.1×12×2.4cm	66,700	西泠印社	2020-08-09
清 橘形小端砚	11.2×10.2×2.3cm	43,700	北京诚轩	2020-08-17
清 康熙御赐松花砚	14.5×10×1.5cm	3,220,000	朵云轩	2020-09-24
清 老坑端石梅枝砚	长18.5cm	10,350	中国嘉德	2020-11-11
清 老坑端砚	12.5×8.5×1.5cm	17,250	朵云轩	2020-09-24
清 老坑淌池砚	16×10×3cm	28,750	朵云轩	2020-09-24
清 黎简款端石井田砚	10.7×13.3×2.1cm	28,750	广东崇正	2020-09-13
清 李鱓铭兰竹石澄泥砚	长26.6cm	113,000	佳士得	2020-07-09
清 莲溪款端石松虬小砚	长8.2cm	13,800	中国嘉德	2020-07-17
清 龙门对砚	16.9×11.1×2.5cm×2	184,000	西泠印社	2020-08-09
清 卢映之作长方门字池漆砂砚	12.5×7.5×1.1cm	40,250	西泠印社	2020-08-09
清 陆飞款老坑端石留皮冰纹虫蛀螭龙松皮大砚	长28.6cm	23,000	中国嘉德	2020-11-11
清 陆增祥藏宋李氏砖砚	33×16.3×5cm	149,500	西泠印社	2020-08-09
清 满雕钟形端砚	11×7.5×1.5cm	17,250	朵云轩	2020-09-24
清 南邨款随形隐泉砚	15.5×13×4cm	92,000	广东崇正	2020-09-13
清 南雪斋旧藏大西洞冰纹平板砚	18×12×1.5cm	32,200	朵云轩	2020-09-24
清 平板端砚	14.8×9.8×1.7cm	28,750	西泠印社	2020-08-09
清 瓶形端砚	16.5×10.7×3.3cm	55,200	西泠印社	2020-08-09
清 葡萄纹随形端砚	12.9×6.2×2.8cm	25,300	西泠印社	2020-08-09
清 璞堂铭长方淌池端砚	18.5×12.4×2.1cm	23,000	西泠印社	2020-08-09
清 漆砂砚连百宝嵌鹭鸶水仙纹砚盒	长14.5cm	255,600	佳士得	2020-11-30
清 祁阳石松虬瓦形砚	长16.3cm	11,500	中国嘉德	2020-11-11
清 启功铭端石如意池砚	长13.7cm	25,300	北京保利	2020-10-20
清 钱士璋款端石云月梧桐砚	长18.7cm	11,500	中国嘉德	2020-07-17
清 乾隆篆书御铭仿唐八棱端砚（原配嵌玉红木天地盒）	宽9.5cm	69,000	北京保利	2020-12-05
清 秋泉铭卧牛池端砚	11×16×2cm	40,250	西泠印社	2020-08-09
清 瞿子冶制紫砂砚	长10.8cm	25,300	中鸿信	2020-01-03
清 任熏铭长方淌池端砚	11×7.2×1.5cm	34,500	西泠印社	2020-08-09
清 三桥款长方淌池端砚	20.6×13.8×2.2cm	34,500	西泠印社	2020-08-09
清 三桥珍玩款朱砂斑砚	18×11.8×2.7cm	63,250	西泠印社	2020-08-09
清 山水纹青花平板端砚	22.5×15×2.2cm	80,500	西泠印社	2020-08-09
清 山岩纹随形红丝石砚（原配紫檀木盒）	长11.3cm	23,000	北京保利	2020-12-05
清 十二砚斋端石门型砚（带盖）	21.5×17.3×3cm	14,950	广东崇正	2020-09-13
清 石公制竹节绿端砚	11.2×11.1×2.4cm	43,700	西泠印社	2020-08-09
清 石鼓端砚	直径11cm;高4.5cm	13,800	朵云轩	2020-09-24
清 寿眉纹端砚	15.5×11×2.5cm	23,000	朵云轩	2020-09-24
清 寿山石雕狮钮总镇印（一对）	尺寸不一	184,000	西泠印社	2020-08-09
清 水归洞端石青花板式砚	长20.9cm	11,500	中国嘉德	2020-07-17
清 松柏双鹿纹端砚	11.5×11.2×2.3cm	57,500	朵云轩	2020-09-24
清 松花石雕簌瓜纹小砚（附黄杨盒）	长7cm	25,300	北京保利	2020-10-20
清 宋曜旧藏澄泥海兽葡萄方镜形砚	砚盒高2.4cm;长9.9cm;宽9.9cm;砚台高1cm;长8.5cm;宽8.5cm	201,250	西泠印社	2020-08-09
清 宋坑端石凤凰砚	长21.2cm	11,500	中国嘉德	2020-07-17
清 随形端砚	13.4×18.3×3.5cm	11,500	西泠印社	2020-08-09
清 随形老坑端砚	长14cm	32,200	十竹斋拍卖（北京）	2020-10-18
清 随形石谷端砚	14.5×11×5cm	34,500	西泠印社	2020-08-09
清 随形砣矶石砚	15.6×10.5×2.2cm	17,250	西泠印社	2020-08-09
清 汤懋纲铭随形端砚	21×16×3cm	51,750	西泠印社	2020-08-09
清 铁保铭海屋添筹长方端砚	15.6×11×1.9cm	63,250	西泠印社	2020-08-09
清 退耕堂款端石花鸟纹淌池砚	长13.2cm	11,500	中国嘉德	2020-07-17

(续表)

拍品名称	物品尺寸	成交价RMB	拍卖公司	拍卖日期
清 汪鋆藏, 汤聘、张燕昌铭玉堂白端砚	19.7×11.9×2.7cm	32,200	西泠印社	2020-08-09
清 王启磊铭回文长方淌池端砚	14.1×8.2×2.5cm	17,250	西泠印社	2020-08-09
清 王澍款鹅纹随形端砚	10.2×13.8×2.1cm	43,700	西泠印社	2020-08-09
清 王武款端石灵芝砚	长19cm	17,250	中国嘉德	2020-07-17
清 王岫君款端石山水纹双面小砚	长13.5cm	17,250	中国嘉德	2020-07-17
清 王冶梅铭张子祥小像端砚	16.3×10.6×3cm	69,000	朵云轩	2020-09-24
清 翁嵩年、杨宾铭长方淌池端砚	18.2×12.3×2.7cm	149,500	西泠印社	2020-08-09
清 吴祖谦、高士奇、蒋德宣铭荷叶形端砚	19×18.2×2.4cm	460,000	西泠印社	2020-08-09
清 五福太平长方端砚	16.5×11.4×2.4cm	13,800	西泠印社	2020-08-09
清 歙石宝瓶御用砚	长16.6cm	34,500	十竹斋拍卖（北京）	2020-10-18
清 歙石夔龙纹门形砚带唐云绘沈觉初刻木盒	15.4×10×1.8cm	43,700	广东崇正	2020-09-13
清 咸五珍铭竹节纹长方歙砚	13.3×8.6×1.9cm	11,500	西泠印社	2020-08-09
清 项文彦藏老坑冰纹九如随形端砚	15.7×18.3×2cm	46,000	西泠印社	2020-08-09
清 小玲珑山馆藏随形仔石端砚	19.5×16.8×5.5cm	69,000	西泠印社	2020-08-09
清 小西洞端石花鸟纹竹节砚	长18cm	17,250	中国嘉德	2020-07-17
清 小西洞端石松虬喜蛛砚	长22.3cm	11,500	中国嘉德	2020-07-17
清 小西洞端石随形板式砚	长21.8cm	23,000	中国嘉德	2020-07-17
清 小西洞端石梧桐云月砚	长19cm	13,800	中国嘉德	2020-07-17
清 小西洞端石五福砚	长16cm	10,350	中国嘉德	2020-11-11
清 小西洞端石云鹤纹砚	长18.8cm	11,500	中国嘉德	2020-07-17
清 小西洞端石云龙纹砚	长21.5cm	17,250	中国嘉德	2020-07-17
清 小西洞端石枝梅先春砚	长19.5cm	11,500	中国嘉德	2020-07-17
清 孝基铭祥云捧日随形端砚	20×20×3.2cm	149,500	西泠印社	2020-08-09
清 徐立纲制 庙前青歙石砚砖	30×18.8×6.3cm	56,000	上海联合	2020-11-29
清 许遇铭蟹纹随形澄泥砚	12.6×14.8×3.2cm	69,000	西泠印社	2020-08-09
清 宣德坑端砚	26.6×16.4cm	43,680	上海联合	2020-11-29
清 杨法铭红丝砚	9×7×1cm	34,500	朵云轩	2020-09-24
清 窑变瓷砚	直径23.5cm	13,800	北京翰海	2020-09-12
清 叶佩玱铭白端砚	11.7×7.6×1.8cm	43,700	西泠印社	2020-08-09
清 叶形松花砚连紫檀盒及白石砚	长10.5cm	46,000	中鸿信	2020-01-03
清 余甸款端石螭龙纹砚	长20.7cm	13,800	中国嘉德	2020-07-17
清 余甸款松纹随形端砚	18.4×11.9×2.2cm	23,000	西泠印社	2020-08-09
清 御制嵌金银丝紫檀木砚	长15.5cm	920,000	北京保利	2020-10-20
清 御制玉兔形端砚及紫檀砚盒	长15.5cm	2,760,000	北京保利	2020-10-20
清 袁枚款澄泥古钟小砚	长13.2cm	13,800	中国嘉德	2020-07-17
清 云纹随形端砚	8.9×8.4×1.3cm	25,300	西泠印社	2020-08-09
清 云纹随形老坑端砚	21.8×19.2×2cm	92,000	西泠印社	2020-08-09
清 张大镛款端石苍龙教子图大砚	长22.5cm	23,000	中国嘉德	2020-07-17
清 张廷济、黄易款端石枝梅喜蛛砚	长14.8cm	20,700	中国嘉德	2020-07-17
清 张廷玉、王敬铭款端石浅刻山水诗文辟雍砚	9.4×9.4×2.2cm	230,000	中国嘉德	2020-12-03
清 长方淌池老坑鱼脑冻端砚	21×14×2.5cm	46,000	西泠印社	2020-08-09
清 长尾甲刻 端石竹节砚	16×8.5cm	100,800	上海联合	2020-11-29
清 赵国麟铭李馥藏人物纹长方端砚	18.8×13.3×3.3cm	115,000	西泠印社	2020-08-09
清 赵叔孺款端石骏马图砚	长17.5cm	10,350	中国嘉德	2020-11-11
清 知足平安竹节形端砚	23.8×18.5×4.8cm	23,000	西泠印社	2020-08-09
清 朱彪铭夔龙纹长方淌池五盖山砚	21.6×14.1×3.7cm	40,250	西泠印社	2020-08-09
清 朱于润铭回文淌池澄泥砚	16.4×10.3×2.8cm	13,800	西泠印社	2020-08-09
清 竹节纹端砚	高2.5cm; 长19.7cm; 宽13.7cm	10,350	西泠印社	2020-08-09
清 砖砚	13.6×11.8×3cm	22,400	上海联合	2020-11-29
清 紫砂宝蝉砚（带漆盒）	15×8.1×5cm	12,650	广东崇正	2020-09-13
清 大清乾隆年制款白玉琴形砚	长14.5cm; 宽5.5cm	25,300	西泠印社	2020-08-09
清 翡翠刻诗文海天初日砚	高2cm; 长16.5cm; 宽10cm	34,500	西泠印社	2020-08-09
清 刻诗文抄手砚	高10.5cm; 长25cm; 宽14cm	11,500	西泠印社	2020-08-08
清 阮元款青白玉刻诗文浮雕梅花山形砚	砚高4.5cm; 长20.3cm	172,500	西泠印社	2020-08-09
清代 端石云纹砚	高5cm; 长15cm	161,000	古天一	2020-10-16

拍品名称	物品尺寸	成交价RMB	拍卖公司	拍卖日期
近代 陈端友制绿端石肖形蝉砚	尺寸不一	86,250	西泠印社	2020-08-09
近代 研朴堂旧藏程十髮画徐孝穆刻李研吾上款梅花图大西洞端石平板砚	砚20.8×14.6×4cm	1,184,500	西泠印社	2020-08-09
民国 陈端友制荷叶形端砚（配紫檀外盒）	长14cm	172,500	华艺国际	2020-10-16
民国 端石大西洞老坑平板砚（带盒）	13.2×19×2cm	24,150	广东崇正	2020-09-13
民国 端石雕九龟荷叶砚	长30cm	11,500	北京保利	2020-10-20
民国门形砚（两方）	17.4×10.7×2.2cm; 15.4×10×1.7cm	11,500	广东崇正	2020-06-27
民国 歙石云龙方砚、凤纹砚、歙石云龙一对（一组四件）	尺寸不一	11,500	广东崇正	2020-06-27
民国 湘浦紫端藏陈端友款端石砚	24.7×16.5×6.3cm	24,150	广东崇正	2020-09-13
民国 于右任题祝寿澄泥砚（附大漆原盒）	长18cm	34,500	北京保利	2020-10-20
民国 张景安制端石仿唐海兽葡萄镜砚（带盒）	直径17.5cm; 高2cm	29,900	广东崇正	2020-09-13
清至民国 白龙山人王震铭端石云纹砚、徐世昌铭松花石夔龙 砚附扇面、徐粲章铭"瓜瓞"端石砚附楠木盒（一组）	尺寸不一	25,300	北京保利	2020-10-19
20世纪 武者小路旧藏养老砚	长12cm	17,250	北京保利	2020-10-20
近现代 商承祚竹节端砚	19.5×12×3cm	25,300	朵云轩	2020-09-24
近现代 张景安雕瓜形端砚	13.5×9.5×3.5cm	207,000	朵云轩	2020-09-24
1942年作 王禔刻寿山芙蓉石胡人洗象钮章	1.6×1.6×4.8cm	40,250	西泠印社	2020-08-09
狄平子藏钟形澄泥砚	13.2×10×1.7cm	40,250	西泠印社	2020-08-09
端石太史砚	11.5×5.6cm	2,750,000	北京贞观	2020-11-28
端石太史砚	12×7.8×3.2cm	715,000	北京贞观	2020-11-28
端砚及砚盒	尺寸不一	51,750	中国嘉德	2020-11-09
富春山居砚及当代名家题跋砚拓	砚台32.5×25.5×8cm	862,500	西泠印社	2020-08-09
近代 程十髮画、刘旦宅书 老坑端石云纹砚两方（带原红木盒、提盒）	20.5×14×2.5cm×2	95,450	广东崇正	2020-09-13
近代 端石淌池砚	15×10×1.5cm	23,000	朵云轩	2020-09-24
近代 夔纹淌池端砚	17.3×12.6×2.3cm	23,000	朵云轩	2020-09-24
近代 黎雄才画端石门型砚（带盒）	14.8×9.7×1.6cm	23,000	广东崇正	2020-09-13
近代 祥云纹随形端砚	12×7.3×2.2cm	13,800	朵云轩	2020-09-24
近代 谢稚柳、陈佩秋刻砚（一对）	长15cm; 长13.9cm	36,800	十竹斋拍卖（北京）	2020-10-18
梅花坑江南春韵图文房端砚	41×38.5×10cm	638,000	北京贞观	2020-11-28
麒麟吐书多眼柱抄手端砚	27.5×12.3×8.4cm	352,000	北京贞观	2020-11-28
寿山芙蓉石罗汉洗象钮方章	2.6×2.6×7.1cm	10,350	中国嘉德	2020-08-17
唐云、徐孝穆款端石翡翠砚	长15.2cm	20,700	中国嘉德	2020-07-17
吴汝涌刻"云水光中洗眼来"寿山石兽钮印章	3.4×3.4×6.3cm	17,250	中国嘉德	2020-08-17
谢稚柳款澄泥砚	25.8×16.7×3cm	25,300	广东崇正	2020-09-13
徐孝穆 吴湖帆 刻、行书 鳝鱼黄澄泥砚紫檀砚盒	13.3×13cm	1,035,000	中贸圣佳	2020-10-16
叶宗意 夔龙琴形砚	15×11×1.4cm	14,560	上海联合	2020-11-29
张景安作竹节端砚	6×1.7cm	43,700	西泠印社	2020-08-09
清康熙、道光、宣统、民国 文房瓷器（一组四件）	尺寸不一	25,300	保利厦门	2020-09-26
清 田晓山制紫檀嵌金银花鸟文房（一套）	笔筒高10.5cm; 印盒5.5×5.5×2.5cm; 墨床长9cm	897,000	华艺国际	2020-10-16
清 文房小品（三件一组）	尺寸不一	23,000	保利厦门	2020-09-26
清 紫檀、黄花梨、瘿木铭文文房（一组四件）	尺寸不一	25,300	广东崇正	2020-09-13
清 紫檀刻梅花纹文具盘	长23cm; 宽11cm	23,000	保利厦门	2020-09-26
清至民国 瓷制文房器（一组四件）	尺寸不一	17,250	北京大羿	2020-07-12
民国 张熊绘、静芗铭文瓷调色盘	直径13cm	46,000	广东崇正	2020-09-13
当代 裴石民、朱可心、汪宝根、蒋蓉、徐汉棠制 百果文玩	尺寸不一	448,500	上海国时	2020-08-05
近代 武钟临篆刻等（五方）	尺寸不一	20,700	朵云轩	2020-09-24
文房用具三种	尺寸不一	23,000	中国嘉德	2020-11-09
钱 币				
"崇宁通宝""大观通宝"折三型二枚		12,650	北京保利	2020-10-18

(续表)

拍品名称	物品尺寸	成交价RMB	拍卖公司	拍卖日期
“崇宁通宝”铁母一枚		18,400	北京保利	2020-10-18
“崇祯通宝”背“辛”	直径2.5cm	57,500	中贸圣佳	2020-10-16
“大观通宝”折十型一枚		16,100	北京保利	2020-12-04
“大观通宝”折十型一枚		13,800	北京保利	2020-12-04
“大中、洪武通宝”背“十福”一组两枚	直径14.7cm;直径24.7cm	92,000	中贸圣佳	2020-10-16
“大中通宝”背“十广”一枚		46,000	上海泓盛	2020-07-19
“大中通宝”背“十浙”	直径4.6cm	11,500	中贸圣佳	2020-10-16
“道光通宝”阿克苏小平部颁样钱	直径2.7cm	20,700	中贸圣佳	2020-10-16
“洪武通宝”背“三福”	直径3.5cm	20,700	中贸圣佳	2020-10-16
“洪武通宝”背“十福”一枚		11,500	上海泓盛	2020-07-19
“洪武通宝”背“十广”一枚		28,750	上海泓盛	2020-07-19
“洪武通宝”背“五福”	直径4.1cm	20,700	中贸圣佳	2020-10-16
“嘉庆通宝”背“天下太平”大型宫钱	直径6.4cm	402,500	中贸圣佳	2020-10-16
“泰和通宝”折二隶书		425,500	中贸圣佳	2020-10-16
“泰和重宝”折二隶书	直径3.2cm	34,500	中贸圣佳	2020-10-16
“泰和重宝”折十	直径4.5cm	23,000	中贸圣佳	2020-10-16
“泰和重宝”折十	直径4.5cm	20,700	中贸圣佳	2020-10-16
“泰和重宝”折十篆书一枚		86,250	上海泓盛	2020-07-19
“唐国通宝”试铸折十背上月	直径3.9cm	322,000	中贸圣佳	2020-10-16
“天德重宝”背“殷”一枚		212,750	上海泓盛	2020-07-19
“天启通宝”合背	直径4.7cm	23,000	中贸圣佳	2020-10-16
“天启通宝十一两”合面大样	直径5cm	51,750	中贸圣佳	2020-10-16
“天佑通宝”背“三”	直径3.4cm	11,500	中贸圣佳	2020-10-16
“天赞通宝”	直径2.4cm	218,500	中贸圣佳	2020-10-16
“咸丰重宝”宝苏“缶宝当五十”样钱	直径5.8cm	690,000	中贸圣佳	2020-10-16
“咸丰重宝”宝苏当三十	直径4.6cm	20,700	中贸圣佳	2020-10-16
“咸丰重宝”宝苏当三十	直径4.6cm	17,250	中贸圣佳	2020-10-16
“元丰通宝”铁母	直径3.5cm	11,500	中贸圣佳	2020-10-16
“政和通宝”篆书铁母一枚		36,800	北京保利	2020-10-18
“至和重宝”一枚		17,250	北京保利	2020-10-18
“至元通宝”八思巴文折三一枚		11,500	上海泓盛	2020-07-19
北宋·徽宗“崇宁通宝”折十	3.4cm	34,500	中国嘉德	2020-12-06
北宋·徽宗“崇宁通宝”折十铁母	3.3cm	46,000	中国嘉德	2020-12-06
北宋·徽宗“大观通宝”银质宫钱	2.3cm	40,250	中国嘉德	2020-12-06
北宋·徽宗“大观通宝”折十一组4枚		24,150	中国嘉德	2020-12-06
北宋·徽宗“大观通宝”折十一组5枚		24,150	中国嘉德	2020-12-06
北宋·徽宗“大观通宝”折十一组5枚		18,400	中国嘉德	2020-12-06
北宋·徽宗“大观通宝”折十一组6枚		21,850	中国嘉德	2020-12-06
北宋·徽宗“宣和通宝”银质宫钱	2.4cm	57,500	中国嘉德	2020-12-06
北宋·仁宗“至和重宝”折三铁母	3.4cm	29,900	中国嘉德	2020-12-06
崇宁通宝		623,480	香港贞观	2020-08-30
春秋·王畿“安藏”小型平肩弧裆空首布	7.1cm	27,600	中国嘉德	2020-12-06
春秋·王畿“宋”大型平肩弧裆空首布	9.2cm	25,300	中国嘉德	2020-12-06
春秋·晋 大型无文耸肩空首布	14.3cm	13,800	中国嘉德	2020-12-06
春秋·晋 大型无文耸肩空首布	13.7cm	13,800	中国嘉德	2020-12-06
春秋·王畿“室”大型平肩弧裆空首布	9.5cm	14,950	中国嘉德	2020-12-06
春秋·王畿“智”大型平肩弧裆空首布	9.6cm	29,900	中国嘉德	2020-12-06
大型无文耸肩空首布	长15.1cm	23,000	中贸圣佳	2020-10-16
方足布“安阳”“梁邑”“戈邑”折二型一套三枚		12,650	北京保利	2020-12-04
方足布“安阳”合背一枚		40,250	北京保利	2020-12-04
方足布“同是”一枚		12,650	北京保利	2020-10-18
金“泰和通宝”篆书折十型一枚		17,250	北京保利	2020-10-18
金“泰和通宝”篆书折十型一枚		11,500	北京保利	2020-10-18
民国 金质“乾隆通宝”背“福在眼前”花钱一枚		25,300	北京保利	2020-10-18
明“崇祯通宝”背“二”反书一枚		23,000	上海泓盛	2020-07-19
明“崇祯通宝”背“寿”宫廷庆典大钱一枚		34,500	上海泓盛	2020-07-19
明“洪武通宝”背“三福”一枚		17,250	北京保利	2020-10-18
明“天启通宝”“永历通宝”“万历通宝”一组三枚		25,300	北京保利	2020-10-18

拍品名称	物品尺寸	成交价RMB	拍卖公司	拍卖日期
明“天启通宝”背“十一两”一枚		12,650	上海泓盛	2020-07-19
明·世宗“嘉靖通宝”雕母坯	2.9cm	36,800	中国嘉德	2020-12-06
明·太祖“大中通宝”背“十浙”	4.6cm	17,250	中国嘉德	2020-12-06
明·太祖“洪武通宝”背“桂五”	4.1cm	23,000	中国嘉德	2020-12-06
明·太祖“洪武通宝”背“十福”	4.7cm	26,450	中国嘉德	2020-12-06
明·太祖“洪武通宝”背“十福”	4.6cm	10,350	中国嘉德	2020-12-06
明·太祖“洪武通宝”背“十一两”	4.5cm	10,350	中国嘉德	2020-12-06
明·熹宗“天启通宝”背“十一两”大样	4.8cm	19,550	中国嘉德	2020-12-06
明末“崇祯通宝”背“二”大钱	5cm	92,000	中国嘉德	2020-12-06
南宋·理宗“淳祐通宝”背“当百”	5.3cm	11,500	中国嘉德	2020-12-06
南宋·理宗“端平重宝”折五	3.4cm	10,120	中国嘉德	2020-12-06
平肩空首布“ㄨ”	长9.4cm	11,500	中贸圣佳	2020-10-16
平肩空首布“辈”	长9.5cm	20,700	中贸圣佳	2020-10-16
平肩空首布“成”一枚		52,900	北京保利	2020-10-18
平肩空首布“刀”	长9.5cm	13,800	中贸圣佳	2020-10-16
平肩空首布“伐”一枚		20,700	北京保利	2020-10-18
平肩空首布“伐”一枚		19,550	北京保利	2020-12-04
平肩空首布“伐”一枚		19,550	北京保利	2020-12-04
平肩空首布“非”	长9.5cm	11,500	中贸圣佳	2020-10-16
平肩空首布“弗钘”一枚		48,300	北京保利	2020-10-18
平肩空首布“父”	长10cm	10,350	中贸圣佳	2020-10-16
平肩空首布“高”一枚		23,000	北京保利	2020-10-18
平肩空首布“高”一枚		20,700	北京保利	2020-12-04
平肩空首布“工”(修)	长9.6cm	11,500	中贸圣佳	2020-10-16
平肩空首布“古”	长9.6cm	13,800	中贸圣佳	2020-10-16
平肩空首布“官”	长9.7cm	11,500	中贸圣佳	2020-10-16
平肩空首布“官考”	长7.7cm	149,500	中贸圣佳	2020-10-16
平肩空首布“卉”	长10cm	20,700	中贸圣佳	2020-10-16
平肩空首布“货”	长9.8cm	17,250	中贸圣佳	2020-10-16
平肩空首布“客”一枚		25,300	北京保利	2020-10-18
平肩空首布“口”一枚		25,300	北京保利	2020-12-04
平肩空首布“留”一枚		20,700	北京保利	2020-10-18
平肩空首布“留”一枚		18,400	北京保利	2020-12-04
平肩空首布“柳”	长9.8cm	28,750	中贸圣佳	2020-10-16
平肩空首布“内”	长9.1cm	34,500	中贸圣佳	2020-10-16
平肩空首布“三”	长9cm	11,500	中贸圣佳	2020-10-16
平肩空首布“士”	长9.7cm	11,500	中贸圣佳	2020-10-16
平肩空首布“士”一枚		18,400	北京保利	2020-10-18
平肩空首布“是”	长9.7cm	25,300	中贸圣佳	2020-10-16
平肩空首布“室”一枚		23,000	北京保利	2020-10-18
平肩空首布“室”一枚		20,700	北京保利	2020-10-18
平肩空首布“松”一枚		28,750	北京保利	2020-10-18
平肩空首布“宋”一枚		20,700	北京保利	2020-10-18
平肩空首布“宋”一枚		19,550	北京保利	2020-12-04
平肩空首布“同”	长9.6cm	23,000	中贸圣佳	2020-10-16
平肩空首布“同”	长9.6cm	13,800	中贸圣佳	2020-10-16
平肩空首布“同”一枚		25,300	北京保利	2020-10-18
平肩空首布“文货”	长6.8cm	218,500	中贸圣佳	2020-10-16
平肩空首布“羊”一枚		21,850	北京保利	2020-10-18
平肩空首布“益”	长9.6cm	11,500	中贸圣佳	2020-10-16
平肩空首布“贞”	长9.4cm	36,800	中贸圣佳	2020-10-16
平肩空首布“贞”	长9.6cm	11,500	中贸圣佳	2020-10-16
平肩空首布“子”	长8.8cm	11,500	中贸圣佳	2020-10-16
平肩空首布“宗”一枚		20,700	北京保利	2020-12-04
清“光绪通宝宝泉”小平雕母一枚		230,000	北京保利	2020-10-18
清“康熙通宝”“雍正通宝”一组四十二枚		21,850	北京保利	2020-10-18
清“顺治通宝”一组四十九枚		17,250	北京保利	2020-10-18
清“咸丰通宝”“重宝”等品种一组五十六枚		25,300	北京保利	2020-10-18
清“咸丰重宝宝桂五十”一枚		63,250	北京保利	2020-12-04
清“雍正通宝宝武”“咸丰通宝满汉东”“同治通宝宝源大样”一组三枚		12,650	北京保利	2020-10-18

（续表）

拍品名称	物品尺寸	成交价RMB	拍卖公司	拍卖日期
清"正德通宝"背"龙凤"白玉花钱一枚		25,300	北京保利	2020-12-04
清"正德通宝文福天下太平甲马天"一枚		11,500	北京保利	2020-12-04
清"嘉庆通宝"背"天下太平"宫钱	3.6cm	46,000	中国嘉德	2020-12-06
清"康熙通宝"背满汉"宝福"内廷大制钱	3cm	43,700	中国嘉德	2020-12-06
清"康熙通宝"背满汉"宝福"内廷大制钱	3cm	14,950	中国嘉德	2020-12-06
清"乾隆通宝"背"龙凤"花钱	5.3cm	23,000	中国嘉德	2020-12-06
清"咸丰通宝"背"宝福"试铸样钱		115,000	中国嘉德	2020-12-06
清.仁宗"嘉庆通宝"背"宝泉"母钱	2.4cm	13,800	中国嘉德	2020-12-06
清"道光通宝"阿克苏局部颁母钱一枚		34,500	上海泓盛	2020-07-19
清"道光通宝"宝源局小平母钱一枚		25,300	上海泓盛	2020-07-19
清"道光通宝宝泉"局大样雕母一枚		36,800	北京保利	2020-10-18
清"光绪通宝"宝源局小平母钱一枚		23,000	上海泓盛	2020-07-19
清"光绪通宝宝东"小平母钱一枚		36,800	北京保利	2020-10-18
清"皇帝通宝"背右"圣"一枚		13,800	上海泓盛	2020-07-19
清"嘉庆通宝"宝川局小平母钱一枚		23,000	上海泓盛	2020-07-19
清"嘉庆通宝"宝泉局双点通大样母钱一枚		40,250	上海泓盛	2020-07-19
清"嘉庆通宝"宝泉局小平母钱一枚		11,500	上海泓盛	2020-07-19
清"嘉庆通宝"宝苏局常平式一枚		13,800	上海泓盛	2020-07-19
清"嘉庆通宝"宝源局小平母钱一枚		23,000	上海泓盛	2020-07-19
清"嘉庆通宝"宝直局折二母钱一枚		23,000	上海泓盛	2020-07-19
清"嘉庆通宝宝泉"局大样母钱一枚		23,000	北京保利	2020-10-18
清"康熙通宝"宝巩局小平钱一枚		17,250	上海泓盛	2020-07-19
清"乾隆通宝"宝泉局小平雕母一枚		36,800	上海泓盛	2020-07-19
清"乾隆通宝"宝源局小平雕母一枚		80,500	上海泓盛	2020-07-19
清"乾隆重宝"宝泉龙凤苏炉开炉大钱一枚		12,650	上海泓盛	2020-07-19
清"天国"背"通宝"一枚		86,250	上海泓盛	2020-07-19
清"咸丰通宝"宝黔局小平部颁样钱一枚		23,000	上海泓盛	2020-07-19
清"咸丰通宝"宝泉局"戴书"小平钱一枚		28,750	上海泓盛	2020-07-19
清"咸丰通宝"背"宝福一百"一枚		57,500	北京保利	2020-10-18
清"咸丰通宝"背"宝福一百"一枚		34,500	北京保利	2020-10-18
清"咸丰重宝"宝济局当五十一枚		184,000	上海泓盛	2020-07-19
清"咸丰重宝"宝泉局当十雕母一枚		690,000	上海泓盛	2020-07-19
清"咸丰重宝"宝泉局当十雕母一枚		460,000	上海泓盛	2020-07-19
清"咸丰重宝"宝苏局当二十一枚		10,925	上海泓盛	2020-07-19
清"咸丰重宝"宝苏局当十一枚		17,250	上海泓盛	2020-07-19
清"咸丰重宝"宝源局当十母钱一枚		25,300	上海泓盛	2020-07-19
清"咸丰重宝"背"宝福五十"外记重"二两五钱"一枚		25,300	北京保利	2020-10-18
清"咸丰重宝"背"宝泉当十"戴书铁母一枚		40,250	北京保利	2020-10-18
清"咸丰重宝"背"宝苏当二十"一枚		12,650	北京保利	2020-10-18
清"咸丰重宝宝泉当十"一枚		26,450	北京保利	2020-12-04
清·川炉"光绪通宝"套子钱一组18枚		97,750	中国嘉德	2020-12-06
清·川炉"嘉庆通宝"背"宝康"套子钱	2.6cm	11,500	中国嘉德	2020-12-06
清·德宗"光绪通宝"背"宝泉宇"小平母钱	2.1cm	23,000	中国嘉德	2020-12-06
清·高宗"乾隆通宝"背"宝泉"大样母钱	2.8cm	33,350	中国嘉德	2020-12-06
清·闽炉"咸丰通宝"背"双龙戏珠"花钱	5cm	55,200	中国嘉德	2020-12-06
清·穆宗"同治通宝"背"宝源"内廷大制钱	2.8cm	24,150	中国嘉德	2020-12-06
清·仁宗"嘉庆通宝"背"宝泉"大样母坯	2.9cm	28,750	中国嘉德	2020-12-06
清·仁宗"嘉庆通宝"背"宝泉"小平母钱	2.4cm	11,500	中国嘉德	2020-12-06

拍品名称	物品尺寸	成交价RMB	拍卖公司	拍卖日期
清·仁宗"嘉庆通宝"背"宝直"试铸	2.8cm	14,950	中国嘉德	2020-12-06
清·仁宗"嘉庆通宝"背"天下太平"大型花钱	6.3cm	138,000	中国嘉德	2020-12-06
清·圣祖"康熙通宝"背满汉文"广"小平母钱	2.7cm	21,850	中国嘉德	2020-12-06
清·苏炉"乾隆通宝"背"宝苏星月"开炉钱	4.3cm	94,300	中国嘉德	2020-12-06
清·文宗"咸丰通宝"背"宝福"小平铁母	2.7cm	19,550	中国嘉德	2020-12-06
清·文宗"咸丰通宝"背"宝福二十"样钱	4.6cm	115,000	中国嘉德	2020-12-06
清·文宗"咸丰通宝"背"宝福五十"	5.7cm	11,270	中国嘉德	2020-12-06
清·文宗"咸丰通宝"背"宝福五十"	5.7cm	10,120	中国嘉德	2020-12-06
清·文宗"咸丰通宝"背"宝福一百"	7.2cm	40,250	中国嘉德	2020-12-06
清·文宗"咸丰通宝"背"宝泉"小平母钱	2.4cm	34,500	中国嘉德	2020-12-06
清·文宗"咸丰通宝"背"宝泉"小平铁母	2.3cm	21,850	中国嘉德	2020-12-06
清·文宗"咸丰通宝"背"宝直"小平铁母	2.4cm	11,270	中国嘉德	2020-12-06
清·文宗"咸丰通宝"背"天下太平"宫钱	4.1cm	24,150	中国嘉德	2020-12-06
清·文宗"咸丰通宝宝泉"小平戴书铁母	2.3cm	57,500	中国嘉德	2020-12-06
清·文宗"咸丰重宝"背"宝福五十"	5.7cm	36,800	中国嘉德	2020-12-06
清·文宗"咸丰重宝"背"宝泉当五十"母钱	4.7cm	59,800	中国嘉德	2020-12-06
清·文宗"咸丰重宝"背"宝源当五十"	5.7cm	28,750	中国嘉德	2020-12-06
清·文宗 咸丰重宝、通宝制钱一组两枚	5.6cm; 5.7cm	10,350	中国嘉德	2020-12-06
清·文宗 咸丰重宝、元宝制钱一组三枚	5cm; 4.8m; 4.8cm	18,400	中国嘉德	2020-12-06
清·文宗 咸丰重宝、元宝制钱一组三枚	5.6cm; 5.2cm; 5.3cm	11,500	中国嘉德	2020-12-06
清·文宗 咸丰重宝当十一组十八枚		12,650	中国嘉德	2020-12-06
清·文宗 咸丰重宝当十一组二十二枚		13,800	中国嘉德	2020-12-06
清·文宗 咸丰重宝铜、铁钱当十一组十五枚		16,100	中国嘉德	2020-12-06
清·宣宗"道光通宝"背"宝川"部颁样钱	2.8cm	23,000	中国嘉德	2020-12-06
清·宣宗"道光通宝"背"宝川"小平母钱	2.5cm	14,950	中国嘉德	2020-12-06
清·宣宗"道光通宝"背"宝川"小平母钱	2.3cm	12,650	中国嘉德	2020-12-06
清·宣宗"道光通宝"背"宝泉"小平母钱	2.4cm	19,550	中国嘉德	2020-12-06
清·宣宗"道光通宝"背"宝源"小平母钱	2.4cm	19,550	中国嘉德	2020-12-06
清光绪通宝奉天机器局造紫铜当十铜元一枚		11,500	上海泓盛	2020-07-18
耸肩空首布"I"一枚		11,500	北京保利	2020-10-18
耸肩空首布面文"O""II"	长13.5cm	28,750	中贸圣佳	2020-10-16
耸肩空首布面文"二"	长15cm	28,750	中贸圣佳	2020-10-16
耸肩空首布面文"幺钘"	长12.1cm	28,750	中贸圣佳	2020-10-16
五代"周元通宝"压胜钱一组两枚	2.8cm; 2.7cm	17,250	中国嘉德	2020-12-06
西夏·崇宗"元德通宝"小平	2.5cm	35,650	中国嘉德	2020-12-06
小型平肩空首布"安藏"（右）	长7.6cm	43,700	中贸圣佳	2020-10-16
小型平肩空首布"安藏"（左）	长7cm	28,750	中贸圣佳	2020-10-16
小型平肩空首布"武"	长7.4cm	17,250	中贸圣佳	2020-10-16
小型平肩空首布"武"	长7.9cm	17,250	中贸圣佳	2020-10-16
斜肩空首布"卢氏"	长8.7cm	17,250	中贸圣佳	2020-10-16
斜肩空首布"卢氏"	长8.7cm	17,250	中贸圣佳	2020-10-16
斜肩空首布"三川金"	长8.4cm	13,800	中贸圣佳	2020-10-16
宣和通宝		306,944	香港贞观	2020-08-30
元"阜昌通宝"篆书折二型一枚		19,550	北京保利	2020-10-18
元"泰和通宝"篆书合背折十型一枚		10,580	北京保利	2020-12-04

(续表)

拍品名称	物品尺寸	成交价RMB	拍卖公司	拍卖日期
元 银质"延祐通宝"供养钱一枚		23,000	北京保利	2020-10-18
元 "大观通宝"背纹饰压胜钱一组四枚	尺寸不一	78,200	中国嘉德	2020-12-06
元末 大义,天定通宝 一组两枚	2.4cm; 2.8cm	13,800	中国嘉德	2020-12-06
元末·张士诚 "天佑通宝"背"叁"折三	3.4cm	26,450	中国嘉德	2020-12-06
战国·楚 "桡比当釿"背"七偵"大型方足布	10.6cm	16,100	中国嘉德	2020-12-06
战国·楚 "桡比当釿"背"七偵"大型方足布	10.6cm	13,800	中国嘉德	2020-12-06
战国·楚 "桡比当釿"背"七偵"大型方足布	10.6cm	11,500	中国嘉德	2020-12-06
折三"龙凤通宝"起义军钱	直径3.4cm	26,450	中贸圣佳	2020-10-16
夏 草原文化大孔式玉贝币	通长3cm	25,300	西泠印社	2020-08-10
商 白、绿色地方玉贝币一对	通长2.53–2.55cm	18,400	西泠印社	2020-08-10
商 骨质螺币	通长3.8cm	18,400	西泠印社	2020-08-10
商 红色角质贝币	通长1.9cm	13,800	西泠印社	2020-08-10
商 蜜蜡贝形币	通长1.8cm	25,300	西泠印社	2020-08-10
商 铅贝币	通长2.5cm	28,750	西泠印社	2020-08-10
商 石贝币一组十三枚	通长1.8–3.3cm	17,250	西泠印社	2020-08-10
商 实心青铜贝币一组二枚	通长1.5–1.6cm	57,500	西泠印社	2020-08-10
商 特大型石质螺形贝币	通长7.8cm	40,250	西泠印社	2020-08-10
商 微型青铜贝币一对	通长1.5cm	40,250	西泠印社	2020-08-10
商 小型鱼形币一组十枚	通长2–2.5cm	17,250	西泠印社	2020-08-10
商 玉化螺币、扇贝币等一组七枚	通长1.2–9.2cm	28,750	西泠印社	2020-08-10
商 玉化螺币、扇贝币一组七枚	通长2.5–8cm	57,500	西泠印社	2020-08-10
商 玉化螺币、小型翡翠及红宝原石、玉质配件一组九枚	通长1.1–3.2cm	29,900	西泠印社	2020-08-10
商–清 石币一组九枚	直径2.8–5.1cm	13,800	西泠印社	2020-08-10
西周 蚌贝币、珠形币一组十三枚	通长1.5–3.5cm	40,250	西泠印社	2020-08-10
西周大、小型染蓝色人面形蚌贝币一对	通长2.6–5.1cm	63,250	西泠印社	2020-08-10
西周 大、中、小型线刻人面形蚌贝币一组五枚	通长2.5–4.9cm	57,500	西泠印社	2020-08-10
西周 大、中型仿生(鼠、马、蝉、人、笑脸型)骨贝币一组五枚	通长3.5–4.4cm	63,250	西泠印社	2020-08-10
西周 大型蝉形蚌贝币	通长4.8cm	36,800	西泠印社	2020-08-10
西周 大型人面形蚌贝币	通长4.8cm	48,300	西泠印社	2020-08-10
西周 大型乳黄色斜、直齿背刻三圆人面形蚌贝币一对	通长4.3–4.5cm	43,700	西泠印社	2020-08-10
西周 大型兔形玉贝币	通长4.4cm	51,750	西泠印社	2020-08-10
西周 巨型灰黑色蝉形玉贝币	通长6.3cm	299,000	西泠印社	2020-08-10
西周巨型斜齿背刻三圆人面形蚌贝币	通长7.5cm	172,500	西泠印社	2020-08-10
西周巨型斜齿背刻四圆人面形蚌贝币	通长9cm	287,500	西泠印社	2020-08-10
西周 青铜贝形币、贝纹币一组二枚	通长1.7–2.1cm	42,550	西泠印社	2020-08-10
西周 权钱合范一对	通长8.2cm	13,800	西泠印社	2020-08-10
西周 特大型背刻三圆骨贝币	通长5.2cm	23,000	西泠印社	2020-08-10
西周 特大型平齿单孔白玉贝币	通长5.7cm	230,000	西泠印社	2020-08-10
西周 特大型斜齿人面形白玉贝币	通长5.4cm	253,000	西泠印社	2020-08-10
西周 微型单、双孔玉贝币一对	通长1.4cm	34,500	西泠印社	2020-08-10
西周 小型线刻人面玉贝币一组四枚	通长2–2.5cm	63,250	西泠印社	2020-08-10
西周 小型玉贝币	通长2.4cm	26,450	西泠印社	2020-08-10
西周 小型棕色玉贝币	通长2cm	20,700	西泠印社	2020-08-10
西周 中、小型线刻人面墨碧玉贝币一组四枚	通长2.8–3.6cm	103,500	西泠印社	2020-08-10
西周 中型大眼型人面玉贝币一对	通长3.3–3.7cm	69,000	西泠印社	2020-08-10
西周 中型立体圆雕蝉形骨贝币	通长3.5cm	69,000	西泠印社	2020-08-10
西周 中型人面形蚌贝币	通长3.2cm	34,500	西泠印社	2020-08-10
西周 中型糖玉贝币	通长2.8cm	36,800	西泠印社	2020-08-10
西周 中型异型蚌贝币	通长3.5cm	28,750	西泠印社	2020-08-10
西周 中型圆雕黄玉贝币	通长3.5cm	69,000	西泠印社	2020-08-10
春秋 地方玉贝币一组二枚	通长2.8cm	21,850	西泠印社	2020-08-10
春秋 东四铅质原始空首布	通长3.2cm	28,750	西泠印社	2020-08-10
春秋 晋国玉贝币	通长2.1cm	13,800	西泠印社	2020-08-10
春秋 鲁国大型包金铜贝币	通长2.9cm	92,000	西泠印社	2020-08-10
春秋 异形玉贝币一组三枚	通长2.3–2.6cm	20,700	西泠印社	2020-08-10

拍品名称	物品尺寸	成交价RMB	拍卖公司	拍卖日期
春秋 原始空首布	通长7.9cm	51,750	西泠印社	2020-08-10
春秋 原始空首布	通长7.3cm	43,700	西泠印社	2020-08-10
春秋·王畿 "成"大型平肩弧裆空首布		17,250	中国嘉德	2020-08-18
春秋·王畿 "武"大型斜肩弧裆空首布一组两枚		18,400	中国嘉德	2020-08-18
春秋战国"伐"字平肩空首布		12,650	北京诚轩	2020-08-19
春秋战国"伐"字平肩空首布		11,500	北京诚轩	2020-08-19
春秋战国"向"字平肩空首布		16,100	北京诚轩	2020-08-19
春秋战国平肩空首布		10,350	北京诚轩	2020-08-19
商–战国 鎏金青铜龟形币、人形币一对	通长3–4.6cm	23,000	西泠印社	2020-08-10
战国 "两甾"一组二枚		31,050	中国嘉德	2020-08-18
战国 方孔、圆孔骨珠币一组三十枚	通长1.5–3cm	28,750	西泠印社	2020-08-10
战国 红色玉贝币一对	通长2.2cm	23,000	西泠印社	2020-08-10
战国 双孔异形青铜蚁鼻钱、铅质蚁鼻钱一组九枚	通长1.7–2.6cm	28,750	西泠印社	2020-08-10
战国 微型琉璃贝币、骨质贝形币(护身符)一组二枚	通长1–1.1cm	13,800	西泠印社	2020-08-10
战国 玉贝币一对	通长2.3m	13,800	西泠印社	2020-08-10
战国·楚 "桡比当釿"背"七偵"		16,100	中国嘉德	2020-08-18
战国·楚 "桡比当釿"背"七偵"一组二枚		14,950	中国嘉德	2020-08-18
战国·齐 "安阳之大刀"背"上"五字刀		80,500	中国嘉德	2020-08-18
战国·齐 "节墨之大刀"背"上"五字刀		66,700	中国嘉德	2020-08-18
战国·齐 "明"刀背"莒冶亚"		69,000	中国嘉德	2020-08-18
战国·齐 "齐大刀"背"草"三字刀		20,700	中国嘉德	2020-08-18
战国·齐 "齐大刀"背"工"三字刀		23,000	中国嘉德	2020-08-18
战国·齐 "齐大刀"背"行"三字刀		25,300	中国嘉德	2020-08-18
战国·魏 "垂"字锐角布一组二枚		46,000	中国嘉德	2020-08-18
战国·魏 "济阴"圜钱		32,200	中国嘉德	2020-08-18
战国·魏 "梁夸釿五二十当寽"桥裆布		43,700	中国嘉德	2020-08-18
战国·魏 "梁夸釿五二十当寽"桥裆布		18,400	中国嘉德	2020-08-18
战国·魏 "梁夸釿五二十当寽"桥裆布		16,100	中国嘉德	2020-08-18
战国·赵 "蔺"背"廿九"小型圆足布		26,450	中国嘉德	2020-08-18
战国·赵 "蔺"背"七"大型圆足布		32,200	中国嘉德	2020-08-18
战国·赵 "蔺"字圆足布一组二枚		12,650	中国嘉德	2020-08-18
战国·中山 "城白"直刀		23,000	中国嘉德	2020-08-18
战国至民国 历代古钱一组二百七十余枚		12,650	中国嘉德	2020-08-18
战国至民国 历代古钱一组三十一枚		24,150	中国嘉德	2020-08-18
六字刀"齐返邦长法化"	长18.4cm	1,564,000	中贸圣佳	2020-10-16
战国·韩 "百涅"大型锐角布	7.1cm	92,000	中国嘉德	2020-12-06
战国·齐 "齐大刀"背"卜"三字刀	18.1cm	18,400	中国嘉德	2020-12-06
战国·齐 "齐大刀"背"草"三字刀	18.1cm	20,700	中国嘉德	2020-12-06
战国·齐 "齐大刀"背"上"三字刀	18cm	25,300	中国嘉德	2020-12-06
战国·齐 "齐大刀"背"上"三字刀	18.3cm	14,950	中国嘉德	2020-12-06
战国·齐 "齐大刀"背"土"三字刀	18.1cm	20,700	中国嘉德	2020-12-06
战国·齐 "齐明刀"背"莒冶得"	13.5cm	59,800	中国嘉德	2020-12-06
战国·齐 "齐之大刀"背"上"四字刀	18.6cm	101,200	中国嘉德	2020-12-06
战国·魏 "安邑半釿"桥裆布	4.9cm	34,500	中国嘉德	2020-12-06
战国·魏 "安阴二"桥裆布	5.1cm	46,000	中国嘉德	2020-12-06
战国·魏 "京一釿"桥裆布	5.5cm	34,500	中国嘉德	2020-12-06
战国·魏 "离石"圜钱	3.6cm	126,500	中国嘉德	2020-12-06
战国·魏 "梁夸釿百当寽"桥裆布	5.6cm	40,250	中国嘉德	2020-12-06
战国·魏 "梁夸釿五二十当寽"桥裆布	6.5cm	13,800	中国嘉德	2020-12-06
战国·魏 "梁一釿"桥裆布	5.7cm	13,800	中国嘉德	2020-12-06
战国·魏 "泰垣一釿"圜钱	3.9cm	28,750	中国嘉德	2020-12-06
战国·魏 "阴晋半釿"桥裆布	3.9cm	33,350	中国嘉德	2020-12-06
战国·魏 "虞一釿"桥裆布	5.8cm	27,600	中国嘉德	2020-12-06
战国·燕 "明四"圜钱	3cm	24,150	中国嘉德	2020-12-06
战国·赵 "晋阳半"小型尖足布	5.6cm	13,800	中国嘉德	2020-12-06
战国·赵 "离石"尖足布	5.6cm	46,000	中国嘉德	2020-12-06
战国·赵 "蔺"大型圆足布	7.3cm	24,150	中国嘉德	2020-12-06
新·王莽 "差布五百"		13,800	中国嘉德	2020-08-18

（续表）

拍品名称	物品尺寸	成交价RMB	拍卖公司	拍卖日期
新·王莽"契刀五百"		20,700	中国嘉德	2020-08-18
新·王莽"契刀五百"		16,100	中国嘉德	2020-08-18
新·王莽"契刀五百"		16,100	中国嘉德	2020-08-18
新·王莽"契刀五百"		13,800	中国嘉德	2020-08-18
新·王莽"契刀五百"		11,500	中国嘉德	2020-08-18
新·王莽"一刀平五千"		59,800	中国嘉德	2020-08-18
新·王莽"一刀平五千"		57,500	中国嘉德	2020-08-18
新莽"一刀平五千"金错刀		92,000	北京诚轩	2020-08-19
新莽"一刀平五千"金错刀		40,250	北京诚轩	2020-08-19
"大泉当千"特大型一枚		59,800	北京保利	2020-10-18
"济阴"圜钱	直径4.1cm	345,000	中贸圣佳	2020-10-16
"齐之法化"背"化"四字刀一枚		89,700	上海泓盛	2020-07-19
"幺布二百、幼布三百、序布四百、差布五百、中布六百、壮布七百、第布八百、次布九百、大布黄千"一组		138,000	北京保利	2020-10-18
大型桥足布"山阳"	长6.2cm	138,000	中贸圣佳	2020-10-16
汉"和田"马钱	2.8cm	11,500	中国嘉德	2020-12-06
汉"五铢"背博局纹压胜钱	2.6cm	14,950	中国嘉德	2020-12-06
汉"予天毋极"背"宜子保孙"压胜钱	3.5cm	13,800	中国嘉德	2020-12-06
汉"长毋相忘"背"日入千金"压胜钱	4.6cm	20,700	中国嘉德	2020-12-06
汉"长毋相忘"背"日入千金"压胜钱	4.6cm	18,400	中国嘉德	2020-12-06
齐"齐之法化"背"卜"一枚		57,500	北京保利	2020-12-04
桥足布"垣釿"一枚		69,000	北京保利	2020-10-18
新·王莽"货泉"铜母范	8.8cm×8cm	69,000	中国嘉德	2020-12-06
新·王莽 差布五百	4.4cm	20,700	中国嘉德	2020-12-06
新·王莽 大布黄千	5.6cm	11,270	中国嘉德	2020-12-06
新·王莽 六泉一组六枚		149,500	中国嘉德	2020-12-06
新·王莽 十布一组十枚		230,000	中国嘉德	2020-12-06
新·王莽 小布一百	3.6cm	18,400	中国嘉德	2020-12-06
新·王莽 幺布二百	3.6cm	24,150	中国嘉德	2020-12-06
新·王莽 幺布二百	3.9cm	23,000	中国嘉德	2020-12-06
新·王莽 幼布三百	4.1cm	23,000	中国嘉德	2020-12-06
新·王莽 中布六百	4.8cm	32,200	中国嘉德	2020-12-06
唐·史思明"得壹元宝"背上仰月		101,200	中国嘉德	2020-08-18
唐·史思明"得壹元宝"背上仰月		97,750	中国嘉德	2020-08-18
唐·史思明"得壹元宝"背上仰月		86,250	中国嘉德	2020-08-18
唐·史思明"得壹元宝"背上仰月		51,750	中国嘉德	2020-08-18
唐·史思明"得壹元宝"背下俯月		101,200	中国嘉德	2020-08-18
唐·史思明"顺天元宝"背上仰月		16,100	中国嘉德	2020-08-18
唐·史思明"顺天元宝"背上仰月		13,800	中国嘉德	2020-08-18
十国·幽州·刘仁恭/刘守光"永安一千"铁钱		11,500	中国嘉德	2020-08-18
"圣宋元宝"试铸	直径3.2cm	172,500	中贸圣佳	2020-10-16
唐·史思明"得壹元宝"背上仰月	3.7cm	92,000	中国嘉德	2020-12-06
唐·史思明"得壹元宝"背上仰月	3.4cm	25,300	中国嘉德	2020-12-06
唐·史思明"得壹元宝"背下俯月	3.7cm	51,750	中国嘉德	2020-12-06
唐·史思明"顺天元宝"背上仰月	3.7cm	14,950	中国嘉德	2020-12-06
唐·史思明"顺天元宝"背上仰月	3.6cm	13,800	中国嘉德	2020-12-06
唐·史思明"顺天元宝"背上仰月	3.6cm	12,650	中国嘉德	2020-12-06
唐·史思明"顺天元宝"背上仰月	3.7cm	12,650	中国嘉德	2020-12-06
唐·史思明"顺天元宝"背上仰月	3.7cm	11,500	中国嘉德	2020-12-06
唐·史思明"顺天元宝"背上仰月	3.7cm	11,500	中国嘉德	2020-12-06
唐·史思明"顺天元宝"背上仰月	3.6cm	10,925	中国嘉德	2020-12-06
唐·史思明"顺天元宝"背上仰月	3.6cm	10,350	中国嘉德	2020-12-06
唐·史思明"顺天元宝"背上仰月	3.6cm	10,350	中国嘉德	2020-12-06
突骑施汗国 突骑施苏禄可汗钱	2.4cm	18,400	中国嘉德	2020-12-06
五代"永安一百"铜铁二枚		40,250	北京保利	2020-10-18
五代十国"五金"铁母	2.5cm	59,800	中国嘉德	2020-12-06
北宋 邯郸大观通宝折十	直径4.1cm	17,250	西泠印社	2020-08-10
北宋·徽宗"崇宁通宝"铁母		36,800	中国嘉德	2020-08-18
北宋·徽宗"大观通宝"折二铁母		32,200	中国嘉德	2020-08-18
北宋·徽宗"大观通宝"折二铁母		29,900	中国嘉德	2020-08-18
北宋·徽宗"大观通宝"折三		11,500	中国嘉德	2020-08-18

拍品名称	物品尺寸	成交价RMB	拍卖公司	拍卖日期
北宋·徽宗"宣和元宝"真书小字		16,100	中国嘉德	2020-08-18
北宋·徽宗"政和通宝"折三真书铁母		23,000	中国嘉德	2020-08-18
北宋·徽宗"重和通宝"真书		17,250	中国嘉德	2020-08-18
北宋·徽宗"重和通宝"篆书		39,100	中国嘉德	2020-08-18
北宋·钦宗"靖康元宝"折二楷书		13,800	中国嘉德	2020-08-18
北宋·神宗"元丰通宝"篆书折三铁母		14,950	中国嘉德	2020-08-18
南宋"大泉当千"背"当百 当千 当万"压胜钱		17,250	中国嘉德	2020-08-18
南宋"端平重宝"		10,925	中国嘉德	2020-08-18
南宋"嘉定元宝"背"折十"		36,800	中国嘉德	2020-08-18
南宋·高宗"建炎重宝"		19,550	中国嘉德	2020-08-18
南宋·高宗 建炎钱一组十九枚		12,650	中国嘉德	2020-08-18
宋"本命星官"背符文生肖"鼠"压胜钱		29,900	中国嘉德	2020-08-18
宋"九曜星官"压胜钱		48,300	中国嘉德	2020-08-18
宋"老君出关"背星官童子大型压胜钱		34,500	中国嘉德	2020-08-18
宋"曼倩"选仙挂牌		17,250	中国嘉德	2020-08-18
宋"香花供养"背星官压胜钱		36,800	中国嘉德	2020-08-18
宋"张天使驱鬼"背十二生肖压胜钱		14,950	中国嘉德	2020-08-18
宋 琴仙选仙钱	直径3.5cm	40,250	西泠印社	2020-08-10
宋金"福寿延长"压胜钱		31,050	中国嘉德	2020-08-18
辽"大康通宝"大钱		230,000	中国嘉德	2020-08-18
辽"太元货泉"		17,250	中国嘉德	2020-08-18
辽"天赞通宝"		26,450	中国嘉德	2020-08-18
金"泰和重宝"折十一组二枚		16,100	中国嘉德	2020-08-18
金·章宗"泰和重宝"		82,800	中国嘉德	2020-08-18
元"金玉满堂"背双龙压胜钱		23,000	中国嘉德	2020-08-18
元 龙凤通宝小平	直径2.4cm	59,800	西泠印社	2020-08-10
元 泰和重宝花钱	直径5.2cm	28,750	西泠印社	2020-08-10
元·顺帝"至正之宝"背"吉·权钞伍钱"		149,500	中国嘉德	2020-08-18
元末·陈友谅"大义通宝"折三		23,000	中国嘉德	2020-08-18
元末·韩林儿"龙凤通宝"折三		63,250	中国嘉德	2020-08-18
元末·徐寿辉"天定通宝"折三		11,270	中国嘉德	2020-08-18
元末·张士诚"天佑通宝"背"三"		34,500	中国嘉德	2020-08-18
元末·朱元璋"大中通宝"背"十豫"		11,500	中国嘉德	2020-08-18
元末·朱元璋"大中通宝"背"浙"折五		10,925	中国嘉德	2020-08-18
元末·朱元璋"大中通宝"折五一组四枚		21,850	中国嘉德	2020-08-18
元末·朱元璋"洪武通宝"背"十福"		25,300	中国嘉德	2020-08-18
元末起义"大义通宝""天定通宝"一组三枚		18,400	中国嘉德	2020-08-18
北宋·徽宗"宣和元宝"小平	2.4cm	12,650	中国嘉德	2020-12-06
北宋·钦宗"靖康元宝"折二篆书	3.6cm	13,800	中国嘉德	2020-12-06
北宋·哲宗"绍圣元宝"折三铁母	3.5cm	51,750	中国嘉德	2020-12-06
辽"大辽国宝"	2.5cm	483,000	中国嘉德	2020-12-06
辽"清宁元宝"折十型大钱	4.3cm	48,300	中国嘉德	2020-12-06
辽·圣宗"统和元宝"小平	2.5cm	17,250	中国嘉德	2020-12-06
辽·圣宗"统和元宝"小平	2.5cm	13,800	中国嘉德	2020-12-06
南宋"临安府行用"背"准贰佰文省"钱牌	6.5cm	172,500	中国嘉德	2020-12-06
南宋·宁宗"嘉定元宝"背"利州伍"铁母	3.4cm	24,150	中国嘉德	2020-12-06
南宋·宁宗"嘉定元宝"背"折十"	5.2cm	28,750	中国嘉德	2020-12-06
南宋·宁宗"嘉定元宝"背"折十"	5.3cm	24,150	中国嘉德	2020-12-06
秦-宋 历代制钱一组四十五枚		13,800	中国嘉德	2020-12-06
宋"加官进禄龟鹤齐寿"背"福"钱牌	3.7cm	10,925	中国嘉德	2020-12-06
宋 生肖、供养压胜钱一组五枚		11,500	中国嘉德	2020-12-06
宋 星官符咒压胜钱一组四枚		14,950	中国嘉德	2020-12-06
宋 星官纳库生肖"虎"压胜钱	2.8cm	17,250	中国嘉德	2020-12-06
明"泰昌通宝"背四"昌"		24,150	中国嘉德	2020-08-18
明"天启通宝"背四"昌"		23,000	中国嘉德	2020-08-18
明 大中通宝小平背福	直径2.4cm	26,450	西泠印社	2020-08-10
明 洪武通宝背单龙花钱	直径4.5cm	55,200	西泠印社	2020-08-10
明 天启通宝折十合背	直径4.8cm	92,000	西泠印社	2020-08-10

(续表)

拍品名称	物品尺寸	成交价RMB	拍卖公司	拍卖日期
奉天机器局造光绪通宝紫铜当十钱重二钱四分机制方孔铜币/PCGS MS64BN		82,800	北京诚轩	2020-08-18
清"大清通宝"背八卦花钱		18,400	中国嘉德	2020-08-18
清"咸丰元宝"背"宝苏当百"		12,650	中国嘉德	2020-08-18
清 道光通宝石祖范	通长15.5cm	34,500	西泠印社	2020-08-10
清 嘉庆通宝宝泉大样母钱	直径3cm	46,000	西泠印社	2020-08-10
清 嘉庆通宝宝苏特宽缘雕母	直径3.1cm	977,500	西泠印社	2020-08-10
清 嘉庆通宝宝源母钱	直径2.8cm	25,300	西泠印社	2020-08-10
清 嘉庆通宝背天下太平鎏金宫钱	直径6.4cm	460,000	西泠印社	2020-08-10
清 乾隆通宝宝苏大满文母钱	直径2.7cm	23,000	西泠印社	2020-08-10
清 乾隆通宝宝源雕母	直径2.8cm	161,000	西泠印社	2020-08-10
清 宋体咸丰重宝宝巩当五试样	直径5.1cm	51,750	西泠印社	2020-08-10
清 天聪通宝满文折十	直径4.5cm	59,800	西泠印社	2020-08-10
清 同治通宝宝苏阔缘小字	直径2.5cm	57,500	西泠印社	2020-08-10
清 咸丰通宝宝福局二十异书试铸样钱	直径4.5cm	161,000	西泠印社	2020-08-10
清 咸丰通宝宝福五十(中耳福)试铸样钱	直径6.5cm	97,750	西泠印社	2020-08-10
清 咸丰通宝宝福五十试铸样钱	直径5.7cm	207,000	西泠印社	2020-08-10
清 咸丰通宝宝福一百	直径7.2cm	92,000	西泠印社	2020-08-10
清 咸丰通宝宝福一百	直径7.1cm	11,500	西泠印社	2020-08-10
清 咸丰通宝宝苏当五	直径3.1cm	92,000	西泠印社	2020-08-10
清 咸丰通宝背龙王宝殿	直径7.1cm;厚0.7cm	92,000	西泠印社	2020-08-10
清 咸丰元宝宝巩当百重轮	直径5.3cm	92,000	西泠印社	2020-08-10
清 咸丰元宝宝苏当百断笔咸	直径6.2cm	13,800	西泠印社	2020-08-10
清 咸丰元宝宝苏当百行楷	直径6cm	23,000	西泠印社	2020-08-10
清 咸丰元宝宝苏当百弧头苏	直径6cm	23,000	西泠印社	2020-08-10
清 咸丰元宝宝苏当百阔缘、窄缘一对	直径6–6.1cm	11,500	西泠印社	2020-08-10
清 咸丰重宝宝巩当五十母钱	直径5.1cm	161,000	西泠印社	2020-08-10
清 咸丰重宝宝河当五十	直径4.4cm	23,000	西泠印社	2020-08-10
清 咸丰重宝宝泉当十母钱(缶宝出头八贝小满文)	直径3.7cm	34,500	西泠印社	2020-08-10
清 咸丰重宝宝苏当二十尔宝样钱	直径4.1cm	184,000	西泠印社	2020-08-10
清 咸丰重宝宝苏当十刻花	直径4cm	17,250	西泠印社	2020-08-10
清 咸丰重宝宝苏当五十母钱	直径5.4cm	46,000	西泠印社	2020-08-10
清 咸丰重宝宝苏勾咸楷书大曲苏当五十样钱	直径5.1cm	241,500	西泠印社	2020-08-10
清 咸丰重宝宝源当十大样雕母	直径4cm	138,000	西泠印社	2020-08-10
清 咸丰重宝特宽缘尔宝小字当五十样钱	直径5.2cm	920,000	西泠印社	2020-08-10
清 雍正通宝宝苏母胚	直径2.8cm	28,750	西泠印社	2020-08-10
清 云炉乾隆重宝背龙凤花钱	直径10.8cm	287,500	西泠印社	2020-08-10
清·高宗"乾隆通宝"背"宝泉"小平祖钱		94,300	中国嘉德	2020-08-18
清·文宗"咸丰通宝"背"宝福五十"		11,500	中国嘉德	2020-08-18
清·文宗"咸丰通宝"背"宝福五十"		11,500	中国嘉德	2020-08-18
清·文宗"咸丰通宝"背"宝福一百"		29,900	中国嘉德	2020-08-18
清·文宗"咸丰元宝"背"宝川当百"		64,400	中国嘉德	2020-08-18
清·文宗"咸丰元宝"背"宝泉当百"		24,150	中国嘉德	2020-08-18
清·文宗"咸丰元宝"背"宝泉当百"雕花钱		57,500	中国嘉德	2020-08-18
清·文宗"咸丰元宝"背"宝泉当五百"		29,900	中国嘉德	2020-08-18
清·文宗"咸丰元宝"背"宝泉当五百"		20,700	中国嘉德	2020-08-18
清·文宗"咸丰元宝"背"宝陕当百"		18,400	中国嘉德	2020-08-18
清·文宗"咸丰元宝"背"宝源当千"		172,500	中国嘉德	2020-08-18
清·文宗"咸丰元宝"背克勤郡王当五百		51,750	中国嘉德	2020-08-18
清·文宗"咸丰重宝"背"宝福五十"		63,250	中国嘉德	2020-08-18
清·文宗"咸丰重宝"背"宝福五十外记重二两五钱"		28,750	中国嘉德	2020-08-18
清代宝福局"咸丰通宝"当五十		10,925	北京诚轩	2020-08-19
清代宝巩局"咸丰元宝"当五百		839,500	北京诚轩	2020-08-19
"咸丰元宝"宝济当百	直径5.7cm	55,200	中贸圣佳	2020-10-16
"咸丰元宝"宝苏当百(大二元版)大样	直径5.9cm	23,000	中贸圣佳	2020-10-16

拍品名称	物品尺寸	成交价RMB	拍卖公司	拍卖日期
"咸丰元宝"宝苏当百刻花	直径6.1cm	23,000	中贸圣佳	2020-10-16
"咸丰元宝"克勤郡王宝泉当千	直径6cm	23,000	中贸圣佳	2020-10-16
清"咸丰元宝"背"宝源当百"一枚		23,000	北京保利	2020-10-18
清"咸丰元宝宝泉当千"样钱一枚		184,000	北京保利	2020-12-04
清"咸丰元宝宝陕当千"一枚		57,500	北京保利	2020-12-04
清"咸丰元宝"宝德局当百母钱一枚		92,000	上海泓盛	2020-07-19
清"咸丰元宝"宝福局一百一枚		34,500	上海泓盛	2020-07-19
清"咸丰元宝"宝河局当五百进呈样钱一枚		552,000	上海泓盛	2020-07-19
清"咸丰元宝"宝蓟局当百一枚		92,000	上海泓盛	2020-07-19
清"咸丰元宝"宝泉局当千样钱一枚		74,750	上海泓盛	2020-07-19
清"咸丰元宝"宝泉局当千一枚		28,750	上海泓盛	2020-07-19
清"咸丰元宝"宝泉局当千一枚		13,800	上海泓盛	2020-07-19
清"咸丰元宝"宝泉局当五百一枚		109,250	上海泓盛	2020-07-19
清"咸丰元宝"宝泉局当五百一枚		25,300	上海泓盛	2020-07-19
清"咸丰元宝"宝泉局当五百一枚		18,400	上海泓盛	2020-07-19
清"咸丰元宝"宝苏局当百一枚		25,300	上海泓盛	2020-07-19
清"咸丰元宝"宝源局当千一枚		69,000	上海泓盛	2020-07-19
清"咸丰元宝"背"宝泉当千"一枚		47,150	北京保利	2020-10-18
清"咸丰元宝"背"宝泉当五百"星月版一枚		59,800	北京保利	2020-10-18
清·太宗 天聪汗钱	直径4.5cm	115,000	中国嘉德	2020-12-06
清·文宗"咸丰元宝"背"宝川当百"	5.5cm	12,650	中国嘉德	2020-12-06
清·文宗"咸丰元宝"背"宝泉当千"	6.4cm	80,500	中国嘉德	2020-12-06
清·文宗"咸丰元宝"背"宝泉当千"	6.3cm	69,000	中国嘉德	2020-12-06
清·文宗"咸丰元宝"背"宝泉当五百"	5.8cm	34,500	中国嘉德	2020-12-06
清·文宗"咸丰元宝"背"宝泉五百"	5.9cm	23,000	中国嘉德	2020-12-06
清·文宗"咸丰元宝"背"宝陕当五百"带官戳	6.4cm	78,200	中国嘉德	2020-12-06
清·文宗"咸丰元宝"背"宝苏当百"	6.2cm	18,400	中国嘉德	2020-12-06
清·文宗"咸丰元宝"背"宝苏当百"	5.7cm	14,950	中国嘉德	2020-12-06
清·文宗"咸丰元宝"背"宝源当千"	6.3cm	66,700	中国嘉德	2020-12-06
清·文宗"咸丰元宝"背"宝源当千"	6.1cm	40,250	中国嘉德	2020-12-06
清·文宗"咸丰元宝"背"宝源当五百"	5.6cm	74,750	中国嘉德	2020-12-06
清末民国"咸丰元宝"背"克勤郡王当百"	5cm	13,800	中国嘉德	2020-12-06
元明"长生不老"背"星官龟鹤"压胜钱	5.7cm	31,050	中国嘉德	2020-12-06
北宋 大型花钱一组三枚	直径5.3–6.5cm	23,000	西泠印社	2020-08-10
南宋 进德修业花钱	直径4.6cm	20,700	西泠印社	2020-08-10
宋 白马驮经花钱	直径4cm	13,800	西泠印社	2020-08-10
宋 松下问童子大型花钱	直径7.2cm	40,250	西泠印社	2020-08-10
宋 万国佛龟鹤星官生肖蛇花钱	直径4cm	34,500	西泠印社	2020-08-10
宋金 本命星官花钱一组三枚		19,550	中国嘉德	2020-08-18
辽"千秋万岁"花钱一组三枚		10,925	中国嘉德	2020-08-18
辽 千秋万岁花钱	直径4.1cm	28,750	西泠印社	2020-08-10
辽 双龙方孔镂空花钱		25,300	中国嘉德	2020-08-18
辽 双鱼镂空花钱		24,150	中国嘉德	2020-08-18
明 金质福如东海双凤纹花钱	直径6.5cm;重31.6g	36,800	西泠印社	2020-08-09
清"金玉满堂长命富贵"背刘海戏金蟾苏炉花钱		18,400	中国嘉德	2020-08-18
清"山鬼"背八卦花钱		10,925	中国嘉德	2020-08-18
清 暗八仙背八卦花钱		11,500	中国嘉德	2020-08-18
清 单龙凤花钱	直径4.5cm	16,100	西泠印社	2020-08-10
清 二十四福寿背福禄寿喜错配花钱	直径4.8cm	57,500	西泠印社	2020-08-10
清 二十四福寿花钱	直径4.9cm	23,000	西泠印社	2020-08-10
清 福禄寿喜背龙凤花钱	直径5.9cm	18,400	西泠印社	2020-08-10
清 福寿双全背万年荣贵花钱	直径3.7cm	25,300	西泠印社	2020-08-10
清 富贵双全背康宁花钱	直径5.9cm	172,500	西泠印社	2020-08-10
清 和合花钱	直径4.5cm	17,250	西泠印社	2020-08-10
清 花钱一组三枚	直径3.8–5.3cm	11,500	西泠印社	2020-08-10
清 花钱一组一组十六枚	直径2.3–3.4cm	18,400	西泠印社	2020-08-10
清 黄金万两招财进宝花钱	直径5.2cm	26,450	西泠印社	2020-08-10

(续表)

拍品名称	物品尺寸	成交价RMB	拍卖公司	拍卖日期
清 金玉满堂长命富贵花钱	直径5.2cm	35,650	西泠印社	2020-08-10
清 连中三元文星高照背和合如意花钱	直径4.5cm	17,250	西泠印社	2020-08-10
清 龙凤呈祥背福寿花钱	直径6.2cm	172,500	西泠印社	2020-08-10
清 山鬼背八卦花钱	直径4.5cm	13,800	西泠印社	2020-08-10
清 十二生肖八卦花钱	直径4.7cm	12,650	西泠印社	2020-08-10
清 十二生肖背龙凤花钱	直径7.1cm	18,400	西泠印社	2020-08-10
清 十二生肖花钱	直径4.5cm	13,800	西泠印社	2020-08-10
清 双龙单凤花钱	直径4.6cm	28,750	西泠印社	2020-08-10
清 顺风大吉满载而归背一帆风顺花钱	直径4.7cm	17,250	西泠印社	2020-08-10
清 四君子"菊"川炉花钱		60,950	中国嘉德	2020-08-18
清 四君子"兰"川炉花钱		72,450	中国嘉德	2020-08-18
清 四君子"梅"川炉花钱		51,750	中国嘉德	2020-08-18
清 苏炉方孔福寿双全背福寿花钱	直径5.4cm	24,150	西泠印社	2020-08-10
清 苏炉试铸大吉光背花钱	直径2.6cm	57,500	西泠印社	2020-08-10
清 苏炉圆孔二十四福寿花钱	直径4.6cm	17,250	西泠印社	2020-08-10
清 桃园三结义花钱一对	直径4.3cm	80,500	西泠印社	2020-08-10
清 天干地支背十二生肖花钱母钱	直径6.6cm	34,500	西泠印社	2020-08-10
清 团寿花钱	直径4.1cm	13,800	西泠印社	2020-08-10
清 万里封侯花钱	直径5.5cm	18,400	西泠印社	2020-08-10
清 为善最乐读书更佳背平安吉庆暗八仙花钱	直径4.6cm	28,750	西泠印社	2020-08-10
清 文星高照连中三元花钱	直径5.2cm	46,000	西泠印社	2020-08-10
清 一本万利顺风大吉背摇钱树花钱	直径4.5cm	20,700	西泠印社	2020-08-10
清 一品当朝状元及第背和合花钱	直径4.5cm	17,250	西泠印社	2020-08-10
清 一品当朝状元及第背喜结连理花钱	直径4.6cm	23,000	西泠印社	2020-08-10
清 招财进宝黄金万两背胡人舞狮花钱	直径4.5cm	17,250	西泠印社	2020-08-10
清 状元及第背福鹿花钱	直径5.2cm	40,250	西泠印社	2020-08-10
清 状元及第背福鹿刻双龙花钱	直径5cm	69,000	西泠印社	2020-08-10
"报国尽忠"花钱	直径4cm	36,800	中贸圣佳	2020-10-16
"风云际会"花钱	直径4.6cm	17,250	中贸圣佳	2020-10-16
"福禄寿喜""天下太平"背八卦花钱一组两枚	直径15.6cm;直径26.4cm	23,000	中贸圣佳	2020-10-16
"福如东海"背"百年偕老"花钱	直径3.6cm	20,700	中贸圣佳	2020-10-16
"福寿双全"背五蝠花钱	直径5.3cm	14,950	中贸圣佳	2020-10-16
"胡人戏狮"花钱一枚		66,700	北京保利	2020-10-18
"秦将白起"花钱	直径5.7cm	12,650	中贸圣佳	2020-10-16
"香花供养"人物花钱一枚		36,800	北京保利	2020-12-04
"状元及第"背"福"花钱	直径5.1cm	13,800	中贸圣佳	2020-10-16
发福生财花钱	直径4.8cm	267,858	新加坡环球	2020-01-08
高浮雕"十二生肖"花钱	直径7cm	23,000	中贸圣佳	2020-10-16
汉"大泉五十"背"带钩·北斗·符文"花钱一枚		28,750	上海泓盛	2020-07-19
汉"君宜王侯"花钱一枚		11,500	上海泓盛	2020-07-19
汉"五X"背"五·带钩·兵器·星斗"花钱一枚		28,750	上海泓盛	2020-07-19
汉"五铢"背"龙"花钱一枚		63,250	上海泓盛	2020-07-19
汉"五铢·人物"背"人物·刀·鱼"花钱一枚		21,850	上海泓盛	2020-07-19
汉"五铢·星斗"背"大吉XX"花钱一枚		28,750	上海泓盛	2020-07-19
汉"五铢·星斗带钩"背"星斗"花钱一枚		25,300	上海泓盛	2020-07-19
汉"长宜子孙·永宜官秩"背"人物·星斗"花钱一枚		27,600	上海泓盛	2020-07-19
花钱一组二十二枚	尺寸不一	20,700	中贸圣佳	2020-10-16
花钱一组六十三枚	尺寸不一	172,500	中贸圣佳	2020-10-16
孔孟遗风文花钱	直径6.5cm	46,000	中贸圣佳	2020-10-16
辽"天王宴乐"大型花钱	直径6.5cm	402,500	中国嘉德	2020-12-06
民国"嘉庆万寿"吉语花钱	4cm	14,950	中国嘉德	2020-12-06
民国 银质花钱一组29枚		11,500	中国嘉德	2020-12-06
明"天下太平"大型花钱	5.9cm	23,000	中国嘉德	2020-12-06
明阴刻花卉纹大型花钱一枚		11,500	上海泓盛	2020-07-19
清"八卦"花钱一枚		51,750	北京保利	2020-10-18
清"八仙庆寿""地支十全"花钱二枚		12,650	北京保利	2020-10-18

拍品名称	物品尺寸	成交价RMB	拍卖公司	拍卖日期
清"太平天国""天子万年""金玉满堂"花钱三枚		11,500	北京保利	2020-10-18
清 金质"福寿富贵"背"一路清莲"花钱一枚		43,700	北京保利	2020-10-18
清"天下太平"背"八卦"花钱	3.8cm	11,270	中国嘉德	2020-12-06
清"五子登科"背"吉祥"吉语花钱	直径5.2cm	96,600	中国嘉德	2020-12-06
清"诸神回避"背"驱邪降福"挂花钱	5.1m	28,750	中国嘉德	2020-12-06
清 吉语、山鬼花钱一组三枚	4.8cm; 4.8cm; 4.7cm	18,400	中国嘉德	2020-12-06
清 吉语花钱一组七枚		14,950	中国嘉德	2020-12-06
清 粤炉钱文类花钱一组十五枚		12,650	中国嘉德	2020-12-06
清"二十四福寿"苏炉花钱一枚		11,500	上海泓盛	2020-07-19
清"金玉满堂"背"长命富贵"苏炉花钱一枚		10,350	上海泓盛	2020-07-19
清"腾蛟起凤"背"紫电青霜"苏炉刻花花钱一枚		166,750	上海泓盛	2020-07-19
清"状元及第"背上"福"苏炉花钱一枚		55,200	上海泓盛	2020-07-19
清·贵炉"乾坤定矣"背八卦花钱	5.7cm	13,800	中国嘉德	2020-12-06
清·贵炉"振振公子长发其祥"背八卦花钱	5.6cm	23,000	中国嘉德	2020-12-06
清·贵炉 吉语花钱一组六枚		17,250	中国嘉德	2020-12-06
清·贵炉 杂宝吉语花钱一组四枚		10,350	中国嘉德	2020-12-06
清·京炉"一道同风吉祥如意"吉语花钱	2.9cm	14,950	中国嘉德	2020-12-06
清·闽炉"麒麟送子"背"龙凤呈祥"花钱	3.1cm	27,600	中国嘉德	2020-12-06
清·苏炉"腾蛟起凤"背"紫电青霜"花钱	5.3cm	40,250	中国嘉德	2020-12-06
清·苏炉 吉语、神咒花钱一组八枚		11,500	中国嘉德	2020-12-06
清·云贵炉 吉语花钱一组三枚		13,800	中国嘉德	2020-12-06
清·云炉"大清万年"背"宝云"花钱	5cm	31,050	中国嘉德	2020-12-06
清·云炉"禄位高升"背人物花钱	4.5cm	10,120	中国嘉德	2020-12-06
清·云炉 星象背日月花钱	8cm	33,350	中国嘉德	2020-12-06
清·浙炉"太平珠宝"背单龙花钱	4.8cm	11,500	中国嘉德	2020-12-06
清花钱一组共九枚		11,500	上海泓盛	2020-07-19
清四川"八卦·地支·节气"花钱一枚		18,400	上海泓盛	2020-07-19
三藏花钱	直径4cm	59,800	中贸圣佳	2020-10-16
宋金 宋金花钱一组十一枚		10,580	中国嘉德	2020-12-06
宋元 镂空花钱一组七枚		13,800	中国嘉德	2020-12-06
太平元宝镇宅花钱	直径4.2cm	952,384	新加坡环球	2020-01-08
特大型"龟鹤齐寿"宫钱	直径11.9cm	920,000	中贸圣佳	2020-10-16
早期"地支·十二生肖"背"双龙"花钱一枚		23,000	上海泓盛	2020-07-19
至正之宝花钱	直径7cm	571,430	新加坡环球	2020-01-08
南宋陈二郎铁线巷十分金壹两金锭	通长13.1cm	80,500	西泠印社	2020-08-10
宋 金叶子	长10.3cm; 宽7.5cm; 总重34.8g	74,750	西泠印社	2020-08-09
明嘉靖"大明嘉靖四十年十月户部造"五十两金锭	长12.2cm; 重1870g	8,050,000	北京保利	2020-10-19
清末民初"福"字符宝形		101,200	中国嘉德	2020-08-19
清 足金元宝金锭(二件)	长2.1cm; 长1.9cm	55,200	中国嘉德	2020-12-03
民国"昆明永茂""99""1000"一两金锭		31,050	中国嘉德	2020-08-19
民国 宝成壹两金元宝	重31.3g	64,400	西泠印社	2020-08-10
民国 大丰恒足赤上半两金锭	重15.6g	11,500	西泠印社	2020-08-10
民国 上海祥和足赤壹两金锭	重31.4g	28,750	西泠印社	2020-08-10
民国 双喜永丰余壹两金锭	重31.2g	51,750	西泠印社	2020-08-10
民国三十四年 中央造币厂铸厂条		46,000	中国嘉德	2020-08-19
"淳化元宝"背"三佛"金质供养钱	直径4.1cm	1,667,500	中贸圣佳	2020-10-16
"庚双方九霞,天足赤永"一两金锭		21,850	中贸圣佳	2020-10-16
"沈阳瑞祥,十足赤"二两金锭		71,300	中贸圣佳	2020-10-16
"台银 金瑞山 验"半两金片		11,500	北京诚轩	2020-08-19
"天津庆丰,加炼金料"一两金锭		20,700	中贸圣佳	2020-10-16
"中山华昌,加炼足金"半两金锭		10,350	中贸圣佳	2020-10-16
20世纪香港"利昌金铺"五两金条		97,750	北京诚轩	2020-08-19

(续表)

拍品名称	物品尺寸	成交价RMB	拍卖公司	拍卖日期
金页子"保佑坊南,郭顺记"		82,800	中贸圣佳	2020-10-16
金页子"十分金"		74,750	中贸圣佳	2020-10-16
近代 印度哈比卜银行"HABIB BANK""FINE99.9"贰两金条		34,500	中国嘉德	2020-12-06
20世纪60年代 台湾"'中央造币厂'承制饰金原料""号码B41127""成色996.7""公克311.35"八两厂条		241,500	中国嘉德	2020-12-06
民国"布币"图"AB18654""成色985.5""市两503"半两金条		13,800	北京保利	2020-10-18
民国"布币"图"AB1899.1""成色985.5""市两502"半两金条		11,500	北京保利	2020-10-18
民国"布币"图"BF5127""成色990.6""市两998"壹两金条		17,250	北京保利	2020-10-18
民国"鸿兴永""足赤""壹两"金锭		31,050	中国嘉德	2020-12-06
民国"裘天宝 福 天 足赤"壹两金锭		28,750	北京保利	2020-10-18
民国"上海 祥和""福""足赤"壹两金锭吉语金锭		36,800	中国嘉德	2020-12-06
民国"天津 永祥""加炼 金料"壹两金锭		29,900	中国嘉德	2020-12-06
民国 常州"常州宝成记号 上 上 加赤"壹两金锭		29,900	中国嘉德	2020-12-06
民国 金瑞芳台北焓赤老秤壹两金锭		24,150	北京保利	2020-10-18
民国 山东"青岛 振华""十足赤"壹两金锭		25,300	中国嘉德	2020-12-06
民国 上海"福 焓赤"壹两吉语金锭		36,800	中国嘉德	2020-12-06
民国 上海"囍""永丰""足赤"壹两金锭		36,800	中国嘉德	2020-12-06
民国 上海"永康顺""足赤"壹两金锭		36,800	中国嘉德	2020-12-06
民国 四川"成都天一""庆记足赤""成色9998"壹两金锭		46,000	中国嘉德	2020-12-06
民国 台湾"AB19102""成色98.55""市两0.500"背布图厂条		18,400	中国嘉德	2020-12-06
民国 台湾"BJ21672""成色991.0""市两1.029"背布图壹两厂条		27,600	中国嘉德	2020-12-06
民国 台湾"台银""成色9850""市两0999"壹两金条		29,900	中国嘉德	2020-12-06
民国 香港"汇丰银行 利昌 五两庄""187.135g""999.9"五两金条		230,000	中国嘉德	2020-12-06
民国 浙江"宋正顺""赤金"十两金锭		276,000	中国嘉德	2020-12-06
民国"广东同盛老铺十足赤金"金叶		28,750	北京诚轩	2020-08-19
民国"汉口同丰 顺 顺 上上 足赤"十两金条		230,000	北京诚轩	2020-08-19
民国"青岛震华 十足赤"一两金锭		18,400	北京诚轩	2020-08-19
民国上海"大丰恒天焓赤"一两金锭		28,750	北京诚轩	2020-08-19
民国上海"裘天宝·天足赤"一两金条一枚		21,850	上海泓盛	2020-07-18
民国四川"成都·天一庆记"一两足赤金锭一枚		51,750	上海泓盛	2020-07-18
民国中央造币厂"布图"一两金条一枚		25,300	上海泓盛	2020-07-18
民国中央造币厂"布图"一两金条一枚		13,800	上海泓盛	2020-07-18
民国中央造币厂"布图"一两金条一枚		13,800	上海泓盛	2020-07-18
民国中央造币厂承制饰金原料十两金条一枚		184,000	上海泓盛	2020-07-18
民国中央造币厂制"孙像布图"十两金条一枚		235,750	上海泓盛	2020-07-18
民国中央造币厂制"孙像布图"五两金条一枚		138,000	上海泓盛	2020-07-18
民国中央造币厂制"孙像布图"五两金条一枚		132,250	上海泓盛	2020-07-18
南宋"陈二郎 十分金""铁线巷"壹两金条		94,300	中国嘉德	2020-12-06
南宋"陈二郎 十分金""铁线巷"壹两金条		89,700	中国嘉德	2020-12-06

拍品名称	物品尺寸	成交价RMB	拍卖公司	拍卖日期
南宋"陈二郎 十分金""铁线巷"壹两金条		82,800	中国嘉德	2020-12-06
南宋"市西坊北""高直铺"壹两金叶子		149,500	中国嘉德	2020-12-06
南宋"赵宅""重二十五两"金锭	17.9×2.7×1.1cm	1,437,500	中国嘉德	2020-12-06
清末民初上海"方九霞""天足赤""庚"壹两金锭		31,050	中国嘉德	2020-12-06
清四川省内江县"财神图"古佳记金叶子(三枚)	重量4.9g; 5g; 6g	18,400	上海泓盛	2020-07-18
清早期"南元足金"金叶五两		109,250	北京保利	2020-10-18
上海中央造币厂铸厂徽布图半两厂条		26,450	北京诚轩	2020-08-19
上海中央造币厂铸厂徽布图半两厂条		17,250	北京诚轩	2020-08-19
台北中央造币厂铸厂徽布图半两厂条		18,400	北京诚轩	2020-08-19
台北中央造币厂铸厂徽布图五两厂条		94,300	北京诚轩	2020-08-19
台北中央造币厂铸厂徽布图一两厂条		46,000	北京诚轩	2020-08-19
台北中央造币厂铸厂徽布图一两厂条		41,400	北京诚轩	2020-08-19
香港汇丰银行"狮头"千足金五两金条一枚		92,000	上海泓盛	2020-07-18
南宋"京销铤银 拾贰两半"银锭		44,850	中国嘉德	2020-08-19
南宋 二十五两银锭	重966.5g	63,250	西泠印社	2020-08-10
南宋 广州十二两半银锭	重444.9g	64,400	西泠印社	2020-08-10
南宋 京销铤银十二两半银锭	重435.9g	43,700	西泠印社	2020-08-10
南宋 京销铤银十二两半银锭	重468.3g	51,750	西泠印社	2020-08-10
南宋 十二两半银锭	重496.5g	32,200	西泠印社	2020-08-10
南宋 十二两半银锭	重480.5g	32,200	西泠印社	2020-08-10
南宋 永州解淮西银伍拾两银锭	重1849.2g	322,000	西泠印社	2020-08-10
南宋 肇庆府京销银十二两半银锭	重469.7g	115,000	西泠印社	2020-08-10
南宋 真花银广东钞库刘一郎银钞铺黎金匠十二两半银锭	重447.3g	161,000	西泠印社	2020-08-10
南宋广东"广东运司 京销铤银 吴宅"十二两半银锭		97,750	北京诚轩	2020-08-19
南宋四川"重庆府天基节进奉银"五十两银锭		184,000	北京诚轩	2020-08-19
金 解盐使司泰和三年伍拾两银锭	重1853.3g	345,000	西泠印社	2020-08-10
金代 五十两银锭		287,500	中国嘉德	2020-08-19
明·思宗"崇祯年造"银钱		425,500	中国嘉德	2020-08-18
明代"广东广州府椒木军饷银"五十两银锭		552,000	北京诚轩	2020-08-19
明代"金花银"十两银锭		50,600	北京诚轩	2020-08-19
明代"金花银"五两银锭		184,000	北京诚轩	2020-08-19
明代"内承运库 花银"二十五两银锭		115,000	北京诚轩	2020-08-19
明代"文 文"五两银锭		11,500	北京诚轩	2020-08-19
明代山西"绛州 万历三十三年 站银"五十两银锭		356,500	北京诚轩	2020-08-19
明代素面十两银锭		29,900	北京诚轩	2020-08-19
明代素面五两银锭		23,000	北京诚轩	2020-08-19
明代早期 束腰无文八两银锭		10,350	中国嘉德	2020-08-19
清末民初"新疆省银行造"五十两银锭		506,000	中国嘉德	2020-08-19
清末民初 贸易银锭二十五两(南京、香港戳记)	重749g	69,000	西泠印社	2020-08-10
清 川贵地区"镒顺号"十两银锭		19,550	中国嘉德	2020-08-19
清 四川"大来喜"十两银锭		17,250	中国嘉德	2020-08-19
清 四川"恒兴通""祥盛和"十两银锭		19,550	中国嘉德	2020-08-19
清 四川恒足生十两银锭	重337.4g	48,300	西泠印社	2020-08-10
清 四川金生炉双戳十两银锭	重362.2g	27,600	西泠印社	2020-08-10
清代"福"字二两吉语锭		34,500	中国嘉德	2020-08-19
清代"李和"十两砝码银锭		11,500	中国嘉德	2020-08-19
清代"寿"字一两银锭		17,250	中国嘉德	2020-08-19
清代"四川地丁"十两单戳圆锭		36,800	中国嘉德	2020-08-19
清代"喜"字二两吉语锭		34,500	中国嘉德	2020-08-19
清代 甘肃"正宁 路朝鸣"二两花生银锭		25,300	中国嘉德	2020-08-19
清代 河北"十足色 日升 匠宝丰"十两银锭		51,750	中国嘉德	2020-08-19

（续表）

拍品名称	物品尺寸	成交价RMB	拍卖公司	拍卖日期
清代 山东"陵县 同昌银炉 同昌银炉"十两银锭		55,200	中国嘉德	2020-08-19
清代 山西"梁炽昌""利"五两腰锭		12,650	中国嘉德	2020-08-19
清代 山西"马振铎""天"五两腰锭		10,580	中国嘉德	2020-08-19
清代 陕西"白水县 王来以"五两槽锭		14,950	中国嘉德	2020-08-19
清代 陕西"白水县 王来以"五两槽锭		13,800	中国嘉德	2020-08-19
清代 陕西"泾阳 万年"五两槽锭		12,650	中国嘉德	2020-08-19
清代 陕西"泾阳 王忠"五两槽锭		14,950	中国嘉德	2020-08-19
清代 陕西"泾邑 德兴""**年"五两槽锭		12,650	中国嘉德	2020-08-19
清代 陕西"泾邑 福德"五两槽锭		10,120	中国嘉德	2020-08-19
清代 陕西"泾邑 天顺"五两槽锭		11,500	中国嘉德	2020-08-19
清代 陕西"西安省 兴庆福"五两槽锭		10,925	中国嘉德	2020-08-19
清代 陕西"咸宁 乔永"五两槽锭		12,650	中国嘉德	2020-08-19
清代 陕西"宜君县 诚全玉"五两银锭		14,950	中国嘉德	2020-08-19
清代 四川"福 福"五两圆锭		35,650	中国嘉德	2020-08-19
清代 四川"富顺县 富顺县"十两圆锭		24,150	中国嘉德	2020-08-19
清代 四川"光绪卅三年盐课 庆昌怡 邓永全"十两圆锭		57,500	中国嘉德	2020-08-19
清代 四川"光绪十二年盐课 邛州协泰森"十两圆锭		55,200	中国嘉德	2020-08-19
清代 四川"洪顺祥"十两单戳圆锭		11,270	中国嘉德	2020-08-19
清代 四川"江津县"十两单戳圆锭		19,550	中国嘉德	2020-08-19
清代 四川"夔关 吕盛茂 九年十月 囍"十两圆锭		230,000	中国嘉德	2020-08-19
清代 四川"铜梁县 十七年捐输 裕国泉"十两圆锭		36,800	中国嘉德	2020-08-19
清代 四川"新都县 新都县"十两圆锭		23,000	中国嘉德	2020-08-19
清代 四川"裕昌亨"十两单戳圆锭		10,925	中国嘉德	2020-08-19
清代 四川"资阳县 二十四年捐输 匠恒足生"十两圆锭		46,000	中国嘉德	2020-08-19
清代 云南"康记"十两单戳圆锭		10,350	中国嘉德	2020-08-19
清代 云南"熊"字二两银锭		19,550	中国嘉德	2020-08-19
清代 早期江西"道光二十年 九江森懋"十两砝码锭		59,800	中国嘉德	2020-08-19
清代 早期云南"昭通府"五两单槽锭		63,250	中国嘉德	2020-08-19
清代 直隶"匠丰源 十足色"十两银锭		66,700	中国嘉德	2020-08-19
清代 直隶"裕兴源 公十足"十两银锭		59,800	中国嘉德	2020-08-19
清代"顺天兵饷会源足银"三两银锭		414,000	北京诚轩	2020-08-19
清代安徽"光绪年月 泰顺元银局"五十两银锭		201,250	北京诚轩	2020-08-19
清代安徽"光绪十六年拾月 芜湖分局 皖岸盐课 元和银炉"五十两银锭		897,000	北京诚轩	2020-08-19
清代福建"二十年四月 平和县 二十年四月"十两圆锭		218,500	北京诚轩	2020-08-19
清代福建"二十四年五月 漳平县 谢滤泉"十两圆锭		333,500	北京诚轩	2020-08-19
清代福建"古田县 五年六月 五年六月"十两圆锭		63,250	北京诚轩	2020-08-19
清代广东"嘉庆六年 仁化 十一月 茂和"十两砝码锭		149,500	北京诚轩	2020-08-19
清代广东"五月日 粤海关 五月日"十两砝码锭		69,000	北京诚轩	2020-08-19
清代广东"州山 道光十四年 五月福来"十两砝码锭		25,300	北京诚轩	2020-08-19
清代贵州"宜宜"十一两圆锭		10,120	北京诚轩	2020-08-19
清代贵州素面五两茶花锭		104,650	北京诚轩	2020-08-19
清代贵州素面五两茶花锭		46,000	北京诚轩	2020-08-19
清代河南"邓州"五两腰锭		16,100	北京诚轩	2020-08-19
清代河南"禹州复兴炉 禹州复兴炉"十两圆锭		17,250	北京诚轩	2020-08-19
清代湖北"和顺 和顺"五两圆锭		21,850	北京诚轩	2020-08-19
清代湖北"湖北盐厘局 光绪廿五年"五十两银锭		115,000	北京诚轩	2020-08-19

拍品名称	物品尺寸	成交价RMB	拍卖公司	拍卖日期
清代湖北"聚源 通商"五两圆锭		13,800	北京诚轩	2020-08-19
清代湖南"宣统元年 宣统元年 湘省包介 洪泰兴"五十两银锭		989,000	北京诚轩	2020-08-19
清代吉林"光绪三十一年 匠高明 宽城同顺成"五十两银锭		172,500	北京诚轩	2020-08-19
清代江西"合兴 合兴"十两镜面锭		28,750	北京诚轩	2020-08-19
清代江西"立泰 立泰 囍"十两镜面锭		46,000	北京诚轩	2020-08-19
清代江西"卢环 五 月"十两镜面锭		28,750	北京诚轩	2020-08-19
清代江西"十二月 万成 年"十两镜面锭		40,250	北京诚轩	2020-08-19
清代山东"祥泰炉"十两钱粮小宝		36,800	北京诚轩	2020-08-19
清代山东"长清县 同兴银炉 同兴银炉"五十两银锭		195,500	北京诚轩	2020-08-19
清代山西"光绪年月 归化城 李芳"五十两银锭		138,000	北京诚轩	2020-08-19
清代山西"吉兴"五两腰锭		11,500	北京诚轩	2020-08-19
清代山西"咸丰年足色月 太谷县 广丰庆"五十两银锭		184,000	北京诚轩	2020-08-19
清代山西"宣统年伍月 太谷县 聚生魁"五十两银锭		224,250	北京诚轩	2020-08-19
清代山西"宣统年月 归化城 武连钰"五十两银锭		149,500	北京诚轩	2020-08-19
清代山西"宣统年月 襄垣县 钱粮"五十两银锭		333,500	北京诚轩	2020-08-19
清代陕西"白河县 厘金局 永兴合"四两槽锭		25,300	北京诚轩	2020-08-19
清代陕西"泾邑 王吉"四两槽锭		10,925	北京诚轩	2020-08-19
清代陕西"盩厔 匡兴"四两槽锭		11,500	北京诚轩	2020-08-19
清代陕西"盩厔 匡兴"五两槽锭		20,700	北京诚轩	2020-08-19
清代四川"百昌银炉百昌银炉"十两圆锭		10,925	北京诚轩	2020-08-19
清代四川"道光陆年 长寿县"十两圆锭		36,800	北京诚轩	2020-08-19
清代四川"鼎丰祥"十两圆锭		11,500	北京诚轩	2020-08-19
清代四川"定远县 定远县"十两圆锭		17,250	北京诚轩	2020-08-19
清代四川"二年匠喻天泰 犍乐盐厘"十两圆锭		161,000	北京诚轩	2020-08-19
清代四川"福 福"五两锭		33,350	北京诚轩	2020-08-19
清代四川"福 福"五两锭		14,950	北京诚轩	2020-08-19
清代四川"合州地丁"十两圆锭		23,000	北京诚轩	2020-08-19
清代四川"集成"十两圆锭		10,350	北京诚轩	2020-08-19
清代四川"犍为县 正兴记"十两圆锭		18,400	北京诚轩	2020-08-19
清代四川"夔关 罗兴林 四年二月"三两圆锭		92,000	北京诚轩	2020-08-19
清代四川"坤甡永记"十两圆锭		20,700	北京诚轩	2020-08-19
清代四川"清溪县 富厂 清溪县"十两圆锭		78,200	北京诚轩	2020-08-19
清代四川"仁计商 裕丰永"十两圆锭		17,250	北京诚轩	2020-08-19
清代四川"三十二年 三十二年"十两圆锭		13,800	北京诚轩	2020-08-19
清代四川"宣统二年 大竹县 匠恒足生"十两圆锭		23,000	北京诚轩	2020-08-19
清代四川"宣统三年 商合兴公 匠裕成明"十两圆锭		21,850	北京诚轩	2020-08-19
清代四川"宣统元年 开县 匠裕国泉"十两圆锭		42,550	北京诚轩	2020-08-19
清代四川"怡德昌"十两圆锭		10,580	北京诚轩	2020-08-19
清代四川"裕亨同"五两圆锭		69,000	北京诚轩	2020-08-19
清代四川"裕生祥"十两圆锭		17,250	北京诚轩	2020-08-19
清代四川"元年匠喻天泰 富荣盐厘"十两圆锭		178,250	北京诚轩	2020-08-19
清代四川光绪"二十四年 乐至县股票 匠周源义"十两圆锭		414,000	北京诚轩	2020-08-19
清代四川光绪"十五年匠 隆昌县 兴隆号"十两圆锭		34,500	北京诚轩	2020-08-19

(续表)

拍品名称	物品尺寸	成交价RMB	拍卖公司	拍卖日期
清代云南"抱香井 杨萃荣"十两大长槽锭		80,500	北京诚轩	2020-08-19
清代云南"陈元昌号 公议纹银"五两牌坊锭		18,400	北京诚轩	2020-08-19
清代云南"道光二十年"五两三槽锭		46,000	北京诚轩	2020-08-19
清代云南"福泰字号"四两三槽锭		57,500	北京诚轩	2020-08-19
清代云南"福兴庆记 汇号纹银"五两牌坊锭		18,400	北京诚轩	2020-08-19
清代云南"光绪年分 祥盛字号"三两双槽锭		43,700	北京诚轩	2020-08-19
清代云南"光绪柒年 裕顺票银"五两三槽锭		161,000	北京诚轩	2020-08-19
清代云南"和合"一两小锭		29,900	北京诚轩	2020-08-19
清代云南"恒益字号"五两三槽锭		29,900	北京诚轩	2020-08-19
清代云南"江滩关"十两圆锭		28,750	北京诚轩	2020-08-19
清代云南"雷庆源号 汇号纹银"五两牌坊锭		48,300	北京诚轩	2020-08-19
清代云南"李源鑫号 肆月纹银"五两记月牌坊锭		34,500	北京诚轩	2020-08-19
清代云南"马云瑞号 足九八纹银"五两牌坊锭		92,000	北京诚轩	2020-08-19
清代云南"买卖"一两小锭		43,700	北京诚轩	2020-08-19
清代云南"民国年造 汇号纹银"五两牌坊锭		23,000	北京诚轩	2020-08-19
清代云南"乔井课 施永发"十两大长槽锭		276,000	北京诚轩	2020-08-19
清代云南"通宝段记 公议纹银"五两牌坊锭		74,750	北京诚轩	2020-08-19
清代云南"通宝段记 肆月纹银"五两记月牌坊锭		23,000	北京诚轩	2020-08-19
清代云南"万泰朵记 公议纹银"五两牌坊锭		11,500	北京诚轩	2020-08-19
清代云南"万泰朵记 汇号纹银"五两牌坊锭		25,300	北京诚轩	2020-08-19
清代云南"王永盛号 公议纹银"五两牌坊锭		23,000	北京诚轩	2020-08-19
清代云南"王源发号 汇号纹银"五两牌坊锭		12,650	北京诚轩	2020-08-19
清代云南"咸丰二年"三两单槽锭		17,250	北京诚轩	2020-08-19
清代云南"咸丰元年 白井课 李含万"十二两大长槽锭		138,000	北京诚轩	2020-08-19
清代云南"义兴字号"五两三槽锭		36,800	北京诚轩	2020-08-19
清代云南"永利祥"十两圆锭		20,700	北京诚轩	2020-08-19
清代云南"元昌利记 汇号纹银"五两牌坊锭		25,300	北京诚轩	2020-08-19
清代云南"源生字号"四两三槽锭		63,250	北京诚轩	2020-08-19
清代云南"钟永丰号 汇号纹银"五两牌坊锭		27,600	北京诚轩	2020-08-19
清代云南素面元丝银锭一组十九枚		17,250	北京诚轩	2020-08-19
清代浙江"鼎裕"花押印记五两圆锭		19,550	北京诚轩	2020-08-19
清代浙江"福顺 顺"花押印记五两圆锭		11,500	北京诚轩	2020-08-19
清代浙江"玖年 金 恒昇"五两圆锭		43,700	北京诚轩	2020-08-19
清代浙江"念八年 浙海关 吉字"五两圆锭		276,000	北京诚轩	2020-08-19
清代浙江"余姚 余姚"花押印记五两圆锭		63,250	北京诚轩	2020-08-19
清代浙江"裕兴"五两圆锭		20,700	北京诚轩	2020-08-19
清代直隶"聚增号 十足色"十两银锭		29,900	北京诚轩	2020-08-19
清民 清民制钱一组两枚		55,200	中国嘉德	2020-08-18
清末民初"福禄寿囍囍"八两银锭		94,300	北京诚轩	2020-08-19
清末民初"福"字一两小锭		10,350	北京诚轩	2020-08-19
清末民初"寿"字一两小锭		26,450	北京诚轩	2020-08-19
清末民初"囍"字一两小锭		26,450	北京诚轩	2020-08-19

拍品名称	物品尺寸	成交价RMB	拍卖公司	拍卖日期
清末民初云贵地区小银锭四枚		18,400	北京诚轩	2020-08-19
清末民初云贵地区小银锭四枚		13,800	北京诚轩	2020-08-19
清末民初云南"杨志超 杨志超"十两大长槽锭		63,250	北京诚轩	2020-08-19
民国内蒙古"西包镇德兴号民国年月""刁发武""足色"字样五十两银锭		115,000	中国嘉德	2020-08-19
民国 年月造长春鸿兴金店张相国五十两银锭	重1861.1g	86,250	西泠印社	2020-08-10
"卜魁德盛"五十两银锭		287,500	中贸圣佳	2020-10-16
"光绪年月·祁县·公元和"五十两银锭一枚		11,500	上海泓盛	2020-07-18
"光绪廿二年四月"河北"清丰县""匠巨成"五十两银锭		241,500	中贸圣佳	2020-10-16
"光绪七年""公济益"湖北盐饷五十两银锭		345,000	中贸圣佳	2020-10-16
"光绪十三年""公济益"甘饷五十两银锭		920,000	中贸圣佳	2020-10-16
"广东广州府军饷"五十两银锭		195,500	中贸圣佳	2020-10-16
"恒盛裕"蔚州五十两银锭		59,800	中贸圣佳	2020-10-16
"济宁县""恒吉银炉"五十两银锭		207,000	中贸圣佳	2020-10-16
"建昌军马茨湖银壹锭伍拾两·三班奉职监王·承滨·匠人邹寿茅"五十两银锭		356,500	中贸圣佳	2020-10-16
"铅山场"五十两银锭		345,000	中贸圣佳	2020-10-16
"秦"字五十两银锭		195,500	中贸圣佳	2020-10-16
"上海""江滩关"十两银锭		115,000	中贸圣佳	2020-10-16
"宣统年月""临清州"五十两银锭		207,000	中贸圣佳	2020-10-16
"宣统年月""长垣县""傅守义"五十两银锭		207,000	中贸圣佳	2020-10-16
"银作局花银叁拾两"银锭		345,000	中贸圣佳	2020-10-16
"至元十四年""行中书省""出门税"五十两银锭		184,000	中贸圣佳	2020-10-16
1903年四川省造光绪像卢比(LM359)		11,500	中国嘉德	2020-08-19
1903年四川省造光绪像卢比(LM359)		10,580	中国嘉德	2020-08-19
1916年陕西"丙辰 郃县 地丁"六两槽锭		11,500	北京诚轩	2020-08-19
东北"滨江特别市""天利长"五十两银锭		161,000	中贸圣佳	2020-10-16
二十五两银锭		80,500	中贸圣佳	2020-10-16
公元前4世纪希腊阿西娜像		11,500	中国嘉德	2020-08-19
江西"道光六年四月""乐平县五十两"方宝银锭		460,000	中贸圣佳	2020-10-16
金代"午六月一客王库李信铺 尹琮 匠程显 行人李居实 杨琮 肆拾玖两柒分"五十两银锭		172,500	中国嘉德	2020-12-06
近代《东亚钱志》一套两函十八册		11,500	中国嘉德	2020-08-18
近代 金箔一组两件		25,300	中国嘉德	2020-08-19
民国"民国十四年庆泰官银局"伍拾两银锭		23,000	北京保利	2020-10-18
民国河北"唐山祥顺 纹银 纹银"十两银锭		50,600	北京诚轩	2020-08-19
民国河南"民国年月 禹州统兴长"五十两银锭		166,750	北京诚轩	2020-08-19
民国吉林"杨晓山·民国年月日·长春益发钱"五十两大翅银锭一枚		172,500	上海泓盛	2020-07-18
民国山西"晋泰银号 丑"五两腰锭		17,250	北京诚轩	2020-08-19
民国山西"民国年月 太原晋胜银行"五十两银锭		517,500	北京诚轩	2020-08-19
民国山西"中华民国元年 榆次县 东昇昌"五十两银锭		195,500	北京诚轩	2020-08-19
民国陕西"民国年月 府谷县 义和泉"五十两银锭		218,500	北京诚轩	2020-08-19
民国上海"泰丰洪记·岳·东来"五十两银锭一枚		92,000	上海泓盛	2020-07-18
民国上海"裕丰成 叁 叁"五十两夷场新		126,500	北京诚轩	2020-08-19

（续表）

拍品名称	物品尺寸	成交价RMB	拍卖公司	拍卖日期
民国时期私铸五十两银锭		57,500	北京诚轩	2020-08-19
民国四川“汉源 王宝兴 王宝兴”十两圆锭		25,300	北京诚轩	2020-08-19
民国四川“炉关茶课”十两圆锭		483,000	北京诚轩	2020-08-19
民国四川“荣兴楼 荣兴楼”十两圆锭		16,100	北京诚轩	2020-08-19
民国新疆“民国壬戌年 新疆伊宁 玉甡祥银局”五十两银锭		172,500	北京诚轩	2020-08-19
明“嘉靖十年”伍两银锭		20,700	北京保利	2020-10-18
明“沐川司鲜马草艮”伍两银锭		20,700	北京保利	2020-10-18
明“容阳县粮艮伍拾两艮匠幸朝林”伍拾两银锭		57,500	北京保利	2020-10-18
明“营山县艮四两九钱”银锭		20,700	北京保利	2020-10-18
明“月贡艮拾两正”银锭		41,400	北京保利	2020-10-18
明代“柴君茂铺 柴君茂铺”二两束腰银锭		25,300	中国嘉德	2020-12-06
明代 素面五两束腰银锭		10,580	中国嘉德	2020-12-06
南宋“*坚巷里 李六”四排戳记五十两银锭		115,000	中国嘉德	2020-12-06
南宋“陈念一助教 出门税 真花铤银”二十五两银锭		69,000	中国嘉德	2020-12-06
南宋“京销铤银”六排戳二十五两银锭		20,700	中国嘉德	2020-12-06
南宋“京销铤银”六排戳二十五两银锭		18,400	中国嘉德	2020-12-06
南宋“京销铤银”六排戳十两银锭		17,250	中国嘉德	2020-12-06
南宋“京销铤银”六排戳十一两银锭		17,250	中国嘉德	2020-12-06
南宋 十二两半无文银锭		11,500	中国嘉德	2020-12-06
南宋“金花银”细戳十二两半银锭一枚		34,500	上海泓盛	2020-07-18
清 吉林“匠高明 光绪三十一年 同顺”伍拾两银锭		128,800	北京保利	2020-12-04
清 山东“光绪年月即墨县 税”拾两银锭		57,500	北京保利	2020-10-18
清 山东“平度州 光绪年月日 匠赵德俊”伍拾两银锭		172,500	北京保利	2020-10-18
清 云南“买卖”壹两银锭		17,250	北京保利	2020-10-18
清“禄”字二两银锭一枚		17,250	上海泓盛	2020-07-18
清“统税局”十两双排戳椭圆形银锭一枚		82,800	上海泓盛	2020-07-18
清“咸丰七年十二月·灵石县·徐太和”五十两银锭一枚		161,000	上海泓盛	2020-07-18
清代 广东“顺隆”二两银锭		11,500	中国嘉德	2020-12-06
清代 贵州“益茂禄”单戳十两圆锭		13,800	中国嘉德	2020-12-06
清代 河南“会镇永顺”四两槽锭		16,100	中国嘉德	2020-12-06
清代 河南“孟县”五两腰锭		12,650	中国嘉德	2020-12-06
清代 河南“汝阳县”五两腰锭		12,650	中国嘉德	2020-12-06
清代 江西“六月涂兴 辛 囍”十两镜面银锭		11,500	中国嘉德	2020-12-06
清代山东“山东盐课 萧大成”十两银锭		92,000	中国嘉德	2020-12-06
清代 山西“道光年惠月 平遥县 囙学银”五十两银锭		264,500	中国嘉德	2020-12-06
清代 山西“晋泰银号 巳人”五两腰锭		16,100	中国嘉德	2020-12-06
清代 山西“咸丰七年十二月 灵石县 徐太和”五十两银锭		207,000	中国嘉德	2020-12-06
清代 山西“宣统年绅月 太谷县 谦源胜”“周行镜宝”戳记五十两银锭		149,500	中国嘉德	2020-12-06
清代 陕西“丁酉 韩城程章”五两槽锭		14,950	中国嘉德	2020-12-06
清代 陕西“泾阳 万镒”三两槽锭		17,250	中国嘉德	2020-12-06
清代 陕西“厘金局 厘金局”双戳五两圆锭		18,400	中国嘉德	2020-12-06
清代 陕西“龙驹寨 厘金局”五两槽锭		13,800	中国嘉德	2020-12-06
清代 陕西“蒲城 廉云”四两槽锭		11,500	中国嘉德	2020-12-06
清代 陕西“通商银局”四两槽锭		16,100	中国嘉德	2020-12-06
清代 陕西“潼关厅”四两槽锭		28,750	中国嘉德	2020-12-06
清代 陕西“统捐局 统捐局”双戳十两圆锭		115,000	中国嘉德	2020-12-06
清代陕西“长安县 王有吉”五两槽锭		34,500	中国嘉德	2020-12-06
清代 四川“X定县”单戳十两圆锭		16,100	中国嘉德	2020-12-06

拍品名称	物品尺寸	成交价RMB	拍卖公司	拍卖日期
清代 四川“大邑县商盐本 益济合号 匠两益合”三戳十两圆锭		11,500	中国嘉德	2020-12-06
清代 四川“二十五年地丁”单戳十两圆锭		24,150	中国嘉德	2020-12-06
清代 四川“富荣盐厘 二年匠喻天泰”双戳十两圆锭		74,750	中国嘉德	2020-12-06
清代 四川“干盛昌”十两圆锭		11,270	中国嘉德	2020-12-06
清代 四川“公心昌”单戳十两圆锭		17,250	中国嘉德	2020-12-06
清代 四川“光绪卅三年盐课 裕亨同 江计商”三戳十两圆锭		172,500	中国嘉德	2020-12-06
清代 四川“洪盛记”三戳八两圆锭		10,350	中国嘉德	2020-12-06
清代 四川“洪顺祥”单戳十两圆锭		13,800	中国嘉德	2020-12-06
清代 四川“夹江计岸 王泰丰 豫康钱局倾”三戳十两圆锭		34,500	中国嘉德	2020-12-06
清代 四川“聚泰”单戳十两圆锭		17,250	中国嘉德	2020-12-06
清代 四川“彭县 宣统三年津贴 匠裕泰德”三戳十两圆锭		74,750	中国嘉德	2020-12-06
清代 四川“全盛昌”单戳十两圆锭		18,400	中国嘉德	2020-12-06
清代 四川“山盛公”单戳十两圆锭		14,950	中国嘉德	2020-12-06
清代 四川“同顺心 同顺心”双戳十两圆锭		25,300	中国嘉德	2020-12-06
清代 四川“同兴源”单戳十两圆锭		18,400	中国嘉德	2020-12-06
清代 四川“祥星美”单戳十两圆锭		16,100	中国嘉德	2020-12-06
清代 四川“怡德昌”单戳十两圆锭		14,950	中国嘉德	2020-12-06
清代 四川“怡德昌”单戳十两圆锭		12,650	中国嘉德	2020-12-06
清代 四川“裕国通商”单戳十两圆锭		17,250	中国嘉德	2020-12-06
清代 四川素面十两平安无事圆锭		10,350	中国嘉德	2020-12-06
清代 四川素面十两圆锭		13,800	中国嘉德	2020-12-06
清代 云南“戴天源号 公议纹银”五两牌坊锭		17,250	中国嘉德	2020-12-06
清代 云南“道光丁未”四两单槽锭		29,900	中国嘉德	2020-12-06
清代 云南“范镕丰号 汇号纹银”上梁“官公估童畲看”“官公估周陈看”五两牌坊锭		12,650	中国嘉德	2020-12-06
清代 云南“禄丰县”五两大单槽锭		71,300	中国嘉德	2020-12-06
清代 云南“张庆丰号 公议纹银”上梁“公议公估冯看”五两牌坊锭		12,650	中国嘉德	2020-12-06
清代 浙江“肆年 松阳 信义”五两圆锭		51,750	中国嘉德	2020-12-06
清代 直隶“公议局 十足色”十两银锭		138,000	中国嘉德	2020-12-06
清代 直隶“万聚号十足色亨”十两银锭		39,100	中国嘉德	2020-12-06
清代 直隶“万聚号 十足色”十两银锭		24,150	中国嘉德	2020-12-06
清代江苏“咸丰七年·江海关·朱源裕·匠陈泰”五十两银锭一枚		816,500	上海泓盛	2020-07-18
清代四川“富荣盐厘·二年匠喻天泰”双戳十两圆锭一枚		138,000	上海泓盛	2020-07-18
清代四川“富荣盐厘·二年匠喻天泰”双戳十两圆锭一枚		109,250	上海泓盛	2020-07-18
清广东“大甫县·光绪二十三年·十月银匠谢宝源”十两砝码锭一枚		43,700	上海泓盛	2020-07-18
清广东“阳山·嘉庆八年·六月信隆”十两砝码锭一枚		94,300	上海泓盛	2020-07-18
清广西“平乐县·光绪十三年·四月日·金昌义·库银”十两砝码锭一枚		86,250	上海泓盛	2020-07-18
清湖南“浏阳县·道光年月·钱公慎”五十两银锭一枚		713,000	上海泓盛	2020-07-18
清湖南“武陵·嘉庆年月”五十两银锭一枚		529,000	上海泓盛	2020-07-18
清江苏“无锡县·四十一年十月·官邱涟·王裕”五十两银锭一枚		379,500	上海泓盛	2020-07-18
清山东“东海关·壬子年月·匠鲁协中”五十两银锭一枚		32,200	上海泓盛	2020-07-18
清山东“临关·宣统年月·同升银炉”五十两银锭一枚		379,500	上海泓盛	2020-07-18

(续表)

拍品名称	物品尺寸	成交价RMB	拍卖公司	拍卖日期
清四川"二十五年地丁"十两银锭一枚		28,750	上海泓盛	2020-07-18
清四川"富"字双戳五两银锭一枚		20,700	上海泓盛	2020-07-18
清四川"益泰玉"十两银锭一枚		15,870	上海泓盛	2020-07-18
清四川"玉兴公"十两银锭一枚		20,700	上海泓盛	2020-07-18
清云南"黑井郑钫"三排戳五两槽锭一枚		69,000	上海泓盛	2020-07-18
清云南"浪穹课"五两银锭一枚		25,300	上海泓盛	2020-07-18
清云南"同兴祥记·汇号纹银·公估童畲段看"五两牌坊型银锭一枚		23,000	上海泓盛	2020-07-18
清云南"王永盛号·公议纹银·盛号公议公看讫"五两牌坊型银锭一枚		13,800	上海泓盛	2020-07-18
清云南"元峰乐记·汇号纹银·公估银看讫"五两牌坊型银锭一枚		17,250	上海泓盛	2020-07-18
清云南"张庆丰号·公议纹银·公议公估冯看"五两牌坊型银锭一枚		13,800	上海泓盛	2020-07-18
清浙江"永嘉元年 福顺"五两银锭一枚		77,050	上海泓盛	2020-07-18
山东齐河"咸丰年月""协茂号记"五十两银锭		172,500	中贸圣佳	2020-10-16
上海"协泰丰""财富"五十两银锭		218,500	中贸圣佳	2020-10-16
四川"汉源""永兴祥"十两银锭		11,500	中贸圣佳	2020-10-16
四川"汉州"十两银锭		69,000	中贸圣佳	2020-10-16
四川"民国八年 民国八年"十两圆锭		11,500	北京诚轩	2020-08-19
四川"民国癸丑年"十两圆锭		36,800	北京诚轩	2020-08-19
四川"内江县"十两银锭		69,000	中贸圣佳	2020-10-16
四川"温江县"十两银锭		69,000	中贸圣佳	2020-10-16
宋代"真花银 真花银"二十五两银锭		23,000	中国嘉德	2020-12-06
宋元二十五两银锭		32,200	北京诚轩	2020-08-19
唐伍拾两银锭		149,500	北京保利	2020-12-04
伪满洲国"康德年月日 天利长 滨江特别市"五十两银锭		172,500	北京诚轩	2020-08-19
元代 五两束腰银锭		12,650	中国嘉德	2020-12-06
云南"陈元昌号 足色盐课"五两牌坊银锭		21,850	中国嘉德	2020-12-06
云南"万泰朵记贰月纹银""公估万看讫"五两牌坊银锭		24,150	中国嘉德	2020-12-06
中华民国元年袁大头(餉银壹两双旗币)	直径3.9cm	2,261,912	新加坡环球	2020-01-08
宋至明 钱币一组五枚	直径4.2–4.8cm	23,000	西泠印社	2020-08-10
安徽省造光绪元宝方孔十文铜币破版试铸样币/GBCA SP65BN		575,000	北京诚轩	2020-08-18
安徽省造光绪元宝十文铜币/PCGS MS64RB		10,120	北京诚轩	2020-08-18
丙午户部大清铜币中心"鄂"二文/PCGS MS64RB		25,300	北京诚轩	2020-08-18
丙午户部大清铜币中心"鄂"十文/PCGS MS65RB		17,250	北京诚轩	2020-08-18
丙午户部大清铜币中心"鄂"五文/PCGS MS63RB		12,650	北京诚轩	2020-08-18
大清铜币(户部丙午)鄂字版	直径2.8cm	357,144	新加坡环球	2020-01-08
大同二年伪满洲国五厘铜币/PCGS MS64RB		10,925	北京诚轩	2020-08-18
光绪元宝(湖北省造)当十铜币	直径2.6cm	488,097	新加坡环球	2020-01-08
癸卯奉天省造光绪元宝十文黄铜币		13,800	北京诚轩	2020-08-18
户部光绪元宝珠圈龙版二十文铜币/PCGS MS62+BN		74,750	北京诚轩	2020-08-18
己酉大清铜币中心"奉"五文/PCGS AU55		23,000	北京诚轩	2020-08-18
甲辰奉天省造光绪元宝廿文黄铜币/PCGS MS63		46,000	北京诚轩	2020-08-18
清 加官进禄长生保命福局开炉钱	直径6.3cm; 厚0.6cm	138,000	西泠印社	2020-08-10
清 苏炉外八角四决	直径4.4cm	71,300	西泠印社	2020-08-10
清 太平天国钱币一组四枚	直径2.5–2.6cm	13,800	西泠印社	2020-08-10
清 天聪汗钱	直径4.4cm	287,500	西泠印社	2020-08-10
清 咸丰乙卯霞浦顺天圣母正殿上梁布	通长6.2cm	20,700	西泠印社	2020-08-10
清 长命富贵天下太平母钱	直径4.4cm	51,750	西泠印社	2020-08-10
清 制钱一组十二枚		69,000	中国嘉德	2020-08-18
清代"天国"背"圣宝"折十		11,500	北京诚轩	2020-08-19
清代"义记金钱"背方胜		19,550	北京诚轩	2020-08-19
清末·太平天国"太平天国"背"圣宝"宋体当百		94,300	中国嘉德	2020-08-18
清宣统三年(1911)大清铜币十文一组十一枚		14,950	中国嘉德	2020-08-19
四川官局造光绪元宝二十文铜币/PCGS XF45		20,700	北京诚轩	2020-08-18
民国 湖南洪宪元年当十铜元	直径2.7cm	34,500	西泠印社	2020-08-10
民国 马兰钱(珠圈版)五文型	直径2.3cm	28,750	西泠印社	2020-08-10
民国二十八年党徽布图大"桂"字壹分铜币/PCGS MS63+BN		92,000	北京诚轩	2020-08-18
民国二十九年(1940)华兴银行壹分铜币样币		14,950	中国嘉德	2020-08-19
民国二十六年(1937)党徽壹分铜币一组二十枚		17,250	中国嘉德	2020-08-19
民国二十一年云南省造伍仙铜币/PCGS AU50		21,850	北京诚轩	2020-08-18
民国十九年四川党徽梅花图贰分铜辅币试铸样币/PCGS MS61BN		115,000	北京诚轩	2020-08-18
民国十九年四川省造中心"川"边铸一百文黄铜币/PCGS XF45		40,250	北京诚轩	2020-08-18
民国十七年(1928)甘肃省造孙中山像伍枚铜币		13,800	中国嘉德	2020-08-19
民国十一年湖南省宪成立纪念当十铜币/NGC MS61BN		25,300	北京诚轩	2020-08-18
民国元年广东省造壹仙铜币/PCGS MS64RB		14,950	北京诚轩	2020-08-18
民国元年军政府造四川黄铜币十文/PCGS MS64		12,650	北京诚轩	2020-08-18
民国元年四川醒狮图五文型铜币/PCGS MS62BN		69,000	北京诚轩	2020-08-18
四川十文型马兰单面铜币/PCGS XF45		17,250	北京诚轩	2020-08-18
四川十文型马兰黄铜币/PCGS XF45		13,800	北京诚轩	2020-08-18
四川十文型马兰铜币/PCGS XF45		23,000	北京诚轩	2020-08-18
四川五文型马兰黄铜币/PCGS AU55		16,100	北京诚轩	2020-08-18
四川五文型马兰黄铜币/PCGS XF40		10,925	北京诚轩	2020-08-18
四川五文型马兰黄铜币/PCGS XF45		14,950	北京诚轩	2020-08-18
宋–民国 太平钱一组八枚		16,100	中国嘉德	2020-08-18
1933年鄂豫皖苏区经济公社流通券铜元钱壹串文油布币		24,150	北京诚轩	2020-08-19
川陕省苏维埃赤化全川二百文铜币/PCGS XF40		18,400	北京诚轩	2020-08-18
川陕省苏维埃赤化全川二百文铜币/PCGS XF45		37,950	北京诚轩	2020-08-18
川陕省苏维埃赤化全川二百文铜币/PCGS XF45		21,850	北京诚轩	2020-08-18
川陕省苏维埃造五百文铜币/PCGS AU50		60,950	北京诚轩	2020-08-18
川陕省苏维埃造五百文铜币/PCGS AU50		29,900	北京诚轩	2020-08-18
川陕省苏维埃造五百文铜币/PCGS XF40		25,300	北京诚轩	2020-08-18
川陕省苏维埃造五百文铜币/PCGS XF40		23,000	北京诚轩	2020-08-18
民国二十一年孙中山像金本位壹圆银币铜质试铸样币一枚		1,380,000	上海泓盛	2020-07-18
民国三年广东省造壹仙铜币一枚		13,800	上海泓盛	2020-07-18
1949年白塔一分铜圆一枚		10,350	上海泓盛	2020-07-18
民国十九年(1930)四川省造中心"川"边铸一百文铜币		11,500	中国嘉德	2020-12-05
民国四川"青蚨飞去复飞"来背杜丹铜元一枚		276,000	上海泓盛	2020-07-18
民国四川卧牛廿文型铜圆一枚		253,000	上海泓盛	2020-07-18
清奉天省造甲辰光绪元宝当制钱廿文铜元红铜试铸样币一枚		92,000	上海泓盛	2020-07-18

(续表)

拍品名称	物品尺寸	成交价RMB	拍卖公司	拍卖日期
清光绪丙午(1906)户部大清铜币中心"直"五文铜币		11,500	中国嘉德	2020-12-05
清光绪年造丙午户部中心"滇"大清铜币当制钱二十文铜元一枚		25,300	上海泓盛	2020-07-18
清光绪年造丙午户部中心阳"宁"大清铜币当制钱二十文试铸样币一枚		483,000	上海泓盛	2020-07-18
清湖南省造光绪元宝当十黄铜元试铸样币一枚		25,300	上海泓盛	2020-07-18
清吉林省造光绪元宝每元当制钱十个铜元一枚		32,200	上海泓盛	2020-07-18
清江南省造光绪元宝每元当制钱十文白铜试铸样币一枚		149,500	上海泓盛	2020-07-18
清宣统年造己酉大清铜币当制钱二十文铜元黄铜试铸样币一枚		11,500	上海泓盛	2020-07-18
清云南省造光绪元宝库平一钱四分四厘银币铜质样币一枚		97,750	上海泓盛	2020-07-18
清云南省造光绪元宝每元当制钱十文铜币试铸样币一枚		483,000	上海泓盛	2020-07-18
四川省造光绪像大型卢比臆造币		86,250	北京诚轩	2020-08-18
宣统三年大清铜币十文/PCGS MS63BN		10,350	北京诚轩	2020-08-18
宣统三年大清铜币十文/PCGS MS64RB		23,000	北京诚轩	2020-08-18
乙巳户部大清铜币中心"奉"二十文/PCGS MS62BN		23,000	北京诚轩	2020-08-18
云南省造唐继尧正面像纪念铜币黄铜五十文/PCGS MS61		82,800	北京诚轩	2020-08-18
浙江省造光绪元宝当十黄铜币/PCGS MS64		12,650	北京诚轩	2020-08-18
中华民国湖南铜元当十/PCGS MS64RB		16,100	北京诚轩	2020-08-18
中华苏维埃共和国铜币一组六枚		14,950	中国嘉德	2020-08-19
明 陕西韩城县崇祯五年X粮减扣银四十六两六钱银元宝	重1720g	379,500	西泠印社	2020-08-10
1891年广东省造光绪元宝库平七钱二分银币(LM133)		14,950	中国嘉德	2020-08-19
1895年湖北省造光绪元宝库平七分二厘银币(LM185)		10,350	中国嘉德	2020-08-19
1895年湖北省造光绪元宝库平三钱六分银币(LM183)		55,200	中国嘉德	2020-08-19
1898年吉林省造光绪元宝库平七钱二分银币(LM516)		21,850	中国嘉德	2020-08-19
1898年江南省造戊戌光绪元宝库平七钱二分银币(LM217)		13,800	中国嘉德	2020-08-19
1898年四川省造光绪元宝库平七钱二分银币(LM345)		172,500	中国嘉德	2020-08-19
1898年四川省造光绪元宝库平七钱二分银币(LM345)		12,650	中国嘉德	2020-08-19
1899年浙江省造光绪元宝库平七分二厘银币(LM285)		12,650	中国嘉德	2020-08-19
1900年江南省造庚子光绪元宝库平七钱二分银币(LM229)		12,650	中国嘉德	2020-08-19
1901年吉林省造辛丑光绪元宝库平七钱二分银币(LM536);1904年吉林省造甲辰光绪元宝库平七钱二分银币(LM552)		17,250	中国嘉德	2020-08-19
1901年江南省造辛丑光绪元宝库平七钱二分银币(LM241)		32,200	中国嘉德	2020-08-19
1902年英国爱德华七世精制金银币一套十三枚/均PCGS评级		80,500	北京诚轩	2020-08-18
1903年奉天省造癸卯光绪元宝库平七钱二分银币(LM482)		14,950	中国嘉德	2020-08-19
1903年吉林省造癸卯光绪元宝库平一钱四分四厘银币(LM549)		32,200	中国嘉德	2020-08-19
1904年江南省造甲辰光绪元宝库平七钱二分银币(LM257)		14,950	中国嘉德	2020-08-19
1905年乙巳江南省造光绪元宝库平七钱二分银币/PCGS XF Detail		11,500	北京诚轩	2020-08-18
1907年丁未大清银币伍角样币		322,000	北京诚轩	2020-08-18
1907年东三省造光绪元宝库平三钱六分银币(LM488)		31,050	中国嘉德	2020-08-19
1907年新疆饷银四钱银币/PCGS XF40		48,300	北京诚轩	2020-08-18
1907年云南省造光绪元宝(老云南)库平七钱二分银币(LM418)		24,150	中国嘉德	2020-08-19
1907年云南省造光绪元宝(老云南)库平一钱四分四厘银币(LM420)		48,300	中国嘉德	2020-08-19
1908年造币总厂光绪元宝库平七钱二分银币/PCGS XF Detail		13,800	北京诚轩	2020-08-18
1908年造币总厂光绪元宝七钱二分银币(LM11)		29,900	中国嘉德	2020-08-19
1908年造币总厂光绪元宝七钱二分银币(LM11)		19,550	中国嘉德	2020-08-19
1908年造币总厂光绪元宝七钱二分银币(LM11)		17,250	中国嘉德	2020-08-19
1908年造币总厂光绪元宝七钱二分银币(LM11)		16,100	中国嘉德	2020-08-19
1909年湖北省造宣统元宝库平七钱二分银币(LM187)		40,250	中国嘉德	2020-08-19
1909年湖北省造宣统元宝库平七钱二分银币(LM187)		27,600	中国嘉德	2020-08-19
1909年云南省造宣统元宝库平七钱二分银币(LM425)		17,250	中国嘉德	2020-08-19
1911年云南省造光绪元宝火珠下双圈双点版库平三钱六分银币/PCGS MS65		26,450	北京诚轩	2020-08-18
1913年东三省造宣统元宝中空龙口七牙版库平一钱四分四厘银币/PCGS MS66		20,700	北京诚轩	2020-08-18
清 安徽二十四年光绪元宝七钱二分银币	直径3.9cm	34,500	西泠印社	2020-08-10
清 北洋造光绪元宝七钱二分银币(卷三旗四)	直径3.9cm	74,750	西泠印社	2020-08-10
清 甘肃秦州赵秉礼花生锭	通长2.5cm;重58.2g	103,500	西泠印社	2020-08-10
清 江南省造庚子光绪元宝七钱二分银币	直径3.9cm	34,500	西泠印社	2020-08-10
清 江南省造己亥光绪元宝七钱二分银币	直径3.9cm	57,500	西泠印社	2020-08-10
清 申少林自备银元宝一对	总重627.1g	460,000	西泠印社	2020-08-10
清 山东"山东盐课 韩金城""洪"十两元宝形银锭		241,500	中国嘉德	2020-08-19
民国 二十二、二十三年孙中山像船洋一对	直径3.9cm	21,850	西泠印社	2020-08-10
民国 二十二、二十三年孙中山像船洋一组五枚	直径3.9cm	32,200	西泠印社	2020-08-10
民国 三年袁世凯头像银币新疆版	直径3.9cm	66,700	西泠印社	2020-08-10
民国 双喜字壹两银鎏金金元宝	重32.7g	39,100	西泠印社	2020-08-10
民国四川卢比有领横花版式一套三枚	直径3cm	103,500	西泠印社	2020-08-10
民国 袁世凯头像银币一组八枚	直径1.8~3.9cm	10,925	西泠印社	2020-08-10
民国 袁世凯像飞龙银币	直径3.9cm;重27g	345,000	西泠印社	2020-08-10
"大利盐X利银五十八两壹钱·专监冯梁"五十两银饼		345,000	中贸圣佳	2020-10-16
"宣和元宝"银质	直径2.2cm	17,250	中贸圣佳	2020-10-16
1758年西属秘鲁利马8里亚尔银币		25,300	中国嘉德	2020-12-05
1768年西属危地马拉8里亚尔银币		28,750	中国嘉德	2020-12-05
1891年广东省造光绪元宝库平七钱二分银币(LM133)		36,800	中国嘉德	2020-12-05
1895年湖北省造光绪元宝库平三钱六分银币		11,500	北京保利	2020-10-18
1895年湖北省造光绪元宝库平七钱二分银币		86,250	北京保利	2020-10-18

(续表)

拍品名称	物品尺寸	成交价RMB	拍卖公司	拍卖日期
1895年湖北省造光绪元宝库平七钱二分银币(LM177)		28,750	中国嘉德	2020-12-05
1895年湖北省造光绪元宝库平七钱二分银币(LM182)		11,500	中国嘉德	2020-12-05
1897年江南省造光绪元宝库平一钱四分四厘银币(LM212A)		20,700	中国嘉德	2020-12-05
1898年江南省造戊戌库平七钱二分银币		138,000	北京保利	2020-10-18
1898年光绪二十四年北洋机械局造壹圆银币		25,300	北京保利	2020-10-18
1898年光绪二十四年奉天机器局造壹圆银币		79,350	北京保利	2020-12-04
1898年江南省造戊戌光绪元宝库平七钱二分银币		2,990,000	北京保利	2020-10-18
1900–1904年江南省造光绪元宝库平七钱二分银币一组四枚		11,500	北京保利	2020-10-18
1900年江南省造庚子光绪元宝库平七钱二分银币		4,657,500	北京保利	2020-10-18
1900年江南省造庚子光绪元宝库平七钱二分银币(LM229)		13,800	中国嘉德	2020-12-05
1901年江南省造辛丑光绪元宝库平七钱二分银币(LM241)		48,300	中国嘉德	2020-12-05
1902年吉林省造壬寅光绪元宝库平七钱二分银币(LM542)		36,800	中国嘉德	2020-12-05
1903年奉天省造癸卯光绪元宝库平七钱二分银币(LM482)		12,650	中国嘉德	2020-12-05
1904–1912年四川省造光绪像1/4卢比银币一枚		105,800	上海泓盛	2020-07-18
1904年光绪三十年湖北省造大清银币库平壹两小字版银币		105,800	北京保利	2020-10-18
1904年吉林省造甲辰光绪元宝库平七钱二分银币(LM552)		27,600	中国嘉德	2020-12-05
1904年吉林省造甲辰光绪元宝库平三钱六分银币(LM553)		18,400	中国嘉德	2020-12-05
1906年光绪年造丙午户部大清银币"中"字壹钱银质样币		23,000	北京保利	2020-10-18
1907年光绪三十三年东三省造光绪元宝库平七钱二分银币		920,000	北京保利	2020-10-18
1907年光绪三十三年东三省造光绪元宝库平三钱六分银币		48,300	北京保利	2020-10-18
1907年云南省造光绪元宝(老云南)库平七钱二分银币(LM418)		10,350	中国嘉德	2020-12-05
1907年云南省造光绪元宝(老云南)库平七钱二分银币(LM418)		10,120	中国嘉德	2020-12-05
1907年云南省造光绪元宝(老云南)库平七钱二分银币(LM418)		10,120	中国嘉德	2020-12-05
1908年香港不列颠尼亚女神像壹圆银币一枚		13,800	上海泓盛	2020-07-18
1908年云南省造光绪元宝库平七钱二分银币		36,800	北京保利	2020-10-18
1908年造币总厂光绪元宝库平七钱二分银币		16,100	北京保利	2020-10-18
1908年造币总厂光绪元宝七钱二分银币(LM11)		18,400	中国嘉德	2020-12-05
1908年造币总厂光绪元宝七钱二分银币(LM11)		16,100	中国嘉德	2020-12-05
1908年造币总厂光绪元宝七钱二分银币(LM11)		14,950	中国嘉德	2020-12-05
1908年造币总厂光绪元宝七钱二分银币(LM11)		13,800	中国嘉德	2020-12-05
1908年造币总厂光绪元宝七钱二分银币(LM11)		12,650	中国嘉德	2020-12-05
1908年造币总厂光绪元宝七钱二分银币(LM11)		11,500	中国嘉德	2020-12-05
1908年造币总厂光绪元宝七钱二分银币(LM11)		10,120	中国嘉德	2020-12-05
1909年湖北省造宣统元宝库平七钱二分银币(LM187)		17,250	中国嘉德	2020-12-05
1909年湖北省造宣统元宝库平七钱二分银币(LM187)		16,100	中国嘉德	2020-12-05
1909年湖北省造宣统元宝库平七钱二分银币(LM187)		10,350	中国嘉德	2020-12-05
1909年四川省造宣统元宝七钱二分银币		11,500	北京保利	2020-10-18
1909年云南省造宣统元宝库平七钱二分银币		25,300	北京保利	2020-10-18
1910年大清银币宣统年造伍角银币一枚		43,700	北京保利	2020-12-04
1910年宣统年造大清银币伍角		28,750	北京保利	2020-10-18
1911年大清银币宣统三年壹圆银币一枚		24,150	北京保利	2020-12-04
1911年宣统三年大清银币壹圆		80,500	北京保利	2020-10-18
1911年云南省造光绪元宝(新云南无英文)库平七钱二分银币(LM421)		31,050	中国嘉德	2020-12-05
1911年云南省造光绪元宝库平七钱二分银币一枚		12,650	北京保利	2020-12-04
1912年黎元洪像戴帽开国纪念壹圆银币一枚		103,500	上海泓盛	2020-07-18
1912年黎元洪像无帽开国纪念壹圆银币一枚		218,500	上海泓盛	2020-07-18
1912年黎元洪像无帽开国纪念壹圆银币一枚		86,250	上海泓盛	2020-07-18
1912年黎元洪像无帽开国纪念壹圆银币一枚		36,800	上海泓盛	2020-07-18
1912年孙中山像开国纪念"上五星"版壹圆银币		43,700	北京保利	2020-10-18
1912年孙中山像开国纪念"下五星"版壹圆银币		80,500	北京保利	2020-10-18
1912年孙中山像中华民国开国纪念弍角十枚当一圆银币试铸样币一枚		736,000	上海泓盛	2020-07-18
1912年中华民国黎元洪像开国纪念壹圆银币一枚		46,000	北京保利	2020-12-04
1914年民国三年袁世凯像壹圆银币一组十枚		17,250	北京保利	2020-10-18
1914年民国三年袁世凯像壹圆银币一组五十枚		54,050	北京保利	2020-12-04
1914年袁世凯像共和纪念壹圆银币		63,250	北京诚轩	2020-08-18
1914年袁世凯像共和纪念壹圆银币一枚		97,750	上海泓盛	2020-07-18
1914年袁世凯像共和纪念壹圆银币一枚		74,750	上海泓盛	2020-07-18
1914年袁世凯像共和纪念壹圆银币一枚		66,700	上海泓盛	2020-07-18
1916年袁世凯戎装像背飞龙中华帝国洪宪纪元纪念银币一枚		43,700	上海泓盛	2020-07-18
1916年袁世凯戎装像中华帝国洪宪纪元飞龙纪念银币一枚		178,250	上海泓盛	2020-07-18
1916年袁世凯戎装像中华帝国洪宪纪元飞龙纪念银币一枚		172,500	上海泓盛	2020-07-18
1916年袁世凯戎装像中华帝国洪宪纪元飞龙纪念银币一枚		97,750	上海泓盛	2020-07-18
1916年袁世凯像中华帝国洪宪纪元飞龙纪念银章(LM942)		161,000	中国嘉德	2020-12-05
1916年袁世凯像中华帝国洪宪纪元飞龙纪念银章(LM942)		115,000	中国嘉德	2020-12-05
1916年云南唐继尧侧面像背双旗拥护共和纪念库平三钱六分银币一枚		11,500	上海泓盛	2020-07-18
1916年云南唐继尧侧面像拥护共和纪念库平三钱六分银币一枚		13,800	上海泓盛	2020-07-18
1916年云南唐继尧正面像拥护共和纪念库平三钱六分银币一枚		48,300	上海泓盛	2020-07-18
1916年云南唐继尧正面像拥护共和纪念库平三钱六分银币一枚		23,000	上海泓盛	2020-07-18

（续表）

拍品名称	物品尺寸	成交价RMB	拍卖公司	拍卖日期
1918年唐继尧正面像拥护共和纪念三钱六分银币		18,400	北京保利	2020-10-18
1920年中华民国九年袁世凯像壹圆银币一枚		16,100	北京保利	2020-12-04
1921年中华民国十年袁世凯像壹圆银币		16,100	北京保利	2020-12-04
1923年曹锟戎装像宪法成立纪念银币一枚		506,000	上海泓盛	2020-07-18
1923年曹锟戎装像宪法成立纪念银币一枚		115,000	上海泓盛	2020-07-18
1923年曹锟戎装像宪法成立纪念银币一枚		69,000	上海泓盛	2020-07-18
1923年曹锟文装像宪法成立纪念银币一枚		80,500	上海泓盛	2020-07-18
1923年曹锟文装像宪法成立纪念银币一枚		80,500	上海泓盛	2020-07-18
1923年曹锟武装像宪法成立纪念银币金质样币一枚		1,012,000	上海泓盛	2020-07-18
1923年曹锟武装像宪法成立纪念银章一枚		80,500	上海泓盛	2020-07-18
1923年曹锟正面戎装像纪念银章一枚		23,000	上海泓盛	2020-07-18
1923年曹锟正面戎装像纪念银章一枚		23,000	上海泓盛	2020-07-18
1923年曹锟正面戎装像小型纪念银章		12,650	北京保利	2020-10-18
1924年段祺瑞像中华民国执政纪念银币		36,800	北京保利	2020-10-18
1927年孙中山像开国纪念壹圆银币一组十枚		10,925	北京保利	2020-10-18
1927年孙中山像开国纪念点草版壹圆银币/汉泉 MS65		10,925	北京诚轩	2020-08-18
1928年贵州省政府造壹圆汽车银币		40,250	北京保利	2020-10-18
1929年民国十八年孙中山像背帆船壹圆银质样币		105,800	北京保利	2020-10-18
1929年香港不列颠尼亚女神像壹圆银币一枚		11,500	上海泓盛	2020-07-18
1930年香港不列颠尼亚女神站像壹圆银币一枚		17,250	上海泓盛	2020-07-18
1931年工农银行"粉碎敌人五次围攻决战临时军用币"壹圆臆造银币		13,800	北京保利	2020-10-18
1932年鄂豫皖省苏维埃政府工农银行造壹圆银币一枚		92,000	上海泓盛	2020-07-18
1932年鄂豫皖省苏维埃政府造壹圆银币一枚		333,500	上海泓盛	2020-07-18
1932年鄂豫皖省苏维埃政府造壹圆银币一枚		230,000	上海泓盛	2020-07-18
1932年民国二十一年孙中山像三鸟壹圆银币		19,550	北京保利	2020-10-18
1932年皖西北特区苏维埃银行银币券壹圆		63,250	北京诚轩	2020-08-19
1932年中华苏维埃共和国贰角银币一枚		69,000	上海泓盛	2020-07-18
1933年中华苏维埃共和国贰角银币/PCGS MS62		57,500	北京诚轩	2020-08-18
1934民国二十三年孙中山像背帆船壹圆银币		18,400	北京保利	2020-10-18
1934年川陕省造币厂造中华苏维埃共和国壹圆银币（LM891）		82,800	中国嘉德	2020-12-05
1934年民国二十三年孙中山像背帆船壹圆银币十枚		17,250	北京保利	2020-10-18
1934年闽浙赣省苏维埃政府"粉碎敌人五次围攻决战临时军用币"臆造壹圆银币		14,950	北京保利	2020-10-18
1934年中华苏维埃共和国川陕省造币厂造大五角星版壹圆银币		63,250	北京诚轩	2020-08-18
1934年中华苏维埃共和国川陕省造币厂造大五角星版壹圆银币/PCGS XF45		437,000	北京诚轩	2020-08-18
1934年中华苏维埃共和国川陕省造币厂造壹圆银币		92,000	北京诚轩	2020-08-18
1934年中华苏维埃共和国川陕省造币厂造壹圆银币		89,700	北京诚轩	2020-08-18
1934年中华苏维埃共和国川陕省造币厂造壹圆银币/NGC AU50		115,000	北京诚轩	2020-08-18
1934年中华苏维埃共和国川陕省造币厂造壹圆银币/NGC AU58		230,000	北京诚轩	2020-08-18
1934年中华苏维埃共和国川陕省造币厂造壹圆银币/NGC XF45		103,500	北京诚轩	2020-08-18
1934年中华苏维埃共和国川陕省造币厂造壹圆银币/PCGS XF40		189,750	北京诚轩	2020-08-18
1934年中华苏维埃共和国川陕省造币厂造壹圆银币一枚		17,250	上海泓盛	2020-07-18
1943年云南"富"字一两正银银币一枚		13,800	上海泓盛	2020-07-18
1943年云南省"富"字一两正银银币		40,250	北京保利	2020-10-18
1943年云南省"小鹿头"正银一两银币一枚		34,500	上海泓盛	2020-07-18
1946年西藏改版桑松果木3Srang银币/NGC MS64		11,500	北京诚轩	2020-08-18
1948年久果10Srang银币		10,120	中国嘉德	2020-08-19
1949年新疆省造币厂铸双面"1949"版壹圆银币/PCGS XF Detail		23,000	北京诚轩	2020-08-18
1949年新疆省造币厂铸壹圆银币（LM843）		115,000	中国嘉德	2020-08-19
1949年新疆省造币厂铸壹圆银币一枚		46,000	上海泓盛	2020-07-18
1949年新疆省造币厂铸壹圆银币一枚		34,500	上海泓盛	2020-07-18
1949年新疆省造币厂铸壹圆银币一枚		23,000	上海泓盛	2020-07-18
1971年中华民国江西银币壬子壹圆		109,250	中国嘉德	2020-08-19
1988年中国造币公司龙年10盎司纪念银币一枚		13,800	上海泓盛	2020-07-18
1992年中国古代科技发明发现（第一组）指南针纪念银币		43,700	北京诚轩	2020-08-18
1992年中国生肖币发行十二周年纪念银币		161,000	北京诚轩	2020-08-18
1995年中国人民银行发行《三国演义》系列关羽像纪念金币、1989年中国钱币有限公司发行武圣关公纪念银币		40,250	中国嘉德	2020-12-05
2003年中国人民银行发行观音纪念银币		25,300	中国嘉德	2020-08-19
2006年中国人民银行发行丙戌（狗）年色生肖纪念银币		34,500	中国嘉德	2020-08-19
2007年中国人民银行发行中国人民解放军80周年金、银币一组3套共6枚		21,850	中国嘉德	2020-08-19
2007年中国人民银行发行中国人民解放军建军八十周年纪念金、银币二套4枚		14,950	中国嘉德	2020-08-19
2007年中国人民银行发行中国人民解放军建军八十周年纪念金、银币二套4枚		13,800	中国嘉德	2020-08-19
2009年己丑（牛）中国人民银行发行生肖纪念金银币4套每套2枚共8枚		14,950	中国嘉德	2020-08-19
2009年中国人民银行发行己丑（牛）年彩色生肖纪念金、银币一组4套		25,300	中国嘉德	2020-08-19
2009年中国人民银行发行己丑（牛）年彩色生肖纪念金、银币一组4套共8枚		25,300	中国嘉德	2020-08-19
2009年中国人民银行发行己丑（牛）年彩色生肖金、银币一组3套共6枚		20,700	中国嘉德	2020-08-19
2009年中国人民银行发行己丑（牛）年梅花形生肖金、银币一组3套共6枚		43,700	中国嘉德	2020-08-19
2009年中国人民银行发行己丑（牛）年梅花形生肖金、银币一组3套共6枚		36,800	中国嘉德	2020-08-19
2009年中国人民银行发行己丑（牛）年梅花形生肖金、银币一组3套共6枚		34,500	中国嘉德	2020-08-19
2009年中国人民银行发行己丑（牛）年扇形金、银币一组3套共6枚		24,150	中国嘉德	2020-08-19

(续表)

拍品名称	物品尺寸	成交价RMB	拍卖公司	拍卖日期
2009年中国人民银行发行己丑(牛)年扇形金、银币一组3套共6枚		23,000	中国嘉德	2020-08-19
2009年中国人民银行发行己丑(牛)年扇形金、银币一组3套共6枚		23,000	中国嘉德	2020-08-19
2009年中国人民银行发行己丑(牛)年生肖纪念金、银币一组4套		13,800	中国嘉德	2020-08-19
2009年中国人民银行发行己丑(牛)年生肖纪念金、银币一组4套		13,800	中国嘉德	2020-08-19
2009年中国人民银行发行己丑(牛)年生肖纪念金、银币一组4套共8枚		14,950	中国嘉德	2020-08-19
2009年中国人民银行发行己丑(牛)年生肖纪念金、银币一组4套共8枚		13,800	中国嘉德	2020-08-19
2009年中国人民银行发行己丑(牛)年生肖纪念金、银币一组4套每套2枚共8枚		13,800	中国嘉德	2020-08-19
2010年中国人民银行发行庚寅(虎)年生肖纪念银币		18,400	中国嘉德	2020-08-19
2010年中国人民银行发行庚寅(虎)年生肖纪念银币		16,100	中国嘉德	2020-08-19
2010中国庚寅(虎)年生肖纪念银币		13,800	北京诚轩	2020-08-18
2012年中国人民银行发行壬辰(龙)年长方形生肖纪念银币一组3枚		14,950	中国嘉德	2020-08-19
2014年中国人民银行发行甲午(马)年生肖纪念银币		12,650	中国嘉德	2020-08-19
丙午户部大清银币“中”字贰钱样币/PCGS SP64		172,500	北京诚轩	2020-08-18
丙午户部大清银币“中”字伍钱样币/NGC MS67		391,000	北京诚轩	2020-08-18
丙午户部大清银币“中”字壹钱样币/NGC MS61		59,800	北京诚轩	2020-08-18
丙午吉林省造光绪元宝库平七钱二分银币/PCGS AU58		138,000	北京诚轩	2020-08-18
丙午吉林省造光绪元宝库平七钱二分银币/PCGS XF Detail		12,650	北京诚轩	2020-08-18
丙午吉林省造光绪元宝库平三钱六分银币/PCGS AU58		36,800	北京诚轩	2020-08-18
藏历15年–52年 西藏桑松果木一两银币		34,500	中国嘉德	2020-12-05
曹锟戎装像宪法成立纪念银币		155,250	北京诚轩	2020-08-18
曹锟戎装像宪法成立纪念银币/PCGS MS63		483,000	北京诚轩	2020-08-18
曹锟戎装像宪法成立纪念银币/PCGS MS64		345,000	北京诚轩	2020-08-18
大清银币(光绪三十年湖北省造)库平一两	直径4.4cm	1,488,100	新加坡环球	2020-01-08
丁未大清银币伍角样币/PCGS UNC Details		115,000	北京诚轩	2020-08-18
丁未大清银币壹圆样币/NGC PF62		345,000	北京诚轩	2020-08-18
段祺瑞像中华民国执政纪念银币		207,000	北京诚轩	2020-08-18
段祺瑞像中华民国执政纪念银币		57,500	北京诚轩	2020-08-18
段祺瑞像中华民国执政纪念银币/NGC MS67		414,000	北京诚轩	2020-08-18
段祺瑞像中华民国执政纪念银币金质样币		402,500	北京诚轩	2020-08-18
鄂豫皖省苏维埃政府工农银行造壹圆银币		97,750	北京诚轩	2020-08-18
福建银币厂造中华元宝库平一钱四分四厘银币/NGC MS65		11,500	北京诚轩	2020-08-18
庚子吉林省造光绪元宝中心花篮错英文库平一钱四分四厘银币/PCGS MS62		23,000	北京诚轩	2020-08-18
庚子吉林省造光绪元宝中心花篮库平七钱二分银币		23,000	北京诚轩	2020-08-18
庚子吉林省造光绪元宝中心花篮库平七钱二分银币/NGC AU Details		23,000	北京诚轩	2020-08-18
公元138–161年 古罗马帝国时期安东尼·庇护银币二枚		11,500	北京保利	2020-10-18
公元前145年至公元170年巴克特里亚王国银币		23,000	中国嘉德	2020-08-19
公元前306至283年马其顿王安提柯王朝德米特里一世四德拉克马银币		10,350	中国嘉德	2020-08-19
公元前77–前70年 安息帝国西纳特鲁克斯银币		10,925	北京保利	2020-10-18
古罗马恺撒大帝行军军饷银币一枚		11,500	北京保利	2020-12-04
古希腊吕底亚克罗伊斯二分之一标准重银币一枚		13,800	北京保利	2020-12-04
古希腊雅典娜猫头鹰四德拉克马银币一枚		17,250	北京保利	2020-12-04
光绪八年吉林机器官局监造厂平壹两臆造银币		126,500	北京诚轩	2020-08-18
光绪二十九年北洋造光绪元宝库平七钱二分银币/PCGS MS62		101,200	北京诚轩	2020-08-18
光绪二十六年北洋造光绪元宝库平七钱二分银币/NGC MS61		264,500	北京诚轩	2020-08-18
光绪二十六年北洋造光绪元宝库平七钱二分银币/PCGS UNC Detail		253,000	北京诚轩	2020-08-18
光绪二十三年北洋机器局造三角眼龙版壹圆银币/PCGS AU55		161,000	北京诚轩	2020-08-18
光绪二十三年北洋机器局造三角圆眼龙版壹圆银币/PCGS AU Details		80,500	北京诚轩	2020-08-18
光绪二十三年北洋机器局造五角银币/PCGS AU Detail		34,500	北京诚轩	2020-08-18
光绪二十三年北洋机器局造壹圆银币		80,500	北京诚轩	2020-08-18
光绪二十三年北洋机器局造壹圆银币		35,650	北京诚轩	2020-08-18
光绪二十四年安徽省造光绪元宝A.S.T.C.版库平三钱六分银币/PCGS XF Detail		37,950	北京诚轩	2020-08-18
光绪二十四年安徽省造光绪元宝库平七分二厘银币/PCGS AU50		11,500	北京诚轩	2020-08-18
光绪二十四年北洋机器局造凹眼龙版壹圆银币		40,250	北京诚轩	2020-08-18
光绪二十四年北洋机器局造二角银币/PCGS AU Detail		25,300	北京诚轩	2020-08-18
光绪二十四年北洋机器局造五角银币/PCGS XF Detail		32,200	北京诚轩	2020-08-18
光绪二十四年北洋机器局造壹圆银币		26,450	北京诚轩	2020-08-18
光绪二十四年北洋机器局造壹圆银币/PCGS AU Detail		27,600	北京诚轩	2020-08-18
光绪二十四年奉天机器局造阔嘴龙版五角银币/PCGS XF Detail		37,950	北京诚轩	2020-08-18
光绪二十四年奉天机器局造小嘴龙版五角银币/PCGS XF Detail		52,900	北京诚轩	2020-08-18
光绪二十四年奉天机器局造一圆银币		28,750	北京诚轩	2020-08-18
光绪二十四年奉天机器局造一圆银币/PCGS AU Detail		34,500	北京诚轩	2020-08-18
光绪二十四年奉天省造一角银币/PCGS AU58		69,000	北京诚轩	2020-08-18
光绪二十五年北洋造光绪元宝库平七钱二分银币		25,300	北京诚轩	2020-08-18
光绪二十五年北洋造光绪元宝库平三分六厘银币/PCGS XF40		10,350	北京诚轩	2020-08-18
光绪三十年湖北省造大清银币库平一两		598,000	北京诚轩	2020-08-18
光绪三十年湖北省造大清银币库平一两/PCGS XF Detail		126,500	北京诚轩	2020-08-18
光绪三十三年北洋造光绪元宝库平七钱二分银币/PCGS MS63		345,000	北京诚轩	2020-08-18
光绪三十三年东三省造光绪元宝库平七钱二分银币/PCGS XF Detail		57,500	北京诚轩	2020-08-18

（续表）

拍品名称	物品尺寸	成交价RMB	拍卖公司	拍卖日期
光绪三十四年北洋造光绪元宝“34”小字版库平七钱二分银币/PCGS MS63		138,000	北京诚轩	2020-08-18
光绪三十四年北洋造光绪元宝短尾龙版库平七钱二分银币/PCGS XF45		11,500	北京诚轩	2020-08-18
光绪三十四年北洋造光绪元宝卷“3”旗“4”版库平七钱二分银币/PCGS XF40		55,200	北京诚轩	2020-08-18
光绪三十四年北洋造光绪元宝卷“3”异“4”版库平七钱二分银币/PCGS VF35		13,800	北京诚轩	2020-08-18
光绪三十四年北洋造光绪元宝开云版库平七钱二分银币		40,250	北京诚轩	2020-08-18
光绪三十四年北洋造光绪元宝库平七钱二分银币		13,800	北京诚轩	2020-08-18
光绪三十四年北洋造光绪元宝库平七钱二分银币/PCGS AU53		12,650	北京诚轩	2020-08-18
光绪三十四年北洋造光绪元宝库平七钱二分银币/PCGS AU53		11,500	北京诚轩	2020-08-18
光绪三十四年北洋造光绪元宝库平七钱二分银币/PCGS AU55		13,800	北京诚轩	2020-08-18
光绪三十四年北洋造光绪元宝库平七钱二分银币/PCGS MS63		69,000	北京诚轩	2020-08-18
光绪三十四年北洋造光绪元宝库平七钱二分银币/PCGS MS63		66,700	北京诚轩	2020-08-18
光绪三十四年北洋造光绪元宝库平七钱二分银币/PCGS MS64		138,000	北京诚轩	2020-08-18
光绪三十四年北洋造光绪元宝库平七钱二分银币/PCGS MS66		437,000	北京诚轩	2020-08-18
光绪三十四年北洋造光绪元宝库平七钱二分银币/PCGS UNC Detail		20,700	北京诚轩	2020-08-18
光绪三十一年北洋造光绪元宝库平一钱四分四厘银币/PCGS XF45		57,500	北京诚轩	2020-08-18
光绪乙酉年造光绪皇帝、隆裕皇后像臆造银币各一枚		184,000	北京诚轩	2020-08-18
光绪元宝（北洋造）库平一两	直径4.3cm	1,666,672	新加坡环球	2020-01-08
光绪元宝（四川省造）库平七钱二分	直径3.9cm	1,309,528	新加坡环球	2020-01-08
光绪元宝库平重壹两寿字币		364,496	香港贞观	2020-08-30
广东省造光绪元宝库平七钱二分银币/PCGS Genuine		11,500	北京诚轩	2020-08-18
广东省造光绪元宝库平七钱二分银币/PCGS UNC Detail		55,200	北京诚轩	2020-08-18
广东省造光绪元宝库平七钱三分、库平七钱二分反版龙洋（一组）	直径3.96cm×2	333,334	新加坡环球	2020-01-08
广东省造光绪元宝库平三钱六分银币/PCGS MS63		184,000	北京诚轩	2020-08-18
广东省造光绪元宝三钱六分银币/PCGS MS62		89,700	北京诚轩	2020-08-18
广东省造宣统元宝库平七钱二分银币/PCGS AU58		28,750	北京诚轩	2020-08-18
广东省造宣统元宝库平七钱二分银币/PCGS MS61		51,750	北京诚轩	2020-08-18
广东省造宣统元宝库平七钱二分银币/PCGS UNC Detail		20,700	北京诚轩	2020-08-18
癸卯（1903）吉林省造光绪元宝库平七钱二分银币（LM547）		16,100	中国嘉德	2020-08-19
癸卯奉天省造光绪元宝满文“奉宝”版库平七钱二分银币		46,000	北京诚轩	2020-08-18
癸卯奉天省造光绪元宝满文“奉宝”版库平七钱二分银币/NGC XF Details		32,200	北京诚轩	2020-08-18
癸卯奉天省造光绪元宝满文“奉宝”版库平七钱二分银币/PCGS AU55		195,500	北京诚轩	2020-08-18
癸卯吉林省造光绪元宝库平七钱二分银币/PCGS AU53		92,000	北京诚轩	2020-08-18
癸卯江南省造光绪元宝库平七钱二分银币/PCGS AU Details		97,750	北京诚轩	2020-08-18
湖北省造光绪元宝、宣统元宝库平七钱二分银币一组二枚		13,800	中国嘉德	2020-12-05
湖北省造光绪元宝库平七钱二分银币/NGC MS63		48,300	北京诚轩	2020-08-18
湖北省造光绪元宝库平七钱二分银币/NGC MS65		109,250	北京诚轩	2020-08-18
湖北省造光绪元宝库平七钱二分银币/PCGS MS62+		74,750	北京诚轩	2020-08-18
湖北省造光绪元宝库平七钱二分银币/PCGS MS64		126,500	北京诚轩	2020-08-18
湖北省造光绪元宝库平七钱二分银币/PCGS XF45		32,200	北京诚轩	2020-08-18
湖北省造光绪元宝库平三分六厘银币/PCGS VF35		10,350	北京诚轩	2020-08-18
湖北省造宣统元宝库平七钱二分银币/PCGS Mint Error MS62		43,700	北京诚轩	2020-08-18
湖北省造宣统元宝库平七钱二分银币/汉泉 MS62		23,000	北京诚轩	2020-08-18
湖北省造宣统元宝龙珠有圈版库平七钱二分银币/PCGS MS62		49,450	北京诚轩	2020-08-18
湖北省造宣统元宝龙珠有圈版库平七钱二分银币/PCGS UNC Detail		16,100	北京诚轩	2020-08-18
湖南阜南官局省平足纹壹两银饼		36,800	北京诚轩	2020-08-18
湖南阜南官局省平足纹壹两银饼/华夏 AU55		32,200	北京诚轩	2020-08-18
湖南官钱局造省平足纹壹两银饼/华夏 AU53		23,000	北京诚轩	2020-08-18
已亥吉林省造光绪元宝库平三钱六分银币/PCGS AU50		12,650	北京诚轩	2020-08-18
已亥吉林省造光绪元宝库平一钱四分四厘银币/PCGS MS62		25,300	北京诚轩	2020-08-18
已亥江南省造光绪元宝老龙版库平七钱二分银币		92,000	北京诚轩	2020-08-18
甲辰（1904）吉林省造光绪元宝库平七钱二分银币（LM552）		14,950	中国嘉德	2020-08-19
甲辰吉林省造光绪元宝短“甲”版库平七钱二分银币/PCGS AU55		66,700	北京诚轩	2020-08-18
甲辰吉林省造光绪元宝库平七钱二分银币/PCGS MS63+		287,500	北京诚轩	2020-08-18
甲辰吉林省造光绪元宝长“甲”版库平七钱二分银币/PCGS MS61		115,000	北京诚轩	2020-08-18
甲辰吉林省造光绪元宝长“甲”版库平七钱二分银币/PCGS VF Detail		13,800	北京诚轩	2020-08-18
甲辰江南省造光绪元宝“7”前有点版库平七钱二分银币/PCGS MS62		43,700	北京诚轩	2020-08-18
甲辰江南省造光绪元宝“TH”版库平七钱二分银币/PCGS AU55		69,000	北京诚轩	2020-08-18
甲辰江南省造光绪元宝库平七钱二分银币		11,500	北京诚轩	2020-08-18
甲辰江南省造光绪元宝库平七钱二分银币/PCGS AU53		19,550	北京诚轩	2020-08-18
甲辰江南省造光绪元宝库平七钱二分银币/PCGS UNC Detail		48,300	北京诚轩	2020-08-18
甲辰江南省造光绪元宝库平七钱二分银币/PCGS UNC Detail		17,250	北京诚轩	2020-08-18
甲辰江南省造光绪元宝库平七钱二分银币/汉泉 MS63		13,800	北京诚轩	2020-08-18
江南省造宣统元宝库平七分二厘银币/PCGS MS65		40,250	北京诚轩	2020-08-18

(续表)

拍品名称	物品尺寸	成交价RMB	拍卖公司	拍卖日期
蒋介石像背布图壹分银币样币/NGC MS61		126,500	北京诚轩	2020-08-18
喀什大清银币湘平壹两/PCGS VF30		48,300	北京诚轩	2020-08-18
喀什光绪元宝壹两臆造银币		172,500	北京诚轩	2020-08-18
黎元洪像戴帽开国纪念"OE"错英文版壹圆银币/NGC XF45		126,500	北京诚轩	2020-08-18
黎元洪像戴帽开国纪念壹圆银币/PCGS XF40		178,250	北京诚轩	2020-08-18
黎元洪像无帽开国纪念壹圆银币/PCGS MS63		149,500	北京诚轩	2020-08-18
黎元洪像无帽开国纪念壹圆银币/PCGS MS65		212,750	北京诚轩	2020-08-18
黎元洪像无帽开国纪念壹圆银币/PCGS XF Detail		25,300	北京诚轩	2020-08-18
黎元洪像无帽开国纪念壹圆银币/PCGS XF45		50,600	北京诚轩	2020-08-18
黎元洪像无帽开国纪念壹圆银币/SGS MS61		43,700	北京诚轩	2020-08-18
民国八年(1919)袁世凯像壹圆银币(LM76)		36,800	中国嘉德	2020-08-19
民国八年(1919)袁世凯像壹圆银币(LM76)		23,000	中国嘉德	2020-08-19
民国八年(1919)袁世凯像壹圆银币(LM76)		20,700	中国嘉德	2020-08-19
民国八年(1919)袁世凯像壹圆银币(LM76)		19,550	中国嘉德	2020-08-19
民国八年(1919)袁世凯像壹圆银币(LM76)		18,400	中国嘉德	2020-08-19
民国八年(1919)袁世凯像壹圆银币(LM76)		17,250	中国嘉德	2020-08-19
民国八年(1919)袁世凯像壹圆银币(LM76)		11,500	中国嘉德	2020-12-05
民国八年袁世凯像牛"造"版壹圆银币/PCGS AU58		56,350	北京诚轩	2020-08-18
民国八年袁世凯像缺口"造"版壹圆银币		26,450	北京诚轩	2020-08-18
民国八年袁世凯像壹圆银币/NGC MS63		70,150	北京诚轩	2020-08-18
民国八年袁世凯像壹圆银币/PCGS AU55		32,200	北京诚轩	2020-08-18
民国八年袁世凯像壹圆银币/PCGS AU55		32,200	北京诚轩	2020-08-18
民国八年袁世凯像壹圆银币/PCGS AU58		27,600	北京诚轩	2020-08-18
民国八年袁世凯像壹圆银币/PCGS MS63		106,950	北京诚轩	2020-08-18
民国八年袁世凯像壹圆银币一枚		40,250	上海泓盛	2020-07-18
民国八年袁世凯像壹圆银币一枚		36,800	上海泓盛	2020-07-18
民国八年袁世凯像左勾芒版壹圆银币/PCGS AU50		11,500	北京诚轩	2020-08-18
民国北洋政府国务院银章,"1"号		24,150	中国嘉德	2020-12-05
民国二十二年(1933)孙中山像壹圆银币(LM109)		28,750	中国嘉德	2020-08-19
民国二十二年(1933)孙中山像壹圆银币(LM109)		16,100	中国嘉德	2020-08-19
民国二十二年(1933)孙中山像壹圆银币(LM109)		13,800	中国嘉德	2020-12-05
民国二十二年孙中山像背帆船壹圆银币/PCGS MS62		40,250	北京诚轩	2020-08-18
民国二十二年孙中山像背帆船壹圆银币/PCGS MS64		89,700	北京诚轩	2020-08-18
民国二十二年孙中山像背帆船壹圆银币/汉泉 MS63		16,100	北京诚轩	2020-08-18
民国二十二年孙中山像背帆船壹圆银币一枚		25,300	上海泓盛	2020-07-18
民国二十二年孙中山像背帆船银币一枚		11,500	上海泓盛	2020-07-18
民国二十二年孙中山像配二十三年背壹圆银币/PCGS MS64		80,500	北京诚轩	2020-08-18
民国二十三年(1934)孙中山像壹圆银币(LM110)		11,500	中国嘉德	2020-12-05
民国二十三年孙中山像背帆船壹圆单面试铸样币		74,750	北京诚轩	2020-08-18
民国二十三年孙中山像背帆船壹圆银币		18,400	北京诚轩	2020-08-18
民国二十三年孙中山像背帆船壹圆银币/PCGS MS62		26,450	北京诚轩	2020-08-18
民国二十三年孙中山像背帆船壹圆银币/PCGS MS62		24,150	北京诚轩	2020-08-18
民国二十三年孙中山像背帆船壹圆银币/PCGS MS62		21,850	北京诚轩	2020-08-18
民国二十三年孙中山像背帆船壹圆银币/PCGS MS63		46,000	北京诚轩	2020-08-18
民国二十三年孙中山像背帆船壹圆银币/PCGS MS63		37,950	北京诚轩	2020-08-18
民国二十三年孙中山像背帆船壹圆银币/PCGS MS63		34,500	北京诚轩	2020-08-18
民国二十三年孙中山像背帆船壹圆银币/PCGS MS63		28,750	北京诚轩	2020-08-18
民国二十三年孙中山像背帆船壹圆银币/PCGS MS63		27,600	北京诚轩	2020-08-18
民国二十三年孙中山像背帆船壹圆银币/PCGS MS63		19,550	北京诚轩	2020-08-18
民国二十三年孙中山像背帆船壹圆银币/PCGS MS63		13,800	北京诚轩	2020-08-18
民国二十三年孙中山像背帆船壹圆银币/PCGS MS63+		32,200	北京诚轩	2020-08-18
民国二十三年孙中山像背帆船壹圆银币/PCGS MS63+		29,900	北京诚轩	2020-08-18
民国二十三年孙中山像背帆船壹圆银币/PCGS MS63+		26,450	北京诚轩	2020-08-18
民国二十三年孙中山像背帆船壹圆银币/PCGS MS64		47,150	北京诚轩	2020-08-18
民国二十三年孙中山像背帆船壹圆银币/PCGS MS64		28,750	北京诚轩	2020-08-18
民国二十三年孙中山像背帆船壹圆银币/PCGS MS64		26,450	北京诚轩	2020-08-18
民国二十三年孙中山像背帆船壹圆银币/PCGS MS64		16,100	北京诚轩	2020-08-18
民国二十三年孙中山像背帆船壹圆银币/PCGS MS64+		46,000	北京诚轩	2020-08-18
民国二十三年孙中山像背帆船壹圆银币/PCGS MS64+		36,800	北京诚轩	2020-08-18
民国二十三年孙中山像背帆船壹圆银币/PCGS MS64+		20,700	北京诚轩	2020-08-18
民国二十三年孙中山像背帆船壹圆银币/PCGS MS65		109,250	北京诚轩	2020-08-18
民国二十三年孙中山像背帆船壹圆银币/PCGS MS65		28,750	北京诚轩	2020-08-18
民国二十三年孙中山像背帆船壹圆银币/PCGS MS66+		143,750	北京诚轩	2020-08-18
民国二十三年孙中山像背帆船壹圆银币一枚		13,800	上海泓盛	2020-07-18
民国二十三年孙中山像背帆船壹圆银币一枚		13,800	上海泓盛	2020-07-18
民国二十三年孙中山像背帆船壹圆银币一枚		13,800	上海泓盛	2020-07-18
民国二十三年孙中山像背帆船壹圆银币一枚		13,800	上海泓盛	2020-07-18
民国二十三年孙中山像背帆船壹圆银币一枚		13,800	上海泓盛	2020-07-18
民国二十三年孙中山像背帆船壹圆银币一枚		10,925	上海泓盛	2020-07-18

(续表)

拍品名称	物品尺寸	成交价RMB	拍卖公司	拍卖日期
民国二十三年孙中山像背帆船壹圆银币一枚		10,350	上海泓盛	2020-07-18
民国二十三年孙中山像背帆船壹圆银币一枚		10,120	上海泓盛	2020-07-18
民国二十三年孙中山像壹圆银币精制样币一枚		36,800	上海泓盛	2020-07-18
民国二十一年(1932)孙中山像三鸟壹圆银币(LM108)		57,500	中国嘉德	2020-08-19
民国二十一年(1932)孙中山像三鸟壹圆银币(LM108)		51,750	中国嘉德	2020-08-19
民国二十一年(1932)孙中山像三鸟壹圆银币(LM108)		36,800	中国嘉德	2020-12-05
民国二十一年孙中山像背帆船三鸟壹圆银币/PCGS MS64		184,000	北京诚轩	2020-08-18
民国二十一年孙中山像背帆船三鸟壹圆银币/PCGS MS64+		230,000	北京诚轩	2020-08-18
民国二十一年孙中山像背帆船三鸟壹圆银币/PCGS MS65		276,000	北京诚轩	2020-08-18
民国二十一年孙中山像背帆船三鸟壹圆银币一枚		149,500	上海泓盛	2020-07-18
民国二十一年孙中山像背帆船三鸟壹圆银币一枚		126,500	上海泓盛	2020-07-18
民国二十一年孙中山像背帆船三鸟壹圆银币一枚		63,250	上海泓盛	2020-07-18
民国二十一年孙中山像背帆船三鸟银币一枚		25,300	上海泓盛	2020-07-18
民国冯国璋戎装像臆造纪念银币		105,800	北京诚轩	2020-08-18
民国福建都督府造辛亥中华元宝中心"闽"库平一钱四分四厘银币一枚		20,700	上海泓盛	2020-07-18
民国九年(1920)袁世凯像壹圆银币(LM77)		29,900	中国嘉德	2020-12-05
民国九年(1920)袁世凯像壹圆银币(LM77)		18,400	中国嘉德	2020-08-19
民国九年(1920)袁世凯像壹圆银币(LM77)		16,100	中国嘉德	2020-08-19
民国九年(1920)袁世凯像壹圆银币(LM77)		14,950	中国嘉德	2020-08-19
民国九年(1920)袁世凯像壹圆银币(LM77)		12,650	中国嘉德	2020-08-19
民国九年(1920)袁世凯像壹圆银币(LM77)		11,500	中国嘉德	2020-08-19
民国九年(1920)袁世凯像壹圆银币(LM77)		10,580	中国嘉德	2020-12-05
民国九年、十年袁世凯像壹圆银币一组二枚		25,300	中国嘉德	2020-12-05
民国九年袁世凯像7点"年"牛"造"版壹圆银币/PCGS MS63		28,750	北京诚轩	2020-08-18
民国九年袁世凯像海南版壹圆银币/PCGS MS63		13,800	北京诚轩	2020-08-18
民国九年袁世凯像海南版壹圆银币/PCGS MS64+		37,950	北京诚轩	2020-08-18
民国九年袁世凯像精发版壹圆银币		20,700	北京诚轩	2020-08-18
民国九年袁世凯像精发版壹圆银币		13,800	北京诚轩	2020-08-18
民国九年袁世凯像精发版壹圆银币/PCGS MS63		42,550	北京诚轩	2020-08-18
民国九年袁世凯像精发版壹圆银币/PCGS MS63		32,200	北京诚轩	2020-08-18
民国九年袁世凯像精发版壹圆银币/PCGS MS64		63,250	北京诚轩	2020-08-18
民国九年袁世凯像精发版壹圆银币/PCGS MS65		287,500	北京诚轩	2020-08-18
民国九年袁世凯像精发版壹圆银币/PCGS MS65		103,500	北京诚轩	2020-08-18
民国九年袁世凯像精发版壹圆银币/PCGS MS65		80,500	北京诚轩	2020-08-18
民国九年袁世凯像壹圆银币/PCGS AU58		23,000	北京诚轩	2020-08-18
民国九年袁世凯像壹圆银币/PCGS MS63		20,700	北京诚轩	2020-08-18
民国九年袁世凯像壹圆银币/PCGS MS64		43,700	北京诚轩	2020-08-18
民国九年袁世凯像壹圆银币二枚/PCGS AU53、AU55		26,450	北京诚轩	2020-08-18
民国九年袁世凯像壹圆银币一枚		25,300	上海泓盛	2020-07-18
民国九年袁世凯像壹圆银币一枚		23,000	上海泓盛	2020-07-18
民国九年袁世凯像壹圆银币一枚		20,700	上海泓盛	2020-07-18
民国九年袁世凯像壹圆银币一枚		13,800	上海泓盛	2020-07-18
民国九年造袁世凯像"鄂造"贰角银币一枚		97,750	上海泓盛	2020-07-18
民国九年造袁世凯像壹圆银币一枚		89,700	上海泓盛	2020-07-18
民国九年造袁世凯像壹圆银币一枚		17,250	上海泓盛	2020-07-18
民国九年造袁世凯像壹圆银币一枚		17,250	上海泓盛	2020-07-18
民国九年造袁世凯像壹圆银币一枚		13,800	上海泓盛	2020-07-18
民国六年(1917)迪化银圆局造壹两银币(LM837)		16,100	中国嘉德	2020-12-05
民国六年迪化银圆局造壹两银币		10,350	北京诚轩	2020-08-18
民国六年迪化银圆局造壹两银币/PCGS MS62		40,250	北京诚轩	2020-08-18
民国六年迪化银圆局造壹两银币/PCGS MS63		77,050	北京诚轩	2020-08-18
民国三、九年袁世凯像壹圆银币四枚/均PCGS评级		13,800	北京诚轩	2020-08-18
民国三、十年袁世凯像壹圆银币三枚		10,925	北京诚轩	2020-08-18
民国三、十年袁世凯像壹圆银币四枚/均PCGS评级		13,800	北京诚轩	2020-08-18
民国三年(1914)甘肃省造袁世凯像壹圆银币(LM617)		86,250	中国嘉德	2020-12-05
民国三年(1914)袁世凯像伍分银币		24,150	中国嘉德	2020-08-19
民国三年(1914)袁世凯像壹角银币(LM66)		19,550	中国嘉德	2020-08-19
民国三年(1914)袁世凯像壹圆银币(LM63)		74,750	中国嘉德	2020-08-19
民国三年(1914)袁世凯像壹圆银币(LM63)		43,700	中国嘉德	2020-08-19
民国三年(1914)袁世凯像壹圆银币(LM63)		19,550	中国嘉德	2020-08-19
民国三年(1914)袁世凯像壹圆银币(LM63)		14,950	中国嘉德	2020-12-05
民国三年(1914)袁世凯像壹圆银币(LM63)		12,650	中国嘉德	2020-08-19
民国三年(1914)袁世凯像壹圆银币(LM63)		11,500	中国嘉德	2020-08-19
民国三年(1914)袁世凯像壹圆银币(LM63)		11,270	中国嘉德	2020-12-05
民国三年(1914)袁世凯像壹圆银币(LM63)		10,925	中国嘉德	2020-12-05
民国三年(1914)袁世凯像壹圆银币(LM63)一枚		12,650	中国嘉德	2020-08-19
民国三年(1914)袁世凯像壹圆银币(LM63)一枚		10,120	中国嘉德	2020-08-19
民国三年(1914)袁世凯像中圆银币(LM64)		51,750	中国嘉德	2020-08-19
民国三年袁世凯像"O"版三角"圆"壹圆银币/PCGS MS61		16,100	北京诚轩	2020-08-18
民国三年袁世凯像"O"版三角"圆"壹圆银币/PCGS MS63		50,600	北京诚轩	2020-08-18
民国三年袁世凯像"O"版无"O"壹圆银币/PCGS MS64		161,000	北京诚轩	2020-08-18

(续表)

拍品名称	物品尺寸	成交价RMB	拍卖公司	拍卖日期
民国三年袁世凯像"O"版壹圆银币/GBCA AU58		11,500	北京诚轩	2020-08-18
民国三年袁世凯像"O"版壹圆银币/PCGS AU58		29,900	北京诚轩	2020-08-18
民国三年袁世凯像"O"版壹圆银币/PCGS MS62		28,750	北京诚轩	2020-08-18
民国三年袁世凯像"O"版壹圆银币/PCGS MS63		55,200	北京诚轩	2020-08-18
民国三年袁世凯像"O"版壹圆银币/PCGS MS63		41,400	北京诚轩	2020-08-18
民国三年袁世凯像"甘肃"加字壹圆银币/PCGS VF Details		89,700	北京诚轩	2020-08-18
民国三年袁世凯像背龙凤壹角戏铸银币/PCGS MS63		345,000	北京诚轩	2020-08-18
民国三年袁世凯像贰角银币/PCGS MS64+		32,200	北京诚轩	2020-08-18
民国三年袁世凯像贰角银币一枚		39,100	上海泓盛	2020-07-18
民国三年袁世凯像贰角银币一枚		13,800	上海泓盛	2020-07-18
民国三年袁世凯像甘肃精发大扣版壹圆银币/汉泉 AU50		12,650	北京诚轩	2020-08-18
民国三年袁世凯像甘肃精发大扣版壹圆银币/汉泉 AU58		14,950	北京诚轩	2020-08-18
民国三年袁世凯像甘肃落叶版壹圆银币		10,350	北京诚轩	2020-08-18
民国三年袁世凯像甘肃曲笔"民"版壹圆银币		16,100	北京诚轩	2020-08-18
民国三年袁世凯像甘肃曲笔"民"版壹圆银币/GBCA XF45		13,800	北京诚轩	2020-08-18
民国三年袁世凯像浅"O"版三角"圆"壹圆银币/PCGS MS64		41,400	北京诚轩	2020-08-18
民国三年袁世凯像三角"圆"版壹圆银币/PCGS MS63		27,600	北京诚轩	2020-08-18
民国三年袁世凯像三角"圆"版壹圆银币/PCGS MS64		34,500	北京诚轩	2020-08-18
民国三年袁世凯像三角"圆"版壹圆银币/PCGS MS64		24,150	北京诚轩	2020-08-18
民国三年袁世凯像三角"圆"版壹圆银币/PCGS MS65		126,500	北京诚轩	2020-08-18
民国三年袁世凯像三角"圆"版壹圆银币/PCGS MS65		46,000	北京诚轩	2020-08-18
民国三年袁世凯像三角"圆"版壹圆银币/PCGS MS65		43,700	北京诚轩	2020-08-18
民国三年袁世凯像三角"圆"版壹圆银币/PCGS MS66		138,000	北京诚轩	2020-08-18
民国三年袁世凯像三角"圆"版壹圆银币/PCI MS64		29,900	北京诚轩	2020-08-18
民国三年袁世凯像三角"圆"版壹圆银币四枚		25,300	北京诚轩	2020-08-18
民国三年袁世凯像三角"圆"竹节花版壹圆银币/PCGS MS63		26,450	北京诚轩	2020-08-18
民国三年袁世凯像上点"年"右下交芒版壹圆银币/PCGS MS63		17,250	北京诚轩	2020-08-18
民国三年袁世凯像双"O"版三角"圆"壹圆银币/PCGS MS61		23,000	北京诚轩	2020-08-18
民国三年袁世凯像天津有痣版壹圆银币/PCGS MS65+		253,000	北京诚轩	2020-08-18
民国三年袁世凯像壹角银币/NGC MS65		55,200	北京诚轩	2020-08-18
民国三年袁世凯像壹角银币/PCGS MS65		50,600	北京诚轩	2020-08-18
民国三年袁世凯像壹角银币/PCGS MS65		48,300	北京诚轩	2020-08-18
民国三年袁世凯像壹角银币一枚		36,800	上海泓盛	2020-07-18
民国三年袁世凯像壹圆"LGIORGI"签字版银币试铸样币一枚		1,782,500	上海泓盛	2020-07-18
民国三年袁世凯像壹圆银币		26,450	北京诚轩	2020-08-18
民国三年袁世凯像壹圆银币		10,925	北京诚轩	2020-08-18

拍品名称	物品尺寸	成交价RMB	拍卖公司	拍卖日期
民国三年袁世凯像壹圆银币/PCGS AU55		37,950	北京诚轩	2020-08-18
民国三年袁世凯像壹圆银币/PCGS Mint Error AU50		25,300	北京诚轩	2020-08-18
民国三年袁世凯像壹圆银币/PCGS MS62		19,550	北京诚轩	2020-08-18
民国三年袁世凯像壹圆银币/PCGS MS62		16,100	北京诚轩	2020-08-18
民国三年袁世凯像壹圆银币/PCGS MS62		13,800	北京诚轩	2020-08-18
民国三年袁世凯像壹圆银币/PCGS MS63		25,300	北京诚轩	2020-08-18
民国三年袁世凯像壹圆银币/PCGS MS64		63,250	北京诚轩	2020-08-18
民国三年袁世凯像壹圆银币/PCGS MS65		59,800	北京诚轩	2020-08-18
民国三年袁世凯像壹圆银币/PCGS MS65		57,500	北京诚轩	2020-08-18
民国三年袁世凯像壹圆银币/PCGS MS65		48,300	北京诚轩	2020-08-18
民国三年袁世凯像壹圆银币/PCGS XF Detail		11,500	北京诚轩	2020-08-18
民国三年袁世凯像壹圆银币二枚		17,250	上海泓盛	2020-07-18
民国三年袁世凯像壹圆银币三枚、九年袁世凯像壹圆银币一枚		23,000	上海泓盛	2020-07-18
民国三年袁世凯像壹圆银币一枚		224,250	上海泓盛	2020-07-18
民国三年袁世凯像壹圆银币一枚		69,000	上海泓盛	2020-07-18
民国三年袁世凯像壹圆银币一枚		55,200	上海泓盛	2020-07-18
民国三年袁世凯像壹圆银币一枚		25,300	上海泓盛	2020-07-18
民国三年袁世凯像壹圆银币一枚		23,000	上海泓盛	2020-07-18
民国三年袁世凯像壹圆银币一枚		17,250	上海泓盛	2020-07-18
民国三年袁世凯像壹圆银币一枚		13,800	上海泓盛	2020-07-18
民国三年袁世凯像壹圆银币一枚		13,800	上海泓盛	2020-07-18
民国三年袁世凯像壹圆银币一枚		11,500	上海泓盛	2020-07-18
民国三年袁世凯像中央版、九年袁世凯像壹圆银币共二枚		13,800	上海泓盛	2020-07-18
民国三年袁世凯像中圆银币/PCGS AU58		57,500	北京诚轩	2020-08-18
民国三年袁世凯像中圆银币/PCGS MS62+		97,750	北京诚轩	2020-08-18
民国三年袁世凯像中圆银币/PCGS MS63		132,250	北京诚轩	2020-08-18
民国三年袁世凯像中圆银币/PCGS MS64+		184,000	北京诚轩	2020-08-18
民国三年袁世凯像中圆银币/PCGS MS65		276,000	北京诚轩	2020-08-18
民国三年袁世凯像中圆银币/PCGS XF Details		14,950	北京诚轩	2020-08-18
民国三年袁世凯像中圆银币/PCGS XF45		29,900	北京诚轩	2020-08-18
民国三年袁世凯像中圆银币一枚		25,300	上海泓盛	2020-07-18
民国三年袁世凯像中圆银币一枚		11,500	上海泓盛	2020-07-18
民国三年袁世凯像中圆银币一枚		10,350	上海泓盛	2020-07-18
民国三年袁世凯像竹节花版壹圆银币/PCGS MS62		18,400	北京诚轩	2020-08-18
民国三十八年(1949)新疆省造币厂铸壹圆银币(LM842)		26,450	中国嘉德	2020-08-19
民国三十八年广西省造"桂林象鼻山图"贰角银币一枚		66,700	上海泓盛	2020-07-18
民国三十八年广西省造"象鼻山"贰角银币/PCGS XF Detail		27,600	北京诚轩	2020-08-18
民国三十八年广西省造"象鼻山"贰角银币一枚		40,250	上海泓盛	2020-07-18
民国三十八年贵州省造"黔"字廿分银币/PCGS XF Detail		20,700	北京诚轩	2020-08-18
民国三十八年新疆省造币厂铸尖足"1"版壹圆银币/PCGS MS62		92,000	北京诚轩	2020-08-18
民国三十八年新疆省造币厂铸尖足"1"版壹圆银币/PCGS UNC Detail		34,500	北京诚轩	2020-08-18
民国十八年(1929)孙中山像壹元银质样币(LM93)		94,300	中国嘉德	2020-12-05
民国十八年(1929)孙中山像壹元银质样币(LM97)		78,200	中国嘉德	2020-12-05
民国十八年孙中山像背帆船壹元银币样币一枚		287,500	上海泓盛	2020-07-18
民国十八年孙中山像背帆船壹元银币样币一枚		253,000	上海泓盛	2020-07-18

(续表)

拍品名称	物品尺寸	成交价RMB	拍卖公司	拍卖日期
民国十八年孙中山像背帆船壹元银币样币一枚		126,500	上海泓盛	2020-07-18
民国十八年孙中山像背帆船壹元银币样币一枚		126,500	上海泓盛	2020-07-18
民国十八年孙中山像背帆船壹元银币样币一枚		115,000	上海泓盛	2020-07-18
民国十二年造龙凤大字版壹圆银币/PCGS MS65+		1,035,000	北京诚轩	2020-08-18
民国十二年造龙凤壹圆银币		402,500	北京诚轩	2020-08-18
民国十二年造龙凤壹圆银币/PCGS UNC Detail		172,500	北京诚轩	2020-08-18
民国十二年造龙凤壹圆银币一枚		172,500	上海泓盛	2020-07-18
民国十六年(1927)孙中山像"陵墓"壹圆银质样币(LM85)		172,500	中国嘉德	2020-08-19
民国十六年褚玉璞像背双旗周年纪念银币一枚		782,000	上海泓盛	2020-07-18
民国十六年造孙中山侧面像总理纪念贰角银币样币/PCGS SP64		80,500	北京诚轩	2020-08-18
民国十六年造孙中山像陵墓壹圆臆造银币		138,000	北京诚轩	2020-08-18
民国十六年造孙中山像陵墓壹圆银币样币/PCGS MS63		977,500	北京诚轩	2020-08-18
民国十六年造孙中山像总理纪念贰角银币/PCGS MS64+		40,250	北京诚轩	2020-08-18
民国十六年造孙中山像总理纪念壹角银币/PCGS MS64		57,500	北京诚轩	2020-08-18
民国十六年造孙中山像总理纪念壹角银币/PCGS MS65		94,300	北京诚轩	2020-08-18
民国十年(1921)徐世昌"仁寿同登"纪念银币(LM864)		368,000	中国嘉德	2020-08-19
民国十年(1921)袁世凯像壹圆银币(LM79)		34,500	中国嘉德	2020-08-19
民国十年(1921)袁世凯像壹圆银币(LM79)		10,350	中国嘉德	2020-12-05
民国十年九月徐世昌像仁寿同登纪念银币一枚		345,000	上海泓盛	2020-07-18
民国十年徐世昌像仁寿同登纪念银币		345,000	北京诚轩	2020-08-18
民国十年徐世昌像仁寿同登纪念银币/PCGS MS62		299,000	北京诚轩	2020-08-18
民国十年徐世昌像仁寿同登纪念银币/PCGS MS64		460,000	北京诚轩	2020-08-18
民国十年徐世昌像仁寿同登纪念银币一枚		115,000	上海泓盛	2020-07-18
民国十年袁世凯像T点"年"版壹圆银币/PCGS MS63		11,500	北京诚轩	2020-08-18
民国十年袁世凯像配九年面壹圆银币/PCGS MS63		18,400	北京诚轩	2020-08-18
民国十年袁世凯像壹圆银币/PCGS MS63		20,700	北京诚轩	2020-08-18
民国十年袁世凯像壹圆银币/PCGS MS64		43,700	北京诚轩	2020-08-18
民国十年袁世凯像壹圆银币/PCGS MS65		48,300	北京诚轩	2020-08-18
民国十年袁世凯像壹圆银币/PCGS MS65		47,150	北京诚轩	2020-08-18
民国十年袁世凯像壹圆银币一枚		46,000	上海泓盛	2020-07-18
民国十年袁世凯像壹圆银币一枚		43,700	上海泓盛	2020-07-18
民国十年袁世凯像壹圆银币一枚		43,700	上海泓盛	2020-07-18
民国十年袁世凯像壹圆银币一枚		31,050	上海泓盛	2020-07-18
民国十年袁世凯像壹圆银币一枚		25,300	上海泓盛	2020-07-18
民国十年袁世凯像壹圆银币一枚		10,350	上海泓盛	2020-07-18
民国十年袁世凯像壹圆银币一枚、民国二十二年孙中山像背帆船壹圆银币一枚、民国二十三年孙中山像壹圆银币二枚		13,800	上海泓盛	2020-07-18
民国十七年(1928)甘肃省造孙中山像壹圆银币(LM618)		105,800	中国嘉德	2020-12-05

拍品名称	物品尺寸	成交价RMB	拍卖公司	拍卖日期
民国十七年(1928)贵州省政府造七钱二分(壹圆)汽车银币(LM609)		86,250	中国嘉德	2020-12-05
民国十七年甘肃省造孙中山像背党徽壹圆银币一枚		218,500	上海泓盛	2020-07-18
民国十七年甘肃省造孙中山像壹圆臆造银币		82,800	北京诚轩	2020-08-18
民国十七年广东省造孙中山像贰毫银币/PCGS MS64		80,500	北京诚轩	2020-08-18
民国十七年贵州省政府造贵州银币车门无直线版壹圆/PCGS XF45		828,000	北京诚轩	2020-08-18
民国十七年贵州省政府造贵州银币壹圆/PCGS XF40		207,000	北京诚轩	2020-08-18
民国十七年贵州省政府造贵州银币壹圆一枚		506,000	上海泓盛	2020-07-18
民国十五年龙凤贰角银币一枚		25,300	上海泓盛	2020-07-18
民国十五年龙凤壹角银币/PCGS MS64+		49,450	北京诚轩	2020-08-18
民国十一年湖南省宪成立纪念壹圆银币一枚		201,250	上海泓盛	2020-07-18
民国四川十文型马兰铜镀银币		161,000	北京诚轩	2020-08-18
民国五年袁世凯像壹角银币/PCGS MS62		69,000	北京诚轩	2020-08-18
民国镶二十一年孙中山像背帆船三鸟壹圆银币银烟蒂盏		14,950	北京诚轩	2020-08-18
民国元年(1912)军政府造四川银币五角(LM367)		10,350	中国嘉德	2020-08-19
民国元年(1912)军政府造四川银币一角(LM369)		10,580	中国嘉德	2020-12-05
民国元年军政府造"汉"字四川银币五角银币一枚		57,500	上海泓盛	2020-07-18
民国元年军政府造"汉"字四川银币壹圆银币一枚		69,000	上海泓盛	2020-07-18
民国元年军政府造"汉"字壹圆四川银币一枚、民国十八年广东省造孙中山像贰角银币一枚		10,350	上海泓盛	2020-07-18
民国元年军政府造四川银币二角/PCGS XF45		43,700	北京诚轩	2020-08-18
民国元年军政府造四川银币五角/PCGS AU53		17,250	北京诚轩	2020-08-18
民国元年军政府造四川银币五角/PCGS XF45		12,650	北京诚轩	2020-08-18
民国元年军政府造四川银币一角/PCGS XF40		13,800	北京诚轩	2020-08-18
民国元年军政府造四川银币壹圆/PCGS AU55		20,700	北京诚轩	2020-08-18
民国元年军政府造四川银币壹圆/PCGS MS61		25,300	北京诚轩	2020-08-18
民国元年军政府造四川银币重庆版壹圆/PCGS XF45		10,925	北京诚轩	2020-08-18
民国元年新疆饷银一两银币/PCGS AU58		161,000	北京诚轩	2020-08-18
乾隆六十年西藏乾隆宝藏1Sho银币/PCGS XF40		11,500	北京诚轩	2020-08-18
清"咸丰六年上海县号商王永盛匠万全造足纹银饼"壹两银饼一枚		460,000	上海泓盛	2020-07-18
清"咸丰六年上海县号商王永盛匠万全造足纹银饼"壹两银饼一枚		74,750	上海泓盛	2020-07-18
清安徽省造光绪元宝库平一钱四分四厘银币一枚		66,700	上海泓盛	2020-07-18
清代民国"喜"字十两元宝形银锭一枚		120,750	上海泓盛	2020-07-18
清代民国小银币共六枚不同		10,925	上海泓盛	2020-07-18
清代云南"生易"小锭		43,700	北京诚轩	2020-08-19
清东三省造宣统元宝库平一钱四分四厘银币一枚		13,800	上海泓盛	2020-07-18
清二十二年浙江省造光绪元宝库平七分二厘银币一枚		28,750	上海泓盛	2020-07-18

(续表)

拍品名称	物品尺寸	成交价RMB	拍卖公司	拍卖日期
清二十四年安徽省造光绪元宝库平七钱二分银币一枚		149,500	上海泓盛	2020-07-18
清二十四年安徽省造光绪元宝库平三钱六分银币一枚		230,000	上海泓盛	2020-07-18
清二十四年安徽省造光绪元宝库平一钱四分四厘银币一枚		218,500	上海泓盛	2020-07-18
清奉天省造癸卯光绪元宝库平七钱二分银币一枚		207,000	上海泓盛	2020-07-18
清福建官局造光绪元宝库平三分六厘银币一枚		34,500	上海泓盛	2020-07-18
清光绪25年北洋造光绪元宝库平七钱二分银币一枚		86,250	上海泓盛	2020-07-18
清光绪二十五年北洋造光绪元宝库平七钱二分银币一枚		46,000	上海泓盛	2020-07-18
清光绪二十五年北洋造光绪元宝库平七钱二分银币一枚		20,700	上海泓盛	2020-07-18
清光绪二十五年北洋造光绪元宝库平三钱六分银币一枚		74,750	上海泓盛	2020-07-18
清光绪二十九年北洋造光绪元宝库平七钱二分银币一枚		34,500	上海泓盛	2020-07-18
清光绪二十九年北洋造光绪元宝库平七钱二分银币一枚		17,250	上海泓盛	2020-07-18
清光绪三十三年北洋造光绪元宝库平七钱二分银币一枚		195,500	上海泓盛	2020-07-18
清光绪三十三年北洋造光绪元宝库平七钱二分银币一枚		13,800	上海泓盛	2020-07-18
清光绪三十三年东三省造光绪元宝库平七分二厘银币一枚		11,500	上海泓盛	2020-07-18
清光绪三十三年东三省造光绪元宝库平三钱六分银币一枚		55,200	上海泓盛	2020-07-18
清光绪三十三年东三省造光绪元宝库平一钱四分四厘银币一枚		11,500	上海泓盛	2020-07-18
清光绪三十四年北洋造光绪元宝库平七钱二分银币一枚		138,000	上海泓盛	2020-07-18
清光绪三十四年北洋造光绪元宝库平七钱二分银币一枚		32,200	上海泓盛	2020-07-18
清光绪三十四年北洋造光绪元宝库平七钱二分银币一枚		11,500	上海泓盛	2020-07-18
清光绪二十二年北洋机器局造半角银币一枚		115,000	上海泓盛	2020-07-18
清光绪二十九年(1903)北洋造光绪元宝库平七钱二分银币(LM462)一组二枚		14,950	中国嘉德	2020-08-19
清光绪二十三年(1897)北洋机器局造壹圆银币(LM444)		184,000	中国嘉德	2020-08-19
清光绪二十三年(1897)北洋机器局造壹圆银币(LM444)		161,000	中国嘉德	2020-12-05
清光绪二十三年北洋机器局造五角银币一枚		126,500	上海泓盛	2020-07-18
清光绪二十三年北洋机器局造壹圆银币一枚		149,500	上海泓盛	2020-07-18
清光绪二十三年北洋机器局造壹圆银币一枚		115,000	上海泓盛	2020-07-18
清光绪二十三年北洋机器局造壹圆银币一枚		86,250	上海泓盛	2020-07-18
清光绪二十三年北洋机器局造壹圆银币一枚		69,000	上海泓盛	2020-07-18
清光绪二十三年北洋机器局造壹圆银币一枚		63,250	上海泓盛	2020-07-18
清光绪二十四年(1898)安徽省造光绪元宝库平七钱二分银币(LM199)		17,250	中国嘉德	2020-12-05
清光绪二十四年(1898)北洋机器局造壹圆银币(LM449)		17,250	中国嘉德	2020-08-19
清光绪二十四年(1898)北洋机器局造壹圆银币(LM449)		13,800	中国嘉德	2020-12-05
清光绪二十四年(1898)奉天机器局造一圆银币(LM471)		126,500	中国嘉德	2020-12-05
清光绪二十四年安徽省造光绪元宝库平七钱二分银币一枚		43,700	上海泓盛	2020-07-18
清光绪二十四年北洋机器局造二角银币一枚		43,700	上海泓盛	2020-07-18
清光绪二十四年北洋机器局造五角银币一枚		48,300	上海泓盛	2020-07-18
清光绪二十四年北洋机器局造一角银币一枚		69,000	上海泓盛	2020-07-18
清光绪二十四年北洋机器局造壹圆银币一枚		63,250	上海泓盛	2020-07-18
清光绪二十四年北洋机器局造壹圆银币一枚		63,250	上海泓盛	2020-07-18
清光绪二十四年北洋机器局造壹圆银币一枚		63,250	上海泓盛	2020-07-18
清光绪二十四年北洋机器局造壹圆银币一枚		55,200	上海泓盛	2020-07-18
清光绪二十四年北洋机器局造壹圆银币一枚		48,300	上海泓盛	2020-07-18
清光绪二十四年北洋机器局造壹圆银币一枚		28,750	上海泓盛	2020-07-18
清光绪二十四年北洋机器局造壹圆银币一枚		20,700	上海泓盛	2020-07-18
清光绪二十四年奉天机器局造五角银币一枚		17,250	上海泓盛	2020-07-18
清光绪二十四年奉天机器局造一圆银币一枚		207,000	上海泓盛	2020-07-18
清光绪二十四年奉天机器局造一圆银币一枚		126,500	上海泓盛	2020-07-18
清光绪二十五年(1899)北洋造光绪元宝库平七钱二分银币(LM454)		43,700	中国嘉德	2020-08-19
清光绪二十五年(1899)北洋造光绪元宝库平七钱二分银币(LM454)		20,700	中国嘉德	2020-12-05
清光绪二十五年(1899)奉天机器局造一圆银币(LM478)		299,000	中国嘉德	2020-08-19
清光绪二十五年奉天机器局造一圆银币一枚		368,000	上海泓盛	2020-07-18
清光绪二十五年奉天机器局造一圆银币一枚		230,000	上海泓盛	2020-07-18
清光绪年造丙午户部大清银币“中”字贰钱样币一枚		57,500	上海泓盛	2020-07-18
清光绪年造丙午户部大清银币“中”字伍钱样币一枚		253,000	上海泓盛	2020-07-18
清光绪年造丙午户部大清银币“中”字壹两样币一枚		1,782,500	上海泓盛	2020-07-18
清光绪年造丙午户部大清银币“中”字壹钱样币一枚		34,500	上海泓盛	2020-07-18
清光绪年造丁未壹圆大清银币一枚		483,000	上海泓盛	2020-07-18
清光绪年造造币总厂光绪元宝库平七分二厘银币一枚		92,000	上海泓盛	2020-07-18
清光绪年造造币总厂光绪元宝库平七钱二分银币一枚		55,200	上海泓盛	2020-07-18
清光绪年造造币总厂光绪元宝库平七钱二分银币一枚		46,000	上海泓盛	2020-07-18
清光绪年造造币总厂光绪元宝库平七钱二分银币一枚		25,300	上海泓盛	2020-07-18
清光绪年造造币总厂光绪元宝库平七钱二分银币一枚		13,800	上海泓盛	2020-07-18
清光绪年造造币总厂光绪元宝库平七钱二分银币一枚		13,800	上海泓盛	2020-07-18

(续表)

拍品名称	物品尺寸	成交价RMB	拍卖公司	拍卖日期
清光绪年造造币总厂光绪元宝库平七钱二分银币一枚		13,800	上海泓盛	2020-07-18
清光绪年造造币总厂光绪元宝库平七钱二分银币一枚		11,500	上海泓盛	2020-07-18
清光绪年造造币总厂光绪元宝库平七钱二分银币一枚		10,350	上海泓盛	2020-07-18
清光绪年造造币总厂光绪元宝库平七钱二分银币一枚		10,350	上海泓盛	2020-07-18
清光绪年造造币总厂光绪元宝库平一钱四分四厘一枚		10,925	上海泓盛	2020-07-18
清光绪三十年(1904)湖北省造大清银币库平一两(LM180)		195,500	中国嘉德	2020-08-19
清光绪三十年(1904)湖北省造大清银币库平一两(LM180)		109,250	中国嘉德	2020-08-19
清光绪三十年(1904)湖北省造大清银币库平一两(LM180)		333,500	中国嘉德	2020-12-05
清光绪三十年湖北省造大清银币库平壹两银币一枚		126,500	上海泓盛	2020-07-18
清光绪三十三年北洋光绪元宝库平一两银币样币一枚		2,185,000	上海泓盛	2020-07-18
清光绪三十四年(1908)北洋造光绪元宝库平七钱二分银币(LM465)		253,000	中国嘉德	2020-08-19
清光绪三十四年(1908)北洋造光绪元宝库平七钱二分银币(LM465)		78,200	中国嘉德	2020-08-19
清光绪三十四年(1908)北洋造光绪元宝库平七钱二分银币(LM465)		74,750	中国嘉德	2020-08-19
清光绪三十四年(1908)北洋造光绪元宝库平七钱二分银币(LM465)		36,800	中国嘉德	2020-12-05
清光绪三十四年(1908)北洋造光绪元宝库平七钱二分银币(LM465)		34,500	中国嘉德	2020-12-05
清光绪三十四年(1908)北洋造光绪元宝库平七钱二分银币(LM465)		18,400	中国嘉德	2020-08-19
清光绪三十四年(1908)北洋造光绪元宝库平七钱二分银币(LM465)		11,500	中国嘉德	2020-12-05
清光绪三十四年(1908)北洋造光绪元宝库平七钱二分银币(LM465)		10,925	中国嘉德	2020-08-19
清光绪三十四年(1908)北洋造光绪元宝库平七钱二分银币(LM465)一组二枚		31,050	中国嘉德	2020-08-19
清光绪三十四年(1908)北洋造光绪元宝库平七钱二分银币(LM466)		27,600	中国嘉德	2020-12-05
清光绪十四年(1888)贵州官炉造黔宝半圆银币一枚		138,000	上海泓盛	2020-07-18
清光绪十四年(1888)贵州官炉造黔宝半圆银币一枚		138,000	上海泓盛	2020-07-18
清光绪十四年(1888)贵州官炉造黔宝壹圆银币一枚		207,000	上海泓盛	2020-07-18
清光绪十四年(1888)贵州官炉造黔宝壹圆银币一枚		138,000	上海泓盛	2020-07-18
清广东省造光绪元宝库平七分二厘银币样币一枚		115,000	上海泓盛	2020-07-18
清广东省造光绪元宝库平七钱二分银币样币一枚		414,000	上海泓盛	2020-07-18
清广东省造光绪元宝库平七钱二分银币一枚		82,800	上海泓盛	2020-07-18
清广东省造光绪元宝库平七钱二分银币一枚		13,800	上海泓盛	2020-07-18
清广东省造光绪元宝库平三钱六分银币样币一枚		310,500	上海泓盛	2020-07-18
清广东省造光绪元宝库平三钱六分银币一枚		149,500	上海泓盛	2020-07-18
清广东省造光绪元宝库平一钱四分四厘银币样币一枚		20,700	上海泓盛	2020-07-18

拍品名称	物品尺寸	成交价RMB	拍卖公司	拍卖日期
清广东省造宣统元宝库平七钱二分银币一枚		11,500	上海泓盛	2020-07-18
清湖北省造光绪元宝库平三钱六分银币一枚		86,250	上海泓盛	2020-07-18
清湖北省造光绪元宝库平三钱六分银币一枚		63,250	上海泓盛	2020-07-18
清湖北省造光绪元宝库平一钱四分四厘银币一枚		11,500	上海泓盛	2020-07-18
清湖北省造宣统元宝库平七钱二分银币一枚		172,500	上海泓盛	2020-07-18
清湖北省造宣统元宝库平七钱二分银币一枚		23,000	上海泓盛	2020-07-18
清湖北省造宣统元宝库平七钱二分银币一枚		17,250	上海泓盛	2020-07-18
清湖北省造宣统元宝库平七钱二分银币一枚		17,250	上海泓盛	2020-07-18
清湖北省造宣统元宝库平七钱二分银币一枚		11,500	上海泓盛	2020-07-18
清湖北省造宣统元宝库平七钱二分银币一枚		10,350	上海泓盛	2020-07-18
清湖南省造光绪元宝库平一钱四分四厘银币一枚		13,800	上海泓盛	2020-07-18
清吉林省造丙午光绪元宝库平七钱二分银币一枚		17,250	上海泓盛	2020-07-18
清吉林省造庚子光绪元宝库平七钱二分银币一枚		32,200	上海泓盛	2020-07-18
清吉林省造庚子光绪元宝库平七钱二分银币一枚		28,750	上海泓盛	2020-07-18
清吉林省造庚子光绪元宝库平七钱二分银币一枚		17,250	上海泓盛	2020-07-18
清吉林省造癸卯光绪元宝库平七钱二分银币一枚		10,350	上海泓盛	2020-07-18
清吉林省造己亥光绪元宝库平七钱二分银币一枚		80,500	上海泓盛	2020-07-18
清吉林省造己亥光绪元宝库平三钱六分银币一枚		10,350	上海泓盛	2020-07-18
清吉林省造甲辰光绪元宝库平七钱二分银币一枚		115,000	上海泓盛	2020-07-18
清吉林省造甲辰光绪元宝库平七钱二分银币一枚		25,300	上海泓盛	2020-07-18
清吉林省造无纪年光绪元宝库平七钱二分银币一枚		25,300	上海泓盛	2020-07-18
清吉林省造无纪年光绪元宝库平七钱二分银币一枚		23,000	上海泓盛	2020-07-18
清吉林省造无纪年光绪元宝库平七钱二分银币一枚		17,250	上海泓盛	2020-07-18
清吉林省造辛丑光绪元宝库平七钱二分银币一枚		23,000	上海泓盛	2020-07-18
清吉林省造辛丑光绪元宝库平三钱六分银币一枚		13,800	上海泓盛	2020-07-18
清吉林省造乙巳光绪元宝库平七钱二分银币一枚		109,250	上海泓盛	2020-07-18
清吉林省造乙巳光绪元宝库平七钱二分银币一枚		51,750	上海泓盛	2020-07-18
清吉林省造乙巳光绪元宝库平三钱六分银币一枚		17,250	上海泓盛	2020-07-18
清江南省造庚子光绪元宝库平七钱二分银币一枚		14,950	上海泓盛	2020-07-18
清江南省造庚子光绪元宝库平七钱二分银币一枚		11,500	上海泓盛	2020-07-18
清江南省造庚子光绪元宝库平三分六厘银币一枚		23,000	上海泓盛	2020-07-18

(续表)

拍品名称	物品尺寸	成交价RMB	拍卖公司	拍卖日期
清江南省造癸卯光绪元宝库平七钱二分银币一枚		17,250	上海泓盛	2020-07-18
清江南省造己亥光绪元宝库平七分二厘银币一枚		17,250	上海泓盛	2020-07-18
清江南省造己亥光绪元宝库平七钱二分银币一枚		40,250	上海泓盛	2020-07-18
清江南省造己亥光绪元宝库平七钱二分银币一枚		20,700	上海泓盛	2020-07-18
清江南省造己亥光绪元宝库平三分六厘银币一枚		94,300	上海泓盛	2020-07-18
清江南省造己亥光绪元宝库平一钱四分四厘银币一枚		17,250	上海泓盛	2020-07-18
清江南省造甲辰光绪元宝库平七钱二分银币一枚		43,700	上海泓盛	2020-07-18
清江南省造甲辰光绪元宝库平七钱二分银币一枚		28,750	上海泓盛	2020-07-18
清江南省造甲辰光绪元宝库平七钱二分银币一枚		17,250	上海泓盛	2020-07-18
清江南省造甲辰光绪元宝库平七钱二分银币一枚		17,250	上海泓盛	2020-07-18
清江南省造甲辰光绪元宝库平七钱二分银币一枚		13,800	上海泓盛	2020-07-18
清江南省造甲辰光绪元宝库平七钱二分银币一枚		13,800	上海泓盛	2020-07-18
清江南省造甲辰光绪元宝库平七钱二分银币一枚		12,650	上海泓盛	2020-07-18
清江南省造甲辰光绪元宝库平七钱二分银币一枚		11,500	上海泓盛	2020-07-18
清江南省造壬寅光绪元宝库平七钱二分银币一枚		80,500	上海泓盛	2020-07-18
清江南省造壬寅光绪元宝库平七钱二分银币一枚		10,350	上海泓盛	2020-07-18
清江南省造壬寅光绪元宝库平一钱四分四厘银币一枚		13,800	上海泓盛	2020-07-18
清江南省造无纪年光绪元宝库平七钱二分银币一枚		101,200	上海泓盛	2020-07-18
清江南省造无纪年光绪元宝库平三分六厘银币一枚		46,000	上海泓盛	2020-07-18
清江南省造无纪年光绪元宝库平三分六厘银币一枚		10,350	上海泓盛	2020-07-18
清江南省造戊戌光绪元宝库平七分二厘银币一枚		17,250	上海泓盛	2020-07-18
清江南省造戊戌光绪元宝库平七钱二分银币一枚		71,300	上海泓盛	2020-07-18
清江南省造戊戌光绪元宝库平七钱二分银币一枚		63,250	上海泓盛	2020-07-18
清江南省造戊戌光绪元宝库平七钱二分银币一枚		17,250	上海泓盛	2020-07-18
清江南省造戊戌光绪元宝库平七钱二分银币一枚		13,800	上海泓盛	2020-07-18
清江南省造戊戌光绪元宝库平一钱四分四厘银币一枚		55,200	上海泓盛	2020-07-18
清江南省造戊戌光绪元宝库平一钱四分四厘银币一枚		32,200	上海泓盛	2020-07-18
清江南省造戊戌光绪元宝库平一钱四分四厘银币一枚		23,000	上海泓盛	2020-07-18
清江南省造辛丑光绪元宝库平七钱二分银币一枚		94,300	上海泓盛	2020-07-18
清江南省造辛丑光绪元宝库平七钱二分银币一枚		48,300	上海泓盛	2020-07-18
清江南省造辛丑光绪元宝库平七钱二分银币一枚		11,500	上海泓盛	2020-07-18

拍品名称	物品尺寸	成交价RMB	拍卖公司	拍卖日期
清江南省造乙巳光绪元宝库平七钱二分银币一枚		34,500	上海泓盛	2020-07-18
清江南省造乙巳光绪元宝库平七钱二分银币一枚		29,900	上海泓盛	2020-07-18
清江南省造乙巳光绪元宝库平七钱二分银币一枚		20,700	上海泓盛	2020-07-18
清江南省造乙巳光绪元宝库平七钱二分银币一枚		14,950	上海泓盛	2020-07-18
清喀什大清银币湘平壹两银币一枚		40,250	上海泓盛	2020-07-18
清末民国山东官银庚子年造光绪元宝双龙一两老臆造银币一枚		184,000	上海泓盛	2020-07-18
清四川省造光绪像一卢比银币一枚		172,500	上海泓盛	2020-07-18
清四川省造光绪元宝库平七钱二分银币一枚		36,800	上海泓盛	2020-07-18
清四川省造光绪元宝库平七钱二分银币一枚		32,200	上海泓盛	2020-07-18
清四川省造光绪元宝库平七钱二分银币一枚		32,200	上海泓盛	2020-07-18
清四川省造光绪元宝库平七钱二分银币一枚		29,900	上海泓盛	2020-07-18
清四川省造光绪元宝库平七钱二分银币一枚		28,750	上海泓盛	2020-07-18
清四川省造光绪元宝库平七钱二分银币一枚		25,300	上海泓盛	2020-07-18
清四川省造光绪元宝库平七钱二分银币一枚		25,300	上海泓盛	2020-07-18
清四川省造光绪元宝库平七钱二分银币一枚		20,700	上海泓盛	2020-07-18
清四川省造光绪元宝库平七钱二分银币一枚		20,700	上海泓盛	2020-07-18
清台湾制造光绪元宝库平七分二厘银币一枚		46,000	上海泓盛	2020-07-18
清同治皇帝福建恭进臆造银币一枚		17,250	北京保利	2020-10-18
清新疆喀什大清银币湘平壹两银币一枚		161,000	上海泓盛	2020-07-18
清新疆喀什大清银币湘平壹两银币一枚		25,300	上海泓盛	2020-07-18
清新疆喀什大清银币湘平壹两银币一枚		25,300	上海泓盛	2020-07-18
清新疆饷银五钱银币一枚		20,700	上海泓盛	2020-07-18
清新疆饷银五钱银币一枚		20,700	上海泓盛	2020-07-18
清新云南省造光绪元宝库平七钱二分银币一枚		86,250	上海泓盛	2020-07-18
清新云南省造光绪元宝库平七钱二分银币一枚		69,000	上海泓盛	2020-07-18
清新云南省造光绪元宝库平七钱二分银币一枚		63,250	上海泓盛	2020-07-18
清新云南省造光绪元宝库平七钱二分银币一枚		48,300	上海泓盛	2020-07-18
清新云南省造光绪元宝库平七钱二分银币一枚		40,250	上海泓盛	2020-07-18
清宣统年造贰角伍分大清银币样币一枚		483,000	上海泓盛	2020-07-18
清宣统年造伍角大清银币样币一枚		517,500	上海泓盛	2020-07-18
清宣统年造伍角大清银币样币一枚		184,000	上海泓盛	2020-07-18
清宣统三年大清银币"大尾龙"版壹圆样币一枚		2,415,000	上海泓盛	2020-07-18
清宣统三年大清银币贰角银币一枚		97,750	上海泓盛	2020-07-18
清宣统三年大清银币壹圆银币一枚		69,000	上海泓盛	2020-07-18
清宣统三年大清银币壹圆银币一枚		36,800	上海泓盛	2020-07-18
清宣统三年大清银币壹圆银币一枚		25,300	上海泓盛	2020-07-18
清宣统三年大清银币壹圆银币一枚		23,000	上海泓盛	2020-07-18
清宣统三年大清银币壹圆银币一枚		20,700	上海泓盛	2020-07-18
清宣统三年大清银币壹圆银币一枚		17,250	上海泓盛	2020-07-18
清宣统三年大清银币壹圆银币一枚		17,250	上海泓盛	2020-07-18
清宣统三年大清银币壹圆银币一枚		11,500	上海泓盛	2020-07-18
清宣统三年大清银币壹圆银币一枚		10,350	上海泓盛	2020-07-18

(续表)

拍品名称	物品尺寸	成交价RMB	拍卖公司	拍卖日期
清宣统三年壹角大清银币一枚		51,750	上海泓盛	2020-07-18
清宣统三年壹角大清银币一枚		13,800	上海泓盛	2020-07-18
清宣统三年壹圆大清银币一枚		48,300	上海泓盛	2020-07-18
清云南省造光绪元宝库平七钱二分银币红铜试铸样币一枚		57,500	上海泓盛	2020-07-18
清云南省造光绪元宝库平七钱二分银币一枚		36,800	上海泓盛	2020-07-18
清云南省造光绪元宝库平七钱二分银币一枚		11,500	上海泓盛	2020-07-18
清云南省造光绪元宝库平一钱四分四厘银币黄铜试铸样币一枚		11,500	上海泓盛	2020-07-18
清云南省造宣统元宝库平七钱二分银币一枚		48,300	上海泓盛	2020-07-18
清云南省造宣统元宝库平七钱二分银币一枚		43,700	上海泓盛	2020-07-18
清云南省造宣统元宝库平七钱二分银币一枚		13,800	上海泓盛	2020-07-18
清浙江省造魏碑体光绪元宝库平三分六厘银币一枚		11,500	上海泓盛	2020-07-18
清浙江省造魏碑体光绪元宝库平三钱六分银币一枚		460,000	上海泓盛	2020-07-18
清浙江省造魏碑体光绪元宝库平三钱六分银币一枚		287,500	上海泓盛	2020-07-18
壬寅吉林省造光绪元宝库平七钱二分银币/PCGS AU55		97,750	北京诚轩	2020-08-18
壬寅江南省造光绪元宝库平七钱二分银币		17,250	北京诚轩	2020-08-18
壬子中华民国江西银币壹圆臆造银币		109,250	北京诚轩	2020-08-18
山西省造宣统元宝大头龙版库平一钱四分四厘银币/PCGS VF35		80,500	北京诚轩	2020-08-18
上海壹两“无射线”版银币样币/PCGS SP64		5,175,000	北京诚轩	2020-08-18
上海壹两“有射线”版银币样币/PCGS SP65		4,887,500	北京诚轩	2020-08-18
四川省造第一期光绪像无领横花版一卢比银币		13,800	北京诚轩	2020-08-18
四川省造第一期光绪像无领横花兼葫芦花版一卢比银币/PCGS MS62		86,250	北京诚轩	2020-08-18
四川省造第一期光绪像一卢比银币/PCGS MS62		52,900	北京诚轩	2020-08-18
四川省造第一期光绪像一卢比银币/PCGS XF45		18,400	北京诚轩	2020-08-18
四川省造第一期光绪像有领直花“四”上无叶版一卢比银币/NGC MS62		23,000	北京诚轩	2020-08-18
四川省造第一期光绪像有领直花“四”上无叶版一卢比银币 /NGC MS64		34,500	北京诚轩	2020-08-18
四川省造光绪像四分之一卢比银币/NGC MS61		54,050	北京诚轩	2020-08-18
四川省造光绪元宝“7钱3分”错版库平七钱二分银币/PCGS VF Detail		13,800	北京诚轩	2020-08-18
四川省造光绪元宝大头龙版库平七钱二分银币/PCGS VF30		28,750	北京诚轩	2020-08-18
四川省造光绪元宝倒“A”大头龙版库平七钱二分银币/PCGS XF45		44,850	北京诚轩	2020-08-18
四川省造光绪元宝库平七钱二分银币		12,650	北京诚轩	2020-08-18
四川省造光绪元宝库平七钱二分银币/PCGS AU Detail		21,850	北京诚轩	2020-08-18
四川省造光绪元宝库平七钱二分银币/PCGS AU Detail		19,550	北京诚轩	2020-08-18
四川省造光绪元宝库平七钱二分银币/PCGS AU50		56,350	北京诚轩	2020-08-18
四川省造光绪元宝库平七钱二分银币/PCGS AU50		43,700	北京诚轩	2020-08-18
四川省造光绪元宝库平七钱二分银币/PCGS XF40		28,750	北京诚轩	2020-08-18
四川省造光绪元宝库平三分六厘银币/PCGS MS63		51,750	北京诚轩	2020-08-18
四川省造光绪元宝圆龙鳞版库平三分六厘银币/PCGS MS62		36,800	北京诚轩	2020-08-18
四川省造宣统元宝倒“A”阔面龙版库平七钱二分银币/PCGS AU55		59,800	北京诚轩	2020-08-18
四川省造宣统元宝倒“A”阔面龙版库平七钱二分银币/PCGS VF35		14,950	北京诚轩	2020-08-18
四川十文型马兰银币/PCGS AU55		356,500	北京诚轩	2020-08-18
孙中山像开国纪念“下五星”版壹圆银币		13,800	北京诚轩	2020-08-18
孙中山像开国纪念“下五星”版壹圆银币/PCGS MS64+		189,750	北京诚轩	2020-08-18
孙中山像开国纪念单日“开”版壹圆银币/PCGS MS63		32,200	北京诚轩	2020-08-18
孙中山像开国纪念贰角银币/PCGS MS66		92,000	北京诚轩	2020-08-18
孙中山像开国纪念海南版壹圆银币/PCGS MS64		20,700	北京诚轩	2020-08-18
孙中山像开国纪念军阀版壹圆银币/PCGS MS62		62,100	北京诚轩	2020-08-18
孙中山像开国纪念军阀版壹圆银币/PCGS XF45		11,500	北京诚轩	2020-08-18
孙中山像开国纪念壹圆银币/PCGS MS63		18,400	北京诚轩	2020-08-18
孙中山像开国纪念壹圆、民国二十三年孙中山像背帆船壹圆银币各一枚/均PCGS AU58		18,400	北京诚轩	2020-08-18
孙中山像开国纪念壹圆银币/NGC MS67		149,500	北京诚轩	2020-08-18
孙中山像开国纪念壹圆银币/PCGS MS62		25,300	北京诚轩	2020-08-18
孙中山像开国纪念壹圆银币/PCGS MS63		34,500	北京诚轩	2020-08-18
孙中山像开国纪念壹圆银币/PCGS MS63+		18,400	北京诚轩	2020-08-18
孙中山像开国纪念壹圆银币/PCGS MS64		40,250	北京诚轩	2020-08-18
孙中山像开国纪念壹圆银币/PCGS MS64		31,050	北京诚轩	2020-08-18
孙中山像开国纪念壹圆银币/PCGS MS64		27,600	北京诚轩	2020-08-18
孙中山像开国纪念壹圆银币/PCGS MS64		18,400	北京诚轩	2020-08-18
孙中山像开国纪念壹圆银币/PCGS MS64		16,100	北京诚轩	2020-08-18
孙中山像开国纪念壹圆银币/PCGS MS64+		54,050	北京诚轩	2020-08-18
孙中山像开国纪念壹圆银币/PCGS MS64+		26,450	北京诚轩	2020-08-18
孙中山像开国纪念壹圆银币/PCGS MS64+		18,400	北京诚轩	2020-08-18
孙中山像开国纪念壹圆银币/PCGS MS65		57,500	北京诚轩	2020-08-18
孙中山像开国纪念壹圆银币/PCGS MS65		46,000	北京诚轩	2020-08-18
孙中山像开国纪念壹圆银币/PCGS MS65		43,700	北京诚轩	2020-08-18
孙中山像开国纪念壹圆银币/PCGS MS66		97,750	北京诚轩	2020-08-18
孙中山像开国纪念壹圆银币三枚/均PCGS评级		23,000	北京诚轩	2020-08-18
台湾“府库军饷 通行足纹”如意银饼/NGC VF Details		86,250	北京诚轩	2020-08-18
台湾制造光绪元宝库平七钱二分臆造银币		86,250	北京诚轩	2020-08-18
台湾制造光绪元宝库平七钱二分臆造银币		80,500	北京诚轩	2020-08-18
唐继尧侧面像拥护共和纪念库平三钱六分银币/PCGS XF Detail		13,800	北京诚轩	2020-08-18
唐继尧正面像拥护共和纪念库平三钱六分银币/PCGS AU55		11,500	北京诚轩	2020-08-18
唐继尧正面像拥护共和纪念库平三钱六分银币/PCGS MS64		103,500	北京诚轩	2020-08-18
无纪年吉林省造光绪元宝角龙版库平七钱二分银币/NGC MS60		184,000	北京诚轩	2020-08-18
无纪年吉林省造光绪元宝库平七钱二分银币/PCGS UNC Detail		161,000	北京诚轩	2020-08-18
无纪年吉林省造光绪元宝库平三钱六分银币/PCGS MS61		13,800	北京诚轩	2020-08-18

(续表)

拍品名称	物品尺寸	成交价RMB	拍卖公司	拍卖日期
无纪年吉林省造光绪元宝库平三钱六分银币/PCGS MS63		51,750	北京诚轩	2020-08-18
无纪年江南省造光绪元宝库平七分二厘银币/PCGS XF40		10,925	北京诚轩	2020-08-18
无纪年江南省造光绪元宝库平三分六厘银币/PCGS MS64		69,000	北京诚轩	2020-08-18
无纪年江南省造光绪元宝龙面无圈版库平三分六厘银币/PCGS MS62		26,450	北京诚轩	2020-08-18
无纪年江南省造光绪元宝日"省"版库平七钱二分银币/PCGS XF Detail		69,000	北京诚轩	2020-08-18
戊申吉林省造光绪元宝中心"1"库平七分二厘银币/PCGS VF25		23,000	北京诚轩	2020-08-18
戊戌江南省造光绪元宝"珍珠龙"版库平七钱二分银币/PCGS VF Detail		23,000	北京诚轩	2020-08-18
戊戌江南省造光绪元宝库平七分二厘银币/PCGS MS63		17,250	北京诚轩	2020-08-18
戊戌江南省造光绪元宝凸眼龙版库平七钱二分银币/PCGS AU55		195,500	北京诚轩	2020-08-18
戊戌江南省造光绪元宝凸眼龙版库平七钱二分银币/PCGS VF30		42,550	北京诚轩	2020-08-18
西班牙早期双柱壹圆银币一组二十二枚		10,120	中国嘉德	2020-12-05
西藏"炉关"银币/PCGS XF Details		230,000	北京诚轩	2020-08-18
喜敦版广东省造光绪元宝库平七钱二分银币样币/NGC SP64		437,000	北京诚轩	2020-08-18
辛丑吉林省造光绪元宝库平七钱二分银币/PCGS XF Detail		18,400	北京诚轩	2020-08-18
辛丑吉林省造光绪元宝库平七钱二分银币ANACS MS60 Details		60,950	北京诚轩	2020-08-18
辛丑吉林省造光绪元宝英文反"S"版库平七钱二分银币/PCGS XF40		36,800	北京诚轩	2020-08-18
辛丑江南省造光绪元宝"HAH"粗字版库平七钱二分银币/PCGS UNC Detail		86,250	北京诚轩	2020-08-18
辛丑江南省造光绪元宝"HAH"粗字版库平七钱二分银币/PCGS UNC Detail		36,800	北京诚轩	2020-08-18
辛丑江南省造光绪元宝"HAH"幼字版库平七钱二分银币/PCGS VF35		18,400	北京诚轩	2020-08-18
新疆"足银壹钱"连体天罡银币	长10.88cm; 宽2.7cm	20,700	中贸圣佳	2020-10-16
新疆喀什宣统元宝壹两臆造银币		109,250	中国嘉德	2020-08-19
新疆喀造中华民国饷银壹两背双旗臆造银币		72,450	北京诚轩	2020-08-18
新疆省银行银元券十枚		28,750	北京诚轩	2020-08-19
新疆饷银二钱银币/PCGS AU50		40,250	北京诚轩	2020-08-18
新疆饷银无回文版一两银币		253,000	北京诚轩	2020-08-18
新疆饷银五钱四蝙蝠版银币/PCGS XF Detail		32,200	北京诚轩	2020-08-18
新疆银圆叁钱/PCGS XF Detail		14,950	北京诚轩	2020-08-18
宣统年造大清银币伍角"1/2DOL."		50,600	北京诚轩	2020-08-18
宣统年造大清银币伍角"1/2DOL."/PCGS AU55		97,750	北京诚轩	2020-08-18
宣统年造大清银币壹圆"$1"/NGC MS65		517,500	北京诚轩	2020-08-18
宣统三年(1911)大清银币壹圆(LM37)		19,550	中国嘉德	2020-08-19
宣统三年(1911)大清银币壹圆(LM37)		18,400	中国嘉德	2020-08-19
宣统三年(1911)大清银币壹圆(LM37)		16,100	中国嘉德	2020-12-05
宣统三年(1911)大清银币壹圆(LM37)		14,950	中国嘉德	2020-08-19
宣统三年(1911)大清银币壹圆(LM37)		14,950	中国嘉德	2020-12-05
宣统三年(1911)大清银币壹圆(LM37)		13,800	中国嘉德	2020-08-19
宣统三年(1911)大清银币壹圆(LM37)		12,650	中国嘉德	2020-08-19
宣统三年(1911)大清银币壹圆(LM37)		12,650	中国嘉德	2020-12-05
宣统三年(1911)大清银币壹圆(LM37)		11,500	中国嘉德	2020-08-19
宣统三年(1911)大清银币壹圆(LM37)		11,500	中国嘉德	2020-12-05
宣统三年(1911)大清银币壹圆(LM37)		10,120	中国嘉德	2020-08-19
宣统三年(1911)大清银币壹圆(LM37)		10,120	中国嘉德	2020-12-05
宣统三年(1911)大清银币壹圆(LM37)一组三枚		21,850	中国嘉德	2020-12-05
宣统三年(1911)大清银币壹圆银质样币(LM31)		345,000	中国嘉德	2020-12-05
宣统三年大清银币"DOLLAR"后带点版壹圆		18,400	北京诚轩	2020-08-18
宣统三年大清银币"DOLLAR"后带点版壹圆/PCGS AU50		55,200	北京诚轩	2020-08-18
宣统三年大清银币"DOLLAR"后带点版壹圆/PCGS UNC Detail		80,500	北京诚轩	2020-08-18
宣统三年大清银币"反龙"版壹圆样币/PCGS SP62		828,000	北京诚轩	2020-08-18
宣统三年大清银币"反龙"版壹圆样币/PCGS SP63+		1,380,000	北京诚轩	2020-08-18
宣统三年大清银币"长须龙"版壹圆试铸样币一枚		1,380,000	上海泓盛	2020-07-18
宣统三年大清银币壹角/PCGS AU50		34,500	北京诚轩	2020-08-18
宣统三年大清银币壹角/PCGS MS64		97,750	北京诚轩	2020-08-18
宣统三年大清银币壹角/PCGS XF Detail		18,400	北京诚轩	2020-08-18
宣统三年大清银币壹角/PCGS XF40		19,550	北京诚轩	2020-08-18
宣统三年大清银币壹圆		40,250	北京诚轩	2020-08-18
宣统三年大清银币壹圆		27,600	北京诚轩	2020-08-18
宣统三年大清银币壹圆/PCGS MS63		230,000	北京诚轩	2020-08-18
宣统三年大清银币壹圆/PCGS MS63		172,500	北京诚轩	2020-08-18
宣统三年大清银币壹圆/PCGS MS64		184,000	北京诚轩	2020-08-18
宣统三年大清银币壹圆/PCGS MS64+		218,500	北京诚轩	2020-08-18
宣统三年大清银币壹圆/PCGS UNC Detail		66,700	北京诚轩	2020-08-18
宣统三年大清银币壹圆/PCGS UNC Detail		57,500	北京诚轩	2020-08-18
宣统三年大清银币壹圆/PCGS XF40		23,000	北京诚轩	2020-08-18
宣统三年大清银币壹圆一/PCGS XF40		40,250	北京诚轩	2020-08-18
乙巳吉林省造光绪元宝库平七钱二分银币		20,700	北京诚轩	2020-08-18
乙巳吉林省造光绪元宝库平七钱二分银币/PCGS AU Detail		28,750	北京诚轩	2020-08-18
乙巳吉林省造光绪元宝库平七钱二分银币/PCGS MS62		172,500	北京诚轩	2020-08-18
乙巳吉林省造光绪元宝库平三钱六分银币/PCGS MS63		36,800	北京诚轩	2020-08-18
乙巳江南省造光绪元宝库平七钱二分银币		59,800	北京诚轩	2020-08-18
乙巳江南省造光绪元宝库平七钱二分银币/PCGS MS61		299,000	北京诚轩	2020-08-18
乙酉光绪年造慈禧像臆造银币		126,500	中国嘉德	2020-08-19
乙酉光绪年造光绪像臆造银币		101,200	中国嘉德	2020-08-19
银币一组两枚		25,300	中国嘉德	2020-08-19
银币一组两枚		10,120	中国嘉德	2020-08-19
银币一组七枚		32,200	中国嘉德	2020-08-19
银币一组三枚		12,650	中国嘉德	2020-08-19
银币一组三枚		11,500	中国嘉德	2020-12-05
银币一组三枚		10,580	中国嘉德	2020-08-19
银币一组三枚		10,120	中国嘉德	2020-08-19
银币一组十一枚		48,300	中国嘉德	2020-08-19
银币一组四枚		16,100	中国嘉德	2020-08-19
银币一组四枚		11,500	中国嘉德	2020-08-19
银币一组五枚		23,000	中国嘉德	2020-08-19
银元一组四枚	尺寸不一	10,350	中贸圣佳	2020-10-16
英国1847年维多利亚女王像"哥特式"1克朗银币一枚		71,875	上海泓盛	2020-07-18
袁世凯戎装骑马像背前门城楼图"洪宪纪元"臆造银币		74,750	中国嘉德	2020-08-19
袁世凯像共和纪念壹圆银币		276,000	北京诚轩	2020-08-18
袁世凯像共和纪念壹圆银币/PCGS MS63		161,000	北京诚轩	2020-08-18

(续表)

拍品名称	物品尺寸	成交价RMB	拍卖公司	拍卖日期
袁世凯像共和纪念壹圆银币/PCGS MS64		258,750	北京诚轩	2020-08-18
袁世凯像共和纪念壹圆银币/PCGS MS65+		345,000	北京诚轩	2020-08-18
袁世凯像中华帝国洪宪纪元飞龙纪念银币		74,750	北京诚轩	2020-08-18
袁世凯像中华帝国洪宪纪元飞龙纪念银币/NGC MS64		253,000	北京诚轩	2020-08-18
袁世凯像中华帝国洪宪纪元飞龙纪念银币/PCGS MS63		345,000	北京诚轩	2020-08-18
云南省"富"字一两正银银币/PCGS MS62		92,000	北京诚轩	2020-08-18
云南省"富"字一两正银银币/PCGS MS62		69,000	北京诚轩	2020-08-18
云南省"小鹿头"正银一两银币/NGC MS62		48,300	北京诚轩	2020-08-18
云南省造光绪元宝、宣统元宝库平七钱二分银币各一枚		41,400	北京诚轩	2020-08-18
云南省造光绪元宝火珠下四圈版库平七钱二分银币/PCGS MS62		69,000	北京诚轩	2020-08-18
云南省造光绪元宝库平七分二厘银币/PCGS MS65		41,400	北京诚轩	2020-08-18
云南省造光绪元宝库平七钱二分银币/PCGS AU53		40,250	北京诚轩	2020-08-18
云南省造光绪元宝库平七钱二分银币/PCGS XF40		27,600	北京诚轩	2020-08-18
云南省造宣统元宝库平七钱二分银币/PCGS AU55		55,200	北京诚轩	2020-08-18
云南省造宣统元宝库平三钱六分银币/NGC MS61		16,100	北京诚轩	2020-08-18
云南省造宣统元宝库平三钱六分银币/NGC MS65		74,750	北京诚轩	2020-08-18
造币分厂宣统元宝中心阳"吉"库平一钱四分四厘银币/PCGS MS62		16,100	北京诚轩	2020-08-18
造币分厂宣统元宝中心阳"吉"库平一钱四分四厘银币/PCGS MS62		10,925	北京诚轩	2020-08-18
造币总厂光绪元宝库平七分二厘银币		97,750	北京诚轩	2020-08-18
造币总厂光绪元宝库平七分二厘银币/PCGS MS63+		46,000	北京诚轩	2020-08-18
造币总厂光绪元宝库平七钱二分银币/PCGS XF Detail		18,400	北京诚轩	2020-08-18
造币总厂光绪元宝库平七钱二分银币/PCGS XF Detail		13,800	北京诚轩	2020-08-18
造币总厂光绪元宝库平七钱二分银币/PCGS XF40		36,800	北京诚轩	2020-08-18
造币总厂光绪元宝库平一钱四分四厘银币		230,000	北京诚轩	2020-08-18
造币总厂光绪元宝库平一钱四分四厘银币/PCGS AU55		19,550	北京诚轩	2020-08-18
造币总厂光绪元宝尾上有点版库平一钱四分四厘银币/PCGS MS63+		126,500	北京诚轩	2020-08-18
浙江省造慈禧像大型臆造银币		126,500	北京诚轩	2020-08-18
中华民国十七年(贵州银币)	直径3.9cm	2,083,340	新加坡环球	2020-01-08
中华苏维埃共和国五年制壹圆银币/PCGS XF Details		782,000	北京诚轩	2020-08-18
"淳化元宝"背"三佛"供养金币		345,000	北京保利	2020-10-18
"大朝金合"	直径3.6cm	23,000	中贸圣佳	2020-10-16
"喜"字一两金元宝		57,500	中贸圣佳	2020-10-16
1081–1118年拜占庭帝国阿历克塞一世像金币		43,700	中国嘉德	2020-08-19
1817年卡贾尔王朝金币		37,950	中国嘉德	2020-08-19
1820年卡贾尔王朝金币		40,250	中国嘉德	2020-08-19
1839年卡贾尔王朝金币		37,950	中国嘉德	2020-08-19
1846年英国维多利亚女王像金币		23,000	中国嘉德	2020-08-19
1847年英国维多利亚女王像金币		27,600	中国嘉德	2020-08-19
1882年法国100法郎金币		18,400	中国嘉德	2020-12-05

拍品名称	物品尺寸	成交价RMB	拍卖公司	拍卖日期
1904年美国摩根20美元金币		16,100	中国嘉德	2020-12-05
1909年美国自由女神像20美元金币		17,250	中国嘉德	2020-12-05
1944年民国时期"福"字一两金币		59,800	中国嘉德	2020-12-05
1944年伪满洲国中央银行发行"福"字一两金币		57,500	中国嘉德	2020-08-19
1979年中国人民银行发行中华人民共和国成立三十周年纪念金币一套4枚		29,900	中国嘉德	2020-08-19
1988年 天坛图金币十枚	直径1.5cm	10,350	北京大羿	2020-07-17
1988年中国造币公司龙年5盎司纪念金币一枚		78,200	上海泓盛	2020-07-18
1993年孙中山像"天下为公"纪念金币		115,000	北京诚轩	2020-08-18
1993年中国古代科技发明发现(第二组)太极图纪念金币/NGC PF69 ULTRA CAMEO		71,300	北京诚轩	2020-08-18
1995年恐龙纪念金币		20,700	北京诚轩	2020-08-18
1995年亚美尼亚季格兰二世像金币		26,450	中国嘉德	2020-08-19
1995年中国人民银行发行《三国演义》系列张飞像1盎司纪念金币		31,050	中国嘉德	2020-12-05
1997年中国人民银行发行齐白石长方形纪念金币		40,250	中国嘉德	2020-08-19
2010年中国金币总公司熊猫金币1/20、1/10、1/4、1/2、1盎司共5枚全套		25,300	上海泓盛	2020-07-18
2017年朝鲜北极星-2导弹200元纪念金币一枚		14,950	上海泓盛	2020-07-18
2017年朝鲜火星-14导弹的第二次测试200元纪念金币一枚		14,950	上海泓盛	2020-07-18
2017年朝鲜普天堡战斗80周年200元纪念金币一枚		17,250	上海泓盛	2020-07-18
2018年朝中友谊200元纪念金币一枚		13,800	上海泓盛	2020-07-18
402年东罗马帝国金币		40,250	中国嘉德	2020-08-19
公元1304–1335年蒙古伊尔汗国不赛因2第纳尔金币		10,925	中国嘉德	2020-12-05
公元1320–1325年德里苏丹图格鲁克王朝 图格鲁克一世天罡金币		14,950	中国嘉德	2020-12-05
公元1707–1712年莫卧儿王朝巴哈都尔沙一世1莫赫金币		12,650	中国嘉德	2020-12-05
公元18–19世纪莫卧儿王朝寺庙代用1莫赫金币		12,650	中国嘉德	2020-12-05
公元290–310年贵霜王朝韦苏提婆二世金币		12,650	中国嘉德	2020-12-05
公元5世纪寄多罗王朝维纳雅迪提亚1低质第纳尔金币		14,950	中国嘉德	2020-12-05
公元前54年罗马共和时代布鲁图斯金币		17,250	中国嘉德	2020-12-05
公元前646–前610年 吕底亚王国狮子头琥珀金币		55,200	北京保利	2020-10-18
古波斯阿契美尼德大流克金币一枚		28,750	北京保利	2020-12-04
古希腊马其顿王国阿波罗头像标准金币一枚		40,250	北京保利	2020-12-04
贵霜萨珊王朝一第纳尔金币一枚		17,250	北京保利	2020-12-04
1950年孙中山像背布图足金壹钱金质试铸样币一枚		276,000	上海泓盛	2020-07-18
民国三十六年新疆饷金一两金币一枚		86,250	上海泓盛	2020-07-18
清光绪丙午年造大清金币库平一两样币一枚		920,000	上海泓盛	2020-07-18
新加坡1988年"戊辰·祥龙献瑞"1盎司金币一枚		11,500	上海泓盛	2020-07-18
中国人民银行发行熊猫金币一组六枚		10,580	中国嘉德	2020-12-05
民国 段祺瑞像执政纪念币	直径3.9cm	115,000	西泠印社	2020-08-10
1893年上海工部局"上海开埠五十周年"银质纪念章一枚		48,300	上海泓盛	2020-07-18
1896年李鸿章像"中堂驾游汉伯克镌刻敬献"背汉堡城徽纪念章一枚		276,000	上海泓盛	2020-07-18
1896年李鸿章像"中堂驾游汉伯克镌刻敬献"背汉堡城徽纪念章一枚		82,800	上海泓盛	2020-07-18

(续表)

拍品名称	物品尺寸	成交价RMB	拍卖公司	拍卖日期
1912年黎元洪光头像中华民国开国纪念币壹圆银币一枚		40,250	上海泓盛	2020-07-18
1912年黎元洪光头像中华民国开国纪念币壹圆银币一枚		23,000	上海泓盛	2020-07-18
1912年黎元洪像(无帽)中华民国开国纪念币壹圆银币(LM45)		51,750	中国嘉德	2020-12-05
1912年黎元洪像(无帽)中华民国开国纪念币壹圆银币(LM45)		24,150	中国嘉德	2020-08-19
1912年黎元洪像(无帽)中华民国开国纪念币壹圆银币(LM45)		18,400	中国嘉德	2020-12-05
1912年黎元洪像(无帽)中华民国开国纪念币壹圆银币(LM45)		16,100	中国嘉德	2020-12-05
1912年黎元洪像(无帽)中华民国开国纪念币壹圆银币(LM45)		13,800	中国嘉德	2020-12-05
1912年黎元洪像(无帽)中华民国开国纪念币壹圆银币(LM45)		12,650	中国嘉德	2020-08-19
1912年孙中山像开国纪念币贰角银币		10,925	中国嘉德	2020-08-19
1912年孙中山像中华民国开国纪念币贰角银币一枚		74,750	上海泓盛	2020-07-18
1912年孙中山像中华民国开国纪念币贰角银币一枚		34,500	上海泓盛	2020-07-18
1912年孙中山像中华民国开国纪念币贰角银币一枚		17,250	上海泓盛	2020-07-18
1912年孙中山像中华民国开国纪念币壹圆银币(LM42)		41,400	中国嘉德	2020-12-05
1912年孙中山像中华民国开国纪念币壹圆银币一枚		28,750	上海泓盛	2020-07-18
1914年袁世凯戎装像中华民国共和纪念币壹圆银币一枚		138,000	上海泓盛	2020-07-18
1914年袁世凯戎装像中华民国共和纪念币壹圆银币一枚		132,250	上海泓盛	2020-07-18
1914年袁世凯戎装像中华民国共和纪念币壹圆银币一枚		132,250	上海泓盛	2020-07-18
1914年袁世凯戎装像中华民国共和纪念币壹圆银币一枚		126,500	上海泓盛	2020-07-18
1914年袁世凯戎装像中华民国共和纪念币壹圆银币一枚		97,750	上海泓盛	2020-07-18
1914年袁世凯像中华民国共和纪念币壹圆(LM858)		115,000	中国嘉德	2020-08-19
1914年袁世凯像中华民国共和纪念币壹圆(LM858)		78,200	中国嘉德	2020-12-05
1914年袁世凯像中华民国共和纪念币壹圆(LM858)		78,200	中国嘉德	2020-12-05
1914年袁世凯像中华民国共和纪念币壹圆(LM858)		78,200	中国嘉德	2020-12-05
1914年袁世凯像中华民国共和纪念币壹圆(LM858)		74,750	中国嘉德	2020-08-19
1914年袁世凯像中华民国共和纪念币壹圆(LM858)		19,550	中国嘉德	2020-08-19
1914年袁世凯像中华民国共和纪念币壹圆(LM859)		299,000	中国嘉德	2020-08-19
1914年袁世凯像中华民国共和纪念币壹圆银币(LM858)		184,000	中国嘉德	2020-08-19
1914年袁世凯像中华民国共和纪念币壹圆银币(LM858)		51,750	中国嘉德	2020-08-19
1916年唐继尧侧身像拥护共和纪念币库平三钱六分(LM862)侧面像;1919年唐继尧正面像拥护共和纪念币库平三钱六分(LM863)正面像		20,700	中国嘉德	2020-08-19
1921年徐世昌仁寿同登纪念章(LM956)背"Miss H HOLLAND"		690,000	中国嘉德	2020-12-05
1924年段祺瑞像背和平中华民国执政纪念币一枚		368,000	上海泓盛	2020-07-18
1924年段祺瑞像背和平中华民国执政纪念币一枚		184,000	上海泓盛	2020-07-18
1924年段祺瑞像背和平中华民国执政纪念币一枚		138,000	上海泓盛	2020-07-18
1924年段祺瑞像背和平中华民国执政纪念币一枚		103,500	上海泓盛	2020-07-18
1924年段祺瑞像中华民国执政纪念币(LM865)		253,000	中国嘉德	2020-08-19
1927年孙中山像开国纪念币壹圆银币		12,650	北京保利	2020-10-18
1927年孙中山像中华民国开国纪念币壹圆银币一枚		74,750	上海泓盛	2020-07-18
1927年孙中山像中华民国开国纪念币壹圆银币一枚		40,250	上海泓盛	2020-07-18
1927年孙中山像中华民国开国纪念币壹圆银币一枚		32,200	上海泓盛	2020-07-18
1927年中华民国孙中山像开国纪念币壹圆银币一枚		20,700	上海泓盛	2020-07-18
1927年中华民国孙中山像开国纪念币壹圆银币一枚		17,250	上海泓盛	2020-07-18
1927年中华民国孙中山像开国纪念币壹圆银币一枚		17,250	上海泓盛	2020-07-18
1928年孙中山像中华民国开国纪念币壹圆银币(LM48)		43,700	中国嘉德	2020-12-05
1928年孙中山像中华民国开国纪念币壹圆银币(LM49)		19,550	中国嘉德	2020-08-19
1928年孙中山像中华民国开国纪念币壹圆银币(LM49)		13,800	中国嘉德	2020-08-19
1943年蒋介石像背天坛红铜纪念币形章一枚		34,500	上海泓盛	2020-07-18
1943年蒋介石像背天坛红铜纪念币形章一枚		21,850	上海泓盛	2020-07-18
2012年中国京剧脸谱彩色金银纪念币第一组、第二组、第三组各一套		12,650	北京诚轩	2020-08-18
埃尔·格列柯 使徒的画像纯银纪念币(一组)	单枚3.5×5cm	32,200	西泠印社	2020-08-10
洪宪元年湖南开国纪念币当十铜元/PCGS MS65RD		43,700	北京诚轩	2020-08-18
民国"陆荣廷像"背"五色旗"、"铁血十八星旗"烤蓝银质纪念章一枚		14,950	上海泓盛	2020-07-18
民国二十年福建省造黄花岗纪念币贰角银币一枚		11,500	上海泓盛	2020-07-18
民国二十一年福建省造黄花岗纪念币壹角银币一枚		28,750	上海泓盛	2020-07-18
民国九年安庆造币厂造倪嗣冲像臆造纪念银/PCGS UNC Detail		46,000	北京诚轩	2020-08-18
民国十二年(1923)曹锟宪法成立纪念章(LM958)		105,800	中国嘉德	2020-12-05
民国十二年(1923)曹锟宪法成立纪念章(LM958)		94,300	中国嘉德	2020-12-05
民国十六年(1927)孙中山正面像中华民国总理纪念币贰角(LM847)		23,000	中国嘉德	2020-12-05
民国十六年造孙中山正面像背双旗总理纪念币贰角银币一枚		23,000	上海泓盛	2020-07-18
民国十年徐世昌像仁寿同登无"纪念币"银币一枚		109,250	上海泓盛	2020-07-18
民国十年徐世昌像仁寿同登无"纪念币"银币一枚		103,500	上海泓盛	2020-07-18
民国十三年(1924)曹锟宪法成立纪念章(LM959)		57,500	中国嘉德	2020-12-05
民国十三年(1924)曹锟宪法成立纪念章(LM959)		36,800	中国嘉德	2020-12-05
孙中山像中华民国开国纪念币壹圆银币	直径3.9cm	3,571,440	新加坡环球	2020-01-08

(续表)

拍品名称	物品尺寸	成交价RMB	拍卖公司	拍卖日期
中国人民银行发行流通纪念币一组九十三枚		12,650	中国嘉德	2020-12-05
中华民国开国纪念币		211,024	香港贞观	2020-08-30
民国 代用币一组六枚	直径3.4-3.8cm	23,000	西泠印社	2020-08-10
1983年中国人民银行发行精铸套币内含壹分至壹元7枚及1983年(猪)铜章1枚共8枚		10,120	中国嘉德	2020-08-19
民国二十五年孙中山像背布图下"A"版廿分精制镍币/PCGS PR65		23,000	北京诚轩	2020-08-18
民国三年袁世凯像背嘉禾伍分镍制试铸样币一枚		235,750	上海泓盛	2020-07-18
民国三年袁世凯像伍分铜镍合金试铸样币/PCGS SP61		230,000	北京诚轩	2020-08-18
青岛大德国宝壹角镍币/PCGS MS65		25,300	北京诚轩	2020-08-18
洪武大明通行宝钞壹贯/PMG 45		54,050	北京诚轩	2020-08-19
洪武大明通行宝钞壹贯/PMG 50NET		57,500	北京诚轩	2020-08-19
洪武年间大明通行宝钞壹贯		55,200	中国嘉德	2020-08-19
洪武年间大明通行宝钞壹贯		10,580	中国嘉德	2020-08-19
咸丰八年大清宝钞贰仟文/PMG 55		10,350	北京诚轩	2020-08-19
咸丰八年大清宝钞拾仟文		28,750	北京诚轩	2020-08-19
咸丰八年大清宝钞伍仟文		29,900	北京诚轩	2020-08-19
咸丰八年大清宝钞伍仟文		27,600	北京诚轩	2020-08-19
咸丰八年大清宝钞壹仟文/PMG 45		10,350	北京诚轩	2020-08-19
咸丰六年大清宝钞伍佰文/PMG 53		43,700	北京诚轩	2020-08-19
咸丰六年大清宝钞伍佰文/PMG 55EPQ		16,100	北京诚轩	2020-08-19
咸丰七年大清宝钞伍佰文/PMG 55EPQ		16,100	北京诚轩	2020-08-19
咸丰四年户部官票叁两		34,500	北京诚轩	2020-08-19
咸丰五年户部官票叁两		40,250	北京诚轩	2020-08-19
光绪三十二年(1906)大清户部银行兑换券天津改开封伍圆		20,700	中国嘉德	2020-08-19
光绪三十年中国通商银行伍元		23,000	北京诚轩	2020-08-19
光绪三十七年兵部兵票		34,500	中国嘉德	2020-08-19
光绪三十三年(1907)大清户部银行兑换券汉口壹圆		28,750	中国嘉德	2020-08-19
光绪三十三年江南裕宁官银钱局壹佰枚		21,850	北京诚轩	2020-08-19
光绪三十四年信义工商储蓄银行壹圆		21,850	北京诚轩	2020-08-19
清代北京聚丰银号银票一组五枚		10,580	中国嘉德	2020-08-19
清代北京钱店钱票二枚		20,700	北京诚轩	2020-08-19
清代北京钱店钱票十一枚		10,350	北京诚轩	2020-08-19
民国 晋察冀边区银行纸币一组十四枚	通长1-1.6cm	13,800	西泠印社	2020-08-10
民国八年(1919)黑龙江官银号江省通用小洋伍拾角		14,950	中国嘉德	2020-08-19
民国二年(1913)中国银行兑换券壹圆样票		12,650	中国嘉德	2020-08-19
民国二年交通银行拾圆		26,450	北京诚轩	2020-08-19
民国二年交通银行伍圆		14,950	北京诚轩	2020-08-19
民国二年交通银行壹圆		17,250	北京诚轩	2020-08-19
民国二年交通银行壹圆		12,650	北京诚轩	2020-08-19
民国二年交通银行壹圆		11,500	北京诚轩	2020-08-19
民国二十八年(1939)中国银行廖仲恺像壹圆样票		18,400	中国嘉德	2020-08-19
民国二十八年西康省银行藏币半圆		14,950	北京诚轩	2020-08-19
民国二十九年江苏省农民银行壹圆二枚连号/PMG64*2		18,400	北京诚轩	2020-08-19
民国二十一年(1932)中国农工银行壹圆、伍圆、拾圆样票各一枚		18,400	中国嘉德	2020-08-19
民国九年(1920)交通银行哈尔滨拾圆		11,500	中国嘉德	2020-08-19
民国九年(1920)交通银行哈尔滨伍圆		11,500	中国嘉德	2020-08-19
民国九年(1920)交通银行哈尔滨壹圆		11,500	中国嘉德	2020-08-19

拍品名称	物品尺寸	成交价RMB	拍卖公司	拍卖日期
民国九年(1920)四明银行上海伍圆样票各二枚		12,650	中国嘉德	2020-08-19
民国九年(1920)四明银行上海壹圆、拾圆单正反样票各一枚		10,350	中国嘉德	2020-08-19
民国九年(1920)中国通商银行上海壹圆、伍圆、拾圆样票各一枚		27,600	中国嘉德	2020-08-19
民国九年改十一年赣省暂行军用手票壹圆/PCGS 35Details		63,250	北京诚轩	2020-08-19
民国九年中国通商银行拾圆样票/PMG 63		13,800	北京诚轩	2020-08-19
民国九年中国通商银行拾圆样票/PMG 65EPQ		12,650	北京诚轩	2020-08-19
民国九年中国通商银行伍圆样票/PMG 66EPQ		13,800	北京诚轩	2020-08-19
民国九年中国通商银行壹两样票/PMG 65EPQ		13,800	北京诚轩	2020-08-19
民国九年中国通商银行壹两样票/PMG 66EPQ		20,700	北京诚轩	2020-08-19
民国九年中国通商银行壹圆样票/PMG 65EPQ		11,500	北京诚轩	2020-08-19
民国六年(1917)中国银行兑换券壹角、贰角试色样票各三枚		23,000	中国嘉德	2020-08-19
民国六年安徽全省军用券壹圆/PMG 8NET		46,000	北京诚轩	2020-08-19
民国七年(1918)中国银行上海拾圆样票		18,400	中国嘉德	2020-08-19
民国三年(1914)中国银行袁世凯像拾圆		26,450	中国嘉德	2020-08-19
民国三年交通银行壹圆		27,600	北京诚轩	2020-08-19
民国三年交通银行壹圆		20,700	北京诚轩	2020-08-19
民国三十年(1941)中国农民银行伍拾圆、壹佰圆、伍佰圆样票各一枚		12,650	中国嘉德	2020-08-19
民国三十三年淮南银行红色乡间庭院图伍圆/CMC评级		10,925	北京诚轩	2020-08-19
民国三十三年江淮银行插秧图壹圆/CMC评级		12,650	北京诚轩	2020-08-19
民国三十三年浙东敌后临时行政委员会金库兑换券拾圆		74,750	北京诚轩	2020-08-19
民国三十四年慈溪县观城区署临时兑换券壹圆		19,550	北京诚轩	2020-08-19
民国三十四年浙东行政公署单面印刷金库兑换券抗币拾圆		10,350	北京诚轩	2020-08-19
民国三十四年浙东行政公署单面印刷金库兑换券抗币伍圆		13,800	北京诚轩	2020-08-19
民国三十四年浙东银行余姚支行临时兑换券伍角		20,700	北京诚轩	2020-08-19
民国三十四年浙东银行余姚支行余姚地方本位币壹圆		20,700	北京诚轩	2020-08-19
民国三十四年浙江慈溪县庄桥区署抗币临时兑换券壹圆		19,550	北京诚轩	2020-08-19
民国三十四年中央银行台湾流通券拾圆		13,800	北京诚轩	2020-08-19
民国三十一年中国银行壹仟圆		23,000	北京诚轩	2020-08-19
民国三十一年中国银行壹仟圆二枚连号		43,700	北京诚轩	2020-08-19
民国十八年(1929)边业银行哈尔滨壹角、贰角、伍角单正反样票各一枚		10,350	中国嘉德	2020-08-19
民国十八年中国通商银行壹圆/PMG 65EPQ		26,450	北京诚轩	2020-08-19
民国十二年交通银行伍圆样票		23,000	北京诚轩	2020-08-19
民国十六年(1927)交通银行上海壹圆、伍圆、拾圆样票各一枚		13,800	中国嘉德	2020-08-19
民国十六年中南银行壹圆		32,200	北京诚轩	2020-08-19
民国十年(1921)边业银行哈尔滨壹圆、伍圆、拾圆单正反样票各一枚		31,050	中国嘉德	2020-08-19

(续表)

拍品名称	物品尺寸	成交价RMB	拍卖公司	拍卖日期
民国十三年(1924)交通银行上海拾圆		10,350	中国嘉德	2020-08-19
民国十三年中国实业银行样票三枚全套/PMG评级		28,750	北京诚轩	2020-08-19
民国十四年中国银行伍角		11,500	北京诚轩	2020-08-19
民国十一年(1922)华威银行天津改北京拾圆		11,500	中国嘉德	2020-08-19
民国时期《中南银行兑换券样本》册		69,000	北京诚轩	2020-08-19
民国时期无年份滇粤桂援赣联军军用票壹圆/PMG 35		12,650	北京诚轩	2020-08-19
民国时期无年份浙江慈溪县丈亭区通用辅币券伍角		33,350	北京诚轩	2020-08-19
民国时期无年份浙江慈溪县丈亭区通用辅币壹元		24,150	北京诚轩	2020-08-19
民国元年黄帝像中国银行兑换券伍圆		16,100	北京诚轩	2020-08-19
现代 第二版人民币黄伍圆(海鸥浮水印补号)	通长1.6cm	25,300	西泠印社	2020-08-10
现代 第三版人民币背绿浮水印壹角(补号)	通长1cm	51,750	西泠印社	2020-08-10
现代 第三版人民币枣红壹角	通长1.1cm	59,800	西泠印社	2020-08-10
现代 第一版至第五版人民币纸币三十五枚		23,000	西泠印社	2020-08-10
现代 第一版至第五版人民币纸币四十枚		23,000	西泠印社	2020-08-10
"外汇兑换券发行四十周年"加字版双连体十连号一组10套(全套)		87,400	北京保利	2020-12-04
"外汇兑换券发行四十周年"加字版整版全套十枚		253,000	北京保利	2020-10-18
《中国纪念钞大全》十连号		365,700	北京保利	2020-12-04
1910年新疆造饷银五钱(LM816)		12,650	中国嘉德	2020-08-19
1914年英商香港上海汇丰银行拾圆		10,350	中国嘉德	2020-08-19
1915年中华帝国"开国纪盛"样票加盖"限新省贴用"全套三枚		12,650	北京保利	2020-10-24
1922年广东银行有限公司汉口壹圆样票		13,800	中国嘉德	2020-08-19
1932年鄂豫皖苏维埃经济公社铜圆券贰串文		34,500	北京诚轩	2020-08-19
1933年湘鄂赣省工农银行银洋贰角		13,800	中国嘉德	2020-08-19
1934年中华苏维埃共和国国家银行"A1934"版壹圆		40,250	北京诚轩	2020-08-19
1937—1959年西藏纸币壹佰二十五枚连号		13,800	北京诚轩	2020-08-19
1945年浙东银行余姚支行单面印贰角		18,400	北京诚轩	2020-08-19
1948-1949年第一版人民币壹佰圆"红工厂""工厂火车"各一枚		16,100	中国嘉德	2020-12-06
1948年第一版人民币伍圆"帆船"样票		10,925	北京诚轩	2020-08-19
1948年第一版人民币伍圆"绵羊"		10,350	中国嘉德	2020-08-19
1948年第一版人民币壹仟圆狭长版"双马耕地"		27,600	中国嘉德	2020-12-06
1949年第一版人民币贰佰圆"炼钢""排云殿""颐和园"各一枚		11,270	中国嘉德	2020-12-06
1949年第一版人民币贰佰圆"排云殿"/PMG 63		23,000	北京诚轩	2020-08-19
1949年第一版人民币贰佰圆"收割"		16,100	中国嘉德	2020-12-06
1949年第一版人民币贰拾圆"小帆船"		17,250	中国嘉德	2020-12-06
1949年第一版人民币贰拾圆帆船与火车		13,800	北京保利	2020-10-18
1949年第一版人民币贰拾圆帆船与火车		12,650	北京保利	2020-10-18
1949年第一版人民币贰拾圆立交桥折白变体		10,350	北京保利	2020-10-18
1949年第一版人民币伍佰圆"起重机""收割机"各一枚		10,350	中国嘉德	2020-12-06
1949年第一版人民币伍拾圆"工农"/PMG 64EPQ		14,950	北京诚轩	2020-08-19
1949年第一版人民币伍拾圆"红火车"		40,250	北京诚轩	2020-08-19
1949年第一版人民币伍拾圆"红火车"		16,100	中国嘉德	2020-08-19
1949年第一版人民币伍拾圆"压路机"/PMG 55		12,650	北京诚轩	2020-08-19
1949年第一版人民币伍拾圆红火车		26,450	北京保利	2020-10-18
1949年第一版人民币伍拾圆蓝火车		12,650	北京保利	2020-10-18
1949年第一版人民币伍圆"水牛"		24,150	中国嘉德	2020-12-06
1949年第一版人民币壹佰圆"红轮船"一组二枚		12,650	中国嘉德	2020-12-06
1949年第一版人民币壹佰圆"黄北海"		10,580	中国嘉德	2020-12-06
1949年第一版人民币壹佰圆"黄北海"		10,350	中国嘉德	2020-12-06
1949年第一版人民币壹佰圆"驮运"三枚连号		13,800	中国嘉德	2020-08-19
1949年第一版人民币壹佰圆红工厂		10,925	北京保利	2020-10-18
1949年第一版人民币壹万圆"双马耕地""军舰"各一枚		11,500	中国嘉德	2020-12-06
1950年第一版人民币伍万圆收割机		64,400	北京保利	2020-10-18
1950年第一版人民币伍万圆新华门		51,750	北京保利	2020-10-18
1951年第一版人民币伍仟圆牧羊		21,850	北京保利	2020-10-18
1951年第一版人民币壹仟圆马饮水		63,250	北京保利	2020-10-18
1951年第一版人民币壹万圆"牧马"正、反单面样票/PMG 53、55		101,200	北京诚轩	2020-08-19
1951年第一版人民币壹万圆骆驼队		120,750	北京保利	2020-10-18
1953年第二版人民币红伍圆民族大团结		11,500	北京保利	2020-10-18
1953年第二版人民币叁圆		34,500	中国嘉德	2020-12-06
1953年第二版人民币叁圆井冈山		17,250	北京保利	2020-10-18
1953年第二版人民币叁圆井冈山		13,800	北京保利	2020-10-18
1953年第二版人民币叁圆井冈山		12,650	北京保利	2020-10-18
1953年第二版人民币拾圆		101,200	中国嘉德	2020-12-06
1953年第二版人民币拾圆样票		80,500	北京诚轩	2020-08-19
1953年第二版人民币伍圆三枚		19,550	中国嘉德	2020-12-06
1953年第一版人民币伍仟圆"渭河桥"		12,650	中国嘉德	2020-12-06
1953年第一版人民币伍仟圆渭河桥样票一组二枚		12,650	北京保利	2020-10-18
1960-1972年第三版人民币大全套一组三十枚		46,000	北京诚轩	2020-08-19
1960年第三版人民币红壹角三枚连号/PMG 66EPQ		18,400	北京诚轩	2020-08-19
1960年第三版人民币壹角平版样票		23,000	北京保利	2020-10-18
1962年第三版人民币壹角四枚连号		126,500	中国嘉德	2020-08-19
1979、1988年中国银行外汇兑换券伍拾圆、壹佰圆样票/PMG评级		17,250	北京诚轩	2020-08-19
1990年第四版人民币壹圆/PCGS 10		12,650	北京诚轩	2020-08-19
北洋天津银号叁圆		57,500	中国嘉德	2020-08-19
第二版人民币1953年壹角共二十七枚连号		14,950	上海泓盛	2020-07-19
第三版人民币全套二十七枚连号二套 共计五十四枚		94,300	中国嘉德	2020-12-06
第一版人民币"大帆船"壹佰圆		55,200	上海泓盛	2020-07-19
第一版人民币"耕地"伍佰圆		11,500	上海泓盛	2020-07-19
第一版人民币"黑三拖"壹仟圆		25,300	上海泓盛	2020-07-19
第一版人民币"红色火车大桥"伍拾圆		89,700	上海泓盛	2020-07-19
第一版人民币"蓝色火车大桥"伍拾圆		48,300	上海泓盛	2020-07-19
第一版人民币"推车与耕地"壹仟圆		14,950	上海泓盛	2020-07-19
第一版人民币"渭河桥"伍仟圆样票		29,900	上海泓盛	2020-07-19
第一版人民币"新华门"伍万圆样票		10,350	上海泓盛	2020-07-19
第一版人民币"正阳门"伍佰圆		32,200	上海泓盛	2020-07-19
第一版人民币1951年蒙文版"蒙古包"伍仟圆样票		55,200	上海泓盛	2020-07-19
第一版人民币1951年蒙文版"牧马图"壹万圆样票		63,250	上海泓盛	2020-07-19
第一版人民币1951年维文版"骆驼队"壹万圆样票		36,800	上海泓盛	2020-07-19
第一版人民币1951年维文版"马饮水"壹仟圆样票		43,700	上海泓盛	2020-07-19

（续表）

拍品名称	物品尺寸	成交价RMB	拍卖公司	拍卖日期
第一版人民币1951年维文版“绵羊图”伍仟圆样票		25,300	上海泓盛	2020-07-19
第一版人民币1951年维文版“瞻德城”伍佰圆样票		235,750	上海泓盛	2020-07-19
第一版人民币样票全套一组六十种		920,000	中国嘉德	2020-12-06
第一套人民币500元种地		784,000	香港贞观	2020-07-26
第一套人民币500元种地		695,000	香港贞观	2020-07-26
第一套人民币50元火车大桥		698,000	香港贞观	2020-07-26
第一套人民币纸币一组九枚		20,700	中国嘉德	2020-08-19
第一套人民币纸币一组七枚		21,850	中国嘉德	2020-08-19
滇黔桂边区贸易局流通券伍圆		23,000	中国嘉德	2020-08-19
富滇银行样票一组九枚		19,550	中国嘉德	2020-08-19
洪武年大明宝钞壹贯		32,200	上海泓盛	2020-07-19
洪武年大明宝钞壹贯		25,300	上海泓盛	2020-07-19
洪武年大明宝钞壹贯		11,500	上海泓盛	2020-07-19
洪武年间大明通行宝钞壹贯		14,950	中国嘉德	2020-12-06
华东区1949年山东二七建邮及淮海战役18元无齿样票过桥横双连		13,800	北京保利	2020-10-24
民国八年（1919）中国银行东三省拾圆样票		18,400	中国嘉德	2020-12-06
民国交通银行纸币一组约二百二十枚		51,750	北京保利	2020-10-18
民国三十二年（1943）江淮银行伍角改新抗币壹角样票		26,450	中国嘉德	2020-12-06
民国十三年（1924）中国实业银行壹圆、伍圆、拾圆样票各一枚		16,100	中国嘉德	2020-12-06
民国中央银行纸币一本约一百五十枚		37,950	北京保利	2020-10-18
咸丰四年（1854）户部官票拾两		33,350	中国嘉德	2020-12-06
外汇兑换券发行四十周年加字版双连体连号十枚		80,500	北京保利	2020-10-18
外汇兑换券发行四十周年加字版四连体十枚		28,750	北京保利	2020-10-18
咸丰四年（1854）大清宝钞壹仟伍佰文		17,250	北京保利	2020-10-18
元代至元通行宝钞贰贯		207,000	中国嘉德	2020-12-06
中华苏维埃共和国国家银行纸币一组五枚		11,500	中国嘉德	2020-08-19
康德元年伪满洲帝国政府五厘公债证书四枚		23,000	北京诚轩	2020-08-19
清 1860年中国颁赠第一枚奖武功牌金章	直径2.8cm	207,000	西泠印社	2020-08-10
清 三等一级双龙宝星过渡版勋章	通长1.1cm	138,000	西泠印社	2020-08-10
民国 广东种德园乌鸡白凤丸药丸原物奖牌、证书盒一套三件	通长5.5–7.6cm	322,000	西泠印社	2020-08-10
1851年英国伯明翰喜敦造币厂广告章/NGC MS61		13,800	北京诚轩	2020-08-18
1902年天津都统衙门铜镶珐琅纪念章		230,000	北京诚轩	2020-08-18
1912年第一版西藏纸币十五章卡		23,000	北京诚轩	2020-08-19
1914年袁世凯戎装像背双剑嘉禾图黄铜奖章/PCGS MS61		816,500	北京诚轩	2020-08-18
1916年袁世凯像中华帝国洪宪纪元飞龙纪念银章（LM942）		287,500	中国嘉德	2020-08-19
1916年袁世凯像中华帝国洪宪纪元飞龙纪念银章（LM942）		241,500	中国嘉德	2020-08-19
1916年袁世凯像中华帝国洪宪纪元飞龙纪念银章（LM942）		115,000	中国嘉德	2020-08-19
1916年袁世凯像中华帝国洪宪纪元飞龙纪念银章（LM942）		86,250	中国嘉德	2020-08-19
1916年袁世凯像中华帝国洪宪纪元飞龙纪念银章（LM942）		82,800	中国嘉德	2020-08-19
20世纪50年代广州金店毛泽东头像金质纪念章		20,700	北京诚轩	2020-08-18
20世纪50年代国营武汉金饰店制毛泽东像金质纪念章		23,000	北京诚轩	2020-08-18
曹锟戎装像银质纪念章		149,500	北京诚轩	2020-08-18

拍品名称	物品尺寸	成交价RMB	拍卖公司	拍卖日期
蒋总裁肖像大铜章	直径17cm	11,500	中鸿信	2020-01-04
开罗会议红铜纪念章/PCGS MS63BN		25,300	北京诚轩	2020-08-18
开罗会议红铜纪念章/PCGS MS63RB		32,200	北京诚轩	2020-08-18
开罗会议红铜纪念章/PCGS MS63RB		23,000	北京诚轩	2020-08-18
开罗会议红铜纪念章/PCGS MS64RB		55,200	北京诚轩	2020-08-18
抗战时期八路军129师随营学校第七期毕业铜质证章		23,000	中国嘉德	2020-08-19
两湖巡阅使萧耀南五秩黄铜纪念章/PCGS AU55		149,500	北京诚轩	2020-08-18
民国北京政府二等宝光嘉禾勋章		46,000	中国嘉德	2020-12-05
民国北京政府五等嘉禾勋章		12,650	中国嘉德	2020-12-05
民国北京政府五等嘉禾勋章		11,500	中国嘉德	2020-12-05
民国北洋政府一等云麾勋章附章		11,500	中国嘉德	2020-12-05
民国二年（1913）十月十日第一任大总统袁世凯就任大总统纪念章		17,250	中国嘉德	2020-08-19
民国二十九年五月蒋介石像中央造币厂桂林分厂二周年纪念章/PCGS UNC Detail		19,550	北京诚轩	2020-08-18
民国国民政府颁发“大绶一等宝鼎勋章”正、副章一套		69,000	上海泓盛	2020-07-18
民国九年安庆造币厂造倪嗣冲像银质纪念章		178,250	北京诚轩	2020-08-18
民国九年安庆造币厂造倪嗣冲像银质纪念章一/PCGS MS63		172,500	北京诚轩	2020-08-18
民国三年袁世凯像三角“圆”肩章大五角星版壹圆银币/PCGS MS65		74,750	北京诚轩	2020-08-18
民国十二年（1923）曹锟宪法成立纪念章（LM958）		253,000	中国嘉德	2020-08-19
民国十九年春中央造币厂竣工纪念铜章/PCGS AU53		48,300	北京诚轩	2020-08-18
民国十三年（1924）曹锟戎装像宪法成立纪念章（LM959）		241,500	中国嘉德	2020-08-19
民国十三年（1924）曹锟戎装像宪法成立纪念章（LM959）		51,750	中国嘉德	2020-08-19
民国十三年（1924）直鲁豫巡阅副使督理直隶军务直隶省长二十三师师长王承斌赠匡武上将军纪念章		17,250	中国嘉德	2020-08-19
民国吴佩孚赠技术擅长奖章		16,100	北京诚轩	2020-08-18
民国五年广西都督陆荣廷赠银质纪念章		29,900	北京诚轩	2020-08-18
清 头版四等双龙宝星勋章		264,500	中国嘉德	2020-08-19
清代 二等第二双龙宝星勋章 带附章		48,300	中国嘉德	2020-12-05
清代 三等第二双龙宝星勋章 小型版		27,600	中国嘉德	2020-12-05
清代 三等第一双龙宝星勋章 小型版		26,450	中国嘉德	2020-12-05
清代 四等双龙宝星勋章		23,000	中国嘉德	2020-12-05
清末北京工艺商局造铜珐琅制“京师高等巡警学堂褒奖”最优等生纪念章		34,500	中国嘉德	2020-08-19
清乾隆铜鎏金章嘉活佛		34,500	北京诚轩	2020-08-19
西藏色章果木20Srang金币/NGC MS63		126,500	北京诚轩	2020-08-18
宣统元年李鸿章像大清银行兑换券加盖改民国元年中国银行兑换券壹圆		62,100	北京诚轩	2020-08-19
商 飞马图珠型铜范	通长3.5cm	40,250	西泠印社	2020-08-10
汉 铜五铢祖范	长17.5cm；宽7.7cm	46,000	西泠印社	2020-08-09
清至民国 沈菊泉、沈菊龄毕业证书、奖状共十二份		82,800	西泠印社	2020-08-10
“半两”母范一件		161,000	北京保利	2020-10-18
“大泉五十”钱范	长10.8cm；宽9.7cm	97,750	中贸圣佳	2020-10-16
“沈郎”五铢钱范	长8.1m；宽4.8cm	92,000	中贸圣佳	2020-10-16
《太平天国纪实》集一部双连贴片共14页		21,850	北京保利	2020-10-23
“星星之火可以燎原”展框一件		16,100	北京保利	2020-10-23
1932年兴国县苏维埃政府放行证		11,500	中国嘉德	2020-08-19
1933年江西省灵都县新坡区苏维埃政府通行证		11,500	中国嘉德	2020-08-19
1958年《家相古稀伯昭花甲两翁寿泉集拓》		105,800	北京保利	2020-10-18

2020杂项拍卖成交汇总

(续表)

拍品名称	物品尺寸	成交价RMB	拍卖公司	拍卖日期
费彝民藏品三种	尺寸不一	12,650	广东崇正	2020-09-13
浇铸口铜母范一件		40,250	北京保利	2020-10-18
粮票一组		172,656	香港贞观	2020-08-30
民国 建邦法化斋古泉拓集一册		11,500	中国嘉德	2020-12-06
民国沪军都督陈其美像双龙戏珠牌饰一件		11,500	上海泓盛	2020-07-18
民国三十七年(1948)中汇银行股份有限公司股票		11,500	北京保利	2020-10-18
民国四年汉口建筑商场督办处与中国银行订定借款合同		21,850	中国嘉德	2020-12-06
明 廿六年诏铜权一件		1,380,000	北京保利	2020-12-04
清光绪度支部银库收支清单丁字第伍拾玖号(四月)	26.5×300cm	16,100	十竹斋拍卖(北京)	2020-10-18
清光绪年京局钱树一件		264,500	上海泓盛	2020-07-19
清宣统元年"督部堂陈给武汉奖进会一等奖牌"一枚		20,700	上海泓盛	2020-07-18
清云龙纹金质"头等功牌"一枚		11,500	上海泓盛	2020-07-18
新·王莽 "大泉五十"铜母范	8.1cm	86,250	中国嘉德	2020-12-06
中华人民共和国成立展框一件		14,950	北京保利	2020-10-24
邮 品				
《华北区生产图》普通邮票一框邮集		21,850	北京保利	2020-10-24
《纪特原版票实寄封》邮集一部32页		96,600	北京保利	2020-10-24
《普14革命圣地图普通邮票》一框邮集,共16贴片		14,950	北京保利	2020-10-24
《普2工农兵图普通邮票》一框邮集,共16贴片		13,800	北京保利	2020-10-24
《上海工部书信馆双龙邮票的研究》一框,共16贴片		25,300	北京保利	2020-10-23
○ 大龙邮票横双连三全		34,500	中国嘉德	2020-12-06
○ 蟠龙加盖西藏贴用邮票十一枚全		10,350	中国嘉德	2020-08-19
○ 苏皖火车图加盖"暂作"改值邮票三枚		86,250	中国嘉德	2020-12-06
○ 苏皖区1946年涡阳地方手盖飞机工厂图四角改"暂作伍角"旧票直双连		207,000	中国嘉德	2020-12-06
○ 苏皖区涡阳地方铅字手盖"华中抗币"改值邮票红2角5分/红2角浅蓝一枚		92,000	中国嘉德	2020-12-06
★ 1949–1967年纪特邮票小型张新大全套		460,000	中国嘉德	2020-12-06
★ 1974–1991年J、T邮票小型张大全套		55,200	中国嘉德	2020-12-06
★ 1980–1982年J、T邮票小型张大全套		16,100	中国嘉德	2020-12-06
★ T102乙丑年(牛)邮票八十枚全张五十版		16,100	中国嘉德	2020-08-19
★ T46庚申年(猴)四方连		71,300	中国嘉德	2020-08-19
★ T46庚申年(猴)四方连		57,500	中国嘉德	2020-12-06
★ T46庚申年(猴)新一枚		14,950	中国嘉德	2020-12-06
★ T46庚申年(猴)新一枚		13,800	中国嘉德	2020-12-06
★ T46庚申年(猴)一枚		18,400	中国嘉德	2020-08-19
★ T46庚申年(猴)一枚		18,400	中国嘉德	2020-08-19
★ T69红楼梦邮票四十九枚全张十二全		24,150	中国嘉德	2020-08-19
★ 编号邮票大全套(无图)		17,250	中国嘉德	2020-12-06
★ 编号邮票四方连大全套		80,500	中国嘉德	2020-12-06
★ 编号邮票一组七十枚		10,120	中国嘉德	2020-12-06
★ 第一轮生肖邮票一组		59,800	中国嘉德	2020-12-06
★ 第一轮生肖邮票一组		43,700	中国嘉德	2020-12-06
★ 东北区中国共产党成立二十八周年纪念邮票九十枚全张		12,650	中国嘉德	2020-08-19
★ 淮南区第一版无面值邮票红"机"绿一枚		82,800	中国嘉德	2020-12-06
★ 纪、特、"文革"、编号邮票一组九十五枚		32,200	中国嘉德	2020-12-06
★ 纽约版孙中山像2元邮票中心倒印一枚		1,092,500	中国嘉德	2020-08-19

拍品名称	物品尺寸	成交价RMB	拍卖公司	拍卖日期
★ 普8甲邮票横双连		19,550	中国嘉德	2020-12-06
★ 普无号解放军11.5° 细齿10分邮票四方连		17,250	中国嘉德	2020-08-19
★ 文2邮票两枚		10,925	中国嘉德	2020-12-06
★ 文3延安文艺邮票三枚全		10,925	中国嘉德	2020-12-06
★ 文4祝毛主席万寿无疆邮票五枚全		10,120	中国嘉德	2020-12-06
★ 文5革命文艺邮票四方连九全		80,500	中国嘉德	2020-12-06
★ 文7毛主席诗词邮票十四枚全		51,750	中国嘉德	2020-12-06
★ 文7毛主席诗词邮票十四枚全		21,850	中国嘉德	2020-12-06
★ 文8林彪题词邮票七十枚全张		12,650	中国嘉德	2020-08-19
★ "文革"、编号邮票一组		10,350	中国嘉德	2020-12-06
★ "文革"邮票大全套		172,500	中国嘉德	2020-12-06
★ 文字邮票大全套,其中文1、文10均为连票		230,000	中国嘉德	2020-08-19
★ 小龙光齿1分银邮票四十枚全张		48,300	中国嘉德	2020-12-06
★ 小龙光齿5分银邮票四十枚全张		82,800	中国嘉德	2020-12-06
★ 中央苏区印花税票拾枚(铜圆)面值直六连		23,000	中国嘉德	2020-08-19
★○ 民国及新中国各时期新、旧邮票一册一千二百余枚		14,950	中国嘉德	2020-12-06
★○ 民国及新中国早期税票集一部		10,580	中国嘉德	2020-12-06
1865–1866年上海工部大龙四分银新票一枚		23,000	北京保利	2020-10-23
1882年阔边大龙旧票全套三枚		57,500	保利厦门	2020-09-26
1882年阔边大龙旧票一组八套		69,000	北京保利	2020-10-23
1882年阔边大龙伍分银新票一枚		17,250	北京保利	2020-10-23
1894年初版慈禧寿辰纪念新票全套九枚		12,650	北京保利	2020-10-24
1894年初版慈禧太后六十寿辰纪念旧票全套九枚		64,400	北京保利	2020-10-23
1895年天津寄美国小龙封,贴光齿小龙壹分银、伍分银各一枚		28,750	北京保利	2020-12-04
1896年天津寄比利时小龙封,贴小龙3分银直三连		28,750	北京保利	2020-10-23
1897年初版慈寿小字加盖改值12分银改10分新票直三连		19,550	北京保利	2020-10-24
1897年初版慈寿小字加盖改值12分银改10分新票直双连		10,925	北京保利	2020-10-24
1897年初版慈寿小字加盖改值新票全套十枚		11,500	北京保利	2020-10-24
1897年日本版蟠龙旧票全套十二枚		13,800	北京保利	2020-10-23
1899年威海卫刘公岛跑差票旧票5套		17,250	北京保利	2020-10-23
1902年天津寄山东邹平红条封,贴蟠龙1分邮票一枚		25,300	北京保利	2020-10-24
1903年彰德府寄天津双挂号超重红条封,贴蟠龙1分、20分各一枚		21,850	北京保利	2020-10-23
1904年福建邵武寄延平府红条封,贴蟠龙1分一枚		23,000	北京保利	2020-10-23
1904年广东文报局寄广西龙州超重挂号红条封,贴蟠龙1分、10分各一枚		34,500	北京保利	2020-10-24
1907年大清邮政第三次快信邮票新三联条		32,200	北京保利	2020-10-23
1909年大清邮政第四次快信邮票新三联条		14,950	北京保利	2020-10-23
1909年蒙古库伦寄北京红条封,贴蟠龙2分两枚		40,250	北京保利	2020-10-23
1909年宣统纪念新票全套版张,共100套		51,750	北京保利	2020-10-23
1910年山东平度门村寄安丘红条封,贴蟠龙2分邮票一枚		23,000	北京保利	2020-10-24
1911年界首寄张店挂号红条封,背贴蟠龙7分、1分各一枚		20,700	北京保利	2020-10-23
1912年大清邮政第七次快信邮票新三联条		32,200	北京保利	2020-10-23

(续表)

拍品名称	物品尺寸	成交价RMB	拍卖公司	拍卖日期
1912年哈尔滨寄三姓欠资明信片，贴蟠龙加盖中国民国3分一枚		18,400	北京保利	2020-10-24
1912年清欠资加盖“中华民国临时中立”新票全套八枚		212,750	北京保利	2020-10-23
1913年伦敦版帆船新票全套十九枚		18,400	北京保利	2020-10-24
1914–1919年北京一版帆船旧票全套二十二枚		25,300	北京保利	2020-10-24
1914年伦敦版帆船新票全套十九枚		20,700	北京保利	2020-10-23
1916–1919年北京一版帆船加盖“限新省贴用”全套二十二枚		10,925	北京保利	2020-10-23
1916年(洪宪元年)第二版帆船1分邮资片深圳寄嘉应		20,700	北京保利	2020-10-24
1916年帆船1分限新省发寄邮资片迪化寄上海		12,650	北京保利	2020-10-24
1918年第三版帆船明信片1分半邮资图不同试色样张共四枚		31,050	北京保利	2020-10-24
1918年河南邓州寄上海检查红条封，贴帆船3分一枚		16,100	北京保利	2020-10-24
1920–1941年民国时期新疆地区贴检查讫重封条自然实寄封一组25件		40,250	北京保利	2020-10-24
1922年帆船1分邮资片加盖“限新省发寄”宁远寄捷克，加贴帆船限新省贴用5分一枚		66,700	北京保利	2020-10-24
1930年俄国寄上海进口检查封，贴俄国普票三枚		13,800	北京保利	2020-10-24
1932年内蒙古归化寄新疆巴里坤红条检查封，贴帆船1分五枚、4分一枚		10,925	北京保利	2020-10-23
1943年节约新中国成立小全张加盖旅华俄国邮票会邮展纪念新一组十枚		10,350	北京保利	2020-10-23
1948年四川犍为寄南京航空挂号失事封，背贴梅花版孙中山像6000元、4000元各连票十枚，10万元、300万元、100万元各一枚		11,500	北京保利	2020-10-24
1949–1966年老纪特新盖邮集二本约820枚		20,700	北京保利	2020-12-04
1949–1966年老纪特邮票盖销大全一本约880枚		97,750	北京保利	2020-10-24
1949–1967年老纪特新旧票二本约860枚		12,650	北京保利	2020-10-24
1949–1990年普票新旧票一本约300枚		13,800	北京保利	2020-10-24
1950年改2华东生产图旧票四方连		17,250	北京保利	2020-10-24
1950年纪6(5–5)开国纪念2000元新票一枚		19,550	北京保利	2020-10-24
1950年普4天安门800元新票左下角横五连带厂名		34,500	北京保利	2020-10-24
1950年同一收件人四野军邮封一组9件		12,650	北京保利	2020-10-24
1951年西南工业展览会纪念邮简重庆寄上海，贴特1国徽100元双连、改6毛泽东像50元一枚		92,000	北京保利	2020-12-04
1953年黄军邮800元新票版张九十枚		322,000	北京保利	2020-12-04
1953年松江伊春寄河南正阳县封面，贴普6800元		10,350	北京保利	2020-10-24
1953年中国人民志愿军军邮卫生邮简全套二十枚		69,000	北京保利	2020-10-24
1953年紫军邮800元新票一枚		19,550	北京保利	2020-10-24
1955年北京寄南京封，贴纪20(4–1)伟大的苏联十月革命(发行撤销)800元邮票一枚		19,550	北京保利	2020-10-24
1955年南京寄宝鸡保价信函，贴航一1000元、3000元、特13建设8分各一枚		55,200	北京保利	2020-10-24
1955年上海寄英国航空挂号货样封，贴普5邮票2万元、5万元、10万元各一枚，普4–500元一枚，普7–2000元两枚		14,950	北京保利	2020-10-24
1956年上海寄加拿大新旧币混贴封，贴纪10和平再版1000元、纪26列宁400元、纪34列宁8分各一枚		20,700	北京保利	2020-10-24

拍品名称	物品尺寸	成交价RMB	拍卖公司	拍卖日期
1959年北京寄德国超重航平封，贴上海版普8甲冶金工人8分下边版铭(每张230枚)六方连及三枚连票，普8–4分一枚、2分三枚		55,200	北京保利	2020-10-24
1960年特44菊花新票全套四方连		23,000	北京保利	2020-10-24
1960年特44菊花新全18枚		13,620	北京保利	2020-07-14
1961年纪86第26届世界乒乓球锦标赛小型张新一组2枚		10,925	北京保利	2020-10-24
1962年纪92(8–1)蔡伦“公元前”错体旧票一枚		16,100	北京保利	2020-10-24
1962年纪94B梅兰芳舞台艺术无齿新全8枚		38,590	北京保利	2020-07-14
1963年特54儿童无齿总公司首日封全套3件		14,950	北京保利	2020-10-24
1963年特61M牡丹小型张新一枚		10,442	北京保利	2020-07-14
1964年特61牡丹小型张新一枚		13,800	北京保利	2020-10-24
1964年特61牡丹小型张新一枚		12,650	北京保利	2020-10-24
1967–1970年“文革”新票大全套80枚		92,000	北京保利	2020-12-04
1967–1979年“文革”新票全套定位册一本		161,000	北京保利	2020-10-24
1967年广州寄德国“文革”航平封，正贴文2双人坐像10分两枚、站像8分一枚，特57黄山22分一枚，普13(1分)两枚		11,500	北京保利	2020-10-24
1967年文1毛主席语录“招手”新票版张四十枚		86,250	北京保利	2020-12-04
1967年文1毛主席语录红边及招手新票版张各一版		161,000	北京保利	2020-12-04
1967年文1毛主席语录金、红边新票横五连各一件		12,650	北京保利	2020-10-24
1967年文1毛主席语录新票全套11枚		18,400	北京保利	2020-10-24
1967年文1毛主席语录新票全套11枚		18,400	北京保利	2020-12-04
1967年文1毛主席语录新票全套11枚		17,250	北京保利	2020-10-24
1967年文2毛主席万岁“小招手”8分新票版张25枚		40,250	北京保利	2020-10-24
1967年文2毛主席万岁新票全套8枚		10,350	北京保利	2020-10-24
1967年文2毛主席与林彪坐像新票版张二十八枚		143,750	北京保利	2020-12-04
1967年文4毛主席万寿无疆新票全套5枚		120,750	北京保利	2020-12-04
1967年文6毛主席与世界人民新票全套四方连		23,000	北京保利	2020-10-24
1967年文7毛主席诗词“独立”10分新票版张35枚		20,700	北京保利	2020-10-24
1967年文7毛主席诗词“满江红”10分新票版张35枚		17,250	北京保利	2020-10-24
1967年文7毛主席诗词“钟山”新票版张五十枚		71,300	北京保利	2020-12-04
1967年文7毛主席诗词东方新票一枚		92,000	北京保利	2020-10-24
1968年福建南平寄南京挂号封，中式语录公函封贴福建南平挂号，背贴文10国家机关8分、无产阶级8分双连邮票，普13–4分一枚		13,800	北京保利	2020-10-24
1968年黑龙江寄上海“文革”语录封，贴文12毛主席去安源		20,700	北京保利	2020-12-04
1968年全国山河一片红8分新票直双连		1,782,500	北京保利	2020-10-24
1968年文10毛主席头像语录新票全套横五连		36,800	北京保利	2020-10-24
1968年文10毛主席头像语录新票全套横五连		34,500	北京保利	2020-10-24
1968年文10毛主席最新指示新票版张四十枚		517,500	北京保利	2020-12-04
1968年文10毛主席最新指示新全五枚		27,808	北京保利	2020-07-14
1968年文12毛主席去安源新票版张二十五枚		149,500	北京保利	2020-12-04
1968年文2毛主席万岁新票全套版张		1,345,500	北京保利	2020-12-04

(续表)

拍品名称	物品尺寸	成交价RMB	拍卖公司	拍卖日期
1968年文4毛主席万寿无疆35分新票版张七十枚二版		46,000	北京保利	2020-12-04
1968年文5革命文艺路线"海港"新票版张二十八枚		55,200	北京保利	2020-12-04
1968年文5革命文艺路线"红灯记"新票版张二十八枚		97,750	北京保利	2020-12-04
1968年文5革命文艺路线"交响乐"新票版张二十八枚		57,500	北京保利	2020-12-04
1968年文5革命文艺路线"交响乐"新票版张二十八枚		32,200	北京保利	2020-12-04
1968年文5革命文艺路线"游行"新票版张二十八枚		40,250	北京保利	2020-12-04
1968年文5交响乐"沙家浜"8分新票版张28枚		31,050	北京保利	2020-10-24
1968年文6毛主席与世界人民新票全套版张，共二十五套		276,000	北京保利	2020-12-04
1968年文7毛主席诗词"满江红"A、B版式新票版张三十五枚各一版		34,500	北京保利	2020-12-04
1968年文7毛主席诗词"暮色"新票版张五十枚		97,750	北京保利	2020-12-04
1968年文7毛主席诗词"人生"新票版张五十枚		105,800	北京保利	2020-12-04
1968年文7毛主席诗词"钟山"新票版张五十枚		80,500	北京保利	2020-12-04
1968年文7毛主席诗词《大雨》新票四方连		17,250	北京保利	2020-12-04
1968年文7毛主席诗词新票全套14枚		92,000	北京保利	2020-12-04
1969年文14南京长江大桥胜利建设10分新票版张十版，共1000枚		11,500	北京保利	2020-10-24
1969年文15热烈欢呼党的八届十二中全会公报发表新票版张五十枚，A、B版式各一版		80,500	北京保利	2020-12-04
1969年文9毛主席支持美国黑人抗暴声明新票版张三十五枚		195,500	北京保利	2020-12-04
1969年文普8分工人新票一枚		19,550	北京保利	2020-12-04
1974–1991年JT新票含小型张大全套		69,000	北京保利	2020-10-24
1974–1982年JT邮票新票大全定位册二本		51,750	北京保利	2020-10-24
1974–1984年JT邮票新旧票定位册二本		20,700	北京保利	2020-10-24
1980–1990年代大版邮票一本约90版		20,700	北京保利	2020-10-24
1980–1991第一轮生肖大全套新票四方连		48,300	北京保利	2020-10-24
1980年T46"庚申年"8分猴左下角直角边六方连		92,000	北京保利	2020-12-04
1980年T46"庚申年"猴8分新票版张八十枚		1,150,000	北京保利	2020-12-04
1980年T46"庚申年"猴旧票一组三枚		13,800	北京保利	2020-10-24
1980年T46"庚申年"猴新票四方连		48,300	北京保利	2020-12-04
1980年T46"庚申年"猴新票直双连		19,550	北京保利	2020-10-24
1980年T46庚申年猴票新全一枚		18,841	北京保利	2020-07-14
1980年T46庚申年猴票新全一枚		18,387	北京保利	2020-07-14
1980年广州邮展第一轮生肖邮折一件		10,350	北京保利	2020-10-24
1981年普21祖国风光3分黄果树瀑布新票一枚		10,925	北京保利	2020-10-24
2018–14喀什风光全套无齿未裁切双连小版两件		23,000	北京保利	2020-10-24
C 1884年北京寄天津中式美术封		483,000	中国嘉德	2020-12-06
C 1899年吴淞寄上海封		23,000	中国嘉德	2020-12-06
C 1903年北京寄山东登州中式红条封		20,700	中国嘉德	2020-12-06
C 1919年蒙古恰克图寄山西汾府红条封		14,950	中国嘉德	2020-08-19
C 1946年江苏三甲寄上海欠资封		80,500	中国嘉德	2020-08-19
C 1949年湖南常德寄长沙挂号封		13,800	中国嘉德	2020-08-19
C 1949年江苏海门寄上海封		17,250	中国嘉德	2020-08-19
C 1949年天津寄美国航空挂号封		12,650	中国嘉德	2020-08-19
C 1949年运河邮政局寄天津快信封		11,500	中国嘉德	2020-08-19
C 1950年大连寄北京封		13,800	中国嘉德	2020-08-19
C 1950年旅顺寄大连封		13,800	中国嘉德	2020-12-06
C 1951年俘虏邮件两枚		12,650	中国嘉德	2020-12-06
C 1968年北京寄德国航空封		11,500	中国嘉德	2020-12-06
C 1980年北京寄兰州航空封		10,350	中国嘉德	2020-12-06
C 1989年北京寄德国航空挂号印刷品封		11,500	中国嘉德	2020-08-19
C 光绪二十年统领天津练军护卫等营记名提督军门协勇巴图鲁加二级记录五次何由天津寄旅顺口大型公文封		43,700	中国嘉德	2020-12-06
C 光绪十六年福建台湾巡抚海关刘铭传发往南洋海防兼瓣李渠公文封		48,300	中国嘉德	2020-08-19
C 民国邮政检查封两件		20,700	中国嘉德	2020-12-06
C 清代蒙古恰克图等地手递红条封十四件		29,900	中国嘉德	2020-08-19
COL 新中国纪、特、文、编、普、J、T邮票一组一千一百余枚		87,400	中国嘉德	2020-08-19
FDC 纪47纪念碑中国集邮公司首日实寄封		12,650	中国嘉德	2020-12-06
FDC 特14康藏公路中国集邮公司首日实寄封		34,500	中国嘉德	2020-12-06
FDC 特15首都名胜中国集邮公司首日实寄封两件		36,800	中国嘉德	2020-12-06
FDC 特16画砖、特17储蓄中国集邮公司首日实寄封		32,200	中国嘉德	2020-12-06
FDC 中国集邮公司纪94M梅兰芳小型张首日实寄封		149,500	中国嘉德	2020-12-06
FDC 中国集邮公司纪94梅兰芳首日实寄封两全		28,750	中国嘉德	2020-12-06
FDC 中国集邮公司首日实寄封两枚		23,000	中国嘉德	2020-12-06
J、T早期新票插册一本约145枚		11,500	北京保利	2020-10-24
M/S 纪106M中华人民共和国成立十五周年小全张新一枚		19,550	中国嘉德	2020-08-19
M/S 纪106M中华人民共和国成立十五周年小全张新一枚		18,400	中国嘉德	2020-08-19
M/S 纪106M中华人民共和国成立十五周年小全张新一枚		17,250	中国嘉德	2020-08-19
PR 慈禧寿辰纪念黑色无齿印样九枚全		23,000	中国嘉德	2020-08-19
PR 慈禧寿辰纪念无齿印样十枚		20,700	中国嘉德	2020-08-19
PR 中国邮政发行熊猫图邮资机戳邮资明信片原图画稿一件		276,000	中国嘉德	2020-08-19
PS 1908年西安寄美国明信片		11,500	中国嘉德	2020-08-19
PS 清代上海工部邮政用品一组八十件		13,800	中国嘉德	2020-08-19
东北区1949年哈尔滨寄北京挂号封		18,400	北京保利	2020-10-24
光绪二十八年（1902）济南寄胶州双挂号大型官封		34,500	北京保利	2020-10-24
光绪三十一年（1905）二月东北奉天府尹寄彭道英大型驿站官封		34,500	北京保利	2020-10-23
光绪十四年（1888）十二月初三新疆省城发吐鲁番厅"马上飞递"驿站公文封面，另附空白排单双连一件		28,750	北京保利	2020-10-24
光绪四年（1878）十二月初一疆喀什噶尔法寄楚军驻甘南王德榜军事大型公文封		34,500	北京保利	2020-10-23
光绪五年（1879）驿站排单封套一件		92,000	北京保利	2020-10-23
红太阳整版邮票		940,016	香港贞观	2020-08-30
胡適致沈性仁有关新月书店等事宜明信片	9×13.5cm	52,900	北京保利	2020-10-18
华北区1948年山西闻喜寄绛县封，贴晋绥毛泽东像20元加盖"暂作肆仟圆"、80元加盖"暂作壹仟圆"各一枚		43,700	北京保利	2020-10-24
华北区1949年天津手盖改值包裹旧票全套四枚		13,800	北京保利	2020-10-24

（续表）

拍品名称	物品尺寸	成交价RMB	拍卖公司	拍卖日期
华北区晋绥1946年第一版毛泽东像新票全套九枚		40,250	北京保利	2020-10-24
华东区1942年山东方形战邮5分浅蓝色新票右上直角边		17,250	北京保利	2020-10-24
华东区1942年山东战邮小方形普票新一组八枚		12,650	北京保利	2020-10-24
华东区1946年第二版毛泽东像（面值阳文）伍角、贰圆新票全套四方连		23,000	北京保利	2020-10-24
华东区1949年安徽深渡寄屯溪"邮资已付"临时邮票封		23,000	北京保利	2020-10-24
华东区1949年上海寄菲律宾马尼拉封，贴南京上海解放纪念10元六枚		12,650	北京保利	2020-10-24
华东区1949年英国寄上海航空封欠资退件封，贴英王乔治六世普票二枚		29,900	北京保利	2020-10-24
蒋中正、宋美龄亲笔签名信封一组共两枚	8.5×16cm; 11×15cm	17,250	北京保利	2020-12-04
蒋中正早期签名信封	8.5×15.5cm	12,650	北京保利	2020-10-18
晋冀鲁豫边区1942年代邮券新票1角十方连一件		10,350	北京保利	2020-10-24
晋冀鲁豫边区1943年代邮券新票1角改暂作5分十方连		10,925	北京保利	2020-10-24
晋冀鲁豫边区1943年鹰球图分单位新票全套八枚		13,800	北京保利	2020-10-24
毛主席万寿无疆		690,624	香港贞观	2020-08-30
民国、解放区新中国邮票一本约数千枚		10,350	北京保利	2020-10-23
民国实寄封杂集三本约八十余件，其中三十余件附原信		17,250	北京保利	2020-12-04
民国浙江地方邮政史封一组约六十件		20,700	北京保利	2020-10-24
普东1型天安门图喜庆邮简1950年兰西寄锦州		34,500	北京保利	2020-10-24
普东一天安门图单色邮资邮简（A）型1951年鹤岗寄重庆		36,800	北京保利	2020-10-24
清代、民国新旧票一本约600枚		25,300	北京保利	2020-10-23
清二次邮资片1904年丰润寄德国，加贴蟠龙1分三枚		51,750	北京保利	2020-10-23
清二次邮资双片之正片1907年四川渠县寄英国，加贴蟠龙1分、2分各一枚		13,800	北京保利	2020-10-23
清二次邮资完整双片未使用		10,350	北京保利	2020-10-23
清四次邮资片1909年未使用		11,500	北京保利	2020-10-23
清四次邮资片1910年北京挂号寄德国，加贴蟠龙10分、宣统纪念3分各一枚		14,950	北京保利	2020-10-23
清四次邮资片加盖"中华民国"未使用背彩绘一组三枚		10,350	北京保利	2020-10-23
清一次邮资片1900年沂州寄青岛		11,500	北京保利	2020-10-24
清一次邮资片1902年厦门挂号寄美国，加贴蟠龙5分一枚、4分两枚		10,925	北京保利	2020-10-23
苏中区1945年苏中加盖内用新票全套五枚		47,150	北京保利	2020-10-24
孙中山头像邮票		1,598,000	香港贞观	2020-07-26
孙中山头像邮票		967,000	香港贞观	2020-07-26
孙中山头像邮票		489,000	香港贞观	2020-07-26
"文革"邮票一组共四套		25,300	北京保利	2020-10-24
芜湖书信馆新票一组四十二枚		10,350	北京保利	2020-10-23
西北区1949年西京寄上海挂号，贴陕甘宁第四版宝塔山10元八方连		12,650	北京保利	2020-10-24
西北区1950年西京寄重庆双挂号封，贴广化版毛泽东像邮票十九枚		16,100	北京保利	2020-10-24
香港、澳门邮票一本		13,800	北京保利	2020-10-24
辛亥年（1911）四川忠州寄法国红条封，贴蟠龙1分、2分、3分、4分各一枚		12,650	北京保利	2020-10-24
新中国普改邮集一部，共75贴页		10,350	北京保利	2020-10-24
新中国邮票封片一批5本		28,750	北京保利	2020-10-23

拍品名称	物品尺寸	成交价RMB	拍卖公司	拍卖日期
宣统二年（1910）湖南兵备处大型红条官封套双挂号寄北京，贴蟠龙4分、10分各一枚		23,000	北京保利	2020-10-23
宣统元年（1909）浙江奉化寄宁波官封，手书署奉化县正堂照会递邮政总局，贴蟠龙5分二枚		23,000	北京保利	2020-10-24
英国在华客邮1917-27年新票大全套二十八枚		16,100	北京保利	2020-10-23
邮票设计家程径里梅花未采用邮票设计稿一件		23,000	北京保利	2020-10-24
俞平伯 致钱大宇明信片	尺寸不一	23,000	广东崇正	2020-09-13
张大千 致山田喜美子明信片一页	10×14.5cm	63,250	广东崇正	2020-09-13
张大千致情人山田喜美子明信片	10.5×14.5cm	23,000	北京保利	2020-10-18
张学良签名贺卡	14×10cm	18,400	保利厦门	2020-09-26
古籍善本				
（姚秦）鸠摩罗什 译 摩诃般若波罗蜜经卷第二十八	331.5×25cm	6,900,000	中国嘉德	2020-08-16
（元）金履祥注（清）张尔岐句读 沈可培批注 《夏小正戴氏传》（四库全书用纸）	30×18.5cm	95,450	永乐拍卖	2020-12-04
"古典轻歌剧创始人之一"雅克·奥芬巴赫（Jacques Offenbach）亲笔手书乐谱，附证书	27×13cm	23,000	北京保利	2020-10-18
"古典轻歌剧创始人之一"雅克·奥芬巴赫（Jacques Offenbach）手书代表作《康康舞曲》乐谱，附证书	30×23cm	46,000	北京保利	2020-10-18
《大乘无量寿综要经》（吐蕃写经）	500×30cm	862,500	永乐拍卖	2020-12-04
《妙法莲华经》（唐写经）	101×25.5cm	437,000	永乐拍卖	2020-12-04
《太上洞玄灵宝高上玉皇本行集经》一册	40×30cm	23,000	广东崇正	2020-06-27
8世纪 鸠摩罗什译 《摩诃般若波罗蜜经》	24.5×16cm	18,400	十竹斋拍卖（北京）	2020-10-18
爱新觉罗·永瑢《花间堂糜古帖存》五册一百八十三帧 册页	28×14.7cm×183	1,955,000	荣宝斋（上海）	2020-10-25
班禅额尔德尼 经团 绫本	30.5×40cm	17,250	泰和嘉成	2020-10-17
般若 译 唐 大方广佛华严经普贤行愿品 纸本	1052×34cm	621,000	中国嘉德	2020-12-02
宝宁 1811年至1821年作 早年游历时各国各界人士留言册	21×12.5cm（册）	184,000	西泠印社	2020-08-09
北京大学教授邓之诚日记手稿	27.5×20cm	230,000	十竹斋拍卖（北京）	2020-10-18
辩护真教课本四卷	23.5×18cm	34,500	十竹斋拍卖（北京）	2020-10-18
别译杂阿含经	30.5×58.5cm	13,800	十竹斋拍卖（北京）	2020-10-18
步天歌天体图（钞本）	30.5×27cm	28,750	北京保利	2020-10-18
蔡世远 梁山先生漳浦蔡文勤公与大兴黄公玉圃书二通 册页（共十七开）	20×13.5cm×17	310,500	保利厦门	2020-09-26
曾宪昌《脉冲电路基础》2册 镜片	26×19cm	92,000	华艺国际	2020-10-16
茶经文集四种七册		46,000	上海匡时	2020-08-05
茶事图录六种十一册		51,750	上海匡时	2020-08-05
巢经巢诗钞注杨元桢注	尺寸不一	23,000	中贸圣佳	2020-10-16
陈宝琛《惜红衣·立秋后五日同梅生重汎荷湾和石帚》初稿	13×23cm	74,750	中国嘉德	2020-12-02
陈宝箴 陈三立 陈方恪 祖孙三代文稿一批	尺寸不一	57,500	西泠印社	2020-08-09
陈独秀 1923年作《科学与人生观》序 十纸	29×32cm×10	21,850,000	华艺国际	2020-10-16
陈方恪 1952年至1957年作 自传及诗文稿一批		46,000	西泠印社	2020-08-09
陈海峰 2020年作 般若波罗蜜多心经 镜心	34×767cm	57,500	北京翰海	2020-09-12
陈三立 沈曾植 批注并题跋 瞿鸿禨诗稿	15.5×22cm	43,700	中国嘉德	2020-12-02
陈尧成《日文法》手稿二册 册页	24×17cm	230,000	华艺国际	2020-10-16

(续表)

拍品名称	物品尺寸	成交价RMB	拍卖公司	拍卖日期
陈逸飞 电影《海上旧梦》创底稿及相关材料一批		138,000	西泠印社	2020-08-09
陈源 手稿唐诗选录	27×37cm	28,750	十竹斋拍卖（北京）	2020-10-18
陈运彰三色过录、批校《清真集二卷 补遗一卷 校后录要一卷》	半框13×10cm；开本32.5×16.5cm	109,250	西泠印社	2020-08-07
陈柱 题严复手稿	58.5×30cm；22.5×29cm	36,800	中国嘉德	2020-12-02
程颂万《休宁率溪程氏六烈妇传书后》手稿 镜片	22×31cm	34,500	华艺国际	2020-10-16
程一中 手稿一批 镜片	尺寸不一	115,000	华艺国际	2020-10-16
持松法师 1928年至1963年作《胜鬘经浅注》《师奘存稿》等稿本九册	尺寸不一	172,500	西泠印社	2020-08-09
淳斋旧藏 王蘧常跋严复《祭高魄室父》《陈弢庵太保寿序》《小学教科书非宜审定》手稿	100.5×30.5cm	276,000	中国嘉德	2020-08-16
从大寨之行想起	38×26cm	23,000	十竹斋拍卖（北京）	2020-10-18
大般若波罗蜜多经 卷第五百八(并盒套)	1001×25.6cm	230,000	永乐拍卖	2020-12-04
大般若波罗蜜多经第二百四十二卷	24.5×11cm	327,750	上海驰翰	2020-09-24
大般若波罗蜜多经卷第四百八十五(首尾全一卷)	24.4×866cm	46,000	永乐拍卖	2020-12-04
大般若波罗蜜多经卷第五百六十五 唐三藏法师玄奘译	27×933cm	25,300	十竹斋拍卖（北京）	2020-10-18
大般若波罗蜜多经卷五百七十八		11,500	永乐拍卖	2020-12-04
大般若多波罗蜜多经卷第四百九十九	870×23.5cm	57,500	中国嘉德	2020-07-18
大般若经一百六十三 手卷	20.5×78cm	16,100	永乐拍卖	2020-12-04
大般若卷六十二 手卷	20×789cm	23,000	永乐拍卖	2020-12-04
大乘起信论	27×50cm	14,950	十竹斋拍卖（北京）	2020-10-18
大乘入楞伽经卷第一（带版画）	11.3×30.8cm	34,500	永乐拍卖	2020-12-04
大方广佛华严经 卷二十七		23,000	永乐拍卖	2020-12-04
大方诗稿、题画诗（一组）（九开）	尺寸不一	20,700	北京保利	2020-10-18
大智度论卷第八十一 手卷	25×381cm	34,500	永乐拍卖	2020-12-04
悼红词三十首		78,200	永乐拍卖	2020-12-04
邓尔雅 1925年作《西鹣东鲽集》集联底稿 未刊稿本	24×12.5cm（册）	494,500	西泠印社	2020-08-09
丁玲《关于左联的片断回忆》文稿	38×26.5×10	13,800	广东崇正	2020-09-13
董作宾 甲骨文 七言诗	31.5×67cm	13,800	中国嘉德	2020-07-18
董作宾 文稿、题签及摹写甲骨文等六种	尺寸不一	40,250	西泠印社	2020-08-09
端木蕻良《鲁迅先生和萧红二三事》文稿	26×19cm×8	13,800	广东崇正	2020-09-13
法越纪略	25×16cm	20,700	中贸圣佳	2020-10-16
樊增祥《晚晴轩草稿》	34×22cm	172,500	泰和嘉成	2020-10-17
樊增祥《苏门游记》（稿本）	27.3×21.5cm	212,750	北京保利	2020-10-18
范景中、周小英夫妇 特种纸十部之一《净琉璃室批校本丛刊十三种》亲笔题跋本	开本33×22.5cm	63,250	西泠印社	2020-08-07
风雨茅堂巾箱帖题跋册（十四开选四开）	17×10cm	47,150	泰和嘉成	2020-10-17
佛说阿弥陀经	29×342cm	128,800	上海驰翰	2020-09-24
佛说阿弥陀经	33×16.5cm	36,800	中贸圣佳	2020-10-16
佛说现在贤劫千佛名经	30.5×48.5cm	34,500	十竹斋拍卖（北京）	2020-10-18
佛说盂兰盆经	26.5×16.8cm	11,500	中贸圣佳	2020-10-16
傅雷撰并书《有张支票的人》手稿	26.5×19cm	40,250	中鸿信	2020-01-04
傅山 己酉（1669）作　注司马相如赋手稿 册页（十六开）	27.5×14.5cm×32	6,670,000	中国嘉德	2020-08-16
傅增湘 等 徐南苹《缃余吟草》诗稿册	30×20.5cm（册）	126,500	西泠印社	2020-08-09
绀纸金泥古写经长卷《妙法莲华经卷第三》	26.2×1056cm	172,500	西泠印社	2020-08-07
高亨 约1961-1965年作《商君书注译》完整文稿及中华书局相关出版文献		46,000	西泠印社	2020-08-09
葛震星 著 诗史十二卷	11×22.3cm	11,500	中国嘉德	2020-07-18

拍品名称	物品尺寸	成交价RMB	拍卖公司	拍卖日期
龚道耕 辑 孝经郑注	25.3×15.8cm	10,350	中贸圣佳	2020-10-16
顾广圻、龚自珍等四家题跋《宋拓定武本兰亭序》（龚自珍、沈树镛旧藏）	册页33.5×18cm	2,587,500	西泠印社	2020-08-07
顾颉刚 重要手稿27份 镜片	尺寸不一	1,955,000	华艺国际	2020-10-16
观古阁丛稿	半框尺寸20×13cm	10,925	上海驰翰	2020-05-10
光明禅师李惠月 至元二十八年（1291）金银泥写《大方广佛华严经》卷七十九	31×761.6cm	22,425,000	永乐拍卖	2020-08-17
光绪二十二年（1896）奏请停休圆明园奏稿一本		18,400	北京保利	2020-10-23
光绪三十二年钦定各省督抚敕书底稿	24×21cm	138,000	十竹斋拍卖（北京）	2020-10-18
光绪三十三年（1907）奏稿一组三本		10,350	北京保利	2020-10-23
郭斌佳《远东近世史》手稿17页 镜片	27×40cm	517,500	华艺国际	2020-10-16
郭尚先 临多宝塔论唐人书经 立轴	77×47.4cm	90,789	香港苏富比	2020-11-26
韩德培 手稿6本及资料一批 信札	27×19cm	172,500	华艺国际	2020-10-16
行水金鉴底稿	27×17cm	92,000	十竹斋拍卖（北京）	2020-10-18
弘法大师 草书	28×11cm	29,900	十竹斋拍卖（北京）	2020-10-18
弘历《读刘昆传》手稿	尺寸不一	621,500	香港苏富比	2020-07-09
弘历《泾清渭浊纪实》手稿本及修订本	尺寸不一	4,497,400	香港苏富比	2020-07-09
弘历 手谕及謁孝景二陵御制诗等手稿	尺寸不一	2,373,000	香港苏富比	2020-07-09
弘历 御制诗十一则之手稿本及修订本	尺寸不一	1,695,000	香港苏富比	2020-07-09
弘一 律师戒行梵文经、木匣	高14.2cm	126,500	中鸿信	2020-01-04
弘一 戊寅（1938）作 四分律拾毗尼义抄 线装	31×18cm×74	16,675,000	十竹斋拍卖（北京）	2020-10-18
胡镢 金石文字类手稿	25.5×22cm	89,700	中国嘉德	2020-08-16
胡適 1912-1918年作《胡適留学日记》手稿 一套十八册	12×22cm（每册尺寸）	139,150,000	华艺国际	2020-10-16
胡適 1922年作 跋《红楼梦考证》之（一）手稿四纸	22×58cm×3；21.5×48.5cm	5,865,000	华艺国际	2020-10-16
胡適 1922年作 跋《红楼梦考证》之二手稿十纸	31×26cm×10	4,715,000	华艺国际	2020-10-16
胡適 手稿	32×28cm	18,400	十竹斋拍卖（北京）	2020-10-18
胡適、马裕藻、周作人、刘半农、钱玄同《请颁行新式标点符号》议案修订稿	27×39cm	46,000	泰和嘉成	2020-10-17
花王阁剩稿三种	尺寸不一	11,500	中国嘉德	2020-07-18
华罗庚 等 1965年至1981年间作 诗歌手稿等	23.5×17.5cm；18×13cm	97,750	西泠印社	2020-08-09
槐寿《果子与茶食》手稿 镜心（8页）	28×30cm×8	207,000	中国嘉德	2020-12-03
槐寿《陆奥地方的粗点心》手稿 镜心（7页）	28×30cm×7	368,000	中国嘉德	2020-12-03
槐寿《母亲的味道》翻译手稿 镜心	19×26cm×3	322,000	中国嘉德	2020-12-03
槐寿《普茶料理》翻译手稿 镜心（9页）	27×31cm×9	230,000	中国嘉德	2020-12-03
槐寿《日本的米饭》手稿 镜心（4页）	28×30cm×4	207,000	中国嘉德	2020-12-03
槐寿《无名的先觉》手稿 镜心（6页）	19×26cm×6	402,500	中国嘉德	2020-12-03
槐寿《新唐诗选》手稿 镜心（7页）	28.5×30cm	195,500	中国嘉德	2020-12-03
槐寿《肴核》翻译手稿 镜心（6页）	约19×26cm×6	345,000	中国嘉德	2020-12-03
槐寿 1950年作《鱼鲙》翻译手稿 镜心（5页）	19×26cm×5	322,000	中国嘉德	2020-12-03
皇十一子 赵忠毅公铁如意歌册	35×20cm	10,350	北京保利	2020-10-18
黄惠贤 手稿一批 镜片	尺寸不一	92,000	华艺国际	2020-10-16
黄裳题跋《红雪词甲集二卷 乙集二卷 词余一卷》	半框16.5×10.3cm；开本21.2×13.3cm	69,000	西泠印社	2020-08-07
黄胄、李可染、谢稚柳、叶浅予、周怀民、吴镜汀、润格手稿、郭味蕖润格手稿	尺寸不一	13,800	中鸿信	2020-01-04
黄遵宪 草书可自怡悦册 册页	27×33cm×12	55,200	中贸圣佳	2020-12-07
季诺维耶夫 德文手稿《共产主义批判》	29.5×21cm×31	36,800	西泠印社	2020-08-09
季羡林《中国文化发展战略问题》稿	19×27.5cm	17,250	中国嘉德	2020-07-18
季羡林《中国文学在德国》文稿	27×19cm×14	46,000	广东崇正	2020-09-13

（续表）

拍品名称	物品尺寸	成交价RMB	拍卖公司	拍卖日期
贾景德 楷书 八言联	46×175.5cm	10,350	中国嘉德	2020-07-18
蒋介石 1970年作 有关中美建交的重要亲笔批改稿一份	39×26.5cm×13	218,500	西泠印社	2020-08-09
蒋经国 1954至1976年作 批阅 有关周恩来、邓小平等中国共产党相关文献数种		80,500	西泠印社	2020-08-09
金邦平 日记及郑孝胥诗文底稿一批	尺寸不一	161,000	西泠印社	2020-08-09
锦灰堆初校样 王世襄批校本	尺寸不一	13,800	十竹斋拍卖（北京）	2020-10-18
靳尚谊 水粉画一帧及文稿一页	画19×18.5cm	57,500	广东崇正	2020-09-13
精楷批校本朱九江《礼山讲学记》一册	28×17cm	69,000	广东崇正	2020-09-13
康有为 祭徐致靖文稿 横披	28×120cm	632,500	中国嘉德	2020-12-03
康有为题记册页及廖行之（撰）《省斋集》孔氏岳雪楼影钞本1册	28×17cm; 28×33cm	74,750	北京保利	2020-10-18
柯劭忞《续修四库全书总目提要》及金石文稿一批	尺寸不一	241,500	西泠印社	2020-08-09
揆叙 撰 乐静堂集二卷鸡肋集一卷	31.6×20.2cm	161,000	中贸圣佳	2020-10-16
老舍 1965年作 自作最后的新诗《向毛主席唱出我们的决心》文稿	36×26cm×2	230,000	西泠印社	2020-08-09
老子道德真经	30×19cm	17,250	中贸圣佳	2020-10-16
李淳风 题 撰 唐 观象玩占 五十卷	13.5×18cm	55,200	中国嘉德	2020-08-16
李达《矛盾论——中国革命的辩论证法》27页 镜片	27×39.5cm	4,025,000	华艺国际	2020-10-16
李德永 50年代《荀子》手稿一册 册页	27×19cm×10	103,500	华艺国际	2020-10-16
李鼎初 信札一通四页及手稿70页 镜片	尺寸不一	97,750	华艺国际	2020-10-16
李二娘 菩提流志等译大宝积经卷八十二 手卷	27.5×1454cm	3,277,500	永乐拍卖	2020-12-02
李庆海 50-60年代回忆手稿20本 册页	27×22cm	115,000	华艺国际	2020-10-16
李志强 大唐三藏圣教序心经四条屏 镜片	137×27cm×4	207,000	御宝嘉和	2020-08-16
理查德·施特劳斯 约1935年作 歌剧《沉默的女人》终幕乐谱创作稿	53×36cm	184,000	西泠印社	2020-08-09
历朝名媛诗词	22.7×12.2cm	21,850	中贸圣佳	2020-10-16
梁鼎芬 约1913年作 致陈师曾未刊诗稿八页	24×13cm×8	74,750	西泠印社	2020-08-09
梁诗正 1748年作、1749年作《御制重刻文献通考序》、《御制重刻通志序》两种合一册 写本（十二开）	30×16.5cm×12	793,500	永乐拍卖	2020-12-02
梁实秋 手稿《莎士比亚》	27×37.5cm	230,000	十竹斋拍卖（北京）	2020-10-18
林语堂 手稿十四帧（共十四页）	尺寸不一	172,500	中国嘉德	2020-08-15
林语堂 新生日记（一册），英文袖珍日记（八册）（九册）	尺寸不一	1,150,000	中国嘉德	2020-08-15
刘灿铭 楷书抄经 镜片	138×70cm	20,700	江苏盛得	2020-01-12
刘纲纪《倪瓒的美好思想》手稿 41页 镜片	39×26cm	34,500	华艺国际	2020-10-16
刘华瑞《皇极经世书解撷英》手稿153页 镜片	19×29cm	230,000	华艺国际	2020-10-16
留余斋食谱附菜单	27×15.5cm	11,500	十竹斋拍卖（北京）	2020-10-18
柳溪长短句	28.5×17cm	17,250	泰和嘉成	2020-10-17
柳诒徵 著 杨文襄公事辑	33×23cm	74,750	十竹斋拍卖（北京）	2020-10-18
楼适夷 约1941至1990年作 民国以来小说及诗文稿一批		69,000	西泠印社	2020-08-09
陆恢、俞宗海题跋《唐怀仁集王羲之书圣教序》	开本32.8×17cm	126,500	西泠印社	2020-08-07
陆氏类典	43×43cm	34,500	泰和嘉成	2020-10-17
罗常培 1937、1940年作 抗战时期《临川音系》《临川音系跋》文稿二种	35×19cm×4; 27.5×21cm	103,500	西泠印社	2020-08-09
罗定昌 著 脏腑图说症治合璧三卷	14×24.5cm	20,700	中国嘉德	2020-11-09
罗家伦 约1955年《孙中山画传》完整原稿		161,000	西泠印社	2020-08-09
罗叔重 隶书《大学》抄本	29.8×16.4cm	23,000	广东崇正	2020-09-13
罗叔重 心经（刊于《烟游寥廓–罗叔重诞辰一百二十周年纪念专集》No.29）集册		49,901	香港普艺	2020-07-11
马克昌 马克昌教授手稿 5页 手稿	26×19cm	34,500	华艺国际	2020-10-16
马一浮 题赠严群行书册页	12.5×26.3cm	264,500	中国嘉德	2020-12-02
茅盾题签《长征印谱》附钱君匋后记	尺寸不一	11,500	十竹斋拍卖（北京）	2020-10-18
眠琴小筑词不分卷（底稿本）	26.9×15cm	142,600	北京保利	2020-10-18
妙法莲华经 卷六		138,000	永乐拍卖	2020-12-04
妙法莲华经 卷五		23,000	永乐拍卖	2020-12-04
妙法莲华经存卷三	34.1×12.7cm	11,500	永乐拍卖	2020-12-04
妙法莲华经卷第七（敦煌写经）后秦龟兹国三藏法师鸠摩罗什奉诏译	25.2×487cm	1,897,500	永乐拍卖	2020-08-17
民国 弘一法师旧藏经文两册	尺寸不一	43,700	中鸿信	2020-01-04
民国 弘一法师提拔赠光庆居士《护生画集》	高21.5cm	43,700	中鸿信	2020-01-04
民国 李晋章旧藏经书三本	尺寸不一	48,300	中鸿信	2020-01-04
民国 李叔同藏书一组六本	尺寸不一	13,800	中鸿信	2020-01-04
民国北京大学学生"旅京日记"	23×14cm	23,000	十竹斋拍卖（北京）	2020-10-18
明永乐十二年授牌起明威将军汉蒙文诰命	30×285cm	747,500	泰和嘉成	2020-10-17
明永乐朱櫨妃发愿经 册页	12.2×537.5cm	5,175,000	华艺国际	2020-10-16
命学丛钞	12×19.5cm	40,250	中国嘉德	2020-08-16
南方草木状	14×26cm	10,350	中国嘉德	2020-07-18
藕香馆诗钞、尧峰诗钞钞本二种	尺寸不一	11,500	北京保利	2020-10-18
潘絜兹《我国古代人物画的传禅》稿本	26.5×18.5cm	11,500	广东崇正	2020-09-13
潘景郑《上海图书馆善本书目》初稿	尺寸不一	20,700	中贸圣佳	2020-10-16
泼墨斋法书十卷	开本28×14cm	105,800	西泠印社	2020-08-07
棋薄（钞本）	39×30cm	23,000	北京保利	2020-10-18
岂明《爱罗先珂所说的缅甸佛教徒》手稿 镜心（5页）	28×30cm×5	172,500	中国嘉德	2020-12-03
岂明《爱啬精气》手稿 镜心（3页）	27×31cm×3	253,000	中国嘉德	2020-12-03
岂明《爱说诳的人》手稿 镜心（5页）	19×26cm×5	437,000	中国嘉德	2020-12-03
岂明《帮会的片鳞》手稿 镜心（5页）	19×26cm×5	218,500	中国嘉德	2020-12-03
岂明《敝帚自珍》手稿 镜心（5页）	19×26cm×5	483,000	中国嘉德	2020-12-03
岂明《别国的迷信》手稿 镜心（4页）	约19×26cm×4	368,000	中国嘉德	2020-12-03
岂明《堕贫闲话》手稿 镜心（7页）	19×26cm×7	460,000	中国嘉德	2020-12-03
岂明《反对韩文公》手稿 镜心（3页）	19×26cm×3	253,000	中国嘉德	2020-12-03
岂明《古文观止》手稿 镜心（3页）	28×30cm×3	195,500	中国嘉德	2020-12-03
岂明《关于通奸》手稿 镜心（4页）	28×30cm×4	184,000	中国嘉德	2020-12-03
岂明《鸟声》手稿 镜心（3页）	19×26cm×3	299,000	中国嘉德	2020-12-03
岂明《农历与渔历》手稿 镜心（4页）	28×30cm×4	184,000	中国嘉德	2020-12-03
岂明《诗与真实》手稿 镜心（4页）	19×26cm×4	437,000	中国嘉德	2020-12-03
岂明《四库全书》手稿 镜心（4页）	28×30cm×4	207,000	中国嘉德	2020-12-03
岂明《塔伊斯与格吕刻拉》翻译手稿 镜心（3页）	28×30cm×3	184,000	中国嘉德	2020-12-03
岂明《希腊小喜剧》手稿 镜心（5页）	约19×26cm×5	437,000	中国嘉德	2020-12-03
岂明《闲话毛笋》手稿 镜心（5页）	19×26cm×5	345,000	中国嘉德	2020-12-03
岂明《现代的诺亚方舟》手稿 镜心（3页）	约19×26cm×3	425,500	中国嘉德	2020-12-03
岂明《现今的龙》手稿 镜心（4页）	19×26cm×4	460,000	中国嘉德	2020-12-03
岂明《小大自休》手稿 镜心（4页）	19×26cm×4	253,000	中国嘉德	2020-12-03
岂明《杨贵妃的子孙》手稿 镜心（4页）	28×30cm×4	195,500	中国嘉德	2020-12-03
岂明《洋八股的经验》手稿 镜心（3页）	19×26cm×3	207,000	中国嘉德	2020-12-03
启功 1959年作 手稿《关于五年改制的设置功课问题的补充意见》	26.5×19cm	10,350	十竹斋拍卖（北京）	2020-10-18
钱大昕 为华秋槎作石梁观瀑长歌	32×59cm	345,000	西泠印社	2020-08-07
钱玄同 诂经精舍目录	36×25cm	57,500	中国嘉德	2020-11-09
钱恂 中俄界约斠注手稿 书籍	25×14cm	345,000	华艺国际	2020-10-16
钱锺书 致陈诏诗稿	26.5×19cm	51,750	广东崇正	2020-09-13
钦定国史大臣列传《吴武壮公列传》	38.5×22.7cm	149,500	北京保利	2020-12-05
钦定治河图略	20.5×13cm	345,000	上海驰翰	2020-09-24
清 经书（组）	29.5×7cm	25,300	中鸿信	2020-01-03

2020杂项拍卖成交汇总

(续表)

拍品名称	物品尺寸	成交价RMB	拍卖公司	拍卖日期
清 北京蔡绳格 著 闲园菊谱	24×17cm	11,500	十竹斋拍卖(北京)	2020-10-18
清 湖北罗田 王葆心 著 窃溪旧话底稿	尺寸不一	43,700	十竹斋拍卖(北京)	2020-10-18
清 康有为 著 加拿大游记	29×21cm	57,500	十竹斋拍卖(北京)	2020-10-18
清 刘坤一 张之洞 撰 江楚会奏变法折三折稿	尺寸不一	57,500	十竹斋拍卖(北京)	2020-10-18
清 姚元之撰 竹叶亭编年剩录不分卷	23.5×14.5cm	34,500	十竹斋拍卖(北京)	2020-10-18
清戴熙手稿 古文钞十四篇	25.5×16cm	63,250	十竹斋拍卖(北京)	2020-10-18
清官府印信图样手绘设计稿	23×11cm; 25.5×11cm	69,000	泰和嘉成	2020-08-16
清黄廷桂等修,张晋生等纂 四川通志卷之十八	半框27×15cm	207,000	永乐拍卖	2020-12-04
清季名贤致梁鼎芬书札册(五十二开选四十一开)	31×18cm	644,000	泰和嘉成	2020-10-17
清京师自来水公司信稿簿	27.6×23cm	34,500	十竹斋拍卖(北京)	2020-10-18
清康熙罗九贡书茶歌	12.5×21.7cm	32,200	中国嘉德	2020-11-09
清康熙内府《甘珠尔》彩绘及羊脑笺书写经名护经板	24×68cm	92,000	泰和嘉成	2020-08-16
清乾隆 乾隆皇子皇孙贺蔡新葛山先生诗原集 册页(共二十八开)	24×14cm×28	920,000	保利厦门	2020-09-26
清乾隆二十六年正月 皇帝起居注	26×20cm	11,500	十竹斋拍卖(北京)	2020-10-18
清宣统三年奏折	9.2×21cm	28,750	中国嘉德	2020-08-16
瞿祖庚辑 吴树荣校 医学一隅	24×13cm	11,500	十竹斋拍卖(北京)	2020-10-18
日本古写经《大般若波罗蜜多经》	26.3×1013cm	80,500	北京保利	2020-10-18
日本写经《大般若波罗蜜多经》	26×52cm	10,350	北京保利	2020-10-18
日本写经《大般若波罗蜜多经》(有题记)	25×1004cm	17,250	北京保利	2020-10-18
日本写经《妙法莲华经》(绀青金泥)	25.8×899cm	465,750	北京保利	2020-10-18
山叔《蝉的寓言》手稿 镜心(5页)	19×26cm×5	483,000	中国嘉德	2020-12-03
山叔《吃茶》手稿 镜心(3页)	约19×26cm×3	368,000	中国嘉德	2020-12-03
山叔《冬至九九歌》手稿 镜心(5页)	27×31cm×5	517,500	中国嘉德	2020-12-03
山叔《略谈乳腐》手稿 镜心(3页)	19×26cm×3	345,000	中国嘉德	2020-12-03
山叔《悭的手法》手稿 镜心(5页)	27×31cm×5	184,000	中国嘉德	2020-12-03
山叔《向日葵的神话》手稿 镜心(4页)	19×26cm×4	368,000	中国嘉德	2020-12-03
膳房清册	15×26cm	253,000	中国嘉德	2020-08-16
上清灵宝济度大成金书第三十八卷	30×17cm	23,000	十竹斋拍卖(北京)	2020-10-18
沈尹默 诗稿	27.5×18.5cm	46,000	十竹斋拍卖(北京)	2020-10-18
诗词稿本等二种	12×19cm	10,350	中国嘉德	2020-11-09
诗综片玉(清稿本)	29×16cm	57,500	永乐拍卖	2020-12-04
石曼华 北京师范大学百年校庆致辞稿六页 信札	26×19cm	23,000	华艺国际	2020-10-16
时涛 2020年作 心经 镜心	35×138cm	57,500	北京翰海	2020-09-12
史料之鳞爪(上、下卷)、总理奉安实录 上卷一百一十七开、下卷七十九开	尺寸不一	5,750,000	荣宝斋(上海)	2020-10-25
授研斋太白诗钞(钞本)	25.5×16.6cm	51,750	北京保利	2020-10-18
双红豆馆收藏金石书画典籍古玩文物目	25×20cm	23,000	十竹斋拍卖(北京)	2020-10-18
四色批校本《敦煌石室画像题识》	开本32.5×24cm	11,500	西泠印社	2020-08-07
宋·苕溪胡仔辑 苕溪渔隐丛话前集六十卷 后集四十卷	21.5×14cm	55,200	十竹斋拍卖(北京)	2020-10-18
宋板东坡手写金刚经 纸本	19×35.3cm	36,800	中国嘉德	2020-12-02
宋刻宋印《春秋经传集解三十卷(卷第十九)》	26.8×16.8cm	2,507,000	北京保利	2020-10-18
宋龙舒本《王文公文集》《宋人信札册》纸本写本		263,350,000	永乐拍卖	2020-12-02

拍品名称	物品尺寸	成交价RMB	拍卖公司	拍卖日期
宋诗钞初、二、三、四集	半框17.5×13.8cm; 开本25×16cm	34,500	西泠印社	2020-08-07
宋元四十三家集	26×16.8cm	21,850	中贸圣佳	2020-10-16
苏雪林 苏雪林日记(1935)一本 册页	18×12.5cm	1,782,500	华艺国际	2020-10-16
苏玉堂绘三国志无双谱(绘本)	39.9×29.2cm	55,200	北京保利	2020-10-18
孙雪泥记事珠稿 彻悟禅师遗稿	13×23cm	17,250	中国嘉德	2020-07-18
昙无谶 译 北京 大般涅槃经卷第三 纸本	312×25.5cm	897,000	中国嘉德	2020-12-02
唐人写经 律藏第四分卷第六 手卷	画心23×280cm; 题跋23×273cm	7,187,500	北京保利	2020-12-05
唐人写经 手卷	26.5×955cm	94,300	永乐拍卖	2020-12-04
唐人写经 大般若波罗蜜多经卷第五十一 手卷	引首26×82cm; 画心26×817cm; 题跋26×60cm	1,725,000	北京保利	2020-10-18
唐人写经(残)	44×25.5cm	59,800	中国嘉德	2020-07-18
唐人写经《大般涅槃经》第卅八卷 手卷	26.2×851.7cm	15,525,000	华艺国际	2020-12-05
唐人写经册	25×90cm×10	207,000	广东崇正	2020-09-13
唐人写经片段	23.5×61cm	18,400	中鸿信	2020-01-04
唐写经《大般若波罗蜜多经卷》第四百廿二	25×890cm	460,000	西泠印社	2020-08-07
投闲录存、投闲二录、投闲录过录本、蒋一安诗稿	尺寸不一	47,150	上海驰翰	2020-05-10
万寿祺 楷书心经 册页	15×23cm	80,500	中国嘉德	2020-08-17
汪康年抄藏甲午乙未中日战事辑抄	24×13cm	87,400	上海驰翰	2020-05-10
汪喜孙、杨铎旧藏 伊秉绶诗稿	11.5×22.5cm	97,750	中国嘉德	2020-08-16
汪治荪《胡适派资产阶级唯心主义历史批判》手稿及读书笔记一册 册页	尺寸不一	115,000	华艺国际	2020-10-16
王季迁 题画杂录	尺寸不一	287,500	永乐拍卖	2020-08-17
王受之《史迪威传略》及《史迪威使命》手稿两份 册页	26.5×19cm×10	172,500	华艺国际	2020-10-16
王树枏(姚秦)鸠摩罗什 题跋译佛说首三昧楞严经 卷下 纸本	41.5×25.2cm; 题跋22×30cm	4,485,000	中国嘉德	2020-12-02
王重民稿本《越缦堂日记摘题》	开本20×13.5cm	32,200	西泠印社	2020-08-07
文龙 撰 潜斋文稿	27.8×17cm	17,250	中贸圣佳	2020-10-16
文徵明 1545年作 小楷离骚经 册页	经文18.5×9.8cm×9	7,475,000	华艺国际	2020-12-05
无款 唐《金刚般若波罗密经》节录 手卷	19.5×117cm	106,500	佳士得	2020-12-02
吴昌硕、邓濂题《郑文焯冷红词稿五十三页》(部分未刊)	册页33×18.2cm	1,150,000	西泠印社	2020-08-07
吴大澂、吴湖帆题跋《汉吉语瓦当》四屏	64×32cm×4	747,500	西泠印社	2020-08-07
吴湖帆·沈尹默题法书大观	44×28cm	59,800	华艺国际	2020-10-16
吴纪先 手稿日记及通讯录53册 册页	尺寸不一	460,000	华艺国际	2020-10-16
吴梅 曲谱	14.5×8.5cm	138,000	泰和嘉成	2020-10-17
吴梅 约1931年作《姚恂如先生家传》稿本	26×24cm×3	126,500	西泠印社	2020-08-09
吴越西关砖塔藏经	7.8×208.8cm	920,000	华艺国际	2020-12-05
梧溪集七卷	28×17.5cm	50,600	上海驰翰	2020-05-10
西晋·无罗叉 竺叔兰 译 放光般若波罗蜜经卷第八	28×110cm	218,500	十竹斋拍卖(北京)	2020-10-18
锡钧 自书诗稿册	28.5×16cm	34,500	十竹斋拍卖(北京)	2020-10-18
夏康农先生诗词选	29×19.5cm	11,500	十竹斋拍卖(北京)	2020-10-18
夏衍 汪静之、阳翰笙信札 周扬《国防文学的民族性》文稿	尺寸不一	36,800	广东崇正	2020-09-13
祥异绘图集注(写绘本)	26.9×16.4cm	69,000	北京保利	2020-10-18
小约翰·施特劳斯 1889年发行 圆舞曲《美术馆中的乡巴佬》乐谱手稿	29×21cm	138,000	西泠印社	2020-08-09
写经《大般涅槃经》	24×140cm	437,000	北京保利	2020-10-18
写经《大般若波罗蜜多经》	25×462.5cm	3,105,000	北京保利	2020-10-18
写经《大般若波罗蜜多经》	24.4×47.3cm	109,250	北京保利	2020-10-18
写经《大乘无量寿经》(苏宗仁旧藏)	31×203cm	2,185,000	北京保利	2020-10-18
写经《根本说一切有部毗奈耶杂事》	25.5×45.8cm	287,500	北京保利	2020-10-18
写经《妙法莲华经》	25.9×1066cm	4,370,000	北京保利	2020-10-18
写经《妙法莲华经》	25.5×99.8cm	483,000	北京保利	2020-10-18

(续表)

拍品名称	物品尺寸	成交价RMB	拍卖公司	拍卖日期
写经《说一切有部显宗论》	25×566cm	2,070,000	北京保利	2020-10-18
写经《药师经》	25.8×545cm	1,633,000	北京保利	2020-10-18
谢利恒 医术手稿	11×24cm	57,500	中国嘉德	2020-07-18
熊庆来 孟立人 等 约1943年作 抗战期间辑云南大学校友通讯簿稿本	30×28cm(册)	34,500	西泠印社	2020-08-09
徐邦达鉴定《刘松年四景山水画》文稿	尺寸不一	13,800	中鸿信	2020-01-04
徐悲鸿 1947年作 为王少陵画展作题词原稿	27.5×19.5cm	264,500	西泠印社	2020-08-09
徐家汇天主教藏书楼旧藏 琵琶谱等八种	尺寸不一	34,500	十竹斋拍卖(北京)	2020-10-18
徐寿过录张文皋批校山中白云词	25×15cm	17,250	泰和嘉成	2020-10-17
徐无闻手拓徐立题汉六博画像砖 立轴	94.5×52cm	23,000	泰和嘉成	2020-10-17
许承尧 题跋 敦煌写经三种	95.5×25cm	1,667,500	中国嘉德	2020-08-16
许寿裳 许寿裳致章微颖诗稿	15.5×27.5cm	184,000	中国嘉德	2020-08-16
玄奘 译 唐 大般若波罗蜜多经卷第三百五十七 纸本	920×25cm	126,500	中国嘉德	2020-12-02
严群 马一浮 题签 临 行书 王阳明家书	60×43.5cm	310,500	中国嘉德	2020-12-02
严水龙 行书《地藏经》镜心	25.8×88cm	1,725,000	保利厦门	2020-09-26
杨铎旧藏 张问陶 行书诗稿	6.8×19cm	20,700	中国嘉德	2020-08-16
杨泰亨、沈守谦、徐定文等致友松诗稿	尺寸不一	32,200	中国嘉德	2020-12-02
杨亿 等撰 宋 西昆酬唱集	12.5×24.7cm	40,250	中国嘉德	2020-08-16
姚方羊旧藏《容膝庐吟草偶存》、《课花图说》等钞本八种	尺寸不一	25,300	西泠印社	2020-08-07
叶浅予 叶浅予书法四十四开、1950年至1994年叶浅予日记共46本、"文革"笔记9本、1954年康定日记2本、文稿诗稿28本、老笔忆童年草稿5本、老笔忆童年抄改稿131页52400字(缺少79、80两页)、打箭炉日记120页、购人字画发票28张、天安门资料13本、我的经历27页(另复写2册)、补充资料2本		2,530,000	荣宝斋(上海)	2020-10-25
叶韶霖《金刚般若波罗蜜经》+《般若波罗蜜多心经》册页	45×32cm×44	287,500	保利厦门	2020-09-26
叶韶霖 行书《历代游记名篇》十册册页	32.5×21cm	172,500	保利厦门	2020-09-26
叶问 等 1969年至1982年作 菁华武术会藏《香港武术健身协会特刊》出版底稿等武术资料一批		48,300	西泠印社	2020-08-09
忆梦词一卷击筑吟一卷	半框尺寸20×13.5cm	27,600	上海驰翰	2020-05-10
佚名 7-8世纪 写经《妙法莲华经卷二》《譬喻品第三》手卷	25.5×423cm	1,782,500	十竹斋拍卖(北京)	2020-10-18
佚名 8-9世纪 写经《大般若波罗蜜多经卷第一百二十五》初分校量功德品第三十之二十三 手卷	25.5×753cm	1,552,500	十竹斋拍卖(北京)	2020-10-18
佚名 8世纪 诸星母陀罗尼经 手卷	引首23.5×102cm;本幅23.5×157cm	5,750,000	十竹斋拍卖(北京)	2020-10-18
佚名 大般若波罗蜜多经 手卷	27×848cm	128,172	香港苏富比	2020-11-26
佚名 大般若波罗蜜多经第二百四十五 手卷	25×808cm	437,000	永乐拍卖	2020-12-02
佚名 大随求陀罗尼经咒	26×44.5cm	10,235,000	永乐拍卖	2020-08-17
佚名 归义军时期 后秦鸠摩罗什译《维摩诘经》卷下 手卷	27.3×487cm	1,150,000	永乐拍卖	2020-12-02
佚名 妙法莲华经安乐行品第十四手卷	尺寸不一	2,185,000	永乐拍卖	2020-12-02
佚名 明成化十三年内府刻本 般若波罗蜜多心经 金刚般若波罗蜜经等十五经同卷	32.5×11.5cm×6	368,000	十竹斋拍卖(北京)	2020-10-18
佚名 缪荃孙、袁克文递藏 吴·支谦译 宋刻"思溪藏"本《佛说慧印三昧经》单经全	24.5×1034cm	345,000	十竹斋拍卖(北京)	2020-10-18
佚名 平安时代 大般若波罗蜜多经卷第廿五 手卷 1卷	25×881cm	230,000	十竹斋拍卖(北京)	2020-10-18
佚名 唐人写《大般若波罗蜜多经》手卷片	26×396cm	828,000	朵云轩	2020-09-24
佚名 唐人写经《大般涅槃经迦叶菩萨品》第三十七卷 镜心	26.5×443cm	2,300,000	荣宝斋(上海)	2020-10-25
佚名 天平时代 大般若波罗蜜多经卷第四百五十四	25.5×807cm	310,500	十竹斋拍卖(北京)	2020-10-18
佚名 一切如来心秘密全身舍利宝箧印陀罗尼经 手卷	7.9×214cm	184,000	永乐拍卖	2020-12-02
易卜生 小仲马 威尔第 古诺 佐拉 马斯涅 德利伯 格里格 等 1888至1924年作 19世纪众音乐、文学家 为西格丽德作珍贵手稿集	19×14.5cm(册)	368,000	西泠印社	2020-08-09
易经汇钞	16.5×24.5cm	66,700	中国嘉德	2020-08-16
易竹贤 日记手稿一批 册页	尺寸不一	184,000	华艺国际	2020-10-16
印光法师书法册	30×23cm	34,500	十竹斋拍卖(北京)	2020-10-18
宥斋文式初稿	28.2×18.5cm	27,600	中贸圣佳	2020-10-16
于光远《学习理论参考材料》等文稿	26.5×19cm×25	11,500	广东崇正	2020-09-13
于右任 草书 高适《醉后赠张九旭》	34.5×63cm	43,700	中国嘉德	2020-07-18
于右任 草书 节录韩愈《答李翊书》	32.7×111cm	55,200	中国嘉德	2020-07-18
于右任 草书 节录陶渊明《移居》	27.5×68cm	43,700	中国嘉德	2020-07-18
于右任 草书 王维《送孟六归襄阳》	33.5×51cm	48,300	中国嘉德	2020-07-18
于右任 草书 自作七言诗	87×37cm	66,700	中国嘉德	2020-07-18
于右任题 陈纪滢 便签 文集诗句	26.5×12.5cm	13,800	广东崇正	2020-09-13
于芝昌 哈连芳等人义和团时期致热河铜矿总办仲山手札	26×15cm	13,800	泰和嘉成	2020-08-16
余嘉锡 代表作《四库提要辩证》稿本	20.5×28.5cm(册)	57,500	西泠印社	2020-08-09
俞樾、陈乃赓、孙荣枝等致邹寿祺信札	尺寸不一	28,750	中国嘉德	2020-12-02
玉光三转朝科	25×9cm	26,450	十竹斋拍卖(北京)	2020-10-18
元 欧阳淖述 鲁论口义正字解惑新书	28×17cm	55,200	十竹斋拍卖(北京)	2020-10-18
元人摹唐硬黄祖本洛神赋、王世贞残稿一帧	29.5×13cm	115,000	朵云轩	2020-09-23
增伯渊医学编 推拿约言	尺寸不一	11,500	中国嘉德	2020-11-09
张充和 薄英 楷书《桃花鱼》诗册 印制《桃花鱼》诗词集(张充和签名本) 册页(十八开)	尺寸不一	5,750,000	中国嘉德	2020-08-15
张尔田诗稿	26.5×15.5cm	11,500	十竹斋拍卖(北京)	2020-10-18
张其昀、曹增美 有关地理文稿	31.5×28cm×34	11,500	广东崇正	2020-09-13
张申府 约1940年至1943年作 抗战期间罕见《图书季刊》哲学刊文文稿一批		207,000	西泠印社	2020-08-09
张廷济、蔡载福题跋《晚香堂苏帖》	开本30×16.5cm	28,750	西泠印社	2020-08-07
张廷济题跋《吴贞肃公友朋书问》	开本30×18.1cm	149,500	西泠印社	2020-08-07
张学良《医巫闾山》手稿	17×25.7cm	161,000	中国嘉德	2020-12-02
张之洞 币制改革稿	21.5×157cm	57,500	十竹斋拍卖(北京)	2020-10-18
张之洞 悼原配石夫人诗原稿	尺寸不一	57,500	中国嘉德	2020-08-16
章士钊 江庸 汪东等 章士钊、江庸、汪东等致金问源诗稿	尺寸不一	48,300	中国嘉德	2020-08-16
章士钊题赠本甘州十四颂	20×14cm	13,800	十竹斋拍卖(北京)	2020-10-18
赵朴初 1979年4月16日作《京都岚山周总理诗碑揭幕》诗稿	24.5×18cm	109,250	西泠印社	2020-08-09
赵朴初 诗稿、题字三种	尺寸不一	17,250	中国嘉德	2020-08-16
赵朴初 约1977年作 手书及批校自作诗词稿近百页	26.5×19cm	28,750	西泠印社	2020-08-09
赵朴初题 高丽大觉国师传法开宗纪念碑	69×34cm	11,500	中鸿信	2020-01-04
赵朴初题词	尺寸不一	11,500	中鸿信	2020-01-04
赵一荻《张学良是怎么样的一个人》手稿	19.5×27cm	632,500	中国嘉德	2020-12-02
赵翼 1801年作 史论稿 手卷	14×235cm	13,800	北京翰海	2020-09-12
照诚 隶书般若波罗蜜心经 镜心	153×46cm×10	2,990,000	北京保利	2020-12-04
正法念处经卷第十七(鼓山大藏)	30.3×11.2cm	3,565,000	北京保利	2020-12-05
郑亲王、易文浚、全庆、成琦、王友端、贺寿慈等 清郑亲王诗稿 册页(三十开)	23×12.5cm×59	115,000	中国嘉德	2020-12-04

(续表)

拍品名称	物品尺寸	成交价RMB	拍卖公司	拍卖日期
郑孝胥 1884年作 最早年罕见课记册及诗稿	21.5×11.5cm（册）；21.5×10cm	437,000	西泠印社	2020-08-09
郑孝胥 1892年作 最早年《意林课女偶钞》稿本	22×12cm（册）	207,000	西泠印社	2020-08-09
知堂《老虎桥杂诗题记》手稿 镜心（12页）	28×30cm×12	287,500	中国嘉德	2020-12-03
智证大师 写经残简	27×7.7cm	17,250	十竹斋拍卖（北京）	2020-10-18
仲密《书房里的游戏》手稿 镜心（4页）	28×30cm×4	138,000	中国嘉德	2020-12-03
周次大醱醐第二图	37×595cm	218,500	泰和嘉成	2020-10-17
周鲠生《外交史》等手稿109页 镜片	22×14.5cm	2,990,000	华艺国际	2020-10-16
周学熙 1943年作 翁方纲经学稿钞 册页	29×21cm	10,350	北京翰海	2020-09-12
朱光潜 杂论手稿九份 信札	28×19cm	120,750	华艺国际	2020-10-16
朱孝臧 著 小山词韵谱等七种	28.5×20cm	74,750	十竹斋拍卖（北京）	2020-10-18
朱自清《隔窗谈诗》文稿	23×48cm	345,000	广东崇正	2020-09-13
竺可桢撰并书《参加天体演化论第四次会议的报告》手稿	尺寸不一	32,200	中鸿信	2020-01-04
尊佛画及般若波罗蜜多心经合璧（李盛铎题跋）	26.1×55.9cm	977,500	北京保利	2020-10-18
明王象晋辑《二如亭群芳谱》	26.5×16cm	13,800	中鸿信	2020-01-04
清戴震撰　考工记图 上下两卷	24.5×17cm	23,000	永乐拍卖	2020-12-04
清昆山 徐乾学 辑注　古文渊鉴	29×16.6cm	322,000	永乐拍卖	2020-12-04
清圣祖玄烨题诗、焦秉贞绘　御制耕织图 不分卷（康熙宸翰）	27.5×35cm	72,450	永乐拍卖	2020-12-04
清世祖福林撰　御制资政要览三卷后序一卷	29.3×17.7cm	207,000	永乐拍卖	2020-12-04
清王士禛编《唐贤三昧集》上中下三卷	25.5×16.5cm	18,400	中鸿信	2020-01-04
宋陆游撰　《陆放翁全集》一百五十五卷	25×16cm	172,500	永乐拍卖	2020-12-04
宋王安石撰（明）茅坤批评《宋大家王文公文抄》十六卷	20×16cm	92,000	中鸿信	2020-01-04
宋袁枢撰　通鉴纪事本末（宋版）	32.5×24cm	333,500	永乐拍卖	2020-12-04
宋赵师秀辑《众妙集》一卷	25×16cm	17,250	中鸿信	2020-01-04
唐王维 撰　王摩诘诗集 七卷	26.3×17cm	218,500	永乐拍卖	2020-12-04
《斑马字类》上下二卷	31×18cm	34,500	泰和嘉成	2020-08-16
《悲庵胜墨》六册（六选三）	40×26cm	55,200	广东崇正	2020-09-13
《备急千金要方》三十卷《千金翼方》三十卷	29.5×17.5cm	69,000	中鸿信	2020-01-04
《篙庵闲话》一册、《吴梅村集》十册	尺寸不一	28,750	广东崇正	2020-06-27
《黄山志定本》等	11.8×17cm	23,000	中国嘉德	2020-08-16
《晦庵先生朱文公文集》卷第四十九	27.5×15cm	57,500	中鸿信	2020-01-04
《金光明经第二变相》（带版画）		57,500	永乐拍卖	2020-12-04
《李明仲营造法式》样稿集存	半框22×18cm；开本30×22.3cm	32,200	西泠印社	2020-08-07
《秦汉金文录》《秦权秦量》等四种	30×27.5cm	13,800	泰和嘉成	2020-08-16
《诗林韶濩选》八册全 乾隆五十六年广东学政刻本 莫尚德莫仲予兄弟旧藏	24×15cm	20,700	广东崇正	2020-09-13
《唐六典》等六种	尺寸不一	20,700	中国嘉德	2020-08-16
《天文大成》（管窥辑要）	25×16cm	80,500	永乐拍卖	2020-12-04
《王阳明出身靖乱录》上中下三卷	25.6×16.8cm	12,650	中鸿信	2020-01-04
《永乐大典》卷六百六十五之六百六十六	30.8×50.8cm	63,900	佳士得	2020-11-30
《元和郡县补志》等四种	尺寸不一	48,300	中国嘉德	2020-08-16
16-19世纪 莎士比亚经典著作	尺寸不一	4,715,000	中贸圣佳	2020-10-16
1936年作 柳诒徵 签名本致费范九《丹徒柳氏先德遗墨》	26×15cm	10,350	十竹斋拍卖（北京）	2020-10-18
1956年作 康生 签名本赠彭嘉伦《长生殿》	25×16.5cm	36,800	十竹斋拍卖（北京）	2020-10-18
19世纪《高上玉皇本行集经》一套三册	39.5×15cm	442,890	佳士得	2020-10-08
8世纪写本 尾题唐大历二年（767）唐人写经 释肇断序抄义	266×29cm	575,000	中贸圣佳	2020-10-16
H. Lecourt 中华食谱制法入门	17.5×25cm	10,350	中国嘉德	2020-07-18

拍品名称	物品尺寸	成交价RMB	拍卖公司	拍卖日期
安雅堂未刻稿八卷入蜀集 两卷（辛庵题识）	23.9×15.5cm	11,500	北京保利	2020-10-18
白华草堂诗附王尺楼诗张默君撰	30×17.6cm	11,500	中贸圣佳	2020-10-16
白龙山人墨妙（第一集、第二集）	40×25.8cm	13,620	北京保利	2020-07-15
白香山诗集二十卷后集十七卷补遗二卷本传一卷年谱一卷	25.6×18cm	13,800	北京保利	2020-10-18
百衲本二十四史	20×13cm	529,000	泰和嘉成	2020-10-17
班固 撰 汉 汉书 一百卷 纸本	14.8×21.3cm	115,000	中国嘉德	2020-12-02
斑马字类五卷	28.7×18.4cm	92,000	泰和嘉成	2020-10-17
宝古堂重修考古图	29×18cm	138,000	泰和嘉成	2020-10-17
宝卷三种	28.5×12.5cm	13,800	中贸圣佳	2020-10-16
宝山县续志十七卷首一卷末一卷	26×15cm	41,400	北京保利	2020-12-05
北京笺谱	32×21cm	207,000	永乐拍卖	2020-12-04
北京荣宝斋新记诗笺谱	31.5×21.5cm	10,350	泰和嘉成	2020-10-17
北京荣宝斋新记诗笺谱	19×31cm	10,350	中国嘉德	2020-11-09
北平笺谱	32.5×22cm	368,000	泰和嘉成	2020-10-17
北平荣宝斋制诗牋谱（徐石雪临赵孟頫书法）	32.4×21.2cm	10,350	北京保利	2020-10-18
北宋崇宁藏《禅法要解经》（三圣寺藏经）	28.2×11.3cm	1,058,000	北京保利	2020-10-18
北宋开宝八年（975）王福庵 傅君亮题跋北宋吴越王刻本《雷峰塔藏经一卷》吴越王钱俶刻本	259×7.4cm	701,500	中贸圣佳	2020-10-16
北宋毗卢藏比丘尼智觉刊本《大方广佛华严经合论》卷第四	开本28.5×11.5cm	598,000	西泠印社	2020-08-07
北周·庾信 撰 明·汪士贤 校　庾开府集 十二卷全	26.2×16.5cm	34,500	永乐拍卖	2020-12-04
本草纲目五十二卷图三卷	27.2×17.6cm	109,250	中贸圣佳	2020-10-16
本草三家合注六卷 神农本草经百种录一卷	12.5×17cm	13,800	中国嘉德	2020-11-09
毕沅 撰 释名疏证八卷	29×17.7cm	195,500	中贸圣佳	2020-10-16
碧琅山房琴谱	25.3×17.4cm	13,800	中贸圣佳	2020-10-16
博尔都 撰 问亭诗集十二卷	26×16.8cm	632,500	中贸圣佳	2020-10-16
补天石传奇八卷	26.2×15.4cm	17,250	北京保利	2020-10-18
才调集十卷	26.8×16.5cm	10,350	北京保利	2020-10-18
曹雪芹 撰 增评加批金玉缘图说一百二十回	12.5×17.8cm	11,500	中国嘉德	2020-11-09
曾国藩 撰 清 曾文正公手书日记 纸本	13×26cm	20,700	中国嘉德	2020-12-02
曾文正公日记	26.5×15.5cm	23,000	泰和嘉成	2020-08-16
查为仁 厉鹗 笺 绝妙好词笺七卷	27.5×16.5cm	345,000	中贸圣佳	2020-10-16
查为仁 撰 莲坡诗话三卷	28.1×15.5cm	43,700	中贸圣佳	2020-10-16
查为仁 撰 蔗塘未定稿存四卷	26.7×15.9cm	207,000	中贸圣佳	2020-10-16
昌乐县续志 三十八卷 咸宁县志二十六卷 首 一卷 纸本	13.5×19.5cm；14.7×20cm	55,200	中国嘉德	2020-12-02
昌黎先生集四十卷 韩集点勘四卷外集十卷	14×18.5cm	20,700	中国嘉德	2020-07-18
昌黎先生集四十卷外集十卷遗文一卷集传一卷	26×16.8cm	253,000	北京保利	2020-10-18
昌黎先生诗集	23×16cm	207,000	泰和嘉成	2020-10-17
钞本、空白笺等一组（周祖谟先生旧藏，含钞本）	尺寸不一	23,000	北京保利	2020-10-18
超然楼印赏	14.5×9cm	51,750	泰和嘉成	2020-10-17
陈皋 撰 吾尽吾意斋乐府二卷	28.9×18.2cm	109,250	中贸圣佳	2020-10-16
陈皋赠查为仁自书诗册	23.8×14.1cm	460,000	中贸圣佳	2020-10-16
陈鸿寿 撰 种榆仙馆诗钞二卷	23.7×13.8cm	69,000	中贸圣佳	2020-10-16
陈鸿寿 撰 种榆仙馆诗钞二卷	26.3×14.9cm	40,250	中贸圣佳	2020-10-16
陈梦雷 辑 钦定古今图书集成	21.2×14.8cm	25,300	中国嘉德	2020-07-18
陈仁锡辑明资治通鉴纲目五十九卷前编二十五卷续编二十七卷末一卷	14.7×20.3cm	82,800	中国嘉德	2020-08-16
陈寿 撰 晋 三国志 六十五卷 纸本	14×21.7cm	20,700	中国嘉德	2020-12-02
陈书三十六卷	25.7×16.6cm	17,250	北京保利	2020-12-05
陈廷敬、高舆等奉敕编纂　佩文斋咏物诗选 四百八十六卷	25×15.5cm	115,000	永乐拍卖	2020-12-04

（续表）

拍品名称	物品尺寸	成交价RMB	拍卖公司	拍卖日期
陈维崧 辑 迦陵先生填词图题词不分卷	26.2×16.2cm	155,250	中贸圣佳	2020-10-16
陈鳣 撰 经籍跋文	26.5×16.5cm	23,000	中贸圣佳	2020-10-16
称唱玄宗昆玲宝卷	37.3×13.2cm	57,500	中贸圣佳	2020-10-16
成都诗婢家诗笺谱	29×18.5cm	23,000	十竹斋拍卖（北京）	2020-10-18
成都诗婢家郑笺评谱第一集二卷	29.2×17.7cm	20,700	北京保利	2020-10-18
成唯识论演秘七卷	27.5×19cm	36,800	泰和嘉成	2020-10-17
程砚秋鸳鸯冢剧本等	尺寸不一	40,250	泰和嘉成	2020-10-17
程乙本新镌全部绣像红楼梦	21.5×14cm	3,392,500	泰和嘉成	2020-10-17
痴婆子传	26×18cm	16,100	泰和嘉成	2020-10-17
敕建弘慈广济寺新志三卷	14.5×19.5cm	36,800	中国嘉德	2020-11-09
冲虚至德真经八卷	29.5×19cm	109,250	十竹斋拍卖（北京）	2020-10-18
初印单行本《影旧钞卷子本琱玉集》	31.8×22.5cm	11,500	中贸圣佳	2020-10-16
初印芥子园画谱三集	29.4×18.2cm	34,500	中贸圣佳	2020-10-16
楚辞十七卷（黄节旧藏）	29×18.9cm	47,150	北京保利	2020-10-18
楚辞章句十七卷	27.5×17cm	48,300	泰和嘉成	2020-08-16
春秋经传集解三十卷	半框24.5×14cm	41,400	上海驰翰	2020-09-24
春秋左传注疏六十卷	27×16cm	195,500	十竹斋拍卖（北京）	2020-10-18
春雨楼丛书	26.5×15.5cm	11,500	泰和嘉成	2020-10-17
词综三十八卷、明词综十二卷、国朝词综四十八卷、国朝词综二集八卷	半框18.5×14cm; 开本24.3×15.5cm	17,250	西泠印社	2020-08-07
从征图记	16×22cm	13,800	中国嘉德	2020-07-18
崔应 辑 清 云台山志 八卷 首 一卷 末 一卷	14.3×20.3cm	80,500	中国嘉德	2020-08-16
大阿弥陀经		207,000	永乐拍卖	2020-12-04
大般若波罗蜜多经卷第二百二十七	30×11.5cm	287,500	泰和嘉成	2020-10-17
大般若波罗蜜多经卷第三百七十五北宋福州东禅寺刻本	29.4×11.3cm	494,500	中贸圣佳	2020-10-16
大般若波罗蜜多经卷第五百六十八	30×11.5cm	368,000	泰和嘉成	2020-10-17
大般若波罗蜜多经卷第一百二十	983×27cm	20,700	中国嘉德	2020-11-09
大方广佛华严经存二卷	36×12.2cm	23,000	中贸圣佳	2020-10-16
大佛顶首楞严经十卷	17.5×27cm	16,100	北京保利	2020-10-18
大明度无极经卷第一明永乐刻本	30.9×11.2cm	51,750	中贸圣佳	2020-10-16
大清德宗景皇帝实录卷之三百二	半框24.6×17.9cm; 开本36.5×22.7cm	322,000	西泠印社	2020-08-07
大清穆宗毅皇帝实录卷二百五十一	36.5×22.5cm	287,500	泰和嘉成	2020-10-17
大学衍义四十三卷	24.5×16.4cm	32,200	北京保利	2020-10-18
大隐翁 撰 酒经上中下卷	15×21cm	13,800	中国嘉德	2020-07-18
大周新译大方广佛华严经一百二十卷	27×17cm	322,000	泰和嘉成	2020-10-17
道经三种	27.8×12cm	27,600	中贸圣佳	2020-10-16
点石斋丛画等二十种（周祖谟先生旧藏）	尺寸不一	19,550	北京保利	2020-10-18
点石斋画宝	23.5×14cm	23,000	中贸圣佳	2020-10-16
点石斋画报十集全	25.8×15.3cm	39,100	北京保利	2020-10-18
雕菰集二十四卷	30.3×17.7cm	25,300	泰和嘉成	2020-10-17
丁义方 撰 清 石钟山志 十六卷 首 一卷 图 一卷	13×17.7cm	23,000	中国嘉德	2020-08-16
东里文集二十五卷	25.5×16.8cm	28,750	北京保利	2020-10-18
东坡先生和陶渊明诗四卷	30.3×20.3cm	11,500	中国嘉德	2020-11-09
东坡先生诗集注	26×16.5cm	51,750	泰和嘉成	2020-08-16
东坡先生诗集注三十二卷年录一卷	25.8×17.4cm	207,000	北京保利	2020-10-18
东洲草堂金石跋五卷	半框19×12cm; 开本30.4×17.5cm	17,250	西泠印社	2020-08-07
冬心先生三体诗	23×12.5cm	23,000	泰和嘉成	2020-10-17
冬心先生著作等十七种		3,507,500	中贸圣佳	2020-10-16
董诰 阮元 徐松 等纂 清 钦定全唐文 一千卷 首 四卷	14×19.2cm	517,500	中国嘉德	2020-08-16
董其昌 撰 明 画禅室随笔 四卷 纸本	11.5×17cm	51,750	中国嘉德	2020-12-02
董其昌书《妙法莲华经》七卷	26.7×12cm	57,500	中贸圣佳	2020-10-16
董天工 编 清 武夷山志 二十四卷 首 一卷	14.3×19.3cm	36,800	中国嘉德	2020-08-16
董玄宰题王烟客临宋元名家山水册 不详	47×31.5cm	10,350	永乐拍卖	2020-12-04
都穆 著 铁网珊瑚二十卷	13.5×17cm	17,250	中国嘉德	2020-11-09
窦氏联珠集	32×21cm	17,250	北京保利	2020-10-18
杜甫 撰 唐 杜工部集 二十卷 首 一卷 诸家诗话 一卷 纸本	14.5×20.5cm	40,250	中国嘉德	2020-12-02
杜工部集二十卷	28.5×15.5cm	92,000	十竹斋拍卖（北京）	2020-10-18
杜工部集二十卷首一卷唐杜甫撰	17.6×11cm	20,700	中贸圣佳	2020-10-16
杜工部集及杜诗详注（名跋满批）	尺寸不一	632,500	北京保利	2020-10-18
杜诗镜铨二十卷	27×17.1cm	16,100	北京保利	2020-10-18
度曲须知二卷	半框19.5×12cm; 开本26.5×15cm	51,750	西泠印社	2020-08-07
端方 辑 清 陶斋吉金录 八卷 续录 二卷 纸本	17×23.5cm; 18×26.5cm	20,700	中国嘉德	2020-12-02
端木蕻良旧藏墨子十五卷	25.3×16cm	14,950	中贸圣佳	2020-10-16
段成式 撰 唐 酉阳杂俎二十卷续集十卷	25.5×15cm	70,150	中贸圣佳	2020-10-16
段玉裁 撰 清 诗经小学三十卷	27.8×17.5cm	34,500	中贸圣佳	2020-10-16
断肠集·后集	28×17.5cm	57,500	泰和嘉成	2020-10-17
敦煌掇琐（上中下辑）	31.9×20.2cm	25,300	北京保利	2020-10-18
敦煌石窟 英国博物馆藏斯坦因敦煌佛经典籍写本 纸本	22×33cm; 25×33cm	92,000	中国嘉德	2020-12-02
二家诗钞（《渔洋诗钞》十二卷，《绵津诗钞》八卷）	26.8×17.7cm	69,000	永乐拍卖	2020-12-04
二如亭群芳谱 纸本	15×21.5cm	138,000	中国嘉德	2020-12-02
二十二子全书	13.5×18.5cm	66,700	中国嘉德	2020-11-09
二十四史	19.9×13.1cm	356,500	中贸圣佳	2020-10-16
二十四史	20×13.1cm	333,500	中贸圣佳	2020-10-16
二十四史	20.5×13cm	287,500	泰和嘉成	2020-10-17
二十四史	11.8×15.5cm	195,500	中国嘉德	2020-08-16
二十四史	12×15.5cm	57,500	中国嘉德	2020-07-18
繁峙县志六卷	24.3×16.5cm	31,050	中贸圣佳	2020-10-16
范景中、周小英夫妇《柳如是遗集》跋文出版原稿	开本33×22.5cm	63,250	西泠印社	2020-08-07
范文成 1710年作《篠园学古》稿本六册（六册）册页	册页尺寸 28.5×16.5cm×6	109,250	西泠印社	2020-08-08
范晔 撰 刘宋 后汉书 一百二十卷	15.3×22.5cm	138,000	中国嘉德	2020-08-16
范祖禹　东莱先生音注唐鉴二十四卷（毛晋旧藏）	27×17cm	92,000	永乐拍卖	2020-12-04
梵纲经菩萨戒	31.5×10.5cm	28,750	泰和嘉成	2020-10-17
方南堂 撰 方南堂先生辍锻录一卷	25.5×16.6cm	126,500	中贸圣佳	2020-10-16
方氏墨谱卷六	28.5×17.5cm	28,750	十竹斋拍卖（北京）	2020-10-18
方世举 撰 清 春及堂三集四集	27.7×17.3cm	14,950	中贸圣佳	2020-10-16
房玄龄 注释 管子二十四卷	14.3×20cm	11,500	中国嘉德	2020-11-09
丰润县志四卷	16.8×28.4cm	32,200	北京保利	2020-12-05
冯云鹏 冯云鹓 辑 清 金石索 十二卷	12×14.5cm	17,250	中国嘉德	2020-08-16
冯云鹏 冯云鹓 辑 清 金石索 纸本	22×27.3cm	40,250	中国嘉德	2020-12-02
佛经残页	尺寸不一	20,700	中贸圣佳	2020-10-16
佛经插图	25×42.5cm	34,500	中贸圣佳	2020-10-16
佛经插图	25.5×40.5cm	34,500	中贸圣佳	2020-10-16
佛说阿弥陀经一卷 纸本	11×11.5cm	28,750	中国嘉德	2020-12-02
佛说阿弥陀经等五种	4.2×7.5cm	20,700	中国嘉德	2020-11-09
佛说大乘通玄法华真经 十卷	11×25cm	40,250	中国嘉德	2020-08-16
符曾 撰 春凫小稿不分卷	27.1×16.3cm	20,700	中贸圣佳	2020-10-16
福井崇兰馆旧藏宋刻孤本《嘉泰普灯录》存卷第二十七	半框20.4×14.8cm; 开本24.3×16.5cm	1,840,000	西泠印社	2020-08-07
覆麻沙本杜工部草堂诗笺	13.3×19.5cm	66,700	中国嘉德	2020-08-16
干禄字书一卷	26.3×16cm	51,750	中贸圣佳	2020-10-16
高棅 辑 明 唐诗品汇 存五十二卷 拾遗 十卷 诗人爵里详节 一卷	13.5×20.5cm	32,200	中国嘉德	2020-08-16
高棅 辑 明 唐诗正声 二十二卷 古诗正声 七卷	15×20cm	32,200	中国嘉德	2020-08-16

(续表)

拍品名称	物品尺寸	成交价RMB	拍卖公司	拍卖日期
高上玉皇本行集经三卷 玉皇宥罪赐福宝忏一卷	31×13cm	72,450	十竹斋拍卖(北京)	2020-10-18
高士奇 辑 江邨销夏录三卷	14.5×18cm	13,800	中国嘉德	2020-11-09
高世异批校《文选章句二十八卷》	28.1×18.2cm	540,500	北京保利	2020-10-18
高宗弘历 于敏中 撰 等编 清 御制文初集 三十卷 目录 二卷 纸本	14×19.5cm	80,500	中国嘉德	2020-12-02
格致镜原	24.5×15cm	13,800	泰和嘉成	2020-10-17
龚自珍 撰 定庵文集补编四卷	28.7×16.4cm	20,700	中贸圣佳	2020-10-16
龚自珍 撰 定庵文集三卷余集附少作一卷	29×18cm	241,500	中贸圣佳	2020-10-16
古夫于亭稿二卷	26.5×17cm	368,000	泰和嘉成	2020-10-17
古今合璧事类备要卷三十四至三十九	25.1×16.5cm	172,500	泰和嘉成	2020-10-17
古今图书集成山川典卷二百一十一至二百一十四	28×18cm	40,250	泰和嘉成	2020-10-17
古今万姓统谱一百四十卷	27.4×17.2cm	207,000	北京保利	2020-12-05
古今医案按等二种	尺寸不一	17,250	中国嘉德	2020-11-09
古均阁宝刻录	30×18.5cm	218,500	泰和嘉成	2020-10-17
古名砚　不详	43.5×37cm	11,500	永乐拍卖	2020-12-04
古泉汇六十卷 首四卷 续泉汇十四卷 首一卷 补遗二卷	23.5×14cm	11,500	十竹斋拍卖(北京)	2020-10-18
古诗归十五卷	27.2×17.2cm	437,000	北京保利	2020-10-18
古文辞类纂等二种	尺寸不一	12,650	中国嘉德	2020-11-09
古文辞类纂七十四卷	29.3×17.5cm	14,950	北京保利	2020-10-18
古文眉诠七十九卷	27.4×17.2cm	16,100	北京保利	2020-10-18
古文渊鉴六十四卷	29.5×17cm	123,050	北京保利	2020-12-05
古香斋渊鉴类函 四百五十卷	17.5×12cm	55,200	永乐拍卖	2020-12-04
古逸丛书 二十六种二百卷	30×22cm	195,500	永乐拍卖	2020-12-04
谷玉类编	26×16.5cm	25,300	泰和嘉成	2020-10-17
顾端文公年谱二卷(跋)	25.9×16.7cm	23,000	北京保利	2020-10-18
顾嗣立 删补 清 昌黎先生诗集注十一卷	30.1×18cm	10,350	中贸圣佳	2020-10-16
顾沅 辑 清 吴郡名贤图传赞 二十卷 纸本	13.5×18.2cm	20,700	中国嘉德	2020-12-02
关帝宝训像注四卷	23.3×16.3cm	55,200	十竹斋拍卖(北京)	2020-10-18
关夫子志四卷	半框18.5×13cm; 开本24×15.2cm	17,250	西泠印社	2020-08-07
关圣帝君万应灵签	26.9×16.9cm	20,700	永乐拍卖	2020-12-04
管子	23×19cm	46,000	泰和嘉成	2020-10-17
管子二十四卷	27.3×17.3cm	32,200	中贸圣佳	2020-10-16
管子评注二十四卷(傅增湘旧藏)	24.5×15.7cm	28,750	北京保利	2020-10-18
贯华堂第一才子书十九卷首一卷	27.7×19cm	11,500	北京保利	2020-10-18
灌阳县志二十四卷首一卷	28×16.5cm	20,700	永乐拍卖	2020-12-04
光绪顺天府志 一百三十卷	27×17.5cm	155,250	永乐拍卖	2020-12-04
桂馥 撰 说文解字义证五十卷	13.5×18.5cm	14,950	中国嘉德	2020-11-09
郭璞 传 山海经十八卷	29.2×18cm	57,500	中贸圣佳	2020-10-16
郭象 注 晋 南华真经十卷	26.3×17.3cm	63,250	中贸圣佳	2020-10-16
郭象 注 庄子南华真经四卷	15.3×21.5cm	161,000	中国嘉德	2020-11-09
郭忠恕 撰 佩觿 三卷 纸本	15.5×20.5cm	34,500	中国嘉德	2020-12-02
国朝山左诗钞 六十卷	26×16.5cm	63,250	永乐拍卖	2020-12-04
国语 二十一卷		59,800	永乐拍卖	2020-12-04
过伯龄先生四子谱	28.1×20cm	11,500	中贸圣佳	2020-10-16
海国图志一百卷(存九十八卷)	27×17.2cm	138,000	北京保利	2020-12-05
韩昌黎诗集编年笺注十二卷	22.5×15.8cm	11,500	北京保利	2020-10-18
韩道昭 撰 至元庚寅重刊改并五音集韵	19×30cm	25,300	中国嘉德	2020-07-18
韩非子二十卷识误三卷	25.5×17cm	69,000	中贸圣佳	2020-10-16
韩允嘉 撰 谷贻堂集一卷	26.1×14.8cm	97,750	中贸圣佳	2020-10-16
寒山子诗集	35.5×24cm	94,300	泰和嘉成	2020-10-17
汉隶字源五卷碑目一卷附字一卷	30.3×20.4cm	92,000	泰和嘉成	2020-10-17
汉魏丛书十九种	尺寸不一	10,350	中贸圣佳	2020-10-16
杭世骏 撰 清 武林理安寺志 八卷	11.8×17.3cm	71,300	中国嘉德	2020-08-16
郝文忠公陵川全集	26×16.5cm	86,250	泰和嘉成	2020-10-17
合诸名家评注三苏文选十八卷	25.4×15.9cm	80,500	北京保利	2020-12-05
何大复先生集三十八卷	25.5×16cm	379,500	北京保利	2020-10-18
和珠玉词况周颐等撰	26.3×15.3cm	10,350	中贸圣佳	2020-10-16
河东先生集四十五卷外集二卷河东先生龙城录二卷附录二卷传一卷	27.3×18.1cm	546,250	北京保利	2020-10-18
弘皎 撰 菊谱一卷	27.1×16.5cm	97,750	中贸圣佳	2020-10-16
弘一法师 书 金刚般若波罗蜜经、药师本愿功德经 纸本	20.5×33cm	23,000	中国嘉德	2020-12-02
红花亭琴谱	18.4×11.3cm	13,800	中贸圣佳	2020-10-16
红楼梦传奇八卷	27.3×16.4cm	40,250	北京保利	2020-10-18
红楼梦图咏	29.5×17.5cm	23,000	泰和嘉成	2020-10-17
红楼梦图咏四卷	30.5×17.9cm	34,500	北京保利	2020-10-18
红树白云山馆词张默君撰	26.2×15cm	11,500	中贸圣佳	2020-10-16
红雪楼九种曲十三卷	29.3×17.1cm	25,300	北京保利	2020-10-18
后唐人三集	26.5×16cm	115,000	泰和嘉成	2020-10-17
胡广 等撰 明 性理大全 七十卷 纸本	14.5×21cm	138,000	中国嘉德	2020-12-02
胡震亨 撰 明 唐音癸籤 三十三卷 纸本	14.5×20cm	51,750	中国嘉德	2020-12-02
胡正言 辑 明 十竹斋画谱	28×24.5cm	483,000	中国嘉德	2020-08-16
胡正言 辑 明 十竹斋笺谱 纸本	13.8×21.3cm	23,000	中国嘉德	2020-12-02
蝴蝶装　十竹斋书画谱	30×16.5cm(不一)	97,750	永乐拍卖	2020-12-04
花庵绝妙词选十卷又十卷、草堂诗馀四卷	25.47×16.8cm	92,000	北京保利	2020-10-18
花营锦阵	22.7×24.9cm	920,000	中贸圣佳	2020-10-16
寰宇访碑录十二卷刊谬一卷 补寰宇访碑录五卷失编一卷刊误一卷	尺寸不一	13,800	西泠印社	2020-08-07
皇甫昆季集 二卷	26.7×17.3cm	23,000	永乐拍卖	2020-12-04
皇明文选二十卷	25.9×15.7cm	201,250	北京保利	2020-10-18
皇清经解一千四百八卷续编一千四百三十卷	24.6×15.5cm	368,000	中贸圣佳	2020-10-16
皇清经解正编·续编	25.5×15.5cm; 24×15.5cm	402,500	泰和嘉成	2020-10-17
黄炳宸等名家旧藏《文心雕龙十卷》	半框15.8×10.5cm; 开本23×17cm	35,650	西泠印社	2020-08-07
黄帝内经灵枢注证发微	23.8×15.2cm	57,500	中贸圣佳	2020-10-16
黄帝素问灵枢经十二卷	30.2×19cm	11,500	中贸圣佳	2020-10-16
黄凤池 辑 明 唐解元仿古今画谱 一卷	37.5×28cm	23,000	中国嘉德	2020-08-16
黄节旧藏四家宫词	24.6×15.8cm	36,800	中贸圣佳	2020-10-16
黄山谷内集二十卷	30.5×20cm	287,500	泰和嘉成	2020-10-17
黄善夫本史记	33.5×22.1cm	32,200	中贸圣佳	2020-10-16
黄生 撰 清 杜工部诗说 十二卷	14×18.5cm	48,300	中国嘉德	2020-08-16
黄锡禧 撰 栖云山馆词存不分卷	29.8×17.8cm	20,700	中贸圣佳	2020-10-16
晦庵先生朱文公文集 存文集卷四	32.5×19.5cm	48,300	永乐拍卖	2020-12-04
晦庵先生朱文公文集一百卷目录二卷续集十一卷别集十卷(存卷第六)	32.5×19.5cm	32,200	北京保利	2020-10-18
晦庵先生朱文公文集一百卷目录二卷续集十一卷别集十卷(存卷第七十五)	31.6×19.6cm	41,400	北京保利	2020-10-18
惠周惕 撰 研溪先生诗集七卷	27.7×17.8cm	74,750	中贸圣佳	2020-10-16
跻斯堂丸散方等五种	尺寸不一	11,500	中贸圣佳	2020-10-16
汲古阁《后汉书》三十册 崇祯十六年刊	29×18.5cm	40,250	广东崇正	2020-06-27
嘉定县续志 十五卷 附一卷 纸本	13.5×19cm	48,300	中国嘉德	2020-12-02
江苏诗征一百八十三卷	23.8×15.6cm	92,000	北京保利	2020-12-05
交翠轩笔记四卷	27.5×17cm	23,000	中贸圣佳	2020-10-16
芥子园画传一、二、三集	31×25.5cm	11,500	中国嘉德	2020-07-18
金刚般若波罗蜜经明刻本	36×13cm	20,700	中贸圣佳	2020-10-16
金刚般若波罗蜜经一卷附心经	37×23cm	12,650	泰和嘉成	2020-10-17
金光明最胜王经序品第一·金光明最胜王经如来寿量品第二	32.5×10.5cm	1,265,000	泰和嘉成	2020-10-17
金简 撰 钦定武英殿聚珍版程序	10×14cm	11,500	中国嘉德	2020-11-09
金瓶梅词话	20×13cm	32,200	永乐拍卖	2020-12-04
金声玉振集	24.3×16.4cm	230,000	泰和嘉成	2020-10-17
金石存十五卷	30×18cm	172,500	泰和嘉成	2020-10-17

(续表)

拍品名称	物品尺寸	成交价RMB	拍卖公司	拍卖日期
金石索	35.3cm×24.3cm	34,500	永乐拍卖	2020-12-04
金坛王澍 撰 清淳化阁帖考证十二卷	27.6cm×17cm	18,400	中贸圣佳	2020-10-16
金惟骏 撰 翡翠兰苕集五卷	27.1cm×16.3cm	74,750	中贸圣佳	2020-10-16
京宝斋莱谱	22.4cm×10.6cm	10,350	中贸圣佳	2020-10-16
经络汇编	27.6cm×17cm	43,700	中贸圣佳	2020-10-16
精绘五色图注本草纲目图	32.5cm×19cm	276,000	泰和嘉成	2020-10-17
景宋书棚本宣和宫词附三家宫词纸本	13.5cm×17.5cm	20,700	中国嘉德	2020-12-02
景宋相台岳氏本孝经 纸本	14cm×22cm	17,250	中国嘉德	2020-12-02
净慈寺志二十八卷首一卷末一卷(存卷首卷一至二十二)	26.4cm×15.1cm	34,500	北京保利	2020-12-05
镜花缘一百回	18cm×12cm	25,300	十竹斋拍卖(北京)	2020-10-18
旧唐书	33cm×20.7cm	32,200	北京保利	2020-10-18
旧五代史一百五十卷	32.1cm×21.4cm	40,250	中贸圣佳	2020-10-16
旧约全书 三十九卷 纸本	7.8cm×13cm	23,000	中国嘉德	2020-12-02
具茨晁先生诗集宋晁冲之撰	26.5cm×17.2cm	23,000	中贸圣佳	2020-10-16
郡斋读书志	22cm×12cm	40,250	泰和嘉成	2020-10-17
康生 旧藏《战略与策略》	20cm×14cm	11,500	十竹斋拍卖(北京)	2020-10-18
康生旧藏墨子	20cm×13.3cm	52,900	中贸圣佳	2020-10-16
康生旧藏唐诗三百首注疏	25.2cm×16.7cm	51,750	中贸圣佳	2020-10-16
康熙刻本《芥子园画传》初集五册	31cm×18.7cm	11,500	广东崇正	2020-09-13
刻徐文长先生秘籍等	尺寸不一	11,500	中国嘉德	2020-07-18
窓斋集古录二十八卷	30.6cm×21.5cm	34,500	北京保利	2020-12-05
孔继鑅 撰 心向往斋诗集二卷	29.2cm×17.9cm	36,800	中贸圣佳	2020-10-16
孔颖达 疏 唐 尚书注疏 二十卷 纸本	12.5cm×18cm	36,800	中国嘉德	2020-12-02
孔子家语十卷	25.7cm×16.2cm	34,500	北京保利	2020-10-18
兰陵笑笑生 撰 明 金瓶梅词话一百回 纸本	9cm×15.2cm	23,000	中国嘉德	2020-12-02
雷峰塔藏经一卷	经卷7.4cm×208.5cm	97,750	西泠印社	2020-08-07
礼经会元	27.5cm×18cm	11,500	永乐拍卖	2020-12-04
李杲 撰 东垣十书	13.7cm×20.3cm	13,800	中国嘉德	2020-11-09
李贺歌诗编四卷	32.8cm×19.9cm	20,700	北京保利	2020-10-18
李龙云 纂 清 食物本草会纂十二卷首图一卷	23.2cm×14cm	52,900	中贸圣佳	2020-10-16
李日华 撰 紫桃轩杂缀三卷又缀三卷	25cm×15.6cm	11,500	中贸圣佳	2020-10-16
李榕 辑 清 华岳志 八卷 首 一卷	14.7cm×19cm	17,250	中国嘉德	2020-08-16
李劭弥 撰 清 叠韵遗草	26.5cm×16.5cm	23,000	中贸圣佳	2020-10-16
李太白集三十卷	11cm×18cm	10,350	中国嘉德	2020-07-18
李太白文集	26.5cm×16.7cm	345,000	泰和嘉成	2020-10-17
李义山诗集	30.5cm×18cm	11,500	泰和嘉成	2020-10-17
李义山诗集三卷 附诗评、诗谱	半框17.5cm×14.5cm;开本30cm×17.5cm	11,500	西泠印社	2020-08-07
李义山文集笺注十卷	26cm×16.4cm	25,300	北京保利	2020-10-18
李应珏 撰 清 皖志便览六卷	25.3cm×13.7cm	11,500	中贸圣佳	2020-10-16
李渔 撰 清 笠翁一家言十六卷	23.8cm×15.5cm	25,300	中贸圣佳	2020-10-16
李遇孙 辑 清 金石学录 四卷 纸本	13cm×18cm	13,800	中国嘉德	2020-12-02
李跃门百蝶图	29.5cm×18.9cm	13,800	中贸圣佳	2020-10-16
李跃民百蝶图	17cm×23cm	11,500	中国嘉德	2020-07-18
历代名画记	27.2cm×17.3cm	402,500	泰和嘉成	2020-10-17
历代名画记十卷	27.6cm×17.7cm	92,000	泰和嘉成	2020-10-17
隶辨等三种	尺寸不一	12,650	中国嘉德	2020-11-09
郦琥明金陵新刊续文章轨范七卷纸本	12.8cm×19.5cm	356,500	中国嘉德	2020-12-02
笠翁十种曲二十卷	24.5cm×15.5cm	92,000	永乐拍卖	2020-12-04
笠泽丛书	27cm×17cm	644,000	泰和嘉成	2020-10-17
笠泽丛书	28cm×16cm	287,500	泰和嘉成	2020-10-17
笠泽丛书	29cm×16.5cm	172,500	泰和嘉成	2020-10-17
笠泽丛书七卷补遗一卷续补遗一卷	30cm×18cm	230,000	泰和嘉成	2020-10-17
梁·刘勰 著 杨升庵先生批点文心雕龙十卷	25.5cm×16.5cm	71,300	十竹斋拍卖(北京)	2020-10-18
梁皇经附收藏者护照	尺寸不一	86,250	泰和嘉成	2020-10-17
梁万方 辑 清 朱子仪礼经传通解六十九卷 纸本	9cm×12.5cm	48,300	中国嘉德	2020-12-02
两淮盐法志 五十六卷 首四卷 纸本	14.5cm×19cm	345,000	中国嘉德	2020-12-02
聊斋志异新评十六卷 (清)蒲松龄撰	19.5cm×13cm	17,250	永乐拍卖	2020-12-04
蓼怀堂琴谱不分卷(琴谱大全)	29.8cm×17.5cm	46,000	北京保利	2020-10-18
廖莹中韩愈撰校正昌黎先生集四十卷外集十卷遗文一卷集传一卷	13.5cm×20.7cm	36,800	中国嘉德	2020-11-09
列传存卷五十六至五十九	17.5cm×25.7cm	12,650	中国嘉德	2020-11-09
列子八卷	23.8cm×15.2cm	59,800	中贸圣佳	2020-10-16
列子冲虚真经 八卷	15cm×21cm	230,000	中国嘉德	2020-08-16
林逋 撰 林和靖先生诗集四卷附省心录一卷	27.5cm×17.5cm	57,500	中贸圣佳	2020-10-16
林钧辑石庐金石书志二十二卷纸本	10.8cm×14cm	11,500	中国嘉德	2020-12-02
林绍周 辑 新刊理气详辩纂要三台便览通书正宗存卷第八	29cm×23cm	13,800	中国嘉德	2020-11-09
灵石县志十二卷	14.5cm×19.5cm	10,350	中国嘉德	2020-07-18
灵石县志十二卷续编二卷	27.3cm×17.5cm	46,000	中贸圣佳	2020-10-16
刘昌 编 中州名贤文表三十卷	27.6cm×17.5cm	63,250	中贸圣佳	2020-10-16
刘辰翁 评点 宋 杜子美诗集 二十卷	14.3cm×21.7cm	74,750	中国嘉德	2020-08-16
刘海粟旧藏《饮冰室自由书》《字帖》《中国现代名画》(自签本)	尺寸不一	11,500	江苏龙城	2020-01-05
刘海粟旧藏 清中刻本《放翁诗选》、乾隆御制罄形墨	尺寸不一	20,700	江苏龙城	2020-01-05
刘绩 注 明 管子补注二十四卷	26cm×17cm	32,200	中贸圣佳	2020-10-16
刘绩 撰 明 春秋左传类解 二十卷 地谱世系 一卷 纸本	16cm×22cm ; 13.3cm×20cm	437,000	中国嘉德	2020-12-02
刘拾遗集	半框尺寸 20.5cm×14.5cm	88,550	上海驰翰	2020-05-10
刘世珩聚学轩刊《金石图说四卷》	开本43.5cm×25cm	36,800	西泠印社	2020-08-07
刘树楷录批　批校本:《曲录》海宁王国维撰 (刘树楷录批)	26cm×15.5cm	34,500	永乐拍卖	2020-12-04
刘体智 辑 善斋吉金录 纸本	15cm×21cm	34,500	中国嘉德	2020-12-02
刘体智 辑 善斋吉金录 纸本	14cm×21.7cm	23,000	中国嘉德	2020-12-02
刘晚荣 辑 清 述古丛钞	20cm×12cm	55,200	中贸圣佳	2020-10-16
刘向 顾恺之 撰 绘 汉 晋 新刊古列女传 八卷	12.8cm×19cm	34,500	中国嘉德	2020-08-16
刘向 撰 新刊古列女传八卷	12.5cm×18cm	36,800	中国嘉德	2020-11-09
刘萧然批校《窓斋集古录》(清)吴县 吴大澂撰	32.5cm×21cm	32,200	华艺国际	2020-10-16
刘潇然旧藏《南邨辍耕录三十卷》	半框21.5cm×13.7cm;开本32.5cm×21.5cm	40,250	西泠印社	2020-08-07
刘勰 纪昀 撰 编 文心雕龙十卷 史通削繁四卷	13.5cm×18.5cm;13cm×18cm	13,800	中国嘉德	2020-07-18
刘义庆 刘孝标 撰 注 刘宋 梁 世说新语 三卷 世说新语补 四卷	13.2cm×24cm	43,700	中国嘉德	2020-08-16
刘宗周 撰 明 刘蕺山先生遗集二十四卷	25.8cm×16.7cm	19,550	中贸圣佳	2020-10-16
六朝文絜	30cm×17cm	149,500	泰和嘉成	2020-10-17
六臣注文选六十卷	28.3cm×17.6cm	172,500	北京保利	2020-10-18
六十种曲等民国图书一组	尺寸不一	36,800	北京保利	2020-10-18
六祖大师法宝坛经明万历刻本	27.7cm×12cm	52,900	中贸圣佳	2020-10-16
聋道人百种诗笺	31cm×18cm	40,250	泰和嘉成	2020-10-17
楼昉 辑 宋 新刊迂斋先生标注崇古文诀 三十五卷 纸本	14cm×20.7cm	598,000	中国嘉德	2020-12-02
卢弼旧藏《陶斋吉金录八卷 续录二卷》	开本31.7cm×20.4cm;32cm×21cm	11,500	西泠印社	2020-08-07
卢见曾 撰 清 金山志 十卷 续 二卷	13.7cm×19.5cm	63,250	中国嘉德	2020-08-16
卢见曾撰清金山志十卷续二卷纸本	13.7cm×19.5cm	36,800	中国嘉德	2020-12-02
卢学溥 辑 乌青镇志四十四卷	13.4cm×18.9cm	34,500	中国嘉德	2020-08-16
卢元昌 注 清《杜诗阐》等三种	尺寸不一	69,000	中国嘉德	2020-08-16
庐陵欧阳文忠公全集一百五十三卷附录五卷	26.5cm×17cm	17,250	泰和嘉成	2020-08-16
鲁迅全集 二十卷	12.5cm×18.5cm	287,500	中国嘉德	2020-08-16
鲁訔蔡梦弼编次会笺宋杜工部草堂诗笺二十二卷年谱二卷诗话二卷	13.5cm×19.5cm	17,250	中国嘉德	2020-08-16

(续表)

拍品名称	物品尺寸	成交价RMB	拍卖公司	拍卖日期
陆龟蒙 撰 邵章旧藏重刊校正笠泽丛书四卷补遗一卷	33.6cm×19cm	86,250	中贸圣佳	2020-10-16
陆龟蒙 撰 重刊校正笠泽丛书四卷补遗诗一卷续补遗一卷	33.6cm×19.1cm	230,000	中贸圣佳	2020-10-16
陆景周过录 唐文治批校 毛诗读本二十卷	28cm×17.5cm	126,500	十竹斋拍卖(北京)	2020-10-18
陆心源 辑 清《唐文拾遗》等二种	尺寸不一	17,250	中国嘉德	2020-08-16
陆勋 集 陈继儒等校 宝颜堂订正集异志四卷	13cm×20.3cm	20,700	中国嘉德	2020-11-09
陆元鋐 纂 清 介休县志十四卷	25.2cm×16cm	36,800	中贸圣佳	2020-10-16
栾城县志十四卷首一卷末一卷纸本	14cm×18cm	57,500	中国嘉德	2020-12-02
论衡三十卷(查日华旧藏)	28cm×16.5cm	874,000	北京保利	2020-12-05
罗泌 撰 宋 路史	26.2cm×16.5cm	16,100	中贸圣佳	2020-10-16
罗士珏等旧藏《敬业堂诗集五十卷续集六卷》	尺寸不一	25,300	西泠印社	2020-08-07
罗振常 仇英 题跋 绘 明 列女传 存十二卷	15.3cm×22.5cm	138,000	中国嘉德	2020-08-16
罗振玉 编 三代吉金文存二十卷	15.8cm×22.5cm	11,500	中国嘉德	2020-07-18
罗振玉 辑 吉石盦丛书 四集 纸本	16cm×24.5cm	20,700	中国嘉德	2020-12-02
洛阳伽蓝记	29.5cm×18.4cm	13,800	中贸圣佳	2020-10-16
吕氏春秋等十三种(周祖谟先生旧藏)	尺寸不一	20,700	北京保利	2020-10-18
吕调阳 张居正 撰 帝鉴图说	14.5cm×20cm	25,300	中国嘉德	2020-07-18
吕晚村先生文集八卷附录一卷	29.4cm×17.8cm	13,800	泰和嘉成	2020-10-17
吕祖谦 辑 宋 大宋文鉴 一百五十卷 目录 三卷	12.5cm×18cm	322,000	中国嘉德	2020-08-16
吕祖谦 撰 宋 大事记存三卷	33.3cm×18.3cm	10,350	中贸圣佳	2020-10-16
吕祖谦 撰 宋 增修东莱书说卷二十七至二十九	14cm×10.1cm	1,115,500	中贸圣佳	2020-10-16
吕祖医道还元等二种	尺寸不一	10,350	中国嘉德	2020-11-09
律吕精义内篇卷之七《旋宫琴谱》	33.6cm×22.5cm	25,300	中贸圣佳	2020-10-16
马士图 辑 清 莫愁湖志 六卷 首 一卷	13.8cm×17.5cm	25,300	中国嘉德	2020-08-16
脉诀刊误集解二卷	25.3cm×15.8cm	17,250	中贸圣佳	2020-10-16
满文御制避暑山庄三十六景诗	29cm×33cm	402,500	泰和嘉成	2020-10-17
满洲四礼集	26.5cm×16.5cm	11,500	上海驰翰	2020-09-24
毛晃 撰 宋 禹贡指南 四卷 纸本	10cm×13cm	28,750	中国嘉德	2020-12-02
毛晋 辑 二家宫词	24.7cm×16.8cm	17,250	中贸圣佳	2020-10-16
毛晋 辑 米元章志林	30.3cm×17.8cm	11,500	中贸圣佳	2020-10-16
毛晋 辑 明 津逮秘书 存十一集	10cm×14cm	32,200	中国嘉德	2020-08-16
毛晋 辑 明 屈子 七卷 参疑 一卷 楚译 二卷	14cm×20cm	55,200	中国嘉德	2020-08-16
毛泽东《沁园春》(珂罗版印刷品)镜心	63cm×30cm	105,800	十竹斋拍卖(北京)	2020-10-18
茆泮林 辑 清 十种古逸书	26cm×16.7cm	10,350	中贸圣佳	2020-10-16
梅庵琴谱二卷	30cm×17.9cm	36,800	中贸圣佳	2020-10-16
美·斯土活 著 清·林纾 译 黑奴吁天录	25.8cm×13.5cm	57,500	十竹斋拍卖(北京)	2020-10-18
美术丛书	19.3cm×12.8cm	29,900	中贸圣佳	2020-10-16
孟元老撰宋东京梦华录十卷宋孟元老	34.2cm×22cm	25,300	中贸圣佳	2020-10-16
米芾毛晋撰校宋明研史一卷纸本	33cm×30cm	80,500	中国嘉德	2020-12-02
密韵楼影宋刻本《草窗韵语六卷》	开本33cm×22.3cm	74,750	西泠印社	2020-08-07
妙法莲华经观世音菩萨普门品	30.2cm×10.7cm	25,300	永乐拍卖	2020-12-04
妙法莲华经文句	28cm×66cm	36,800	十竹斋拍卖(北京)	2020-10-18
民国《财政部北平印刷局报告书》一册		10,350	中国嘉德	2020-08-18
民国《弘一大师永怀录》三册	尺寸不一	17,250	中鸿信	2020-01-04
民国《西清续鉴乙编》两函二十册		19,550	中国嘉德	2020-08-18
民国 雷峰塔藏经	8.6cm×227cm	23,000	中贸圣佳	2020-10-16
民国间郭葆昌解斋水纹纸一批	约43.2cm×59cm	13,800	西泠印社	2020-08-07
名媛诗归三十六卷	25.5cm×16.6cm	20,700	北京保利	2020-10-18
明 周易传义大全二十四卷图说一卷纲领一卷	23cm×18cm	40,250	永乐拍卖	2020-08-17
明 海阳胡正言编 十竹斋笺谱	31.5cm×21cm	20,700	十竹斋拍卖(北京)	2020-10-18
明 张重华著 娱耳编十二卷	26.5cm×16.5cm	13,800	十竹斋拍卖(北京)	2020-10-18
明 祝世禄著 环碧斋尺牍二卷	26cm×17cm	13,800	十竹斋拍卖(北京)	2020-10-18
明 闵迈德等辑 杨融博批点 秦汉文钞六卷	26cm×16cm	293,250	十竹斋拍卖(北京)	2020-10-18
明版十竹斋画谱残页(初印)	25.6cm×29.3cm	49,450	中贸圣佳	2020-10-16
明代永乐南藏	22cm×24.5cm	55,200	中国嘉德	2020-08-16
明雕版画集萃	16.5cm×23cm	23,000	中国嘉德	2020-11-09
明黄之寀本史记	20cm×13.5cm	46,000	上海驰翰	2020-09-24
明嘉靖三年(1524) 高上玉皇本行集经章圣皇太后施刻	34.5cm×11.5cm	207,000	中贸圣佳	2020-10-16
明建文间刻《埤雅》残叶	29.5cm×37.3cm	40,250	中贸圣佳	2020-10-16
明刻套色西厢记图册	32cm×25cm	11,500	中国嘉德	2020-08-16
明清名人尺牍墨宝等二种	尺寸不一	14,950	中国嘉德	2020-11-09
明万历九年丈量鱼鳞清册行字号纸本	26cm×29.5cm	20,700	中国嘉德	2020-12-02
明万历十九年(1591) 佛说准提菩萨佛母大明陀罗尼经刻本	34.7cm×12.7cm	36,800	中贸圣佳	2020-10-16
缪荃孙撰艺风堂诗存四卷碧香词一卷	31.8cm×20.8cm	46,000	中贸圣佳	2020-10-16
摩诃僧祇律卷第三十五南宋平江府碛砂延圣寺刻本	30cm×11cm	224,250	中贸圣佳	2020-10-16
摩诃止观等四种	尺寸不一	11,500	中国嘉德	2020-11-09
莫如士 校 明 柳文存三十五卷	24.6cm×15.7cm	43,700	中贸圣佳	2020-10-16
默林诗草	10cm×17.5cm	20,700	中国嘉德	2020-07-18
纳兰性德 撰 饮水词一卷	28.2cm×18.2cm	55,200	中贸圣佳	2020-10-16
纳兰性德 撰 饮水诗词集五卷	26.2cm×16.4cm	264,500	中贸圣佳	2020-10-16
南宫县志二十六卷	28.8cm×17.4cm	36,800	北京保利	2020-12-05
南皮县志十四卷首一卷	27.5cm×18.5cm	46,000	北京保利	2020-12-05
南宋初年刻《苏文忠公文集》残叶	28.7cm×42.5cm	97,750	中贸圣佳	2020-10-16
南宋嘉兴府刻本《愧郯录十五卷》残叶	整幅27.5cm×16.5cm	97,750	西泠印社	2020-08-07
南宋蜀刻《新刊国朝二百家名贤文萃三百卷》残叶	半框18.5cm×12.5cm;整幅26cm×17.5cm	172,500	西泠印社	2020-08-07
南宋思溪藏本《大比丘三千威仪卷下》	开本30.5cm×11.5cm	483,000	西泠印社	2020-08-07
倪模 辑 古今钱略三十二卷	15cm×20.7cm	46,000	中国嘉德	2020-11-09
凝香室鸿雪因缘图记三集	30cm×17.3cm	172,500	泰和嘉成	2020-10-17
女科证治准绳五卷	25.4cm×16.6cm	28,750	中贸圣佳	2020-10-16
欧阳文忠公文钞十卷	25.5cm×17.2cm	287,500	北京保利	2020-10-18
鸥鹭忘机、渔樵问答等琴谱	尺寸不一	20,700	中贸圣佳	2020-10-16
潘存 杨守敬 编 清 楷法溯源 十四卷 目录 一卷 纸本	14.5cm×23.5cm	23,000	中国嘉德	2020-12-02
潘季驯撰明河防一览存十卷图一卷	13cm×22cm	92,000	中国嘉德	2020-08-16
盘山志 十卷 补遗 四卷 纸本	14.5cm×18.5cm	63,250	中国嘉德	2020-12-02
佩文韵府一百六卷	21.2cm×13.6cm	86,250	中贸圣佳	2020-10-16
佩文斋广群芳谱一百卷	24.5cm×15.5cm	1,035,000	中贸圣佳	2020-10-16
彭定求 曹寅 等辑 御定全唐诗	10.5cm×14cm	74,750	中国嘉德	2020-11-09
皮日休 撰 唐皮日休文薮十卷	11.5cm×18.5cm	13,800	中国嘉德	2020-11-09
埤雅	29cm×17.5cm	287,500	泰和嘉成	2020-10-17
品轩翚素菜	20.4cm×13.7cm	20,700	中贸圣佳	2020-10-16
评论出像水浒传二十卷七十回	12.5cm×21cm	20,700	中国嘉德	2020-07-18
浦起龙 撰清 读杜心解六卷首二卷	13.5cm×19cm	25,300	中国嘉德	2020-08-16
普济 编 宋 影宋宝祐本五灯会元二十卷 纸本	15.5cm×22cm	40,250	中国嘉德	2020-12-02
溥南金 撰 明 修辞指南二十卷	25.4cm×15.8cm	69,000	中贸圣佳	2020-10-16
曝书亭集八十卷附录一卷、笛渔小稿十卷(朱印)	27.2cm×16.2cm	322,000	北京保利	2020-10-18
祁门奇峰郑氏本宗谱	37cm×23.5cm	63,250	中贸圣佳	2020-10-16
碛砂藏《普曜经卷第三 入天寺品第六》(鸣五)	31.1cm×806cm	115,000	北京保利	2020-10-18
千手千眼观世音菩萨广大圆满无碍大悲心陀罗尼经	27.5cm×17.5cm	396,750	永乐拍卖	2020-12-04
千手千眼观世音菩萨无碍大悲心陀罗尼经宋金时期刻本	26.5cm×117cm	138,000	中贸圣佳	2020-10-16

(续表)

拍品名称	物品尺寸	成交价RMB	拍卖公司	拍卖日期
前汉书一百卷	25.5cm×16.5cm	85,100	北京保利	2020-10-18
钱曾 撰 读书敏求记四卷	26cm×16.6cm	437,000	中贸圣佳	2020-10-16
钱曾 撰 读书敏求记四卷	22.5cm×14.1cm	402,500	中贸圣佳	2020-10-16
钱曾 撰 读书敏求记四卷	27.3cm×17.3cm	48,300	中贸圣佳	2020-10-16
钱曾 撰 清 读书敏求记 四卷	13.5cm×18.7cm	40,250	中国嘉德	2020-08-16
钱德苍 辑 清 康生旧藏《缀白裘新集合编》十二集	20cm×11.8cm	43,700	中贸圣佳	2020-10-16
钱谦益 笺注 清 杜工部集 二十卷 唱酬题咏附录 一卷 诸家诗话 一卷 附录 一卷	14cm×18.8cm	48,300	中国嘉德	2020-08-16
钱谦益 钱曾 撰注 清 牧斋初学集诗注 二十卷 纸本	14cm×18cm	23,000	中国嘉德	2020-12-02
乾隆帝御书上板《千手千眼观世音菩萨大悲心陀罗尼》	半框24cm×11cm; 开本34cm×11cm	483,000	西泠印社	2020-08-07
钦定春秋传说汇纂三十八卷首二卷	14cm×19cm	13,800	中国嘉德	2020-08-16
钦定春秋传说汇纂三十八卷卷首二卷	22.4cm×16.1cm	437,000	北京保利	2020-10-18
钦定大清会典图	29.5cm×18cm	13,800	泰和嘉成	2020-10-17
钦定理藩院则例	38cm×22.5cm	287,500	泰和嘉成	2020-10-17
钦定秘殿珠林石渠宝笈正编、续编	26cm×18cm	13,800	北京保利	2020-10-18
钦定王元恽承华事略补图	42.5cm×22cm	172,500	泰和嘉成	2020-10-17
钦定续通典一百五十卷	27.5cm×17.3cm	55,200	北京保利	2020-12-05
琴学丛书十五种四十三卷(特印本)	31.2cm×19.2cm	207,000	中贸圣佳	2020-10-16
青邱高季迪先生诗集注十八卷补遗一卷扣舷集一卷附录一卷凫藻集五卷	30.4cm×18.4cm	13,800	北京保利	2020-10-18
清（长洲）宋骏业等 敕编　钦定佩文斋书画谱	25.2cm×16.3cm	115,000	永乐拍卖	2020-12-04
清《古今钱略》十六册三十二卷		23,000	中国嘉德	2020-08-18
清《泉布统志》二十一册		21,850	中国嘉德	2020-08-18
清《陶斋吉金录》八册		19,550	中国嘉德	2020-08-18
清 刘石庵书帖	29.5cm×31cm	55,200	中贸圣佳	2020-10-16
清 顾炎武撰 菰中随笔合刊	25cm×15cm	17,250	十竹斋拍卖（北京）	2020-10-18
清 河间 邢锦生 著 天香室诗卷	25.5cm×17cm	20,700	十竹斋拍卖（北京）	2020-10-18
清简诏敬绘 张国瑞临 灵山法会图	171cm×93cm	172,500	十竹斋拍卖（北京）	2020-10-18
清 江西湖口 高心夔著 陶堂志微录五卷	25.5cm×15.2cm	17,250	十竹斋拍卖（北京）	2020-10-18
清 九隆马注 撰 榆城马德新辑 指南要言四卷	27cm×17cm	13,800	十竹斋拍卖（北京）	2020-10-18
清 梁诗正 蒋溥等辑 西清古鉴四十卷 附钱录十六卷	42cm×27cm	218,500	十竹斋拍卖（北京）	2020-10-18
清 马德新 撰 四典要会四卷	27cm×16cm	11,500	十竹斋拍卖（北京）	2020-10-18
清 孟麟辑 泉布统志九卷首一卷 附录一卷	29.5cm×17cm	20,700	十竹斋拍卖（北京）	2020-10-18
清青浦 曹一士 著 四焉斋文集八卷	26cm×15.3cm	11,500	十竹斋拍卖（北京）	2020-10-18
清 上海陈琮 诸联 蔡文治 著 青溪三子诗钞	26.2cm×16.7cm	11,500	十竹斋拍卖（北京）	2020-10-18
清 释敬安著 八指头陀诗集	28cm×17.5cm	12,650	十竹斋拍卖（北京）	2020-10-18
清 苏州徐釚 著 枫江渔父图题词不分卷	28cm×17cm	23,000	十竹斋拍卖（北京）	2020-10-18
清 汪鸿藻等撰 川沙县志二十卷 首一卷	25.5cm×15cm	11,500	十竹斋拍卖（北京）	2020-10-18
清 无锡 杨芳灿 著 芙蓉山馆诗文钞十二卷	26.5cm×17cm	13,800	十竹斋拍卖（北京）	2020-10-18
清 允禄 等撰 大清律例	26.1cm×17.5cm	36,800	十竹斋拍卖（北京）	2020-10-18
清 浙江平湖 张云锦 著 兰玉堂诗集十二卷 续集十一卷 文集二十卷	24cm×15.3cm	27,600	十竹斋拍卖（北京）	2020-10-18
清 倪模编古今钱略三十二卷	30.5cm×18cm	16,100	十竹斋拍卖（北京）	2020-10-18

拍品名称	物品尺寸	成交价RMB	拍卖公司	拍卖日期
清宫天禄琳琅藏旧题元版《欧阳文忠公集》卷一百五十至一百五十一	26.7cm×15.9cm	1,725,000	泰和嘉成	2020-10-17
清康熙 罗祖五部经清康熙刻本	38.5cm×13.2cm	138,000	中贸圣佳	2020-10-16
清康熙内府本《御定历代题画诗类》(存三卷)	半框18.8cm×13cm; 开本28.5cm×17cm	10,350	西泠印社	2020-08-07
清康熙五十三年(1714) 佛说随求即得大自在陀罗尼神咒经(巾箱本)北京崇寿寺刻本	10.9cm×5.1cm	17,250	中贸圣佳	2020-10-16
清凉山志十卷	27.6cm×17.7cm	58,650	北京保利	2020-12-05
清秘阁笺纸等(附箱)	尺寸不一	57,500	永乐拍卖	2020-12-04
清世宗胤禛批 允禄、鄂尔泰等编《朱批谕旨》(朱世倌奏折)	29.5cm×18cm	11,500	中鸿信	2020-01-04
清苑县志六卷	26.2cm×15.3cm	20,700	北京保利	2020-12-05
清中期席刻《元英先生诗集十卷》	开本22cm×15.8cm	20,700	西泠印社	2020-08-07
求那跋陀罗 译 刘宋 楞伽阿跋多罗宝经 四卷 纸本	14.3cm×19cm	218,500	中国嘉德	2020-12-02
曲论类散曲丛刊等六种	尺寸不一	34,500	北京保利	2020-10-18
曲谱类古籍十八种	尺寸不一	57,500	北京保利	2020-10-18
仁寿本二十五史	13.7cm×9.5cm	402,500	中贸圣佳	2020-10-16
日本嘉禄二年至安贞二年(南宋宝庆二年至绍定元年1226—1228) 盛真一笔书东大寺八幡经《大般若波罗蜜经卷第五十九》盛真一笔经	858cm×26.4cm	276,000	中贸圣佳	2020-10-16
日本平安时期(794–1192) 佛说观普贤菩萨行法经泥金写本	724cm×26.5cm	356,500	中贸圣佳	2020-10-16
日知录等三十种(周祖谟先生旧藏)	尺寸不一	34,500	北京保利	2020-10-18
容斋随笔卷一至卷四	34cm×19.5cm	172,500	泰和嘉成	2020-10-17
肉蒲团	19cm×12cm	207,000	泰和嘉成	2020-10-17
阮元 编 清 宛委别藏 四十种 纸本	9.5cm×14cm	109,250	中国嘉德	2020-12-02
萨昙芬陀利经	37.5cm×13cm	293,250	十竹斋拍卖（北京）	2020-10-18
三才图会人事卷四	28.7cm×18.1cm	23,000	泰和嘉成	2020-10-17
三才图会人物存十三 十四卷	28.7cm×18cm	40,250	泰和嘉成	2020-10-17
三才图会人物卷九	39.2cm×17.8cm	20,700	泰和嘉成	2020-10-17
三才图会衣服卷三;珍宝卷一;草木卷八、十一;器用卷二、四、六、七、十一	32.2cm×18cm	34,500	泰和嘉成	2020-10-17
三才图绘器用一至十二卷	28.7cm×18cm	63,250	泰和嘉成	2020-10-17
三才图绘人物存卷一至八、又八卷	28.7cm×18cm	34,500	泰和嘉成	2020-10-17
三国志六十五卷	33.5cm×21cm	11,500	十竹斋拍卖（北京）	2020-10-18
三国志像 纸本	14.5cm×23cm	69,000	中国嘉德	2020-12-02
三劫三千佛名经	33.1cm×12cm	32,200	永乐拍卖	2020-12-04
三乐堂重订本草纲目五十二卷万方针线八卷本草图三卷	25.5cm×15.5cm	69,000	中贸圣佳	2020-10-16
三昧水忏法三卷	33.5cm×12cm	80,500	泰和嘉成	2020-10-17
三苏先生文集七十卷存卷三十七至四十七	27.4cm×16.1cm	43,700	北京保利	2020-10-18
伤寒补之论等四种	尺寸不一	23,000	中国嘉德	2020-11-09
尚书孔传	32cm×21cm	460,000	泰和嘉成	2020-10-17
尚友录二十二卷	25.2cm×15.8cm	34,500	中贸圣佳	2020-10-16
少微通鉴节要卷四十二至四十三	32.3cm×19.8cm	11,500	中贸圣佳	2020-10-16
邵宝 集注 明 邵二泉先生分类集注杜诗 十七卷	13.7cm×18.5cm	57,500	中国嘉德	2020-08-16
邵宝 邵涵初 辑 明*清 慧山记 四卷 续编 三卷 首 一卷	12.2cm×18.2cm	34,500	中国嘉德	2020-08-16
邵登瀛 撰 清 四时病机十四卷	26.2cm×15.2cm	14,950	中贸圣佳	2020-10-16
邵经邦 著 弘简录二百五十四卷	15cm×20.5cm	43,700	中国嘉德	2020-07-18
邵雍 撰 宋 伊川击壤集 二十卷 纸本	14.5cm×20.5cm	115,000	中国嘉德	2020-12-02
邵长蘅等 撰 韦庵咏物诗一卷	26.6cm×17.5cm	20,700	中贸圣佳	2020-10-16
摄大乘论释卷第四	30.5cm×11.5cm	149,500	泰和嘉成	2020-10-17
沈德潜 撰 清 五朝诗别裁集	13.2cm×9cm	16,100	中贸圣佳	2020-10-16
沈谦等辑 清 临平记四卷 小云栖放生录一卷 临平记补遗四卷 续补遗一卷	12.8cm×17cm	17,250	中国嘉德	2020-08-16
沈涛 撰 匏庐诗话三卷	28.6cm×16.4cm	23,000	中贸圣佳	2020-10-16
沈涛 撰 十经斋文集四卷	29.1cm×18.1cm	73,600	中贸圣佳	2020-10-16

(续表)

拍品名称	物品尺寸	成交价RMB	拍卖公司	拍卖日期
沈涛 撰 铜熨斗斋随笔八卷	25.8cm×14.8cm	24,150	中贸圣佳	2020-10-16
沈寅朱昆补辑清《李杜直解》等七种	尺寸不一	63,250	中国嘉德	2020-08-16
沈尹默、周庆云、戴启文等《灵峰补梅图咏》	约31cm×40cm×16（页）	356,500	西泠印社	2020-08-07
沈约 撰 宋书存卷四至卷十	16.5cm×29cm	11,500	中国嘉德	2020-07-18
圣女罗洒行实	24cm×15cm	471,500	泰和嘉成	2020-10-17
圣水寺志 六卷 补遗 一卷 武林游记一卷 流芳亭纪 一卷 西湖诗 一卷	11.8cm×17.3cm	20,700	中国嘉德	2020-08-16
圣贤像赞	27.2cm×17.4cm	11,500	中贸圣佳	2020-10-16
盛符升 撰 诚斋诗集八卷文集一卷	28.3cm×18cm	126,500	中贸圣佳	2020-10-16
盛明杂剧、南九宫词、唐诗鼓吹三种	尺寸不一	34,500	北京保利	2020-10-18
施远恩 撰 环山房诗钞一卷	23.2cm×15cm	23,000	中贸圣佳	2020-10-16
施注苏诗四十二卷目录二卷续补遗二卷王注正伪一卷年谱一卷(有批跋)	24.4cm×15.4cm	34,500	北京保利	2020-10-18
十二段锦	13cm×20cm	34,500	中国嘉德	2020-07-18
十三经解诂五十六卷	27.5cm×17.3cm	264,500	北京保利	2020-12-05
十竹斋画谱	27.8cm×23.5cm	13,800	中国嘉德	2020-11-09
十竹斋笺谱	31.5cm×21cm	135,700	泰和嘉成	2020-08-16
十子全书	27.8cm×17cm	34,500	十竹斋拍卖（北京）	2020-10-18
石国柱 等编 歙县志 十六卷	12.8cm×19.2cm	23,000	中国嘉德	2020-08-16
石印孟法师、多宝塔等名碑九种	尺寸不一	11,500	北京保利	2020-10-18
拾慧录	23cm×14cm	17,250	泰和嘉成	2020-08-16
食谱十种 纸本		437,000	中国嘉德	2020-12-02
氏族博考十四卷	30.7cm×18.1cm	56,350	北京保利	2020-12-05
世说新语	27cm×18cm	368,000	泰和嘉成	2020-10-17
释超干 辑 清 凤皇山圣果寺志 一卷	11.7cm×17cm	17,250	中国嘉德	2020-08-16
释德介 等撰 清 天童寺志 十卷 续志 二卷 首 一卷	14.5cm×20.5cm	17,250	中国嘉德	2020-08-16
释德铠 撰 清 灵谷禅林志 十五卷首 一卷	13.2cm×18.5cm	43,700	中国嘉德	2020-08-16
释啸溪 撰 口头吟二卷	27.4cm×16.5cm	32,200	中贸圣佳	2020-10-16
寿光县志十六卷	26cm×15cm	46,000	北京保利	2020-12-05
受祺堂诗集三十五卷	26cm×16cm	19,550	泰和嘉成	2020-10-17
书迹名品	18.5cm×36.5cm	13,800	中国嘉德	2020-07-18
书经等三种	尺寸不一	12,650	中国嘉德	2020-11-09
述古丛钞四集	20cm×12.2cm	63,250	北京保利	2020-12-05
双钩残宋拓瘗鹤铭四十七字等四种	尺寸不一	11,500	中国嘉德	2020-07-18
霜厓三剧、霜厓三剧歌谱	30.4cm×18cm	13,800	北京保利	2020-10-18
说文解字十二卷	26.9cm×19cm	59,800	北京保利	2020-12-05
朔州志 十二卷 纸本	14cm×18.5cm	126,500	中国嘉德	2020-12-02
司马光 撰 宋 司马温公文集 八十二卷 目录 一卷 纸本	15.2cm×21.5cm	218,500	中国嘉德	2020-12-02
四部备要二十四史	20.7cm×13.3cm	402,500	中贸圣佳	2020-10-16
四部丛刊 丛书集成初编	尺寸不一	69,000	中国嘉德	2020-08-16
四部丛刊(周祖谟先生旧藏并钤印)	尺寸不一	11,500	北京保利	2020-10-18
四部丛刊初编	20cm×13.2cm	724,500	中贸圣佳	2020-10-16
四禽谱	11.9cm×7.8cm	13,800	泰和嘉成	2020-10-17
四书章句集注二十六卷附考四卷(出版底本)	25.5cm×16.2cm	46,000	永乐拍卖	2020-12-04
笥河文集十六卷首一卷	28.8cm×17.3cm	11,500	北京保利	2020-10-18
宋（婺源）祝穆 辑　新编古今事文类聚 卷三十五	31.5cm×20cm	17,250	永乐拍卖	2020-12-04
宋·福建莆田　刘克庄　著　后村居士诗二十卷	25.5cm×16.5cm	40,250	十竹斋拍卖（北京）	2020-10-18
宋·柳棨　著　柳子藏书九卷　首一卷	27cm×17cm	11,500	十竹斋拍卖（北京）	2020-10-18
宋·宁波　王应麟　撰　困学纪闻二十卷	27.8cm×18cm	20,700	十竹斋拍卖（北京）	2020-10-18
宋·苏轼撰　施元之注　施注苏诗	20.5cm×18cm	69,000	十竹斋拍卖（北京）	2020-10-18
宋·王黼等　辑　重修宣和博古图录三十卷	27cm×16.5cm	172,500	十竹斋拍卖（北京）	2020-10-18
宋·郑樵　撰　通志卷五十八	34.5cm×24.5cm	230,000	十竹斋拍卖（北京）	2020-10-18
宋本杜工部集	14.7cm×21cm	23,000	中国嘉德	2020-08-16
宋代首刻《通鉴纪事本末》残叶	27.8cm×37cm	172,500	中贸圣佳	2020-10-16
宋代浙江地区单刻经《昙无德部四分律删补随机羯磨》残页	半框24.5cm×11cm;开本30.5cm×11cm;	20,700	西泠印社	2020-08-07
宋刻《本草衍义》残页	31.8cm×40.5cm	368,000	中贸圣佳	2020-10-16
宋刻《东汉会要》残叶	31.8cm×40.3cm	36,800	中贸圣佳	2020-10-16
宋刻《晦庵先生文集》残叶	28.1cm×38.3cm	34,500	中贸圣佳	2020-10-16
宋刻《通鉴纪事本末（卷第七）》	32.4cm×24cm	460,000	北京保利	2020-10-18
宋刻《通鉴纪事本末（卷第十九）》	32.5cm×24cm	471,500	北京保利	2020-10-18
宋刻《通鉴纪事本末四十二卷》全本	32.5cm×24cm	20,240,000	北京保利	2020-10-18
宋荦 编 清 沧浪小志 二卷	13.3cm×17.5cm	17,250	中国嘉德	2020-08-16
宋史 存卷第二十六 新刊宋学士全集 存一卷 纸本	15.5cm×22.3cm；14.2cm×20.2cm	20,700	中国嘉德	2020-12-02
宋王复斋钟鼎款识不分卷	59.5cm×30cm	63,250	泰和嘉成	2020-10-17
宋学士文集七十五卷(存五卷)	半框20.3cm×14.7cm;开本28.3cm×17.5cm	23,000	西泠印社	2020-08-07
宋元画册第一·二集	40cm×33cm	40,250	泰和嘉成	2020-10-17
宋至 撰 牂牁集一卷	25.7cm×16.4cm	40,250	中贸圣佳	2020-10-16
苏东坡诗集、欧阳文忠公全集二种	尺寸不一	11,500	北京保利	2020-10-18
苏过　斜川集 六卷 附录二卷(徐石雪 旧藏)	28cm×18cm	34,500	永乐拍卖	2020-12-04
苏文忠公诗合集	27cm×17cm	29,900	泰和嘉成	2020-10-17
苏长公小品 四卷	26cm×17cm	172,500	永乐拍卖	2020-12-04
孙承泽 撰 清 庚子销夏记 八卷	13.5cm×18cm	20,700	中国嘉德	2020-08-16
胎产心法等四种	尺寸不一	11,500	中国嘉德	2020-11-09
太平寰宇记 二百卷 目录 二卷 补阙二卷 大清一统志表 不分卷	12.7cm×17.3cm	78,200	中国嘉德	2020-08-16
太平县志十六卷卷首一卷	28.3cm×16.7cm	71,300	北京保利	2020-12-05
太上宝筏图书	11cm×15cm	34,500	中国嘉德	2020-11-09
太上灵宝朝天谢罪大忏	34.3cm×11.5cm	14,950	中贸圣佳	2020-10-16
谭子化书 六卷 于陵子 一卷 广成子 一卷 补鬻子七则 一卷	14cm×20.5cm	17,250	中国嘉德	2020-08-16
汤液本草三卷	27cm×16.5cm	46,000	中贸圣佳	2020-10-16
唐·杜甫撰　明·郭正域评点　杜子美七言律不分卷	26cm×17cm	207,000	十竹斋拍卖（北京）	2020-10-18
唐·海盐　顾况　著　顾华阳集三卷	29.5cm×17.2cm	13,800	十竹斋拍卖（北京）	2020-10-18
唐·韩愈撰 宋·朱熹考异 王伯大音释 朱文公校昌黎先生文集四十卷 外集十卷 集传一卷 遗文一卷 遗诗一卷	28.5cm×16cm	414,000	十竹斋拍卖（北京）	2020-10-18
唐·杨倞注　荀子二十卷	29.5cm×19cm	241,500	十竹斋拍卖（北京）	2020-10-18
唐陆宣公集二十二卷	14cm×19cm	13,800	中国嘉德	2020-07-18
唐女郎鱼玄机诗 纸本	13cm×17.5cm	25,300	中国嘉德	2020-12-02
唐四家诗八卷(多批)	28.7cm×18.4cm	63,250	北京保利	2020-10-18
唐宋名家词选	29.5cm×18.5cm	11,500	泰和嘉成	2020-08-16
唐宋元明名画大观　不详	29.7cm×22.1cm	10,350	永乐拍卖	2020-12-04
唐孙华 编 东江诗钞四卷	26.6cm×17.6cm	195,500	中贸圣佳	2020-10-16
唐文粹	20cm×18cm	28,750	泰和嘉成	2020-10-17
唐贤三昧集笺注三	26.3cm×15.3cm	11,500	北京保利	2020-10-18
唐寅 唐仲冕 撰编明 六如居士全集七卷 补遗 一卷 外集 六卷 画谱 三卷 制义 一卷 花鸣联吟 四卷 补 一卷墨亭新赋 一卷 桃花仙馆图 一卷 纸本	13cm×18.5cm	40,250	中国嘉德	2020-12-02
陶弘景 注 鬼谷子三卷篇目考一卷附录一卷	26.5cm×16.2cm	74,750	中贸圣佳	2020-10-16
陶弘景 注 鬼谷子三卷篇目考一卷附录一卷	29.6cm×17.1cm	40,250	中贸圣佳	2020-10-16
陶渊明 撰 陶靖节先生诗四卷	27.5cm×17.3cm	28,750	中贸圣佳	2020-10-16
陶渊明集八卷 卷首一卷 末一卷	半框18.5cm×14.5cm;开本28cm×16.5cm	115,000	西泠印社	2020-08-07
陶宗仪 编 明 说郛一百卷	26.7cm×15.3cm	10,350	中贸圣佳	2020-10-16

（续表）

拍品名称	物品尺寸	成交价RMB	拍卖公司	拍卖日期
天真阁集五十四卷外集六卷长真阁诗余七卷	27.9cm×17.8cm	13,800	北京保利	2020-10-18
田需 撰 水东草堂诗一卷	32cm×22.5cm	14,950	中贸圣佳	2020-10-16
铁华馆丛书	31cm×19.5cm	46,000	泰和嘉成	2020-10-17
铁华馆丛书 六种四十五卷	29.8cm×17.8cm	43,700	永乐拍卖	2020-12-04
通鉴纪事本末二百三十九卷	23.5cm×16cm	189,750	北京保利	2020-12-05
同治上江两县志	27cm×15.5cm	27,600	十竹斋拍卖（北京）	2020-10-18
铜人明堂之图	113cm×52cm	23,000	中贸圣佳	2020-10-16
铜人明堂之图	108cm×45cm	10,350	泰和嘉成	2020-08-16
铜人腧穴针灸图经三卷	25.2cm×15.5cm	11,500	中贸圣佳	2020-10-16
铜山县乡土志及铜山县志七十六卷(多图)	尺寸不一	26,450	北京保利	2020-10-18
铜似轩诗·拜云阁乐府	25.5cm×15.5cm	10,350	泰和嘉成	2020-08-16
托津 等 纂 清 钦定明鉴二十四卷首一卷	27.2cm×17.5cm	11,500	中贸圣佳	2020-10-16
晚笑堂竹庄画附明太祖功臣图	18.3cm×28.6cm	115,000	泰和嘉成	2020-10-17
万斯同 撰 清 群书疑辨 十二卷	13.3cm×17.5cm	11,500	中国嘉德	2020-08-16
汪国垣旧藏 清·江苏泰州 吴嘉纪 著 陋轩诗集十二卷 续二卷	25cm×15.8cm	23,000	十竹斋拍卖（北京）	2020-10-18
汪立名 辑 白香山诗集	26.2cm×17.6cm	74,750	中贸圣佳	2020-10-16
汪启淑 著 兰溪棹歌	10.2cm×14cm	34,500	中国嘉德	2020-11-09
汪启贤 撰 清 济世全书	13.5cm×21cm	48,300	中国嘉德	2020-08-16
汪氏鉴古斋墨薮	30cm×18cm	97,750	泰和嘉成	2020-10-17
汪喜孙 辑 汪氏学行记六卷	26.8cm×16.3cm	149,500	中贸圣佳	2020-10-16
汪中 撰 清 述学内篇三卷外篇一卷补遗一卷别录一卷	25cm×16cm	31,050	中贸圣佳	2020-10-16
王勃集二卷	25.5cm×16.3cm	14,950	北京保利	2020-10-18
王昶 撰 金石萃编一百六十卷	14cm×18.5cm	43,700	中国嘉德	2020-11-09
王鼎勋 秦耀曾 参订 辑 清 重修南海普陀山志 二十卷 首一卷	14.3cm×20.7cm	66,700	中国嘉德	2020-08-16
王赓言 撰 清 篔山堂诗钞	26.2cm×16.2cm	12,650	中贸圣佳	2020-10-16
王楙 辑 宋 陈眉公重订野客丛书十二卷	12.5cm×20.5cm	36,800	中国嘉德	2020-08-16
王孟诗评九卷	28cm×16.4cm	14,950	北京保利	2020-10-18
王鹏运 辑 四印斋所刻词	11cm×14cm	66,700	中国嘉德	2020-07-18
王圻 辑明续文献通考 存二十七卷	14.8cm×20.5cm	20,700	中国嘉德	2020-08-16
王十朋 集注 宋 王状元集百家注编年杜陵诗史 三十二卷	13.2cm×20cm	36,800	中国嘉德	2020-08-16
王十朋 辑 苏东坡诗集注三十二卷目录一卷	27.7cm×18cm	149,500	中贸圣佳	2020-10-16
清 王士禛 辑五代诗话十二卷纸本	11.3cm×15cm	11,500	中国嘉德	2020-12-02
王士禛 撰 渔洋山人精华录十卷	31.5cm×19.8cm	63,250	中贸圣佳	2020-10-16
明 王世贞 等评 杜工部集 二十卷 首一卷	13.5cm×17.5cm	55,200	中国嘉德	2020-08-16
清 王澍 撰 虚舟题跋 十卷 又三卷 竹云题跋 四卷 纸本	11cm×19cm	34,500	中国嘉德	2020-12-02
王澍 撰 竹云题跋四卷金粟逸人逸事一卷	24.9cm×15.7cm	126,500	中贸圣佳	2020-10-16
王文成公全集三十八卷、目录一卷	23.5cm×15cm	17,250	泰和嘉成	2020-08-16
王先谦 辑 清 皇清经解续编 纸本		172,500	中国嘉德	2020-12-02
王象晋 辑 明 二如亭群芳谱	14.5cm×22cm	48,300	中国嘉德	2020-08-16
王用章 辑 明 诗法源流三卷	25.3cm×15cm	80,500	中贸圣佳	2020-10-16
王幼农旧藏 清·温州曾镛 著 復斋文集二十一卷	28.4cm×17.8cm	11,500	十竹斋拍卖（北京）	2020-10-18
王晫 撰 峡流词三卷	23.5cm×15.1cm	74,750	中贸圣佳	2020-10-16
往生净土懺愿仪轨	34cm×12.5cm	138,000	泰和嘉成	2020-10-17
望华楼印谱	28cm×18cm	138,000	泰和嘉成	2020-10-17
韦苏州集二卷	26.4cm×16cm	43,700	北京保利	2020-10-18
韦苏州集十卷	28.7cm×17.4cm	690,000	北京保利	2020-10-18
韦昭 著 国语二十一卷	14.5cm×21.5cm	32,200	中国嘉德	2020-11-09
魏书存第十九卷	18.5cm×22.5cm	28,750	中国嘉德	2020-07-18
魏书存卷十九	18cm×22.3cm	32,200	中国嘉德	2020-11-09
文昌大洞仙经二卷	29cm×17.5cm	34,500	北京保利	2020-12-05
文美斋百花诗笺谱	29.5cm×18.5cm	57,500	十竹斋拍卖（北京）	2020-10-18
文溯阁藏钦定四库全书《明文海》抽撤本	31.5cm×20cm	1,265,000	泰和嘉成	2020-10-17
文选	29cm×18cm	29,900	泰和嘉成	2020-10-17
文选六十卷	26.4cm×18.5cm	19,550	北京保利	2020-10-18
文选六十卷 考异十卷	14cm×20.5cm	17,250	中国嘉德	2020-07-18
文中子中说十卷	29.5cm×19cm	143,750	十竹斋拍卖（北京）	2020-10-18
翁松禅相国尺牍真迹等十种	尺寸不一	13,800	中国嘉德	2020-07-18
翁文恭公日记	26.5cm×15.3cm	17,250	北京保利	2020-10-18
邬鸣雷 陆键 左宗郢 修纂 明 麻姑山丹霞洞天志 十七卷 纸本	14cm×20cm	402,500	中国嘉德	2020-12-02
吴大澂 辑 清 愙斋集古录 愙斋集古录释文賸稿 纸本	17.6cm×24.5cm	20,700	中国嘉德	2020-12-02
吴冠中 山水等	尺寸不一	55,200	中国嘉德	2020-07-18
吴灯辑 清 自远堂琴谱十二卷	23.6cm×15.4cm	51,750	中贸圣佳	2020-10-16
吴湖帆题赠《绿遍池塘草图咏》《梅景书屋词集》等三种	尺寸不一	55,200	西泠印社	2020-08-07
吴见思 潘眉 撰 评 清 杜诗论文五十六卷	14.5cm×19.8cm	71,300	中国嘉德	2020-08-16
吴敬梓 撰 清 儒林外史五十六回	16.3cm×11cm	20,700	中贸圣佳	2020-10-16
吴勉学 校 扬子法言十卷	14cm×19cm	17,250	中国嘉德	2020-11-09
吴平 堪白刻画留痕 我思斋集残 抱残守缺	尺寸不一	32,200	上海驰翰	2020-08-06
吴山伍公庙志六卷首一卷附一卷	13.3cm×18.3cm	28,750	中国嘉德	2020-08-16
吴诗集览	27cm×17cm	17,250	泰和嘉成	2020-08-16
吴诗集览二十卷	半框18cm×13.5cm;开本24.5cm×14.5cm	11,500	西泠印社	2020-08-07
吴钺 辑 惠山听松庵竹垆图咏四卷	25.9cm×15.4cm	356,500	中贸圣佳	2020-10-16
吴越春秋等二种	尺寸不一	13,800	中国嘉德	2020-07-18
吴云 陈任旸 辑 清 焦山志 二十六卷 首一卷 续志 八卷 纸本	13cm×18cm	13,800	中国嘉德	2020-12-02
吴云撰清两罍轩彝器图释十二卷纸本	15cm×20.5cm	17,250	中国嘉德	2020-12-02
吴瞻泰 辑 清 陶诗汇注四卷首一卷末一卷	26.7cm×17.8cm	28,750	中贸圣佳	2020-10-16
吴兆骞 撰 秋笳集八卷	19.3cm×13.6cm	23,000	中贸圣佳	2020-10-16
吴兆骞撰秋笳集二卷西曹杂诗一卷	27cm×18.6cm	1,012,000	中贸圣佳	2020-10-16
吴中珩 校 文中子中说十卷	14cm×20cm	17,250	中国嘉德	2020-11-09
吴重憙 撰 清 石莲闇词	32.2cm×20.5cm	10,350	中贸圣佳	2020-10-16
吴宗慈 辑 庐山志 十二卷 首 一卷	13cm×18.5cm	20,700	中国嘉德	2020-08-16
五经算术二卷	32.2cm×18.6cm	23,000	泰和嘉成	2020-10-17
五经文字三卷 附九经字样	19.3cm×30.5cm	46,000	永乐拍卖	2020-12-04
五山志林 八卷 纸本	18.5cm×14cm	28,750	中国嘉德	2020-12-02
五知斋琴谱	24.5cm×16cm	34,500	泰和嘉成	2020-10-17
武经三书汇解三卷采辑骑兵射法一卷 （清）曹曰玮等纂辑	23.5cm×14cm	11,500	永乐拍卖	2020-12-04
西大原寺沙门法藏述草堂沙门宗密录之随科注 大乘起信论疏二卷	33.5cm×11.2cm	149,500	永乐拍卖	2020-12-04
西方极乐世界依正庄严之图	187cm×98cm	46,000	泰和嘉成	2020-10-17
西湖志四十八卷	24.3cm×15.8cm	40,250	泰和嘉成	2020-10-17
西湖志纂十二卷 首一卷 末一卷	半框17.7cm×12cm;开本24.5cm×15.2cm	36,800	西泠印社	2020-08-07
西夏文炽盛光圣曜母等经三种合刊	16cm×8cm	1,242,000	泰和嘉成	2020-10-17
西游记(存目录及图九十二回)	29.4cm×18.4cm	310,500	北京保利	2020-10-18
惜抱轩尺牍八卷	半框20cm×13cm	115,000	上海驰翰	2020-09-24
锡龄堂诗集三卷	26.2cm×15.5cm	17,250	十竹斋拍卖（北京）	2020-10-18
席玕 撰 摅怀稿一卷	25.8cm×17.3cm	32,200	中贸圣佳	2020-10-16
洗冤录详义	30cm×18cm	230,000	泰和嘉成	2020-10-17
喜咏轩丛书丁编	30cm×18cm	66,700	中贸圣佳	2020-10-16
喜咏轩丛书甲编	30cm×18cm	65,550	中贸圣佳	2020-10-16
喜咏轩丛书戊编	30cm×18cm	23,000	中贸圣佳	2020-10-16
喜咏轩丛书乙编	30cm×18cm	11,500	中贸圣佳	2020-10-16

(续表)

拍品名称	物品尺寸	成交价RMB	拍卖公司	拍卖日期
先天元始土地宝卷	37.2cm×13cm	26,450	中贸圣佳	2020-10-16
享帚词四卷	26.3cm×15.4cm	28,750	北京保利	2020-10-18
萧统 郭正域 辑批 梁明 选诗 七卷 诗人世次爵里 一卷 纸本	14.5cm×20.5cm	287,500	中国嘉德	2020-12-02
萧统 张凤翼 编纂 南朝 梁明 梁昭明文选 二十四卷 纸本	14cm×20cm	207,000	中国嘉德	2020-12-02
萧统 撰 六臣注文选存卷十至二十	15.5cm×19.5cm	46,000	中国嘉德	2020-11-09
小万柳堂藏本《名人书画扇集》	21.7cm×39.5cm	112,700	北京保利	2020-10-18
孝经宗注不分卷	29.7cm×18.4cm	25,300	北京保利	2020-10-18
谢启昆 撰 清 小学考五十卷	24.2cm×15.6cm	12,650	中贸圣佳	2020-10-16
谢维新 辑 宋 古今合璧事类备要 存续集卷五十 纸本	14cm×19.5cm	51,750	中国嘉德	2020-12-02
谢兴尧旧藏《霜红龛集备存四十卷》《国初山右四家文钞十卷》	半框16.5cm×12cm; 开本23cm×1308cm	23,000	西泠印社	2020-08-07
心灯录等六种	尺寸不一	10,350	中国嘉德	2020-11-09
辛弃疾 撰 宋 稼轩长短句十二卷	28.5cm×18.6cm	16,100	中贸圣佳	2020-10-16
新安志	25cm×15cm	11,500	泰和嘉成	2020-10-17
新镌东西晋志传	25cm×16cm	80,500	十竹斋拍卖（北京）	2020-10-18
新镌古本批评绣像三世报隔帘花影四十八回	14.3cm×20cm	25,300	中国嘉德	2020-11-09
新镌古今大雅南北宫词记	26cm×16cm	92,000	泰和嘉成	2020-10-17
新镌海内奇观十卷	26cm×17.3cm	207,000	十竹斋拍卖（北京）	2020-10-18
新镌太医院参订徐氏针灸大全六卷针灸图经三卷	24.1cm×15cm	18,400	中贸圣佳	2020-10-16
新镌玉茗堂批点按鉴参补北宋志南宋志二十卷一百回(多图)	29cm×18cm	69,000	北京保利	2020-10-18
新刊外科正宗四卷	22.5cm×13.8cm	32,200	中贸圣佳	2020-10-16
新刊徐文长先生评隋唐演义	26cm×18cm	28,750	十竹斋拍卖（北京）	2020-10-18
新刻百局象棋谱八卷	22.2cm×12.8cm	29,900	北京保利	2020-10-18
新刻出相音注劝善目连救母行孝戏文三卷	27.5cm×16.1cm	276,000	泰和嘉成	2020-10-17
新刻剑啸阁批评西汉演义(存图三十七幅及卷一)	30cm×18cm	11,500	北京保利	2020-10-18
新增说文韵府群玉二十卷	27cm×16.2cm	126,500	北京保利	2020-10-18
新纂门目五臣音注扬子法言十卷	29.5cm×19cm	158,700	十竹斋拍卖（北京）	2020-10-18
惺斋六种曲	24.6cm×15.6cm	34,500	北京保利	2020-10-18
刑昺 撰 宋 景元元贞平水本论语注疏解经十卷附札记一卷	30.5cm×20cm	17,250	中贸圣佳	2020-10-16
性命双修万神圭旨 四卷	20.5cm×22.5cm	195,500	中国嘉德	2020-08-16
熊廷弼 撰 明 经辽疏牍十卷	29.2cm×17.9cm	28,750	中贸圣佳	2020-10-16
休宁鱼鳞册	23.5cm×19.5cm	29,900	中贸圣佳	2020-10-16
绣像古今奇观(存两卷图四十幅)	29.5cm×18.2cm	17,250	北京保利	2020-10-18
绣像今古奇观四十卷	25cm×16cm	14,950	中贸圣佳	2020-10-16
徐达源 等辑 清 黎里志 十六卷 首一卷 续志 十六卷	13cm×18.5cm	82,800	中国嘉德	2020-08-16
徐达左 辑 金兰集三卷续集一卷畊渔轩遗书一卷	27.8cm×17.4cm	138,000	中贸圣佳	2020-10-16
徐大椿 撰著 徐氏医书八种	12.5cm×18.5cm	11,500	中国嘉德	2020-11-09
徐逢吉辑清清波小志二卷补一卷	9.7cm×13.8cm	34,500	中国嘉德	2020-08-16
徐坚 撰 覜园烟墨著录正编一卷附编一卷	26.8cm×16.5cm	402,500	中贸圣佳	2020-10-16
徐祺辑 清 五知斋琴谱八卷	24cm×16.8cm	48,300	中贸圣佳	2020-10-16
徐仁钊旧藏《癸卯恩科十八省同年全录》	半框13.2cm×10.8cm; 开本18cm×12cm	11,500	西泠印社	2020-08-07
徐世昌 编 晚晴簃诗汇 二百卷 目录二卷 纸本	12.2cm×17cm	17,250	中国嘉德	2020-12-02
徐裕馨 着 清 兰韫诗草四卷	26cm×15.5cm	32,200	中贸圣佳	2020-10-16
徐祖望 撰 清 沁园集近体诗选	25.3cm×15cm	32,200	中贸圣佳	2020-10-16
许慎 撰汉 说文解字十五卷	29.2cm×19.9cm	437,000	中贸圣佳	2020-10-16
许慎 撰 汉 说文解字十五卷	28.9cm×18cm	12,650	中贸圣佳	2020-10-16
续补藏书纪事诗稿本	25cm×13cm	23,000	泰和嘉成	2020-10-17
宣和博古图录三十卷	半框21cm×14cm; 开本27.5cm×16.5cm	138,000	西泠印社	2020-08-07
玄奘 译 唐 大般若波罗蜜多经卷第六十 纸本	11.2cm×24.7cm	92,000	中国嘉德	2020-12-02
薛瑄 张鼎 撰辑 明 文清公薛先生文集 二十四卷 纸本	13.5cm×20.5cm	59,800	中国嘉德	2020-12-02
薛雪 撰 抱珠轩诗存六卷	27.5cm×17.6cm	63,250	中贸圣佳	2020-10-16
学津讨原 学海类编 粤雅堂丛书	尺寸不一	43,700	中国嘉德	2020-08-16
荀子二十卷(明 杨明化 朱批)	27cm×16.5cm	63,250	永乐拍卖	2020-12-04
咽喉脉证通论	28cm×15.5cm	86,250	泰和嘉成	2020-10-17
延寿集 唐宗镜录卷第七十六 纸本	11.3cm×25cm	138,000	中国嘉德	2020-12-02
盐铁论十卷及等韵一得三卷(周祖谟批并藏)	尺寸不一	13,800	北京保利	2020-10-18
扬鞭集	19.5cm×13.5cm	80,500	泰和嘉成	2020-10-17
杨荷集四卷邵瑞彭撰	30.4cm×16.5cm	11,500	中贸圣佳	2020-10-16
阳武县志六卷	25cm×14.9cm	29,900	北京保利	2020-12-05
杨尔曾 编 明 新镌仙媛纪事 纸本	13.5cm×21cm	43,700	中国嘉德	2020-12-02
杨升庵 批点 草堂诗余五卷	14.5cm×20.5cm	149,500	中国嘉德	2020-11-09
杨守敬 辑 清 水经注图四十卷补一卷	30cm×20.3cm	14,950	中贸圣佳	2020-10-16
杨岘批跋 清·郑珍撰 巢经巢诗钞九卷	28.5cm×17.5cm	86,250	十竹斋拍卖（北京）	2020-10-18
杨衒之 撰 洛阳伽蓝记五卷	27.6cm×17.4cm	92,000	中贸圣佳	2020-10-16
杨衒之 撰 洛阳伽蓝记五卷	25.5cm×15.2cm	23,000	中贸圣佳	2020-10-16
杨瑛昶 撰 不易居诗钞四卷	24.1cm×15cm	32,200	中贸圣佳	2020-10-16
养正图解	32cm×20cm	184,000	泰和嘉成	2020-10-17
姚华颖金石古佛册(十四开选十二开)	9.5cm×6cm	103,500	泰和嘉成	2020-10-17
姚辉第 撰 菊寿盦词稿四卷	25.7cm×15.3cm	17,250	中贸圣佳	2020-10-16
姚鼐编 古文辞类纂七十四卷 批校本	29.5cm×18cm	32,200	十竹斋拍卖（北京）	2020-10-18
叶抱崧 等 编 清 本朝馆阁赋前集十二卷	25.7cm×16cm	10,350	中贸圣佳	2020-10-16
叶恭绰签名《交通部车辆借款合同》民国间印本	30.5cm×19.6cm	63,250	中贸圣佳	2020-10-16
叶向高 编 明 叶太史参补古今大方诗经大全十五卷	25.1cm×15.3cm	14,950	中贸圣佳	2020-10-16
叶沄 辑 清 纲鉴会编 存九十四卷	15cm×20.5cm	28,750	中国嘉德	2020-08-16
一百一十九种佛经集册(唐宋写刻经)	尺寸不一	437,000	永乐拍卖	2020-12-04
医案五卷	26.1cm×16.5cm	51,750	中贸圣佳	2020-10-16
医书二种	尺寸不一	26,450	中贸圣佳	2020-10-16
医书三种	尺寸不一	34,500	中贸圣佳	2020-10-16
医统正脉全书	26.3cm×16.6cm	46,000	中贸圣佳	2020-10-16
怡亲王 龚心钊 宋育德 递藏 抄配道德宝章	19.3cm×28.8cm	402,500	中国嘉德	2020-08-16
倚松老人诗集二卷	半框19cm×14.5cm; 开本29cm×17.5cm	11,500	西泠印社	2020-08-07
艺兰室文存	28cm×18cm	11,500	泰和嘉成	2020-10-17
艺文类聚一百卷	27.8cm×18.1cm	287,500	北京保利	2020-10-18
绎史一百六十卷	27.5cm×17.3cm	92,000	北京保利	2020-12-05
尹恭寿旧藏《唐女郎鱼玄机诗》等诗集五种	尺寸不一	13,800	西泠印社	2020-08-07
尹文旧藏《越缦堂日记》《越缦堂日记补》	开本25.5cm×15.2cm; 26.5cm×15.3cm	25,300	西泠印社	2020-08-07
婴童百问十卷	25.5cm×15.8cm	32,200	中贸圣佳	2020-10-16
桯史十五卷附录一卷	24cm×16cm	11,500	中贸圣佳	2020-10-16
楹联词话新话等八种	尺寸不一	41,400	北京保利	2020-10-18
瀛奎律髓四十九卷	26.3cm×17.4cm	36,800	北京保利	2020-10-18
影宋本穀梁传十二卷(单行本)	27cm×19.5cm	34,500	北京保利	2020-10-18
影宋柳河东集	26.4cm×15.6cm	20,700	北京保利	2020-10-18
永嘉丛书十一种	半框16.4cm×13.2cm; 开本24.5cm×15.5cm	36,800	西泠印社	2020-08-07
永乐南藏	尺寸不一	105,800	中国嘉德	2020-11-09

(续表)

拍品名称	物品尺寸	成交价RMB	拍卖公司	拍卖日期
永瑢 纪昀 等纂 钦定四库全书总目二百卷	11cm×14.5cm	55,200	中国嘉德	2020-11-09
尤侗 撰 百末词六卷	25.5cm×16.2cm	20,700	中贸圣佳	2020-10-16
幼科证治准绳九卷	24.1cm×15.8cm	36,800	中贸圣佳	2020-10-16
瑜伽师地论廿七	24cm×900cm	2,300,000	泰和嘉成	2020-10-17
玉几山房吟卷	26.5cm×17cm	195,500	泰和嘉成	2020-10-17
玉台新咏等三种	尺寸不一	13,800	中国嘉德	2020-07-18
玉台新咏十卷	27.1cm×17.1cm	14,950	中贸圣佳	2020-10-16
玉烟堂董帖四卷	开本27cm×12cm	55,200	西泠印社	2020-08-07
喻冕辑明新刊一行禅师演禽命书六卷	12.5cm×18cm	149,500	中国嘉德	2020-08-16
御定历代题画诗类一百二十卷	25.4cm×16.8cm	109,250	北京保利	2020-10-18
御批通鉴辑览一百二十卷	26.7cm×17.3cm	47,150	永乐拍卖	2020-12-04
御选唐诗三十二卷目录三卷	28cm×16.6cm	460,000	中贸圣佳	2020-10-16
御选唐宋诗醇四十七卷目录二卷	25cm×16cm	14,950	泰和嘉成	2020-08-16
御制翻译易经 四卷 纸本	14cm×19cm	69,000	中国嘉德	2020-12-02
御制耕织图	28.8cm×27cm	47,670	北京保利	2020-07-15
御制全韵诗五卷	32cm×19cm	828,000	泰和嘉成	2020-10-17
御制诗二集三十卷	27.5cm×17.2cm	55,200	中贸圣佳	2020-10-16
御制文二集四十四卷目录二卷	29cm×18cm	117,300	北京保利	2020-12-05
御制圆明园四十景诗	27cm×17cm	460,000	泰和嘉成	2020-10-17
御制周易折中	22.5cm×15.5cm	207,000	上海驰翰	2020-09-24
御纂医宗金鉴六十卷	24cm×15.3cm	48,300	中贸圣佳	2020-10-16
渊鉴类函四百五十卷	24cm×15.5cm	414,000	中贸圣佳	2020-10-16
元·王恽撰 清·徐郙 李文田等校 钦定元王恽承华事略补图六卷	45cm×24cm	34,500	十竹斋拍卖(北京)	2020-10-18
元版仙方	24.5cm×28cm	20,700	中贸圣佳	2020-10-16
元丰类稿五十卷	26.5cm×16.5cm	10,350	北京保利	2020-10-18
元刻《诗传大全 卷三》(罗振常题签题跋)	24cm×15.8cm	230,000	永乐拍卖	2020-12-04
元史等	尺寸不一	40,250	中国嘉德	2020-11-09
元氏长庆集六十卷补遗六卷附录一卷唐元稹撰	25.8cm×16.5cm	40,250	中贸圣佳	2020-10-16
元逸民画传不分卷	半框25.8cm×17.5cm; 开本37cm×23.8cm	20,700	西泠印社	2020-08-07
元音十二卷	30.5cm×18.3cm	29,900	北京保利	2020-10-18
元至元十六年(1279)大般若波罗蜜多经卷第二百六十二杭州路余杭南山大普宁寺刻本	30.1cm×11.2cm	149,500	中贸圣佳	2020-10-16
袁励准 杨千里 撰 题 青岛纪游诗不分卷	13.5cm×17cm	17,250	中国嘉德	2020-08-16
袁励准恐高寒斋各种润格 包背装	26cm×13.5cm	13,800	泰和嘉成	2020-10-17
袁枢 辑 宋 通鉴纪事本末二百三十九卷	14.7cm×21.2cm	40,250	中国嘉德	2020-08-16
袁通 撰 清 捧月楼绮语八卷	26.5cm×16.5cm	48,300	中贸圣佳	2020-10-16
袁中郎先生十集	28cm×18cm	138,000	泰和嘉成	2020-10-17
原富	23cm×14.5cm	13,800	泰和嘉成	2020-08-16
岳端 辑 寒瘦集一卷	24.2cm×14.6cm	80,500	中贸圣佳	2020-10-16
岳甫嘉 著 妙一斋医学正印	15cm×23cm	13,800	中国嘉德	2020-07-18
岳阳三醉	24.8cm×15.5cm	14,950	中贸圣佳	2020-10-16
增广注释音辨唐柳先生集四十三卷外集二卷附录一卷(存首四卷)	30.5cm×16cm	218,500	北京保利	2020-10-18
增修互注礼部韵略	29.8cm×18.1cm	402,500	泰和嘉成	2020-10-17
增修笺注妙选群英草堂诗余四卷	33cm×20.5cm	138,000	泰和嘉成	2020-10-17
翟云升 撰 隶篇十五卷 续十五卷再续十五卷	16cm×23cm	17,250	中国嘉德	2020-07-18
翟云升 撰 清 隶篇 十五卷 续 十五卷 再续 十五卷 纸本	16.5cm×24cm	55,200	中国嘉德	2020-12-02
战国 鬼谷子王诩　鬼谷子 十四篇附外篇	27cm×16.5cm	23,000	永乐拍卖	2020-12-04
战国策等三种	尺寸不一	20,700	中国嘉德	2020-07-18
战国策十二卷	26cm×16.3cm	92,000	北京保利	2020-12-05
战国策十二卷	14.5cm×21.5cm	25,300	中国嘉德	2020-11-09
张从正 撰 金 儒门事亲十五卷	25.3cm×16.4cm	36,800	中贸圣佳	2020-10-16

拍品名称	物品尺寸	成交价RMB	拍卖公司	拍卖日期
张介宾 撰 明 景岳全书六十四卷	25.4cm×15.6cm	57,500	中贸圣佳	2020-10-16
张溍 注 清 读书堂杜工部诗集注解二十卷 文集注解 二卷 杜工部编年诗史谱目 一卷	14cm×18.3cm	43,700	中国嘉德	2020-08-16
张居正 撰 明 四书集注阐微直解二十七卷	14.5cm×21.3cm	13,800	中国嘉德	2020-08-16
张绍仁 校本 昌黎先生诗集存七卷	13.5cm×16.5cm	59,800	中国嘉德	2020-07-18
张石园题《端溪砚史三卷》	半框14cm×18.7cm; 开本25.7cm×16.5cm	55,200	西泠印社	2020-08-07
张天斗 著 纪九行气炼形图	15.2cm×19.5cm	17,250	中国嘉德	2020-11-09
张廷济辑清清仪阁所藏古器物文纸本	18.2cm×25.5cm	17,250	中国嘉德	2020-12-02
张英 等纂 渊鉴类函四百五十卷	11.6cm×17cm	71,300	中国嘉德	2020-11-09
张玉穀辑清古诗赏析二十二卷纸本	13.5cm×17cm	13,800	中国嘉德	2020-12-02
张远 笺 清 杜诗荟萃 二十四卷	14cm×19cm	51,750	中国嘉德	2020-08-16
张兆祥 绘 百花诗笺谱	16cm×24.5cm	17,250	中国嘉德	2020-11-09
张致中 撰 符山堂诗七不分卷	23.8cm×15.6cm	379,500	中贸圣佳	2020-10-16
章炳麟著訄书六十三卷新附目三卷	15cm×22cm	23,000	中国嘉德	2020-11-09
章氏丛书续编	29.5cm×17.5cm	35,650	泰和嘉成	2020-10-17
章钰 撰 钱遵王读书敏求记校证四卷	24cm×14.7cm	20,700	中贸圣佳	2020-10-16
赵孟頫 撰 赵文敏公松雪斋全集十卷 外集一卷 续集一卷	13.5cm×16.5cm	23,000	中国嘉德	2020-07-18
赵绍祖 撰 消暑录一卷	26.3cm×16.7cm	34,500	中贸圣佳	2020-10-16
赵书天冠山诗真迹	28cm×16cm	184,000	泰和嘉成	2020-10-17
赵廷臣 撰 清 赵清献公集 六卷 附刻一卷 纸本	13.5cm×19cm	48,300	中国嘉德	2020-12-02
赵学敏 辑 清 本草纲目拾遗十卷	28cm×17cm	13,800	中贸圣佳	2020-10-16
赵翼 撰 清 廿二史札记三十六卷	25.5cm×17.8cm	13,800	中贸圣佳	2020-10-16
赵用贤 校 明 管子二十四卷	27cm×17.8cm	83,950	中贸圣佳	2020-10-16
赵之谦书清悲盦剩墨汇辑八卷纸本	23cm×38cm	25,300	中国嘉德	2020-12-02
浙江彩绘宗谱二种	开本29.7cm×21cm; 29.3cm×19.9cm	17,250	西泠印社	2020-08-07
浙江奉化《剡源乡志二十四卷》(存二十卷)	半框17.8cm×13cm; 开本27.5cm×17cm	11,500	西泠印社	2020-08-07
针灸大成卷之十	30.3cm×18.5cm	11,500	中贸圣佳	2020-10-16
真西山政经心经	34cm×21cm	69,000	泰和嘉成	2020-10-17
真意斋诗存	25.5cm×15cm	20,700	泰和嘉成	2020-10-17
震川先生集三十卷别集十卷附录一卷(吴汝纶批校本)	28.4cm×17.7cm	25,300	北京保利	2020-10-18
郑板桥四子书真迹	28.5cm×17cm	12,650	中贸圣佳	2020-10-16
支那古铜精华	39.3cm×30.4cm	20,700	北京保利	2020-10-18
直隶工艺志初编八卷	开本25.2cm×14.2cm	32,200	西泠印社	2020-08-07
治心斋琴学练要五卷	27.2cm×16cm	69,000	北京保利	2020-10-18
致用丛书	29.5cm×18cm	57,500	泰和嘉成	2020-10-17
中华名人书画大观　不详	36cm×25cm	14,950	永乐拍卖	2020-12-04
钟惺 评 明 名媛诗归三十六卷	23.3cm×15.5cm	37,950	中贸圣佳	2020-10-16
重广补注黄帝内经素问二十四卷	30.9cm×18.7cm	57,500	中贸圣佳	2020-10-16
重刊校正笠泽丛书四卷补遗诗一卷续补遗一卷(嘉业堂藏最初印本)	28.9cm×17.4cm	368,000	中贸圣佳	2020-10-16
重楼玉钥等七种	尺寸不一	20,700	中国嘉德	2020-11-09
重修平度州志二十七卷	25cm×15.5cm	49,450	北京保利	2020-12-05
周喟编清南雁荡山志十三卷图一卷	10.5cm×15.8cm	36,800	中国嘉德	2020-08-16
周密 查为仁 厉鹗 辑 笺 绝妙好词笺七卷续钞一卷	29.8cm×18.2cm	51,750	中贸圣佳	2020-10-16
周明泰制戏单花笺	20.5cm×29cm	17,250	泰和嘉成	2020-10-17
周南瑞 编 天下同文一卷	25.9cm×17.1cm	161,000	中贸圣佳	2020-10-16
周庆云辑西溪秋雪庵志四卷附录一卷	12cm×17.3cm	23,000	中国嘉德	2020-08-16
周小英书《和钱牧翁夏五西湖组诗》	34cm×90cm	69,000	西泠印社	2020-08-07
周小英书清乾隆御用古纸《人当恨死爱生》	65cm×32cm	69,000	西泠印社	2020-08-07
周易等三种	尺寸不一	12,650	中国嘉德	2020-11-09
周易卢氏学等四种	尺寸不一	11,500	中国嘉德	2020-11-09
周之琦撰金梁梦月词二卷怀梦词一卷	29.6cm×17.5cm	43,700	中贸圣佳	2020-10-16

2020杂项拍卖成交汇总

(续表)

拍品名称	物品尺寸	成交价RMB	拍卖公司	拍卖日期
周之桢 纂 清 同里志二十四卷	25cm×17.4cm	69,000	中贸圣佳	2020-10-16
周樽元 撰 宝晋砖室词集	13cm×18.5cm	13,800	中国嘉德	2020-07-18
朱昂 撰 百缘语业一卷	26.5cm×16cm	25,300	中贸圣佳	2020-10-16
朱鹤龄 辑注 清 杜工部诗集 二十卷 文集 二卷 集外诗 一卷	14.5cm×18.5cm	40,250	中国嘉德	2020-08-16
朱鹤龄 笺注 李义山诗集三卷	14.5cm×18.23cm	13,800	中国嘉德	2020-11-09
朱鹤龄 笺注 清 李义山诗集 三卷	14.5cm×18cm	13,800	中国嘉德	2020-08-16
朱记荣 辑 国朝未刊遗书志略一卷	32.5cm×19.1cm	149,500	中贸圣佳	2020-10-16
朱文藻 等辑 清 崇福寺志 四卷 续一卷 南湖倡和集 一卷	12.7cm×17.3cm; 11.7cm×17.2cm	20,700	中国嘉德	2020-08-16
朱熹 撰 宋 四书集注十九卷	17.2cm×11.1cm	241,500	中贸圣佳	2020-10-16
朱彝尊 撰 清 日下旧闻 三十二卷	13.5cm×19cm	59,800	中国嘉德	2020-08-16
朱之蕃 辑 江南春词一卷附考一卷	29.2cm×18.2cm	69,000	中贸圣佳	2020-10-16
祝德麟 撰 离骚草木疏辨证四卷	25.8cm×16.4cm	43,700	中贸圣佳	2020-10-16
庄周梦蝶琴谱	24.5cm×15.8cm	40,250	中贸圣佳	2020-10-16
庄子南华真经三卷	27cm×16.5cm	18,400	泰和嘉成	2020-08-16
庄子南华真经四卷	27cm×17.7cm	276,000	北京保利	2020-10-18
庄子雪三卷(顺德温澍梁朱批题跋本)	26.5cm×15.2cm	55,200	北京保利	2020-12-05
装潢志	26.5cm×16.5cm	230,000	泰和嘉成	2020-10-17
资治通鉴、聊斋志异图咏等古籍一组	尺寸不一	20,700	北京保利	2020-10-18
资治通鉴二百九十四卷释文辨误十二卷	25.9cm×16.6cm	333,500	北京保利	2020-12-05
自远堂琴谱十二卷	25.1cm×15.3cm	51,750	北京保利	2020-10-18
字鉴	28.5cm×17cm	103,500	泰和嘉成	2020-10-17
左传选国语选等写刻本古籍一组	尺寸不一	10,350	北京保利	2020-10-18
"开张天岸马"拓片	193cm×29.5cm	10,350	中国嘉德	2020-11-09
《北魏嵩高灵庙碑》《魏郑文公上碑》等拓本四种	尺寸不一	43,700	西泠印社	2020-08-07
《龚翁摹刻两汉官印》四条屏	33.6cm×22.1cm×4	97,750	西泠印社	2020-08-09
《汉鲁峻碑并额》等四种	尺寸不一	13,800	中国嘉德	2020-08-16
《汉孟孝琚碑》等四种	尺寸不一	36,800	中国嘉德	2020-08-16
《晋兰亭叙帖》及相关资料	尺寸不一	25,300	中国嘉德	2020-08-16
《刘雪湖梅谱》上卷二册、《海山仙馆藏真》拓本一册	29cm×17.7cm; 32cm×20cm	23,000	广东崇正	2020-09-13
《契苾碑》《广平文贞公宋璟神道碑》	尺寸不一	32,200	西泠印社	2020-08-07
《唐豳州昭仁寺碑》等三种	尺寸不一	20,700	中国嘉德	2020-08-16
《唐韩仲良碑》等四种	尺寸不一	17,250	中国嘉德	2020-08-16
《陶靖节先生像》《苏东坡书赠柳仲矩》拓片一组	27cm×30.5cm; 531cm×32.3cm	20,700	中国嘉德	2020-11-09
《吴天发神谶碑》相关资料	尺寸不一	11,500	中国嘉德	2020-08-16
《御赐三希堂法帖》拓本 六函二十四 册页		437,000	荣宝斋(上海)	2020-10-25
《云峰山观海童诗》《天柱山东堪石室铭》拓本两种	开本40.5cm×24cm	13,800	西泠印社	2020-08-07
《张大千印存》四川省博物院藏大千印	32.5cm×22cm	23,000	永乐拍卖	2020-12-03
1959年作 齐燕铭"江山如此多娇"印蜕及边款拓本	印文11cm×11cm	55,200	中鸿信	2020-01-03
爱新觉罗·弘历 著 御制夜亮木赋	30cm×1003cm	32,200	十竹斋拍卖(北京)	2020-10-18
安阳汉刻五种 纸本	尺寸不一	10,350	中国嘉德	2020-12-02
白石印存	21cm×13.5cm	23,000	中鸿信	2020-01-04
百花诗笺谱	29cm×18cm	34,500	朵云轩	2020-09-23
宝蕴楼藏器铭文拓	尺寸不一	36,800	中国嘉德	2020-08-16
宝蕴楼藏器铭文拓 纸本	尺寸不一	59,800	中国嘉德	2020-12-02
宝蕴楼藏器拓三种	尺寸不一	48,300	中国嘉德	2020-08-16
报德像碑拓片	26cm×14.5cm	13,800	上海驰翰	2020-05-10
北齐水牛山文殊般若经摩崖拓本	33cm×21cm	12,650	泰和嘉成	2020-10-17
北宋陈古灵焦山题名	39cm×42cm	97,750	朵云轩	2020-09-23
北魏·曹天度造像·早期初拓本	246cm×69cm	36,800	永乐拍卖	2020-12-04
北魏·曹望憘造像·陈氏淡脸精拓本	214cm×80cm	172,500	永乐拍卖	2020-12-04
北魏·马鸣寺碑·最初拓·未断·整纸本	147.7cm×84.2cm	212,750	永乐拍卖	2020-12-04
北魏·始平公造像·未铲底本	29.5cm×15cm	51,750	永乐拍卖	2020-12-04
北魏曹望憘造像记 纸本	64.5cm×127cm	17,250	中国嘉德	2020-12-02

拍品名称	物品尺寸	成交价RMB	拍卖公司	拍卖日期
北魏曹望憘造像题记	69cm×139cm	172,500	中国嘉德	2020-08-16
北魏高贞碑附碑阴	30.7cm×17cm	23,000	十竹斋拍卖(北京)	2020-10-18
北魏李璧墓志	13.5cm×25cm	11,500	中国嘉德	2020-07-18
北魏刘玉墓志	开本27.7cm×16.7cm	18,400	西泠印社	2020-08-07
北魏龙门造像	13cm×25cm	13,800	中国嘉德	2020-07-18
北魏龙门造像二十品 纸本	尺寸不一	74,750	中国嘉德	2020-12-02
北魏鲁郡太守张猛龙碑并额	13cm×23cm	32,200	中国嘉德	2020-08-16
北魏鲁郡太守张猛龙碑拓本	30cm×17cm	12,650	泰和嘉成	2020-10-17
北魏马鸣寺根法师碑 纸本	85cm×149cm	172,500	中国嘉德	2020-12-02
北魏石门铭摩崖拓本	30cm×18cm	11,500	泰和嘉成	2020-10-17
北魏隋唐墓志四十二种	尺寸不一	184,000	朵云轩	2020-09-23
北魏张猛龙碑拓	29.5cm×16.8cm	11,500	北京保利	2020-10-18
北魏郑文公下碑(不完本)	开本33.5cm×17.5cm	20,700	西泠印社	2020-08-07
北魏郑文公下碑摩崖	21cm×26.7cm	36,800	中国嘉德	2020-08-16
北周武帝宇文邕墓志拓本	97cm×97cm	23,000	中鸿信	2020-01-04
碧葭精舍印存	31.5cm×16cm	80,500	朵云轩	2020-09-23
编钟拓片 立轴	137cm×68cm	23,000	中国嘉德	2020-11-09
宾虹草堂藏古鉨印拓 手卷	556cm×34cm	218,500	西泠印社	2020-08-09
滨虹草堂藏古鉨印	半框10cm×7.8cm; 开本19.2cm×10cm	97,750	西泠印社	2020-08-07
不空和尚碑	23.5cm×11cm	46,000	朵云轩	2020-09-23
曹恪碑	25cm×12.5cm	103,500	朵云轩	2020-09-23
曹魏·三体石经四大品·裂石后初拓	106cm×60cm	11,500	永乐拍卖	2020-12-04
陈邦怀题跋陈介祺等名家旧藏《大克鼎铭文未剔本》	拓本30.5cm×59cm; 题跋28.5cm×4cm	552,000	西泠印社	2020-08-07
陈介祺 鲍康 吴僔 等 潘祖荫旧藏《金文集拓册》(二十六页) 册页	尺寸不一(册页尺寸27cm×18cm)	483,000	西泠印社	2020-08-08
陈介祺藏虢叔旅钟拓本	36cm×17cm	17,250	中鸿信	2020-01-04
陈介祺藏汉器拓本四屏	60cm×32cm×4	80,500	中鸿信	2020-01-04
陈介祺藏金文拓(十五帧)	尺寸不一	57,500	十竹斋拍卖(北京)	2020-10-18
陈介祺旧藏"十钟山房"藏钟拓八种(附孙禄增藏魏稼孙拓秦诏版等四页)	尺寸不一×8	138,000	中鸿信	2020-01-04
陈介祺旧藏瓦当拓本七百七十余品	开本32.7cm×31.8cm	333,500	西泠印社	2020-08-07
陈克恕存几希斋印存	20cm×12cm	21,850	上海驰翰	2020-05-10
陈元素 试笔帖　镜心	29cm×21.5cm	598,000	永乐拍卖	2020-12-02
陈运彰旧藏汉贾夫人马姜墓志	56.5cm×63.5cm	25,300	十竹斋拍卖(北京)	2020-10-18
崇恩旧藏《唐钱唐殷履直妻颜氏碑》	开本46cm×25.5cm	23,000	西泠印社	2020-08-07
初拓淳化阁帖(一组十件)		20,700,000	深圳世浩	2020-07-30
初拓魏曹真碑(张做彬旧藏诸葛亮本)	26.4cm×14.5cm	55,200	北京保利	2020-12-05
褚德彝 邹安题跋逊国遗文	32.5cm×87.5cm	57,500	十竹斋拍卖(北京)	2020-10-18
褚德彝题跋、周湘云旧藏《师酉敦全形拓本》	137cm×61.2cm	195,500	西泠印社	2020-08-07
褚德彝题跋《汉三老碑》	111.5cm×61.5cm	69,000	西泠印社	2020-08-07
春秋晚期何君鼎全形拓本	123cm×67cm	20,700	中鸿信	2020-01-04
淳化阁帖	25cm×16cm	57,500	中鸿信	2020-01-04
淳化阁帖	33.8cm×21.1cm	17,250	中贸圣佳	2020-10-16
淳化阁帖十卷	29.5cm×19cm	36,800	十竹斋拍卖(北京)	2020-10-18
淳化阁帖	26cm×16.5cm	48,300	泰和嘉成	2020-08-16
爨宝子碑	165cm×66cm	40,250	朵云轩	2020-09-23
爨宝子碑	25cm×11cm	10,350	中贸圣佳	2020-10-16
爨宝子碑朱拓本	165cm×66cm	74,750	朵云轩	2020-09-23
爨龙颜碑拓片	25cm×15cm	28,750	上海驰翰	2020-05-10
崔裕如题跋汉礼器碑并碑阴及侧纸本	14cm×23cm	13,800	中国嘉德	2020-12-02
达受 祖观题跋 清 焦山鼎拓本 纸本	27cm×90cm	138,000	中国嘉德	2020-12-02
大鹤山人印集	27.8cm×16cm	11,500	中鸿信	2020-01-04
大开通	248cm×123cm	23,000	中国嘉德	2020-11-09
大秦景教流行中国碑	尺寸不一	11,500	中国嘉德	2020-07-18

（续表）

拍品名称	物品尺寸	成交价RMB	拍卖公司	拍卖日期
大三公山碑	147cm×69.5cm	69,000	中贸圣佳	2020-10-16
大唐中兴颂	270cm×285cm	28,750	泰和嘉成	2020-08-16
当代 汪黎特作拓题 金西厓、盛丙云刻扇骨臂搁拓	68cm×24cm×4	23,000	永乐拍卖	2020-12-03
当代·符骥良拓沈觉初、徐孝穆刻朱屺瞻、唐云、陈秋草、应野平书画紫砂壶拓片	61cm×43.8cm×4	13,800	西泠印社	2020-08-08
邓尔雅旧藏梁瘗鹤铭拓本	176cm×156cm	43,700	泰和嘉成	2020-10-17
邓散木篆刻 三长两短斋印存 初集五卷 二集四卷 粪翁治印初集 二集	尺寸不一	51,750	十竹斋拍卖（北京）	2020-10-18
邓散木篆刻 一足印稿	20cm×13cm	63,250	十竹斋拍卖（北京）	2020-10-18
刁遵墓志	20.5cm×9.8cm	126,500	朵云轩	2020-09-23
丁丑(1997)年作 沙曼翁 题拓汉画像宴飨饮乐图	136.5cm×69.5cm	103,500	朵云轩	2020-09-23
丁辅之辑 西泠八家印选 三十卷 纸本	8.4cm×12.3cm	138,000	中国嘉德	2020-12-02
丁敬印谱、吉罗庵主印存、赵次闲印谱、补罗迦室印存	28cm×13cm	23,000	朵云轩	2020-09-23
丁士源旧藏 雍正宸翰拓三种 纸本	505cm×41cm	448,500	中国嘉德	2020-12-02
东汉君车画像朱拓本	96.5cm×134.5cm	1,150,000	朵云轩	2020-09-23
东汉鲁相韩敕造孔庙礼器碑拓本	36cm×21cm	13,800	泰和嘉成	2020-08-16
东汉鲁相史晨谒孔子庙碑拓本	31cm×18cm	17,250	泰和嘉成	2020-10-17
东汉三老讳字忌日记刻石拓本	24cm×13cm	18,400	泰和嘉成	2020-08-16
东汉司空袁敞碑拓本	95cm×68cm	34,500	泰和嘉成	2020-08-16
东汉嵩山三阙铭拓本	35cm×17cm	23,000	泰和嘉成	2020-10-17
东汉武梁祠画像题签拓本	28cm×13cm	21,850	泰和嘉成	2020-08-16
东汉杨淮表记（"黄"字不损本）	193cm×65cm	23,000	十竹斋拍卖（北京）	2020-10-18
东汉杨孟文石门颂摩崖拓本	34cm×20cm	19,550	泰和嘉成	2020-08-16
东汉张迁碑拓	31.9cm×17.5cm	10,350	北京保利	2020-10-18
东晋王闽之墓志拓本	67.5cm×33cm×2	20,700	中鸿信	2020-01-04
东魏李次明造像拓片	47cm×60cm	13,800	朵云轩	2020-09-23
东魏李道赞五百人造像记	173cm×210cm	17,250	十竹斋拍卖（北京）	2020-10-18
东魏李道赞五百余人造像碑	尺寸不一	97,750	朵云轩	2020-09-23
东阳何氏兰亭		126,500	中贸圣佳	2020-10-16
董武钟	84cm×82cm	10,350	中贸圣佳	2020-10-16
杜大绶 俚言帖　镜心	25cm×10cm	356,500	永乐拍卖	2020-12-02
端方 (款) 己酉(1909)作 埃及石刻拓片 圆光	直径23cm	11,500	中国嘉德	2020-07-17
端方 题跋 清 埃及古王像	38cm×85.5cm	25,300	中国嘉德	2020-08-16
端方·杨守敬·李葆恂等十家题跋秦·石权拓本	221cm×78cm	782,000	永乐拍卖	2020-12-04
法帖六、七、八、九、十，淳化阁帖释文六本	26cm×16.5cm	13,800	上海驰翰	2020-05-10
樊彬沈曾植旧藏陈伯衡谢国桢题跋《汉武梁祠何馈画像射阳石门画像二种》	38cm×24.6cm	86,250	中贸圣佳	2020-10-16
方节庵题赠傅式诏《福厂印稿》	半框16cm×11cm；开本21.3cm×15.3cm	138,000	西泠印社	2020-08-07
飞鸿堂印谱	30cm×18cm	517,500	朵云轩	2020-09-23
粪翁治印二集 1931年钤印本	26.5cm×15.5cm×2	13,800	中鸿信	2020-01-04
封龙山碑	154cm×86.5cm	437,000	朵云轩	2020-09-23
冯汝玠题跋金石拓本四屏	66cm×25.5cm×4	86,250	西泠印社	2020-08-07
伏庐藏印	28cm×16cm	276,000	朵云轩	2020-09-23
簠斋藏封泥四十三品	24cm×15cm	25,300	泰和嘉成	2020-10-17
簠斋藏两汉吉金拓本 纸本	32cm×38.5cm	11,500	中国嘉德	2020-12-02
傅抱石 1945年作 题剑鞘·战国官玺印拓 成扇	18cm×46cm	391,000	北京保利	2020-10-17
傅抱石所造印稿	8.8cm×15.5cm	71,300	中国嘉德	2020-07-18
傅增湘 余绍宋 陈亦清递藏 商周彝器影真四屏	66cm×33cm×4	23,000	十竹斋拍卖（北京）	2020-10-18
高络园乐只室藏《明清流派印集册》旧钤印本	开本37cm×24.5cm	32,200	西泠印社	2020-08-07

拍品名称	物品尺寸	成交价RMB	拍卖公司	拍卖日期
高山寺旧藏宋拓禅宗祖师顶相图	81cm×40.5cm×5	2,185,000	西泠印社	2020-08-07
革命胜迹印谱	29.9cm×16.5cm	11,500	中贸圣佳	2020-10-16
葛书征辑《槜李印汇》选拓	118cm×14cm	40,250	中国嘉德	2020-12-01
龚心钊 藏 印集	15cm×26.5cm	28,750	中国嘉德	2020-08-16
古柏行碑 纸本	40.5cm×34cm	23,000	中国嘉德	2020-12-02
古代镜拓本集	尺寸不一	17,250	中国嘉德	2020-07-18
谷文达 2001年作 钢铁之林	180cm×97cm	172,500	北京保利	2020-10-16
故宫博物院传拓散氏盘铭文	35.5cm×38cm	253,000	中贸圣佳	2020-10-16
顾湘舟 绘 清 苏州沧浪亭五百名贤祠吴郡名宦先贤像拓本 纸本	14.5cm×30cm	11,500	中国嘉德	2020-12-02
关中张翱旧藏 宋拓集王圣教序		908,500	永乐拍卖	2020-12-04
观世音菩萨圣像	31cm×64cm	25,300	中国嘉德	2020-07-18
观世音菩萨圣像三十五种	31cm×64cm	23,000	中国嘉德	2020-11-09
广东番禺 简经纶篆刻 琴斋印留	29cm×13cm	17,250	十竹斋拍卖（北京）	2020-10-18
虢季子白盘	52.5cm×88cm	28,750	中国嘉德	2020-07-18
虢季子白盘铭拓本	63cm×32cm	34,500	朵云轩	2020-09-23
海山仙馆吉金文字 册页（十四开）	尺寸不一×14	345,000	中国嘉德	2020-12-04
海天楼印谱 八册	16.7cm×9.5cm×867	103,500	中国嘉德	2020-12-04
汉·封龙山颂　初拓林字本	34cm×17cm	55,200	永乐拍卖	2020-12-04
汉·韩仁铭碑·最初拓本	28.5cm×18cm	128,800	永乐拍卖	2020-12-04
汉·会稽大吉买冢地刻石·谭延闿跋	124cm×132cm	218,500	永乐拍卖	2020-12-04
汉·孔褒碑·雍正最初拓本	172cm×96cm	149,500	永乐拍卖	2020-12-04
汉·礼器碑·清初拓庙字本·方若等跋		230,000	永乐拍卖	2020-12-04
汉·鲁峻碑并阴 乾嘉拓董督宣尼本	342cm×108cm×2	46,000	永乐拍卖	2020-12-04
汉·沈府君双阙	287cm×85cm×2	20,700	永乐拍卖	2020-12-04
汉·嵩山开母阙·清中期拓·写字本	270cm×90cm	20,700	永乐拍卖	2020-12-04
汉·尹宙碑乾嘉缺一角本	190cm×93cm	34,500	永乐拍卖	2020-12-04
汉·袁安碑·初拓本·带小学校印		73,600	永乐拍卖	2020-12-04
汉·张景土牛造像初出土拓本	200cm×72cm	48,300	永乐拍卖	2020-12-04
汉北海相景君碑铭并碑阴及额汉乙瑛碑	尺寸不一	17,250	中国嘉德	2020-08-16
汉并天下瓦当朱拓	27cm×36cm	69,000	朵云轩	2020-09-23
汉博陵太守孔彪碑拓本	34cm×19.5cm	11,500	泰和嘉成	2020-10-17
汉簿书残碑	137cm×68.5cm	11,500	中贸圣佳	2020-10-16
汉残石拓	33cm×34.5cm	20,700	中国嘉德	2020-11-09
汉曹全碑等三种	尺寸不一	28,750	中国嘉德	2020-07-18
汉封龙山碑拓本	33cm×21cm	20,700	泰和嘉成	2020-10-17
汉龟兹将军刘平国摩崖拓本	50cm×47.5cm	40,250	中鸿信	2020-01-04
汉晋古甓大观	56.5cm×40cm×20	51,750	中鸿信	2020-01-04
汉景君铭	30.5cm×17.5cm	64,400	十竹斋拍卖（北京）	2020-10-18
汉孔宙碑	开本28.5cm×16.3cm	17,250	西泠印社	2020-08-07
汉礼器碑并阴	24cm×10.5cm	1,610,000	朵云轩	2020-09-23
汉孟孝琚碑拓本	130cm×70cm	10,350	泰和嘉成	2020-10-17
汉石门颂	14.5cm×29.5cm	28,750	中国嘉德	2020-07-18
汉郃阳令曹全碑拓本	31cm×19cm	14,950	泰和嘉成	2020-08-16
汉武梁祠画像题字 汉南武阳画像	尺寸不一	69,000	中国嘉德	2020-08-16
汉西狭颂	14cm×29cm	17,250	中国嘉德	2020-07-18
汉西狭颂碑	14cm×28.7cm	28,750	中国嘉德	2020-08-16
汉熹平石经残石拓本	58.5cm×58cm	17,250	中鸿信	2020-01-04
汉杨淮表记 拓片 镜心	192cm×65cm	11,500	江苏盛得	2020-01-12
汉杨淮表纪摩崖	64cm×187cm	17,250	中国嘉德	2020-08-16
汉杨三老碑（周退密跋）	64.5cm×30.5cm	23,000	北京保利	2020-12-05
汉张迁碑	15cm×24.5cm	23,000	中国嘉德	2020-07-18
汉张迁碑并碑阴及额	74cm×220cm	23,000	中国嘉德	2020-07-18
盉斋藏印	29cm×17cm	55,200	朵云轩	2020-09-23
衡方碑拓本	281cm×108cm	92,000	朵云轩	2020-09-23
胡镢题签吴待秋旧藏《表忠观碑》	开本29cm×15.5cm	34,500	西泠印社	2020-08-07
胡澍 吴朴堂 陈夔龙 等 题跋 汉车马拓本 纸本	尺寸不一	345,000	中国嘉德	2020-12-02
怀素自叙帖墨拓	35cm×18cm	12,650	北京保利	2020-10-18
槐安居藏印印谱	板框18.5cm×10.5cm；开本29.8cm×16cm	40,250	西泠印社	2020-08-09

(续表)

拍品名称	物品尺寸	成交价RMB	拍卖公司	拍卖日期
皇甫君碑	24.5cm×12.5cm	143,750	朵云轩	2020-09-23
皇甫君碑	24cm×12cm	57,500	朵云轩	2020-09-23
黄宾虹 辑 滨虹草堂藏古鉨印 纸本	7.7cm×10cm	23,000	中国嘉德	2020-12-02
黄姬水 郊居帖 册片	24.5cm×45.5cm	230,000	中国嘉德	2020-08-17
黄苗子题清伊秉绶书光孝寺虞仲翔碑拓本	32cm×19cm	92,000	泰和嘉成	2020-10-17
黄汝亨 求书帖 册片	23cm×49cm	241,500	中国嘉德	2020-08-17
黄士陵 甲午(1894年)作 颖拓周盘云壶 立轴	105cm×33cm	276,000	朵云轩	2020-09-24
黄士陵 颖拓四屏	62cm×24cm×4	230,000	中国嘉德	2020-08-17
黄文宽旧藏 南海神广利五庙碑(卢子枢题)	32.5cm×17cm	23,000	广东崇正	2020-09-13
晖福寺碑	28.5cm×18cm	20,700	中贸圣佳	2020-10-16
吉金贞石拓本(薛涵辑藏并题跋)	28cm×19.7cm	25,300	北京保利	2020-10-18
吉罗居士印谱 民国间上海西泠印社钤拓本	30cm×13.5cm×2	11,500	中鸿信	2020-01-04
家相古稀伯昭花甲两翁寿泉集拓	26.7cm×15.7cm	63,250	十竹斋拍卖(北京)	2020-10-18
嘉陵先生填词图拓片壹册 册页	31cm×29cm	115,000	广东崇正	2020-09-13
贾似道刻宣示表、玉版十三行 合璧	34cm×19.8cm	97,750	中贸圣佳	2020-10-16
建平钟	69.5cm×62.5cm	11,500	十竹斋拍卖(北京)	2020-10-18
焦竑 殷子余帖 册片	26cm×36.5cm	1,207,500	中国嘉德	2020-08-17
金陵聚宝门外三藏殿石柱题刻	132cm×138cm	13,800	十竹斋拍卖(北京)	2020-10-18
金石集拓一册	尺寸不一	57,500	朵云轩	2020-09-23
金石寿旧藏《唐高福墓志》等墓志铭三种	尺寸不一	18,400	西泠印社	2020-08-07
金氏印稿金西厓篆	24.3cm×13.2cm	16,100	中贸圣佳	2020-10-16
金西厓旧藏 金绍城篆刻 金城印稿	23.5cm×14cm	23,000	十竹斋拍卖(北京)	2020-10-18
金西厓篆刻 锲不舍斋印存	19cm×12.5cm	47,150	十竹斋拍卖(北京)	2020-10-18
金西厓旧藏金城自刻印谱	24.5cm×15cm	20,700	泰和嘉成	2020-10-17
晋·爨宝子碑	177cm×76cm	46,000	永乐拍卖	2020-12-04
晋爨宝子碑 纸本	56.5cm×160.5cm	11,500	中国嘉德	2020-12-02
晋爨宝子碑朱拓本	166cm×67cm	74,750	北京保利	2020-12-05
晋韩寿神道碑	46.5cm×81cm	46,000	中国嘉德	2020-11-09
晋兰亭叙帖	13.8cm×28cm	13,800	中国嘉德	2020-08-16
晋唐小楷合册 纸本	13cm×26cm	28,750	中国嘉德	2020-12-02
经训堂法书	29.5cm×14.5cm	17,250	中贸圣佳	2020-10-16
敬六印存六种	尺寸不一	18,400	十竹斋拍卖(北京)	2020-10-18
九成宫等三种	尺寸不一	11,500	中国嘉德	2020-07-18
九成宫醴泉铭	21cm×10.5cm	207,000	朵云轩	2020-09-23
九成宫醴泉铭	14cm×27.5cm	25,300	中国嘉德	2020-07-18
九成宫醴泉铭	166cm×83cm	10,925	泰和嘉成	2020-08-16
九成宫醴泉铭碑拓	32.9cm×19.4cm	36,800	北京保利	2020-10-18
九成宫醴泉铭碑阴拓本	34cm×19.2cm	17,250	中贸圣佳	2020-10-16
旧拓三希堂刻帖六包		31,050	朵云轩	2020-11-30
旧拓圣教序一册(罗家勤藏) 册页 四十开 (四十选四)	24cm×14cm×40	46,000	广东崇正	2020-09-13
旧拓右军书兰亭诗 册页(十八开)	23.8cm×12.2cm×36	195,500	中国嘉德	2020-12-04
旧拓郑文公碑上、下册	27cm×13cm	23,000	朵云轩	2020-11-30
君夫簋铭文	33cm×93cm	14,950	中国嘉德	2020-07-18
柯昌泗 题跋 汉甘陵相碑影本 纸本	13cm×26.5cm	11,500	中国嘉德	2020-12-02
柯昌泗题跋晋任城太守孙夫人碑纸本	13.3cm×26cm	13,800	中国嘉德	2020-12-02
孔宙碑	25.5cm×13.5cm	322,000	朵云轩	2020-09-23
孔子庙堂碑	31cm×16cm	69,000	中贸圣佳	2020-10-16
快雪堂法帖	28.4cm×13.3cm	39,100	中贸圣佳	2020-10-16
快雪堂法帖	12.7cm×28.5cm	23,000	中国嘉德	2020-11-09
来楚生 来楚生印屏五张		17,250	中贸圣佳	2020-10-16
来楚生题签《苦铁印选》原钤本一函四册	20.5cm×13.5cm×4	207,000	中国嘉德	2020-12-01
逨鼎铭文拓本六种	尺寸不一×6	92,000	中鸿信	2020-01-04
兰亭序	13.5cm×24cm	13,800	中国嘉德	2020-07-18
琅琊台刻石	72.5cm×66cm	1,437,500	朵云轩	2020-09-23
乐氏藏古玺印选	20.5cm×10.5cm	14,950	上海驰翰	2020-05-10
乐毅论拓本	19.5cm×13.5cm	11,500	中鸿信	2020-01-04
李公神道碑等五种	尺寸不一	48,300	中国嘉德	2020-07-18
李鸿章神道碑拓片及李公祠照片立轴	尺寸不一	20,700	泰和嘉成	2020-10-17
李苦禅 题 齐白石印谱	23cm×32cm	32,200	中国嘉德	2020-11-09
李瑞清 题跋 梁萧公神道碑额	116cm×64.5cm	34,500	中国嘉德	2020-08-16
李瑞清 题跋 中岳嵩高灵庙碑额	47cm×63.5cm	55,200	中国嘉德	2020-08-16
李元海书碑	尺寸不一	20,700	中贸圣佳	2020-10-16
历代名臣法帖十卷(缺卷第六)	30.8cm×17cm	34,500	北京保利	2020-10-18
联埙室瓦当文录	36cm×28cm	57,500	泰和嘉成	2020-10-17
梁鼎芬 题跋 清 隋大业十一年李慧达造镬铭 纸本	30.5cm×151.5cm	17,250	中国嘉德	2020-12-02
梁瘞鹤铭摩崖	150cm×164cm	46,000	中国嘉德	2020-08-16
梁瘞鹤铭拓本	160cm×160cm	43,700	泰和嘉成	2020-08-16
两罍轩印稿漫存 清光绪刊本	31cm×19cm×4	40,250	中鸿信	2020-01-04
量器拓	尺寸不一	20,700	中国嘉德	2020-07-18
辽宁省博物馆藏金石文字精粹	48cm×37cm	17,250	中鸿信	2020-01-04
凌寒竹轩泉谱	30cm×18cm	5,750,000	十竹斋拍卖(北京)	2020-10-18
刘维坊文石阁《乐山印萃八卷》	开本25.5cm×15cm	92,000	西泠印社	2020-08-07
六朝造像 纸本	尺寸不一	28,750	中国嘉德	2020-12-02
六舟 秦汉瓦当文字拓本 轴	129cm×30cm	27,120	江苏汇中	2020-08-06
龙藏寺碑拓片	30.5cm×16.5cm	13,800	上海驰翰	2020-05-10
龙门百品	尺寸不一	69,000	朵云轩	2020-09-23
龙门二十品	31.2cm×19.9cm	46,000	北京保利	2020-10-18
龙门二十品	尺寸不一	20,700	中国嘉德	2020-07-18
龙门二十品	33.7cm×20cm	20,700	中贸圣佳	2020-10-16
陆灿旧藏《汉衡方碑》《北齐天柱山铭》等拓本三种	尺寸不一	23,000	西泠印社	2020-08-07
陆和九 题 墨盒竹印选	11cm×14.5cm	36,800	中国嘉德	2020-11-09
陆恢 题跋 汉郑固碑并额 纸本		89,700	中国嘉德	2020-12-02
陆恢旧藏《北朝云峰山石刻集拓四十一种》	开本33.8cm×20.2cm	138,000	西泠印社	2020-08-07
陆师道 读书帖 镜心	24.5cm×20.5cm	805,000	永乐拍卖	2020-12-02
路工等名家旧藏《汉北海相景君碑》并阴	开本37cm×20.8cm	138,000	西泠印社	2020-08-07
罗振玉 姚湘云 题跋 手拓 东魏比丘惠究道通二人造像	47cm×65cm	402,500	中国嘉德	2020-08-16
罗振玉旧藏汉熹平石经残字拓本	37cm×25cm	94,300	泰和嘉成	2020-10-17
罗振玉旧藏天发神谶碑	38cm×22cm	483,000	泰和嘉成	2020-10-17
洛神赋十三行拓本	开本18.5cm×11cm	17,250	西泠印社	2020-08-07
吕震 等撰 明 宣德彝器图谱二十卷	30cm×18.3cm	12,650	中贸圣佳	2020-10-16
马成名题北魏龙门造像四品拓本	35cm×20cm	36,800	泰和嘉成	2020-10-17
马君武旧藏、王世昭题签《嵩高灵庙碑并碑阴》	开本31cm×17.7cm	13,800	西泠印社	2020-08-07
毛怀题跋、江凤彝题签明拓《灵飞经》	开本29cm×16cm	86,250	西泠印社	2020-08-07
梅景书屋印选	30cm×19.5cm	103,500	泰和嘉成	2020-10-17
孟阿妃造像、姜纂造像	24cm×12.5cm	34,500	中贸圣佳	2020-10-16
米芾书芜湖县新学记(沈树镛、贝墉等题跋 李国松旧藏)	34cm×16.4cm	195,500	北京保利	2020-12-05
妙法莲华经	11.5cm×21.5cm	253,000	中国嘉德	2020-08-16
民国《继鹤斋珍泉杂拓随笔》一册		31,050	中国嘉德	2020-08-18
民国《嵩云居藏泉》手拓本一函八册		16,100	中国嘉德	2020-08-18
民国 乐石社印谱	26.5cm×15cm×4	115,000	朵云轩	2020-09-24
民国 李东园藏泉原拓集一册		10,580	中国嘉德	2020-08-18
民国时期拓本与印刷品	尺寸不一	19,170	佳士得	2020-11-18
民国五年(1916年)作 北洋印局印《阅微草堂砚谱》	26.4cm×31cm	11,500	中国嘉德	2020-11-11
名砚集拓十种	41.5cm×33.5cm	23,000	十竹斋拍卖(北京)	2020-10-18

（续表）

拍品名称	物品尺寸	成交价RMB	拍卖公司	拍卖日期
明东书堂集古法帖 存六卷	19.3cm×25cm	103,500	中国嘉德	2020-08-16
明清皇室所藏历代印鉴及齐白石等名家印蜕	尺寸不一	747,500	北京保利	2020-10-18
明沈石田先生墓志拓本	60cm×60cm	11,500	中鸿信	2020-01-04
明拓《绛帖》四册 册页（选四开）	38cm×20cm	55,200	广东崇正	2020-09-13
明拓本《大唐西京千福寺多宝塔感应碑》	25.5cm×14.5cm	29,640	佳士得	2020-07-01
明拓多宝塔碑	23.5cm×13cm×65	51,750	中鸿信	2020-01-04
明拓国学本兰亭序	23cm×11.5cm×6	92,000	中鸿信	2020-01-04
明拓汉尹宙碑 张祖翼题跋本	26.5cm×13.5cm×46	92,000	中鸿信	2020-01-04
明拓皇甫君碑一册 册页四十三开	23cm×13cm×43	46,000	广东崇正	2020-09-13
明拓集王圣教序	31.2cm×16cm	67,850	中贸圣佳	2020-10-16
明拓纪泰山铭	30cm×18.5cm×4	57,500	中鸿信	2020-01-04
明拓唐南海神广利王庙碑	26cm×12cm×48	23,000	中鸿信	2020-01-04
明拓唐兴福寺半截碑	24cm×13cm×18	17,250	中鸿信	2020-01-04
明拓天发神谶碑十四字本附天禧寺砖拓（孙星衍、伍元蕙递藏 孙星衍、沈肇年信札 吴修、马士图等题跋）	38.5cm×24.5cm	253,000	北京保利	2020-12-05
明拓王献之洛神赋《碧玉版十三行》	14.5cm×8cm×7	23,000	中鸿信	2020-01-04
明拓阴符经两种	29.2cm×13cm	24,150	中贸圣佳	2020-10-16
明拓月仪帖（张伯英题跋 姚华朱批）	34.3cm×17cm	172,500	北京保利	2020-12-05
明拓争座位帖	25.1cm×14.5cm	74,750	中贸圣佳	2020-10-16
南朝（宋）龙骧将军宁州刺史爨龙颜碑拓本	25cm×17cm	10,350	泰和嘉成	2020-08-16
南朝·梁·瘗鹤铭·清中期拓·多字未挖本	封面37cm×20cm	66,700	永乐拍卖	2020-12-04
南朝陈 赵和造像拓本	74.5cm×36.5cm	18,400	十竹斋拍卖（北京）	2020-10-18
南朝龙骧将军宁州刺史爨龙颜碑拓本	31cm×20cm	13,800	泰和嘉成	2020-10-17
南朝宋爨龙颜碑	15cm×25.5cm	51,750	中国嘉德	2020-08-16
聂松岩印谱 清初原钤本	26cm×16.5cm	126,500	中鸿信	2020-01-04
潘祖荫 张效彬 藏 祖辛鼎 克鼎铭文	21.5cm×34.5cm	25,300	中国嘉德	2020-07-18
攀古楼彝器款识	17.5cm×27cm	218,500	中国嘉德	2020-08-16
彭年 大醉帖　镜心	25cm×31cm	575,000	永乐拍卖	2020-12-02
彭年 买段帖　镜心	27cm×48.5cm	460,000	永乐拍卖	2020-12-02
溥儒己丑（1949）作行书题拓片镜心	34cm×16.5cm	63,250	中国嘉德	2020-08-15
溥儒 己丑（1949）作 题“至万世”砖拓 镜心	31cm×13.5cm	69,000	中国嘉德	2020-08-15
溥儒 题画拓片四屏 立轴	题25cm×49cm; 画115cm×49cm	690,000	北京保利	2020-12-04
溥儒 姚华 题拓华山镜等拓片（六幅）镜片	尺寸不一	270,250	朵云轩	2020-11-30
七弦古琴名家余维谦著 地山藏印稿本	24cm×14.2cm	35,650	十竹斋拍卖（北京）	2020-10-18
齐白石 篆 白石印集 纸本	12cm×18.5cm	40,250	中国嘉德	2020-12-02
齐鲁古印攈四卷 齐鲁古印攈续一卷	半框16.3cm×10cm; 开本26.6cm×15.5cm	138,000	西泠印社	2020-08-07
齐冒将乞保达墓志拓片 立轴	112.5cm×53.5cm	11,500	荣宝斋（南京）	2020-11-28
启功 常用印印屏 纸本	32.5cm×64.3cm	115,000	中国嘉德	2020-12-02
启功 题跋 云峰山石刻	15.3cm×26.5cm	172,500	中国嘉德	2020-07-18
契丹辽道宗墓碑铭文	133cm×133cm×4	57,500	中鸿信	2020-01-04
契斋古印存	20.5cm×13.5cm	74,750	朵云轩	2020-09-23
钱君匋 篆 钱君匋印存 纸本	10.5cm×15cm	13,800	中国嘉德	2020-12-02
乾隆书冰嬉赋	93.5cm×35.5cm	345,000	中贸圣佳	2020-10-16
乾隆御笔“知过论”初拓石刻	164cm×43.5cm	195,500	中国嘉德	2020-11-09
乾隆御笔《太常仙蝶诗》拓本	55.7cm×137cm	1,610,000	泰和嘉成	2020-10-17
乾隆御题史可法像赞图卷	930cm×44.5cm	74,750	中国嘉德	2020-08-16
锲不舍斋印存金西厓篆	18.9cm×12.3cm	43,700	中贸圣佳	2020-10-16
秦·琅琊台刻石 晚清期拓	67cm×74cm	25,300	永乐拍卖	2020-12-04
秦琅琊台刻石 纸本	71cm×72cm	25,300	中国嘉德	2020-12-02
秦权铭拓本	12cm×37cm	34,500	朵云轩	2020-09-23
秦石鼓文拓本	30cm×17cm	43,700	泰和嘉成	2020-08-16
秦瓦量拓本	16.5cm×12.5cm	69,000	朵云轩	2020-09-23

拍品名称	物品尺寸	成交价RMB	拍卖公司	拍卖日期
青铜器全角拓 镜片	113cm×48cm	14,950	泰和嘉成	2020-08-16
清 百汉碑砚谱等二册 册页	尺寸不一	25,300	西泠印社	2020-08-09
清 陈介祺题瓦当拓片	19.5cm	23,000	朵云轩	2020-09-24
清·陈豫钟篆 求是斋印存	29cm×13.5cm	23,000	十竹斋拍卖（北京）	2020-10-18
清·方若 著 方家长物	23.2cm×15.5cm	55,200	十竹斋拍卖（北京）	2020-10-18
清·傅栻辑 西泠六家印存六卷	23cm×12.8cm	97,750	十竹斋拍卖（北京）	2020-10-18
清·济南刘仲山 辑 撷华斋古印谱	20.2cm×11.3cm	34,500	十竹斋拍卖（北京）	2020-10-18
清·江苏仪征 吴熙载篆刻 匏瓜室印存	27cm×14cm	36,800	十竹斋拍卖（北京）	2020-10-18
清·杨澥篆刻 龙石先生印存稿本	20.6cm×13.5cm	43,700	十竹斋拍卖（北京）	2020-10-18
清嘉庆御制诗拓	尺寸不一	78,200	中国嘉德	2020-07-18
清三希堂法帖 纸本	35.5cm×29cm	172,500	中国嘉德	2020-12-02
清释湛福篆《墨雨堂印谱》	半框24.8cm×20cm; 开本30.5cm×24.5cm	609,500	西泠印社	2020-08-07
清拓《东莞县资福禅寺罗汉阁记》残石拓片	91cm×35cm	28,750	广东崇正	2020-09-13
清拓何家庙碑三册	28cm×13.5cm×3	10,350	中鸿信	2020-01-04
清拓唐碑 立轴	144cm×68cm	17,250	北京翰海	2020-09-12
清晚香堂苏帖	13cm×26cm	16,100	中国嘉德	2020-08-16
清吴隐辑　遯盦秦汉古铜印谱	29.2cm×13cm	23,000	永乐拍卖	2020-12-04
清秀餐轩帖 纸本	26cm×28.5cm	32,200	中国嘉德	2020-12-02
秋室印粹	半框12.5cm×8.5cm; 开本24.5cm×15.5cm	25,300	西泠印社	2020-08-07
群臣上寿刻石、泰室阙、谷朗碑	尺寸不一	20,700	中贸圣佳	2020-10-16
然犀室肖形印存	27cm×15cm	36,800	朵云轩	2020-09-23
荣宝斋 碑帖文字笺纸	23cm×12.5cm	23,000	北京保利	2020-10-18
汝帖	31cm×15.2cm	18,400	中贸圣佳	2020-10-16
阮大铖 感赋帖 册片	28cm×32.5cm	747,500	中国嘉德	2020-08-17
阮元摹刻天一阁北宋石鼓文拓本	750cm×44cm	28,750	中国嘉德	2020-07-18
三体石经、周言梅造像等	尺寸不一	11,500	中贸圣佳	2020-10-16
三希堂法帖	30.5cm×17.7cm	207,000	中贸圣佳	2020-10-16
三希堂法帖	33.1cm×23.1cm	138,000	中贸圣佳	2020-10-16
三希堂法帖存卷一至八	35.5cm×29.5cm	46,000	中国嘉德	2020-07-18
三希堂石渠宝笈精选本（洋装）	30cm×45.5cm	34,500	北京保利	2020-10-18
三研斋金石文拓本 册页（二册共八十一开，选刊四十三开）	29.9cm×34.7cm×81	862,500	中国嘉德	2020-12-04
三长两短斋印谱初集、二集 民国间钤印本	26.5cm×15.5cm×2	40,250	中鸿信	2020-01-04
山本竟山 槐安居 题签 签名 兰亭独孤本并跋残字	34cm×24cm	23,000	中国嘉德	2020-08-16
商晚期犛觥全形拓本	67cm×45cm	28,750	中鸿信	2020-01-04
上海市文物保管委员藏印	25.5cm×15.5cm	92,000	泰和嘉成	2020-10-17
上海徐家汇天主堂藏书楼藏唐·颜家庙碑·阴阳两侧并双额·六纸大全套	260cm×124cm×2; 240cm×35cm×2	57,500	永乐拍卖	2020-12-04
上尊号碑	22.5cm×14.5cm	655,500	朵云轩	2020-09-23
涉园集拓	22.5cm×16.5cm	40,250	十竹斋拍卖（北京）	2020-10-18
沈曾植题兰亭	31cm×16.9cm	47,150	中贸圣佳	2020-10-16
沈凤 篆刻 谦斋印谱	13.5cm×17.5cm	71,300	中国嘉德	2020-11-09
沈觉初旧藏张石园题跋《吉金片羽册》	开本31cm×18.5cm	92,000	西泠印社	2020-08-07
沈钧儒 邓尔疋 等 题黄莘田砚铭拓立轴	拓片33.5cm×17cm; 整体62.5cm×47cm	161,000	中国嘉德	2020-08-15
圣教序等六种	尺寸不一	20,700	中国嘉德	2020-11-09
师古堂印谱	26.5cm×15cm	48,300	朵云轩	2020-09-23
诗篆印存	13cm×21cm	11,500	中国嘉德	2020-11-09
施蛰存（题）拓片二帧 立轴	63cm×28cm×2	11,500	荣宝斋（南京）	2020-11-28
十六金符斋印存	29.5cm×17.5cm	207,000	朵云轩	2020-09-23
十七帖	13.5cm×25cm	23,000	中国嘉德	2020-07-18

(续表)

拍品名称	物品尺寸	成交价RMB	拍卖公司	拍卖日期
石鼓文	47.5cm×58cm	3,507,500	朵云轩	2020-09-23
石墙村刻石、造像记等数种	尺寸不一	51,750	朵云轩	2020-09-23
史晨碑、孔宙碑、乙瑛碑等九种	26.7cm×15.2cm	36,800	北京保利	2020-10-18
史晨后碑	23cm×14cm	28,750	朵云轩	2020-09-23
史晨前碑	23cm×14cm	36,800	朵云轩	2020-09-23
史树青跋明"董封"双鱼砚拓本	64cm×33.5cm	11,500	中鸿信	2020-01-04
史树青题跋宋鲁柘砚拓本	31cm×50cm	11,500	中鸿信	2020-01-04
寿山艮岳	48cm×169cm	17,250	中国嘉德	2020-11-09
水绘庵印存稿本	22.5cm×13.2cm	63,250	十竹斋拍卖(北京)	2020-10-18
思古斋黄庭经兰亭序	25cm×12.5cm	2,012,500	朵云轩	2020-09-23
四川汉画像拓片	尺寸不一	71,300	泰和嘉成	2020-10-17
松石山房印谱续集八卷稿本	19.6cm×13cm	86,250	北京保利	2020-10-18
宋淳化阁帖 纸本	34cm×25cm	40,250	中国嘉德	2020-12-02
宋金元明官印谱 旧钤印本	开本30.7cm×33.9cm	55,200	西泠印社	2020-08-07
宋人刻草书合册	19.5cm×34.5cm	43,700	中国嘉德	2020-08-16
宋苏轼海市诗	38.5cm×19.2cm	18,400	北京保利	2020-12-05
宋拓淳化阁等十一册		13,800	朵云轩	2020-11-30
宋拓欧阳询九成宫全一册	25cm×14cm×40	632,500	中鸿信	2020-01-04
宋拓颜家庙碑拓片	32cm×20cm	20,700	上海驰翰	2020-05-10
宋拓虞恭公碑全一册	24.5cm×14cm×21	575,000	中鸿信	2020-01-04
宋拓虞书庙堂碑(潘世恩签跋)	27cm×15cm×42;跋36cm×23cm	69,000	广东崇正	2020-09-13
宋晏袤释鄐君开通褒斜道摩崖	38.5cm×26cm	10,350	十竹斋拍卖(北京)	2020-10-18
苏涧宽 题跋 商周彝器拓片	41cm×125.5cm	34,500	中国嘉德	2020-08-16
苏氏印略	25cm×17cm	23,000	朵云轩	2020-09-23
苏州林介侯 篆刻 根香馆主印存	25cm×12.5cm	21,850	十竹斋拍卖(北京)	2020-10-18
隋·苏孝慈·初拓无跋本	册页24cm×12cm	11,500	永乐拍卖	2020-12-04
隋佛说宝梁经沙门品第一拓本	26cm×14cm	11,500	泰和嘉成	2020-10-17
隋恒州刺史鄂国公为国劝造龙藏寺碑拓本	33cm×18cm	16,100	泰和嘉成	2020-10-17
隋姬夫人墓志	50cm×49cm	575,000	朵云轩	2020-09-23
隋龙藏寺碑(罗振玉题签装藏 邵章、邵锐递藏 毛怀题签、邵锐等跋)	30.4cm×16.7cm	632,500	北京保利	2020-12-05
隋龙藏寺碑拓本	31cm×17cm	34,500	泰和嘉成	2020-08-16
隋元公墓志	57cm×58cm	207,000	朵云轩	2020-09-23
遂盦印存	21.5cm×14cm	34,500	十竹斋拍卖(北京)	2020-10-18
孙壮题跋古牙璋拓本	143cm×60cm	46,000	中鸿信	2020-01-04
泰山金刚经摩崖集字	321cm×48.7cm	10,350	中贸圣佳	2020-10-16
泰山经石峪金刚经	55.5cm×49cm	97,750	中国嘉德	2020-08-16
泰山经石峪金刚经摩崖石刻	47cm×49cm×230	103,500	西泠印社	2020-08-07
泰山经石峪金刚经拓字集联	177cm×49cm×2	11,500	西泠印社	2020-08-07
泰山刻石	35cm×38cm	862,500	朵云轩	2020-09-23
泰山刻石汉魏碑阙二十一种墨拓	30.7cm×18.3cm	101,200	北京保利	2020-10-18
唐·房山石经(维摩经十四品十四册一套大全)		43,700	永乐拍卖	2020-12-04
唐·皇甫诞君碑·明拓丞然本·潘志万等跋	30cm×15cm	161,000	永乐拍卖	2020-12-04
唐·集王圣教序·明拓故字本·朱昌颐等跋		109,250	永乐拍卖	2020-12-04
唐·李秀碑·清晚期旧拓·王代功长跋	220cm×61cm	21,850	永乐拍卖	2020-12-04
唐·颜家庙碑·明淡墨精拓三为字本·出版底本		402,500	永乐拍卖	2020-12-04
唐八关斋会报德记拓本	35cm×22cm	36,800	泰和嘉成	2020-10-17
唐东方先生画赞碑	17.5cm×35cm	25,300	中国嘉德	2020-08-16
唐故翻经大德益州多宝寺道因法师碑拓本	30cm×17cm	11,500	泰和嘉成	2020-10-17
唐故土颖君墓志铭拓片、贾贵题《雨苍制砚拓片》一张、史可法 对联拓片一副(附端木蕻良题信封一枚)	尺寸不一	14,950	广东崇正	2020-06-27

拍品名称	物品尺寸	成交价RMB	拍卖公司	拍卖日期
唐圭峰定惠禅师碑	204cm×94cm	17,250	西泠印社	2020-08-07
唐郭氏家庙碑拓本	30cm×19cm	16,100	泰和嘉成	2020-08-16
唐怀仁集王羲之书三藏圣教序记	14.5cm×25.5cm	13,800	中国嘉德	2020-08-16
唐纪泰山铭摩崖	尺寸不一	25,300	中国嘉德	2020-08-16
唐敬节法师塔铭	20cm×9.5cm	23,000	朵云轩	2020-09-23
唐九成宫醴泉铭	32.8cm×19cm	67,850	十竹斋拍卖(北京)	2020-10-18
唐李北海书《娑罗树碑》明拓本	开本28.6cm×13.3cm	40,250	西泠印社	2020-08-07
唐李少温篆书谦卦碑拓本	37cm×15cm	29,900	泰和嘉成	2020-10-17
唐李卫公碑	9cm×18.5cm	11,500	中国嘉德	2020-07-18
唐庙堂碑等五种	尺寸不一	28,750	中国嘉德	2020-07-18
唐摹万岁通天帖、十七帖	27.5cm×13cm	40,250	朵云轩	2020-09-23
唐墓志十种	尺寸不一	12,650	十竹斋拍卖(北京)	2020-10-18
唐契苾明碑	140cm×316cm	17,250	中国嘉德	2020-08-16
唐钱塘县丞殷夫人碑拓本	175cm×63cm×2	34,500	泰和嘉成	2020-08-16
唐容州都督元结碑拓本	尺寸不一	18,400	泰和嘉成	2020-10-17
唐圣教序·心经拓本	35cm×21cm	34,500	泰和嘉成	2020-10-17
唐孙过庭书谱	35cm×31cm	103,500	中国嘉德	2020-08-16
唐同州圣教序 纸本	13.8cm×26cm	20,700	中国嘉德	2020-12-02
唐小字麻姑仙坛记拓本	33cm×17cm	23,000	泰和嘉成	2020-10-17
唐兴福寺碑等三种	尺寸不一	20,700	中国嘉德	2020-07-18
唐兴福寺残碑	开本31cm×17.3cm	13,800	西泠印社	2020-08-07
唐玄秘塔碑	16.5cm×27cm	36,800	中国嘉德	2020-08-16
唐玄秘塔碑	16cm×26.5cm	10,350	中国嘉德	2020-07-18
唐颜家庙碑	39cm×21.7cm	51,750	十竹斋拍卖(北京)	2020-10-18
唐颜家庙碑	27cm×19cm	13,800	泰和嘉成	2020-08-16
唐颜君庙碑	16.5cm×26cm	23,000	中国嘉德	2020-07-18
唐颜勤礼碑	尺寸不一	20,700	中国嘉德	2020-11-09
唐伊阙佛龛碑拓本	150cm×160cm	40,250	泰和嘉成	2020-10-17
唐伊阙佛龛碑拓本	31cm×18cm	21,850	泰和嘉成	2020-10-17
唐虞世南书孔子庙堂碑拓	35.2cm×19.4cm	17,250	北京保利	2020-10-18
唐云、方介堪题《八大样板戏印屏》	107.5cm×38.5cm	48,300	中国嘉德	2020-12-01
唐云藏明拓石门颂	27cm×16cm×74	230,000	中鸿信	2020-01-04
唐云麾将军碑等	尺寸不一	11,500	中国嘉德	2020-07-18
唐赠太尉益州大都督王公神道碑奉敕撰拓本	310cm×135cm	25,300	中鸿信	2020-01-04
唐中兴颂摩崖拓本	34cm×20cm	32,200	泰和嘉成	2020-10-17
陶北溟 朱铸禹递藏 西周·虢季子白盘·朱拓本	70cm×34cm	55,200	永乐拍卖	2020-12-04
天龙山石尊	62.5cm×121cm	23,000	中国嘉德	2020-07-18
帖·渤海藏真帖4册8卷全一套		28,750	永乐拍卖	2020-12-04
帖·圣母帖·启功题跋·明拓明装本	35cm×21cm	460,000	永乐拍卖	2020-12-04
帖·颜真卿书争座位稿·明中晚期精拓·冠字本	37cm×19cm	71,300	永乐拍卖	2020-12-04
铁书冣录 明·何震篆刻,易均室辑	板框16.8cm×9.8cm;开本27.4cm×15.3cm	34,500	西泠印社	2020-08-09
铁云藏印三集	板框14cm×8.8cm;开本28.4cm×16.8cm	23,000	西泠印社	2020-08-09
听潮室钟鼎释篆 册页(三十六开)	尺寸不一×36	575,000	中国嘉德	2020-12-04
听鹂轩印稿	20.4cm×13cm	20,700	中贸圣佳	2020-10-16
停云馆法帖	29cm×14cm	57,500	中贸圣佳	2020-10-16
拓本《争座位贴》册页	31cm×12cm	13,800	中国嘉德	2020-11-12
拓孔子庙碑(34页)册页	24cm×13cm×34	11,500	北京翰海	2020-09-12
瓦当拓片(端方题自藏瓦当)旧拓	141cm×39cm	13,800	中贸圣佳	2020-10-16
晚清民国苏州地区名家撰文、书丹碑记、墓志一组	尺寸不一	287,500	西泠印社	2020-08-07
万中立藏商虎斝朱拓本	107cm×52cm	92,000	中鸿信	2020-01-04
王鳌 同请帖 镜心	22cm×17.5cm	1,265,000	永乐拍卖	2020-12-02
王冰铁印存	开本30cm×13.3cm	26,450	西泠印社	2020-08-07
王个簃篆刻 霜茶阁印存	28cm×13cm	25,300	十竹斋拍卖(北京)	2020-10-18

(续表)

拍品名称	物品尺寸	成交价RMB	拍卖公司	拍卖日期
王谷祥 布衣帖,志草帖 镜心	尺寸不一	782,000	永乐拍卖	2020-12-02
王谷祥 抵借帖　镜心	24.7cm×44cm	747,500	永乐拍卖	2020-12-02
王戟门旧藏清汉群臣上寿刻石纸本	10cm×17.5cm	13,800	中国嘉德	2020-12-02
王居士砖塔铭	尺寸不一	34,500	朵云轩	2020-09-23
王仁堪题跋 颜鲁公争座位帖	31cm×15.5cm	92,000	十竹斋拍卖(北京)	2020-10-18
王世昭题跋《唐褚书雁塔圣教序》	开本31.7cm×18.5cm	28,750	西泠印社	2020-08-07
王澍 李鸿裔 题跋 清绍兴米帖 纸本	17cm×25cm	1,725,000	中国嘉德	2020-12-02
王绪祖、王崇烈题跋《益公钟拓本》	130cm×37.2cm	103,500	西泠印社	2020-08-07
王绪祖、王崇烈题跋《周句鑃拓本》	130cm×37.2cm	109,250	西泠印社	2020-08-07
王宇春 辑 三砚斋金石编	12cm×19.2cm	43,700	中国嘉德	2020-11-09
王穉登 索画帖　镜心	25.5cm×20.5cm	690,000	永乐拍卖	2020-12-02
揭叔孜藏秦汉印存	半框13.5cm×8cm; 开本31.5cm×14cm	11,500	西泠印社	2020-08-07
卫景武公李靖碑	22.5cm×11cm	92,000	朵云轩	2020-09-23
魏封孔羡宗圣侯之碑(顾慎斋藏本)	开本37.1cm×27.1cm	293,250	永乐拍卖	2020-12-04
魏故根法师之碑(马鸣寺碑)拓	32.6cm×16.2cm	101,200	北京保利	2020-10-18
魏孔羡碑	21.5cm×12cm	195,500	朵云轩	2020-09-23
魏刘玉墓志	54cm×50cm	17,250	中国嘉德	2020-07-18
魏龙门造像三品	18.7cm×25.3cm	17,250	中国嘉德	2020-11-09
魏造像	尺寸不一	17,250	中国嘉德	2020-07-18
魏郑道昭书观海童诗	40cm×122cm	115,000	中国嘉德	2020-07-18
魏郑文公碑	200cm×354cm	69,000	北京保利	2020-12-05
魏郑文公下碑	39.5cm×23.5cm	23,000	十竹斋拍卖(北京)	2020-10-18
文彭 1563年作 图书帖　镜心	26.5cm×49.5cm	1,092,500	永乐拍卖	2020-12-02
文彭 赏鉴帖 镜心	27.5cm×51.5cm	1,495,000	永乐拍卖	2020-12-02
文彭 制印帖、拜谒帖 镜心	27.5cm×26.5cm×2	2,415,000	永乐拍卖	2020-12-02
文徵明 酬应帖 镜心	27.5cm×36.5cm	1,150,000	永乐拍卖	2020-12-02
文徵明 奉诗帖　镜心	25cm×44cm	3,220,000	永乐拍卖	2020-12-02
文徵明 旅泊帖、顾访帖　镜心	尺寸不一	2,645,000	永乐拍卖	2020-12-02
文徵明 人事帖　镜心	26.5cm×36.7cm	1,092,500	永乐拍卖	2020-12-02
翁方纲、黄易、钱坫等诸家题陈焯旧藏《汉祀三公山碑》	开本32.2cm×18cm	69,000	西泠印社	2020-08-07
翁方纲、铁保等清代名贤印存	15cm×26cm	14,950	中国嘉德	2020-08-16
翁同龢题跋《小字麻姑仙坛记》	开本17.5cm×6.3cm	80,500	西泠印社	2020-08-07
褱庐印存稿本	20cm×13cm	51,750	十竹斋拍卖(北京)	2020-10-18
无量义经拓本	32cm×22cm	12,650	泰和嘉成	2020-10-17
吴禅国山碑拓本	170cm×260cm	17,250	泰和嘉成	2020-10-17
吴昌硕自用印集	11cm×18cm	20,700	中国嘉德	2020-07-18
吴大澂 赠王懿荣《秦石权拓本》	134cm×33 cm	805,000	十竹斋拍卖(北京)	2020-10-18
吴大澂勘跋古器物墨拓(三昧精舍藏)	38cm×43cm	575,000	北京保利	2020-12-05
吴湖帆、褚德彝题跋虞司徒北征备拓本	63.5cm×31cm	103,500	朵云轩	2020-09-24
吴湖帆题跋《周郑公牼钟全形拓》(陈子清手拓本)	诗堂34.5cm×31cm; 拓片45.5cm×29cm	552,000	西泠印社	2020-08-07
吴湖帆题陈介祺监拓秦琅琊台刻石册页	拓片25.4cm×16cm; 外板32.2cm×22.2cm	690,000	华艺国际	2020-10-16
吴宽 面议帖　镜心	24cm×27.5cm	1,667,500	永乐拍卖	2020-12-02
吴曼公 藏跋 金石杂拓 纸本	尺寸不一	51,750	中国嘉德	2020-12-02
吴平 我思斋吴平印拓 抱残守缺 浅深聚散万收一取 堪白刻画留痕	尺寸不一	13,800	上海驰翰	2020-09-24
吴绍璘藏郑文公碑拓本	26.5cm×13cm×2	20,700	中鸿信	2020-01-04
吴式芬 辑 双虞壶斋印存	14.5cm×16cm	13,800	中国嘉德	2020-07-18
吴隐 辑 遯盦秦汉古铜印谱 纸本	9.5cm×13.7cm	23,000	中国嘉德	2020-12-02
吴隐 辑 古今楹联汇刻 十二卷 首集一卷 外集一卷 纸本	27.5cm×29.8cm	23,000	中国嘉德	2020-12-02
吴隐旧藏《齐侯钟》全形拓	44cm×58cm	24,150	北京保利	2020-10-18
吴越武肃王登云台题字拓片	77.5cm×62cm	34,500	朵云轩	2020-09-23
吴云、潘伯鹰递藏 明拓 苏东坡书罗池庙诗		178,250	永乐拍卖	2020-12-04
吴云旧藏西周师酉簋拓本	22cm×17cm×2	13,800	中鸿信	2020-01-04
武进陶氏印谱	21.4cm×13.2cm	10,350	中贸圣佳	2020-10-16
武慕姚题跋汉画像砖拓本	30.5cm×520cm	18,400	中鸿信	2020-01-04
西泠三家印谱	各19.9cm×12.2cm	11,300	香港苏富比	2020-07-10
西泠四家印谱	20.5cm×12.5cm	17,250	北京保利	2020-10-18
西泠四家印谱	26.8cm×12.8cm	13,800	中贸圣佳	2020-10-16
西清砚谱	20cm×13cm	25,300	泰和嘉成	2020-10-17
西狭颂	29cm×15cm	713,000	朵云轩	2020-09-23
西狭颂	37cm×17cm	11,500	泰和嘉成	2020-08-16
西厓刻竹拓本	36.3cm×20.2cm	10,350	北京保利	2020-10-18
西周·大盂鼎铭文	37cm×20cm×2	51,750	永乐拍卖	2020-12-04
西周戈父乙爵全形拓本	68cm×45cm	11,500	中鸿信	2020-01-04
西周逑盘铭文拓本	39cm×33cm	28,750	中鸿信	2020-01-04
西周散氏盘拓本册	53cm×46cm	11,500	中鸿信	2020-01-04
西周兮甲盘拓本	32cm×28cm	51,750	中鸿信	2020-01-04
西周早期(旅皿)妇鼎全形拓本	69cm×46cm	51,750	中鸿信	2020-01-04
稀见印谱《铜鼓书堂藏印四卷》	半框20.5cm×14.3cm; 开本29.3cm×18.5cm	322,000	西泠印社	2020-08-07
先秦·宗妇方壶两种 晚清民国旧拓	247cm×47cm×2	17,250	永乐拍卖	2020-12-04
襄阳郡张氏墓志 册页	尺寸不一	109,250	中国嘉德	2020-12-04
校注项氏历代名瓷图谱	开本39.8cm×27.6cm	43,700	西泠印社	2020-08-07
谢国桢 题跋 秦汉瓦当 纸本	20cm×22cm	40,250	中国嘉德	2020-12-02
谢氏瓠庐殷墟遗文	31cm×18cm×8	575,000	中鸿信	2020-01-04
辛亥(1671)作 髡残 尝观帖 册页	23cm×47cm	1,725,000	中国嘉德	2020-08-17
新莽衡杆 新莽环权	67cm×32cm	80,500	中国嘉德	2020-08-16
新莽诏书铜衡杆拓本	27cm×67cm	40,250	中鸿信	2020-01-04
星凤楼帖	27cm×16cm×10	172,500	中鸿信	2020-01-04
徐穆如自藏本 嘘云阁印存	6.5cm×17.3cm	25,300	中国嘉德	2020-07-18
徐乃昌藏青铜器铭文拓本五十五种	28cm×20cm	195,500	泰和嘉成	2020-10-17
徐乃昌藏歙县程氏钟鼎彝器款识	31cm×29cm×4	109,250	中鸿信	2020-01-04
玄秘塔碑	26cm×12.5cm	690,000	朵云轩	2020-09-23
璇玑回文图	27.5cm×124cm	34,500	中国嘉德	2020-07-18
雪浪斋苏帖等墨拓四种	尺寸不一	18,400	北京保利	2020-10-18
颜鲁公楷书八关斋记墨拓	36.4cm×23cm	78,200	北京保利	2020-10-18
雁塔圣教序	30.5cm×17.7cm	13,800	中贸圣佳	2020-10-16
杨淮表记、孔庙碑、杨孟文颂墨拓三种(孑庐题签)	34.3cm×20.8cm	25,300	北京保利	2020-10-18
杨鹿鸣 题跋 晋义熙十年砖 宋元嘉廿五年砖	40.5cm×108.5cm	13,800	中国嘉德	2020-08-16
杨一清《书药帖》二开 册页	29cm×39.5cm; 29cm×42cm	782,000	中国嘉德	2020-08-17
杨震方《碑帖叙录》手稿一组	尺寸不一	20,700	西泠印社	2020-08-07
姚华 题签 云峰山全刻	19cm×31cm	184,000	中国嘉德	2020-08-16
姚华 题释青铜朱拓	30cm×36cm×4	23,000	瀚成拍卖	2020-01-05
姚华手拓 秦·泰山刻石		322,000	永乐拍卖	2020-12-04
姚有则旧藏先秦·毛公鼎铭文并全形拓	242cm×85cm	517,500	永乐拍卖	2020-12-04
叶德辉题序 清·鲍康 著 观古阁铁泉谱	23cm×15cm	322,000	十竹斋拍卖(北京)	2020-10-18
邺城古陶文千品	28.5cm×18cm	28,750	中鸿信	2020-01-04
佚名 杨英风 兰亭十三跋拓本; 文徵明小楷《孝经》拓本; 镇纸观音像一对; 端砚;《阅微草堂砚谱》; 明天启元年磨尽思王才八斗墨	尺寸不一×6	35,766	中国嘉德	2020-10-09
易均室 金元两朝官印 立轴	63cm×24.5cm	172,500	泰和嘉成	2020-10-17
易均室《稆园十二础拓》	37cm×21cm	57,500	十竹斋拍卖(北京)	2020-10-18
易均室旧藏古印甄	23.8cm×13cm	17,250	中鸿信	2020-01-04
寅斋所得金文 册页	尺寸不一	63,250	中国嘉德	2020-12-04
尹伯圜旧藏 窓斋金文集册 拓本	尺寸不一	115,000	江苏盛得	2020-01-12
尹宙碑	24.5cm×12cm	322,000	朵云轩	2020-09-23
印存玄览四卷	半框20cm×13cm; 开本26.5cm×16.3cm	299,000	西泠印社	2020-08-07
印蜕一组	34cm×34cm	16,100	北京保利	2020-10-18
颍上本黄庭经	22cm×40cm	17,250	中鸿信	2020-01-04
颍上兰亭石刻	128.5cm×38cm	63,250	中国嘉德	2020-11-09

(续表)

拍品名称	物品尺寸	成交价RMB	拍卖公司	拍卖日期
雍正、乾隆御笔拓片二种	尺寸不一	109,250	中国嘉德	2020-11-09
游寿藏拓 纸本	尺寸不一	78,200	中国嘉德	2020-12-02
于右任题跋《前秦广武将军碑拓本》	153.5cm×72cm	115,000	西泠印社	2020-08-07
于右任题昭陵六骏拓本	134cm×200cm	103,500	泰和嘉成	2020-10-17
俞弇珊印谱 民国间钤印本	21cm×15.5cm	10,350	中鸿信	2020-01-04
俞樾 节临汉祀三公山碑	199cm×49cm	34,500	十竹斋拍卖（北京）	2020-10-18
玉版十三行	31cm×27cm	69,000	十竹斋拍卖（北京）	2020-10-18
玉版十三行（清初原拓 采字不损本）	30.5cm×16.5cm	253,000	北京保利	2020-12-05
玉虹楼法帖十二卷 石刻四卷	开本30cm×13cm	92,000	西泠印社	2020-08-07
郁孤台法帖宋徽宗赵佶草书千字文纸本	55cm×35.5cm	3,565,000	中国嘉德	2020-12-02
御制钤印本《盛京宝谱》	40cm×27.5cm	437,000	北京保利	2020-10-18
岳王庙碑刻拓本	35cm×1585cm	34,500	西泠印社	2020-08-07
云峰山刻四十一种拓本	48cm×36cm	172,500	泰和嘉成	2020-10-17
臧懋循 万全帖 镜心	22.5cm×18cm	667,000	永乐拍卖	2020-12-02
张丹农印蜕	29cm×116cm	48,300	中国嘉德	2020-08-16
张骏 门生帖 册片	22.5cm×42.5cm	2,185,000	中国嘉德	2020-08-17
张猛龙碑	24cm×14cm	25,300	朵云轩	2020-09-23
张树侯题跋东汉禹伯石题字拓本	60cm×54cm	17,250	中鸿信	2020-01-04
张裕钊《南宫县学记》拓本	22cm×13cm	17,250	广东崇正	2020-09-13
张祖翼 题跋 清 唐凤翔府岐山县凤栖乡周公祠灵泉碑 纸本	12cm×24cm	23,000	中国嘉德	2020-12-02
长乐未央瓦当砚拓（林兆禄题跋）	25.5cm×63.5cm	11,500	北京保利	2020-12-05
赵古泥篆刻 王哲言辑 槐荫层晖庐藏印选	22cm×15.3cm	36,800	十竹斋拍卖（北京）	2020-10-18
赵孟頫三门记两种（徐石雪跋赵文敏书玄妙观重修三门记附墨迹照片册）	尺寸不一	86,250	北京保利	2020-12-05
赵叔孺摹《郭有道碑》并吴大澂临刻拓本	32cm×42cm	276,000	朵云轩	2020-09-23
赵撝叔印谱初集、二集	半框18.5cm×13.5cm; 开本30cm×18cm	43,700	西泠印社	2020-08-07
赵之谦题跋汉杨孟文石门颂（沈树镛等题签）	33.3cm×20.4cm	517,500	北京保利	2020-12-05
蛰园藏帖三种（石父装并题）	32.5cm×19.8cm	13,800	北京保利	2020-10-18
贞松堂藏器墨影续集	25cm×18cm	126,500	泰和嘉成	2020-10-17
珍珠宝石谱	开本28cm×19cm	11,500	西泠印社	2020-08-07
证常庵器物之名	尺寸不一	149,500	朵云轩	2020-09-23
郑簠1690年作 隶书录《鲁峻碑》立轴	165cm×50cm	345,000	华艺国际	2020-12-05
周瞿拓	45.5cm×31.5cm	11,500	中国嘉德	2020-11-09
周冉鼎并铭文 周戈垒并铭文	尺寸不一	34,500	中国嘉德	2020-08-16
周天球 春游帖 镜心	25cm×17.5cm	943,000	永乐拍卖	2020-12-02
周希丁手拓孙壮旧藏《西周门射甗》全形拓	68cm×54cm	13,800	西泠印社	2020-08-07
周子祖乙瓦	50.5cm×63cm	25,300	中国嘉德	2020-07-18
朱景旧藏《水前拓本瘗鹤铭》（朱景、汪鋆等题跋）	开本28cm×15.5cm	3,967,500	西泠印社	2020-08-07
朱孔阳旧藏 苏石仓篆刻 樵汉印存	20cm×12cm	23,000	十竹斋拍卖（北京）	2020-10-18
朱士林篆刻 汉马蔺馆精选存印	26cm×15cm	17,250	十竹斋拍卖（北京）	2020-10-18
朱拓《郑文公上碑》	268cm×115cm	32,200	西泠印社	2020-08-07
朱雨香 癸未(1943)作 治家格言印屏四条屏	104cm×21cm×4	11,500	中国嘉德	2020-07-17
朱宗吉 秋气帖 镜心	22cm×19.5cm	310,500	永乐拍卖	2020-12-02
珠联璧合百将百美印谱	半框14.5cm×9.2cm; 开本20cm×13cm	40,250	西泠印社	2020-08-07
竹叶碑拓片	22cm×12.5cm	11,500	上海驰翰	2020-05-10
砖文拓	36cm×65cm	13,800	中国嘉德	2020-07-18
滋蕙堂墨宝八卷	24cm×26.7cm	13,800	中国嘉德	2020-07-18
子昂集小楷过秦论	28cm×28.5cm	34,500	中国嘉德	2020-07-18
邹安题跋《周智鼎已剔印本》民国间《小校经阁经文拓本》珂罗版	画心28cm×25.5cm; 题跋32cm×36.8cm×2	57,500	西泠印社	2020-08-07

拍品名称	物品尺寸	成交价RMB	拍卖公司	拍卖日期
"德国音乐巨匠"理查德·瓦格纳(Richard Wagner)有关成名作《黎恩济》首演的亲笔信	28cm×23cm	92,000	北京保利	2020-12-04
"德国著名女钢琴家"克拉拉·舒曼(Clara Schumann)亲笔信	22.5cm×18cm	17,250	保利厦门	2020-09-26
"法国大文豪"维克多·雨果(Victor Hugo)关于一次艳遇的亲笔信，附证书	12.5cm×12.5cm	34,500	北京保利	2020-10-18
"法国著名人道主义作家"罗曼·罗兰(Romain Rolland)于1922年–1938年间致法国著名作家皮埃尔·儒佛夫人安德蕾·儒佛(Andrée Jouve)信札一组23通共73面，附实寄封4枚	尺寸不一	97,750	北京保利	2020-10-18
"法兰西第一帝国的缔造者"拿破仑(Napoleon Bonaparte)于1813年致"法兰西战争部长"费尔特雷公爵(Duc de Feltre)有关运输预算问题的亲笔签名信函，附证书	22.5cm×18cm	25,300	北京保利	2020-10-18
"美国最伟大总统之一"富兰克林·罗斯福(Franklin D. Roosevelt)亲笔签署委任状	26cm×20cm	18,400	北京保利	2020-10-18
"诺贝尔文学奖得主"圣-琼·佩斯亲笔信函	26cm×16.6cm	20,700	中国嘉德	2020-08-18
"欧洲的祖母"维多利亚女王(Queen Victoria)致威尔顿伯爵夫人亲笔信1通2页，附原信封及证书	17cm×10.7cm	13,800	北京保利	2020-10-18
"欧洲开明专制和启蒙运动的代表人物之一"腓特烈大帝(Frederick the Great)亲笔签名信，附证书	23.5cm×19cm	40,250	北京保利	2020-10-18
"西藏四人代表团"与贵族专政		69,000	永乐拍卖	2020-12-03
"现代绘画大师"夏加尔亲笔明信片	8cm×13cm	11,500	中国嘉德	2020-12-01
"意大利著名音乐家"普契尼(Giacomo Puccini)手书代表作《波希米亚人》乐谱	11.5cm×9cm	28,750	保利厦门	2020-09-26
《爱丽丝梦游仙境》作者查尔斯·道奇森亲笔信函	14cm×9cm	23,000	中国嘉德	2020-12-01
1806年作 伊秉绶 行书手札	24.5cm×13cm	115,000	中鸿信	2020-01-04
1845年作 清道光二十五年封武访畴父母诰命 手卷	32cm×275cm	46,000	中国嘉德	2020-11-12
1900年八国联军攻占北京慈禧挟光绪帝逃往西安手书随从人员名单1纸	27cm×140cm	69,000	北京保利	2020-10-18
1924年作 汪原放致胡适信札、汪孟邹致陈独秀信札、《胡適许怡荪通信集》手抄本三册	尺寸不一	943,000	华艺国际	2020-10-16
1952年 谢觉哉致重庆市人民政府信札	24cm×16.5cm	11,500	中贸圣佳	2020-10-16
1955年作 中国美协致中国文联关于"齐白石生活开支"信函一通	27cm×18cm	17,250	十竹斋拍卖（北京）	2020-10-18
1963年作 容庚 信札一通一页	26cm×17.5cm	20,700	广东崇正	2020-09-13
1965年高二适 致章士钊有关兰亭论辩的重要信札一通	31.5cm×44cm	172,500	十竹斋拍卖（北京）	2020-10-18
1968年 1986年李敖致王尚勤信札复印件、李敖母亲张贵贞致王尚勤信札	尺寸不一	10,350	中贸圣佳	2020-10-16
1976年作 刘海粟 行书信札	20cm×33cm	11,500	上海嘉禾	2020-11-05
1977年作 刘海粟 致严桂荣信札 纸片	25cm×45cm	20,700	江苏龙城	2020-11-05
1979年 李敖致王尚勤信札	38.4cm×26.5cm	14,950	中贸圣佳	2020-10-16
1979年作 冯其庸 致刘海粟信札 手卷	35cm×248cm	149,500	江苏龙城	2020-11-05
1982年施蛰存书法《七绝四首》，附实寄封及出版物	31.5cm×21.5cm	17,250	北京保利	2020-10-18
1983年作 赖少其 等有关编撰《藏画》之信札 文稿及出版文献	尺寸不一	43,700	十竹斋拍卖（北京）	2020-10-18
1986年 李敖致王尚勤信札	26.7cm×19.1cm	36,800	中贸圣佳	2020-10-16
1986年 李敖致王尚勤信札	26.7cm×19.1cm	26,450	中贸圣佳	2020-10-16
1986年启功致欧志培信札1通1页，附原信封	26.5cm×19cm	23,000	北京保利	2020-10-18
1990年作 姚雪垠行书一帧、致王渭信一通一页附寄封一枚 镜片	29cm×21cm; 26cm×38cm	17,250	广东崇正	2020-09-13

（续表）

拍品名称	物品尺寸	成交价RMB	拍卖公司	拍卖日期
2000年前后 俞伟超相关资料一批	尺寸不一	11,500	中贸圣佳	2020-10-16
2015年 李敖、王尚勤信札	尺寸不一	10,350	中贸圣佳	2020-10-16
40-50年代 谢觉哉《关于生产救灾》补充提示	25.8cm×17.6cm	23,000	中贸圣佳	2020-10-16
50年代 谢觉哉致邓洪信札	24.5cm×15cm	11,500	中贸圣佳	2020-10-16
90年代艾青周一良等人致俞伟超信札	尺寸不一	23,000	中贸圣佳	2020-10-16
艾森豪威尔威尔 魏德迈 张群 等 约1957至1983年作 致蒋介石及侍从刘垕新年贺卡、信札等一批		57,500	西泠印社	2020-08-09
爱尔兰作家詹姆斯·乔伊斯 亲笔信函	18cm×19cm	34,500	中国嘉德	2020-08-18
爱因斯坦 1946年作 致妹夫温特勒有关妹妹玛雅病情之长篇家书	27.5cm×21cm	80,500	西泠印社	2020-08-09
巴金 致黄力信札	尺寸不一	66,700	广东崇正	2020-09-13
巴金致吴青信札	26.3cm×18.8cm	10,350	中鸿信	2020-01-04
包世臣 致余鼎信札	22cm×12cm	57,500	朵云轩	2020-09-23
薄一波 致罗元贞教授信札1通，附原信封	26.5cm×18cm; 21cm×8.5cm	57,500	保利厦门	2020-09-26
波德莱尔 1858年8月15日作 致银塔餐厅赊账信及相关法院文件	25cm×17cm×2	63,250	西泠印社	2020-08-09
蔡守 谈月色 致黄仲琴信札九通	尺寸不一	40,250	十竹斋拍卖（北京）	2020-10-18
蔡元培 致王云五信札 镜框	26.3cm×17.8cm	266,414	香港苏富比	2020-10-08
曹锟信札1通1页	25.5cm×16cm	20,700	北京保利	2020-10-18
册封正副使赵文楷李鼎元册封琉球事竣即将回闽奏折	32cm×9cm	34,500	泰和嘉成	2020-10-17
曾国藩致英翰信札	11.5cm×25cm	57,500	中国嘉德	2020-12-02
曾克端 致二弟手札 手卷	130cm×34.4cm	213,620	香港苏富比	2020-11-26
曾铣 致石洲先生帖 镜片（信二页，跋二页）	尺寸不一	483,000	西泠印社	2020-08-08
陈宝琛致劳乃宣诗稿1通1页	22cm×12cm	14,950	北京保利	2020-10-18
陈宝琛致劳乃宣诗稿1通1页	22cm×12cm	14,950	北京保利	2020-10-18
陈诚·张群·何应钦等 致刘廉克信札一批	尺寸不一	92,000	中鸿信	2020-01-04
陈崇礼、张安保等 信札壹册	尺寸不一	40,250	广东崇正	2020-09-13
陈大齐 赵之远 赵乃抟 致阮毅成有关竺可桢等诗札三通	尺寸不一	34,500	西泠印社	2020-08-09
陈迪书札（一页）	23.5cm×16.5cm	13,800	北京保利	2020-10-18
陈衡哲 致陆蔚如信札	18.5cm×28.5cm	34,500	广东崇正	2020-09-13
陈继儒 行书札 册片	27.5cm×52.5cm	517,500	中国嘉德	2020-08-17
陈继儒 手札	25.5cm×15cm	402,500	朵云轩	2020-09-24
陈继儒 手札（二件）	25cm×15cm×3; 25cm×12.8cm	414,000	朵云轩	2020-09-24
陈继儒 手札（二件）	25cm×30.5cm; 25cm×14.5cm	322,000	朵云轩	2020-09-24
陈继儒 信札一通	23.5cm×20.5cm×2	828,000	中国嘉德	2020-08-17
陈介祺 信札	22.7cm×10.5cm	23,000	广东崇正	2020-09-13
陈康祺 书札	尺寸不一	14,950	永乐拍卖	2020-12-04
陈立夫 信札一通	29cm×16cm	17,250	永乐拍卖	2020-12-04
陈良谟 代庖半月帖 镜片（信一页，跋二页）	画心27.5cm×18cm; 题跋35cm×20.5cm×2	230,000	西泠印社	2020-08-08
陈龙正 渴欲一晤帖 镜片（信四页，跋二页）	画心25.5cm×12cm×4; 题跋35cm×20.5cm×2	345,000	西泠印社	2020-08-08
陈芹 致秋涧词家札 镜心	26.5cm×34cm	207,000	北京保利	2020-10-18
陈三立、钱振常、樊增祥等致谭献信札及诗稿4通14页	尺寸不一	26,450	北京保利	2020-10-18
陈叔通 约1944至1947年作 致阮毅成有关土地重新测量之意见等信札四通	25.5cm×14cm×6	86,250	西泠印社	2020-08-09
陈沂致顾璘信札	69.5cm×24.3cm	184,000	中国嘉德	2020-12-02
陈寅恪 汤用彤 李济 朱家骅 等 西南联大时期致姚从吾信札九通		667,000	西泠印社	2020-08-09
陈与义 行书书札 镜芯	45cm×30cm	851,000	中鸿信	2020-01-04
陈通声 高邕 卞綍昌 等 致吴昌硕、高邕信札书法册（十八页）册页	尺寸不一；册页34cm×22cm	92,000	西泠印社	2020-08-09
陈垣致张伯桢信札1通1页	25cm×15.5cm	46,000	北京保利	2020-10-18
陈云、黄际、崔耕、姜德明 致端木蕻良六通七页连五寄封，章草书法一帧。		10,350	广东崇正	2020-06-27
陈之佛 解放战争时期致阮毅成有关余姚驻军长信	33cm×18.5cm×3	172,500	西泠印社	2020-08-09
程十髪 致程熙手札二通 镜心（二通四页）	(一)34cm×21.8cm×4; (二)33.5cm×44.2cm	51,750	中国嘉德	2020-12-02
澂之 致"与治"书札一开 册片	20.5cm×19.5cm	126,500	中国嘉德	2020-08-17
崇实 奏折	9.5cm×21.3cm	46,000	中国嘉德	2020-11-09
崇熙 唐树楠 刘恩黻 韩桂 书札	尺寸不一	23,000	永乐拍卖	2020-12-04
淳斋旧藏 陈宝箴致梁鼎芬等信札	尺寸不一	57,500	中国嘉德	2020-08-16
淳斋旧藏 陈三立致梁鼎芬信札	尺寸不一	28,750	中国嘉德	2020-08-16
淳斋旧藏 端方致延清信札	18cm×29cm	46,000	中国嘉德	2020-08-16
淳斋旧藏傅增湘致复斋、西园主人信札	尺寸不一	36,800	中国嘉德	2020-08-16
淳斋旧藏 胡林翼致王成璐信札	12.7cm×23cm	149,500	中国嘉德	2020-08-16
淳斋旧藏 黄绍箕致梁鼎芬信札	尺寸不一	55,200	中国嘉德	2020-08-16
淳斋旧藏 蒋敦复致寔庵先生信札	12.5cm×23.2cm	13,800	中国嘉德	2020-08-16
淳斋旧藏 金梁致介百仁兄信札	尺寸不一	23,000	中国嘉德	2020-08-16
淳斋旧藏 康有为致铁羽信札	13cm×17.7cm	92,000	中国嘉德	2020-08-16
淳斋旧藏 劳乃宣致宝熙、仲鲁等信札	12.3cm×21.7cm	94,300	中国嘉德	2020-08-16
淳斋旧藏 李宗瀚信札二通	7.2cm×15.8cm	59,800	中国嘉德	2020-08-16
淳斋旧藏 梁启超信札一通	18.5cm×27.5cm	43,700	中国嘉德	2020-08-16
淳斋旧藏 梁启超致抚帅信札	25cm×20.5cm	115,000	中国嘉德	2020-08-16
淳斋旧藏 梁启超致刘显治信札	13cm×22.5cm	40,250	中国嘉德	2020-08-16
淳斋旧藏 罗振玉致董瑞椿信札	12.5cm×22.5cm	13,800	中国嘉德	2020-08-16
淳斋旧藏 缪荃孙致润田仁兄信札	尺寸不一	13,800	中国嘉德	2020-08-16
淳斋旧藏 商衍瀛致绍敏仁兄信札	尺寸不一	28,750	中国嘉德	2020-08-16
淳斋旧藏 汤寿潜致仲英信札	尺寸不一	43,700	中国嘉德	2020-08-16
淳斋旧藏 姚朋图致紫卿先生信札	尺寸不一	20,700	中国嘉德	2020-08-16
淳斋旧藏 俞樾致徐琪信札	尺寸不一	46,000	中国嘉德	2020-08-16
淳斋旧藏 张元济致夫子大人信札	12.7cm×23cm	112,700	中国嘉德	2020-08-16
淳斋旧藏朱祖谋致吴昌绶、周家谦信札	尺寸不一	34,500	中国嘉德	2020-08-16
淳斋旧藏 庄蕴宽致龄九、竺翁信札	13cm×24.5cm	25,300	中国嘉德	2020-08-16
达尔文 1867年6月19日作 致博物学家萨尔特有关施以援手的亲笔信	24.5cm×20cm	69,000	西泠印社	2020-08-09
大方黄金帖、手札二件	22cm×12.5cm×2	41,400	北京保利	2020-10-18
大方诗稿、便笺、信札一组	尺寸不一	23,000	北京保利	2020-10-18
大方书法信札二帧（二幅）	尺寸不一	14,950	北京保利	2020-10-18
大方书札一组	尺寸不一	10,350	北京保利	2020-10-18
戴笠 戴笠致书田信札	21.5cm×30.2cm	80,500	中国嘉德	2020-08-16
戴笠 致介民信札一通三页 镜片	24cm×10.5cm×3	115,000	广东崇正	2020-09-13
戴笠 致孔祥熙信札一通两页	27cm×17cm×2	57,500	中鸿信	2020-01-04
道光朝名人致穆彰阿信札	尺寸不一	632,500	广东崇正	2020-09-13
道光帝朱批两广总督耆英、广东巡抚徐广缙奏折及夹片共2纸，附封套	21cm×68cm; 21.5cm×19cm	63,250	北京保利	2020-10-18
道光二十八年（1848）顺天府秋审案例册一本		25,300	北京保利	2020-12-04
道光贰拾贰年（1842）捌月初拾呈奏皇帝圣诞一件		28,750	北京保利	2020-10-23
道光武拾伍年德兴之父母奉天诰命手卷	32cm×188cm	59,800	上海驰翰	2020-09-24
德国思想家恩格斯关于第一共产国际重要信函	180cm×115cm	920,000	中国嘉德	2020-12-01
德国物理学家爱因斯坦亲笔信函	17.3cm×11.5cm	138,000	中国嘉德	2020-12-01
德沃夏克1883年7月2日作关于酝酿《A小调小提琴协奏曲》等新作的亲笔信	28cm×22.5cm	92,000	西泠印社	2020-08-09
邓散木、江孔殷、马公愚、易大厂等致简琴斋信札、词稿壹函	尺寸不一	230,000	广东崇正	2020-09-13
殿试卷	30cm×11.5cm	23,000	泰和嘉成	2020-10-17
丁宝桢 撰书 清 请安折 纸本	9.5cm×21.5cm	48,300	中国嘉德	2020-12-02
丁宝桢致英翰信札	13cm×23.2cm	97,750	中国嘉德	2020-12-02
丁宝桢致英翰信札	13cm×23.3cm	48,300	中国嘉德	2020-12-02
丁宝桢致英翰信札	15cm×23cm	46,000	中国嘉德	2020-12-02
丁宝桢致英翰信札	12.8cm×23.2cm	36,800	中国嘉德	2020-12-02

(续表)

拍品名称	物品尺寸	成交价RMB	拍卖公司	拍卖日期
丁福保 致丁能照信札一通	27cm×13.5cm	11,500	十竹斋拍卖(北京)	2020-10-18
丁福保 致荣德生信札一通	26cm×17.5cm	11,500	十竹斋拍卖(北京)	2020-10-18
丁云鹏 致"伯仁"札 册片	24.5cm×21cm	667,000	中国嘉德	2020-08-17
丁振铎、高剑中等清人书札杂录册	30.6cm×17cm	23,000	北京保利	2020-10-18
东皋心越 清 尺牍 立轴	25.5cm×43.5cm	90,525	佳士得	2020-11-18
董必武等 致张鲁泉等信札册及文献	尺寸不一	724,500	广东崇正	2020-09-13
董其昌 明 行书信札 册页(六开)	24.2cm×9.5cm×9	213,000	佳士得	2020-12-02
董其昌 手札	28cm×15.5cm	1,265,000	朵云轩	2020-09-24
董其昌 手札	23cm×14cm	575,000	朵云轩	2020-09-24
董作宾 致妻信札二通二开	30cm×18cm×2	43,700	上海驰翰	2020-05-10
董作宾 致妻信札一通二开	27cm×16cm×2	16,100	上海驰翰	2020-05-10
杜堮 杜堮进呈诗(进呈本)	19.9cm×12cm	109,250	永乐拍卖	2020-12-04
杜文澜 致鲍桂生诗札	23.1cm×12.3cm×2	10,783	北京保利	2020-07-17
杜月笙、顾祝同往来书信	27cm×20cm×2	356,500	广东崇正	2020-09-13
恩封塔木泰及其父母妻敕命(二卷)	尺寸不一	69,000	北京保利	2020-12-05
二战后对日本有关"赔偿"比例		46,000	永乐拍卖	2020-12-03
法国《最后一课》作者都德亲笔信函	12cm×18cm	11,500	中国嘉德	2020-12-01
法国剧作家小仲马 亲笔信函	22cm×17.5cm	11,500	中国嘉德	2020-08-18
法国浪漫主义文豪大仲马亲笔信函	19cm×12cm	11,500	中国嘉德	2020-12-01
法国文学家雨果 亲笔信函	12.8cm×20.5cm	71,300	中国嘉德	2020-08-18
法国印象派画家莫奈亲笔信函	21cm×13.5cm	34,500	中国嘉德	2020-12-01
法国著名启蒙思想家让·雅克·卢梭亲笔签名手稿	25.5cm×19.5cm	34,500	中国嘉德	2020-12-01
法国著名小说家乔治·桑亲笔信函	20.5cm×26.7cm	11,500	中国嘉德	2020-12-01
法拉第1848、1857年作未刊亲笔信三通	尺寸不一	51,750	西泠印社	2020-08-09
樊增祥致陈三立信札1通1页	27cm×31cm	18,400	北京保利	2020-10-18
范景文日者帖 镜片(信四页,跋二页)	画心24.5cm×12cm×4;题跋35cm×20.5cm×2	1,035,000	西泠印社	2020-08-08
范惟一 手札	24cm×15cm	195,500	朵云轩	2020-09-24
范文澜 致罗元贞教授信札3通4页,附原信封1件	尺寸不一	19,550	保利厦门	2020-09-26
方铸 吴学廉 邓邦述 沈同芳 王孝煃 刘钟琳 陈陶遗 等 致魏家骅有关南京佛教慈幼院及瘟疫赈灾等文献一批 镜片二帧	尺寸不一	46,000	西泠印社	2020-08-09
费念慈、曹福元、朱咸庚、丁孝虎等晚清诸家手札 册页(九开)	尺寸不一;约23cm×12.5cm×18	46,000	中国嘉德	2020-12-04
费念慈、陈汝康、许克勤等致邹寿祺信札	尺寸不一	40,250	中国嘉德	2020-12-02
丰坊 致周贽皋手札 册页	23cm×10.5cm×8	322,000	中国嘉德	2020-12-04
丰熙 盛价帖 镜片(信一页,跋二页)	画心37.5cm×24cm;题跋35cm×20.5cm×2	862,500	西泠印社	2020-08-08
丰子恺1946、1947年作致阮毅成有关抗战后复员及杭州招贤寺等信札二通	25.5cm×17.5cm×3	184,000	西泠印社	2020-08-09
丰子恺手札	26.5cm×18.8cm	17,250	中鸿信	2020-01-04
冯誉骥 书牍	22.5cm×12.5cm×30	126,500	广东崇正	2020-09-13
奉天敕命	33.2cm×20.5cm	17,250	北京保利	2020-12-05
弗洛伊德1932年9月18日作回忆访问哈佛大学期间从事精神分析研究的亲笔信	18.5cm×14cm	57,500	西泠印社	2020-08-09
福建布政使瑞麟报琉球国王尚育遣员朝贡行程及贡品清册奏折	24cm×11cm	34,500	泰和嘉成	2020-10-17
福州将军奎伦报受和珅指示琉球船只出口免税但违令购买大量洋参大黄事奏折	25cm×10cm	34,500	泰和嘉成	2020-10-17
傅抱石 行书信札	34cm×23cm	80,500	朵云轩	2020-09-23
傅抱石 陆俨少 贺天健 傅抱石、陆俨少、贺天健致缪仲康信札 一组	尺寸不一	149,500	中国嘉德	2020-08-16
傅抱石 信札(3通)镜心	26cm×18cm×3	13,800	北京翰海	2020-09-12
傅抱石 信札 镜心	26cm×19cm	184,000	中贸圣佳	2020-10-17
傅抱石 致关山月信札1通2页 镜片	26.5cm×17.5cm×2	11,500	保利厦门	2020-09-26
高二适 草书致延午札 立轴	24.5cm×64.5cm	126,500	中国嘉德	2020-12-02
高二适 致张正吟信札 信札	27cm×39cm	138,000	十竹斋拍卖(北京)	2020-10-18
高弘图 台翁雅爱帖 镜片(信一页,跋二页)	画心25.5cm×16cm;题跋35cm×20.5cm×2	402,500	西泠印社	2020-08-08
高剑父致黄仲琴有关时局的信札三通	尺寸不一	80,500	西泠印社	2020-08-09
高煜 书画五帧,附信札一通一页,两寄封	尺寸不一	10,350	广东崇正	2020-06-27
葛征奇 致爰三孝廉札 册片	26cm×24.5cm	402,500	中国嘉德	2020-08-17
恭请皇上皇太后御览国朝掌故讲义(康熙乾隆胜绩)	22.5cm×10cm	20,700	泰和嘉成	2020-10-17
古元 任函子 版画、信札六件	尺寸不一	186,300	荣宝斋(南京)	2020-11-28
顾杲 致无诗札 册片	27.5cm×21cm	517,500	中国嘉德	2020-08-17
顾颉刚 1939至1950年作 致王树民有关《禹贡》《古史辨》及抗战经历的重要信札四十五页		747,500	西泠印社	2020-08-09
顾璘 致简翁札 册片	25cm×29.5cm	1,725,000	中国嘉德	2020-08-17
顾文彬 清 信札 册页(八开)	尺寸不一	159,750	佳士得	2020-12-02
顾咸建 致岳父札 册片	27cm×10.5cm	253,000	中国嘉德	2020-08-17
关山月 关山月 致端木信札三通三页,附关山月贺卡一帧及相关资料一批 伉俪致端木良	尺寸不一	18,400	广东崇正	2020-06-27
关山月 致刘开渠信札	尺寸不一	17,250	广东崇正	2020-09-13
关山月、杨之光、赵少昂 信札	尺寸不一	13,800	广东崇正	2020-09-13
官文致英翰信札	12.5cm×22.6cm	13,800	中国嘉德	2020-12-02
光绪八年九月二十日 正红旗满洲都统协办大学士刑部尚书 文煜等 满汉双文奏折	25.5cm×143cm	17,250	十竹斋拍卖(北京)	2020-10-18
光绪帝朱批两江总督刘坤一请安折,附封套	21.5cm×9.5cm	23,000	北京保利	2020-10-18
光绪二十六年(1900)玖品顶口大理寺少卿威宣怀公文一件		10,925	北京保利	2020-10-23
光绪皇帝、慈禧太后请安折封面各一件		11,500	北京保利	2020-10-23
光绪六年(1880)有关科举奏折一件		17,250	北京保利	2020-10-23
光绪三十年(1904)朱批奏折及清单两份		25,300	北京保利	2020-12-04
光绪三十四年度支部奏海关税款等相关事宜奏稿		12,650	中国嘉德	2020-08-19
光绪十七年四月初二 吏部尚书爱新觉罗·麟书 关于新疆精河 奏折	26.3cm×153cm	18,400	十竹斋拍卖(北京)	2020-10-18
光绪十三年十二月十二日 正红旗满洲都统 管理兵部事务大学士 额勒和布等奏折	25cm×195cm	17,250	十竹斋拍卖(北京)	2020-10-18
光绪十一年(1885年)二月十六日总理平安船务委员发福建台彭兵备道总督封含内信一组		23,000	北京保利	2020-10-23
光绪拾伍年张玉芝父母奉天诰命手卷	30cm×174.5cm	31,050	上海驰翰	2020-09-24
光绪拾伍年张玉芝祖父母奉天诰命 手卷	30cm×174cm	35,650	上海驰翰	2020-09-24
光绪元年韩荣策奉天诰命 手卷	31cm×193cm	32,200	上海驰翰	2020-09-24
光绪朱批奏折一件		12,650	北京保利	2020-10-23
郭沫若 冯雪峰《鲁迅全集》注释往来信札 镜心(四通六页)	25.5cm×17.5cm×6	529,000	中国嘉德	2020-12-02
郭尚先旧藏 明代佚名尺牍	49cm×25.5cm	184,000	中国嘉德	2020-08-16
国民政府、英国合作对泰国政策		46,000	永乐拍卖	2020-12-03
国子监为琉球官生配给烤炭着内务府速办咨文	31.5cm×10cm	34,500	泰和嘉成	2020-10-17
过云楼藏清代名人信札(八十二通一百四十八页)	尺寸不一	1,380,000	十竹斋拍卖(北京)	2020-10-18
海军大臣载洵奏折(朱批"海军有望"等十五字)	21.4cm×9.5cm	32,200	北京保利	2020-12-05
韩美林 约1974至1980年作 致詹蕙娟出版动物图案信札及画稿一批		34,500	西泠印社	2020-08-09
何家英 信札	28.5cm×18.5cm×3	17,250	广东崇正	2020-09-13
何微 致甘惜分信札二页 镜片	26cm×19cm	55,200	华艺国际	2020-10-16
何微 致甘惜分信札二页 镜片	25cm×19cm	34,500	华艺国际	2020-10-16

(续表)

拍品名称	物品尺寸	成交价RMB	拍卖公司	拍卖日期
和硕显亲王 等 贺帖	9.2cm×23cm	57,500	中国嘉德	2020-07-18
河南巡抚陈夔龙为查勘黄河两岸河势工程情形等事奏稿 纸本	尺寸不一	20,700	中国嘉德	2020-12-02
赫鲁晓夫 1944年作 致斯大林信札	28.5cm×20cm	80,500	西泠印社	2020-08-09
弘一 行书"致刘质平"书札 镜芯	34cm×25cm	310,500	中鸿信	2020-01-04
弘一 致李芳远信札	14.9cm×10cm	97,750	广东崇正	2020-09-13
弘一致林奉若居士信札一通一纸镜心	22cm×15cm	149,500	北京保利	2020-10-17
弘一 致刘质平书信 镜心	24.5cm×15cm	862,500	永乐拍卖	2020-12-03
侯峒曾 晤对帖 镜片(信一页,跋二页)	画心37.5cm×28.5cm;题跋35cm×20.5cm×2	322,000	西泠印社	2020-08-08
侯杰昌、孙元福信札及开幕词12页 等 镜片	尺寸不一	34,500	华艺国际	2020-10-16
胡适1922年作 致汪原放、章希吕信札	19.5cm×27cm	345,000	华艺国际	2020-10-16
胡適1922年作 致汪原放信札	31cm×24cm	368,000	华艺国际	2020-10-16
胡適1922年作 致汪原放信札	31cm×25cm	345,000	华艺国际	2020-10-16
胡適1924年作 致汪原放信札	22.5cm×30cm	483,000	华艺国际	2020-10-16
胡適1928年9月24日作 致傅斯年有关资助中研院史语所的信札	28cm×16cm	310,500	西泠印社	2020-08-09
胡適1960年作 致繁初信札 立轴	27cm×21cm	345,000	北京保利	2020-10-17
胡適甲子(1924年)作 致曹梁厦信札一通二页 信笺	25cm×16cm;25cm×14cm	207,000	十竹斋拍卖(北京)	2020-10-18
胡適之上款旧藏信札一组	尺寸不一	138,000	北京保利	2020-10-18
胡適致黄少谷手札	尺寸不一	115,000	中鸿信	2020-01-04
胡適致钰哲信札一通一页 镜心	27cm×16.5cm	57,500	荣宝斋(上海)	2020-10-25
胡先骕 致阮毅成有关抗战时局及国立中正大学的信札	27.5cm×19.5cm×2	109,250	西泠印社	2020-08-09
湖北水师官員履历禀帖 附湖北水师舰艇等名刺十三种	尺寸不一	11,500	十竹斋拍卖(北京)	2020-10-18
湖南巡抚恽世临奏为查明缴凭迟延各员缘由请邀免开缺等折(墨批)	21.5cm×9.5cm	18,400	北京保利	2020-10-18
湖南巡抚恽世临奏为黔匪大股复行勾结下窜分途防剿等折(墨批)	21.5cm×9.5cm	17,250	北京保利	2020-10-18
黄宾虹 致张海清论古书画之信札	24cm×15cm×2	161,000	西泠印社	2020-08-09
黄宾虹 致朱砚因信札 镜心	26.7cm×10cm×2	126,500	中国嘉德	2020-08-15
黄宾虹 致朱砚因信札 镜心	30cm×18cm	115,000	中国嘉德	2020-08-15
黄姬水 彭年 徐中行 张凤翼 等 与张凤翼往来信札卷 镜片	尺寸不一(总尺寸265.5cm×28cm)	920,000	西泠印社	2020-08-08
黄杰 致唐纵信札	27.5cm×19cm×2	23,000	中鸿信	2020-01-04
黄山寿 晚年致童大年信札四通	14cm×9cm×4	25,300	西泠印社	2020-08-09
黄士陵 致王秉恩信札一通	尺寸不一	80,500	十竹斋拍卖(北京)	2020-10-18
黄世煦 孙云 刘树堂 书札	尺寸不一	13,800	永乐拍卖	2020-12-04
黄炎培 致范文澜、刘大年信札	25.5cm×18cm	36,800	广东崇正	2020-09-13
黄胄 行书信札三开连信封(云大棉伉俪上款) 镜心	28cm×21cm×3	19,233	香港普艺	2020-07-11
黄胄 致王家桢信札	32.5cm×45cm	46,000	广东崇正	2020-09-13
黄尊素 连日热甚帖 镜片(信一页,跋二页)	画心28cm×24cm;题跋35cm×20.5cm×2	1,207,500	西泠印社	2020-08-08
黄遵宪致梁鼎芬信札	26.5cm×21cm;26.3cm×20.7cm	356,500	中国嘉德	2020-12-02
季厚焘 吴康 顾肇新 书札	尺寸不一	11,500	永乐拍卖	2020-12-04
季羡林 致虞愚信札	26.5cm×19.5cm	11,500	广东崇正	2020-09-13
嘉靖甲寅(1554)年作 盛时泰 和何元朗诗稿札 册片	24.5cm×44.5cm	207,000	中国嘉德	2020-08-17
嘉庆三年和珅等上奏题本		82,800	中国嘉德	2020-12-06
嘉庆十二年湖广道监察御史陈兰畴奏折		36,800	中国嘉德	2020-12-06
贾景德 王宠惠 曾今可 等 致吕无畏信札九通十开(十选三)	27cm×19cm×10	14,950	上海驰翰	2020-08-06
贾景德、郭象升、赵意空、赵启霖等致赵炳麟信札及诗稿	尺寸不一	17,250	中国嘉德	2020-12-02
贾臻 致鲍桂生诗札	23.1cm×12.9cm×5	15,890	北京保利	2020-07-17

拍品名称	物品尺寸	成交价RMB	拍卖公司	拍卖日期
姜采 奉渎帖 镜片(信一页,跋二页)	画心36cm×24cm;题跋35cm×20.5cm×2	207,000	西泠印社	2020-08-08
蒋光鼐 致叔父家书	23.5cm×10.5cm	46,000	广东崇正	2020-09-13
蒋介石 宋美龄 约1960-1971年作 致沈剑虹信札文献		109,250	西泠印社	2020-08-09
蒋介石致尹俊信札	21cm×29.5cm	36,800	中国嘉德	2020-07-18
蒋经国 致介民信札一通 镜片	26.5cm×16.5cm	43,700	广东崇正	2020-09-13
蒋经国 致唐纵信札	24.5cm×17cm×2	23,000	中鸿信	2020-01-04
蒋经国致尹俊信札	尺寸不一	66,700	中国嘉德	2020-07-18
蒋纬国 致唐纵信札	25.5cm×18cm	23,000	中鸿信	2020-01-04
蒋兆和 程十髪 等 致叶然信札(一组)	尺寸不一	34,500	十竹斋拍卖(北京)	2020-10-18
蒋兆奎 杨頀 书札	尺寸不一	11,500	永乐拍卖	2020-12-04
新中国成立后 白正刚任命书等	尺寸不一	94,300	中贸圣佳	2020-10-16
解缙致私介老仁兄信札	12cm×26cm	126,500	中国嘉德	2020-12-02
金琮 致钱士弘札 册片	23.5cm×46cm	943,000	中国嘉德	2020-08-17
金俊明 诗札 册片	22cm×17.5cm	94,300	中国嘉德	2020-08-17
金农 信札 册(十五开)	尺寸不一	57,500	北京翰海	2020-12-11
金声 午间帖 镜片(信六页,跋二页)	画心23.5cm×9.5cm×6;题跋35cm×20.5cm×2	437,000	西泠印社	2020-08-08
金庸 有关《明报》编辑事务及书籍收藏等信札三通	尺寸不一	57,500	西泠印社	2020-08-09
卡斯特罗 等1901-1959年作 古巴民族解放运动及古巴共和国重要史料一批	尺寸不一	109,250	西泠印社	2020-08-09
康生题画信封	26cm×10.6cm	16,100	中贸圣佳	2020-10-16
康熙四十二年王廷沛敕命 手卷	30cm×172cm	88,550	上海驰翰	2020-09-24
康有为 壬戌(1922)作 致邱炜萲信札 镜心	18cm×46cm	138,000	十竹斋拍卖(北京)	2020-10-18
康有为致赵炳麟信札	尺寸不一	149,500	中国嘉德	2020-12-02
康有为致赵炳麟信札	16.8cm×25cm	97,750	中国嘉德	2020-12-02
康有为致赵炳麟信札	13.9cm×18.3cm	59,800	中国嘉德	2020-12-02
康有为致赵炳麟信札	12.7cm×24cm	23,000	中国嘉德	2020-12-02
抗战后期伊俄运输		46,000	永乐拍卖	2020-12-03
抗战前后,与尼泊尔之关系		46,000	永乐拍卖	2020-12-03
克什米尔问题		46,000	永乐拍卖	2020-12-03
孔祥霖 吴士鉴 致魏家骅有关孙中山、张之洞及日本留学生学潮信札二通	50cm×24cm;26cm×18.5cm×2	17,250	西泠印社	2020-08-09
匡源 致鲍桂生诗札	23.1cm×12.5cm×2	21,565	北京保利	2020-07-17
赖少其1992年作致蓝天局长信札一通	30cm×22cm	34,500	十竹斋拍卖(北京)	2020-10-18
赖少其 信札 镜片	26cm×19cm×5	23,000	广东小雅斋	2020-06-17
赖少其 致程熙 所铁手札六通 镜心(六通二十七页)	尺寸不一×27	80,500	中国嘉德	2020-12-02
赖少其 致王家桢、振声信札	27.5cm×21cm	11,500	广东崇正	2020-09-13
赖少其 致王家桢信札	26cm×18.5cm×3	46,000	广东崇正	2020-09-13
礼部恭赐琉球国王尚温及王妃礼物清折	30cm×9.5cm	34,500	泰和嘉成	2020-10-17
礼部尚书亦纪等人议定本次拣选册封琉球使仍照嘉庆十二年例奏折	33cm×11.5cm	34,500	泰和嘉成	2020-10-17
礼部为钦差册封使所带赐琉球国王尚育及王妃礼物着内务府速办咨文	30cm×9.5cm	34,500	泰和嘉成	2020-10-17
李大钊致李辛白书札	38.5cm×26cm	97,750	中鸿信	2020-01-04
李楷 考试帖 镜片(信一页,跋二页)	画心28cm×26cm;题跋35cm×20.5cm×2	218,500	西泠印社	2020-08-08
李根源信札2通5页	尺寸不一	13,800	北京保利	2020-12-04
李鹤年致英翰信札	12cm×22.6cm	17,250	中国嘉德	2020-12-02
李鹤年致英翰信札	12.4cm×22.5cm	13,800	中国嘉德	2020-12-02
李鸿章 信札 镜心	22cm×29.5cm	32,200	中贸圣佳	2020-12-07
李鸿章 信札三通	23.5cm×12.5cm×3	92,000	十竹斋拍卖(北京)	2020-10-18
李鸿章 致左宗棠沈葆桢重要信札册(四十页) 册页	23cm×12cm×40	1,035,000	西泠印社	2020-08-08
李鸿章发给平定太平天国有功法国兵头玛利格四品顶戴官照	74cm×59cm	25,300	泰和嘉成	2020-10-17

(续表)

拍品名称	物品尺寸	成交价RMB	拍卖公司	拍卖日期
李鸿章请安折	21.5cm×9.5cm	195,500	北京保利	2020-12-04
李鸿章致彦卿信札一通四页		28,750	中国嘉德	2020-08-19
李鸿章致英翰信札	12cm×22.6cm	517,500	中国嘉德	2020-12-02
李鸿章致英翰信札	12.4cm×22.7cm	345,000	中国嘉德	2020-12-02
李鸿章致英翰信札	12.2cm×22.6cm	287,500	中国嘉德	2020-12-02
李鸿章致英翰信札	12.4cm×22.5cm	195,500	中国嘉德	2020-12-02
李鸿章致英翰信札	12.4cm×22.7cm	126,500	中国嘉德	2020-12-02
李鸿章致英翰信札	12.4cm×22.7cm	126,500	中国嘉德	2020-12-02
李鸿章致英翰信札	12.3cm×22.5cm	46,000	中国嘉德	2020-12-02
李鸿章致英翰信札	12.3cm×22.5cm	34,500	中国嘉德	2020-12-02
李鸿章致英翰信札	12.5cm×22.5cm	34,500	中国嘉德	2020-12-02
李鸿章致英翰信札	12.2cm×22.2cm	25,300	中国嘉德	2020-12-02
李济深 1936年5月9日作 "两广事变"前夜致胡鄂公有关联俄联共及陶行知的信札	27.5cm×20.5cm×2	92,000	西泠印社	2020-08-09
李济深致胡鄂公、王公度等信札	16.8cm×26cm 19cm×28.7cm	40,250	中国嘉德	2020-12-02
李济深致胡鄂公信札	16.5cm×27.5cm	57,500	中国嘉德	2020-12-02
李济深致胡鄂公信札	16.5cm×25.5cm	43,700	中国嘉德	2020-12-02
李济深致胡鄂公信札	尺寸不一	40,250	中国嘉德	2020-12-02
李济深致李宗仁、白崇禧信札	尺寸不一	40,250	中国嘉德	2020-12-02
李济深致孙殿英信札	16.5cm×27.5cm	57,500	中国嘉德	2020-12-02
李劼人 1951年作 致王建昌有关工作调动信札二通	27cm×19cm; 25cm×19cm×2	51,750	西泠印社	2020-08-09
李景纲 杨太焕 江古怀 致江亢虎书札	尺寸不一	12,650	永乐拍卖	2020-12-04
李可染 谢稚柳 等 致黎绍辉信札 镜心(十七页)	尺寸不一	69,000	中国嘉德	2020-12-03
李可染 致徐昌铭信札 镜心	25.5cm×17.8cm	57,500	中国嘉德	2020-08-15
李克农致进中手札	27.5cm×19cm×7	20,700	中鸿信	2020-01-04
李苦禅 致唐介和信札	29cm×64.5cm	23,000	广东崇正	2020-06-27
李日华 致许应培信札 镜心	27.5cm×20.5cm	97,750	中国嘉德	2020-12-04
李锐 行书、附信一通一页 立轴	尺寸不一	23,000	广东崇正	2020-09-13
李瑞清 信札三通(含信封) (共九开)	尺寸不一	31,950	佳士得	2020-11-18
李瑞清 信札三通(含信封) (共十开)	尺寸不一	34,080	佳士得	2020-11-18
李瑞清 信札三通(含信封) (共十开)	尺寸不一	31,950	佳士得	2020-11-18
李瑞清信札三通(含信封) (共十三开)	尺寸不一	31,950	佳士得	2020-11-18
李瑞清 信札四通(含信封) (共九开)	尺寸不一	29,820	佳士得	2020-11-18
李盛铎藏札四册	尺寸不一	63,250	广东崇正	2020-09-13
李廷箫 张启龄 唐树森 等 书札	尺寸不一	18,400	永乐拍卖	2020-12-04
李昭庆致英翰信札	12.7cm×22.8cm	13,800	中国嘉德	2020-12-02
李宗仁·孙科·陈诚·严家淦　致王云武书札	尺寸不一×4	63,250	中鸿信	2020-01-04
梁鼎芬 信札	27.5cm×18cm×4	23,000	广东崇正	2020-09-13
梁启超 1916年作 梁启超致梁启勋书	23.5cm×25.5cm×3	126,500	永乐拍卖	2020-12-04
梁启超 1916年作 梁启超致梁启勋书	23cm×13cm	69,000	永乐拍卖	2020-12-04
梁启超 1916年作 致日本友人书	26cm×17cm	69,000	永乐拍卖	2020-12-04
梁启超 1917年作 梁启超致梁启勋书	23.5cm×12.5cm×2	80,500	永乐拍卖	2020-12-04
梁启超 1917年作 梁启超致梁启勋书	20.5cm×15cm	66,700	永乐拍卖	2020-12-04
梁启超 1917年作 梁启超致梁启勋书	25.5cm×16cm	63,250	永乐拍卖	2020-12-04
梁启超 1917年作 梁启超致梁启勋书	23cm×13cm	63,250	永乐拍卖	2020-12-04
梁启超 1918年作 梁启超致梁启勋书	26cm×16cm×3	109,250	永乐拍卖	2020-12-04
梁启超 1918年作 梁启超致梁启勋书	23.5cm×12.5cm×3	101,200	永乐拍卖	2020-12-04
梁启超 1918年作 梁启超致梁启勋书	26cm×16cm×3	92,000	永乐拍卖	2020-12-04
梁启超 1918年作 梁启超致梁启勋书	23.5cm×12.5cm×2	82,800	永乐拍卖	2020-12-04
梁启超 1918年作 梁启超致梁启勋书	尺寸不一	74,750	永乐拍卖	2020-12-04
梁启超 1918年作 梁启超致梁启勋书	24cm×16.5cm×2	69,000	永乐拍卖	2020-12-04
梁启超 1918年作 梁启超致梁启勋书	24cm×12.5cm	69,000	永乐拍卖	2020-12-04
梁启超 1918年作 梁启超致梁启勋书	24.5cm×13cm×2	69,000	永乐拍卖	2020-12-04
梁启超 1918年作 梁启超致梁启勋书	26cm×14cm	63,250	永乐拍卖	2020-12-04
梁启超 1918年作 梁启超致梁启勋书	23.5cm×12.5cm×2	63,250	永乐拍卖	2020-12-04
梁启超 1918年作 梁启超致梁启勋书	26cm×16cm	63,250	永乐拍卖	2020-12-04
梁启超 1918年作 梁启超致梁启勋书	23.5cm×12.5cm	63,250	永乐拍卖	2020-12-04
梁启超 1918年作 梁启超致梁启勋书	22.5cm×10cm	63,250	永乐拍卖	2020-12-04
梁启超 1918年作 梁启超致梁启勋书	26cm×17cm	63,250	永乐拍卖	2020-12-04
梁启超 1919年作 梁启超致梁启勋书	22.5cm×13cm×2	94,300	永乐拍卖	2020-12-04
梁启超 1921年作 梁启超致梁启勋书	23cm×13cm×2	82,800	永乐拍卖	2020-12-04
梁启超 1921年作 梁启超致梁启勋书	26cm×17.5cm×2	74,750	永乐拍卖	2020-12-04
梁启超 1921年作 梁启超致梁启勋书	25.5cm×16.5cm	63,250	永乐拍卖	2020-12-04
梁启超 1921年作 致梁启勋书	26cm×16cm	63,250	永乐拍卖	2020-12-04
梁启超 1926年作 致梁启勋书	25cm×15cm×2	94,300	永乐拍卖	2020-12-04
梁启超 1927年作 致梁启勋书	27.5cm×16.5cm×2	86,250	永乐拍卖	2020-12-04
梁启超 1927年作 致梁启勋书	27.5cm×16.5cm	63,250	永乐拍卖	2020-12-04
梁启超 1957年作 梁启勋 行书《水调歌头》	65cm×34.5cm	63,250	永乐拍卖	2020-12-04
梁启超 约1918年10月作 梁启超致梁启勋书	23cm×13cm	63,250	永乐拍卖	2020-12-04
梁启超 约1925年作 致梁启勋书	23cm×12cm	66,700	永乐拍卖	2020-12-04
梁启超 约1927年作 致梁启勋书	19.5cm×9cm	63,250	永乐拍卖	2020-12-04
梁启超 致梁宝瑛信札	26.5cm×17cm	112,700	十竹斋拍卖(北京)	2020-10-18
梁启超致梁启勋　信札	28cm×18cm	51,750	江苏金匮	2020-05-17
梁山舟 信札册 册页(七开)	24cm×12cm	115,000	中贸圣佳	2020-10-17
梁实秋 1932年3月26日作 致胡適有关推介闻一多及翻译莎翁全集的重要信札	27.5cm×21cm×2	333,500	西泠印社	2020-08-09
梁漱溟 1979年1月18日作 致孟宪光有关台湾回归及中美建交的重要信札	28cm×18cm×3	207,000	西泠印社	2020-08-09
梁漱溟 1979年1月25日作《佛法大意》完整文稿暨致孟宪光重要长信	26cm×12cm×8	460,000	西泠印社	2020-08-09
梁同书 翁方纲 钱樾 许兆椿 等 清代名人尺牍册 (三十页) 册页	尺寸不一(册页尺寸31cm×31cm)	253,000	西泠印社	2020-08-08
梁孜 手札	26cm×37.5cm	368,000	朵云轩	2020-09-24
梁同书 信札五页 镜片	20cm×13cm×5	40,250	泰和嘉成	2020-08-16
两罍轩印考漫存九卷 附吴云致张炳堃信札	半框20.3cm×14.9cm; 开本30.5cm×18cm	86,250	西泠印社	2020-08-07
廖沫沙 致彦修信札	尺寸不一	17,250	广东崇正	2020-09-13
林风眠 致草予信札	29.5cm×21cm	51,750	广东崇正	2020-09-13
林风眠 致吴羊璧信札	25.5cm×17.5cm	57,500	广东崇正	2020-09-13
林佶 题秋山学圃图信札 册页片	32.5cm×26cm	103,500	上海驰翰	2020-08-06
林散之 信札	32cm×19cm	11,500	上海嘉禾	2020-01-05
林森 信札四通 横幅	尺寸不一	21,850	广东小雅斋	2020-06-17
林双树 曹洪志 梅春 致改琦书札	尺寸不一	11,500	永乐拍卖	2020-12-04
林语堂《宇宙风》	18cm×26.5cm	20,700	中国嘉德	2020-08-16
林语堂 陈之迈　1970-1975年 信札(共十四页)	尺寸不一×14	63,250	中国嘉德	2020-08-15
林则徐 手札一通二十开 册页	23cm×12.5cm×20	1,495,000	荣宝斋(上海)	2020-10-25
林之望 吴长庆 周家禄 周家谦 江希曾 致严家让有关中外交涉等信札八通	尺寸不一	25,300	西泠印社	2020-08-09
林志道 信札两通两页	23.5cm×16cm×2	10,350	中鸿信	2020-01-04
凌义渠 青阳令节帖 镜片(信一页,跋二页)	画心36.5cm×27.5cm; 题跋35cm×20.5cm×2	460,000	西泠印社	2020-08-08
刘海粟 1975年、1977年、1978年、1979年作 信札四卷 手卷	尺寸不一	632,500	中国嘉德	2020-12-01
刘海粟 1979年作 致吕蒙信札 横披	26cm×193cm	402,500	中国嘉德	2020-12-02
刘海粟 1983年作 致江辛眉信札一通二页 镜片	24cm×77.5cm×2	126,500	上海嘉禾	2020-01-05
刘海粟 致舒新城信札 纸片	26.5cm×28cm	23,000	江苏龙城	2020-01-05
刘海粟 致翁雅才信札(一通二页)纸片	尺寸不一	52,900	江苏龙城	2020-01-05
刘海粟 致翁雅才信札一通一页 纸片	尺寸不一	40,250	江苏龙城	2020-01-05
刘海粟、王世襄签赠平装书二册	尺寸不一	11,500	广东崇正	2020-09-13
刘景晨 张天方 致阮毅成有关抗战经历等信札三通	尺寸不一	17,250	西泠印社	2020-08-09
刘力上 有关张大千的回忆文稿及文献一批		69,000	西泠印社	2020-08-09
刘麟 行书致朱曰藩手札一通 横幅	24cm×102cm	805,000	北京保利	2020-10-18

（续表）

拍品名称	物品尺寸	成交价RMB	拍卖公司	拍卖日期
刘瑞芬致石村仁兄、敬如仁兄信札	尺寸不一	23,000	中国嘉德	2020-12-02
刘墉清代行书手札册册页（四开八页）	27cm×17cm×8	299,000	永乐拍卖	2020-08-17
刘墉 信札七通 手卷	尺寸不一	444,024	香港苏富比	2020-10-08
刘墉 致族兄刘墫等信札册（共十一页）册页	尺寸不一（册页尺寸26cm×21.5cm）	80,500	西泠印社	2020-08-08
刘墉书东坡尺牍	45cm×111cm	20,700	中鸿信	2020-01-04
柳诒征 抗战期间致阮毅成有关学者流亡经历的信札四通	尺寸不一	126,500	西泠印社	2020-08-09
龙榆生 致吴湖帆有关编撰《绿遍池塘草》等重要信札十五通	29cm×21.5cm（册页）	230,000	西泠印社	2020-08-09
楼适夷致李启伦等信札	尺寸不一	103,500	中国嘉德	2020-11-09
鲁迅致藤塚邻信札一通一页 镜心	36cm×6cm	149,500	荣宝斋（上海）	2020-10-25
陆俩 书札	19.5cm×12cm	14,950	泰和嘉成	2020-10-17
陆梦龙 昨厚扰帖 镜片（信一页，跋二页）	画心28cm×21cm；题跋35cm×20.5cm×2	460,000	西泠印社	2020-08-08
陆培 连不奉教帖·客冬帖 镜片（信六页，跋二页）	尺寸不一	230,000	西泠印社	2020-08-08
陆润庠 信札（四帧）镜心	25.5cm×17.5cm×4	34,500	荣宝斋（上海）	2020-10-25
陆润庠 信札六通十七页 镜片	26.5cm×14cm×17	483,000	华艺国际	2020-12-05
陆深 致顾定芳信札 册片	23.5cm×30cm	460,000	中国嘉德	2020-08-17
陆维钊致施蛰存信札	17.7cm×25.5cm	69,000	中国嘉德	2020-12-02
陆应阳 手札	25.5cm×15cm	230,000	朵云轩	2020-09-24
陆垣 钱鍈 书札	尺寸不一	12,650	永乐拍卖	2020-12-04
鹿善继 疏已具帖 镜片（信一页，跋二页）	画心26.5cm×17cm；题跋35cm×20.5cm×2	230,000	西泠印社	2020-08-08
路朝霖 秦绶章 书札	尺寸不一	29,900	永乐拍卖	2020-12-04
罗西尼 1849年4月15日作 意大利民族统一运动期间致代理人的亲笔信	25cm×20cm	46,000	西泠印社	2020-08-09
罗振玉 信札一通	12.5cm×22cm	20,700	中国嘉德	2020-07-18
罗振玉 信札一通	8cm×23cm	17,250	中国嘉德	2020-07-18
罗振玉、狩野直喜信札二通	尺寸不一	66,700	中国嘉德	2020-07-18
罗振玉致金梁信札	13.5cm×25.5cm	43,700	中国嘉德	2020-07-18
罗振玉致金颂清信札	7cm×23.5cm	40,250	中国嘉德	2020-12-02
罗振玉致子砺先生信札	12.5cm×23.2cm	63,250	中国嘉德	2020-11-09
骆秉章 奏折	9.5cm×21.5cm	345,000	中国嘉德	2020-07-18
骆秉章 奏折	9.6cm×21cm	59,800	中国嘉德	2020-11-09
吕又祥 孙点 马寿龄 书札	尺寸不一	11,500	永乐拍卖	2020-12-04
马叙伦 1939、1940年 抗战时期致阮毅成有关陈介石墓等信札二通	28cm×17.5cm×3	126,500	西泠印社	2020-08-09
马叙伦致曹梁厦信札二通二页 信笺	23cm×13.5cm；18cm×17cm	23,000	十竹斋拍卖（北京）	2020-10-18
马一浮 杨樵谷 1954年作 信札·书法（共七帧）立轴·对联·镜片	尺寸不一	92,000	西泠印社	2020-08-09
马寅初 马寅初致翁独健信札	尺寸不一	115,000	中国嘉德	2020-08-16
满文档案	23.5cm×42cm	17,250	中国嘉德	2020-07-18
满文圣旨	31cm×81cm	57,500	中鸿信	2020-01-04
毛以亨 约1946年作 致阮毅成有关中国民主社会党竞选"国大"代表事宜之信札三通	24.5cm×20cm；28cm×20cm；29.5cm×21.5cm	34,500	西泠印社	2020-08-09
茅盾 1962年6月4日作 致沈金梅有关创作界近况及编辑进修问题的长信	18.5cm×10cm×4	460,000	西泠印社	2020-08-09
茅盾 致罗元贞教授画笺书法1通3页 镜心	27cm×15.5cm	385,250	保利厦门	2020-09-26
茅盾 致罗元贞教授信札1通	17.5cm×25cm	20,700	保利厦门	2020-09-26
茅盾 致罗元贞教授信札1通，附原信封	21cm×28cm	63,250	保利厦门	2020-09-26
茅盾 致罗元贞教授信札1通2页	19.5cm×23cm	34,500	保利厦门	2020-09-26
茅盾 致罗元贞教授信札1通2页，附原信封	17.5cm×28cm	78,200	保利厦门	2020-09-26
茅盾 致王积贤有关改稿的信札	18.5cm×10cm	55,200	西泠印社	2020-08-09
茅盾致凤贤信札	22.5cm×12.5cm	13,800	中鸿信	2020-01-04
茅坤 行书书札一通 册片	26cm×21.5cm	483,000	中国嘉德	2020-08-17
美国慈善家洛克菲勒与美国石油金融大亨佛莱格勒亲笔签名文件	16.5cm×30cm	172,500	中国嘉德	2020-12-01

拍品名称	物品尺寸	成交价RMB	拍卖公司	拍卖日期
美国著名作家马克·吐温 亲笔信函	19.8cm×25cm	25,300	中国嘉德	2020-08-18
美国作家马克·吐温亲笔信函	200cm×125cm	25,300	中国嘉德	2020-12-01
蒙巴顿1967–1979年作致部下佩恩近三十通信件，及签名照等海军文献一批		46,000	西泠印社	2020-08-09
米万钟 致承明札 册片	20.5cm×24.5cm	368,000	中国嘉德	2020-08-17
民国 燕京大学法学院学士毕业论文	尺寸不一	10,350	中贸圣佳	2020-10-16
闽浙总督许应骙请安折2份	尺寸不一	13,800	保利厦门	2020-09-26
闽浙总督钟祥福建巡抚魏元烺备办册使前往琉球国事奏折	22.5cm×10.5cm	34,500	泰和嘉成	2020-10-17
明人尺牍（107页）册页（节选30）	尺寸不一	43,010,000	中国嘉德	2020-08-16
明万历 1582年作 诰封赵范父母诰命 手卷	29cm×154cm	74,550	佳士得	2020-11-18
明万历 织锦加官封冕诰命	长183cm	112,407	中国嘉德	2020-10-10
缪昌期 致照邻丈札 册片	25cm×26.5cm	230,000	中国嘉德	2020-08-17
缪荃孙、王礶、李桂林 晚清诸家信札册 册页（二十开）	22.5cm×12.5cm×40	109,250	中国嘉德	2020-12-04
莫枚等吴中金石藏家致黄凤仪 黄徵兄弟等 莫枚等吴中金石藏家致黄凤仪、黄徵兄弟等人信札 一组	尺寸不一	23,000	中国嘉德	2020-08-16
莫如忠 手札	23.8cm×16cm	218,500	朵云轩	2020-09-24
莫是龙 手札	19.5cm×26cm	333,500	朵云轩	2020-09-24
潘宝鐄 信札 册页	24cm×13cm×14	13,800	广东小雅斋	2020-06-17
潘祖荫 约1872年作 致王懿荣信札册（共二十一通二十一页）册页	尺寸不一（册页尺寸39.5cm×27cm）	253,000	西泠印社	2020-08-08
潘祖荫致瑞符仁弟信札等	尺寸不一	13,800	中国嘉德	2020-12-02
彭醇士致王观渔信札	尺寸不一	23,000	中国嘉德	2020-07-18
彭年 致陆师道信札 镜心	尺寸不一	51,750	中国嘉德	2020-12-04
彭年 致钱榖札 册片	22.5cm×11cm×2	414,000	中国嘉德	2020-08-17
彭年 致钱榖札 镜心	22cm×17.5cm	161,000	北京保利	2020-10-18
彭玉麐致英翰信札	12.2cm×22.5cm	172,500	中国嘉德	2020-12-02
彭元瑞 行书致毕沅信札一通	21cm×91.5cm	138,000	永乐拍卖	2020-12-02
浦江清致施蛰存信札	18.2cm×27cm	23,000	中国嘉德	2020-12-02
戚人镜、陈鸿 等致春泉	22.5cm×12cm×12	12,650	江苏金匮	2020-05-17
齐民友 信札一页 镜片	25cm×19cm	11,500	华艺国际	2020-10-16
祁彪佳服参帖镜片（信一页，跋二页）	画心30cm×23.5cm；题跋35cm×20.5cm×2	805,000	西泠印社	2020-08-08
祁彪佳 手札一通 册片	18cm×10.2cm	345,000	中国嘉德	2020-08-17
启功 信札二通	尺寸不一×2	40,875	中国嘉德	2020-10-09
启功 信札一通五页附信封 镜片	信纸29.5cm×20cm×5；信封19.8cm×22cm	172,500	华艺国际	2020-10-16
钱奎元、王廷鼎、刘燕翼等致邹寿祺信札	尺寸不一	25,300	中国嘉德	2020-12-02
钱穆 张默君 张书旂 邹鲁 诸健秋 许闻莱 贝祖诒 等 致杨恺龄先生信札册 册页（五十三开）	尺寸不一×53	506,000	中国嘉德	2020-08-15
钱穆致向达信札	21cm×27cm	46,000	中国嘉德	2020-07-18
钱玄同致薛月亭信札	7.7cm×20cm	57,500	中国嘉德	2020-11-09
钱学森 乌家培 1978–1986年作 有关发表《社会工程》往来信札八通	26cm×19cm×13	74,750	西泠印社	2020-08-09
钱锺书 1979年9月22日作 致傅璇琮有关香港中文大学吴子健赴内地购书的信札	25.5cm×17cm	48,300	西泠印社	2020-08-09
钱锺书 1980年1月24日作 致傅璇琮有关编纂《全宋文》《全唐文》的信札	19cm×11.5cm×2	80,500	西泠印社	2020-08-09
钱锺书 1980年1月27日作 致傅璇琮有关《管锥编》之信札	25.5cm×17cm	63,250	西泠印社	2020-08-09
钱锺书 1980年代作 致傅璇琮有关《管锥编》及《全宋诗》的重要信札	26.5cm×19cm×2	32,200	西泠印社	2020-08-09
钱锺书 1983年2月23日作 致傅璇琮有关入选《世界作家小传》的信札	26cm×19cm	46,000	西泠印社	2020-08-09
钱锺书 1983年3月23日作 致傅璇琮有关《谈艺录》再版"责编之争"的信札	26cm×19cm	63,250	西泠印社	2020-08-09

(续表)

拍品名称	物品尺寸	成交价RMB	拍卖公司	拍卖日期
钱锺书 1985年2月14日作 致傅璇琮有关《谈艺录》的信札	26cm×19cm	63,250	西泠印社	2020-08-09
钱锺书 致傅璇琮有关《唐才子传校笺》的信札	26.5cm×19cm	48,300	西泠印社	2020-08-09
钱锺书 致傅璇琮有关《围城》《管锥编》《干校六记》等名作的信札	26cm×18.5cm	74,750	西泠印社	2020-08-09
钱锺书致傅璇琮有关答谢赠书的信札	26cm×18cm	43,700	西泠印社	2020-08-09
钱锺书致傅璇琮有关奖褒后学的信札	28.5cm×20.5cm	69,000	西泠印社	2020-08-09
钱锺书　致储祖治	26cm×18cm	20,700	江苏金匮	2020-05-17
钱锺书致赵景深信札	尺寸不一	149,500	中国嘉德	2020-12-02
乾隆帝 1751年作 圣旨一卷 手卷	185cm×30cm	138,000	西泠印社	2020-08-08
乾隆世袭罔替五色织锦诰命 手卷	30cm×402cm	218,500	中国嘉德	2020-07-17
乾隆五十九年(1794)奏折残片一组两件		31,050	北京保利	2020-10-23
乾隆五十一年世袭罔替五色织锦诰命 手卷	30cm×400cm	218,500	中国嘉德	2020-07-17
乔松年致英翰信札	12.4cm×23cm	32,200	中国嘉德	2020-12-02
乔松年致英翰信札	12.2cm×23.3cm	20,700	中国嘉德	2020-12-02
乔松年致英翰信札	12.3cm×23.5cm	20,700	中国嘉德	2020-12-02
乔松年致英翰信札	12.2cm×23cm	13,800	中国嘉德	2020-12-02
乔松年致英翰信札	尺寸不一	13,800	中国嘉德	2020-12-02
清 大学士两江总督一等侯曾国藩给慈安太后请安折	21.5cm×9.5cm	32,200	中贸圣佳	2020-12-07
清 广西浔州知州王赓荣给光绪皇帝请安折	21.5cm×9.5cm	20,700	中贸圣佳	2020-12-07
清 贺寿慈致孙毓汶信札	50.4cm×22.5cm	23,000	中贸圣佳	2020-10-16
清 江苏提学使周树模给光绪皇帝请安折	21.5cm×9.5cm	18,400	中贸圣佳	2020-12-07
清 祁寯藻致孙毓汶信札	22.5cm×17.3cm	23,000	中贸圣佳	2020-10-16
清 翁同龢致孙毓汶信札	23cm×12.1cm	13,800	中贸圣佳	2020-10-16
清 张之洞致孙毓汶信札	22.8cm×12.4cm	17,250	中贸圣佳	2020-10-16
清 赵之谦尺牍	23.7cm×12.5cm	37,950	中贸圣佳	2020-10-16
清 常熟 杨景仁辑 筹济编	25cm×15.8cm	17,250	十竹斋拍卖（北京）	2020-10-18
清代兵部满文文书长卷	47.5cm×885cm	92,000	西泠印社	2020-08-07
清代光绪帝朱批奏折	21cm×37cm	10,925	北京保利	2020-12-04
清代光绪年间奎英奏慈禧太后请安折		23,000	中国嘉德	2020-12-06
清代光绪年间侍卫处军机处奏折		40,250	中国嘉德	2020-08-19
清代光绪年间奏折		59,800	中国嘉德	2020-08-19
清代光绪年间奏折		23,000	中国嘉德	2020-08-19
清代光绪年间奏折		14,950	中国嘉德	2020-08-19
清代光绪年间奏折		13,800	中国嘉德	2020-12-06
清代光绪年间奏折		11,500	中国嘉德	2020-12-06
清代光绪年间奏折		11,500	中国嘉德	2020-12-06
清代光绪年间奏折		10,120	中国嘉德	2020-12-06
清代光绪年间奏折副折		40,250	中国嘉德	2020-08-19
清代光绪年间奏折副折		32,200	中国嘉德	2020-12-06
清代光绪年间奏折副折		31,050	中国嘉德	2020-12-06
清代光绪年间奏折副折		25,300	中国嘉德	2020-12-06
清代光绪年间奏折副折		23,000	中国嘉德	2020-12-06
清代光绪年间奏折副折		23,000	中国嘉德	2020-12-06
清代光绪年间奏折副折		18,400	中国嘉德	2020-12-06
清代光绪年间奏折副折		14,950	中国嘉德	2020-08-19
清代嘉庆年间奏折副折		51,750	中国嘉德	2020-12-06
清代满文奏折一组7件		32,200	北京保利	2020-10-23
清代名人信札五十一通一百零一页	尺寸不一	115,000	十竹斋拍卖（北京）	2020-10-18
清恩封王开科之父母诰命 绢本	180cm×32cm	25,300	中国嘉德	2020-12-02
清恩封王开科之祖父母诰命 绢本	174.5cm×32.5cm	28,750	中国嘉德	2020-12-02
清恩封希佛世袭罔替诰命 绢本	410cm×29cm	86,250	中国嘉德	2020-12-02
清光绪二十九年 恩科浙江乡试(父子同科)考题三场 裘广舆墨卷三场 裘有倬墨卷三场一套附裘有倬中举通知书	尺寸不一	230,000	十竹斋拍卖（北京）	2020-10-18

拍品名称	物品尺寸	成交价RMB	拍卖公司	拍卖日期
清光绪二十年五月十二日 陕西巡抚鹿传霖奏折	21.5cm×73cm	17,250	十竹斋拍卖（北京）	2020-10-18
清光绪闽浙总督许应骙请安折一组二件		18,400	北京保利	2020-12-04
清光绪三十三年八月 度支部尚书奉恩镇国公载泽等奏事折	26.5cm×154cm	13,800	十竹斋拍卖（北京）	2020-10-18
清光绪三十四年 江亢虎关于女子学堂奏折	28.5cm×99cm	23,000	十竹斋拍卖（北京）	2020-10-18
清光绪三十四年十一月十八日 陕甘总督升允奏折	21.5cm×64cm	18,400	十竹斋拍卖（北京）	2020-10-18
清光绪五年恩封张元伟诰命 手卷	31cm×128cm	46,000	中国嘉德	2020-07-17
清光绪武备学堂等各局所总办提调 暨正副委员衔名缮具清折	27cm×437cm	17,250	十竹斋拍卖（北京）	2020-10-18
清嘉庆四年九月二十日敕封江南御史蒋攸铦父母圣旨诰命	31cm×273cm	224,250	十竹斋拍卖（北京）	2020-10-18
清康熙四十九年十月初一关于山西税银亏空满文朱批奏折 纸本	9cm×21.5cm	69,000	中国嘉德	2020-12-02
清末民国 蔡元培致明村先生信札	27.2cm×18.7cm	34,500	中贸圣佳	2020-10-16
清乾隆十六年恩封张翀诰命 手卷	30cm×183cm	126,500	中国嘉德	2020-07-17
清同治十一年恩封杨锡光诰命 手卷	30cm×172cm	92,000	中国嘉德	2020-07-17
清同治时期无锡裘际尧、朱福基、朱荫培、朱光照等信札	开本25cm×15cm	32,200	西泠印社	2020-08-07
清宣统四年陕西提督张行志祝皇上圣寿进贺表文	25cm×11cm	34,500	泰和嘉成	2020-10-17
清雍正十年(1732年)杭州都统兼织造税务大臣隆昇朱批奏封一件		10,350	北京保利	2020-12-04
清雍正十年至乾隆三年(1732—1738) 武英殿刻朱墨套印本 开化纸 世宗宪皇帝朱批谕旨		4,485,000	中贸圣佳	2020-10-17
清雍正十三年(1734) 张世宗父母织锦诰命	282.2cm	195,083	佳士得	2020-10-08
清雍正土鸡年(1729) 七世达赖喇嘛文告	高167cm; 宽70cm	258,212	纽约苏富比	2020-09-23
瞿式耜正月帖 镜片(信四页, 跋二页)	画心26.5cm×17.5cm×4	1,380,000	西泠印社	2020-08-08
任鸿隽 1929、1957年作 致三姊有关陈衡哲及蒋桂战争的家书二通	26.5cm×17cm; 23.5cm×17cm×4	161,000	西泠印社	2020-08-09
任铭善 蒋礼鸿 约1943-1967年作 致钟泰有关浙大、复性书院等信札一批		80,500	西泠印社	2020-08-09
日本无条件投降降书	24cm×35cm	11,500	中国嘉德	2020-07-18
荣禄为京城通商银行所存军饷于庚子变乱时被焚责令上海总行赔还咨文两种	25.5cm×11cm	16,100	泰和嘉成	2020-10-17
容庚致张次溪信札1通1页	19.5cm×28cm	21,850	北京保利	2020-10-18
阮元 清代 致秦瀛信札一通 镜心	18cm×23cm	138,000	永乐拍卖	2020-08-17
三毛 1987年4月20日作 致傅韵芬有关荷西罕见长信	26cm×21cm	126,500	西泠印社	2020-08-09
三毛 1988年7月10日作 致杨式美有关大陆及《红楼梦》的信札	27.5cm×21cm	57,500	西泠印社	2020-08-09
沙馥、姚镛、徐郙、鸿朗四先生墨宝真迹	尺寸不一	20,700	广东崇正	2020-09-13
沙孟海 约1948年作 致阮毅成有关邵裴子、朱家骅的信札	28.5cm×20.5cm×2	138,000	西泠印社	2020-08-09
山东巡抚吉纶为琉球贡使过境派员照料护送进京事奏折	24cm×10cm	34,500	泰和嘉成	2020-10-17
商衍鎏 致禹甸、仰三信札诗稿	27.5cm×21.2cm×7	17,250	广东崇正	2020-09-13
上海鸿英图书馆 上海来青阁书庄 杭州宋经楼书店致荣德生信札五通	27cm×17.5cm	11,500	十竹斋拍卖（北京）	2020-10-18
邵宝 致顾璘札 册片	24cm×50cm	632,500	中国嘉德	2020-08-17
邵裴子 致阮毅成有关陈汉第、陈叔通之信札三通	27.5cm×18.5cm×2; 28.5cm×20cm	69,000	西泠印社	2020-08-09
邵洵美 1963年作 致儿子邵小罗的罕见家书	19.5cm×11.5cm	207,000	西泠印社	2020-08-09
邵元冲 约1907、1914年作 致沈伯严信札二通	43cm×33cm×3(册页)	51,750	西泠印社	2020-08-09

(续表)

拍品名称	物品尺寸	成交价RMB	拍卖公司	拍卖日期
沈曾植 海日楼遗墨	尺寸不一	1,012,000	朵云轩	2020-09-23
沈曾植 海日楼馀墨	尺寸不一	977,500	朵云轩	2020-09-23
沈曾植 清代 行书致梁鼎芬信札一通二页 镜心	24cm×12cm×2	51,750	永乐拍卖	2020-08-17
沈觐寿 致立人信札一通六开	30cm×18cm×6	14,950	瀚成拍卖	2020-01-05
沈钧儒 致阮毅成有关王述樵案等信札三通	27.5cm×19cm×3	161,000	西泠印社	2020-08-09
沈廷扬 旅者如归 镜片(信一页,跋二页)	画心29.5cm×14.5cm;题跋35cm×20.5cm×2	161,000	西泠印社	2020-08-08
沈伟田 孙意 姚景燮 等 书札	尺寸不一	11,500	永乐拍卖	2020-12-04
沈仪德 致鲍桂生诗札	23.2cm×12.2cm	12,485	北京保利	2020-07-17
沈尹默 录《新政协筹备会各党派各团体为纪念七七抗日战争十二周年宣言》等文告三种	16.2cm×25.5cm;20.5cm×27.5cm	34,500	中国嘉德	2020-12-02
沈尹默致潘伯鹰等诗稿信札卷手卷	尺寸不一	460,000	西泠印社	2020-08-09
沈周 手札	25cm×30.5cm	2,357,500	朵云轩	2020-09-24
石鲁致亚明信一通一页 信札	22.8cm×12.3cm	172,500	荣宝斋(上海)	2020-10-25
石曼华 信札三页 镜片	25cm×18cm	23,000	华艺国际	2020-10-16
史可法 恙未愈帖镜片(信四页,跋二页)	画心23cm×9.5cm×4	2,415,000	西泠印社	2020-08-08
释永光致溥儒信札	26cm×23.7cm	20,700	中国嘉德	2020-12-02
释永光致溥儒信札诗稿	23cm×25.8cm	74,750	中国嘉德	2020-12-02
舒新城 1946、1948年作 致阮毅成有关杭州及出版现状之信札二通	27cm×20cm×3	103,500	西泠印社	2020-08-09
水勇操阵图	尺寸不一	25,300	泰和嘉成	2020-10-17
宋珏 手札	28cm×26cm	184,000	朵云轩	2020-09-24
宋美龄 致梁寒操 信札一通一页附实寄封 (一帧)	31cm×20cm	12,485	北京保利	2020-07-16
宋旭等 手札二通一开 册片	尺寸不一	207,000	中国嘉德	2020-08-17
素黄绫折及封	尺寸不一	34,500	泰和嘉成	2020-10-17
遂安詹氏 旧藏 南宋淳熙年间詹仪之任官告身 绫本	全长546cm	18,400,000	中国嘉德	2020-12-02
孙克弘 致"介如禅友"札 册片	25.5cm×36cm	161,000	中国嘉德	2020-08-17
孙文 行书书札	25cm×39cm	207,000	中鸿信	2020-01-04
孙文 总统手令 (一帧)	29cm×20cm	21,565	北京保利	2020-07-16
孙毓湝 致鲍桂生诗札	23.1cm×12cm	26,105	北京保利	2020-07-17
太虚 信札1通两页 镜心	尺寸不一	161,000	中贸圣佳	2020-10-17
谭崇台 信札5封6页 信札	26cm×19cm	92,000	华艺国际	2020-10-16
汤贻汾 致汤用中家书册 (三通十页) 册页	23cm×13cm×10	74,750	西泠印社	2020-08-08
汤贻汾 致汤用中家书册 (十二页) 册页	尺寸不一(册页尺寸28cm×16cm)	92,000	西泠印社	2020-08-08
唐顺之 书札一页 镜心	28cm×75cm	2,070,000	中国嘉德	2020-12-04
唐文治 致荣德生信札一通	28cm×17.5cm	14,950	十竹斋拍卖(北京)	2020-10-18
唐文治 致荣德生信札一通	27cm×17cm	13,800	十竹斋拍卖(北京)	2020-10-18
唐文治 致荣德生信札一通附捐款收据	27.5cm×17cm	17,250	十竹斋拍卖(北京)	2020-10-18
唐文治致荣德生　信札	28cm×18cm×2	17,250	江苏金匮	2020-05-17
唐寅 手札	26.5cm×29cm	7,015,000	朵云轩	2020-09-24
唐寅 手札	24cm×32cm	5,865,000	朵云轩	2020-09-24
陶德麟 手书李达简介2页 信札	26cm×19cm	71,300	华艺国际	2020-10-16
陶德麟 信札六页、贺卡一页 镜片	尺寸不一	69,000	华艺国际	2020-10-16
陶行知 1936年7月18日作 致胡鄂公有关建立国共联合战线的信札	22.5cm×17.5cm	425,500	西泠印社	2020-08-09
陶孟和手札,蒋廷黼、熊式辉等致陶孟和书札	尺寸不一	97,750	中鸿信	2020-01-04
田间 草书、致王亚平信一通一页 立轴、镜片	69.5cm×17cm;26cm×19cm	23,000	广东崇正	2020-09-13
同治、光绪年诸大臣奏折 一批	尺寸不一	74,750	广东崇正	2020-06-27
同治拾壹年富森布父母奉天诰命手卷	30.5cm×159cm	29,900	上海驰翰	2020-09-24
头品顶戴兵部侍郎湖南巡抚陈宝箴 奏慈禧太后请安折 附进贡清单	尺寸不一	40,250	十竹斋拍卖(北京)	2020-10-18
瓦特 1811年5月作 致英国皇家学会主席吉迪亲笔信	40cm×25cm	69,000	西泠印社	2020-08-09
汪承元 刘延余 王荣瑄 致浚川书札	尺寸不一	12,650	永乐拍卖	2020-12-04
汪昉行书书札 (一幅)	26cm×54cm	29,900	北京保利	2020-10-18
汪精卫 陈公博 李浩驹 顾孟余 往来通信		798,750	佳士得	2020-12-01
汪敬 信札一通	22.5cm×12cm×3	80,500	中国嘉德	2020-08-17
汪懋麟等 手札二通一开 册片	尺寸不一	126,500	中国嘉德	2020-08-17
汪士慎 华嵒 清代 行书致高玉桂信札一通、行书题画诗 镜心	23.5cm×15cm;23.5cm×10cm	126,500	永乐拍卖	2020-08-17
汪喜孙、杨铎旧藏 阮元致翁方纲信札一通	24.5cm×22.5cm	92,000	中国嘉德	2020-08-16
汪喜孙、杨铎旧藏 翁方纲信札一通	27cm×20.3cm	71,300	中国嘉德	2020-08-16
汪喜孙、杨铎旧藏 翁方纲信札一通	11.3cm×25.5cm	32,200	中国嘉德	2020-08-16
汪喜孙、杨铎旧藏 伊秉绶信札一通	6.8cm×22cm	86,250	中国嘉德	2020-08-16
王鏊 手札	24cm×30cm	862,500	朵云轩	2020-09-24
王宠 手札	24cm×17cm	782,000	朵云轩	2020-09-24
王谷祥 手札	26.5cm×16.8cm	552,000	朵云轩	2020-09-24
王谷祥 手札	23cm×31.5cm	402,500	朵云轩	2020-09-24
王国维 致罗振玉信札(附函)	30cm×16cm	69,000	中鸿信	2020-01-04
王鸣盛致周广业信札一通	26.7cm×12.2cm	36,800	西泠印社	2020-08-07
王培德 邵祖平 致钟泰有关复性书院、之江大学等信札六通	尺寸不一	11,500	西泠印社	2020-08-09
王清穆等人信札手稿底本		46,000	永乐拍卖	2020-12-04
王时敏 手札	28cm×15cm	977,500	朵云轩	2020-09-24
王世杰 与蒋介石、胡適等电文及往来信件一批93件 镜片	尺寸不一	2,185,000	华艺国际	2020-10-16
王思任 手札二通 册片	28cm×12.5cm×2	667,000	中国嘉德	2020-08-17
王思任 往江粤帖 镜片(信二页,跋二页)	画心26.5cm×24cm×2;题跋35cm×20.5cm×2	897,000	西泠印社	2020-08-08
王文韶、戴鸿慈等奏折附清单	尺寸不一	32,200	中鸿信	2020-01-04
王文治 行书札卷 手卷	21cm×135cm	126,500	北京保利	2020-10-18
王锡衮 刘生帖镜片(信一页,跋二页)	画心27.5cm×21cm;题跋35cm×20.5cm×2	345,000	西泠印社	2020-08-08
王云五 有关孙科、莫德惠交接典礼及教科书印刷分配的信札文稿三种	26.5cm×21cm×6;32cm×16.5cm×5	74,750	西泠印社	2020-08-09
王穉登 诗札 册片	18cm×9.5cm	218,500	中国嘉德	2020-08-17
王穉登 手札	25cm×15cm	425,500	朵云轩	2020-09-24
威廉·李卜克内西 1899年11月20日作提及德国国会大厦的最晚年信札	19cm×14.5cm	23,000	西泠印社	2020-08-09
伟大发明家爱迪生亲笔信函及签名照片	尺寸不一	23,000	中国嘉德	2020-12-01
温忠翰 致鲍桂生诗札	22.6cm×12.5cm×2	10,215	北京保利	2020-07-17
文鼎 杨澥 朱为弼 钱泳 冯登府 陶管 姚燮 吴懋政 等 篆刻金石家信札册 (共三十五页) 册页	尺寸不一(册页尺寸32.5cm×21.5cm)	552,000	西泠印社	2020-08-08
文彭 手札	25.5cm×12.9cm	529,000	朵云轩	2020-09-24
文徵明 手札	23cm×31cm	1,725,000	朵云轩	2020-09-24
文徵明 致吴维岳信札	25.5cm×13.5cm×2	460,000	广东崇正	2020-09-13
闻宥 1933-1940年作 抗战期间致刘咸长信十八通		172,500	西泠印社	2020-08-09
翁斌孙致子澂仁兄信札	尺寸不一	13,800	中国嘉德	2020-12-02
翁方纲 信札(三选一)	尺寸不一	74,750	泰和嘉成	2020-10-17
翁同龢 清 信札—致陆铁云 册页(三十四开)	23.5cm×12cm×34	191,700	佳士得	2020-12-02
翁同龢 致缪荃孙信札 手卷	26cm×66cm	172,500	北京保利	2020-10-18
翁同龢 致翁熙孙信札七通 (七通十一页) 画心		184,000	西泠印社	2020-08-08
翁同龢、徐郙等 名臣手札册 册页(十五开)	23cm×12.5cm×30	172,500	中国嘉德	2020-12-04
翁同龢等清人书札缟纻零缣、书札拾遗	31.5cm×25.5cm	281,750	北京保利	2020-10-18
翁同龢致温云大兄信札等	尺寸不一	17,250	中国嘉德	2020-12-02
吴昌硕 题《八大鸟石》诗札	27cm×17.3cm	161,000	广东崇正	2020-09-13
吴昌硕 致沈曾植信札	22.5cm×12cm	161,000	朵云轩	2020-09-23

(续表)

拍品名称	物品尺寸	成交价RMB	拍卖公司	拍卖日期
吴昌硕致吴隐印泥书画事便笺名片	尺寸不一	66,700	泰和嘉成	2020-10-17
吴大澂 端方 罗振玉 杨守敬 乔大壮 傅增湘 等 致张之洞梁鼎芬方地山等信札册（共五十六页）册页	尺寸不一（册页尺寸33cm×20cm）	897,000	西泠印社	2020-08-08
吴大澂 赵怀玉 唐仲冕 信札册 册页	20cm×12cm×16	97,750	北京保利	2020-12-05
吴大澂 中俄战争前后致金石旧友信札册（三十六页）册页	册页尺寸35cm×21.5cm	1,207,500	西泠印社	2020-08-08
吴大澂、潘祖荫、张之洞等 手札 册页（二十六开）	尺寸不一；约23cm×12.3cm×51	667,000	中国嘉德	2020-12-04
吴大廷、江有兰等致刘瑞芬信札	尺寸不一	23,000	中国嘉德	2020-12-02
吴德旋 王曰升 为黄定兰作题跋二种（二帧）镜片	37cm×31.5cm×2	92,000	西泠印社	2020-08-08
吴甘来 信札一通 镜片（信二页，跋二页）	画心26.5cm×9.5cm×2；题跋35cm×20.5cm×2	184,000	西泠印社	2020-08-08
吴晗 吴晗致金灿然信札	18.5cm×26.5cm	82,800	中国嘉德	2020-08-16
吴湖帆 致陈子清信札	27.5cm×17.5cm×3	80,500	广东崇正	2020-09-13
吴湖帆 致陈子清信札	26.3cm×16.5cm×4	74,750	广东崇正	2020-09-13
吴湖帆为证婚人之婚书（一对）	28cm×20cm	17,250	十竹斋拍卖（北京）	2020-10-18
吴敬恒 致曹梁厦信札 二通五页 信笺	29cm×18cm×5	69,000	十竹斋拍卖（北京）	2020-10-18
吴宽 致"宪使亲家"札 册片	22.5cm×30.5cm	2,185,000	中国嘉德	2020-08-17
吴朗西 盛子治 陆蠡 致李朝宗有关巴金等信札六通	尺寸不一	46,000	西泠印社	2020-08-09
吴山涛等 手札二通一开 册片	尺寸不一	103,500	中国嘉德	2020-08-17
吴永 曾广銮 阿先敦布 书札	尺寸不一	12,650	永乐拍卖	2020-12-04
吴稚晖致王世杰信札	15cm×23cm	28,750	中国嘉德	2020-12-02
吴作人 致李松石信札	29cm×34.5cm	11,500	广东崇正	2020-09-13
西奥多·罗斯福 1916年作 批评威尔逊政府中立政策的批改文稿	27.5cm×21.5cm×4	28,750	西泠印社	2020-08-09
夏承焘 王焕镳 1938年作 致钟泰有关马一浮、柳诒征及抗战时局信札三通	尺寸不一	40,250	西泠印社	2020-08-09
夏定域 郦承铨 1932、1949年作 致钟泰有关战争时局信札二通	32cm×30cm；28.5cm×17.5cm×2	11,500	西泠印社	2020-08-09
夏言 承雅爱帖镜片（信二页，跋二页）	尺寸不一	1,955,000	西泠印社	2020-08-08
咸丰皇帝御笔朱批叶名琛为接济镇压太平军费用之粤省捐生姓名银数请给实在官阶奏折	22cm×9.5cm	51,750	泰和嘉成	2020-10-17
咸丰皇帝朱批奏折一件		14,950	北京保利	2020-10-23
咸丰七年广东巡抚柏贵、叶名琛联名奏折		69,000	中国嘉德	2020-12-06
咸丰七年广东巡抚柏贵奏折		46,000	中国嘉德	2020-12-06
咸丰五年三月初二，叶名琛、柏贵奏折一份带封	125cm×22cm	23,000	广东崇正	2020-09-13
咸丰五年奏折		66,700	中国嘉德	2020-08-19
咸丰赵德辙奏折一份	38.5cm×21.6cm	11,500	广东崇正	2020-09-13
现代护理教育奠基人弗洛伦斯·南丁格尔 关于阐述传染病隔离制度重要性重要信件	信17.8cm×22.8cm；封9.6cm×12.3cm	34,500	中国嘉德	2020-08-18
镶红旗汉军查奏应仍造入另户人丁清册	30cm×20.5cm	34,500	泰和嘉成	2020-10-17
萧萐父《近世中国文化的多元透视》手稿360页及李维武信 镜片	26cm×19cm	460,000	华艺国际	2020-10-16
谢国桢致施蛰存信札	20.3cm×29.5cm	11,500	中国嘉德	2020-12-02
谢觉哉 刘公亮 等 致陈友群有关朱德信札及传记文稿一批	尺寸不一	23,000	西泠印社	2020-08-09
谢无量致马一浮信札与文稿	20.7cm×510cm	632,500	中国嘉德	2020-12-02
谢玉岑 约1923至1932年作 致高吹万有关黄宾虹的信札及诗词稿一批		218,500	西泠印社	2020-08-09
谢玉岑 致高吹万信札三通 手卷	引首23cm×81.5cm；书法27.5cm×211.5cm	34,500	中国嘉德	2020-12-02
辛酉（1861）敕封慈禧皇太后之父叶赫那拉·惠征为承恩公世袭诰命	34cm×410cm	1,150,000	十竹斋拍卖（北京）	2020-10-18
匈牙利音乐家李斯特亲笔信函	尺寸不一	34,500	中国嘉德	2020-12-01
熊佛西 民国时期致阮毅成有关游览杭州的信札	29cm×20cm	126,500	西泠印社	2020-08-09
熊慕韩致熊全沧书信58封、日记9册及借账本1册、熊全沧1册、熊全沫1册、熊全治信札7页带一信封 信札	尺寸不一	920,000	华艺国际	2020-10-16
熊十力 1949年9月19日写本 致唐君毅、钱穆、徐复观、胡秋原、张丕介信札七纸	尺寸不一	598,000	华艺国际	2020-12-05
熊十力 致树年信札	尺寸不一	57,500	广东崇正	2020-09-13
熊十力致王孟生信札1通1页	28cm×29cm	28,750	北京保利	2020-10-18
熊廷弼 承惠醇醪帖 镜片（信一页，跋二页）	画心23.5cm×22.5cm；题跋35cm×20.5cm×2	1,092,500	西泠印社	2020-08-08
徐悲鸿 1934年5月4日作 致汪亚尘有关莫斯科中国画展的信札	14.5cm×10.5cm	80,500	西泠印社	2020-08-09
徐悲鸿 1935年12月17日作 致王少陵最早信札	45.5cm×25cm	287,500	西泠印社	2020-08-09
徐悲鸿 1936年10月23日作 两广事变后致王少陵有关画展题字的信札	28.5cm×20.5cm×2	241,500	西泠印社	2020-08-09
徐悲鸿 1937年6月17日作 抗战中致王少陵有关艺术修为的信札	25cm×23.5cm	207,000	西泠印社	2020-08-09
徐悲鸿 1938年6月2日作 致王少陵有关画支持抗战的信札	31.5cm×21.5cm	368,000	西泠印社	2020-08-09
徐悲鸿 1946年7月12日作 致王少陵有关出任北平艺专校长的信札	28.5cm×19.5cm×2	356,500	西泠印社	2020-08-09
徐悲鸿 1947年11月14日作 致王少陵有关赴美考察艺术教育的信札	27.5cm×19.5cm	310,500	西泠印社	2020-08-09
徐悲鸿 1947年11月20日作 为王少陵作国立北平艺专推荐信	27.5cm×19.5cm	230,000	西泠印社	2020-08-09
徐悲鸿 1947年2月23日作 致汪亚尘有关介绍王少陵的信札	27.5cm×19.5cm	230,000	西泠印社	2020-08-09
徐悲鸿 1949年1月17日作 北平解放前夕致王少陵有关时局及生活的信札	27.5cm×19.5cm	345,000	西泠印社	2020-08-09
徐悲鸿 1949年1月21日作 致王少陵有关北平和平解放的信札	27.5cm×16.5cm	299,000	西泠印社	2020-08-09
徐悲鸿 1949年2月5日作 北平解放时致王少陵有关林语堂的信札	26cm×22.5cm	241,500	西泠印社	2020-08-09
徐悲鸿 廖静文 1927年作 签名本信札	尺寸不一	23,000	十竹斋拍卖（北京）	2020-10-18
徐悲鸿 约1937年作 致王少陵有关抗战时局及余本、李铁夫的信札	30.5cm×15cm	195,500	西泠印社	2020-08-09
徐悲鸿题记张汝器小传	23.5cm×29cm	57,500	北京保利	2020-10-18
徐海东 1953、1954年作 致董光华信札及董光华任命书	32cm×28cm；26cm×19cm×2	23,000	西泠印社	2020-08-09
徐霖 致"子寅"札 册片	23.5cm×25.5cm	747,500	中国嘉德	2020-08-17
徐绍曾 张上德 周鼎 书札	尺寸不一	14,950	永乐拍卖	2020-12-04
徐石麒 草就谏词帖 镜片（信一页，跋二页）	画心25.5cm×21.5cm；题跋35cm×20.5cm×2	230,000	西泠印社	2020-08-08
徐树铮信札1通1页	24cm×26cm	13,800	北京保利	2020-10-18
徐文华 地方多变帖 镜片（信四页，跋二页）	尺寸不一	977,500	西泠印社	2020-08-08
徐沅 书札	尺寸不一	12,650	永乐拍卖	2020-12-04
徐中行 致张凤翼信札 镜心	尺寸不一	59,800	中国嘉德	2020-12-04
许杰、刘北汜、曾敏之、陈芦荻 致端木信札二十通三十页附封七枚		13,800	广东崇正	2020-06-27
许麟庐 致单克亮信札	29cm×19cm×5	13,800	广东崇正	2020-09-13
宣统二年外务部咨呈		10,580	中国嘉德	2020-08-19
宣统三年陆军部颁发护照		24,150	中国嘉德	2020-08-19
薛福成　致沈能虎	23.5cm×13cm×4	23,000	江苏金匮	2020-05-17
薛岳 致邓说信札一通一封	30.5cm×22cm	26,450	中鸿信	2020-01-04
薛植 薛植信札一通 镜心	26.5cm×42cm	51,750	荣宝斋（南京）	2020-11-28
严复 行书致联翁书札	23.5cm×55cm	17,250	中鸿信	2020-01-04
严复 伊立勋 清末信札二通	尺寸不一	287,500	西泠印社	2020-08-09

拍品名称	物品尺寸	成交价RMB	拍卖公司	拍卖日期
严复致王云五信札	19.5cm×15.8cm	13,800	中鸿信	2020-01-04
杨度 致彦明信札	27.5cm×18.5cm	46,000	广东崇正	2020-09-13
杨铎旧藏 李联榜、黄爵滋、包世臣题跋三种	43.5cm×40cm	13,800	中国嘉德	2020-08-16
杨铎旧藏 谭祖同、鲁一同、高均濡题跋三种	39.5cm×40cm	11,500	中国嘉德	2020-08-16
杨铎旧藏 吴廷康、杨炳春、汪嘉棠题跋三种	11cm×40cm; 33cm×40cm	17,250	中国嘉德	2020-08-16
杨铎旧藏 徐宗幹、许瀚 题跋二种	31cm×40cm	17,250	中国嘉德	2020-08-16
杨翰 致何绍基等信札（十开选四）	尺寸不一	63,250	上海嘉禾	2020-01-05
杨岂 书札 册片	29.4cm×11cm×2	23,000	中国嘉德	2020-08-17
杨仁恺 刘九庵 汪道涵 李亚如 等致王修龄信札十通	尺寸不一	10,219	中国嘉德	2020-10-09
杨真 书札 镜片	17cm×10.5cm; 17cm×9.5cm	10,350	广东小雅斋	2020-06-17
杨真 致姜时川 安宁求田帖 镜片（信二页，跋二页）	画心28cm×24cm; 31cm×23.5cm	2,415,000	西泠印社	2020-08-08
杨士奇书札（一页）	24cm×22.6cm	13,800	北京保利	2020-10-18
杨廷麟人外帖镜片(信一页，跋二页)	画心26.5cm×22cm; 题跋35cm×20.5cm×2	690,000	西泠印社	2020-08-08
杨文骢芥茶帖镜片(信一页，跋二页)	画心28cm×11cm; 题跋35cm×20.5cm×2	632,500	西泠印社	2020-08-08
杨向奎 王树民 王崇武 尹以莹 张政烺 史念海 等约1938至1949年作 西北教育考察学人有关顾颉刚信札一批		40,250	西泠印社	2020-08-09
杨之光、丁芒等　致端木信札二通二页寄封十三枚		14,950	广东崇正	2020-06-27
姚夔诗札（一页）	23.4cm×32.6cm	13,800	北京保利	2020-10-18
叶大庄 致沈玉琪等信札册	23cm×12cm	28,750	北京保利	2020-10-18
叶尔恺 李瑞清 致魏家骅论学等信札二通	尺寸不一	43,700	西泠印社	2020-08-09
叶恭绰 致蒋吟秋信札	28cm×18cm	13,800	十竹斋拍卖（北京）	2020-10-18
叶圣陶 致子恺信札	26.5cm×19cm	23,000	广东崇正	2020-09-13
叶圣陶、周雷、姚雪垠信札	尺寸不一	51,750	广东崇正	2020-09-13
伊秉绶 行书信札二通两纸	尺寸不一	63,250	永乐拍卖	2020-12-02
伊秉绶 行书信札二通两纸	尺寸不一	51,750	永乐拍卖	2020-12-02
伊秉绶 行书信札二通两纸	24.5cm×13.5cm×2	51,750	永乐拍卖	2020-12-02
伊秉绶 行书信札二通两纸	尺寸不一	48,300	永乐拍卖	2020-12-02
伊秉绶 行书信札二通两纸	尺寸不一	48,300	永乐拍卖	2020-12-02
伊秉绶 行书信札二通两纸	尺寸不一	46,000	永乐拍卖	2020-12-02
伊秉绶 行书信札二通两纸	尺寸不一	36,800	永乐拍卖	2020-12-02
伊秉绶 行书信札二通两纸	尺寸不一	69,000	永乐拍卖	2020-12-02
伊秉绶 行书信札一通	16cm×16cm	48,300	永乐拍卖	2020-12-02
伊秉绶 行书信札一通	30cm×28cm	46,000	永乐拍卖	2020-12-02
佚名"早间""前慢"一开二通 册片	28cm×9.5cm×2	46,000	中国嘉德	2020-08-17
佚名1269年作 敕朝请大夫方逢辰诰 镜心	30cm×59cm	59,800	北京保利	2020-12-05
佚名 李氏旧藏江西诸家信札	尺寸不一	1,380,000	永乐拍卖	2020-08-17
佚名书札册	32.4cm×18.9cm	82,800	北京保利	2020-10-18
印藏驿运及康藏驮运交涉		34,500	永乐拍卖	2020-12-03
印度诗人泰戈尔亲笔信函附其儿子亲笔信函	29cm×23; 17.3cm×22.2cm	36,800	中国嘉德	2020-08-18
印度宣布承认中华人民共和国撤退列国之国民政府官员给罗大使书函		69,000	永乐拍卖	2020-12-03
印缅运输主管问题与菲律宾、印度尼西亚领导人外交情况		46,000	永乐拍卖	2020-12-03
英国演员丹尼尔·雷德克里夫亲笔签名《哈利波特与魔法石》超大幅电影海报	111cm×78.5cm	28,750	中国嘉德	2020-08-18
英国著名作家阿瑟·柯南·道尔 亲笔信函	20.4cm×12.7 12.7cm×7.6cm	126,500	中国嘉德	2020-08-18
英人侵入西康边境之察隅，科麦地区		46,000	永乐拍卖	2020-12-03
应宝时等致刘瑞芬信札	尺寸不一	172,500	中国嘉德	2020-12-02

拍品名称	物品尺寸	成交价RMB	拍卖公司	拍卖日期
雍正六年郭承琦奉天诰命 手卷	29cm×193cm	77,050	上海驰翰	2020-09-24
于非闇 书画作品照片及相关信札文稿等一批	尺寸不一	172,500	西泠印社	2020-08-09
于希宁致李志信札	尺寸不一	13,800	中鸿信	2020-01-04
于右任 李宗仁 黄金荣 等 宣寿八千卷	尺寸不一	920,000	上海匡时	2020-08-05
于右任 许世英 叶恭绰 董作宾 潘伯鹰 张书旂 等 致杨恺龄信札合辑 册页（四十八开）	尺寸不一×48	218,500	中国嘉德	2020-08-15
俞平伯 手札一页、方介堪 致时希信札四通六页、王蘧常 致时希信札三通三页、俞樾 手札一页、钱绍武致路夫信札一通三页	尺寸不一	51,750	上海嘉禾	2020-01-05
俞琬纶 手札	27cm×33cm	138,000	朵云轩	2020-09-24
俞琬纶 致"仲亨姊丈"札 册片	28.5cm×32.5cm	402,500	中国嘉德	2020-08-17
俞允文 手札 册片	23.5cm×20.5cm	149,500	中国嘉德	2020-08-17
俞致贞旧藏　有关张大千及书画名家交游的信札照片一批	790cm×122cm（画稿）	184,000	西泠印社	2020-08-09
俞钟颖、瞿良士等致仲达先生信札	尺寸不一	36,800	中国嘉德	2020-11-09
御前大臣管理都统事务多罗克勤郡王晋祺奏折（朱批"勤勉办差"）	21.5cm×9.5cm	36,800	北京保利	2020-10-18
袁保恒、新贻致英翰信札	尺寸不一	25,300	中国嘉德	2020-12-02
袁克文 致方地山信札 镜心	29cm×25cm	74,750	中国嘉德	2020-08-15
袁克文 致钱芥尘有关女演员金慧君的信札	22cm×17cm	184,000	西泠印社	2020-08-09
袁克文信札	尺寸不一	51,750	泰和嘉成	2020-10-17
袁克文致赵道生信札	8.8cm×25.2cm	43,700	中国嘉德	2020-11-09
袁枚 信札一通	22cm×14.5cm×3	63,250	中国嘉德	2020-08-17
袁枚致怡园有关刊刻《南园诗选》事宜信札二通	开本 23.7cm×15.9cm×2	207,000	西泠印社	2020-08-07
岳昭燏 书札	尺寸不一	14,950	永乐拍卖	2020-12-04
云仙散录一卷 附札记一卷	半框21cm×15.5cm; 开本29.5cm×17.8cm	11,500	西泠印社	2020-08-07
恽日初 恽寿平 恽氏父子书札	尺寸不一	3,335,000	华艺国际	2020-12-05
载泽 奏折	22cm×26cm	32,200	中国嘉德	2020-11-09
臧克家 致白巉歧、张厚明等信札 信札	26cm×19cm	51,750	华艺国际	2020-10-16
臧克家、萧乾、楼适夷、陈子善等人信札	尺寸不一	57,500	中国嘉德	2020-07-18
臧克家致苏晨书札	20cm×9cm×5	11,500	中鸿信	2020-01-04
臧应奎 迩闻荣升帖 镜片（信二页，跋二页）	尺寸不一	460,000	西泠印社	2020-08-08
詹景凤 信札 镜心	25.5cm×10cm	48,300	中国嘉德	2020-12-04
张伯驹 文稿 致张牧石寄封一枚	26cm×38cm×2	20,700	广东崇正	2020-09-13
张伯驹 张伯驹致罗元贞教授信札1通，附原信封	24.5cm×71cm	92,000	保利厦门	2020-09-26
张伯驹致杨绍箕信札	13.5cm×20.2cm	17,250	中国嘉德	2020-11-09
张大千 致孙家勤信札	28cm×39.5cm	57,500	广东崇正	2020-09-13
张嘉禄、竺廖祥 等信札手稿一批	尺寸不一	63,250	上海嘉禾	2020-01-05
张謇 1889年3月1日作 致严家让有关李鸿章、曾国荃的信札	26cm×19.5cm×2	46,000	西泠印社	2020-08-09
张謇 信札八开 镜心	23cm×10cm	40,250	中贸圣佳	2020-10-17
张群 致唐纵信札	27.5cm×19.5cm×2	23,000	中鸿信	2020-01-04
张群、马英九、马纪壮等致台湾"总统府"第一局局长刘垕信札、张群祝寿贺词及手稿资料一组11份共29页，附信封1枚	尺寸不一	28,750	北京保利	2020-10-18
张群致笹川喜三郎信札二通 附请柬二份	尺寸不一	11,500	十竹斋拍卖（北京）	2020-10-18
张瑞园　书法手札	29cm×12cm	17,250	江苏金匮	2020-05-17
张若霭 钱陈群 于敏中 等 清代 为范世勋作艺圃丛珍册 册页（十四开）	24cm×29cm×14	345,000	永乐拍卖	2020-08-17
张世准 书札	尺寸不一	12,650	永乐拍卖	2020-12-04
张学良致陶鹏飞、张闾媖夫妇信札	38.5cm×26cm	63,250	中国嘉德	2020-12-02
张学良致张闾媖信札	26.5cm×30.5cm	69,000	中国嘉德	2020-12-02
张雨 致伯清信札	27cm×23cm	11,006,200	香港苏富比	2020-07-09
张之洞、景星联合请安折	21.5cm×9.5cm	23,000	北京保利	2020-12-04

(续表)

拍品名称	物品尺寸	成交价RMB	拍卖公司	拍卖日期
张之万致英翰信札	12.5cm×23.4cm	97,750	中国嘉德	2020-12-02
张之万致英翰信札	12.5cm×23.4cm	69,000	中国嘉德	2020-12-02
张宗衡新岁帖镜片(信三页,跋二页)	画心28cm×16.5cm×3; 题跋35cm×20.5cm×2	437,000	西泠印社	2020-08-08
张宗祥致阮毅成有关祝廉先的信札	29cm×21cm	149,500	西泠印社	2020-08-09
章梫致李洣有关国民革命时期浙沪地区中共早期党组织运动的信札	尺寸不一	25,300	西泠印社	2020-08-09
章士钊 1957年10月23日作 致夫人殷德贞信札一通	22cm×9cm	46,000	十竹斋拍卖(北京)	2020-10-18
章士钊 1958年作 致吴忠信有关台湾问题及第二次国共和谈长篇信稿(二帧)画心	143.5cm×30.5cm; 13.5cm×30.5cm	57,500	西泠印社	2020-08-09
章士钊 1967年9月9日作 致夫人殷德贞信札一通	61cm×31cm	57,500	十竹斋拍卖(北京)	2020-10-18
章士钊 梁漱溟 等 张申府上款及旧藏信札文稿一批	尺寸不一	34,500	西泠印社	2020-08-09
章士钊 戊申(1908)作 致沈步洲信札 明信片	9cm×14cm	23,000	十竹斋拍卖(北京)	2020-10-18
章士钊 信札	26cm×17cm	23,000	十竹斋拍卖(北京)	2020-10-18
章士钊 约1948年11月9日作 新中国成立前夕致夫人殷德贞提及杜月笙之家书	26.5cm×15.5cm×2	46,000	西泠印社	2020-08-09
章士钊致林太太手札	20cm×33cm	32,200	中鸿信	2020-01-04
章士钊致殷德贞信札	15cm×25.3cm	51,750	中国嘉德	2020-12-02
章太炎 邹鲁 致易培基有关论学及广东政局信札二通	尺寸不一	126,500	西泠印社	2020-08-09
赵尔巽、李鸿章、赵之谦等 致潘祖荫、吴郁生信札壹册	尺寸不一	195,500	广东崇正	2020-09-13
赵朴初 甲戌(1994)作 致申在夫信札 一通一页 信笺	26.5cm×19cm	32,200	十竹斋拍卖(北京)	2020-10-18
赵朴初 刘海粟 行书自作诗致罗慷烈信札(二帧)镜心	赵68cm×34.5cm; 刘24cm×50.5cm	253,000	中国嘉德	2020-08-15
赵朴初日常随笔及创作手稿 镜心(二十二页)	尺寸不一×22	32,200	中国嘉德	2020-12-02
赵朴初 相关日常事务之批示、回复及演讲稿 镜心(六件二十页)	尺寸不一×20	20,700	中国嘉德	2020-12-02
赵朴初 信封、题字、拓片五种	尺寸不一	17,250	中国嘉德	2020-08-16
赵朴初 与亲友往还信札 镜心(六通十页)	尺寸不一×10	20,700	中国嘉德	2020-12-02
赵朴初致周绍良信札一通一页信笺	17.5cm×34cm	51,750	十竹斋拍卖(北京)	2020-10-18
赵朴初便条、批示、讣告及各界友人致赵朴初信札等佛教资料一批	尺寸不一	52,900	中鸿信	2020-01-04
赵朴初关于"收回"光孝寺信札一页	26cm×32cm	57,500	广东崇正	2020-09-13
赵朴初毛笔短函及各种讣告	尺寸不一	11,500	中鸿信	2020-01-04
赵朴初手札、批示及讣告等佛教资料一批	尺寸不一	34,500	中鸿信	2020-01-04
赵朴初致李家振信札附照片一组	19cm×28cm	11,500	中国嘉德	2020-12-02
赵少昂 信札 题字 镜片	尺寸不一×6	20,700	广东小雅斋	2020-06-17
赵盛奎 郭沛霖 唐际盛 冯云濠 等清代名贤信札一批(共一百一十七页)镜片·画心		155,250	西泠印社	2020-08-08
赵无极 1983年作 致黄蒙田有关举办国内首次画展的信札五通	尺寸不一	92,000	西泠印社	2020-08-09
赵尧生先生手札	24cm×15cm	138,000	十竹斋拍卖(北京)	2020-10-18
赵一荻致张闾蘅信札	19.3cm×26cm	43,700	中国嘉德	2020-12-02
赵元任 叶公超 王世杰 阮维周 苏雪林 何振亚等 赵元任、叶公超、王世杰、阮维周、苏雪林、何振亚等致胡適信札	尺寸不一	59,800	中国嘉德	2020-08-16
赵之谦1882年作行书朱笔判牍卷手卷	尺寸不一	1,322,500	西泠印社	2020-08-08
赵之谦 悲盦自书润例 行书手札 横披	29cm×30.5cm	483,000	朵云轩	2020-09-24
赵之谦 信札 册(七通、十二页)	24cm×13cm	57,500	北京翰海	2020-12-11
赵之谦 信札一通二页 镜片	23cm×12.5cm×2	230,000	华艺国际	2020-12-05
赵之谦 左宗棠 翁同龢 等 清代信札杂录册 册页(十八开)	尺寸不一	747,500	永乐拍卖	2020-08-17
浙江巡抚吉庆为琉球货船温州被劫办理加倍赔偿抚恤事奏折	25.5cm×11cm	34,500	泰和嘉成	2020-10-17
郑孝柽 世续 唐晏 书札	尺寸不一	23,000	永乐拍卖	2020-12-04
郑孝胥 致陈曾寿信札、诗札	24cm×13cm×2	57,500	广东崇正	2020-09-13
郑振铎 致唐弢关于十竹斋笺谱信札一通	26cm×21cm	46,000	十竹斋拍卖(北京)	2020-10-18
郑振铎 致唐弢关于十竹斋笺谱信札一通	27.5cm×21.5cm	46,000	十竹斋拍卖(北京)	2020-10-18
郑振铎 致唐弢关于十竹斋笺谱信札一通	27cm×21cm	43,700	十竹斋拍卖(北京)	2020-10-18
郑振铎 致夏鼐明信片一通	10.7cm×15.6cm	23,000	十竹斋拍卖(北京)	2020-10-18
中央人民政府任命书一份	25cm×30cm	97,750	广东崇正	2020-09-13
钟同 每思报国帖 镜片(信一页,跋二页)	画心24cm×19.5cm; 题跋35cm×20.5cm×2	805,000	西泠印社	2020-08-08
周凤翔 张国维 十六日帖·昨别帖 镜片(信二页,跋二页)	尺寸不一	230,000	西泠印社	2020-08-08
周福清信札1通1页	23.5cm×12.5cm	13,800	北京保利	2020-10-18
周顺昌 开岁帖 镜片(信一页,跋二页)	画心26.5cm×14cm; 题跋35cm×20.5cm×2	632,500	西泠印社	2020-08-08
周天球 致项元淇信札 镜心	尺寸不一	57,500	中国嘉德	2020-12-04
周廷增 李恒 陆垣 书札	尺寸不一	12,650	永乐拍卖	2020-12-04
周之训 奉侯老师帖 镜片(信五页,跋二页)	画心27cm×19.5cm×5; 题跋35cm×20.5cm×2	310,500	西泠印社	2020-08-08
周作人 1964年作 致郑子瑜一通一纸	33cm×15.5cm	94,300	永乐拍卖	2020-12-04
周作人 致傅增湘信札 镜框	23.5cm×14.8cm	105,456	香港苏富比	2020-10-08
周作人致张次溪信札1通1页	25cm×15cm	97,750	北京保利	2020-10-18
周作人致章廷谦信札	17.5cm×27.8cm	86,250	中国嘉德	2020-12-02
朱批奏折	9.5cm×20.5cm	28,750	中国嘉德	2020-07-18
朱稣典 徐悲鸿尺帧及《徐悲鸿选画范》两种	尺寸不一	97,750	上海敬华	2020-09-22
朱曜奎 2016年作 千里林间烟雨深	42cm×28cm	10,350	北京翰海	2020-09-12
朱曜奎 2016年作 自创诗集手书	42cm×28cm	13,800	北京翰海	2020-09-12
朱彝尊 1707年作 行书 为汪文柏作诗序稿及汪文柏索序手札卷 手卷	画心66.5cm×25cm; 题跋241cm×25cm	782,000	西泠印社	2020-08-08
朱永佑 幸忝师门帖 镜片(信二页,跋二页)	尺寸不一	184,000	西泠印社	2020-08-08
朱之瑜信札	38cm×29.5cm	36,800	中国嘉德	2020-12-02
诸高僧 佛教 佛学人士致赵朴初、陈邦织伉俪信札 镜心(九通十五页)	尺寸不一×15	32,200	中国嘉德	2020-12-02
诸华 那彦成 顾莼 致改琦书札	22.5cm×12.5cm	13,800	永乐拍卖	2020-12-04
祝允明 手札	25cm×15.5cm	1,092,500	朵云轩	2020-09-24
祝允明 致谢大哥札 镜心	28cm×12cm	218,500	北京保利	2020-10-18
著名投资商沃伦·巴菲特亲笔签名名片	8cm×13.5cm	80,500	中国嘉德	2020-12-01
庄果 信札一页 镜片	25cm×19cm	517,500	华艺国际	2020-10-16
庄培因 手札 镜片	23cm×47cm×4	23,000	广东小雅斋	2020-06-17
总统府礼官黄开文旧藏内务部门证国庆日大阅典礼入场券等	尺寸不一	13,800	泰和嘉成	2020-10-17
邹韬奋 丁声树 1922、1947年作 致胡適有关傅斯年及出版杜威译著信札二通	27.5cm×21.5cm×2; 25.5cm×17cm	241,500	西泠印社	2020-08-09
邹之麟 手札 册片	28cm×14cm	690,000	中国嘉德	2020-08-17
奏为复核前出使大臣分收支经费按款复核折(朱批)	21.5cm×9.5cm	16,100	北京保利	2020-10-18
奏为谨拟赴俄修约大臣应递国书缮单进呈折(朱批)	21.5cm×9.5cm	25,300	北京保利	2020-10-18
左光斗 大人荣迁帖 镜片(信二页,跋二页)	画心28.5cm×24cm; 28.5cm×22cm	2,185,000	西泠印社	2020-08-08
左宗棠致英翰信札	12cm×23.7cm	287,500	中国嘉德	2020-12-02
左宗棠致英翰信札	12.2cm×23.6cm	287,500	中国嘉德	2020-12-02

（续表）

拍品名称	物品尺寸	成交价RMB	拍卖公司	拍卖日期
左宗棠致英翰信札	12.2cm×23.7cm	69,000	中国嘉德	2020-12-02
(后晋)河北容城刘昫等撰 旧唐书二百卷	29cm×18cm	43,700	永乐拍卖	2020-12-04
(南朝宋) 范晔 撰　后汉书一百二十卷	29cm×18.5cm	63,250	永乐拍卖	2020-12-04
《共产党宣言》中译本78种	尺寸不一	690,000	泰和嘉成	2020-10-17
《汉奸丑史》《群丑图》《女汉奸秽史》《群魔百丑》《狰狞内幕》《一百〇八个巨奸的罪恶》等清除汉奸系列书刊文献一组	18.5cm×12.5cm	23,000	中鸿信	2020-01-04
《毛泽东选集》存两卷	17cm×12cm	17,250	中鸿信	2020-01-04
《毛泽东选集》第一卷	17.5cm×12cm	63,250	中鸿信	2020-01-04
《扇面大观》二册		13,800	朵云轩	2020-11-30
《上海博物馆藏画》《故宫博物院藏花鸟画选》共2册	56cm×40cm×2	11,500	永乐拍卖	2020-12-03
《水经注》《宋拓淳化阁》等十一册		10,350	朵云轩	2020-11-30
《宋瓷名品图录》《明瓷名品图录》《故宫清瓷图录》三套共9册	42cm×31cm×9	51,750	永乐拍卖	2020-12-03
《文物拍卖大典》图录2004-2019年全套 16册		48,300	中贸圣佳	2020-06-20
《中国共产党党章》不同版本98种	尺寸不一	690,000	泰和嘉成	2020-10-17
《中国名画集》一套八册		40,250	朵云轩	2020-11-30
《中国青年》第七卷第二号	18cm×13cm	11,500	中鸿信	2020-01-04
《中国竹刻艺术》上下册 1978-1982年 香港市政局		14,441	香港普艺	2020-10-10
16-18世纪法国装饰图案版画集	46cm×32.5cm	13,800	北京保利	2020-10-18
18世纪全球地理巨型版画集	81.5cm×55cm	34,500	北京保利	2020-10-18
1911年作限量编号《中国瓷器与玉器》		10,350	中贸圣佳	2020-12-07
1921-2012年 东方陶瓷学会(伦敦)会刊及展览图录册20册		20,700	中贸圣佳	2020-06-20
1923年《波兰皇室德累斯顿陶瓷馆藏中国陶瓷》精装8开两册全	31.5cm×24cm	24,150	北京大羿	2020-08-16
1924-2019年苏富比佳士得重要私人藏中国瓷器工艺品专场图录230册	尺寸不一	51,750	保利厦门	2020-09-26
1934年 霍布森著限量编号《大维德所藏中国陶瓷图录》	长41cm；宽31.5cm	28,750	中贸圣佳	2020-06-20
1934年 罗伯特·洛克哈特·霍布森编著 限量编号精装《大维德所藏中国陶瓷图录》	43cm×32.8cm	34,163	佳士得	2020-04-21
1950-2002年 伦敦东方陶瓷学会会刊及展览图录册20册		26,450	北京大羿	2020-08-16
1953-1984年作 伦敦苏富比瓷器工艺品拍卖图录三十五册	尺寸不一	23,000	中国嘉德	2020-07-17
1958-1984年作 伦敦苏富比拍卖图录四十二册	尺寸不一	17,250	中国嘉德	2020-11-11
1966-1989年伦敦佳士得瓷器工艺品拍卖图录20册		11,500	北京大羿	2020-08-16
1973-1992年作 香港苏富比瓷器工艺品拍卖图录三十二册	尺寸不一	20,700	中国嘉德	2020-07-17
1973-2018年作 Eskenazi瓷器工艺品等图录四十二册	尺寸不一	25,300	中国嘉德	2020-11-11
1974-1978年限量原函精装《东洋陶瓷大观》(十二册全)		10,350	中贸圣佳	2020-06-20
1975-2000年作 香港敏求精舍展览图录九册	尺寸不一	11,500	中国嘉德	2020-07-17
1976年作《御制》一套两册	41cm×27.8cm	10,350	中国嘉德	2020-07-17
1976年作 限量编号《御制》2册		14,950	中贸圣佳	2020-12-07
1977-2019年作 苏富比拍卖图录一百二十九册	尺寸不一	11,500	中国嘉德	2020-07-17
1978年《天民楼藏瓷》两册		11,500	中贸圣佳	2020-06-20
1980-1988年作 仇焱之系列图录四册	尺寸不一	11,500	中国嘉德	2020-07-17
1980-1990年作《张大千书画集》一套七册	29cm×22cm	10,350	中国嘉德	2020-07-17
1980-1985年作 仇焱之、胡惠春、叶义苏富比瓷器工艺品拍卖图录五册	尺寸不一	17,250	中国嘉德	2020-11-11

拍品名称	物品尺寸	成交价RMB	拍卖公司	拍卖日期
1984-2019年作 佳士得拍卖图录一百一十册	尺寸不一	20,700	中国嘉德	2020-07-17
1984-2012年作 苏富比、佳士得瓷器工艺品等拍卖图录四十九册	尺寸不一	13,800	中国嘉德	2020-11-11
1988-2019年作 苏富比、佳士得瓷器工艺品专场拍卖图录六十六册	尺寸不一	10,350	中国嘉德	2020-11-11
1989-2017年作 香港苏富比、佳士得瓷器工艺品拍卖图录三十二册	尺寸不一	10,350	中国嘉德	2020-11-11
1990-2019年作 苏富比、佳士得瓷器工艺品专场拍卖图录七十册	尺寸不一	13,800	中国嘉德	2020-07-17
1993-2019年 香港苏富比拍卖公司拍卖图录(一组50册)		10,350	中贸圣佳	2020-12-07
2013-2016年 苏富比不言堂：坂本五郎珍藏中国瓷器艺术品拍卖专场9册全		36,800	北京大羿	2020-08-16
40-50年代 谢觉哉签名红色文献一批	尺寸不一	34,500	中贸圣佳	2020-10-16
埃德加·斯诺 林语堂 1941年2月4日作《为亚洲而战》初版初印本	23.5cm×15.5cm(册)	34,500	西泠印社	2020-08-09
埃斯肯纳茨(ESKENAZI)1972-2018年中国艺术品展览图录(46册)		66,700	中贸圣佳	2020-06-20
盎格鲁撒克逊与爱尔兰手抄本泥金彩饰版画集 限量发行200套	57cm×41cm	28,750	北京保利	2020-10-18
奥兰治-拿骚亲王、荷兰省督威廉四世皇家仪典巨幅版画集	52cm×38cm	11,500	北京保利	2020-10-18
奥托·范文寓言故事版画集	26cm×20cm	37,950	北京保利	2020-10-18
巴黎古典建筑和城市风貌巨幅版画集	50cm×35.5cm	103,500	北京保利	2020-10-18
巴黎夏乐宫建筑雕塑博物馆作品集	41cm×31cm	13,800	北京保利	2020-10-18
巴洛克式巴黎皇家宫殿巨幅版画集	57cm×38cm	25,300	北京保利	2020-10-18
拜占庭艺术彩色版画集	46.5cm×33cm	25,300	北京保利	2020-10-18
北平协和医学院校刊	27cm×19.5cm	10,350	泰和嘉成	2020-08-16
本党重要文字	18cm×12.5cm	20,700	中鸿信	2020-01-04
比利时古建筑巨幅版画集	51cm×37cm	11,500	北京保利	2020-10-18
比利时建筑装饰艺术版画集	41cm×30cm	25,300	北京保利	2020-10-18
波塞雷埃兄弟藏中世纪艺术大师巨幅古版画全集	72.5cm×58cm	552,000	北京保利	2020-10-18
不言堂坂本五郎苏富比图录全套		12,650	中贸圣佳	2020-12-07
褚德彝 辑 卢芹斋藏中国早期青铜器	26cm×33.5cm	13,800	中国嘉德	2020-08-16
春柳	18.5cm×13cm	25,300	中鸿信	2020-01-04
瓷器画样十二张	尺寸不一	23,000	中国嘉德	2020-07-17
当代《紫玉金砂》杂志全套、《天地方圆》杂志全套	29.8cm×21.1cm×92；29.3cm×20.9cm×27	33,350	西泠印社	2020-08-08
到社会主义之路	18cm×13cm	10,350	中鸿信	2020-01-04
帝国巅峰拿破仑战场版画集	53cm×36cm	17,250	北京保利	2020-10-18
东方陶瓷学会历年会刊及展览图录等42册	尺寸不一	17,250	保利厦门	2020-09-26
董其昌题宋元名家山水册等二十四种	尺寸不一	13,800	中国嘉德	2020-11-09
动物学杂志 第三期	29cm×18.5cm	25,300	永乐拍卖	2020-12-04
20世纪初 伯希和东方考察相集两册	高31.5cm；宽49.8cm	301,247	纽约苏富比	2020-09-23
20世纪初 伯希和东方考察相集两册	高31.5cm；宽49.8cm	215,177	纽约苏富比	2020-09-23
20世纪初 伯希和东方考察相集五册	高31.5cm；宽49.8cm	602,494	纽约苏富比	2020-09-23
法国国王圣路易·菲利普一世的旅行—献给英国维多利亚女王的版画集	58cm×41cm	10,350	北京保利	2020-10-18
法国皇宫、城堡、教堂建筑艺术版画集	34cm×24cm	28,750	北京保利	2020-10-18
法国皇家家具摄影版画集	46cm×33cm	13,800	北京保利	2020-10-18
法国皇家家具用织物纹饰 限量800套	47cm×33cm	10,350	北京保利	2020-12-05
法国建筑内部装饰版画集(10月刊)	46cm×34cm	25,300	北京保利	2020-10-18
法国建筑艺术巨幅版画集	53cm×36cm	43,700	北京保利	2020-10-18
法国卢浮宫藏鲁本斯作品巨幅版画集	64cm×51cm	92,000	北京保利	2020-10-18
法国王室装饰挂毯艺术版画集	45.5cm×34cm	36,800	北京保利	2020-10-18
法国文艺复兴建筑版画集	47cm×33cm	32,200	北京保利	2020-10-18
法国文艺复兴时期建筑装饰版画集	37.5cm×30cm	23,000	北京保利	2020-10-18
法国文艺复兴装饰艺术版画集	36cm×27.5cm	20,700	北京保利	2020-10-18
凡尔赛宫建筑装饰版画集	52cm×38.2cm	17,250	北京保利	2020-10-18
凡尔赛喷泉版画集	28cm×22cm	12,650	北京保利	2020-10-18

2020杂项拍卖成交汇总

(续表)

拍品名称	物品尺寸	成交价RMB	拍卖公司	拍卖日期
梵蒂冈教堂建筑巨幅版画集	77cm×58cm	13,800	北京保利	2020-10-18
梵蒂冈美术馆早期巨幅版画集	53cm×40cm	25,300	北京保利	2020-10-18
方去疾 印稿		46,000	上海嘉禾	2020-01-05
放山居仇炎之胡惠春等苏佳专场图录		23,000	中贸圣佳	2020-12-07
芬达绘佳丽手工上色版画集	38cm×27cm	11,500	北京保利	2020-10-18
枫丹白露宫巨幅版画集	49cm×36cm	23,000	北京保利	2020-10-18
弗朗索瓦一世到路易十三法国建筑装饰版画集	46cm×33cm	17,250	北京保利	2020-10-18
各民族理想宗教仪式和习俗版画集	40cm×26cm	69,000	北京保利	2020-10-18
故宫文物选粹一套25本		18,400	中贸圣佳	2020-07-18
故宫文物选粹	28.5cm×22cm×25	11,270	上海驰翰	2020-09-24
顾景舟亲笔签名《宜兴紫砂珍赏》特藏本	38cm×25.5cm	11,500	永乐拍卖	2020-12-03
郭葆昌 校注 校注项氏历代名瓷图谱	27cm×39.5cm	55,200	中国嘉德	2020-08-16
韩天衡 印稿		66,700	上海嘉禾	2020-01-05
汉晋西陲木简汇编	27cm×39cm	10,350	中国嘉德	2020-11-09
赫尔曼帝鉴图说与孔子画传版画集	29cm×22cm	23,000	北京保利	2020-10-18
红军第四军政治部告工人书	24cm×30.5cm	11,500	中鸿信	2020-01-04
华莱士藏法国皇室17和18世纪家具及艺术品版画集	40cm×30cm	17,250	北京保利	2020-12-05
霍布森《Catalogue of the Leonard Gow Collection of Chinese Porcelain》		18,936	纽约苏富比	2020-09-23
霍布森《The George Eumorfopoulos Collection: Catalogue of Chinese, Corean and Persian Pottery and Porcelain》一套六册		55,946	纽约苏富比	2020-09-23
金属装饰艺术巨幅版画集	51.5cm×34cm	20,700	北京保利	2020-10-18
林徽因签名本《莎士比亚文集》英文版	38cm×28.7cm	34,500	中鸿信	2020-01-04
刘大杰 著 中国文学发展史(二)	29cm×18.5cm	11,500	永乐拍卖	2020-12-04
卢芹斋展览图录一组四十二本		111,892	纽约苏富比	2020-09-23
陆翔题跋并旧藏 缶庐集四卷 艺海一勺	尺寸不一	23,000	十竹斋拍卖(北京)	2020-10-18
陆小曼 1936年作 1936年《爱眉小札》初版签名本	17.5cm×12.5cm(册)	63,250	西泠印社	2020-08-09
陆征祥 富兰克林·罗斯福 1919年1月15日作 巴黎和会前合签并题跋《中国为共和而战》初版初印本	22cm×15cm(册)	69,000	西泠印社	2020-08-09
路易十六时期的建筑、家具装饰与奢华艺术版画集	46.5cm×34cm	28,750	北京保利	2020-10-18
路易十六时期皇家建筑装饰陈设巨幅版画集	53.5cm×36.5cm	17,250	北京保利	2020-10-18
路易十六时期皇家建筑装饰陈设巨幅版画集	53.5cm×36.5cm	11,500	北京保利	2020-10-18
路易十四和路易十五风格巴黎建筑及装饰	47cm×33.5cm	11,500	北京保利	2020-10-18
伦敦苏富比1960–1980年瓷杂图录一组		14,950	中贸圣佳	2020-12-07
罗马帝国庞贝古城壁画巨幅版画全集	60cm×42cm	138,000	北京保利	2020-10-18
罗马建筑版画集	56cm×42cm	34,500	北京保利	2020-10-18
罗马教堂巨幅版画集	48.5cm×34cm	20,700	北京保利	2020-10-18
马科斯·弗拉克斯(Marcus Flacks)著作系列(收藏家限量珍藏版)(《中国古典家具集藏》限量版编号8)(《土林典藏:稀见木作文房小件》限量版编号88)岩壑奇姿—17世纪吴彬画卷《十面灵壁图》研究限量版编号8		92,000	北京保利	2020-10-20
满洲国立博物馆藏版《纂组英华》一套五册		189,355	纽约苏富比	2020-09-23
梅原末治《日本搜储支那古铜精华》一套六册		129,106	纽约苏富比	2020-09-23
拿破仑大帝巨幅版画全集	60cm×45cm	69,000	北京保利	2020-10-18
呐呐鸥 译 色情文化	13cm×20cm	10,350	中国嘉德	2020-07-18
欧洲巴洛克洛可可建筑艺术	50cm×33.5cm	69,000	北京保利	2020-10-18
欧洲奢华艺术彩色版画集	30cm×25cm	40,250	北京保利	2020-10-18
欧洲现代公寓室内设计彩色版画集	52cm×38cm	17,250	北京保利	2020-10-18
庞贝古城纪念碑壁画彩色版画集	47cm×36.5cm	36,800	北京保利	2020-10-18
彭定求 等编 全唐诗	11.8cm×16.5cm	11,500	中国嘉德	2020-11-09
齐白石张大千铃赠画册 近代	尺寸不一	17,250	中贸圣佳	2020-10-16
千佛洞—敦煌石窟出土的绢布佛教绘画	67cm×55cm	10,350	北京保利	2020-10-18
乔治·梅森 编 中国服饰	35.5cm×25.5cm	51,750	中国嘉德	2020-08-16
乔治·梅森 编 中国刑罚	35cm×25cm	13,800	中国嘉德	2020-08-16
钦定二十四史	20cm×13cm	34,500	泰和嘉成	2020-08-16
青铜器参考书籍一组八本		34,428	纽约苏富比	2020-09-23
青铜器参考书籍一组九本		25,821	纽约苏富比	2020-09-23
清朝书画谱	23cm×36cm	13,800	中国嘉德	2020-11-09
全国第五次文代会代表题赠钟敬文题词纪念册1册	18cm×13cm	80,500	北京保利	2020-10-18
日本讲谈社《东洋陶瓷大观》全12册	37cm×27cm×12	11,500	永乐拍卖	2020-12-03
瑞士苏黎世黎特堡亚洲艺术博物馆、日内瓦鲍尔博物馆及瑞典东方艺术博物馆学术期刊共109册		11,388	佳士得	2020-04-21
山中商会《欧美收藏 支那古铜精华》全7册	45cm×36.5cm×7	23,000	永乐拍卖	2020-12-03
山中商会展览图录		16,100	中贸圣佳	2020-12-07
世界博览会巨幅手绘版画	60cm×43cm	483,000	北京保利	2020-10-18
松原三郎著《中国佛教雕刻史论》全4册	35cm×29cm×4	17,250	永乐拍卖	2020-12-03
宋人画册·选辑	尺寸不一	19,550	泰和嘉成	2020-08-16
苏富比 佳士得历年拍卖图录(110册)		71,300	中贸圣佳	2020-06-20
苏富比、佳士得历年拍卖图录27册共27册		11,500	中贸圣佳	2020-12-07
苏富比、佳士得专场拍卖图录37册共37册		10,350	中贸圣佳	2020-12-07
苏富比拍卖图录 50册		17,250	中贸圣佳	2020-07-18
苏维埃中央政府毛主席颁发出路在哪里布告	23cm×34cm	10,350	中鸿信	2020-01-04
图册		23,000	东兴瀚海	2020-09-28
维多利亚女王御制英国皇室收藏艺术作品巨幅版画集	45cm×32cm	36,800	北京保利	2020-10-18
文艺复兴时期巴黎市政厅建筑巨幅版画集	64.5cm×51cm	17,250	北京保利	2020-10-18
文艺复兴至路易十六时期法国建筑内饰外饰版画集	46.5cm×33cm	28,750	北京保利	2020-10-18
5–17世纪建筑、装饰艺术版画集	尺寸不一	26,450	北京保利	2020-10-18
西川宁 编 二金蝶堂遗墨	26cm×40cm	10,350	中国嘉德	2020-11-09
希腊罗马诸神巨幅古版画集	45cm×30cm	103,500	北京保利	2020-10-18
喜仁龙《Les Peintures Chinoises Dans Les Collections Americaine》一组四本		12,911	纽约苏富比	2020-09-23
献给维多利亚女王和威尔士亲王的全球艺术珍品	43.5cm×31cm	23,000	北京保利	2020-10-18
香港苏富比1970–1990年瓷杂图录一组		25,300	中贸圣佳	2020-12-07
香港早期《名家翰墨》大全套113册	28.5cm×21cm×113	34,500	永乐拍卖	2020-12-03
项城袁氏旧藏历代名瓷图谱	31.3cm×25.3cm	32,200	北京保利	2020-12-05
晓风残月	18cm×13cm	11,500	中鸿信	2020-01-04
徐志摩 著 翡冷翠的一夜	12cm×18.5cm	11,500	中国嘉德	2020-07-18
徐志摩 著 自剖	12cm×18.8cm	23,000	中国嘉德	2020-07-18
伊东忠太 编 支那建筑装饰 存四卷	30.5cm×44cm	13,800	中国嘉德	2020-08-16
伊丽莎白时期文艺复兴建筑装饰家具设计版画集	44.5cm×31.5cm	10,350	北京保利	2020-10-18
意大利古典宫廷建筑巨幅版画集	61cm×49cm	23,000	北京保利	2020-10-18
意大利馆藏大理石镶嵌和马赛克艺术巨幅彩色版画集	66.5cm×47cm	25,300	北京保利	2020-10-18
意大利建筑及装饰巨幅版画集	42cm×29cm	20,700	北京保利	2020-10-18
英格兰苏格兰皇家园林	44cm×34cm	25,300	北京保利	2020-10-18
英国古堡庄园建筑及内饰家具彩色版画集	50cm×34cm	55,200	北京保利	2020-10-18
英国皇家建筑师学会作品集	50cm×37cm	11,500	北京保利	2020-10-18
御制慕尼黑王宫珍宝馆艺术品巨幅彩色版画集(仅见大英博物馆收藏)	65cm×49cm	46,000	北京保利	2020-10-18
御制三希堂石渠宝笈法帖等	尺寸不一	11,500	中国嘉德	2020-11-09

（续表）

拍品名称	物品尺寸	成交价RMB	拍卖公司	拍卖日期
詹同、蒋玄佁、雪之、雪桥印稿		10,350	上海嘉禾	2020-01-05
展览图录一组五本		34,428	纽约苏富比	2020-09-23
张大千画展（张大千签名本）	22cm×25.5cm	15,890	北京保利	2020-07-15
张珩 著 木雁斋书画鉴赏笔记	14cm×20.2cm	11,500	中国嘉德	2020-08-16
赵恒惕 丁慕韩题记《留学日本陆军士官学校同学》谱（第四五六期）	25.5cm×18cm	28,750	泰和嘉成	2020-08-16
赵无极《罗杰·拉伯特诗集》	框33cm×43cm; 书12.5cm×21.5cm	17,250	中国嘉德	2020-08-18
浙江西湖风景照片	15cm×20cm	17,250	泰和嘉成	2020-10-17
震动世界的八百壮士	18.5cm×13cm	10,350	中鸿信	2020-01-04
支那工艺图鉴		40,250	中贸圣佳	2020-07-18
支那南画大成	23cm×33.5cm	20,700	中国嘉德	2020-11-09
支那南画集成　不详	38cm×26.5cm	18,400	永乐拍卖	2020-12-04
中国	39cm×32cm	10,925	泰和嘉成	2020-08-16
中国瓷器及玉石参考书籍一组八本		27,543	纽约苏富比	2020-09-23
中国的新西北	18.5cm×13cm	20,700	中鸿信	2020-01-04
中国古代宫廷纹饰集锦	35cm×23cm	82,800	北京保利	2020-10-18
中国国民党第一次全国代表大会宣言及决议案	18cm×13cm	17,250	中鸿信	2020-01-04
中国海员	18.5cm×13cm	20,700	中鸿信	2020-01-04
中国绘画综合图录　铃木敬编	30.5cm×22.5cm	28,750	永乐拍卖	2020-12-04
中国科学院古脊椎动物与古人类研究所《化石》编辑部　化石 第三期	29.5cm×18.5cm	25,300	永乐拍卖	2020-12-04
中国科学院古脊椎动物与古人类研究所《化石》编辑部　化石 第一期	29.5cm×18.5cm	25,300	永乐拍卖	2020-12-04
中国墓葬艺术参考书籍一组三本		12,911	纽约苏富比	2020-09-23
中国艺术参考书籍及拍卖图录一组约75册		15,943	佳士得	2020-04-21
中国艺术拍卖图录约257本及其他参考书籍		135,255	伦敦佳士得	2020-02-13
中国艺术文献图书共九册		18,220	佳士得	2020-04-21
中国玉器参考书籍一组三本		25,821	纽约苏富比	2020-09-23
中世纪世界纹样彩色版画集	40cm×28cm	20,700	北京保利	2020-10-18
朱屺瞻、程十髮、蕉雨自用印稿		64,400	上海嘉禾	2020-01-05
朱塞佩·图齐编著《西藏画卷》三册		19,170	佳士得	2020-11-18
竹久梦二作品版画集	23.8cm×16.7cm	17,250	北京保利	2020-10-18
著名古玩商prestley&ferraro、Marchant等藏中国艺术品展图录40册	尺寸不一	13,800	保利厦门	2020-09-26
装饰艺术巨幅版画集	43cm×31cm	17,250	北京保利	2020-10-18
"法兰西玫瑰"苏菲·玛索亲笔签名照片	25.5cm×20.3cm	20,700	中国嘉德	2020-08-18
"法兰西玫瑰"苏菲·玛索亲笔签名照片	25cm×19.5cm	17,250	中国嘉德	2020-12-01
"飞人"迈克尔·乔丹 亲笔签名《最后一投》关键瞬间经典照片	31cm×38.5cm	23,000	中国嘉德	2020-08-18
"飞人"迈克尔·乔丹 亲笔签名照片	25.5cm×38cm	28,750	中国嘉德	2020-08-18
"飞人"迈克尔·乔丹 亲笔签名照片	尺寸不一	20,700	中国嘉德	2020-08-18
"哈利波特男主角"丹尼尔·雷德克里夫亲笔签名照片	35cm×28cm	10,350	中国嘉德	2020-12-01
"黑曼巴"科比·布莱恩特亲笔签名照片	50.7cm×40.5cm	32,200	中国嘉德	2020-08-18
"黑曼巴"科比·布莱恩特亲笔签名照片	54.8cm×79.8cm	13,800	中国嘉德	2020-08-18
"黑曼巴"科比·布莱恩特（Kobe Bryant）亲笔签名大幅照片	40cm×30.5cm	23,000	北京保利	2020-12-04
"黑曼巴"科比·布莱恩特（Kobe Bryant）亲笔签名照，附证书	30.5cm×40cm	10,350	北京保利	2020-10-18
"黑曼巴"科比·布莱恩特、"空中飞人"迈克尔·乔丹亲笔签名照片	19.5cm×24.5cm	25,300	中国嘉德	2020-12-01
"黑曼巴"科比·布莱恩特亲笔签名"洛杉矶湖人队"24号主客场照片	61.3cm×61.8cm	11,500	中国嘉德	2020-12-01
"黑曼巴"科比·布莱恩特亲笔签名照片	20.2cm×25.5cm	10,350	中国嘉德	2020-12-01
"空中飞人"迈克尔·乔丹亲笔签名照片	20.3cm×25.5cm	13,800	中国嘉德	2020-12-01
"美国音乐天皇"迈克尔·杰克逊亲笔签名照片	25.2cm×20.3cm	17,250	中国嘉德	2020-12-01
"美国最佳总统"富兰克林·罗斯福亲笔签名照片	24.3cm×30.4cm	40,250	中国嘉德	2020-12-01
"偶像级童星"秀兰·邓波儿亲笔签名照片	25cm×20.4cm	10,350	中国嘉德	2020-12-01
"人间天使"奥黛丽·赫本亲笔签名照片	25cm×20cm	51,750	中国嘉德	2020-08-18
"人间天使"奥黛丽·赫本亲笔签名照片	22.5cm×15.5cm	36,800	中国嘉德	2020-08-18
"人间天使"奥黛丽·赫本与格利高里·派克 亲笔签名照片	20.6cm×25.5cm	40,250	中国嘉德	2020-08-18
"三叉戟"梅西、苏亚雷斯、内马尔亲笔签名照片	50.7cm×30.7cm	32,200	中国嘉德	2020-08-18
"胜利之吻"水兵与护士双人亲笔签名经典照片	59.2cm×39.7cm	57,500	中国嘉德	2020-12-01
"世界足球先生"克里斯蒂亚诺·罗纳尔多（Cristiano Ronaldo）、里奥·梅西（Lionel Messi）亲笔签名照片1组共2张，附证书	30.5cm×40.5cm×2	11,500	北京保利	2020-10-18
"世界足球先生"里奥·梅西、克里斯蒂亚诺·罗纳尔多亲笔签名照片	38.6cm×48.6cm	13,800	中国嘉德	2020-12-01
"世界最伟大的发明家"托马斯·爱迪生（Thomas Edison）亲笔签名标准肖像照片	25cm×17.5cm	28,750	北京保利	2020-12-04
"苏联最高领导人"约瑟夫·斯大林亲笔签名文件	25.5cm×20cm	17,250	中国嘉德	2020-12-01
"铁娘子"撒切尔夫人亲笔签名照片	20cm×25cm	11,500	中国嘉德	2020-12-01
"五星上将"麦克·阿瑟 亲笔签名戎装肖像照	40.8cm×33.5cm	63,250	中国嘉德	2020-08-18
"心理惊悚大师"希区柯克亲笔签名照片	30.5cm×25cm	11,500	中国嘉德	2020-12-01
"英国最美王妃"戴安娜亲笔签名照片	23.5cm×18.3cm	13,800	中国嘉德	2020-12-01
"芝加哥公牛三巨头"迈克尔·乔丹（Michael Jordan）、斯科蒂·皮蓬（Scottie Pippen）、丹尼斯·罗德曼（Dennis Rodman）三人联合亲笔签名照	40cm×30cm	12,650	北京保利	2020-12-04
《这个杀手不太冷》男主角让·雷诺亲笔签名照片	39.9cm×31.3cm	11,500	中国嘉德	2020-12-01
《这个杀手不太冷》男主让·雷诺亲笔签名照片	28.3cm×36cm	71,300	中国嘉德	2020-08-18
1870-1880年托马斯·查尔德 阿芳等 摄制 北京 上海 宁波 广东等地蛋白照片精品册	32cm×48cm	632,500	十竹斋拍卖（北京）	2020-10-18
20世纪30年代中国上海老照片一百三十五张		11,500	中国嘉德	2020-12-06
1935年作 1935年北京正阳门牌楼大修工程照一册	尺寸不一	23,000	西泠印社	2020-08-09
1976年国民党第11次代表大会主席团全部成员联合签名原版照片	26cm×46cm	19,550	北京保利	2020-10-18
阿根廷"小跳蚤"梅西 亲笔签名照片	30.8cm×46cm	20,700	中国嘉德	2020-08-18
安德鲁·加菲尔德 亲笔签名《超凡蜘蛛侠》经典剧照	35.7cm×28cm	11,500	中国嘉德	2020-08-18
奥黛丽·赫本亲笔签名经典肖像照	42.5cm×32.5cm	11,500	中国嘉德	2020-12-01
北京东南西北中城区沟渠全图 纸本	尺寸不一	36,800	中国嘉德	2020-12-02
北京九坛八庙建筑图 纸本	60.5cm×48.5cm	74,750	中国嘉德	2020-12-02
大清天下中华各省府州县厅地理全图	29cm×88.5cm	25,300	中国嘉德	2020-11-09
大清万年一统地理全图	136cm×31cm×8	460,000	中贸圣佳	2020-10-16
第二次世界大战"胜利之吻"水兵与护士 双人签名照片	24.1cm×29.2cm	66,700	中国嘉德	2020-08-18
蒂姆·罗宾森《肖申克的救赎》亲笔签名经典剧照	25cm×20cm	13,800	中国嘉德	2020-12-01
杜氏（杜月笙）家祠落成招待北平艺员合影画片	22cm×97cm	34,500	中鸿信	2020-01-04
俄罗斯总统普京亲笔签名照片	20cm×25cm	28,750	中国嘉德	2020-12-01
费彝民合照照片及证书共七份	尺寸不一	17,250	广东崇正	2020-09-13
共和党本部欢迎孙中山先生等晚清民初人物影像集	18cm×24.2cm	74,750	北京保利	2020-10-18
古器物资料等照片册一册	37cm×23cm	20,700	广东崇正	2020-09-13
广东全图	89.5cm×112cm	19,550	北京保利	2020-10-18
杭州府城图二种	47cm×55cm	20,700	十竹斋拍卖（北京）	2020-10-18

(续表)

拍品名称	物品尺寸	成交价RMB	拍卖公司	拍卖日期
好莱坞传奇影星英格丽·褒曼亲笔签名原版照片	25.5cm×20.3cm	11,500	中国嘉德	2020-12-01
好莱坞电影明星安吉丽娜·朱莉 亲笔签名照片	35.5cm×28cm	13,800	中国嘉德	2020-08-18
胡適·施肇基题赠定安先生合影照片	39cm×27cm×2	34,500	中鸿信	2020-01-04
九世班禅额尔德尼 梅屋庄吉 致胡汉民像 相片三张	36cm×24.5cm×3	57,500	十竹斋拍卖（北京）	2020-10-18
卡斯特罗签名彩色照片	21cm×19cm	23,000	中鸿信	2020-01-04
郎静山 "钓罢归来不携舟" 照片	38cm×28cm	32,200	中国嘉德	2020-07-18
李宗仁 1938年8月10日 抗战期间致张申府台儿庄战役胜利签赠照	20.5cm×15.5cm	74,750	西泠印社	2020-08-09
连战母亲影集一册	尺寸不一	40,250	中鸿信	2020-01-04
梁思成 刘敦桢 1930年代作 营造学社考察古建筑照片二帧		287,500	西泠印社	2020-08-09
林语堂 蒋宋美龄 蒋孝武 钱穆 等自画像、手迹、签名稿与老照片	尺寸不一	183,938	中国嘉德	2020-10-09
刘半农 刘半农题赠沈士远照片附江阴炮台照片	19cm×24cm; 39cm×57cm	172,500	泰和嘉成	2020-10-17
刘半农摄制 觅柿如意	20cm×27cm	25,300	中鸿信	2020-01-04
刘海粟 1919年作 题刘父刘家凤灵堂旧照二帧	30cm×23cm×2	55,200	西泠印社	2020-08-09
刘海粟 林森 民国时期旧照及上海美专相关文稿	尺寸不一	57,500	西泠印社	2020-08-09
刘海粟 民国时期旅欧创作油画旧照三十七帧		115,000	西泠印社	2020-08-09
刘海粟约1921、1932年作民国时期国画作品展及上海女子美术学校照片二帧	尺寸不一	46,000	西泠印社	2020-08-09
刘铧 2004年作《风景》(一组六张)像	199cm×108.5 cm×6	555,030	香港苏富比	2020-10-07
陆小曼签赠徐志摩照片	13cm×9cm	48,300	中鸿信	2020-01-04
罗丹 1899年作 亲笔信及签名照	34cm×26cm	51,750	西泠印社	2020-08-09
马连良签赠费彝民戏装照二张	18cm×13cm×2	34,500	广东崇正	2020-09-13
马六明 2004年作 长城	70.5cm×95.5cm	10,596	纽约佳士得	2020-04-21
马一浮 题赠严群照片	23.5cm×17.5cm	149,500	中国嘉德	2020-12-02
迈克尔·乔丹与科比·布莱恩特双人亲笔签名超大尺幅限量版赛场"巅峰对决"	61cm×50.3cm	57,500	中国嘉德	2020-12-01
麦克·阿瑟亲笔签名重要明信片及西点军校戎装照	23cm×17.5; 14cm×9cm	10,350	中国嘉德	2020-12-01
美国NBA球星丹尼斯·罗德曼 亲笔签名大幅照片	61cm×121cm	32,200	中国嘉德	2020-08-18
美国NBA球星丹尼斯·罗德曼 亲笔签名照片	40.5cm×50.7cm	32,200	中国嘉德	2020-08-18
美国NBA球星斯蒂芬·库里 亲笔签名"黄金之州" 经典限量照片	74.7cm×64.7cm	17,250	中国嘉德	2020-08-18
美国NBA著名篮球运动员艾佛森亲笔签名照片	40.8cm×50.5cm	11,500	中国嘉德	2020-08-18
美国漫画创作者斯坦·利 笔签名"漫威家族" 照片	50.7cm×41cm	71,300	中国嘉德	2020-08-18
美国漫画创作者斯坦·利亲笔签名"漫威超级英雄集结" 照片	48cm×32.9cm	10,350	中国嘉德	2020-12-01
美国漫画家马修·格勒宁《辛普森一家》亲笔手绘签名合照	20.3cm×25.5cm	13,800	中国嘉德	2020-08-18
美国铁腕总统哈里·杜鲁门亲笔签名照片	20.4cm×25.5cm	13,800	中国嘉德	2020-12-01
美国演员汤姆·克鲁斯与导演斯皮尔伯格 亲笔签名照片	25.4cm×20.3cm	11,500	中国嘉德	2020-08-18
美国影视演员汤姆·汉克斯 亲笔签名《阿甘正传》剧照	46cm×30.5cm	59,800	中国嘉德	2020-08-18
美国总统德怀特·戴维·艾森豪威尔亲笔签名照片	20.3cm×25.5cm	13,800	中国嘉德	2020-12-01
美国总统福特、布什、卡特 亲笔签名照片	25.3cm×20.3cm	28,750	中国嘉德	2020-08-18
美国总统赫伯特·胡佛亲笔签名照片	30.6cm×23cm	13,800	中国嘉德	2020-12-01
美国总统吉米·卡特亲笔签名照片	25.5cm×20cm	11,500	中国嘉德	2020-12-01
美国总统杰拉尔德·福特亲笔签名照片	25cm×20cm	17,250	中国嘉德	2020-12-01
美国总统里根、福特、卡特 三人亲笔签名原版新闻照	25.5cm×20.3cm	40,250	中国嘉德	2020-08-18
美国总统理查德·尼克松亲笔签名照片	25.3cm×20.4cm	13,800	中国嘉德	2020-12-01
美国总统尼克松 亲笔签名照片	35.6cm×28cm	13,800	中国嘉德	2020-08-18
美国总统威廉·杰斐逊·克林顿亲笔签名照片	15cm×10.2cm	25,300	中国嘉德	2020-12-01
民国四公子之一袁克文签名照片一张		18,400	北京保利	2020-10-23
1956年蒋介石签名照片		12,650	中国嘉德	2020-12-06
摩纳哥王妃格蕾丝·凯莉亲笔签名原版照片	25.5cm×20.3cm	13,800	中国嘉德	2020-12-01
魔术师大卫·科波菲尔亲笔签名照片	25.5cm×20.5cm	11,500	中国嘉德	2020-08-18
乔丹、皮蓬、罗德曼 亲笔签名照片	50.7cm×40.5cm	32,200	中国嘉德	2020-08-18
热河地舆全图	113cm×129cm	92,000	泰和嘉成	2020-10-17
山川典山部汇图	28cm×17cm	575,000	泰和嘉成	2020-10-17
沈尹默合影一张	14cm×19.5cm	32,200	泰和嘉成	2020-10-17
水势图扇面	18cm×53cm	11,500	北京保利	2020-10-18
松江府上海县城图四种	尺寸不一	11,500	十竹斋拍卖（北京）	2020-10-18
孙文 题赠张静江照片	30cm×25cm	25,300	中鸿信	2020-01-04
泰坦尼克号主演莱昂纳多和温丝莱特 双签名照片	22cm×28cm	23,000	中国嘉德	2020-08-18
王观渔旧藏 于右任、贾景德签名照片	尺寸不一	36,800	中国嘉德	2020-07-18
王观渔 旧藏 于右任签名照片	32cm×40cm	36,800	中国嘉德	2020-07-18
王劲松 1999年作 百拆图	192cm×125cm	30,905	纽约佳士得	2020-04-21
吴梅魂 温飞卿 蒋中正 蒋经国 于右任 等 相片		21,850	广东小雅斋	2020-06-17
吴印咸摄《毛主席肖像》、《朱德肖像》等原版银盐照片一组	尺寸不一	11,500	中鸿信	2020-01-04
新增重修上海县城厢租界地理全图	106cm×63cm	69,000	十竹斋拍卖（北京）	2020-10-18
乙亥(1935)年作 张大千题 王学敏十五岁生日照片	33cm×43cm	32,200	广东崇正	2020-09-13
意大利邦迪号护卫舰队长旧藏北京上海沦陷照片及天坛游览证	33cm×21cm	10,925	泰和嘉成	2020-08-16
于右任题 蒋介石、宋美龄、于右任合影照片	29cm×22cm	109,250	中国嘉德	2020-08-16
俞平伯 1954年9月21日作 第一届全国人大第一次会议全体代表合影	200cm×18.5cm	46,000	西泠印社	2020-08-09
袁希涛 题跋孔林旧照等一批		20,700	西泠印社	2020-08-09
圆明园西洋楼二十景图	60cm×95cm	414,000	泰和嘉成	2020-10-17
约1937–1944年作 侵华日军在华证据日照一批照片(银盐纸基) 约六百帧		23,000	西泠印社	2020-08-09
张大力 1999年作 对话与拆系列	尺寸不一	14,128	纽约佳士得	2020-04-21
张大千 钱桐 福开森 章士钊 等 1937年作 京华美术学院福开森、钱桐董事欢迎合影等二帧	27.5cm×21.5cm×2	36,800	西泠印社	2020-08-09
张大千与女儿合影	14cm×9.5cm	13,800	中鸿信	2020-01-04
中国近世舆地图说二十三卷	26.9cm×15.7cm	10,350	中贸圣佳	2020-10-16
2003年 金西厓著 王世襄整理《刻竹小言》	26.2cm×15cm	126,500	中国嘉德	2020-08-16
安思远 1982年《夏威夷珍藏中国硬木家具》英文版	27.3cm×23cm	32,200	中国嘉德	2020-08-16
虎皮宣楹联	36cm×164.5cm	11,500	中国嘉德	2020-11-09
龙纹黄绫（二幅）	201cm×56cm	25,300	北京保利	2020-10-18
龙纹宣纸	135cm×65cm	41,400	北京保利	2020-10-18
民国 橙黄蜡笺空白轴	128cm×41.5cm	13,800	北京保利	2020-10-18
民国间郭葆昌定制觯斋水纹纸	59.5cm×43cm	57,500	北京保利	2020-12-05
民国旧装裱空白书法宣纸	尺寸不一	12,650	北京保利	2020-10-18
民国空白对联玉版宣七对	尺寸不一	25,300	北京保利	2020-10-18
民国虚白斋制冷金宣	136cm×69.5cm	23,000	北京保利	2020-10-18
钦定古今图书集成 一册	28cm×17.6cm	80,500	永乐拍卖	2020-12-04
清朝鲜国呈贡清政府用纸	109cm×63cm	36,800	北京保利	2020-10-18

(续表)

拍品名称	物品尺寸	成交价RMB	拍卖公司	拍卖日期
清公文绵纸	67cm×46cm	21,850	北京保利	2020-10-18
清行有恒堂监制宣纸	108cm×60cm	13,800	北京保利	2020-10-18
清乾隆寿星纹刻画宣	132cm×64cm	25,300	北京保利	2020-10-18
清乾隆松鹤纹刻画宣	129cm×63cm	23,000	北京保利	2020-10-18
清乾隆御制淳化轩刻画宣	131.5cm×63.6cm	25,300	北京保利	2020-10-18
诗趣百笺	尺寸不一	23,000	中国嘉德	2020-11-09
徐霞客游记	半框18cm×14cm	63,250	上海驰翰	2020-09-24
张大千题签 石涛通景屏风十二幅(印刷品)手卷	尺寸不一	14,950	北京保利	2020-12-04
中国民政邮政明信片集珍	26.5cm×20cm	10,350	十竹斋拍卖(北京)	2020-10-18
周昉 木版水印1956年版《簪花仕女图》手卷	画心51.5cm×184cm	182,600	佳士得	2020-05-22
著名文学家等题赠广东省文联委员易征题词薄1册	24.5cm×15.5cm	16,100	北京保利	2020-10-18
"日本漫画大师"手冢治虫《铁臂阿童木》赛璐珞手绘原稿	20.5cm×23cm	23,000	中国嘉德	2020-12-01
"詹姆斯·邦德"丹尼尔·克雷格亲笔签名电影《007:大破天幕杀机》经典剧照	28cm×35.5cm	11,500	中国嘉德	2020-12-01
《董军门设计大破西兵 西兵逆战大沽口》《杨村大战》等四种	36cm×62cm	149,500	泰和嘉成	2020-10-17
《发财还家》《花园收杏元》	34cm×59cm	11,500	泰和嘉成	2020-10-17
《抗敌画报》第十八期《挺进画刊》新年号	27cm×19cm	13,800	泰和嘉成	2020-10-17
《刘军门镇守台湾黑旗兵四海闻名》《刘大将军奇计歼倭图》	36cm×63cm	64,400	泰和嘉成	2020-10-17
《迷人馆捉拿九花娘》《京都新排彩楼抛球》《翠屏山》	31.5cm×56cm	11,500	泰和嘉成	2020-10-17
《庆祝新中国诞生》《发展工农业生产》	54cm×32cm	57,500	泰和嘉成	2020-10-17
《上海四马路洋场胜景图》《山海经各种奇样精妖》等五种	31.5cm×55cm	23,000	泰和嘉成	2020-10-17
《上海西人跑马图》等四种	31.5cm×55cm	17,250	泰和嘉成	2020-10-17
《学会写学会算 用功把书念》等二种	55cm×31cm	46,000	泰和嘉成	2020-10-17
《岩窟藏镜》	31.5cm×22cm	34,500	中贸圣佳	2020-10-17
《张慧木刻画》第三集 手拓本	26cm×18.5cm	115,000	泰和嘉成	2020-10-17
《中国科技报》《科技日报》题词报名2张,附相关资料一组	29.5cm×41.5cm×2	63,250	北京保利	2020-10-18
阿尔·帕西诺亲笔签名大尺幅《教父》经典剧照	50.3cm×40.5cm	40,250	中国嘉德	2020-12-01
艾炎《击毙敌中将阿部规秀》	22cm×33cm	11,500	泰和嘉成	2020-10-17
白衣大士送子观音	尺寸不一	17,250	泰和嘉成	2020-10-17
财神图	尺寸不一	17,250	泰和嘉成	2020-10-17
彩绘 戏剧图	尺寸不一	23,000	泰和嘉成	2020-10-17
陈半丁花卉图案笺纸	65cm×27.5cm	12,650	中贸圣佳	2020-10-16
春耕图	57cm×35cm	34,500	泰和嘉成	2020-10-17
打倒蒋介石 建立新中国	50.5cm×31cm	57,500	泰和嘉成	2020-10-17
当妈去教书时	43cm×36.5cm	28,750	泰和嘉成	2020-10-17
德顺号 长命富贵	57cm×79.5cm	12,650	泰和嘉成	2020-10-17
邓尔雅 蔡守 等题 陈用卿砂壶拓片	长49.5cm;宽31.8cm	276,000	中贸圣佳	2020-10-17
董平伯长物(一组七件)	尺寸不一	20,700	北京保利	2020-10-18
范云《河间齐会大会战》	18cm×13cm	17,250	泰和嘉成	2020-10-17
范云《华北人民配合着八路军艰苦作战》	18cm×13cm	17,250	泰和嘉成	2020-10-17
放回来的爸爸	18cm×29.5cm	34,500	泰和嘉成	2020-10-17
冯玉祥签赠本《社会漫画选》	16.5cm×24.5cm	23,000	泰和嘉成	2020-10-17
冯真《娃娃戏》	36cm×56cm	46,000	泰和嘉成	2020-10-17
冯真《娃娃戏》	36cm×56cm	46,000	泰和嘉成	2020-10-17
公审卖国贼	36cm×58cm	46,000	泰和嘉成	2020-10-17
姑苏八仙图	53cm×30cm×4	51,750	泰和嘉成	2020-10-17
姑苏版 百寿图 立轴	104cm×54cm	172,500	泰和嘉成	2020-10-17
姑苏版 春景	37cm×30cm	253,000	泰和嘉成	2020-10-17
姑苏版 春景	32cm×48cm	103,500	泰和嘉成	2020-10-17
姑苏版 夏荷美人童子图	98cm×55cm	322,000	泰和嘉成	2020-10-17
姑苏版 一团和气	118cm×60cm	402,500	泰和嘉成	2020-10-17
古达《八路军东渡黄河坚持华北抗战》	14cm×19.5cm	17,250	泰和嘉成	2020-10-17
古一舟《打倒卖国贼》	37cm×59cm	46,000	泰和嘉成	2020-10-17
古元《抗日游击队》	12cm×15.5cm	57,500	泰和嘉成	2020-10-17
古元《青纱帐里》	22cm×17cm	23,000	泰和嘉成	2020-10-17
古元《人桥》	21cm×36cm	57,500	泰和嘉成	2020-10-17
海上金利源码头长江火轮船	30.5cm×53cm	13,800	泰和嘉成	2020-10-17
洪波《参军图》	53cm×36cm	46,000	泰和嘉成	2020-10-17
胡蛮水墨画赠斯诺夫人	尺寸不一	57,500	泰和嘉成	2020-10-17
湖南新化县锡矿山保善练矿无限公司股票	27cm×18cm	19,550	泰和嘉成	2020-10-17
淮军大胜太平军克复苏州城	31.5cm×55cm	17,250	泰和嘉成	2020-10-17
姜燕《支援前线图》	52cm×35cm	46,000	泰和嘉成	2020-10-17
焦心河《义勇军在车站》	18.5cm×13cm	28,750	泰和嘉成	2020-10-17
教师之家	29.5cm×19cm	28,750	泰和嘉成	2020-10-17
解甲归田	30.5cm×23cm	28,750	泰和嘉成	2020-10-17
金浪《给军属贴春联》	54.5cm×36cm	46,000	泰和嘉成	2020-10-17
京都妓院 十美踢球图	32cm×54.5cm	13,800	泰和嘉成	2020-10-17
九华堂厚记仿古名笺	尺寸不一	63,250	中贸圣佳	2020-10-16
久和斋八仙图	50cm×22cm	46,000	泰和嘉成	2020-10-17
珂勒惠支版画二种	尺寸不一	34,500	泰和嘉成	2020-10-17
刻木木刻 秋季号	25.5cm×18cm	57,500	泰和嘉成	2020-10-17
李桦《怒吼吧 中国》	21cm×16.5cm	57,500	泰和嘉成	2020-10-17
李桦《起来》	29cm×35.5cm	34,500	泰和嘉成	2020-10-17
李少言《转战古长城内外》等九种	尺寸不一	34,500	泰和嘉成	2020-10-17
力群《毛主席像》《朱总司令像》	54cm×39cm	57,500	泰和嘉成	2020-10-17
刘海戏金蟾 麒麟送子	51cm×30cm	13,800	泰和嘉成	2020-10-17
刘蒙天《狼牙山下运粮队》等五种	27cm×21.5cm	17,250	泰和嘉成	2020-10-17
鲁迅像	50cm×34cm	59,800	泰和嘉成	2020-10-17
陆军部及美国驻华公使发给裘惠尔护照4种	尺寸不一	28,750	泰和嘉成	2020-10-17
绿巨人马克·鲁法诺亲笔签名海报	61.9cm×51.3cm	11,500	中国嘉德	2020-12-01
绿衍生孙 白蛇传	尺寸不一	11,500	泰和嘉成	2020-10-17
美国动漫艺术家斐尔·莫伊《飞天小女警》手绘原稿	272cm×242cm	10,350	中国嘉德	2020-12-01
门神	59cm×34cm	13,800	泰和嘉成	2020-10-17
民国河南卫辉华新纺织股份有限公司档案一批	尺寸不一	207,000	十竹斋拍卖(北京)	2020-10-18
民间之图像(北京年画剪纸集)	53.5cm×39cm	103,500	泰和嘉成	2020-10-17
木刻连环画《反正》	12cm×8.5cm	10,350	泰和嘉成	2020-10-17
木刻新风——中国新木刻集初集	26.5cm×19cm	28,750	泰和嘉成	2020-10-17
闹新房 墨稿	40cm×60cm	17,250	泰和嘉成	2020-10-17
清代民国妓女交费存根四件		12,650	中国嘉德	2020-12-06
清代有关永定河文献两件		18,400	中国嘉德	2020-12-06
清康熙内府《甘珠尔》彩绘及羊脑笺书写经名护经板两块	12.5cm×53cm	92,000	十竹斋拍卖(北京)	2020-10-18
群仙聚会	67cm×35cm	25,300	泰和嘉成	2020-10-17
日本著名漫画师 藤子·F·不二雄《哆啦A梦》赛璐珞手绘原稿	21cm×25.8cm	46,000	中国嘉德	2020-12-01
萨军南下战事图	31cm×52cm	23,000	泰和嘉成	2020-10-17
上海铁路火轮车公司开往吴淞	31cm×54cm	23,000	泰和嘉成	2020-10-17
上海新到五国奇谈精怪后本	尺寸不一	28,750	泰和嘉成	2020-10-17
上海新到五国奇谈精怪前本	31.5cm×54.5cm	10,350	泰和嘉成	2020-10-17
十竹斋画谱不分卷	25.5cm×15cm	20,700	中贸圣佳	2020-10-16
仕女图	51cm×26cm	25,300	泰和嘉成	2020-10-17
寿为先	尺寸不一	28,750	泰和嘉成	2020-10-17
四川省立重庆大学第一届毕业同学录	27cm×19.5cm	17,250	十竹斋拍卖(北京)	2020-10-18
宋军门恢复九连城	38cm×64cm	24,150	泰和嘉成	2020-10-17
送饭	55cm×36cm	23,000	泰和嘉成	2020-10-17
台湾大捷图	31.5cm×52cm	23,000	泰和嘉成	2020-10-17
唐僧取经 西洋老鼠嫁女	31cm×53.5cm	20,700	泰和嘉成	2020-10-17
桃花坞年画《水浒梁山一百单八将》	110cm×59.7cm	103,500	中贸圣佳	2020-10-16

(续表)

拍品名称	物品尺寸	成交价RMB	拍卖公司	拍卖日期
天地三界十八佛诸神	100cm×56cm	28,750	泰和嘉成	2020-10-17
天官赐福	64cm×33cm	28,750	泰和嘉成	2020-10-17
王学化《好庄稼》四条屏	73cm×25cm	115,000	泰和嘉成	2020-10-17
五老图	35.5cm×63cm	13,800	泰和嘉成	2020-10-17
西天诸神 墨稿	44cm×66cm	28,750	泰和嘉成	2020-10-17
侠女传	68cm×25cm	41,400	泰和嘉成	2020-10-17
新绘山海经各种奇样精妖	尺寸不一	28,750	泰和嘉成	2020-10-17
新绘山海经各种奇样精妖	尺寸不一	26,450	泰和嘉成	2020-10-17
新绘文武香球前后本	31.5cm×53cm	11,500	泰和嘉成	2020-10-17
新增四海野人精	尺寸不一	28,750	泰和嘉成	2020-10-17
彦涵《百团大战 收复井陉煤矿》	14cm×19cm	23,000	泰和嘉成	2020-10-17
彦涵《人民的无敌炮兵》	36cm×56cm	34,500	泰和嘉成	2020-10-17
瑶池介寿	尺寸不一	34,500	泰和嘉成	2020-10-17
佚名(乙)《秋收》	尺寸不一	34,500	泰和嘉成	2020-10-17
尹耕云 撰书 清 清道光三十年庚戌科二甲四十名尹耕云殿试卷 纸本	11.5cm×29.2cm	276,000	中国嘉德	2020-12-02
有地也有牛 生产不发愁	31cm×53cm	46,000	泰和嘉成	2020-10-17
张启《庆祝阳德全线通车剪彩典礼图》	35cm×56cm	34,500	泰和嘉成	2020-10-17
张仙送子	68cm×48cm	28,750	泰和嘉成	2020-10-17
中国人民领袖人民将领肖像	53cm×37cm	46,000	泰和嘉成	2020-10-17
子孙满堂 墨稿	63cm×43cm	17,250	泰和嘉成	2020-10-17
佳 酿				
(丙申猴年)茅台纪念酒(原箱)		105,800	永乐拍卖	2020-08-17
(丙申猴年)茅台纪念酒(原箱)		27,600	北京保利	2020-12-05
(丙申猴年)茅台纪念酒(原箱)		25,300	保利厦门	2020-09-26
(丁酉鸡年)茅台纪念酒(原箱)		94,300	永乐拍卖	2020-08-17
(丁酉鸡年)茅台纪念酒(原箱)		21,850	北京保利	2020-12-05
(丁酉鸡年)茅台纪念酒(原箱)		20,430	北京保利	2020-07-18
(丁酉鸡年)茅台纪念酒375ml双支装(原箱)		27,600	北京保利	2020-12-05
(庚子鼠年)茅台纪念酒(原箱)		97,750	永乐拍卖	2020-08-17
(庚子鼠年)茅台纪念酒(原箱)		20,700	北京保利	2020-12-05
(庚子鼠年)茅台纪念酒(原箱)		18,160	北京保利	2020-07-18
(己亥猪年)茅台纪念酒(原箱)		105,800	永乐拍卖	2020-08-17
(己亥猪年)茅台纪念酒(原箱)		39,100	北京保利	2020-10-19
(己亥猪年)茅台纪念酒(原箱)		34,500	保利厦门	2020-09-26
(己亥猪年)茅台纪念酒(原箱)		20,700	北京保利	2020-12-05
(己亥猪年)茅台纪念酒(原箱)		19,295	北京保利	2020-07-18
(甲午马年)茅台纪念酒(原箱)		184,000	永乐拍卖	2020-08-17
(甲午马年)茅台纪念酒(原箱)		69,000	保利厦门	2020-09-26
(甲午马年)茅台纪念酒(原箱)		69,000	北京保利	2020-10-19
(戊戌狗年)茅台纪念酒(原箱)		97,750	永乐拍卖	2020-08-17
(戊戌狗年)茅台纪念酒(原箱)		41,400	北京保利	2020-10-19
(戊戌狗年)茅台纪念酒(原箱)		20,700	北京保利	2020-12-05
(戊戌狗年)茅台纪念酒(原箱)		19,295	北京保利	2020-07-18
(戊戌狗年)茅台纪念酒375ml双支装(原箱)		21,850	北京保利	2020-10-19
(戊戌狗年)茅台纪念酒375ml双支装(原箱)		21,850	北京保利	2020-12-05
(乙未羊年)茅台纪念酒(原箱)		253,000	永乐拍卖	2020-08-17
(乙未羊年)茅台纪念酒(原箱)		115,000	保利厦门	2020-09-26
(乙未羊年)茅台纪念酒(原箱)		115,000	北京保利	2020-10-19
(乙未羊年)茅台纪念酒与观山礼盒		18,160	北京保利	2020-07-18
1959年产五星牌贵州茅台酒(外销)		598,000	中国嘉德	2020-08-15
1960年"金轮牌"内销贵州茅台酒(土陶瓶)1瓶	重500g	920,000	永乐拍卖	2020-08-17
1966年贵州茅台酒(绵纸飞天牌/白瓷瓶)		287,500	华艺国际	2020-10-15
1970年"金轮牌"内销贵州茅台酒		322,000	永乐拍卖	2020-08-17
1970年贵州茅台酒(绵纸乳白色玻璃瓶)		230,000	华艺国际	2020-10-15
1971年"金轮牌"内销贵州茅台酒		434,700	永乐拍卖	2020-12-04
1971年产五星牌三大革命茅台酒		126,500	中国嘉德	2020-08-15
1971年贵州茅台酒(矮盖/酱瓶)		356,500	华艺国际	2020-10-15
1972年"金轮牌"内销贵州茅台酒		287,500	北京保利	2020-10-19
1972年产全绵纸葵花牌茅台酒(1瓶)	540ml	345,000	中国嘉德	2020-12-01

拍品名称	物品尺寸	成交价RMB	拍卖公司	拍卖日期
1974年"葵花牌"外销贵州茅台酒		345,000	永乐拍卖	2020-08-17
1974年"葵花牌"外销贵州茅台酒		207,000	北京保利	2020-10-19
1976年"金轮牌"内销贵州茅台酒		115,000	永乐拍卖	2020-08-17
1976年贵州茅台酒(三大革命)		109,250	西泠印社	2020-08-07
1977年"金轮牌"内销贵州茅台酒		92,000	永乐拍卖	2020-08-17
1977年产原箱飞天牌茅台酒(1箱×12瓶)	540ml/瓶	1,035,000	中国嘉德	2020-12-01
1978年产葵花牌三大革命茅台酒		161,000	中国嘉德	2020-08-15
1978年产绵纸五星牌三大革命茅台酒		97,750	中国嘉德	2020-08-15
1978年产五星牌三大革命茅台酒	540ml/瓶	115,000	中国嘉德	2020-12-01
1978年产原箱绵纸五星牌三大革命茅台酒(1箱×12瓶)	540ml/瓶	1,380,000	中国嘉德	2020-12-01
1978年贵州茅台酒(三大革命)		60,950	华艺国际	2020-10-15
1979年产五星牌三大革命茅台酒	540ml/瓶	138,000	中国嘉德	2020-12-01
1980-1982年"金轮牌"内销贵州茅台酒(三大革命)(绵纸)		299,000	北京保利	2020-10-19
1980-1982年"金轮牌"内销贵州茅台酒(三大革命)(绵纸)		253,000	永乐拍卖	2020-08-17
1980-1982年"金轮牌"内销贵州茅台酒(三大革命)(绵纸)		172,500	永乐拍卖	2020-12-04
1980-1982年贵州茅台酒(三大革命)		218,500	西泠印社	2020-08-07
1980-1982年五星三大革命贵州茅台酒		207,000	上海嘉禾	2020-01-05
1980-1986年贵州茅台酒(小飞天)		57,500	上海嘉禾	2020-01-05
1980-2020年贵州茅台酒收藏组合		690,000	永乐拍卖	2020-08-17
1980-2020年贵州茅台酒收藏组合		690,000	北京保利	2020-10-19
1980年产五星牌三大革命茅台酒		115,000	中国嘉德	2020-08-15
1980年产原箱飞天牌茅台酒(1箱×12瓶)	540ml/瓶	598,000	中国嘉德	2020-12-01
1981-1982年贵州茅台酒(大飞天)		437,000	华艺国际	2020-12-05
1981-1982年贵州茅台酒(大飞天)		402,500	华艺国际	2020-10-15
1981-1982年贵州茅台酒(绵纸三大革命)		747,500	华艺国际	2020-12-05
1981-1982年贵州茅台酒(绵纸三大革命)		575,000	华艺国际	2020-10-15
1981-2020年贵州茅台酒收藏组合(共40瓶)	500ml/瓶	13,800,000	永乐拍卖	2020-12-04
1981年产五星牌三大革命茅台酒	540ml/瓶	86,250	中国嘉德	2020-12-01
1981年贵州茅台酒组合(绵纸三大革命/大飞天)		86,250	华艺国际	2020-10-15
1982年产五星牌三大革命茅台酒		109,250	中国嘉德	2020-08-15
1982年产五星牌三大革命茅台酒	540ml/瓶	149,500	中国嘉德	2020-12-01
1982年茅台酒(五星三大革命)		92,000	上海嘉禾	2020-01-05
1983-1985年贵州茅台酒(270ml/飞天牌/原箱)		207,000	华艺国际	2020-10-15
1983-1985年贵州茅台酒(大飞天)		181,700	华艺国际	2020-10-15
1983-1986"五星牌"贵州茅台酒(小地方国营绵纸)		124,200	北京保利	2020-12-05
1983-1986年"飞天牌"外销贵州茅台酒(270ml)		287,500	永乐拍卖	2020-08-17
1983-1986年"金轮牌"内销贵州茅台酒(地方国营)		241,500	北京保利	2020-10-19
1983-1986年"五星牌"贵州茅台酒(地方国营)		126,500	北京保利	2020-12-05
1983-1986年"五星牌"内销贵州茅台酒(地方国营)(绵纸)		310,500	永乐拍卖	2020-12-04
1983-1986年"五星牌"内销贵州茅台酒(地方国营)(绵纸)		235,750	北京保利	2020-10-19
1983-1986年"五星牌"内销贵州茅台酒(地方国营)(绵纸)		207,000	永乐拍卖	2020-08-17
1983-1986年"五星牌"内销贵州茅台酒(地方国营)(绵纸)		155,250	北京保利	2020-12-05

（续表）

拍品名称	物品尺寸	成交价RMB	拍卖公司	拍卖日期
1983–1986年贵州茅台酒		230,000	西泠印社	2020-08-07
1983–1986年贵州茅台酒（大飞天）		149,500	西泠印社	2020-08-07
1983–1986年贵州茅台酒（地方国营）		402,500	西泠印社	2020-08-07
1983–1986年贵州茅台酒（地方国营）		207,000	西泠印社	2020-08-07
1983–1986年贵州茅台酒（地方国营）		172,500	西泠印社	2020-08-07
1983–1986年贵州茅台酒（地方国营）		149,500	西泠印社	2020-08-07
1983–1986年贵州茅台酒（地方国营）		138,000	西泠印社	2020-08-07
1983–1986年贵州茅台酒（地方国营绵纸）		161,000	西泠印社	2020-08-07
1983–1986年贵州茅台酒（地方国营绵纸）		149,500	西泠印社	2020-08-07
1983–1986年贵州茅台酒（绵纸地方国营）		141,450	华艺国际	2020-10-15
1983–1986年贵州茅台酒（五星地方）		207,000	上海嘉禾	2020-01-05
1983–1986年产绵纸五星牌地方国营茅台酒（小瓶装270ml）		356,500	中国嘉德	2020-08-15
1983–1986年产五星牌地方国营茅台酒		529,000	中国嘉德	2020-08-15
1983年产五星牌地方国营茅台酒		103,500	中国嘉德	2020-08-15
1983年产五星牌地方国营茅台酒4瓶	540ml/瓶	230,000	中国嘉德	2020-12-01
1983年产五星牌黄酱茅台酒1瓶	540ml/瓶	172,500	中国嘉德	2020-12-01
1984–1986年贵州茅台酒（地方国营）		345,000	华艺国际	2020-10-15
1984年产飞天牌黄酱茅台酒（国礼礼盒装）2瓶	540ml/瓶	483,000	中国嘉德	2020-12-01
1984年产绵纸五星牌地方国营茅台酒6瓶	540ml/瓶	230,000	中国嘉德	2020-12-01
1984年产五星牌地方国营茅台酒		195,500	中国嘉德	2020-08-15
1984年产五星牌地方国营茅台酒4瓶	540ml/瓶	230,000	中国嘉德	2020-12-01
1984年产五星牌黄酱茅台酒		138,000	中国嘉德	2020-08-15
1985年产绵纸五星牌地方国营茅台酒6瓶	540ml/瓶	345,000	中国嘉德	2020-12-01
1985年产绵纸五星牌黑酱茅台酒1瓶	540ml/瓶	149,500	中国嘉德	2020-12-01
1985年产五星牌地方国营茅台酒		253,000	中国嘉德	2020-08-15
1985年产五星牌黑酱茅台酒		207,000	中国嘉德	2020-08-15
1985年产原箱飞天牌铁盖茅台酒（1箱×12瓶）	500ml/瓶	782,000	中国嘉德	2020-12-01
1985年贵州茅台酒		149,500	上海嘉禾	2020-01-05
1986–2005年贵州茅台酒（20年茅台珍品垂直珍藏）		460,000	华艺国际	2020-10-15
1986年“五星牌”特需贵州茅台酒（酱釉瓷瓶）		172,500	永乐拍卖	2020-08-17
1986年“五星牌”特需贵州茅台酒（酱釉瓷瓶）		92,000	北京保利	2020-10-19
1986年产绵纸五星牌地方国营茅台酒		287,500	中国嘉德	2020-08-15
1986年产绵纸五星牌黑酱茅台酒		287,500	中国嘉德	2020-08-15
1986年产铁盖珍品茅台酒		276,000	中国嘉德	2020-08-15
1986年产铁盖珍品茅台酒2瓶	500ml/瓶	172,500	中国嘉德	2020-12-01
1986年产五星牌地方国营茅台酒6瓶	500ml/瓶	253,000	中国嘉德	2020-12-01
1986年产五星牌绵纸地方国营贵州茅台酒		78,200	中鸿信	2020-01-04
1986年产原箱绵纸五星牌地方国营茅台酒（1箱×12瓶）	540ml/瓶	828,000	中国嘉德	2020-12-01
1986年贵州茅台酒（1704珍品）		83,950	华艺国际	2020-10-15
1987–1989年“飞天牌”茅台老酒（铁双飞）		184,000	永乐拍卖	2020-08-17
1987–1990年贵州茅台酒（红膜/飞天）		326,600	华艺国际	2020-10-15
1987–1990年贵州茅台酒（铁盖/飞天）		396,750	华艺国际	2020-12-05
1987–1996年贵州茅台酒（铁盖）收藏组合		373,750	北京保利	2020-12-05
1987年“五星牌”贵州茅台酒（铁盖）		414,000	北京保利	2020-10-19
1987年“五星牌”贵州茅台酒（铁盖）		224,250	永乐拍卖	2020-12-04

拍品名称	物品尺寸	成交价RMB	拍卖公司	拍卖日期
1987年“五星牌”贵州茅台酒（铁盖）		218,500	永乐拍卖	2020-08-17
1987年产飞天牌铁盖茅台酒		345,000	中国嘉德	2020-08-15
1987年产飞天牌铁盖茅台酒6瓶	500ml/瓶	230,000	中国嘉德	2020-12-01
1987年产五星牌铁盖贵州茅台酒		115,000	中鸿信	2020-01-04
1987年产五星牌铁盖茅台酒		345,000	中国嘉德	2020-08-15
1987年产五星牌铁盖茅台酒6瓶	500ml/瓶	230,000	中国嘉德	2020-12-01
1987年贵州茅台酒（铁盖）		322,000	西泠印社	2020-08-07
1987年贵州茅台酒（铁盖）		235,750	北京保利	2020-12-05
1987年贵州茅台酒（铁盖）		161,000	西泠印社	2020-08-07
1987年贵州茅台酒（铁盖/无度）		322,000	华艺国际	2020-10-15
1987年贵州茅台酒（五星/无度/铁盖）		414,000	华艺国际	2020-12-05
1987年贵州茅台酒（一七〇四铁盖）		437,000	西泠印社	2020-08-07
1988年产飞天牌铁盖茅台酒		356,500	中国嘉德	2020-08-15
1988年产飞天牌铁盖茅台酒6瓶	500ml/瓶	230,000	中国嘉德	2020-12-01
1988年产铁盖珍品茅台酒		218,500	中国嘉德	2020-08-15
1988年产铁盖珍品茅台酒4瓶	500ml/瓶	149,500	中国嘉德	2020-12-01
1988年产五星牌铁盖茅台酒		310,500	中国嘉德	2020-08-15
1988年产五星牌铁盖茅台酒6瓶	500ml/瓶	322,000	中国嘉德	2020-12-01
1988年产原箱五星牌铁盖茅台酒（1箱×12瓶）	500ml/瓶	575,000	中国嘉德	2020-12-01
1988年贵州茅台酒（铁盖）		149,500	西泠印社	2020-08-07
1988年贵州茅台酒（铁盖/无度）		322,000	华艺国际	2020-10-15
1988年产，1994年产 茅台酒2瓶		34,500	中贸圣佳	2020-12-07
1989年“五星牌”贵州茅台酒（铁盖）		230,000	永乐拍卖	2020-08-17
1989年产飞天牌铁盖茅台酒		322,000	中国嘉德	2020-08-15
1989年产飞天牌铁盖茅台酒6瓶	500ml/瓶	207,000	中国嘉德	2020-12-01
1989年产铁盖珍品茅台酒		195,500	中国嘉德	2020-08-15
1989年产铁盖珍品茅台酒4瓶	500ml/瓶	138,000	中国嘉德	2020-12-01
1989年产五星牌铁盖贵州茅台酒		55,200	中鸿信	2020-01-04
1989年产五星牌铁盖茅台酒		264,500	中国嘉德	2020-08-15
1989年产五星牌铁盖茅台酒6瓶	500ml/瓶	241,500	中国嘉德	2020-12-01
1989年贵州茅台酒（铁盖）		253,000	西泠印社	2020-08-07
1989年贵州茅台酒（铁盖）		235,750	北京保利	2020-12-05
1989年贵州茅台酒（铁盖）		161,000	西泠印社	2020-08-07
1990–1993年贵州茅台酒（飞天铁盖）		86,250	上海嘉禾	2020-01-05
1990–1996年375ml贵州茅台酒组合（铁盖）		184,000	永乐拍卖	2020-08-17
1990–1999 年贵州茅台酒收藏组合		207,000	永乐拍卖	2020-08-17
1990–1999年贵州茅台酒收藏组合		218,500	北京保利	2020-10-19
1990年“五星牌”贵州茅台酒（铁盖）		333,500	永乐拍卖	2020-08-17
1990年产飞天牌铁盖贵州茅台酒		143,750	中鸿信	2020-01-04
1990年产飞天牌铁盖茅台酒		264,500	中国嘉德	2020-08-15
1990年产飞天牌铁盖茅台酒6瓶	500ml/瓶	207,000	中国嘉德	2020-12-01
1990年产铁盖珍品茅台酒		287,500	中国嘉德	2020-08-15
1990年产铁盖珍品茅台酒6瓶	500ml/瓶	195,500	中国嘉德	2020-12-01
1990年产五星牌铁盖贵州茅台酒		201,250	中鸿信	2020-01-04
1990年产五星牌铁盖茅台酒		253,000	中国嘉德	2020-08-15
1990年产五星牌铁盖茅台酒6瓶	500ml/瓶	230,000	中国嘉德	2020-12-01
1990年产原箱飞天牌铁盖茅台酒		517,500	中国嘉德	2020-08-15
1990年贵州茅台酒（铁盖）		690,000	西泠印社	2020-08-07
1990年贵州茅台酒（铁盖）		368,000	北京保利	2020-10-19
1990年贵州茅台酒（铁盖）		287,500	西泠印社	2020-08-07
1990年贵州茅台酒（铁盖）		224,250	北京保利	2020-12-05
1990年贵州茅台酒（铁盖）		149,500	西泠印社	2020-08-07
1990年贵州茅台酒（铁盖）		149,500	西泠印社	2020-08-07
1990年贵州茅台酒（原箱铁盖）		460,000	西泠印社	2020-08-07
1991–1993年产飞天牌铁盖贵州茅台酒		86,250	中鸿信	2020-01-04
1991–1994年贵州茅台酒（红膜/铁盖）		296,700	华艺国际	2020-10-15
1991–1994年贵州茅台酒（红膜/铁盖）		293,250	华艺国际	2020-10-15
1991–1994年贵州茅台酒（铁盖）		368,000	华艺国际	2020-12-05
1991–1994年贵州茅台酒（铁盖）		345,000	华艺国际	2020-12-05
1991–1996年贵州茅台酒（红膜/铁盖）		437,000	华艺国际	2020-10-15
1991–1996年贵州茅台酒（红膜/铁盖）		126,500	华艺国际	2020-10-15
1991–1996年贵州茅台酒（红膜/铁盖）		92,000	华艺国际	2020-10-15

（续表）

拍品名称	物品尺寸	成交价RMB	拍卖公司	拍卖日期
1991–1996年贵州茅台酒（铁盖）		517,500	华艺国际	2020-12-05
1991–1996年贵州茅台酒（铁盖）		201,250	华艺国际	2020-12-05
1991年"五星牌"贵州茅台酒（铁盖）		373,750	永乐拍卖	2020-12-04
1991年"五星牌"贵州茅台酒（铁盖）		310,500	永乐拍卖	2020-08-17
1991年"珍品"贵州茅台酒		207,000	永乐拍卖	2020-12-04
1991年"珍品"贵州茅台酒		195,500	永乐拍卖	2020-08-17
1991年"珍品"贵州茅台酒		184,000	北京保利	2020-10-19
1991年产飞天牌铁盖茅台酒		299,000	中国嘉德	2020-08-15
1991年产飞天牌铁盖茅台酒6瓶	500ml/瓶	218,500	中国嘉德	2020-12-01
1991年产铁盖珍品茅台酒		264,500	中国嘉德	2020-08-15
1991年产铁盖珍品茅台酒6瓶	500ml/瓶	195,500	中国嘉德	2020-12-01
1991年产五星牌铁盖茅台酒		230,000	中国嘉德	2020-08-15
1991年产五星牌铁盖茅台酒6瓶	500ml/瓶	230,000	中国嘉德	2020-12-01
1991年产原箱飞天牌铁盖茅台酒（1箱×12瓶）	500ml/瓶	483,000	中国嘉德	2020-12-01
1991年贵州茅台酒（铁盖）		310,500	北京保利	2020-12-05
1991年贵州茅台酒（铁盖）		138,000	西泠印社	2020-08-07
1991年贵州茅台酒（铁盖）		126,500	西泠印社	2020-08-07
1991年贵州茅台酒（铁盖珍品）		253,000	西泠印社	2020-08-07
1991年贵州茅台酒（珍品/铁盖）		276,000	华艺国际	2020-12-05
1991年贵州茅台酒（珍品/铁盖）		235,750	华艺国际	2020-10-15
1992–1993年产飞天牌铁盖贵州茅台酒		59,800	中鸿信	2020-01-04
1992年"飞天牌"贵州茅台酒（铁盖）		362,250	永乐拍卖	2020-12-04
1992年"五星牌"贵州茅台酒（铁盖）		299,000	永乐拍卖	2020-08-17
1992年产飞天牌铁盖贵州茅台酒		57,500	中鸿信	2020-01-04
1992年产飞天牌铁盖茅台酒		517,500	中国嘉德	2020-08-15
1992年产飞天牌铁盖茅台酒（小瓶装375ml）		3,507,500	中国嘉德	2020-08-15
1992年产飞天牌铁盖茅台酒12瓶	500ml/瓶	437,000	中国嘉德	2020-12-01
1992年产铁盖珍品茅台酒		276,000	中国嘉德	2020-08-15
1992年产铁盖珍品茅台酒6瓶	500ml/瓶	195,500	中国嘉德	2020-12-01
1992年产五星牌铁盖茅台酒		563,500	中国嘉德	2020-08-15
1992年产五星牌铁盖茅台酒12瓶	500ml/瓶	460,000	中国嘉德	2020-12-01
1992年产原箱飞天牌铁盖茅台酒（1箱×12瓶）	375ml/瓶	345,000	中国嘉德	2020-12-01
1992年贵州茅台酒（飞天铁盖）		143,750	上海嘉禾	2020-01-05
1992年贵州茅台酒（铁盖）		230,000	北京保利	2020-12-05
1992年贵州茅台酒（铁盖）		138,000	西泠印社	2020-08-07
1992年贵州茅台酒（铁盖）		126,500	西泠印社	2020-08-07
1992年贵州茅台酒（珍品/铁盖）		230,000	华艺国际	2020-10-15
1993–1996年贵州茅台酒（铁盖）		920,000	华艺国际	2020-12-05
1993年"飞天牌"贵州茅台酒（铁盖）		264,500	永乐拍卖	2020-08-17
1993年"珍品"贵州茅台酒		161,000	永乐拍卖	2020-08-17
1993年产飞天牌铁盖茅台酒		471,500	中国嘉德	2020-08-15
1993年产飞天牌铁盖茅台酒12瓶	500ml/瓶	414,000	中国嘉德	2020-12-01
1993年产铁盖珍品茅台酒		276,000	中国嘉德	2020-08-15
1993年产铁盖珍品茅台酒6瓶	500ml/瓶	195,500	中国嘉德	2020-12-01
1993年产五星牌铁盖茅台酒		563,500	中国嘉德	2020-08-15
1993年产五星牌铁盖茅台酒12瓶	500ml/瓶	437,000	中国嘉德	2020-12-01
1993年产原箱飞天牌铁盖茅台酒（1箱×12瓶）	375ml/瓶	322,000	中国嘉德	2020-12-01
1993年产原箱飞天牌铁盖茅台酒（1箱×12瓶）	500ml/瓶	460,000	中国嘉德	2020-12-01
1993年产原箱铁盖珍品茅台酒（1箱×6瓶）	500ml/瓶	253,000	中国嘉德	2020-12-01
1993年产原箱五星牌铁盖茅台酒		506,000	中国嘉德	2020-08-15
1993年贵州茅台酒（铁盖）		345,000	北京保利	2020-10-19
1993年贵州茅台酒（铁盖）		253,000	北京保利	2020-12-05
1993年贵州茅台酒（铁盖）		126,500	西泠印社	2020-08-07
1993年贵州茅台酒（原箱铁盖）		402,500	西泠印社	2020-08-07
1993年贵州茅台酒（珍品/铁盖）		227,700	华艺国际	2020-10-15
1993年贵州茅台酒（珍品/铁盖/原箱）		189,750	华艺国际	2020-10-15
1994–1996年产五星牌铁盖贵州茅台酒		82,800	中鸿信	2020-01-04
1994–1996年贵州茅台酒（飞天铁盖）		57,500	上海嘉禾	2020-01-05
1994年"飞天牌"贵州茅台酒（铁盖）		339,250	永乐拍卖	2020-12-04
1994年"五星牌"贵州茅台酒（铁盖）		339,250	永乐拍卖	2020-12-04
1994年产飞天牌铁盖茅台酒		471,500	中国嘉德	2020-08-15
1994年产飞天牌铁盖茅台酒12瓶	500ml/瓶	448,500	中国嘉德	2020-12-01
1994年产铁盖珍品茅台酒		264,500	中国嘉德	2020-08-15
1994年产铁盖珍品茅台酒6瓶	500ml/瓶	195,500	中国嘉德	2020-12-01
1994年产五星牌铁盖茅台酒		563,500	中国嘉德	2020-08-15
1994年产五星牌铁盖茅台酒12瓶	500ml/瓶	425,500	中国嘉德	2020-12-01
1994年产原箱铁盖珍品茅台酒（1箱×6瓶）	500ml/瓶	230,000	中国嘉德	2020-12-01
1994年产原箱珍品茅台酒		276,000	中国嘉德	2020-08-15
1994年贵州茅台酒（红膜/铁盖）		310,500	华艺国际	2020-10-15
1994年贵州茅台酒（铁盖）		310,500	北京保利	2020-10-19
1994年贵州茅台酒（铁盖）		212,750	北京保利	2020-12-05
1994年贵州茅台酒（铁盖）		138,000	西泠印社	2020-08-07
1994年贵州茅台酒（铁盖）		109,250	西泠印社	2020-08-07
1994年作 木盒珍品茅台酒		11,500	中贸圣佳	2020-12-07
1995–1996年贵州茅台酒（铁盖）		379,500	华艺国际	2020-12-05
1995年"飞天牌"贵州茅台酒（铁盖）		368,000	永乐拍卖	2020-12-04
1995年"飞天牌"贵州茅台酒（铁盖）		276,000	永乐拍卖	2020-08-17
1995年"五星牌"贵州茅台酒（铁盖）		345,000	永乐拍卖	2020-12-04
1995年"五星牌"贵州茅台酒（铁盖）		264,500	永乐拍卖	2020-08-17
1995年"珍品"贵州茅台酒		173,650	永乐拍卖	2020-12-04
1995年产飞天牌铁盖茅台酒		460,000	中国嘉德	2020-08-15
1995年产飞天牌铁盖茅台酒12瓶	500ml/瓶	368,000	中国嘉德	2020-12-01
1995年产铁盖珍品茅台酒		322,000	中国嘉德	2020-08-15
1995年产铁盖珍品茅台酒6瓶	500ml/瓶	207,000	中国嘉德	2020-12-01
1995年产五星牌铁盖茅台酒		494,500	中国嘉德	2020-08-15
1995年产五星牌铁盖茅台酒12瓶	500ml/瓶	460,000	中国嘉德	2020-12-01
1995年产原箱飞天牌铁盖茅台酒12瓶	500ml/瓶	437,000	中国嘉德	2020-12-01
1995年产原箱铁盖珍品茅台酒6瓶	500ml/瓶	230,000	中国嘉德	2020-12-01
1995年贵州茅台酒（铁盖）		299,000	北京保利	2020-10-19
1995年贵州茅台酒（铁盖）		201,250	北京保利	2020-12-05
1995年贵州茅台酒（铁盖）		149,500	保利厦门	2020-09-26
1995年贵州茅台酒（铁盖）		138,000	西泠印社	2020-08-07
1995年贵州茅台酒（铁盖）		126,500	西泠印社	2020-08-07
1995年贵州茅台酒（铁盖珍品）		287,500	西泠印社	2020-08-07
1995年贵州茅台酒（珍品/铁盖）		264,500	华艺国际	2020-10-15
1996年"珍品"贵州茅台酒		149,500	北京保利	2020-10-19
1996年产飞天牌茅台酒		230,000	中国嘉德	2020-08-15
1996年产飞天牌铁盖茅台酒		483,000	中国嘉德	2020-08-15
1996年产飞天牌铁盖茅台酒12瓶	500ml/瓶	517,500	中国嘉德	2020-12-01
1996年产飞天铁盖贵州茅台		69,000	中鸿信	2020-01-04
1996年产铁盖珍品茅台酒		322,000	中国嘉德	2020-08-15
1996年产铁盖珍品茅台酒6瓶	500ml/瓶	207,000	中国嘉德	2020-12-01
1996年产五星牌茅台酒		230,000	中国嘉德	2020-08-15
1996年产五星牌铁盖茅台酒		483,000	中国嘉德	2020-08-15
1996年产五星牌铁盖茅台酒12瓶	500ml/瓶	552,000	中国嘉德	2020-12-01
1996年产原箱飞天牌铁盖茅台酒12瓶	500ml/瓶	529,000	中国嘉德	2020-12-01
1996年产原箱飞天牌铁盖茅台酒12瓶	500ml/瓶	517,500	中国嘉德	2020-12-01
1996年产原箱铁盖珍品茅台酒6瓶	500ml/瓶	322,000	中国嘉德	2020-12-01
1996年产原箱铁盖珍品茅台酒6瓶	500ml/瓶	322,000	中国嘉德	2020-12-01
1996年产原箱铁盖珍品茅台酒6瓶	500ml/瓶	276,000	中国嘉德	2020-12-01
1996年贵州茅台酒		368,000	西泠印社	2020-08-07
1996年贵州茅台酒		276,000	华艺国际	2020-12-05
1996年贵州茅台酒		253,000	华艺国际	2020-10-15
1996年贵州茅台酒		149,500	西泠印社	2020-08-07
1996年贵州茅台酒		138,000	西泠印社	2020-08-07
1996年贵州茅台酒		74,750	西泠印社	2020-08-07
1996年贵州茅台酒		74,750	西泠印社	2020-08-07
1996年贵州茅台酒（43度/铁盖/原箱）		98,900	华艺国际	2020-10-15
1996年贵州茅台酒（陈年/铁盖）		97,750	华艺国际	2020-10-15
1996年贵州茅台酒（塑料盖）		98,900	北京保利	2020-12-05

(续表)

拍品名称	物品尺寸	成交价RMB	拍卖公司	拍卖日期
1996年贵州茅台酒(塑料盖)		92,000	保利厦门	2020-09-26
1996年贵州茅台酒(铁盖)		253,000	西泠印社	2020-08-07
1996年贵州茅台酒(铁盖)		253,000	西泠印社	2020-08-07
1996年贵州茅台酒(铁盖)		126,500	西泠印社	2020-08-07
1996年贵州茅台酒(铁盖)		126,500	西泠印社	2020-08-07
1996年贵州茅台酒(五星)		92,000	上海嘉禾	2020-01-05
1996年贵州茅台酒(珍品)		251,850	华艺国际	2020-10-15
1997–1999年贵州茅台酒		92,000	华艺国际	2020-12-05
1997–1999年贵州茅台酒		75,900	华艺国际	2020-10-15
1997年产飞天牌茅台酒		207,000	中国嘉德	2020-08-15
1997年产飞天牌茅台酒 12瓶	500ml/瓶	138,000	中国嘉德	2020-12-01
1997年产飞天牌珍品贵州茅台酒		26,450	中鸿信	2020-01-04
1997年产五星牌茅台酒		184,000	中国嘉德	2020-08-15
1997年产五星牌茅台酒 12瓶	500ml/瓶	138,000	中国嘉德	2020-12-01
1997年产原箱珍品茅台酒 6瓶	500ml/瓶	172,500	中国嘉德	2020-12-01
1997年产珍品茅台酒 6瓶	500ml/瓶	109,250	中国嘉德	2020-12-01
1997年贵州茅台酒		333,500	华艺国际	2020-12-05
1997年贵州茅台酒		310,500	永乐拍卖	2020-12-04
1997年贵州茅台酒		293,250	华艺国际	2020-10-15
1997年贵州茅台酒		287,500	西泠印社	2020-08-07
1997年贵州茅台酒		138,000	西泠印社	2020-08-07
1997年贵州茅台酒		115,000	西泠印社	2020-08-07
1997年贵州茅台酒		92,000	北京保利	2020-12-05
1997年贵州茅台酒		86,250	保利厦门	2020-09-26
1997年贵州茅台酒		69,000	西泠印社	2020-08-07
1997年贵州茅台酒		63,250	西泠印社	2020-08-07
1997年贵州茅台酒(珍品)		161,000	西泠印社	2020-08-07
1998–1999年贵州茅台酒		322,000	华艺国际	2020-12-05
1998–1999年贵州茅台酒		279,450	华艺国际	2020-10-15
1998年"珍品"贵州茅台酒		92,000	北京保利	2020-10-19
1998年产飞天牌茅台酒		195,500	中国嘉德	2020-08-15
1998年产飞天牌茅台酒 12瓶	500ml/瓶	149,500	中国嘉德	2020-12-01
1998年产飞天牌原箱茅台酒(铁盖七两装375ml) 12瓶	375ml/瓶	138,000	中国嘉德	2020-12-01
1998年产五星牌茅台酒		207,000	中国嘉德	2020-08-15
1998年产五星牌茅台酒 12瓶	500ml/瓶	126,500	中国嘉德	2020-12-01
1998年产原箱飞天牌茅台酒		402,500	中国嘉德	2020-08-15
1998年产原箱五星牌茅台酒 12瓶	500ml/瓶	230,000	中国嘉德	2020-12-01
1998年产珍品茅台酒 6瓶	500ml/瓶	92,000	中国嘉德	2020-12-01
1998年贵州茅台酒		322,000	西泠印社	2020-08-07
1998年贵州茅台酒		264,500	永乐拍卖	2020-08-17
1998年贵州茅台酒		161,000	北京保利	2020-10-19
1998年贵州茅台酒		126,500	西泠印社	2020-08-07
1998年贵州茅台酒		109,250	北京保利	2020-12-05
1998年贵州茅台酒		103,500	西泠印社	2020-08-07
1998年贵州茅台酒		63,250	西泠印社	2020-08-07
1998年贵州茅台酒		63,250	西泠印社	2020-08-07
1998年贵州茅台酒(80年)		402,500	华艺国际	2020-10-15
1998年贵州茅台酒(原箱)		264,500	华艺国际	2020-12-05
1998年贵州茅台酒(原箱)		239,200	华艺国际	2020-10-15
1998年贵州茅台酒(原箱)		224,250	华艺国际	2020-10-15
1999–2001年十五年陈酿贵州茅台酒		69,000	西泠印社	2020-08-07
1999年产飞天牌茅台酒		195,500	中国嘉德	2020-08-15
1999年产飞天牌茅台酒 12瓶	500ml/瓶	138,000	中国嘉德	2020-12-01
1999年产五星牌茅台酒		195,500	中国嘉德	2020-08-15
1999年产五星牌茅台酒 12瓶	500ml/瓶	126,500	中国嘉德	2020-12-01
1999年产珍品茅台酒 6瓶	500ml/瓶	86,250	中国嘉德	2020-12-01
1999年贵州茅台酒		310,500	华艺国际	2020-12-05
1999年贵州茅台酒		276,000	华艺国际	2020-10-15
1999年贵州茅台酒		269,100	永乐拍卖	2020-12-04
1999年贵州茅台酒		149,500	北京保利	2020-10-19
1999年贵州茅台酒		126,500	西泠印社	2020-08-07
1999年贵州茅台酒		126,500	西泠印社	2020-08-07
1999年贵州茅台酒		86,250	北京保利	2020-12-05
1999年贵州茅台酒		69,000	西泠印社	2020-08-07
1999年贵州茅台酒		63,250	西泠印社	2020-08-07
1999年贵州茅台酒		51,750	华艺国际	2020-10-15
1999年贵州茅台酒(43度/铁盖/原箱)		57,500	华艺国际	2020-10-15
1999年贵州茅台酒(大木雕)(1瓶)	500ml	331,200	华艺国际	2020-10-15
1999年贵州茅台酒(飞天)		69,000	上海嘉禾	2020-01-05
1999年贵州茅台酒(珍品)		126,500	西泠印社	2020-08-07
1999年茅台王子酒(第一代小字/原箱)		31,050	华艺国际	2020-10-15
1999年茅台王子酒(原箱)		92,000	华艺国际	2020-10-15
2000–2001年贵州茅台酒(30年)		86,250	华艺国际	2020-10-15
2000年产飞天牌茅台酒		184,000	中国嘉德	2020-08-15
2000年产飞天牌茅台酒 12瓶	500ml/瓶	115,000	中国嘉德	2020-12-01
2000年产五星牌茅台酒		195,500	中国嘉德	2020-08-15
2000年产五星牌茅台酒 12瓶	500ml/瓶	126,500	中国嘉德	2020-12-01
2000年产原箱五星牌茅台酒		2,357,500	中国嘉德	2020-08-15
2000年产原箱五星牌茅台酒 12瓶	500ml/瓶	184,000	中国嘉德	2020-12-01
2000年产原箱珍品茅台酒		161,000	中国嘉德	2020-08-15
2000年贵州茅台酒		287,500	西泠印社	2020-08-07
2000年贵州茅台酒		287,500	永乐拍卖	2020-12-04
2000年贵州茅台酒		195,500	永乐拍卖	2020-08-17
2000年贵州茅台酒		138,000	北京保利	2020-10-19
2000年贵州茅台酒		109,250	西泠印社	2020-08-07
2000年贵州茅台酒		103,500	西泠印社	2020-08-07
2000年贵州茅台酒		74,750	北京保利	2020-12-05
2000年贵州茅台酒		55,200	西泠印社	2020-08-07
2000年贵州茅台酒		51,750	西泠印社	2020-08-07
2000年贵州茅台酒(200ml/铁盖/原箱)		103,500	华艺国际	2020-10-15
2000年贵州茅台酒(50年)		28,750	华艺国际	2020-10-15
2000年贵州茅台酒(原箱)		133,400	华艺国际	2020-10-15
2000年贵州茅台酒(珍品)		126,500	西泠印社	2020-08-07
2000年五星牌贵州茅台酒(原箱)		195,500	永乐拍卖	2020-08-17
2001–2002年贵州茅台酒(15年)		132,250	华艺国际	2020-10-15
2001年产飞天牌茅台酒 12瓶	500ml/瓶	115,000	中国嘉德	2020-12-01
2001年产贵州茅台酒		92,000	中鸿信	2020-01-04
2001年产五星牌茅台酒 12瓶	500ml/瓶	126,500	中国嘉德	2020-12-01
2001年橙中橙		17,025	北京保利	2020-07-18
2001年贵州茅台酒		241,500	华艺国际	2020-12-05
2001年贵州茅台酒		174,800	华艺国际	2020-10-15
2001年贵州茅台酒		138,000	永乐拍卖	2020-12-04
2001年贵州茅台酒		86,250	华艺国际	2020-10-15
2001年贵州茅台酒		48,300	西泠印社	2020-08-07
2001年贵州茅台酒		46,000	西泠印社	2020-08-07
2001年贵州茅台酒(珍品)		103,500	华艺国际	2020-10-15
2001年贵州茅台酒(祝贺北京取得奥运会主办权)		92,000	北京保利	2020-10-19
2001年贵州茅台酒(祝贺中国加入WTO)		253,000	永乐拍卖	2020-08-17
2001年贵州茅台酒三瓶组合		48,300	北京保利	2020-12-05
2001年50陈酿贵州茅台酒(原箱)		230,000	西泠印社	2020-08-07
2002/2003年产原箱茅台酒 共84瓶(7箱×12瓶)	500ml/瓶	575,000	中国嘉德	2020-12-01
2002年产飞天牌茅台酒 12瓶	500ml/瓶	115,000	中国嘉德	2020-12-01
2002年产飞天牌茅台酒 12瓶	500ml/瓶	103,500	中国嘉德	2020-12-01
2002年产五星牌茅台酒 12瓶	500ml/瓶	115,000	中国嘉德	2020-12-01
2002年贵州茅台酒		207,000	华艺国际	2020-12-05
2002年贵州茅台酒		184,000	永乐拍卖	2020-08-17
2002年贵州茅台酒		161,000	华艺国际	2020-10-15
2002年贵州茅台酒		124,200	永乐拍卖	2020-12-04
2002年贵州茅台酒		115,000	北京保利	2020-10-19
2002年贵州茅台酒		115,000	华艺国际	2020-10-15
2002年贵州茅台酒		46,000	西泠印社	2020-08-07
2002年贵州茅台酒		36,800	西泠印社	2020-08-07

(续表)

拍品名称	物品尺寸	成交价RMB	拍卖公司	拍卖日期
2003–2004年贵州茅台酒（原箱）		218,500	华艺国际	2020–10–15
2003–2008年贵州茅台酒（1L）		138,000	华艺国际	2020–10–15
2003年产飞天牌茅台酒 12瓶	500ml/瓶	103,500	中国嘉德	2020–12–01
2003年产飞天牌原箱茅台酒 24瓶	1000ml/瓶	322,000	中国嘉德	2020–12–01
2003年产刘剑锋升学定制原箱铁盖茅台酒 12瓶	500ml/瓶	287,500	中国嘉德	2020–12–01
2003年产刘剑锋升学定制原箱铁盖茅台酒 12瓶	500ml/瓶	287,500	中国嘉德	2020–12–01
2003年产五星牌茅台酒 12瓶	500ml/瓶	115,000	中国嘉德	2020–12–01
2003年产原箱“新铁盖”茅台酒		575,000	中国嘉德	2020–08–15
2003年产原箱陈酿茅台酒		632,500	中国嘉德	2020–08–15
2003年产原箱茅台酒		483,000	中国嘉德	2020–08–15
2003年贵州茅台酒		161,000	永乐拍卖	2020–08–17
2003年贵州茅台酒		126,500	永乐拍卖	2020–12–04
2003年贵州茅台酒		97,750	华艺国际	2020–10–15
2003年贵州茅台酒		86,250	华艺国际	2020–10–15
2003年贵州茅台酒		55,890	北京保利	2020–12–05
2003年贵州茅台酒		43,700	西泠印社	2020–08–07
2003年贵州茅台酒		43,700	西泠印社	2020–08–07
2003年贵州茅台酒（1L/原箱）		287,500	华艺国际	2020–12–05
2003年贵州茅台酒（原箱）		109,250	西泠印社	2020–08–07
2003年五星牌贵州茅台酒（原箱）		276,000	永乐拍卖	2020–08–17
2004–2005年贵州茅台酒		299,000	华艺国际	2020–12–05
2004年“飞天牌”贵州茅台酒200ml		40,250	永乐拍卖	2020–08–17
2004年产陈年（15年）贵州茅台酒		69,000	中鸿信	2020–01–04
2004年产飞天牌茅台酒（大瓶装1000ml）		287,500	中国嘉德	2020–08–15
2004年产飞天牌茅台酒 12瓶	500ml/瓶	115,000	中国嘉德	2020–12–01
2004年产飞天牌珍品贵州茅台酒		41,400	中鸿信	2020–01–04
2004年产五星牌茅台酒 12瓶	500ml/瓶	115,000	中国嘉德	2020–12–01
2004年贵州茅台酒		201,250	华艺国际	2020–10–15
2004年贵州茅台酒		184,000	西泠印社	2020–08–07
2004年贵州茅台酒		103,500	华艺国际	2020–12–05
2004年贵州茅台酒		94,300	华艺国际	2020–10–15
2004年贵州茅台酒		74,750	西泠印社	2020–08–07
2004年贵州茅台酒		74,750	西泠印社	2020–08–07
2004年贵州茅台酒		52,785	北京保利	2020–12–05
2004年贵州茅台酒		36,800	西泠印社	2020–08–07
2004年贵州茅台酒		36,800	西泠印社	2020–08–07
2004年贵州茅台酒（原箱）		140,300	华艺国际	2020–10–15
2004年贵州茅台酒（原箱）		103,500	西泠印社	2020–08–07
2004年贵州茅台酒（珍品/原箱）		34,500	华艺国际	2020–10–15
2005-2006年茅台王子酒（高尔夫/原箱）		49,450	华艺国际	2020–10–15
2005年“15年”贵州茅台酒年份酒		333,500	永乐拍卖	2020–08–17
2005年“15年”贵州茅台酒年份酒		74,750	北京保利	2020–10–19
2005年“50年”贵州茅台酒年份酒		529,000	永乐拍卖	2020–08–17
2005年“飞天牌”贵州茅台酒200ml		40,250	永乐拍卖	2020–08–17
2005年产飞天牌茅台酒（大瓶装1000ml）		287,500	中国嘉德	2020–08–15
2005年产飞天牌茅台酒 6瓶	1000ml/瓶	126,500	中国嘉德	2020–12–01
2005年产飞天牌茅台酒 12瓶	500ml/瓶	115,000	中国嘉德	2020–12–01
2005年产五星牌茅台酒 12瓶	500ml/瓶	115,000	中国嘉德	2020–12–01
2005年产原箱飞天牌茅台酒（大瓶装1000ml）		287,500	中国嘉德	2020–08–15
2005年产原箱茅台酒		322,000	中国嘉德	2020–08–15
2005年贵州茅台酒		184,000	西泠印社	2020–08–07
2005年贵州茅台酒		143,750	永乐拍卖	2020–08–17
2005年贵州茅台酒		98,900	永乐拍卖	2020–12–04
2005年贵州茅台酒		97,750	北京保利	2020–10–19
2005年贵州茅台酒		92,000	华艺国际	2020–10–15
2005年贵州茅台酒		74,750	西泠印社	2020–08–07
2005年贵州茅台酒		74,750	西泠印社	2020–08–07
2005年贵州茅台酒		49,680	北京保利	2020–12–05
2005年贵州茅台酒		40,250	西泠印社	2020–08–07
2005年贵州茅台酒		34,500	西泠印社	2020–08–07

拍品名称	物品尺寸	成交价RMB	拍卖公司	拍卖日期
2005年贵州茅台酒（30年）		80,500	华艺国际	2020–10–15
2005年贵州茅台酒（30年/原箱）		105,800	华艺国际	2020–12–05
2005年贵州茅台酒（飞天）		46,000	上海嘉禾	2020–01–05
2005年贵州茅台酒（原箱）		124,200	北京保利	2020–12–05
2005年五星牌贵州茅台酒（原箱）		575,000	永乐拍卖	2020–08–17
2006年“15年”贵州茅台酒年份酒		64,400	北京保利	2020–10–19
2006年“飞天牌”贵州茅台酒200ml		40,250	永乐拍卖	2020–08–17
2006年产飞天牌贵州茅台酒		32,200	中鸿信	2020–01–04
2006年产飞天牌茅台酒（大瓶装1000ml）		287,500	中国嘉德	2020–08–15
2006年产贵州茅台酒		109,250	中鸿信	2020–01–04
2006年产贵州茅台酒		103,500	中鸿信	2020–01–04
2006年产原箱1680茅台酒（大瓶装1680ml）		241,500	中国嘉德	2020–08–15
2006年产原箱飞天牌茅台酒（大瓶装1000ml）		287,500	中国嘉德	2020–08–15
2006年产原箱贵宾特制茅台酒 12瓶	500ml/瓶	253,000	中国嘉德	2020–12–01
2006年产原箱贵宾特制茅台酒 24瓶	500ml/瓶	529,000	中国嘉德	2020–12–01
2006年产原箱茅台酒		195,500	中国嘉德	2020–08–15
2006年贵州茅台酒		172,500	西泠印社	2020–08–07
2006年贵州茅台酒		170,200	华艺国际	2020–10–15
2006年贵州茅台酒		87,400	北京保利	2020–10–19
2006年贵州茅台酒		86,250	华艺国际	2020–10–15
2006年贵州茅台酒		82,800	华艺国际	2020–12–05
2006年贵州茅台酒		69,000	西泠印社	2020–08–07
2006年贵州茅台酒		34,500	西泠印社	2020–08–07
2006年贵州茅台酒		34,500	西泠印社	2020–08–07
2006年贵州茅台酒（陈酿/大盖）		36,800	华艺国际	2020–10–15
2006年贵州茅台酒（原箱）		128,800	华艺国际	2020–10–15
2006年贵州茅台酒（原箱）		115,000	北京保利	2020–10–19
2006年贵州茅台酒（原箱）		103,500	华艺国际	2020–10–15
2006年贵州茅台酒（原箱）		92,000	西泠印社	2020–08–07
2006年30年陈酿贵州茅台酒		92,000	西泠印社	2020–08–07
2007–2009年贵州茅台酒（原箱）		437,000	华艺国际	2020–12–05
2007–2009年贵州茅台酒（原箱）		409,400	华艺国际	2020–10–15
2007–2009年贵州茅台酒（原箱）		172,500	华艺国际	2020–12–05
2007–2009年贵州茅台酒（原箱）		149,500	华艺国际	2020–10–15
2007年产飞天贵州茅台		34,500	中鸿信	2020–01–04
2007年产原箱陈酿茅台酒		345,000	中国嘉德	2020–08–15
2007年产原箱茅台酒		172,500	中国嘉德	2020–08–15
2007年产原箱茅台酒 12瓶	500ml/瓶	287,500	中国嘉德	2020–12–01
2007年贵州茅台酒		172,500	西泠印社	2020–08–07
2007年贵州茅台酒		132,250	永乐拍卖	2020–08–17
2007年贵州茅台酒		85,100	北京保利	2020–10–19
2007年贵州茅台酒		69,000	西泠印社	2020–08–07
2007年贵州茅台酒		34,500	西泠印社	2020–08–07
2007年贵州茅台酒		34,500	西泠印社	2020–08–07
2007年贵州茅台酒（原箱）		109,250	保利厦门	2020–09–26
2007年贵州茅台酒（原箱）		80,500	华艺国际	2020–10–15
2007年贵州茅台酒（原箱）		80,500	华艺国际	2020–10–15
2007年贵州茅台酒（原箱）		69,000	西泠印社	2020–08–07
2008–2010年贵州茅台酒（原箱）		112,700	华艺国际	2020–10–15
2008年产飞天牌贵州茅台酒		126,500	中鸿信	2020–01–04
2008年产原箱陈酿茅台酒 6瓶	500ml/瓶	161,000	中国嘉德	2020–12–01
2008年产原箱茅台酒 12瓶	500ml/瓶	138,000	中国嘉德	2020–12–01
2008年产原箱专用茅台酒 6瓶	500ml/瓶	138,000	中国嘉德	2020–12–01
2008年飞天牌贵州茅台酒（原箱）		920,000	永乐拍卖	2020–08–17
2008年贵州茅台酒		161,000	西泠印社	2020–08–07
2008年贵州茅台酒		126,500	永乐拍卖	2020–08–17
2008年贵州茅台酒		80,500	北京保利	2020–10–19
2008年贵州茅台酒		80,500	永乐拍卖	2020–12–04
2008年贵州茅台酒		69,000	西泠印社	2020–08–07
2008年贵州茅台酒		63,250	西泠印社	2020–08–07
2008年贵州茅台酒		36,800	西泠印社	2020–08–07

（续表）

拍品名称	物品尺寸	成交价RMB	拍卖公司	拍卖日期
2008年贵州茅台酒		34,500	西泠印社	2020-08-07
2008年贵州茅台酒（1L/原箱）		368,000	华艺国际	2020-12-05
2008年贵州茅台酒（陈酿/原箱）		172,500	华艺国际	2020-10-15
2008年贵州茅台酒（飞天原件）		69,000	上海嘉禾	2020-01-05
2008年贵州茅台酒（纪念酒）750ml		11,500	永乐拍卖	2020-12-04
2008年贵州茅台酒（原箱）		94,300	保利厦门	2020-09-26
2008年贵州茅台酒（中粮集团/原箱）		78,200	华艺国际	2020-10-15
2008年贵州茅台酒50ml		25,300	永乐拍卖	2020-08-17
2009年产贵州茅台酒		69,000	中鸿信	2020-01-04
2009年产原箱50周年珍藏茅台酒（大瓶装750ml）		529,000	中国嘉德	2020-08-15
2009年产原箱50周年珍藏茅台酒（大瓶装750ml）		287,500	中国嘉德	2020-08-15
2009年产原箱50周年珍藏茅台酒（大瓶装750ml）		287,500	中国嘉德	2020-08-15
2009年产原箱飞天牌茅台酒（大瓶装750ml）		161,000	中国嘉德	2020-08-15
2009年产原箱纪念茅台酒4瓶	500ml/瓶	115,000	中国嘉德	2020-12-01
2009年产原箱茅台酒		172,500	中国嘉德	2020-08-15
2009年飞天牌贵州茅台酒（原箱）		805,000	永乐拍卖	2020-08-17
2009年贵州茅台酒		109,250	永乐拍卖	2020-08-17
2009年贵州茅台酒		74,750	永乐拍卖	2020-12-04
2009年贵州茅台酒		69,000	北京保利	2020-10-19
2009年贵州茅台酒		23,000	西泠印社	2020-08-07
2009年贵州茅台酒（陈酿/原箱）		87,400	华艺国际	2020-10-15
2009年贵州茅台酒（茅台会所专用/原箱）		46,000	华艺国际	2020-10-15
2009年贵州茅台酒（原箱）		97,750	华艺国际	2020-12-05
2009年贵州茅台酒（原箱）		92,000	华艺国际	2020-12-05
2009年贵州茅台酒（原箱）		87,400	保利厦门	2020-09-26
2009年贵州茅台酒（原箱）		80,500	华艺国际	2020-10-15
2009年贵州茅台酒（原箱）		78,200	华艺国际	2020-10-15
2010-2011年贵州茅台酒（原箱）		276,000	华艺国际	2020-12-05
2010-2019年贵州茅台酒收藏组合		43,700	北京保利	2020-10-19
2010-2019年贵州茅台酒收藏组合		41,400	永乐拍卖	2020-12-04
2010-2019年贵州茅台酒收藏组合		36,800	永乐拍卖	2020-08-17
2010年产陈酿珍藏茅台酒		172,500	中国嘉德	2020-08-15
2010年产飞天牌贵州茅台酒		86,250	中鸿信	2020-01-04
2010年产原箱1680茅台酒（大瓶装1680ml）6瓶		207,000	中国嘉德	2020-12-01
2010年产原箱陈酿茅台酒		264,500	中国嘉德	2020-08-15
2010年产原箱茅台酒		149,500	中国嘉德	2020-08-15
2010年产原箱茅台酒		97,750	中国嘉德	2020-08-15
2010年贵州茅台酒		92,000	永乐拍卖	2020-08-17
2010年贵州茅台酒		74,750	永乐拍卖	2020-12-04
2010年贵州茅台酒（典藏）		11,500	北京保利	2020-12-05
2010年贵州茅台酒（茅台文化研究会会员专用/原箱）		46,000	华艺国际	2020-12-05
2010年贵州茅台酒（茅台文化研究会会员专用/原箱）		41,400	华艺国际	2020-10-15
2010年贵州茅台酒（原箱）		138,000	华艺国际	2020-10-15
2010年贵州茅台酒（原箱）		78,200	北京保利	2020-10-19
2010年贵州茅台酒（原箱）		66,700	华艺国际	2020-10-15
2010年贵州茅台酒会员专用酒		13,800	北京保利	2020-12-05
2010年茅台酒（原箱）		69,000	永乐拍卖	2020-08-17
2010年五星牌贵州茅台酒（原箱）		402,500	永乐拍卖	2020-08-17
2010年原箱1680茅台酒（大瓶装1680ml）		230,000	中国嘉德	2020-08-15
2011-2012年贵州茅台酒（30年/15年/原箱）		158,700	华艺国际	2020-10-15
2011-2020年贵州茅台酒收藏组合		40,250	北京保利	2020-12-05
2011年“15年”贵州茅台酒年份酒		48,300	北京保利	2020-10-19
2011年“30年”贵州茅台酒年份酒		460,000	永乐拍卖	2020-08-17
2011年“飞天牌”贵州茅台酒375ml		40,250	永乐拍卖	2020-08-17
2011年产飞天牌贵州茅台酒		115,000	中鸿信	2020-01-04
2011年产茅台酒茅台文化研究会会员专用		37,950	中鸿信	2020-01-04
2011年产五星牌陈酿贵州茅台酒		103,500	中鸿信	2020-01-04
2011年产五星牌贵州茅台酒		82,800	中鸿信	2020-01-04
2011年产原箱茅台酒		782,000	中国嘉德	2020-08-15
2011年产原箱茅台酒		184,000	中国嘉德	2020-08-15
2011年产原箱茅台酒		74,750	中国嘉德	2020-08-15
2011年产原箱世博纪念茅台酒24瓶	500ml/瓶	172,500	中国嘉德	2020-12-01
2011年产原箱世博纪念茅台酒36瓶	500ml/瓶	253,000	中国嘉德	2020-12-01
2011年飞天牌贵州茅台酒（原箱）		575,000	永乐拍卖	2020-08-17
2011年贵州茅台酒		89,700	永乐拍卖	2020-08-17
2011年贵州茅台酒		69,000	永乐拍卖	2020-12-04
2011年贵州茅台酒（原箱）		115,000	华艺国际	2020-12-05
2011年贵州茅台酒（原箱）		69,000	西泠印社	2020-08-07
2011年贵州茅台酒（原箱未开封）		189,750	华艺国际	2020-12-05
2011年贵州茅台酒（原箱未开封）		143,750	华艺国际	2020-10-15
2011年贵州茅台酒（原箱未开封）		128,800	华艺国际	2020-10-15
2011年贵州茅台酒50ml		57,500	北京保利	2020-12-05
2011年贵州茅台酒50ml		27,600	永乐拍卖	2020-08-17
2012年“15年”贵州茅台酒年份酒		46,000	北京保利	2020-10-19
2012年“50年”贵州茅台酒年份酒		770,500	永乐拍卖	2020-08-17
2012年百年巨匠张大千贵州茅台酒（原箱）		34,500	西泠印社	2020-08-07
2012年产飞天牌贵州茅台酒		34,500	中鸿信	2020-01-04
2012年产飞天牌总装备部远望楼贵州茅台酒		92,000	中鸿信	2020-01-04
2012年产九龙墨宝30年茅台酒（大瓶装999ml）1瓶		97,750	中国嘉德	2020-12-01
2012年产九龙墨宝十五年茅台酒（大瓶装999ml）1瓶		48,300	中国嘉德	2020-12-01
2012年产茅台酒		80,500	中国嘉德	2020-08-15
2012年产五星牌中国龙贵州茅台酒8瓶	500ml/瓶	218,500	中国嘉德	2020-12-01
2012年产原箱陈酿茅台酒		230,000	中国嘉德	2020-08-15
2012年产原箱陈酿茅台酒12瓶	500ml/瓶	402,500	中国嘉德	2020-12-01
2012年产原箱飞天牌茅台酒（七两装375ml）120瓶		402,500	中国嘉德	2020-12-01
2012年产原箱茅台酒		184,000	中国嘉德	2020-08-15
2012年产原箱茅台酒		172,500	中国嘉德	2020-08-15
2012年产原箱茅台酒12瓶	500ml/瓶	253,000	中国嘉德	2020-12-01
2012年产原箱专用茅台酒6瓶	500ml/瓶	161,000	中国嘉德	2020-12-01
2012年飞天牌贵州茅台酒（原箱）		115,000	永乐拍卖	2020-08-17
2012年贵州茅台酒		80,500	永乐拍卖	2020-08-17
2012年贵州茅台酒		63,250	永乐拍卖	2020-12-04
2012年贵州茅台酒		54,050	北京保利	2020-10-19
2012年贵州茅台酒		51,750	保利厦门	2020-09-26
2012年贵州茅台酒（九龙墨宝“15年”）		62,100	永乐拍卖	2020-12-04
2012年贵州茅台酒（茅台文化研究会会员专用/礼盒装）		69,000	华艺国际	2020-10-15
2012年贵州茅台酒（原箱）		253,000	永乐拍卖	2020-08-17
2012年贵州茅台酒（原箱）		138,000	华艺国际	2020-10-15
2012年贵州茅台酒（原箱）		89,700	华艺国际	2020-10-15
2012年贵州茅台酒（原箱）		86,250	华艺国际	2020-10-15
2012年贵州茅台酒（原箱）		69,000	北京保利	2020-12-05
2012年贵州茅台酒（原箱）		29,900	保利厦门	2020-09-26
2012年贵州茅台酒（原箱）		29,900	北京保利	2020-10-19
2012年贵州茅台酒（原箱未开封）		172,500	华艺国际	2020-10-15
2012年贵州茅台酒（中国体育代表团庆功酒）（原箱）		149,500	北京保利	2020-10-19
2012年茅台酒		82,800	永乐拍卖	2020-08-17
2012年中国体育代表团庆功酒（原箱）		26,105	北京保利	2020-07-18
2012年中国体育代表团庆功酒组合		115,000	北京保利	2020-10-19
2013-2014年贵州茅台酒（原箱）		241,500	华艺国际	2020-10-15
2013-2014年贵州茅台酒（原箱未开封）		149,500	华艺国际	2020-10-15
2013年“15年”贵州茅台酒年份酒		207,000	永乐拍卖	2020-08-17
2013年“15年”贵州茅台酒年份酒		46,000	北京保利	2020-10-19
2013年“飞天牌”贵州茅台酒200ml		23,000	永乐拍卖	2020-08-17

2020杂项拍卖成交汇总

(续表)

拍品名称	物品尺寸	成交价RMB	拍卖公司	拍卖日期
2013年产飞天牌贵州茅台酒		41,400	中鸿信	2020-01-04
2013年产飞天牌贵州茅台酒		18,400	中鸿信	2020-01-04
2013年产飞天牌龙纹珍品贵州茅台酒		41,400	中鸿信	2020-01-04
2013年产原箱1680茅台酒(大瓶装1680ml)6瓶		184,000	中国嘉德	2020-12-01
2013年产原箱茅台酒		701,500	中国嘉德	2020-08-15
2013年产原箱茅台酒		552,000	中国嘉德	2020-08-15
2013年产原箱茅台酒		109,250	中国嘉德	2020-08-15
2013年产原箱专用茅台酒 12瓶	500ml/瓶	218,500	中国嘉德	2020-12-01
2013年产原箱专用茅台酒 60瓶	500ml/瓶	1,495,000	中国嘉德	2020-12-01
2013年贵州茅台酒		77,050	永乐拍卖	2020-08-17
2013年贵州茅台酒		57,500	永乐拍卖	2020-12-04
2013年贵州茅台酒(陈酿/原箱未开封)		158,700	华艺国际	2020-10-15
2013年贵州茅台酒(和平鸽/原箱)		115,000	华艺国际	2020-10-15
2013年贵州茅台酒(原箱)		333,500	保利厦门	2020-09-26
2013年贵州茅台酒(原箱)		172,500	华艺国际	2020-12-05
2013年贵州茅台酒(原箱)		138,000	永乐拍卖	2020-08-17
2013年贵州茅台酒(原箱)		57,500	华艺国际	2020-10-15
2013年贵州茅台酒(原箱)		29,510	北京保利	2020-07-18
2013年贵州茅台酒(原箱未开封)		207,000	华艺国际	2020-12-05
2014-2020年贵州茅台酒(生肖茅台)		57,500	华艺国际	2020-10-15
2014年VA贵州茅台酒(原箱)		57,500	西泠印社	2020-08-07
2014年产原箱纪念茅台酒		1,058,000	中国嘉德	2020-08-15
2014年产原箱茅台酒		138,000	中国嘉德	2020-08-15
2014年飞天牌贵州茅台酒(原箱)		402,500	永乐拍卖	2020-08-17
2014年贵州茅台酒		52,900	北京保利	2020-12-05
2014年贵州茅台酒		48,300	北京保利	2020-10-19
2014年贵州茅台酒(原箱)		105,800	北京保利	2020-10-19
2014年贵州茅台酒(原箱)		26,105	北京保利	2020-07-18
2015-2016年贵州茅台酒(陈酿/原箱)		178,250	华艺国际	2020-10-15
2015年产陈酿茅台酒(大瓶装2500ml)		322,000	中国嘉德	2020-08-15
2015年产陈酿茅台酒(大瓶装2500ml)2瓶		575,000	中国嘉德	2020-12-01
2015年产五星牌陈酿贵州茅台酒(超大酱瓶)		253,000	中鸿信	2020-01-04
2015年贵州茅台酒		57,500	永乐拍卖	2020-08-17
2015年贵州茅台酒		55,200	永乐拍卖	2020-12-04
2015年贵州茅台酒(陈酿/原箱未开封)		90,850	华艺国际	2020-10-15
2015年贵州茅台酒(特需/原箱)		287,500	华艺国际	2020-12-05
2015年贵州茅台酒(原箱)		23,835	北京保利	2020-07-18
2016-2017年贵州茅台酒(七彩茅台)		54,050	华艺国际	2020-10-15
2016年产原箱纪念茅台酒		460,000	中国嘉德	2020-08-15
2016年产原箱茅台酒		97,750	中国嘉德	2020-08-15
2016年贵州茅台酒		51,750	永乐拍卖	2020-12-04
2016年贵州茅台酒		46,000	北京保利	2020-10-19
2016年贵州茅台酒(原箱)		22,133	北京保利	2020-07-18
2017年产贵州茅台酒(世博纪念酒)(原箱)		23,000	北京保利	2020-10-19
2017年产原箱纪念茅台酒		391,000	中国嘉德	2020-08-15
2017年贵州茅台范曾大师80寿辰从艺60年纪念酒(原箱)		46,000	西泠印社	2020-08-07
2017年贵州茅台酒		43,700	北京保利	2020-12-05
2017年贵州茅台酒		43,125	永乐拍卖	2020-12-04
2017年贵州茅台酒50ml(原箱)		25,300	保利厦门	2020-09-26
2018-2019年贵州茅台酒(走进系列)375ml 6瓶组合		20,700	北京保利	2020-12-05
2018-2019年贵州茅台酒(走进系列)375ml 6瓶组合		16,100	永乐拍卖	2020-12-04
2018年产原箱尊享茅台酒		379,500	中国嘉德	2020-08-15
2018年贵州茅台酒		43,700	永乐拍卖	2020-12-04
2018年贵州茅台酒		41,400	北京保利	2020-10-19
2019年"50年"贵州茅台酒年份酒		540,500	永乐拍卖	2020-08-17

拍品名称	物品尺寸	成交价RMB	拍卖公司	拍卖日期
2019年"飞天牌"贵州茅台酒375ml		32,200	永乐拍卖	2020-12-04
2019年"飞天牌"贵州茅台酒375ml		27,600	北京保利	2020-10-19
2019年产燕京八景茅台酒		86,250	中国嘉德	2020-08-15
2019年贵州茅台酒		42,550	永乐拍卖	2020-12-04
2019年贵州茅台酒(原箱)		74,750	西泠印社	2020-08-07
2019年贵州茅台酒(走进系列)750ml 4瓶组合		25,300	永乐拍卖	2020-12-04
2020年"15年"贵州茅台酒年份酒		34,500	北京保利	2020-12-05
2020年"飞天牌"贵州茅台酒1L装		43,700	永乐拍卖	2020-12-04
2020年"飞天牌"贵州茅台酒1L装		36,800	北京保利	2020-12-05
2020年"飞天牌"贵州茅台酒3L装		24,150	北京保利	2020-10-19
2020年"飞天牌"贵州茅台酒3L装		23,000	永乐拍卖	2020-12-04
2020年"飞天牌"贵州茅台酒3L装		20,700	北京保利	2020-12-05
2020年"飞天牌"贵州茅台酒6L装		47,150	北京保利	2020-10-19
2020年产第十届中国(贵州)酒博会纪念酒(原箱)		19,550	北京保利	2020-12-05
2020年贵州茅台酒(茅台文化研究会会员)与观山礼盒		34,500	北京保利	2020-10-19
2020年贵州茅台酒(燕京八景)(陈酿)		57,500	永乐拍卖	2020-12-04
2020年贵州茅台酒(燕京八景)(陈酿)		57,500	北京保利	2020-12-05
20世纪90年代200ml贵州茅台酒(铁盖)		46,000	北京保利	2020-10-19
20世纪90年代375ml贵州茅台酒(铁盖)		86,250	北京保利	2020-10-19
20世纪60年代末贵州茅台酒(飞天牌/陈年)		253,000	华艺国际	2020-10-15
20世纪60年代末贵州茅台酒(飞天牌/陈年)		253,000	华艺国际	2020-10-15
20世纪70年代初贵州茅台酒		195,500	西泠印社	2020-08-07
20世纪70年代初贵州茅台酒(出口葵花)		345,000	华艺国际	2020-10-15
20世纪70年代初贵州茅台酒(绵纸飘带葵花)		552,000	西泠印社	2020-08-07
20世纪70年代贵州茅台酒(葵花牌)		92,000	西泠印社	2020-08-07
20世纪70年代贵州茅台酒(葵花牌)		69,000	西泠印社	2020-08-07
20世纪70年代贵州茅台酒(小葵花)		195,500	华艺国际	2020-10-15
20世纪70年代贵州茅台酒(小葵花)		89,700	华艺国际	2020-10-15
20世纪70年代末贵州茅台酒(五星地方国营)		37,950	上海嘉禾	2020-01-05
20世纪70年代中期贵州茅台酒(三大革命)		34,500	西泠印社	2020-08-07
20世纪80年代产五星牌绵纸地方国营贵州茅台酒		155,250	中鸿信	2020-01-04
20世纪80年代初期贵州茅台酒(大飞天)		109,250	西泠印社	2020-08-07
20世纪80年代初期贵州茅台酒(三大革命)		115,000	西泠印社	2020-08-07
20世纪80年代初期贵州茅台酒(三大革命)		103,500	西泠印社	2020-08-07
20世纪80年代贵州茅台酒(地方国营/三大革命)		172,500	华艺国际	2020-12-05
20世纪80年代贵州茅台酒(地方国营/三大革命)		159,850	华艺国际	2020-10-15
20世纪80年代贵州茅台酒(棉纸黑酱)		65,550	华艺国际	2020-10-15
20世纪80年代中期贵州茅台酒		92,000	西泠印社	2020-08-07
20世纪90年代 茅台酒纸盒装		16,100	中贸圣佳	2020-12-07
20世纪90年代产中国八大名酒群英荟萃		80,500	中鸿信	2020-01-04
20世纪80年代中期产飞天牌茅台酒		184,000	中国嘉德	2020-08-15
20世纪80年代中期产飞天牌茅台酒		172,500	中国嘉德	2020-08-15

(续表)

拍品名称	物品尺寸	成交价RMB	拍卖公司	拍卖日期
20世纪80年代中期产飞天牌茅台酒12瓶	500ml/瓶	368,000	中国嘉德	2020-12-01
2000年"飞天牌"贵州茅台酒(原箱)		128,006	保利香港	2020-07-09
2008年"飞天牌"贵州茅台酒(原箱)		69,337	保利香港	2020-07-09
2009年"飞天牌"贵州茅台酒		49,069	保利香港	2020-07-09
2006年"飞天牌"贵州茅台酒(原箱)		85,338	保利香港	2020-07-09
2003年"飞天牌"贵州茅台酒(原箱)		106,672	保利香港	2020-07-09
2001年"飞天牌"贵州茅台酒		90,671	保利香港	2020-07-09
2018年 香港茅台之友协会、50年陈年贵州茅台酒		16,001	保利香港	2020-07-09
2010年"飞天牌"贵州茅台酒(原箱)		128,006	保利香港	2020-07-09
2010年"飞天牌"贵州茅台酒(原箱)		69,337	保利香港	2020-07-09
2017年 贵州茅台酒(原箱)		55,295	保利香港	2020-12-02
2017年 贵州茅台生肖酒(原箱)		26,668	保利香港	2020-07-09
2014年50陈酿·贵州茅台酒(澳门回归15周年暨茅台文化协会成立纪念酒)		301,608	保利香港	2020-12-08
2015年"飞天牌" 贵州茅台酒三公升特别版		26,139	保利香港	2020-12-08
2008年"飞天牌"贵州茅台酒(原箱)		191,018	保利香港	2020-12-02
2002年"飞天牌"贵州茅台酒		80,429	保利香港	2020-12-02
2009年"飞天牌"贵州茅台酒(原箱)		180,965	保利香港	2020-12-02
2000年"飞天牌"贵州茅台酒		110,590	保利香港	2020-12-02
2000年"珍品"贵州茅台酒		191,018	保利香港	2020-12-02
2004年"五星牌"贵州茅台酒		70,375	保利香港	2020-12-02
2001年"五星牌"贵州茅台酒		95,509	保利香港	2020-12-02
2010年"飞天牌"贵州茅台酒(原箱)		170,911	保利香港	2020-12-02
飞天茅台酒2009年(三瓶)		13,800	重庆尚文斋	2020-08-09
贵州茅台酒		86,250	永乐拍卖	2020-08-17
贵州茅台酒		80,500	永乐拍卖	2020-08-17
贵州茅台酒(1949.10.01-2019.10.01)		17,250	永乐拍卖	2020-12-04
贵州茅台酒(1949.10.1-2019.10.1)		40,250	永乐拍卖	2020-08-17
贵州茅台酒(黄永玉版十二生肖)(铜版)		115,000	永乐拍卖	2020-12-04
贵州茅台酒(茅台文化研究会会员)		483,000	永乐拍卖	2020-08-17
贵州茅台酒(茅台文化研究会会员)(原箱)		126,500	北京保利	2020-10-19
贵州茅台酒(原箱)		575,000	永乐拍卖	2020-08-17
贵州茅台酒(走进系列375ml组合)		23,000	永乐拍卖	2020-08-17
贵州茅台酒(走进系列375ml组合)		20,700	北京保利	2020-10-19
贵州茅台酒(走进系列750ml组合)		25,300	北京保利	2020-10-19
贵州茅台酒生肖纪念酒组合		52,900	永乐拍卖	2020-12-04
贵州茅台酒生肖纪念酒组合		48,300	北京保利	2020-12-05
贵州茅台酒生肖纪念酒组合		46,535	北京保利	2020-07-18
贵州茅台酒生肖酒组合产品		55,200	永乐拍卖	2020-08-17
贵州茅台酒生肖酒组合产品		55,200	永乐拍卖	2020-08-17
贵州茅台酒生肖酒组合产品		46,000	北京保利	2020-10-19
贵州茅台酒世纪组合(1980、1990、2000、2010、2020)		69,000	永乐拍卖	2020-08-17
贵州茅台酒燕京八景(陈酿)		57,500	永乐拍卖	2020-08-17
贵州茅台酒燕京八景(陈酿)		57,500	北京保利	2020-10-19
贵州茅台七彩茅台酒组合		69,000	永乐拍卖	2020-12-04
20世纪70年代产飞天牌茅台酒 6瓶	540ml/瓶	287,500	中国嘉德	2020-12-01
20世纪70代早期产葵花牌茅台酒(出口日本)1瓶	540ml/瓶	310,500	中国嘉德	2020-08-15
1988年"五星牌"贵州茅台酒(铁盖)		170,675	保利香港	2020-07-09
1987年 "五星牌"贵州茅台酒(铁盖)		298,682	保利香港	2020-07-09
1987-1996年"五星牌"贵州茅台酒(铁盖)一条龙		234,678	保利香港	2020-07-09
1983-1986年 地方国营贵州茅台酒(全绵纸)		291,554	保利香港	2020-12-02
1983-1986年"飞天牌"贵州茅台酒		241,286	保利香港	2020-12-02
1983-1984年"飞天牌"黄酱茅台酒		320,016	保利香港	2020-07-09
1983-1984年"五星牌"黄酱贵州茅台酒		382,037	保利香港	2020-12-02

拍品名称	物品尺寸	成交价RMB	拍卖公司	拍卖日期
1985年"五星牌"贵州茅台酒(地方国营)		202,677	保利香港	2020-07-09
1990-1996年 贵州茅台酒(铁盖)		80,004	保利香港	2020-07-09
1992年 "飞天牌"贵州茅台酒(铁盖)		301,608	保利香港	2020-12-02
1999年"珍品"贵州茅台酒		69,337	保利香港	2020-07-09
1996年"飞天牌"贵州茅台酒(铁盖)		261,394	保利香港	2020-12-02
1996年"珍品"贵州茅台酒		120,643	保利香港	2020-12-02
1997年"飞天牌"贵州茅台酒		140,750	保利香港	2020-12-02
1997年"五星牌"贵州茅台酒		140,750	保利香港	2020-12-02
1995年 "飞天牌"贵州茅台酒(铁盖)		251,340	保利香港	2020-12-08
2013年五粮液 精品装(52度)		28,750	永乐拍卖	2020-12-03
2015年五粮液 白瓷瓶(52度)		13,800	永乐拍卖	2020-12-03
2015年五粮液 十年(50度)		17,250	永乐拍卖	2020-12-03
1985-1987年汾酒		11,500	华艺国际	2020-10-15
1987-1989年汾酒		16,100	华艺国际	2020-10-15
1991-1994年汾酒		17,250	华艺国际	2020-10-15
1988年古井贡酒小盖		89,700	永乐拍卖	2020-08-17
1992年洋河大曲双耳瓷瓶		20,700	永乐拍卖	2020-08-17
1988年泸州老窖特曲(原箱)		87,400	华艺国际	2020-10-15
2002年泸州老窖特曲精品		14,950	永乐拍卖	2020-08-17
2003年泸州老窖大曲酒		35,650	永乐拍卖	2020-08-17
1993-1994年董酒(红董)		40,250	华艺国际	2020-10-15
1994-1996年董酒(方董)		27,600	华艺国际	2020-10-15
1994年西凤酒		11,500	华艺国际	2020-10-15
1999年全兴大曲(红盖)		16,100	永乐拍卖	2020-08-17
1980年郎酒(玻璃瓶)		51,750	华艺国际	2020-10-15
1992年郎酒		33,350	华艺国际	2020-10-15
1993-1998年郎酒		71,300	华艺国际	2020-12-05
1996-1999年郎酒		17,250	华艺国际	2020-10-15
1993年习水大曲(原箱)		27,600	华艺国际	2020-10-15
1995年习酒(方瓶/原箱)		71,300	华艺国际	2020-10-15
1995年习酒(原箱)		48,300	华艺国际	2020-10-15
1996年习酒(圆瓶/原箱)		74,750	华艺国际	2020-10-15
1992年宝丰酒		19,550	永乐拍卖	2020-08-17
1992年习水大曲		29,900	永乐拍卖	2020-08-17
1999年古井贡酒大盖		11,500	永乐拍卖	2020-08-17
国窖 1573典藏纪念酒		32,200	北京保利	2020-12-05
红星牌二锅头典藏纪念酒		17,250	北京保利	2020-12-05
口子窖典藏纪念酒		17,250	北京保利	2020-12-05
中国名酒纪念珍藏酒		28,750	北京保利	2020-12-05
1987-1989年竹叶青		11,500	华艺国际	2020-10-15
1990-1993年竹叶青		20,700	华艺国际	2020-10-15
1994-1997年产沈永和陈年花雕酒(牡丹仙子图案)		13,800	中鸿信	2020-01-04
1996-2001年古越龙山绍兴花雕酒(寿星图案)		13,800	永乐拍卖	2020-08-17
1996年产古越龙山绍兴花雕酒(散花、湘云、寿星、献寿、奔月、红楼梦)		41,400	中鸿信	2020-01-04
1997年产古越龙山绍兴花雕酒(春晓图)		34,500	中鸿信	2020-01-04
1997年古越龙山绍兴花雕酒(散花及献寿图案)(原箱)		41,400	永乐拍卖	2020-08-17
1997年古越龙山绍兴花雕酒(松鹤图案)(原箱)		57,500	永乐拍卖	2020-08-17
1999年古越龙山扁壶绍兴花雕酒(4种风景图案)		18,400	永乐拍卖	2020-08-17
2000年产古越龙山绍兴花雕酒(散花、湘云、寿星、献寿、奔月、咏梅)		29,900	中鸿信	2020-01-04
2000年古越龙山珍品兽首瓶绍兴花雕酒(飞天-龙腾背标、奔月-龙腾背标)		34,500	永乐拍卖	2020-08-17
20世纪90年代产古越龙山绍兴花雕酒大坛(天女散花)		23,000	中鸿信	2020-01-04

2020杂项拍卖成交汇总

(续表)

拍品名称	物品尺寸	成交价RMB	拍卖公司	拍卖日期
20世纪90年代绝版 海鸥标波摩21年收藏版		11,500	北京保利	2020-10-19
Big Nose2002-16年、2004-14年、2004-14年、2007-10年 高地单一麦芽威士忌（各一支）		17,250	北京保利	2020-10-19
波摩1964年艾雷岛单一麦芽威士忌		184,000	北京保利	2020-10-19
波摩1967艾雷岛单一麦芽威士忌		33,350	北京保利	2020-10-19
东阳艺伎系列：云顶40年、BURNSIDE 25年单一麦芽威士忌（各一支）		25,300	北京保利	2020-10-19
麦卡伦1962-25年高地单一麦芽威士忌		40,250	北京保利	2020-10-19
麦卡伦1970-25年高地单一麦芽威士忌		36,800	北京保利	2020-10-19
尼卡1999-34年调和威士忌		51,750	北京保利	2020-10-19
轻井沢35年大雾海上月单桶麦芽威士忌		92,000	北京保利	2020-10-19
轻井沢Tokyo barshow2000单桶单一麦芽威士忌		25,300	北京保利	2020-10-19
轻井沢浅间魂单一麦芽威士忌（共二支）		46,000	北京保利	2020-10-19
轻井沢四季樱花12年单一麦芽威士忌		28,750	北京保利	2020-10-19
山崎私人桶1994单桶麦芽威士忌		46,000	北京保利	2020-10-19
云顶1964私人精选单一麦芽威士忌		36,800	北京保利	2020-10-19
"足坛万人迷"大卫·贝克汉姆（David Beckham）亲笔签名球衣	尺寸不一	11,500	北京保利	2020-12-04
1855梅多克列级名庄大套装2011年份 61支750ml		126,500	中国嘉德	2020-12-04
1994年山西老陈醋		11,500	永乐拍卖	2020-12-03
1995年装瓶，月光海鸥 波摩22年		17,250	北京保利	2020-10-19
1996年古越龙山珍品硬顶绍兴花雕酒（湘云）6坛	1000ml/坛	34,500	永乐拍卖	2020-12-03
1998年古越龙山绍兴花雕酒（春晓）		25,300	永乐拍卖	2020-12-03
1998年古越龙山绍兴花雕酒（散花图）		29,900	永乐拍卖	2020-12-03
1999年古越龙山绍兴花雕酒（奔月图）		27,600	永乐拍卖	2020-12-03
1组轻井泽花鸟绘系列		45,241	保利香港	2020-12-02
1组秩父千鸟系列 #1691 #1372		16,086	保利香港	2020-12-02
2008年古越龙山绍兴花雕酒（奥运年珍藏）		13,800	永乐拍卖	2020-12-03
2019年 山崎 风味桶 威士忌（三支）		11,500	上海嘉禾	2020-01-05
70年代 40度 路易十三白兰地		16,100	上海嘉禾	2020-01-05
80年代SCOTIA ROYALE 12年苏格兰调和威士忌、80年代汤马丁5年苏格兰调和威士忌 容量：1支 750ml，陈年：5年（各一支）		10,350	中国嘉德	2020-08-15
80年代尼卡弥右卫门款色绘竹鹤有田烧调和威士忌 1支 500ml		10,350	中国嘉德	2020-12-04
80年代酿造古越龙山绍兴花雕酒（寿星图）		23,000	永乐拍卖	2020-12-03
80年代酿造古越龙山绍兴花雕酒（仙女图）		23,000	永乐拍卖	2020-12-03
80年代三得利SPECIAL RESERVE 10年调和威士忌 4支 750ml（共四支）		17,250	中国嘉德	2020-08-15
80年代三乐轻井沢GLORIA OCEAN船形威士忌（共三支）3支 760ml		17,250	中国嘉德	2020-12-04
80年代三乐轻井沢GLORIA OCEAN船形威士忌 3支 760ml（共三支）		14,950	中国嘉德	2020-08-15
90年代古越龙山绍兴花雕酒（招财进宝）		18,400	永乐拍卖	2020-12-03
90年代山崎、响金花乐器瓶调和威士忌（各一支）		17,250	永乐拍卖	2020-12-04
90年代沈永和牌绍兴花雕酒（人物图案）		41,400	永乐拍卖	2020-12-03
90年代朱拉10年单一麦芽、70年代总统特别储备调和威士忌（各一支）1支 700ml 1支 750ml		11,500	中国嘉德	2020-12-04
CAMPBELL, HOPE&KING装瓶：麦卡伦1955-1959年高地纯麦威士忌 5支	750ml/瓶	287,500	中国嘉德	2020-08-15
CAMPBELL, HOPE&KING装瓶：麦卡伦1956-18年高地纯麦威士忌1支 750ml		80,500	中国嘉德	2020-12-04
CAMPBELL, HOPE&KING装瓶：麦卡伦1958年高地纯麦威士忌 1支 750ml		57,500	中国嘉德	2020-08-15
CAMPBELL, HOPE&KING装瓶：麦卡伦1962年高地纯麦威士忌 2支 750ml（共二支）		80,500	中国嘉德	2020-08-15
HIGH SPIRITS装瓶：苏格兰调色师系列格兰冠31年高地、布纳哈本35年艾雷岛单一麦芽威士忌（各一支）2支 750ml		28,750	中国嘉德	2020-12-04
J&C装瓶：格兰威特1977-34年单一麦芽威士忌（共二支）2支 700ml		18,400	中国嘉德	2020-12-04
Joy Master甄选单桶威士忌		57,500	北京保利	2020-10-19
SANSIBAR装瓶：朗摩18年圣诞限定斯佩塞单一麦芽威士忌2支 500ml		20,700	中国嘉德	2020-12-04
SMOS装瓶：格兰哥尼40年、布纳哈本43年单一麦芽威士忌 2支 700ml（各一支）		42,550	中国嘉德	2020-08-15
THAT BOUTIQUE-Y装瓶：云顶22年，高原骑士26年，麦卡伦28年，米尔顿道夫40年单一麦芽威士忌（各一支）4支 500ml		25,300	中国嘉德	2020-12-04
TWE装瓶：本尼维斯22年高地单一麦芽威士忌、卡尔里拉25年艾雷岛单一麦芽威士忌、格兰威特XXV-25年单一麦芽威士忌 3支 700ml（各一支）		11,500	中国嘉德	2020-08-15
WHISKY L甄选：2018版单一麦芽威士忌风味经典组合套装（共十支）9支 700ml 1支 750ml		138,000	中国嘉德	2020-12-04
阿贝 30年（第一版）		16,100	保利厦门	2020-09-26
阿贝1977艾雷岛单一麦芽威士忌 1支 700ml		11,500	中国嘉德	2020-08-15
阿曼·卢梭父子酒庄香牡-香贝丹特级园干红2015年份 3支750ml		20,700	中国嘉德	2020-08-15
埃德拉多尔2000年《阳台上的两姐妹》单桶麦芽威士忌（共二支）2支 700ml		20,700	中国嘉德	2020-12-04
艾伦港 40年	700ml/瓶	512,026	保利香港	2020-07-09
爱诗图古堡1999年份 12支750ml		27,600	中国嘉德	2020-12-04
爱诗图古堡2005年份 12支750ml		29,900	中国嘉德	2020-08-15
爱诗图古堡2016年份 12支750ml		28,750	中国嘉德	2020-08-15
爱诗图古堡干白2017年份 12支750ml		26,450	中国嘉德	2020-12-04
爱诗图古堡干白2017年份 12支750ml		16,100	中国嘉德	2020-08-15
安娜·芳华·格罗酒庄玻玛"佩泽洛斯"一级园干红2014年份 12支750ml		10,925	中国嘉德	2020-08-15
安娜·芳华·格罗酒庄李奇堡特级园干红2013年份 6支750ml		27,600	中国嘉德	2020-08-15
安娜·芳华·葛鲁酒庄里奇堡特级园干红2014 年份 6支750ml		29,900	中国嘉德	2020-12-04
奥纳亚干红2016年份 12支750ml		19,550	中国嘉德	2020-08-15
奥纳亚干红大瓶装（1.5升）2015年份 6支1500ml		21,850	中国嘉德	2020-08-15
白马古堡1939年份 1支750ml		18,400	中国嘉德	2020-08-15
白马古堡2012年份 6支750ml		41,400	中国嘉德	2020-12-04
白州2013雪莉桶单一麦芽威士忌 1支 700ml		13,800	中国嘉德	2020-08-15
柏翠古堡2012年份 1支750ml		26,450	中国嘉德	2020-12-04
柏翠古堡大瓶装（1.5升）2014年份 1支1500ml		48,300	中国嘉德	2020-12-04

（续表）

拍品名称	物品尺寸	成交价RMB	拍卖公司	拍卖日期
柏翠酒庄1982年份 1支750ml		57,500	中国嘉德	2020–08–15
柏翠酒庄1988年份 1支750ml		31,050	中国嘉德	2020–08–15
柏翠酒庄1994年份 1支750ml		26,450	中国嘉德	2020–08–15
柏翠酒庄2007年份 3支750ml		92,000	中国嘉德	2020–08–15
柏翠酒庄大瓶装（1.5升）垂直年份套装2014+2015+2016年份 3支 1500ml		108,100	中国嘉德	2020–08–15
柏翠之花酒庄2016年份 6支750ml		14,950	中国嘉德	2020–08–15
柏菲古堡2011年份 6支750ml		19,550	中国嘉德	2020–08–15
班菲思慕大瓶装干红（5升）1998年份 1支5000ml		10,925	中国嘉德	2020–12–04
宝嘉龙古堡1985年份 6支750ml		23,000	中国嘉德	2020–08–15
宝嘉龙酒园 1985年份 6支750ml		27,600	中国嘉德	2020–12–04
宝尚父子酒庄蒙哈榭特级园 2002		17,250	华艺国际	2020–10–15
贝加–西西利亚独一珍藏2005年份6支750ml		20,700	中国嘉德	2020–08–15
贝瑞兄弟装瓶：格兰路丝1978、1979、1988、1998、2001、年份珍藏斯佩塞单一麦芽威士忌（各一支）6支 700ml		34,500	中国嘉德	2020–12–04
贝瑞兄弟装瓶：格兰路丝1978、1991、1995、1998、2001传家系列小套装（各一支）7支 100ml		20,700	中国嘉德	2020–12–04
贝瑞装瓶：格兰威特1974单桶单一麦芽威士忌 1支 700ml		14,950	中国嘉德	2020–08–15
贝瑞装瓶：格兰威特1974年斯佩塞单桶单一麦芽威士忌 1支 700ml		11,500	中国嘉德	2020–12–04
贝塔娜庄园圣丹尼斯特级园干红2016年份 12支750ml		24,150	中国嘉德	2020–12–04
本诺曼克1975–41年斯佩塞单桶麦芽威士忌1支 700ml		36,800	中国嘉德	2020–08–15
本诺曼克1981斯佩塞单桶麦芽威士忌 1支 700ml		12,650	中国嘉德	2020–08–15
本诺曼克50年斯佩塞单一麦芽威士忌1支	700ml	86,250	中国嘉德	2020–08–15
碧尚男爵1998年份 12支750ml		33,350	中国嘉德	2020–12–04
碧尚男爵2010年份 12支750ml		27,600	中国嘉德	2020–12–04
碧尚男爵古堡2005年份 12支750ml		24,150	中国嘉德	2020–08–15
碧尚男爵古堡大瓶装（1.5升）2015年份 6支1500ml		23,000	中国嘉德	2020–08–15
碧尚女爵大瓶装（1.5升）1996年份 6支1500ml		42,550	中国嘉德	2020–12–04
碧尚女爵古堡1988年份 6支750ml		13,800	中国嘉德	2020–08–15
波尔多珍藏套箱2005(原箱)		93,150	华艺国际	2020–10–15
波尔多珍藏套箱2007(原箱)		93,150	华艺国际	2020–10–15
波菲古堡2009年份 4支750ml		12,650	中国嘉德	2020–12–04
波菲古堡2016年份 12支750ml		10,925	中国嘉德	2020–08–15
波摩 37年–1968		43,700	保利厦门	2020–09–26
波摩 43年–1973		43,700	保利厦门	2020–09–26
波摩1965–52年艾雷岛单一麦芽威士忌1支 700ml		391,000	中国嘉德	2020–12–04
波摩1972–27年海鸥标艾雷岛单一麦芽威士忌 1支 700ml		32,200	中国嘉德	2020–08–15
波摩1973—43年		49,450	华艺国际	2020–10–15
波摩1973–43年艾雷岛单一麦芽威士忌 1支 700ml		63,250	中国嘉德	2020–12–04
波摩2004布莱尔城堡赛马锦标赛限量版艾雷岛单一麦芽威士忌		11,500	北京保利	2020–10–19
波摩22、25、30年艾雷岛单一麦芽威士忌（各一支）		57,500	永乐拍卖	2020–12–04
波摩25年海鸥陶瓷瓶艾雷岛单一麦芽威士忌 2支 750ml（共二支）		25,300	中国嘉德	2020–08–15
波摩29年艾雷岛单桶单一麦芽威士忌 1支 700ml		17,250	中国嘉德	2020–12–04
波摩30年—海龙王		23,000	华艺国际	2020–10–15

拍品名称	物品尺寸	成交价RMB	拍卖公司	拍卖日期
波摩70年代特别版艾雷岛单一麦芽威士忌 1支 1000ml		12,650	中国嘉德	2020–08–15
波摩海鸥Claret/Voyage		13,800	华艺国际	2020–10–15
波摩海鸥标21年艾雷岛单一麦芽威士忌 1支 700ml		10,350	中国嘉德	2020–12–04
波摩海鸥标暗夜艾雷岛单一麦芽威士忌（共二支）		17,250	永乐拍卖	2020–12–04
波摩海鸥标薄暮、暗夜、拂晓艾雷岛单一麦芽威士忌3支 750ml（各一支）		28,750	中国嘉德	2020–08–15
波摩海鸥标红酒桶艾雷岛单一麦芽威士忌（共二支）		23,000	永乐拍卖	2020–12–04
波摩海鸥印标系列（10/12/15/17年）		12,650	华艺国际	2020–10–15
波摩酒庄三部曲：18年、26年、27年艾雷岛单一麦芽威士忌（各一支）3支 700ml		17,250	中国嘉德	2020–12–04
波摩旧版12年组合（矮褐瓶/Enigma/浮雕筒/酒杯礼盒/望远镜礼盒）		19,090	华艺国际	2020–10–15
波摩龙36年、凤37年艾雷岛单一麦芽威士忌（各一支）2支 700ml		57,500	中国嘉德	2020–12–04
波摩手工装瓶1995—24年		11,500	华艺国际	2020–10–15
波特艾伦 40年–1978		189,750	保利厦门	2020–09–26
波特艾伦甄选限量1–13版艾雷岛单一麦芽威士忌（各一支）		345,000	永乐拍卖	2020–12–04
布赫拉迪泥煤怪兽4.2&5.1&10年		11,500	华艺国际	2020–10–15
布朗拉 41年–1978		138,000	保利厦门	2020–09–26
布朗拉—珍藏限量系列		103,500	华艺国际	2020–10–15
布勒尔阿索 25年–1991		12,190	保利厦门	2020–09–26
布纳哈本		11,500	北京保利	2020–10–19
布纳哈本1973单桶麦芽威士忌 1支 700ml		11,500	中国嘉德	2020–08–15
布瓦洛酒庄普利尼–蒙哈榭村干白2018年份 12支750ml		18,400	中国嘉德	2020–12–04
达玛雅克堡（单人舞）2008年份 12支750ml		14,950	中国嘉德	2020–12–04
大摩 28年		11,500	保利厦门	2020–09–26
大摩 33年 – 星座系列		66,137	保利香港	2020–07–09
大摩 精选私人桶		33,350	保利厦门	2020–09–26
大摩1997–21年高地单一麦芽威士忌（共二支）		23,000	永乐拍卖	2020–12–04
单一麦芽俱乐部装瓶：艾伦20年纪念常玉逝世50周年单一麦芽威士忌（共二支）		13,800	永乐拍卖	2020–12–04
道格拉斯·莱恩装瓶：格兰威特1980年斯佩塞单桶麦芽威士忌（共二支）2支 700ml		17,250	中国嘉德	2020–12–04
道格拉斯·莱恩装瓶：卡尔里拉1979单桶单一麦芽威士忌 1支 700ml		10,350	中国嘉德	2020–08–15
邓肯·泰勒装瓶：麦卡伦1967–36年单一麦芽威士忌 1支 750ml		36,800	中国嘉德	2020–12–04
邓肯泰勒装瓶：格兰威特1968–35年斯佩塞单桶单一麦芽威士忌1支 700ml		18,400	中国嘉德	2020–08–15
滴金1990		46,000	华艺国际	2020–10–15
滴金2001		66,700	华艺国际	2020–10–15
滴金2003（原箱）		46,000	华艺国际	2020–10–15
滴金古堡2009年份 6支750ml		37,950	中国嘉德	2020–12–04
滴金古堡2009年份 6支750ml		32,200	中国嘉德	2020–08–15
滴金古堡贵腐甜白2000年份 6支750ml		26,450	中国嘉德	2020–08–15
第林可&本利凌—珍稀麦芽系列		11,500	华艺国际	2020–10–15
杜哈–米隆古堡2008年份 12支750ml		13,800	中国嘉德	2020–08–15
杜克洛波尔多精选套装2012年份 7支750ml		71,300	中国嘉德	2020–08–15
杜克洛波尔多精选套装2016年份 9支750ml		98,900	中国嘉德	2020–08–15
杜克洛波尔多精选套装2016年份 9支750ml		89,700	中国嘉德	2020–12–04

(续表)

拍品名称	物品尺寸	成交价RMB	拍卖公司	拍卖日期
多米纳斯庄园干红2015+2016年份 6支750ml		17,250	中国嘉德	2020-08-15
噶玛兰经典独奏系列橡木新桶单一麦芽威士忌3支 700ml (共三支)		12,650	中国嘉德	2020-08-15
噶玛兰橡木新桶福禄寿系列套装(各一支) 3支 700ml		10,350	中国嘉德	2020-12-04
高登&麦克菲尔精选:鉴赏家之选斯贝本1977单一麦芽威士忌1支 700ml		13,800	中国嘉德	2020-08-15
高登&麦克菲尔私人珍藏:林克伍德1956年单一麦芽威士忌1支	700ml	287,500	中国嘉德	2020-08-15
高登&麦克菲尔装瓶:格兰伯奇1968年高地单一麦芽威士忌1支 750ml		11,500	中国嘉德	2020-12-04
高登&麦克菲尔装瓶:格兰冠1948年单一麦芽威士忌1支 700ml		92,000	中国嘉德	2020-08-15
高登&麦克菲尔装瓶:格兰冠1949、1953、麦克菲尔1949、慕赫1962年单一麦芽威士忌(各一支) 4支 700ml		517,500	中国嘉德	2020-12-04
高登&麦克菲尔装瓶:格兰冠1953年单一麦芽威士忌1支 700ml		115,000	中国嘉德	2020-12-04
高登&麦克菲尔装瓶:格兰冠1954单一麦芽威士忌1支 700ml		34,500	中国嘉德	2020-08-15
高登&麦克菲尔装瓶:格兰冠1955-56年单一麦芽威士忌1支 700ml		57,500	中国嘉德	2020-08-15
高登&麦克菲尔装瓶:格兰冠1955-56年单一麦芽威士忌1支 700ml		51,750	中国嘉德	2020-08-15
高登&麦克菲尔装瓶:格兰冠1955年单一麦芽威士忌1支 700ml		80,500	中国嘉德	2020-08-15
高登&麦克菲尔装瓶:格兰冠1958年单一麦芽威士忌1支 700ml		46,000	中国嘉德	2020-12-04
高登&麦克菲尔装瓶:格兰冠1960年单一麦芽威士忌1支 700ml		46,000	中国嘉德	2020-08-15
高登&麦克菲尔装瓶:格兰冠1960年高地单一麦芽威士忌1支 700ml		11,500	中国嘉德	2020-12-04
高登&麦克菲尔装瓶:格兰冠1965年高地单一麦芽威士忌1支 700ml		11,500	中国嘉德	2020-12-04
高登&麦克菲尔装瓶:格兰冠1972年单一麦芽威士忌2支 700ml (共二支)		57,500	中国嘉德	2020-08-15
高登&麦克菲尔装瓶:格兰冠50年单一麦芽威士忌1支 700ml		36,800	中国嘉德	2020-08-15
高登&麦克菲尔装瓶:格兰路丝1956年单一麦芽威士忌1支 750ml		14,950	中国嘉德	2020-12-04
高登&麦克菲尔装瓶:格兰莫尔1965年高地单一麦芽威士忌1支 700ml		10,350	中国嘉德	2020-12-04
高登&麦克菲尔装瓶:格兰威特1954年单一麦芽威士忌1支 700ml		69,000	中国嘉德	2020-12-04
高登&麦克菲尔装瓶:鉴赏家之选艾柏迪、利得歌1990年,图里巴丁、本利林、奥克罗斯克1993年,阿尔特-尔-布哈尼尔1995年单一麦芽威士忌(各一支)		13,800	永乐拍卖	2020-12-04
高登&麦克菲尔装瓶:鉴赏家之选艾柏迪1974年高地单一麦芽威士忌1支 750ml		11,500	中国嘉德	2020-12-04
高登&麦克菲尔装瓶:鉴赏家之选格兰昆奇1974年低地单一麦芽威士忌1支 750ml		17,250	中国嘉德	2020-12-04
高登&麦克菲尔装瓶:鉴赏家之选林可伍德1939-37年高地纯麦威士忌1支 750ml		46,000	中国嘉德	2020-12-04
高登&麦克菲尔装瓶:鉴赏家之选莫斯托维1975年斯佩塞单一麦芽威士忌1支 700ml		10,350	中国嘉德	2020-12-04
高登&麦克菲尔装瓶:鉴赏家之选莫斯托维1979年斯佩塞单一麦芽威士忌1支 700ml		10,350	中国嘉德	2020-12-04
高登&麦克菲尔装瓶:朗摩1961年双胞胎桶单一麦芽威士忌套装(各一支)		253,000	永乐拍卖	2020-12-04
高登&麦克菲尔装瓶:朗摩1961年双胞胎桶单一麦芽威士忌套装(各一支) 2支 700ml		322,000	中国嘉德	2020-12-04
高登&麦克菲尔装瓶:朗摩1964年斯佩塞单一麦芽威士忌1支 700ml		19,550	中国嘉德	2020-12-04
高登&麦克菲尔装瓶:朗摩1964斯佩塞单一麦芽威士忌1支 700ml		17,250	中国嘉德	2020-08-15
高登&麦克菲尔装瓶:朗摩1966年斯佩塞单一麦芽威士忌1支 700ml		17,250	中国嘉德	2020-12-04
高登&麦克菲尔装瓶:朗摩1966斯佩塞单一麦芽威士忌1支 700ml		16,100	中国嘉德	2020-08-15
高登&麦克菲尔装瓶:朗摩1967年单一麦芽威士忌		40,250	永乐拍卖	2020-12-04
高登&麦克菲尔装瓶:朗摩1967年单一麦芽威士忌1支 700ml		34,500	中国嘉德	2020-08-15
高登&麦克菲尔装瓶:老富特尼1969高地单一麦芽威士忌1支 700ml		12,650	中国嘉德	2020-08-15
高登&麦克菲尔装瓶:林可伍德15、25、1969、1972、1973年斯佩塞单一麦芽威士忌(各一支) 5支 700ml		57,500	中国嘉德	2020-12-04
高登&麦克菲尔装瓶:林克伍德1969高地单一麦芽威士忌1支 700ml		13,800	中国嘉德	2020-08-15
高登&麦克菲尔装瓶:林克伍德40、45、48年高地麦芽威士忌水晶瓶套装3支 750ml (各一支)		138,000	中国嘉德	2020-08-15
高登&麦克菲尔装瓶:麦克菲尔1965单一麦芽威士忌1支 700ml		29,900	中国嘉德	2020-08-15
高登&麦克菲尔装瓶:麦克菲尔50年单一麦芽威士忌1支 700ml		34,500	中国嘉德	2020-12-04
高登&麦克菲尔装瓶:弥尔顿达夫1968年斯佩塞单一麦芽威士忌1支 700ml		17,250	中国嘉德	2020-12-04
高登&麦克菲尔装瓶:摩特拉克1962单一麦芽威士忌1支 700ml		55,200	中国嘉德	2020-08-15
高登&麦克菲尔装瓶:摩特拉克1976斯佩塞单一麦芽威士忌1支 700ml		12,650	中国嘉德	2020-08-15
高登&麦克菲尔装瓶:慕赫1954年高地单一麦芽威士忌1支 700ml		97,750	中国嘉德	2020-12-04
高登&麦克菲尔装瓶:斯佩默麦卡伦1968年单一麦芽威士忌		28,375	北京保利	2020-07-18
高登&麦克菲尔装瓶:斯佩默麦卡伦1971单一麦芽威士忌1支 700ml		34,500	中国嘉德	2020-08-15
高登&麦克菲尔装瓶:斯佩默麦卡伦1973、1974年单一麦芽威士忌(各一支)		57,500	永乐拍卖	2020-12-04
高登&麦克菲尔装瓶:斯佩默麦卡伦1975年单一麦芽威士忌		20,700	永乐拍卖	2020-12-04
高登&麦克菲尔装瓶:斯佩默麦卡伦1975年单一麦芽威士忌1支 700ml		28,750	中国嘉德	2020-12-04
高登&麦克菲尔装瓶:斯佩默麦卡伦1978年单一麦芽威士忌1支 700ml		28,750	中国嘉德	2020-12-04
高登&麦克菲尔装瓶:斯佩默麦卡伦1998、2001、2002年斯佩塞单一麦芽威士忌(各一支)		10,350	永乐拍卖	2020-12-04
高登&麦克菲尔装瓶:斯佩默麦卡伦狮子座1999年、天秤座1999年、射手座1999年、天蝎座2000年、处女座2002年单一麦芽威士忌(各一支)		34,500	永乐拍卖	2020-12-04
高登&麦克菲尔装瓶:斯特拉塞斯拉40年高地单一麦芽威士忌		17,025	北京保利	2020-07-18
高登&麦克菲尔装瓶:桶强系列格兰莫尔1979年单桶麦芽威士忌1支 700ml		20,700	中国嘉德	2020-12-04
高斯李奥妮1858		301,608	保利香港	2020-12-02
高原骑士 40年		21,334	保利香港	2020-07-09

（续表）

拍品名称	物品尺寸	成交价RMB	拍卖公司	拍卖日期
高原骑士1967单一麦芽威士忌1支700ml		17,250	中国嘉德	2020-08-15
高原骑士1967单一麦芽威士忌1支700ml		10,350	中国嘉德	2020-08-15
高原骑士1973-28年单桶麦芽威士忌		11,350	北京保利	2020-07-18
高原骑士1977-200周年纪念版单一麦芽威士忌1支700ml		11,500	中国嘉德	2020-08-15
高原骑士1978单一麦芽威士忌2支700ml（共二支）		18,400	中国嘉德	2020-08-15
高原骑士32年雪莉单桶麦芽威士忌1支700ml		25,300	中国嘉德	2020-12-04
高原骑士40年		22,118	保利香港	2020-12-02
高原骑士50年单一麦芽威士忌1支750ml		207,000	中国嘉德	2020-08-15
高原骑士首版30年单一麦芽威士忌1支700ml		14,950	中国嘉德	2020-12-04
格兰艾宾1965—34年		20,125	华艺国际	2020-10-15
格兰多纳25年-1992		21,850	保利厦门	2020-09-26
格兰多纳1972—38年单桶（原箱）		155,250	华艺国际	2020-10-15
格兰多纳1972—39年单桶		138,000	华艺国际	2020-10-15
格兰多纳1978单桶高地单一麦芽威士忌1支700ml		10,350	中国嘉德	2020-08-15
格兰多纳1991《王牌特工》限定版高地单一麦芽威士忌1支700ml		10,350	中国嘉德	2020-08-15
格兰多纳1991—王牌特工		10,350	华艺国际	2020-10-15
格兰多纳1994-21年高地单一麦芽威士忌（共六支）6支700ml		28,750	中国嘉德	2020-12-04
格兰多纳2003年台湾纪念版单桶原箱套装（共四套）		23,000	永乐拍卖	2020-12-04
格兰多纳24年中国限量版高地单一麦芽威士忌		10,350	永乐拍卖	2020-12-04
格兰多纳宏伟25年（第7/8版）		17,250	华艺国际	2020-10-15
格兰多纳宏伟25年第七版高地单一麦芽威士忌1支700ml		17,250	中国嘉德	2020-12-04
格兰多纳宏伟31年高地单一麦芽威士忌1支700ml		17,250	中国嘉德	2020-08-15
格兰多纳原桶高地单一麦芽威士忌第1-6版6支700ml（各一支）		12,650	中国嘉德	2020-08-15
格兰多纳原桶高地单一麦芽威士忌第2-7版（各一支）6支700ml		17,250	中国嘉德	2020-12-04
格兰菲迪130周年纪念版单一麦芽威士忌套装2支700ml（各一支）		17,250	中国嘉德	2020-08-15
格兰菲迪1976玛丽女王2单桶单一麦芽威士忌1支700ml		34,500	中国嘉德	2020-08-15
格兰菲迪老式特别版纯麦威士忌（共三支）3支750ml		10,350	中国嘉德	2020-12-04
格兰哥尼-1968		14,950	保利厦门	2020-09-26
格兰哥尼1986-30年高地单一麦芽威士忌1支700ml		17,250	中国嘉德	2020-12-04
格兰哥尼1988—27年（原箱）		85,100	华艺国际	2020-10-15
格兰哥尼1997—18年（原箱）		63,250	华艺国际	2020-10-15
格兰哥尼28年单一麦芽威士忌		11,500	永乐拍卖	2020-12-04
格兰格拉索1978-38年原桶高地单一麦芽威士忌、高登&麦克菲尔装瓶：格兰格拉索1986高地单一麦芽威士忌2支700ml（各一支）		17,250	中国嘉德	2020-08-15
格兰格拉索1978年水晶瓶高地单一麦芽威士忌1支700ml		34,500	中国嘉德	2020-12-04
格兰格拉索45年水晶瓶高地单一麦芽威士忌1支700ml		78,200	中国嘉德	2020-12-04
格兰格拉索珍稀单桶第一版8支700ml（各一支）		97,750	中国嘉德	2020-08-15
格兰格拉索珍稀单桶系列1973、1973、1976、1978年高地单桶单一麦芽威士忌（各一支）4支700ml		82,800	中国嘉德	2020-12-04
格兰冠40年-1978		10,350	保利厦门	2020-09-26
格兰冠50年		21,334	保利香港	2020-07-09
格兰冠1956—59年		46,000	华艺国际	2020-10-15
格兰冠—21/25/33/35/38/42/45年		115,000	华艺国际	2020-10-15
格兰花格1968-家族桶		24,150	保利厦门	2020-09-26
格兰花格1954—46年		32,200	华艺国际	2020-10-15
格兰花格1965—50年单桶（原箱）		144,900	华艺国际	2020-10-15
格兰花格1976-40年高地单一麦芽威士忌1支700ml		20,700	中国嘉德	2020-12-04
格兰花格1978—40年家族桶（龙标）		11,500	华艺国际	2020-10-15
格兰花格40年高地单一麦芽威士忌2支700ml（共二支）		27,600	中国嘉德	2020-08-15
格兰花格50年		59,736	保利香港	2020-07-09
格兰花格家族桶1980、1981年高地单桶麦芽威士忌（各一支）		29,900	永乐拍卖	2020-12-04
格兰花格家族桶系列1980年高地单桶单一麦芽威士忌1支700ml		11,500	中国嘉德	2020-12-04
格兰杰1971-23年高地单一麦芽威士忌1支700ml		13,800	中国嘉德	2020-12-04
格兰杰1972高地单一麦芽威士忌1支750ml		20,700	中国嘉德	2020-12-04
格兰杰1972高地单一麦芽威士忌2支750ml（共二支）		18,400	中国嘉德	2020-08-15
格兰杰1975高地单一麦芽威士忌1支750ml		10,350	中国嘉德	2020-08-15
格兰杰1977高地单一麦芽威士忌1支700ml		10,350	中国嘉德	2020-08-15
格兰杰26年-松露橡木珍藏		23,123	保利香港	2020-12-02
格兰杰赏麦1989、1990、1991年高地单一麦芽威士忌（各一支）3支700ml		20,700	中国嘉德	2020-12-04
格兰杰私藏系列高地单一麦芽威士忌套装（各一支）10支700ml		69,000	中国嘉德	2020-12-04
格兰利威50年		27,735	保利香港	2020-07-09
格兰路思1957		28,750	华艺国际	2020-10-15
格兰露丝1979斯佩塞单一麦芽威士忌1支700ml		11,500	中国嘉德	2020-08-15
格兰莫雷1963—25年		11,500	华艺国际	2020-10-15
格兰莫雷1963-25年高地单一麦芽威士忌1支750ml		18,400	中国嘉德	2020-08-15
格兰莫雷1963-25年高地单一麦芽威士忌1支750ml		13,800	中国嘉德	2020-12-04
格兰莫雷1965—25年		11,500	华艺国际	2020-10-15
格兰莫雷1965-25年高地单一麦芽威士忌1支750ml		11,500	中国嘉德	2020-12-04
格兰斯柯蒂亚14年、90年代老富特尼12年单一麦芽威士忌（各一支）2支700ml		11,500	中国嘉德	2020-12-04
格兰威特14、15、16、17、22、27年单桶单一麦芽威士忌（各一支）6支700ml		28,750	中国嘉德	2020-12-04
格兰威特1943—70年		402,500	华艺国际	2020-10-15
格兰威特1966—48年		12,650	华艺国际	2020-10-15
格兰威特1974—37年		11,500	华艺国际	2020-10-15
格兰雅芳1953/1962		32,200	华艺国际	2020-10-15
宫城峡10年单一麦芽威士忌（共三支）		17,250	永乐拍卖	2020-12-04
宫城峡80年代酒厂限定原酒单一麦芽威士忌		11,500	永乐拍卖	2020-12-04
哈兰酒庄2004（含1原箱）		57,500	华艺国际	2020-10-15
哈兰酒庄2009（1.5L原箱）		43,700	华艺国际	2020-10-15
黑白狗		19,550	华艺国际	2020-10-15
黑波摩1964-50年单一麦芽威士忌	700ml	517,500	北京保利	2020-10-19
黑爵士装瓶：布纳哈本1979艾雷岛单桶单一麦芽威士忌1支700ml		11,500	中国嘉德	2020-08-15
侯伯王古堡2003+2009+2010年份典藏套装6支750ml		48,300	中国嘉德	2020-08-15
侯伯王古堡2010年份2支750ml		19,550	中国嘉德	2020-12-04
侯伯王古堡2012年份6支750ml		39,100	中国嘉德	2020-08-15

2020杂项拍卖成交汇总

(续表)

拍品名称	物品尺寸	成交价RMB	拍卖公司	拍卖日期
侯伯王古堡大瓶装(1.5升)2014年份 6支1500ml		59,800	中国嘉德	2020-08-15
侯伯王古堡干白1999年份 6支750ml		49,450	中国嘉德	2020-12-04
侯伯王古堡干白2016年份 6支750ml		55,200	中国嘉德	2020-08-15
花堡干红2012年份 2支750ml		17,250	中国嘉德	2020-12-04
皇家托卡伊贵腐臻酿甜白葡萄酒(375毫升)2008年份 1支375ml		11,500	中国嘉德	2020-12-04
活灵魂大瓶装(6升)2015年份1支6000ml		12,650	中国嘉德	2020-08-15
吉佳乐世家一门三杰组合套装2009年份(各4支) 12支750ml		81,650	中国嘉德	2020-12-04
吉佳乐世家一门三杰组合套装2015年份 3支750ml		10,350	中国嘉德	2020-08-15
佳德美2006		74,750	华艺国际	2020-10-15
嘉雅芭芭罗斯干红2014年份6支750ml		10,350	中国嘉德	2020-08-15
嘉雅顶级特级园精选套装2013+2014年份 3支750ml		14,950	中国嘉德	2020-08-15
嘉雅思波斯果园干红2013年份+2014年份 6支750ml		14,950	中国嘉德	2020-08-15
金玫瑰城堡"三年代"胡桃木限量礼盒套装95、2000、05、10、15年份(各1支) 5支750ml		10,350	中国嘉德	2020-12-04
金玫瑰城堡1998年份 12支750ml		19,550	中国嘉德	2020-12-04
金钟古堡1996年份 6支750ml		36,800	中国嘉德	2020-12-04
金钟古堡大瓶装(1.5升)2014年份3支1500ml		19,550	中国嘉德	2020-08-15
金钟古堡大瓶装(1.5升)2015年份 3支1500ml		35,650	中国嘉德	2020-12-04
卡布瑞酒窖熊之舞干红+卡布瑞酒窖纳帕赤霞珠干红2015年份 12支750ml		13,800	中国嘉德	2020-08-15
卡杜1992—27年—原桶臻选(原箱)		27,600	华艺国际	2020-10-15
卡尔里拉 33年-1983		12,190	保利厦门	2020-09-26
卡尔里拉30年、拉弗格32年艾雷岛单一麦芽威士忌1支750ml1支700ml(各一支)		29,900	中国嘉德	2020-08-15
卡依古堡 2000年份 12支750ml		18,400	中国嘉德	2020-12-04
卡依古堡干红(5升)2008年份 1支5000ml		11,500	中国嘉德	2020-08-15
凯隆世家大瓶装(1.5升)1995年份 2支1500ml		11,500	中国嘉德	2020-12-04
凯隆世家大瓶装(3升)2016年份 1支3000ml		10,925	中国嘉德	2020-12-04
凯隆世家酒庄2005年份 12支750ml		16,100	中国嘉德	2020-08-15
克拉·米隆堡(双人舞) 2010年份 6支750ml		11,500	中国嘉德	2020-12-04
克拉·米隆堡(双人舞) 2007年份 12支750ml		13,800	中国嘉德	2020-08-15
克拉·米隆堡大瓶装(1.5升)2009年份+达玛雅克堡大瓶装(1.5升)2008年份 6支1500ml		13,800	中国嘉德	2020-08-15
克拉格摩尔 30年-1989		13,800	保利厦门	2020-09-26
克莱蒙教皇堡2009年份 12支750ml		25,300	中国嘉德	2020-08-15
克莱蒙教皇堡2009年份 6支750ml		18,400	中国嘉德	2020-12-04
克莱蒙教皇堡2010年份 12支750ml		41,400	中国嘉德	2020-12-04
克莱蒙教皇堡大瓶装(1.5升)2009年份 6支1500ml		26,450	中国嘉德	2020-12-04
克里尼利基 21年-1997		16,675	保利厦门	2020-09-26
克里尼利基 26年-1993		18,400	保利厦门	2020-09-26
拉芳酒庄蒙哈榭特级园 2003/2004		34,500	华艺国际	2020-10-15
拉芳酒庄蒙哈榭特级园 2006/2007		34,500	华艺国际	2020-10-15
拉菲1990 (3瓶)	750ml/瓶	36,800	华艺国际	2020-10-15
拉菲2001		12,650	华艺国际	2020-10-15
拉菲2003		57,500	华艺国际	2020-12-05
拉菲2003(6L 原箱)		69,000	华艺国际	2020-10-15
拉菲2006		36,800	华艺国际	2020-12-05
拉菲副牌"桥"套装(60/555) 2009/2010/2014/2015/2016		41,400	华艺国际	2020-10-15
拉菲干邑		28,750	华艺国际	2020-10-15
拉菲干邑		20,700	华艺国际	2020-10-15
拉菲古堡 1972年份 6支750ml		82,800	中国嘉德	2020-12-04
拉菲古堡 1978年份 6支750ml		75,900	中国嘉德	2020-12-04
拉菲古堡 1982年份 2支	750ml/瓶	138,000	中国嘉德	2020-12-04
拉菲古堡 1986年份 6支750ml		149,500	中国嘉德	2020-12-04
拉菲古堡1982年份 2支750ml		115,000	中国嘉德	2020-08-15
拉菲古堡1988年份 6支750ml		64,400	中国嘉德	2020-08-15
拉菲古堡1996年份 2支750ml		35,650	中国嘉德	2020-12-04
拉菲古堡1996年份 6支750ml		85,100	中国嘉德	2020-08-15
拉菲古堡2000年份 6支750ml		112,700	中国嘉德	2020-08-15
拉菲古堡2003年份 6支750ml		82,800	中国嘉德	2020-08-15
拉菲古堡2008年份 6支750ml		59,800	中国嘉德	2020-08-15
拉菲古堡2009年份 6支750ml		70,150	中国嘉德	2020-08-15
拉菲古堡2016年份 60支750ml		621,000	中国嘉德	2020-12-04
拉菲古堡大瓶装 (1.5升)1994年份 1支1500ml		16,100	中国嘉德	2020-12-04
拉菲古堡大瓶装 (1.5升)2005年份 2支1500ml		49,450	中国嘉德	2020-12-04
拉菲古堡大瓶装 (3升) 1977年份 1支3000ml		66,700	中国嘉德	2020-12-04
拉菲古堡大瓶装(1.5升)1979年份 3支1500ml		46,000	中国嘉德	2020-08-15
拉菲古堡大瓶装(1.5升)2005年份 6支1500ml		115,000	中国嘉德	2020-08-15
拉菲古堡大瓶装(3升) 1991年份 1支3000ml		47,150	中国嘉德	2020-12-04
拉菲古堡大瓶装(3升)2013年份 1支3000ml		16,100	中国嘉德	2020-08-15
拉菲古堡大瓶装(6升)1993年份 1支6000ml		89,700	中国嘉德	2020-12-04
拉菲珍宝(小拉菲)2009年份 12支750ml		50,600	中国嘉德	2020-12-04
拉菲珍宝(小拉菲)2016年份12支750ml		48,300	中国嘉德	2020-12-04
拉菲珍宝(小拉菲)2016年份24支750ml		48,300	中国嘉德	2020-08-15
拉菲珍宝(小拉菲)大瓶装(6升) 2017年份 1支6000ml		23,000	中国嘉德	2020-12-04
拉弗格1967—28年		48,300	华艺国际	2020-10-15
拉玛舒酒庄大街特级园干红2012年份 6支750ml		24,150	中国嘉德	2020-12-04
拉梦多庄园干红2012年份 12支750ml		16,100	中国嘉德	2020-08-15
拉图1982		82,800	华艺国际	2020-10-15
拉图1982		74,750	华艺国际	2020-12-05
拉图2008(3L 原箱)		120,750	华艺国际	2020-10-15
拉图2008(3L/原箱)		60,950	华艺国际	2020-12-05
拉图堡垒(小拉图)大瓶装(1.5升) 2008年份 6支1500ml		27,600	中国嘉德	2020-12-04
拉图堡垒(小拉图)大瓶装(1.5升) 2008年份 6支1500ml		24,150	中国嘉德	2020-12-04
拉图堡垒2012年份 12支750ml		31,050	中国嘉德	2020-12-04
拉图波亚克2008年份 6支750ml		11,500	中国嘉德	2020-08-15
拉图波亚克2010年份 6支750ml		11,500	中国嘉德	2020-08-15
拉图波亚克2011年份 12支750ml		13,800	中国嘉德	2020-12-04
拉图波亚克2014年份 24支750ml		36,800	中国嘉德	2020-08-15
拉图古堡1982年份 1支750ml		27,600	中国嘉德	2020-12-04
拉图古堡1997年份 2支750ml		19,550	中国嘉德	2020-12-04
拉图古堡2005年份 6支750ml		55,200	中国嘉德	2020-08-15
拉图古堡2005年份 6支750ml		52,900	中国嘉德	2020-12-04
拉图古堡2006年份 6支750ml		36,800	中国嘉德	2020-12-04
拉图古堡2007年份 2支750ml		17,250	中国嘉德	2020-12-04
拉图古堡2008年份 2支750ml		16,100	中国嘉德	2020-12-04
拉图古堡大瓶装(1.5升)2000年份 2支1500ml		49,450	中国嘉德	2020-12-04

(续表)

拍品名称	物品尺寸	成交价RMB	拍卖公司	拍卖日期
拉图古堡大瓶装（1.5升）2000年份 2支1500ml		47,150	中国嘉德	2020-12-04
拉图古堡大瓶装（1.5升）2007年份 6支1500ml		66,700	中国嘉德	2020-08-15
拉图古堡大瓶装（3升）1986年份 1支3000ml		42,550	中国嘉德	2020-12-04
莱斯古堡贵腐甜白2009年份 24支750ml		18,400	中国嘉德	2020-08-15
莱斯古堡贵腐甜白2013年份 12支750ml		12,650	中国嘉德	2020-12-04
朗摩1964—46年		17,250	华艺国际	2020-10-15
朗摩1966—44年		13,800	华艺国际	2020-10-15
朗摩42年–1968		12,650	保利厦门	2020-09-26
朗摩43年–1968		12,650	保利厦门	2020-09-26
朗摩44年–1966		12,650	保利厦门	2020-09-26
朗摩44年–1967		14,950	保利厦门	2020-09-26
朗摩45年–1966		14,950	保利厦门	2020-09-26
朗摩45年–1966		14,950	保利厦门	2020-09-26
乐桦阿罗克斯–科通村级干红2006年份 2支750ml		12,650	中国嘉德	2020-08-15
乐桦玻玛村干红2012年份 2支750ml		11,500	中国嘉德	2020-08-15
乐桦伯尔尼一级园“西子”园干红1983年份 2支750ml		29,900	中国嘉德	2020-12-04
乐桦酒庄玻玛“维诺园”村级干红2011年份 3支750ml		26,450	中国嘉德	2020-08-15
乐桦酒庄拉特歇尔–香贝丹特级园干红2013年份 1支750ml		34,500	中国嘉德	2020-08-15
乐桦酒庄萨维尼–伯尔尼村干红1983年份 2支750ml		25,300	中国嘉德	2020-12-04
乐桦酒庄武若特级园干红2013年份 2支750ml		71,300	中国嘉德	2020-08-15
乐桦马朗日干红 2003年份 2支750ml		13,800	中国嘉德	2020-12-04
乐桦莫雷–圣–丹尼干红1984年份 2支750ml		20,700	中国嘉德	2020-12-04
乐桦萨维尼吉特葡萄园干红2008年份 2支750ml		26,450	中国嘉德	2020-12-04
乐桦沃内村一级园干红1984年份 2支750ml		32,200	中国嘉德	2020-12-04
乐桦夜–圣–乔治村干红2008 + 2011年份 4支750ml		20,700	中国嘉德	2020-08-15
乐桦哲维瑞–香贝丹干红1983年份 2支750ml		32,200	中国嘉德	2020-12-04
乐加维林 27年–1991		12,075	保利厦门	2020-09-26
乐加维林12年（2007–2016版）		17,250	华艺国际	2020-10-15
乐加维林27年–1991		20,125	保利厦门	2020-09-26
乐加维林28年–1991		20,700	保利厦门	2020-09-26
乐王吉古堡1998年份 12支750ml		24,150	中国嘉德	2020-12-04
勒桦 柯尔登–查理曼特级园		193,200	华艺国际	2020-12-05
勒桦酒庄伏旧特级园 2003		138,000	华艺国际	2020-10-15
勒桦酒庄秀峰一级园 1989		115,000	华艺国际	2020-10-15
里鹏1992		78,200	华艺国际	2020-12-05
里鹏1999		103,500	华艺国际	2020-10-15
里鹏1999		20,700	华艺国际	2020-12-05
里鹏2000		126,500	华艺国际	2020-10-15
里鹏2001		66,700	华艺国际	2020-10-15
里鹏2004		124,200	华艺国际	2020-10-15
里鹏2005		181,700	华艺国际	2020-10-15
里鹏2005		39,100	华艺国际	2020-12-05
里鹏2014		21,850	华艺国际	2020-10-15
力士金古堡1989年份 6支750ml		14,950	中国嘉德	2020-12-04
靓茨伯古堡2005年份 6支750ml		12,650	中国嘉德	2020-08-15
靓茨伯古堡干白2017年份 12支750ml		23,000	中国嘉德	2020-12-04
靓次伯古堡 1988年份 6支750ml		20,700	中国嘉德	2020-12-04
猎手莱恩装瓶：卡尔里拉1980–35年单桶麦芽威士忌		11,500	永乐拍卖	2020-12-04

拍品名称	物品尺寸	成交价RMB	拍卖公司	拍卖日期
林克伍德1968		11,500	华艺国际	2020-10-15
林克伍德1969–39年		11,500	华艺国际	2020-10-15
龙船古堡大瓶装（1.5升）2015年份 6支1500ml		16,100	中国嘉德	2020-08-15
龙康德 31年–1985		18,400	保利厦门	2020-09-26
龙年龙船“金龙雕刻”限量版2012年份 12支	750ml/瓶	27,600	中国嘉德	2020-08-15
鲁臣世家大瓶装（ 1.5升）2009年份 2支1500ml		10,350	中国嘉德	2020-12-04
鲁臣世家古堡 2009年份 24支	750ml/瓶	46,000	中国嘉德	2020-08-15
鲁臣世家古堡2000年份 12支	750ml/瓶	21,850	中国嘉德	2020-08-15
鲁臣世家古堡2009年份 6支	750ml/瓶	16,100	中国嘉德	2020-12-04
路易亚都武若特级园干红 2017年份 6支	750ml/瓶	20,700	中国嘉德	2020-12-04
路易亚都夏佩勒–香贝丹特级园干红+路易亚都蒙哈榭特级园干白2016年份 4支	750ml/瓶	13,800	中国嘉德	2020-08-15
路易亚都夏佩勒香贝丹特级园干红2016年份 4支	750ml/瓶	10,350	中国嘉德	2020-12-04
罗伯特·斯科特装瓶：麦卡伦1973年高地单一麦芽威士忌 1支 700ml		17,250	中国嘉德	2020-12-04
罗兰百悦盛世香槟大瓶装（1.5升）2004, 2002, 1999 年份混酿 6支1500ml		17,250	中国嘉德	2020-12-04
罗兰百悦桃红香槟大瓶装（1.5升）6支1500ml		12,650	中国嘉德	2020-08-15
罗兰百悦特酿盛世香槟大瓶装（3升）1支3000ml		21,850	中国嘉德	2020-08-15
罗兰百悦特酿盛世香槟大瓶装（3升）1990, 1993, 1995年份混酿 1支3000ml		21,850	中国嘉德	2020-12-04
罗曼尼·康帝1993		147,200	华艺国际	2020-10-15
罗曼尼·康帝1996		147,200	华艺国际	2020-10-15
罗曼尼·康帝1996（1.5L）		379,500	华艺国际	2020-10-15
罗曼尼·康帝1997		138,000	华艺国际	2020-10-15
罗曼尼·康帝1998		138,000	华艺国际	2020-10-15
罗曼尼·康帝2000		143,750	华艺国际	2020-10-15
罗曼尼·康帝2001		135,700	华艺国际	2020-10-15
罗曼尼·康帝2004		124,200	华艺国际	2020-10-15
罗曼尼·康帝2005		190,900	华艺国际	2020-10-15
罗曼尼·康帝2007（1.5L）		368,000	华艺国际	2020-10-15
罗曼尼·康帝2009		147,200	华艺国际	2020-10-15
罗曼尼·康帝 艾瑟索/大艾瑟索/里奇堡/圣维凡 1986		115,000	华艺国际	2020-12-05
罗曼尼·康帝 大艾瑟索2004		71,300	华艺国际	2020-12-05
罗曼尼·康帝 大艾瑟索特级园1999/2003		48,300	华艺国际	2020-10-15
罗曼尼·康帝 大艾瑟索特级园2004		89,700	华艺国际	2020-10-15
罗曼尼·康帝 拉塔希1995		247,250	华艺国际	2020-12-05
罗曼尼·康帝 拉塔希特级园1988		80,500	华艺国际	2020-10-15
罗曼尼·康帝 拉塔希特级园1993（6瓶）	750ml/瓶	218,500	华艺国际	2020-10-15
罗曼尼·康帝 拉塔希特级园1995		103,500	华艺国际	2020-10-15
罗曼尼·康帝 拉塔希特级园1996		113,850	华艺国际	2020-10-15
罗曼尼·康帝 拉塔希特级园1997/1998		179,400	华艺国际	2020-10-15
罗曼尼·康帝 拉塔希特级园2000/2001		97,750	华艺国际	2020-10-15
罗曼尼·康帝 拉塔希特级园2003		75,900	华艺国际	2020-10-15
罗曼尼·康帝 拉塔希特级园2004		59,800	华艺国际	2020-10-15
罗曼尼·康帝 里奇堡1988		259,900	华艺国际	2020-12-05
罗曼尼·康帝 里奇堡2004		126,500	华艺国际	2020-12-05
罗曼尼·康帝 里奇堡特级园2003		69,000	华艺国际	2020-10-15
罗曼尼·康帝 圣维凡1999		23,000	华艺国际	2020-12-05
罗曼尼·康帝 圣维凡2001		80,500	华艺国际	2020-12-05
罗曼尼·康帝 圣维凡2003		23,000	华艺国际	2020-12-05
罗曼尼·康帝酒庄罗曼尼·康帝特级园干红1998年份 1支	750ml	264,500	中国嘉德	2020-08-15
罗曼尼·康帝踏雪特级园干红2011年份 1支750ml		115,000	中国嘉德	2020-12-04

(续表)

拍品名称	物品尺寸	成交价RMB	拍卖公司	拍卖日期
罗曼尼康帝1964		87,400	华艺国际	2020-12-05
罗曼尼康帝1966		126,500	华艺国际	2020-12-05
罗曼尼康帝1989		138,000	华艺国际	2020-12-05
罗曼尼康帝2005		195,500	华艺国际	2020-12-05
罗曼尼康帝2009		184,000	华艺国际	2020-12-05
罗曼尼康帝白兰地(粗酿)		147,200	华艺国际	2020-12-05
罗曼尼康帝白兰地(粗酿)		144,900	华艺国际	2020-10-15
罗曼尼康帝白兰地(粗酿)		28,750	华艺国际	2020-10-15
罗曼尼康帝白兰地(精酿)		161,000	华艺国际	2020-12-05
罗曼尼康帝白兰地(精酿)		155,250	华艺国际	2020-10-15
罗曼尼康帝连号套装1994		299,000	华艺国际	2020-10-15
罗斯班克 26年(漫画标)		25,300	保利厦门	2020-09-26
马赛多2010年份 3支750ml		24,150	中国嘉德	2020-08-15
马赛多2013年份 3支750ml		18,400	中国嘉德	2020-08-15
马赛多干红2014年份 6支750ml		29,900	中国嘉德	2020-12-04
玛歌白亭2016年份 12支750ml		34,500	中国嘉德	2020-08-15
玛歌古堡 1970年份 2支750ml		18,400	中国嘉德	2020-12-04
玛歌古堡 1979年份 6支750ml		49,450	中国嘉德	2020-12-04
玛歌古堡1989年份 6支750ml		49,450	中国嘉德	2020-12-04
玛歌古堡1992年份 3支750ml		28,750	中国嘉德	2020-12-04
玛歌古堡2000年份 2支750ml		24,150	中国嘉德	2020-08-15
玛歌古堡2003年份 6支750ml		41,400	中国嘉德	2020-12-04
玛歌古堡2009年份 6支750ml		55,200	中国嘉德	2020-08-15
玛歌古堡2015年份 2支750ml		23,000	中国嘉德	2020-08-15
玛歌红亭2005年份 12支750ml		29,900	中国嘉德	2020-08-15
玛歌红亭2009年份 12支750ml		28,750	中国嘉德	2020-12-04
玛歌红亭大瓶装(1.5升)2014年份 6支1500ml		13,800	中国嘉德	2020-08-15
玛希阿马罗内艺术家系列(中国艺术家何曦)2001年份 6支750ml		11,500	中国嘉德	2020-12-04
玛希酒庄精选年份套装(马扎诺、坎博郎格、科斯塔)1995年份 6支750ml		12,650	中国嘉德	2020-08-15
玛希酒庄精选年份套装(马扎诺、坎博郎格、瓦奥)1997年份 6支750ml		11,500	中国嘉德	2020-08-15
玛希庄园卡罗格德特木盒装(1.5升)大瓶装 2006年份 6支1500ml		23,000	中国嘉德	2020-12-04
玛希庄园马兹诺木盒装(1.5升)大瓶装 2006年份 6支1500ml		23,000	中国嘉德	2020-12-04
麦卡伦 10年 / 1991年 / 原酒		10,667	保利香港	2020-07-09
麦卡伦 12年		10,667	保利香港	2020-07-09
麦卡伦 15年-四季单桶		32,200	保利厦门	2020-09-26
麦卡伦 18年 - 1990		13,867	保利香港	2020-07-09
麦卡伦 18年 - 1991		64,003	保利香港	2020-07-09
麦卡伦 18年 - 1993		19,201	保利香港	2020-07-09
麦卡伦 18年 - 1995		14,934	保利香港	2020-07-09
麦卡伦 18年-1962		41,400	保利厦门	2020-09-26
麦卡伦 18年-1963		40,250	保利厦门	2020-09-26
麦卡伦 18年-1964		39,100	保利厦门	2020-09-26
麦卡伦 18年-1974		27,600	保利厦门	2020-09-26
麦卡伦 18年-1977		23,000	保利厦门	2020-09-26
麦卡伦 18年-1984		20,700	保利厦门	2020-09-26
麦卡伦 18年-1986		18,400	保利厦门	2020-09-26
麦卡伦 25年 - 周年纪念版 - 1965		55,469	保利香港	2020-07-09
麦卡伦 25年-1974		34,500	保利厦门	2020-09-26
麦卡伦 29年(漫画标)		19,550	保利厦门	2020-09-26
麦卡伦 30年(漫画标)		20,700	保利厦门	2020-09-26
麦卡伦 奥斯库罗-莱丽水晶哈萨克马		21,334	保利香港	2020-07-09
麦卡伦 档案系列 1		42,669	保利香港	2020-07-09
麦卡伦 档案系列 3		16,001	保利香港	2020-07-09
麦卡伦 女王限定		25,300	保利厦门	2020-09-26
麦卡伦 新加坡莱佛士酒店限定		36,800	保利厦门	2020-09-26
麦卡伦10年 100 Proof		69,000	华艺国际	2020-10-15
麦卡伦10年Full Proof意大利版		78,200	华艺国际	2020-10-15
麦卡伦10年原桶强度(草写版)		57,500	华艺国际	2020-10-15
麦卡伦10年原桶强度(正写版)		55,200	华艺国际	2020-10-15
麦卡伦12年(红庄园)		31,050	华艺国际	2020-10-15
麦卡伦12年(绿庄园)		17,250	华艺国际	2020-10-15
麦卡伦12年(木盒红庄园&铁盒绿庄园)		14,950	华艺国际	2020-10-15
麦卡伦12年高地单一麦芽威士忌(共三支)		13,800	永乐拍卖	2020-12-04
麦卡伦1824年大师系列耀钻单一麦芽威士忌1支 700ml		29,900	中国嘉德	2020-12-04
麦卡伦18年 - 1967		32,172	保利香港	2020-12-02
麦卡伦18年 - 1982		16,086	保利香港	2020-12-08
麦卡伦18年 - 1983		15,583	保利香港	2020-12-02
麦卡伦18年 - 1985		13,070	保利香港	2020-12-02
麦卡伦18年 - 1986		22,118	保利香港	2020-12-02
麦卡伦18年 - 1994		55,295	保利香港	2020-12-02
麦卡伦1950—红丝带		82,800	华艺国际	2020-10-15
麦卡伦1961—35年—小丑		57,500	华艺国际	2020-10-15
麦卡伦1963高地单一麦芽威士忌 2支 750ml (共二支)		79,350	中国嘉德	2020-08-15
麦卡伦1964—17年		43,700	华艺国际	2020-10-15
麦卡伦1965—25年水晶瓶		69,000	华艺国际	2020-10-15
麦卡伦1966-18年高地单一麦芽威士忌 2支 750ml (共二支)		75,900	中国嘉德	2020-08-15
麦卡伦1967—18年		36,800	华艺国际	2020-10-15
麦卡伦1968-25年单一麦芽威士忌、THE WHISKY AGENCY装瓶; 麦卡伦25年单一麦芽威士忌 (各一支)		92,000	北京保利	2020-10-19
麦卡伦1975-30年高地单桶麦芽威士忌1支 700ml		207,000	中国嘉德	2020-12-04
麦卡伦1977—40年		36,800	华艺国际	2020-10-15
麦卡伦1979-18年紫钻系列高地单一麦芽威士忌		28,750	北京保利	2020-10-19
麦卡伦1980年卓越单桶高地单一麦芽威士忌		51,750	北京保利	2020-10-19
麦卡伦1984—15年		17,250	华艺国际	2020-12-05
麦卡伦1986-18年高地单一麦芽威士忌1支 750ml		23,000	中国嘉德	2020-08-15
麦卡伦1989/1990		17,250	华艺国际	2020-10-15
麦卡伦1997—18年		11,500	华艺国际	2020-10-15
麦卡伦2017年精粹限量版高地单一麦芽威士忌 (共三支)		20,700	永乐拍卖	2020-12-04
麦卡伦25年 - 周年纪念版		25,134	保利香港	2020-12-02
麦卡伦25年黄金三桶		94,300	华艺国际	2020-10-15
麦卡伦30年8号单桶单一麦芽威士忌1支 700ml		36,800	中国嘉德	2020-08-15
麦卡伦30年蓝标木盒		63,250	华艺国际	2020-12-05
麦卡伦30年斯佩塞单一麦芽威士忌1支 700ml		32,200	中国嘉德	2020-12-04
麦卡伦31年 - 1973		14,075	保利香港	2020-12-02
麦卡伦35年 - 1972		15,080	保利香港	2020-12-02
麦卡伦38年 - 1967		18,096	保利香港	2020-12-02
麦卡伦72年高地单一麦芽威士忌1支	700ml	885,500	中国嘉德	2020-08-15
麦卡伦888		35,188	保利香港	2020-12-02
麦卡伦Speymalt 1972—42年		28,750	华艺国际	2020-10-15
麦卡伦Speymalt1968—41年		25,300	华艺国际	2020-10-15
麦卡伦彩虹缎带系列		322,000	华艺国际	2020-12-05
麦卡伦彩虹缎带系列		310,500	华艺国际	2020-10-15
麦卡伦彩虹缎带系列限量套装(各一支)		316,250	永乐拍卖	2020-12-04
麦卡伦璀璨·黑, 1824大师系列璀璨高地单一麦芽威士忌 (各一支)		97,750	永乐拍卖	2020-12-04
麦卡伦典雅垂直年份(1990/1991/1992)		28,750	华艺国际	2020-10-15
麦卡伦典雅系列1990, 1991, 1992垂直年份高地单一麦芽威士忌3支1000ml (各一支)		46,000	中国嘉德	2020-08-15

(续表)

拍品名称	物品尺寸	成交价RMB	拍卖公司	拍卖日期
麦卡伦枫叶香甜酒 1支 750ml		11,500	中国嘉德	2020-12-04
麦卡伦格兰利威33年		20,107	保利香港	2020-12-02
麦卡伦精品系列2016年		10,556	保利香港	2020-12-02
麦卡伦旗舰店限量款2016年高地单一麦芽威士忌（共三支）		23,000	永乐拍卖	2020-12-04
麦卡伦小丑限量版1961年高地单一麦芽威士忌 1支 700ml		52,900	中国嘉德	2020-08-15
麦卡伦协会酒1990—20年(24.113)		11,500	华艺国际	2020-10-15
麦卡伦原桶强度(大红标)		78,200	华艺国际	2020-10-15
麦卡伦原桶强度(正写版)		43,700	华艺国际	2020-10-15
麦卡伦原桶强度酒版(大红标)		23,000	华艺国际	2020-10-15
麦卡伦珍稀1940—35年		241,500	华艺国际	2020-10-15
麦卡伦珍稀1946—56年		328,900	华艺国际	2020-10-15
麦卡伦珍稀1950—52年		276,000	华艺国际	2020-10-15
麦卡伦珍稀1952—49年		276,000	华艺国际	2020-10-15
麦卡伦珍稀1959—43年		230,000	华艺国际	2020-10-15
麦卡伦珍稀1971—30年		202,400	华艺国际	2020-10-15
麦卡伦珍稀-1978		276,000	保利厦门	2020-09-26
麦卡伦甄选1946-52年高地单一麦芽威士忌 1支 700ml		161,000	中国嘉德	2020-08-15
麦卡伦紫钻12年高地单一麦芽威士忌(共六支) 6支 700ml		23,000	中国嘉德	2020-12-04
麦克菲尔45年		12,064	保利香港	2020-12-02
玫瑰河畔1991、1992低地单一麦芽威士忌 2支 700ml（各一支）		18,400	中国嘉德	2020-08-15
玫瑰山古堡2009年份 6支750ml		20,700	中国嘉德	2020-12-04
玫瑰山古堡2009年份 6支750ml		20,700	中国嘉德	2020-12-04
玫瑰山古堡2012年份 24支750ml		17,250	中国嘉德	2020-08-15
玫瑰山古堡红2010年份 4支750ml		13,800	中国嘉德	2020-12-04
玫瑰庄2004(原箱)		36,800	华艺国际	2020-10-15
美露香轻井沢贮藏10年百分百麦芽威士忌 1支 700ml		17,250	中国嘉德	2020-12-04
美露香轻井沢贮藏12年、15年纯麦威士忌(共三支) 3支 700ml		40,250	中国嘉德	2020-12-04
美露香轻井沢贮藏12年百分百麦芽威士忌		23,000	永乐拍卖	2020-12-04
美露香轻井沢贮藏12年百分百麦芽威士忌(共二支) 2支 700ml		28,750	中国嘉德	2020-12-04
美露香轻井沢贮藏15年百分百麦芽威士忌 1支 700ml		14,950	中国嘉德	2020-12-04
美讯堡2006年份 12支750ml		39,100	中国嘉德	2020-08-15
美讯堡干白2010年份 2支750ml		13,800	中国嘉德	2020-12-04
弥尔顿达夫1966—22年		11,500	华艺国际	2020-10-15
莫罗酒园夏布利“华雍”一级园干白2018年份 12支750ml		19,550	中国嘉德	2020-12-04
默里·麦克戴维装瓶: 布纳哈本1978年单桶麦芽威士忌 1支 700ml		10,350	中国嘉德	2020-12-04
木桐1982		69,000	华艺国际	2020-10-15
木桐1982		69,000	华艺国际	2020-12-05
木桐1982(1.5L)		34,500	华艺国际	2020-12-05
木桐1986		51,750	华艺国际	2020-12-05
木桐1986(1.5L)		26,450	华艺国际	2020-12-05
木桐1986(原箱)		105,800	华艺国际	2020-12-05
木桐1996		20,700	华艺国际	2020-10-15
木桐2000(1.5L)		92,000	华艺国际	2020-10-15
木桐2000(5L限量版2462/5000 原盒)		172,500	华艺国际	2020-10-15
木桐2000(原箱)		186,300	华艺国际	2020-10-15
木桐2005		11,500	华艺国际	2020-10-15
木桐古堡1982年份 2支750ml		51,750	中国嘉德	2020-12-04
木桐古堡1985年份 6支750ml		59,800	中国嘉德	2020-12-04
木桐古堡1990年份 2支750ml		18,400	中国嘉德	2020-12-04
木桐古堡1990年份 2支750ml		17,250	中国嘉德	2020-12-04
木桐古堡1994年份 6支750ml		59,800	中国嘉德	2020-12-04

拍品名称	物品尺寸	成交价RMB	拍卖公司	拍卖日期
木桐古堡1994年份 6支750ml		49,450	中国嘉德	2020-12-04
木桐古堡1997年份 12支750ml		71,300	中国嘉德	2020-08-15
木桐古堡80年代垂直套装1980-1989年份(各1支) 10支750ml		87,400	中国嘉德	2020-12-04
木桐古堡垂直年份珍藏套装2000-2016年份 17支750ml		115,000	中国嘉德	2020-08-15
木桐古堡大瓶装(1.5升)1996年份 6支1500ml		82,800	中国嘉德	2020-08-15
木桐古堡大瓶装(1.5升)1998年份 2支1500ml		35,650	中国嘉德	2020-12-04
木桐古堡大瓶装(1.5升)2001年份 2支1500ml		28,750	中国嘉德	2020-12-04
木桐古堡大瓶装(1.5升)2008年份 3支1500ml		34,500	中国嘉德	2020-08-15
木桐古堡大瓶装(3升)2000年份 1支3000ml		112,700	中国嘉德	2020-12-04
慕赫12年(1970-1982)陶瓷瓶高岛屋、大丸百货限定版纯麦威士忌(共三支) 3支 750ml		17,250	中国嘉德	2020-12-04
慕赫1954—54年		40,250	华艺国际	2020-10-15
慕赫26年-1992		12,650	保利厦门	2020-09-26
穆加托雷大瓶装干红(5升)2005年份 1支5000ml		17,250	中国嘉德	2020-12-04
拿破仑 伊德珍藏系列		69,337	保利香港	2020-07-09
奈普格城堡1951—36年爱尔兰威士忌		10,120	华艺国际	2020-10-15
尼卡70周年纪念版首席调酒师12年调和威士忌 1支 700ml		17,250	中国嘉德	2020-12-04
尼卡北海道12年纯麦威士忌(共二支)		17,250	永乐拍卖	2020-12-04
尼卡竹鹤政孝创业35周年限定版纯麦威士忌 1支 700ml		92,000	中国嘉德	2020-08-15
欧本 25年-1992		11,500	保利厦门	2020-09-26
欧本 26年-1993		10,566	保利厦门	2020-09-26
欧摩典藏系列1983-33年双桶限量版、1986-33年单通限量版斯佩塞单一麦芽威士忌(各一支) 2支 700ml		20,700	中国嘉德	2020-12-04
欧颂2006(原箱)		69,000	华艺国际	2020-10-15
帕菲2005(6L 原箱)		78,200	华艺国际	2020-10-15
帕菲2012纪念版(原箱)		17,250	华艺国际	2020-10-15
帕图斯1970		333,500	华艺国际	2020-10-15
帕图斯1971/1972		253,000	华艺国际	2020-12-05
帕图斯1975		230,000	华艺国际	2020-12-05
帕图斯1983(1.5L)		51,750	华艺国际	2020-10-15
帕图斯1986 (12瓶)	750ml/瓶	322,000	华艺国际	2020-10-15
帕图斯1987		27,600	华艺国际	2020-12-05
帕图斯1987(1.5L)		207,000	华艺国际	2020-10-15
帕图斯1988		58,650	华艺国际	2020-12-05
帕图斯1992		46,000	华艺国际	2020-12-05
帕图斯1992(1.5L)		51,750	华艺国际	2020-10-15
帕图斯1994		132,250	华艺国际	2020-12-05
帕图斯1994(3L)		195,500	华艺国际	2020-10-15
帕图斯1995		218,500	华艺国际	2020-12-05
帕图斯1995(1.5L)		109,250	华艺国际	2020-10-15
帕图斯1998		86,250	华艺国际	2020-10-15
帕图斯1999(原箱)		258,750	华艺国际	2020-10-15
帕图斯2005(原箱)		193,200	华艺国际	2020-10-15
庞特-卡奈古堡2009年份 12支750ml		29,900	中国嘉德	2020-08-15
庞特-卡奈古堡2010年份 12支750ml		26,450	中国嘉德	2020-08-15
庞特-卡奈古堡2010年份 12支750ml		20,700	中国嘉德	2020-12-04
庞特-卡奈古堡垂直年份套装2008-2013年份(各1支) 6支750ml		17,250	中国嘉德	2020-12-04
轻井沢 绿扇艺妓		322,000	保利厦门	2020-09-26
轻井沢1963—50年	700ml	736,000	华艺国际	2020-10-15
轻井沢1963—50年		747,500	华艺国际	2020-12-05

(续表)

拍品名称	物品尺寸	成交价RMB	拍卖公司	拍卖日期
轻井沢1963-50年单桶麦芽威士忌1支	700ml	770,500	中国嘉德	2020-12-04
轻井沢1964—48年		448,500	华艺国际	2020-12-05
轻井沢1964单桶单一麦芽威士忌		414,000	永乐拍卖	2020-12-04
轻井沢1965—50年—似水流年		460,000	华艺国际	2020-12-05
轻井沢1967单一麦芽威士忌1支700ml		184,000	中国嘉德	2020-08-15
轻井沢1968—50年—黑命之水		379,500	华艺国际	2020-12-05
轻井沢1977—35年—艺伎		80,500	华艺国际	2020-10-15
轻井沢1979年单桶麦芽威士忌1支700ml		51,750	中国嘉德	2020-12-04
轻井沢1980/1981/1982—万箭齐发		281,750	华艺国际	2020-12-05
轻井沢1980—35年—大物海上月		89,700	华艺国际	2020-12-05
轻井沢1980—35年—大物海上月		74,750	华艺国际	2020-10-15
轻井沢1981—35年—3D雪景		90,850	华艺国际	2020-12-05
轻井沢1981—35年—3D雪景		73,600	华艺国际	2020-10-15
轻井沢1981—35年—八头龙		90,850	华艺国际	2020-12-05
轻井沢1981—35年—八头龙		74,750	华艺国际	2020-10-15
轻井沢1981年单桶单一麦芽威士忌1支700ml		51,750	中国嘉德	2020-08-15
轻井沢1982年单桶麦芽威士忌1支700ml		43,700	中国嘉德	2020-12-04
轻井沢1984草书酒标单桶麦芽威士忌1支700ml		92,000	中国嘉德	2020-08-15
轻井沢1990单桶单一麦芽威士忌		48,300	北京保利	2020-10-19
轻井沢1999-2000富岳36景甲州犬目峠单桶麦芽威士忌		23,000	永乐拍卖	2020-12-04
轻井沢1999-2000富岳36景下目黑单桶麦芽威士忌		23,000	永乐拍卖	2020-12-04
轻井沢21年单桶麦芽威士忌		48,300	永乐拍卖	2020-12-04
轻井沢30年—白命之水		66,700	华艺国际	2020-12-05
轻井沢30年—白命之水		63,250	华艺国际	2020-10-15
轻井沢ASAMA1999/2000单一麦芽威士忌2支700ml (共二支)		46,000	中国嘉德	2020-08-15
轻井沢Memories of karuizawa1999-13年单桶麦芽威士忌1支700ml		23,000	中国嘉德	2020-12-04
轻井沢—春晓之色染(五色艺伎)		112,700	华艺国际	2020-12-05
轻井沢—春晓之色染(五色艺伎)		108,100	华艺国际	2020-10-15
轻井沢法国艺伎系列1999-2000单一麦芽威士忌1支700ml		34,500	中国嘉德	2020-08-15
轻井沢法国艺伎系列1999-2000单一麦芽威士忌1支700ml		34,500	中国嘉德	2020-12-04
轻井沢繁花艺伎套装(各一支)		195,500	永乐拍卖	2020-12-04
轻井沢繁花艺伎套装 1999-2000 年(共八支)		207,000	北京保利	2020-10-19
轻井沢繁花艺伎套装1999-2000年8支700ml (共八支)		184,000	中国嘉德	2020-08-15
轻井沢繁花之都系列(第1-8版)		161,000	华艺国际	2020-10-15
轻井沢富岳三十六景(26景一组)		494,500	华艺国际	2020-12-05
轻井沢富岳三十六景(第1-32版)		575,000	华艺国际	2020-10-15
轻井沢富岳三十六景——东海道金谷不二		32,200	华艺国际	2020-12-05
轻井沢富岳三十六景——身延川里不二		32,200	华艺国际	2020-12-05
轻井沢富岳三十六景——尾州不二见原		34,500	华艺国际	2020-12-05
轻井沢富岳三十六景——下目黑		34,500	华艺国际	2020-12-05
轻井沢富岳三十六景——相州梅泽左		36,800	华艺国际	2020-12-05
轻井沢黑白命水30年单桶单一麦芽威士忌(各一支) 1支750ml, 1支700ml		138,000	中国嘉德	2020-12-04
轻井沢黑白命水35年单桶单一麦芽威士忌(各一支) 2支700ml		195,500	中国嘉德	2020-12-04
轻井沢黑白命水45年单桶单一麦芽威士忌(各一支) 2支700ml		322,000	中国嘉德	2020-12-04
轻井沢黑命之水50年	700ml	402,500	北京保利	2020-10-19
轻井沢—花见系列(四色艺伎)		98,900	华艺国际	2020-10-15
轻井沢花鸟绘系列2000年单桶麦芽威士忌套装(各一支)		74,750	永乐拍卖	2020-12-04
轻井沢花鸟绘系列2000年单桶麦芽威士忌套装(各一支) 3支700ml		74,750	中国嘉德	2020-12-04
轻井沢—金屋藏娇		49,450	华艺国际	2020-12-05
轻井沢—金屋藏娇		48,300	华艺国际	2020-10-15
轻井沢能23年单桶麦芽威士忌1支700ml		57,500	中国嘉德	2020-08-15
轻井沢浅间魂单一麦芽威士忌		23,000	永乐拍卖	2020-12-04
轻井沢浅间山		21,620	华艺国际	2020-10-15
轻井沢物语8年纯麦威士忌1支700ml		13,800	中国嘉德	2020-08-15
轻井沢艺伎1970、1971单桶麦芽威士忌(各一支)		333,500	永乐拍卖	2020-12-04
轻井沢艺伎1984单桶麦芽威士忌1支700ml		74,750	中国嘉德	2020-08-15
轻井沢艺伎1990单桶麦芽威士忌1支700ml		51,750	中国嘉德	2020-08-15
轻井沢艺伎1999-18年单桶麦芽威士忌1支700ml		34,500	中国嘉德	2020-12-04
轻井沢艺伎七福神之布袋2000年单桶麦芽威士忌1支700ml		36,800	中国嘉德	2020-12-04
轻井沢艺伎系列1999年单桶麦芽威士忌1支700ml		28,750	中国嘉德	2020-08-15
轻井沢艺伎系列2000年单桶麦芽威士忌1支700ml		28,750	中国嘉德	2020-08-15
轻井沢贮藏17年百分百麦芽威士忌1支700ml		25,300	中国嘉德	2020-12-04
轻井泽 12年		18,134	保利香港	2020-07-09
轻井泽 12年-1994		26,450	保利厦门	2020-09-26
轻井泽 13年 - 能#5007		25,601	保利香港	2020-07-09
轻井泽 1977年 - 艺伎 #4010		49,069	保利香港	2020-07-09
轻井泽 1984 - #2961		55,295	保利香港	2020-12-02
轻井泽 1984年 - #3653		37,335	保利香港	2020-07-09
轻井泽 19年-1988		19,550	保利厦门	2020-09-26
轻井泽 30年 - 乾隆 #3619		52,279	保利香港	2020-12-02
轻井泽 30年 - 侍 #7857		40,535	保利香港	2020-07-09
轻井泽 30年-1981		57,500	保利厦门	2020-09-26
轻井泽 33年-1981		63,250	保利厦门	2020-09-26
轻井泽 40年 - 艺伎 #3260 轻井泽 40年 - 艺伎 #4560	700ml/瓶	213,344	保利香港	2020-07-09
轻井泽 浅间魂		14,934	保利香港	2020-07-09
轻井泽 轻井泽-艺伎#864; 轻井泽-艺伎#2380; 及轻井泽-艺伎#2219		48,002	保利香港	2020-07-12
轻井泽 艺伎18年-1999		32,200	保利厦门	2020-09-26
轻井泽 原酒 1-4		32,002	保利香港	2020-07-09
轻井泽1960-2000		80,429	保利香港	2020-12-02
轻井泽1981年 - #6056		38,204	保利香港	2020-12-02
轻井泽1990年 - 艺伎#7402		25,134	保利香港	2020-12-02
轻井泽50年 - 1965 似水流年 #8852		382,037	保利香港	2020-12-08
轻井泽万箭全套		216,152	保利香港	2020-12-02
人头马路易十三		172,500	华艺国际	2020-12-05
人头马路易十三 Rare Cask 天蕴43.8		241,500	华艺国际	2020-10-15
人头马路易十三(白头)		120,750	华艺国际	2020-12-05
人头马路易十三(白头)		48,300	华艺国际	2020-10-15
人头马路易十三(白头/八角盒)		143,750	华艺国际	2020-10-15
人头马路易十三(金头)		51,750	华艺国际	2020-10-15
人头马路易十三(金头)		43,700	华艺国际	2020-10-15
人头马路易十三(千禧年纪念)		60,950	华艺国际	2020-10-15
任重联名格兰洛希22年单一麦芽威士忌1支700ml		10,350	中国嘉德	2020-08-15
日果40年		40,214	保利香港	2020-12-02
三得利1979羊年ROYAL限定调和威士忌1支720ml		23,000	中国嘉德	2020-12-04

（续表）

拍品名称	物品尺寸	成交价RMB	拍卖公司	拍卖日期
三得利老牌威士忌虎年、兔年、羊年、蛇年限定版调和威士忌1支750ml 3支760ml（各一支）		23,000	中国嘉德	2020-08-15
三得利乐器系列（九瓶）		40,250	华艺国际	2020-10-15
三得利乐器系列（五瓶）		36,800	华艺国际	2020-10-15
山崎 12年-1995		20,700	保利厦门	2020-09-26
山崎 2016		34,500	保利厦门	2020-09-26
山崎 山崎1992年-私人藏桶#2S70180		24,535	保利香港	2020-07-12
山崎 山崎1993年-私人藏桶#3Q70349		23,468	保利香港	2020-07-12
山崎10年纯麦威士忌（共二支）2支750ml		20,700	中国嘉德	2020-12-04
山崎10年纯麦威士忌 3支 750ml（共三支）		16,100	中国嘉德	2020-08-15
山崎11年 - SMWS119.14		14,578	保利香港	2020-12-02
山崎12年/响/洛雅12年一千禧纪念版		27,600	华艺国际	2020-10-15
山崎12年单一麦芽威士忌（共三支）		28,750	永乐拍卖	2020-12-04
山崎12年单一麦芽威士忌48小支品饮装 48支 50ml		28,750	中国嘉德	2020-12-04
山崎12年双狮版		28,750	华艺国际	2020-10-15
山崎18年纯麦威士忌、响21年调和威士忌1支750ml 1支700ml（各一支）		34,500	中国嘉德	2020-08-15
山崎1986雪莉桶单一纯麦威士忌1支700ml		69,000	中国嘉德	2020-08-15
山崎1998年单桶麦芽威士忌		34,500	永乐拍卖	2020-12-04
山崎1999英雄单桶麦芽威士忌1支700ml		34,500	中国嘉德	2020-08-15
山崎2014-2017限定套装单一麦芽威士忌（各一支）		22,700	北京保利	2020-07-18
山崎2014-2017限量版单一麦芽威士忌（各一支）		26,450	永乐拍卖	2020-12-04
山崎2014-2017限量版单一麦芽威士忌4支700ml（各一支）		34,500	中国嘉德	2020-08-15
山崎2015年限量版		13,070	保利香港	2020-12-02
山崎35年		502,680	保利香港	2020-12-02
山崎50年第三版（1瓶）	700ml	1,809,648	保利香港	2020-12-02
山崎60周年纪念金狮标特级纯麦威士忌1支760ml		40,250	中国嘉德	2020-08-15
山崎单桶系列		66,700	华艺国际	2020-10-15
山崎年度限量版（2014-2017）		23,000	华艺国际	2020-10-15
山崎首版白橡木桶单一麦芽威士忌1支700ml		10,350	中国嘉德	2020-08-15
山崎私人桶1989单桶麦芽威士忌1支700ml		51,750	中国嘉德	2020-08-15
山崎私人桶1990单桶麦芽威士忌		48,300	北京保利	2020-10-19
山崎私人桶1996单桶麦芽威士忌		18,400	北京保利	2020-10-19
山崎雪莉桶单一麦芽威士忌1支700ml		23,000	中国嘉德	2020-08-15
山崎蒸馏所 Yamazaki 12年 金狮版 响 Hibiki 1990's金花金头版		13,983	罗芙奥	2020-07-17
山崎至精艺术原酒2008-2009单一麦芽威士忌（各一支）		23,000	永乐拍卖	2020-12-04
圣弗力装瓶：布纳哈本1980-32年艾雷岛单桶单一麦芽威士忌、八十年代三得利东京皇宫酒店二十周年纪念版调和威士忌（各一支）		11,500	中国嘉德	2020-12-04
圣弗力装瓶：布纳哈本1980-32年单桶麦芽威士忌		11,500	永乐拍卖	2020-12-04
圣弗力装瓶：布纳哈本1989-28年艾雷岛，本尼维斯1991-26年高地，克里尼利基1995-21年高地单一麦芽威士忌（各一支）3支700ml		20,700	中国嘉德	2020-12-04
圣弗力装瓶：帝国1976年高地单桶麦芽威士忌1支700ml		17,250	中国嘉德	2020-12-04
圣弗力装瓶：格兰奥尔滨1977年高地单桶麦芽威士忌1支700ml		17,250	中国嘉德	2020-12-04
圣弗力装瓶：格兰莫尔1979年高地单桶麦芽威士忌1支700ml		17,250	中国嘉德	2020-12-04
圣弗力装瓶：卡尔里拉1982、1983年艾雷岛单一麦芽威士忌（各一支）		13,800	永乐拍卖	2020-12-04
圣弗力装瓶：摩特拉克1990年斯佩塞单一麦芽威士忌（共三支）		10,350	永乐拍卖	2020-12-04
圣弗力装瓶：斯卡帕1979年单桶麦芽威士忌1支700ml		11,500	中国嘉德	2020-12-04
诗密拉菲特古堡干白1998年份 12支750ml		13,800	中国嘉德	2020-08-15
首桶装瓶：斯特拉斯米尔1974斯佩塞单桶麦芽威士忌1支700ml		10,350	中国嘉德	2020-12-04
斯特拉塞斯拉单一年份系列		161,000	华艺国际	2020-10-15
四大神兽系列：独角兽、冰原狼、尼斯怪单一麦芽威士忌（各一支）3支700ml		63,250	中国嘉德	2020-12-04
苏格兰麦芽威士忌协会装瓶：波摩16、17年单桶麦芽威士忌（各一支）		20,700	永乐拍卖	2020-12-04
苏格兰麦芽威士忌协会装瓶：克里尼利基11、29年单桶麦芽威士忌（各一支）		14,950	永乐拍卖	2020-12-04
苏拉亚大瓶装（1.5升）2016年份 3支1500ml		18,400	中国嘉德	2020-12-04
苏拉亚干红2015年份 6支750ml		14,950	中国嘉德	2020-08-15
苏拉亚干红2016年份 6支750ml		14,950	中国嘉德	2020-08-15
塔姆法林1968装瓶桶单一麦芽威士忌1支 750ml		26,450	中国嘉德	2020-08-15
泰斯卡 33年-1985		18,400	保利厦门	2020-09-26
泰斯卡 39年-1979		37,950	保利厦门	2020-09-26
威伯特装瓶：拉弗格1990年传奇系列艾雷岛单一麦芽威士忌		17,250	永乐拍卖	2020-12-04
威伯特装瓶：慕赫24年、道格拉斯·莱恩装瓶：林可伍德21年、首版装瓶：波摩1989年单桶麦芽威士忌（各一支）		11,500	永乐拍卖	2020-12-04
威廉凯登汉德装瓶：布拉德诺赫30年低地单一麦芽威士忌、AD拉特雷装瓶：米尔顿道夫34年单桶麦芽威士忌、汤马丁36年高地单一麦芽威士忌3支700ml（各一支）		17,250	中国嘉德	2020-08-15
响 21年 - 2000年代		10,667	保利香港	2020-07-09
响 35年 - 14代酒井田柿右卫门		241,286	保利香港	2020-12-02
响 Hibiki 21年 Limited Edition 响 Hibiki 30年 Limited Edition 白州蒸馏所 Hakushu 18年 Limited Edition 白州蒸馏所 Hakushu 25年 Limited Edition 山崎蒸馏所 Yamazaki 18年 Limited Edition 山崎蒸馏所 Yamazaki 25年 Limited Edition		123,046	罗芙奥	2020-07-17
响17年（金花版）		11,059	保利香港	2020-12-02
响17年武藏野富士调和威士忌（共二支）		51,750	永乐拍卖	2020-12-04
响21年富士风云图调和威士忌1支700ml		34,500	中国嘉德	2020-12-04
响21年一九谷烧		66,700	华艺国际	2020-12-05
响30年一2004年金花版		48,300	华艺国际	2020-10-15
响30周年纪念版和风醇韵调和威士忌（共二支）2支700ml		40,250	中国嘉德	2020-12-04
响30周年纪念版和风醇韵调和威士忌2支700ml（共二支）		43,700	中国嘉德	2020-08-15
响35年十四代酒井田柿右卫门作-人间国宝调和威士忌1支700ml		207,000	中国嘉德	2020-08-15
响花鸟风月系列21年调和威士忌（共二支）2支700ml		36,800	中国嘉德	2020-12-04
响30年调和威士忌1支700ml		50,600	中国嘉德	2020-08-15
小侯伯王干红2010年份 12支750ml		28,750	中国嘉德	2020-08-15
小木桐2010年份 12支750ml		34,500	中国嘉德	2020-08-15
小木桐2013年份 12支750ml		40,250	中国嘉德	2020-12-04
小木桐2016年份 12支750ml		13,800	中国嘉德	2020-08-15
小木桐大瓶装（1.5升）2010年份6支1500ml		34,500	中国嘉德	2020-08-15
啸鹰酒庄2007（原箱）		161,000	华艺国际	2020-10-15
啸鹰酒庄2007（原箱）6瓶	750ml/瓶	356,500	华艺国际	2020-10-15
协会酒系列		31,050	华艺国际	2020-10-15

2020杂项拍卖成交汇总

(续表)

拍品名称	物品尺寸	成交价RMB	拍卖公司	拍卖日期
雄狮1989/1999/2009套箱(1.5L 限量48/299)		19,550	华艺国际	2020-10-15
雄狮古堡"玖"珍藏套装大瓶装(1.5L) 1989+1999+2009年份(各1支) 3支1500ml		23,000	中国嘉德	2020-12-04
雄狮古堡1988年份珍藏套装6支750ml		31,050	中国嘉德	2020-12-04
雄狮古堡1999年份 12支750ml		17,250	中国嘉德	2020-08-15
雄狮古堡2016年份 6支750ml		13,800	中国嘉德	2020-08-15
旭金堡贵腐甜白2009年份 12支750ml		12,650	中国嘉德	2020-08-15
轩尼诗 伯鲁提 x 轩尼诗XO 6公升		201,072	保利香港	2020-12-02
轩尼诗XO(青三行)		46,000	华艺国际	2020-10-15
轩尼诗蓝书册		46,000	华艺国际	2020-10-15
轩尼诗李察		28,750	华艺国际	2020-10-15
轩尼诗李察		25,300	华艺国际	2020-10-15
轩尼诗李察(黑头)		37,950	华艺国际	2020-10-15
亚伯乐1964高地纯麦威士忌1支 750ml		10,350	中国嘉德	2020-08-15
亚历山大·默里装瓶: 格兰威特45年单一麦芽威士忌1支 750ml		19,550	中国嘉德	2020-08-15
一号乐章2010年份 6支750ml		29,900	中国嘉德	2020-12-04
一号乐章2012年份 6支750ml		28,750	中国嘉德	2020-08-15
一号乐章2014年份 12支750ml		47,150	中国嘉德	2020-12-04
一号乐章2016年份 12支750ml		47,150	中国嘉德	2020-12-04
一号乐章垂直年份套装2005-2007年份 6支750ml		28,750	中国嘉德	2020-08-15
一组东方命系列 威士忌共4瓶		24,535	保利香港	2020-07-09
一组麦卡伦18年 - 1986至2017		85,456	保利香港	2020-12-02
一组麦卡伦18年 - 1989至1994		32,172	保利香港	2020-12-02
一组麦卡伦18年威士忌共14瓶		128,006	保利香港	2020-07-09
一组轻井泽艺伎威士忌共4瓶		64,003	保利香港	2020-07-09
一组秩父威士忌共4瓶		53,336	保利香港	2020-07-09
一组秩父威士忌共4瓶		29,868	保利香港	2020-07-09
一组秩父新生威士忌共5瓶		51,203	保利香港	2020-07-09
伊恩·麦克劳德装瓶: 格兰多纳1975高地单一麦芽威士忌(共二支) 2支700ml		23,000	中国嘉德	2020-12-04
伊恩·麦克劳德装瓶: 格兰多纳1975高地单一麦芽威士忌2支700ml (共二支)		16,100	中国嘉德	2020-08-15
银封装瓶: 麦卡伦上海威士忌俱乐部1977年单桶单一麦芽威士忌1支700ml		34,500	中国嘉德	2020-08-15
银玺装瓶: 格兰莫雷1996年斯佩塞单桶原箱麦芽威士忌 (一箱六支)		27,600	永乐拍卖	2020-12-04
银玺装瓶: 威士忌艺术系列布纳哈本1980-34年艾雷岛单一麦芽威士忌		11,500	永乐拍卖	2020-12-04
余市 20年 - 1990		27,735	保利香港	2020-07-09
余市 苏格兰威士忌协会116.19		11,734	保利香港	2020-07-09
余市10年、12年、15年、20年单一麦芽威士忌 4支 700ml (各一支)		46,000	中国嘉德	2020-08-15
余市12年酒厂限定版雪莉桶单一麦芽威士忌 (共三支)		17,250	永乐拍卖	2020-12-04
余市1988单桶单一麦芽威士忌1支700ml		28,750	中国嘉德	2020-08-15
余市1990-20年单一麦芽威士忌1支700ml		46,000	中国嘉德	2020-12-04
余市26年 - SMWS116.20		16,086	保利香港	2020-12-02
余市麦芽系列风味桶单一麦芽威士忌 (各一支)		11,500	永乐拍卖	2020-12-04
余市石炭直火蒸馏单一麦芽威士忌 2支 500ml (共二支)		10,350	中国嘉德	2020-08-15
羽生13年 - SMWS131.2		12,064	保利香港	2020-12-02
羽生2000单一麦芽威士忌 1支 700ml		23,000	中国嘉德	2020-08-15
羽生东亚酒造版金马2000年纪念、金马黑调和威士忌 (各一支)		13,800	永乐拍卖	2020-12-04
羽生扑克牌系列方块十1990单一麦芽威士忌 1支 700ml		51,750	中国嘉德	2020-08-15
羽生三匠魂单桶麦芽威士忌套装(各一支) 3支 700ml		92,000	中国嘉德	2020-12-04
羽生三位一体单桶纯麦威士忌1支700ml		11,500	中国嘉德	2020-12-04
约瑟夫·菲尔普斯酒园勋章2015年份 3支750ml		10,350	中国嘉德	2020-12-04
约瑟夫·菲尔普斯酒园勋章大瓶装(1.5升) 2014年份 3支1500ml		19,550	中国嘉德	2020-12-04
约瑟夫·菲尔普斯酒庄勋章+约瑟夫·菲尔普斯酒赤霞珠大瓶装(1.5升) 2015年份 3支750ml + 3支1500ml		10,350	中国嘉德	2020-08-15
月亮进口花卉系列(格兰盖瑞1966&1986/慕赫1984/拉弗格1990)		51,750	华艺国际	2020-10-15
月亮进口迷恋系列(北不列颠/格兰盖瑞)		13,800	华艺国际	2020-10-15
云顶 15年(枫叶标)		11,500	保利厦门	2020-09-26
云顶 32年		25,300	保利厦门	2020-09-26
云顶15年枫叶标坎贝尔镇单一麦芽威士忌		10,350	永乐拍卖	2020-12-04
云顶1967-24年单一麦芽威士忌 1支 700ml		32,200	中国嘉德	2020-08-15
云顶1974单一麦芽威士忌		32,200	北京保利	2020-10-19
云顶25年坎贝尔镇单一麦芽威士忌		34,500	永乐拍卖	2020-12-04
云顶25年千禧年限定版单一麦芽威士忌1支 750ml		20,700	中国嘉德	2020-08-15
云顶25年首席酿酒师弗兰克·麦克哈迪限定单一麦芽威士忌1支 750ml		16,100	中国嘉德	2020-08-15
云顶30年单桶单一麦芽威士忌		40,250	永乐拍卖	2020-12-04
云顶9年、10年、11年、16年单一麦芽威士忌 (各一支)		34,500	永乐拍卖	2020-12-04
云顶本地大麦1966—31年		36,800	华艺国际	2020-10-15
云顶门神四版一套8支700ml (各一支)		80,500	中国嘉德	2020-08-15
云顶私人桶1970—32年		23,000	华艺国际	2020-10-15
芝华士皇家礼炮38年命运之石(原箱)		17,250	华艺国际	2020-10-15
秩父 - 泥煤桶2018年		18,096	保利香港	2020-12-02
秩父 2011年 #1293 秩父 2010年 #2652		17,068	保利香港	2020-07-09
秩父 2011年#1402 秩父 2012年#1883		19,201	保利香港	2020-07-09
秩父 高岛屋 #1471		16,001	保利香港	2020-07-09
秩父 轻井泽 秩父2013年-52席的至福#2601		13,867	保利香港	2020-07-12
秩父 游戏 #1370		21,334	保利香港	2020-07-09
秩父2008小魔女单桶麦芽威士忌1支 700ml		23,000	中国嘉德	2020-08-15
秩父2019巴黎版日本单一麦芽威士忌1支 700ml		10,350	中国嘉德	2020-12-04
秩父2019伦敦版日本单一麦芽威士忌 3支 700ml (共三支)		32,200	中国嘉德	2020-08-15
秩父红酒桶单一麦芽威士忌1支700ml		10,350	中国嘉德	2020-12-04
秩父爵士乐系列		20,700	华艺国际	2020-10-15
秩父伊势丹限定单桶		23,000	华艺国际	2020-10-15
秩父执杯者单桶		17,250	华艺国际	2020-10-15
最后一滴1971年调和威士忌1支700ml		48,300	中国嘉德	2020-12-04
最后一滴1956年调和威士忌1支700ml		55,200	中国嘉德	2020-12-04
最后一滴格兰路丝1968年单一麦芽威士忌1支 700ml		57,500	中国嘉德	2020-12-04
最后一滴格兰路丝1969年单一麦芽威士忌1支 700ml		57,500	中国嘉德	2020-12-04
最后一滴系列限量版 (一组十三支)	11支 700ml 2支 750ml	1,380,000	永乐拍卖	2020-12-04
最后一滴系列限量版 10支 700ml (一组十支)		920,000	中国嘉德	2020-08-15
尊尼获加1947-1997精益求精50年调和威士忌		11,500	永乐拍卖	2020-12-04
尊尼获加1947-1997精益求精50年调和威士忌1支 750ml		14,950	中国嘉德	2020-08-15
尊尼获加精益求精1947—50年		11,500	华艺国际	2020-10-15
作品一号2010		23,000	华艺国际	2020-10-15
1987年产同仁堂如意长生酒		20,700	中鸿信	2020-01-04

(续表)

拍品名称	物品尺寸	成交价RMB	拍卖公司	拍卖日期
1987年同仁堂如意长生酒(两原箱)		48,300	西泠印社	2020-08-07
1987年同仁堂如意长生酒(原箱)		25,300	西泠印社	2020-08-07
1987年向阳牌出口装参花酒		17,250	西泠印社	2020-08-07
1989年上海中药厂虫草补酒(原盒)		17,250	西泠印社	2020-08-07
1990-2001年鹭江卫元药酒(原箱)		34,500	永乐拍卖	2020-08-17
1993年同仁堂参茸药酒(原箱)		17,250	西泠印社	2020-08-07
1993年同仁堂内供参茸药酒(原箱)		25,300	永乐拍卖	2020-08-17
1993年同仁堂琼浆高级补酒		92,000	永乐拍卖	2020-12-03
1993年同仁堂五加皮酒(原箱)		17,250	西泠印社	2020-08-07
1994年同仁堂五加皮酒(两原箱)		36,800	西泠印社	2020-08-07
1994年远字龟龄集酒(原箱)		26,450	西泠印社	2020-08-07
1994同仁堂琼浆药酒(原箱)		92,000	西泠印社	2020-08-07
1995年同仁堂出口装护骨药酒(原箱)		92,000	西泠印社	2020-08-07
1996年达仁堂国公酒(原箱)		11,500	西泠印社	2020-08-07
1996年青花瓷董酒(陈年老窖两原箱)		48,300	西泠印社	2020-08-07
1996年远字龟龄集酒(原箱)		26,450	西泠印社	2020-08-07
1996年远字龟龄集酒(原箱)		26,450	西泠印社	2020-08-07
1997年青花瓷董酒(陈年老窖两原箱)		48,300	西泠印社	2020-08-07
1997年特质三鞭补酒		11,500	西泠印社	2020-08-07
1997年同仁堂塞隆风湿酒(两原箱)		13,800	西泠印社	2020-08-07
1998年同仁堂塞隆风湿酒(两原箱)		13,800	西泠印社	2020-08-07
1999年同仁堂参茸药酒(两原箱)		23,000	西泠印社	2020-08-07
1999年同仁堂出口装护骨药酒(原箱)		55,200	西泠印社	2020-08-07
1999年同仁堂老庄养生酒(两原箱)		23,000	西泠印社	2020-08-07
1999年同仁堂塞隆风湿酒(原箱)		13,800	永乐拍卖	2020-08-17
1999同仁堂琼浆药酒(原箱)		32,200	西泠印社	2020-08-07
1999同仁堂琼浆药酒(原箱)		32,200	西泠印社	2020-08-07
2000年产同仁堂骨刺消痛液		10,350	中鸿信	2020-01-04
2000年产同仁堂护骨酒		63,250	中鸿信	2020-01-04
2000年产同仁堂如意长生酒		11,500	中鸿信	2020-01-04
2000年同仁堂精制五加皮酒(陈皮累计年龄35-50年)		13,800	永乐拍卖	2020-12-03
2000年同仁堂如意长生酒(宫廷秘方)(原箱)		11,500	永乐拍卖	2020-08-17
2000年同仁堂如意长生酒(原箱)		13,800	西泠印社	2020-08-07
2000年同仁堂三鞭酒(四原箱)		17,250	西泠印社	2020-08-07
2000年同仁堂五加皮酒(两原箱)		25,300	西泠印社	2020-08-07
2000年左右同仁堂参茸药酒		20,700	西泠印社	2020-08-07
2000年左右同仁堂参茸药酒		11,500	西泠印社	2020-08-07
2001年产同仁堂骨刺消痛液		20,700	中鸿信	2020-01-04
2001年同仁堂骨刺消痛液(原箱)		13,800	永乐拍卖	2020-08-17
2001年同仁堂国公酒 大瓶装		34,500	永乐拍卖	2020-12-03
2001年同仁堂国公酒(原箱)		28,750	西泠印社	2020-08-07
2001年同仁堂国公酒(原箱)		28,750	西泠印社	2020-08-07
2001年同仁堂国公酒(原箱)		10,350	永乐拍卖	2020-08-17
2001年夜光杯出口装人参白兰地酒(两原箱)		23,000	西泠印社	2020-08-07
2001年夜光杯出口装人参白兰地酒(原箱)		11,500	西泠印社	2020-08-07
2002年同仁堂护骨酒(出口美国)大瓶装(12瓶)	750ml/瓶	57,500	永乐拍卖	2020-12-03
20世纪80-90年北京出口装灵芝补酒		11,500	西泠印社	2020-08-07
20世纪80-90年北京出口装灵芝补酒(原箱)		34,500	西泠印社	2020-08-07
20世纪80年代出口装鹿头牌北京灵芝补酒		46,000	永乐拍卖	2020-12-03
20世纪80年代鹿头牌北京灵芝补酒出口装		13,800	永乐拍卖	2020-08-17
20世纪80年代鹿头牌北京灵芝补酒出口装(原箱)		40,250	永乐拍卖	2020-08-17
20世纪80年代年李时珍牌日本回流参茸药酒		23,000	西泠印社	2020-08-07
20世纪80年代年李时珍牌日本回流参茸药酒 10瓶	646ml/瓶	103,500	西泠印社	2020-08-07
20世纪80年代雪蛤大补酒(原箱)		34,500	西泠印社	2020-08-07
20世纪90年代参茸多鞭酒(原箱)		25,300	西泠印社	2020-08-07
20世纪90年代参茸多鞭酒(原箱)		20,700	永乐拍卖	2020-08-17
20世纪90年代产绍兴老酒八年陈(葫芦瓶)		18,400	中鸿信	2020-01-04

拍品名称	物品尺寸	成交价RMB	拍卖公司	拍卖日期
20世纪90年代出口装参茸多鞭酒		20,700	永乐拍卖	2020-12-03
20世纪90年代鹿尾巴补酒90年代参茸多鞭酒		11,500	永乐拍卖	2020-08-17
20世纪90年代鹿尾巴补酒(原箱)		20,700	西泠印社	2020-08-07
20世纪90年代末产同仁堂护骨酒(大瓶装)		10,350	中鸿信	2020-01-04
20世纪90年代同仁堂出口装护骨药酒		32,200	西泠印社	2020-08-07
20世纪90年代同仁堂护骨药酒(原箱)24瓶	323ml/瓶	57,500	永乐拍卖	2020-08-17
20世纪90年代同仁堂老庄养生酒(原箱)		34,500	永乐拍卖	2020-08-17
20世纪90年代至宝三鞭酒(原箱)		20,700	西泠印社	2020-08-07
白马酒庄2010年份 欧颂酒庄2007年份 金钟酒庄2012年份 柏菲酒庄2009年份		36,800	永乐拍卖	2020-08-17
北京同仁堂 参茸药酒(原箱)		78,200	华艺国际	2020-10-15
北京同仁堂 精制三鞭酒(原箱)		32,200	华艺国际	2020-10-15
北京同仁堂 李时珍 万灵筋骨酒		41,400	华艺国际	2020-10-15
北京同仁堂 五加皮酒		15,525	华艺国际	2020-10-15
北京同仁堂 国公酒(原箱)		41,400	华艺国际	2020-10-15
北京同仁堂 护骨药酒(原箱24瓶)	323ml/瓶	86,250	华艺国际	2020-10-15
北京同仁堂 琼浆药酒(原箱)		29,900	华艺国际	2020-10-15
北京同仁堂 如意长生酒(原箱)		25,300	华艺国际	2020-10-15
北京同仁堂 塞隆风湿酒(原箱)		11,500	华艺国际	2020-10-15
船牌 三蛇胆汁酒(原箱)		41,400	华艺国际	2020-10-15
飞天牌 当归酒(原箱)		16,100	华艺国际	2020-10-15
广誉远 龟龄集酒(原箱)		43,700	华艺国际	2020-10-15
广誉远 龟龄集酒(原箱)		32,200	华艺国际	2020-10-15
广誉远 龟龄集酒(珍品/原箱)		32,200	华艺国际	2020-10-15
红梅牌 特质十全大补酒(原箱)		36,800	华艺国际	2020-10-15
皇宫牌 中国劲酒(原箱)		23,000	华艺国际	2020-10-15
金星牌 玫瑰露酒(原箱)		24,150	华艺国际	2020-10-15
金星牌 五加皮酒(原箱)		27,600	华艺国际	2020-10-15
金星牌 五加皮酒(原箱)		24,150	华艺国际	2020-10-15
康赛扬酒庄2013年份(无图)		14,950	永乐拍卖	2020-08-17
克莱蒙教皇堡2013年份(无图)		12,650	永乐拍卖	2020-08-17
雪山牌 鹿尾巴补酒(原箱)		19,550	华艺国际	2020-10-15
雪山牌 雪蛤大补酒(原箱)		25,300	华艺国际	2020-10-15
约2000年卫元药酒(两原箱)		17,250	西泠印社	2020-08-07
栈桥牌 特质灵芝酒(原箱)		27,600	华艺国际	2020-10-15
中亚牌 特质三鞭酒(原箱)		31,050	华艺国际	2020-10-15
中亚牌 至宝三鞭酒(原箱)		23,000	华艺国际	2020-10-15
中亚牌 至宝三鞭酒(原箱)		17,250	华艺国际	2020-10-15
醉翁亭牌 当归红酒		20,700	华艺国际	2020-10-15
一组3Rivers Tokyo "The Dance" 系列威士忌		40,214	保利香港	2020-12-08
茗 茶				
2004年7522		189,750	中贸圣佳	2020-10-17
1958年 广云贡圆茶		110,400	华艺国际	2020-10-15
1960年英敏号	约350g	460,000	永乐拍卖	2020-08-17
1994年 "1994事业青"青饼		138,000	中国嘉德	2020-12-04
1995年 勐海茶厂8582(橙中绿)		161,000	华艺国际	2020-10-15
1996年 "1996紫大益"青饼		184,000	中国嘉德	2020-12-04
1996年橙印青饼		23,000	永乐拍卖	2020-08-17
1997年 水蓝印七子饼茶		201,250	华艺国际	2020-10-15
1998年 7262普洱熟茶 7+7+1片	357g×15	11,500	上海嘉禾	2020-01-05
1999年 易昌号宋体精品		136,850	华艺国际	2020-10-15
1999年 "1999绿大树"红票厚纸青饼		207,000	中国嘉德	2020-12-04
1999年 易昌号青饼(正品)		138,000	中国嘉德	2020-12-04
1999年中茶		40,250	永乐拍卖	2020-08-17
2000年班章茶王		74,750	北京保利	2020-12-05
2000年班章茶王		59,800	北京保利	2020-10-19
2000年班章茶王		23,000	保利厦门	2020-09-26
2000年新会陈皮		20,700	北京保利	2020-10-19
2000年一级青		575,000	中贸圣佳	2020-10-17
2000年中茶7262		10,350	永乐拍卖	2020-08-17
2001年 老树圆茶(老班章)		322,000	中国嘉德	2020-12-04
2001年 紫大益青饼(断A版)		43,700	中国嘉德	2020-12-04

(续表)

拍品名称	物品尺寸	成交价RMB	拍卖公司	拍卖日期
2001年荒野老白茶		13,800	保利厦门	2020-09-26
2001年勐海青砖		20,700	北京保利	2020-10-19
2001年易昌号(无纸)		17,250	保利厦门	2020-09-26
2001年真淳雅号		74,750	中贸圣佳	2020-10-17
2002年绿大树青饼 普洱生茶(七片)	357g×7	20,700	上海嘉禾	2020-01-05
2002年7542紫大益青饼(208批次)		36,800	中国嘉德	2020-12-04
2002年茶王青饼(一筒一片)	重约2856g	1,265,000	中贸圣佳	2020-10-17
2002年大益甲级沱茶		23,000	北京保利	2020-10-19
2002年大益甲级沱茶		20,700	北京保利	2020-12-05
2002年水蓝印		13,800	永乐拍卖	2020-08-17
2002年易昌号极品		63,250	北京保利	2020-12-05
2002年易昌号极品		34,500	北京保利	2020-10-19
2002年易昌号极品		15,890	北京保利	2020-07-18
2002年易武麻黑圆茶		37,950	北京保利	2020-12-05
2002年易武麻黑圆茶		20,700	保利厦门	2020-09-26
2002年紫斑方砖		23,000	北京保利	2020-12-05
2002特制精品		598,000	中贸圣佳	2020-10-17
2003年 顺时兴易武古树茶(张毅造)		34,500	中国嘉德	2020-12-04
2003年大红印		13,800	永乐拍卖	2020-08-17
2003年江城茶庄圆茶		10,350	永乐拍卖	2020-08-17
2003年金大益		63,250	北京保利	2020-10-19
2003年老班章古树茶		25,300	保利厦门	2020-09-26
2003年南糯正山		23,000	保利厦门	2020-09-26
2003年四星白菜(一筒一片)	重约3200g	1,035,000	中贸圣佳	2020-10-17
2003年兴海定制高级品		115,000	中贸圣佳	2020-10-17
2004年 8582青饼(401批次)		40,250	中国嘉德	2020-12-04
2004年顶级珍藏(一筒一片)	重约3200g	2,070,000	中贸圣佳	2020-10-17
2004年勐海茶厂见证饼		28,750	北京保利	2020-10-19
2004年普洱贡茶		28,750	北京保利	2020-10-19
2004年下关砖		11,500	永乐拍卖	2020-08-17
2005年 红色昌泰号		17,250	华艺国际	2020-10-15
2005年南糯孔雀		28,750	北京保利	2020-10-19
2005年四星孔雀白茶		32,200	北京保利	2020-12-05
2006年绿孔雀		28,750	北京保利	2020-10-19
2006年绿孔雀		28,750	北京保利	2020-12-05
2006年五子登科		28,750	北京保利	2020-10-19
2007年白牡丹		17,250	永乐拍卖	2020-12-03
2007年作 福鼎珍藏磻溪老白茶一箱		16,100	中贸圣佳	2020-12-07
2012年 御品百岁生普		299,000	保利厦门	2020-09-26
2012年 陈升老班章		55,200	中国嘉德	2020-12-04
2013年 御品百岁野生百年古树茶		598,000	保利厦门	2020-09-26
2013年作白牡丹城政和一级老白茶一箱		11,500	中贸圣佳	2020-12-07
2020年老班章古树茶		17,250	北京保利	2020-12-05
2020年老班章古树茶		11,500	保利厦门	2020-09-26
2020年曼新龙古树普洱茶		17,250	永乐拍卖	2020-08-17
20世纪50年代 红印圆茶(一片)	重约312g	1,012,000	华艺国际	2020-10-15
20世纪50年代 蓝印铁饼普洱茶(原筒七片)	总重量约2254g	2,764,740	保利香港	2020-12-02
20世纪50年代大红印(一筒)	重约2513g	4,657,500	北京保利	2020-10-19
20世纪50年代鸿和号(思普贡茗)(整筒)	约357g×7	3,795,000	永乐拍卖	2020-08-17
20世纪50年代后期大红印(一片)	重约352g	690,000	北京保利	2020-10-19
20世纪50年代蓝印铁饼 朱砂红(一筒一片)	重约2367g	4,025,000	中贸圣佳	2020-10-17
20世纪50年代无纸红印(一筒)	重约2490g	1,725,000	北京保利	2020-10-19
20世纪50年代无纸红印(一筒)	重约2400g	1,840,000	永乐拍卖	2020-12-03
20世纪60年代 英敏号 普洱生茶7+1片	350g×8	51,750	上海嘉禾	2020-01-05
20世纪70年代认真配方(一筒一片)	重约2515g	2,070,000	中贸圣佳	2020-10-17
20世纪80年代八八青饼(三筒)	重约7490g	3,450,000	中贸圣佳	2020-10-17
20世纪80年代末90年代初"八八青"青饼(共14片)	总重量:约2390g,2412g	1,725,000	中国嘉德	2020-12-04
20世纪90年代八八青饼		115,000	永乐拍卖	2020-08-17

拍品名称	物品尺寸	成交价RMB	拍卖公司	拍卖日期
20世纪80年代首批厚纸8582青饼(五片)	重约1750g	517,500	北京保利	2020-10-19
401乔木生态		437,000	中贸圣佳	2020-10-17
50年代 蓝印铁饼		402,500	华艺国际	2020-10-15
50年代大字绿印		506,000	中贸圣佳	2020-10-17
50年代蓝印甲级		506,000	中贸圣佳	2020-10-17
50年代蓝印铁饼 湖水蓝+桃红版		862,500	中贸圣佳	2020-10-17
60年代昆明铁饼		598,000	中贸圣佳	2020-10-17
70年代简体中茶		690,000	中贸圣佳	2020-10-17
70年代认真配方		701,500	中贸圣佳	2020-10-17
70年代同兴号		17,250	永乐拍卖	2020-08-17
70年代最高指示茯砖		57,500	永乐拍卖	2020-08-17
80年代 7542-88青饼		788,900	华艺国际	2020-10-15
80年代 厚纸8582七子茶饼		299,000	华艺国际	2020-10-15
80年代 勐海茶厂8592(商检厚纸)		128,800	华艺国际	2020-10-15
80年代 勐海茶厂薄纸7572(熟茶)		23,000	华艺国际	2020-10-15
80年代 首批中茶繁体铁饼8653		225,400	华艺国际	2020-10-15
80年代7542青饼		13,800	永乐拍卖	2020-08-17
80年代大红印		17,250	永乐拍卖	2020-08-17
80年代鼎兴号		23,000	永乐拍卖	2020-08-17
80年代厚纸8582		57,500	永乐拍卖	2020-08-17
80年代临湘茯砖		34,500	永乐拍卖	2020-08-17
90年代昆明茶厂熟砖7581(首批镭射标)		17,250	华艺国际	2020-10-15
90年代薄纸8582		115,000	永乐拍卖	2020-08-17
90年代红中红带七子饼		36,800	永乐拍卖	2020-08-17
90年代厚纸7532		13,800	永乐拍卖	2020-08-17
90年代吉幸普牌散茶		11,500	永乐拍卖	2020-08-17
90年代龙珠7542		25,300	永乐拍卖	2020-08-17
90年代中茶大蓝印(整筒)		34,500	永乐拍卖	2020-08-17
1991年7542(三筒)	重约7490g	2,300,000	中贸圣佳	2020-10-17
940 红中红青饼		69,000	北京保利	2020-10-19
940 红中红青饼		69,000	北京保利	2020-12-05
99年紫红票绿大树		253,000	中贸圣佳	2020-10-17
八八年凤凰沱		17,250	保利厦门	2020-09-26
八八年凤凰沱茶		25,300	北京保利	2020-12-05
八八青饼		460,000	北京保利	2020-10-19
八八青饼 薄纸7542		207,000	北京保利	2020-10-19
八八青饼 薄纸7542 末期		517,500	北京保利	2020-10-19
八八青饼 薄纸7542 末期		517,500	北京保利	2020-12-05
八八青饼 后期		345,000	永乐拍卖	2020-12-03
八八青饼 苹果绿 1989-1992年		402,500	北京保利	2020-10-19
八八青饼 散块		43,700	永乐拍卖	2020-12-03
八八青饼 早期		402,500	永乐拍卖	2020-12-03
八八青饼 散块		71,300	北京保利	2020-12-05
八八青饼 散块		34,500	北京保利	2020-10-19
八八青饼(苹果绿)		51,075	北京保利	2020-07-18
八八青饼早期		632,500	北京保利	2020-10-19
20世纪80年代"薄纸8582"青饼		517,500	中国嘉德	2020-12-04
20世纪80年代 7542青饼四饼		112,700	中贸圣佳	2020-10-17
20世纪80年代 宝焰牌泡茶		51,750	中贸圣佳	2020-10-17
20世纪80年代 厚纸8592紫天圆茶		80,500	中国嘉德	2020-12-04
20世纪80年代7542		41,400	永乐拍卖	2020-12-03
20世纪80年代8653(无纸)		97,750	北京保利	2020-12-05
20世纪80年代8653(无纸)		63,250	北京保利	2020-10-19
20世纪80年代8653(无纸)		19,295	北京保利	2020-07-18
20世纪80年代8653(无纸)		17,250	保利厦门	2020-09-26
20世纪80年代薄纸8582		59,800	保利厦门	2020-09-26
20世纪80年代薄纸8582		56,750	北京保利	2020-07-18
20世纪80年代参香砖		20,700	北京保利	2020-10-19
20世纪80年代参香砖		20,700	北京保利	2020-12-05
20世纪80年代参香砖		18,160	北京保利	2020-07-18
20世纪80年代茶字砖		17,025	北京保利	2020-07-18
20世纪80年代春蕊		20,700	保利厦门	2020-09-26
20世纪80年代广云贡		32,200	永乐拍卖	2020-12-03

(续表)

拍品名称	物品尺寸	成交价RMB	拍卖公司	拍卖日期
20世纪80年代红印沱		43,700	北京保利	2020-12-05
20世纪80年代老白茶		34,500	北京保利	2020-10-19
20世纪80年代老白茶		25,300	北京保利	2020-12-05
20世纪80年代老白茶		20,700	保利厦门	2020-09-26
20世纪80年代老白茶		15,890	北京保利	2020-07-18
20世纪80年代普洱茶砖		36,800	北京保利	2020-10-19
20世纪80年代普洱茶砖		34,500	北京保利	2020-12-05
20世纪80年代商检熟		138,000	北京保利	2020-10-19
20世纪80年代商检熟		138,000	北京保利	2020-12-05
20世纪80年代商检熟		20,430	北京保利	2020-07-18
20世纪80年代首批厚纸8582青饼		517,500	北京保利	2020-12-05
20世纪80年代天字饼		74,750	北京保利	2020-10-19
20世纪80年代天字饼		74,750	北京保利	2020-12-05
20世纪80年代下关8653		138,000	北京保利	2020-10-19
20世纪80年代下关春尖		10,350	北京保利	2020-10-19
20世纪80年代下关黑标甲级沱		28,750	北京保利	2020-10-19
20世纪80年代下关三角红标甲级沱		23,000	北京保利	2020-10-19
20世纪80年代早期厚纸8582青饼		322,000	永乐拍卖	2020-12-03
20世纪80年代中期 厚纸7542青饼		920,000	中国嘉德	2020-12-04
茶布敷	73cm×55cm	13,800	上海驰翰	2020-05-10
2000年 凤牌甲级普洱生沱茶	总重量约17500g	75,402	保利香港	2020-12-02
2000年 凤牌甲级普洱生沱茶	总重量约4000g	17,091	保利香港	2020-12-02
2000年 福鼎白茶——一级牡丹	总重量3000g	50,268	保利香港	2020-12-02
2000年 福鼎白茶——一级牡丹	总重量1000g	12,064	保利香港	2020-12-02
2000年 红印铁饼普洱茶(8668配方)	总重量约3200g	38,402	保利香港	2020-07-09
2008年 福鼎白茶—二级牡丹(原箱)	总重量约14000g	30,161	保利香港	2020-12-02
2007年 悟岩涧·野生奇种	总重量500g	13,070	保利香港	2020-12-02
2007年百花岩·绿芙蓉	总重量500g	12,064	保利香港	2020-12-02
2020年 中茶蓝印圆茶班章青饼(生茶)		34,500	西泠印社	2020-08-08
2008年 和其坊制千年古树普洱青饼(生茶)		48,300	西泠印社	2020-08-08
2000年 勐海茶厂红大益青饼(生茶)		32,200	西泠印社	2020-08-08
2000年 勐海茶厂无R红大益青饼(生茶)	2540g(整筒毛重)	55,200	西泠印社	2020-08-08
2003年 老白毫银针		20,700	西泠印社	2020-08-08
2004年 凤庆号伟人青饼		25,300	西泠印社	2020-08-08
2017年 和其坊特制普洱茶丸"一切苦"(生茶)		28,750	西泠印社	2020-08-08
20世纪80年代 红皇帝、绿皇帝老白牡丹		34,500	西泠印社	2020-08-08
20世纪80年代 鸿泰昌圆茶(熟茶)		41,400	西泠印社	2020-08-08
20世纪80年代 勐海茶厂黄印青饼(生茶)		34,500	西泠印社	2020-08-08
20世纪80年代 下关茶厂中茶牌平板模铁饼(生茶)		23,000	西泠印社	2020-08-08
20世纪80年代 新会东甲陈皮		34,500	西泠印社	2020-08-08
20世纪80年代 野生政和老白茶		14,950	西泠印社	2020-08-08
20世纪80年代末 勐海茶厂"八八"青饼(生茶)		166,750	西泠印社	2020-08-08
20世纪80年代末 勐海茶厂"八八"青饼(生茶)一筒七片	2500g(毛重)	862,500	西泠印社	2020-08-08
20世纪初 纽约红茶		11,500	西泠印社	2020-08-08
20世纪90年代 福茗堂老班章(生茶)		16,100	西泠印社	2020-08-08
20世纪90年代广生茶行老寿眉		43,700	西泠印社	2020-08-08
20世纪90年代 金龙牌白毫寿眉		19,550	西泠印社	2020-08-08
20世纪90年代 老白茶		21,850	西泠印社	2020-08-08
20世纪90年代 老白茶贡眉		20,700	西泠印社	2020-08-08
20世纪90年代 勐海茶厂傣文7532青饼(生茶)		43,700	西泠印社	2020-08-08
20世纪90年代 勐海茶厂简体"云"青饼(生茶)		28,750	西泠印社	2020-08-08
20世纪90年代 下关茶厂紧沱(生茶)		17,250	西泠印社	2020-08-08
20世纪90年代 原箱福字牌白毛寿眉		94,300	西泠印社	2020-08-08
20世纪90年代初 下关茶厂盒装销法沱茶(熟茶)		10,350	西泠印社	2020-08-08
20世纪90年代末 新芽牌银针白毫		48,300	西泠印社	2020-08-08
20世纪90年代 老白茶 一罐	净重1280g	115,000	西泠印社	2020-08-08
20世纪60年代 英美茶庄远年六安茶及水仙茶各两盒		74,750	西泠印社	2020-08-08
20世纪70年代 老六堡茶		69,000	西泠印社	2020-08-08
20世纪70年代 勐海茶厂大叶青饼(生茶)		92,000	西泠印社	2020-08-08
20世纪70年代 勐海茶厂七三大口中青饼(生茶)		126,500	西泠印社	2020-08-08
20世纪70年代 勐海茶厂雪印7532青饼(生茶)一片		138,000	西泠印社	2020-08-08
20世纪70年代 勐海茶厂中茶牌""文革""青砖(生茶)		105,800	西泠印社	2020-08-08
20世纪70年代 中茶牌繁体字青饼(生茶)		59,800	西泠印社	2020-08-08
二十世纪七十年代初·孙义顺老六安茶两篓		25,300	西泠印社	2020-08-08
20世纪40年代 古董号级兴顺祥圆茶(生茶)一片		207,000	西泠印社	2020-08-08
20世纪50年代 无纸红印青饼普洱茶	重量约294g	373,352	保利香港	2020-07-09
号级 双狮同庆号(一片)	重约321.6g	1,955,000	中贸圣佳	2020-10-17
号级茶 宋聘号·蓝标(一片)	重约345g	1,495,000	中国嘉德	2020-12-04
号级茶 同昌号·黄锦堂		575,000	中国嘉德	2020-12-04
1998年勐海红丝带青沱		13,800	保利厦门	2020-09-26
1998年易武顺时兴		48,300	北京保利	2020-12-05
1998年易武顺时兴		23,000	北京保利	2020-10-19
九二方砖		155,250	北京保利	2020-12-05
九二方砖		126,500	北京保利	2020-10-19
九二方砖		34,500	保利厦门	2020-09-26
九二方砖		28,375	北京保利	2020-07-18
九二年春芽		17,250	北京保利	2020-12-05
1992年红丝带		34,500	保利厦门	2020-09-26
1992年红丝带青饼		55,200	北京保利	2020-10-19
1992年红丝带青饼		55,200	北京保利	2020-12-05
1999年傣文青饼		40,250	北京保利	2020-12-05
1999年宋精		207,000	北京保利	2020-10-19
1999年岩茶		23,000	中贸圣佳	2020-10-17
1996年薄纸8582青饼		23,000	保利厦门	2020-09-26
1996年厚纸8582青饼		25,300	保利厦门	2020-09-26
1996年水蓝印		63,250	北京保利	2020-12-05
1997年方砖		11,500	保利厦门	2020-09-26
1997年水蓝印散块		28,750	永乐拍卖	2020-12-03
1997水蓝印 散块		57,500	北京保利	2020-12-05
1993年参香砖		17,250	保利厦门	2020-09-26
1993年老班章		41,400	北京保利	2020-10-19
20世纪90年代7542青饼		34,500	永乐拍卖	2020-12-03
20世纪90年代7542青饼		32,200	保利厦门	2020-09-26
20世纪90年代白毫银针 银针王		28,750	北京保利	2020-10-19
20世纪90年代白毫银针 银针王		28,750	北京保利	2020-12-05
20世纪90年代初 "92方砖"		126,500	中国嘉德	2020-12-04
20世纪90年代红心有机铁观音		18,400	北京保利	2020-10-19
20世纪90年代厚纸熟砖		20,700	北京保利	2020-10-19
20世纪90年代厚纸熟砖		13,800	保利厦门	2020-09-26
20世纪90年代黄印青饼		13,800	保利厦门	2020-09-26

2020杂项拍卖成交汇总

(续表)

拍品名称	物品尺寸	成交价RMB	拍卖公司	拍卖日期
20世纪90年代景迈山古树熟饼·私人珍藏		17,250	北京保利	2020-12-05
20世纪90年代老白茶		13,620	北京保利	2020-07-18
20世纪90年代老白茶 寿眉		20,700	永乐拍卖	2020-12-03
20世纪90年代老白茶(寿眉)		34,500	北京保利	2020-10-19
20世纪90年代老白茶(寿眉)		29,900	北京保利	2020-12-05
20世纪90年代老白茶·寿眉		13,800	保利厦门	2020-09-26
20世纪90年代老白茶牡丹		23,000	北京保利	2020-10-19
20世纪90年代老白茶牡丹		20,700	北京保利	2020-12-05
20世纪90年代镭射砖		25,300	北京保利	2020-12-05
20世纪90年代牡丹茶王		20,700	保利厦门	2020-09-26
20世纪90年代牡丹茶王		20,700	北京保利	2020-10-19
20世纪90年代牡丹茶王		20,700	北京保利	2020-12-05
20世纪90年代牡丹茶王		17,250	北京保利	2020-10-19
20世纪90年代牡丹茶王		17,250	北京保利	2020-12-05
20世纪90年代青饼		115,000	北京保利	2020-10-19
20世纪90年代新会老陈皮		11,350	北京保利	2020-07-18
20世纪90年代中茶熟砖		23,000	永乐拍卖	2020-12-03
20世纪90年代中期8582"橙中绿"青饼		218,500	中国嘉德	2020-12-04
1994年凤凰沱		21,565	北京保利	2020-07-18
1994年凤凰沱		13,800	保利厦门	2020-09-26
1994年樟香青饼		207,000	北京保利	2020-10-19
宽版八八青饼		79,450	北京保利	2020-07-18
老肉桂		20,700	中贸圣佳	2020-10-17
老岩茶		23,000	中贸圣佳	2020-10-17
1969年"文革"砖		43,700	北京保利	2020-12-05
20世纪60年代大叶"文革"砖		71,300	北京保利	2020-12-05
20世纪60年代景东"文革"砖		126,500	北京保利	2020-10-19
20世纪60年代景谷"文革"砖		138,000	北京保利	2020-10-19
20世纪60年代芒市"文革"砖		34,500	北京保利	2020-10-19
20世纪60年代芒市"文革"砖		34,500	北京保利	2020-12-05
20世纪60年代勐海"文革"砖		92,000	北京保利	2020-10-19
20世纪60年代首批油光纸"文革"砖		57,500	永乐拍卖	2020-12-03
20世纪60年代"文革"砖		31,780	北京保利	2020-07-18
20世纪60年代下关"文革"砖		97,750	北京保利	2020-12-05
20世纪60年代下关"文革"砖		92,000	北京保利	2020-10-19
明治时期 抹茶茶器套组	尺寸不一	20,700	西泠印社	2020-08-08
七三青饼		69,000	保利厦门	2020-09-26
七三青饼		68,100	北京保利	2020-07-18
20世纪70年代初期黄字黄印		97,750	北京保利	2020-10-19
20世纪70年代初"文革"砖		55,200	北京保利	2020-12-05
20世纪70年代大叶青饼		172,500	北京保利	2020-10-19
20世纪70年代大叶青饼		161,000	永乐拍卖	2020-12-03
20世纪70年代广云贡		23,000	北京保利	2020-10-19
20世纪70年代老白茶		46,000	北京保利	2020-10-19
20世纪70年代老白茶(寿眉)		55,200	北京保利	2020-10-19
20世纪70年代老白茶(寿眉)		51,750	北京保利	2020-12-05
20世纪70年代末 "73大口中"青饼		920,000	中国嘉德	2020-12-04
20世纪70年代末至80年代 "79景谷砖"		115,000	中国嘉德	2020-12-04
20世纪70年代7532青饼		97,750	北京保利	2020-10-19
20世纪70年代水蓝印		28,750	北京保利	2020-10-19
20世纪70年代雪印		69,000	永乐拍卖	2020-12-03
20世纪70年代雪印青饼		132,250	北京保利	2020-10-19
20世纪70年代中期 "73厚砖"		207,000	中国嘉德	2020-12-04
20世纪70年代中期"文革"砖		46,000	永乐拍卖	2020-12-03
瑞秀楼珍藏台湾高山乌龙老茶		23,000	中贸圣佳	2020-12-08
"文革"期大红袍		34,500	北京保利	2020-12-05
"文革"期老寿眉(袋泡茶)		48,300	北京保利	2020-10-19
20世纪50年代 大字红印青饼		747,500	中国嘉德	2020-12-04
20世纪50年代 甲乙级蓝印青饼		368,000	中国嘉德	2020-12-04
20世纪50年代大红印		690,000	北京保利	2020-10-19
20世纪50年代大红印 品鉴装		43,700	北京保利	2020-12-05
20世纪50年代后期大红印		598,000	永乐拍卖	2020-12-03
20世纪50年代蓝铁		253,000	北京保利	2020-10-19
20世纪50年代无纸红印		287,500	北京保利	2020-10-19
20世纪50年代无纸红印		264,500	永乐拍卖	2020-12-03
20世纪50年代中期大红印		690,000	永乐拍卖	2020-12-03
20世纪80年代 7452普洱茶饼	总重量约630g	13,867	保利香港	2020-07-09
20世纪80年代 八八青饼普洱茶(7542配方)	总重量约2161g	192,010	保利香港	2020-07-09
20世纪80年代 八八熟普洱茶饼(8592配方)	总重量约2337g	90,482	保利香港	2020-12-02
20世纪80年代福鼎白茶——级牡丹	总重量950g	57,306	保利香港	2020-12-02
20世纪80年代 福建海提牌正溪茶	总重量1500g	21,334	保利香港	2020-07-09
20世纪80年代 福建天鹏峰乌龙茶	总重量625g	14,934	保利香港	2020-07-09
20世纪80年代 厚纸7532青饼普洱茶	总重量约1010g	140,750	保利香港	2020-12-02
20世纪80年代 厚纸7542青饼普洱茶	总重量约3405g	361,930	保利香港	2020-12-02
20世纪80年代 厚纸8582青饼普洱茶	总重量约2160g	693,368	保利香港	2020-07-09
20世纪80年代 厚纸8582青饼普洱茶	总重量约2434g	298,682	保利香港	2020-07-09
20世纪80年代 下关普洱熟沱茶	总重量约1500g	40,214	保利香港	2020-12-02
20世纪80年代 油光纸普洱茶砖	总重量2500g	58,670	保利香港	2020-07-09
20世纪80年代 中茶牌繁体字铁饼普洱茶(8653配方)	总重量约2335g	165,342	保利香港	2020-07-09
20世纪80年代 中茶牌普洱茶生砖(勐海茶厂)	总重量约7000g	50,268	保利香港	2020-12-02
20世纪80年代末至90年代初 八八青饼普洱茶(7542配方)	总重量约2343g	512,026	保利香港	2020-07-09
20世纪80年代末至90年代初 八八青饼普洱茶(7542配方)	总重量约2270g	281,501	保利香港	2020-12-02
20世纪80年代末至90年代初 八八青饼普洱茶(7542配方)散块	总重量1000g	65,348	保利香港	2020-12-02
1989年 八八青饼普洱茶(7542配方)	总重量约2357g	281,501	保利香港	2020-12-02
1989年 福建正山小种红茶	重量500g	12,801	保利香港	2020-07-09
1985年 福建安溪铁观音茶	总重量1200g	32,002	保利香港	2020-07-09
1985年 福建安溪铁观音茶	重量400g	10,667	保利香港	2020-07-09
20世纪20年代 宋聘号(蓝票)青饼普洱茶·散块	总重量30g	100,536	保利香港	2020-12-02
20世纪20年代 宋聘号青饼普洱茶(蓝票)	总重量约291g	1,206,432	保利香港	2020-12-02
1990年 福建安凤牌铁观音茶	总重量1250g	17,068	保利香港	2020-07-09
20世纪90年代 福建牡丹王白茶	总重量2500g	53,336	保利香港	2020-07-09
20世纪90年代 普洱生砖	总重量约17600g	75,402	保利香港	2020-12-02
20世纪90年代 真淳雅号青饼普洱茶	总重量约2250g	80,429	保利香港	2020-12-02
20世纪90年代 中茶牌繁体字铁饼普洱茶(8653配方)	总重量约4980g	211,126	保利香港	2020-12-02
20世纪90年代 中茶牌繁体字铁饼普洱茶(8653配方)	总重量约2456g	100,536	保利香港	2020-12-02
20世纪90年代初福鼎白茶——牡丹王	总重量2500g	90,482	保利香港	2020-12-02
20世纪90年代初福鼎白茶——牡丹王		70,375	保利香港	2020-12-08
20世纪90年代初福鼎白茶——牡丹王	总重量1000g	50,268	保利香港	2020-12-02
20世纪90年代初福鼎白茶——寿眉	总重量5000g	44,236	保利香港	2020-12-02
20世纪90年代初福鼎白茶——寿眉	总重量2000g	18,096	保利香港	2020-12-02
1998年 橙印青饼普洱茶(7532配方)	总重量约5040g	74,670	保利香港	2020-07-09
1998年 勐海茶厂红丝带A砖(熟茶)		13,800	西泠印社	2020-08-08
1992年 福建铁峰岩牌铁观音茶	总重量1250g	17,068	保利香港	2020-07-09
1999年 大渡岗青饼普洱茶		30,161	保利香港	2020-12-08
1999年 大渡岗青饼普洱茶	总重量约2382g	17,091	保利香港	2020-12-02
1999年 外商定制款中茶标红印青饼(生茶)		57,500	西泠印社	2020-08-08
1999年 下关茶厂无飞青饼(生茶)		28,750	西泠印社	2020-08-08
1996年 大益牌普洱熟砖	总重量约5000g	70,375	保利香港	2020-12-02
1996年 大益普洱茶砖	总重量5000g	42,669	保利香港	2020-07-09
1996年 水蓝印青饼普洱茶(8582配方)	总重量约2739g	201,072	保利香港	2020-12-02
1996年 紫大益青饼普洱茶(7542配方)	总重量约2551g	213,344	保利香港	2020-07-09

（续表）

拍品名称	物品尺寸	成交价RMB	拍卖公司	拍卖日期
1996年 勐海茶厂首批橙中橙7532青饼（生茶）		40,250	西泠印社	2020-08-08
1997年 水蓝印青饼普洱茶（7542配方）	总重量约2369g	180,965	保利香港	2020-12-02
1997年 水蓝印青饼普洱茶（7542配方）	总重量约2644g	150,804	保利香港	2020-12-02
1997年 水蓝印青饼普洱茶（7542配方）	总重量约2382g	150,804	保利香港	2020-12-02
1997年 水蓝印青饼普洱茶（7542配方）	总重量约2272g	110,590	保利香港	2020-12-02
1997年 水蓝印青饼普洱茶（8582配方）	总重量约4820g	96,005	保利香港	2020-07-09
1997年 水蓝印青饼普洱茶（8582配方）	总重量约2405g	51,203	保利香港	2020-07-09
1993年 福建西施牌铁观音茶	总重量1250g	17,068	保利香港	2020-07-09
1993年 小票青饼普洱茶（7542配方）	总重量约2247g	135,724	保利香港	2020-12-02
1993年 小票青饼普洱茶（7542配方）	总重量约1911g	80,429	保利香港	2020-12-02
1993年 勐海茶厂小绿印青饼（生茶）		20,700	西泠印社	2020-08-08
1994年 大益普洱茶砖（首批）	总重量2500g	34,135	保利香港	2020-07-09
1994年 业字青饼普洱茶（7542配方）	总重量约2353g	125,670	保利香港	2020-12-02
1995年 8582青饼普洱茶		201,072	保利香港	2020-12-08
1995年 8582青饼普洱茶	总重量约2584g	191,018	保利香港	2020-12-02
1995年 勐海茶厂红丝带青饼（生茶）		43,700	西泠印社	2020-08-08
20世纪60年代 广西梧州六堡茶	总重量2000g	50,268	保利香港	2020-12-02
20世纪60年代 中茶牌普洱生砖（勐海茶厂）	总重量约2500g	130,697	保利香港	2020-12-02
20世纪60年代 中茶牌普洱生砖（下关茶厂）	总重量约3750g	180,965	保利香港	2020-12-02
20世纪70年代 安徽六安茶	总重量约3143g	58,311	保利香港	2020-12-02
20世纪70年代 广云贡普洱茶饼	总重量约2233g	65,348	保利香港	2020-12-02
20世纪70年代 天信号青饼普洱茶	总重量约3476g	160,008	保利香港	2020-07-09
20世纪40年代 龙马同庆号青饼普洱茶·散块	总重量30g	36,193	保利香港	2020-12-02
20世纪50年代 红印铁饼普洱茶	总重量约332g	683,645	保利香港	2020-12-02
20世纪初 普庆号青饼普洱茶·散块	总重量30g	30,161	保利香港	2020-12-02
20世纪30年代　五票孙义顺老六安（一条六粒）	总重约2972g	575,000	中国嘉德	2020-12-04
约1999–2003年 向阳花牌寿眉		41,400	华艺国际	2020-10-15
约2003–2008年 向阳花牌寿眉（美林经销）		37,950	华艺国际	2020-10-15
约70年代 云南普洱茶（熟茶）		14,950	华艺国际	2020-10-15
约90年代 敦煌牌铁观音		23,000	华艺国际	2020-10-15
云南七子饼茶（三饼）		86,250	中贸圣佳	2020-10-17
云南七子饼茶（三饼）		86,250	中贸圣佳	2020-10-17
真淳雅号（1996）		218,500	中贸圣佳	2020-10-17
真淳雅号（丙子年）		230,000	中贸圣佳	2020-10-17
中茶20世纪80年代黄印		46,000	北京保利	2020-12-05
中茶20世纪90年代橙印青饼7542		42,550	北京保利	2020-12-05
中茶20世纪90年代初期春蕊		46,000	北京保利	2020-12-05
中茶20世纪90年代初期春蕊		34,500	北京保利	2020-10-19
中茶20世纪90年代厚纸8582青饼		55,200	北京保利	2020-12-05
中茶20世纪90年代老树圆茶红丝带		40,250	北京保利	2020-12-05
中茶20世纪90年代天字饼		34,500	北京保利	2020-10-19
盆 景				
赤松	高110cm；径22cm；飘枝长100cm	11,500	上海嘉禾	2020-01-05
济州真柏	高93cm；径12cm；飘枝长76cm	11,500	上海嘉禾	2020-01-05

拍品名称	物品尺寸	成交价RMB	拍卖公司	拍卖日期
虬赤松	高43cm；径11cm；飘枝长36cm	5,750	上海嘉禾	2020-01-05
系鱼川真柏	高30cm；径9cm；飘枝长40cm	5,750	上海嘉禾	2020-01-05
系鱼川真柏	高30cm；径7cm；飘枝长36cm	5,750	上海嘉禾	2020-01-05
乐 器				
埃拉德24K鎏金豪华雕刻钢琴 1910年巴黎埃拉德	琴长224cm	1,610,000	永乐拍卖	2020-12-04
约1915年 施坦威 精美及罕有，豪华雕刻洛可可风格A3型钢琴	琴长约194cm	1,495,000	北京保利	2020-10-19
施坦威 创始人200周年诞辰纪念款特制钢琴 全球唯一 蒂凡尼设计 施坦威本人签名	琴长210cm；琴宽148cm	5,175,000	永乐拍卖	2020-12-04
施坦威 新潮视觉艺术 自动演奏三角钢琴 全球唯一 林西·亚历山大设计黑天鹅	琴长210cm；琴宽148cm	2,645,000	永乐拍卖	2020-12-04
施坦威（Steinway&Sons）胡桃木三角钢琴	长146cm；宽180cm；高98cm	437,000	西泠印社	2020-08-10
施坦威大三角音乐会钢琴	琴长274cm	3,335,000	永乐拍卖	2020-08-18
施坦威–蒂芙尼 24K鎏金三角钢琴	琴长212cm	7,475,000	永乐拍卖	2020-08-18
尚 品				
18K铂金及钻石EVER CHAÎNE D' ANCRE项链及18K铂金及钻石CHAÎNE D' ANCRE ENCHAÎNÉE耳环（一组两件）		74,550	佳士得	2020-11-27
18K玫瑰金，钻石及黑玉NILOTICUS OMBRÉ项链		85,200	佳士得	2020-11-27
18K玫瑰金及黑尖晶石ALCHIMIE戒指及18K玫瑰金及黑尖晶石COLLIER DE CHIEN手环（一组两件）		90,525	佳士得	2020-11-27
18K玫瑰金及钻石CONSTANCE AMULETTE坠饰项链 18K玫瑰金及钻石EVER CHAÎNE D' ANCRE耳环 18K玫瑰金及钻石CHAÎNE D' ANCRE PUNK戒指（一组三件）		79,875	佳士得	2020-11-27
18K玫瑰金及钻石KELLY手环及18K玫瑰金及钻石COLLIER DE CHIEN手环（一组两件）		447,300	佳士得	2020-11-27
2008年作 爱马仕 × Batavus 联名 复古自行车（褐色）	195cm×110cm×60cm	55,200	华艺国际	2020-10-15
2009年台北BELLAVITA限量版朱红色SWIFT小牛皮QUELLE IDOLE包附钯金配件	15cm×12cm×6cm	170,400	佳士得	2020-11-27
2016年作SUPREME × SIMPSON头盔（红）	58cm	23,000	华艺国际	2020-10-15
2017年作 SUPREME × COLEMAN沙滩摩托	155cm×70cm×93cm	69,000	华艺国际	2020-10-15
5P粉色SWIFT小牛皮28cm JYPSIÈRE包附钯金配件	28cm×23.5cm×12.5cm	53,250	佳士得	2020-11-27
ALEX ISRAEL设计限量版ORIGINAL CABIN PLUS旅行箱附“LA”及“ART”贴纸	56cm×45cm×25cm	15,975	佳士得	2020-11-27
BERNADINI MILANO改造黑色EPI皮革IPHONE音箱附黄铜配件	40cm×23cm×21cm	14,910	佳士得	2020-11-27
NIGO联名限量版棕色GIANT DAMIER帆布50cmKEEPALL BANDOULIÈRE包及棕色GIANT DAMIER帆布手机包（一组两件）	50cm×27cm×23cm；11cm×18cm×4cm	47,925	佳士得	2020-11-27
PASSIFOLIA茶壶，茶杯及碗盘组（一组十三件）		31,950	佳士得	2020-11-27
RODÉO挂饰（一组二十四件）	GM11cm×9.5cm；PM7cm×5.5cm	127,800	佳士得	2020-11-27
VIRGIL ABLOH设计限量版黑色彩虹MONOGRAM MALLE COURRIER 110储物箱附黑色配件	110cm×48cm×55cm	426,000	佳士得	2020-11-27

(续表)

拍品名称	物品尺寸	成交价RMB	拍卖公司	拍卖日期
VIRGIL ABLOH设计限量版绿色TUFFETAGE MONOGRAM WALLET TRUNK附绿色配件	23cm×13.5cm×6cm	58,575	佳士得	2020-11-27
爱马仕 1961 白色 GULLIVER牛皮28cm外缝凯莉包附金色金属配件	28cm×21cm×11cm	85,456	保利香港	2020-12-02
爱马仕 1994 爱马仕红色EPSOM牛皮28cm外缝凯莉包附金色金属配件	28cm×21cm×11cm	59,189	保利香港	2020-07-08
爱马仕 1994 黑色BOX牛皮28cm外缝凯莉包附金色金属配件	28cm×21cm×11cm	59,189	保利香港	2020-07-08
爱马仕 1994 亮面波尔多红色POROSUS鳄鱼皮32cm外缝凯莉包附金色金属配件	32cm×23cm×11cm	150,804	保利香港	2020-12-02
爱马仕 1999 羊毛白色BOX牛皮外缝28cm外缝凯莉包附金色金属配件	28cm×21cm×11cm	51,656	保利香港	2020-07-08
爱马仕 2005 限量版白色及靛蓝色EPSOM牛皮25cm内缝凯莉包附银色金属配件	25cm×18cm×10cm	70,375	保利香港	2020-12-02
爱马仕 2006 限量版黑色BOX牛皮及蓝色POTOMAS帆布30cm铂金包附银色金属配件	30cm×20cm×15cm	221,179	保利香港	2020-12-02
爱马仕 2006 限量版黑色BOX牛皮及蓝色POTOMAS帆布30cm铂金包附银色金属配件	30cm×20cm×15cm	86,093	保利香港	2020-07-08
爱马仕 2007 橙色TOGO牛皮32cm内缝凯莉包附银色金属配件	32cm×23cm×11cm	55,295	保利香港	2020-12-02
爱马仕 2007 牛仔蓝色TOGO牛皮30cm铂金包附银色金属配件	30cm×20cm×15cm	59,189	保利香港	2020-07-08
爱马仕 2007 限量版黑色BOX牛皮及红色POTOMAS帆布30cm铂金包附银色金属配件	30cm×20cm×15cm	191,018	保利香港	2020-12-02
爱马仕 2007 限量版黑色BOX牛皮及红色POTOMAS帆布30cm铂金包附银色金属配件	30cm×20cm×15cm	86,093	保利香港	2020-07-08
爱马仕 2008 金色EPSOM牛皮25cm铂金包附银色金属配件	25cm×19cm×13cm	91,474	保利香港	2020-07-08
爱马仕 2008 牛仔蓝色TOGO牛皮25cm内缝凯莉包附银色金属配件	25cm×18cm×10cm	68,874	保利香港	2020-07-08
爱马仕 2009 白色CLEMENCE牛皮35cm铂金包附银色金属配件	35cm×25cm×18cm	65,348	保利香港	2020-12-02
爱马仕2009-2014皮带一组五条附皮带扣	长115cm; 长109cm; 104cm	19,371	保利香港	2020-07-08
爱马仕 2010 白色SWIFT牛皮CONSTANCE ELAN包附白色珐琅及银色金属配件	25cm×14cm×3cm	51,656	保利香港	2020-07-08
爱马仕 2010 极为罕有亮面紫水晶色POROSUS鳄鱼皮35cm钻石铂金包附18K铂金及钻石金属配件	35cm×25cm×18cm	502,680	保利香港	2020-12-02
爱马仕 2010 孟加拉国绿色SWIFT牛皮25cm铂金包附银色金属配件	25cm×18cm×10cm	64,570	保利香港	2020-07-08
爱马仕 2011 5P 粉CLEMENCE牛皮35cm铂金包附银色金属配件	35cm×25cm×18cm	38,204	保利香港	2020-12-02
爱马仕 2011 杜鹃红色CLEMENCE牛皮SHOULDER BIRKIN包附银色金属配件	42cm×18cm×21cm	42,225	保利香港	2020-12-02
爱马仕 2012 BARENIA马鞍皮及帆布35cm内缝凯莉包附金色金属配件	35cm×25cm×13cm	70,375	保利香港	2020-12-02
爱马仕 2012 电光蓝色CLEMENCE牛皮VICTORIA包附银色金属配件	36cm×23cm×18cm	18,096	保利香港	2020-12-08
爱马仕 2012 红宝石色TADELAKT牛皮35cmGHILLIES凯莉包附精铜配件	35cm×25cm×13cm	34,437	保利香港	2020-07-08
爱马仕 2012 极为罕有亮面深海蓝色POROSUS鳄鱼皮35cm钻石铂金包附18K铂金及钻石金属配件	35cm×25cm×18cm	484,272	保利香港	2020-07-08
爱马仕 2012 雾面橙色尼罗鳄鱼皮25cm内缝凯莉包附金色金属配件	25cm×18cm×10cm	201,072	保利香港	2020-12-02
爱马仕 2012限量国旗红及钴蓝色EPSOM牛皮32cm内缝凯莉包附精铜配件	32cm×23cm×10cm	85,456	保利香港	2020-12-08
爱马仕 2012 紫水晶色CLEMENCE牛皮VICTORIA包附银色金属配件	32cm×23cm×17cm	10,762	保利香港	2020-07-08
爱马仕 2013 电光蓝色TOGO牛皮32cm内缝凯莉包附金色金属配件	32cm×23cm×10cm	45,199	保利香港	2020-07-08
爱马仕 2013 锡器灰色TOGO牛皮30cm铂金包附银色金属配件	30cm×20cm×15cm	69,950	保利香港	2020-07-08
爱马仕 2013 亚麻蓝色EPSOM牛皮32cm外缝凯莉包附银色金属配件	32cm×23cm×11cm	90,482	保利香港	2020-12-02
爱马仕 2013 亚麻蓝色EPSOM牛皮32cm外缝凯莉包附银色金属配件	32cm×23cm×11cm	86,093	保利香港	2020-07-08
爱马仕 2014 特别定制龙虾粉色、亚麻蓝色及伊斯米尔蓝色三色EPSOM牛皮28cm内缝凯莉包附银色金属配件	28cm×21cm×11cm	261,394	保利香港	2020-12-02
爱马仕 2014 限量版雾面黑色短吻鳄鱼皮, CLEMENCE及BOX牛皮35cm内缝凯莉包附银色金属配件	35cm×25cm×13cm	201,072	保利香港	2020-12-08
爱马仕 2014/2014/2016 彩带粉色EPSOM牛皮BEARN皮夹附银色金属配件 & 黑色EPSOM牛皮BEARN皮夹附银色金属配件 & 柠檬黄CHEVRE羊皮凯莉皮夹附银色金属配件	Bearn 皮夹: 17.5cm×9cm×2cm; Kelly 皮夹: 20cm×11cm×2cm	31,209	保利香港	2020-07-08
爱马仕 2015 孔雀绿色CLEMENCE牛皮30cm铂金包附金色金属配件	30cm×20cm×15cm	95,509	保利香港	2020-12-02
爱马仕 2015 玫瑰粉色TOGO牛皮30cm铂金包附金色金属配件	30cm×20cm×15cm	105,563	保利香港	2020-12-08
爱马仕 2015 樱花粉色帆布及VACHE NATURELLE牛皮31cmHERBAG包附银色金属配件	31cm×26cm×10.5cm	17,091	保利香港	2020-12-02
爱马仕 2016 BARENIA马鞍皮BEARN皮夹附银色金属配件	17.5cm×9cm×2cm	10,054	保利香港	2020-12-02
爱马仕 2016 白色、黑色及小鸡黄色EVERGRAIN牛皮20cmTOOLBOX包附银色金属配件	20cm×21cm×15cm	21,523	保利香港	2020-07-08
爱马仕 2016 罕见雾面白色喜马拉雅尼罗鳄鱼皮30cm铂金包附银色金属配件	30cm×20cm×15cm	1,407,504	保利香港	2020-12-02
爱马仕 2016 红宝石色EPSOM牛皮凯莉皮夹附精铜配件	20cm×11cm×2cm	16,142	保利香港	2020-07-08
爱马仕 2016 火焰红色TOGO牛皮32cm内缝凯莉包附金色金属配件	32cm×23cm×11cm	60,322	保利香港	2020-12-08
爱马仕 2016 亮面橘红色短吻鳄鱼皮MINI KELLY II包 附银色金属配件	20cm×12cm×6cm	321,715	保利香港	2020-12-02
爱马仕 2016 亮面维罗纳绿色尼罗鳄鱼皮30cm铂金包附金色金属配件	30cm×20cm×15cm	382,037	保利香港	2020-12-02
爱马仕 2016 龙虾粉色EVERCOLOR牛皮26cmLINDY包附银色金属配件	26cm×18cm×13cm	50,268	保利香港	2020-12-02
爱马仕 2016 雾面水泥灰色尼罗鳄鱼皮26cmLINDY包附银色金属配件	26cm×27cm×13cm	351,876	保利香港	2020-12-02
爱马仕 2017 NIGEL PEAKE设计限量版黑色SOMBRERO小牛皮 'ON A SUMMER NIGHT' 19cmCONSTANCE包附黑色珐琅及银色金属配件	19cm×15cm×4cm	91,474	保利香港	2020-07-08
爱马仕 2017 靛蓝色SWIFT牛皮MEDOR 23 手拿包附金色金属配件	23cm×11cm×5cm	20,107	保利香港	2020-12-02
爱马仕 2017 黑色TOGO牛皮30cm铂金包附金色金属配件	30cm×20cm×15cm	102,235	保利香港	2020-07-08
爱马仕 2017 亮面桃红色POROSUS鳄鱼皮30cm铂金包附金色金属配件	30cm×20cm×15cm	402,144	保利香港	2020-12-02
爱马仕 2017 午夜蓝色TOGO牛皮及MOYEN TODOO FEUTRE羊毛40cm HAC 铂金包附银色金属配件	40cm×36cm×22cm	75,331	保利香港	2020-07-08
爱马仕 2017 鸭子蓝色EVERCOLOR牛皮19cmCONSTANCE包附金色金属配件	19cm×15cm×4cm	75,402	保利香港	2020-12-02

（续表）

拍品名称	物品尺寸	成交价RMB	拍卖公司	拍卖日期
爱马仕 2017-2018 黑色EPSOM牛皮卡包 & 蜜桃粉色EPSOM牛皮CALVI卡包& 新大象灰色EPSOM牛皮卡包 & 黑色EPSOM牛皮凯莉皮带附金色皮带扣	蜜桃粉色：10cm×6.5cm；黑色：8.5cm×8cm；新大象灰色：8.5cm×8cm；皮带宽18mm；可调节长度60cm至100cm	10,054	保利香港	2020-12-02
爱马仕 2018 唇膏粉色EPSOM牛皮手枪包附银色金属配件	23cm×18cm×7cm	40,214	保利香港	2020-12-02
爱马仕 2018 黑色BOX牛皮皮带配蓝色STREET H皮带扣及金色、橙色及玫瑰紫色EPSOM牛皮编织花纹皮带	皮带长114cm；编织花纹皮带长86cm	10,054	保利香港	2020-12-02
爱马仕 2018 亮面黑色短吻鳄鱼皮25cm外缝凯莉包附金色金属配件	25cm×18cm×10cm	462,466	保利香港	2020-12-02
爱马仕 2018 玫瑰紫色TOGO牛皮28cm内缝凯莉包附银色金属配件	28cm×21cm×11cm	120,643	保利香港	2020-12-02
爱马仕 2018 玫瑰紫色鸵鸟皮18cmPICOTIN手提包附银色金属配件	18cm×20cm×13cm	60,322	保利香港	2020-12-02
爱马仕 2018 墨绿色鸵鸟皮22cmPICOTIN包附金色金属配件	22cm×22cm×17cm	45,241	保利香港	2020-12-02
爱马仕 2018 特别定制唇膏粉及海鸥灰EPSOM牛皮外缝25cm凯莉包附金色金属配件	25cm×18cm×10cm	150,662	保利香港	2020-07-08
爱马仕 2018 雾面黑色POROSUS鳄鱼皮KELLY CUT手拿包附金色金属配件	30cm×13cm×3cm	90,482	保利香港	2020-12-02
爱马仕 2018 伊斯米尔蓝色TADELAKT牛皮28cm外缝凯莉包附金色金属配件	28cm×21cm×11cm	70,375	保利香港	2020-12-02
爱马仕 2019 北方蓝色COUNTRY牛皮36cmGARDEN PARTY包附银色金属配件	36cm×26cm×17cm	15,080	保利香港	2020-12-02
爱马仕 2019 不锈钢餐具（一组十八件）		16,086	保利香港	2020-12-02
爱马仕 2019 不锈钢餐具（一组十八件）		13,990	保利香港	2020-07-08
爱马仕 2019 唇膏粉色EPSOM牛皮25cm外缝凯莉包附银色金属配件	25cm×18cm×10cm	107,616	保利香港	2020-07-08
爱马仕 2019 唇膏粉色SWIFT牛皮24cmCONSTANCE包附银色金属配件	24cm×18cm×9cm	70,375	保利香港	2020-12-02
爱马仕 2019 大象灰色EPSOM牛皮25cm外缝凯莉包附银色金属配件	25cm×18cm×10cm	130,697	保利香港	2020-12-02
爱马仕 2019 罕见OMBRE原色蜥蜴皮 KELLY POCHETTE手拿包附银色金属配件	22cm×13cm×7cm	258,278	保利香港	2020-07-08
爱马仕 2019 罕见金色SWIFT牛皮35cmSHADOW铂金包附银色金属配件	35cm×28cm×20cm	215,232	保利香港	2020-07-08
爱马仕 2019 罕见雾面白色喜马拉雅尼罗鳄鱼皮25cm铂金包附银色金属配件	25cm×18cm×10cm	1,345,200	保利香港	2020-07-08
爱马仕 2019 黑色EPSOM牛皮25cmKELLY DEPECHES手拿包附金色金属配件	25cm×18.5cm×4.5cm	37,666	保利香港	2020-07-08
爱马仕 2019 红色“HERMES BAIN” JAGUAR QUETZAL NEOBAIN 手拿包& 金色EPSOM牛皮SILK IN皮夹 & PETIT H橙色EPSOM牛皮及丝质皮套	手拿包长15cm×12cm；皮套长17cm×12.5cm；皮夹长20.5cm×11cm×1.5cm	10,054	保利香港	2020-12-02
爱马仕 2019 亮面宝石绿色POROSUS鳄鱼皮30cm铂金包附金色金属配件	30cm×20cm×15cm	382,037	保利香港	2020-12-02
爱马仕 2019 亮面波罗的海蓝色短吻鳄鱼皮BEARN COMPACT皮夹附金色金属配件 & 锡器灰色EPSOM牛皮16cmCLIC皮夹附精铜配件	BEARN COMPACT皮夹12cm×9cm×3cm，CLIC 16皮夹长16.5cm×14cm×3cm	37,666	保利香港	2020-07-08
爱马仕 2019 亮面黑色POROSUS鳄鱼皮30cm铂金包附金色金属配件	30cm×20cm×15cm	408,941	保利香港	2020-07-08
爱马仕 2019 亮面黑色短吻鳄鱼皮CONSTANCE皮夹附玫瑰金色金属配件	21cm×12cm×4cm	64,570	保利香港	2020-07-08
爱马仕 2019 亮面极致粉色蜥蜴皮19cmCONSTANCE包附银色金属配件	19cm×15cm×4cm	236,755	保利香港	2020-07-08
爱马仕 2019 亮面蓝紫色短吻鳄鱼皮28cm外缝凯莉包附银色金属配件	28cm×21cm×11cm	376,656	保利香港	2020-07-08
爱马仕 2019 亮面鲁索绿色短吻鳄鱼皮25cm外缝凯莉包附金色金属配件	25cm×18cm×10cm	408,941	保利香港	2020-07-08
爱马仕 2019 亮面深蓝色蜥蜴皮19cmCONSTANCE包附银色金属配件	19cm×15cm×4cm	201,072	保利香港	2020-12-02
爱马仕 2019 亮面桃红色短吻鳄鱼皮MINI KELLY II包附金色金属配件	20cm×12cm×6cm	338,990	保利香港	2020-07-08
爱马仕 2019 丝质丝巾（一组六条）	90cm×90cm	15,066	保利香港	2020-07-08
爱马仕 2019 丝质丝巾（一组五条）	90cm×90cm	10,762	保利香港	2020-07-08
爱马仕 2019 糖果粉色鸵鸟皮MINI KELLY II包附银色金属配件	20cm×12cm×6cm	220,613	保利香港	2020-07-08
爱马仕 2019 特别定制海鸥灰及彩纸粉色TOGO牛皮28cm内缝凯莉包附银色金属配件	28cm×21cm×11cm	129,139	保利香港	2020-07-08
爱马仕 2019 特别定制奶昔白色及新大象灰色双色EPSOM牛皮25cm外缝凯莉包附金色金属配件	25cm×18cm×10cm	161,424	保利香港	2020-37-08
爱马仕 2019 维罗纳绿色EPSOM牛皮25cm外缝凯莉包附金色金属配件	25cm×18cm×10cm	118,378	保利香港	2020-07-08
爱马仕 2019 雾面5P粉红色短吻鳄鱼皮CONSTANCE皮夹附银色金属配件	21cm×11cm×4cm	91,474	保利香港	2020-07-08
爱马仕 2019 雾面电光蓝色短吻鳄鱼皮18cmPICOTIN手提包附金色金属配件	18cm×20cm×13cm	75,402	保利香港	2020-12-02
爱马仕 2019 雾面风衣灰色短吻鳄鱼皮25cm铂金包附金色金属配件	25cm×19cm×13cm	451,987	保利香港	2020-07-08
爱马仕 2019 锡器灰色EPSOM牛皮30cm铂金包附金色金属配件	30cm×20cm×15cm	107,616	保利香港	2020-07-08
爱马仕 2019 限量版金色及白色TOGO牛皮28cm内缝AU GALOP凯莉包附银色金属配件	28cm×21cm×11cm	118,378	保利香港	2020-07-08
爱马仕 2019 限量版琉璃蓝色及玛瑙蓝色SWIFT牛皮KELLY DOLL包附银色金属配件	15cm×12cm×6cm	182,947	保利香港	2020-07-08
爱马仕 2019 限量版雾面黑蓝色短吻鳄鱼皮，橙色SWIFT牛皮，MADAME，SOMBRERO及EPSOM牛皮20cm外缝FAUBOURG BIRKIN包附银色金属配件	20cm×15.5cm×11cm	807,120	保利香港	2020-07-08
爱马仕 2019 樱花粉色SWIFT小牛皮19cmCONSTANCE包附银色金属配件	19cm×15cm×4cm	129,139	保利香港	2020-07-08
爱马仕 2019 自然色非洲桃花心木、白胡桃木及马寇瑞木马赛克雪茄盒	36cm×13cm×24cm	25,828	保利香港	2020-07-08
爱马仕 2020 彩纸粉色EPSOM牛皮19cmCONSTANCE包附银色金属配件	19cm×15cm×4cm	90,482	保利香港	2020-12-02
爱马仕 2020 海葵紫色SWIFT牛皮KELLY POCHETTE手拿包附银色金属配件	22cm×13cm×7cm	75,331	保利香港	2020-07-08
爱马仕 2020 海葵紫色SWIFT牛皮MINI LINDY包附金色金属配件	17cm×14cm×9cm	55,295	保利香港	2020-12-02
爱马仕 2020 罕见雾面白色喜马拉雅尼罗鳄鱼皮25cm铂金包附银色金属配件	25cm×19cm×13cm	1,960,452	保利香港	2020-12-02
爱马仕 2020 黑色CLEMENCE牛皮30cmLINDY包附金色金属配件	30cm×21cm×15cm	50,268	保利香港	2020-12-02
爱马仕 2020 黑色TOGO牛皮25cm内缝凯莉包附金色金属配件	25cm×18cm×10cm	170,911	保利香港	2020-12-02
爱马仕 2020 金色EPSOM牛皮28cm外缝凯莉包附金色金属配件	28cm×21cm×11cm	120,643	保利香港	2020-12-02
爱马仕 2020 喀什米尔羊绒披肩（一组四条）	140cm×140cm（3件）；193cm×70cm（1件）	30,161	保利香港	2020-12-02
爱马仕 2020 奶昔白色CLEMENCE牛皮MINI LINDY包附金色金属配件	17cm×14cm×9cm	100,536	保利香港	2020-12-02

(续表)

拍品名称	物品尺寸	成交价RMB	拍卖公司	拍卖日期
爱马仕 2020 奶昔白色CLEMENCE牛皮及橙色SWIFT牛皮22cmPICOTIN手提包附银色金属配件	22cm×22cm×17cm	18,096	保利香港	2020-12-02
爱马仕 2020 丝质丝巾(一组五条)	90cm×90cm(3件);70cm×70cm(2件)	12,064	保利香港	2020-12-02
爱马仕 2020 丝质丝巾(一组五条)	90cm×90cm	10,054	保利香港	2020-12-02
爱马仕 2020 天青蓝色TOGO牛皮25cm铂金包附金色金属配件	25cm×18cm×10cm	180,965	保利香港	2020-12-02
爱马仕 2020 夏日玫瑰粉色EVERCOLOR牛皮KELLY DANSE包附银色金属配件	22cm×17cm×7cm	75,331	保利香港	2020-07-08
爱马仕 kelly to go 黑色金扣		82,800	永乐拍卖	2020-08-18
爱马仕 kelly黑色金扣	长28cm	448,500	永乐拍卖	2020-08-18
爱马仕 铂金棕色金扣	长30cm	322,000	永乐拍卖	2020-08-18
爱马仕 罕见雾面白色喜马拉雅尼罗鳄鱼皮24cmCONSTANCE包 附银色金属配件	24cm×18cm×9cm	1,150,000	华艺国际	2020-12-05
爱马仕 罕见雾面白色喜马拉雅尼罗鳄鱼皮30cm钻石铂金包 附18K铂金及钻石配件	30cm×20cm×15cm	2,875,000	华艺国际	2020-12-05
爱马仕 罕见雾面白色喜马拉雅尼罗河鳄鱼皮25cm铂金包附银色金属配件	25cm×19cm×13cm	1,265,000	华艺国际	2020-10-15
爱马仕 康康 d5天竺红色	长24cm	230,000	永乐拍卖	2020-08-18
爱马仕 康康mini黑色金扣	长19cm	109,250	永乐拍卖	2020-08-18
爱马仕 亮面桃红色POROSUS鳄鱼皮30cm钻石铂金包 附18K铂金及钻石配件	30cm×20cm×15cm	920,000	华艺国际	2020-12-05
爱马仕 那不勒斯黄Taurillon Noville牛皮25cm铂金包附银色金属配件	25cm×19cm×14cm	138,000	华艺国际	2020-10-15
爱马仕 深桃红色蜥蜴皮25cm铂金包 附银色金属配件	25cm×19cm×13cm	287,500	华艺国际	2020-12-05
爱马仕 水妖兰拼丝绒绿QUELLE IDOLE包 附金色金属配件	18cm×15cm×6cm	402,500	华艺国际	2020-12-05
爱马仕 雾面冰川白短吻鳄鱼皮35cm凯莉包附金色金属配件	35cm×25cm×13cm	322,000	华艺国际	2020-10-15
爱马仕 稀有雾面棕色短吻鳄鱼皮35cm铂金包配银色金属配件	35cm×25cm×18cm	322,000	华艺国际	2020-10-15
爱马仕 祖母绿拼色外缝鳄鱼皮30cm铂金包附银色金属配件(马蹄印)	30cm×20cm×15cm	632,500	华艺国际	2020-10-15
爱马仕2020 CONSTANCE黑色短钱包/腰包附荧光金属配件全球限量版	13cm×11.8cm×3.8cm	40,250	永乐拍卖	2020-12-04
爱马仕红色SOMBRERO小牛皮32cm外缝AMAZONE凯莉包附黄金配件	32cm×23cm×10cm	149,100	佳士得	2020-11-27
爱心红色CLÉMENCE小牛皮26cmLINDY包附黄金配件	26cm×18cm×14cm	45,200	佳士得	2020-07-10
爱心红色EPSOM牛皮28cmSELLIER凯莉包附黄金配件	28cm×20cm×10cm	101,700	佳士得	2020-07-10
巴黎-汉堡工坊系列森林绿色合成树脂货柜箱晚宴包	19.5cm×9cm×8cm	53,250	佳士得	2020-11-27
白色SWIFT小牛皮35cmKELLY LAKIS包附钯金配件	35cm×25cm×13cm	113,000	佳士得	2020-07-10
柏树绿色CLÉMENCE小牛皮20cmKELLY ADO包附钯金配件	20cm×22cm×7cm	79,875	佳士得	2020-11-27
斑鸠灰色TOGO小牛皮40cm铂金包附钯金配件	40cm×32cm×20cm	69,225	佳士得	2020-11-27
北极蓝色EPSOM牛皮20cm迷你凯莉包二代附钯金配件	20cm×14cm×9cm	248,600	佳士得	2020-07-10
冰川蓝色EPSOM牛皮25cmSELLIER凯莉包附黄金配件	25cm×18cm×9cm	113,000	佳士得	2020-07-10
波尔多红色TOGO小牛皮及爱马仕红色SWIFT小牛皮35cm24/24包附黄金配件	35cm×25cm×15cm	74,550	佳士得	2020-11-27
彩绘MONOGRAM帆布20cmCOFFRET TRÉSOR珠宝盒附黄铜配件	20cm×11cm×13cm	31,950	佳士得	2020-11-27
橙色CLÉMENCE小牛皮42cmJPG SHOULDER铂金包附钯金配件	42cm×20cm×16cm	29,820	佳士得	2020-11-27
橙色TOGO小牛皮35cm铂金包附黄金配件	35cm×25cm×18cm	62,150	佳士得	2020-07-10
唇膏粉色CHÈVRE山羊皮20cm迷你凯莉包二代附黄金配件	20cm×14cm×9cm	170,400	佳士得	2020-11-27
电光蓝色EPSOM牛皮30cm铂金包附钯金配件	30cm×22cm×15cm	90,525	佳士得	2020-11-27
定制款MONOGRAM MALLE COURRIER LOZINE 100储物箱附金莲花色内衬及黄铜配件	100cm×48cm×53cm	191,700	佳士得	2020-11-27
杜鹃粉色EVERCOLOR小牛皮28cm内缝凯莉包附钯金配件	28cm×20cm×10cm	149,100	佳士得	2020-11-27
杜鹃粉色SWIFT小牛皮25cm铂金包附黄金配件	25cm×19cm×13cm	96,050	佳士得	2020-07-10
粉笔白色CLÉMENCE小牛皮30cm铂金包附黄金配件	30cm×22cm×15cm	113,000	佳士得	2020-07-10
粉笔白色SWIFT小牛皮KELLY CUT附黄金配件	30cm×13cm×3cm	106,500	佳士得	2020-11-27
粉红色鸵鸟皮TEMPÊTE挂饰附金色配件及粉红色鸵鸟皮中码TEMPÊTE包附金色配件(一组两件)	9cm×7cm×3cm;27cm×21cm×11cm	36,160	佳士得	2020-07-10
风衣卡其色TOGO小牛皮25cm铂金包附黄金配件	25cm×19cm×13cm	101,700	佳士得	2020-07-10
钴蓝色TOGO小牛皮28cmRETOURNÉ凯莉包附钯金配件	28cm×20cm×10cm	101,700	佳士得	2020-07-10
哈瓦那棕色SWIFT小牛皮25cm铂金包附黄金配件	25cm×19cm×14cm	101,175	佳士得	2020-11-27
海军蓝色CALF BOX小牛皮28cm外缝凯莉包附黄金配件	28cm×20cm×10cm	58,575	佳士得	2020-11-27
罕见白色喜马拉雅鳄鱼皮马鞍包附金色配件	25.5cm×20cm×6.5cm	181,050	佳士得	2020-11-27
罕见亮面黑色POROSUS湾鳄皮KELLY CUT附18K铂金及钻石配件	30cm×13cm×3cm	404,700	佳士得	2020-11-27
罕见雾面白色喜马拉雅尼罗鳄鱼皮25cm铂金包附钯金配件	25cm×19cm×14cm	2,556,000	佳士得	2020-11-27
罕见雾面白色喜马拉雅尼罗鳄鱼皮25cm内缝凯莉包附钯金配件	25cm×19cm×9cm	2,875,500	佳士得	2020-11-27
罕见雾面白色喜马拉雅尼罗鳄鱼皮30cm铂金包附钯金配件	30cm×22cm×15cm	1,469,000	佳士得	2020-07-10
罕见雾面海军蓝色短吻鳄皮,深蓝色MADAM,橙色SWIFT,靛蓝色及深渊蓝色SOMBRERO及粉笔白色EPSOM牛皮20cm外缝FAUBOURG铂金包附钯金配件	20cm×16cm×11cm	1,704,000	佳士得	2020-11-27
罕见雾面烟灰色喜马拉雅尼罗鳄鱼皮30cm钻石铂金包附18K铂金及钻石配件	30cm×22cm×15cm	2,260,000	佳士得	2020-07-10
黑色CALF BOX小牛皮20cm迷你凯莉包二代附钯金配件	20cm×14cm×9cm	159,750	佳士得	2020-11-27
黑色CALF BOX小牛皮28cm内缝凯莉包附黄金配件	28cm×20cm×10cm	138,450	佳士得	2020-11-27
黑色CALF BOX小牛皮32cmSELLIER凯莉包附黄金配件	32cm×23cm×10.5cm	67,800	佳士得	2020-07-10
黑色CLÉMENCE小牛皮19cm迷你LINDY包附黄金配件	19cm×12cm×9cm	69,225	佳士得	2020-11-27
黑色SWIFT小牛皮KELLY CUT附黄金配件	30cm×13cm×3cm	50,850	佳士得	2020-07-10
黑色TOGO小牛皮25cm铂金包附黄金配件	25cm×19cm×13cm	146,900	佳士得	2020-07-10
黑色TOGO小牛皮25cm铂金包附玫瑰金配件	25cm×19cm×14cm	159,750	佳士得	2020-11-27

（续表）

拍品名称	物品尺寸	成交价RMB	拍卖公司	拍卖日期
黑色小羊皮炼条盒晚宴包附金色配件	12.5cm×10cm×5cm	21,300	佳士得	2020–11–27
黑乌木色TAURILLON H牛皮及核桃木LES NÉCESSAIRES D' HERMÈS边桌	44cm×44cm×43cm	45,200	佳士得	2020–07–10
黑乌木色TAURILLON H牛皮及胡桃木LES NÉCESSAIRES D' HERMÈS "CARRÉ D' ASSISE"矮凳	65cm×46cm×65cm	44,730	佳士得	2020–11–27
黑乌木色TAURILLON H牛皮及胡桃木LES NÉCESSAIRES D' HERMÈS长椅	163.5cm×44cm×46cm	90,525	佳士得	2020–11–27
红宝石色TOGO小牛皮25cm铂金包附钯金配件	25cm×19cm×14cm	149,100	佳士得	2020–11–27
红宝石色TOGO小牛皮26cmSO KELLY包附钯金配件	26cm×35cm×13cm	39,550	佳士得	2020–07–10
琥珀色EPSOM牛皮20cm迷你凯莉包二代附黄金配件	20cm×14cm×9cm	213,000	佳士得	2020–11–27
花瓣粉色CHÈVRE山羊皮20cm迷你凯莉包二代附钯金配件	20cm×14cm×9cm	149,100	佳士得	2020–11–27
黄褐色TAURILLON H牛皮及核桃LES NÉCESSAIRES D' HERMÈS CABRIOLET座椅（一组两件）	68.5cm×72.5cm×64.5cm	146,900	佳士得	2020–07–10
茴香绿色SWIFT小牛皮KELLY POCHETTE包附钯金配件	22cm×13cm×6cm	58,575	佳士得	2020–11–27
火橙色EPSOM牛皮24cmCONSTANCE包附黄金配件	24cm×19cm×7cm	79,100	佳士得	2020–07–10
火橙色EPSOM牛皮25cm外缝凯莉包附黄金配件	25cm×19cm×9cm	101,175	佳士得	2020–11–27
极为罕见雾面白色喜马拉雅鳄鱼皮30cm铂金包附银色金属配件	30cm×20cm×15cm	977,500	北京保利	2020–12–05
椒红色枫木HORSECUT棋盘组	36cm×36cm×4cm	27,690	佳士得	2020–11–27
焦褐色SWIFT小牛皮KELLY POCHETTE包附黄金配件	22cm×13cm×6cm	69,225	佳士得	2020–11–27
金啡色CLÉMENCE小牛皮31cmBOLIDE包附钯金配件	31cm×24cm×12.5cm	39,550	佳士得	2020–07–10
金啡色SWIFT小牛皮奥德赛地球仪附黄铜配件	直径44cm	84,750	佳士得	2020–07–10
金啡色TOGO小牛皮25cmRETOURNÉ凯莉包附黄金配件	25cm×18cm×9cm	124,300	佳士得	2020–07–10
金合欢花色鸵鸟皮20cm迷你凯莉包二代附钯金配件	20cm×14cm×9cm	192,100	佳士得	2020–07–10
金棕色CLÉMENCE小牛皮迷你ÉVELYNE AMAZONE附钯金配件及牛油果绿色MAURICE小牛皮迷你ÉVELYNE AMAZONE附黄金配件（一组两件）	16cm×18cm×5cm	40,470	佳士得	2020–11–27
金棕色EPSOM牛皮25cm外缝凯莉包附钯金配件	25cm×19cm×9cm	138,450	佳士得	2020–11–27
金棕色EVERCOLOR小牛皮35cmKELLY FLAT包附钯金配件	35cm×25cm×13cm	44,730	佳士得	2020–11–27
金棕色TAURILLON牛皮PANTOGRAPH桌灯	69–97cm×33–71cm;23cm×22cm	42,600	佳士得	2020–11–27
精钢及钻石HEURE H小码手表附亮面黑色短吻鳄皮表带		69,225	佳士得	2020–11–27
九重葛红色鸵鸟皮30cm铂金包附钯金配件	30cm×22cm×15cm	169,500	佳士得	2020–07–10
君王蓝色鸵鸟皮小码CONSTANCE皮夹附黄金配件	13cm×12cm×3cm	24,860	佳士得	2020–07–10
卡萨克红色EPSOM牛皮凯莉皮夹附精铜配件	20cm×11cm×2cm	20,340	佳士得	2020–07–10
卡萨克红色TOGO小牛皮35cm内缝凯莉包附黄金配件	35cm×25cm×13cm	69,225	佳士得	2020–11–27
孔雀蓝色SWIFT小牛皮30cmLINDY包附钯金配件	30cm×21cm×15cm	47,460	佳士得	2020–07–10
辣椒红色EVERCOLOR小牛皮18cm迷你CONSTANCE包附钯金配件	18cm×15cm×5cm	85,200	佳士得	2020–11–27

拍品名称	物品尺寸	成交价RMB	拍卖公司	拍卖日期
莱姆黄色EPSOM牛皮25cm外缝凯莉包附黄金配件	25cm×19cm×9cm	159,750	佳士得	2020–11–27
莱姆黄色EPSOM牛皮28cmSELLIER凯莉包附黄金配件	28cm×20cm×10cm	90,400	佳士得	2020–07–10
莱姆黄色SWIFT小牛皮KELLY POCHETTE包附黄金配件	22cm×13cm×6cm	90,400	佳士得	2020–07–10
亮面爱马仕红色POROSUS湾鳄皮35cm铂金包附钯金配件	35cm×25cm×18cm	255,600	佳士得	2020–11–27
亮面爱马仕红色尼罗鳄鱼皮25cm铂金包附钯金配件	25cm×19cm×14cm	404,700	佳士得	2020–11–27
亮面博斯海峡绿色POROSUS湾鳄皮30cm铂金包附黄金配件	30cm×22cm×15cm	426,000	佳士得	2020–11–27
亮面草绳色POROSUS鳄鱼皮28cmSELLIER凯莉包附黄金配件	28cm×20cm×10cm	214,700	佳士得	2020–07–10
亮面橙色短吻鳄皮25cmSELLIER凯莉包附黄金配件	25cm×18cm×9cm	271,200	佳士得	2020–07–10
亮面赤铁红色短吻鳄皮凯莉皮夹附黄金配件	20cm×11cm×2cm	47,460	佳士得	2020–07–10
亮面电光蓝色尼罗鳄鱼皮24cmCONSTANCE包附钯金配件	24cm×19cm×7cm	146,900	佳士得	2020–07–10
亮面电光蓝色尼罗鳄鱼皮32cmSELLIER凯莉包附钯金配件	32cm×23cm×10.5cm	226,000	佳士得	2020–07–10
亮面靛蓝色短吻鳄皮28cm外缝凯莉包附黄金配件	28cm×20cm×10cm	426,000	佳士得	2020–11–27
亮面粉红色蜥蜴皮小码BOY包附金色配件	20cm×12cm×7cm	34,080	佳士得	2020–11–27
亮面风暴蓝色POROSUS湾鳄皮35cm铂金包附黄金配件	35cm×25cm×18cm	213,000	佳士得	2020–11–27
亮面风暴蓝色尼罗鳄鱼皮25cm铂金包附钯金配件	25cm×19cm×13cm	678,000	佳士得	2020–07–10
亮面海军蓝色尼罗鳄鱼皮25cm铂金包附黄金配件	25cm×19cm×13cm	452,000	佳士得	2020–07–10
亮面黑色POROSUS湾鳄皮25cm铂金包附黄金配件	25cm×19cm×14cm	479,250	佳士得	2020–11–27
亮面黑色短吻鳄皮20cm迷你凯莉包二代附黄金配件	20cm×14cm×9cm	339,000	佳士得	2020–07–10
亮面黑色短吻鳄皮35cm铂金包附黄金配件	35cm×25cm×18cm	158,200	佳士得	2020–07–10
亮面黑色鳄鱼皮MAXI经典双层口盖包附银色配件	34cm×23cm×10cm	127,800	佳士得	2020–11–27
亮面黑色鳄鱼皮迷你经典单层口盖包附银色配件	20cm×13cm×5cm	113,000	佳士得	2020–07–10
亮面黑色尼罗鳄鱼皮25cm外缝凯莉包附黄金配件	25cm×19cm×9cm	372,750	佳士得	2020–11–27
亮面黑色尼罗鳄鱼皮30cm铂金包附黄金配件	30cm×22cm×15cm	532,500	佳士得	2020–11–27
亮面黑色尼罗蜥蜴皮25cm外缝凯莉包附钯金配件	25cm×19cm×9cm	585,750	佳士得	2020–11–27
亮面黑色尼罗蜥蜴皮KELLY TWILLY挂饰附钯金配件	6.5cm×5cm×2cm	63,900	佳士得	2020–11–27
亮面黑色尼罗蜥蜴皮KELLY TWILLY挂饰附钯金配件	6.5cm×5cm×2cm	47,460	佳士得	2020–07–10
亮面琥珀色尼罗鳄鱼皮25cm铂金包附黄金配件	25cm×19cm×13cm	508,500	佳士得	2020–07–10
亮面黄绿色POROSUS湾鳄皮30cm铂金包附钯金配件	30cm×22cm×15cm	234,300	佳士得	2020–11–27
亮面渐变色SALVATOR蜥蜴皮17cm迷你VERROU包附钯金配件	17cm×12cm×4cm	79,100	佳士得	2020–07–10
亮面渐变色SALVATOR蜥蜴皮25cm铂金包附钯金配件	25cm×19cm×9cm	170,400	佳士得	2020–11–27
亮面渐层粉色鳄鱼皮中码经典双层口盖包附银色配件	25.5cm×16cm×7.5cm	101,175	佳士得	2020–11–27
亮面姜饼色短吻鳄皮KELLY POCHETTE包附精铜配件	22cm×13cm×6cm	169,500	佳士得	2020–07–10

(续表)

拍品名称	物品尺寸	成交价RMB	拍卖公司	拍卖日期
亮面酱红色短吻鳄皮24cmCONSTANCE包附黄金配件	24cm×19cm×7cm	191,700	佳士得	2020-11-27
亮面金属色蟒蛇皮小码BOY包附珠宝镶嵌配件	20cm×12cm×7cm	25,560	佳士得	2020-11-27
亮面九重葛红色短吻鳄皮18cm迷你CONSTANCE包附黄金配件	18cm×15cm×4cm	124,300	佳士得	2020-07-10
亮面橘色蟒蛇皮小码BOY包附铑金配件	20cm×12cm×6cm	36,160	佳士得	2020-07-10
亮面可可色POROSUS湾鳄皮30cm铂金包附黄金配件	30cm×22cm×16cm	319,500	佳士得	2020-11-27
亮面可可色POROSUS湾鳄皮32cmSELLIER凯莉包附钯金配件	32cm×23cm×10cm	127,800	佳士得	2020-11-27
亮面蓝宝石色尼罗鳄鱼皮24cmCONSTANCE包附黄金配件	24cm×19cm×7cm	255,600	佳士得	2020-11-27
亮面绿色, 海军蓝色及米色蟒蛇皮DIOREVER包附金色配件	23cm×16cm×8cm	24,860	佳士得	2020-07-10
亮面绿色鳄鱼皮大码经典双层口盖包附黄金配件	30cm×20cm×10cm	319,500	佳士得	2020-11-27
亮面绿玉色短吻鳄皮18cm迷你CONSTANCE包附钯金配件	18cm×15cm×4cm	169,500	佳士得	2020-07-10
亮面马耳他蓝色尼罗鳄蜥皮18cm迷你CONSTANCE包附钯金配件	18cm×15cm×5cm	202,350	佳士得	2020-11-27
亮面马耳他蓝色尼罗鳄蜥皮18cm迷你CONSTANCE包附钯金配件	18cm×15cm×4cm	192,100	佳士得	2020-07-10
亮面米克诺斯蓝色POROSUS鳄鱼皮35cm铂金包附钯金配件	35cm×25cm×18cm	271,200	佳士得	2020-07-10
亮面墨水蓝色短吻鳄皮20cm迷你凯莉包二代附黄金配件	20cm×14cm×9cm	474,600	佳士得	2020-07-10
亮面深海蓝色POROSUS鳄鱼皮30cm铂金包附钯金配件	30cm×22cm×15cm	384,200	佳士得	2020-07-10
亮面深海蓝色尼罗鳄鱼皮25cm铂金包附钯金配件	25cm×19cm×14cm	234,300	佳士得	2020-11-27
亮面深玫瑰色短吻鳄皮20cm迷你凯莉包二代附钯金配件	20cm×14cm×9cm	404,700	佳士得	2020-11-27
亮面石墨色POROSUS鳄鱼皮30cm铂金包附钯金配件	30cm×22cm×15cm	271,200	佳士得	2020-07-10
亮面天方夜谭粉色POROSUS湾鳄皮KELLY CUT附钯金配件	30cm×13cm×3cm	159,750	佳士得	2020-11-27
亮面天方夜谭粉色短吻鳄皮18cm迷你CONSTANCE包附玫瑰金配件	18cm×15cm×5cm	213,000	佳士得	2020-11-27
亮面天方夜谭粉色短吻鳄皮18cm迷你CONSTANCE包附钯金配件	18cm×15cm×4cm	135,600	佳士得	2020-07-10
亮面天方夜谭粉色短吻鳄皮凯莉皮夹附黄金配件	20cm×11cm×2cm	45,200	佳士得	2020-07-10
亮面天竺葵红色尼罗鳄鱼皮30cm铂金包附钯金配件	30cm×22cm×15cm	394,050	佳士得	2020-11-27
亮面天竺葵红色尼罗鳄鱼皮KELLY CUT附黄金配件	30cm×13cm×3cm	124,300	佳士得	2020-07-10
亮面艳粉红色POROSUS湾鳄皮35cm铂金包附钯金配件	35cm×25cm×18cm	202,350	佳士得	2020-11-27
亮面艳粉红色尼罗鳄蜥皮KELLY POCHETTE包附铑金配件	22cm×13cm×6cm	95,850	佳士得	2020-11-27
亮面伊斯米蓝色短吻鳄皮KELLY POCHETTE包附钯金配件	22cm×13cm×6cm	361,600	佳士得	2020-07-10
亮面伊斯米蓝色短吻鳄皮凯莉皮夹附黄金配件	20cm×11cm×2cm	45,200	佳士得	2020-07-10
亮面伊斯米蓝色尼罗鳄鱼皮28cmSELLIER凯莉包附黄金配件	28cm×20cm×10cm	361,600	佳士得	2020-07-10
亮面罂粟橘色尼罗鳄鱼皮25cm铂金包附黄金配件	25cm×19cm×13cm	429,400	佳士得	2020-07-10
亮面紫罗兰色POROSUS湾鳄皮25cm铂金包附钯金配件	25cm×19cm×14cm	276,900	佳士得	2020-11-27
亮面紫罗兰色尼罗鳄鱼皮30cm铂金包附钯金配件	30cm×22cm×15cm	361,600	佳士得	2020-07-10
亮面紫玫瑰色尼罗鳄鱼皮KELLY POCHETTE包附金配件	22cm×13cm×6cm	159,750	佳士得	2020-11-27
亮面紫水晶色POROSUS湾鳄皮30cm铂金包附钯金配件	30cm×22cm×15cm	181,050	佳士得	2020-11-27
亮面祖母绿色短吻鳄皮20cm迷你凯莉包二代附黄金配件	20cm×14cm×9cm	361,600	佳士得	2020-07-10
亮面祖母绿色短吻鳄皮20cm迷你凯莉包二代附黄金配件	20cm×14cm×9cm	404,700	佳士得	2020-11-27
亮面祖母绿色尼罗鳄鱼皮KELLY CUT附黄金配件	30cm×13cm×3cm	202,350	佳士得	2020-11-27
琉璃蓝色SWIFT小牛皮25cmRETOURNÉ凯莉包附黄金配件	25cm×18cm×9cm	113,000	佳士得	2020-07-10
琉璃蓝色SWIFT小牛皮28cmKELLY LAKIS包附钯金配件	28cm×20cm×10cm	158,200	佳士得	2020-07-10
琉璃蓝色TOGO小牛皮34cmLINDY包附钯金配件	34cm×22cm×16cm	39,550	佳士得	2020-07-10
绿色沙弗莱石小码MEDOR手表附亮面深绿色短吻鳄皮表带		51,120	佳士得	2020-11-27
木兰粉色TOGO小牛皮25cm铂金包附钯金配件	25cm×19cm×14cm	106,500	佳士得	2020-11-27
柠檬黄色鸵鸟皮CONSTANCE TO GO包附钯金配件	21cm×12cm×2cm	95,850	佳士得	2020-11-27
牛油果绿色EPSOM牛皮25cm外缝铂金包附黄金配件	25cm×19cm×14cm	255,600	佳士得	2020-11-27
奇异果绿色EPSOM牛皮微型迷你凯莉包附钯金配件 番红花色EPSOM牛皮微型迷你CONSTANCE包附钯金配件 橙色EPSOM牛皮微型迷你铂金包附钯金配件 白色EVERCOLOR小牛皮迷你PICOTIN LOCK包附黑色RODEO挂饰（一组四件）	15cm×10cm×5cm; 13cm×10cm×3cm; 15cm×9cm×3cm; 12cm×13cm×13cm	234,300	佳士得	2020-11-27
浅黄褐色BARÉNIA小牛皮29cm24/24包附黄金配件	29cm×24cm×14cm	69,225	佳士得	2020-11-27
浅黄褐色BARÉNIA小牛皮30cm铂金包附黄金配件	30cm×22cm×15cm	106,500	佳士得	2020-11-27
浅青苔色鸵鸟皮30cm铂金包附钯金配件及浅青苔色鸵鸟皮凯莉皮夹附钯金配件（一组两件）	30cm×22cm×15cm; 20cm×12cm×2cm	159,750	佳士得	2020-11-27
巧克力色CALF BOX小牛皮及帆布32cmKELLY LAKIS包附钯金配件	32cm×23cm×10.5cm	181,050	佳士得	2020-11-27
珊瑚蓝色EPSOM牛皮30cm铂金包附黄金配件	30cm×22cm×15cm	84,750	佳士得	2020-07-10
深蓝色鸵鸟皮25cm铂金包附黄金配件	25cm×19cm×13cm	298,200	佳士得	2020-11-27
深蓝色鸵鸟皮28cmSELLIER凯莉包附黄金配件	28cm×20cm×10cm	226,000	佳士得	2020-07-10
深玫瑰色CLÉMENCE小牛皮32cm内缝凯莉包附黄金配件	32cm×23cm×10cm	117,150	佳士得	2020-11-27
深玫瑰色EPSOM牛皮30cm铂金包附黄金配件	30cm×22cm×15cm	84,750	佳士得	2020-07-10
深玫瑰色TOGO小牛皮30cm铂金包附钯金配件	30cm×22cm×15cm	127,800	佳士得	2020-11-27
绳索灰色, 维罗纳绿色, 塔拉萨蓝色及锡器灰色SIKKIM小牛皮36cmDOUBLE SENS及橙色及珍珠灰色CLÉMENCE小牛皮36cmDOUBLE SENS（一组两件）	36cm×32cm×13cm	34,080	佳士得	2020-11-27
绳索灰色CLÉMENCE小牛皮32cmRETOURNÉ凯莉包附钯金配件	32cm×23cm×10.5cm	67,800	佳士得	2020-07-10
绳索灰色CLÉMENCE小牛皮45cmSHOULDER铂金包附钯金配件	45cm×28cm×19cm	85,200	佳士得	2020-11-27
绳索灰色TOGO小牛皮30cm铂金包附黄金配件	30cm×22cm×15cm	124,300	佳士得	2020-07-10
圣西尔蓝色TOGO小牛皮28cm内缝凯莉包附钯金配件	28cm×20cm×10cm	69,225	佳士得	2020-11-27
石墨色TAURILLON牛皮HARNAIS地灯	183cm×50cm×42cm	53,250	佳士得	2020-11-27

（续表）

拍品名称	物品尺寸	成交价RMB	拍卖公司	拍卖日期
时装表演系列黑色合成树脂N° 5香水瓶包附金色配件	12cm×15cm×4cm	73,450	佳士得	2020-07-10
时装表演系列黑色合成树脂N° 5香水瓶包附金色配件	12cm×15cm×4cm	34,080	佳士得	2020-11-27
时装表演系列黑色合成树脂地球包附黑色配件	12cm×12cm×12cm	56,500	佳士得	2020-07-10
时装表演系列黑色合成树脂及斜纹软呢LEGO CLUTCH包附银色配件	20cm×12cm×5.5cm	34,080	佳士得	2020-11-27
时装表演系列黑色及白色合成树脂LEGO CLUTCH包附银色配件	20cm×12cm×5.5cm	45,200	佳士得	2020-07-10
时装表演系列黑色及透明合成树脂LEGO CLUTCH包附金色配件	15cm×10cm×5.5cm	40,470	佳士得	2020-11-27
时装表演系列黑色小羊皮及合成树脂相框包附复古金色配件	22cm×6cm×6cm	27,690	佳士得	2020-11-27
时装表演系列黑色小羊皮水瓶包附金色配件	9cm×21cm×9cm	29,380	佳士得	2020-07-10
时装表演系列透明合成树脂N° 5香水瓶包附金色配件	12cm×15cm×4cm	79,100	佳士得	2020-07-10
时装表演系列透明合成树脂圆形晚宴包附银色配件	12cm×12cm×6cm	34,080	佳士得	2020-11-27
矢车菊蓝色鸵鸟皮KELLY POCHETTE包附黄金配件	22cm×13cm×6cm	339,000	佳士得	2020-07-10
鼠尾草绿色CLÉMENCE小牛皮28cm内缝凯莉包附黄金配件	28cm×20cm×10cm	79,875	佳士得	2020-11-27
水泥灰色CLÉMENCE小牛皮30cm铂金包附钯金配件	30cm×22cm×15cm	84,750	佳士得	2020-07-10
水泥灰色TOGO小牛皮25cm铂金包附玫瑰金配件	25cm×19cm×14cm	191,700	佳士得	2020-11-27
陶土色鸵鸟皮30cm铂金包附黄金配件	30cm×22cm×15cm	248,600	佳士得	2020-07-10
特别定制白色，黑色及卡萨克红色SWIFT小牛皮30cm铂金包附黄金配件	30cm×22cm×15cm	96,050	佳士得	2020-07-10
特别定制白色CLÉMENCE小牛皮25cm铂金包附黄金配件	25cm×19cm×13cm	169,500	佳士得	2020-07-10
特别定制白色及孔雀石色TOGO小牛皮25cm铂金包附雾面黄金配件	25cm×19cm×14cm	202,350	佳士得	2020-11-27
特别定制唇膏粉色及银莲花紫色CHÈVRE山羊皮28cmSELLIER凯莉包附雾面黄金配件	28cm×20cm×10cm	135,600	佳士得	2020-07-10
特别定制粉笔白色及斑鸠灰色EPSOM牛皮25cmSELLIER凯莉包附雾面黄金配件	25cm×18cm×9cm	226,000	佳士得	2020-07-10
特别定制粉笔白色及黑色EPSOM牛皮25cm外缝凯莉包附雾面黄金配件	25cm×19cm×9cm	181,050	佳士得	2020-11-27
特别定制海鸥灰色及锡器灰色EPSOM牛皮28cm外缝凯莉包附雾面黄金配件	28cm×20cm×10cm	159,750	佳士得	2020-11-27
特别定制黑色及辣椒红色SWIFT小牛皮QUELLE IDOLE包附钯金配件	15cm×12cm×6cm	361,600	佳士得	2020-07-10
特别定制花瓣粉色，天堂蓝色及小鸡黄色EPSOM牛皮28cmRETOURNÉ凯莉包附黄金配件	28cm×20cm×10cm	180,800	佳士得	2020-07-10
特别定制孔雀蓝色及锡器灰色EPSOM牛皮30cm铂金包附雾面黄金配件	30cm×22cm×15cm	138,450	佳士得	2020-11-27
特别定制蓝宝石色EPSOM牛皮，普莱顿蓝色CLÉMENCE小牛皮及砖红色CHÈVRE山羊皮28cmKELLYGRAPHIE LETTRE K凯莉包附钯金配件	28cm×20cm×10cm	149,100	佳士得	2020-11-27
特别定制亮面斑鸠灰色及石墨色短吻鳄皮25cmSELLIER凯莉包附雾面黄金配件	25cm×18cm×9cm	1,073,500	佳士得	2020-07-10
特别定制亮面茴香绿色及米克诺斯蓝色POROSUS鳄鱼皮35cm铂金包附钯金配件	35cm×25cm×18cm	316,400	佳士得	2020-07-10
特别定制亮面天方夜谭粉色及斑鸠灰色尼罗鳄鱼皮25cm铂金包附雾面钯金配件	25cm×19cm×13cm	452,000	佳士得	2020-07-10
特别定制亮面维罗纳绿色尼罗鳄鱼皮30cm铂金包附黄金配件	30cm×20cm×15cm	158,200	佳士得	2020-07-10
特别定制亮面紫水晶色，祖母绿色及石墨色尼罗鳄鱼皮32cmSELLIER凯莉包附雾面黄金配件	32cm×23cm×10.5cm	237,300	佳士得	2020-07-10
特别定制玛瑙灰色及鲜红色鸵鸟皮25cm外缝凯莉包附雾面黄金配件	25cm×19cm×9cm	394,050	佳士得	2020-11-27
特别定制迷魂绿色及珍珠灰色CHÈVRE山羊皮25cmSELLIER凯莉包附雾面黄金配件	25cm×18cm×9cm	169,500	佳士得	2020-07-10
特别定制米克诺斯蓝色及绳索灰色CHÈVRE山羊皮30cm铂金包附钯金配件	30cm×22cm×15cm	124,300	佳士得	2020-07-10
特别定制天空蓝色及牛仔蓝色TOGO小牛皮25cmFRINGE铂金包附钯金配件	25cm×19cm×14cm	532,500	佳士得	2020-11-27
特别定制铁灰色及深绿色TOGO小牛皮28cmRETOURNÉ凯莉包附雾面黄金配件	28cm×20cm×10cm	113,000	佳士得	2020-07-10
特别定制土耳其蓝色TOGO小牛皮35cm铂金包附钯金配件	35cm×25cm×18cm	84,750	佳士得	2020-07-10
特别定制驼色及茴香绿色TOGO小牛皮35cm铂金包附钯金配件	35cm×25cm×18cm	85,200	佳士得	2020-11-27
特别定制雾面金合欢花色及水泥灰色短吻鳄皮28cm内缝凯莉包附雾面黄金配件	28cm×20cm×10cm	426,000	佳士得	2020-11-27
特别定制雾面九重葛红色短吻鳄皮及粉笔白色SWIFT小牛皮QUELLE IDOLE包附黄金配件	15cm×12cm×6cm	639,000	佳士得	2020-11-27
特别定制雾面孔雀蓝色短吻鳄皮及紫玫瑰色SWIFT小牛皮QUELLE IDOLE包附黄金配件	15cm×12cm×6cm	847,500	佳士得	2020-07-10
特别定制雾面珍珠灰色及深玫瑰色短吻鳄皮25cm铂金包附雾面钯金配件	25cm×19cm×14cm	585,750	佳士得	2020-11-27
特别定制艳粉红色，虾粉色及加利西亚蓝色CHÈVRE山羊皮30cm铂金包附雾面钯金配件	30cm×22cm×15cm	84,750	佳士得	2020-07-10
特别定制银莲花紫色及灰紫色CHÈVRE山羊皮30cm铂金包附黄金配件	30cm×22cm×15cm	107,350	佳士得	2020-07-10
特别定制银莲花紫色及紫玫瑰色TOGO小牛皮40cm铂金包附黄金配件	40cm×32cm×20cm	90,400	佳士得	2020-07-10
特别定制鸢尾花紫色及米色TOGO小牛皮30cm铂金包附钯金配件	30cm×22cm×15cm	95,850	佳士得	2020-11-27
天空蓝色TOGO小牛皮35cm铂金包附钯金配件	35cm×25cm×18cm	69,225	佳士得	2020-11-27
天堂蓝色EPSOM牛皮25cm外缝凯莉包附黄金配件	25cm×19cm×9cm	138,450	佳士得	2020-11-27
铁灰色NOVILLO小牛皮30cm铂金包附钯金配件	30cm×22cm×15cm	113,000	佳士得	2020-07-10
雾面爱马仕红色POROSUS鳄鱼皮35cm铂金包附钯金配件	35cm×25cm×18cm	203,400	佳士得	2020-07-10
雾面草坪绿色短吻鳄皮微型迷你CONSTANCE包附钯金配件	13cm×10cm×3cm	113,000	佳士得	2020-07-10
雾面赤铁红色尼罗鳄鱼皮26cmLINDY包附钯金配件	26cm×18cm×14cm	63,900	佳士得	2020-11-27
雾面大象灰色尼罗鳄鱼皮30cmLINDY包附钯金配件	30cm×21cm×15cm	74,550	佳士得	2020-11-27
雾面靛蓝色POROSUS湾鳄皮30cm铂金包附钯金配件	30cm×22cm×15cm	404,700	佳士得	2020-11-27

(续表)

拍品名称	物品尺寸	成交价RMB	拍卖公司	拍卖日期
雾面黑色POROSUS湾鳄皮35cm铂金包附钯金配件	35cm×25cm×18cm	340,800	佳士得	2020-11-27
雾面黑色SALVATOR蜥蜴皮25cm铂金包附钯金配件	25cm×19cm×14cm	234,300	佳士得	2020-11-27
雾面黑色短吻鳄皮18cm迷你CONSTANCE包附玫瑰金配件	18cm×15cm×4cm	293,800	佳士得	2020-07-10
雾面黑色尼罗鳄鱼皮30cmLINDY包附黄金配件	30cm×21cm×15cm	192,100	佳士得	2020-07-10
雾面金合欢花色短吻鳄皮18cm迷你CONSTANCE包附钯金配件	18cm×15cm×4cm	146,900	佳士得	2020-07-10
雾面金合欢花色短吻鳄皮18cm迷你ROULIS包附钯金配件	18cm×15cm×6cm	106,500	佳士得	2020-11-27
雾面九重葛红色短吻鳄皮18cm迷你CONSTANCE包附黄金配件	18cm×15cm×4cm	192,100	佳士得	2020-07-10
雾面孔雀蓝色短吻鳄皮30cm铂金包附黄金配件	30cm×22cm×15cm	508,500	佳士得	2020-07-10
雾面孔雀石色短吻鳄皮28cm内缝凯莉包附黄金配件	28cm×20cm×10cm	234,300	佳士得	2020-11-27
雾面孔雀石色短吻鳄皮30cm铂金包附钯金配件	30cm×22cm×15cm	361,600	佳士得	2020-07-10
雾面鲁索绿色短吻鳄皮25cm铂金包附黄金配件	25cm×19cm×14cm	426,000	佳士得	2020-11-27
雾面普莱顿蓝色POROSUS鳄鱼皮35cm铂金包附钯金配件	35cm×25cm×18cm	316,400	佳士得	2020-07-10
雾面深绿色短吻鳄皮32cmRETOURNÉ凯莉包附黄金配件	32cm×23cm×10.5cm	180,800	佳士得	2020-07-10
雾面圣西尔蓝色短吻鳄皮25cm铂金包附黄金配件	25cm×19cm×13cm	372,900	佳士得	2020-07-10
雾面石墨色POROSUS湾鳄皮37cmSAC À DÉPÊCHES公文包附雾面钯金配件	37cm×29.5cm×6cm	117,150	佳士得	2020-11-27
雾面水绿色短吻鳄皮25cm铂金包附黄金配件	25cm×19cm×13cm	836,200	佳士得	2020-07-10
雾面水泥灰色POROSUS鳄鱼皮KELLY CUT附黄金配件	30cm×13cm×3cm	226,000	佳士得	2020-07-10
雾面水泥灰色短吻鳄皮30cm铂金包附黄金配件	30cm×22cm×15cm	214,700	佳士得	2020-07-10
雾面水泥灰色短吻鳄皮32cmRETOURNÉ凯莉包附钯金配件	32cm×23cm×10.5cm	180,800	佳士得	2020-07-10
雾面水泥灰色尼罗鳄鱼皮20cmTOOLBOX包附钯金配件	20cm×23cm×15cm	127,800	佳士得	2020-11-27
雾面水泥灰色尼罗鳄鱼皮24cmCONSTANCE包附钯金配件	24cm×19cm×7cm	152,550	佳士得	2020-07-10
雾面驼色鳄鱼皮MAXI经典双层口盖包附铑金配件	34cm×23cm×10cm	74,550	佳士得	2020-11-27
雾面印度红色短吻鳄皮KELLY POCHETTE包附黄金配件	22cm×13cm×6cm	113,000	佳士得	2020-07-10
雾面罂粟橘色短吻鳄皮迷你MAXI BOX包附黄金配件	17cm×12cm×6cm	63,900	佳士得	2020-11-27
雾面紫黑色尼罗鳄鱼皮26cmLINDY包附钯金配件	26cm×18cm×14cm	192,100	佳士得	2020-07-10
雾面紫水晶色尼罗鳄鱼皮30cm铂金包附钯金配件	30cm×22cm×15cm	316,400	佳士得	2020-07-10
锡器灰色CLÉMENCE小牛皮19cm迷你LINDY包附黄金配件	19cm×12cm×9cm	85,200	佳士得	2020-11-27
锡器灰色EPSOM牛皮28cm外缝凯莉包附钯金配件	28cm×20cm×10cm	170,400	佳士得	2020-11-27
锡器灰色TAURILLON H牛皮及核桃木家居椅（一组两件）	60cm×55cm×83.5cm	79,100	佳士得	2020-07-10
夏日粉色SWIFT小牛皮19cm迷你LINDY包附钯金配件	19cm×12cm×9cm	79,875	佳士得	2020-11-27
夏日粉色SWIFT小牛皮20cm迷你LINDY包附钯金配件	20cm×12cm×9cm	101,700	佳士得	2020-07-10

拍品名称	物品尺寸	成交价RMB	拍卖公司	拍卖日期
仙人掌绿色EPSOM牛皮20cm迷你凯莉包二代附黄金配件	20cm×14cm×9cm	84,750	佳士得	2020-07-10
鲜红色鸵鸟皮30cm铂金包附黄金配件	30cm×22cm×15cm	113,000	佳士得	2020-07-10
鲜红色鸵鸟皮CONSTANCE皮夹附黄金配件	21cm×12cm×2cm	29,380	佳士得	2020-07-10
鲜红色鸵鸟皮KELLY POCHETTE包附黄金配件	22cm×13cm×6cm	106,500	佳士得	2020-11-27
限量版COUVERTURE DE JOUR图案帆布及BARÉNIA小牛皮32cm内缝凯莉包附钯金配件	32cm×23cm×10cm	138,450	佳士得	2020-11-27
限量版PEGASUS POP图案帆布及黑色VACHE HUNTER牛皮31cmHERBAG ZIP包附钯金配件	31cm×25cm×10cm	79,875	佳士得	2020-11-27
限量版白色SWIFT小牛皮及帆布35cmSHADOW铂金包附钯金配件	35cm×25cm×18cm	203,400	佳士得	2020-07-10
限量版白色SWIFT小牛皮及柳条迷你PICNIC凯莉包附钯金配件	18.5cm×13.5cm×7cm	447,300	佳士得	2020-11-27
限量版白色及珍珠灰色SWIFT小牛皮30cmGHILLIES铂金包附钯金配件	30cm×22cm×15cm	69,225	佳士得	2020-11-27
限量版柏树绿色SWIFT小牛皮及TOILE H BERLINE帆布24cmCONSTANCE包附钯金配件	24cm×19cm×7cm	90,400	佳士得	2020-07-10
限量版大象灰色短吻鳄皮，深棕色鸵鸟皮及草绳色蜥蜴皮32cmGRAND MARIAGE RETOURNÉ凯莉包附精铜配件	32cm×23cm×10.5cm	203,400	佳士得	2020-07-10
限量版电光蓝色SWIFT小牛皮15cmMICRO MINI铂金包附钯金配件	15cm×9cm×3cm	67,800	佳士得	2020-07-10
限量版电光蓝色及塔拉萨蓝色EPSOM牛皮30cmCANDY铂金包附钯金配件	30cm×22cm×15cm	84,750	佳士得	2020-07-10
限量版法国蓝色COURCHEVEL小牛皮日与云迷你手袋附黄金配件	25cm×13cm×1cm	50,850	佳士得	2020-07-10
限量版粉末色及草绳色POROSUS鳄鱼皮30cm铂金包附钯金配件	30cm×22cm×15cm	508,500	佳士得	2020-07-10
限量版海洋蓝色VEAU DOBLIS麂皮及孔雀石色SWIFT小牛皮CONSTANCE ÉLAN包附黄金配件	25cm×13cm×7cm	45,200	佳士得	2020-07-10
限量版黑色CALF BOX小牛皮29cmCONSTANCE CARTABLE包附牛皮及黄金配件	29cm×23cm×9cm	85,200	佳士得	2020-1[illegible]-27
限量版黑色CALF BOX小牛皮30cmSO BLACK铂金包附黑色PVD配件	30cm×22cm×15cm	255,600	佳士得	2020-11-27
限量版黑色CALF BOX小牛皮35cm铂金包附雕花钯金配件	35cm×25cm×18cm	146,900	佳士得	2020-07-10
限量版黑色EVERCALF小牛皮及丹宁35cmGHILLIES铂金包附雾面钯金配件	35cm×25cm×18cm	79,875	佳士得	2020-11-27
限量版黑色MONSIEUR小牛皮18cm迷你OPTIQUE CONSTANCE包附搪瓷配件	18cm×15cm×5cm	79,875	佳士得	2020-11-27
限量版黄褐色BARÉNIA小牛皮及巴西图案丝巾18cm迷你CONSTANCE包附钯金配件	18cm×15cm×4cm	96,050	佳士得	2020-07-10
限量版金啡色VEAU DOBLIS麂皮及SWIFT小牛皮30cmGRIZZLY LINDY包附黄金配件	30cm×21cm×15cm	45,200	佳士得	2020-07-[illegible]0
限量版金棕色EPSOM牛皮，卡普辛橙色CHÈVRE山羊皮及爱马仕红色SOMBRERO小牛皮28cmKELLYGRAPHIE LETTRE H凯莉包附钯金配件	28cm×20cm×10cm	159,750	佳士得	2020-11-27
限量版咖喱黄色及木兰粉色SWIFT小牛皮QUELLE IDOLE包附钯金配件	15cm×12cm×6cm	406,800	佳士得	2020-07-1[illegible]
限量版莱姆黄色SWIFT小牛皮及丝质20cm“天堂午憩”2002包附钯金配件	20cm×19cm×5cm	63,900	佳士得	2020-11-27

(续表)

拍品名称	物品尺寸	成交价RMB	拍卖公司	拍卖日期
限量版卡普辛橙色EPSOM牛皮，深渊蓝色SOMBRERO小牛皮及琥珀色CHÈVRE山羊皮28cmKELLYGRAPHIE LETTRE M凯莉包附钯金配件	28cm×20cm×10cm	117,150	佳士得	2020-11-27
限量版孔雀石色，波尔多红色，莱姆黄色，珊瑚蓝色，杜鹃粉色及卡普辛橙色SWIFT小牛皮及VEAU DOBLIS麂皮29cmJIGE ÉLAN	29cm×16cm×3cm	23,430	佳士得	2020-11-27
限量版莱姆黄色，芝麻色，花瓣粉色及砖橙色EPSOM牛皮35cm外缝SUNRISE彩虹铂金包附钯金配件	35cm×25cm×18cm	276,900	佳士得	2020-11-27
限量版亮面靛蓝色短吻鳄皮及铜色VERSO CONSTANCE皮夹附玫瑰金配件	21cm×12cm×2cm	63,900	佳士得	2020-11-27
限量版亮面海军蓝色短吻鳄皮18cm迷你CONSTANCE包附亮面渐变色SALVATOR蜥蜴皮及钯金配件	18cm×15cm×5cm	276,900	佳士得	2020-11-27
限量版亮面黑色及橙色尼罗鳄鱼皮30cm铂金包附铑金配件	30cm×22cm×15cm	248,600	佳士得	2020-07-10
限量版亮面黑色尼罗鳄鱼皮及NOVILLO小牛皮25cmTOUCH铂金包附玫瑰金配件	25cm×19cm×13cm	226,000	佳士得	2020-07-10
限量版亮面黄色及棕色与雾面棕色及黑色渐层蟒蛇皮迷你BRILLANT包附金色配件	20cm×16cm×11cm	42,600	佳士得	2020-11-27
限量版亮面渐变色SALVATOR蜥蜴皮及雾面深绿色短吻鳄皮18cm迷你TOUCH ROULIS包附钯金配件	18cm×15cm×6cm	90,525	佳士得	2020-11-27
限量版琉璃蓝色及玛瑙蓝色SWIFT小牛皮QUELLE IDOLE包附钯金配件	15cm×12cm×6cm	255,600	佳士得	2020-11-27
限量版鲁索绿色TOGO小牛皮及雾面短吻鳄皮29cm24/24包附黄金及钯金配件	29cm×24cm×14cm	146,900	佳士得	2020-07-10
限量版马耳他蓝色及白色EVERCOLOR小牛皮45cmBASEBALL BOLIDE包附钯金配件	45cm×36cm×25cm	63,900	佳士得	2020-11-27
限量版玫瑰茶色及爱马仕红色SWIFT小牛皮30cmGHILLIES铂金包附钯金配件	30cm×22cm×15cm	79,875	佳士得	2020-11-27
限量版墨水蓝色，琉璃蓝色，柏树绿色及午夜蓝色亮面短吻鳄皮及尼罗蜥蜴皮AU BOUT DU MONDE 24cmCONSTANCE包附搪瓷配件	24cm×19cm×7cm	351,450	佳士得	2020-11-27
限量版墨水蓝色SWIFT小牛皮，北极蓝色及金啡色EPSOM牛皮30cmTRESSAGE铂金包附钯金配件	30cm×22cm×15cm	124,300	佳士得	2020-07-10
限量版木兰粉色及饼干色SWIFT小牛皮QUELLE IDOLE包附钯金配件	15cm×12cm×6cm	255,600	佳士得	2020-11-27
限量版拿坡里黄色SWIFT小牛皮及柳条迷你PICNIC凯莉包附钯金配件	18.5cm×13.5cm×7cm	565,000	佳士得	2020-07-10
限量版奶糖色CLÉMENCE小牛皮，琥珀色EPSOM牛皮及黄褐色TADELAKT小牛皮28cmKELLYGRAPHIE LETTRE S凯莉包附钯金配件	28cm×20cm×10cm	214,700	佳士得	2020-07-10
限量版黏土色VEAU DOBLIS麂皮及SWIFT小牛皮35cmGRIZZLY铂金包附精铜配件	35cm×25cm×18cm	74,550	佳士得	2020-11-27
限量版浅绿色SWIFT小牛皮及柳条迷你PICNIC凯莉包附钯金配件	18.5cm×13.5cm×7cm	298,200	佳士得	2020-11-27
限量版珊瑚蓝色TADELAKT小牛皮18cm迷你CONSTANCE包附亮面草绳色尼罗蜥蜴皮及钯金配件	18cm×15cm×4cm	101,700	佳士得	2020-07-10
限量版深渊蓝色SOMBRERO小牛皮29cmCONSTANCE CARTABLE包附搪瓷配件	29cm×23cm×9cm	101,700	佳士得	2020-07-10
限量版圣西尔蓝色SWIFT小牛皮GHILLIES凯莉皮夹附钯金配件	20cm×11cm×2cm	22,600	佳士得	2020-07-10
限量版塔拉萨蓝色，黑色，牛仔蓝色及黏土色EVERCOLOR小牛皮35cm铂金包附雾面钯金配件	35cm×25cm×18cm	84,750	佳士得	2020-07-10
限量版天空蓝色及土耳其蓝色VEAU DOBLIS麂皮，CLÉMENCE及EVERCOLOR小牛皮35cm内缝GHILLIES凯莉包附钯金配件	35cm×25cm×13cm	40,470	佳士得	2020-11-27
限量版天然色BARÉNIA小牛皮及帆布35cmGHILLIES铂金包附雾面钯金配件	35cm×25cm×18cm	79,875	佳士得	2020-11-27
限量版天然色BARÉNIA小牛皮及柳条PICNIC凯莉包附钯金配件	35cm×25cm×13cm	234,300	佳士得	2020-11-27
限量版午夜蓝色TOGO小牛皮45cmSHARK BOLIDE包附钯金配件	45cm×36cm×25cm	56,500	佳士得	2020-07-10
限量版雾面柏树绿色及内面圣西尔蓝色短吻鳄皮25cmVERSO铂金包附钯金配件	25cm×19cm×13cm	474,600	佳士得	2020-07-10
限量版雾面靛蓝色短吻鳄皮，蓝宝石色CALF BOX小牛皮及马耳他蓝色CLÉMENCE小牛皮32cmRETOURNÉ凯莉包附钯金配件	32cm×23cm×10.5cm	226,000	佳士得	2020-07-10
限量版雾面黑色短吻鳄皮35cmSO BLACK铂金包附黑色PVD配件	35cm×25cm×18cm	958,500	佳士得	2020-11-27
限量版雾面黑色尼罗鳄鱼皮30cmSO BLACK铂金包附黑色PVD配件	30cm×22cm×15cm	542,400	佳士得	2020-07-10
限量版雾面马耳他蓝色及亮面蓝宝石色短吻鳄皮18cm迷你ROULIS TOUCH包附黄金配件	18cm×15cm×6cm	135,600	佳士得	2020-07-10
限量版雾面马耳他蓝色及亮面蓝宝石色短吻鳄皮23cmROULIS TOUCH包附黄金配件	23cm×8cm×6cm	127,800	佳士得	2020-11-27
限量版银色及金色鳄鱼皮，金属银色貂皮，珍珠鱼皮及蟒蛇皮大码BRILLANT包附金色配件	36cm×20cm×30cm	124,300	佳士得	2020-07-10
限量版樱花粉色SWIFT小牛皮GHILLIES凯莉皮夹附钯金配件	20cm×12cm×2cm	31,950	佳士得	2020-11-27
限量版斋普尔粉色及金棕色EPSOM牛皮35cmCANDY铂金包附精铜配件	35cm×25cm×18cm	85,200	佳士得	2020-11-27
限量版珍珠灰色TOGO小牛皮50cmENDLESS ROAD HAC铂金包附钯金配件	50cm×40cm×25cm	226,000	佳士得	2020-07-10
限量版珍珠灰色VEAU DOBLIS麂皮及虾粉色SWIFT小牛皮24cmCONSTANCE包附钯金配件	24cm×19cm×7cm	85,200	佳士得	2020-11-27
限量版竹绿色EVERCOLOR小牛皮及绳索灰色VEAU DOBLIS麂皮及CLÉMENCE小牛皮32cm内缝GHILLIES凯莉包附钯金配件	32cm×23cm×10cm	106,500	佳士得	2020-11-27
香奈儿 2012 MÉTIERS D' ART工坊巴黎孟买秀款黑色有机玻璃俄罗斯娃娃晚宴包附金色金属配件	9cm×19cm×7cm	321,715	保利香港	2020-12-02
香奈儿 2013年 春夏 走秀系列黑色小羊皮呼啦圈包附银色配件	29cm×20cm×9cm	19,102	保利香港	2020-12-02
香奈儿"中国娃娃"全球限量手提包		316,250	北京保利	2020-10-19
羊皮纸色CALF BOX32cmSELLIER凯莉包附黄金配件	32cm×23cm×10.5cm	45,200	佳士得	2020-07-10
羊皮纸色鸵鸟皮25cm铂金包附钯金配件	25cm×19cm×13cm	248,600	佳士得	2020-07-10
银莲花紫色SWIFT小牛皮20cm迷你LINDY包附黄金配件	20cm×12cm×9cm	84,750	佳士得	2020-07-10

(续表)

拍品名称	物品尺寸	成交价RMB	拍卖公司	拍卖日期
银莲花紫色SWIFT小牛皮25cm内缝凯莉包附黄金配件	25cm×19cm×9cm	117,150	佳士得	2020-11-27
罂粟橘色CLÉMENCE小牛皮25cm铂金包附钯金配件	25cm×19cm×13cm	135,600	佳士得	2020-07-10
樱花粉色SWIFT小牛皮25cm铂金包附钯金配件	25cm×19cm×13cm	248,600	佳士得	2020-07-10
樱花粉色SWIFT小牛皮25cm铂金包附钯金配件	25cm×19cm×14cm	181,050	佳士得	2020-11-27
樱花粉色SWIFT小牛皮KELLY POCHETTE包附钯金配件	22cm×13cm×6cm	180,800	佳士得	2020-07-10
鸢尾花蓝色鸵鸟皮23cmVERROU包附钯金配件	23cm×18.5cm×7.5cm	95,850	佳士得	2020-11-27
鸢尾花蓝色鸵鸟皮24cmCONSTANCE包附钯金配件	24cm×19cm×7cm	107,350	佳士得	2020-07-10
约20世纪20年代 常玉手提包	40cm×28cm	230,000	华艺国际	2020-10-15
赭石色SWIFT小牛皮25cm铂金包附钯金配件	25cm×19cm×14cm	90,525	佳士得	2020-11-27
珍罕亮面黑色POROSUS湾鳄皮25cm外缝凯莉包附18K铂金及钻石配件	25cm×19cm×9cm	1,278,000	佳士得	2020-11-27
珍珠灰色TOGO小牛皮25cm铂金包附钯金配件	25cm×19cm×14cm	170,400	佳士得	2020-11-27
榛子色ARDENNES小牛皮35cm铂金包附钯金配件	35cm×25cm×18cm	55,380	佳士得	2020-11-27
朱红色SWIFT小牛皮KELLY POCHETTE包附钯金配件	22cm×13cm×6cm	74,550	佳士得	2020-11-27
竹绿色CLÉMENCE小牛皮32cmRETOURNÉ凯莉包附黄金配件	32cm×23cm×10.5cm	67,800	佳士得	2020-07-10
竹绿色EPSOM牛皮25cm外缝凯莉包附黄金配件	25cm×19cm×9cm	138,450	佳士得	2020-11-27
竹绿色TOGO小牛皮35cm铂金包附钯金配件	35cm×25cm×18cm	67,800	佳士得	2020-07-10
砖红色SWIFT小牛皮30cm铂金包附钯金配件	30cm×22cm×15cm	62,150	佳士得	2020-07-10
砖红色鸵鸟皮30cm铂金包附黄金配件	30cm×22cm×15cm	138,450	佳士得	2020-11-27
紫红色鸵鸟皮20cm迷你凯莉包二代附黄金配件	20cm×14cm×9cm	553,800	佳士得	2020-11-27
紫色珍珠鱼皮及小羊皮小码BOY包附骨董银色配件及粉色珍珠鱼皮及小羊皮小码BOY包附骨董银色配件（一组两件）	20cm×12cm×8cm	42,940	佳士得	2020-07-10
紫藤色EVERCOLOR小牛皮25cm铂金包附钯金配件	25cm×19cm×13cm	124,300	佳士得	2020-07-10
中成药				
1978年达仁堂再造丸		33,350	西泠印社	2020-08-07
1981–1985年同仁堂久芝清心丸		20,700	西泠印社	2020-08-07
1981年产陈李济参茸白凤丸（高丽参）		13,800	中鸿信	2020-01-04
1981年陈李济参茸白凤丸（高丽参）		32,200	西泠印社	2020-08-07
1983年同仁堂局方至宝散		17,250	西泠印社	2020-08-07
1984年产山东烟台中药厂至宝三鞭丸		92,000	中鸿信	2020-01-04
1985年长城牌杞菊地黄丸（原箱）		48,300	西泠印社	2020-08-07
1985年长城牌天王补心丹		11,500	永乐拍卖	2020-08-17
1985年长城牌天王补心丹（原箱）		43,700	西泠印社	2020-08-07
1986–1993年代同仁堂安坤赞育丸		13,800	西泠印社	2020-08-07
1986年同仁堂局方至宝丹		13,800	西泠印社	2020-08-07
1987年产山东烟台中药厂至宝三鞭丸		69,000	中鸿信	2020-01-04
1987年产同仁堂抗老延年丸 防衰益寿丸		34,500	中鸿信	2020-01-04
1987年同仁堂抗老延年丸防衰益寿丸（原箱）		138,000	西泠印社	2020-08-07
1987年同仁堂抗老延年丸防衰益寿丸（原箱）		138,000	西泠印社	2020-08-07
1987年同仁堂旭日牌抗老延年丸 防衰益寿丸（原箱）		172,500	永乐拍卖	2020-08-17
1988年产同仁堂抗老延年丸 防衰益寿丸 50盒	2瓶/盒	172,500	中鸿信	2020-01-04
1988年同仁堂抗老延年丸防衰益寿丸		28,750	西泠印社	2020-08-07
1988年同仁堂抗老延年丸防衰益寿丸（原箱）		126,500	西泠印社	2020-08-07
1989–1991年同仁堂李时珍牌牛黄清心丸		103,500	西泠印社	2020-08-07
1989年天津出口长城牌大活络丹（原箱）		92,000	西泠印社	2020-08-07
1989年天津出口装长城牌大活络丹		23,000	永乐拍卖	2020-08-17
1989年同仁堂李时珍牌牛黄清心丸		115,000	西泠印社	2020-08-07
1989年同仁堂李时珍牌消栓再造丸（两原箱）		161,000	西泠印社	2020-08-07
1989年同仁堂李时珍牌消栓再造丸（原箱）		80,500	西泠印社	2020-08-07
1990–1992年产同仁堂牛黄清心丸 李时珍（天然牛黄麝香）		20,700	中鸿信	2020-01-04
1990年产同仁堂苏合香丸（天然：麝香，沉香）		20,700	中鸿信	2020-01-04
1990年产同仁堂苏合香丸（天然：麝香，沉香）		13,800	中鸿信	2020-01-04
1990年同仁堂李时珍牌人参鹿茸丸		57,500	西泠印社	2020-08-07
1990年同仁堂李时珍牌人参鹿茸丸		40,250	西泠印社	2020-08-07
1990年同仁堂李时珍人参鹿茸丸		34,500	永乐拍卖	2020-08-17
1990年同仁堂六神丸（原盒）		34,500	西泠印社	2020-08-07
1990年同仁堂苏合香丸		13,800	西泠印社	2020-08-07
1990年同仁堂苏合香丸（旭日）		48,300	永乐拍卖	2020-08-17
1990年长城牌出口装牛黄清心丸		46,000	西泠印社	2020-08-07
1990年长城牌牛黄清心丸（包有金衣）		46,000	永乐拍卖	2020-08-17
1990年长城牌牛黄清心丸（包有金衣）		34,500	永乐拍卖	2020-08-17
1991–1994年同仁堂乌鸡白凤丸		11,500	西泠印社	2020-08-07
1991–1995年达仁堂清宫寿桃丸		34,500	西泠印社	2020-08-07
1991–1996年达仁堂牛黄降压丸		23,000	西泠印社	2020-08-07
1991年产同仁堂李时珍山王清心丸		34,500	中鸿信	2020-01-04
1991年产同仁堂李时珍山王清心丸		23,000	中鸿信	2020-01-04
1991年产同仁堂消栓再造丸（李时珍）		13,800	中鸿信	2020-01-04
1991年达仁堂牛黄清心丸		23,000	西泠印社	2020-08-07
1991年同仁堂出口装李时珍牌消栓再造丸		13,800	西泠印社	2020-08-07
1991年同仁堂李时珍牌山王清心丸		51,750	西泠印社	2020-08-07
1991年长城牌出口装海马丸（原盒）		25,300	西泠印社	2020-08-07
1991年长城牌出口装海马丸（原盒）		23,000	西泠印社	2020-08-07
1991年长城牌出口装海马丸（原箱）		172,500	西泠印社	2020-08-07
1992–1994年星牌华佗再造丸 1990–1993年星牌华佗再造丸		20,700	永乐拍卖	2020-08-17
1992年产天津达仁堂清宫寿桃丸（锦盒装）		13,800	中鸿信	2020-01-04
1992年产同仁堂人参再造丸		20,700	中鸿信	2020-01-04
1992年同仁堂出口装李时珍牌再造丸（原箱）		149,500	西泠印社	2020-08-07
1992年漳州片仔癀		46,000	西泠印社	2020-08-07
1993、1994年同仁堂李时珍牌参茸卫生丸		34,500	西泠印社	2020-08-07
1993、1996年同仁堂紫雪散		31,050	永乐拍卖	2020-08-17
1993年北京东升药厂牛黄降压丸（原箱）		80,500	西泠印社	2020-08-07
1993年同仁堂大活络丹		28,750	西泠印社	2020-08-07
1993年同仁堂大活络丹（原箱）		80,500	西泠印社	2020-08-07
1993年同仁堂李时珍大活络丹		57,500	永乐拍卖	2020-08-17
1993年同仁堂李时珍牌参茸卫生丸		92,000	西泠印社	2020-08-07
1993年同仁堂李时珍牌大活络丹		51,750	西泠印社	2020-08-07
1993年同仁堂牛黄清心丸		48,300	西泠印社	2020-08-07
1993年同仁堂牛黄清心丸		46,000	西泠印社	2020-08-07
1993年同仁堂牛黄清心丸		28,750	西泠印社	2020-08-07
1993年同仁堂牛黄清心丸 1995–1996年同仁堂牛黄清心丸		43,700	永乐拍卖	2020-08-17
1993年同仁堂牛黄清心丸（原箱）		86,250	西泠印社	2020-08-07
1993年同仁堂苏合香丸（原箱）		138,000	西泠印社	2020-08-07
1993年同仁堂紫雪散		28,750	西泠印社	2020-08-07

（续表）

拍品名称	物品尺寸	成交价RMB	拍卖公司	拍卖日期
1993年同仁堂紫雪散（原盒）		11,500	西泠印社	2020-08-07
1994-1996年同仁堂牛黄清心丸		25,300	西泠印社	2020-08-07
1994年北京东升药厂牛黄降压丸（原箱）		69,000	西泠印社	2020-08-07
1994年出口装栈桥牌石斛夜光丸		13,800	西泠印社	2020-08-07
1994年出口装栈桥牌西黄丸		13,800	西泠印社	2020-08-07
1994年牛黄降压丸（天然牛黄及名贵药材）原箱1000丸		82,800	永乐拍卖	2020-08-17
1994年同仁堂出口装大活络丹		11,500	西泠印社	2020-08-07
1994年同仁堂活络丸（原箱）		57,500	西泠印社	2020-08-07
1995年同仁堂出口装牛黄清心丸（包有金衣）		34,500	永乐拍卖	2020-08-17
1995年同仁堂出口装再造丸		17,250	西泠印社	2020-08-07
1995年同仁堂锦盒装牛黄清心丸（原箱）50盒	10丸/盒	172,500	西泠印社	2020-08-07
1996年产同仁堂牛黄清心丸（旭日）		57,500	中鸿信	2020-01-04
1996年同仁堂出口装锦盒大活络丹（原箱）		115,000	西泠印社	2020-08-07
1996年同仁堂李时珍牌白凤丸		20,700	西泠印社	2020-08-07
1997-1999年同仁堂出口装大活络丹		23,000	西泠印社	2020-08-07
1997年同仁堂朱砂安神丸（原箱）		48,300	西泠印社	2020-08-07
1997年漳州片仔癀		20,700	西泠印社	2020-08-07
1998年产山西远字定坤丹		17,250	中鸿信	2020-01-04
1998年同仁堂参茸卫生丸（原箱）		46,000	西泠印社	2020-08-07
1998年同仁堂偏瘫复原丸（原箱）		46,000	西泠印社	2020-08-07
1998年同仁堂石斛夜光丸（原箱）		46,000	西泠印社	2020-08-07
1999年产同仁堂再造丸 旭日（天然牛黄沉香）		57,500	中鸿信	2020-01-04
1999年同仁堂参茸三鞭丸（原箱）		55,200	西泠印社	2020-08-07
1999年同仁堂参茸三鞭丸（原箱）		55,200	西泠印社	2020-08-07
1999年同仁堂人参鹿茸丸		20,700	永乐拍卖	2020-08-17
1999年同仁堂人参鹿茸丸		13,800	西泠印社	2020-08-07
1999年同仁堂人参鹿茸丸（原箱）		80,500	西泠印社	2020-08-07
1999年同仁堂十香返生丸（原箱）		46,000	西泠印社	2020-08-07
1999年同仁堂再造丸（原箱）		40,250	西泠印社	2020-08-07
20世纪50年代 新会陈皮（2罐）	总重量1800g	301,608	保利香港	2020-12-02
20世纪80年代精装出口至宝三鞭丸（浓缩丸原箱）48盒	50管/盒	287,500	西泠印社	2020-08-07
20世纪80-90年代达仁堂回生牌牛黄降压丸（天然牛黄及名贵药材）		57,500	永乐拍卖	2020-08-17
20世纪80年代达仁堂牛黄降压丸		29,900	西泠印社	2020-08-07
20世纪80年代达仁堂牛黄降压丸		13,800	西泠印社	2020-08-07
20世纪80年代达仁堂苏合丸		11,500	西泠印社	2020-08-07
20世纪80年代胡庆余堂出口装精制六神丸		46,000	西泠印社	2020-08-07
20世纪80年代胡庆余堂出口装精制六神丸		17,250	西泠印社	2020-08-07
20世纪80年代精装出口至宝三鞭丸		23,000	西泠印社	2020-08-07
20世纪80年代精装出口至宝三鞭丸（浓缩丸）		28,750	西泠印社	2020-08-07
20世纪80年代精装出口至宝三鞭丸（原箱）		126,500	西泠印社	2020-08-07
20世纪80年代同仁堂人参再造丸		25,300	西泠印社	2020-08-07
20世纪80年代同仁堂旭日牌天王补心丹 1987-1990年同仁堂麻仁润肠丸 80年代同仁堂旭日牌人参健脾丸		26,450	永乐拍卖	2020-08-17
20世纪80年代羊城牌参茸白凤丸		23,000	西泠印社	2020-08-07
20世纪80年代羊城牌参茸白凤丸（双料）（原箱）		46,000	永乐拍卖	2020-08-17
20世纪80年代羊城牌出口装参茸白凤丸（原箱）		51,750	西泠印社	2020-08-07
20世纪80年代羊城牌出口装壮腰健肾丸		13,800	西泠印社	2020-08-07
20世纪80年代长城牌出口装牛黄清心丸		28,750	西泠印社	2020-08-07
20世纪80年代至宝白凤丸 80年代羊城牌参茸白凤丸（双料）		18,400	永乐拍卖	2020-08-17
20世纪80年代至宝白凤丸（原箱）		48,300	西泠印社	2020-08-07
20世纪90年代出口装李时珍牌朝阳丹		51,750	西泠印社	2020-08-07
20世纪90年代同仁堂安宫牛黄丸（批号93,357）		32,200	永乐拍卖	2020-08-17
20世纪90年代同仁堂出口李时珍安宫牛黄丸（批号93，357）		51,750	永乐拍卖	2020-08-17

拍品名称	物品尺寸	成交价RMB	拍卖公司	拍卖日期
20世纪90年代同仁堂石斛夜光丸		16,100	西泠印社	2020-08-07
20世纪90年代同仁堂天王补心丸		13,800	西泠印社	2020-08-07
20世纪90年代同仁堂出口装李时珍牌消栓再造丸（原箱）		74,750	西泠印社	2020-08-07
化州橘红（12颗）	约500g	57,500	华艺国际	2020-10-15
三十九年　新会陈皮	重量1000g	48,300	中国嘉德	2020-12-04
十五年陈皮	重量206g	32,200	北京保利	2020-10-19
五十年陈皮	重量201g	92,000	北京保利	2020-10-19
新会 陈皮	净500g	23,000	华艺国际	2020-10-15
20世纪80年代 新会陈皮	总重量1200g	80,429	保利香港	2020-12-02
20世纪80年代 新会陈皮	总重量600g	38,204	保利香港	2020-12-02
20世纪90年代 新会陈皮	总重量2400g	65,348	保利香港	2020-12-02
20世纪90年代 新会陈皮		65,348	保利香港	2020-12-08
20世纪90年代 新会陈皮	总重量1200g	22,118	保利香港	2020-12-02
20世纪90年代 新会陈皮	总重量1200g	22,118	保利香港	2020-12-02
20世纪90年代 新会陈皮	总重量1200g	22,118	保利香港	2020-12-02
20世纪60年代 新会陈皮	总重量600g	110,590	保利香港	2020-12-02
20世纪60年代 新会陈皮		70,375	保利香港	2020-12-08
20世纪60年代 新会陈皮	总重量300g	52,279	保利香港	2020-12-02
20世纪70年代 新会陈皮	总重量600g	70,375	保利香港	2020-12-02
20世纪70年代 新会陈皮	总重量600g	70,375	保利香港	2020-12-02
20世纪50年代 新会陈皮	总重量300g	100,536	保利香港	2020-12-02
20世纪50年代 新会陈皮		95,509	保利香港	2020-12-08
20世纪50年代 新会陈皮	总重量300g	90,482	保利香港	2020-12-02
滋补品				
1973年山东阿胶		23,000	永乐拍卖	2020-12-03
1981年山东东阿阿胶		23,000	永乐拍卖	2020-12-03
1986年同仁堂李时珍极品阿胶		34,500	永乐拍卖	2020-12-03
1996年李时珍福字山东东阿阿胶（精装）		17,250	永乐拍卖	2020-12-03
2000年山东东阿阿胶		23,000	永乐拍卖	2020-12-03
30头日本关东参		34,500	华艺国际	2020-12-05
30头日本关东参（约120只）	约2000g	39,100	华艺国际	2020-10-15
80年代北京同仁堂鹿角胶		28,750	永乐拍卖	2020-12-03
80年代北京同仁堂鹿角胶 80盒	250g/盒	34,500	永乐拍卖	2020-12-03
80年代永盛合阿胶		20,700	永乐拍卖	2020-12-03
1984-1987年福牌山东阿胶 精装		17,250	永乐拍卖	2020-12-03
20世纪90年代山东东阿阿胶 精装		17,250	永乐拍卖	2020-12-03
1991-1994年山东东阿阿胶		23,000	永乐拍卖	2020-12-03
本港白花胶（公肚）		138,000	华艺国际	2020-10-15
本港白花胶（公肚）		101,200	华艺国际	2020-12-05
本港赤嘴鳘鱼胶		115,000	华艺国际	2020-10-15
本港赤嘴鳘鱼胶（公肚）		156,400	华艺国际	2020-10-15
本港赤嘴鳘鱼胶（公肚）2只	约273g/270g	156,400	华艺国际	2020-10-15
本港赤嘴鱼胶（公肚）		667,000	华艺国际	2020-12-05
本港赤嘴鱼胶（公肚）		310,500	华艺国际	2020-12-05
本港赤嘴鱼胶（公肚）		17,250	华艺国际	2020-12-05
本港赤嘴鱼胶（公肚）		14,950	华艺国际	2020-12-05
本港赤嘴鱼胶（公肚）		13,800	华艺国际	2020-12-05
本港赤嘴鱼胶（公肚）10只	共约2472g	724,500	华艺国际	2020-12-05
本港第一代赤嘴鱼胶（公肚）		287,500	华艺国际	2020-12-05
本港石肚鳘鱼胶		103,500	华艺国际	2020-10-15
本港石肚鳘鱼胶（公肚）3只	约450g（含绳重）	207,000	华艺国际	2020-10-15
本港石肚鱼胶 10只	共约2503g	816,500	华艺国际	2020-12-05
本港石肚鱼胶（公肚）		667,000	华艺国际	2020-12-05
本港石肚鱼胶（公肚）		345,000	华艺国际	2020-12-05
缅甸金钱房胶（1只）	重400g	379,500	华艺国际	2020-10-15
日本3头千叶大网鲍	长8.6cm；宽6cm；高3cm	161,000	华艺国际	2020-12-05
日本千叶产4头网鲍		155,250	华艺国际	2020-12-05
日本千叶产5头网鲍		115,000	华艺国际	2020-12-05
日本青森产3-4头大网鲍 19只	共约2500g	402,500	华艺国际	2020-12-05
日本岩手31-35头吉品鲍		115,000	华艺国际	2020-12-05
日本岩手31-35头吉品鲍		115,000	华艺国际	2020-12-05

(续表)

拍品名称	物品尺寸	成交价RMB	拍卖公司	拍卖日期
日本岩手36–40头吉品鲍		103,500	华艺国际	2020–12–05
日本岩手36–40头吉品鲍		103,500	华艺国际	2020–12–05
日本岩手8头大网鲍	长8cm；高3.3cm	51,750	华艺国际	2020–12–05
日本岩手产12头吉品鲍		103,500	华艺国际	2020–12–05
日本岩手产6头大网鲍	长8.5cm；宽：6.5cm；高3.5cm	126,500	华艺国际	2020–12–05
日本岩手产7头大网鲍		57,500	华艺国际	2020–12–05
十五年鮸鱼肚		138,000	永乐拍卖	2020–12–03
石肚鳘鱼胶		161,000	华艺国际	2020–10–15
1958年公私合营同仁堂纯正驴皮阿胶		51,750	西泠印社	2020–08–07
1959年同仁堂永盛合一级驴皮阿胶		57,500	永乐拍卖	2020–08–17
1959年同仁堂永盛合一级驴皮阿胶		34,500	西泠印社	2020–08–07
1970年山东东阿阿胶《极品阿胶》北京中药厂加料宝珍（李时珍牌）		57,500	上海嘉禾	2020–01–05
1974年产山东东阿阿胶（福牌）		18,400	中鸿信	2020–01–04
1974年山东阿胶（福牌阿胶）1988年山东阿胶（福牌精装）		20,700	永乐拍卖	2020–08–17
1975年山东东阿阿胶《一切为了人民健康》		34,500	上海嘉禾	2020–01–05
1978年山东东阿阿胶		34,500	上海嘉禾	2020–01–05
1980年东阿阿胶		11,500	西泠印社	2020–08–07
1981–1982年精装出口福胶		43,700	西泠印社	2020–08–07
1981年东阿阿胶		17,250	西泠印社	2020–08–07
1983–1985年山东东阿阿胶		34,500	上海嘉禾	2020–01–05
1988年东阿阿胶		51,750	西泠印社	2020–08–07
1988年精装山东阿胶		23,000	西泠印社	2020–08–07
1988年栈桥牌专供出口山东阿胶		17,250	西泠印社	2020–08–07
1989年东阿阿胶		17,250	西泠印社	2020–08–07
1989年同仁堂鹿角胶		46,000	西泠印社	2020–08–07
1989年同仁堂鹿角胶（原箱）80盒	250克/盒	322,000	西泠印社	2020–08–07
1990–1996年山东东阿阿胶		25,300	上海嘉禾	2020–01–05
1990年东阿阿胶		13,800	西泠印社	2020–08–07
1990年精装出口福胶		23,000	西泠印社	2020–08–07
1990年山东东阿阿胶		32,200	上海嘉禾	2020–01–05
1991–1995年产山东东阿阿胶（精装）4盒	500g/盒	34,500	中鸿信	2020–01–04
1991年东阿阿胶		25,300	西泠印社	2020–08–07
1991年栈桥牌专供出口山东阿胶		28,750	西泠印社	2020–08–07
1992–1994年产山东东阿阿胶		27,600	中鸿信	2020–01–04
1992年、1996–1997年山东阿胶（福牌精装）		28,750	永乐拍卖	2020–08–17
1992年东阿阿胶		25,300	西泠印社	2020–08–07
1992年精装出口福胶		34,500	西泠印社	2020–08–07
1992年精装东阿镇阿胶		11,500	西泠印社	2020–08–07
1992年精装山东阿胶		13,800	西泠印社	2020–08–07
1993–1998年山东东阿阿胶（精装）		23,000	上海嘉禾	2020–01–05
1993年精装山东阿胶		57,500	西泠印社	2020–08–07
1994年东阿阿胶		43,700	西泠印社	2020–08–07
1995–1996年产山东东阿阿胶（精装）		17,250	中鸿信	2020–01–04
1995–1996年山东东阿阿胶		23,000	上海嘉禾	2020–01–05
1995–1996年山东东阿阿胶（精装）		13,800	永乐拍卖	2020–08–17
1995年东阿阿胶		23,000	西泠印社	2020–08–07
1996年产李时珍牌东阿阿胶		23,000	中鸿信	2020–01–04
1996年栈桥牌专供出口山东阿胶		20,700	西泠印社	2020–08–07
1998–2000年产山东东阿阿胶		23,000	中鸿信	2020–01–04
2001年东阿阿胶李时珍牌福字阿胶（原箱）40盒	250克/盒	172,500	西泠印社	2020–08–07
20世纪60–70年代初出口装天津健新药庄阿胶		20,700	西泠印社	2020–08–07
20世纪60年代济南宏济堂精装出口阿胶		46,000	西泠印社	2020–08–07
20世纪60年代天津同仁堂制药厂阿胶		25,300	西泠印社	2020–08–07
20世纪70年代出口装李时珍牌极品阿胶		161,000	西泠印社	2020–08–07
20世纪70年代出口装李时珍牌极品阿胶		51,750	西泠印社	2020–08–07
20世纪70年代初茶叶出口装山东阿胶		28,750	西泠印社	2020–08–07
20世纪70年代精装出口福胶		36,800	西泠印社	2020–08–07
20世纪80年代北京同仁堂鹿角胶80盒	250克/盒	402,500	永乐拍卖	2020–08–17
20世纪80年代同仁堂李时珍极品阿胶		39,100	中鸿信	2020–01–04
20世纪80年代同仁堂李时珍极品阿胶		23,000	中鸿信	2020–01–04
20世纪80年代出口装李时珍牌极品阿胶		115,000	西泠印社	2020–08–07
20世纪80年代出口装李时珍牌极品阿胶		43,700	西泠印社	2020–08–07
20世纪80年代同仁堂永盛合极品阿胶		13,800	西泠印社	2020–08–07
1989年正官庄高丽参（良三十）	600克	17,250	西泠印社	2020–08–07
1995年正官庄高丽参（天三十）	600克	43,700	西泠印社	2020–08–07
1996年正官庄高丽参（良二十）	600克	17,250	西泠印社	2020–08–07
1998年正官庄高丽参（良三十）	600克	13,800	西泠印社	2020–08–07
1998年正官庄高丽参（天三十）	600克	34,500	西泠印社	2020–08–07
1998年正官庄高丽参（天三十）	600克	34,500	西泠印社	2020–08–07
大号海马		36,800	西泠印社	2020–08–07
大号海马		36,800	西泠印社	2020–08–07
特大号海马		20,700	西泠印社	2020–08–07
约20年鳘鱼胶		80,500	西泠印社	2020–08–07
约20年鳘鱼胶		55,200	西泠印社	2020–08–07
约20年鳘鱼胶		43,700	西泠印社	2020–08–07
约20年鳘鱼胶		40,250	西泠印社	2020–08–07
约25–30年巨大鳘鱼胶		184,000	西泠印社	2020–08–07
约25–30年巨大鳘鱼胶		149,500	西泠印社	2020–08–07
约25–30年巨大鳘鱼胶		149,500	西泠印社	2020–08–07
海产品				
南非12头吉品鲍		17,250	华艺国际	2020–10–15
南非8头吉品鲍		21,850	华艺国际	2020–10–15
日本10头网鲍	长8cm宽5.5cm高2cm	37,950	华艺国际	2020–10–15
日本3–4头青森大网鲍（19只）	约2500g	402,500	华艺国际	2020–10–15
日本3头千叶大网鲍	长8.6cm；宽6cm；高3cm	161,000	华艺国际	2020–10–15
日本4–5头岩手大网鲍（22只）	约2750g	379,500	华艺国际	2020–10–15
日本岩手21–25头吉品鲍	长5.5cm；高2.3cm	184,000	华艺国际	2020–10–15
日本岩手31–35头吉品鲍	长4.8cm；高2cm	138,000	华艺国际	2020–10–15
日本岩手36–40头吉品鲍		103,500	华艺国际	2020–10–15
日本岩手6头大网鲍	长8.5cm；高3.5cm	126,500	华艺国际	2020–10–15
日本岩手7头大网鲍		57,500	华艺国际	2020–10–15
兵 器				
清乾隆 宫廷御用弓一件（带弦）	长131cm	25,300	中国嘉德	2020–12–03
清乾隆 御制“特等第一”奇准神枪（观赏）	长200cm；宽30cm	51,750,000	永乐拍卖	2020–12–02
刀两把	长108.5cm；长108cm	10,350	中国嘉德	2020–11–[illegible]2
室町–江户时代 “备前国住长船与三左卫门慰祐定”铭“三叶葵”纹鎏金御太刀	通长102cm	1,380,000	中鸿信	2020–01–03
约1900年 北洋新军定制素林根龙纹步兵军官仪仗军刀	长98cm	84,360	佳士得	2020–10–08
其他工艺品				
清雍正/乾隆早期 爱新觉罗·允禧自用灵芝如意	长35.5cm	171,000	佳士得	2020–07–01
清乾隆金漆彩绘如意形万字帐钩（一对）	长48.4cm	20,700	中国嘉德	2020–12–03
清乾隆 檀香木裁纸刀	长30.2cm	115,000	十竹斋拍卖（北京）	2020–10–18
19世纪晚期 法国巴卡拉切割水晶玻璃三光烛台（一对）	54.5cm×33cm	32,200	中国嘉德	2020–12–03
当代 江藤旧藏搅胎阮咸	长21cm	28,750	中鸿信	2020–01–03
“飞人”博尔特 亲笔签名照片、运动衣及短跑接力棒	尺寸不一	11,500	中国嘉德	2020–08–18
“飞人”博尔特亲笔签名里约奥运会纪念金牌	44cm×54cm	17,250	中国嘉德	2020–12–01
“飞人”迈克尔·乔丹 大灌篮电影宣传照	45cm×48cm	32,200	中国嘉德	2020–08–18
“飞人”迈克尔·乔丹 亲笔签名篮球	直径24.6cm	25,300	中国嘉德	2020–08–18
“黑曼巴”科比·布莱恩特亲笔签名篮球	直径24.6cm	46,000	中国嘉德	2020–08–18
“黑曼巴”科比·布莱恩特亲笔签名球衣	59cm×85.5cm	48,300	中国嘉德	2020–08–18

(续表)

拍品名称	物品尺寸	成交价RMB	拍卖公司	拍卖日期
"黑曼巴"科比·布莱恩特亲笔签名球衣	111.5cm×81.6cm	46,000	中国嘉德	2020-08-18
"黑曼巴"科比·布莱恩特亲笔签名球衣	57cm×85.5cm	32,200	中国嘉德	2020-08-18
"黑曼巴"科比·布莱恩特 生涯最后一个赛季比赛使用毛巾	102cm×56cm	13,800	中国嘉德	2020-08-18
"黑曼巴"科比·布莱恩特(Kobe Bryant)亲笔签名北京奥运会美国国家队球衣	尺寸不一	14,950	保利厦门	2020-09-26
"黑曼巴"科比·布莱恩特亲笔签名"2003年NBA全明星赛西部队"8号球衣	84.1cm×65.5cm	34,500	中国嘉德	2020-12-01
"黑曼巴"科比·布莱恩特亲笔签名"奥运会"蓝色10号球衣	89.3cm×57.2cm	17,250	中国嘉德	2020-12-01
"黑曼巴"科比·布莱恩特亲笔签名"洛杉矶湖人队"客场紫色24号球衣	58cm×76.8cm	34,500	中国嘉德	2020-12-01
"空中飞人"迈克尔·乔丹亲笔签名红色23号球衣	59cm×85cm	10,350	中国嘉德	2020-12-01
"球王"贝利亲笔签名巴西国家队球衣	63cm×83cm	13,800	中国嘉德	2020-08-18
"詹皇"詹姆斯 亲笔签名篮球	直径24.6cm	10,350	中国嘉德	2020-08-18
"詹皇"詹姆斯亲笔签名"湖人队"紫色球衣	56.5cm×82cm	13,800	中国嘉德	2020-12-01
"詹皇"詹姆斯亲笔签名球衣	117cm×84cm	11,500	中国嘉德	2020-12-01
"足坛万人迷"大卫·贝克汉姆(David Beckham)双面亲笔签名球衣,附证书	尺寸不一	10,925	北京保利	2020-10-18
1860年 加布里埃尔·维亚多风格陈列斗柜	长78cm; 宽35cm; 高175cm	46,000	西泠印社	2020-08-10
2011全明星专属球鞋收藏 3双个人专属球鞋		20,700	北京保利	2020-10-19
2016年作 耐克 回到未来第二代自动系鞋带高帮球鞋	全球限量100双,此为第78版	828,000	华艺国际	2020-10-15
2019年作 KAWS Holiday 香港限量毛绒公仔(三件一组)& 2018年作看见限量毛绒公仔	47cm×25.4cm×11.4cm; 40.6cm	11,838	保利香港	2020-07-08
C罗、卡西利亚斯等亲笔签名皇马球衣	78.5cm×81cm	32,200	中国嘉德	2020-08-18
C罗、鲁尼等 亲笔签名曼联官方足球	直径21.5cm	11,500	中国嘉德	2020-08-18
JBC专属球鞋收藏 2双个人专属鞋款		13,800	北京保利	2020-10-19
Love Life Nike Zoom Kobe VII PE Nike Zoom Kobe VII PE		63,250	北京保利	2020-10-19
Nike Hyperdunk Hy id Zoom Kove IV		195,500	北京保利	2020-10-19
Nike Zoom Kobe I "Premium Goods" PE		109,250	北京保利	2020-10-19
Nike Zoom Kobe I Premium Pack by Stash Nort		126,500	北京保利	2020-10-19
Nike Zoom Kobe IV "Live Strong" PE		368,000	北京保利	2020-10-19
TAKASHI MURAKAMI X LOUIS VUITTON 联名 迷彩帆布及牛皮 60cmMONOGRAMOUFLAGE PEGASE旅行箱	37cm×56cm×19cm	37,666	保利香港	2020-07-08
TAKASHI MURAKAMI X LOUIS VUITTON 联名限量版村上隆超扁平珠宝盒	19cm×17cm×8cm	64,570	保利香港	2020-07-08
The Key & The Lock Nike Zoom Kobe VI PE "The Key"		103,500	北京保利	2020-10-19
阿根廷"小跳蚤"梅西 亲笔签名球衣	86.5cm×73cm	25,300	中国嘉德	2020-08-18
阿根廷"小跳蚤"梅西 亲笔签名球衣	78.3cm×89.3cm	13,800	中国嘉德	2020-08-18
阿根廷"小跳蚤"梅西 亲笔签名足球	直径21.5cm	10,350	中国嘉德	2020-08-18
阿根廷足球运动员马拉多纳 亲笔签名阿根廷球衣	91cm×75cm	11,500	中国嘉德	2020-08-18
阿兰·休斯顿专属球鞋收藏 5双个人专属球鞋		40,250	北京保利	2020-10-19
阿玛雷·斯塔达迈尔专属球鞋收藏12双个人专属鞋款		57,500	北京保利	2020-10-19
埃迪·琼斯专属球鞋收藏 4双个人专属鞋款		40,250	北京保利	2020-10-19
艾伦·艾佛森专属球鞋收藏 4双个人专属球鞋		34,500	北京保利	2020-10-19
巴西足球巨星罗纳尔多亲笔签名球衣	69.8cm×90cm	11,500	中国嘉德	2020-08-18
波特兰开拓者队专属球鞋收藏 7双专属鞋款		23,000	北京保利	2020-10-19
布雷克·格里芬专属球鞋收藏 5双个人专属鞋款		25,300	北京保利	2020-10-19
朝珠、官帽各一件	长79cm; 直径30cm	20,700	中国嘉德	2020-07-15
沉香木朝珠、官帽各一件	长73cm; 直径31cm	17,250	中国嘉德	2020-07-15
沉香木嵌鎏金珠手串、镯、官帽四件	尺寸不一	20,700	中国嘉德	2020-07-15
沉香木手串、竹雕诗文笔筒、斋戒牌各一件	长17cm; L12.6cm; L6.6cm	11,500	中国嘉德	2020-07-17
村上隆 2019年作 无题 帆布 压克力颜料,聚酯纤维(衬里),牛皮(提手),金属(紧固件),镍(底铆钉)。单一件	41cm×14cm×64cm	62,832	罗芙奥	2020-07-19
达拉斯小牛队专属球鞋收藏 5双个人专属鞋款		161,000	北京保利	2020-10-19
大卫·贝克汉姆 亲笔签名曼联球衣	80cm×104cm	11,500	中国嘉德	2020-08-18
戴比尔斯, 铜及钻石沙漏, "Star ust Diamonds 2000", 约2000年制		47,460	佳士得	2020-07-13
德里克·费舍尔专属球鞋收藏 8双个人专属鞋款		51,750	北京保利	2020-10-19
德隆·威廉姆斯专属球鞋收藏 3双个人专属鞋款		41,400	北京保利	2020-10-19
点金平打鹰头钩牛皮皮带	皮带长约103cm	17,250	华艺国际	2020-10-15
鳄鱼皮箱	高50cm; 宽60cm; 深40cm	46,000	保利厦门	2020-09-26
法贝热宝石镶嵌国际象棋	棋盘长42cm; 宽42cm; 高8cm	66,700	西泠印社	2020-08-10
法国布尔风格铜鎏金镶嵌梳妆小几	长65cm; 宽46cm; 高74cm	46,000	西泠印社	2020-08-10
法国老鹰藤叶饰人物雕刻柚木写字桌	长120cm; 宽70cm; 高78cm	50,600	西泠印社	2020-08-10
法国莫伯斯雕塑工坊设计花卉饰高柜	长66cm; 宽40cm; 高174cm	63,250	西泠印社	2020-08-10
法式胡桃木花卉藤叶饰小几	长31.5cm; 宽31.5cm; 高74cm	11,500	西泠印社	2020-08-10
法式胡桃木人物雕刻纹饰餐桌配六椅	尺寸不一	59,800	西泠印社	2020-08-10
法式人物雕刻饰布艺扶椅(一对)	长63cm; 宽68cm; 高125cm	32,200	西泠印社	2020-08-10
哥特风格人物雕刻餐边柜	长128cm; 宽55cm; 高245cm	71,300	西泠印社	2020-08-10
古董微型相机、摄影机(一组四件)	尺寸不一	11,500	西泠印社	2020-08-10
黑人月专属球鞋收藏3双个人专属鞋款		13,800	北京保利	2020-10-19
加布里埃尔·维亚多桃花芯木卧龙饰陈列柜	长98cm; 宽44cm; 高173cm	345,000	西泠印社	2020-08-10
加布里埃尔·维亚多风格梳妆小几	长50cm; 宽33cm; 高73cm	23,000	西泠印社	2020-08-10
加州大学伯克利分校专属球鞋收藏 6双个人专属球鞋		34,500	北京保利	2020-10-19
贾森·基德专属球鞋收藏 28双个人专属鞋款		287,500	北京保利	2020-10-19
凯文·马丁专属球鞋收藏 4双个人专属鞋款		92,000	北京保利	2020-10-19
科比 大师之路球鞋收藏 8双个人专属鞋款		80,500	北京保利	2020-10-19
科比·布莱恩特纯白系列球鞋收藏9双专属鞋款		920,000	北京保利	2020-10-19
科比·布莱恩特第八代签名球鞋收藏 10双专属鞋款		310,500	北京保利	2020-10-19
科比·布莱恩特第二代签名球鞋收藏 5双专属鞋款		126,500	北京保利	2020-10-19
科比·布莱恩特第二代签名球鞋特别版收藏1双专属球鞋 NIKE ZOOM KOBE 2 ST		46,000	中国嘉德	2020-12-01

2020杂项拍卖成交汇总

(续表)

拍品名称	物品尺寸	成交价RMB	拍卖公司	拍卖日期
科比·布莱恩特第九代签名球鞋收藏4双专属鞋款		86,250	北京保利	2020-10-19
科比·布莱恩特第六代签名球鞋收藏6双专属鞋款		126,500	北京保利	2020-10-19
科比·布莱恩特第七代签名球鞋收藏5双专属鞋款		92,000	北京保利	2020-10-19
科比·布莱恩特第三代签名球鞋收藏7双专属鞋款		115,000	北京保利	2020-10-19
科比·布莱恩特第四代签名球鞋收藏11双专属鞋款		172,500	北京保利	2020-10-19
科比·布莱恩特第五代签名球鞋收藏15双专属鞋款		379,500	北京保利	2020-10-19
科比·布莱恩特第一代签名球鞋收藏15双专属鞋款		448,500	北京保利	2020-10-19
科比·布莱恩特第一代签名球鞋收藏1双专属球鞋 NIKE ZOOM KOBE 1		46,000	中国嘉德	2020-12-01
科比·布莱恩特第一代签名球鞋收藏1双专属球鞋 NIKE ZOOM KOBE 1		23,000	中国嘉德	2020-12-01
科比·布莱恩特第一代签名球鞋收藏1双专属球鞋 NIKE ZOOM KOBE 1		23,000	中国嘉德	2020-12-01
科比·布莱恩特第一代签名球鞋收藏1双专属鞋款 NIKE ZOOM KOBE 1		46,000	中国嘉德	2020-12-01
科比·布莱恩特第一代签名球鞋收藏2双专属球鞋		46,000	中国嘉德	2020-12-01
科比·布莱恩特第一代签名球鞋收藏2双专属鞋款 NIKE ZOOM KOBE 1		46,000	中国嘉德	2020-12-01
科比·布莱恩特第一代签名球鞋收藏3双专属球鞋		69,000	中国嘉德	2020-12-01
科比·布莱恩特亲笔签名球鞋 11双专属鞋款		80,500	北京保利	2020-10-19
科比·布莱恩特专属球鞋收藏 17双专属鞋款		391,000	北京保利	2020-10-19
科比·布莱恩特专属球鞋收藏1双专属球鞋 NIKE ZOOM HUARACHE 2K5		69,000	中国嘉德	2020-12-01
科比·布莱恩特专属球鞋收藏2双专属球鞋 NIKE ZOOM HUARACHE 2K4		184,000	中国嘉德	2020-12-01
科比·布莱恩特专属球鞋收藏2双专属球鞋 NIKE ZOOM HUARACHE 2K4		138,000	中国嘉德	2020-12-01
科比亲笔签名黄色24号球衣	80cm×55cm	46,000	永乐拍卖	2020-12-04
科比亲笔签名黄色8号球衣	80cm×55cm	23,000	永乐拍卖	2020-12-04
科比亲笔签名篮球		23,000	永乐拍卖	2020-12-04
昆廷·理查德森专属球鞋收藏 17双个人专属球鞋		161,000	北京保利	2020-10-19
拉简·隆多专属球鞋收藏 4双个人专属球鞋		25,300	北京保利	2020-10-19
雷·阿伦专属球鞋收藏 24双个人专属球鞋		425,500	北京保利	2020-10-19
理查德·汉密尔顿专属球鞋收藏 9双个人专属鞋款		149,500	北京保利	2020-10-19
理石台面铜鎏金人物饰小边几	长76cm; 宽40cm; 高87.5cm	28,750	西泠印社	2020-08-10
利物浦足球俱乐部队员亲笔签名球衣	76cm×85cm	28,750	中国嘉德	2020-08-18
鎏金三足酒樽一套	尺寸不一	1,074,304	香港贞观	2020-08-30
路易十六风格细木拼花铜鎏金小梳妆台	长64cm; 宽46cm; 高73cm	57,500	西泠印社	2020-08-10
路易十五风格胡桃木描金理石底座	长36cm; 高113cm	16,100	西泠印社	2020-08-10
路易十五样式缎木镶嵌西阿拉黄檀木梳妆桌	长63.5cm; 宽33cm	115,000	西泠印社	2020-08-10
洛杉矶湖人队专属球鞋收藏 12双个人专属鞋款		59,800	北京保利	2020-10-19
迈克尔·芬利专属球鞋收藏 5双个人专属鞋款		71,300	北京保利	2020-10-19
麦克·毕比专属球鞋收藏 12双个人专属鞋款		149,500	北京保利	2020-10-19
梅森·拉兰德(Maison Lalande)设计胡桃木花卉藤叶饰风格边柜	长110cm; 宽50cm; 高175cm	86,250	西泠印社	2020-08-10
美布尔斯胡桃木理石台面卷叶纹饰展示柜	长106cm; 宽43cm; 高150cm	74,750	西泠印社	2020-08-10
美国NBA篮球队芝加哥公牛队全体队员亲笔签名球衣	88cm×56.3cm	17,250	中国嘉德	2020-12-01
描金花卉饰挂镜	高104cm; 宽60cm	13,800	西泠印社	2020-08-10
欧洲鳄鱼皮箱	长43.5cm; 高74cm	40,250	中贸圣佳	2020-12-07
葡萄牙足球明星C罗 亲笔签名球衣	87cm×76.5cm	17,250	中国嘉德	2020-08-18
乔·约翰逊专属球鞋收藏 9双个人专属鞋款		115,000	北京保利	2020-10-19
乔丹、皮蓬、罗德曼亲笔签名球衣(一组)	86cm×116cm×3	71,300	中国嘉德	2020-08-18
乔丹、皮蓬、罗德曼亲笔签名球衣(一组)	86cm×116cm×3	71,300	中国嘉德	2020-08-18
球员专属球鞋收藏20双个人专属球鞋		63,250	北京保利	2020-10-19
人物雕刻铜饰台灯配小几	高155cm; 直径69cm	92,000	西泠印社	2020-08-10
萨姆·卡塞尔专属球鞋收藏 3双个人专属球鞋		13,800	北京保利	2020-10-19
圣安东尼奥马刺队专属球鞋收藏14双个人专属鞋款		51,750	北京保利	2020-10-19
圣诞大战专属球鞋收藏 4双个人专属鞋款		17,250	北京保利	2020-10-19
酸枝火炉与铜壶	尺寸不一	14,280	罗芙奥	2020-07-18
泰森·钱德勒专属球鞋收藏 4双个人专属球鞋		20,700	北京保利	2020-10-19
唐云自用烟斗(配清初竹根圆雕孝荠暖手)	长12cm	78,200	华艺国际	2020-10-16
铜鎏金阿坎瑟斯叶饰理石台面底座	高96cm; 直径41cm	69,000	西泠印社	2020-08-10
维多风格花架 (一组)	尺寸不一	23,000	西泠印社	2020-08-10
文艺复兴风格胡桃木卷叶纹饰边柜	长72cm; 宽40cm; 高133cm	63,250	西泠印社	2020-08-10
西班牙巴塞罗纳俱乐部队员 亲笔签名球衣	76cm×90.5cm	20,700	中国嘉德	2020-08-18
细木镶嵌铜鎏金饰理石台面小几	长62cm; 宽38cm; 高78cm	24,150	西泠印社	2020-08-10
易建联专属球鞋收藏8双个人专属鞋款		59,800	北京保利	2020-10-19
意大利彩石镶嵌(PIETRA DURA)花鸟纹饰餐桌	长180cm; 宽90cm; 高80cm	138,000	西泠印社	2020-08-10
英国阿森纳球队队员 亲笔签名球衣	78.5cm×92cm	11,500	中国嘉德	2020-08-18
英国鎏金胡桃木花环饰陈列柜	长91cm; 宽41cm; 高185cm	57,500	西泠印社	2020-08-10
英国著名球星贝克汉姆亲笔签名球衣	79cm×90.5cm	11,500	中国嘉德	2020-12-01
英式桃花心木理石边柜	长66cm; 宽36.5cm; 高85.5cm	34,500	西泠印社	2020-08-10
英式铜鎏金饰胡桃木小圆几	长43cm; 宽37cm; 高92cm	23,000	西泠印社	2020-08-10
硬木、漆嵌螺钿围棋罐各一对	直径14cm; 直径13cm	13,800	中国嘉德	2020-07-17
约1930年 比利时圣朗博水晶玻璃酒具 (一套)	瓶高40cm; 杯高15.5cm	13,800	中国嘉德	2020-12-03
约什·霍华德专属球鞋收藏 4双个人专属鞋款		34,500	北京保利	2020-10-19
昭和时期日本犀皮长方盘	2.9 × 55.7 × 38.8 cm	55,194	香港苏富比	2020-05-22
珍珠朝珠、官帽各一件	长81cm; 直径27cm	28,750	中国嘉德	2020-07-15
紫色花纹理石底座	高113cm; 台面30cm×30cm	34,500	西泠印社	2020-08-10
钻石沙漏		45,200	佳士得	2020-07-09